AF478884

MOMENTS
Eine Geschichte der Performance in 10 Akten

Herausgegeben von
Sigrid Gareis, Georg Schöllhammer und Peter Weibel

»Ein Schauspieler«, sagte Marina Abramović 2010 anlässlich der Retrospektive ihrer Arbeiten im New Yorker Museum of Modern Art, »verwendet beim russischen Roulette Platzpatronen und spielt den Tod. Eine Performancekünstlerin dagegen nimmt eine geladene Pistole und riskiert ihr Leben.« Jene Echtheit – die Tatsache, dass alles Dargestellte tatsächlich in diesem Augenblick, und nur in diesem Augenblick, geschieht – hebt für Abramović die Performancekunst vom Schauspiel ebenso ab wie von der bildenden Kunst. Als die Performancekunst in den 1960er-Jahren auftauchte, untergrub sie die Grundlagen der tradierten Kunstauffassungen: Sie stellte die Präsenz vor Repräsentation, den Prozess vor das Werk, die innere Erfahrung vor äußere Könnerschaft.

Mit ihrem Beharren auf der Einmaligkeit des Augenblick-Geschehens wollte sich die Performancekunst den Verwertungsmechanismen des Marktes verschließen. Fünfzig Jahre nach ihrem Entstehen verleiht gerade dieser kapitalismuskritische Aspekt zahlreichen Arbeiten eine neue Aktualität. Mit ihrer Weigerung, »bleibende Werte« zu schaffen, begab sich diese Kunstform jedoch zugleich in einen Widerspruch: Weil so wenig von ihren legendären Aktionen blieb, wurden deren materielle Spuren – von Entwurfsskizzen bis zu Videobändern – umso wertvoller. Dieser Wertschöpfungsmechanismus greift in allen Bereichen des Kunstsystems: Er steigert den Preis der Performance-Zeugnisse auf dem Kunstmarkt, ihr symbolisches Kapital als Sammlerobjekte, und er befördert ihre Aufwertung als Ausstellungsstücke in Museen. So paradox es wirken mag: Bei aller Bewunderung für die Authentizität des Geschehens sind es am Ende die Dokumentationen und nicht die Aktionen selber, welche die Performances einem breiteren Publikum bekannt machen. »Das Kunstwerk als ›Zeugnis‹ ist noch unantastbarer geworden. Dabei haben die Künstler alles getan, um ebendieser Fetischisierung zu entgehen.« So beschreibt der Tänzer und Choreograf Boris Charmatz, Leiter des künstlerischen Labors der Ausstellung *Moments. Eine Geschichte der Performance in 10 Akten*, jene Entwicklung, mit der Beweglichkeit und Unberechenbarkeit in der Performancekunst verloren zu gehen drohen. Das Ausstellungsprojekt des ZKM hat sich diesem Dilemma von auratischer Fixierung hier und performativer Verflüssigung da in modellhafter Weise gestellt. Es hat die Ebenen der Inszenierung, Re-Inszenierung und Neuinterpretation des historischen Materials ineinander verschränkt und die Ausstellung als einen Prozess mit vielen Akteuren und offenem Ausgang angelegt. Die Ergebnisse, Kommentare und Reflexionen über diesen Prozess liegen nun in Form einer Publikation vor. Diese wird, so sind wir überzeugt, einen Ankerpunkt für alle zukünftigen Versuche darstellen, das flüchtige Erbe der Performance festzuhalten und in der Gegenwart zur Wirkung zu bringen. Wir danken dem Vorstand des ZKM, Peter Weibel, den Kuratoren Boris Charmatz, Sigrid Gareis und Georg Schöllhammer sowie allen Beteiligten dafür, uns die Geschichte der Performance auf so eindrückliche Weise neu zu erzählen.

Hortensia Völckers
Vorstand / Künstlerische Direktorin
Kulturstiftung des Bundes

Alexander Farenholtz
Vorstand / Verwaltungsdirektor
Kulturstiftung des Bundes

Vorwort

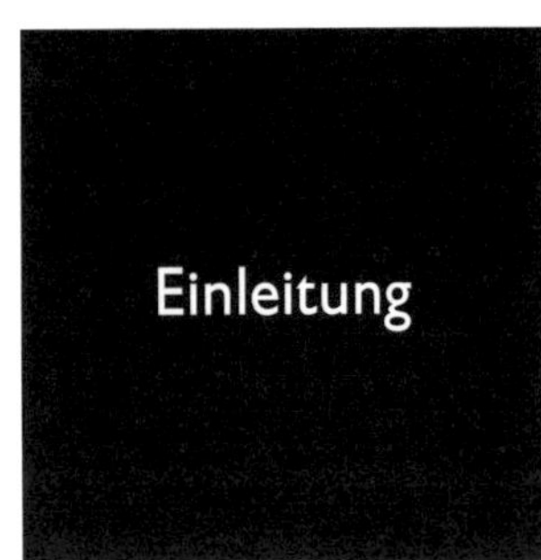

Ereignis – Spur – Kontext
Zur Aktualität von historischer Performance im Ausstellungsraum

Die achtwöchige Ausstellung *Moments. Eine Geschichte der Performance in 10 Akten*, die im Frühjahr 2012 im ZKM | Museum für Neue Kunst in Karlsruhe stattfand und zu welcher der vorliegende Text- und Dokumentationsband erscheint, hatte das Ziel, Antworten auf aktuelle und dringliche Fragen nach neuen Präsentationsformen der Geschichte von Tanz und Performance zu geben. *Moments* möchte in Bezug auf den gegenwärtigen Diskurs über die Bedeutung der Performance in einem intensiven transdisziplinären Prozess, den Akteure aus unterschiedlichen Kunstsparten und Generationen gestalteten, neue Impulse setzen. In der bildenden Kunst wie im zeitgenössischen Tanz, ebenso in den Sammlungspräsentationen und Diskussionen großer Museen wie in zahlreichen sogenannten Reenactments historischer Performances zeigt sich das aktuelle Interesse an dieser Ausdrucksform. Das rezente Vordringen des Tanz- und Performancebereichs bekundet ein gesteigertes Interesse der Museen am Tanz sowie an prozessualen und performativen Ausstellungsformaten.

Im Bereich der bildenden Kunst ist die unlängst entbrannte Kontroverse rund um die museale Darstellbarkeit etwa der Aktionen von Joseph Beuys durch fotografische Dokumente ein Beleg dafür, dass sich an die kulturwissenschaftlichen und museologischen Fragestellungen auch solche des Werkbegriffs und des Urheberrechts anschließen. Im Tanz treten aufgrund der Flüchtigkeit und Vergänglichkeit seines künstlerischen Ausdrucks seit jeher grundsätzliche Probleme in Bezug auf seine Dokumentier- und Überlieferbarkeit auf, denen mit den unterschiedlichsten Notationssystemen und -methoden begegnet wird. Die nun zusätzlich zum Bühnengeschehen vermehrt eingesetzten Fotoprojektionen, Videos oder anderweitigen visuellen Medien spielen eine doppeldeutige Rolle. Einerseits wird ihnen bei ihrem Einsatz im Rahmen der Performances selbst ein eigenständiger künstlerischer Wert zugesprochen, andererseits haben sie als Medien der reinen Dokumentation einen nichtkünstlerischen Status.

Das Zentrum der Ausstellung *Moments* bildete die sogenannte »heroische« Periode der Performancegeschichte, die Performances der 1960er- bis beginnenden 1980er-Jahre, die durch eine radikale Neudefinition des Genres auch mittels eines interdisziplinären Dialogs der Performancebewegungen im Tanz und in den bildenden Künsten geprägt war. Zehn Performance- und Tanz-Künstlerinnen dieser Periode waren zum Teil in der Ausstellung anwesend, richteten bei laufender Ausstellung die Displays ein (*Phase I: Act*) und trafen auf eine Gruppe jüngerer Kollegen[1], die Lab Artists. Der französische Choreograf und Co-Kurator der Ausstellung Boris Charmatz hatte Künstler und Wissenschaftler unterschiedlicher Disziplinen eingeladen, sich die künstlerischen Dokumentationen, während eines zweiwöchigen Labors performativ anzueignen (*Phase II: Re-Act*). Dieser Prozess wiederum wurde von der Filmemacherin Ruti Sela in einem Film kommentiert, der unter dem Titel *The Witness* schließlich in die Ausstellung integriert wurde (*Phase III: Post-Production*). Über die gesamte Ausstellungsdauer hinweg beobachtete eine Gruppe ausgewählter Studierender internationaler Universitäten und

[1] Hier und im Folgenden wird zu Gunsten der besseren Lesbarkeit für Personenbezeichnungen das generische Maskulinum verwendet, gleichwohl beziehen sich die Angaben auf beide Geschlechter.

Kunsthochschulen – die Zeugen – aktiv das Geschehen. Ihnen wurde in der letzten Phase der Ausstellung größtmöglicher Aktions- und Wirkungsraum eingeräumt (*Phase IV: Remembering the Act*). Auch die ZKM | Museumskommunikation war bereits zu einem sehr frühen Zeitpunkt in die Planung eingebunden und konnte daher zahlreiche und umfangreiche Workshops und Aktionen für verschiedene Zielgruppen im Rahmen von *Moments* realisieren. An jedem Ausstellungstag ergaben sich also vielschichtige Abläufe und Ereignisse, in denen Performancegeschichte zeitgleich ausgestellt, dokumentiert, vermittelt und neu geschrieben wurde.

Angesichts dieses sich ständig überlagernden und überschreibenden Ausstellungsgeschehens und des labor- und prozesshaften Charakters von *Moments* hat der vorliegende Textband eine Doppelaufgabe:

Ein umfangreicher Teil, der die vier Phasen des Projektes dokumentiert, also den prozessualen Verlauf und die Ergebnisse der Ausstellung festhalten möchte, lässt eine Vielzahl der in die Ausstellung eingebundenen Akteure zu Wort kommen und bildet den jeweils persönlichen Umgang mit der Performancegeschichte im Rahmen der Ausstellung ab. Die Dokumentation des Zeugenprogramms möchte auch die kreative Auseinandersetzung der Zeugen mit der Ausstellung sichtbar machen. Neben konkreten Reaktionen auf das Ausstellungsgeschehen wurden von den Zeugen auch der Ausstellungsprozess und ihre eigene künstlerische Tätigkeit innerhalb desselben in kurzen persönlichen Beiträgen weitergedacht und reflektiert. In individuellen Statements beschreiben die Lab Artists ihren Zugang zur Performancegeschichte und ihren Umgang mit der Ausstellung. Teil dieses Buches sind weiterhin Auszüge aus den Artist Talks, die während der Ausstellung mit den Künstlerinnen der »heroischen« Phase vor Publikum geführt und anschließend als Videos in die Ausstellung integriert wurden. Die umfangreiche fotografische Dokumentation der Ausstellung hält den vielfältigen Aneignungs- und Veränderungsprozess in der Auseinandersetzung mit Performancegeschichte innerhalb der Ausstellung in allen Phasen visuell fest. Dokumentiert und erläutert wird auch das umfangreiche Programm der ZKM | Museumskommunikation, bei dem neue Wege der angeleiteten und pädagogisch betreuten Rezeption der Ausstellung durch das Publikum beschritten wurden.

Der theoretische Teil des vorliegenden Bandes versammelt Beiträge verschiedener Wissenschaftler und Kuratoren sowohl aus der Kunst- als auch der Tanzwissenschaft, die sich mit dem unterschiedlichen methodischen und theoretischen Rüstzeug ihrer jeweiligen Disziplin den Problemen der aktiven Präsentation sowie der Re-Repräsentation und Re-Interpretation von Tanz und Performance und ihrer Geschichte widmen. Neue methodologische Ansätze, in denen sich das rezente Interesse sowohl der Kunst als auch des Tanzes an Fragen des Displayings und der Wiederaufführbarkeit, der Repertoirebildung von Performance, an materiellen und immateriellen Archiven, an der Figur historischer Zeugenschaft und der Theorie des Ereignisses abbildet, stehen dabei im Zentrum. Die Herausgeber gingen bei der Konzeption des theoretischen Teils der Publikation von der Trias »Ereignis – Spur – Kontext« als Grundlage der wissenschaftlichen Reflexion in dieser Publikation aus. Dabei wurde nicht die faktische Möglichkeit der Wiederaufführbarkeit eines Ereignisses als Agens des Geschehens betrachtet, sondern die Spur, die das Ereignis belegt und bezeichnet. Zwischen dem Display des historischen Materials und der Re-Aktion – verstanden einerseits als Reaktion durch Neuinterpretation, andererseits als Reaktion durch das Publikum – wird dabei ein Spannungsfeld als eine Leerstelle deutlich. Vergleichbar mit der Bedeutung von Schrift, die laut Jacques Derrida immer die Spur von etwas ist, wird auch im Kontext der Rekonstruktion historischer Performances auf etwas verwiesen, das über die Wiederaufführung hinausgeht – und diese Leerstelle als kreatives Potenzial nutzt.

Die aus diesen Überlegungen sowie der Ausstellungspraxis selbst resultierenden Fragestellungen, denen sich dieser Band widmet, sind entsprechend vielfältig. Im Zentrum der Auseinandersetzung steht jedoch insbesondere das Verhältnis von Autorschaft und rezeptionsästhetischen Prozessen, wobei eine Asymmetrie zwischen Werk und Ereignis vorausgesetzt wird. Befragt wird primär die Sammlung – also weniger das Werk als vielmehr seine Spur und seine Dokumentation in materiellen und immateriellen Archiven. Das Werk wird dabei nicht nur im Kontext der musealen Sammlung oder des Archivs gedacht, sondern auch als Teil des Repertoires der darstellenden Kunst betrachtet. Die Publikation reflektiert darüber hinaus die Suche nach neuen Formen und Medien des Displays als räumliches, materielles sowie textuelles Dispositiv des sich in der Re-Interpretation erzeugenden Äußerungsfeldes. Analysiert wird auch das Spannungsverhältnis von Score, Partitur und Skript zur Live-Performance.

In seinem ausbalancierten und gleichberechtigten Verhältnis von künstlerischer und wissenschaftlicher Wissensproduktion aus den Bereichen Tanz, Performance und bildender Kunst erscheint uns der vorliegende Band in seinem Zugang neu und einzigartig.

Die Herausgeber sind den Autorinnen und Autoren dieser Publikation sowie allen an der Ausstellung beteiligten Akteuren aus Kunst und Wissenschaft zu herzlichem Dank verpflichtet. Sie danken an erster Stelle den Künstlerinnen, die durch ihre wertvolle Mitarbeit und Unterstützung dieses ungewöhnliche Ausstellungs- und Publikationsprojekt überhaupt erst ermöglicht haben. Ebenso hat die Kulturstiftung des Bundes, namentlich Hortensia Völckers und Alexander Farenholtz, Kirsten Haß, Torsten Maß und Anja Petzold, durch ihre großzügige Unterstützung einen maßgeblichen Beitrag geleistet. Für die redaktionelle Arbeit an der Publikation und das Lektorat sind sie Ulrike Havemann, Greta Garle, Felicity Grobien, Julia Frohnhoff und Jenifer Evans, für die Bildrecherche Martina Hofmann und für die Grafik 2xGoldstein sehr verbunden. Der Dank für ihre inhaltliche Arbeit an der Konzeption und Durchführung der Ausstellung geht an Boris Charmatz und Martina Hochmuth aus dem Musée de la danse, an Johannes Porsch und an die Assistentinnen Julia Huber, Mirjam Paninski und Maja Zimmermann. Dem gesamten Team des ZKM und des ZKM | Museum für Neue Kunst – insbesondere Andreas Beitin und Idis Hartmann für die Projektleitung sowie Janine Burger und Anna Donderer von der ZKM | Museumskommunikation – danken wir für eine gelungene Durchführung.

Die Herausgeber

Sigrid Gareis   Georg Schöllhammer   Peter Weibel

Seit seiner Gründung 1989 sieht es das ZKM als
seine spezielle Aufgabe an, nicht nur die klassischen,
objekthaften Künste wie Malerei und Skulptur, sondern auch die immateriellen, ephemeren und performativen Künste, von den neuen Medien bis zum
Tanz, also nicht nur die raum-, sondern auch die zeit-
basierten Künste, auszustellen und zu sammeln. Das
ZKM besitzt daher eine beeindruckende Sammlung
von Gemälden, Fotografien, Skulpturen, Objekten,
Installationen, aber auch von Ton- und Videobändern, DVDs, CDs und Archivmaterialien zu Aktionen, Happenings, Performances, Events, prozessu-
alen und theatralischen Demonstrationen, Auffüh-
rungskünsten aller Art, Konzerten, Medienopern,
mediengestützten musikalischen und tänzerischen
Ereignissen und vielleicht die größte Sammlung
interaktiver Kunstwerke der Welt. Interaktive Kunstwerke stellen traditionelle Praktiken von Sammlung

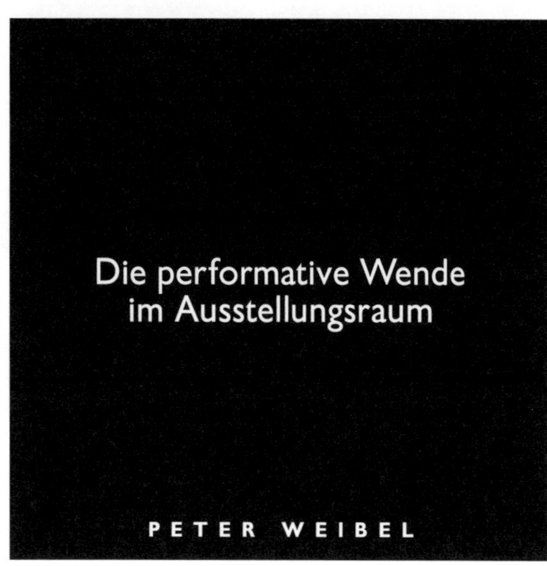

und Austellung vor schwierige Probleme. Denn der Großteil der Medien-
künste ereignet und realisiert sich erst durch die Interaktivität zwischen
Mensch und Maschine, durch die Partizipation des Publikums. Es bedarf
der Performance des Betrachters, damit das Kunstwerk entsteht. Deshalb
nennt sich das ZKM seit 1999 ein *performatives Museum* und ist somit prä-
destiniert für eine der Performance und dem Tanz gewidmete Ausstellung
wie *Moments*.

Das ZKM arbeitet seit Jahren daran, der Öffentlichkeit ins Bewusstsein zu
rufen, welche Probleme die Kunstgattungen Film, Video, digitale Kunst,
Musik, Tanz und Performance für das Museum, für Ausstellung und Archiv
bedeuten. Denn nach der Aufführung, dem Ereignis in Raum und Zeit, fast
immer vor Publikum, bleiben nur Spuren – immaterielle im Gedächtnis des
Beobachters, materielle in Form von akustischen oder visuellen Dokumenten. Aktionskunst, Performance und Tanzkunst treffen auf das Problem des
Speichermediums.

Die Musik, gleichfalls eine zeitbasierte Kunst, hatte wie die gesprochene
Poesie jahrhundertelang das Problem, über kein Speichermedium zu verfü-
gen. So wie die Poesie vor der Erfindung der Schrift nur mental gespeichert
und mündlich übertragen werden konnte, nämlich als vom menschlichen
Gedächtnis allein abrufbares Ereignis, als *Ars Memoria*, konnte auch die
Musik nur als Theater des Gedächtnisses, als mündliche und memoriale
Praxis der Imitatio gespeichert und weitergegeben werden, als eine besondere Form der *Oral-Corporal History*. Erst mit der Erfindung eines technischen Trägermediums wie Papier und einer Notation (für die gesprochene
Sprache die Schrift und für die Musik die Noten und Notenlinien) konnten
Gedanken, Gedichte, Bilder und Töne aller Art gespeichert und überlie-
fert werden. Lese- und Handlungsanweisungen entstanden für Interpreten,
welche die Ereignisse wieder erzeugen bzw. wiederherstellen konnten, mit
anderen Worten, die mentalen und materiellen Ereignisse, die nur in Spuren
(Schrift, Notation) vorhanden waren, wieder aus- und aufführen konnten.

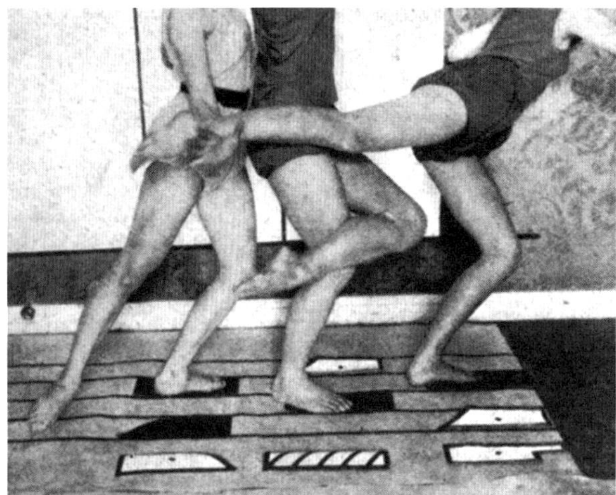
Tanz nach der Labanotation, vor 1929

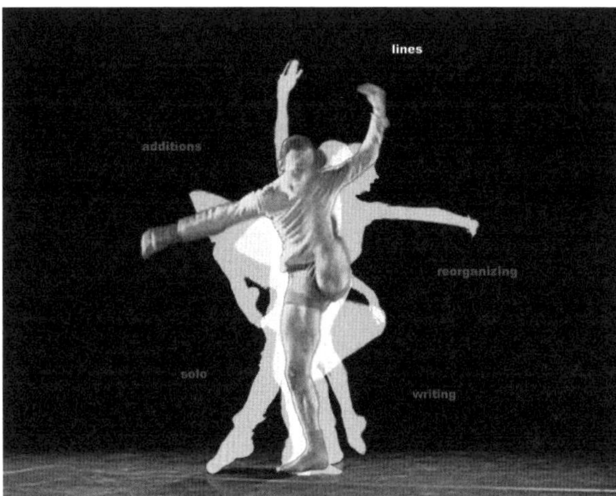

William Forsythe, *Improvisation Technologies*, 1999/2003,
Montage, Menü der gleichnamigen DVD

[1] William Forsythe, *Improvisation Techno-logies. A Tool for the Analytical Dance Eye*, ZKM | Karlsruhe, Deutsches Tanzarchiv Köln, Hatje Cantz, Ostfildern, 1999/2012, eine DVD, die vom ZKM publiziert wurde.

[2] Laszlo Glozer, *Westkunst. Zeitgenössische Kunst seit 1939*, DuMont, Köln, 1981, S. 234.

Mit der zunehmenden Verbesserung der technischen Trägermedien (zum Beispiel magnetische Tonbänder und chemische Foto- und Filmstreifen, analoge Tonträger, digitale Speichermedien wie CD und DVD, et cetera) konnten die ephemeren Kunstformen nicht nur besser dokumentiert werden, sondern auch zu selbständigen, autonomen Kunstformen aufsteigen.

Der Tanz stellte wegen seiner Komplexität als Sprache der Körperbewegung in Raum und Zeit, die also eine mehrdimensionale Notation benötigte, ein besonderes Problem dar: von Rudolf von Labans Notationen zum *Ausdruckstanz* über das Eshkol-Wachman *Movement System* (1968) bis zu William Forsythes *Improvisation Technologies* (1999/2003)[1] gibt es eine Reihe erstaunlicher und bewundernswerter Versuche, die Bewegungen der Extensionen von Armen, Beinen, Becken und Rumpf im mehrdimensionalen Koordinationssystem von Raum und Zeit grafisch auf einer zweidimensionalen Fläche so zu dokumentieren, zu notieren, dass sie wiederaufführbar, abrufbar, *enacted* werden können. Das ursprünglich nicht Reproduzierbare, Einzigartige, Singuläre sollte reproduzierbar, tradierbar, übertragbar, vervielfältigbar gemacht werden.

Die Überlegungen zu den Präsentationsformen von Tanz und Performance, genauer der Geschichte von Tanz und Performance, haben unweigerlich zu der Frage geführt, wie der bisherige Schauplatz des Tanzes, nämlich die Bühne des Theaters, mit dem neuen Schauplatz des Museums vereinbar ist, wie also die temporären und ephemeren Präsentationsformen des Tanzes und der Performance in eine dauerhafte Präsentation in einem Ausstellungsraum verwandelt werden könnte. Der Wechsel von der Theaterbühne ins Museum, der Wechsel von der zeitbedingten Aufführung in die Dauerausstellung, standen im Fokus: die Frage nach der Ausstellbarkeit von Tanz und Performance. Diese Frage resultiert aber nicht nur einseitig aus der Tanz- und Performance-Geschichte, sondern auch aus der jüngeren Geschichte der Kunst selbst. Denn tendenziell möchte die bildende Kunst des 20. Jahrhunderts die Sphäre des Tafelbildes verlassen und sucht den »Ausstieg aus dem Bild« (Laszlo Glozer)[2]. Die visuelle Kunst hat daher neue Handlungsformen der Kunst hervorgebracht: Happening, Fluxus, Aktionen, Performances.

Die Musik als primäres Medium der zeitbasierten Kunst hat bei der Verwandlung der bildenden Kunst von einer Kunst des Raumes (Malerei, Skulptur) in eine Kunst der Zeit (Handlung, Aktion, Ereignis, Performance, Tanz) eine zentrale Rolle gespielt. In den 1950er-Jahren wurde von den Komponisten erstmals der visuelle, grafische Aspekt der Partitur zu einer selbstständigen Kunstform aufgewertet. Die Ursache war nicht nur eine gesteigerte Sensibilität für die visuellen Aspekte der Musik durch die Errungenschaften des lyrischen Informel, sondern auch ein genuin musikalisches Problem, nämlich die Rolle des Interpreten. Die Neue Musik der späten 1950er-Jahre (Pierre Boulez, John Cage, et cetera) wollte den Interpreten emanzipieren, ihm im Rahmen eines »offenen Kunstwerkes« (Umberto Eco) eine neue Freiheit gewähren. Vor dem Horizont einer beginnenden Rezipientenkultur, die neben der bildenden Kunst auch die Literatur erreichte, wurde die Freiheit des Interpreten in den Mittelpunkt gestellt. Der Komponist schreibt normalerweise eine Partitur, beispielsweise für Klavier, aber nur der Musiker, der diese Partitur zu interpretieren und zu spielen weiß, realisiert das Werk. Komponisten schreiben Musik also als Gebrauchsanweisungen. Die Interpreten setzen die Gebrauchsanweisungen um und schaffen die Musik.[3] Die Partitur ist also eine Anweisung für ein Ereignis, eine Aufführung. Der Begriff der Partitur wurde erweitert, von einer Anweisung zum Umgang mit musikalischen Instrumenten zu einer Anweisung zum Umgang mit Gebrauchsgegenständen und Menschen. George Brecht, der Ende der 1950er-Jahre an den Kursen von John Cage an der New School for Social Research in New York teilnahm, hat die Idee der Partitur, englisch *Score*, ausgedehnt auf den Begriff *Event Scores*, Anweisungen für alltägliche und einfache Handlungen (*No Smoking Event*, 1961). Yoko Ono, die gleichfalls zum Kreis um John Cage gehörte, hat ebenfalls Anweisungen für das Publikum erstellt, die sie Instructions nannte.

Nam June Paik übertrug diese Kompositionstechniken und *Event Scores* von der Welt der Töne und Alltagsgegenstände in die Welt der elektronischen Bilder. Bei diesem Transfer trat anstelle des Musikers das Publikum selbst als Interpret auf: »As the next step toward more indeterminacy, I wanted to let the audience (or congregation, in this case) act and play itself«, schrieb Paik 1962.[4] Seine Videoskulptur *Participation TV* (1963) ließ das Publikum über Mikrofon und Signalverstärker die Bilder eines Schwarz-Weiß-Fernsehers verändern – ein zentrales Werk für die folgenden Dekaden der partizipatorischen und interaktiven Medienkunst. Auch das berühmte, begriffsbildende Happening von Allan Kaprow *18 Happenings in 6 Parts* (1959) verzeichnet *Instructions* für »a cast of participants«. Ein weiteres Beispiel für das Ersetzen des Kunstobjektes durch Handlungen und Handlungsanweisungen in der Aktionskunst war das Happening *YOU* (1964) von Wolf Vostell in Long Island, New York: »grundidee: die beteiligten; das publikum in einer satire den zumutbarkeiten des lebens in der form einer probe des chaos zu konfrontieren und die absurditaet im absurden und widerlichen der greuelscenen bewusst zu

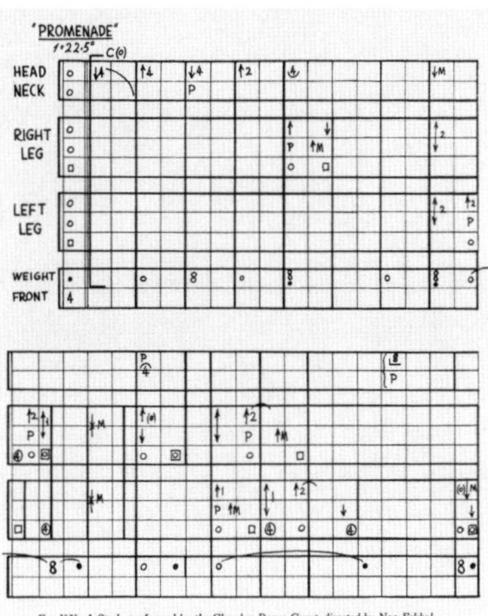

Noa Eshkol, Notation für *Promenade in Movement Notation*, 1958

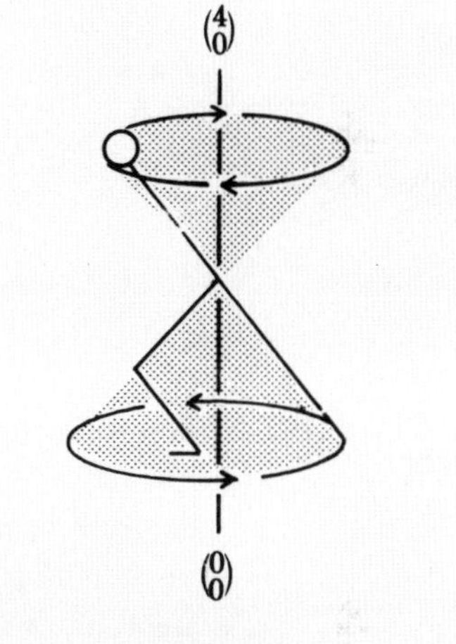

Noa Eshkol, Diagramm für das »conical movement« des Oberkörpers in *Moving, Writing, Reading*, 1973

[3] 1960 schrieb der Komponist La Monte Young die *Composition 1960 #10*: »Draw a straight line and follow it«. 1962 schrieb Nam June Paik »Read-Music – Do it yourself – Answers to La Monte Young: See your right eye with your left eye«. Die grafischen Aspekte der Partitur verselbstständigten sich um 1950: Morton Feldman, *Projection 3* für zwei Klaviere, 1951; Earle Brown, *December*, 1952; Iannis Xenakis, *Metastasis*, 1954 und *4 Systems*, 1954. Die Partitur von *Metastasis* wurde sogar die Urskizze für die Architektur des Philips-Pavillons von Xenakis 1958 in Brüssel.

[4] Nam June Paik, »About the Exposition of Music«, in: *Décollage Nr. 3*, 1962.

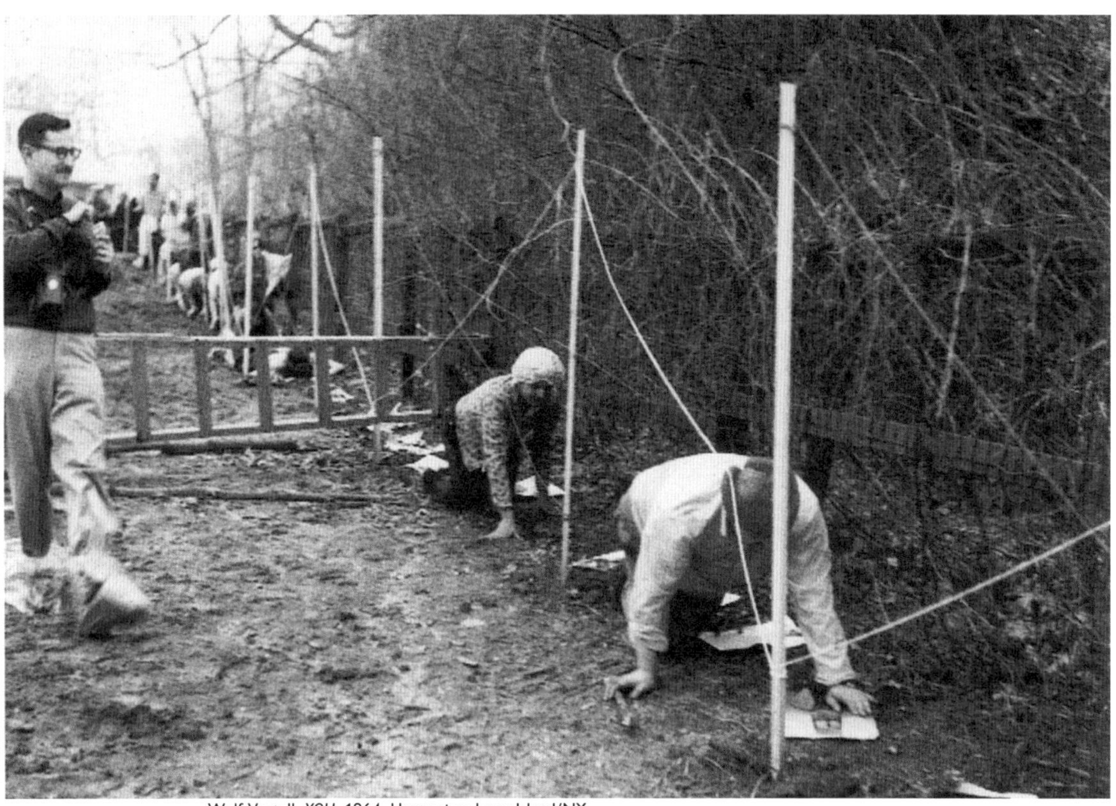

Wolf Vostell, *YOU*, 1964, Happening, Long Island/NY,
Foto: Peter Moore

5 Wolf Vostell zitiert in: José Antonio Agúndez García, *10 Happenings von Wolf Vostell*, Editora Regional de Extremadura, Museo Vostell Malpartida, 1999/2001, S. 167.

machen / es ist nicht wichtig was ich denke – sondern was das publikum aus den vorgaengen und meinem image an eigenem herausnimmt«[5]. Die performative Wende in der bildenden Kunst vollführte eine Annäherung an die Aufführungsformen des Theaters, der Musik und des Tanzes. Das Ergebnis waren Handlungen, Aktionen und Performances. Abstrakt gesprochen: aus Raum wird Zeit, aus dem Museum oder der Galerie wird eine Bühne. Ein unbewegliches Piano konnte der Schauplatz eines unendlichen Konzerts sein (La Monte Young, *Composition 1960 #7*, 1959/1960). Von Franz Erhard Walther (*Objekte, benutzen*, 1968) bis Erwin Wurm, von Gilbert & George (*The Singing Sculpture*, 1970) bis Vanessa Beecroft spricht man von der Handlungsform der Skulptur, die sich in der vierdimensionalen Raumzeit ereignet und durch Video und Fotografie gespeichert und ausgestellt wird. Ausstellungspraktiken und -objekte werden zu Aufführungsformaten. Umgekehrt drängen die Aufführungskünste danach, Ausstellungsobjekte und Installationen zu werden. Theater und Museum, Aufführungen und Ausstellungen konvergieren.

Vor allem aber waren in den letzten Dekaden Konvergenzen zwischen Tanz und Performance sichtbar. Einer der zentralen Begründer der Minimal Art, Robert Morris, war ursprünglich Tänzer. Seine damalige Frau, Simone Forti, aber auch Trisha Brown (*Accumulation*, 1971) und andere haben den Minimal Dance entwickelt, die Präsentation der Essenz der Bewegung in Raum und Zeit. Der Tanz korrespondierte mit der Minimal Art, die Skulptur der Minimal Art führte zu neuen Varianten des Postmodern Dance. Beide unter dem Signum *Primary Structures*. Primäre Strukturerfahrungen, sei es

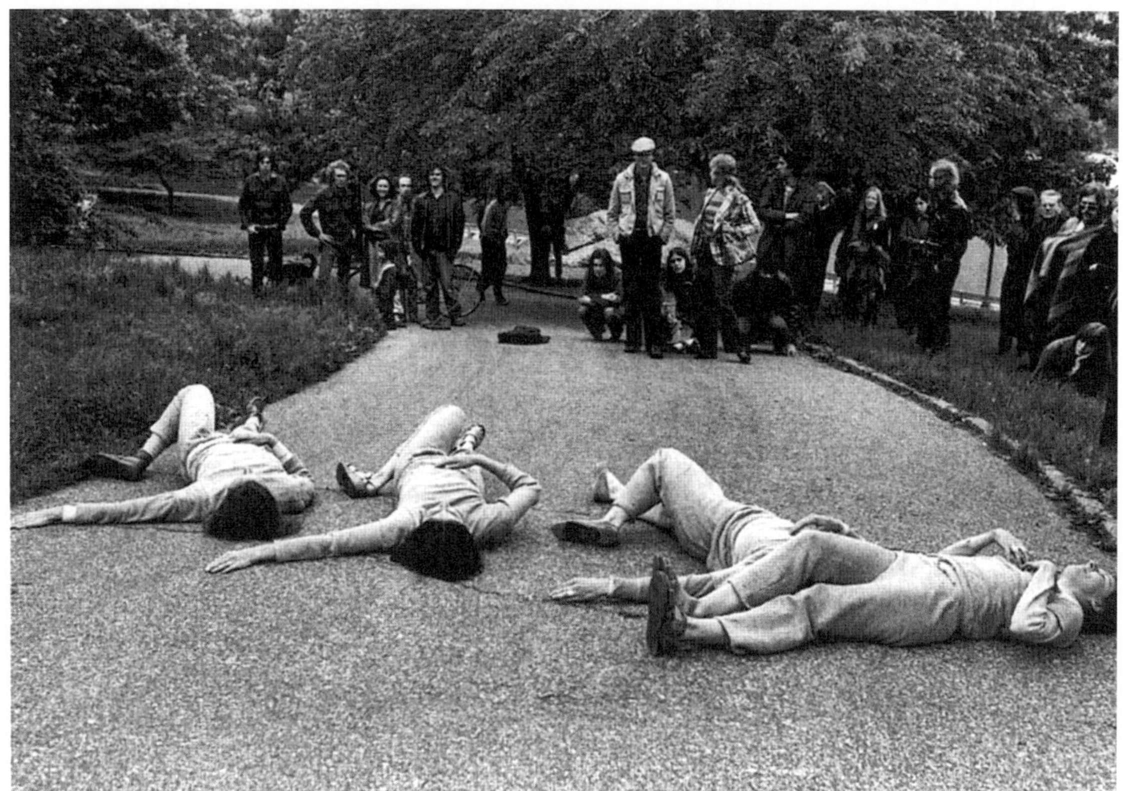

Trisha Brown, *Group Primary Accumulation*, 1973,
Central Park, New York, performt am 16. Mai 1973

der Bewegung, sei es der dreidimensionalen Objekte, standen im Zentrum der Ästhetik.

Die Kunst, den Tanz zu beschreiben, heißt seit 1700 Choreografie, die Kombination der griechischen Wörter *choreía* (tanzen) und *gráphein* (schreiben). Diese Notationen hatten die Funktion der Dokumentation und der Erstellung eines Repertoires von Tänzen. Bei der Choreografie, von Raoul-Auger Feuillet bis zu Rudolf von Laban, ging es also ursprünglich um die Reproduktionsmöglichkeit des Tanzes, um die Vorschrift und Nachschrift der Bewegung. Heute geht es um die Analyse von Bewegungen des Körpers in Raum und Zeit. Der Körper und seine Bewegungen sind immer auch von sozialen, politischen, gesellschaftlichen Regeln und Normen bestimmt, die sich in ihn einschreiben. Gleichzeitig leistet er im Tanzen Widerstand. Gesetz (Choreografie) und Widerstand (performative Präsenz) treten in ein komplexes Verhältnis im Moment des Tanzens.

Die performative Wende der Kunst hat also in den 1950er-Jahren in der Hauptsache mit Extensionen des Begriffs Partitur in der Musik begonnen, und in den 1960er-Jahren mit der Idee von *Event Scores* und *Instructions*, mit Happenings und Aktionen ihre Realisierung gefunden. Die philosophische Definition lieferte John Langshaw Austin 1962 mit seinem Buch *How to Do Things with Words*. Allerdings wurden Aktionen, Performances, Tanz und Medienkunst in den 1960er-Jahren vom Kunstbetrieb marginalisiert. Die Künstler und Künstlerinnen, die trotz aller Widerstände das Wagnis eingingen, diese neuen Kunstformen zu entwickeln, vertreten daher die »heroische« Phase der Performance Art, welche erst in der nachfolgenden

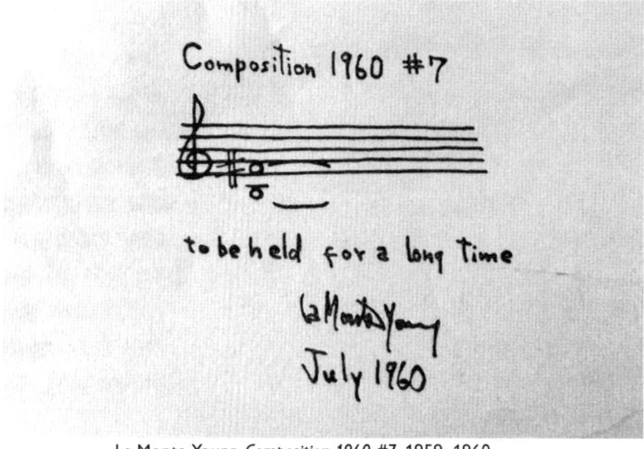

La Monte Young, *Composition 1960 #7*, 1959–1960

Generation Anfang des 21. Jahrhunderts in den Museen der Welt ihre Anerkennung fand. Aktuelle Beispiele dafür sind unter anderem die der performativen Kunst gewidmeten »Tanks« der Tate Modern in London oder die Ausstellung *The Artist Is Present* von Marina Abramović, die 2010 im MoMA, New York, gezeigt wurde. Dieser heroischen Generation sind Katalog und Ausstellung von *Moments* gewidmet. Das ZKM ist das erste und einzige Museum, das sich dieser »performativen Wende« schon lange analytisch zugewandt hat.

Die Auswahl der Künstlerinnen für die Ausstellung bezieht sich zwar auf die Kategorien Tanz und Performance, zeigt aber gleichzeitig auch die Austauschbarkeit dieser beiden Kategorien. So sind Tänzerinnen und Choreografinnen wie Simone Forti, Anna Halprin, Reinhild Hoffmann, Yvonne Rainer eingeladen worden, und Performerinnen wie Marina Abramović, Graciele Carnevale, Lynn Hershman, Adrian Piper, Sanja Iveković, Channa Horwitz. Denn die Performances enthalten Elemente des Tanzes und die Tanzstücke Elemente der Performance. Die Performerin Adrian Piper zeigte ihre *Funk Lessons*, ihre Tanzkurse. Die *Sonakinatography* (Ton – Bewegung – Notation) von Channa Horwitz ist eine spezifische Performance mit Musik, Tanz, Wort und elektronischen Instrumenten. Die eingeladenen Künstlerinnen repräsentieren also, trotz aller medialen und politischen Unterschiede, die Konvergenz und die Fusion von Tanz und Performance.

Diese Konvergenz von Aufführung und Ausstellung, von Handlung und Installation, verlangt nach einer eigenen »Schrift« der Ausstellung, denn Tanz und Performance leben, wie bereits beschrieben, noch mit wenig Notation und Schriftkultur. Sie brauchen also eine Schrift, eine Choreografie der Ereignisse, welche die Bewegungen der Objekte und Menschen und alle realen wie virtuellen Formen notiert. Die Erkundung von neuen Präsentationsformen von Performance und Tanz ist eine Annäherung an eine solche Choreografie der Ereignisse. Die Untersuchung zur Ausstellbarkeit von Performance und Tanz endet in Notationsversuchen. Im Museum ist ein Notationsversuch die Ausstellung. Die Ausstellungsarchitektur von Johannes Porsch greift folglich zu Recht auf verschiedene Präsentationsformate von temporären Aufführungen und dauerhaften Ausstellungen zurück. Es gelingt ihm, durch seine Rückgriffe auf neo-avantgardistische Embleme und Materialien, das Ephemere, Prozesshafte, Transitorische, Vorläufige zu betonen. Die Architektur wirkt wie ein Archiv, dessen Materialien zur freien Bedienung ausgelegt sind. Umgekehrt bedingt die Materialität des Archivs die Architektur. Sogenannte Displays führen die Historizität ausgewählter Momente der Präsentationsgeschichte vor, indem diese rekonstruiert werden. Die Ausstellungsarchitektur selbst schwankt zwischen Theater und Museum, zwischen Aufführungsbühne und Ausstellungsraum. Sie geht sehr differenziert auf die verschiedenen ontologischen Positionen der Werke ein, seien sie materiell oder immateriell, seien es Papier- oder Videodokumente,

autorisierte Dokumente oder diverse Archivmaterialien.

Eine entscheidende Innovation ist die Rückver-
wandlung der Ausstellung in einen Aufführungs-
raum, indem der Tänzer und Choreograf Boris
Charmatz beauftragt wurde, die Ausstellung
performativ zu bespielen, sich also die Ausstellung durch die Tänze und Performances seines
Teams (Lab Artists) und seiner selbst anzueignen, und somit den Ausstellungsraum wieder in
eine Bühne zu verwandeln. So erhielt die Ausstellung nicht nur durch die Displays von Johannes Porsch, sondern auch durch die täglichen
Aufführungen und Vorführungen den Charakter eines künstlerischen Labors. Die filmische
und fotografische Dokumentation der Performances, des Zeugenprogramms, der Laborteil-
nehmer und der Artists Talks *coram publico* hat
den performativen Charakter der Ausstellung
verabsolutiert.

Die Benennung der Gruppe von teilnehmenden
(Kunst-)Studenten mit dem Namen Zeugen ist
offensichtlich ein Verweis auf das Ereignis-
denken bei Derrida. Für Derrida ist die Spur die
»Selbstlöschung, die Auslöschung ihrer eigenen
Präsenz; sie wird durch Drohung oder die Angst
ihres unwiderruflichen Verschwindens, des Verschwindens [ihres] Verschwindens konstituiert.
Eine unauslöschbare Spur ist keine Spur; sie ist
eine volle Präsenz ...«[6]. Die Spur ist eine Kom-

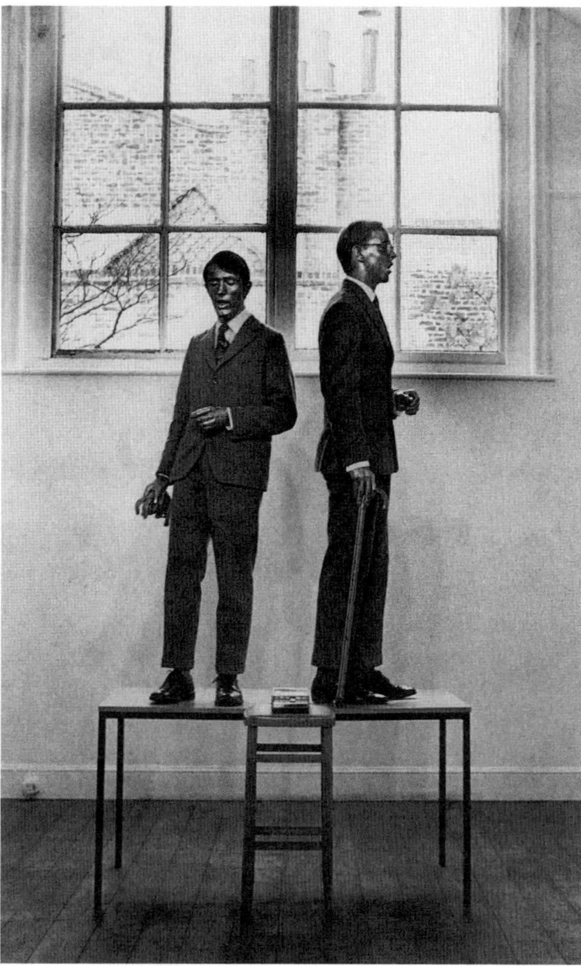

Gilbert & George, *Underneath the Arches*, 1970, die erste
Variante der *Singing Sculpture*, aufgeführt in der Nigel
Greenwood Gallery, London

ponente, die in direkter Beziehung zu dem steht, was durch sie wahrgenom-
men, also sichtbar gemacht wird. Der Tanz ist für eine Weile sichtbar, voller
Präsenz, aber gerade durch seine Bewegung löscht er jede Spur der Bewegung.
Jede neue Bewegungsphase eines Tanzes wird Präsenz um den Preis, die vorige
Bewegungsphase des Tanzes auszulöschen. Der Tanz ist in diesem Sinne die
Kunst der Spur, einer Spur, die nur sichtbar wird, indem sie sich selbst ständig
auslöscht. Die Zeichnung ist die Spur einer Bewegung der Hand. Die Hand
hinterlässt auf dem Papier eine materielle Spur, die virtuell ewig dauert. Insofern können wir Paul Valéry nicht zustimmen, der 1936 eine Analogie zwischen Zeichnung und Tanz am Beispiel von Degas konstatiert, denn während
der Tanz vergeht, ist es die Zeichnung, die bleibt und besteht. Was allerdings
stimmt, ist, dass die Sichtbarkeit einer Form beziehungsweise einer Spur nur
das bestätigt, was man schon erfasst hat. »Wenn Degas vom Zeichnen sagte,
es sei die Art und Weise wie man die Formen sieht, und Mallarmé lehrte, die
Verse seien aus Wörtern gemacht, so versuchten sie damit, jeder innerhalb
seiner Kunst, etwas zu formulieren, was man völlig und im richtigen Sinne
nicht zu erfassen vermag, so man es nicht schon erfasst hat. [...] «[7] Die Partitur ist also weniger die Tat, eher das Ereignis im Sinne von Alain Badiou.[8]

[6] Jacques Derrida, *Die Schrift und die Differenz*, Suhrkamp, Frankfurt/M., 1972, S. 349.

[7] »Degas disant du dessin qu'il était *la manière de voir forme*, Mallarmé enseignant
que *le vers sont faits de mots*, résumaient,
chacun dans son art, ce que l'on ne peut
pleinement et utilement entendre ›si on
ne l'a déjà trouvé‹.« Paul Valéry, »Degas
Danse Dessin« (1936), in: ders., *Oeuvres*,
Gallimard, Paris, 1960, S. 1208.

[8] Vgl. Alain Badiou, *L'être et l'événement*
(Paris, 1988), dt.: *Das Sein und das Ereignis*,
Diaphanes, Berlin, 2005.

Insofern konnte George Brecht die Partitur mit einem Ereignis gleichsetzen. Denn die Partitur ist nicht die Musik. Streng genommen haben uns die großen Komponisten, von Bach bis Mozart, keine Musik hinterlassen, sondern sie waren *Mousikē*grafen. Sie hinterließen uns visuelle Partituren, also Schrift, zur Erzeugung von Musik. Die Musik ist somit als Spur dem Tanz vergleichbar. Denn Musik, Tanz und Performance sind Sonderfälle der Präsenz. Ohne eine Spur ist die Präsenz, die nur einen Augenblick dauerte, nicht nachweisbar. Wenn Präsenz als Anwesenheit und Gegenwart verstanden wird, braucht sie Zeugen. Eine nicht bezeugbare Präsenz wäre ein Widerspruch. Anwesenheit, Gegenwart existieren nur durch Zeugenschaft. Die Flüchtigkeit des Augenblicks wird nur durch die Präsenz der Zeugen notiert, welche die Spur erzeugen, die vom verschwundenen Augenblick Zeugnis ablegen. Zeuginnen und Zeugen sind die wahren Konstrukteure der Präsenz und der Geschichte. Das Ereignis bezeugt buchstäblich, dass Präsenz eine Eigenschaft der Zeugenschaft ist. Die Spur in das Ereignis zurückzuverwandeln mithilfe von Zeugen, als da seien Menschen, Texte, Fotos und Filme, also Dokumente, ist das eigentliche Problem der Performancekunst.

Ausstellung und Katalog von *Moments* versuchen, Modelle zu entwickeln, welche die Spuren der Formen, Bewegungen und Objekte in eine Dauer verwandeln, um zu verhindern, dass verloren geht, was in Raum und Zeit existierte.

1

Essays

Der Diskurs über das »Ereignis« in der zeitgenössischen Philosophie verdient genauere Betrachtung.
Fraglos ist dieser Begriff in seiner allgemeinsten
Bedeutung so alt wie die abendländische Metaphysik
und könnte Gegensatzpaaren wie Sein und Werden,
Substanz und Akzidenz, Ewigkeit und Zeit, sinnliche und intelligible Welt zugeordnet werden. Das
Ereignis ist das, was die Festigkeit des Seins durchbricht, was als Zu- oder Unfall befällt, überfällt, was
die Vergangenheit von der Zukunft trennt, indem es
die Gegenwart als Punkt einer Zweiteilung markiert,
eher dem Wandel sinnlich wahrnehmbarer Dinge
angehörend als der Permanenz intelligibler Ideen.
Anhand einer Analyse des Ereignisbegriffs ließe
sich somit der Entwicklungsweg eines, wenn nicht
sogar *des* grundlegenden Gegensatzes der Metaphysik nachzeichnen.[1]

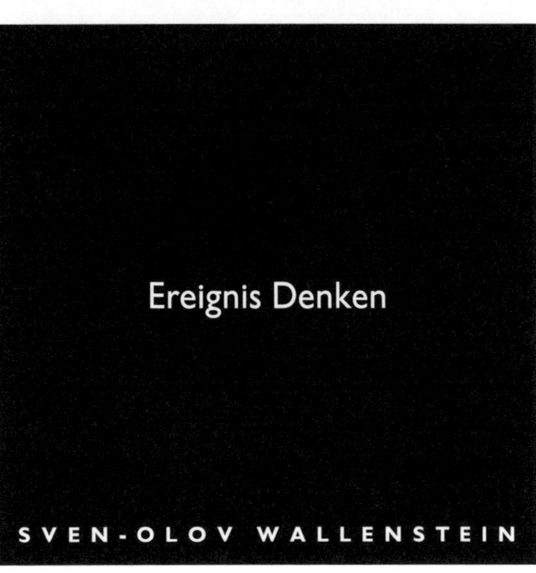

Die heutige Faszination für das Ereignis schreibt
sich in diese Geschichte ein, jedoch nicht bloß als erneute Parteinahme
für eine Seite des Gegensatzes, sondern vielmehr als Versuch, diesen auf-
zulösen und den Beweis zu erbringen, dass die Dimension des Ereignisses dem platonischen Schema (sofern wir diese Spaltung wie herkömm-
lich auf Platon zurückführen) vorausgeht, es aufhebt und transzendiert
oder unabhängig von ihm existiert – auch wenn dies wie bei Badiou in
enger Anlehnung an das platonische Modell erfolgt. Jeder der vier im Folgenden untersuchten Philosophen – Martin Heidegger, Alain Badiou,
Jean-François Lyotard und Gilles Deleuze – hat entscheidend zum Verständnis des Ereignisbegriffs beigetragen. Selbstverständlich wäre es möglich gewesen, auch Vertreter anderer Denkschulen anzuführen.[2] Die vier
gewählten Beispiele lassen sich nicht auf einen gemeinsamen Kernge-
danken reduzieren. Im Gegenteil, sie widersprechen sich, und nicht selten will ein System die anderen ausschließen. Dennoch kommunizieren
sie miteinander, zuweilen oberflächlich, durch Formulierungen, die ähnlich klingen, in Wirklichkeit aber Gegensätzliches aussagen, dann wiederum auf tieferen Ebenen, durch Formulierungen, deren offene Feindse-
ligkeit eine geheime Harmonie verschleiert. Ein konzeptionelles Gerüst
zu liefern, das diese verschlungene Kommunikation lesbar macht, ist die
Absicht des vorliegenden Aufsatzes.

Obwohl die Namen des Viergestirns bis zu einem gewissen Grad als Weg-
weiser einer spezifischen Denkrichtung ausgewählt wurden, bleibt zu hoffen, dass die Prüfung ihrer Positionen zumindest eine Schlüsselfrage erhellen
wird. Übereinstimmend verstehen sie nämlich das Ereignis als etwas, das
über einen bloßen Vorfall innerhalb der Kette von Ursache und Wirkung
hinausgeht. Das Ereignis bezeichnet einen Wendepunkt, eine Transformation oder Zäsur, die ein Andersdenken möglich, ja eventuell sogar notwendig macht. Die Geister scheiden sich allerdings im Hinblick auf die Auswirkungen einer solchen Zäsur, auf das, was man ihre *Größenordnung* nennen
könnte.

[1] Für einführende Untersuchungen des Er-
eignisses in der Philosophiegeschichte vgl.
u. a. Andrew Benjamin, *The Plural Event.
Descartes, Hegel, Heidegger*, Routledge,
London, 1993, Pierre Caussat, *L'évènement*,
Desclée de Brouwer, Paris, 1992 und
Nathan Widder, *Genealogies of Difference*,
University of Illinois Press, Chicago, 1992.
Das breite Interesse an verschiedensten As-
pekten des Ereignisses verdeutlicht ferner
das Bestehen einer Zeitschrift wie *Theory
& Event* (Johns Hopkins University Press,
seit 1997), die im Bereich Politische Philo-
sophie publiziert.

[2] Hinsichtlich der analytischen Tradition, auf die dieser Aufsatz nicht eingehen
kann, müssen das Werk von Donald Davidson und die langen, davon ausgelösten
Debatten erwähnt werden. Vgl. Donald
Davidson, *Handlung und Ereignis*, Suhrkamp, Frankfurt/M., 1985 sowie die beiden Sammelbände: Bruce Vermazen und
Merrill B. Hintikka (Hg.), *Essays on Davidson. Actions and Events*, Clarendon, Oxford, 1985 und Ernest LePore und Brian P.
McLaughlin (Hg.), *Actions and Events. Perspectives on the Philosophy of Donald Davidson*, Blackwell, Oxford, 1985. In Frankreich
haben Jacques Derrida und Jean-Luc Nancy
wichtige Beiträge zu dieser Frage geleistet,
obgleich der Ereignisbegriff nicht im Mittelpunkt ihrer Forschung stand. Vgl. Jacques
Derrida, *Eine gewisse unmögliche Möglichkeit, vom Ereignis zu sprechen*, Merve, Berlin, 2003 und Jean-Luc Nancy, *singulär plural sein*, diaphanes, Berlin, 2004. In einer
vollständigeren Liste dürfte die Behandlung
des Ereignisses in Historiografie, Psychoanalyse und politischer Theorie nicht fehlen.
Einen Abriss der französischen Diskussion
enthält Etienne Balibar und John Rajchman
(Hg.), *French Philosophy since 1945. Problems,
Concepts, Inventions*, The New Press, New
York, 2011, S. 149–152.

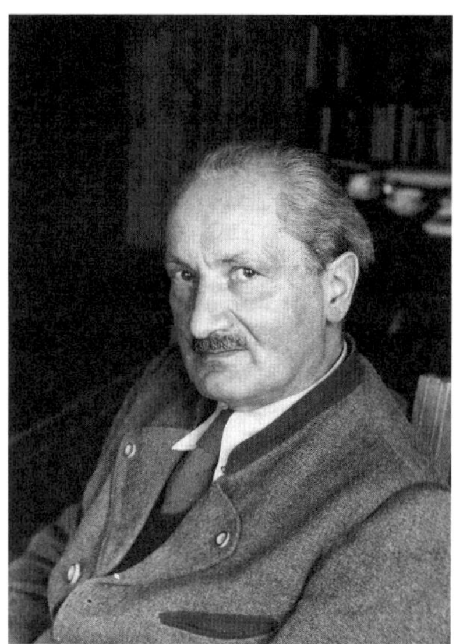

Martin Heidegger (1889–1976)

Heidegger und Badiou sehen das Ereignis als historischen Riss, der realiter derart *selten* auftritt, dass man sich fragen könnte, ob es je ein echtes Ereignis gegeben hat oder geben wird. Es ist etwas, das uns eine Antwort abverlangt und uns zu dem macht, was wir sind. Es wirft Regeln und Vorschriften über den Haufen, es zwingt zur Entwicklung und Verwandlung aus einem *Ursprung* heraus. Wie tief dieser Ursprung liegt, wird unterschiedlich bemessen: Heidegger deutet ihn als Rückkehr zur Möglichkeit eines wiederholten Neubeginns an der Quelle des griechischen Denkens, Badiou als radikalen Bruch mit der Vergangenheit, der einzig in der Leere Halt finden kann.

Lyotard und Deleuze begreifen das Ereignis weniger als Ursprung denn als Zerstreuung, als Auflösung der Identität, verursacht durch eine Berührung, einen Affekt oder eine virtuelle Öffnung der Gegenwart auf etwas, das sich unterhalb des Wahrgenommenen oder in einer anderen Dimension befindet und sich nichtsdestotrotz in unseren Körpern manifestiert. Das Ereignis ist hier kein tiefer Einschnitt in der Geschichte, kein Bruch mit dem Vorhergegangenen. Es gehört in eine andere Zeit: die Zeit des Aufschubs bei Lyotard, die Zeit des Virtuellen bei Deleuze. Jede dieser beiden Auffassungen steht in einer spezifischen Relation zur physischen und emotionalen Ebene und fordert ein Überdenken von Körper und Empfindung.

Ich nenne sie die »maximalen« und »minimalen« Versionen des Ereignisses – eine Unterscheidung, die ausschließlich als vorübergehender, heuristischer Ansatzpunkt gedacht ist und in der Folge, so ist zu hoffen, zu einer weitaus differenzierteren Sicht der Dinge führen wird.

Das maximale Ereignis Die erste große Rückbesinnung auf das Ereignis und seine Einsetzung als Problem des 20. Jahrhunderts ist fraglos Martin Heidegger zuzuschreiben. Dessen Ereignisbegriff schließt zwei Bedeutungsebenen ein: erstens die konventionelle Deutung als Vorfall oder Geschehen und zweitens die verschiedenen Kombinationen mit dem Stamm »eigen«, das Eigene, Eigentliche.

Diese in den 1930er-Jahren aufgegriffene Thematik wurde zum Hauptgegenstand der postum erschienenen Studie *Beiträge zur Philosophie (Vom Ereignis)* (1936–1938) und taucht danach mehrfach in Heideggers Schriften auf.[3] In dieser Periode erfolgte eine Neuorientierung in Heideggers Denken, die er selbst als »Kehre« bezeichnete. Er wandte sich von der transzendent ausgerichteten Fundamentalontologie von *Sein und Zeit* (1927) ab und gelangte zu einem radikaleren Verständnis des Seins in der Zeit: Es ist das Sein selbst, das eine Zeitlichkeit, eine Geschichte hat, in dem Sinn, dass es sich als Wechselspiel zwischen »Anwesen« und »Abwesen« entfaltet, welches der durch den Prozess transformierten Menschheit eine Reihe von Horizonten eröffnet. Das Denken hat somit der Versuchung zu widerstehen, die Doppelbewegung des Anwesens und

[3] Für eine Einführung in Heideggers Verwendung des Ereignisbegriffs vgl. Daniela Vallega-Neu, »Ereignis. The Event of Appropriation«, in: Bret W. Davis (Hg.), *Martin Heidegger. Key Concepts*, Acumen, Durham, 2010, S. 140–154. Die bisher umfassendste Studie unternahm Friedrich-Wilhelm von Herrmann, *Wege ins Ereignis. Zu Heideggers »Beiträgen zur Philosophie«*, Klostermann, Frankfurt/M., 1994.

Abwesens durch die Anrufung von Grundprinzipien wie Idee, Form, Substanz, Gott, Subjekt – die elementare Operation der Metaphysik als Methode, die Vielheit der Wesen auf eine Einheit zurückzuführen – für alle Mal anzuhalten und sich stattdessen darauf vorzubereiten, die *Wahrheit* des Seins zu erfahren. Diese Wahrheit deutet Heidegger als Widerspiel von »Verbergung« und »Lichtung« im Sein selbst, dessen Spuren er im griechischen Wort für Wahrheit, *aletheia*, zu entdecken meint. Heidegger schwankt in der Einschätzung der Frage, ob diese Deutung schon den Vorsokratikern bekannt war, auf jeden Fall aber wurde sie von Platon nachhaltig verdunkelt.[4]

Die Überwindung der Metaphysik bedeutet indessen nicht, dass wir nun endlich ein wahres und richtiges Bild des Seins hätten, das systematisiert und zu einer Theorie ausgearbeitet werden könnte (wie es im Großen und Ganzen bei *Sein und Zeit* noch der Fall war). Vielmehr treten wir in eine *Wahrheit* ein, die ein Entziehen, ein Vergessen, ein Abwesen ist. Erst wenn wir uns von der Idee des Grunds, der Fundamentierung lösen (Heidegger nimmt hier zum Teil die späteren Diskussionen über den »erkenntnistheoretischen Fundamentalismus« in der analytischen Philosophie vorweg), können wir zu *denken* beginnen. Das Denken als Relation zu einer noch immer unnennbaren, uns entzogenen Offenheit wird für Heidegger zum Gegensatz der Philosophie, die er als Erbe des Platonismus versteht. Einer seiner letzten Aufsätze trägt den vielsagenden Titel »Das Ende der Philosophie und die Aufgabe des Denkens«.[5] Wenn die Überwindung der Metaphysik zurück zum Ursprung führt, ist dies keinesfalls im Sinne eines chronologischen Beginns zu deuten, sondern als »anderer Anfang«,[6] als Anfang also, der im Beginn verborgen lag, ohne realisiert zu werden. Die Rückwendung zur Antike ist keineswegs von reiner Nostalgie motiviert, sie wird in mindestens ebensolchem Maße von der Hoffnung getragen, die Möglichkeit eines zukünftigen Denkens freizusetzen.

In Heideggers Schriften aus den 1930er-Jahren nahm das Ereignis oft revolutionäre, ja fast apokalyptische Untertöne an, wie es auch bei ähnlichen Begriffen der Fall war, die in näherer Verbindung zu seiner Liaison mit dem Nationalsozialismus standen (die Aufsätze jener Zeit, die sich mit dem Ereignis befassen, sind einer »esoterischen« Phase zuzurechnen, in der er sich vom gegenwärtigen Moment distanzierte und deren Resultate bis in die späten 1980er-Jahre unveröffentlicht blieben). Desgleichen trat deutlich ein gewisser Dezisionismus hervor, der sich freilich konsequent und entschieden vom Vokabular der Subjektivität und des Willens distanzierte und die Geschichtlichkeit als eine Art Schicksal begriff, wie Heideggers Idee des Seins als Geschick ausdrückt. Einerseits wird das Ereignis, auf das sich der Denker vorbereitet, die moderne Welt von Grund auf verändern – unser Verhältnis zur Religion, zu den Künsten, zur Politik wie auch das Wesen unseres Seins in der Welt –, andererseits aber entgleitet uns die Bedeutung dieses Begriffs immer mehr, und die Frage, wie diese Veränderungen konkret aussehen und wie und von wem sie ausgeführt werden, bleibt unbeantwortet.

In der Nachkriegszeit verliert der Dezisionismus an Schärfe. Das Schwergewicht liegt nun auf einem hinhörenden, kontemplativen Denken, das

[4] Vgl. Martin Heidegger, »Platons Lehre von der Wahrheit« [1931/1932, 1940], in: ders., *Wegmarken (1919–1961)*, Gesamtausgabe, I. Abt., Bd. 9, Klostermann, Frankfurt/M., 1976, S. 203–238.

[5] Martin Heidegger, »Das Ende der Philosophie und die Aufgabe des Denkens« [1964], in: ders., *Zur Sache des Denkens (1962–1964)*, Gesamtausgabe, I. Abt., Bd. 14, Klostermann, Frankfurt/M., 2007, S. 67–90.

[6] »Der Beginn des Abendländischen Denkens ist nicht das Gleiche wie der Anfang. Wohl aber ist er die Verhüllung des Anfangs und sogar eine unumgängliche. Wenn es sich so verhält, dann zeigt sich die Vergessenheit in einem anderen Licht. Der Anfang verbirgt sich im Beginn.« Martin Heidegger, *Was heißt Denken?*, Niemeyer, Tübingen, 1954, S. 98.

auf jeden direkten Eingriff in die Realität verzichtet. Der Dialog mit der Kunst, der schon seit den 1930er-Jahren andauerte und in Friedrich Hölderlin jenen Dichter erkannte, der bereits auf den anderen Anfang hingedeutet und somit ein bestimmtes deutsches Schicksal vorhergesehen hatte, gerät jetzt zur Bemühung, in der Sprache zu wohnen, in der Welt zu Hause zu sein, und nimmt in den Meditationen über das Geviert (Himmel und Erde, Sterbliche und Göttliche) mythopoetische Gestalt an.[7] Wir haben uns das Ereignis nicht mehr als Loslösung von der Tradition der Metaphysik durch ein singuläres Vorkommnis vorzustellen, sondern als Transformation unserer Beziehung zu dem, was uns am nächsten steht. Im Zuge dieses Wandels müssen wir uns darauf vorbereiten, dass die Beziehung zwischen Sein und Mensch eine neue Form annimmt, für die Heidegger wiederholt einen Begriff von Meister Eckhart entlehnt: den der Gelassenheit, einer Entlassung aus der metaphysischen Tradition.[8]

[7] Eine eingehende Studie des Gevierts bei Heidegger verfasste Jean-François Mattéi, *Heidegger et Hölderlin. Le quadriparti*, PUF, Paris, 2001.

[8] Siehe Martin Heidegger, »Zur Erörterung der Gelassenheit. Aus einem Feldweggespräch über das Denken« [1944/1945], in: ders., *Aus der Erfahrung des Denkens (1910–1976)*, Gesamtausgabe, I. Abt., Bd. 13, Klostermann, Frankfurt/M., 1983, S. 37–74.

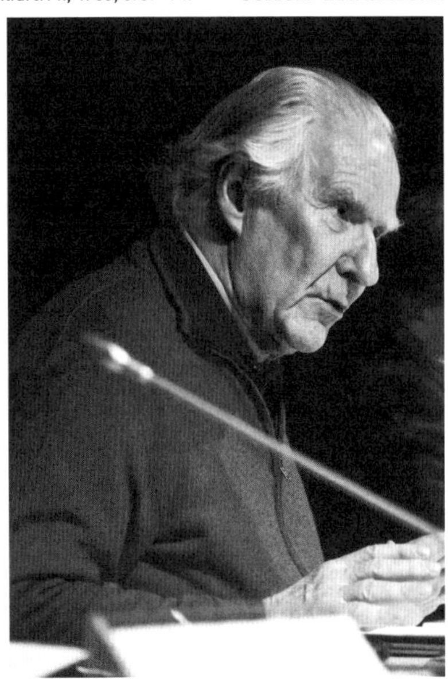

Alain Badiou (geb. 1937)

Die Entscheidung, ob eine solche Kehre ins Ereignis stattfinden wird oder nicht, betont Heidegger, liege nicht beim menschlichen Willen, bei einem einzelnen Denker oder einer Gruppe von Individuen, sie liege allein beim Sein selbst, obwohl uns dieses als Gegenüber benötigt. Das Ereignis wäre somit eine Kehre innerhalb des Seins selbst – ein Ereignis, das nicht von unserer Entscheidung abhängig ist und unserer doch als Empfänger und Bedingte bedarf. Heidegger versteht das Ereignis immer mehr als »Gabe«, die in zahlreichen Texten, kulminierend im Vortrag »Zeit und Sein« (1962), als ein »Es gibt« beschrieben wird. Wir können nicht sagen, dass Sein und Zeit sind, argumentiert Heidegger, denn diese würden dadurch zu bloß Seienden werden, wir können nur sagen: »Es gibt Sein, es gibt Zeit.« In einem späteren Zug wird dieses »es« zum »Es« und mit dem Ereignis gleichgesetzt. Das Ereignis ist das, was Sein und Zeit als jene Offenheit gibt, in welcher der Mensch denken und nachdenken kann. Doch das Geben bleibt als solches – ebenso wie das Anwesen des Seins – dem Menschen entzogen, um *das*, was das Wesen des Seienden in seiner jeweiligen Singularität oder Allgemeinheit konstituiert, erscheinen zu lassen.

Bekanntlich vertrat Alain Badiou ursprünglich eine Position, die in scharfem Gegensatz zu Heidegger stand, speziell was Fragen der Ontologie betraf. Im Hinblick auf das Ereignis, das die andere Hälfte von Badious wiedererwecktem Platonismus ausmacht, zeigen sich indessen zahlreiche Parallelen. Die Ontologie, erklärt Badiou zu Beginn des ersten Bands von *Das Sein und das Ereignis* (1988), ist identisch mit der Mathematik, die ihrerseits im Wesentlichen mit der Mengenlehre zusammenfällt. Dieses radikale Manöver entzieht der traditionellen Metaphysik ihr Objekt: Sein ist keine Einheit, kein All-Eines, sondern eine Menge von Mengen von Mengen ad infinitum; Einheit ist nichts als die »Zählung-als-Eins« oder die Klassifizierung als Element einer Menge. Heidegger sah die Ontologie (es kam allerdings zu häufigen Terminologiewechseln und nach der *Einführung in die Metaphysik* von 1935 hat er das Wort Ontologie bewusst vermieden) als lange Kette von Versuchen, das Sein des Seienden zu benennen, für Badiou ist sie schlicht gleichbedeutend mit der Mathematik.

Die Gleichsetzung verfolgt jedoch nicht das Ziel, wie man vielleicht annehmen möchte, die Philosophie mit der Mathematik oder der Wissenschaft zu verschmelzen. Badious Ansatz wäre dann etwa jenem von Willard Van Orman Quine verwandt, in dessen Werk ein ähnliches ontologisches Engagement zu einem vollständigen Naturalismus führt.[9] Trotz aller Verweise auf die Mathematik sollte Badious Projekt als Versuch interpretiert werden, sich der Ontologie *und* der Mathematik zu entwinden.[10] Für Badiou verfügt die Philosophie über »Suturen« zu vier anderen Sphären – Wissenschaft, Kunst, Politik und Liebe –, doch bestand seit jeher das Problem, dass sie sich jeweils immer nur in einer spiegelte: der Positivismus in der Wissenschaft, eine gewisse Tendenz der europäischen Philosophie von Friedrich Nietzsche bis Heidegger in der Kunst, der Marxismus in der Politik und die Psychoanalyse in der Liebe (die hermetischste Richtung, die sich primär auf Jacques Lacan bezieht). Die Philosophie darf nicht aufhören, aus allen vier Sphären zu schöpfen, muss dabei aber vermeiden, sich mit einer einzelnen zu identifizieren. Sie hat die Aufgabe, philosophische Konzepte zu formulieren, die uns helfen, die spezifische Natur der in den benachbarten Sphären auftretenden Ereignisse zu verstehen. Die Suturen werden und sollen bestehen bleiben, doch sobald eine bevorzugt wird, verliert die Philosophie ihre Spezifität.

Dies ist der Grund, warum die anfängliche Entleerung der Ontologie nur einen ersten Schritt darstellt, der es möglich macht, das Ereignis als das zu konzipieren, was absolut über eine beliebige gegebene Menge oder »Situation« hinausgeht. Das Ereignis ist das, was nicht vorhergesehen und berechnet werden kann, was aus den Bedingungen der aktuellen Situation völlig unverständlich bleibt. Es gibt keine festen Regeln, die es verifizieren könnten. Anstatt neue richtige Erkenntnisse zu enthüllen, eröffnet das Ereignis die *Wahrheit*, die sich – auf nicht unähnliche Art wie Heideggers *aletheia* – als Offenheit konkretisiert, die neue Dinge zu erkennen gibt und den Bezugsrahmen des Denkens verändert. Stärker noch als bei Heidegger, der das verändernde Ereignis als Teil der Geschichte des Seins begreift, innerhalb derer kein Schritt gleich ist und doch jeder einem übergeordneten Selben angehört, das Badiou ausdrücklich ablehnt, stellt sich zu dessen These die Frage, wie ein Ereignis von solch exzessivem Charakter überhaupt erkennbar sein soll.

Zum einen könnte man antworten, dass das Ereignis im Moment seines Eintretens einfach nicht ermessen werden *kann* – das Urteil erfolgt immer erst im Nachhinein. Erst wenn wir seine Nachwirkungen spüren, werden wir aufmerksam und beginnen zu denken. Aus diesem Grund fordert das Ereignis Badiou'scher Prägung persönliche Hingabe, eine subjektive Bindung, ja sogar eine Art Unterwerfung von jenen »Kämpfern«, die sich – in einem Akt reiner, zweckloser Freiheit – dafür entscheiden, seiner Wahrheit zu gehorchen. Es gibt kein Subjekt der Wahrheit im Sinne eines transzendentalen Subjekts, das seine Bedingungen der Möglichkeit

[9] Quines Naturalismus negiert implizit die Notwendigkeit einer Epistemologie oder einer Ersten Philosophie, da er die Naturwissenschaften als letzte Instanz der Wahrheitsbestimmung ansieht. Sein klassischer Kommentar befindet sich in dem Aufsatz »Naturalisierte Erkenntnistheorie«, in: Willard Van Orman Quine, *Ontologische Relativität und andere Schriften*, Klostermann, Frankfurt/M., 2003, S. 85–106.

[10] An dieser Stelle muss angemerkt werden, dass Badious Idee des Seins als Vielheit (oder besser: als Vielheit von Vielheiten) natürlich weder als Satz der Mengenlehre noch irgendeiner anderen Wissenschaft (innerhalb oder außerhalb der Naturwissenschaften) aufzufassen ist, sondern für sich eine metaphysische Interpretation der Mengenlehre darstellt, die keinerlei zwingende Gültigkeit hat. Wie es sich ja auch bei anderen Schlüssen, die Badiou aus der Mathematik zieht, um mehr oder weniger imaginäre Projektionen in andere Disziplinen handelt. In dieser Hinsicht kann sein Werk nicht als Beitrag zur Mengenlehre verstanden werden, vielmehr liefert es eine *spekulative Interpretation* derselben. Die Stringenz und Präzision, die er für seine Analogien in Anspruch zu nehmen scheint, sind eher als rhetorische Formel zu deuten, womit nicht ihr anregender Gehalt oder ihre philosophische Geltung infrage gestellt seien. Die Philosophie, schreibt Badiou, sucht die Idee des Ereignisses als »Trans-Sein« zu artikulieren und ist in diesem Sinn »eine Theorie des Unmöglichen, das der Mathematik eignet«. Alain Badiou, *Gott ist tot. Kurze Abhandlung über eine Ontologie des Übergangs*, Turia + Kant, Wien, 2002, S. 57.

[11] Dieselbe Position des Subjekts nennt auch der Titel einer der besten Einführungen in Badious Philosophie: Peter Hallward, *Badiou. A Subject to Truth*, University of Minnesota Press, Minneapolis, 2003.

in sich trägt, sondern nur ein der Wahrheit *unterworfenes* Subjekt,[11] das sich aus freiem Willen der Wahrheit beugt und eine Position der »subjektiven Allgemeingültigkeit« einnimmt. Für Badiou bestätigt sich dadurch die Freiheit der Philosophie, die eine radikale Entscheidung voraussetzt. Obwohl Badiou auch in der Mathematik Analogien einer solch rückhaltlosen Freiheit ausmacht – besonders im Fall von Hypothesen, die sich als nicht entscheidbar erweisen, und wir sodann selbst zu bestimmen haben, wie es weitergehen soll –, scheint deren Ursprung doch eher in einer philosophischen *Idee* von Politik und Kunst zu liegen, was ihn vom entgegengesetzten Ende erstaunlich nahe an bestimmte Aspekte des Heidegger'schen Denkens heranbringt. Mehrfach werden politische (die Französische, die Russische, die Kulturrevolution in China) und künstlerische Revolutionen (Joseph Haydns Erfindung des klassischen Stils aus der »Situation« des Barock oder Arnold Schönbergs Erfindung der Zwölftonmusik aus der »Situation« der sich auflösenden Tonalität) als Beispiele herangezogen. Bisweilen nimmt Badious Theorie sogar religiöse Züge an. Man beachte etwa sein Buch über Paulus oder seine häufige Erwähnung des Glaubensarguments der Pascal'schen Wette als Muster einer philosophischen Entscheidung.[12]

[12] Siehe Alain Badiou, *Paulus. Die Begründung des Universalismus*, diaphanes, Berlin, 2002. Zur Pascal'schen Wette vgl. Alain Badiou, *Das Sein und das Ereignis*, diaphanes, Berlin, 2005, S. 241–252.

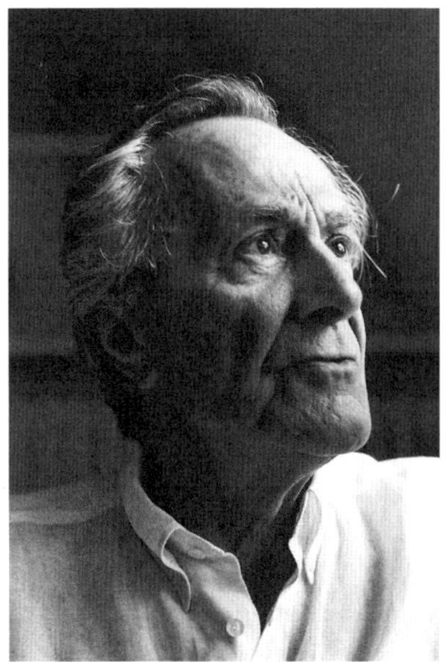

Jean-François Lyotard (1924–1998)

[13] Vgl. Geoffrey Bennington, *Lyotard. Writing the Event*, Manchester University Press, Manchester, 1988.

[14] Jean-François Lyotard, *Discours, figure*, Klincksieck, Paris, 1971, S. 21.

Das minimale Ereignis Wie jene Badious nährt sich auch Jean-François Lyotards Konzeption des Ereignisses, die ein durchgängiges, wenn auch nicht immer zentrales Motiv seines Werks darstellt,[13] aus der Kritik an der Phänomenologie. Auch er wendet sich an die Psychoanalyse, allerdings primär an Sigmund Freud und nicht an Lacan. In Lyotards Frühwerk, das mit *Discours, figure* (1971) einen ersten Höhepunkt erreicht, werden die Phänomenologie und insbesondere die Thesen Maurice Merleau-Pontys noch zur Verteidigung des Auges und des Sehfelds gegen den Ansturm des Strukturalismus und der Sprachwissenschaft instrumentalisiert. Doch allzu bald erweist sich die Phänomenologie als Strategie der Beschwichtigung und Reduktion vis-à-vis einer Wahrheit, die »detoniert«, die das tradierte Schema Aktivität/Passivität destabilisiert und stattdessen als »Geben«, als »Gebung« aufgefasst werden muss, was zuvorderst einen Entzug des Sinns bedingt. Die Ereignishaftigkeit der »Geste«, die bei Merleau-Ponty in einer Art Wechselgespräch Sinn aus der Welt extrahiert, bleibt, so Lyotard, an ein Subjekt der Konstitution gebunden. Und die Passivität der Wahrnehmungssynthese, in der sich die *Gebung* des Sichtbaren vollziehen soll, gerät unwillkürlich in Gegensatz zur gerichteten Aktivität, was dazu führt, dass wir sie als fundamentale Stütze begreifen. Die Phänomenologie der Wahrnehmung konstruiert eine Raumzeit, die tiefer und flüssiger ist als die Kant'schen Formen der Anschauung, die der Geometrie und Arithmetik bedürfen. Sie verweist auf ein Feld des vorbegrifflichen Sinns, in dem Ereignisse stattfinden, doch aufgrund ihrer Neigung, diese in das bereits Gewohnte einzufügen und einzuordnen, gelingt es ihr nicht, das *Hereinbrechen* der Ereignisse zu erklären. »Die Phänomenologie«, folgert Lyotard, »ist außerstande, die Gebung zu erreichen, da sie der Tradition der abendländischen Philosophie treu bleibend die Reflexion über das Wissen fortsetzt, und der Zweck einer solchen Reflexion ist die Neutralisierung des Ereignisses, die Wiedergewinnung des Anderen im Selben.«[14] Das Ereignis kann nicht aus dem bereits ausgeformten Körper kommen oder aus der den Sinn verwahrenden Welt – derartige Behauptungen stellen sicher, dass die Phänomenologie der Wahrnehmung eine »glückliche Philosophie« bleibt. Die Wahrheit, insistiert Lyotard mit einem Seitenblick auf Freud, ist das, was die Konstitution überschwemmt oder sie vielmehr zerreißt, anstatt unser Verhältnis zur Welt zu stützen und zu festigen.

Die Freud'sche Psychoanalyse und die Idee des Unbewussten als radikaler Bruch des Nexus zwischen Welt und Wort ersetzen im zweiten Teil des Buchs Schritt für Schritt das noch immer zu friedfertige, fromme, harmonische »Element« des phänomenologischen Fleisches. Sogar die »Lateralität« des Sinns, die Merleau-Ponty in seiner späteren Phänomenologie des Fleisches der Welt postuliert, reicht nicht aus, weil sie an der Idee einer präexistenten Harmonie von Sprache und Sein festhält, während die wahrhaftige Artikulation von Diskurs und Figur der Ordnung eines Unbewussten angehört, das alle Grundfesten restlos beseitigt – am Ende auch das Fundament der Psychoanalyse selbst, in dem Maß, in dem diese bemüht ist, sich als systematische Theorie zu konstituieren. Lyotard geht mit diesem Schluss zweifellos über Freud hinaus und nähert sich bestimmten Überlegungen Lacans aus derselben Zeit.[15]

In der zweiten Hälfte der 1970er-Jahre entfernte sich Lyotard von der Freud'schen Basis seiner früheren Studien. Er entwickelte eine Philosophie der Sprache, die Immanuel Kant und Ludwig Wittgenstein verpflichtet ist. Auch wenn dies bedeutet, dass der Abstieg in ein Unbewusstes, das uns zumindest vorübergehend enteignet, offenbar eine transzendente Illusion bleibt, so existiert dessen ungeachtet das Ereignis fort, obschon in einer neuen Form. In der Philosophie der »Sätze«, die er in *Der Widerstreit* (1983) formuliert, wird das Ereignis zur Ankunft oder zum Geschehnis eines Satzes: »Es gibt« (*il y a*, mit unmissverständlichen Anklängen an Heideggers »Es gibt«) einen weiteren Satz, der dem vorhergehenden folgt, und kein Nichts. Der Hiatus entsteht nicht durch Gewalt oder Zwang, er ist Freiheit und Offenheit, und beide wurzeln letztendlich darin, wie Sein und Zeit uns gegeben sind: als Bruch, Riss, Erschütterung, Entzug. Die Umschreibung dieses Entzugs wird für Lyotard mehr und mehr zum Inhalt der Philosophie. Sie liegt verdeckt unter seinem Diskurs über Techno-Wissenschaft und Performanz wie auch über die Konsenstheorie nach Jürgen Habermas.[16]

Ein weiterer Aspekt dieser Entwicklung offenbart sich in Lyotards Versuch, das »Erhabene« wieder als fundamentale ästhetische Kategorie der Avantgarde einzusetzen – er bezeichnete sie auch gerne als »anästhetisch«, da sie sich der Vereinnahmung durch den Sinn widersetzt.[17] Er wurde in diesem Punkt häufig von seinen Kritikern missverstanden: Es ging ihm nicht einfach darum, die Dimension der Größe und Macht wiederzugewinnen, die

[15] Vgl. Jacques Lacan, *Das Seminar von Jacques Lacan, Buch XX (1972–1973). Encore*, Quadriga, Weinheim, Berlin, 1986, wo Lacan die Idee anspricht, die Psychoanalyse mittels der »Matheme« zu formalisieren und dadurch an ihren äußeren Rand zu drängen, um dort das *pas-tout* (Nicht-Alles) der Theorie zu entdecken. Lacans Begriff »Mathem« übte starken Einfluss auf Badious Idee der »Entscheidung« aus, durch die sich die Philosophie von ihrer Suture mit der Poesie löst. Seine Interpretation der Psychoanalyse führte ihn jedoch in die entgegengesetzte Richtung von Lyotards Analyse von Berührung und Affektivität.

[16] Vgl. Jürgen Habermas, *Theorie des kommunikativen Handelns*, 2 Bde., Suhrkamp, Frankfurt/M., 1981. Der Meinungsaustausch zwischen Habermas und Lyotard über die Postmoderne erfolgte größtenteils indirekt, da Habermas den Begriff merkwürdigerweise auf Derrida und Michel Foucault zurückführte, obwohl dieser bei keinem der beiden je aufscheint; siehe Jürgen Habermas, *Der philosophische Diskurs der Moderne. Zwölf Vorlesungen*, Suhrkamp, Frankfurt/M., 1985.

[17] Vgl. z. B. Jean-François Lyotard, *Heidegger und »die Juden«*, Passagen, Wien, 2005. Lyotards Interpretation des kantischen Erhabenen als Zäsur, Riss, Bruch usw. durchlief mehrere Phasen. Lyotards systematischste Überschau ist *Die Analytik des Erhabenen. Kant-Lektionen. Kritik der Urteilskraft 23–29*, Fink, München, 1994.

dieser Tradition von Kant bis Barnett Newman zukam, oder einmal mehr auf die Rechte des Künstlergenies gegenüber dem erstarrten Geschmackskanon zu pochen, sondern darum, auf die kaum wahrnehmbaren Ereignisse hinzuweisen, die der Bestimmung in der Wahrnehmung vorausgehen, auf die unfassbaren »Berührungen«, die das Bewusstsein nicht erhaschen und erst im Nachhinein begreifen kann, durch einen Akt der Anamnese dessen, was im Denken stets vergessen liegt.

In seinem späteren Werk kehrte Lyotard zu Freud zurück. Die ereignishafte, temporale Struktur des Erhabenen findet ein Echo in Freuds Idee der Nachträglichkeit und in der Stellung der Affektivität in der Psychoanalyse.[18] Die Annäherung an diesen Entzug kann als »Lektüre der Kindheit« inszeniert werden oder als »Kindheitslektüre«, wie der Titel einer Aufsatzsammlung lautet.[19] Dabei wird eine Struktur freigelegt, die Lyotard später »Passibilität« nannte, eine gesteigerte Gefühlsempfänglichkeit, die er mit einer Empfindung verglich. Die Passibilität, so Lyotard, ist »der unmittelbare Empfang dessen, was gegeben ist«, denn erst durch die Möglichkeit der Erfahrung wird die Gebung (*donation*) gesetzt. Die *donation*, »die vor (vielmehr *in*) allem Erfassen oder Konzeptualisieren empfunden wird, gibt der Reflexion, dem Begriff *Stoff* (*matière*) und *darauf*, für sie, werden wir unsere Philosophie der Ästhetik und unsere Kommunikationstheorien aufbauen.«[20]

Wie bei Lyotard durchzieht die Beschäftigung mit dem Ereignis auch bei Gilles Deleuze das gesamte Werk. Es wurde als eines seiner tiefgründigsten Motive bezeichnet.[21] Frühe Spuren finden sich bereits in seinem ersten Buch *David Hume* (1953), dessen Interpretation des englischen Philosophen als Gegenentwurf zur Phänomenologie und als Erklärung der Erfahrungsbildung aus nicht- oder präsubjektiven Singularitäten gewertet werden kann. Die Theorie des Ereignisses in Bezug auf ein transzendentales Feld ohne Selbst wird erstmals systematisch in *Logik des Sinns* (1969) aufgearbeitet, abgeleitet aus der Idee körperloser Wesen der Stoa.[22] Die Stoiker orteten das Ereignis außerhalb der Zustände und Wechselwirkungen der Körper. Es ist gleich dem Wortsinn stofflos und schwebt über seiner Materialisierung, mit der es ständig verbunden bleibt, da es durch sie konkretisiert wird. Während Körper und deren Handlungen in *Chronos*, der erweiterten Gegenwart, existieren, gehören Ereignis und Sinn in die Sphäre des *Äons*, der Ewigkeit, die sich über sie hinaus ausweitet und jede singuläre Aktualität zersplittert.

In Deleuzes Denken der späten 1960er-Jahre affirmieren Werden und Ereignis das Differente und die Differenz als solche. Es gibt so etwas wie »Sein«, das einzigartige Ereignis, das alle Ereignisse miteinander kommunizieren lässt. Dies geschieht durch »das Inkompossible«, das »nun ein Kommunikationsmittel« wird. Das Sein ist eine »Resonanz des Verschiedenartigen«, durch die dem Selbst, der Welt und Gott »ein gemeinsamer Tod zugunsten der divergenten Serien als solchen« bereitet wird, wo nichts subsistiert außer »dem Ereignis, dem Ereignis allein, *Eventum tantum* für alle Gegensätze, das mit sich selbst durch seine eigene Distanz kommuniziert und dabei durch all seine Disjunktionen hindurch widerhallt«.[23] Diese Auflösung ist gleichwohl nicht bloß negativer Natur, sie begründet auch eine Form der

[18] Vgl. Jean-François Lyotard, »Emma« [1989], in: Hans Ulrich Gumbrecht und Karl Ludwig Pfeiffer (Hg.), *Paradoxien, Dissonanzen, Zusammenbrüche. Situationen offener Epistemologie*, Suhrkamp, Frankfurt/M., 1991, S. 671–708.

[19] Vgl. Jean-François Lyotard, *Kindheitslektüren*, Passagen, Wien, 1995.

[20] Jean-François Lyotard, »So etwas wie: ›Kommunikation … ohne Kommunikation‹«, in: ders., *Das Inhumane. Plaudereien über die Zeit*, Passagen, Wien, 2006, S. 127–137, S. 130. Lyotard verknüpft diese Fragen an mehreren Stellen mit Heideggers Denken über das Ereignis und das »Es gibt«. Hier sei noch angemerkt, dass der Begriff der Passibilität einen wichtigen Ursprung in Edmund Husserls extensiver Analyse der passiven Synthesis hat, die heute zum Ausgangspunkt zahlreicher Debatten über die zeitgenössische Phänomenologie einer »radikalen Passivität« geworden ist. Vgl. Didier Franck, *Dramatique des phénomènes*, PUF, Paris, 2001.

[21] Vgl. François Zourabichvili, *Deleuze. Une philosophie de l'événement*, PUF, Paris, 1994.

[22] Deleuze bezieht sich hier auf Emile Bréhier, *La théorie des incorporels dans l'ancien stoïcisme*, Vrin, Paris, 1928 und Victor Goldschmidt, *Le système stoïcien et l'idée de temps*, Vrin, Paris, 1953. Allerdings finden sich in den erhaltenen Schriften kaum Ansatzpunkte für Deleuzes Theorie (insbesondere für seine beiden Zeitbegriffe), die vielmehr auf Henri Bergson zurückgreift. Vgl. John Sellars, »Aiôn and Chronos. Deleuze and the Stoic Theory of Time«, in: Robin Mackay (Hg.), *Collapse. Philosophical Research and Development. Volume III*, Urbanomic, Falmouth, 2007, S. 177–205.

[23] Gilles Deleuze, *Logik des Sinns*, Suhrkamp, Frankfurt/M., 1989, S. 216, 218ff.

Ethik: Wenn sich das Ereignis in unseren Körpern und Zuständen als das,
was immer zu groß für uns ist, manifestiert, verlangt es damit, dass wir »dessen würdig werden, was uns zustößt« – ein Amor Fati also, den Deleuze
auch bei Nietzsche vorfindet.[24]

Später bediente sich Deleuze des Ereignisbegriffs als Mittel, die Sub-
jektkonstruktion zu denken, speziell im Buch *Die Falte. Leibniz und der
Barock* (1988), dessen Analyse der Falte ein Thema aus seinem *Foucault*
(1986) aufnimmt, wo er sie ausdrücklich als Bewegung
der »Subjektivierung« verstand (während das Ereignis
nur am Rande behandelt wurde). Bei Gottfried Wilhelm Leibniz entdeckt er eine »barocke Grammatik«,
in der die Prädikate der Seele nicht Attribute, sondern
Ereignisse sind, die das, was implizit in der Monade enthalten war, in der Zeit explizieren. Deleuze begreift das
Subjekt als etwas, das eine Reihe von Prädikaten »ein-
schließt«.[25] Das Denken ist nicht die Essenz oder das
Attribut einer Substanz wie im kartesischen *ego sum res
cogitans* (»Ich bin ein Ding, das denkt«, also ein Ding,
das das Denken als essenzielles Attribut *hat*), es ist der
Übergang von einem Zustand in einen anderen. Wenn
die Welt einer unendlichen Reihe von Ereignissen entspricht, dann gehört sie auch dem dunklen Grund der
Monade an. Ihre Individualität, das *Wie* ihres Seins,
läge somit in der »Manier« (*les manières* schreibt Leibniz) ihres Wechsels von einem Zustand zum nächsten, in der Art, wie sie
ihre Ereignisse verknüpft und wie sie das, was im dunklen Grund eingeschlossen liegt, zur Klarheit bringt. Deleuze besteht darauf, dass wir uns
die Leibniz'sche Philosophie – im Gegensatz zur geometrischen Klarheit
von Descartes – als Theorie stufenweiser Auf- und Abstiege vorzustellen
haben, als elementaren *Manierismus*, als kontinuierliche Modulation und
Variation anstelle eines Essenzialismus, in dem das Subjekt Prädikate *hat*.
Deleuze reiht Leibniz in diese lange Tradition ein. Er verweist erneut auf
die Stoa sowie in der Philosophie des 20. Jahrhunderts auf Alfred North
Whitehead, für den die Frage einer Ontologie des Ereignisses wesentlich
mit der Idee der Divergenz verbunden war. Wie können wir die Produktion des Neuen denken? Wie kann das Ereignis vom platonischen Modell
abgekoppelt werden? Whiteheads Konzept der »Prehension« belegt seine
tiefe Verbindung zu Leibniz, befindet Deleuze, wenngleich es weit über
dessen theozentrisches Modell hinausgeht.[26] Prehension ist das Erfassen
eines »Datums«; das Individuum ist die »Konkreszenz«, das schritt-
weise Zusammenwachsen solcher Daten. Jede Entität wäre folglich als
Zusammensetzung aus Erfassendem und Erfasst-Werdendem zu verstehen, wobei es sich bei Ersterem um kein vorgegebenes Subjekt handelt,
sondern um ein »Superjekt«, ein »Überworfenes« (in einer Umkehrung
des aristotelischen und kartesischen Schemas), ein Element, das seinerseits aus einem anderen Akt der Prehension hervorgeht. Das Ereignis ist
ein »Nexus« derartiger Prehensionen und als solcher keine Abschließung
wie der Leibniz'sche Punkt der Individuation, es konstituiert sich vielmehr

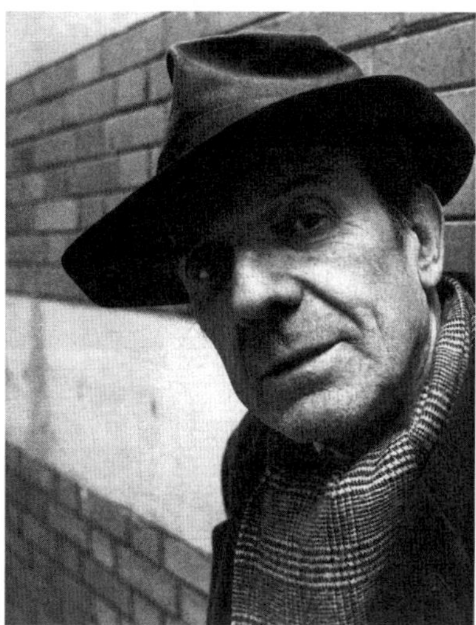
Gilles Deleuze (1925–1995)

24 Ibid., S. 187. Vgl. auch Gilles Deleuze, *Nietzsche und die Philosophie*, Syndikat, Frankfurt/M., 1985, besonders S. 31 über den »Würfelwurf« bei Stéphane Mallarmé und Nietzsche.

25 Gilles Deleuze, *Die Falte. Leibniz und der Barock*, Suhrkamp, Frankfurt/M., 1988, Kapitel 4.

26 Ibid., Kapitel 6.

als fundamentale Offenheit: Jede Prehension ist immer schon die Prehension einer anderen Prehension, sodass die entstehenden Entitäten in den Zustand reiner Variabilität übergehen. Wir haben uns das Subjekt als Einschließung oder Umhüllung vorzustellen, als Faltung auf einem transzendentalen Feld, das ihm vorhergeht, nicht als Grund, sondern als Milieu für die Entität.

Eine künstlerische Aufführung lässt sich als prozess-orientierte Entfaltung dessen, was aufgeführt wird, definieren. Im Hinblick auf performative Praktiken stellt sich auf theoretischer und philosophischer Ebene häufig die Frage, ob eine Aufführungshandlung (als Darbietung einer Theaterrolle oder eines Musikstücks) im Kontext ihrer Aktualisierung überhaupt als Ereignis gilt oder als untergeordnete Praxis der Wiederholung eines vorgängigen »Texts« keine eigenständige Bedeutung hat. Jacques Derrida betrachtete die aufführende Aktualisierung beispielsweise als Effekt eines Erregungszustands des Bewusstseins, das nach Idealisierung und metaphysischer Durchdringung strebt. Im Unterschied dazu fasste Gilles Deleuze performative Akte als komplexe Handlungen auf, die einerseits eine elementare Verbindung zum Sein wahren, andererseits über die menschliche Existenz hinausweisen und selbst Ereignis werden. Im Folgenden wird den konträren Ansätzen zu einer Anthropologie des Performativen bei Derrida und Deleuze nachgegangen und gezeigt, inwiefern Theatralität erst aus der Verknüpfung mit dem Ereignis entsteht.

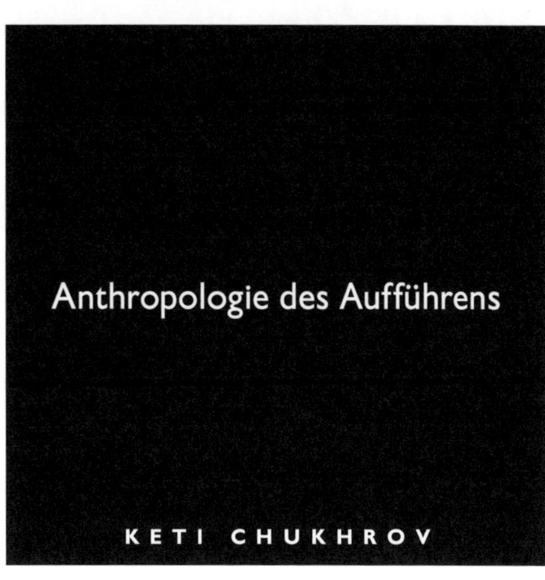

Das Schweigen der *différance*[1] In seinem Werk *Grammatologie* kritisiert Derrida Funktion und Stellenwert der Stimme vor dem Hintergrund einer kryptologischen Haltung in Bezug auf jede Art von Äußerungsakt. Einem Geschehen im Hier und Jetzt kann, so Derrida, kein Ereignisstatus zukommen, da es nur Supplement der totalitären Beharrlichkeit der *écriture* und *différance* ist. Alle performativen Praktiken, die mit Stimme arbeiten (vor allem Theateraufführungen und musikalische Darbietungen), erzeugen somit nur die Illusion eines Ereignisses. Singuläre Bedeutung kommt ihnen im Unterschied zur *écriture* nicht zu, denn mündliche Äußerungen stehen in einem bloß ergänzenden Verhältnis zur *différance*. Derrida stellt *haecceitas* – die Diesheit eines sich entfaltenden Akts – in Abrede. Das performative Ereignis findet nicht statt, es wird beständig verschoben, aufgeschoben und eingeklammert. Bedeutung und Aussage können nach Derrida nur innerhalb einer Ordnung von Streuung, Dissemination und Dekonstruktion entstehen. Die Stimme stellt laut Derrida die Illusion der phonetischen und prosodischen Substanz von Sprache wieder her, wobei diese im Unterschied zum kryptischen Geheimnis und der hieroglyphischen Buchstäblichkeit des Schweigens der Schrift in der Logik der Metaphysik begründet ist. Die Aussage ist unsagbar, daher muss es in der Kunst mit den ihr jeweils eigenen Ausdrucksmitteln des Theaters, der Musik oder der Malerei stets um diese Unsagbarkeit gehen.
Im Vergleich der beiden Ausdruckssubstanzen des Grafischen und Phonetischen erkennt Derrida keinen Mehrwert des stimmlichen Zeichens gegenüber der *écriture*. Die Stimme ist eine Täuschung, denn jenseits von Semiologie, außerhalb der Sprache gibt es sie nicht. Weder die Aufführungszeit oder die Situation noch die Kontingenz in der Entwicklung weisen nach Derrida eine spezifische Form der Temporalität auf, die sie – etwa im Hinblick auf

[1] Derrida änderte die Schreibweise des französischen Substantivs *différence* ab, um den endlosen Prozess der Differenzierung hervorzuheben: *différance*.

Intensität – von der allgemeinen Zeit unterscheiden würde. All das steht für Derrida im Widerspruch zum performativen Ereignis und zieht die Möglichkeit des Ereignisses überhaupt in Zweifel.

Der autobiografische Film *Derrida, Anderswo* (1998) von Safa Fatih enthält ein anschauliches Beispiel für Derridas antiperformative Haltung. An einer Stelle reflektiert er über den Akt der Vergebung. Bittet man um Verzeihung, muss man zwar bestimmte Wörter äußern, doch die Absicht, um Verzeihung zu bitten, ist letztlich entscheidender als der Sprechakt oder die Formulierung. Diese Entscheidung vollzieht sich auf der Hinterbühne des Sprechens, jenseits des performativen Hier und Jetzt. Wie aber lässt sich der Akt der Vergebung kommunizieren, wenn er nicht in einer Sprechhandlung vollzogen wird? Derridas Antwort lautet, dass eine Inszenierung der Bitte um Vergebung nicht nötig ist. Sollte überhaupt eine Entscheidung darüber möglich sein, fiele sie ohnehin im aufschiebenden Grenzraum der *différance*, der weder durch Präsenz noch durch Aktualisierung gekennzeichnet ist. Obwohl er sich hier ausdrücklich auf theatrale Inszenierungen bezieht, gilt sein Interesse nicht dem eigentlichen Bühnengeschehen, stattdessen ist sein Augenmerk auf die Szene hinter dem noch geschlossenen Vorhang gerichtet, bevor das Schauspiel beginnt. Diesen kurzen Augenblick des Verharrens in der Falte zwischen Darstellung und Nichtdarstellung bezeichnet er als ein Geheimnis, das weder anwesend noch abwesend, weder hier noch dort ist. In diesem Fall erscheint die Stimme also als ein semiotisches Mittel unter vielen, durch das der Entschluss, um Vergebung zu bitten, artikuliert werden könnte. Es gibt folglich keinen wesentlichen Unterschied zwischen der Stimme als Beweis für Vergebung und einer juristisch verbindlichen Unterschrift, einem Siegel oder anderen Formen des geschriebenen Worts, die denselben Zweck erfüllen könnten. Derrida behauptet also, dass, so die Entscheidung zu fällen wäre, ihre performative Aktualisierung überflüssig und redundant sei.

Auch Philippe Lacoue-Labarthe analysiert in seinen Arbeiten Tragödie und Theater der Moderne als spekulative Differenz und Dekonstruktion.[2] Im Mittelpunkt seines spekulativen Theaters steht die Zäsur, die Lacoue-Labarthe als Rückzug und Sprachlähmung des gesprochenen Worts im Zusammenhang von Wahrheit und Erhabenheit interpretiert. Für Deleuze hingegen stellt die Zäsur keineswegs ein bloßes Verstummen dar, sondern die produktive Bruchstelle, aus der heraus sich eine neue Zeitlichkeit der performativen Produktion entwickelt. Die Zäsur wird hierbei als Neuanfang, als rhythmischer Zwischenraum im Übergang zum performativen Akt, vor der Hyperartikulation gedeutet. Damit kommt der Zäsur eine dynamische Funktion zu.

Ähnlich wie bei Derrida und Lacoue-Labarthe wird Performativität auch bei Giorgio Agamben mit Zensur belegt. In der englischsprachigen Aufsatzsammlung mit dem Titel *Potentialities* diskutiert er die völlige Aufhebung eines Handlungswillens.[3] Kunst, so seine These, muss auf die Stilllegung von Produktion (*inoperosità*) ausgerichtet sein, ihr Zweck ist das Erreichen dieses Zustands; diesem Argumentationsstrang begegnet man häufig innerhalb des nicht-konstruktivistischen Flügels der künstlerischen Avantgarde, so zum Beispiel in den Arbeiten von Kasimir Malewitsch. In seiner Argumentation hebt Agamben besonders messianische Gleichgültigkeit und Stillstand hervor, auf die viele Künstler der Avantgarde

[2] Siehe Philippe Lacoue-Labarthe, *Sujet de la philosophie. La philosophie en effet*, Aubier-Flammarion, Paris, 1979; ders., »Das Theater Hölderlins«, in: ders., *Métaphrasis. Das Theater Hölderlins. Zwei Vorträge*, diaphanes, Zürich, 2001, S. 45–89.

[3] Vgl. Giorgio Agamben, *Potentialities*, Stanford University Press, Stanford/CA, 1999, S. 177–185.

abzielen.[4] Gemeinhin definiert sich Potenzialität als das, was noch der Aktualisierung harrt, während der Begriff bei Deleuze synonym für Virtualität steht und als Quelle mannigfaltig variierenden Wiederholens interpretiert wird. Agamben lehnt diese Deutung ab und argumentiert, dass Potenzialität nur selbstreferenzielle Bedeutung haben könne und nur dasjenige sein könne, was nicht nach seiner Verkörperung in einem Handlungsakt strebe. Potenzialität verweist demnach nicht auf die Ausformung von Handlung, sie ist nicht zielgerichtet, sondern sollte vielmehr als Unmöglichkeit der Entfaltung erhalten werden. In der Kunst sollte es also stets um die Stilllegung der Produktion und mithin um die Unmöglichkeit des performativen Akts gehen.

Es ist jedoch gerade das von Derrida, Lacoue-Labarthe und Agamben verworfene performative Zufällige, welches Deleuze in seinen Arbeiten als »Theater« definiert[5] und ihm geeignet scheint, um das Ereignis zu entschlüsseln. Theatralität entsteht dann, wenn das Geheimnis offengelegt, die Entscheidung gefällt und der Entschluss nicht mehr rückgängig zu machen ist.

Schauspieler und Ereignis In *Differenz und Wiederholung* analysiert Deleuze die Art und Weise der Hervorbringung jener spezifischen Zeitlichkeit und Zufälligkeit von Aufführungshandlungen. Für gewöhnlich wird Wiederholung als Spiegelung und nachahmende Repräsentation einer bereits gegebenen Seinswirklichkeit verstanden. Deleuze versucht jedoch nachzuweisen, dass vermittels des performativen Charakters der Wiederholung eine zweite Seinsweise etabliert wird, die über die menschliche Existenz hinausweist. Dabei kommt sowohl der genetischen Verbindung zum Sein (zu dem, was ist und wiederholt werden kann) als auch dem besonderen Stellenwert der Aktualisierung des performativen Akts als Wiederholung dieses Seienden zentrale Bedeutung zu.

Deleuze bezieht sich dabei auf Immanuel Kants Kritik des Kartesischen Cogito,[6] das heißt der von René Descartes beschriebenen Verlagerung von »Ich denke« zu »Ich bin«, die laut Kant nicht automatisch gelingen kann. Man könne nicht übergangslos von »Ich denke« zu »Ich bin« springen. Der Wechsel funktioniere nur über die transzendentale Form der Zeit. Zudem könnten das denkende und das seiende Ich nicht ein und dasselbe Ich sein. Das »Ego« sei folglich von einem Riss durchzogen. Die auf der Trennung von Anschauung und Denken beruhende Prämisse, dass das transzendentale Subjekt synthetische Urteile fällt, während die Anschauung von einem passiven empirischen Ich geleistet wird, übernimmt Deleuze. Er kritisiert allerdings, dass Kant die eben aufgedeckte Spaltung des Ichs sogleich wieder mit einer neuen Form synthetischer Identifikation auffüllt, in welcher die empirische Anschauung von der transzendentalen Operation beherrscht wird. Genauer gesagt: Der Dualismus von Anschauung und Denken wird bei Kant durch die Macht des transzendentalen Subjekts erneut aufgehoben. Deleuze lehnt diese Subjektivitätstheorie ab und schlägt stattdessen vor, an der Spaltung des Ichs festzuhalten. Zum einen kann so die Trennung von Transzendenz und Empirie erhalten bleiben, gleichzeitig wäre aber eine Verbindung von transzendentaler Synthese und empirischer Dissipation hergestellt. Die Zeit, die sich zwischen Anschauung und Denken ereignet, wäre demnach

[4] In einer gemeinschaftlichen Performanceserie der Collective Action Group mit dem Titel *The Trips out of the City* entwickelte der Konzeptkünstler Andrei Monastyrsky sämtliche Handlungen unter dem Gesichtspunkt, dass das, was während der Vorstellung passiert, nicht als »Geschehen« interpretiert werden könne. Der Begriff, mit dem dieses Verfahren umschrieben wird, lautet »pustoe deistvie« – »der leere Akt«.

[5] Vgl. Gilles Deleuze, *Logik des Sinns*, Suhrkamp, Frankfurt/M., 1993, S. 186–192; ders., »Ein Manifest weniger. Das Theater und seine Kritik«, in: ders., *Kleine Schriften*, Merve, Berlin, 1980, S. 37–74; ders., *Differenz und Wiederholung*, Fink, München, 1992.

[6] Gilles Deleuze, 1992, op. cit., S. 118f., zit. nach: Immanuel Kant, *Kritik der reinen Vernunft*, in: ders., *Werke*, Bd. 4, W. Weischedel (Hg.), Suhrkamp, Frankfurt/M., 1968, S. 358.

keine bloß theoretische Hinzufügung zu »Ich denke« und »Ich bin«, sondern produktive »leere« Zeit, in der sich die Performativität des Ereignisses entfalten kann und die paradoxe disjunktive/ausschließende Verbindung von Transzendentalem und Empirischem stattfindet.

»Die leere Form der Zeit«, auf die Deleuze hier verweist, ist eine Zeit nach der Narration; eine Zeit, die sich jenseits dessen ereignet, was sich während ihr ereignet. Friedrich Hölderlin folgend spricht Deleuze von der Ordnung des Rhythmus – Zäsur –, bei der Zeit nicht linear in eine Richtung verläuft, sondern sich ungleichmäßig um die Zäsur herum verteilt.

Im *Hamlet* beschreibt William Shakespeare dies als Zeit, die »aus den Fugen« ist. (Deleuze nennt sie »Äon«.) Es ist die Zeit der performativen Zufälligkeit, in der – und das ist seine Pointe – das Ereignis zum Auslöser dafür wird, dass Personen zu Performern (Schauspielern, Künstlern) werden. Selbst wenn diese Zeit mit bestimmten Ereignisinhalten gefüllt ist, wird der Schauspieler-Performer in diesem Moment mit der »Leere der Zeit« konfrontiert. Mit anderen Worten: Unabhängig von Erzählung und inhaltlichen Komponenten entsteht die Theatralität des Aufführens in einer »leeren« Zeitlichkeit.[7]

Als seine (Lebens-)Inhalte sich plötzlich als fiktiv erweisen und er durch eine Phase der *metanoia*[8] gegangen ist, steht Hamlet vor der leeren Zeit. In dieser Zeit des Performativen aktualisieren sich nun alle Handlungen außerhalb und jenseits des Habituellen als Aufführungshandlung in der »leeren« Zeitlichkeit der Kunst, in der die Empirie des Werdens und die Transzendalität des Sinnes verschmelzen. Hamlet wird zum Schauspieler, und der Schauspieler in der Rolle des Hamlet führt nun auf, wie die Figur Hamlet vor dem Hintergrund des Ereignisses zum Schauspieler wird.

Deleuze bezeichnet die leere, ungleich um die Zäsur herum verteilte Zeit der Schauspielerei als dritte Synthese. Die erste Wiederholung erfolgt mechanisch, bleibt der Gegenwart verhaftet und ist typisch für die chronologisch-linear verlaufende Zeit. Die zweite Wiederholung ist die auf die Vergangenheit gerichtete Synthese des Gedächtnisses, die »Synthese von Eros und Mnemosyne«. Die dritte Wiederholung ist, Deleuze zufolge, die Wiederholung des Todes. Sie verläuft jenseits des Lustprinzips und aktualisiert sich in der leeren Zeit oder Extra-Zeit. Diese von Deleuze auch als »Äon« bezeichnete Zeit ist sowohl an eine Wirklichkeit zurückgebunden, an das, was sich tatsächlich ereignet, als auch ein übergeordnetes »Super-Event« hinsichtlich des Geschehenden. Die leere Zeit der dritten Synthese übersteigt inhaltliche Komponenten, allerdings nicht im modernistischen Sinn als Vorrang der Form, sondern als anthropologische Grundbedingung des Menschen, die es gestattet, aus einem aktuellen Geschehen heraus den Sprung in eine andere Wirklichkeit, in welcher Inhalte mittels künstlerischer Erscheinungsformen dargeboten und kommuniziert werden, zu tun. Dabei wird die schauspielerische Handlung zugleich zum ethischen Akt. Als auslösendes Ereignis lässt *metanoia* eine Trennung zwischen ethischer und ästhetischer Dimension nicht zu.[9] (Die Apologie des Sokrates ist ein gutes Beispiel für diese Verschmelzung von Ethik und Ästhetik.) In dieser dritten Synthese fungiert die nunmehr auf Zukünftigkeit gerichtete Zeit selbst als »Schauspieler«, als Performer, und darum wird sie von Deleuze als tragisch bezeichnet. Die

[7] Gilles Deleuze, 1992, op. cit., S. 120f.

[8] »Metanoia (griechisch) Reue, Änderung der Auffassung des eigenen Ich, des Lebenszieles; Gewinnung einer neuen Sicht der Welt, des Objektiven, die zur Hingabe führt.« Lemma »Metanoia«, in: Heinrich Schmidt (Hg.), *Philosophisches Wörterbuch*, 22. Aufl., Kröner, Stuttgart, 1991.

[9] Zum Zusammenhang von Bühnenspiel des Schauspielers, Ereignis und Äon vgl. Gilles Deleuze, 1993, op. cit., S. 203–210.

dritte, künstlerische Wiederholung, mithin die leere Zeit der Performativität, verläuft als Ereignis, das gleichzeitig den unvermeidlichen Effekt eines ihm vorgängigen Ereignisses darstellt. Mit anderen Worten: Im sich aufführend entfaltenden Ereignisverlauf, genannt *Ereignis*, bleibt die genetische Verbindung zum tatsächlich geschehenen Ereignis, dem *ereignis* erhalten.

Nietzsches »ästhetisches Spiel« Ein früher Versuch, die Rolle von Klang, Tonlage und Wiederholung als Parameter des Performativen und Theatralen zu definieren, findet sich in Friedrich Nietzsches *Geburt der Tragödie*. In diesem Frühwerk vergleicht er die hellenistische mit der vorsokratischen Kultur, um der apollinischen Ordnung des Gestaltenden das dionysische Prinzip des Rauschhaften in der Musik entgegenzusetzen. Dabei erkennt er, dass die Rolle der Musik tatsächlich eine dritte Möglichkeit darstellt, die er in Anlehnung an Kant und Schiller als »ästhetisches Spiel« bezeichnet und mit Bezug auf Goethe folgendermaßen definiert: »Jene pathologische Entladung, die Katharsis des Aristoteles, von der die Philologen nicht recht wissen, ob sie unter die medicinischen oder die moralischen Phänomene zu rechnen sei, erinnert an eine merkwürdige Ahnung Goethe's. ›Ohne ein lebhaftes pathologisches Interesse‹, sagt er, ›ist es auch mir niemals gelungen, irgendeine tragische Situation zu bearbeiten, und ich habe sie daher lieber vermieden als aufgesucht. Sollte es wohl auch einer von den Vorzügen der Alten gewesen sein, dass das höchste Pathetische auch nur ästhetisches Spiel bei ihnen gewesen wäre [...]?‹[...] Wer jetzt noch nur von jenen stellvertretenden Wirkungen aus ausseraesthetischen Sphären zu erzählen hat und über den *pathologisch-moralischen* Prozess sich nicht hinausgehoben fühlt, mag nur an seiner aesthetischen Natur verzweifeln«.[10]

Nietzsche verwendet den Begriff »ästhetisches Spiel«, um die Tragödie von der Katharsis-Hypothese, von der seelischen Reinigung sowie von der Entladung des Traumas zu trennen. »Ästhetisches Spiel« hat hierbei jedoch nur wenig mit Schönheit im Sinne von Kant zu tun. Eher ist es als die paradoxe Nebenerscheinung der Nähe zum Schreckensereignis zu verstehen, als ästhetische Komponente, die über musikalische Klänge und Singstimmen inmitten des Schreckensgeschehens aufscheint.

Für gewöhnlich gilt, dass das Tragische durch die erschütternde Gewalt eines unvorstellbar schrecklichen Ereignisses hervorgerufen wird, was wiederum zu einer exaltiert »hohen Stimmung« führt. Bei näherer Betrachtung zeigt sich aber, dass Nietzsche weder den Schrecken selbst, noch das durch Figuren und Geschichte erzeugte Pathos der Erhabenheit als konstitutives Moment der Tragödie definiert. Viel entscheidender als die aus Mythen und Epen hinlänglich bekannten Geschehnisse ist, dass das Tragische *über* dem Schrecken, *über* Tod und Trauer steht. Dieses »Überhöht«-Sein ist jedoch nicht in der Geschichte selbst angelegt. Es entsteht einzig und allein aus dem Modus der theatralen Performanz – aus der Art und Weise des Aufführens dieses »Überhöht«-Seins. Ein solcher Zustand kann nur durch die sich wiederholende, performative Kraft der Stimme, über Tonhöhe und Klangfarbe erzeugt werden, die daher nicht Bestandteil des Trauer-Affekts sind, sondern vielmehr seine paradoxe Auswirkung. Obwohl Nietzsche Musik also zunächst als ursprünglich zur Tragödie gehörend definiert, erkennt er schließlich, dass

[10] Friedrich Nietzsche, »Die Geburt der Tragödie«, in: ders., *Nachgelassene Schriften 1870–1873*, Giorgio Colli und Mazzino Montinari (Hg.), Deutscher Taschenbuch Verlag, München, 1988, S. 9–156.

MOMENTS

[11] Siehe Jacques Lacan, »Das Wesen der Tragödie. Ein Kommentar zur Antigone des Sophokles«, in: ders., *Die Ethik der Psychoanalyse*, Quadriga, Weinheim, Berlin, 1996, S. 291–343.

die performative Folgewirkung, der Effekt vielmehr denn der Ursprung des Tragischen, weitere Funktionen der Musik sind. Durch Musik können tragische Erzählung und seelische Erschütterung überwunden werden, ermöglicht durch den performativen Überschuss der sich entfaltenden Darbietung. In seinen Seminaren über das Wesen der Tragödie analysierte Jacques Lacan die *Antigone* von Sophokles und beschrieb den spezifischen Ort, von dem aus die tragische Heldin spricht.[11] Der tragische Held bewegt sich stets auf einer Grenze zum Untergang – *Atè* als Schwelle zur Trauer –, die er/sie jedoch aus innerer Überzeugung und einem ungeschriebenen Ethos überschreiten muss. Die freiwillige Entscheidung, die Schwelle zu übertreten, weist »über das Leben hinaus«. Angetrieben von einer Sehnsucht nach dem »zweiten Tod«, die stärker ist als der reine Todestrieb, kennen sie weder Selbstmitleid noch Furcht, sondern verschmelzen in einem übermenschlichen Akt ethisches Handeln mit ästhetischer Schönheit. In der ethisch-ästhetischen Darbietung, mit der die Helden Leiden und Untergang (*Atè*) anstreben und dann in einem übernatürlichen Akt überwinden, offenbart sich nach Lacan das Schöne und Ästhetische.

Tragische Helden wie Antigone, Penthesilea, Lear oder Hamlet versuchen nicht, sich gegen ihr Leiden in dieser Grenzzone des Seins (*Atè*) durch therapeutische Akte des Schweigens oder Stotterns zu wappnen, wie etwa bei Lacoue-Labarthe, der Schweigen als Wesensmerkmal der Tragödie definiert, – sie halten diese Schwelle vielmehr willentlich besetzt, um sie durch *Wiederholung* ihres Leidens in der performativen und intonalen Darbietung zu bezwingen.

Es ist allein performative Zufälligkeit, die es den Protagonisten erlaubt, sich durch das Wagnis des Theaterspielens an andere zu wenden und so über die grausame Erzählung hinauszuweisen. Es sei angemerkt, dass der Aufführungscharakter des Spiels nicht eine von außen an den Theatertext herangetragene Komponente darstellt, die sich quasi posttextuell durch die Inszenierung ergibt. Im Gegenteil, das performative Moment ist dem dramatischen Text bereits vor jeder Aufführungspraxis eingeschrieben und meist eine Komponente der tragischen Erzählung selbst, die vorgibt, an welcher Stelle die Protagonisten auf der Bühne Theater spielen. Gegen die These, dass aufführende Aktualisierung dem dramatischen Text äußerlich ist und Schauspieler die Intention des Autors jeweils interpretieren, lässt sich also einwenden, dass die Potenzialität der Performativität dem Text nicht durch den interpretierenden Schauspieler hinzugefügt wird, sondern das Drängen zur stimmklanglichen Aufführung und Intonation diesem Text bereits *vom Autor* eingeschrieben ist. Nur in dem Fall sind Stücke genuin dramatisch und aufführungstauglich. Das heißt, die Intonation und Tonlage ist unabhängig vom jeweiligen Schauspieler und dessen Interpretation, weil sie als Aufführungsweise vom Autor im »Text« hinterlegt wurde. (Wäre Antonin Artaud beispielsweise nicht zuallererst Schauspieler gewesen, hätte er als Regisseur und Theatererneuerer seine Aufführungen so niemals vollziehen können.) Der Autor ist somit stets der wichtigste »Akteur« seines dramatischen Texts.

Bei dieser Form des Theaters handelt es sich also nicht um Regietheater, sondern um Schauspielertheater. Das spielt bei Nietzsche, Deleuze sowie bei Artaud und Jerzy Grotowski eine entscheidende Rolle. Bei Grotowski ergibt sich die politische oder kommunitaristische Rahmung von Theater ja weder aus einer institutionellen Verortung in Theaterräumlichkeiten, noch spielt der erzieherische Gehalt der Geschichte eine Rolle. Was zählt ist einzig und allein das Ereignis der Darbietung des Schauspielers.

Interessanterweise richtet sich die Kritik von Deleuze an Bertolt Brecht[12] auf den Umstand, dass Brechts Stücke nicht über eine didaktisch motivierte Versuchsanordnung auf der Bühne hinausgehen. Mit anderen Worten: Die Schauspieler sind zwar schematisch, nicht aber genetisch mit dem Konflikt verbunden. Welche Absicht Brechts schematische Vorgehensweise im Hinblick auf das Publikum verfolgt, ist bekannt; das Stück soll belehren, aufklären, Veränderungen im Bewusstsein der Zuschauer bewirken. Unklar bleibt dabei aber, wie seine Technik und der Text jenseits von Didaktik und institutioneller Repräsentation der Konflikte die nebulöse Zone zwischen menschlicher Existenz der Akteure und der Motivation zur »variierenden Wiederholung« ihrer Darbietung und Aufführung (das Anders-Werden, zum anderen werden) erfassen können. Genau dieser Bereich spielte vor allem für Grotowski eine entscheidende Rolle.

Um noch einmal auf *Hamlet* zurückzukommen: Unabhängig davon, ob die Figur Hamlet tatsächlich dem Wahnsinn anheimfällt oder ob er diesen Zustand nur mimt, er kann die Geschichte von Betrug und Verrat nicht einfach nur darstellen (wie zum Beispiel in dem »Stück im Stück« *Die Mausefalle*). Ihm bleibt gar nichts anderes übrig, als gleichzeitig zum Schauspieler und Performer zu werden, weil er mit dem Ereignis, das sein Leben so unwiderruflich verändern sollte, aufs Engste verbunden bleibt. Das künstlerisch-performative Ereignis entwickelt sich hier genetisch aus dem existenziellen Ereignis heraus, das es jedoch gleichzeitig übersteigt. In ähnlicher Weise beginnt auch König Lear seinen Wahnsinn aufzuführen, nachdem er von seiner Tochter Regan aus dem Haus gejagt und vom Sturm überrascht wurde. Bereits in dieser Ordnung von performativem Aus-Agieren und Aufführungshandeln inszeniert er den theatralischen Abrechnungsprozess mit seinen Töchtern. Solche Momente des Aufführens sind exzessiv, sie weisen über das Sein hinaus oder richten sich gegen es, und doch bleiben sie in der Genese an ein aktuelles Ereignis gebunden.

Warum zwischen Aufführungsverfahren und Performances zu unterscheiden ist
Da sich nun zeigt, wie elementar Aufführungsakt und Ereignis verknüpft sind, kann auch methodologisch zwischen Performance als Praxis in der zeitgenössischen Kunst und Aufführungshandlung als Verfahrensweise des Theaters und der musikalischen Darbietung unterschieden werden.

Performances entstehen und entfalten sich quasi *ex nihilo*. Obwohl es sich bei Performances durchaus um prozesshafte Vorgänge handelt, bleiben sie doch gleichsam ausgestellte »Objekte«. Die Außenwelt und die sich in ihr vollziehenden Ereignisse werden auf den Körper oder ein Konzept des Performers reduziert. Sie zeichnen sich in der überwiegenden Zahl der Fälle durch konzeptuelle und institutionelle Selbstbezüglichkeit aus, durch die der ausführende Künstler auf kunsthistorische Positionen und seine eigene Verortung in Bezug zu ihnen verweist. Eine Performance kann auf die genetische Verbindung zu einem Ereignis außerhalb ihrer selbst verzichten. Mit

[12] Vgl. Gilles Deleuze, 1980, op. cit., S. 65f.

anderen Worten: Trotz ihrer Entfaltung in Raum und Zeit bleibt die Performance ein konzeptuelles Kunstobjekt. Außerdem besteht ein Unterschied zwischen dem zeitlichen Charakter einer Performance und der spezifischen Zeitlichkeit einer Aufführungshandlung. Performances von Bruce Nauman und Marina Abramović oder auch Filme von Andy Warhol können sich zwar über viele Stunden erstrecken, doch das Erkennen der konzeptuellen Idee verläuft nicht parallel zur tatsächlichen Dauer der Performance. (Die neuesten Reenactments der Arbeiten von Marina Abramović verdeutlichen, dass es sich tatsächlich um »Ausstellungsstücke« handelt, ungeachtet ihrer zeitlichen Dauer.) Der Sinn einer Performance artikuliert sich also im Gegensatz zu einer Aufführungshandlung in einer zeitlichen Dimension, die sich von der an Rhythmus orientierten Zeitspanne einer Theater- oder Musikaufführung wesentlich abhebt. Ein weiteres wichtiges Unterscheidungsmerkmal ist der Umstand, dass sich in der Aufführungshandlung durch das Bestreben, zum anderen zu werden, eine Bewegung weg vom Ego des Performers vollzieht. Dieser Prozess, durch die Aufführungshandlung zum anderen zu werden, ist weniger eine mimetische denn eine ethische Verfahrensweise.

Wie bereits erwähnt, wird der ontologische Impuls zum Theaterspielen von *dem der aufführenden Handlung vorangegangenen Ereignis* ausgelöst. Dieser Bezug zum Ereignis wird jedoch nicht dadurch hergestellt, dass professionelle Schauspieler eine Geschichte veranschaulichen, in der dieses oder jenes Ereignis stattfindet. Eine genuin theatrale Dimension können nur solche Stücke entwickeln, die eine Bruchstelle aufweisen (die man als *metanoia* bezeichnen könnte), welche den Beweggrund offenbart, der die Protagonisten (Antigone, Hamlet, Lear, Richard) dazu bringt, sich im Theater »aufzuführen«. In fast allen Shakespeare-Dramen gibt es Zwischenhandlungen, wenn Theater im Theater gespielt wird. Doch der tatsächliche Schauspieler X stellt dabei nicht einfach nur die *metanoia* der Figur im Stück dar, sondern erreicht darüber hinaus einen Zustand, an dem man sich nicht nur fragen sollte, warum beispielsweise Lear an dieser Stelle ein Schauspiel mimt, sondern auch, warum dieser bestimmte Schauspieler X die *metanoia* eines anderen gerade als Schauspiel aufführt. Genau an diesem Punkt überschneiden sich Lears Wandlung zum Schauspieler innerhalb des Stücks und dieselbe Wandlung im Schauspiel des Lear-Darstellers. (Und in diesem Sinne sollte man das von Deleuze formulierte Diktum vom Aufführen des Aufführens auch verstehen.)

Das tragische Theaterstück, welches einerseits den Bewusstseinswandel der Figur (*metanoia*) als Rahmenerzählung beinhaltet, wirft gleichzeitig die Frage nach Ereignis und *metanoia* im Leben des realen Menschen auf, der als Schauspieler X diese oder jene Figur spielt. Diese performative Verquickung von Theaterspiel (zu einem anderen werden) und wirklichem Leben (man selbst sein) auf dem Höhepunkt des Ereignisses war ein zentraler Bestandteil der Schauspielmethode von Grotowski, dem Leitgedanken folgend, dass der Schauspieler immer zuerst ein Mensch ist und dieser Mensch gleichzeitig eine Figur im Stück darstellt (das andere Dasein, das andere Leben, das andere Selbst). Gemeint ist damit, dass eine Anthropologie des Performativen sich daher nicht bloß auf den Kunstgriff der Rollenkonstruktion stützen kann, sondern vor allem nach der Geisteshaltung fragen muss, in der man den anderen wiederholt und aufführt.

Der Historie verfallen? »The exhibition begins and ends in the empty museum space.«[1] Die Ausstellung *Moments. Eine Geschichte der Performance in 10 Akten* im ZKM | Museum für Neue Kunst in Karlsruhe begann mit einer Geste der Leere. Was es zu sehen gab, wurde nicht vom Kuratorenteam um Sigrid Gareis und Georg Schöllhammer von vornherein in eine Ordnung gebracht und festgelegt. Die Präsentation der ersten von insgesamt vier Arbeitsphasen wurde zusammen mit den eingeladenen Künstlerinnen sowie Johannes Porsch, dem für das Raumkonzept Verantwortlichen, gemeinsam gestaltet. Die zehn Performancekünstlerinnen aus der »heroischen Periode der Performancegeschichte« der 1960er- und 1970er-Jahre, wie es das Konzeptpapier der Ausstellung formuliert,[2] sichteten ihre Archive und brachten Dokumente, Fotografien, Texte, Notizen oder gar Filmaufnahmen mit nach

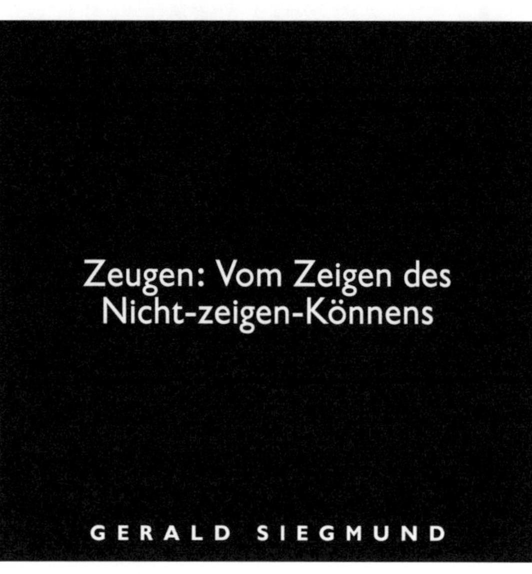

Karlsruhe, um damit ihre eigenen Ausstellungsflächen im Museumsraum einzurichten. Die Ausstellung begann also, noch bevor sie offiziell eröffnet wurde, mit einer öffentlichen Arbeitsphase, deren Resultat wiederum den Ausgangspunkt für die weiteren Aktivitäten einer Gruppe jüngerer Künstlerinnen und Künstler um den Choreografen Boris Charmatz bildete. Deren Aufgabe war es, sich mit den Spuren der Performancegeschichte auseinanderzusetzen, um sich diese vor dem aktuellen Horizont ihres eigenen Schaffens anzueignen. Die israelische Künstlerin Ruti Sela hat die Aktionen auf Film gebannt und aus dem Material schließlich in der dritten Phase einen eigenen Film geschnitten. Während der ganzen Zeit hat eine Gruppe junger Studierender verschiedener Disziplinen, die vom Kuratorenteam als »witnesses«, also als »Zeugen« bezeichnet wurden, die Transformationen innerhalb des musealen Raums begleitet. Ihnen gehörte die vierte Phase, in der sie nun ihrerseits vermittelnd und gestaltend in den Prozess eingriffen. Der gesamte Prozess fand unter den Augen der Öffentlichkeit und der Ausstellungsbesucher während der Laufzeit der Ausstellung statt.

Die Ausstellung *Moments* schreibt sich zunächst in einen aktuellen Trend ein, der nun schon fast fünfzehn Jahre andauert. Kaum ein Theater- oder Tanzfestival, das sich nicht mit Aufführungen historischer Werke schmückt, kaum eine Workshopreihe, die ohne das Thema der Rekonstruktion von längst aus dem Repertoire gefallenen Inszenierungen oder Choreografien auskäme. Die Performance und darüber hinaus das Performative halten bereits seit einiger Zeit Einzug in die Museen. Davon zeugt nicht zuletzt die erneute Aufführung historischer Performances unter dem Titel *Seven Easy Pieces* durch Marina Abramović im New Yorker Guggenheim Museum 2005. Ende der 1990er-Jahre hat man das Phänomen als Endzeitphänomen gedeutet. Das Neue, über welches sich Performance und Tanz seit der Moderne definiert hatten, schien aufgebraucht, und die flüchtige Kunst versicherte sich ihrer eigenen Geschichte. Eine Ausstellung wie *Moments* ist jedoch der Beleg dafür, dass der Trend andauert: Von einem Ende gibt es bisher keine Spur.

[1] Das Zitat ist dem auf dem Ausstellungsplakat veröffentlichten Konzept von Boris Charmatz, Sigrid Gareis und Georg Schöllhammer entnommen.

[2] Ibid.

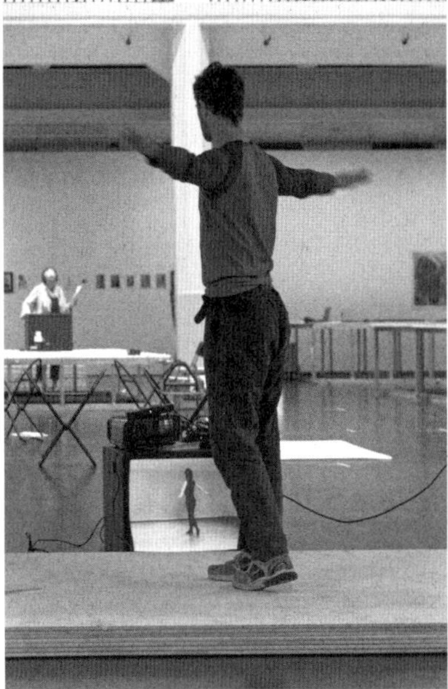

Boris Charmatz, Reenactment von Yvonne Rainers Performance *Trio A* (1966), Ausstellungsansicht ZKM I Museum für Neue Kunst, 2012

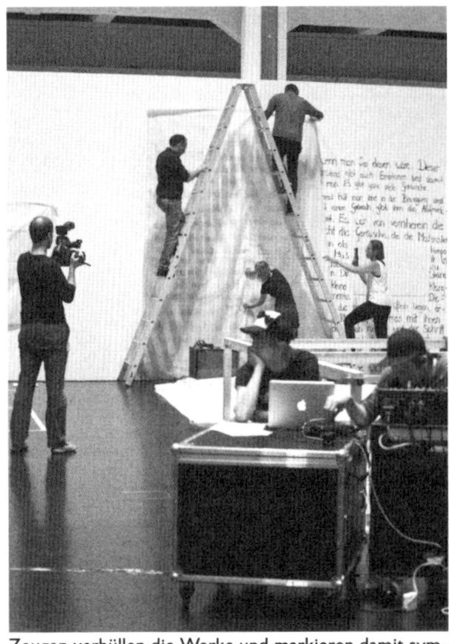

Zeugen verhüllen die Werke und markieren damit symbolisch das Ende der Ausstellung, Finissage, 28. April 2012, Ausstellungsansicht ZKM I Museum für Neue Kunst

Mit ihrem komplexen Konzept verschiedener Arbeitsphasen betrieb die Ausstellung jedoch nicht nur die Institutionalisierung des Nicht-Institutionalisierbaren. Das Fertige, nur mehr zu Besichtigende, wurde hier gerade verweigert. Stattdessen entwarf das Ausstellungskonzept ein Szenario verschachtelter Produktions- und Rezeptionsprozesse, die sich gegenseitig spiegelten. Hierfür wurde der Begriff des »Zeugen« eingeführt, dem dieser Text nachgehen möchte. Die Aktivitäten einer Gruppe von Zeugen wurden stets durch mindestens eine andere Gruppe von Zeugen, die im gleichen Ausstellungsraum anwesend war, beobachtet. Die Wahrnehmung des Anderen und die Beobachtung, wie dieser die Dokumente der historischen Performances rezipiert und sieht, was damit gemacht wird, war demnach integraler Bestandteil des Konzepts. In dieser Verschachtelung der Wahrnehmungen verflüchtigte sich die Frage nach den Original-Performances, auf die stets erinnernd Bezug genommen wurde, ohne dass sie als solche wiederhergestellt worden wären. Aus diesem Grund bildeten sie das leere Zentrum der Ausstellung, das alles, was geschah, möglich machte.

Im Angesicht dieser nicht auffüllbaren Leere wurden alle an der Ausstellung Beteiligten zu Zeugen des jeweils Anderen und ihrer selbst. Die Ausstellungsbesucher wurden zu Zeugen eines sich ständig vor ihren Augen wandelnden Aktionsraums. Die die Ausstellung begleitenden Studierenden wurden zu Zeugen der Künstler um Boris Charmatz, welche sich die historischen Arbeiten aneigneten. Diese wiederum wurden zu Zeugen der zehn Künstlerinnen, deren Spuren in Form von Dokumenten und aufgezeichneten Gesprächen im Raum verteilt waren. Diese wiederum bezeugten ihre eigene Vergangenheit, indem sie ihrer individuellen Geschichte, welche schon längst nicht mehr ihnen gehört, wieder begegneten. Und alle Beteiligten betrachteten die von den unwiederholbaren Ereignissen der Vergangenheit hinterlassene Leere, die sich trotz der vielfältigen Aktivitäten, welche sie auslöste, der Aneignung und damit auch ihrem Verschwinden beharrlich verweigerte. Das Museum wurde zum Gedächtnisraum, in dem die Spuren der Vergangenheit wie in einer Wunderkammer nebeneinandergestellt wurden. Im Folgenden wurde ich zunächst kurz auf die Verbindung von *Moments* zur kulturwissenschaftlichen Gedächtnistheorie eingehen, um dann im Gegensatz dazu das Konzept des Zeugen zu konturieren.

Gedächtnis und Identität Zunächst lässt sich diese Ausstellungskonzeption vor dem Hintergrund kulturwissenschaftlicher Gedächtnistheorien verstehen. In vielen Bereichen der Kunstbetrachtung hat sich Jan Assmanns Unterscheidung zwischen einem »kommunikativen« und einem »kulturellen«

[3] Jan Assmann, »Kollektives Gedächtnis und kulturelle Identität«, in: ders. und Tonio Hölscher (Hg.), *Kultur und Gedächtnis*, Suhrkamp, Frankfurt/M., 1988, S. 9–19.

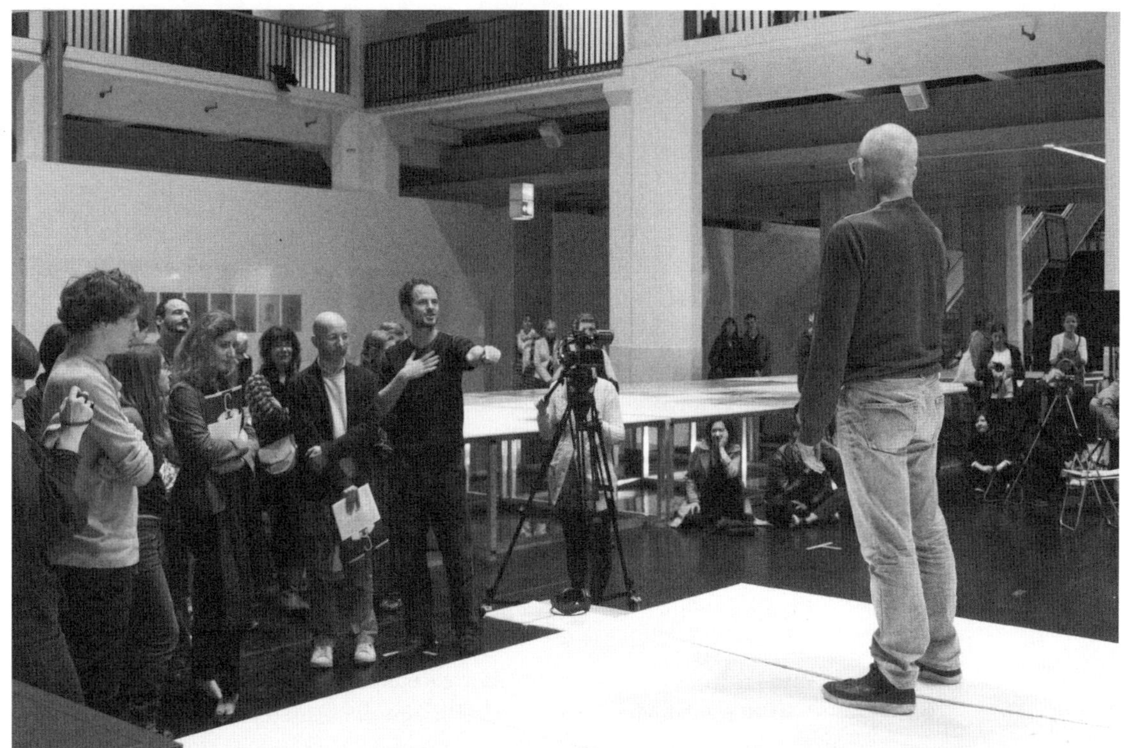

»Open-Lab«-Performance von Jan Ritsema unter Beobachtung von Lab-Artists, Zeugen und Besuchern, Ausstellungsansicht ZKM | Museum für Neue Kunst, 2012

Gedächtnis durchgesetzt.[3] Im kommunikativen Gedächtnis besteht noch ein lebendiger Zusammenhang mit der Geschichte, der in erster Linie durch die mündliche und körperliche Weitergabe von Wissen durch Lehrer garantiert wird. Das Wissen, welches im kommunikativen Gedächtnis weitergegeben wird, ist informell, anekdotisch und daher wenig geformt. Es basiert auf dem alltäglichen Umgang der Menschen miteinander. Das kulturelle Gedächtnis hingegen verweist auf weiter zurückliegende oder aktuell vernachlässigte Praktiken, mit denen kein lebendiger Austausch (mehr) unterhalten wird. Diese Form des Gedächtnisses impliziert eine andere Form des Archivs, da nicht länger die lebendige Körperpraxis und die mündliche Überlieferungstradition veranschlagt werden können. Ist eine Aufführung oder das Werk eines Künstlers einmal in das kulturelle Gedächtnis gesunken, ist dieser Zusammenhang nicht mehr notwendigerweise gegeben. Mit ihm schwindet auch die evidente Wichtigkeit der historischen Praxis für die Gegenwart. Dem Archiv des Körperwissens steht an dieser Stelle das Archiv der Dokumente gegenüber. Der Zusammenhang mit der Gegenwart und die Bedeutung des zu Erinnernden für die Gemeinschaft werden nicht infrage gestellt. Vielmehr findet die Vernetzung durch Denkmäler, Monumente, Museen oder kanonisierte Kunstwerke statt und wird auf diese Weise lebendig gehalten. Sowohl im Alltagsgedächtnis als auch im Bereich der objektivierten Kultur und deren institutionellen Kommunikationsformen haben wir es »mit einer Wissensstruktur zu tun, die wir ›identitätskonkret‹ nennen. Damit meinen wir, dass eine Gruppe ein Bewusstsein ihrer Einheit und Eigenart auf diese Weise stützt und aus diesem Wissen die formativen und normativen Kräfte bezieht, um ihre Identität zu reproduzieren.«[4] Sowohl das kommu-

[4] Ibid., S. 11f.

nikative als auch das kulturelle kollektive Gedächtnis zielen also darauf ab, das Selbstbild sowie das Selbstverständnis einer Gemeinschaft auszubilden und aufrechtzuerhalten.

Die Ausstellung *Moments. Eine Geschichte der Performance in 10 Akten* griff auf beide Gedächtnisformen zurück und hatte teil an der Etablierung eines kulturellen Performance-Gedächtnisses, das sie gleichzeitig in Szene setzte. Die zehn Performancekünstlerinnen aus der »heroischen Periode der Performancegeschichte«[5] sind noch am Leben. Ihre Arbeiten, in zahlreichen Büchern, Katalogen und Texten dokumentiert und behandelt, sind lebendiger Teil des Kunst-, Theater- und Tanzdiskurses, wie er von Akademien, Universitäten, Museen, Galerien und deren Vertretern – Professoren, Studierenden, Kuratoren, Besuchern und Fans – geführt und gestützt wird. Gleichzeitig sind viele der Performances – Marina Abramovićs *Art Must Be Beautiful, Artist Must Be Beautiful* (1975) zeigt dies wohl am deutlichsten – mittlerweile zu kanonisierten Meisterwerken der Performance- und Kunstgeschichte geworden. Zum Werk verfestigt und zum Monument erhoben, sind sie fester Bestandteil unseres westlichen kulturellen Gedächtnisses. Dennoch führte das Konzept verstörende Implikationen mit sich, die mit der initialen Geste der Leere, des Nicht-Wissens begannen und im Auf- und Abbau der Dokumente sowie in deren Ent- und Verwendung im Verlauf der zwei Monate und vier Phasen der Ausstellung ihre Fortsetzung fanden. Hier wurde eine Dimension des Erinnerns erfahrbar, die sich der Reproduktion von Identität gerade widersetzte. Diese Feststellung hat weitreichendere Konsequenzen als jene, dass damit lediglich dem Geist der Performancekunst Rechnung getragen werde. Weil die Performance einmalig, flüchtig, zeit- und ortsgebunden ist, darf eine Ausstellung, welche der Performance gewidmet ist, diese nicht zum statischen Werk degradieren. Dennoch steht mit den durch die Ausstellung initiierten komplexen Verschiebungen die Identität gesicherten Wissens und seiner Subjekte selbst auf dem Spiel. Das, was sich heute sagen lässt, bekommt eine markante Prägung vor dem Hintergrund dessen, was sich nicht (mehr) sagen lässt, was sich nicht aneignen und in die gängige Vorstellung von Identität und deren stabilisierende Formen der Repräsentation integrieren lässt. Vor diesem Hintergrund gewinnt der im Ausstellungskonzept zentrale und scheinbar bewusst gewählte Begriff des »Zeugen« an Kontur. Im Rahmen der Ausstellung wird er häufig nur in Anführungszeichen verwendet. Doch was geschieht, wenn die Anführungszeichen entfallen? Ich werde sie wegnehmen und das Konzept des Zeugen wie auch das, was mit ihm auf dem Spiel steht, erhellen. Zu diesem Zweck greife ich vor allem auf zwei Texte zum Begriff des Zeugen zurück, die sich wiederum gegenseitig stützen: Sigrid Weigels »Zeugnis und Zeugenschaft, Klage und Anklage«[6] sowie Giorgio Agambens *Was von Auschwitz bleibt. Das Archiv und der Zeuge*[7]. Mit dem Konzept des Zeugen wird, so die These, eine grundlegende ethische Dimension von Kunst thematisiert, die den Status heutiger Subjektivität ebenso berührt, wie sie aktuelle gesellschaftliche Veränderungen aufgreift und spiegelt. Demzufolge bildet dieses Konzept einen theoretischen Horizont, vor dem die Ausstellung betrachtet werden kann.

[5] Charmatz, Gareis, Schöllhammer, op. cit.

[6] Sigrid Weigel, »Zeugnis und Zeugenschaft, Klage und Anklage. Die Geste des Bezeugens in der Differenz von ›identity politics‹, juristischem und historiographischem Diskurs«, in: *Zeugnis und Zeugenschaft*, Jahrbuch des Einstein Forums 1999, Akademie Verlag, Berlin, 2000, S. 111–135.

[7] Giorgio Agamben, *Was von Auschwitz bleibt. Das Archiv und der Zeuge*, Suhrkamp, Frankfurt/M., 2003.

Zeugen des Unmöglichen Die Diskussion um das Konzept des Zeugen in den Geisteswissenschaften nimmt ihren Ausgang in der spezifischen Erfahrung von überlebenden Opfern des Holocaust, die, von den Ereignissen in den Konzentrationslagern traumatisiert und gezeichnet, über ihre Erfahrungen lange Zeit überhaupt nicht berichten konnten.[8] Kristallisationspunkt dieser Debatte ist Claude Lanzmanns Film *Shoah* aus dem Jahr 1985. Damit die Überlebenden ihr Trauma bearbeiten und ihre Erinnerungen in ihr psychisches Leben integrieren können, bedarf es eines weiteren Zeugen, der für die (Augen-)Zeugen zeugt, der ihnen zuhört und im Akt des Hörens die Erinnerungen an die traumatischen Erfahrungen auslöst, sie nachträglich aufschließt und in einen sprachlichen Zusammenhang überführt.[9] Im Prozess dieses Erzählens, das doch stets vor dem Hintergrund der Unmöglichkeit, das Geschehen insgesamt zu bezeugen und für die Erfahrungen der Toten zu sprechen, steht, gewinnt die Erfahrung an Gestalt. Sie wird sagbar und mitteilbar. In Ausweitung dieses Paradigmas haben Literaturwissenschaftler versucht, das Erzählen überhaupt als Bearbeitung eines Traumas zu begreifen.[10] Im Gegensatz dazu unternimmt dieser Text den Versuch, den Zeugen im Kontext von Kunstproduktion und -rezeption zu betrachten und nach der Rolle des Zeugen im Zusammenhang einer allgemeinen Erinnerungskultur zu fragen. Im Zentrum dieser Überlegungen steht die Figur des Entzugs, der Abwesenheit, die in diesem Falle nicht nur eine Abwesenheit der Bedeutung meint, sondern – und mit dieser Figur knüpfen die Überlegungen durchaus an die Diskussionen um Zeugenschaft und Holocaust an – gerade auch die Abwesenheit der Erfahrung selbst. Was ist damit gemeint? Die Aneignungen im ZKM | Museum für Neue Kunst in Karlsruhe basierten auf zehn historischen Performances von Künstlerinnen aus der »heroischen Periode«[11] der Performancekunst. Auf der Grundlage von historischen Dokumenten versuchten sowohl die Lab-Artists, welche auf diese Exponate reagierten, als auch die studentischen Zeugen, die sie dabei beobachteten, damit umzugehen, etwas Eigenes herzustellen, das dennoch die Spuren des Fremden trägt. Die Auseinandersetzung begann zwar mit den performativen Aspekten einer Aussage – etwas wird im Hier und Jetzt des Museums gezeigt –, jedoch wurde diese Voraussetzung mit der Einführung des Konzepts des Zeugen transformiert. Der Zeuge als Konzept brachte eine Dimension ins Spiel, welche die unmittelbare Gegenwart der Beteiligten spaltete. Wenn wir von den Zeugen und vom Bezeugen sprechen, beziehen wir uns auf jene Dimension des Gesagten, Gemachten und Gezeigten, welche die Nichtverfügbarkeit dessen, was zu sehen und zu hören ist, stets mitverhandelt.

Ein Kunstwerk und eine Aufführung erschaffen einen eigenständigen Erfahrungsraum im Beisein der Besucher. Gleichzeitig aber öffnen sie diesen Erfahrungsraum auf das hin, was in ihm nicht erscheinen und nicht präsent werden kann. Vor dem Horizont des Zeugen erhält alles, was im Hier und Jetzt gesagt und getan wird, die Spur einer anderen, in die Gegenwart als abwesend eingeschriebenen Performance, die sich gerade nicht mehr »sagen« lässt. Die historische Performance ist unwiederbringlich verloren und niemals in der Gesamtheit ihrer kognitiven, wahrnehmungsästhetischen und affektiven Dimensionen zu fassen, die sie zum Zeitpunkt ihres Stattfindens entfaltet hatte. Alle Teilnehmerinnen und Teilnehmer haben

8 Vgl. die beiden Sammelbände: Shoshana Felman und Dori Laub (Hg.), *Testimony. Crisis of Witnessing in Literature, Psychoanalysis, and History*, Routledge, London, New York, 1992 und Ulrich Baer (Hg.), *»Niemand zeugt für den Zeugen«. Erinnerungskultur nach der Shoah*, Suhrkamp, Frankfurt/M., 2000.

9 Vgl. Dori Laub, »Zeugnis ablegen oder die Schwierigkeit des Zuhörens«, in: Ulrich Baer, op. cit., S. 68–83.

10 Siehe Cathy Caruth, *Unclaimed Experience. Trauma, Narrative, and History*, Johns Hopkins University Press, Baltimore, London, 1996.

11 Charmatz, Gareis, Schöllhammer, op. cit.

andere, subjektive Erinnerungen an die Performance und die Zeit, in der sie
eingebettet war. Was also eigneten sich die Lab-Künstler als Zeugen wie auch
die studentischen Zeugen, die wiederum das Zeugen der Künstler bezeugten, an? Fakten und Ideen? Texte und Sprache? Gesten und Bewegungen?
Erfahrungen und Gefühle? Erinnerungen von Erinnerungen, die keinem einzelnen Subjekt mehr zuzuschreiben sind? Gerade weil in der Performancekunst der Werkbegriff und dessen Begrenzung zugunsten eines Geschehens
und einer Erfahrungsdimension ausgesetzt werden, ist die Performance als
Handlung in ihren Bestandteilen und Wirkungen nicht einzugrenzen oder
»dingfest« zu machen. In diesem Sinne muss jede Form der Aneignung mit
dem Entzug dessen, was sie aneignet, rechnen. Die historische Performance
bildet den unsagbaren Kern, der nicht einzuholen ist, aber als abwesender
alles Gegenwärtige hervorbringt und mit seinem Schatten belegt.
Das Zeugenprogramm der Ausstellung *Moments* eröffnete also auf der einen
Seite ein Spannungsverhältnis zwischen einem toten, unwiederbringlichen
Ereignis der Kunst- und Performancegeschichte, das von Dokumenten wie
Filmen, Fotografien, Scores und weiteren Texten umstellt ist, und zeigte auf
der anderen Seite vielschichtige Versuche, das Geschehene im Hier und Jetzt
mit dem Leben zu konfrontieren.

Dies hat mehrere Konsequenzen:
1. Die Zeitlichkeit ist eine diskontinuierliche: Etwas ist geschehen. Das
Zeugnis findet zu einem anderen, späteren Zeitpunkt statt. Die Fantasie,
die sich in den Gesten, Bewegungen und Aktionen aller Zeugen des Ausstellungsprozesses manifestierte, nahm ihren Ausgang von einem anderen
Ort, einem anderen Körper und in einer anderen Zeit und zerschlug damit
die Linearität und Kausalität einer gängigen Kunstgeschichtsschreibung von
Entwicklungen, Abfolgen und Einflüssen.
2. Daraus folgt, dass das Zeugnis, welches jeder Einzelne von ihnen ablegte,
ein singuläres Ereignis ist, das sich einer großen totalisierenden Geste widersetzt. Bezeugen und Zeugnis-Ablegen sind nicht in den Rahmen einer »großen Erzählung« integrierbar.
3. Alle Zeugen bezeugten nicht in erster Linie Fakten, sondern Erfahrungen,
die um den unzugänglichen Kern des Ereignisses herum möglich werden.
Eine Erfahrung ist streng genommen in keiner ihrer Dimensionen teilbar,
sondern nur *mit-teilbar*. Im Zuge dessen transportiert sie ihren eigenen Entzug stets mit.

Vom Autor und vom Subjekt Diese drei grundsätzlichen Merkmale führen in
der Literatur zu entscheidenden Differenzierungen zwischen verschiedenen
Arten von Zeugen und ihrer Zeugenschaft. Sigrid Weigel unterscheidet zwischen dem Zeugnis und der Zeugenschaft, wobei sie Letztere dem Zeitzeugen
beziehungsweise dem Augenzeugen vorbehält. Damit rückt sie das Konzept
der Zeugenschaft in die Nähe des Rechtsdiskurses. Ein Augenzeuge hat aufgrund seiner subjektiven Beobachtungen teil an der Beweiserhebung vergangener Tatsachen.[12] Zeugnisse formulieren dagegen eine Erfahrung, die »durch
keinen Diskurs beruhigt zu werden vermag« – sie betrachten Geschichte
als Gegenstand einer Konstruktion.[13] Ein Zeugnis bildet einen potenziellen

[12] Vgl. Sigrid Weigel, op. cit., S. 124.

[13] Ibid., S. 127.

Zugang zur Geschichte, die es gleichzeitig im Akt des Bezeugens konstruiert. In ähnlicher Weise unterscheidet Giorgio Agamben zwischen *testis* als dem Zeugen vor Gericht, der zur Wahrheitsfindung herangezogen wird, und *superstes* als jenem, der eine Katastrophe überlebt hat und anderen davon berichten kann. Interessanterweise führt er eine dritte Kategorie des Zeugen ein, die für die Frage nach dem Zeugen im Bereich der Kunst von zentraler Bedeutung ist: den *auctor.* »Bezeichnet *testis* den Zeugen, insofern er als Dritter beim Streit zwischen zwei Subjekten beteiligt ist, und *superstes* denjenigen, der eine Erfahrung bis auf den Grund erlebt, sie überlebt hat und deswegen anderen davon berichten kann, so bedeutet *auctor* den Zeugen, insofern sein Zeugnis immer etwas voraussetzt – ein Faktum, eine Sache oder ein Wort –, das vor ihm da ist und dessen Wirklichkeit und Gültigkeit beglaubigt oder bestätigt werden muss.«[14] *Auctor* zu sein impliziert mithin ein Verhältnis zwischen im weitesten Sinne zwei Instanzen oder Subjekten, in das gleichzeitig ein Machtverhältnis eingeschrieben ist. Denn der *auctor* (lat. Autor, Urheber, Verfasser) verleiht demjenigen Beweiskraft, der diese von sich aus nicht besitzt. Der Autor bringt demnach das »zum Sein«[15], was von sich aus nicht zum Sein gelangen kann.

Doch dieses Machtverhältnis wird insofern ausgesetzt, als die Position des Autors als Zeuge selbst eine unsichere Position ist. »Das Subjekt des Zeugnisses ist konstitutiv gespalten«, so Agamben.[16] Es ist selbst die Kluft und Verbindungslosigkeit zwischen dem Sagen und der Unmöglichkeit zu sagen. Es ergänzt, was nicht gesagt werden kann. Weil es nun aber seinerseits abhängt von der Autorität dessen, den es autorisiert, wird dem Subjekt des Zeugnisses eine Verpflichtung auferlegt. Es übernimmt eine ethische Verantwortung für das, was es bezeugt, um dem Bezeugten damit zum Sein zu verhelfen, weil es von selbst nicht erscheinen könnte und somit dem Vergessen anheimfiele.[17] Subjekt sein sowie ein Zeuge sein sind für Agamben daher dasselbe. Subjekt wird man, indem man sich in die paradoxe Position, die Leerstelle zwischen Sagen und Nicht-Sagen begibt, die für Agamben die Position des Menschen generell bezeichnet. Gespalten in einen natürlichen, biologisch-sprachlosen und einen sprechenden Teil, muss letzterer von ersterem zeugen, ohne ihn je einholen zu können. Subjekt sein heißt demnach, von dem lebendigen und lebenden Teil des Menschen zu zeugen, den jedes Zeugnis zugleich immer verfehlen muss. »*Die Autorität des Zeugen besteht darin, dass er einzig im Namen eines Nicht-sagen-Könnens sprechen kann, d. h. darin, dass er Subjekt ist.* Das Zeugnis verbürgt nicht die faktische Wahrheit der im Archiv aufbewahrten Aussagen, sondern deren Unarchivierbarkeit, deren Äußerlichkeit dem Archiv gegenüber.«[18] Agamben verlegt die für diesen Text leitende Figur der Abwesenheit auf die Existenzebene des Menschen, insofern dieser selbst Subjekt werden muss. Wir werden später sehen, was daraus für eine Kunsttheorie des Zeugen folgt.

Versteht man das Museum nun als Archiv, so formt und transformiert es die bereits bestehenden Aussagen, indem es einen *corpus* an Dokumenten versammelt, anordnet und die einzelnen Artefakte in temporäre räumliche und zeitliche Beziehungen zueinander setzt. Der Zeuge und das Zeugnis sind jedoch nicht mit der herkömmlichen Art, im Ausstellungsraum Texte, Bilder, Fotografien oder Gemälde anzuordnen, gleichzusetzen. Der Zeuge

14 Giorgio Agamben, op. cit., S. 130.

15 Ibid., S. 131.

16 Ibid.

17 Ibid., S. 141.

18 Ibid., S. 138.

siedelt sich auf dem Riss, dem Spalt an, der entsteht, wenn er die Subjektposition gegenüber den historischen Performances einnimmt. In diesem Sinne waren auch die zehn an *Moments* teilnehmenden Pionierinnen der Performancekunst Zeuginnen ihrer eigenen Unmöglichkeit. Sie waren Autorinnen und *auctores* ihrer eigenen Erinnerungen, die aufgrund ihrer uneinholbaren Dimension jedoch nie ganz in ihrer eigenen Autorisierung – etwa in der durch sie vorgenommenen Anordnung der Dokumente oder durch die mit den Kuratoren geführten Interviews über ihre Arbeit – aufgehen konnten. Die vielschichtigen Zeugenprozesse, die für die Ausstellung *Moments* konstitutiv waren, hatten zum Ziel, Zeugnisse zu produzieren, deren Wert genau darin zu suchen ist, (körperliche) Überschüsse und Reste zu produzieren, die die abwesend-anwesenden Performances ergänzten. Die Ergänzung war ihr einziger Seinsmodus.

Sigrid Weigel versucht in ihrem bereits erwähnten Aufsatz, das Zeugnis vor einer doppelten Reduktion zu bewahren. Auf der einen Seite lauert die Vereinnahmung der Zeugenberichte durch *identity politics* US-amerikanischer Provenienz, die ihre Wirkung analog zu den oben skizzierten Gedächtnistheorien auf ein identitätsstiftendes Faktum reduzieren: Wir sind Performancekünstler und legen durch unsere (kritische) Auseinandersetzung mit historischen Performances Zeugnis davon ab. Damit verbunden steht auf der anderen Seite deren Einengung auf ein Beweisstück zur kunstgeschichtlichen Legitimation von Performance, mithin auf ein »rechtsgültiges« Zeugnis. »Die Bewahrung eines Zeugnisses«, so Weigel, erfordere in diesem Sinn keine »Integration der Erinnerung der Opfer in den allgemeinen Darstellungsrahmen«, sondern »eher wohl deren Wahrnehmung als Überschuss des ›noch nicht Artikulierten, noch nicht Erfassten‹ oder als Zeugnis einer ›abwesenden Bedeutung‹ im Diskurs der Historie.«[19]

Das Zeugnis ist mithin ein Überschuss, der nicht in gängige Repräsentationsschemata integriert werden kann. Agamben verwendet hierfür den Begriff des Rests. Sowohl das Zeugnis als auch das Subjekt, das bezeugt, sind Reste, die die unüberbrückbare Differenz zwischen der Möglichkeit zu sagen und dem Nicht-sagen-Können anzeigt, offenhält und zugleich phantasmatisch besetzt. Reste ergänzen die Lücke, um ihr als anwesend Abwesende ein Nachleben zu sichern. Agamben vergleicht diese Position des Supplements mit jener des Dichters, der die Sprache stiftet »als das was übrig-bleibt [sic], was aktuell die Möglichkeit – oder Unmöglichkeit – zu sprechen überlebt.«[20]

Der Zeuge als ästhetisches Subjekt *par excellence* Kunst ist Rest und produziert zugleich Reste. Die konstitutive Spaltung des Zeugen als *auctor*, der in seinem Sagen zugleich die Unmöglichkeit zu sagen sagt, führte zur Bestimmung der Tätigkeit des Zeugen als aktiver Produzent und Rezipient von Resten. Reste, Überschüsse oder Supplemente sind, sowohl Weigel als auch Agamben formulieren dies, Phänomene der Kunst und der Fiktion. Die Frage, die sich hier anschließt, lautet: Wenn Zeuge sein und Subjekt sein das Gleiche sind, inwiefern ist dann Subjekt sein immer auch ästhetisches Subjekt sein? Meine These lautet: Der Zeuge ist nicht nur Subjekt, sondern das ästhetische Subjekt *par excellence*. Diese Bestimmung erfolgt auf zwei

[19] Sigrid Weigel, op. cit., S. 127.

[20] Giorgio Agamben, op. cit., S. 141.

Ebenen: erstens auf der grundlegenden Ebene des Aussagens und zweitens auf der spezifischen Formung von Materialien.

In der Gegenwart von Kunstwerken und -performances, die uns mit ihren unterschiedlichen Materialitäten gegenübertreten, bezeugt der Rezipient die Möglichkeit des Aussagens als solche. Kunst ist durch ihre Verfahren darauf angelegt, Rezipienten zu adressieren und an sie zu appellieren. In ihrer Adressierung bezeugen wir sie. Wir hören ihr zu, schauen sie an und sprechen ihr durch unsere Aufmerksamkeit, die wir ihr schenken, unsere Anerkennung als Existierende aus. Nur weil wir genau dies tun, spricht sie: Unser Sich-Einlassen auf die Kunst produziert die Erinnerungen oder, allgemeiner gefasst, unser Einlassen produziert das ästhetische Objekt, das somit weder mit dem materiellen Substrat, aus dem das Werk besteht, noch allein mit den Assoziationen, die dies bei den Rezipienten auslöst, identisch sein kann.[21] Diese Anerkennung erfolgt demnach auf einer grundlegenden Ebene, noch bevor Kunstwerke etwas thematisieren, etwas Bestimmtes aussagen oder durch ihre Verfahren bestimmte Wirkungen produzieren. Vielmehr geht es hierbei um die Möglichkeit, überhaupt etwas in Form zu setzen und in diesem Sinne auszusagen – dass Kunst überhaupt stattfindet; es geht um »das *factum brutum* ihrer Existenz«, das Agamben in Anlehnung an Michel Foucaults *Archäologie des Wissens* als »das Außen der Sprache« bezeichnet[22], als ihren »dunklen Rand, der jedes konkrete Wortergreifen umgibt und begrenzt«[23].

Hier rückt Agambens konstitutive Spaltung des Subjekts in ein sprachloses (»nacktes«) und ein sprechendes (»politisches«) Wesen, von der oben bereits die Rede war, in ihrer produktiven Dimension ins Licht. Agamben geht in seinen Ausführungen vor dem Hintergrund einer strukturalen Linguistik und deren Überschreitung in das Konzept der Aussage stets vom Sprechen und der Sprache aus. Aus der Perspektive meiner Überlegungen ist es jedoch unerheblich, ob es die Sprache ist, die ein Außen konstituiert, oder ob die Teilung durch andere, sinnlichere Erfahrungen (zum Beispiel durch den Blick oder die Berührung) etabliert wird. Wichtig ist allein, dass die Figur des Außen zustande kommt, weil nur mit ihrer Hilfe ein Rückbezug auf sich selbst als Anderer, Fremder möglich wird. Dieser Rückbezug auf etwas, was sich *im* Sagen und *in* der Erfahrung unmöglich sagen oder erfahren lässt, eröffnet dem Subjekt seine Potenzialität, die Bedingungen seiner Möglichkeit sowie die Möglichkeit, sich zu entwerfen. Die Möglichkeit des Subjekts, welches in diesem Riss als geteiltes seinen Platz hat, und damit auch die Möglichkeit des Zeugen als ästhetisches Subjekt der Kunst hängen davon ab, im Gesagten »jene Möglichkeit einer Gegenüberstellung von Sagbarem und Unsagbarem, Innovation und Bewahrung, die *per definitionem* nicht mehr möglich ist, wiederherzustellen«.[24]

Der Kunst ist diese Gegenüberstellung konstitutiv eingeschrieben. Sind Interpretation und Wahrnehmung von Kunstwerken prinzipiell offen und nicht abschließbar, beinhaltet jedes Kunstwerk seine eigene Potenzialität und Reflexion auf die Möglichkeit, immer auch anders wahrgenommen werden zu können. Prinzipiell können immer andere Kontexte supponiert oder andere Wirkungspotenziale aktiviert werden, welche die Identität eines Werkes *strictu sensu* infrage stellen. Es vermittelt somit immer auch seine eigene

[21] Vgl. Wolfgang Iser, *Der Akt des Lesens. Theorie ästhetischer Wirkung*, Fink, München, 1976, S. 175ff.

[22] Giorgio Agamben, op. cit., S. 121.

[23] Ibid., S. 125.

[24] Ibid., S. 141.

Kontingenz, weil es sich nie als Ganzes abschließend herstellen, sagen und erfahren lässt. Kunst verweigert sich der Totalisierbarkeit und wird so zum Zeugen von dem, was vom Sagen und Erfahren übrig bleibt. Auf der zweiten Ebene, der Gestaltung, besagt diese Offenheit, dass Kunst durch ihre Verfahren Wahrnehmung entautomatisiert respektive entpragmatisiert, um dem Rezipienten so Dimensionen sinnlicher Wahrnehmungen einerseits und Polysemie andererseits zu eröffnen.[25] Der Rezipient als Zeuge produziert im Sinne, wie es oben ausgeführt wurde, das ästhetische Objekt, das kein Ding ist, und verhilft ihm zu Existenz und Nachleben.

Daran fügt sich abschließend eine geschichtsphilosophische Reflexion an, wie sie der späte Walter Benjamin in seiner Gedächtnistheorie im Umfeld seiner Überlegungen zur Moderne Charles Baudelaires und den geschichtsphilosophischen Thesen skizziert hat.[26] Benjamin spricht darin im Zusammenhang mit dem Geschichtsschreiber und dem revolutionären Subjekt, für den in diesen Überlegungen etwas verkürzt der Zeuge steht, bekanntermaßen von einem »Tigersprung«[27] in die Vergangenheit, mit dem dieser sich die Trümmer oder Reste der Geschichte vor dem Hintergrund einer unbekannten Zukunft aneignet. Er rettet die Reste und verwendet sie, weil er in ihnen nicht das erkennt, »wie es denn eigentlich gewesen ist«[28], sondern weil er in ihnen etwas erkennt, was vorher nicht erkannt werden konnte. Das Erkennen eines unabgegoltenen Potenzials der Reste erfolgt also von einem radikal gegenwärtigen Standpunkt aus. Es ermöglicht Erkenntnis und Erfahrungen, die gerade über den Bruch mit der Zeit und deren Diskontinuität möglich werden. Damit ist das Zeugnis radikal abhängig von der Gegenwart und ihren Möglichkeiten des Erkennens. Es ist in der Tat das, was zu einem gegebenen Zeitpunkt übrig bleibt und nur jetzt gesagt oder erfahren werden kann. »In der genannten Konstellation der Ungleichzeitigkeit, die das Zeugnis hervorbringt, kommt dem Hörer oder Leser jedoch keine passive Rolle zu. Vielmehr ist die Adressierung an ihn oder sie konstitutiv für die Artikulation der Erinnerung.«[29] Damit ist das Finden immer auch ein Erfinden und das Zeugen immer auch ein Zeugen von neuem Leben.

Die Ausstellung *Moments* machte somit eine grundsätzliche Dimension von Kunstproduktion und -rezeption überhaupt deutlich: Was in der Rezeption von Kunstwerken wie Gemälden, Installationen, literarischen Texten oder Theater- und Tanzaufführungen geschieht, wird in der Ausstellung durch die konstitutive Abwesenheit des eigentlichen ästhetischen Gegenstands – der historischen Performance sowie der Umgestaltung und des Verschwindens der Ausstellung in den verschiedenen Phasen ihrer Aneignung – reflektiert und in den Blick gerückt.

Wege durchs Labyrinth Eine der Ausgangsüberlegungen dieses Textes war, dass sich eine Theorie des Zeugen besser zum Verständnis der Aneignungspraktiken, die *Moments* in Gang setzte, eignet als eine kulturwissenschaftliche Theorie des Gedächtnisses. Das ästhetische Subjekt und seine Tätigkeit des Bezeugens als Rest, Überschuss und Supplement seiner eigenen Entsubjektivierung erwecken ein Gegen-Gedächtnis, das sich der gedächtnistheoretischen Vorstellung von »Identitätskonkretheit« und bruchloser Tradition widersetzt.[30] Diese These lässt sich zum Schluss im Hinblick auf gegenwär-

[25] Vgl. dazu etwa Christoph Menke, *Die Souveränität der Kunst. Ästhetische Erfahrung nach Adorno und Derrida*, Suhrkamp, Frankfurt/M., 1991 und Martin Seel, *Ästhetik des Erscheinens*, Suhrkamp, Frankfurt/M., 2003.

[26] Sigrid Weigel verweist in ihrem Text explizit auf Benjamin, indem sie dessen Unterscheidung von Klage und Anklage, von Name und Wort diskutiert. Agambens Benjamin-Referenz ist impliziter, sie lässt sich aber in seiner messianischen Heilserwartung, die er dem Rest zuschreibt, wiedererkennen.

[27] Walter Benjamin, »Über den Begriff der Geschichte«, in: ders., *Gesammelte Schriften*, Bd. I: *Abhandlungen*, Zweiter Teil, Rolf Tiedemann und Hermann Schweppenhäuser (Hg.), Suhrkamp, Frankfurt/M., 1991, S. 691–704, insbes. These XIV, S. 701.

[28] Ibid., These VI, S. 695.

[29] Sigrid Weigel, op. cit., S. 118.

[30] Ibid., S. 127; zum Gegen-Gedächtnis vgl. Michel Foucault, »Nietzsche, die Genealogie, die Historie«, in: ders., *Von der Subversion des Wissens*, Walter Seitter (Hg.), Hanser, München, 1974, S. 83–109 und Gerald Siegmund, *Theater als Gedächtnis*, Narr, Tübingen, 1996, S. 75–85.

tige Veränderungen unserer westlichen Gesellschaften noch erhärten. Darin liegt auch eine mögliche Antwort auf die Frage vom Beginn dieses Textes, warum der Kulturbetrieb gerade in den vergangenen fünfzehn Jahren so viel Erinnerungsarbeit in Form von Rekonstruktionen alter Aufführungen geleistet hat. Warum gab es derart viele Aneignungen der Geschichte im Wissen darum, dass dies unmöglich ist?

Der Soziologe Dirk Baecker geht in seinen *Studien zur nächsten Gesellschaft* von einem radikalen Umbruch unserer Gesellschaft aus.[31] Die alte Buchdruckgesellschaft wird abgelöst von einer Computergesellschaft, die Informationen und Wissen anders strukturiert, verteilt und verbreitet. Damit einher geht zunächst ein massiver Informationsüberschuss, für den die nächste Gesellschaft neue Formen des (institutionellen) Umgangs und Wege der Kanalisierung und Verarbeitung finden muss. Unsere gegenwärtige Gesellschaft sieht sich vor die Frage gestellt, was das alte Wissen noch wert ist und was es zukünftig noch bedeuten kann. Parallel dazu kommt die Frage nach dem Subjekt des Wissens auf, dem kommunizierenden Menschen, Produzenten und Träger von Wissen.

Aus dieser Perspektive betrachtet sind all die Rekonstruktionen und Wiederaufführungen von historischen Performancepraktiken nichts weiter als ein Symptom einer gegenwärtigen Krise des Wissens. Dabei steht allerdings nicht das Wissen um eine historische Körper- und Aufführungspraxis wie die Performance und deren Ästhetik im Vordergrund. Vielmehr wird in der Auseinandersetzung mit der Vergangenheit das eigene Nicht-Wissen spielerisch erprobt. Was kann ich heute überhaupt und in welcher Form noch wissen? In unserer vom Computer beherrschten Zeit ist die Flut der Informationen für jeden Einzelnen unüberschaubar geworden. Mit dem Internet fällt jede Hierarchisierung des Wissens in richtig oder falsch, wichtig oder unwichtig. Alles ist potenziell immer verfügbar. Die Aneignung des Vergangenen erfolgt aus dem Impuls heraus, sich mit dem eigenen Nicht-Wissen zu konfrontieren, einem Nicht-Wissen, das in Prozessen des Aneignens spielerisch auf seine Gültigkeit und Wertigkeit erprobt wird. Appropriation und damit verbunden Rekonstruktion ist demnach eine Arbeit am Anderen, Fremden, das sich der subjektiven Vereinnahmung widersetzt. Sie setzt uns und unsere Zeit aufs Spiel. Weil das Scheitern dabei stets einkalkuliert ist, wirft die Aneignung vor allem Fragen auf, die unser Verhältnis zu uns selbst, zu unserem Körper und zu unserer Kultur betreffen.

Doch damit nicht genug. Um diese Kultur zu beschreiben, greift Baecker auf Foucault und auf Agambens Thesen zum Subjekt zurück. Im Zuge dessen lassen sich seine Überlegungen an jene des Zeugen anschließen, wie sie dieser Text zu entwerfen versucht. Baecker sieht in Agambens Konzept des »nackten« Lebens eine Form der Kritik gegenwärtiger Gesellschaften. Vom Standpunkt dieses »bloßen Lebens« aus, das sich in Tanz und Theater an einem wiedererwachten Interesse am Körper und seinen monströsen Überformungen und Resten manifestiert, artikuliert sich Kritik an der Position des Menschen. Im Feld modernster Kommunikation, die über den Computer mit sich selbst kommuniziert, fürchtet der Mensch, überwacht und »gedächtniskontrolliert«[32], nutzlos zu werden. Es sind nun aber gerade diese überschüssigen Körper, die ihrer eigenen Entpolitisierung in der Reduktion auf das

[31] Vgl. Dirk Baecker, *Studien zur nächsten Gesellschaft*, Suhrkamp, Frankfurt/M., 2007.

[32] Ibid., S. 95.

»nackte Leben« des biologischen Organismus, der noch (über-)lebt, ohne sprechen, handeln und sich entwerfen zu können, entgegenwirken – geben sie dem bloßen vegetativen Leben doch im Sinne des Zeugen eine Stimme. »Der Mensch, eingefasst zwischen den beiden Polen des bloßen Lebens und der überdeterminierten Geselligkeit, wird zum Medium einer Gesellschaft, die herauszufinden versucht, mit welchen Restriktionen er aufwartet und welche Spielräume er noch gibt; und das Theater wird in bester Selbstbezüglichkeit zum Medium seiner selbst, einerseits durchaus im Interesse am Zauber der Selbstreferenz [...], andererseits jedoch aus begründeter Sorge darum, ob Formen des Theaters, die in diesem Medium möglich sind, in einer neuen, der nächsten Gesellschaft, von der man etwas ahnt, noch etwas taugen.«[33]

[33] Ibid., S. 96f.

Durch die Aneignungen von Resten versucht der Mensch, seinen Möglichkeitssinn, der aus der Teilung seiner Position als Subjekt resultiert, wiederzugewinnen. Es gilt also gerade die Spaltung, von der Agamben spricht, als produktive aufrechtzuerhalten, um darin in einem Sprechen und Handeln, das im Angesicht der Geschichte von seiner eigenen Unmöglichkeit weiß, von den Resten Zeugnis abzulegen.

Die Künstler in der Position der Zeugen hatten kein Wissen mehr, das ihnen gesichert zur Verfügung gestanden hätte. Sie erprobten Handlungen, für die es keine Verbindlichkeit geben kann, und bezeugten durch ihr Zeigen des unwiederbringlich Abwesenden ihr Nicht-zeigen-Können. Die Aktionen der Zeugen im Ausstellungsraum, ihr Sprechen, ihre Körper und ihre Gesten, zielten daher nicht in erster Linie darauf ab, Kunst im emphatischen Sinn zu produzieren. Als ästhetisch wahrnehmende Zeugen-Subjekte lag die Qualität ihres Handelns gerade in seiner Unfertigkeit und Ungerichtetheit, mit der es das Vergangene in der Aneignung zugleich als Totes erinnerte und mit seinem *Nach-Leben* konfrontierte. Die Gesten der Künstler und der studentischen Zeugen nahmen ihren Ausgang in der Leere der unwiederholbaren historischen Erfahrung und ergänzten sie. In diesem Sinne wendet die Ausstellung *Moments* den Körper als Überschuss gegen sich selbst. Er kam zum Einsatz unter radikal gegenwärtigen Bedingungen. Die Ausstellung wurde so selbstreflexiv zum Medium ihrer selbst. Durch die Aneignung der Exponate hinterfragte sie deren Archivcharakter und warf den Körper als Supplement dieser Auseinandersetzung gegen seine eigenen historischen Erfahrungen und Manifestationen in die Waagschale.

»Man läuft nicht mit einem bestimmten Ziel vor
Augen durch die Welt, weil man daran glaubt. Es mag
überraschen, aber es ist die Welt, die einen mitnimmt,
ob man will oder nicht. Wenn man das wirklich fühlt,
muss man an sie glauben. [...] Wir spüren den Gang
der Welt durch unser Leben, weil unsere Mitwirkung
daran uns in jedem wachen Augenblick neu inszeniert
begegnet, und, durch das unwiderstehliche Gefühl
dieser Momente des Lebens, jeden Zweifel immer
wieder aufs Neue überwindet.«[1]

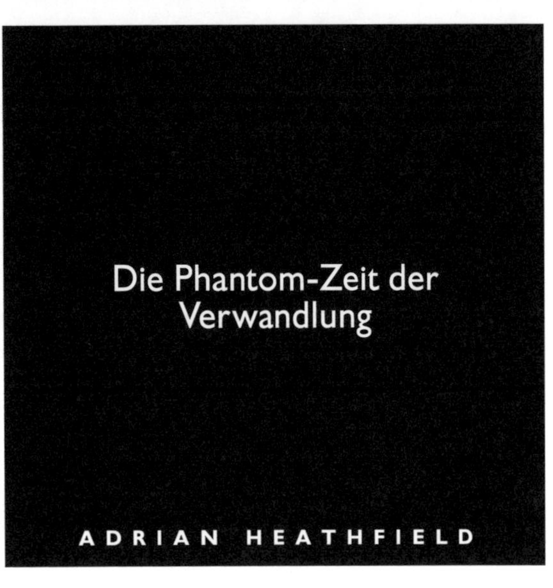

Ich werde *in medias res* in diese Geschichte einsteigen,
nicht am Anfang. Mich mitten ins Getümmel stürzen,
wie man sagt. Denn wir befinden uns immer mittendrin: in jeder Performance; bei jedem Gedanken an
Performance; bei jedem Formen und Verschmelzen
von Worten und Dingen. Ich sehe mir eine Performance an. Ich bin in einer Erfahrung, und eine Erfah-
rung bedeutet, inmitten der Dinge zu sein. Es gibt bei dieser Erfahrung kein
Außen, sondern sie ist in andere Erfahrungen, vergangene und zukünftige,
eingebettet. Und ich *bin* nicht einfach darin. Denn eine Erfahrung bedeutet Veränderung, bedeutet, sich verändern, in einem bewussten Fluss von
Unterscheidungen, in dem *ich* und *es* Folgendes nicht sind: Wir sind nicht
vereint und wir sind nicht getrennt. Ich bin zugleich eindeutig unterscheid-
bar davon getrennt *und* untrennbar damit verbunden, weil ich mich darin
befinde. Wir verwandeln uns beide und gemeinsam in etwas anderes. Ich bin
im Werden begriffen. Es gibt bei dieser Erfahrung kein Außen, keinen rein
objektiven Ort, von dem aus ich darüber schreiben könnte. Trotzdem versuche ich ständig, achtsam zu bleiben. Aber ich bin nicht der Wissende und
die Performance ist nicht das Gewusste. Die Performance *ist* das bekannte
Unbekannte. Und ich bin, durch mein Denken und Sein, eins mit und Teil
von diesem bekannten Unbekannten, sogar, wenn sich unsere Wege trennen. Wir sind ein kontinuierliches Ineinander- und Auseinanderfließen.
Überdies ist die Performance nicht nur mir unbekannt, sondern auch sich
selbst. Aber die Performance und ich müssen – das haben wir gemeinsam –
auf unterschiedliche Art und Weise das Wissen begreifen. Das Ereignis ist
buchstäblich ein Zusammentragen unserer unterschiedlichen Gewohnheiten
und Bedürfnisse. Ich werde versuchen, wieder darauf zurückzukommen, aber
wo anfangen? Ich kann nicht sagen, wo oder wann diese Geschichte beginnt/
begonnen hat, denn es ist/war eine Erfahrung. Wo bin ich nun? In einem
Nirgendwann, in dem ich erfahre, wie es sich anfühlt, diese Erfahrung auf-
zuschreiben, die wirklich geschehen ist und noch geschieht, in einem Raum,
dessen Form sich unablässig verändert, und in einer Zeit, die von anderen
Zeiten zerklüftet ist? Das Wissen um die Anfänge wäre in diesem Kontext
der letzte Punkt, an dem man beginnen sollte.

■ Diese Gedanken und Überlegungen sind das Ergebnis der Erfahrungen in
der Ausstellung *Moments. Eine Geschichte der Performance in 10 Akten* des

[1] Brian Massumi, *Semblance and Event*, The
MIT Press, Cambridge/MA, 2011, S. 36f.

ZKM | Karlsruhe, in der Spuren wichtiger Performances von zehn Künstlerinnen aus den 1960er- und 1970er-Jahren zusammengetragen wurden. Oberflächlich betrachtet könnte man diese Ausstellung fälschlicherweise für eine weitere Retrospektive von Performances aus einer inzwischen anerkannten künstlerischen Schaffensperiode halten, die entlang der wohlbekannten Koordinaten kuratorischer Praxis verläuft – mit der Absicht, die bisher verborgene Dynamik einer Zeit wesentlichen künstlerischen Umbruchs durch die Gegenüberstellung von anerkannten und weniger bekannten Werken und Künstlern offenzulegen, was schließlich zu einer Art Neuerzählung der Geschichte führt. Die Ausstellung vermittelt etwas vom politischen Hintergrundgedanken dieser Geste: Die Arbeiten bekannter Künstlerinnen wie Marina Abramović, Adrian Piper und Yvonne Rainer werden den Werken einer Gruppe von selten besprochenen Künstlerinnen gegenübergestellt, die hinsichtlich ihrer geografischen Herkunft, ihres kulturellen Hintergrunds und ihrer Ästhetik heterogener ist. Das Konzept und die Realisierung von *Moments* verknüpft den Akt des Ausstellens mit anderen grundlegenden Ideen der Geschichtsschreibung, der musealen Präsentation, der Konzeption von Performances und der öffentlichen Veranstaltung. Indem mit »Pionierinnen« eine militärische, koloniale Bezeichnung gewählt wurde, bekommt man den Eindruck, die Ausstellung folge dem Namen nach einer revisionistischen Logik, um eine isolierte Geschichte dominanter männlicher Figuren der Performance-Avantgarde abzuschütteln und die wahren, nämlich weiblichen Helden der Bewegung zu entdecken und aufzuwerten. Aber was *Moments* mit diesen Künstlerinnen und ihren Arbeiten *macht*, indem der Versuch unternommen wird, die Dynamik ihrer Kraft und ihres Ethos zu ergründen und zu kanalisieren, geht über die rein historische Revision hinaus. Es entsteht vielmehr eine systematische Re-Konzeptualisierung der historisierenden Geste des musealen Ausstellens, seiner verschiedenen Formen und Möglichkeiten.

Das zeitliche Konzept der Ausstellung ist ihr wichtigstes kuratorisches Ausdrucksmittel: Statt vor Ausstellungsbeginn hinter verschlossenen Türen zu einer räumlich statischen und unveränderlichen Einheit zusammengestellt zu werden, wird die Ausstellung über einen Zeitraum von 52 Tagen vor den Augen der Öffentlichkeit auf-, um- und abgebaut. Diese prozesshafte Herangehensweise unterwirft alle Werke und die Rahmenbedingungen ihrer Zurschaustellung und Interpretation einer anhaltenden Wandlung. Diese »Momente« aus dem Titel der Ausstellung sind eine Anordnung von historisch und kulturell unabhängigen Performances, aber statt sie in die statische Konstellation einer einzigen, andauernden Ausstellung zu bannen, werden sie durch eine Betrachtungsweise, die das Entstehen, die Entwicklung sichtbar macht, miteinander ins Spiel gebracht. Sie werden in einen Kontext der Beziehungen, des Flusses und der Vielfalt »zurückversetzt«, aus dem sie herausgerissen wurden (und immer wieder *werden*). Viele der beteiligten Pionierinnen sind während der Ausstellungsperiode präsent und erleben das kreative Feedback auf ihre Arbeiten. Dieses Beziehungsgeflecht verkompliziert und bereichert einmal mehr die auch durch äußere Einflüsse bestimmte Natur der Ausstellung. Die offene, großräumige Anordnung von *Moments*

sowie die Entscheidung, die Ausstellungskonzeption und die Schau in einer
Zusammenarbeit zu entwickeln, lässt im derart bespielten Raum ganz besondere Bedingungen entstehen: Er wird zu einer Art Workshop, bei dem die
unvollendete Natur der Displays mit den Inhalten und der Ausstrahlung
der Werke in Beziehung tritt. Einige Wände des Ausstellungsraums bleiben unverkleidet und verraten ihre Machart; viele Arbeiten hängen nicht
an der Wand, sondern liegen auf Podesten; erklärende Texte finden sich in
Grüppchen zusammen, den entsprechenden Arbeiten nur lose zugeordnet.
Die Ausstellung ist offensichtlich im Übergang begriffen und wartet darauf,
weiter verändert zu werden. Eine ästhetische und ontologische Verwirrung
entsteht, weil schwer zu sagen ist, ob die Laubsäge, die auf einem der Podeste
liegt, zu einer Arbeit gehört, ob der Raum mit Schreibtischen, handbeschrie-
benen Wandtafeln und persönlichen Gegenständen Teil der Ausstellung ist
und ob das Kunstwerk sich fertig und abgeschlossen präsentiert, ob es »so
gehört«. Die gesamte Ausstellung korrumpiert jede Idee einer Einheitlich-
keit, Vollkommenheit oder Heiligkeit des Kunstwerks. Beim Eintreten in
diesen Raum wird einem sofort und überdeutlich bewusst, dass die Zeit, die
man in der Ausstellung verbringt, nur ein kleines, begrenztes Stück aus dem
Volumen einer sich verändernden Zeit ist – nämlich der Lebensdauer der
Ausstellung – und dass diese die Möglichkeiten jedes einzelnen Besuchers
oder sogar Mitwirkenden, von Anfang bis Ende ihr Zeuge zu werden, bei
Weitem übersteigt.

All das wird noch dadurch verkompliziert, dass auf der wörtlich gemeinten
Ausstellung einer andauernden Zusammenarbeit mit zeitgenössischen Performancekünstlern und ausgesuchten Zeugen bestanden wird, deren Reaktionen nach und nach in die fortlaufende Schau integriert werden sollen.
In der Ausstellung verbinden sich Phasen räumlicher Transformation mit
jenen kreativer Reaktion, welche die Art der Darbietung radikal verändern:
Eine Gruppe von Performancekünstlern, koordiniert von Co-Kurator Boris
Charmatz, recherchiert, verhandelt und verändert Aspekte der Ausstellung
(zum Beispiel indem sie Materialien in immer neue räumliche Zusammenhänge bringen) und steuern ihrerseits kreative Erwiderungen und eigene
Performances bei, die sich zu den bereits ausgestellten Werken gesellen. Eine
Videokünstlerin – Ruti Sela – filmt die vielen Aktivierungen des Raums im
Raum mit ihrer Kamera, schneidet die Aufnahmen, um ihren fertigen Film
schließlich ebenfalls in die Ausstellung zu integrieren. Eine Gruppe eigens
geladener »Zeugen« – junge Vertreter der Performancekunst – sind während all dieser Prozesse anwesend, nehmen die Ereignisse und die Begeg-
nungen mit dem Publikum in sich auf, interpretieren die Verwandlungen
der Ausstellung und erschaffen diese in der letzten Phase durch konkretes
Eingreifen wiederum neu. All diese Arbeitsprozesse sind dem Besucher der
Ausstellung offen zugänglich, sodass er nicht einfach zum Zeugen sichtbarer Spuren vergangener Performances wird, sondern diese vielmehr im
Wechselspiel mit kreativer Aneignung und Live-Interpretation erleben kann.
Durch eine solche Kombination wird die Gefahr der Institutionalisierung
einer repräsentativen, rein dokumentarischen Ausstellung von vornherein
gebannt, da das Repräsentative wiederholt in den Präsentationen aufgefal-
tet wird, die materiellen Gegenstände durch immer neue Verbindungen zum

körperlichen und gesprochenen Akt wiederbelebt werden. In dieser Hinsicht legt die Ausstellung Performance als wichtigstes Medium für einen Dialog zwischen und innerhalb der Generationen nahe, aber auch als Kraft, die sich selbst reproduziert und ausdifferenziert und die sich in einem gebrochenen kreativen Kontinuum befindet, welches sich organisch, ja impulsiv, entwickelt, sich aber nicht auf Momentaufnahmen seiner Zwischenzustände reduzieren, durch diese definieren oder typisieren lässt.

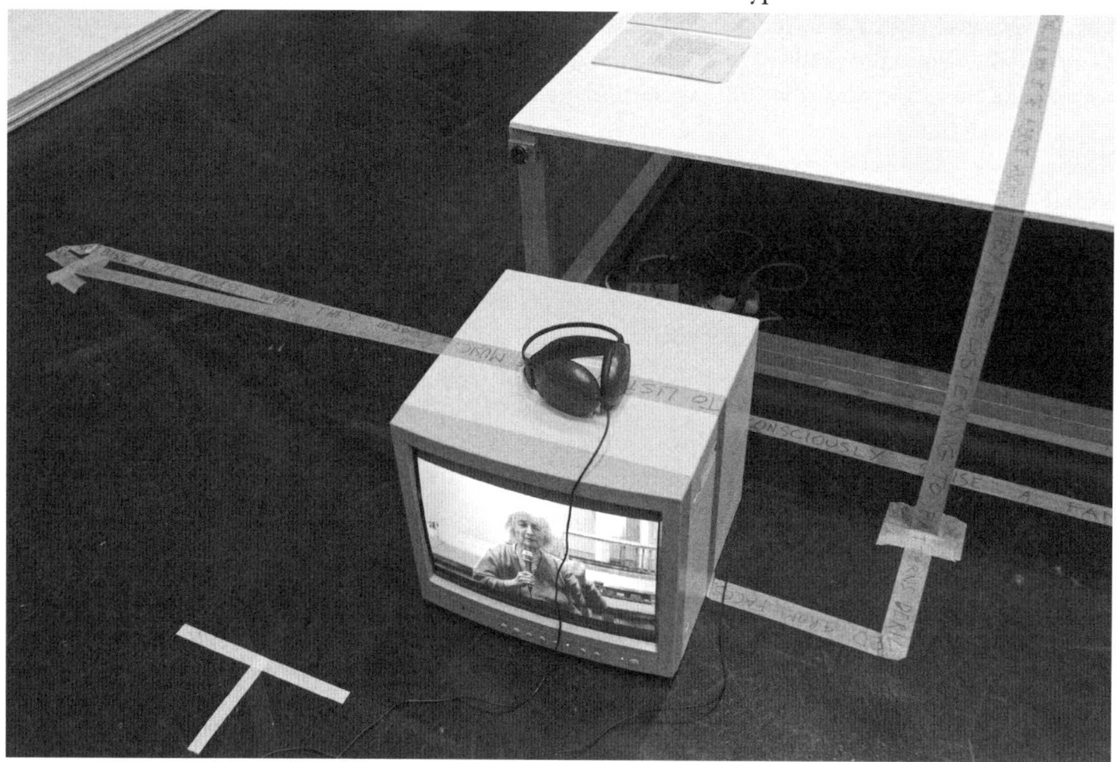

Video eines Interviews mit Simone Forti über ihre Arbeit
Face Tunes (1967), Ausstellungsansicht ZKM I Museum
für Neue Kunst, 2012

■ Ich sage auch »mittendrin«, weil ich mich buchstäblich im Zentrum des Ausstellungsareals befinde: Ich sitze auf dem Boden und folge mit Kopfhörern der Videoaufnahme eines Interviews mit der Künstlerin, Choreografin und Tänzerin Simone Forti. Im Fernsehbild sitzt Forti neben ihrer ausgestellten Arbeit *Face Tunes* (1967), genau wie ich jetzt, drei Wochen später, und sie spricht über die Einflüsse und Zusammenflüsse, die vor 45 Jahren bei der Entstehung ihres Werkes maßgeblich waren. *Face Tunes*, so erklärt Forti, entstand in eine Pause hinein, in der Zeit nach der Trennung von ihrem zweiten Ehemann Robert Whitman. Darüber, wie man sich diese Phase ihres Lebens vorzustellen hat, sagt sie nichts. Sie spricht stattdessen von der Idee der Prägung: dem biologischen und psychologischen Mechanismus des Wiedererkennens und des Sich-hingezogen-Fühlens als Überlebensstrategie, bei der man die unverwechselbaren Verhaltensmerkmale und Bewegungsabläufe eines wichtigen Familienangehörigen annimmt. Das Gesicht des Geliebten, sagt Forti, hinterlässt einen ganz ähnlichen Eindruck; dieses Gesicht, sagt sie, ist »*das* Gesicht«, und man trägt es mit sich, zwischen all den anderen Gesichtern, denen man in seinem Leben begegnet. Fortis Reflexionen darüber, was passiert, wenn man von einem anderen Menschen berührt wird, wenn man geprägt auf bestimmte Gesichter lebt, berührt nicht nur aufgrund der daran beteiligten Figuren und ihrer historischen Distanz zu uns. Während des Gesprächs lässt Forti gelegentlich die gesprochenen Worte hinter sich und fängt an, sich zu bewegen, immer mit dem Gefühl, dass Bewegung in Wirklichkeit nichts anderes ist als die Fortführung eines Gedankens, eine alternative Form des Diskurses, deswegen aber nicht weniger kraftvoll, beredt und folgenreich. Für Forti scheinen sich Kreativität und Ausdruck immer quer zueinander zu bewegen, Mittel und Materialien, Disziplinen und Grenzen kreuzend, anreichernd und überschreitend.

In ihrem *Handbook in Motion* von 1974 findet man eine etwas andere Entstehungsgeschichte zu *Face Tunes*: »Zwei Wochen lang führte ich Buch über meine vertikalen Bewegungen, auf und ab in Gebäuden und U-Bahn-Stationen. [...] Nach zwei Wochen zeichnete ich Notenlinien und trug die verschiedenen Stufen meines Aufenthalts in den Zeilen ein. [...] Irgendwann gab ich diese Melodie aus Höhenangaben La Monte, um einen Eindruck davon zu bekommen, wie sie klingen würde. Er pfiff sie für mich, und beim Hören stellte sich in mir ganz spürbar das Gefühl dieser zweiwöchigen Reise wieder ein – die Melodie schien deren Geist zu sein.«[2]

In Fortis *Handbook in Motion* finden sich unterschiedliche Niederschriften dieses Stücks, und sie schreibt auch darüber, dass sie beim Performen früherer Versionen den Zuhörern nicht verriet, dass sich die Komposition, der sie lauschten, von Gesichtern ableitete. Sie wollte vielmehr, dass die Menschen sich auf die Musik konzentrierten. Indem sie die Arbeit mit ihrer Intuition für verborgene Ursprünge und mit dem Glauben an die Wahrnehmung des Unsichtbaren aufnimmt, betont sie: »Ich habe fest daran geglaubt, dass das Gespür für die Variationen bei ähnlichen Ereignissen ein so grundlegender Lebensvorgang ist, dass das Publikum beim Hören von *Face Tunes* unterbewusst eine vertraute Ordnung spüren würde. Da die Form sich als geeigneter Aufbewahrungsort der Präsenz erwiesen hatte, hoffte ich, dass der Akt des Übertragens der verbindenden Aspekte einer zusammenhängenden Gruppe von Gesichtern in eine entsprechende Kontur imstande wäre, zu einer ursprünglicheren Form des Erkennens von Mustern oder Geistern zu führen.«[3]

Es erscheint mir hier wichtig, Fortis Sprache genauer zu betrachten, mit der sie die Welt des Geistes (Glaube und Hoffnung) mit den sie bedingenden körperlichen oder materiellen Zuständen verbindet: »ursprünglichere Form der Muster« könnte sich auf die psychologische Prägung beziehen, von der Forti 38 Jahre später in ihrem Vortrag spricht, oder vielleicht auf die Ordnung der Natur, die über das triebhafte Verhalten des Menschen bestimmt. In jedem Fall scheint es sich bei Fortis *Face Tunes* um eine Performance zu handeln, die eine Methode darstellt, Kräfte über verschiedene Formen, Ebenen und Register zu transportieren, sodass die Übersetzung von einer Form in die nächste sich als Störung unserer Sinnesordnung manifestiert, was wiederum ein unterdrücktes Machtgefüge der Sinne zum Vorschein kommen lässt. Die Wahrnehmung dieses Gefühls bedingt Zuversicht und Hoffnung.

[2] Simone Forti, *Handbook in Motion. An Account of an Ongoing Personal Discourse and its Manifestations in Dance*, 3. Aufl., Contact Editions, Northampton, 1998, S. 71.

[3] Ibid., S. 76.

[4] Siehe Maria Lind (Hg.), *Performing the Curatorial. Within and Beyond Art*, Sternberg Press, Berlin, 2012.

■ Der feinfühlige Umgang der Kuratoren mit den Exponaten in *Moments* spiegelt einen wachsenden Trend wider, der in der kuratorischen Praxis allgemein spürbar ist, und das geht über die vielen prominenten Beispiele von in Museen kuratierten Performances im letzten Jahrzehnt hinaus. Man könnte hier die These aufstellen, dass das Kuratieren zur Performance wird, um einen Ausdruck von Maria Lind aufzugreifen.[4] Ein älteres Verständnis der Aufgabe des Kurators als technokratische, neutrale, nicht kreative Arbeit wird hier zugunsten eines Kuratierens als sich selbst hinterfragende Praxis der Mediation, Übersetzung und Kulturproduktion aufgegeben. Für den kuratorischen Diskurs, der diese Entwicklung begleitet, stehen nicht mehr so sehr das Objekt und seine visuellen Aspekte wie Arrangement, Design und Darstellung im Vordergrund. Stattdessen thematisiert dieser Diskurs ethische und politische Fragen über die Wechselwirkungen zwischen Gegenständen wie Menschen, entwickelt Widerstand gegen Formen der institutionellen wie diskursiven Macht und Interesse daran, formende und affektive Begegnungen im Umgang mit Kunst zu ermöglichen. Bei der Konzeption der Ausstellung *Moments* manifestieren sich diese Interessen in einem radikalen Engagement, experimentelle Bedingungen für Kunstobjekte und Kunstgeschichte zu schaffen. Wie Ausstellungsdesigner Johannes Porsch auf dem Ausstellungsposter formuliert, eröffnet diese Herangehensweise an das Ausstellen der Arbeiten »die Möglichkeit des Testens [...]. Es sollen prototypische, zur Wandlung befähigte und befähigende, Displaysituationen – set-ups – entstehen, die das Prozesshafte, immer auch Vorläufige, den historischen Moment der Rekonstruktion von Geschichte vorzuführen vermögen.«

Man sollte ergänzen, dass Rekonstruktion hier als ein zwangsläufig unmögliches Unterfangen angesehen wird und die durch Rekonstruktion generierte Geschichte als eine von vornherein nicht lineare und vielstimmige verstanden werden muss. Die so heraufbeschworene Generativität ist nicht einfach Geschichte im Entstehen, sondern bedeutet das Formen von neuen Kunstwerken, die sich ausdrücklich, frei, aber bewusst in historischen Bezügen bewegen. Der Ansatz von *Moments* mit seiner langsamen aber kontinuierlichen Transformation der ausgestellten Kunstwerke fördert ein dynamisches Verstehen der Kunstwerke, das in einer eher statischen, allzu pietätvollen und dem Erhalt der Werke gewidmeten Ausstellungspraxis oft untergeht. Stattdessen sieht man die Kunst hier aus einer vitalistischen Perspektive, als ein prozessual und relational entstehendes Gebilde, das einer ständigen Verwandlung unterworfen ist. Es gibt noch viel mehr darüber zu sagen, wie diese Strategien zu einem tieferen Verständnis über das Ausstellungsmachen als kreative Praxis in einem sich erweiternden Feld führen.[5] Aber für den Moment möchte ich darauf zurückkommen, auf welche Weise diese feinfühlige Ausstellungsgestaltung nicht nur zeitgemäß ist, sondern selbst ein historisch vitalistisches Verständnis vom Entstehen und der Rezeption von Kunst wiederbelebt.

[5] Eine entscheidende Frage ist hier die Lesbarkeit und Zugänglichkeit dieser Herangehensweisen: Welche Arten von ethischem und politischem Potenzial, aber auch welche Grenzen liegen in ihrer Natur als breitere öffentliche Veranstaltung?

Mitte der 1930er-Jahre schrieb der französische Kunsthistoriker Henri Focillon seine einflussreiche, aber heute etwas in Vergessenheit geratene Abhandlung *Das Leben der Formen*.[6] Obwohl dieser Text tatsächlich einen absoluten

[6] Henri Focillon, *Das Leben der Formen* [1934], Leo Lehnen, München, 1954.

Formalismus propagiert und jede Bedeutung eines sozialen oder kulturellen Kontexts als entscheidende Faktoren für die Bedeutung und Kraft der Kunst rundweg ablehnt, gibt es einige Parallelen zwischen der Denkweise Focillons und den Vorstellungen heutiger Ausstellungsmacher. Die hervorstechendste ist sein Beharren darauf, dass in Wirklichkeit jedes Kunstwerk, so statisch und fertig es wirken mag, ein manifester Ausdruck von Bewegung ist. »Das Kunstwerk ist zeitgemäß und unzeitgemäß« stellt Focillon fest. Es existiere in, und sei eine Erscheinung der Multiplizität von Zeit, es sei Teil eines unaufhörlichen Prozesses des Werdens.[7] Jean Molino bekräftigt in seinem Vorwort zu Focillons Werk: »Formen sind in einer ständigen Metamorphose gefangen [...] es gibt keine Form ohne Veränderung der Form.«[8] Focillon beschäftigt sich hier auch mit den Einflüssen und Affinitäten, die nicht notwendigerweise in einer historischen Abfolge oder zwischen Künstlern und Kunstrichtungen linear verlaufen; eigentlich untersucht er aber forensisch genau die Natur ihrer pulsierenden Generativität über Genres und Disziplinen hinweg. Er meint, in der Kunst seien die »Materien [...] nicht auswechselbar, aber die Techniken durchdringen sich, und an ihren Grenzen neigt die Interferenz dazu, neue Materien zu schaffen«.[9]

Focillons aufmerksame Interpretation von Kunstwerken als dynamische, komplexe, unberechenbare Gespinste von Beziehungen und Interaktionen zwischen Thema, Bewegung, Materie und Form steht im Einklang mit der aktuellen Empfindung, die davon ausgeht, dass Materie (und Objekte) aktiv und affektiv wirken, dass Beziehungen zwischen Form und Formlosigkeit aufgelöst werden und die Beschränkungen einer jeden Philosophie aufgezeigt werden sollen, in der Leben und menschliche Existenz gleichgesetzt werden. Ob in Focillons kritischen Arbeiten oder in der aktuellen Praxis der Ausstellungskonzeption, das Interesse liegt in der phänomenologischen Aufmerksamkeit für das Kunstwerk als Spannungsfeld affektiver Beziehungen und Bewegungen, die dessen Leben und Einzigartigkeit respektiert: all die Kräfte und Umstände, ohne die es nicht hätte entstehen können. Wie Andrei Molotiu bemerkt, war Focillon in seiner Vorstellung vom Leben der Formen ohne Zweifel von Henri Bergson beeinflusst, dessen Vorlesungen er besuchte. Focillons Definition von der Einzigartigkeit des Kunstwerks reflektiert sehr genau Bergsons Verteidigung der kreativen Kraft gegen jede nachträgliche Festlegung auf einen Kontext.[10] Über den künstlerischen Schöpfungsakt sagt Bergson: »nur die konkrete Lösung bringt jenes unvorhersehbare ›Nichts‹ hinzu, welches das Kunstwerk ist. Und dieses Nichts ist es, das Zeit gebraucht. Stofflich ein Nichts, erschafft es sich selbst als Form.«[11] Focillon, der sich vor allem mit Malerei und Grafik beschäftigt hat, scheint es darum gegangen zu sein, diese Besonderheit in eine Verbindung mit dem Status der Kunst als sinnlich wahrnehmbarer Spur zu setzen: »Auf dieser Erkenntnis muss man beharren, wenn man richtig verstehen will, nicht nur, wie die Form sozusagen verkörpert ist, sondern dass sie immer Verkörperung ist. Der Geist kann sich nicht von vornherein damit abfinden, denn er ist von der Erinnerung an die Form getränkt und neigt dazu, sie mit der Erinnerung selbst zu verwechseln [...] wie wenn sie sich auf einem öffentlichen Platz oder in einem Museum befänden.«[12] Die Natur dieser Inkarnation der

[7] Ibid., S. 112.

[8] Jean Molino, »Introduction«, in: Henri Focillon, *The Life of Forms in Art* [1934], Zone Books, New York, 1989, S. 9–30, hier S. 26.

[9] Henri Focillon, *Das Leben der Formen*, op. cit., S. 72.

[10] Siehe Andrei Molotiu, »Focillon's Bergsonian Rhetoric and the Possibility of Deconstruction«, in: *InVisible Culture*, Nr. 3: *Time and the Work*, Winter 2000, online: http://www.rochester.edu/in_visible_culture/issue3/molotiu.htm, zuletzt abgerufen am 15.11.2012.

[11] Henri Bergson, *Schöpferische Entwicklung*, Coron, Zürich, 1972, S. 332f.

[12] Henri Focillon, *Das Leben der Formen*, op. cit., S. 66.

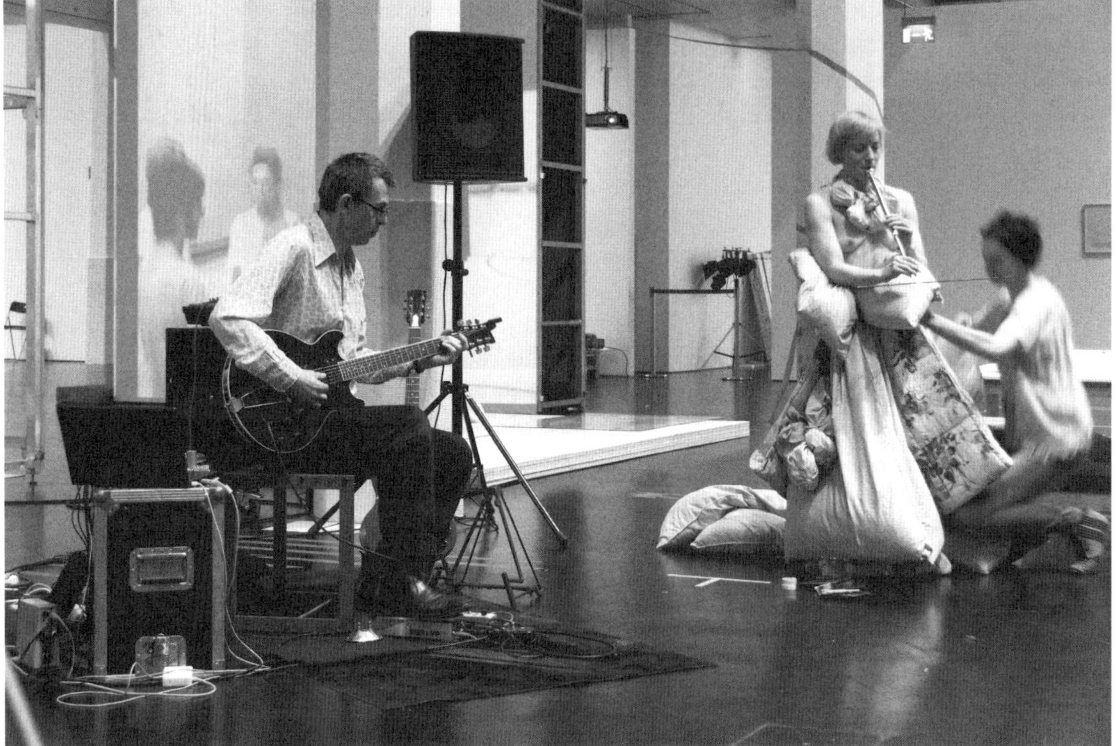

»Open-Lab«-Performance von Meg Stuart, Ausstellungsansicht ZKM I Museum für Neue Kunst, 2012

Kunst ist für Focillon ein bewegtes Maßwerk der Gesten: Im vielfachen Zusammenspiel zwischen Hand, Werkzeug, Materie und Form gibt es Berührungspunkte, die sich zu verbergen suchen, die aber trotzdem immer zu spüren sein werden. Diese Berührungspunkte überspannen Materialitäten und Sinnesordnungen, vom Ertastbaren zum Sichtbaren, zum Sensorium des Betrachters: Sie sind der Nexus der Vitalität der Kunst.[13]

■ Am zweiten Tag, den ich in der Ausstellung verbringe, sind Aktivitäten der Performer im Ausstellungsraum deutlich spürbar, etwas wird aufgebaut. Ein Ereignis schält sich ungeordnet aus dem Fluss, Besucher gruppieren sich wie zufällig um eine Aktion, während andere weiterhin die umliegenden Exponate betrachten. Die Tänzerin und Choreografin Meg Stuart steht halbnackt im Ausstellungsraum, in der Nähe von Simone Fortis *Face Tunes*. Sie scheint damit beschäftigt zu sein, ihre Sinne für ihre Umgebung und die Werke darin zu schärfen. Burkhard Stangl, der Musiker und Komponist, ist dabei, einige Instrumente und technisches Equipment einzurichten, ein monotones Geräusch, wie der Ton einer Gitarre oder ein elektronisches Summen, erfüllt leise den Raum. Stuart sieht aus, als befände sie sich in einer eigenen Traumwelt, aber gleichzeitig strahlt sie eine Präsenz, eine Offenheit aus, die ihr »Denken-Fühlen« für uns spürbar werden lässt. Sie tanzt, aber eine zweite Performerin, Claudia Hill, verkleidet und wickelt sie in alte Daunendecken, unterbricht damit immer wieder Stuarts Bewegungsfluss. Jetzt erreichen uns erste zögerliche Harmonien: Melodienfragmente auf der Gitarre, aufsteigende und absteigende Tonleitern. Und während sich die Performance in Lagen aufbaut und steigert, fühlt sie sich doch an, als hätte sie noch gar

[13] Ibid., S. 73.

nicht richtig begonnen, als befände sie sich noch in einem Vorstadium des
Aufwärmens, Experimentierens oder Probierens: ein Tanz, der ständig durch
die Vorbereitung der nächsten Schritte unterbrochen wird. Stuart wird Fortis
Kolbenflöte von einem der Displays gereicht, und nun begleitet sie Stangl,
während es ihr gleichzeitig gelingt, vollkommen in ihrer eigenen Welt zu bleiben. Ihre Brüste und Augenbrauen sind mit Tape abgedeckt, ihre Ärmel sind
verspiegelt. In das Futter der Decken scheinen schwere Gewichte eingenäht
zu sein, und Stuarts Körper ist jetzt verändert, aufgebläht, gepolstert, einge-
schnürt und beschwert, aber sie probiert weiter ihre Bewegungen. Sie wird
zu einem weicheren, voluminöseren Körper, vielleicht sogar zu einem älteren
Körper. Diese Schicht, die sie warm hält und schützt, ist auch ein Hindernis.
Sie tanzt sich durch dieses Hindernis in einen anderen Bewusstseinszustand,
Bewegungszustand. Sie wird zur provisorischen Schlafzimmer-Schamanin:
ein Drittel Meg Stuart, ein Drittel Michael Jackson, ein Drittel Simone Forti.
Jede Geste betont den eigenen vorläufigen, vorbereitenden Charakter: die
Probe zu einem anderen, immanenten Tanz. Stuart stößt den Kopf immer
wieder gegen den Videomonitor, auf dem Fortis Interview zu sehen ist, als
wolle sie ins Bild hineinklettern, nimmt schließlich über die Kopfhörer eine
buchstäbliche Verbindung zu Forti auf, wirbelt und schüttelt sich auf zu
neuem Leben: eine Erscheinung, eine glitzernde Pracht.

■ Durch die Umwidmung des Ausstellungsraums zu einem Raum, in dem
künstlerische Prozesse stattfinden, wird in *Moments* das Kunstmuseum zur
Archiv-Werkstatt oder zum Werkstatt-Archiv. Die Definition von Werkstatt
rückt in diesem Kontext vielleicht näher an die ritualistischen Ursprünge des
frühmittelalterlichen Handwerks heran als an die heute üblichen Werkstatt-
modelle oder *Workshops* in kreativen Wirtschaftsformen. Es handelte sich
nämlich früher um einen Ort, an dem entscheidende Fertigkeiten erwor-
ben wurden, und der den Menschen die Gelegenheit bot, sich beruflich zu
vernetzen. Richard Sennett stellte die These auf, dass sich in den mittel-
alterlichen Werkstätten eine Art Surrogatfamilie bildete, in der man die
Herstellung selbst als sozialen Prozess erleben konnte, bei welchem Fragen
über die Eigenständigkeit und Autorität der kunstvollen, geschickten Arbeit
von Angesicht zu Angesicht ausgehandelt wurden.[14] Vielleicht neigt Sennett
etwas dazu, die eigentlich paternalistische und von Hierarchien geprägte
vorindustrielle Gesellschaft zu romantisieren; trotzdem bot die Werkstatt
den Raum, eine gewisse historische und ethische Verantwortung für das
Handwerk übernehmen zu können. Man darf sich *Moments* entsprechend
als Zusammenkunft einer Gemeinschaft vorstellen, in der die Affinität zu
Performance, Aktionen und Gedanken rund um das Thema in einer Art
queerem Familienworkshop ausgelebt werden. Die Rolle, die dabei die Pionierinnen der Performancekunst in Verbindung mit der jüngeren Künstlerge-
neration spielen, stellt die Frage nach der historischen Kontinuität im Kontext einer anhaltenden Aufmerksamkeit, die mal den Pionierinnen selbst,
mal dem Resultat ihrer Bemühungen entgegengebracht wird. Die Ausstellung widmet sich dabei einigen Belangen, die entschieden vormodern sind:
Der Prozess ist langsam, akkumulierend, eine verwobene Zusammenarbeit;
die Produkte – wenn man sie denn so nennen darf – können nicht vordring-

[14] Vgl. Richard Sennett, *Das Handwerk*,
Berlin Verlag, Berlin, 2008.

lich anhand ihrer »Originalität« beurteilt werden, sondern anhand der Verknüpfungen mit- und zueinander und anhand der Qualität ihrer Übertragung in andere Hände.

Diese Werkstatt gleicht insofern einem Archiv, als sie an einem Ort stattfindet, an dem auch historisches Wissen bewahrt wird. Wie Jacques Derrida in seiner Arbeit über das Archiv schreibt, ist eine der bedauerlichen Folgen des Phänomens Archiv das »Platzieren« der Dinge, denen es »Hausarrest« verordnet, eine Art Obhut, die im Kontext eines Performance-Archivs bald Gefahr läuft, die Vitalität und das Potenzial von Performances festzuzurren und zu beschneiden, besonders ihre kulturellen, politischen und erkenntnistheoretischen Kräfte. Das sensible Ausstellungskonzept, das *Moments* ausmacht, berücksichtigt diese Dynamik und inszeniert die »Logik(en) der Wiederholung« als Werkstatt-Archiv, die gewollt vielfältig, flüchtig und provisorisch sind: Dieses Archiv kehrt auf reflektierte Art sein Innerstes nach außen.[15] Hier entsteht das Beispiel eines lebendigen Archivs, dessen Zusammenhalt durch die eigene augenfällig fragmentierte Dauer infrage gestellt wird, durch seine Präsentation der Paradoxien eines sicheren Verwahrortes und dadurch, dass seine Artefakte und Kunstwerke der Kontingenz überantwortet werden. Der Akt des Archivierens wird hier als rigorose Methode der Neuerfindung praktiziert, in Anlehnung an den Gedanken Michel Foucaults: »zwischen der Tradition und dem Vergessen lässt sie [die Ebene des Archivs] die Regeln einer Praxis erscheinen, die den Aussagen gestattet, fortzubestehen und zugleich sich regelmäßig zu modifizieren. *Es ist das allgemeine System der Formation und der Transformation der Aussagen.*«[16] Das Archiv ist also nicht einfach eine Institution, ein Bauwerk oder eine Sammlung, die für diese Funktion auserkoren wurde, und auch kein statischer Aufbewahrungsort für Spuren von Kunstwerken und Lebensläufen, sondern vielmehr ein diffuses kulturelles System, das sich zwischen Ereignissen, dem Gegenständlichen, dem Text und dem Kunstwerk in einem immerwährenden Zustand des Flusses befindet. Zu einem Werkstatt-Archiv gehört denn auch das selbstbewusste Verkörpern und Reanimieren solcher historischer Spuren (durch Gebäude, Situationen, Dinge oder Körper), und zwar nicht als Herüberretten einer erfahrbaren und verortbaren Vergangenheit, sondern als schöpferischer und großzügiger Akt. Dies ist eine performative Sozialstruktur, und wie bei allem Performativen lassen sich ihre Ursprünge nicht ausfindig oder dingfest machen, weil sie Teil eines unendlich wiederkehrenden Systems von Wiederholungen ist, von denen jede einzelne durch Verschiebung und Verschiedenheit charakterisiert wird.[17] Das Paradox des »Aufbewahrungsorts«, den die Ausstellung *Moments* darstellt, ist wie das Paradox der Performance selbst: zugleich alt und neu, doppelt und einfach, eine Schöpfung und eine Verwandlung, konform und abweichlerisch, eine Fortsetzung und ein Echo.

■ Später an diesem Tag performen immer wieder einige der im Artist Lab versammelten Künstler. Sie reagieren kreativ auf die ausgestellten Werke. Das Publikum ist über den großen Ausstellungsraum verstreut, und viele

15 Vgl. Jacques Derrida, *Dem Archiv verschrieben. Eine Freudsche Impression*, Brinkmann und Bose, Berlin, 1997, S. 26.

16 Michel Foucault, *Archäologie des Wissens* [1971], Suhrkamp, Frankfurt/M., 1981, S. 188.

17 Siehe Jacques Derrida, »Signatur Ereignis Kontext«, in: ders., *Limited Inc.*, Peter Engelmann (Hg.), Passagen, Wien, 2001, S. 15–45.

Aktionen und Gespräche scheinen sich gleichzeitig abzuspielen. Performer wie Besucher lassen sich zwischen den Werken und den unterschiedlich intensiven Interaktionen durch den Raum treiben, wo vielleicht etwas passieren wird – vielleicht aber auch nicht. Boris Charmatz und Jan Ritsema haben sich von einem früheren Spiel zurückgezogen, in dem sie mit einer in die Ecke getriebenen Besucherin und einer Videokamera eine komplizierte, getanzte Version des Fangen-Spiels inszeniert hatten. Charmatz nähert sich einer freistehenden Wand und einem Podest, auf dem Dokumente zu Anna Halprins *City Dance* (1976/1977) ausgestellt sind. Mir fällt wieder ein, dass Halprin damals Fortis einflussreiche Mentorin war. Ein Ausschnitt aus der Filmdokumentation *Inner Landscapes* (1991), der *City Dance* zeigt, wird als Endlosschleife an die Wand projiziert, und Charmatz nimmt sich einige Augenblicke Zeit, die verblichenen Bilder zu betrachten. Schließlich nähert er sich zögernd, fragend der Projektion, als wolle er seine Beziehung zu dem Film ausloten. Er lehnt seinen Kopf langsam an die Wand, versucht, sich den Lichtspielen, der Struktur des Films anzunähern: seiner Zeit. Der Film ist zu einem fast greifbaren Gegenstand geworden. Er ist auch eine Quelle sinnlichen Genusses, und Charmatz tritt offensichtlich immer mehr in Beziehung dazu, eingehüllt in eine stille, private Träumerei, selbststimulierend und erotisierend. Er lockert seinen Gürtel, lässt seine Hand hinabgleiten und den Kopf in den Nacken fallen. Einige Minuten später kommt Rit-

sema hinzu, der Charmatz' Gestus auf der anderen Seite der Leinwand spiegelt, dessen Pose also
kontrapunktisch wiederholt und somit de-indi-
vidualisiert, wodurch die Szene zu einer homoerotischen Erforschung zwischen den Generationen wird. Nach einer Weile verliert Ritsema das
Interesse und geht. Charmatz verweilt in diesem
ausdauernden, bewegten aber trägen Bild, dessen höhepunktlose Dynamik des Verlangens mit
der nostalgischen Patina der alten Filmaufnah-
men zu verschmelzen scheint. Für den Zuschauer
liegt eine perverse Ironie in Charmatz' lasziver,
unproduktiver Frottage am Rand dieser Arbeit.
Der Film zeigt einige Aktionen, deren offenes

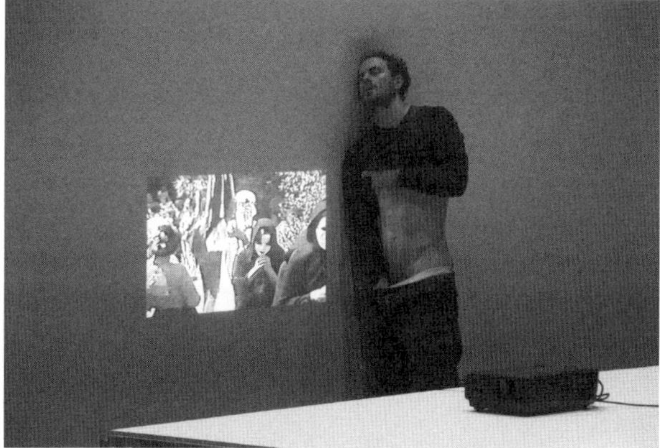

»Open-Lab«-Performance von Boris Charmatz zur filmischen Dokumentation *Inner Landscapes* (1991) über Anna und Lawrence Halprin, Ausstellungsansicht ZKM I Museum für Neue Kunst, 2012

Bemühen um Emanzipation, Umweltschutz und Gemeinschaftlichkeit keinen Zweifel an ihrer Zugehörigkeit zu einem anderen Zeitalter lassen. Charmatz' Geste huldigt der diachron verbindenden Kraft solcher Aktionen und behandelt sie zugleich als unnahbare Objekte einer zeitgenössischen, narzisstischen und bequemen Begierde. Das Bild ist dem Besucher auch bereits bekannt, der eine ganz ähnliche Geste schon aus Sanja Ivekovićs *Inter Nos* (1977) kennt, wo Iveković spielerisch um einen in einem Nebenraum gefilmten und an die Wand projizierten Besucher-Statisten buhlt und ihn liebkost. In *Inter Nos* wird das Bild der erotischen Beziehung und Vereinigung durch das Wissen um seine räumlich voneinander abgegrenzte Entstehung und seine stotternde »Gleichzeitigkeit« zweideutig hinterfragt. Charmatz' *geste trouvé* bringt intuitiv zwei Werke derselben Ära – von verschiedenen Kontinenten und geprägt von einem ganz unterschiedlichen Umgang mit der Präsenz – in eine dynamische neue Verbindung. Diese geborgten und übertragenen Zärtlichkeiten regen uns dazu an, die zwei Arbeiten aus derselben Zeit gleichzeitig in Beziehung zu der Aktion von Charmatz, ja sogar zu seinem Verlangen als Ko-Kurator und Performer von *Moments* zu setzen. Diese Geste erfordert von uns – jetzt in diesem Moment –, unser eigenes Verlangen danach, die verlorene Vergangenheit zurückzubringen, zu überdenken und zudem das Denken-Fühlen der Tätigkeiten der Differenz zu hinterfragen, indem wir diese Sehnsüchte durchspielen und die Vergangenheit in der Gegenwart neu erschaffen.

■ Ich betrachte gerade Simone Fortis *Face Tunes* in der Ausstellung *Moments*. 45 Jahre sind vergangen, seit es geschaffen wurde, 38 Jahre, seit es in einem Buch verewigt wurde, ein Jahr, seit Forti es für den Film, den ich jetzt ansehe, erneut performt hat, drei Wochen sind vergangen, seit die Künstlerin hier in dieser Ausstellung saß, um die Performance vor Publikum zu besprechen, ein Tag, seit ich den Film über dieses Gespräch angesehen habe, und zwei Stunden, seit ich Meg Stuart zugeschaut habe, wie sie versucht hat, ihren Leib durch all diese Mattscheiben, durch all die Jahre zu pressen, um den Anknüpfungspunkt zu finden, um mit jenem »dem Ding innewohnenden Geist« in Kontakt zu kommen, ihn weiterzutragen. All diese Zeitpunkte sind hier anwesend, genau wie die Zeit selbst unermesslich ist, in diesem umfassenden, entfalteten Jetzt. Und ich komme von dem Gedanken nicht los, dass die Menschen, deren Fotografien die Profile bilden, die wiederum die Partitur bilden, an der Forti immer wieder kleine Veränderungen vornimmt und welche die Musik von *Face Tunes* ausmacht, ein Werk, das mich dazu bewegt, dies hier zu schreiben – dass all diese Menschen in diesem Moment in gewisser Weise anwesend und doch abwesend sind, in dieser Zartheit: himmlische Wanderer auf Schallwellen zu uns getragen. Der Anschein von Leben: das unheimliche Gefühl, dass sie nach dem Tod weiterleben. Weil sie ihn bei sich behalten wollte, schreibt Plinius der Ältere, zeichnete die Tochter des Butades den Schatten ihres Geliebten an der Wand nach, um ein Profil festzuhalten; der »Ursprung« der Porträtmalerei, der Malerei überhaupt, so sagt man. Eine schwache, vergängliche Linie, die ihr Vater, der *Handwerker*, sich aneignete und mit Lehm verstärkte. Ich folge der Nulllinie auf der Schriftrolle, von der Forti ihren Nullton nimmt, und mir fällt der wiederholte Zusammenfluss der Linien auf dem Nasenrücken auf, dieser hochsensiblen Stelle, die einen, wenn sie berührt wird, zum Loslassen zwingt. Denn dies sind nicht etwa wiederholt die Profile des einst geliebten Robert Whitman, dessen Gesicht, wie wir gehört haben, sich in ihre Netzhaut gebrannt hat, sondern Spuren einer breit gefächerten Gemeinschaft von Freunden und Künstlerkollegen. Die Parade von Gesichtern, halb eingetaucht: wie lauter dahintreibende Ophelias, mit denen die Wellen spielen. Schwarze Linie – weiße Papierrolle. Einige der porträtierten Gesichter, deren gezeichnete Profile in die Linie eingeflossen sind, waren schwarz, und ich denke an das schwarze Gesicht, wie annähernd unsichtbar es in der Kunst der Gegenwart ist; an die schwarzen Gesichter der Bürgerrechtsbewegung von 1967, der Zeit, als diese Linien gezeichnet wurden, kurz vor der Ermordung von Martin Luther King jr.; an Rassenvorurteile, die heute wieder aufgebaut werden, an die rassistische Praxis der Erstellung von *Persönlichkeitsprofilen*: von den Verlockungen und Fallen des Sichtbarwerdens als Mittel, um voranzukommen. Und ich spinne einen Faden. Es wird mir klar, dass diese horizontalen Gesichter nicht Porträts, sondern Landschaften sind, Skizzen vom Horizont, also der Erde, in die wir alle zurückkehren. Herzgeräusche der Welt: vertont aber ohne Worte. Und ich spinne meinen Faden weiter: Ich denke darüber nach, was es bedeutet, sich einer Sache von Angesicht zu Angesicht zu stellen, nicht nur anderen Menschen und ihren Gesichtern, sondern auch der nicht menschlichen Natur, der Materie, aus der wir entspringen, der Materie, zu der wir eines Tages wieder werden, in die unsere Form sich verwandelt, sich verstreut. Eine Schattenethik, innerhalb und außerhalb der gegenseitigen Öffnung, die wir im Angesicht von anderen Menschen vollziehen, solange das Leben durch uns pulsiert mit seinen wellenförmigen Hochs und Tiefs und wir daraus einen Faden spinnen, eine Lebenslinie. Wir werden bewegt und wegbewegt von dieser Bewegung eines Lebens, dessen äußerlicher Ausdruck das Leben der Formen ist. Es zu berühren und davon berührt zu werden: Darin liegt die lebensspendende Kraft der Kunst.

■ Eine der Herausforderungen, denen sich Kuratoren wie Historiker heute stellen müssen, ist, angesichts des tief sitzenden Misstrauens, das der Darstellung von Geschichte entgegengebracht wird, einen sinnvollen Umgang damit zu finden, der imstande ist, eine Art Urvertrauen in die Kraft historischer Werke zurückzubringen. Als Folge von den vielen Toden des Autors wird von der Geschichtsschreibung und ihren zahlreichen kulturellen Inkarnationen verlangt, Rechenschaft über ihre Formen und Voraussetzungen abzulegen, um den Glauben an das Potenzial der Kunst am Leben zu erhalten. Es scheint, als seien wir immer noch befangen und behindert durch das viel diskutierte postmoderne Leiden der »Skepsis gegenüber den Metaerzählungen«.[18] Die alles durchdringenden Zweifel gegenüber der zugrunde liegenden organisatorischen Logik der Geschichtsbücher führt etwa den Kunsttheoretiker Jan Verwoert zu der Feststellung: »Auf der Ebene der Phänomenologie ist die Erfahrung der Geschichte in der Krise gleichzeitig die Erfahrung der Zeit in der Krise. [...] in der Zeit der Krise treffen zwei unterschiedliche und grundsätzlich widersprüchliche Dimensionen von Zeitlichkeit zusammen: die Zeit der leeren Dauer und die Zeit der absoluten Dringlichkeit.«[19]

Laut Verwoerts Analyse befinden sich die heutigen westlichen Gesellschaften immer noch fest im Griff von grausamen historischen Umstürzen, aber ihnen fehlen heute die kulturellen Ausdrucksmittel dafür und der Glaube daran, diesen Veränderungen Ausdruck verleihen zu können; und so ist die Erfahrung von Zeit für die Bürger dieser Kulturen sowohl von einer permanenten Ziellosigkeit als auch von einem Gefühl der unaufhörlichen Dringlichkeit bestimmt, die jeweils eine tiefe Ohnmacht auslösen. Kunst könnte ein Weg sein, uns aus dieser Pattsituation zu befreien, wenn es ihr möglich ist, sich verdientermaßen andere »mögliche geschichtliche Wirklichkeiten« vorzustellen und dadurch »eine neue, andere Zukunft zu erschließen«.[20] Ich bin der Meinung, dass die Arbeit von zeitgenössischen Performance-

[18] Jean-François Lyotard, *Das postmoderne Wissen. Ein Bericht* [1979], Passagen, Wien, 1994, S. 14.

[19] Jan Verwoert, »The Crisis of Time in Times of Crisis«, in: Anke Bangma, Steve Rushton und Florian Wüst (Hg.), *Experience, Memory, Re-enactment*, Piet Zwart Instituut, Rotterdam, Revolver, Frankfurt/M., 2005, S. 37–40, hier S. 38.

[20] Ibid., S. 38.

Praktiken, wie die von der Ausstellung *Moments* angestoßenen, großen Anteil an dieser Neuerfindung des historischen Bewusstseins haben. Hier ist es gelungen, die Vielfältigkeit der Vergangenheit in der Gegenwart zu aktivieren und zu öffnen, indem sich *Moments* mit der Erfahrung von Zeit, wie man *sie mit den Sinnen erfasst und zu einem sinnvollen Ganzen zusammensetzt*, beschäftigt und sie verwandelt. Darin besteht für mich ein sehr wichtiger und historischer Wert. Im Denken-Fühlen so eröffneter Performance-Geschichten liegt für den Suchenden ein Impuls: Er treibt die affektive Kraft solcher zum Überleben notwendigen Fähigkeiten und existenziellen Experimente an, die ein kreatives Leben lebenswert machen.

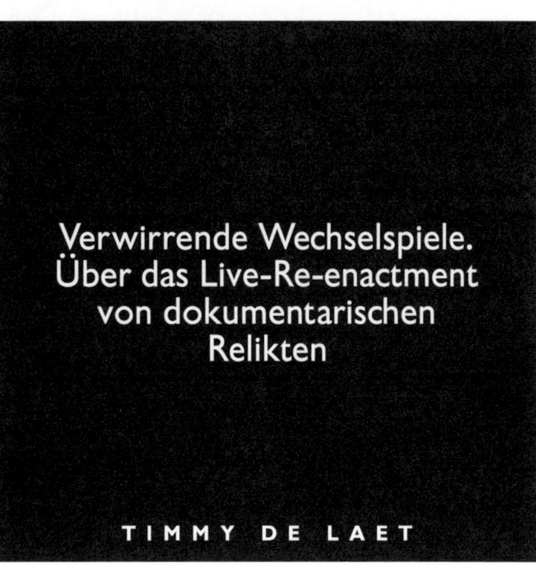

Zwischen Bild und Bühne Inmitten unzähliger Musikclips und zu Hause gedrehter Videos findet man auf der Webseite YouTube einen kurzen Film, der einen der wichtigsten Momente der jüngeren Tanzgeschichte darstellt. Eine schwarz-weiße Totale zeigt eine Frau in schwarzem Trainingsoutfit, die in einem leeren Performanceraum Bewegungen ausführt. In ihrer nachhaltigen Art sind diese scheinbar klar zwischen Gymnastik und Tanz einzuordnen. Der Vorspann, welcher in einer recht altmodischen Schriftart erscheint, vermittelt zuvor schon, dass der Clip ein Video aus dem Jahr 1978 ist und Yvonne Rainer zeigt, die *Trio A* performt. Im Jahr 1966 entwickelt, werden die viereinhalb Minuten der bahnbrechenden Choreografie nun als ein ausschlaggebender Impuls in der Entwicklung des postmodernen Tanzes verzeichnet. Im März 2010 sah ich dasselbe Videodokument auf der Bühne eines Theaters in Amsterdam auftauchen.

Das Stück, welches ich besuchte, hatte einen graduellen Aufbau: Zunächst zeigte es einen Tänzer beim Imitieren von Bewegungen, die er auf einem vor der Bühne aufgebauten Bildschirm sah und dessen Bilder wiederum für das Auge des Betrachters unsichtbar blieben. Nach einer gewissen Zeit leuchtete eine Projektion hinter der Bühne auf, welche diesen Film von Rainers Performance aus dem Jahr 1978 zeigte und somit dem Publikum einen Referenzpunkt gab, um die sich gerade ereignende Imitation mit dem anzunehmenden »Original« des Tanzes zu vergleichen. Später, während der Performance, schloss sich ein zweiter Tänzer an; für ihn war der visuelle Anhaltspunkt eine weitere Projektion, welche den ersten Tänzer während der Nachahmung von *Trio A* zeigte. Da der Bildschirm aber umständlicherweise im hinteren Bereich der Bühne aufgehängt war, musste er immer den Kopf drehen, um die Bewegungen sehen und imitieren zu können. Schließlich gingen beide Bildschirme aus. Während nun der erste Tänzer weiterhin die Choreografie der Originalperformance durch Blicke auf den Monitor kopierte, musste der zweite Tänzer aber auf den anderen sehen, um die Bewegungen ausführen zu können. Dieses scheinbar willkürliche Wechselspiel zwischen reinem Bild und körperlicher Mimesis setzte sich fort, bis die Tänzer dazu zitiert wurden, die Choreografie einzeln und ohne Hilfen – mit Ausnahme ihrer kürzlich erworbenen körperlichen Erinnerung – noch einmal aufzuführen. Das Stück heißt *After Trio A*, und es hielt genau das, was sein Titel versprach: Zwei Tänzer, die wortwörtlich nach *Trio A* haschen, während sie, die sie Rainers Choreografie niemals zuvor performt haben, diese live auf der Bühne lernen.[1]

Andrea Božić, eine in Kroatien geborene und in Amsterdam lebende Künstlerin, entwickelte das Konzept sowie den Bühnenaufbau zu *After Trio A* mit dem Ziel, nicht nur eine bloße Wiederaufführung zu inszenieren, sondern eher in einen Dialog mit Rainers bahnbrechender Choreografie zu treten. In diesem Sinne steht *After Trio A* für eine weitgreifendere Tendenz, welche momentan in den darstellenden Künsten zu bemerken ist. Diese beinhaltet

[1] Das Video der gesamten Performance von *After Trio A* ist online im Internet verfügbar unter http://dance-tech.tv/videos/after-trio-a-by-andrea-bozic-2010/, zuletzt abgerufen im Juni 2012.

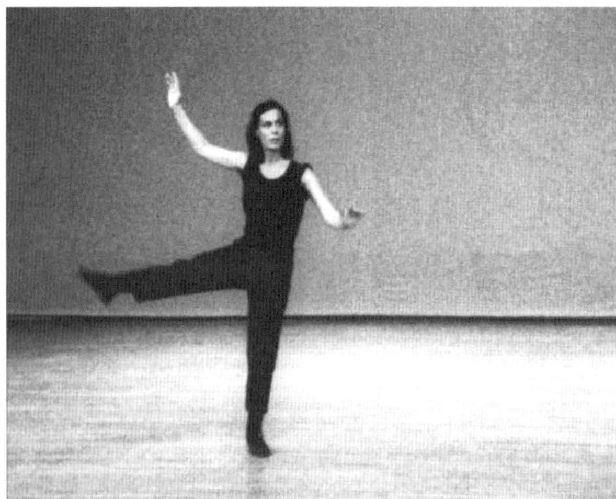

Yvonne Rainer, *Trio A*, 1978, Filmstill

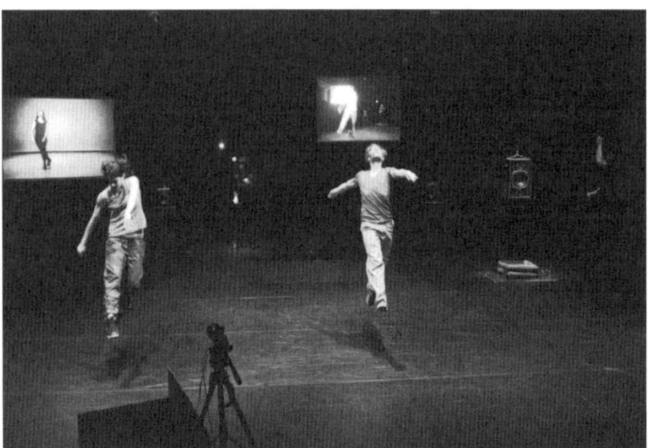

Andrea Božić, *After Trio A*, 2010, Performance, Cover #2 Festival, Frascati Theater Amsterdam

2 Durch die Auffassung von Re-enactment als künstlerische Strategie und dadurch, dass ich dies mit der hier vorgeschlagenen Redewendung ausdrücklich betone, versuche ich mich zu positionieren in einer bisher ungelösten Debatte über die Terminologie, welche die Praxis des Tanz-Re-enactment/ der Tanz-Rekonstruktion umgibt. Für eine weiterführende Diskussion bezüglich dieser Problematik siehe Kapitel 5, »Reconstructing the Dance: In Search of Authenticity?«, in: Helen Thomas, *The Body, Dance and Cultural Theory*, Palgrave Macmillan, Basingstoke, 2003, S. 121–145. Ähnlich der Terminologie-Diskussion gibt es auch Zweifel an der richtigen Schreibweise des Begriffs »Re-enactment« – ob mit oder ohne Bindestrich. In meiner Anwendung des Begriffs ziehe ich es vor, einen Bindestrich zu benutzen, um somit die Re-Iteration oder Wiederholung, die dem Begriff innewohnt, zu betonen und auch, um visuell die unvermeidbare historische Distanz zwischen der Originalquelle und deren jetziger Überarbeitung herauszustellen.

lediglich eine Abwendung von retrospektiven Neuaufführungen sowie eine Hinwendung zu experimentellen und selbstreflexiven Untersuchungen des vielseitigen Potenzials der Wiederaufführung vergangener Performances und Choreografien. Hierfür werde ich den Begriff der »Re-enactment-Strategien« verwenden.[2] Während es für Künstler immer schon eine relativ übliche Praxis ist, Stücke mehr als einmal aufzuführen, oder auch für Historiker, Performances auf Basis von Archivquellen zu rekonstruieren, ist meine Charakterisierung des Re-enactment ausdrücklich als künstlerische Strategie zu verstehen. Diese unterscheidet sich dadurch, dass sie kreativ und konzeptuell darauf ausgerichtet ist, mögliche Wege der Wiederholung einer Performance als ein Reflexionsmittel hinsichtlich der Erhaltung, Übertragung und Zeitlichkeit von Live-Performances zu untersuchen. Auf Basis dieser Themen entwickeln Choreografen und Performancekünstler innovative Ansätze, um zu ergründen, welche Rolle das Dokument in ihrer künstlerischen Praxis spielen könnte. Künstlerische Re-enactment-Strategien sind vielleicht deshalb symptomatisch für eine sich allmählich ändernde Einstellung zu Material und visueller Repräsentation angeblich flüchtiger performativer Gesten, da sie klar zeigen, wie viele Künstler die »Objekthaftigkeit« ihrer Disziplinen untersuchen.

After Trio A kann als exemplarischer Fall betrachtet werden, da ein faszinierender Übertragungskreislauf geschaffen wird, in welchem der Tanz *Trio A* sich merklich von einem Medium zum anderen bewegt, hin und her schwankend zwischen Videomaterial, Live-Projektion und körperlicher Performance. Davon abgesehen, dass in zeitgenössischen Performancepraxen die Präsenz von Videobildern auf der Bühne kaum mehr neu und bemerkenswert ist, unterscheidet sich *After Trio A* des Weiteren durch das verwirrende Wechselspiel, das es zwischen dem historischen Dokument und dem performenden Körper anstößt. Somit enthüllt es bestimmte Bedingungen von Bewegung sowie eine Zeitstruktur, welche im Hinblick auf Rainers Choreografie und Božićs Re-enactment besonders aufschlussreich sein können. Mein Ziel in diesem Beitrag ist es, diese Effekte aufzudecken und zu untersuchen, wie sie die Beziehung zwischen Live-Performance und ihrer dokumentarischen Repräsentation beeinflussen. Meine Annahme ist die, dass *After Trio A* die Art und Weise veranschaulicht, in welcher Dokument und Performance fruchtbar miteinander kooperieren können, um aussagekräftige Einblicke zu gewähren, die uns ein Verhältnis erahnen lassen, welches von beidseitig beeinflussender Verstärkung statt von erfahrungsbezogener Schwächung geprägt ist. Aber um die Auswirkungen der dialektischen Dynamik zwischen dem Dokument und dem Performativen zu verstehen, ist es notwendig, kurz den erneuten Status des Dokuments in künstlerischer Praxis nachzuvollziehen und zu sehen, wie diese neuste Welle an Re-enactment-Strategien im Tanz und der Performancekunst einen wissenschaftlichen Diskurs angestoßen hat, der unsere Vorstellungen von dem Dokument erweitert. In einem zweiten Schritt werde ich zu einer detaillierteren Diskussion von *(After) Trio A* zurückkommen, um das sich gegenseitig beeinflussende Wechselspiel zwischen dem Live-Ereignis und dem Dokumentarischen herauszuarbeiten.

Das Dokument in der Praxis In der jüngsten Geschichte des zeitgenössischen Tanzes und der Performancekunst gab es wahrscheinlich kein umstritteneres Thema als die Beziehung zwischen Live-Art und ihrer Dokumentation. Traditionelle Meinungen halten es damit, dass dokumentarische

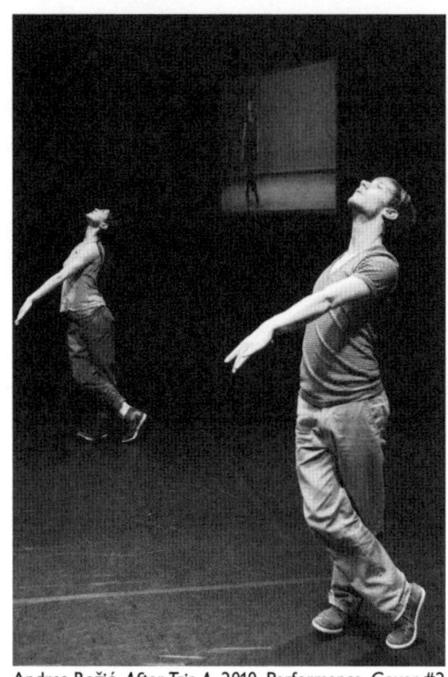

Andrea Božić, *After Trio A*, 2010, Performance, Cover #2 Festival, Frascati Theater Amsterdam

Relikte die Zeit- und Erfahrungsdimension von künstlerischer Praxis, welche sich vor allem auf die körperliche Ko-Präsenz von Performern und Publikum beruft, nicht greifen können. Ob das nun Fotografien, Videoaufnahmen, Tanznotationen, schriftliche Berichte oder Performanceobjekte betrifft, kein Medium scheint geeignet zu sein, um den Live-Bedingungen der darstellenden Künste gerecht zu werden. Trotz seiner mutmaßlichen Unzulänglichkeit erfüllt das dokumentarische Relikt dennoch die grundlegende Funktion, das Nachleben von Tanz und Performancekunst zu sichern, das Werk unter einem größeren Publikum zu verbreiten, es an andere Künstler weiterzugeben und ein Objekt zu konstituieren, das würdig ist, studiert zu werden. Künstler ebenso wie Wissenschaftler haben die Bedeutung der Dokumentation von Kunstformen, deren flüchtiges Wesen sie ansonsten in den Abgründen der Geschichte verschwinden lassen würde, längst anerkannt. Vito Acconci, einer der Pioniere der Performancekunst der 1960er-Jahre, brach einst auf radikale Weise mit dem ursprünglichen Tabu sorgfältiger Dokumentation, indem er die Abhängigkeit der Live-Performance von ihren Dokumenten bestätigte. Er argumentierte, dass, weil »es sich herausstellte, dass am Ende alles rein visuell ist, der Akt [...] genauso gut ein Bild [hätte] sein können (das ist sowieso die Art und Weise wie es historisch erhalten bleibt)«[3]. Die sich hauptsächlich mit Performance befassende Kunsthistorikerin RoseLee Goldberg, die von einem anderen Standpunkt aus schreibt, dabei aber ein ähnliches Argument formuliert, behauptet kategorisch, »dass es okay ist, wenn du nicht da gewesen bist«[4]. Sie betont des Weiteren die Bedeutung von historischen Dokumenten für die jüngeren Generationen von Künstlern, um sich mit dem Erbe ihrer Vorgänger vertraut zu machen und in der Lage zu sein, dieses bei der Erstellung neuer Arbeiten wiederzuverwenden. Der etwas defensive Ton, welcher solchen Bewertungen von Dokumentation innewohnt, macht deutlich, wie das dokumentarische Relikt vor der allgemeinen Ansicht beschützt werden muss, dass es nicht mehr bieten kann als einen bloßen Überrest. Dieser ist

[3] Vito Acconci, zit. nach Frazer Ward, »Some Relations between Conceptual and Performance Art«, in: *Art Journal*, Bd. 56, Nr. 4, 1997, S. 36–40, hier S. 40, Fußnote 2.

[4] RoseLee Goldberg, »Performance Anxiety: RoseLee Goldberg on Historicizing ›Live Art‹«, in: *Artforum*, 2004, online: http://artforum.com/inprint/id=6569, abgerufen im Juni 2012.

vielleicht nötig, um das Kunstwerk zu erhalten, aber das Relikt ist kaum in der Lage, ein Gefühl des Erlebnisses in »Echtzeit« zu vermitteln.

Fragen über die Möglichkeiten und Einschränkungen von Dokumentation haben in letzter Zeit durch ein zunehmendes Interesse einiger Choreografen und Künstler an dem, was ich zuvor als »Re-enactment-Strategien« eingeführt habe, erneut an Bedeutung gewonnen. Dennoch kommt diese Rückkehr zum Dokument, welche Re-enactments anregt, nicht ganz unerwartet, denn Künstler anderer Disziplinen arbeiten schon länger mit dokumentarischen Relikten als Objekten mit ästhetischem Wert oder als inspirierender Ressource für die Erschaffung neuer Werke. In der bildenden Kunst steht das Interesse an Dokumentation mit einer kritischen Haltung gegenüber dem Archiv in Verbindung, indem Fragen aufgeworfen werden, wie diese Speicher materieller Überreste unser Wissen über die Vergangenheit bedingen und strukturieren.[5] Durch Re-enactment-Strategien sind Tanz und Performancekunst auch an dieser Kritik beteiligt, obgleich sie ein entscheidendes Element in das Zentrum der Aufmerksamkeit rücken: den Körper. Während dokumentarische Relikte (vor allem in Form von Videos und Fotografien) Künstlern oft den ausschlaggebenden Impuls geben, um Re-enactment-Strategien auszutesten und zu entwickeln, zeigen die unterschiedlichen Versuche, vergangene Performancewerke wiederzubeleben, dass Tanz und Performancekunst den Körper als wichtigen Träger und Übermittler von Information auf eine Art und Weise nutzen, welche die Grenzen des Archivs enthüllt und somit dessen privilegierten Status, primären Zugang zu historischer Zeit zu bieten, untergräbt. Materielle Dokumente stellen somit die notwendigen, dennoch unzureichenden Bedingungen dar, welche die Arbeit mit Re-enactment prägen. Sie versetzen den Körper in die Lage, seine mnemonische Funktion aufzunehmen, sind aber trotzdem unzureichend, um all die Informationen (kognitiv, physisch oder empirisch), welche Live-Performance in ihrer Gesamtheit mit sich bringt, zu berücksichtigen. Re-enactment erweitert infolgedessen den Anwendungsbereich des Archivs beträchtlich, nicht nur, indem es die Tatsache kommentiert, dass das Archiv im traditionellen Sinne kein immaterielles Wissen mit einschließen kann, sondern auch, indem es als essenzielle archivierende Einheit den Körper selbst in den Vordergrund rückt. Re-enactment veranschaulicht darüber hinaus, inwiefern der Körper in der Lage ist, Fähigkeiten, Techniken und andere Informationen zu bewahren, die von großem epistemologischen Wert für die praktische Realität von Live-Performance im Allgemeinen und für das Re-enactment seiner dokumentarischen Relikte im Besonderen sind.[6] Diese erneute Verkörperung von Archivquellen rückt Re-enactment-Strategien auch näher an das wachsende Genre des sogenannten »dokumentarischen Theaters« heran, welches die Performance-Wissenschaftlerin Carol Martin in ihrem Essay »Bodies of Evidence« als eine Theaterform charakterisiert hat, in der historische Ereignisse wiederaufgeführt werden und »›echte Menschen‹ [...] durch verschiedene Mittel repräsentiert werden, einschließlich Bühnenschauspiel, Filmausschnitte, Fotografien und anderer ›Dokumente‹, welche die Echtheit der Geschichte und der verkörperten Menschen, belegen«[7]. Zusätzlich zu den offensichtlichen Unterschieden der beiden Disziplinen

5 Über das Verhältnis zwischen Archiv und visuellen Künsten vgl. Okwui Enwezor, »Archive Fever. Photography Between History and the Monument«, in: ders. (Hg.), *Archive Fever. Uses of the Document in Contemporary Art*, Ausst.-Kat., International Center of Photography, New York, Steidl, Göttingen, 2008, S. 11–51 und Hal Foster, »An Archival Impulse«, in: *October*, Nr. 110, 2004, S. 3–22.

6 Für neuste Überlegungen bezüglich des Körpers als lebenden Archivs vgl. André Lepecki, »The Body as Archive. Will to Re-Enact and the Afterlives of Dances«, in: *Dance Research Journal*, Bd. 42, Nr. 2, 2010, S. 28–48; Rebecca Schneider, *Performing Remains. Art and War in Times of Theatrical Reenactment*, Routledge, London, New York, 2011, insbes. Kapitel 3, »In the Meantime. Performance Remains«, S. 87–110.

7 Carol Martin, »Bodies of Evidence«, in: *TDR. The Drama Review*, Bd. 50, Nr. 3, 2006, S. 8–15, hier S. 9.

(Theater setzt oft das gesprochene Wort ein, Tanz wie auch Performancekunst dagegen selten) stellen die Arbeiten, die ich hier untersuche, nicht
einzelne Abschnitte von historischen Realitäten nach, sondern eignen
sich Ereignisse der Kunstgeschichte an. Auch wenn – vor allem in Video-
und Performancekunst – eine wesentliche Anzahl der produzierten Re-
enactments historische Fakten und Begebenheiten als ihren Anstoß oder
Quelle nimmt (ein Subgenre, welches ich »künstlerisch-historisches Re-
enactment« nennen möchte), will ich mich hier eher auf Performances konzentrieren, welche frühere Performances nachstellen (oder was wir »rein
künstlerisches Re-enactment« nennen könnten). Dieser bestimmte Fokus
ergibt sich aus der Überzeugung, dass der jeweilige Einsatz der beiden Kategorien unterschiedlich ist. Im Allgemeinen dient die Wiederaufführung von
historischen Ereignissen dazu, (oft traumatische) Stücke einer gemeinsa-

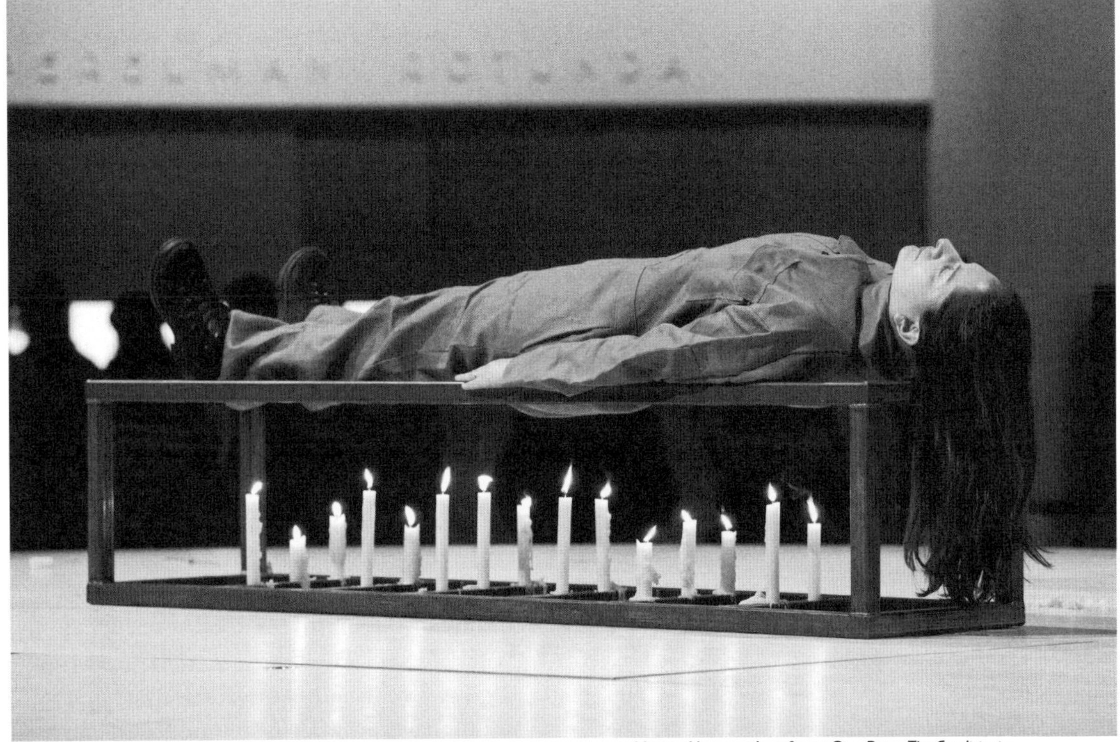

Marina Abramović performt Gina Pane, *The Conditioning*
(1973) im Rahmen ihrer Performance-Reihe, *Seven Easy
Pieces*, 2005, Guggenheim Museum, New York

men Vergangenheit umzuarbeiten oder sie sogar
aus dieser zu lösen. Im Gegensatz dazu wird die
Wiederaufführung von Performancearbeiten vor
allem verwendet, um die Spezifizität des Mediums selbst zu erkunden sowie
zu untersuchen, wie die Bedeutung und Auswirkung einer bestimmten Performance erhalten bleiben oder sich grundsätzlich ändern können, wenn
sie nochmals, in einem anderen soziokulturellen Kontext, aufgeführt wird.
Somit integrieren viele dieser rein künstlerischen Re-enactments, genau
wie beim dokumentarischen Theater, ihre historischen Quellen sichtbar
in die Performance. Vielleicht nicht so sehr, um die »Wahrhaftigkeit« der
Arbeit, welche wiederaufgeführt wird, zu belegen, sondern eher, um den
medialen Übergang vom materiellen Dokument zur Live-Performance zu
thematisieren.

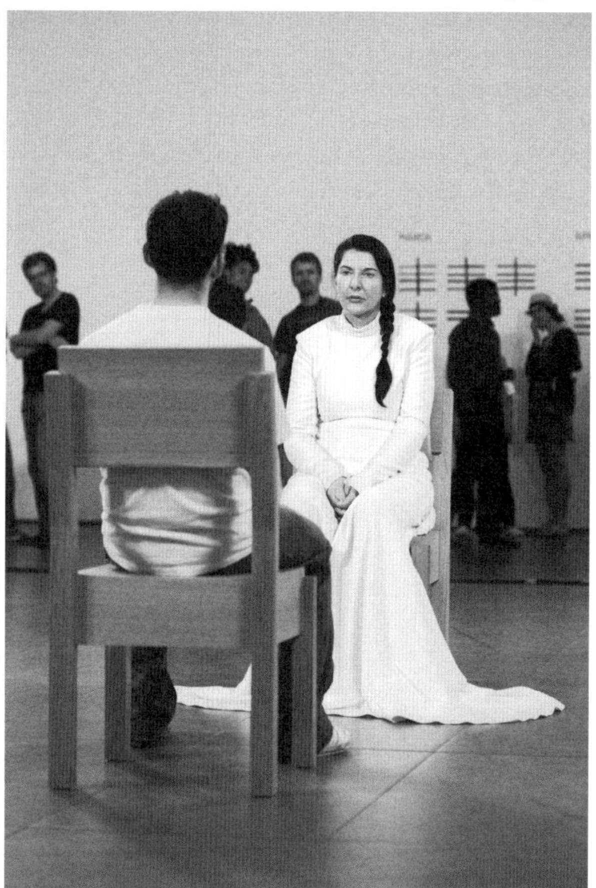

Marina Abramović, *The Artist Is Present*, 2010, Performance im Museum of Modern Art, New York

Das Dokument im Diskurs Durch das steigende Interesse an Re-enactment-Strategien ist auch der Status des Dokuments in den Live-Performancekünsten einer sorgfältigen Revision im wissenschaftlichen Diskurs unterzogen worden. In vielen der theoretischen Neuerwägungen, welche die Rolle und Funktion des Dokuments untersuchen, war die Arbeit einer der Performancekünstlerinnen der ersten Stunde, Marina Abramović, ein bedeutender Dreh- und Angelpunkt. Sie hat in unvorhersehbarer, wegweisender und provokativer Art Re-enactment-Strategien als eine Methode vorgeschlagen, um die Zukunft der Performancekunst zu sichern, und hat somit kritische Reflexionen darüber angeregt. Auch wenn ich meine eigene Diskussion nicht auf Abramovićs Anliegen mit Re-enactment aufbauen will, lohnt es dennoch, ihre Praxis und den Tenor, den ihre Argumente erzeugt haben, näher zu betrachten. Im November 2005 nahm Abramović die zentrale Rotunde des New Yorker Guggenheim Museums ein, um *Seven Easy Pieces* zu performen, ihr erstes großformatiges und viel diskutiertes Re-enactment-Projekt. An sieben aufeinanderfolgenden Tagen und für jeweils sieben Stunden führte sie eine persönliche Auswahl einiger kanonischer Performancestücke auf, welche das Genre in den 1960er- und 1970er-Jahren geprägt haben. Durch eine Rückkehr zu den verfügbaren Archivdokumentationen der Arbeit von wegbereitenden Performancekünstlern (wie Bruce Nauman, Vito Acconci, Gina Pane und anderen) versuchte sie, der Tendenz zur Mythologisierung der Geschichte der Performancekunst entgegenzutreten und sie stattdessen selbst wieder zu verkörperlichen. Auf diese Art trieb sie nicht nur die Rückkehr zu historischen Quellen voran, sondern positionierte Re-enactment als den einzig wahren Weg, um das Nachleben von Performancekunst zu konzipieren. Abramovićs Projekt provozierte eine Vielzahl unterschiedlichster Reaktionen und Meinungen, in denen der Versuch unternommen wurde, mit ihrem bestimmten Ansatz im Hinblick auf Performancedokumentation zurechtzukommen.

Größtenteils im Einklang mit dem Vorschlag der Künstlerin, dokumentarische Relikte nicht nur als historische Objekte zu betrachten, sondern stattdessen als »musikalische Partitur«, welche sich nach Interpretation sehnt,[8] merkten viele Kritiker eher oberflächlich an, wie in *Seven Easy Pieces* »Dokumentation weniger zu einer Ergänzung als zu einer Quelle« für neue Performance wurde.[9] Der Medienwissenschaftler Philip Auslander schrieb über das, was er als »The Performativity of Performance Documentation« (2006) bezeichnete, und obwohl er nur am Rande auf *Seven Easy Pieces* verwies, stellte er

[8] Marina Abramović, »Reenactment. Introduction«, in: *Seven Easy Pieces*, Ausst.-Kat., Guggenheim Museum, New York, Edizioni Charta, Mailand, 2007, S. 9–12, hier S. 10.

[9] Johanna Burton, »Repeat Performance«, in: *Artforum*, 2006, online: http://artforum.com/inprint/id=10058, zuletzt abgerufen im Juni 2012.

die scharfsinnige Frage, ob »Performance-Wiederaufführungen, welche auf
Dokumentation beruhen, eigentlich die dahinterliegenden Performances
wiedererschaffen, oder die Dokumentation aufführen«[10]. Auslander stellt
das dem Re-enactment innewohnende Versprechen, einen klareren und
direkteren Zugang zu den Original-Performances zu bieten als andere, traditionelle Dokumentationsmedien (so wie Fotografie und Video), infrage.
Seine Skepsis wurde zum Teil von anderen Wissenschaftlern einigermaßen
abgeschwächt, die in einem positiveren Ansatz auf die faszinierende Verschmelzung von Körper und Dokument hinwiesen, indem sie Abramovićs
Re-enactment als »ein Mittel, diese Stücke durch verkörperlichte Dokumentation zu erinnern«[11], beschrieben. Auf ähnliche Weise nannte die Performance-Wissenschaftlerin Jessica Santone in ihrer Diskussion von *Seven
Easy Pieces* Re-enactment »ein dynamisches, lebendes Dokument als Lösung
für das Verschwinden der Vergangenheit, [welches] ein Wiedererleben des
Werks in einem Zeit-basierten, Körper-basierten, vergänglichen Medium
erlaubt«[12]. Santone erklärt des Weiteren, das Interesse an Re-enactment sei
nicht nur eine Rückkehr zu historischen Dokumenten, sondern auch abge-
stimmt auf ein »Streben, Dokumentation zu produzieren«,[13] da jedes Re-
enactment auch seine eigenen Dokumente generiere.

Während diese anfänglichen Besprechungen von Abramovićs Anliegen
bezüglich Re-enactment große Betonung auf die Verschmelzung des Körpers des Performenden mit den materiellen Dokumenten legen, sind neuere
Überlegungen beachtlich kritischer im Hinblick auf die Ansprüche, welche Abramovićs Beschäftigung mit Re-enactment impliziert – nicht zuletzt
aufgrund ihres Projekts *The Artist Is Present*, welches 2010 im New Yorker
Museum of Modern Art stattfand. Während Abramović ein neues *durational performance*-Stück aufführte, bei welchem die Besucher der »präsen-
ten« Künstlerin während der Öffnungszeiten des Museums gegenübersitzen
konnten, war im oberen Stockwerk eine Retrospektive installiert, welche
eine historische Dokumentation zeigte und bei der auch junge Performer
einige Stücke des »Œuvres« der Künstlerin wiederaufführten.[14] Die Kunsthistorikerin Amelia Jones spürte einleuchtend »starre Widersprüche«[15]
in Abramovićs unverblümten Ansprüchen in puncto »Präsenz« auf. Sie
wies in diesem Zusammenhang darauf hin, dass Abramovićs offensichtliche
Hingabe, was eine ausführliche Dokumentation anbelangt, genauso wie ihr
Verlass auf Dauer als ein strukturelles Prinzip ihrer Arbeit eigentlich von
der Unmöglichkeit zeugen, den Glauben an einen authentischen, originä-
ren Akt, der als reine Präsenz existiert, beizubehalten. Was andererseits Re-
enactment im Allgemeinen und Abramovićs Projekt im Speziellen enthüllen, ist, laut Jones, »die Abhängigkeit eines jeden Konzepts von Präsenz,
von […] Dokumentation«[16] und auf einer tieferen Ebene die Tatsache, dass
Wissen sowie der künstlerische Ausdruck notwendigerweise einen gewissen
Grad von Wiederholung beinhalten. Entgegen dem allgemeinen »Glauben,
dass die Bedeutung des Körpers in Aktion dem Zuschauer nur durch dessen
authentische Live-Darstellung erkennbar gemacht werden kann«, behauptet
Jones, dass »die Aktionen dieses Körpers nur bekannt sein können, wenn sie
wiedererkennbar sind, wenn sie vorherige Gesten iterieren oder wiederholen«.[17] In ihrem kürzlich erschienenen Buch über Re-enactment, *Performing*

10 Philip Auslander, »The Performativity of
Performance Documentation«, in: *PAJ. A
Journal of Performance & Art*, Nr. 84, 2006,
S. 1–10, hier S. 2.

11 T. Nikki Cesare und Jenn Joy, »Performa/
(Re)Performa«, in: *TDR: The Drama Review*,
Bd. 50, Nr. 1, 2006, S. 170–177, hier S. 170.

12 Jessica Santone, »Marina Abramović's
Seven Easy Pieces: Critical Documentation
Strategies for Preserving Art's History«, in:
Leonardo, Bd. 41, Nr. 2, 2008, S. 147–152,
hier S. 151.

13 Ibid., S. 147.

14 Den Begriff »Œuvre« im Zusammenhang mit Performancekunst zu verwenden,
ist immer ein bisschen kontrovers, da Performancekunst als eine künstlerische Praxis entstand, welche etablierte Genregrenzen und ästhetische Konventionen ablehn-
te und grundsätzlich experimentell war.
Der Begriff »Œuvre« impliziert einen relativ konsistenten Werkkörper, welcher in
der Performancekunst eher die Ausnahme
als die Regel ist. Dadurch, dass ich den Begriff in Anführungszeichen setze, möchte ich
zeigen, wie die jetzige Möglichkeit, solch einen Begriff bei Abramovićs Arbeiten anzu-
bringen, zu einem gewissen Grad den ursprünglichen Bestrebungen und Prinzipien
der Performancekunst widerspricht. Mit anderen Worten: Die Anführungszeichen sollen andeuten, dass die Tatsache, dass man
den Begriff des »Œuvre« im Kontext von
Abramovićs Arbeit benutzen kann, hilft,
sie als kanonische Performancekünstlerin zu etablieren, was letztendlich genau
das Gegenteil von dem ist, was viele andere Pioniere der Performancekunst erreichen wollten.

15 Amelia Jones, »›The Artist is Present.‹
Artistic Re-enactments and the Impossibili-
ty of Presence«, in: *TDR. The Drama Review*,
Bd. 55, Nr. 1, 2011, S. 16–45, hier S. 17.

16 Ibid., S. 18.

17 Ibid., S. 33.

[18] Rebecca Schneider, op. cit., S. 29.

[19] Ibid., S. 135.

[20] Vgl. Henri Bergson, *Schöpferische Entwicklung*, Coron, Zürich, 1972.

Remains (2011), stellt die Performance-Wissenschaftlerin Rebecca Schneider Abramovićs Zuwendung zu »Präsenz« in einem Kommentar bezüglich des Titels der Ausstellung und der Einbeziehung von Live-Re-enactments ebenfalls infrage. Sie fragt, »falls ›The Artist‹ präsent wäre, könnte die Frage in jedem Stück sein: welche Künstler, wo, wann? Abramović in der Dokumentation oder ›andere Menschen‹ in den Live-Tableaux? Oder beides? War Abramović in der Dokumentation präsent? Und [...] war das Live-Re-enactment ein Dokument, welches als Aufzeichnung von Abramovićs Taten steht?«[18] Schneider nimmt eine ähnlich leichtgläubige Haltung bezüglich jeglicher Art von »Gegenwärtigkeit« an und bemüht sich in einer Argumentation, welche der von Jones stark ähnelt, auszuführen, dass »performative Akte iterativ und als solche schon eine Art Dokument oder Aufzeichnung sind«[19].

Diese jüngsten Gedankengänge haben die Vorstellung einer *embodied documentation* oder verkörperlichten Dokumentation eingeführt und die Möglichkeit einer reinen, körperlichen Präsenz infrage gestellt, indem sie ihre Abhängigkeit von materieller Repräsentation betonen und die Zentralität der Wiederholung in jeglichem performativen Verhalten unterstreichen. Diese Vorstellungen waren besonders hilfreich, um Perspektiven im Hinblick auf potenzielle Überlagerungen der Bereiche der Live-Aktionen und des Dokumentarischen zu eröffnen. Während diese Untersuchungen großen Wert auf die Verschmelzung des Körpers mit dem Dokument legen, möchte ich eher ihre jeweilige Position aufrechterhalten, um die Ergebnisse der Vorgänge zu untersuchen, wenn der performende Körper in sichtbarer Interaktion mit dokumentarischen Repräsentationen auftritt. Ich werde meine Diskussion auf *After Trio A* stützen und zeigen, wie Andrea Božićs Re-enactment die choreografischen Prinzipien, welche Yvonne Rainers Tanz stillschweigend zugrunde liegen, enthüllt. Diese Prinzipien werden größtenteils mit den Bewegungsbedingungen korrespondieren, welche auch Gilles Deleuzes Konzept des Bewegungs-Bildes im klassischen Kino prägen. Während *After Trio A* also einige der grundlegenden Eigenschaften von Rainers *Trio A* an die Oberfläche bringt, fügt es durch die Entwicklung einer Re-enactment-Strategie, welche visuelle Relikte mit Live-Performance kombiniert, noch eine weitere Ebene ein. Diese Interaktion zwischen historischen Videobildern und bewegten Körpern in *After Trio A* evoziert eine Zeitstruktur, deren Temporalität kennzeichnend ist für die Wirkung des Zeit-Bildes (Deleuze) des modernen Films. Die Filmtheorie von Deleuze ist größtenteils von Henri Bergsons Ideen zu Bewegung und Zeit beeinflusst, obwohl Bergson in *Schöpferische Entwicklung* (1907) den kinematografischen Apparat als illusionistisch abgelehnt hat, da dieser angeblich eine trügerische Konzeption von Bewegung und Wandel durch die Erschaffung von Bewegung aus statischen Bildern darlegt.[20] Dennoch rehabilitierte Deleuze Bergsons Ablehnung des Kinos, indem er argumentierte, dass das Kino zu Beginn des 20. Jahrhunderts erst am Anfang seiner Entwicklung war und Bergson deswegen nicht in der Lage gewesen sei, dessen vollständiges Potenzial für die Philosophie zu entdecken. In der Folge kam dieses Potenzial erst mit der Beweglichkeit der Kamera und des Einsatzes von Montage zur vollen Entfaltung. Was Bergson also auf der Ebene von Wahrnehmung und Bewusstsein entdeckte, kehrt laut Deleuze im Film wieder, und, wie wir sehen werden, können ähnliche Konzepte von Bewegung und Zeit auch in Choreografien entdeckt werden.

Trio A nachspüren Yvonne Rainers bahnbrechendes Stück *Trio A* wurde von der Tanzhistorikerin Carrie Lambert-Beatty als ihr »meist reproduzierter und reproduzierbarer Tanz«[21] beschrieben. Auf Film aufgezeichnet, in etlichen Performances wiederbearbeitet und ursprünglich entwickelt, um von jedem, der interessiert ist, gelernt und ausgeführt zu werden, scheint die Choreografie ihr Re-enactment zu fordern. In einem kürzlich erschienenen Essay mit dem Titel »Trio A: Genealogy, Documentation, Notation« (2009) listet Yvonne Rainer sämtliche Versionen, in denen *Trio A* bisher performt wurde, auf, aber sie erklärt auch, dass ihre anfängliche Intention, einen reproduzierbaren und distribuierbaren Tanz zu entwickeln, von der eher strengen Regulierung, wie der Tanz momentan übermittelt würde, verdrängt wurde.[22] Aufgrund ihrer Erfahrung, dass die Choreografie regelmäßig genutzt wurde, ohne die technischen Anforderungen für den Tanz zu erfüllen und dieser stattdessen deformiert wurde, ernannte sie »offizielle Transmitter«, welche das »korrekte« Nachleben des Tanzes sicherstellen sollen.[23] Andrea Božić, die nicht Mitglied dieser ausgewählten Gruppe an Transmittern ist, verwertet das reproduktive Potenzial von *Trio A* auf hemmungslose Art und Weise, und präsentiert eine unorthodoxe Version, welche den Tanz ganz klar verändert, ihn aber paradoxerweise auch wiederherzustellen scheint.

Božićs Konzept, zwei neue Tänzer für jede Aufführung von *After Trio A* einzuladen, um die Choreografie zu erlernen, konfrontiert auf einer ersten Ebene das Publikum mit der Art von Arbeit, die normalerweise innerhalb der Wände eines Tanzstudios vor sich geht und größtenteils unsichtbar bleibt, wenn die Choreografie auf der Bühne aufgeführt wird. In diesem Sinne bietet die Performance einen Einblick in die Prozesse des Ausprobierens, die der künstlerischen Praxis eigen sind, während sie zugleich die heutzutage fast unverzichtbare Rolle von Videobildern beim Vorgang der Tanzübermittlung unterstreicht. Die wichtigere Beobachtung ist jedoch, dass, obwohl die Tänzer mit einem Prozess von wortwörtlicher Imitation beschäftigt sind, Rainers Originalchoreografie unvermeidlich und mit jedem Schritt im Prozess der intermedialen Zirkulation, welche von Božić entwickelt wurde, deformiert wird. Das Scheitern der Performer, den Tanz exakt zu reproduzieren, die unbequeme Ausrichtung der visuellen Hilfen und die Überschneidung zwischen den Bildern bedingen notwendigerweise die radikale Auflösung der Kontinuität von *Trio A* und ersetzen sie mit unreduzierbaren Verzögerungen und zeitlichen Nebeneinanderstellungen. Die offensichtliche Konsequenz dieses fragmentierenden Ansatzes ist die Zutagebringung der konstitutiven Struktur der Choreografie. Um dies weiter auszuführen, ist eine knappe Beschreibung der Grundsätze von *Trio A* notwendig. Eine der choreografischen Innovationen von Rainers *Trio A* war die Abwesenheit von wahrnehmbaren Abläufen, welche in der traditionellen Tanzpraxis oft verwendet wurden, um der Choreografie eine narrative Struktur zu verleihen, welche sich auf einen Anfang, eine Mitte und ein Ende kon-

21 Carrie Lambert-Beatty, *Being Watched. Yvonne Rainer and the 1960s*, The MIT Press, Cambridge/MA, London, 2008, S. 159.

22 Siehe Yvonne Rainer, »Trio A: Genealogy, Documentation, Notation«, in: *Dance Research Journal*, Bd. 41, Nr. 2, 2009, S. 12–18.

23 Ibid., S. 15.

zentriert. *Trio A* erschuf dahingegen den Eindruck, eine fortlaufende Bewegung zu sein, und weil der Tanz dafür viel Beifall erhielt, wurde er oft zu einem Emblem von Kontinuität reduziert. Rainer selbst machte jedoch nie ein Geheimnis daraus, dass Phrasierung in der Tat grundlegend für den Tanz sei, wenn auch auf eine andere Weise. In »A Quasi Survey«, einem Essay, den sie im selben Jahr schrieb, in dem auch die erste Aufführung von *Trio A* stattfand, legte Rainer die Hauptprinzipien ihrer minimalistischen Tanzästhetik offen und beschrieb, wie die scheinbare Bewegungsfluidität erreicht wurde. Sie schrieb, dass »eines der eigenartigsten Elemente dabei ist, dass es keine Pausen zwischen den Phrasen gibt. Die Phrasen selbst bestehen oft aus separaten Teilen [...] aber das Ende jeder Phrase fließt sofort in den Anfang der nächsten ohne sichtbaren Akzent«[24]. Yvonne Rainer gelang mit *Trio A* eine vermeintliche Präsentation von kontinuierlicher Bewegung in einer alltäglichen, aufgabenartigen Art und Weise. Aus choreografischer Sicht geschah dies jedoch nur durch einen eher mechanischen Ansatz, welcher den Tanz in seine konstituierenden Teile aufspaltete und sich hauptsächlich auf die Übergänge zwischen den Bewegungen konzentrierte. Interessanterweise reformu-

[24] Yvonne Rainer, »A Quasi Survey of Some ›Minimalist‹ Tendencies in the Quantitatively Minimal Dance Activity Amidst the Plethora, or an Analysis of Trio A« [1966], in: Gregory Battcock (Hg.), *Minimal Art. A Critical Anthology*, University of California Press, Berkeley/CA, London, 2005, S. 263–273, S. 269ff.

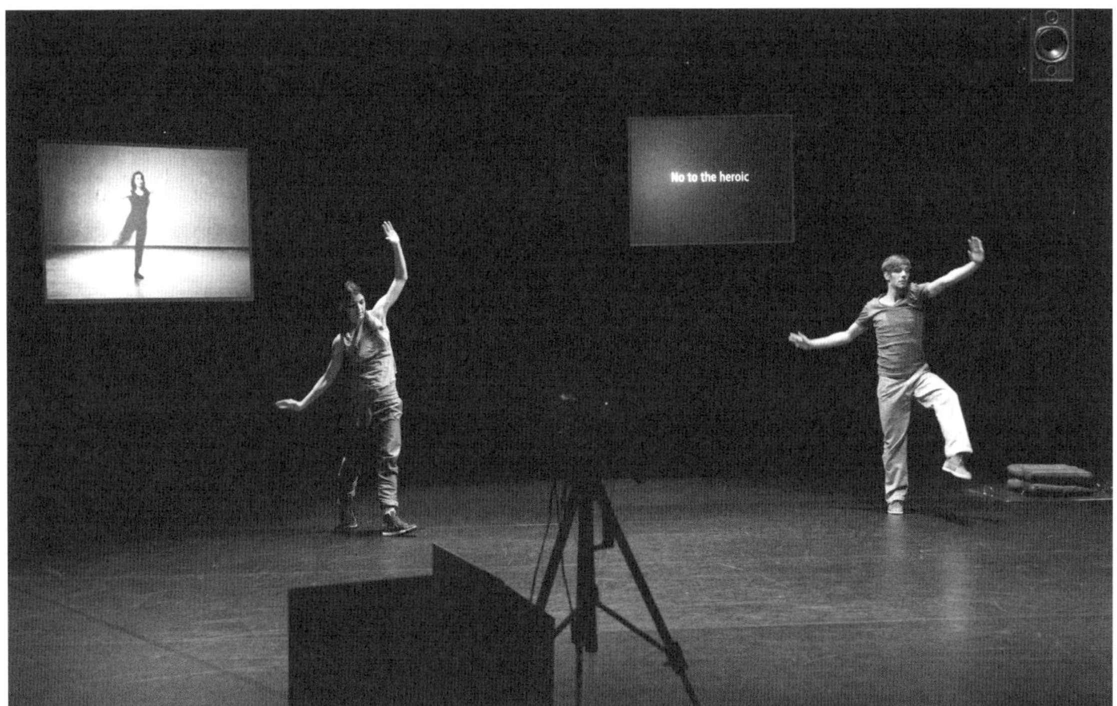

Andrea Božić, *After Trio A*, 2010, Performance, Cover #2 Festival, Frascati Theater Amsterdam

liert Carrie Lambert-Beatty Rainers Motive, um einen scheinbar phrasenlosen Tanz zu schaffen, in Begriffe, welche wiederum in Beziehung zu dem Dokument stehen. Indem sie Rainers Gebrauch von fotografischen Metaphern zur Diskussion von Tanz in »A Quasi Survey« hervorhebt, erfasst Lambert-Beatty *Trio A* als eine Gegenreaktion auf die sogenannte »quasifotografische Tendenz« im Tanz, die eine Choreografie um Momente maximaler oder aufgehobener Energie strukturiert.[25] Der evidente Mangel an hierarchischer Phrasierung in *Trio A* mag das Stück als ein wenig geeignetes Objekt für fotografische Dokumentation erscheinen lassen, da es keine fesselnden Posen, Gesten oder Sprünge

[25] Carrie Lambert-Beatty, op. cit., S. 133.

mit der notwendigen bildnerischen Qualität eines guten Schnappschusses besitzt. Trotzdem bestätigt die Tatsache, dass der Tanz aus einer flüssigen Kombination ausgeprägter Bewegungen besteht, für Lambert-Beatty, dass er nicht vollkommen erfolgreich »den fragmentierenden Effekt von bildhaftem Tanz und der Fotografie«[26] hinter sich lässt und deshalb eher »einen fortlaufenden fotogenen Moment«[27] darstellt.

Genau dieser »fragmentierende Effekt«, der oft übersehen wird, da er nur versteckt in *Trio A* präsent ist, wird auf verschiedene Arten in Andrea Božićs Re-enactment evoziert. Indem das Video von *Trio A* die Kontinuität des Tanzes auf eine Weise imitiert, in der es keine Montage gibt, und die Kamera stattdessen Rainers Körper dabei folgt, wie dieser sich durch den Raum bewegt, ist in *After Trio A* diese nahtlose Repräsentation radikal zerschnitten, da nur einige, scheinbar zufällige Fragmente projiziert werden, zwischen denen der Bildschirm schwarz bleibt. Der andere Bildschirm zeigt ab und zu den ersten Performer, der *Trio A* lernt, und mit Unterbrechungen auch Sätze aus Rainers berühmtem *No Manifesto* des Jahres 1965, in welchem sie ihre Ablehnung gegenüber verschiedenen Konventionen, die traditionellen Tanz durchdringen, wie Spektakel, Virtuosität und Glamour, ausdrückt.[28] Durch ihr kapriziöses Querschneiden der verschiedenen Inkarnationen von *Trio A* durchbricht Božić die einheitliche Abfolge der Bewegungen, indem sie sowohl auf der Bühne als auch auf den Bildschirmen gestreut werden. Diese Fragmentierung ist ähnlich im Tanz der Performer sichtbar, welcher, durch das unmittelbare Lernen der Choreografie auf der Bühne, mit Lücken und Zögern durchsetzt ist. Wenn Rainer sich gewissenhaft angestrengt hat, um die Phrasen, welche dem Tanz eigen sind, zu verstecken, sind bei *After Trio A* die kritischen Punkte des Übergangs nicht einfach ausgeklammert und funktionieren somit als eine Art Intervall, das den kontinuierlichen Fortschritt der Bewegungen unterbricht. Das Konzept des Intervalls wird auch hörbar betont durch den Soundkünstler Robert Pravda, der in bestimmten Momenten einen Lautsprecher anhebt, um ihn dann wieder fallen zu lassen, was ein krachendes Geräusch produziert. Das Fallenlassen des Lautsprechers bezieht sich implizit auf die erste Performance von *Trio A*, in welcher Rainer Holzlatten fallen ließ, um den Tanz zu begleiten. Diese fallenden Latten könnten, wie Lambert-Beatty vorschlägt, »Aufmerksamkeit auf die Tatsache gezogen haben, dass abgesehen von aller Diskussion um die Konsistenz von *Trio A* eine gewisse Art der Unterbrechung und des Abschneidens für den Tanz auch fundamental ist«[29]. Zusammenfassend lässt sich sagen, dass *After Trio A* damit beginnt, eine Vielzahl von Interaktionen zwischen dem historischen Dokument und den performenden Körpern aufzuführen, und letztendlich *ex negativo* die fundamentalen Prinzipien offenlegt, auf welchen Rainers Tanzästhetik begründet war.

Konditionierende Bewegung *After Trio A* deckt die Art und Weise auf, in welcher die Dynamiken zwischen den einzelnen Abschnitten von *Trio A* im Verhältnis zum Ganzen des Tanzes essenziell sind, um das gewünschte Aussehen von Kontinuität zu erhalten. Es lohnt sich, der Konzeption von Bewegung nachzuspüren, welche diesem bestimmten choreografischen Ansatz auf einer tieferen Ebene eigen ist. Dies könnte mögliche Wege eröffnen, um herauszu-

[26] Ibid., S. 139.

[27] Ibid., S. 164.

[28] Im Jahr 2008 schrieb Rainer eine weitere Version ihres berühmten *No Manifesto*, in welchem sie ihren gegensätzlichen Ton etwas abmilderte. Als Antwort auf beide Texte und für *After Trio A* verfasste Andrea Božić *After No Manifesto*. Alle Texte können eingesehen werden unter http://dance-tech.tv/2011/10/16/after-manifestos-after-trio-a-by-andrea-bozic/, zuletzt abgerufen im Juni 2012.

[29] Carrie Lambert-Beatty, op. cit., S. 140.

finden, inwieweit die Gestaltung von Tanz in Beziehung steht mit repräsentativen Medien und ihrerseits bestimmte Beziehungen zwischen Live-Performance und der Domäne des Dokuments nahelegt. In ihrer früheren Arbeit untersuchte Rainer die Prinzipien von Einhalt und Stocken, wofür die Inspiration direkt von den chronofotografischen Experimenten Eadweard Muybridges kam, welcher Bewegungen studierte, indem er sie in Serien von aufeinanderfolgenden fotografischen Stills zerlegte.[30] In »A Quasi Survey« erläutert Rainer kurz, wie sich ihr Interesse in Richtung der Erarbeitung von choreografischer Kontinuität änderte, welche sie erst erreichte, nachdem sie realisierte, dass »Dauer und Übergang berücksichtigt werden müssen«[31]. Durch eine Neuorientierung in Richtung Dauer und Übergang erhielt ihre Arbeit einen kinematografischen Charakter und leistete einem Konzept von Bewegung Vorschub, das größtenteils dem Verständnis von Bewegung ähnelt, welches Deleuze in seiner Filmtheorie entwickelt hatte.

In seinem ersten Buch zum Kino schreibt Deleuze die Entdeckung des Bewegungs-Bildes Henri Bergson zu. Dieser habe in *Schöpferische Evolution* die Bedingungen, welche *wahre* Bewegung konstituieren, durch die Beschreibung von Intervall und Dauer als zentrale Prinzipien erläutert – etwas, das die Bewegung Rainers späteren choreografischen Interessen schon bemerkenswert nahebringt. Deleuze erklärt, wie nach Bergson Bewegung nicht »mit Punkten in Raum oder Zeit« wiederhergestellt werden kann, denn »die Bewegung wird sich immer in dem Intervall zwischen ihnen ergeben«[32]. Hier können wir eine gemeinsame Sicht, welche von Bergson, Deleuze und Rainer geteilt wird, erkennen, die besagt, dass wahre Bewegung nur durch die erschöpfende Nutzung von Raum *zwischen* bestimmten Punkten zustande kommt. Diese Auffassung von Bewegung liegt Rainers Versuch zugrunde, den Körper des Tänzers in einer Bewegungsprogression zu lokalisieren, welche Akzentuierung ablehnt, um eine Bewegungskontinuität zu schaffen. Es erklärt auch ihre darauffolgende Beschreibung des Körpers in *Trio A* als »kontinuierlich mit Übergängen beschäftigt«[33].

Dennoch besteht *Trio A*, wie wir gesehen haben, aus verschiedenen Teilen und sein augenscheinliches Fließen wird nicht so sehr durch einen formlosen Strom an Bewegungen erreicht, sondern vielmehr durch die Abflachung aller unterschiedlichen Werte zwischen seinen strukturellen Komponenten. Diese paradoxe Dynamik kann durch die Untersuchung, die Deleuze an der Bergson'schen Idee von *durée* oder der reinen Dauer vornimmt, weiter erläutert werden. Deleuze macht uns darauf aufmerksam, dass Bergson wahre Bewegung als »bewegliche Schnitte der Dauer« definiert, und sie somit »etwas Tieferes ausdrückt: den Wechsel in der Dauer oder im Ganzen«[34]. Bergsons Idee von Dauer spielt eine zentrale Rolle in seiner berühmten Kritik an unserer Neigung, Zeit durch Teilung in messbare Einheiten zu verräumlichen. Unserer alltäglichen Wahrnehmung nach erscheint Zeit als eine progressive Bewegung von einem Punkt zum anderen, was, laut Bergson (und Deleuze nach ihm), die Tatsache verschleiert, dass *wahre* Zeit und *wahre* Bewegung nur durch einen Prozess des Werdens existieren und deshalb ein konstanter dezentralisierter Flux von Variationen sind. Diese universale Dauer könnte größtenteils nicht wahrnehmbar bleiben, aber Deleuze öffnet durch ein Aufzeigen von möglichen Wechselbeziehungen zwischen

30 Ibid., S. 107–120.

31 Yvonne Rainer, 2005, op. cit., S. 269.

32 Gilles Deleuze, *Kino 1. Das Bewegungs-Bild* [1983], Suhrkamp, Frankfurt/M., 1989, S. 13.

33 Yvonne Rainer, 2005, op. cit., S. 270.

34 Gilles Deleuze, 1989, op. cit., S. 8.

dem, was er »das Ganze« (oder die Ganzen) und »Ensembles«[35] nennt, die Möglichkeit für die universale Dauer, in die Wahrnehmung einzudringen. Während Ensembles geschlossen und unterteilbar sind, ist das Ganze grundsätzlich offen, da es sich permanent verändert und somit das begründet, was Deleuze, Bergson zitierend, »eine unteilbare Kontinuität«[36] nennt. Bewegung übt dann eine Mittlerfunktion auf zwei Ebenen aus. Sie findet nicht nur zwischen den konstituierenden Teilen oder Objekten, welche das Ensemble bilden, statt, sondern durch ein In-Bewegung-Bringen dieser anfänglich »unbewegte[n] Schnitte« werden »die Objekte oder Teile auf die Dauer eines sich wandelnden Ganzen« zurückgeführt; die Bewegung »gibt also die Veränderung des Ganzen im Verhältnis zu den Objekten wieder«.[37] In diesem Sinne macht Bewegung ein Verstehen des Ganzen und seiner fluktuierenden Dauer intuitiv erkennbar und enthüllt als solches indirekt eine »geistige [...] oder mentale Existenz«[38], die für die natürliche Wahrnehmung nicht von Anfang an besteht.

Yvonne Rainers *Trio A* kann ebenso auf Basis einer Verhandlung zwischen Ensemble und Ganzem gelesen werden sowie als Ausdruck einer Dauer, die eher im Kopf des Betrachters auftreten kann, als dass sie im Körper des Performers gesehen wird. Rainer selbst macht eine bedeutende Unterscheidung zwischen dem, was sie »reale« und dem, was sie »scheinbare« Energie nennt, und sie gibt ohne Zögern zu, dass das scheinbare Fehlen einer Differenzierung die Tatsache verschleiert, dass Phrasierung und Divergenz im Energieaufwand für den Tanz tatsächlich grundlegend sind. In »A Quasi Survey« schreibt sie, »um diesen Anschein in einer Kontinuität von verschiedenen Phrasen, welche Pausen, Akzente oder Einhalten nicht gestatten, zu erhalten, muss man viele verschiedene Ausmaße von Anstrengungen anwenden können, nur um von einer Sache zur anderen gelangen zu können«[39]. Die Stellungen des Arms oder das Heben des Beins sind somit Teile verschiedener Ensembles, zwischen denen Bewegung erschaffen wird, um die Erscheinung von choreografischer Kontinuität zu erhalten. Deshalb gibt es eine wichtige Abweichung zwischen der eigentlichen Ausführung von *Trio A* und seinem wahrnehmbaren Aussehen, da es den Anschein eines dauernden Ganzen erweckt, während es technisch aber aus verschiedenen Ensembles besteht, welche der Tänzer in ein kohärentes Zusammenspiel bringen muss. Die Dialektik eines Deleuze zwischen Ganzen und Ensembles ist deshalb genauso bei *Trio A* am Werk, da der Tanz seine Aussage zu bestätigen scheint, dass »[d]ie Ensembles [...] aber gerade im Raum [sind], und das Ganze, die Ganzen, sind in der Dauer, sind die Dauer selbst in ihrer unablässigen Veränderung«[40].

Laut Deleuze ist Bewegung im Allgemeinen in zwei verschiedenen Dimensionen wirksam: Während Bewegung sich zwischen den Objekten oder Teilen (oder unbeweglichen Teilstücken) durchsetzt, welche das Ensemble ausmachen, wird auch ein tieferer Sinn von Bewegung ausgedrückt, der zum Ganzen gehört und als das sich permanent ändernde Flux der Materie begreifbar ist. Diese doppelte Auffassung von Bewegung ist zentraler Bestandteil von Deleuzes Konzeptualisierung des filmischen Bewegungs-Bilds, in welchem die kontinuierliche Bewegung zwischen aufeinanderfolgenden Kameraeinstellungen eine indirekte Repräsentation von Zeit und

[35] Ibid., S. 26.

[36] Ibid., S. 25.

[37] Ibid., S. 26.

[38] Ibid., S. 24.

[39] Yvonne Rainer, 2005, op. cit., S. 270.

[40] Gilles Deleuze, 1989, op. cit., S. 25.

[41] Gilles Deleuze, *Kino 2. Das Zeit-Bild* [1985], Suhrkamp, Frankfurt/M., 1991, S. 354.

[42] Ibid., S. 55.

[43] Yvonne Rainer, 2005, op. cit., S. 270.

[44] Sally Banes, *Writing Dancing in the Age of Postmodernism*, Wesleyan University Press, Middletown/CT, 1994, S. 224.

Dauer darstellt. Dies wird durch das erreicht, was Deleuze als die Logik des »rationalen Schnitts« bezeichnet, welche besagt, dass »zwischen zwei Bildern oder zwei Bildfolgen [...] die als Intervall auftretende Grenze als Ende des einen Bildes/der einen Folge *oder* als Beginn des anderen Bildes/der anderen Folge begriffen [wird], als das letzte Bild der ersten Folge oder als das erste der zweiten.«[41] Das Bewegungs-Bild impliziert also eine Form von Bewegung, die Deleuze als »normal« charakterisiert, denn sie hält sich an »die Existenz von Zentren« und folgt einem kohärenten sensorisch-motorischen Schema, bei welchem Wahrnehmungen zu Handlungen führen.[42] Somit realisiert die Choreografie von *Trio A* womöglich diejenigen Prinzipien, die Deleuze im klassischen Film am Werk sah. *Trio A* nutzt eine ähnliche Logik von rationalen Schnitten, da der Tanz aus bestimmten Teilen besteht, in denen »das Ende einer jeden Phrase sofort in den Anfang [der nächsten] übergeht ohne sichtbare Akzentuierung«[43]. Durch das Hervorgehen einer jeden Bewegung aus der anderen und durch die Zentralität des sich bewegenden Körpers ohne jegliche Beschleunigung oder Nachdruck erhält der Tanz des Weiteren eine aufgabenartige Qualität und eine Konsistenz, welche Deleuzes Idee von »normaler Bewegung« entspricht. Die Erfahrung von Zeit, die der Tanz somit hervorruft, ist nicht so aufgesetzt, wie in den Phrasen des traditionellen Tanzes, sondern stammt eher aus den Bewegungen selbst.

Trio A steht damit beispielhaft für die von Yvonne Rainer im Jahr 1966 entwickelten Bewegungs- und Zeitkonzepte, die Deleuze in den frühen 1980er-Jahren im Kino identifizieren sollte. Sally Banes hat beobachtet, wie es in vielen Werken des Judson Dance Theater, des Künstlerkollektivs, welchem Rainer zu dieser Zeit angehörte, eine weitgestreute »Nutzung von verschiedenen Medien oder Intermedien, besonders Film im Tanz« gab, und dass bestimmte »Tanzideen der Gruppe aus [...] dem Einfluss anderer Medien und anderer Kunstformen kamen«.[44] Rainer selbst sollte sich Mitte der 1970er-Jahre vom Tanz abwenden und sich dem Medium des Films zuwenden. *Trio A* könnte so als unausgesprochene Vorhersage dieses Wandels in Rainers Karriere gesehen werden, da es Prinzipien von Übergang und Dauer beinhaltet, welche sich auch dem kinematografischen Apparat zuschreiben lassen.

Am Rande der Virtualität Während Rainers *Trio A* als ein choreografisches Bewegungs-Bild betrachtet werden kann, ruft Andrea Božićs Adaption in *After Trio A* eher eine Zeitstruktur hervor, welche mit Deleuzes Idee des Zeit-Bilds korrespondiert, das seiner Ansicht nach eine direkte Präsentation von Zeit gestattet. Der Kreislauf, welcher von Božić geschaffen wird, mag auf den ersten Blick erscheinen, als würde er der Struktur von Ursache und Wirkung, welche dem sensorisch-motorischen Schema innewohnt, anhängen, da Wahrnehmung (das Sehen des Videobildes) in diesem Fall klar zur Aktion (der Imitation der gesehenen Bewegungen) führt, aber das Konzept der Aufführung und der Bühnenaufbau verkomplizieren die wahrnehmbaren kausalen Zusammenhänge zwischen den ausgeführten Bewegungen. Das unvermeidbare Scheitern der Tänzer, den Anschein von Kontinuität zu erreichen, und die verschiedenen Wechsel zwischen den Bildschirmen unterbrechen die Kohärenz des Tanzes und ersetzen seinen anfänglichen ausgewogenen Charakter mit »anormalen Bewegungen« und »irrationalen Schnitten«; zwei Prinzipien, welche Deleuze dem Zeit-Bild zuschreibt. Aber das Ausmaß, zu welchem *After Trio A* ein eigenes Zeit-Bild darstellt, folgt vor allem aus der Interaktion, die es zwischen dem Aktuellen und dem Virtuellen herbeiführt, indem es ein Wechselspiel zwischen einem historischen Dokument und einer Live-Performance hervorruft.

Wir können diese Dynamik aus der Perspektive von Deleuzes Diskussion des Zeit-Bilds im Sinne dessen, was er das »Kristallbild« nennt, entwirren. Das Kristallbild markiert die Fähigkeit des Zeit-Bilds, einen vielfältigen Blick auf die verschiedenen Dimensionen von Zeit zu werfen, als würden diese durch die unterschiedlichen Seiten einer kristallinen Struktur reflektiert.[45] Interessanterweise zeigt Deleuze zwei mögliche Arten des Kristallbildes auf, welche perfekt mit den Re-enactment-Strategien von *After Trio A* übereinzustimmen scheinen. Auf der einen Seite gibt es das »Werden des Werks«, welches in das resultiert, was Deleuze das »Keim-Bild« nennt, und auf der anderen Seite gibt es das Werk, welches im Werk selbst reflektiert wird und ein »Spiegelbild«[46] konstituiert. Beide Elemente sind offensichtlich in *After Trio A* präsent: zwei Tänzer, die im Begriff sind, Rainers Choreografie zu lernen, sowie die Bilder der künstlerischen Arbeit, die das Stück wiederum imitiert. Deleuze sah diese hervorstechende Selbstreferenzialität nicht nur im Kino, sondern in allen Künsten wiederkehren, und laut ihm deutete dies statt künstlerischer Entleerung oder bloßer Selbstgenügsamkeit Prozeduren an, um Kristallbilder zu realisieren. Ob als Keim oder Spiegel (oder beides zur gleichen Zeit) sind kristalline Bilder Verbundkonstellationen, die »eine objektive Illusion« erzeugen, welche »in der unteilbaren Einheit eines aktuellen und ›seines‹ virtuellen Bildes« besteht.[47] Es ist genau die Ununterscheidbarkeit zwischen dem Aktuellen und dem Virtuellen, welche eine direkte Repräsentation von Zeit liefern wird. Um dies zu verstehen, ist es wichtig, kurz die Schlüsselideen von Deleuzes Konzept von Zeit zu umreißen, die, ähnlich wie seine Überlegungen zur Bewegung, stark von Bergsons Philosophie beeinflusst sind.

Die Annahme, dass Gegenwart und Vergangenheit ko-existieren und somit zum Regime der Aktualität beziehungsweise der Virtualität gehören, ist ein zentrales Prinzip der bergson-deleuzischen Konzeption von Zeitlichkeit. Genauer gesagt erklärt Deleuze das zu beobachtende Vorübergehen der Gegenwart nicht als Abfolge von unterschiedlichen Momenten, welche einander ersetzen, sondern eher als Instanzen der Zeit, welche die Vergangenheit schon in ihrer Konstitution beinhalten. Er schreibt, »da sich die Vergangenheit nicht nach der Gegenwart, die sie gewesen ist, bildet, sondern gleichzeitig mit ihr, muss sich die Zeit in jedem Augenblick in Gegenwart und Vergangenheit aufteilen«[48]. In diesem Sinne wird das aktuelle Bild in der Gegenwart immer von seinem virtuellen Äquivalent begleitet, welches die Bergson'sche Unterscheidung zwischen Wahrnehmung und Erinnerung erklärt. Während Wahrnehmung an sich an die Gegenwärtigkeit des eigentlichen Moments gebunden ist, verdoppelt sie sich jedoch, wenn sie in das zurückfällt, was Bergson als »reine Erinnerung«[49] bezeichnete. Diese reine Auffassung von Gedächtnis muss von den Erinnerungen, die uns nor-

[45] Vgl. Gilles Deleuze, 1991, op. cit., S. 55.

[46] Ibid., S. 105.

[47] Ibid., S. 96, 103.

[48] Ibid., S. 111.

[49] Ibid., S. 109. Deleuze basiert seine Diskussion in diesem bestimmten Teil auf Bergsons *Mind-Energy*, Macmillan, London, 1920.

malerweise bewusst werden, wenn sie in unseren Gedanken aufkommen, unterschieden werden. Diese geistigen »Erinnerungsbilder« sind genau genommen Aktualisierungen rein virtueller Bilder, die zur »Vergangenheit überhaupt« gehören und schon immer da sind.[50] Bergson und Deleuze nehmen daher beide ein zweigleisiges Prinzip des Aktuellen und des Virtuellen an, das mit ihrer vielschichtigen Auffassung von Zeit korreliert. Deleuze unterscheidet sich jedoch von Bergson, da er dem Kino die Möglichkeit zuschreibt, eine direkte Repräsentation von Zeit durch das Kristallbild zu bieten. Seinem Verständnis nach kombiniert das Kristallbild aktuelle und virtuelle Bilder in einer so komplexen Art und Weise, dass beide Kategorien einander bis zu einem ununterscheidbaren Punkt konstant überlappen, mit dem Ergebnis, dass »dasjenige, was man in dem Kristall sieht, die Zeit selbst, ein geringer Teil der Zeit in reinem Zustand«[51] ist.

Eine ähnlich verwirrende Überlappung des Aktuellen und des Virtuellen ist auf verschiedenen Ebenen in *After Trio A* zu beobachten, da jedes daran beteiligte Element zwei Dimensionen zu vereinen scheint. Die Vorführung des Videomaterials, welches Yvonne Rainer beim Aufführen von *Trio A* zeigt, aktualisiert ganz klar ein historisches Relikt, das sonst in Tanzarchiven oder auf Webseiten wie YouTube nur virtuell präsent bleiben würde. Wenn die Bilder jedoch in einer Live-Performance eingebunden sind, können sie nicht anders, als auf ihre eigene Vergangenheit hinzuweisen, während sie im Vergleich zu den tatsächlich auf der Bühne agierenden Körpern einen virtuellen Charakter beibehalten. Derweil sie versuchen, die Choreografie aus den Videobildern erneut zu verkörperlichen und tatsächliche Bewegungen auf der Bühne schaffen, erhalten die Körper der Tänzer somit einen höheren Grad an Aktualität. Diese offenkundige Re-Aktualisierung wird aber gleichzeitig dadurch abgeschwächt, dass *After Trio A* auch einen deutlichen Aufruf an die körperliche Erinnerung der Tänzer bedeutet, da sie aufgefordert sind, die Choreografie zu lernen, um sie letztendlich ohne visuelle Hilfestellung wiederaufzuführen. Von diesem Punkt an zeigt *After Trio A* nicht nur die Virtualisierung von aktueller Wahrnehmung und Erfahrung in der körperlichen Erinnerung auf, sondern auch die Reaktualisierung der sekundär erworbenen virtuellen Speicher von Bewegungen. Im Verlauf der Performance wird somit die aktuelle und virtuelle Dimension von Erinnerung gleichwertig angesprochen, da sie einem Drehbuch folgt, das Prozesse von Verkörperung und Externalisierung beinhaltet. Von Zuschauerseite aus kann auch eine vergleichbare Dynamik zwischen dem Virtuellen und dem Aktuellen unterschieden werden. Abhängig von dem vorherigen Wissen, welches der gegenwärtige Zuschauer von Rainers Choreografie mitbringt, investiert *After Trio A* durch die Rückkehr zu einem kanonisierten Stück neuster Tanzgeschichte in die Verfestigung oder die Schaffung gemeinsamer virtueller Erinnerungen. Neben dem historischen Bewusstsein, welches *After Trio A* hervorruft, spielt es auch mit der Fähigkeit des Zuschauers, die aktuelle Performance zu erinnern. Von Beginn an ist klar, dass die Tänzer Rainers Choreografie kopieren, aber dem Publikum wird das Video nur ab und zu gezeigt. Da das historische Dokument hier als ein zu vergleichender Hintergrund agiert, vor dem die Imitation der Tänzer an Bedeutung gewinnt, ist es für den Zuschauer notwendig, die eigentliche Wahrnehmung

des Tanzes mit dem Videobild, welches nur als virtuelle Erinnerung existiert,
zu verknüpfen, wenn der Bildschirm schwarz bleibt.

Durch das Erwecken einer dynamischen Interaktion zwischen dem Aktuellen und dem Virtuellen visualisiert *After Trio A* eine zeitliche Struktur von deleuzianischer Natur. Zur selben Zeit, in der wir den Tanz sehen (auf dem Bildschirm, in den Körpern der Tänzer, in der Wahrnehmung der Zuschauer), merken wir, wie er in die Vergangenheit abgleitet (das langsame Ausblenden des Bildschirms, das Zurückgreifen der Tänzer auf ihre Körpererinnerung, die Erinnerungsbilder im Kopf der Zuschauer). Auf die Koexistenz von Gegenwart und Vergangenheit wird nicht nur visuell durch die Gegenüberstellung von historischem Videomaterial und performenden Körpern angespielt, sondern sie wird auch dadurch greifbar, dass der Tanz aufgrund der verschiedenen Mittler in der von Božić entwickelten Konstellation kontinuierlich wiederauftaucht. Auf diese Weise wirft *After Trio A* einen Blick weit über die allgemeine Annahme hinaus, dass Tanz schwierig zu erhalten ist, und weist stattdessen auf ein virtuelles »Schon-da« hin – einen Ort, an dem der Tanz bleibt und aus dem er erneut auftauchen kann, wieder und wieder.

Bewegung, Bild, Zeit – Schlussfolgerung Das Nachleben von Performance findet hauptsächlich in ihrer Dokumentation statt. Fotografien, Videos und schriftliche Darstellungen sind, über die Körper der Performer und die Vorstellung der Zuschauer hinausgehend, grundlegend bei der Weitergabe der Arbeit. Dennoch überschreitet das Potenzial des Dokuments erheblich seine rein repräsentative Funktion und Rolle als Überträger an ein größeres und zukünftiges Publikum. Die Hinwendung zum Dokument, wie es der neue Anstieg der Re-enactment-Strategien im Tanz und in der Performancekunst zeigt, steht beispielhaft dafür, wie Live-Performance mit dem Dokument produktive Wechselbeziehungen unterhalten kann, die unser Denken über beides in Bewegung setzen. Während allgemein behauptet wird, dass Re-enactment die Möglichkeit von verkörperlichter Dokumentation eröffnet, habe ich mich in diesem Beitrag eher auf die Ebene, auf der sie interagieren ohne komplett ineinander überzugehen, fokussiert. Dafür bietet Andrea Božićs *After Trio A* ein leuchtendes Vorbild, da sie auf scharfsinnige Weise einen intermedialen Dialog zwischen historischen Videobildern und zeitgenössischen performenden Körpern inszeniert, und somit Überlegungen anregt, wie das Dokument anstatt einer mangelhaften Repräsentation der Arbeit ein Instrument sein kann, welches sich dazu verwenden lässt, Strukturen, Eigenschaften oder Prinzipien von Live-Performance ans Licht zu bringen.

In meiner Diskussion von *(After) Trio A* habe ich die Ergebnisse der Interaktionen zwischen Dokument und Performance auf drei Ebenen nachvollzogen. Andrea Božićs Initiative, zwei Tänzer zu haben, die Rainers *Trio A* auf der Bühne durch das Imitieren des Videos lernen, deckt die choreografischen Prinzipien, welche dem Tanz zugrunde liegen, auf. Da die Tänzer die hochbejubelte Erscheinung der Kontinuität von *Trio A* nicht erfolgreich reproduzieren können, zeigt ihre Performance, wie der Tanz gerade keinen formlosen Bewegungsstrom umfasst, sondern aus individuellen Teilen besteht, zwischen denen alle unterschiedlichen Werte ausgelöscht werden sollten. Diese Entdeckung führte zu einer Diskussion darüber, wie der Bereich des Dokuments und der Performance auch auf der Ebene der Erschaffung von Tanz nachvollzogen werden kann, da Rainers Arbeit mit Charakteristika, die repräsentativen Medien eigen sind, zu korrelieren scheint. Während ihre früheren Arbeiten mehr Elemente des Fotografischen enthielten, habe ich gezeigt, wie *Trio A* viel kinematischer ist, und genau genommen ein choreografisches Bewegungs-Bild konstituiert, das von einem bergson-deleuzianischen Standpunkt aus betrachtet die Konditionen von Bewegung reflektiert. Schlussendlich habe ich gezeigt, wie *After Trio A* das historische Dokument in Korrespondenz mit den Körpern der Performer und der mentalen Vorstellungswelt der Zuschauer bringt und dadurch einen Kreislauf anregt, in welchem die aktuellen Wahrnehmungen virtualisiert werden und außerdem virtuelle Erinnerungen heraufbeschworen werden, um diese wiederum zu aktualisieren. Aus dieser Untersuchung folgte die Charakterisierung von *After Trio A* als einem performativen Zeit-Bild, das eine zeitliche Struktur evoziert, welche die reine Gegenwart übersteigt und alternativ eine vielschichtigere Auffassung von Zeit vorschlägt.

»Tanz ist schwer zu sehen«, schreibt Rainer in »A Quasi Survey«.[52] Und, was sie laut Carrie Lambert-Beatty meint, ist, »dass als zeitliche Kunst, am Entschwinden seiend, selbst wenn er gerade entsteht, Tanz sich der Sehkraft widersetzt«[53]. Der sich bewegende Körper entzieht sich dem Versuch des Auges, so wie er immer aus dem Rahmen der Fotografie oder der Filmaufnahme zu entfliehen scheint. Die Rückkehr zum Dokument und der Versuch, ihm von Zeit zu Zeit wieder Leben einzuhauchen, mag enthüllen, was für das sehende Auge anfänglich verschlossen bleibt: Performance und Dokument, wenn sie in verwirrende Wechselbeziehungen gesetzt werden, bestärken einander in der Aufdeckung der versteckten, aber überdauernden Grundlagen einer sonst so flüchtigen Kunst. Vielleicht über den weitläufigsten Blick hinaus, jedoch immer innerhalb einer Art des Wiederauftauchens, bleibt Performance bestehen – im und als lebendes Bild.

[52] Yvonne Rainer, 2005, op. cit., S. 271.

[53] Carrie Lambert-Beatty, op. cit., S. 1.

Rosario (Argentinien), 7. Oktober 1968. Eine Menschengruppe, die durch persönliche Einladungen, Plakate auf der Straße und eine Zeitungsannonce zusammengetrommelt wurde, erscheint pünktlich zur Aktion der Künstlerin Graciela Carnevale, Mitglied der Grupo de Artistas de Vanguardia. Es handelt sich um eine neue Veranstaltung im Rahmen des Ciclo de Arte Experimental, der seit Mai dieses Jahres die Kulturszene der Stadt aufmischt. Die enge Lokalität in einer Galerie im Zentrum besteht aus einem einzigen leeren und neutralen Raum mit einer großen Glasfront (so kann man von außen hineinsehen und umgekehrt), die komplett mit Plakaten, welche die Eröffnung ankündigen, bedeckt ist. Während die ungefähr zwanzig Besucher darauf warten, dass etwas passiert, verlässt die Künstlerin heimlich den Saal, versperrt die einzige Tür des Lokals mit einem Vorhängeschloss und – geht.

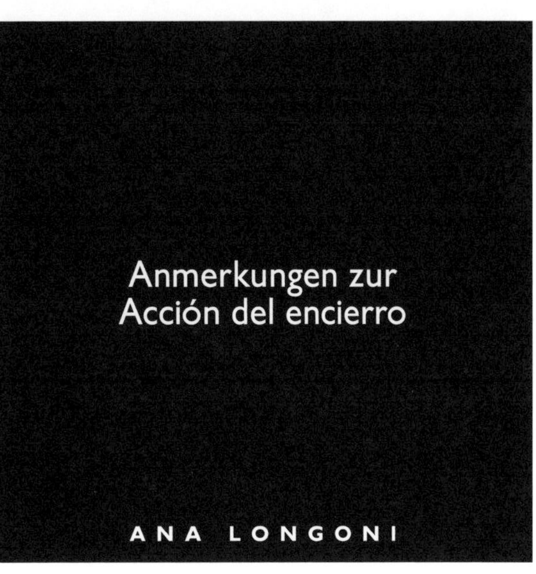

Außer ihr wissen nur der Literaturkritiker und Semiologe Nicolás Rosa – der beim Verfassen des erklärenden und kurz nach Ende der Aktion verteilten Katalogtexts mitgearbeitet hat – und der Fotograf Carlos Militello, der das Ereignis festgehalten hat, worum es geht. »Die Tür wurde fest verschlossen, ohne dass das Publikum dies bemerkte. Es ging darum, den Zutritt zu gestatten und das Verlassen zu verhindern. Ich habe eine Gruppe Menschen gefangen genommen. So beginnt das Werk, und diese Menschen sind meine Darsteller.«[1]

Urplötzlich und ohne jede Vorankündigung entdeckt das Publikum, dass ihm Gewalt angetan wird. Die Künstlerin rechnet damit, dass auf diesen Gewaltakt mit Gegengewalt reagiert wird. Doch die eingesperrten Zuschauer bleiben geduldig, unterhalten sich miteinander, setzen sich und warten darauf, dass wieder Normalität einkehrt. Schließlich reißen sie die Plakate von der Glaswand, um zu sehen, was draußen vor sich geht, versuchen erfolglos, das Schloss aufzubrechen und die Tür ohne Werkzeuge und mit viel Geduld aus den Angeln zu heben. Gleichzeitig sammeln sich die zu spät gekommenen Besucher vor der Tür. Mehr als eine Stunde lang warten das eingesperrte Publikum drinnen und die Zuschauer draußen darauf, dass etwas passiert, dass die Künstlerin zurückkehrt, diesem Treiben ein Ende bereitet und mit ihrem Projekt beginnt. Niemand weiß so recht, wonach man sich richten soll. Das Gefühl, dass das, worauf man wartet, jeden Moment losgeht, hält ungebrochen an.

Beim Ausarbeiten der Einsperraktion war es Carnevales Ziel, »dass sich der Zuschauer der Macht bewusst wird, mit der im Alltag Gewalt ausgeübt wird.« Die künstlerische Aktion wird zur politischen Pädagogik. Aber es ist keine freundliche Pädagogik, sondern eine harte und aggressive (Lernen durch Schmerz!). Peter Eleey definiert diese Aktion aufgrund »its quieter and coercive violence« als »hostile art«, hier werde »art as a trap« eingesetzt.[2]

[1] Graciela Carnevale in Zusammenarbeit mit Nicolás Rosa, Textblatt für den Ciclo de Arte Experimental, Rosario, Oktober 1968, abgedruckt in: Ana Longoni und Mariano Mestman (Hg.), *Del Di Tella a »Tucumán Arde«. Vanguardia artistica y politica en el '68 argentino*, 2. Aufl., Eudeba, Buenos Aires, 2008, S 122.

[2] So Peter Eleey in einer Mitteilung über seine Ausstellung *The Talent Show* (Walker Art Center, Minneapolis, 2009), online: http://artforum.com/words/id=25549, abgerufen am 29.09.2012.

Die schüchtern und zerbrechlich wirkende Künstlerin zwang sich selbst dazu, ein unterdrückendes System zu schaffen, um eine Gruppe Menschen – viele waren der Künstlerin bekannt, alle davon vertrauensvoll – einem Gewaltakt zu unterwerfen. »Wir leben in einer Welt, in der Gewalt alltäglich ist, und in der ich dazu gezwungen werde, selbst aggressiv zu sein, selbst im Rahmen dieses Werks Gewalt auszuüben. In diesem Fall ist sie eher gering, aber dennoch wirkungsvoll. Dazu musste ich zuerst mir selbst Gewalt antun. Ich wollte, dass jeder einzelne Zuschauer das Eingesperrtsein, die Unbequemlichkeit, Nervosität und letztendlich Erstickung und Unterdrückung am eigenen Leib spürt und einen unvorhersehbaren Gewaltakt erlebt.«[3]

Diese Idee hat vieles mit anderen intellektuellen Entwürfen gemein, welche die politische Radikalisierung in Lateinamerika und anderen Regionen der Welt in diesen Jahren hervorrief. Auf die rettenden (und sanierenden) Eigenschaften der Gewalt der Unterdrückten bezieht sich auch Jean-Paul Sartre, der 1961 im Vorwort des damals weithin gelesenen Buches *Die Verdammten dieser Erde* von Frantz Fanon schreibt: »Keine Sanftmut kann die Auswirkungen der Gewalt auslöschen, nur die Gewalt selbst kann sie tilgen. [...] Diese ununterdrückbare Gewalt ist [...] nichts weiter als der sich neu schaffende Mensch. [...] Die Gewalt kann, wie die Lanze des Achill, die Wunden vernarben lassen, die sie geschlagen hat.«[4]

Peter Eleey zufolge wurden die eingesperrten Zuschauer bei dieser Aktion dazu gezwungen, eine Wahl zu treffen: aktiv werden oder abwarten, sich befreien oder sich dem Eingesperrtsein unterwerfen.[5] Diese scheinbare Wahlmöglichkeit verschleiert allerdings in Wirklichkeit den Druck beziehungsweise den Zwang zu handeln; die Alternative erscheint in Form einer ausweglosen Sackgasse, bei der es nur eine Richtung gibt. Dazu die Künstlerin: »Es gibt keine Fluchtmöglichkeit, deswegen wählt der Zuschauer auch nicht die Flucht, sondern sieht sich gezwungen, mitzumachen. [...] Das Inszenieren einer aggressiven Handlung als künstlerischen Akt bringt notwendigerweise ein großes Risiko mit sich.«[6] Ein großes Risiko für das Publikum, den Ausstellungsraum, die Künstlerin selbst und die Gruppe, der sie angehört, wie sich noch herausstellen sollte.

Brian Holmes sieht den Knackpunkt des Konflikts darin, dass überhaupt nicht sicher war, wie die Situation gelöst würde. »Die Besucher werden zum Material für ein soziales Kunstwerk. Die Fragestellung lautete: Wie reagieren sie auf das Eingesperrtsein? Wer zerbricht letztendlich das Fenster, um die Gefangenen aus der Falle zu befreien?«[7] Trotz des Zwangs zu handeln reagierten die eingesperrten Zuschauer ruhig und geduldig, fast schon untätig. Für das Ende der Aktion hatte Carnevale diese Möglichkeit in Betracht gezogen: »Das Ende des Werks ist sowohl für den Zuschauer als auch für mich zwar unvorhersehbar, aber dennoch beabsichtigt: Wird die Situation passiv hingenommen? Wird etwas Unvorhergesehenes geschehen, vielleicht Hilfe von außen kommen und sie aus dem Gefängnis befreien? Oder wird jemand gewalttätig und zerbricht das Fenster?«[8]

Die letzte Möglichkeit (dass das eingesperrte Publikum reagiert und sich einen Ausweg bahnt) entspricht der beabsichtigten Lektion und der didaktischen Dimension, die dem Konzept von Carnevale zugrunde liegen. Was

[3] Carnevale, Rosa, op. cit.

[4] Jean-Paul Sartre, »Vorwort«, in: Frantz Fanon, *Die Verdammten dieser Erde*, Suhrkamp, Frankfurt/M., 1966, S. 7–25, hier S. 18.

[5] Vgl. Peter Eleey, op. cit.

[6] Carnevale, Rosa, op. cit.

[7] Brian Holmes, »Transparency to Exodus«, in: *Open*, Nr. 8, 2005, S. 48–60, hier S. 49. Holmes fragt: »Können wir Carnevales ›Einsperrung‹ nicht auch als eine Allegorie interpretieren, bei der die sozialen Klassen sich in einer Notfallsituation verändern?« Und weiter: »Die selbstständige Veränderung der Gesellschaft ist viel komplizierter und vielschichtiger als die Einsperraktion von Carnevale nahelegt.«

[8] Carnevale, Rosa, op. cit.

jedoch wirklich geschah war, dass »sich solch eine Spannung zwischen dem Inneren und dem Äußeren aufbaute, dass der Fußtritt, mit dem die Scheibe zerbrochen wurde, von außen kam. Es war eine Rettungsaktion«,[9] erinnert sie sich. Die Befreiung kam also nicht von innen, nicht von den Unterdrückten, sondern von einem der zu spät Gekommenen, der sich angesichts der unaufgelösten Spannung dazu entschied, eine Öffnung in das Fenster zu schlagen, durch die die »Gefangenen« einer nach dem anderen entkommen konnten.

Eines der Mitglieder der Grupo de Artistas de Vanguardia, Rodolfo Elizalde, war der Meinung, dass diese Entscheidung »das Werk« ruinierte und versetzte dem Retter einen Schlag mit dem Regenschirm, woraufhin es zu einem Riesentumult kam. Das Ganze endete damit, dass die Polizei anrückte, die Menge auflöste und die Räumlichkeiten aufgrund der Vorfälle schloss.

Risiken Bei ihrem Einsatz war sich die Polizei sehr bewusst darüber, dass die Aktion am Vorabend des 8. Oktober stattfand: Ein Jahr zuvor war Ernesto »Che« Guevara in Bolivien festgenommen und am nächsten Tag hingerichtet worden. Das Bild des toten Guerillakämpfers, umgeben von bolivianischen Militärs und Journalisten, machte daraufhin auf der ganzen Welt die Runde. Viele, die in den 1960er-Jahren aufgewachsen sind, erzählen von dem großen Einfluss, den dieses Ereignis, dieses Bild auf sie hatte, welches die politische Radikalisierung ebendieser Generation beschleunigte, die durch das symbolische Gewicht der Guerillafigur und ihrem heldenhaften Opfer für die lateinamerikanische Revolution gezeichnet wurde.

Zum Anlass des ersten Todestags von Che Guevara veranstalteten Avantgardekünstler riskante Straßenaktionen. Das war zur Zeit der Diktatur Juan Carlos Onganías (1966–1970), in der die Unterdrückung ständig zunahm. Dennoch bereitete in Buenos Aires eine Gruppe (bestehend unter anderem aus Roberto Jacoby, Pablo Suárez, León Ferrari, Margarita Paksa, Beatriz Balvé und Juan Pablo Renzi aus Rosario) heimlich eine Aktion vor, bei der das Wasser von vier an großen Plätzen gelegenen Brunnen in der Hauptstadt rot gefärbt werden sollte. Im Morgengrauen machten sie sich jeweils zu zweit als Pärchen getarnt auf den Weg, eine dritte Person wirkte als Aufpasser. Sie trugen literweise konzentrierte rote Anilinfarbe mit sich. Für den nächsten Morgen war eine Presseaktion geplant, um den erhofften Effekt der »blutigen« Brunnen auszunutzen. Das Projekt scheiterte, da sie nicht wussten, dass das Wasser der Brunnen nicht wiederverwertet wurde, und die Farbe deswegen sofort verschwand. Aber es zeigt deutlich, welche Risiken die Künstler bei diesen Straßenaktionen inmitten einer Diktatur bereit waren, auf sich zu nehmen.[10] »Unsere Guerilla-Aktion« – so definierte Paksa das Projekt mit den roten Brunnen.[11] Trotz der Tatsache, dass die Verwirklichung dieser Idee nicht besonders effizient war, beweist die Aktion nicht nur »die motivierte Einstellung«[12], sondern zweifellos auch die Bereitschaft der Gruppe, sich auf die Straße zu wagen, ohne dabei auf rechtliche oder technische Unterstützung zählen zu können. Zudem kamen dabei Aktionen und Organisationsformen zum Einsatz, die auch in der radikalisierten und verdeckten Politik zu finden sind.

[9] Graciela Carnevale in einem Interview mit der Autorin, 1993.

[10] Diese Aktion ähnelt den Experimenten, die der Argentinier Nicolás García Uriburu im gleichen Jahr bei der Biennale in Venedig und in anderen europäischen Städten durchgeführt hat. Dabei färbte er das Wasser der venezianischen Kanäle und diverser Brunnen grün ein. Die Vorgangsweise ist zwar ähnlich (grün/Lebenssaft, rot/Blut), doch das Konzept dahinter ist ein gegenteiliges: Während die grünen Kanäle auf den Schutz des Lebens durch Umweltbewusstsein anspielen, erinnern die roten Brunnen daran, dass ein politisches Attentat stattgefunden hat.

[11] Margarita Paksa in einem Interview mit der Autorin, 1992.

[12] Beatriz Balvé in einem Interview mit der Autorin, 1993.

Die Grupo de Arte de Vanguardia de Rosario veranstaltete an den folgenden Tagen zwei weitere Aktionen mit Luftballons, die ebenfalls dem Andenken Che Guevaras gewidmet waren. Genau wie die Aktion mit den roten Brunnen fanden sie im öffentlichen Raum statt, wurden kollektiv organisiert, sollten gleichzeitig ästhetisch und politisch wirken, ein großes und zufälliges Publikum ansprechen, wurden wie eine fast heimliche politische Aktion durchgeführt – und genau wie die roten Brunnen wurden sie von den Medien völlig ignoriert.

Bei der ersten dieser Aktionen wurde ein Kinofoyer kurz vor Ende der Vorstellung mit Luftballons gefüllt. Um sich fortbewegen zu können, mussten die Zuschauer die Ballons zum Platzen bringen oder sie zumindest aus dem Weg schlagen. Genau wie bei der *Acción del encierro* [Einsperraktion] sollte auch hier beim Publikum eine gewalttätige Reaktion ausgelöst werden, damit der Weg zum Ausgang frei wird.

Für die zweite Aktion wählten die Künstler ein zentral gelegenes Einkaufszentrum als Schauplatz aus. Sie teilten sich in zwei Gruppen auf: Die Frauen betraten die Einkaufsgalerie durch einen der Eingänge und hielten mit Helium gefüllte Ballons in der Hand, die Männer kamen von der anderen Seite und trugen ein aufgerolltes Plakat bei sich. Beim Aufeinandertreffen der beiden Gruppen befestigten sie die Ballons am Plakat und ließen es dann zum Dach aufsteigen. Dann machten sie sich schnell davon. Es dauerte eine Weile, bis es der Polizei gelang, das Plakat herunterzuholen, und so lange starrten den verblüfften Passanten die folgenden ungewöhnlichen Worte von der Decke der Galerie entgegen: »Llega la revolución« [Die Revolution kommt]. Diese kollektiven Aktionen, die zur gleichen Zeit wie die *Acción del encierro* stattfanden, machen deutlich, dass die Avantgardegruppen in Rosario wie auch in Buenos Aires nicht vor riskanten Einsätzen zurückschreckten. Nicht nur der Körper des Künstlers wurde eingesetzt, sondern auch der Körper des Werks, der sich in manchen Fällen mit dem des Publikums deckte. Das Einsetzen (und Aussetzen) des Körpers war in diesen Zeiten mit realen Risiken behaftet und hatte konkrete Folgen: Repressionen durch die Polizei, Zwangsschließungen, Schikanierung, Gefängnis.

Der vielleicht wichtigste Grund, den Ciclo für beendet zu erklären, war nicht die Schließung durch die Polizei, sondern das Gefühl, »dass er nicht mehr wichtig war«.[13] Es schien sogar so, als ob bewusst darauf abgezielt wurde, da die Gruppe aus Rosario gemeinsam mit einigen Mitgliedern der Avantgarde von Buenos Aires (unter anderem León Ferrari, Roberto Jacoby, Pablo Suárez, Margarita Paksa, Ricardo Carreira und Eduardo Ruano) gleichzeitig auch an der Bewegung Tucumán Arde mitwirkte, einem ehrgeizigen kollektiven Projekt, das ihre ganze Aufmerksamkeit und Energie in Anspruch nahm und außerhalb der Kreise für experimentelle Kunst stattfand.

Tucumán Arde vereinte Dutzende Künstler und Nicht-Künstler bei der gemeinschaftlichen Untersuchung und Aufdeckung der katastrophalen Lebensbedingungen in der Provinz Tucumán, wo die Bevölkerung schwer unter der Schließung der Zuckerfabriken litt. Diese bekannte Arbeit war der Höhepunkt der ständig zunehmenden Radikalisierung (künstlerisch wie auch politisch), welche die Avantgarde in Buenos Aires und Rosario im Laufe des

[13] So äußerte sich Aldo Bortolotti zu diesem Thema in einem Interview mit der Autorin, 1993.

Jahres 1968 erlebte.[14] Bei Encuentro de Arte de Vanguardia, das im August desselben Jahres stattfand, wurde über die Grundlagen der »neuen Ästhetik« diskutiert, bei welcher der Schritt vom Kunstwerk zur Aktion getan wurde und die Grenzen zwischen künstlerischer und politischer Tätigkeit immer mehr verschwammen. Politische Gewalt wurde zum ästhetischen Mittel, nicht in Form einer Metapher oder einer Anspielung, sondern durch Aneignung der Ressourcen, Modalitäten und Vorgehensweisen der Politik oder – präziser ausgedrückt – der linksradikalen Organisationen. Die Künstler distanzierten sich deutlich von Institutionen, deren Fokus auf experimenteller Kunst lag, allen voran das Instituto Di Tella, eine private Einrichtung, die interdisziplinäre und experimentelle Arbeit über verschiedene Formen wie Musik, Theater und bildende Künste hinweg förderte. Grund dafür war die Annahme, dass dort mit Sicherheit jede Form der Anklage neutralisiert worden wäre. Stattdessen entschieden sie sich dafür, sich in einem institutionellen außerkünstlerischen Kontext zu artikulieren. So entstand das CGT de los Argentinos, ein der Diktatur gegenüber kritisch eingestelltes Gewerkschaftszentrum, dessen Notfall-Agenda das Aufzeigen der Situation in Tucumán als Schlüsselpunkt betrachtete. Es wurde ebenfalls beschlossen, eine wesentlich breitere und vielschichtigere Öffentlichkeit als nur das begrenzte und elitäre Publikum der avantgardistischen Kunst anzusprechen.

Wenige Tage nach der *Acción del encierro* brachen ungefähr zwanzig Künstler von Rosario mit dem Zug nach Tucumán auf. In diesem Rahmen kann die Aktion als die letzte Szene eines Umwandlungsprozesses gesehen werden, bei dem mit der Kunstinstitution gebrochen wurde, bevor dann deren Räume und Regeln aufgegeben beziehungsweise aufgebrochen wurden.

Gefangene und Zeugen In den letzten Jahren hat es viele unterschiedliche Interpretationen der *Acción del encierro* gegeben. Claire Bishop[15] beschrieb das Werk als Teil einer Reihe künstlerischer Experimente, bei denen die aktive Dimension in Form der Teilnahme des Zuschauers im Mittelpunkt stand. Dabei gab es jedoch unterschiedliche Ausprägungen. Bei der *Acción del encierro* lassen sich mindestens drei verschiedene Formen der Teilnahme unterscheiden: die Künstlerin, welche die Gruppe einsperrt und geht, die eingesperrten Zuschauer beziehungsweise Geiseln und die zu spät gekommenen Gäste respektive Zeugen. Diese drei Instanzen erlebten die Aktion aus unterschiedlichen Perspektiven, doch keine blieb von der Nervosität, Aufregung und Angespanntheit verschont. »The content of the piece consisted of the intense anxiety surrounding the act of imprisonment, followed by the freedom of escape«, erklärt Emily Zimmerman.[16] Niemand blieb angesichts der ausgelösten Unruhe gleichgültig.

Elena Filipovic verglich die Aktion von Carnevale mit jener Roman Ondáks und konzentrierte sich dabei auf die hervorgerufenen Gefühle. Im ersten Fall wurden Verwirrung, Angst und Paranoia ausgelöst – Gefühle, die ganz klar im Einklang mit dem im damaligen Argentinien herrschenden Klima der Unterdrückung stehen. Im zweiten Fall wurden die Zuschauer auf engstem Raum festgehalten, wodurch »an unusual intimacy of bodies (each precariously close to others ›personal‹ space) so typically uncommon in exhibitions«[17] entstand.

[14] Eine genaue Auflistung der Ereignisse des Jahres 1968 findet sich in: Longoni, Mestman, op. cit.

[15] Siehe Claire Bishop (Hg.), *Participation. Documents of Contemporary Art*, Whitechapel Gallery, London, The MIT Press, Cambridge/MA, 2006.

[16] Emily Zimmerman, *Uncertain Spectator*, EMPAC – Curtis R. Priem Experimental Media and Performing Arts Center, Troy/NY, 2010, online: http://uncertain.empac.rpi.edu/essays/zimmerman.html, abgerufen am 30.10.2012.

[17] Elena Filipovic, *Roman Ondák Notebook*, Hatje Cantz, Ostfildern, 2012, S. 124.

Nachdem sie ihre Zuschauer eingesperrt hatte, flüchtete Carnevale allein in das Atelier, das sie mit anderen Mitgliedern der Gruppe teilte, und blieb dort, ohne zu wissen, was in der Galerie vor sich ging. Sie erinnert sich genau an die Beklommenheit, die Unsicherheit und Verletzlichkeit, die dort Besitz von ihr ergriffen. Während sie die Situation Revue passieren lässt, gibt sie zu bedenken, dass ihre Entscheidung niemals dieselbe gewesen wäre, wenn sie dort geblieben wäre und die Aktion von außen miterlebt hätte, als Gefängniswärterin und Beobachterin des Experiments; wenn sie in der Lage gewesen wäre, das Ende ihres Werks zu beeinflussen.[18] Sie wusste bis zum nächsten Tag nicht, was genau vorgefallen war, nachdem sie die Tür verschlossen und den Schauplatz verlassen hatte.

Unter den Geiseln trug die Anwesenheit anderer Menschen, die dieselbe traumatische und unerwartete Situation erlebten, dazu bei, dass ein übergreifendes soziales Netz entstand, das dabei half, ruhiger zu reagieren, als wenn sie sich jeweils allein in der Situation befunden hätten. Die Künstlerin schien – wenn auch schweigend – darauf hinzuweisen, dass die Antwort auf die erlebte Gewalt vom Kollektiv kommen müsse.

Die Aktion löste bei manchen Geiseln einigen Missmut aus. Carnevale erhielt danach sogar beleidigende Anrufe. Eine Bekannte der Künstlerin war auch Jahre später noch verärgert darüber, dass ihr nicht im Vorhinein gesagt worden war, was mit ihnen geschehen würde. Was die Zeugen angeht, jene, die den Gewaltakt von der anderen Seite aus beobachteten und wussten, dass auch ihnen das gleiche Schicksal widerfahren wäre, wenn sie pünktlich erschienen wären, so fühlten sie sich durch ihre Freiheit sicherlich für die Geiseln verantwortlich. Dafür spricht auch die Tatsache, dass der Situation durch das individuelle Handeln eines der Zeugen ein Ende bereitet wurde.

Andere Einsperrungen Es lässt sich eine direkte Verbindung zwischen der *Acción del encierro* und zwei im Jahr 1966 stattgefundenen Aktionen herstellen. Die erste dieser beiden wurde im Oktober durchgeführt, als Avantgardekünstler aus Buenos Aires, Rosario und der ausrichtenden Stadt Córdoba die sogenannte *Antibienal*[19] organisierten, eine Gegenveranstaltung zu der vom Automobilhersteller Kaiser gesponserten III. Bienal Americana de Arte. Trotz der improvisierten Struktur traf dort ein Großteil der bildenden Künstler, Musiker und Theatergruppen der experimentellen Szene Argentiniens zusammen, die sich selbst als »die von der Biennale Ignorierten« bezeichneten, da sie sich davon ausgeschlossen fühlten.[20] Pablo Suárez erinnert sich wie folgt an die Initiative: »Die Biennale wurde ausgerichtet, ohne dass auch nur einer von uns eingeladen wurde. Dann erschien María Rosa Roca genau im richtigen Moment in Buenos Aires [...] und erwähnte, dass sie über einen Raum verfüge, den wir für eine Art Parallel-Biennale verwenden könnten, eine Initiative voller gewagter Inhalte. Wir fanden die Idee großartig. In zwei Tagen stellten wir eine Ausstellung zusammen, die ziemlich erfolgreich war, die viele Besucher anlockte und die mit einem großen Wirbel endete [...]. Das Programm der Biennale war so feierlich und formell [...], dass wir wie eine Explosion des Lebens vor einem Mausoleum wirkten.«[21]

Während bei der dritten Biennale abstrakte, neofigurative und kinetische Kunst im Vordergrund stand, fanden im Rahmen der Antibienal Straßenakti-

[18] Graciela Carnevale in einem Interview mit der Autorin, 2012.

[19] Auch bekannt als *Bienal Paralela* oder *Primer Festival de Formas Contemporáneas*.

[20] Unbekannter Autor, »Los paralelos«, in: *Primera Plana*, Nr. 200, 25. Oktober 1966, S. 76.

[21] Pablo Suárez, zit. nach: Guillermo Fantoni, *Tres visiones sobre el arte crítico de los años '60. Conversaciones con Pablo Suárez, Roberto Jacoby y Margarita Paksa*, Escuela Editora, Rosario, 1994, S. 16.

onen, Environments, Happenings und zeitgenössischer Tanz, experimentelles
Theater und Aktionen statt, welche die Grenzen der großen, von María Rosa
Roca schließlich zur Verfügung gestellten Villa sprengten und sich auf die
Straße ausdehnten, wenige Wochen nach dem Putsch durch Onganía am
28. Juni 1966. Ricardo Carreira führte *La acción encadenada* auf: Er spannte
einen langen durchhängenden Strick vom Balkon der Villa bis zum gegen-
überliegenden Bürgersteig.[22] Pablo Suárez nannte das Ganze ein »total
bizarres Werk: [Carreira] fesselte das ganze Haus mit einer Plastikleine wie
einen Hund an einen Laternenpfahl.«[23] Roberto Jacoby und Eduardo Costa
wiederum markierten bestimmte Fragmente des »städtischen Mobiliars«
mit grüner Farbe: eine Sitzbank, einen Laternenpfahl, eine Ampel, einen
Briefkasten, einen Teil des Gehwegs sowie eine Wand im Inneren der alten
Villa, die als Hauptquartier der Antibienal diente.
Am letzten Tag der Antibienal improvisierten
die Künstler zum Abschluss der Veranstaltung
eine gemeinsame Aktion. Die Zuschauer wurden zu einem neuen Happening mit dem Titel
En el mundo hay salida para todos [Auf der
Welt gibt es für jeden einen Platz] geladen (das
Interesse der Medien an Happenings war trotz
der geringen Anzahl an lokalen Produktionen
innerhalb dieses Genres sehr groß). Während
die Besucher geduldig auf den Beginn des Happenings warteten, schlossen ein paar der Künstler die Tür und verbarrikadierten sie mit Holz-
brettern, sodass niemand den Raum betreten
oder verlassen konnte. Sie ließen das Publikum
für einige Zeit eingesperrt zurück und erschienen erst nach einer Weile in Begleitung einer
großen Gruppe Studenten wieder. Diese waren
seit einer Protestaktion am 7. September 1966
und dem der Regierung zugeschriebenen Tod
des Studentenaktivisten Santiago Pampillón
am 12. September in Aufruhr. Die Studenten

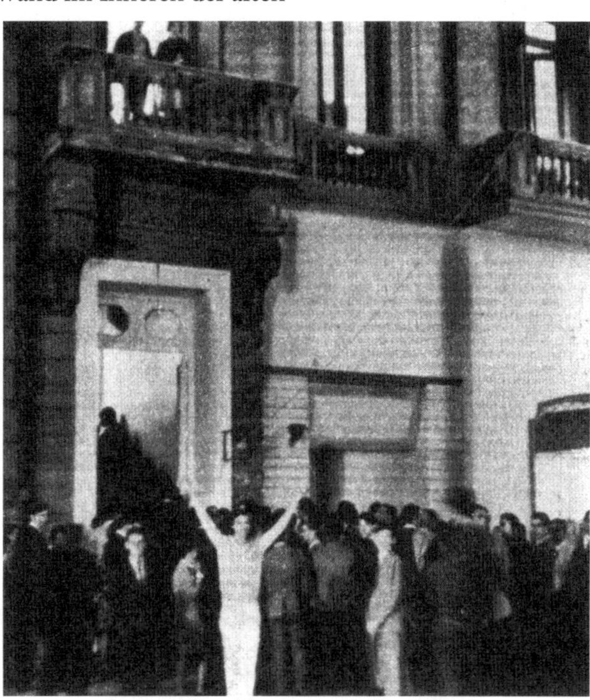

En el mundo hay salida para todos, Abschluss-Aktion der
beteiligten Künstler, *Antibienal*, Córdoba (AR), 1966

und Künstler stürmten den Raum mit dem gefangenen Publikum und skan-
dierten politische Parolen, während einer der Anführer der Studenten von
einem Balkon aus eine glühende Ansprache hielt.[24] Das Happening, das die
Zuschauer unbedingt sehen wollten, wurde zu einer politischen Veranstal-
tung, bei der die Zuschauer zur Teilnahme gezwungen wurden.
Diese Aktion nahm schon einen Teil der Veränderungen vorweg, die 1968
innerhalb der Avantgarde in Argentinien stattfanden: die Entwicklung vom
Werk zur Aktion, von der individuellen zur kollektiven Durchführung, die
Aneignung von Werkzeugen der radikalisierten Politik durch Künstler, der
Einsatz von Gewalt (in diesem Fall gegen das Publikum) als ästhetisches
Mittel und die enge Zusammenarbeit mit sozialen und politischen Bewe-
gungen der Opposition.
Das zweite Ereignis war das Happening mit dem Titel *Para inducir al espíritu
de la imagen* [Das Hervorrufen des Geistes des Bildes], das im November

[22] Vgl. Guillermo Fantoni, *Arte, vanguardia y política en los años '60. Conversaciones
con Juan Pablo Renzi*, El Cielo por Asalto,
Buenos Aires, 1998, S. 54.

[23] Pablo Suárez, zit. nach: Guillermo Fantoni, 1994, op. cit.

[24] Vgl. Guillermo Fantoni, »Horizontes
problemáticos de una vanguardia de los
años sesenta. Un movimiento entre el heroísmo y la crisis«, in: *Anuario*, Segunda
Época, Nr. 13, UNR Editora, Rosario, 1988,
S. 137–148; und ders., »El impacto de lo
nuevo en los primeros sesenta. Conformación y emergencia de un grupo de vanguardia«, in: *Anuario*, Segunda Época, Nr. 14,
UNR Editora, Rosario, 1989/1990, S. 321–
339.

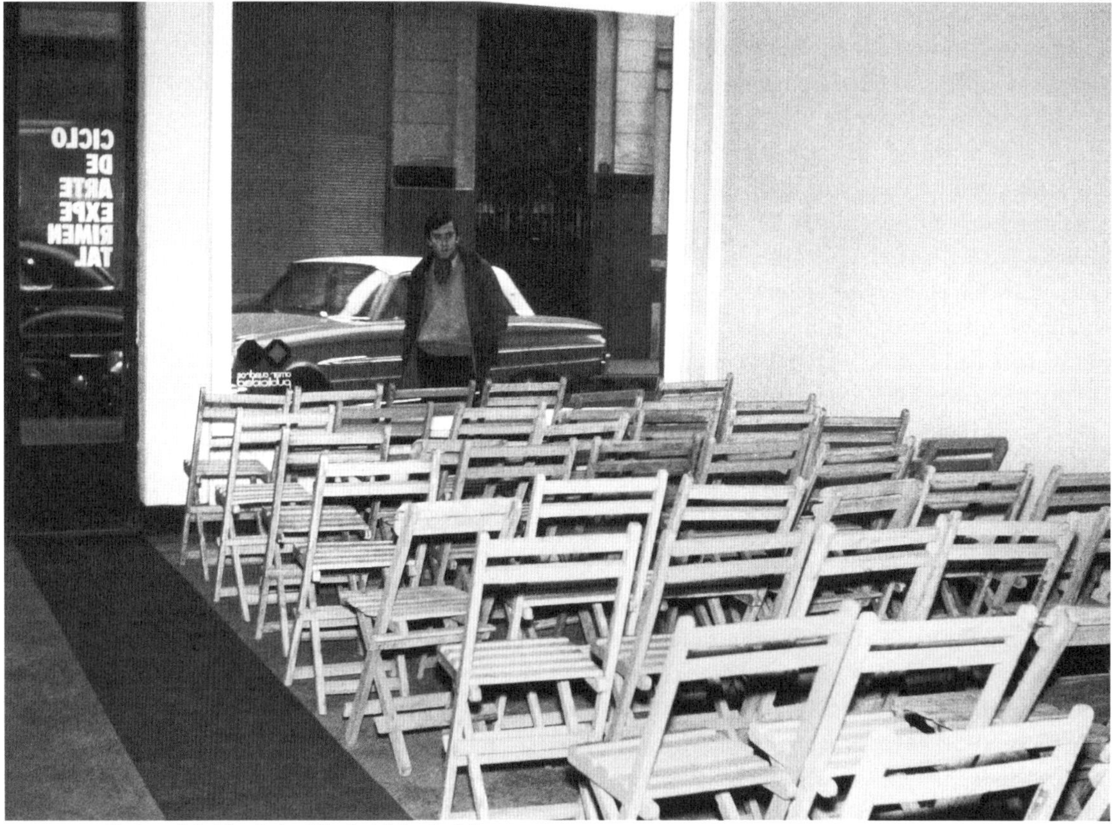

Norberto Julio Púzzolo, *Las Sillas*, Installation im Rahmen des Ciclo de Arte Experimental, Rosario (AR), 1968

[25] Seine Aufsätze über Kunst finden sich gesammelt in Oscar Masotta, *Revolución en el arte*, Edhasa, Buenos Aires, 2004.

[26] Marta Minujin u. a., *Happenings. Oscar Masotta y otros*, Editorial Jorge, Buenos Aires, 1967, S. 166f., 177.

1966 von Oscar Masotta am Instituto Torcuato Di Tella veranstaltet wurde. Der Künstler war eine der Hauptfiguren bei der Ausarbeitung eines theoretischen Diskurses der Avantgarde und förderte Happenings und Medienarbeiten.[25] Er bezog sich bei seiner Aktion auf ein Happening von La Monte Young, das ihn wenige Monate zuvor in New York schwer beeindruckt hatte: »Man wurde plötzlich von einem anhaltenden, ohrenbetäubenden Lärm überfallen«, der die Physiologie des Körpers veränderte und den Hörsinn praktisch völlig außer Gefecht setzte. So entstand »eine brutale Umwandlung der Sinneswahrnehmung«.[26] Bei der Nachstellung dieses Happenings behielt Masotta die Idee bei, den Gehörsinn mittels eines durchgehenden, ohrenbetäubenden elektronischen Tons zu beeinträchtigen. Nachdem er mit dem Rücken zum Publikum einige Worte über die Ursprünge der Aktion gesagt und währenddessen einen Feuerlöscher entleert hatte, überließ Masotta vierzig ärmlich gekleideten älteren Frauen und Männern (den »Alten«) die Bühne, wo sie unter gleißender Beleuchtung »aneinandergedrängt auf einem Podest« standen und sich für einen Statistenlohn anstarren lassen mussten.

Er unterzog die Alten einem bewusst sadistischen Akt: Genau wie die eingesperrten Zuschauer von Carnevale konnten sie nicht einfach gehen, jedoch nicht aufgrund einer physischen Barriere (es gab keine verschlossene Tür), sondern weil sie einen Arbeitsvertrag unterschrieben hatten, laut dem sie sich zwei Stunden lang unter den bereits beschriebenen unangenehmen Licht- und Geräuschbedingungen betrachten lassen mussten. Die Zuschauer des Happenings dagegen konnten den Raum jederzeit verlassen, wenn sie die

Situation physisch oder psychisch nicht mehr ertrugen – genau wie die zu spät gekommenen Zuschauer bei Carnevale, die zu Zeugen wurden, anstatt eingesperrt zu werden.

Die Schließung Es ist auch äußerst aufschlussreich, die *Acción del encierro* als Teil einer Reihe zu sehen, die sich aus den letzten drei Präsentationen des Ciclo de Arte Experimental zusammensetzte und die das tatsächliche wie auch das symbolische Schließen des Ausstellungsraums sowie die Verdrängung von Kunst in andere Räume und andere Formen zum Thema hatte. Von der Grupo de Artistas de Vanguardia in den Sommermonaten der südlichen Hemisphäre geplant und von einer Zweigstelle des Instituto Torcuato Di Tella finanziell unterstützt, begann der Ciclo Ende Mai 1968.

Alle zwei Wochen stellte eines der Mitglieder der Grupo de Artistas de Vanguardia ein Projekt vor. Da keine Einrichtung gewillt war, Räumlichkeiten für Veranstaltungen des Ciclo bereitzustellen, fand die Premiere in einem von einer Werbeagentur zur Verfügung gestellten Saal statt. Später verlegte man das Projekt in ein gemietetes Lokal, die Nummer 22 in der Einkaufsgalerie Melipal, Córdoba 1365. Die Grupo de Arte de Vanguardia de Rosario (die als Kollektiv zwischen 1965 und 1969 existierte) verfügte somit über einen öffentlichen Sitz für ihre Experimente, ein Beweis für ihre hervorragende Selbstverwaltung und Autonomie. Zunächst wurde die Lokalität noch mit Mitteln des Instituto Torcuato Di Tella angemietet, doch schon im Juli wurden die Förderungen zurückgezahlt und die Finanzierung selbst übernommen.

Der Verlauf des Ciclo zeigte die Entwicklung der Gruppe im Zeitraffer: Die ersten Projekte hatten das Aufgeben der anfänglichen Strukturen zum Thema (mit denen einige Künstler noch 1967 experimentiert hatten), anschließend kamen die Environments und Aktionen. Den Höhepunkt bildete dann die Aufgabe des Galerieraums.

Der Ciclo blieb nicht völlig unbeachtet. Die Zeitschrift *Boom* bezeichnete den Einfluss der

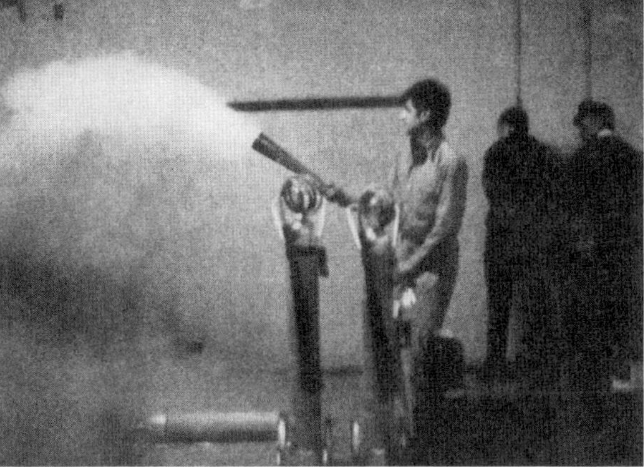

Oscar Masotta, *Para inducir al espíritu de la imagen*, Performance, Instituto Torcuato Di Tella, Buenos Aires, 1966

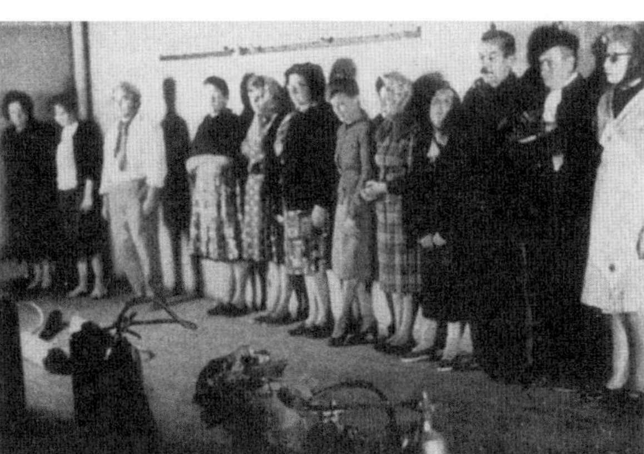

Oscar Masotta, *Para inducir al espíritu de la imagen*, Performance, Instituto Torcuato Di Tella, Buenos Aires, 1966

Projekte folgendermaßen: »Die Mannschaft besteht aus fünfzehn Heckenschützen, aber es gelingt ihr, das gleiche Getöse wie eine ganze Kavallerie zu erzeugen und dabei so effizient wie ein Kürassierregiment vorzugehen. [...] Die Vorstellungen des lethargischen Publikums Rosarios werden auf den Kopf gestellt, das, was es mit den bildenden Künsten verbindet, verwandelt sich in ein Schlachtfeld. Es versteht oft nicht, dass aus Gemälden Aktionen geworden sind: dass der ästhetische Genuss, ein Bild und seine Farben in friedlicher Harmonie zu betrachten, durch die Notwendigkeit

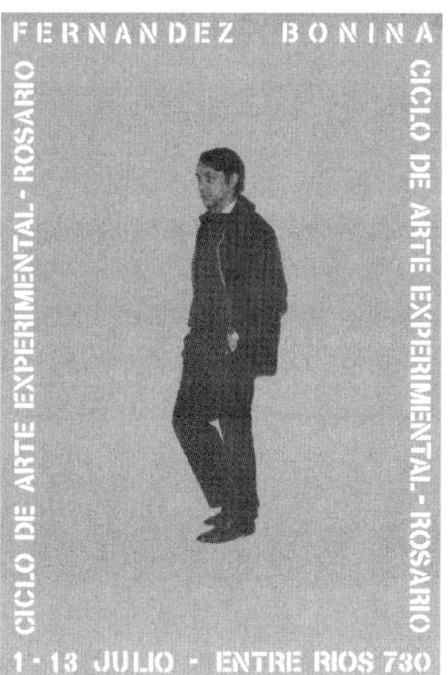

Plakat zum Projekt von Fernández Bonina im Rahmen des Ciclo de Arte Experimental, Rosario (AR), 1968

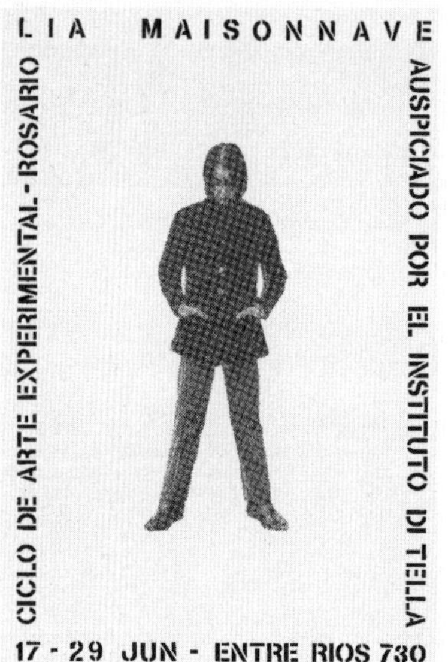

Plakat zum Projekt von Lía Maisonnave im Rahmen des Ciclo de Arte Experimental, Rosario (AR), 1968

der eigenen Teilnahme ersetzt wurde, durch einen Aufruf zur Verantwortung. [...] Es ist die größte Zurschaustellung von Unehrerbietigkeit und Antidogmatismus, die diese Stadt je erlebt hat, es ist außerdem ein Zeichen des kohärenteren Revolutionsprozesses, den die bildenden Künste im Landesinneren erleben.«[27]

Die Aktionen, die im Rahmen des Ciclo stattfanden, hatten alle eins gemein: Durch Veränderungen der Wahrnehmung und den Aufruf zur Teilnahme wurde der Ausstellungsraum selbst hervorgehoben und das Publikum als privilegierte Dimension des künstlerischen Handelns dargestellt.[28] Der Ciclo begann am 27. Mai 1968 mit der Ausstellung des erst 19-jährigen Norberto Julio Púzzolo, der Stühle in Form eines spiegelverkehrten Vorlesungssaales platzierte und sie auf das Äußere der Galerie, also zur Straße hin, ausrichtete. Dazu der Künstler selbst: »Es wurde so eine umkehrbare Situation geschaffen: Die Zuschauer der Ausstellung sahen auf die Straße hinaus, während die Passanten auf dem Gehweg innehielten, um ihre Beobachter zu betrachten.«[29] Die sitzenden Besucher der Eröffnung warteten umsonst auf den Beginn der Veranstaltung – obwohl die stark betonte Glasfront einen nicht zu übersehenden Hinweis bot, wussten sie nicht, dass sie die Schauspieler für die Passanten waren und dass die Passanten gleichzeitig ihrerseits das Schauspiel verkörperten.

Das zweite Projekt stammte von Lía Maisonnave. Die Künstlerin ließ den Saal absolut leer und respektierte so seine grundlegenden Eigenschaften. Sie veränderte nur eine der Oberflächen, nämlich den Boden, auf den sie ein schachähnliches schwarz-weißes Quadrat malte. Sie versuchte, »die Ästhetik und die konventionelle Beziehung zwischen Werk und Zuschauer aufzubrechen, der sich nicht mehr vor und außerhalb des Werks befindet«. Stattdessen war er dazu gezwungen, auf das Werk zu treten. Jeder Besucher erhielt beim Betreten des Saals einen Zettel mit der Überschrift »Indicaciones para que Ud. realice esta cuadrícula en un local o terreno de su exclusiva propiedad« [Anleitung für das Aufmalen dieses Quadrats an einem Ort Ihres Besitzes], auf dem im Stil Julio Cortázars die Schritte zur Herstellung eines ähnlichen Quadrats beschrieben wurden. In der begleitenden Broschüre betonte die Künstlerin, dass sich ihr Werk weder aus dem Quadrat auf dem Boden noch aus der Anleitung zusammensetze. »Worauf es bei dieser Aktion, bei diesem Konzept ankommt, ist, was all das beim Zuschauer auslöst.«[30]

Die nächste Initiative war die von Fernández Bonina, der die Zuschauer ebenfalls in einen komplett leeren Saal lockte, in dem kein einziges Element für Ablenkung sorgte. Es gab nur kleine Tafeln, auf denen das Sprechen und

[27] *Boom*, Nr. 2, 1968, S. 69–72, hier S. 69.

[28] In einem anonymen Beitrag beschrieb die Zeitschrift *Análisis* (Nr. 407, 1. Januar 1969, S. 42) den Ciclo als »einen Versuch nach dem anderen, die Mechanismen der Wahrnehmung und die Beziehung zwischen dem Werk und dem Zuschauer zu transformieren«. Die Zeitschrift *Boom* (Nr. 2, 1968, S. 70) beschrieb ihn als »eine Aufforderung zur Teilnahme, ein Aufruf zur Verantwortung«. Weiter unten im selben Artikel steht dann: »[Der Ciclo] regt Sie dazu an, eine Tatsache wahrzunehmen, anstatt sie zu betrachten. Sie können sich keines dieser Werke in Ihr Wohnzimmer hängen: Sie müssen daran teilnehmen.«

[29] Vgl. »Plástica: la libertad llega a Rosario«, in: *Primera Plana*, 9. Juli 1968, S. 67f.

 94

das Rauchen verboten wurden, sowie die »dritte
Anordnung, dass man keine Gegenstände mit
hineinnehmen darf«.[31] »Das Erlebnis entsteht
durch den Grad der Bereitschaft, mit dem jeder
einzelne die Verbote befolgt«, erklärte der Autor,
der damit erreichen wollte, »dass jede Person sich
darüber bewusst wird«,[32] wie sie sich gegenüber
einschränkenden Anweisungen verhält.

Der Ciclo ging mit aufeinanderfolgenden Werken weiter bis zum letzten Block, bei dem die
anti-formalistischen und anti-institutionellen
Experimente ihren Höhepunkt erreichten. Im
September war Eduardo Favario an der Reihe,
dessen Aktion aus der Schließung der Galerie
bestand. Das zur Premiere erschienene Publikum
sammelte sich vor einem verschlossenen Raum,
der allem Anschein nach völlig verlassen und
dessen Tür (durch den Künstler, ohne Wissen
des Publikums) versiegelt worden war. Auf einem
Plakat wurden die Besucher dazu angewiesen,
sich an einen anderen Ort innerhalb der Stadt
zu begeben. So wurde das Publikum zum Protagonisten einer urbanen Abdrift beziehungsweise
eines Stadtparcours. Zwar kann diese simulierte
Schließung als Anspielung auf die Zensur vieler
kultureller Einrichtungen unter dem Regime von
Onganía verstanden werden, sie kann allerdings
auch so interpretiert werden, dass der Künstler
die Schließung des traditionellen Ausstellungsorts

EXPERIMENTAL

CLAUSURADO

Aktion von Eduardo Favario im Rahmen des Ciclo de
Arte Experimental, Rosario (AR), 1968

für Kunst (der Galerie) forderte, dabei das Publikum auf die Straße zwang
und sein Werk so in einer viel größeren und unberechenbareren Umgebung
verbreitete: der Stadt. Im begleitenden Text zu dieser Aktion wurde dem
Zuschauer eine aktive Rolle zuteil: Ihn erwarteten eine Suchaufgabe sowie
eine gesteigerte Bewusstwerdung.

Das nächste Experiment des Ciclo fand ein paar Tage später statt: eine
Aktion, die wieder mitten auf der Straße ablief und sich an ein rein zufälliges Publikum richtete. Rodolfo Elizalde und Emilio Ghilioni stellten einen
Straßenkampf nach. Die zwei Künstler griffen sich zuerst verbal und dann
physisch an, zerrissen die Plakate des jeweils anderen, liefen vor einer Gruppe
Unterstützer davon und fanden sich schließlich inmitten einer Menschen-
menge wieder, die spontan eingriff und versuchte, die beiden zu trennen.
Sie definierten das Stück als einen »Fakt des Lebens«: »Deswegen haben
wir auf der Straße (einem Ort, der für ein Kunstwerk eher ungewöhnlich
ist) einen Tumult angezettelt, der die Zuschauer überrascht und sie zur Teilnahme zwingt.«[33] Diese wussten (bis zum Ende, als Begleitbroschüren in
die Luft geworfen wurden) nicht, dass es sich um eine künstlerische Aktion
handelte. Die Künstler unterwarfen – genau wie Carnevale – sich selbst
und ihre Körper einem Gewaltakt. Das Publikum war in diesem Fall nicht

[30] Vgl. Lía Maisonnave, Textblatt für den
Ciclo de Arte Experimental, Rosario, Juni
1968, online verfügbar über das Archiv des
ICAA-International Center for the Arts of
the Americas at the Museum of Fine Arts,
Houston: http://icaadois.mfah.org/, zuletzt
abgerufen im Dezember 2012.

[31] Vgl. Guillermo Fantoni, 1988, op. cit.

[32] Ibid.

[33] Vgl. Roberto Elizalde und Emilio Ghilioni,
Textblatt für den Ciclo de Arte Experimen-
tal, Rosario, September 1968, abgedruckt in:
Longoni, Mestman, op. cit, S. 121.

die »vorbereitete« Kerngruppe, welche die Avantgarde-Projekte in Rosario mitverfolgte, sondern bestand aus unfreiwilligen und anonymen Zuschauern, die in das Werk hineingezogen wurden, daran teilnahmen und erst am Ende erfuhren, dass es sich um eine Simulation handelte.

Zwei Wochen später endete der Ciclo mit der Aktion von Graciela Carnevale – ohne dass klar war, dass dies der Abschluss sein würde, da für später schon die Beiträge von Bortolotti und Renzi geplant waren. Es ging dabei weder um die metaphorische Schließung der Galerie, noch um eine Simulation, sondern um die tatsächliche und definitive Schließung des Raums, den die Künstler selbst verwaltet hatten.

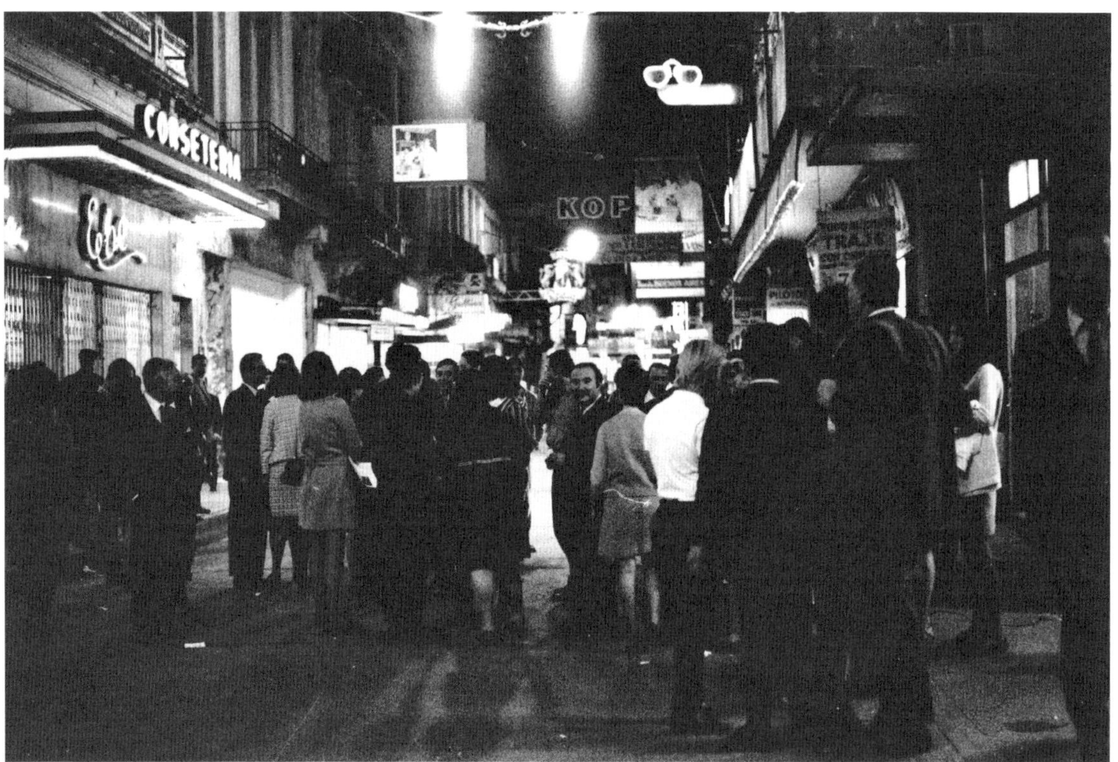

Rudolfo Elizalde und Emilio Chilioni, nachgestellter Straßenkampf im Rahmen des Ciclo de Arte Experimental, Rosario (AR), 1968

»Die ›Kunst‹ hat keinerlei Wichtigkeit, es ist das Leben, das zählt. Es ist die Geschichte dieser kommenden Jahre. Es ist die Schaffung des größten kollektiven Werks in der Geschichte der Menschheit: die Eroberung der Erde, der Freiheit für den Menschen«, hatte Roberto Jacoby ein paar Monate zuvor in seiner »Mensaje en el Di Tella«[34] verkündet. Die Aktion von Carnevale bezieht sich auf ebendieses Konzept. Das Eingesperrtsein wird als eine gewaltgeladene Erfahrung aus dem Leben dargestellt. Dieser Gewalt kann man nur durch einen weiteren Gewaltakt entkommen, der sich gegen den Ausstellungsraum beziehungsweise sogar gegen das Territorium der Kunst richtet, der dessen Wände niederreißt und die Grenzen auflöst.

[34] Roberto Jacoby, zit. nach: Longoni, Mestman, op. cit., S. 85.

Bei dem Transformationsprozess einer Live-Performance in ein Objekt oder Dokument handelt es sich nicht um einen unmittelbaren oder unverzüglichen Übergang. Zwischen Live-Performance und Dokument findet ein Arbeitsprozess statt, eine Übertragungsleistung, ein Akt des Dokumentierens, der immer ein Akt des Auswählens und Rahmens ist. In Bezug auf die Ausstellung *Moments* könnte man etwa fragen: Was liegt zwischen Lynn Hershman Leesons Kunstfigur Roberta Breitmore[1] und der im ZKM | Museum für Neue Kunst ausgestellten Perücke von Roberta, beziehungsweise welcher Prozess hat sich zwischen dem *City Dance*, den Anna Halprin von 1976 bis 1977 in San Francisco entwickelte, und der heutigen Projektion von Fotografien dieser Performance ereignet? Diese Frage wäre in doppelter Hinsicht zu stellen – in Bezug auf das, was durch die Dokumentation und die Medialisierung verloren

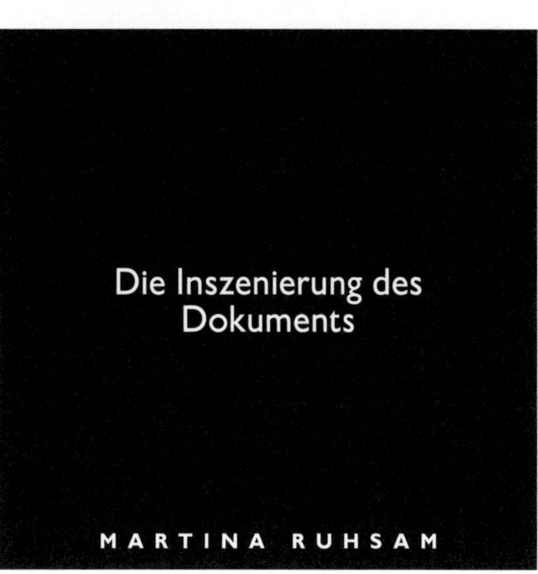

gegangen (oder aus dem Bild gefallen beziehungsweise dem Blick entzogen worden) ist, sowie auf das, was erst durch das (mediale) Dokument sichtbar wird. Der Transformationsprozess einer Performance in ein Dokument kann nicht nur in dieser temporalen Linearität stattfinden, sondern auch in umgekehrter Reihenfolge: Das Dokument, also das Video, das Objekt, die Fotografie oder ein Zeitungsartikel können auch erst zu einer Live-Performance führen.[2] In Prozessen, in denen die Wiederaneignung von historischen Performances im Zentrum steht (und eine solche ist meist nur über die Dokumente derselben möglich) – wie es im künstlerischen Labor in der Ausstellung *Moments* der Fall war –, geschieht auch eine Abwendung von einer temporal-linearen Konzeption von Performance und Dokumentation. Eine solche Konzeption geht von einer vorgängigen Performance und einer nachträglichen Dokumentation aus, sie setzt die Performance notwendig als Ursprung und macht das Dokument ausschließlich im Modus des *Danach* (und nie im Modus des *Davor*) denkbar.

Dass Performancekunst jedoch nicht mit dem authentischen Erleben anfängt und zugleich auch endet, sondern vielmehr entgegen seinen ontologischen Ursprungsmythen als fortlaufender Prozess eines kontingenten Wechselverhältnisses zwischen Ereignis, Medialisierung und Rezeption zu verstehen ist, hat Barbara Clausen bereits im Rahmen der Ausstellung sowie einer parallelen Performancereihe *After the Act – Die (Re)präsentation von Performancekunst* dargelegt, die 2005 im Museum moderner Kunst Stiftung Ludwig in Wien und im Tanzquartier Wien stattfand.[3]

Die Verortung des Dokuments im Museum impliziert Prozesse der Historisierung und Kanonisierung und bestimmt sowohl die Performance wie auch das Dokument, welches diese eingefangen zu haben vorgibt, als Kunstwerk. Als die in der Ausstellung *Moments* dokumentierten Performances in den 1960er- und 1970er-Jahren live stattfanden, war deren Setzung als Kunstwerk nicht immer explizit: Die von Lynn Hershman Leeson geschaffene Figur Roberta Breitmore spazierte etwa durch die Straßen San Franciscos,

---

[1] Roberta Breitmore ist eine von Lynn Hershman Leeson geschaffene Kunstfigur, die von 1974 bis 1978 zuerst von der Künstlerin selbst und dann auch von anderen Künstlerinnen verkörpert wurde. Roberta Breitmore hatte u. a. ein spezifisches Outfit, eine eigene Wohnung, ihre eigene Sozialversicherung, einen Führerschein, einen Psychiater und ihre eigene Handschrift.

[2] Vgl. Philip Auslander, »The Performativity of Performance Documentation«, 2006, online: http://www.lcc.gatech.edu/~auslander/publications/28.3auslander.pdf, abgerufen im Mai 2012.

[3] Siehe Museum moderner Kunst Stiftung Ludwig Wien und Barbara Clausen (Hg.), *After the Act. Die (Re)Präsentation der Performancekunst*, Ausst.-Kat., Museum moderner Kunst Stiftung Ludwig Wien, Verlag für moderne Kunst, Nürnberg, 2006, S. 7.

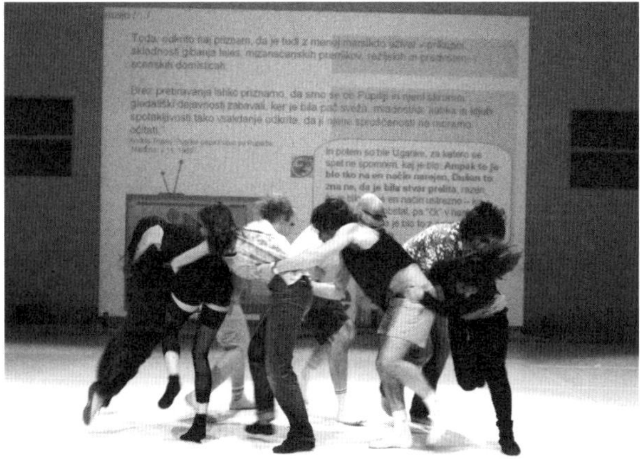

Janez Janša, *Pupilija, Papa Pupilo and the Pupilčeks*, 2005, Performance, Tanzquartier Wien

ohne von den Passanten[4] unbedingt als Kunstfigur erkannt zu werden. Die Ambiguität zwischen erkennbarer Inszenierung und vermuteter Authentizität der real-fiktiven Figur standen im Zentrum des Projekts. Wenn man die Fotografien von Roberta Breitmore im Museum betrachtet, kann man sich den subtil irritierenden Effekt, den diese Figur im öffentlichen Raum ausgelöst haben kann, nur vorstellen. Denn das Erlebnis der Begegnung mit Roberta (inklusive der für die Passanten existierenden Möglichkeit des Übersehens) wird, sobald man vor den Fotografien von Roberta im Museum steht, zu einer Betrachtung eines historischen Kunstwerks, die mit dem rückblickenden Versuch einer Interpretation der Arbeit und deren Effekten einhergeht. Ich erinnere mich an einen Besucher der Ausstellung, der fragte: »Sind die ausgestellten Arbeiten hier Kunstwerke oder Dokumentationen von Kunstwerken?« und damit eine Schlüsselfrage dieses Ausstellungsprojekts berührte: das spannende Thema des »Nachlebens« von Live-Acts als Video-, Bild- oder Textdokumenten und deren Relation zum Ereignis. Im Hinblick auf Performancekunst kommt der Frage der Dokumentation auch deswegen besondere Relevanz zu, da meist kein materielles oder mediales Objekt produziert wird, das nach der Performance unabhängig von dem Performenden präsentiert werden und auf dem Kunstmarkt zirkulieren könnte. Diese Option tut sich allein durch eine Dokumentation des Live-Acts auf, die zudem meist die einzige Möglichkeit darstellt, die Performance einer breiteren Rezeptionsgruppe zugänglich zu machen.

Boris Groys behauptet in diesem Zusammenhang allerdings mit großer Entschlossenheit, dass die Dokumentation von Kunst keine Kunst sei.[5] Da zahlreiche Kunstprojekte aber auf der Dokumentation eines Ereignisses oder Prozesses basieren und die Medien Fotografie, Film und Video de facto eine dokumentarische Komponente implizieren, ist eine derart definitorische Grenzziehung zwischen einem künstlerischen und einem dokumentarischen Terrain mit Schwierigkeiten verbunden – insbesondere in Bezug auf Werke an der Schnittstelle von Performance und bildender Kunst.

Geht man von Groys' These aus, wäre nur das Stattfinden einer Live-Performance Kunst, nicht aber die Fotografien oder Filme, welche diese Performance wiedergeben. Demzufolge wäre ein Live-Act, nachdem er sich zugetragen hat, für immer verloren und könnte bloß aus geschichtlichem Interesse in Form von Dokumenten repräsentiert und rezipiert werden. Zudem wäre die Präsenz des Performers *das* ausschlaggebende und unentbehrliche Charakteristikum jeder Performance. Performances, die ohne Live-Publikum ausschließlich für die Kamera performt wurden und erst als Video Zuschauer bekamen sowie öffentliche Aufmerksamkeit erlangten, wären hingegen keine Kunst. *...Remote...Remote...* (1973) von Valie Export ist ein Beispiel für eine Aktion, die exklusiv für die Kamera stattfand. Die Performance von Valie Export ist im Hinblick auf die unmögliche Abgrenzung künstlerischer und dokumentarischer Arbeiten besonders interessant, weil Export diese Aktion ohne das Beisein von Zuschauern performte. Anwesend war bloß eine Person, die aufnahm, wie Valie Export – vor einem Poster, das zwei Kinder zeigt – sich langsam das Nagelbett ihrer Fingernägel aufschnitt, bis Blut in eine Schüssel mit Milch tropfte. Als (dokumentarisches) Video wurde diese Kunstaktion später in Ausstellungen und Kataloge aufgenommen. Was bedeutet die von Groys vorgenommene Abgrenzung künstlerischer und dokumentarischer Arbeiten für Künstler, die sowohl im Bereich der Performance als auch in der bildenden Kunst operieren? Adrian Pipers *Catalysis*-Serie (1970) und *Untitled Performance for Max's Kansas City* (1970) wurden im öffentlichen Raum inszeniert und fotografisch dokumentiert. Basierend auf dieser Dokumentation erstellte Piper im Nachhinein eine Fotoserie, die in zahlreichen Museen, unter anderem auch in der Ausstellung *Moments*, gezeigt wurde. Marina Abramović performte *Art Must Be Beautiful, Artist Must Be Beautiful* (1975) zwar zunächst vor Publikum, wiederholte die Performance anschließend jedoch exklusiv für die Kamera – zwecks der Erstellung einer Dokumentation auf Video, die seither in zahlreichen Museen gesehen werden konnte. Wo wäre also die Grenze zu ziehen?

Es ist letztlich sekundär, ob man die Dokumente und Objekte in der Ausstellung *Moments* als Kunstwerke betrachten will oder nicht. (Diese Entscheidung obliegt jedem einzelnen Betrachter und wäre zudem für jedes Ausstellungsstück neu zu treffen.) Ich schlage vielmehr vor, von einer Interdependenz von Performance und Dokument auszugehen; davon, dass die Performance die Dokumentation ebenso braucht wie das Dokument die Performance, denn beide sind in ein komplexes Spiel von Präsenz und Absenz, von Vergangenheit und Gegenwart verstrickt, dem durch die Kategorisierung in Kunstwerke und Dokumentationsobjekte nicht weiter nachgegangen wird. Dieser Ansatz ist in Bezug auf das Medium der Fotografie vielleicht von dem amerikanischen Kulturwissenschaftler Gerhard Richter am eindrücklichsten in Worte gefasst worden: »the original needs its substitutes, must no longer be itself, in order to become properly what it is.«[6] Die unbedingte Chrono-Logik, die sich einem ursprünglichen, originalen Ereignis und einem nachträglichen, den Live-Act abbildenden Dokument verschreibt, muss auch deshalb hinterfragt werden, weil in zahlreichen Fällen das Bedürfnis, ein bestimmtes Dokument hervorzubringen,

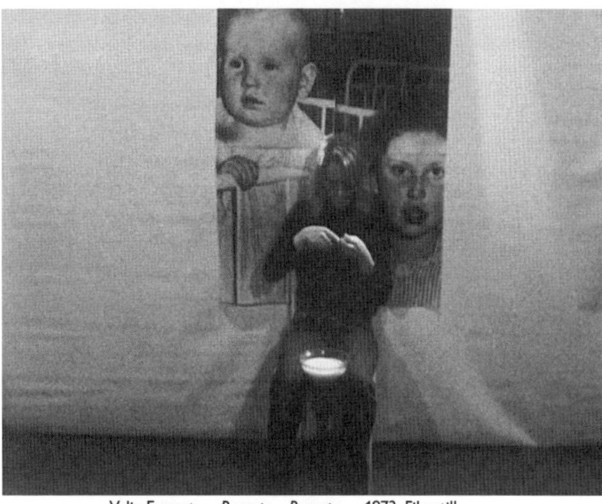

Valie Export, …Remote…Remote…, 1973, Filmstill

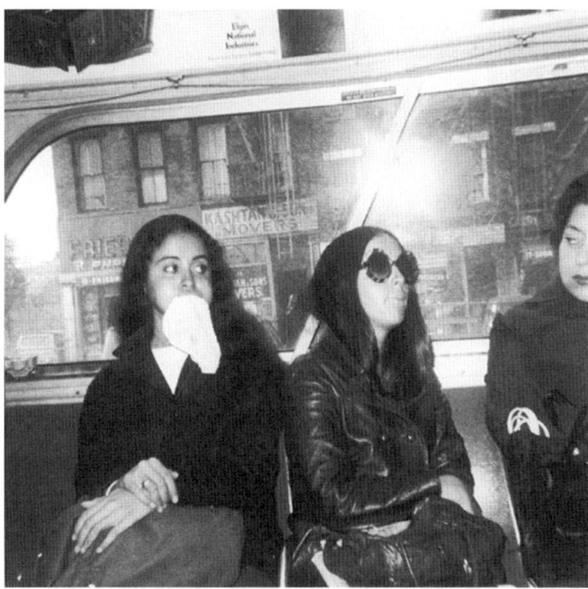

Adrian Piper, *Catalysis IV*, 1970, Performance-Dokumentation, Silbergelantineabzug, 40,6 x 40,6 cm

6 Gerhard Richter, »Between Translation and Invention. The Photograph in Deconstruction«, in: Jacques Derrida, *Copy, Archive, Signature. A Conversation on Photography*, Stanford University Press, Stanford/CA, 2000, S. 11–38, hier S. 26.

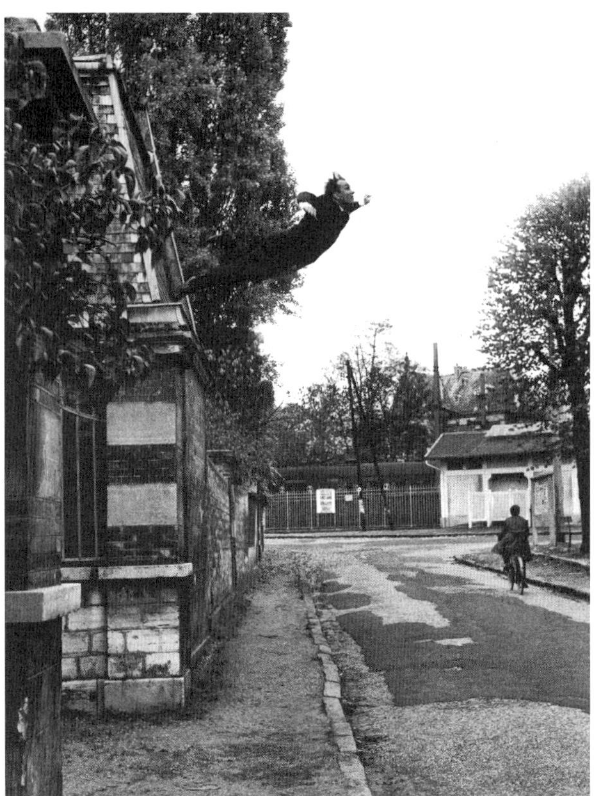
Yves Klein, *Sprung ins Leere*, 1960, Fotomontage

das Ereignis selbst bestimmt oder zumindest beeinflusst. Die Live-Performance darf nicht den privilegierten Ort des Ursprungs für sich in Anspruch nehmen, das Dokument bezieht sich auf dieselbe bloß als seine Herkunft, von der es abweicht. Dass eine Aktion oder eine Performance auch nur zum Zweck einer Kreation eines Bildes oder Films performt werden kann, wurde von Philip Auslander eindrücklich in Bezug auf Yves Kleins *Sprung ins Leere* (1960) beschrieben – eine Aktion, die ausschließlich über ihre Dokumentation bekannt wurde, während das Dokument an sich nicht wiedergibt, was tatsächlich stattgefunden hat.[7] Die Sicherheitsvorkehrungen, die Yves Klein getroffen hatte, um eben nicht ins Leere zu springen (beispielsweise das Sicherheitsnetz, welches ihn auffing) sind im Foto nicht sichtbar: So wurde der Sprung ins Netz auf dem vermeintlichen Dokument zum *Sprung ins Leere*. Insofern weist das Dokument in diesem Fall auf das Imaginäre hin. Mehr denn als Beweisstück für das Ereignis fungiert es als Beleg für die Inkongruenz zwischen Aufgezeichnetem und Aufzeichnung, evident wird nicht das Ereignis, sondern die mediale Manipu-

[7] Vgl. Philip Auslander, op. cit.

lation, der Bruch zwischen Ereignis und Repräsentation, der Fake. *Sprung ins Leere* markiert jenen Moment, in dem man das grafische Potenzial der Fotografie zu begreifen begann und verstand, dass es sich dabei nicht bloß um eine mechanische Form der Reproduktion handelte. Wer sich von da an blind auf die Echtheit einer »Abbildung« verließ, verlor schnell den Boden unter den Füßen.

Jacques Derrida identifizierte das grafische Potenzial des Films treffend als dessen Performativität: »Image taking gives way to image production on the basis of a given material. One then mimics photography or even cinematography, while at the same time bringing the graphic element to a certain completion, to what some might consider a higher dignity, since it becomes productive and ›performative‹ rather than a mode of registering or recording that would be ›constative‹ or ›theorematic‹«.[8]

[8] Jacques Derrida, op. cit., S. 6.

Neun Jahre nach *Sprung ins Leere* wird mit der Einführung der Videotechnik ein neues Kapitel in der Mediengeschichte aufgeschlagen: 1969 ist das Geburtsjahr des Home-Videos, der erste Rekorder mit zugehöriger Videokamera sowie der erste *Video Cassette Recorder* (VCR-System) mit neuer Kassettentechnik werden vorgestellt. Neben der Euphorie, die das Aufkommen dieser Technik begleitete, breitete sich auch ein gewisses Unbehagen über einen Verlust aus, der mit der massenhaften »Wiedergabe« oder Manipulation durch fotografische oder videotechnische Medien in Verbindung steht, und bereits lange vor dem Aufkommen der Videotechnik von Walter Benjamin als Verlust der Aura des Kunstwerks durch seine technische Reproduktion

bezeichnet worden war.[9] Die Anfänge der Performancekunst fallen also mit der Entwicklung
der Aufnahmetechnik Video zusammen. Diesem
Umstand verdanken wir zunächst die Tatsache,
dass es heute möglich ist, eine Ausstellung mit
Videoprojektionen zahlreicher Performances aus
den 1970er-Jahren zu organisieren.

Wenn eine Performance im Hinblick auf die Produktion eines spezifischen Dokuments vollzogen wird, werden die unmittelbaren Zuschauer
ebenso Zeugen der Kreation eines Videos. Die
Präsenz der Kamera, welche die Performance in
der Antizipation eines erwünschten Dokuments
aus einem bestimmten Blickwinkel aufzeichnet,
beeinflusst die Performance beziehungsweise

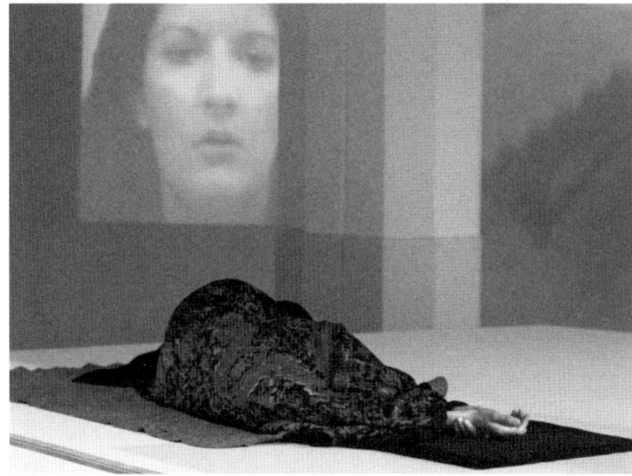

Sleeping-Performance zum Video von Marina Abramovićs
Performance *Art Must Be Beautiful, Artist Must Be Beau-
tiful* (1975), Ausstellungsansicht ZKM | Museum für Neue
Kunst, 2012

deren Rezeption und führt letztlich zur Repräsentation eines Ereignisses,
das von keinem der unmittelbar anwesenden Zuschauer in genau dieser
Form (aus genau dieser Perspektive) gesehen wurde. Deshalb stellt sich bei
Reenactments oder Rekonstruktionen von Performances, die ausschließlich
anhand der Dokumente wiederaufgeführt werden können, laut Katherina
Zakravsky die Frage, »ob die Dokumente zur Performance werden oder die
Performance in der Herstellung des Dokuments besteht – die Verdichtung
einer die eigene Nachgeschichte schon antizipierenden Performance«.[10]

[9] Vgl. Walter Benjamin, *Das Kunstwerk im
Zeitalter seiner technischen Reproduzierbarkeit*, 18. Aufl., Suhrkamp, Frankfurt/M., 1990.

[10] Katherina Zakravsky, »»After the Act‹.
Die (Re)Präsentation der Performancekunst
– Symposium«, 2005, online: http://www.
springerin.at/dyn/heft_text.php?textid=
1743&lang=de, abgerufen im Mai 2012.

Sanja Iveković erwähnte beim Artist Talk in der Ausstellung *Moments*, dass sie die Performance *Inter Nos* (1977)
deswegen mit einer Dauer von sechzig Minuten konzipiert hatte, weil die Performance so auf einer einzigen
Videokassette aufgezeichnet werden konnte.

■ »Essentially, the documentation is no different to the art.«[11]

Das Dokument ist insofern Erinnerung, als sich die Dokumentierenden als
Zeugen bereits ins Dokument eingeschrieben haben. Dessen Sicht wird in
der Spur verewigt und determiniert somit das »Nach-Leben« des Ereignisses
(als Reproduzierbares). Das Verhältnis der ausgestellten Dokumente der Per-
formencekünstlerinnen in der Ausstellung *Moments* zu den dokumentierten
Live-Performances war äußerst divergent. Die Spannbreite der gezeigten
Dokumente reichte von Scores und Fotografien des Live-Ereignisses (Anna
Halprin, Sanja Iveković) bis hin zur für die Kamera (re-)inszenierten Performance, bei deren Stattfinden das für ein späteres Publikum rezipierbare
Videoformat bereits mitgedacht wurde (Marina Abramović). Sie reichte von
Notationen, die in eine Live-Performance übersetzt werden können, über
Bilder, die vor allem im Kontext der bildenden Kunst gezeigt werden und
eigenständige Kunstwerke darstellen (Channa Horwitz), bis hin zu Filmen,
die von Beginn an als Filme geplant waren und nur insofern einen Bezug
zu Performancekunst haben, als sie dokumentarisches Filmmaterial von
Proben zu einer Performance beziehungsweise vom Leben der Performer
enthalten (Yvonne Rainer).[12] Während Reinhild Hoffmann die Videomit-
schnitte zweier ihrer Performances, die in einem Theater aufgeführt wor-

[11] Lynn Hershman Leeson in einem un-
veröffentlichten Teil eines Interviews mit
Adriana Gheorghe und Luzie Meyer im
ZKM | Museum für neue Kunst, Karlsruhe
2012.

[12] Von Yvonne Rainer war außerdem die
Videofassung von *Trio A* (1966) zu sehen.

den waren, ausstellte und speziell für *Moments* ein Bild mit Standbildern aus den Videos anfertigte, wurden von Adrian Piper unter anderem Fotografien einer Aktion gezeigt, bei der es keine Zuschauer außer den zufällig anwesenden Passanten und dem Fotografen gab. Graciela Carnevale arrangierte ihr Archiv bestehend aus Fotografien, Zeitungsartikeln und Postern direkt auf dem Ausstellungsdisplay, während Simone Forti ein Objekt (eine spezielle Kolbenflöte) zusammen mit Arbeitsmaterialien und einem gefilmten Reenactment von *Face Tunes* (1967) ausstellte. Lynn Hershman Leeson zeigte wiederum Fotografien und Kostüme der fiktiv-realen Figur Roberta Breitmore, einen Film sowie *Tillie, The Telerobotic Doll* (1995–1998), die man vom Internet aus steuern kann.

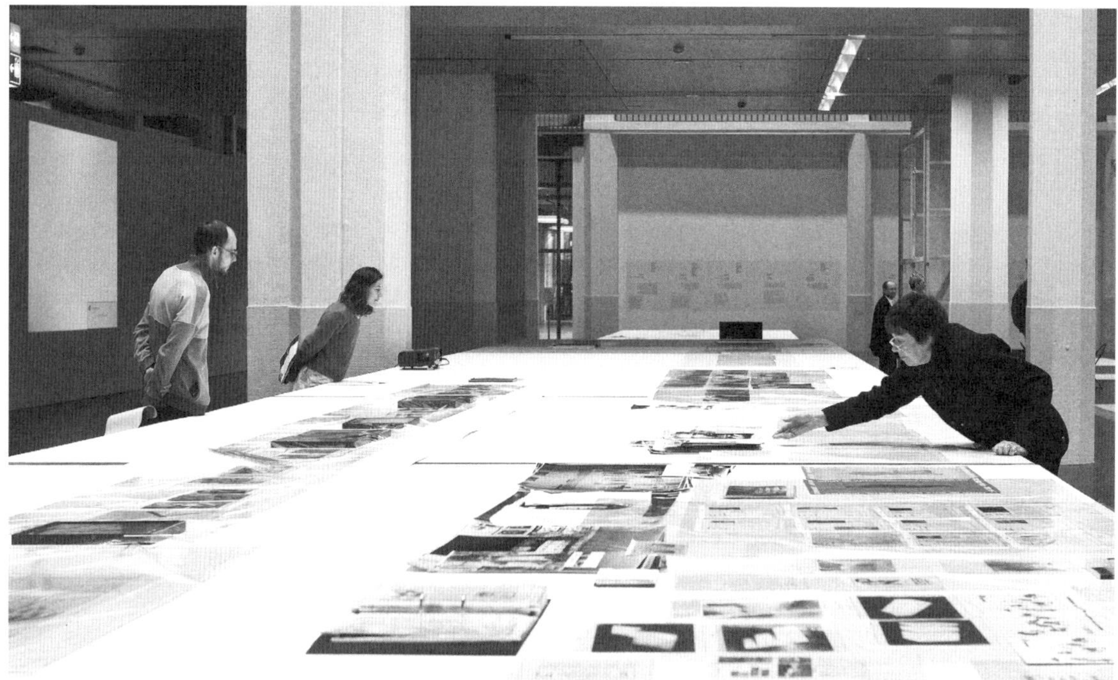

Graciela Carnevale beim Aufbau ihrer Installation mit Archivmaterialien des Künstlerkollektivs Ciclo de Arte Experimental, Ausstellungsansicht ZKM Museum für Neue Kunst, 2012

Nicht nur die Dokumentierenden, sondern auch das Medium, das die Performance aufzeichnet und festhält, verändern ihre Bedeutung. Dies liegt auch darin begründet, dass das jeweilige Medium neue Rezeptionsbedingungen für die Performance schafft und das Ereignis – ohne eine Kopräsenz von Künstlern und Zuschauern herzustellen – wieder zugänglich macht.

Das Dokument wird zur Spur eines stattgefundenen Live-Acts, der sich unserer Rezeption für immer entzogen hat. Es wird zu einer Evidenz eines dadurch unwiderlegbaren Ereignisses, welches seinerseits beginnt, Kontexte zu bevölkern, in denen die Live-Performance vielleicht nie präsentiert worden wäre. Das Dokument geht auf eine Reise, welche die Zerstreuung eines Subjekts beziehungsweise Live-Acts nachzeichnet, und auf der es sich nicht von einem ursprünglichen Akt entfernt, sondern vielmehr eine rhizomatische Erinnerungsspur zieht, die ebenso verführt wie sie irreführt. Denn das Dokument kann auch nur eine Evidenz für ein Ereignis suggerieren, das sich tatsächlich nie zugetragen hat.[13]

[13] Wenn man etwa das Dokument betrachtet, das den Besuch der fiktiven Figur Roberta Breitmore beim Psychiater belegen soll, dann ist einem bewusst, dass dessen Evidenzcharakter nie mehr nachgewiesen werden kann, und da das Dokument in diesem Fall das einzige Beweisstück beziehungsweise die einzige Spur darstellt, die hinterlassen wurde, ist es unklar, ob es sich bei diesem Dokument um eine Dokumentation handelt oder ob das Dokument nicht vielmehr eine Fiktion kreiert.

»Ich mag die Unschärfe, wenn es schwer ist, zwischen den beiden Aspekten [Wirklichkeit und Fiktion] zu unterscheiden. Oft stellen sich fiktive Dinge als realer und echter heraus als das, was sich als Realität ausgibt. Alles hängt von spezifischen Perspektiven ab und von dem, was Individuen über einen bestimmten Gesichtspunkt zu sehen und zu sagen scheinen.«[14]

Als mediatisierte Destillate eines Ereignisses werden Performances wiederholbar und können präsentiert werden, ohne dass die involvierten Künstler anwesend sind. Hierbei ermöglicht in vielen Fällen erst die Inszenierung des Dokuments im Museum einen gewissen Marktwert der Performance. Sie impliziert darüber hinaus eine theatrale Komponente: Das Dokument hat nicht bloß den Status eines Tools, das eine vergangene Realität abbildet, diese dadurch zugänglich macht und deren Erinnerung garantiert. Die Platzierung, die Kontextualisierung und die Präsentationsform des Dokuments stellen Produktionsverfahren von Bedeutungen dar, welche wiederum die Performance (die Vorführung) des Dokuments im Museum determinieren. Das temporär im Museum archivierte Dokumentationsmaterial wird bis zu einem gewissen Punkt zugleich durch die Struktur des Archivs generiert, denn »die Archivierung bringt das Ereignis in gleichem Maße hervor, wie es sie aufzeichnet«, um noch einmal mit den Worten Derridas zu sprechen, der außerdem darauf hinwies, dass es genau das ist, was unsere politische Erfahrung mit den sogenannten Informationsmedien generell kennzeichnet.[15]

[14] Lynn Hershman Leeson in: Adriana Gheorghe und Luzie Meyer, »Die Unschärfe zwischen Wirklichkeit und Fiktion. Ein Interview mit Lynn Hershman Leeson«, 24. März 2012, online: http://moments.zkm.de, über den beweglichen Zeitstrahl zu finden als »Interview mit Lynn Hershman Leeson«), abgerufen im Mai 2012.

[15] Jacques Derrida, *Dem Archiv verschrieben. Eine Freudsche Impression*, Brinkmann und Bose, Berlin, 1997, S. 34.

Marina Abramović performte *Art Must Be Beautiful, Artist Must Be Beautiful* im Jahr 1975 vor einem großen Live-Publikum. Der Kameramann, welcher die Performance dokumentierte, erhielt keine Instruktionen von Marina Abramović. Als die Künstlerin die Videodokumentation unmittelbar nach der Live-Performance im Backstagebereich ansah, war sie über die Aufnahme schockiert: Sie war überbelichtet, es gab zahlreiche unnötige Schwenks und manchmal war der Bildausschnitt völlig unrepräsentativ für die Performance.

Dear Marina,
You reperformed *Art Must Be Beautiful, Artist Must Be Beautiful* for the camera because you were not satisfied with the recording of the first performance. This affirms the productive character of documentation, considering that it not just neutrally registers or captures an event, but implying instead that it produces meaning by observing and filming a performance in a certain way. Are there any differences that you could name between the live performance and the repetition of *Art Must Be Beautiful, Artist Must Be Beautiful* for the purpose of achieving a video document? Was there any audience present when you reperformed for the camera? Is there anything the live audience witnessed or could witness that someone who looks at the video today cannot see? In other words: what would you say fell out of the picture? And reciprocally: what do you think one can witness when watching the video that one could not see as a member of the live audience at the performance in 1975?

Dear Martina,
I asked the man who was recording the performance immediately after the performance to delete all the material that he recorded and told him that I was going to redo the performance for the camera. We set up the camera –

16 Diese E-Mail-Konversation zwischen Marina Abramović und der Autorin fand im Mai 2012 statt.

static – focusing on my head, because this was where all the action took place. Then I asked him to leave the room and to just smoke a cigarette which is exactly what he did. Afterwards I took a look at the recording and it was exactly as I had wanted it. Then I understood how important documentation is and what the public would see afterwards were and how important it was to control that and to give the right instructions to the people doing it.[16]

■ Was die in die Ausstellung *Moments* eingeladenen sogenannten Zeugen grundsätzlich von den damaligen Zuschauern der Live-Performances unterschied, war neben dem Ereignis, das sie bezeugten, vor allem die Dauer ihrer Zeugenschaft. Sie war nicht an die Dauer einer Performance gebunden, sondern an die Dauer einer achtwöchigen Ausstellung. Da sich die Zeugen während ihres Bezeugens im Museum befanden und als Teil des Ausstellungsprojekts galten, wurden sie während ihrer eigenen Beobachtungen zugleich permanent selbst beobachtet. Handelte es sich um eine in Auftrag gegebene Tätigkeit des Bezeugens und Dokumentierens im Hinblick auf eine Vor- und Aufführung des Bezeugens als konstitutiver Aspekt von Performancekunst? Die Frage mehrerer Museumsbesucher, ob sie die Zeugen (meist beim Arbeiten am Computer) fotografieren dürften, wies auf eine Exponiertheit hin, die bei den Zeugen Irritation auslöste und zu Diskussionen darüber führte, ob sie Ausstellungsobjekte seien. Die zehn von den Kuratoren eingeladenen jungen Künstler und Theoretiker performten eine *durational performance* des Bezeugens, wobei vonseiten der Kuratoren die Kreation einer Meta-Dokumentationsebene beobachtet werden konnte: Zeugen dokumentierten die Ausstellung von Dokumentationen historischer Performances, während auch sie wiederum dabei beobachtet und dokumentiert wurden. Sie bezeugten nicht – wie die Zeugen der Live-Performances – eine Aktion, die in den meisten Fällen außerhalb des institutionellen Kontexts gezeigt worden war; sie bezeugten die Dokumentation dieser Ereignisse im Museum sowie die Anwesenheit der Künstlerinnen, ein künstlerisches Labor und einen Filmdreh der Videokünstlerin Ruti Sela.

Die ausgestellten Dokumente legten selbst Zeugnis von den historischen Performances ab. Jedes Video, jede Skizze, jede Fotografie, jeder Zeitungsausschnitt sowie jedes Objekt bezeugten einen Aspekt beziehungsweise eine Perspektive auf die in den 1960er- und 1970er-Jahren stattgefundenen Performances. Und nur mittels dieser Perspektiven war für die Zeugen eine Annäherung an einzelne Momente der Performancegeschichte möglich. Insofern bezeugten die Zeugen zuallererst die Zeugenschaft derjenigen Personen, welche die Arbeiten der Performancekünstlerinnen damals dokumentiert hatten. Gerhard Richter schreibt über die Fotografie in dekonstruktivistischer Betrachtungsweise: »we may think of the photographic image as a technically mediated moment of witnessing, in which the inscription with light cannot be separated from an act of bearing witness, which, by definition, always must be addressed to the logic and unpredictable movements of a reception that is irreducible to the act itself.«[17] Die Dokumente bezeugen, dass diese Performances stattgefunden haben, sie bewahren sie in Erinnerung und haben sie »im selben Atemzug« transformiert wie sie diese festgehalten haben. In Karlsruhe stand eine neue Zeugenschar vor den doku-

17 Gerhard Richter, op. cit., S. 24.

mentierten Live-Acts und bezeugte deren Nach- oder Noch-Leben, deren
Überleben im kulturellen Gedächtnis, deren Kanonisierung und Domesti-
zierung sowie deren Rekontextualisierung durch die temporäre Archivierung
in einem Museum.[18]

Moments war jedoch nicht nur der Ort einer Tradierung, einer Sichtbar-
machung spezifischer historischer Arbeiten von zehn Performancekünstlerinnen und damit ein Resultat einer Geste des *Wieder*holens performativer Ereignisse im Gedächtnis. *Moments* war auch nicht bloß ein Ereignis,
bei dem eine spezifische Vorstellung von Performancegeschichte vermittelt
wurde, die bestimmte Künstler inkludierte und wieder andere exkludierte –
der die Texte, Fotografien, Objekte und Videos beherbergende Raum befand
sich permanent in einem Prozess der Aneignung oder präziser gesagt: multi-
pler Aneignungen. Neben den Museumsbesuchern befanden sich unentwegt
eingeladene Live-Akteure im Ausstellungsraum. Dieser wurde durchgän-
gig zu einem Arbeitsraum der zehn Zeugen und darüber hinaus war er der
Arbeitsort der Kuratoren, die gemeinsam mit den Performance-Pionierinnen
an der Einrichtung ihrer Displays arbeiteten. Des Weiteren forschten zehn
Lab-Artists darin zwei Wochen lang im Rahmen eines künstlerischen Labors
explizit nach Formen der (Re-)Appropriation. Der Ausstellungsraum war
außerdem der Arbeitsplatz der Videokünstlerin Ruti Sela, welche die Vorgänge während des künstlerischen Labors zwei Wochen lang filmte und den
Film dann in der Ausstellung schnitt. Hinzukommend war die Ausstellung
der Arbeitsort der Mitarbeiter der Museumskommunikation, die Führungen und Workshops in der Ausstellung veranstalteten, und das Aufsichts-
personal des Museums hielt sich dort ebenfalls auf. Darüber hinaus wurden
Präsentationen, Gespräche und Artist Talks in der Ausstellung organisiert,
deren Videoaufzeichnungen zum Teil wiederum in die Ausstellung integriert
wurden. Parallel zu den ausgestellten Dokumenten und Videos konnten die
Museumsbesucher so etwas wie das Making-of einer Ausstellungsdokumen-
tation, eine Gruppe von Künstlern beim Arbeiten und die ausstellenden
Künstlerinnen beim Sprechen über ihre Arbeiten miterleben.

Als wolle man die Ausstellung auf die Zukunft hin öffnen oder offen halten;
als versuche man, die Zukunft in die Präsentation historischer Arbeiten einzuschreiben oder sie vielmehr anzuzetteln; als wolle man sie hereinholen in
das temporäre Archiv, das von den in ihm stattfindenden Ereignissen bewegt
und erschüttert wurde ... Ausstellungen stellen heute keine Endresultate von
Prozessen mehr dar, sondern fungieren vielmehr als Orte der Produktion.[19]
In der Ausstellung *Moments* ging es nicht nur um eine Verschiebung des
Fokus von der bloßen Rezeption von Kunst auf die Produktion von Kunst,
sondern es standen vor allem die Aspekte der Forschung und der Zeugenschaft im Vordergrund. Der Forschungsprozess über künstlerische Methoden
der Aneignung von historischen Arbeiten endete mit einer Präsentation im
Ausstellungsraum, die als Affirmation eines Statements von Nicolas Bourriaud gelesen werden konnte: »Instead of prostrating ourselves before works
of the past, we can use them.«[20]

■ Es ging in der Ausstellung *Moments* nicht nur um das, was gesehen wurde
oder gesehen werden konnte, sondern auch um das, was ausgesprochen

[18] Sanja Iveković erklärte während ihres Gespräches mit Georg Schöllhammer in diesem Zusammenhang, dass Reenactments ihrer Performances in den meisten Fällen deshalb wenig Sinn machen würden, weil der Kontext dieser Performances nicht reenactet werden könnte. Das Gespräch fand am 16. März 2012 während der Ausstellung statt. In Auszügen online veröffentlicht: http://www.youtube.com/watch?v=fPq6W AI9u8U&list=PLE753ECC5B5F68777&ind ex=6&feature=plpp_video, abgerufen im November 2012.

[19] Vgl. Nicolas Bourriaud und Caroline Schneider (Hg.), *Postproduction. Culture as Screenplay. How Art Reprograms the World*, Lukas & Sternberg, Berlin, New York, 2005, S. 69.

[20] Ibid., S. 94.

21 Die erfinderische Dimension, die das *Sprechen über* ein Werk impliziert, blitzte in dem Gespräch zwischen Sigrid Gareis und Simone Forti kurz auf, als diese erklärte, dass sie eben Jahreszahlen erfinden würde, wenn sie sich nicht mehr an das Jahr erinnern könne, in dem sie eine Performance präsentiert hatte. Das am 9. März 2012 während der Ausstellung geführte Gespräch ist ebenfalls in Auszügen veröffentlicht. Online: http://www.youtube.com/watch?v=WzhpwjeAFJM&list=PLE753ECC5B5F68777&index=2&feature=plpp_video, abgerufen im November 2012.

22 Maurizio Lazzarato, »Machines to Crystallize Time. Bergson«, in: *Theory, Culture & Society*, Bd. 24, Nr. 6, 2007, S. 96.

wurde. Die Künstlerinnen, deren Arbeiten ausgestellt und die persönlich anwesend waren, konnten ihre Werke durch die Auskünfte, die sie bei den Künstlergesprächen in der Ausstellung gaben, sowie durch die Gespräche mit den Zeugen in ein narratives Geflecht aus Erinnerungen, Kontextualisierungen und vielleicht auch Imaginationen einbetten.[21]

Darüber hinaus war es jedoch ihre physische Präsenz, das Faktum ihrer Anwesenheit und sichtbaren Neugierde, ihrer Experimentier- und Dialogfreudigkeit, die den Blick auf ihre Arbeiten beeinflusste. Durch die Gespräche mit den Performancekünstlerinnen wurden die dokumentierten Performances mit autobiografischen Erzählungen und soziopolitischen Anliegen verstrickt. Geschichte war zwar über die Dokumente nachvollziehbar und zugänglich, wurde aber vor allem durch das Gespräch mit den Autorinnen wieder lebendig. Man hatte den Eindruck, dass das Gedächtnis, die Präsenz und das Sprechen der Künstlerinnen deren Arbeiten reaktivierte – ebenso wie Maurizio Lazzarato es beschrieb: »memory does indeed produce energy, whose nature must be sought in an ›extra-spatial‹ process, since we are dealing with affective energy: potent non-organic energy, as Deleuze defined it.«[22]

Der Ausstellungsraum wurde ein Ort der Begegnung zwischen den ausstellenden Künstlerinnen, den zehn Zeugen, den Lab-Künstlern und den Besuchern. Durch die zum Teil wechselnde Gruppe von im Ausstellungsraum arbeitenden und sich einbringenden Menschen entstand eine Dynamik, die es bald undurchschaubar machte, welche Spuren im Raum von wem stammten und welche Hinterlassenschaft auf welche Person(engruppe) zurückzuführen war. Es gab etwa ein langes Nylonband mit einer metallenen Schnalle – eigentlich zum Fixieren schwerer Materialien gedacht –, das eines Tages plötzlich auf dem weißen Display von Anna Halprin lag. Neben dem Score von *City Dance* hatte irgendjemand dieses Band abgelegt, wo es fortan als rätselhaftes und unerklärliches Ausstellungsstück liegen blieb. Es befand sich auf dem Display für mehr als eine Woche. Niemand wagte es, das Band wegzunehmen, denn niemand wusste, wer es dort hingelegt hatte und ob es sich dabei um eine intendierte Intervention gehandelt hatte oder ob ein Arthandler das Band dort zufällig abgelegt und vergessen hatte. Vielleicht steckte in der Rätselhaftigkeit dieses Bandes und seiner unerklärlichen Herkunft und Platzierung einer der radikalsten Aspekte dieses Ausstellungsprojekts.

Die Geschichte dieses Bandes spiegelt einen weiteren konstitutiven Aspekt von *Moments*: die Unüberschaubarkeit der Prozesse im Raum und die Undurchsichtigkeit ihrer Anliegen. Die Ausstellungsbesucher standen nicht selten aufgrund der chaotischen Vorgänge verwirrt vor den Schrifttafeln, welche die Absichten der einzelnen Phasen erklärten, und suchten dort (eher vergeblich) nach einer Rezeptionshilfe für die (un-)sichtbaren Prozesse, die sich im Ausstellungsraum abspielten. *Moments* war nicht nur eine Ausstellung von dokumentierten Live-Performances, sondern ein soziales Experiment. Zwischen den Ausstellungsstücken entstand ein soziales Netz von arbeitenden und reflektierenden Menschen, die sich mit den Exponaten auseinanderzusetzen und zu ihnen in Bezug zu bringen versuchten. Resultierend aus dieser sich ständig verändernden Situation mit unterschiedlichen Involvierten und Interagierenden arbeiteten alle zuallererst daran, ihre eigene Position in diesem sozialen Gefüge zu finden sowie Position in ihm zu beziehen.

Schwierigkeiten ergaben sich hier vor allem in der Kommunikation zwischen den vielen Involvierten, die größtenteils nur temporär in der Ausstellung anwesend waren, und den Besuchern, für die es bei einem Museumsbesuch schwer nachvollziehbar war, welche Prozesse gerade im Ausstellungsraum stattfanden, in welchen Kontext die in der Ausstellung beobachtbaren Aktionen einzuordnen waren, welche Spuren im Raum auf welche Akteure zurückzuführen waren und welche Begegnungen sich bereits im Vorhinein im Ausstellungsraum zugetragen hatten. Sieht man von dem Anliegen ab, den historischen Werken Sichtbarkeit verschaffen und an ihre politische Schlagkraft sowie Radikalität erinnern zu wollen, stellt sich die Frage nach dem kritischen Potenzial einer Ausstellung, die parallel zu den exponierten Arbeiten einem künstlerischen Labor Raum bietet, einen Film drehen lässt und zehn junge Zeugen dazu einlädt, den Prozess zu dokumentieren und im Ausstellungsraum zu arbeiten. Der museale Raum, welcher dem sich drohenden Vergessen Widerstand leistet und Zugang zu einem Korpus an historischen Arbeiten verschafft, denen er Geltung verleiht, welcher modernste Konservierungsansprüche garantieren und gewährleisten muss, beherbergte zugleich eine große Gruppe von Künstlern, die »vor Publikum« arbeiteten und sich das Ausgestellte live aneignen sollten. Die filmische Dokumentation dieses Prozesses verlieh dem Ganzen eine besondere Dynamik. Die Einzigartigkeit und zugleich die Schwierigkeit dieses Ausstellungsprojekts lagen in der räumlichen Gleichzeitigkeit zweier Formen von Präsenz begründet: der Präsenz von zu konservierenden Ausstellungsstücken und der Präsenz von arbeitenden Menschen, der Präsenz von Objekten sowie der von Künstlern. Die Simultanität der Repräsentation von Werken und der Initiation von Prozessen im selben Raum machte die Radikalität, aber auch das Dilemma des Projekts aus, denn die Intention, das Prozesshafte der Performancekunst in die Museumssituation zu integrieren, führte dazu, dass die Zeitlichkeit des Museums und jene der Live-Performance aufeinanderprallten – und zwar auf mehreren Ebenen: Werden Live-Performances als Videoaufzeichnungen im Museum ausgestellt, sieht kaum ein Museumsbesucher eine Performance zur Gänze, denn ein Ausstellungsbesuch, bei dem zahlreiche Performancevideos (sowie andere Dokumente) gezeigt werden, ist mit einer ganz anderen Aufmerksamkeitsökonomie verknüpft als das Rezipieren einer einstündigen Performance. Diese Art der Betrachtung ist eher mit dem Habitus eines Flaneurs vergleichbar, der hier und dort einen Ausschnitt sieht, um kurz darauf zur nächsten Installation weiterzugehen. Die Zeitlichkeit eines künstlerischen Forschungsprozesses ist eine ganz andere als die einer Videoprojektion oder eines ausgestellten Zeitungsartikels. Die Ausstellung *Moments* befand sich in permanenter Transformation, einer Transformation, die kein Besucher und auch kein in das Projekt Involvierter überblicken konnte. Die performativen Ereignisse in der Ausstellung waren nicht – wie es in einem theatralen Raum meist der Fall ist – eindeutig gerahmt sichtbar, sondern fanden in unvorhersehbaren Momenten an unvorhersehbaren Orten im Raum statt (oder auch nicht). Offenkundig wurde vor allem die wechselseitige Kontamination von Vergangenheit und Gegenwart. Eine Vielzahl von temporalen Vektoren durchkreuzte dieses Projekt sowie das soziale Netzwerk, welches dieses geschaffen hatte. Es erschütterte ebenso das, was nicht mehr war, wie

das, was noch nicht war. Unklar bleibt, inwiefern die künstlerischen Prozesse in der Ausstellung genauso vor sich gingen wie sie vor sich gingen, weil
es eine beinahe omnipräsente Kamera gab und die Involvierten ein ganz
bestimmtes Nachleben dieses Prozesses als Film antizipierten. Unklar bleibt
außerdem, in welchen Kontexten dieser Film noch auftauchen wird und wie
er dann – ohne die Einbettung in diese Ausstellung – rezipiert werden wird.

2

Moments

Phase I: ACT
Bühne und Display
8.–17. März 2012

Marina Abramović
Graciela Carnevale
Simone Forti
Anna Halprin
Lynn Hershman Leeson
Reinhild Hoffmann
Channa Horwitz
Sanja Iveković
Adrian Piper
Yvonne Rainer
mit
Sigrid Gareis
Johannes Porsch
Georg Schöllhammer

Thematisch im Zentrum von *Moments* stehen die »heroische« Periode der Performancegeschichte, die 1960er- bis 1980er-Jahre, und hier explizit die Performances von Frauen. In diesen beiden Jahrzehnten fand durch den engen Dialog performativer Bewegungen im zeitgenössischen Tanz und in der bildenden Kunst eine radikale Neudefinition des Genres statt. Insbesondere Künstlerinnen beider Sparten überschritten bewusst die Genregrenzen und reflektierten dabei in gesellschaftspolitischem Zugriff männliche Blickkonstruktionen sowie die Gestenlogik ihrer Kollegen.

Moments bricht mit den Routinen musealer Institutionen. Zu Ausstellungsbeginn steht das zum Aufbau vorbereitete Ausstellungsdisplay für zehn künstlerische Positionen, die Exponate liegen zur Hängung bereit und museale Werklisten sind für das Publikum einsehbar. Die Künstlerinnen der »heroischen« Performancegeneration der 1960er- bis 1980er-Jahre richten zum Teil selbst vor den Augen des Publikums die Displays ein. Das ZKM | Museum für Neue Kunst gewährt bewusst Einblicke in den Aufbauprozess der Ausstellung. Am Ende dieser Phase sind die zehn Performancedokumentationen vollständig eingerichtet und gehängt.

Boris Charmatz, Sigrid Gareis, Georg Schöllhammer

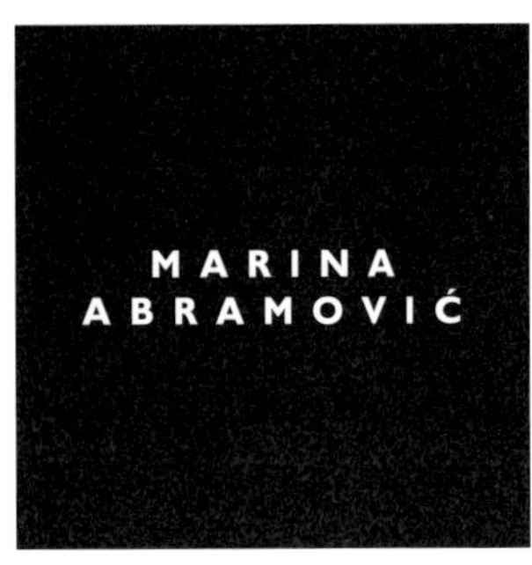

Marina Abramović, 1946 in Belgrad geboren, lebt und arbeitet in New York, Paris und Amsterdam. Sie hat von 1965 bis 1970 Malerei an der Akademie der Bildenden Künste in Belgrad studiert. In ihren ersten Ausstellungen zeigte sie Gemälde, daneben experimentierte sie mit Soundinstallationen und Konzepten für Performances. Von 1973 bis 1975 lehrte sie an der Akademie der Bildenden Künste im serbischen Novi Sad. 1975 lernte sie ihren Lebensgefährten und Performancepartner Ulay kennen und zog im darauf folgenden Jahr zu ihm nach Amsterdam. Ihre Trennung inszenierten beide 1988 als große Performance an der chinesischen Mauer. Marina Abramović war 1990 für ein Jahr Gastprofessorin an der Pariser École national supérieur des Beaux-Arts Paris und an der Hochschule der Künste Berlin. Ab 1992 hatte sie vier Jahre lang eine Professur an der Hochschule für Bildende Künste Hamburg inne. 1997 bekam sie als beste Künstlerin auf der Biennale in Venedig den Goldenen Löwen verliehen. Abramović war von 1997 bis 2004 Professorin für Performance an der Hochschule für Bildende Künste Braunschweig. 2005 zog sie nach New York, wo sie 2007 die Marina Abramović Foundation for Preservation of Performance Art gründete.

»Ich hatte niemals ein Interesse daran zu schockieren. Mein Interesse bestand darin, die physischen und mentalen Grenzen des menschlichen Körpers und Geistes zu erreichen. Diese Grenzen wollte ich gemeinsam mit dem Publikum erfahren. Ich könnte das niemals allein vollbringen. Stets brauche ich ein Publikum als Zuschauer, da dies einen Energie-Dialog erzeugt.«[1]

»I am not a masochist. To me the pain and the blood are merely means of artistic expression. It was ironic when I shouted the art must be beautiful. Neither the art nor reality is necessarily beautiful.«[2]

[1] »Interview with Marina Abramović«, in: Caroline Tisdall (Hg.), *Art Meets Science and Spirituality in a Changing Economy*, Ausst.-Kat., Museum Fodor, Amsterdam, SDU, s'-Gravenhage, 1990, S. 298–317, hier S. 301.

[2] Marina Abramović über ihre Performance *Art Must Be Beautiful, Artist Must Be Beautiful* (1975) im Rahmen des Charlottenborg Arts Festivals, Kopenhagen, in: James Westcott, *When Marina Abramović Dies. A Biography*, The MIT Press, Cambridge/MA, 2010, S. 96.

Seit Beginn ihrer künstlerischen Karriere in den 1970er-Jahren gilt Marina Abramović als eine der Pionierinnen der Performance als visueller Kunst. Sie gehörte zu den ersten Performancekünstlern überhaupt, deren Arbeit von führenden Museen in Europa und den USA anerkannt und mit Ausstellungen gewürdigt wurde. Ein Festival in Edinburgh 1973 bot Marina Abramović die Möglichkeit, eine erste Performance zu zeigen: Für *Rhythm 10* legte sie einen großen Bogen weißes Papier aus, positionierte darauf zwei Kassettenrekorder und zehn Messer. Sie schaltete einen der Rekorder auf Aufnahme, legte ihre linke Hand mit abgespreizten Fingern auf ein Blatt Papier und begann, mit dem ersten Messer in der rechten Hand, nacheinander in die Fingerzwischenräume zu stechen. Das Stakkato der Messerstiche setzte sie so lange fort, bis sie mit der Schneide ihre Hand traf. Die Verletzung fungierte als Signal, das Messer niederzulegen und mit dem zweiten Messer weiterzumachen. Dieses »Spiel« wiederholte Abramović so lange, bis sie alle Messer verwendet hatte, sich also zehnmal verletzt hatte. Dann wurde die Aufnahme gestoppt, das Band zurückgespult und wieder abgespielt. Beim zweiten Durchgang versuchte Abramović nun, exakt die aufgenommene Abfolge, den Rhythmus, aber auch die Verletzungen nachzuvollziehen. Und wieder wurde das Geschehen mit dem zweiten Rekorder aufgenommen. Nicht nur zeigt sich bei *Rhythm 10* schon früh eine Art Reenactment, vor allem findet man die wesentlichen Themen von Marina Abramović bereits angelegt. Sie arbeitet nach einem strengen Konzept die Aufführung durch. Schmerz ist ein fester Bestandteil dieses Programms, dessen Überwindung oder Kontrolle wesentlich für die Durchführung der Performance wird. Stets setzt sie nicht nur sich selbst einer extremen Situation aus, sondern konfrontiert auch die Zuschauer mit deren Rolle: Sie können verharren und Voyeure bleiben oder in das Geschehen eingreifen, sei es um Abramović zu retten oder aber um sie zu stören, wie bei der Performance *Rhythm 0* (1975). Hier stellt sie sich und ein paar ausgewählte Gegenstände (darunter eine Gabel, Zucker, eine Zeitung, eine Pistole mitsamt Kugel) für sechs Stunden zur Verfügung; die Gäste der Performance sind aufgefordert, mit ihr zu machen, was sie wollen.

1975 lernte Abramović in Amsterdam den deutschen Künstler Ulay (Frank Uwe Laysiepen) kennen, sie reisten und arbeiteten fortan zusammen. Die Schmerzgrenzen loteten sie nun gemeinsam durch ausdauernde Performances aus, alltägli-

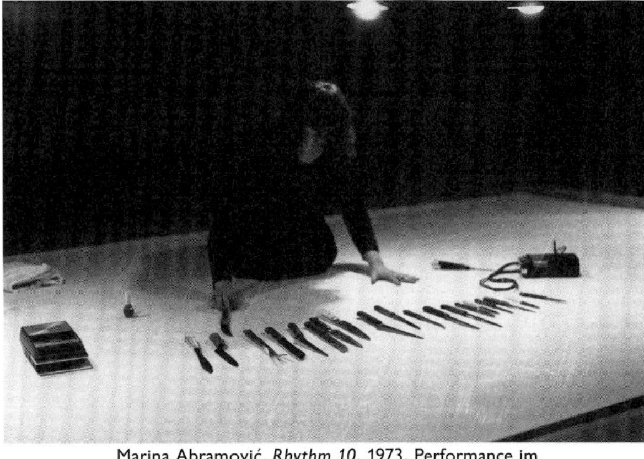

Marina Abramović, *Rhythm 10*, 1973, Performance im Museo d'Arte Contemporanea Villa Borghese, Rom, erstmals performt im Rahmen des Art Festivals 1973 in Edinburgh

che Tätigkeiten wie Liegen, Sitzen, Träumen und Denken sollten in Rituale überführt werden. Für das insgesamt neunzigmal weltweit aufgeführte *Nightsea Crossing* (1981–1987) saßen sich Abramović und Ulay zum Beispiel schweigend an einem Tisch gegenüber und schauten einander in die Augen. Gleich einem lebenden Gemälde, harrten sie so mehrere Stunden am Tag, mehrere Tage in Folge aus. Nach der Trennung von Ulay begann Abramović mit biografisch angelegten Theaterprojekten, die an alte Performances wie *Rhythm 10* anknüpften.

Seit den ausgehenden 1990er-Jahren macht sich Marina Abramović vermehrt grundlegend über das Reenactment inzwischen historischer Performances Gedanken. Anlässlich einer großen Retrospektive im Jahr 2005 bot ihr das Guggenheim Museum in New York die Gelegenheit, mit *Seven Easy Pieces* fünf inzwischen klassisch zu nennende Performances anderer Künstler aufzuführen; zusätzlich wiederholte sie eine frühere eigene Arbeit und ergänzte diese um eine neue. In ihrem aktuellen künstlerischen Schaffen beschäftigt sie sich mit der Frage, ob Performancekunst als Performancekunst behandelt werden kann, ob es möglich ist, die Werke gleich einem Programm von jemand anderem als dem Autor durchzuführen und die Performances von ihren materiellen Bezügen zu lösen sind.

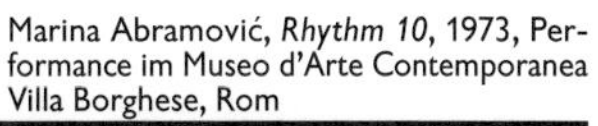

Marina Abramović, *Rhythm 10*, 1973, Performance im Museo d'Arte Contemporanea Villa Borghese, Rom

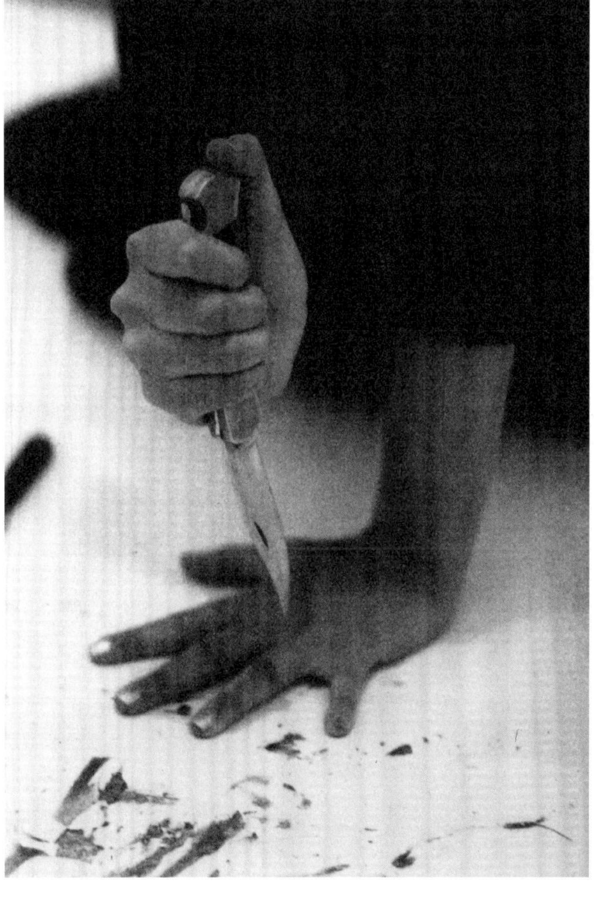

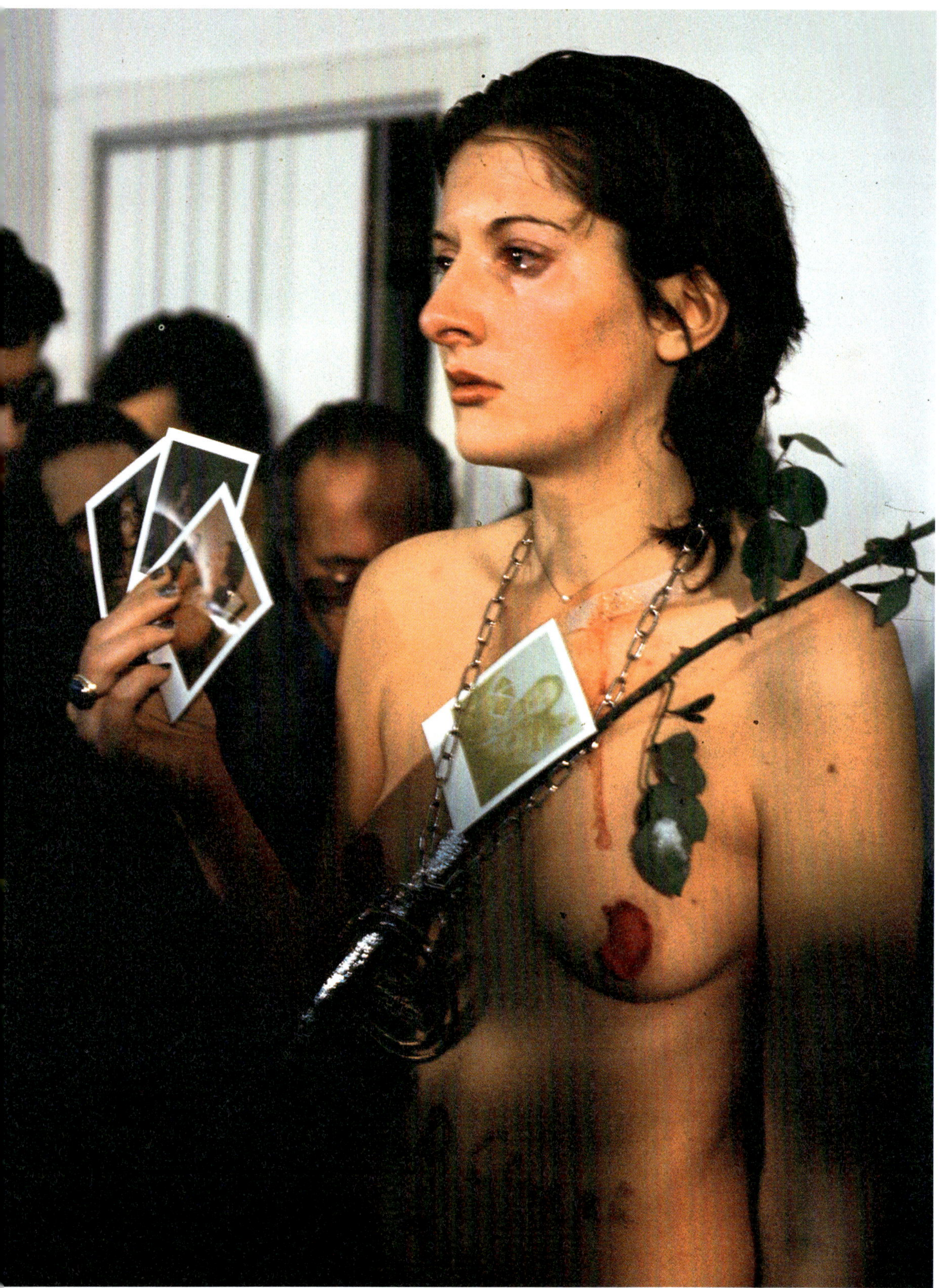

Marina Abramović, *Rhythm 0*, 1974, Performance im Studio Morra, Neapel

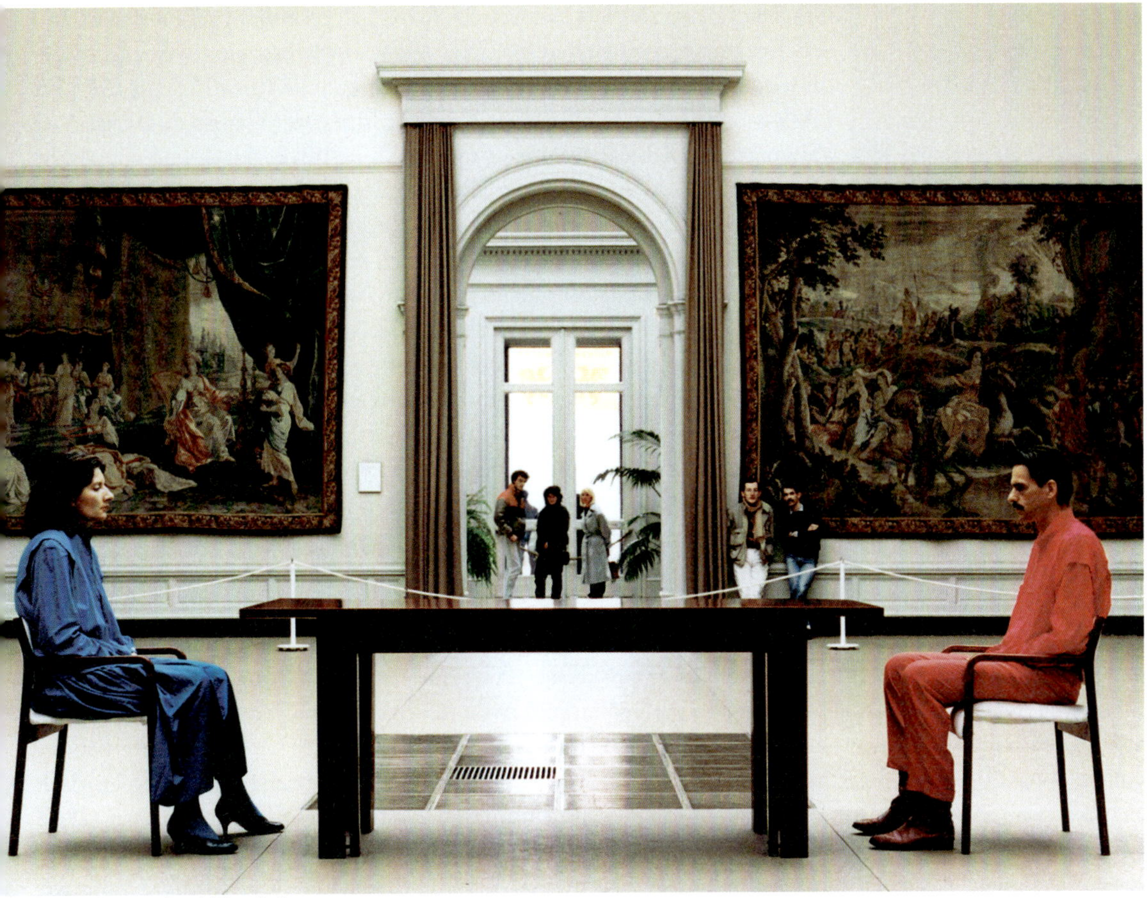

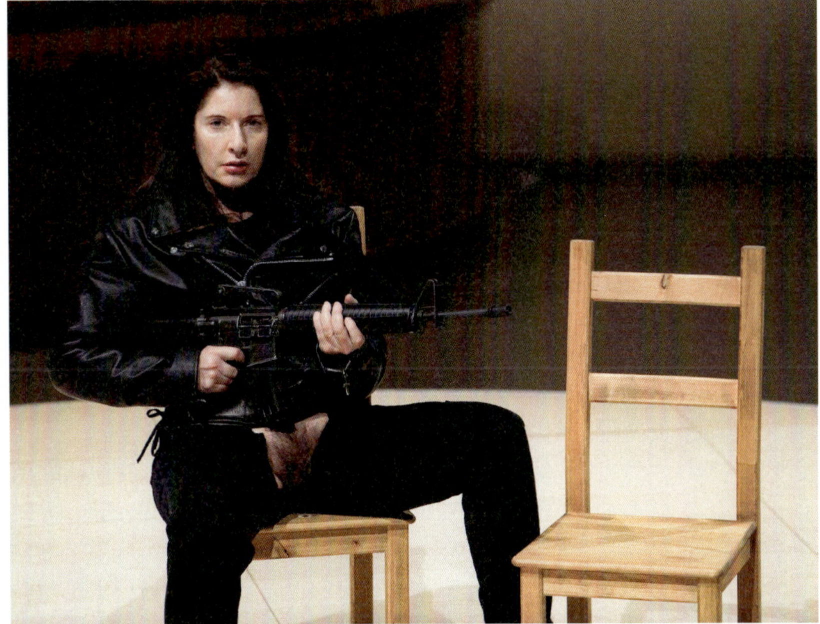

Marina Abramović und Ulay, *Nightsea Crossing*, 1981–1986, Performance, hier im Museum van Hedendaagse Kunst, Gent, 1984

Marina Abramović performt Valie Exports *Action Pants: Genital Panic* im Rahmen ihrer Performance-Reihe *Seven Easy Pieces*, 2005, Guggenheim Museum, New York

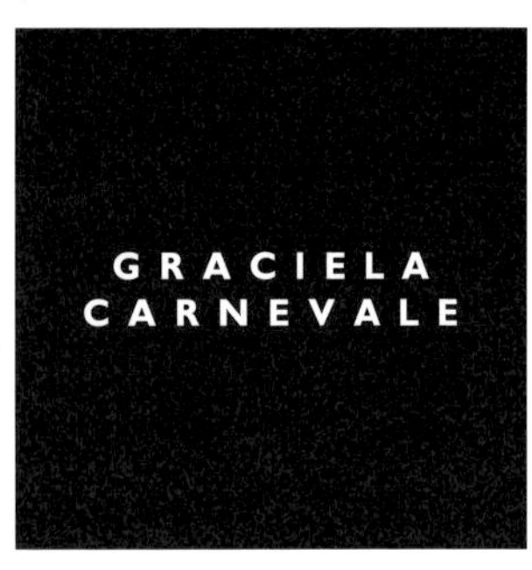

Graciela Carnevale, 1942 in Marcos Juárez, Argentinien, geboren, lebt und arbeitet im argentinischen Rosario. 1964 absolvierte sie ein Studium der bildenden Künste an der Universidad Nacional de Rosario. Von 1965 bis 1969 war sie bei den kritischen Kunstaktionen der Grupo de Artistas de Vanguardia in Rosario involviert und ist bis heute für das dokumentarische und fotografische Archivmaterial des Kollektivs verantwortlich. Gemeinsam mit einer Künstlergruppe war sie 1968 an dem politisch-aktivistischen Projekt Tucumán Arde beteiligt. Wie auch ein Großteil der übrigen Gruppenmitglieder produzierte sie im Anschluss an diese Aktion keine weiteren Kunstwerke, bis sie 1994 wieder begann, mit verschiedenen Kollektiven, unter anderem der Grupo Patrimonio, zusammenzuarbeiten. Sie hat kontinuierlich Kunst gelehrt, ob an der Universidad Nacional de Rosario oder in ihren eigenen Workshops. Seit 2003 koordiniert sie mit Mauro Machado die unabhängige Initiative El Levante in Rosario, die kritisches Denken als Bestandteil einer künstlerischen Praxis fördert und in deren Rahmen Carnevale Seminare und Austauschprogramme organisiert. Graciela Carnevale, die anfangs beeinflusst von Minimal Art und der Bewegung der Primary Structures formal sehr reduziert gearbeitet hat, wandte sich gegen Ende der 1960er-Jahre einer als emanzipatorisch und politisch verstandenen Kunstpraxis zu. 1968 beteiligte sich Carnevale am Ciclo de Arte Experimental, der von der Grupo de Artistas de Vanguardia organisiert wurde und Konzeptkunst mit politischen Ideen vermischte. Der Ciclo wurde durch die Notwendigkeit motiviert, mit den konventionellen künstlerischen Medien und Formaten zu brechen, da diese nicht mehr geeignet erschienen, die Problematik der gesellschaftlichen und sozialen Realität aufzuzeigen. Im Rahmen des Ciclo spielte die Besetzung von Räumen eine zentrale Rolle, wie auch Carnevales Aktion *El encierro* (1968) demonstrierte:

»It was taking stock by a group of artists of their own conditions and proposing to modify them. This consciousness led to questioning the role of the artist in society, form, and content, and to considering a correspondence between art and life that forced a review of artistic practice from an ethical consciousness. Reality did not allow for doubts, and facts demanded clear answers.«[1]

»Our experience of the avant-garde, from its beginnings in sporadic manifestations years ago to the present in which it is an organic movement aware of its cultural weight signifies a break from traditional forms, as it has come to consider them incapable of communicating the complexities and specificities of our reality. But it also implied and implies a responsibility: that of finding the means, without a doubt unheard of until now, to transmit that reality, a quest that became an obsession, transcending the individuality of style and sacrificing the ›continuity‹ of every artist who set out to do this work. But this interest, this concern, must by implication have a method, must create a middle way that could serve as the nexus between so many different ways of seeking the same thing.«[2]

[1] Graciela Carnevale, »La comunidad inconfesable«, in: *Vasto Mundo*, Nr. 17, 1999, S. 12.

[2] Kollektives Statement über den Ciclo de Arte Experimental, Rosario, 1968.

Das Publikum ihrer angekündigten Aktion wurde, ohne vorher davon in Kenntnis gesetzt worden zu sein, für mehr als eine Stunde im Ausstellungsraum eingeschlossen. Eine Glasfront gab von außen den Blick auf die im neutralen White Cube des Galerieraumes Eingeschlossenen frei. Carnevale nahm sozusagen Gefangene; sie wollte eine befreiende, gewalttätige Reaktion provozieren, die dem Publikum einerseits die von ihr ausgeführte, andererseits aber vor allem die repressive Gewalt der Regierung bewusst machte. Die Aktion wurde durch einen polizeilichen Eingriff abgebrochen und dem Ciclo de Arte Experimental so ein Ende gesetzt.

Für das kollektive Projekt Tucumán Arde wurden Fotos, Flugblätter, Interviews, Statistiken und Filme gesammelt, um in einer Ausstellung das Elend der im Nordwesten Argentiniens gelegenen Provinz Tucumán aufzudecken und zu präsentieren. Die Arbeit des künstlerischen Kollektivs veranschau-

lichte die zentrale Bedeutung der Wechselbeziehung von Kunst, sozialen
Fragen und politischen Zuständen, ohne dabei in einer wirkungslosen Ästhetik stecken zu bleiben. Kunst sollte nicht länger innerhalb ihres eigenen institutionellen Systems agieren, sondern die Gesellschaft herausfordern und
langfristige politische wie auch kulturelle Umbrüche herbeiführen. Das
Kunstwerk selbst wurde hierbei – ähnlich den Bestrebungen in den USA –
entmaterialisiert: Sein Inhalt, seine Botschaft sollten ohne materielle Einschränkungen vermittelt werden.

Die Arbeit Graciela Carnevales steht einerseits für ein radikales Konzept der
Konstruktion von Publikum und Zeugenschaft. Andererseits unternimmt
Carnevale durch ihre langjährige Betreuung künstlerischer Archive, auch
in politisch instabilen Zeiten, eine radikale Befragung der Möglichkeiten,
Aktionen und politische Kunst im Museumskontext zu präsentieren und an
die Gegenwart anzuschließen.

Aktion im Rahmen von Tucumán Arde,
1968, Rosario (AR)

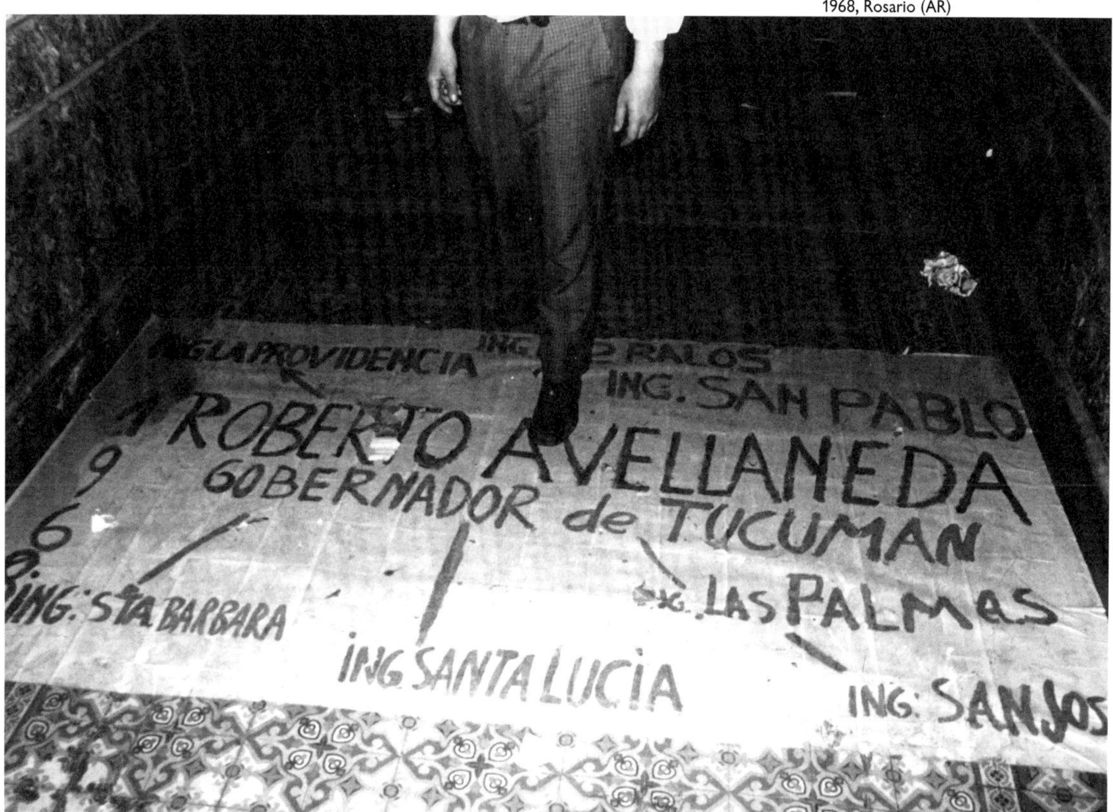

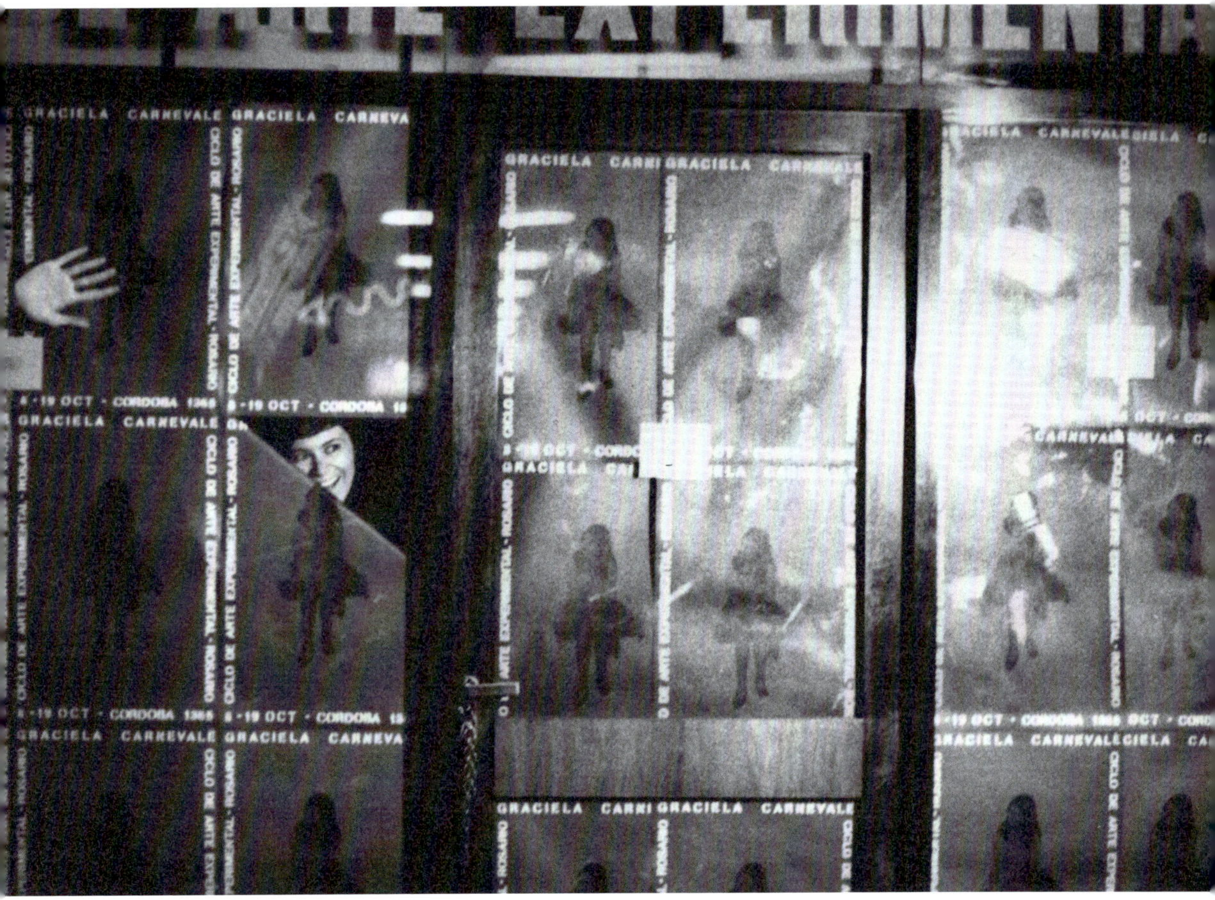

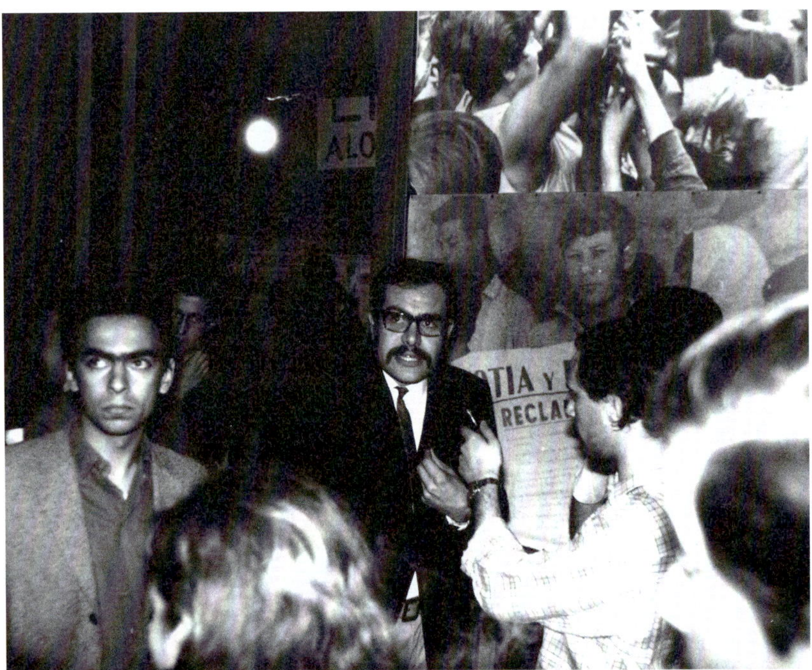

Aktion im Rahmen von Tucumán Arde,
1968, Rosario (AR)

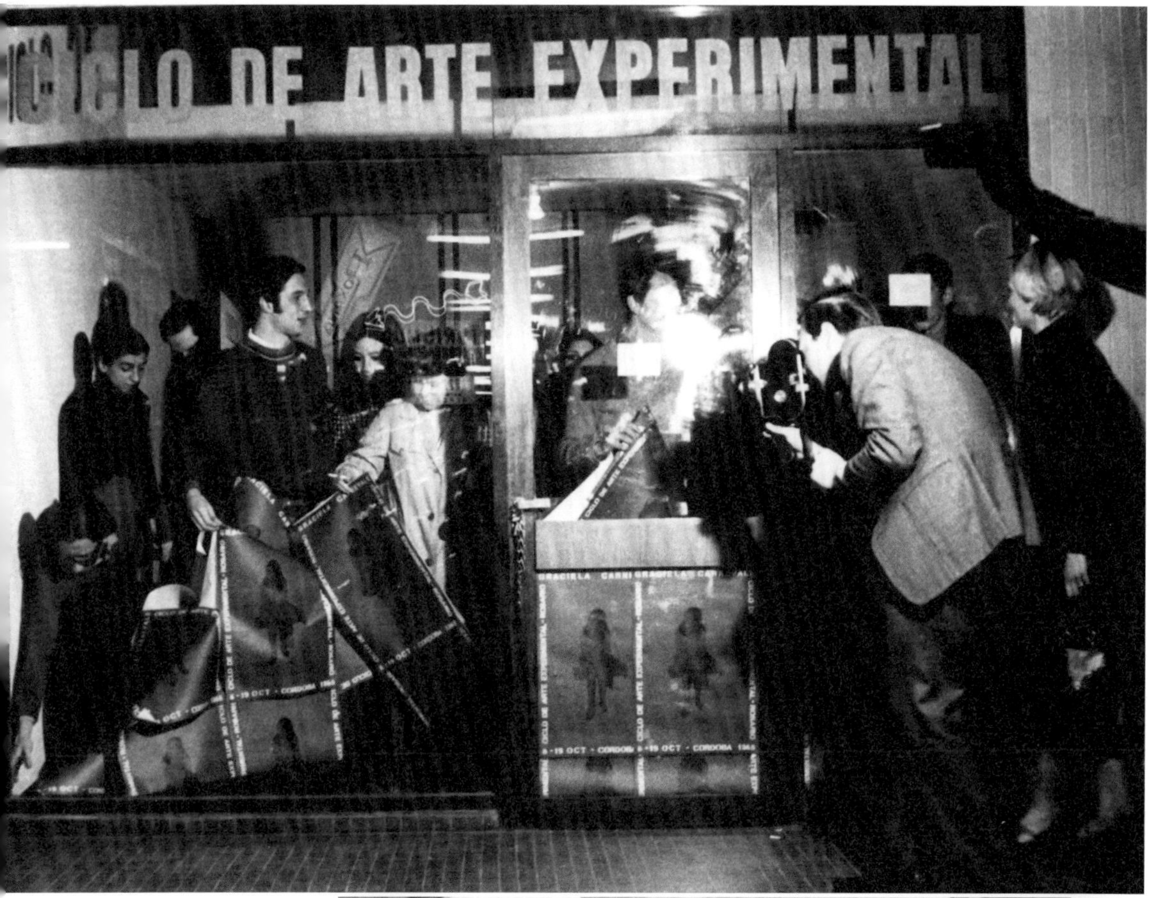

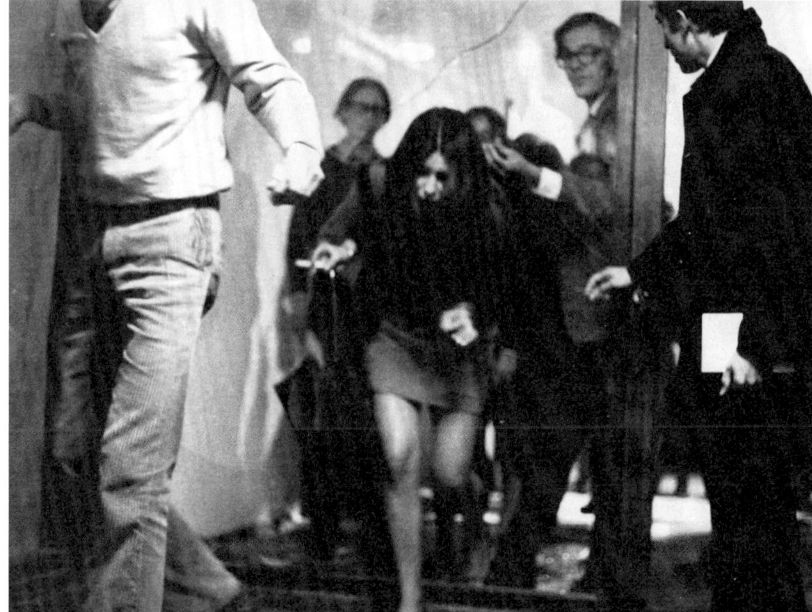

Graciela Carnevale, *El encierro*, 1968, Ciclo de Arte Experimental, Rosario (AR)

Georg Schöllhammer (G. S.) Es gibt verschiedene Gründe, weshalb wir Graciela Carnevale eingeladen haben. Graciela, wie hast Du auf unsere Einladung reagiert?

Graciela Carnevale (G. C.) Zuerst war ich überrascht. Dennoch habe ich sofort zugesagt, weil das Projekt für mich sehr interessant, sehr riskant und sehr komplex klang. Es handelte sich gewissermaßen um ein Experiment, generelle Fragen zur Performancekunst in Aktion umzusetzen, zu fragen, auf welche Weise sie etwas vorstellen oder verkörpern können. Das sind einige der Fragen, mit denen auch ich mich beschäftige, auf die ich aber keine Antwort gefunden habe. Sie müssen immer wieder neu formuliert werden, da jede Situation ganz anders ist und nach neuen Überlegungen verlangt.

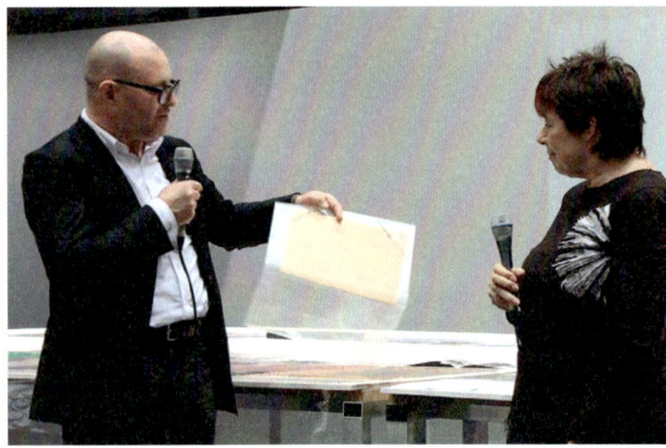

G. S. Du hast Mitte der 1960er-Jahre in Argentinien begonnen, künstlerisch zu arbeiten. Kannst du deine damalige Situation beschreiben?

G. C. Ich habe die Kunsthochschule der Universität von Rosario besucht. Damals arbeitete ich formalistisch. Nach dem Studium wurde uns klar, dass wir über Kunst oder die künstlerische Praxis gar nichts wussten. Ich erkannte zu Beginn meiner künstlerischen Arbeit, dass wir das, was man uns beigebracht hatte, nicht weitermachen konnten, denn es war in unserem Lebensumfeld ohne jede Bedeutung. Wie immer wirft das Umfeld in deiner Arbeit – und auch in dir selbst – Fragen auf. Wir begannen, uns

mit anderen Künstlergruppen und anderen jungen Leuten auszutauschen, und fanden heraus, dass wir alle dieselben Fragen hatten. Dann fingen wir an, so viel wie nur möglich zu lesen, zu diskutieren und zu debattieren, und versuchten, uns mehr Wissen anzueignen – zu einer Zeit, in der es sehr schwierig war, an Bilder oder Texte zu kommen.

G. S. War es aufgrund der Zensur so schwierig oder weil sie nicht erhältlich waren? Und andererseits hast du ja herausgefunden, dass es in dieser Zeit einen lebhaften interregionalen oder sogar interkontinentalen Austausch gab. Buenos Aires war so etwas wie eine Übersetzungsmaschine für eine ganze Anzahl von Diskursen.

G. C. Das stimmt, doch muss man anmerken, dass wir nicht dieselben Möglichkeiten hatten, an Informationen zu gelangen wie heute. Informationen brauchten eine sehr lange Zeit, bis sie bei uns ankamen, ganz anders als heute. 1967 versuchten wir als Gruppe, unterschiedliche Sprachen und unterschiedliche Techniken zu erkunden, und dachten über die Notwendigkeit nach, mit Sprache und Materialien zu experimentieren.

G. S. In den 1960er-Jahren gab es plötzlich eine große Zahl von experimentell arbeitenden Künstlern, nicht nur in Argentinien, sondern überall auf der Welt. Sie experimentieren mit verschiedenen Wegen, das Normative der Institutionen und der Kunstwelt loszuwerden; und du hast Ausstellungen organisiert und das politische Moment betont. In diesem Umfeld hast du dich entschlossen, keine abstrakten oder minimalistischen Skulpturen mehr zu schaffen, sondern Werke, bei denen es sich zugleich um radikale politische Statements handelte. Eines davon war die Performance *Acción del encierro*, die wir in dieser Ausstellung zeigen und die ein politisches Moment in die Künstlergemeinschaft von Rosario erzeugte. Kannst du uns Näheres über diese Performance und ihren Kontext erzählen?

G. C. Wir lebten in Rosario und hatten keine Chance, unsere Arbeiten in Kunstinstitutionen zu zeigen, in Galerien oder Museen, weil sie uns ablehnten. Auch umfasste das Publikum dieser Museen und Galerien eine nur begrenzte Zahl von Menschen. Wir aber

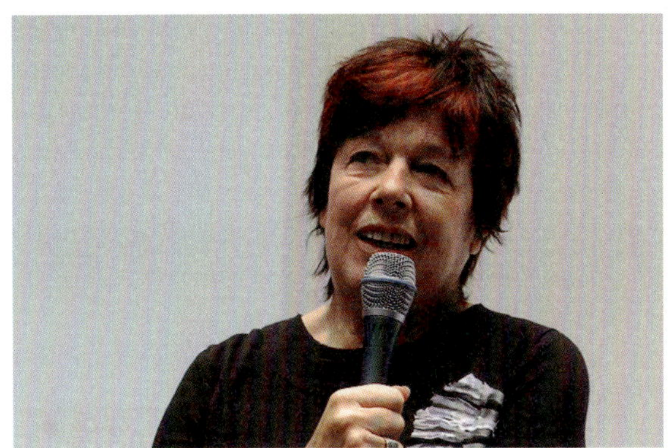

wollten die Menschen auf der Straße ansprechen und nicht ein spezielles oder elitäres Publikum. Unserer Ansicht nach war der Künstler ein Intellektueller und Kunst hatte nichts mit Technik oder Können zu tun, sondern mit geistiger Aktivität. Nicht nur die Kritiker, sondern wir selbst als Künstler wollten über unsere Arbeiten sprechen. Wir entschlossen uns, unsere eigenen Ausstellungen und unsere eigene Werbung zu machen. Auch war uns bewusst, dass wir unsere Arbeiten dokumentieren oder fotografieren mussten, denn das würde niemand anderes tun. Für die Künstler in unserer Gruppe hatte Kunst damals nichts mit Darstellung zu tun, sondern mit Aktionen. Unsere Aktionen sollten auch in das wirkliche Leben eingreifen und es nicht nur darstellen. Wir waren der Ansicht (die ich noch immer teile), dass Kunst mit dem Leben zu tun hat und dass dieses Leben nicht in Museen stattfindet, sondern auf der Straße. Die Menschen diskutierten, ob es in der Gesellschaft eine pazifistische Revolution geben sollte oder einen Kampf oder irgendeine Art von Konfrontation. Uns war beigebracht worden, nicht zu reagieren, sondern uns passiv zu verhalten. Aber wir Künstler meinten, dass Kunst die Gesellschaft verwandeln könnte und in sie eingreifen sollte. Wir versuchten, Wege zu finden, nicht nur Künstler zu sein, sondern eine interdisziplinäre Gruppe. Zum Beispiel entschlossen wir uns, mit Arbeitern zu kooperieren, die Mitglieder der nationalen Gewerkschaft waren, denn wir glaubten, dass sie Akteure der Revolution sein würden.

G.S. Aus heutiger Sicht wart ihr sehr modern – eine Künstlerbewegung, deren Aktionen sich mit denen einer politischen Bewegung überschnitten. Ihr habt euch um Öffentlichkeitsarbeit gekümmert und Kampagnen entwickelt. Ich finde das sehr modern, weil es die unterschiedlichen Seiten der Öffentlichkeit insofern ansprach, als Auswirkungen auf die Stadt und ihre Institutionen zu verzeichnen waren, auf die Politik und ihre Formierungen. Ihr habt einen Weg aufgezeigt, solche Praktiken als Möglichkeitsmodell beizubehalten.

G.C. Ja, und ich habe dann auch all diese Dinge aufbewahrt, weil sie für mich wichtig waren. Nicht um ein Archiv einzurichten, sondern für später, als Wissenschaftler kamen und anfingen, nach diesen Dokumenten zu suchen. Ansonsten gab es keine, denn sie waren alle vernichtet worden.

G.S. Haben die Behörden Beweisstücke vernichtet?

G.C. Nein, jeder wollte sie loswerden, da ihr Besitz vielleicht gefährlich gewesen wäre. Für mich war das aber unmöglich. Das hatte mit meinem Leben zu tun, denn durch diese Aktionen hatte ich mich selbst verwandelt. Einige Wissenschaftler sagen, dass das, was geschah, in der Kunst passierte und nichts mit dem wirklichen Leben zu tun hatte. Doch ich denke, wie können sie das leugnen, wenn es mich tatsächlich verändert hat? Kunst hat mit dem Leben zu tun, mit der Gesellschaft. Für mich bedeutet diese Zeit heute die Möglichkeit, zu glauben, dass man einem Herrschaftsdenken, einer hegemonialen Gesellschaft entkommen kann. Es handelte sich um eine Möglichkeit, nicht um ein Modell – denn sie war für einen bestimmten historischen Moment entwickelt worden. Auch heute müssen wir unseren Weg finden, neue Methoden, neue Sprachen, neue Voraussetzungen, neue Ereignisse zu entwickeln. Aus diesem Grund ist für mich der Moment besonders wichtig.

Link zum Video dieses Künstlergesprächs:
http://moments.zkm.de/Carnevale

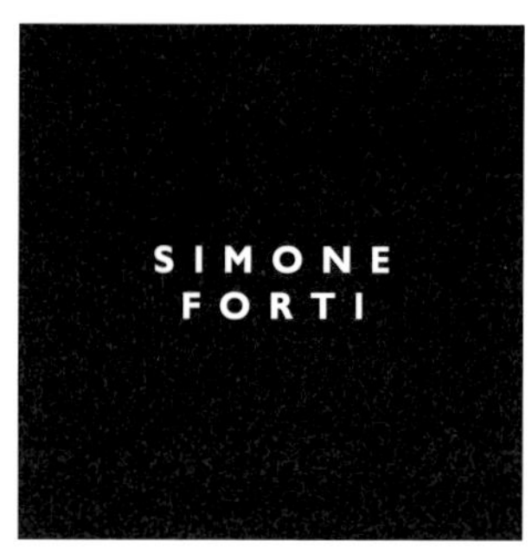

Die in Los Angeles lebende Künstlerin, Tänzerin, Choreografin und Autorin Simone Forti wurde 1935 in Florenz geboren und emigrierte 1938 mit ihren jüdischen Eltern in die USA. Nach ihrem Studium der Malerei am Reed College in Oregon besuchte sie ab 1956 die Klasse der Tänzerin Anna Halprin in San Francisco und begann sich mit Improvisation und natürlichen Körperbewegungen zu beschäftigen. 1959 zog Forti mit Robert Morris, ihrem damaligen Mann, nach New York, wo sie zusammen mit Yvonne Rainer, Steve Paxton, Trisha Brown und anderen zu einer der führenden Protagonistinnen des amerikanischen Postmodern Dance der 1960er- und 1970er-Jahre wurde.

1960 kam Forti mit dem Werk von John Cage in Berührung, dessen musikalische *Scores* von Robert Dunn, der im Studio des Choreografen Merce Cunningham Komposition unterrichtete, auf den Tanz übertragen wurden. Durch das Studium von Cages Kompositionen ermuntert, eigene, auf Zufall und Improvisation aufgebaute Arbeiten zu entwickeln, gründeten Dunns Studenten Anfang der 1960er-Jahre das Judson Dance Theater, das als eine der Geburtsstätten des zeitgenössischen Tanzes gilt. In diesem Umfeld brachte Simone Forti 1960 und 1961 erste eigene choreografische Werke zur Aufführung. Ein Hauptmerkmal ihrer minimalistischen Tanzperformances lag im Einbezug von sogenannten *pedestrian movements*, von natürlichen, dem Alltag entnommenen Bewegungen, die nicht notwendigerweise von professionellen Tänzern ausgeführt werden mussten. Als »Tanz-Konstruktionen« bezeichnet Simone Forti diese frühen Werke, die in Galerien und auf Einladung La Monte Youngs in Yoko Onos Chambers Street Loft in Soho aufgeführt wurden.

In *Huddle* (1961), einem ihrer zentralen Frühwerke, bilden sechs oder sieben Performer ein Menschenknäuel. Nach und nach lösen sich aus dem Knäuel einzelne Performer, die auf die Rücken der anderen steigen, sodass sich als skulpturale Form eine Pyramide ergibt, die sich durch den Raum bewegt. Eine andere *dance construction* aus dieser Zeit, *Slant Board* (1961), besteht aus einer im 45-Grad-Winkel aufgebauten Rampe, auf der sich mindestens drei Performer an Seilen mit langsamen Bewegungen entlanghangeln. *Hangers* (1961) besteht aus zwei Gruppen von Performern: Die einen hängen in den Schlaufen von Seilen, die an der Decke befestigt sind, die anderen bewegen sich am Boden zwischen den Seilen und versetzen diese durch leichtes Anrempeln in Bewegung.

Nach mehreren Jahren, in denen Forti vor allem ihrem zweiten Ehemann Robert Whitman bei dessen Happenings assistierte, entstand 1967 die Arbeit *Face Tunes*, bei der die minimalistischen Scores ihrer Tanzperformances auf die Auseinandersetzung von Bewegung und Musik angewendet werden. Die Umrisse menschlicher Porträts werden in dieser Arbeit in Höhenlinien kodifiziert, die während der Performance von einem Flötenspieler auf einer Partitur nachgezogen werden. In dieser und in anderen Performances wie *Cloths* (1967) löste sich Forti allmählich vom reduzierten Judson-Stil und bediente sich in *Sleepwalkers* (1968), das sie in einer Galerie in Rom zum ersten Mal aufführte, der Bewegung von Tieren, die sie in Zoos beob-

»I had been making these enormous abstract expressionist action paintings, and I didn't know what to do with them. I realized that with Anna [Halprin] I could make the same movements without having to deal with canvases.«[1]

[1] Patrick Steffen, »Forti on All Fours. A Talk with Simone Forti«, in: *Contact Quarterly Online Journal*, 09.01.2012, online: https://community.contactquarterly.com/journal/view/onallfours, abgerufen am 17.09.2012.

achtet hatte. In *Striding Crawling* (1977) arbeitete sie schließlich mit Hologrammen und den Bewegungsabläufen am Übergang zwischen Krabbeln beziehungsweise Kriechen auf allen vieren und dem aufrechten Gang. Aus dem zeitgleichen Einbezug von Sprache und Bewegung entwickelte sie in Workshops und als Lehrerin am California Institute of the Arts eine Improvisationstechnik, die sie *Logomotion* nannte: »In 1985, I started developing a dance/narrative form whose words and movements could spring spontaneously from a common source. It's been a way for me to know what's on my mind. What's on my mind before I think it through, while it's still a wild feeling in my bones. The thoughts and images seem to flash through my motor centers and my verbal centers simultaneously, mixing and animating both speech and physical embodiment. Spatial, structural, emotional. I've come to call this ›Logomotion‹ from logos, or word, and motion.«[2]

Seit Ende der 1980er performt Forti in ihren *News Animations* Nachrichten, von denen sie durch die Medien erfährt, und erweitert dadurch die Konzentration des postmodernen Tanzes auf das Verhältnis von Körper und Geist um die Dimension seiner Verankerung in der Welt. Als Konsequenz aus dieser Rückkopplung der Bewegung mit ihrer Umwelt verlagert Simone Forti ihre Praxis zunehmend auf das Schreiben. Nach *Handbook in Motion* von 1974, das sie als ein »ongoing personal discourse and it's manifestations in dance«[3] bezeichnete, veröffentlichte sie im Jahr 2003 *Oh, Tongue*, ihr zweites Buch mit Gedichten, Texten und Zeichnungen.

[2] Simone Forti, *Oh, Tongue*, 2. Aufl., Beyond Baroque, Los Angeles, 2010, S. 138.

[3] Simone Forti, *Handbook in Motion. An Account of an Ongoing Personal Discourse and its Manifestations in Dance*, Press of the Nova Scotia College of Art and Design, Halifax, New York University Press, New York, 1974.

Simone Forti, Skizze zu *Face Tunes*, in: dies., *Handbook in Motion*, op. cit, S. 78

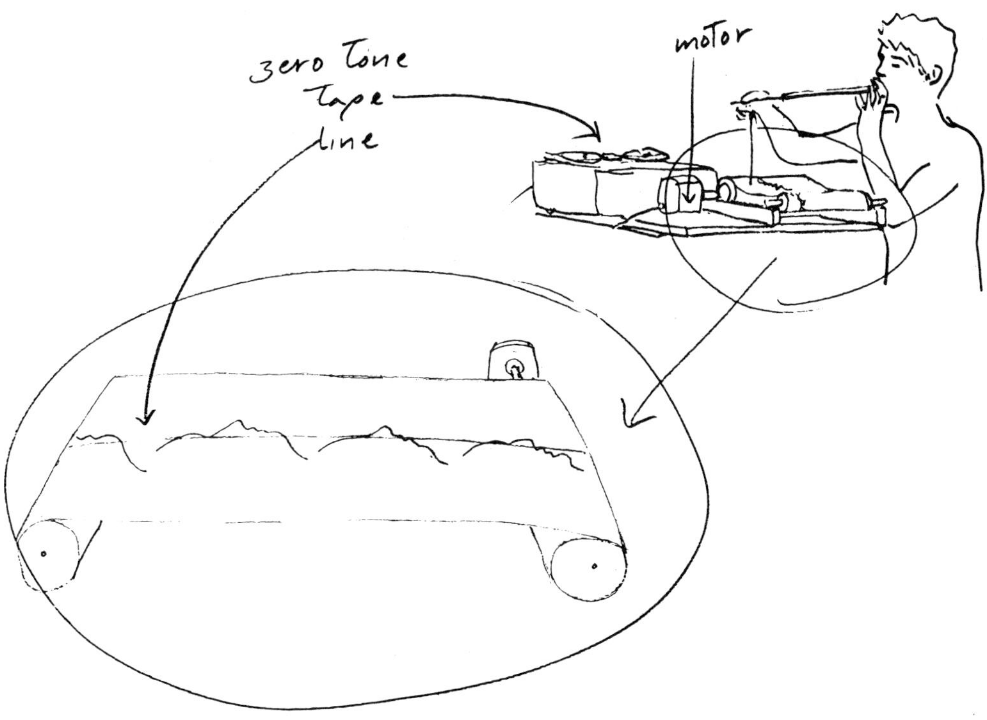

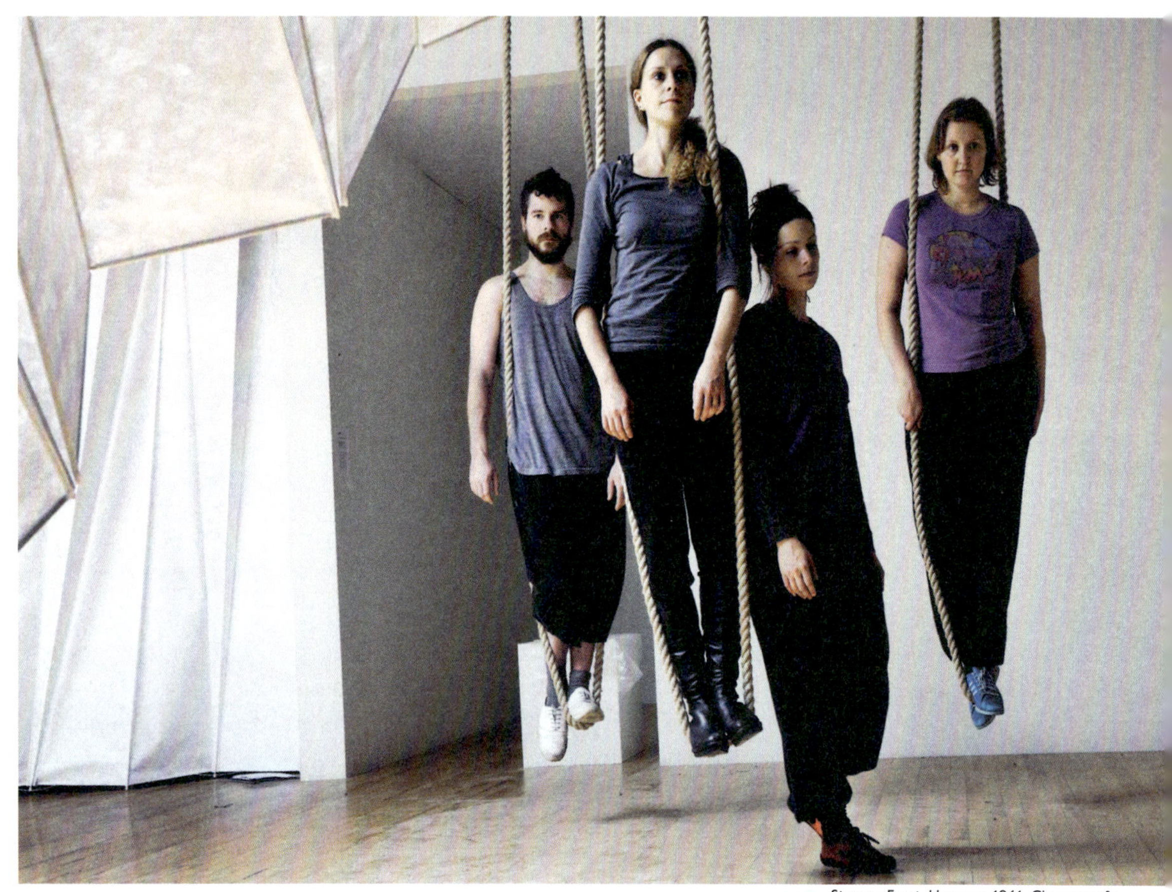

Simone Forti, *Hangers*, 1961, Choreografie,
hier performt 2010 in der Hayward Gallery
in London

Simone Forti, *Slant Board*, 1961, Choreografie, hier performt 1982 im Stedelijk Museum, Amsterdam

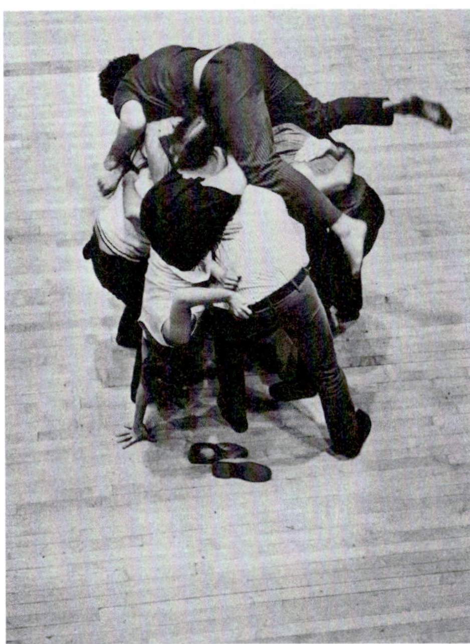

Simone Forti, *Huddle*, 1961, Choreografie, hier performt im Loeb Student Center der New York University, 1969, Foto: Peter Moore

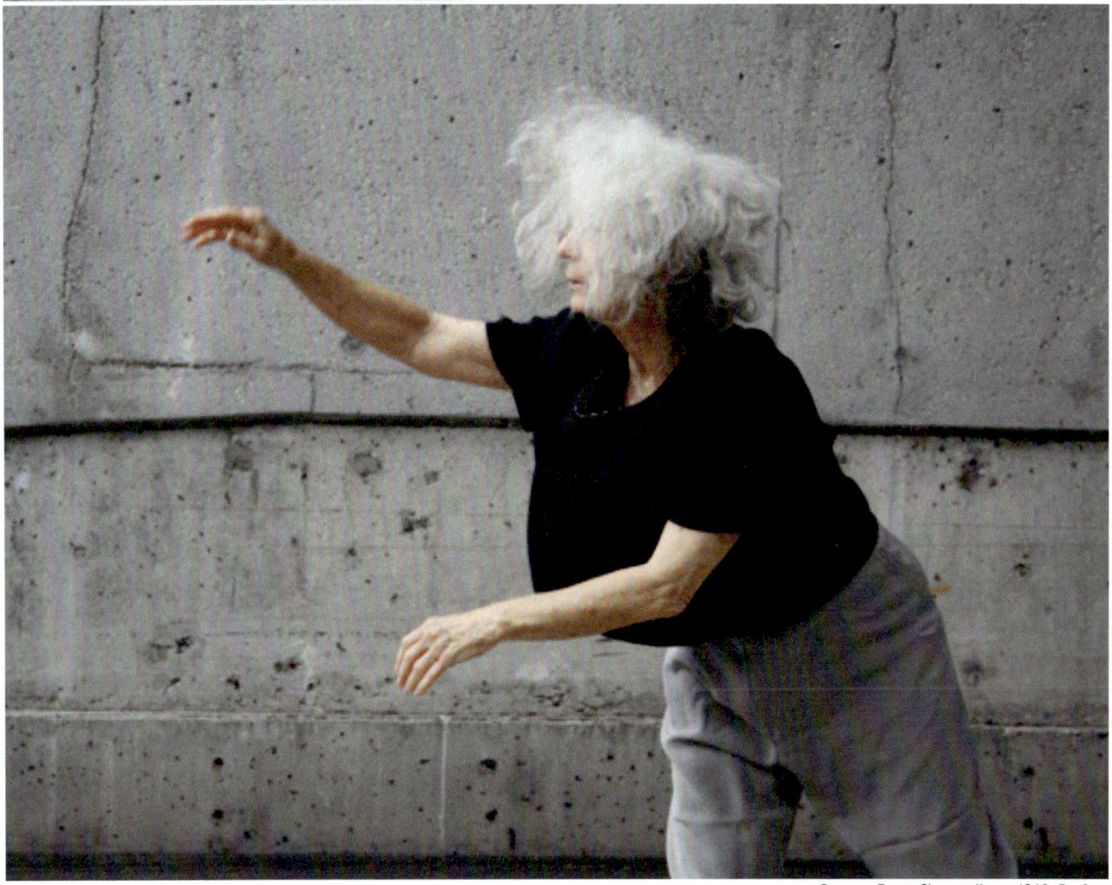

Simone Forti, *Sleepwalkers*, 1968, Performance, hier aufgenommen 2010 im Haus der Künstlerin in Los Angeles

Sigrid Gareis (S. G.) Simone, du bist ein Gründungsmitglied des Judson Dance Theater, einer in den 1960er-Jahren, zu Beginn des postmodernen Tanzes, sehr wichtigen Bewegung. Zunächst hast du an der Westküste bei Anna Halprin in Kalifornien studiert. Später bist du dann mit deinem Mann Robert Morris nach New York gezogen, wo dich John Cage stark beeinflusst hat. Vielleicht kannst du uns etwas über diese Zeit erzählen, über deinen Umzug von der Westküste nach New York und über deinen Werdegang als Künstlerin.

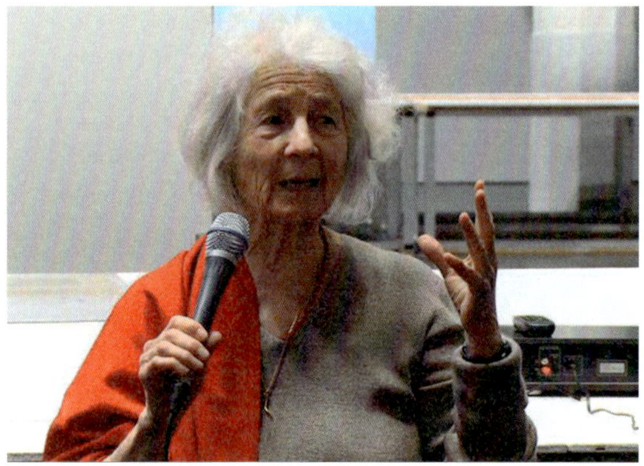

Simone Forti (S. F.) Es war eine spannende Zeit, um Anna Halprin kennenzulernen, weil sie damals gerade am Beginn einer neuen Schaffensperiode stand. Sie machte sich grundlegende Gedanken darüber, wie sie Improvisation lehren könnte, und wie sie uns rein technisch darin unterrichten könnte, unsere »Instrumente«, unsere Möglichkeiten kennenzulernen. Sie hatte bei Margaret H'Doubler studiert und mit »experimenteller Anatomie« gearbeitet, dazu gehört auch, das Empfinden von Bewegung bewusst zu erforschen. Und indem Anna uns diese Arbeitsweise beibrachte, näherten wir uns langsam der Improvisation.
Wir experimentierten und wollten herausfinden, wie man im Körper Bewegung entdecken konnte. So sahen wir uns zum Beispiel im Raum um. Jetzt sehe ich etwa eine glatte Wand, und irgendwie, ohne nachzudenken, werde ich geschmeidig, und gleichzeitig versuche ich, den Vorgang zu beschreiben,

auch die Eisenstangen des Geländers haben einen Rhythmus, mit dem ich spielen kann. Es geht darum, viele Qualitäten von Bewegung zu finden und zu abstrahieren von dem, was ich sehe. Wenn man Musik hört, wird manchmal der ganze Körper beteiligt, bewegt. Dann ist das gesamte Bewusstsein in Bewegung. Schließlich erreicht man einen geistigen Zustand, in dem eins zum anderen führt. Wie ein Jazzmusiker, der eine bestimmte Abfolge von Noten, ein Thema hört.

S. G. Anna Halprin war auch die Erste, die im Tanz Partituren, Scores, einsetzte. Bist du durch die Arbeit mit ihr zu den Partituren gekommen?

S. F. Nein, wir haben damals nicht mit Partituren gearbeitet. Als ich später nach New York kam, dauerte es eine Weile, bis ich wusste, was ich tun wollte. Ich wäre gern auf die Merce Cunningham School gegangen, aber das klappte nicht. Allerdings hatte ich Glück, denn genau zu der Zeit beschloss Robert Dunn, der dort in den Tanzklassen Klavier spielte und bei John Cage studierte, für Tänzer einen Kurs abzuhalten und sie an Cages Partituren heranzuführen.
Einmal gab er uns zum Beispiel als Hausaufgabe auf, für die nächste Woche einen dreiminütigen Tanz zu entwickeln. Allerdings durften wir in der Woche nicht länger als drei Minuten daran arbeiten. Eines meiner Stücke, *Huddle,* ist von diesem Kurs beeinflusst, eine Partitur, bei der sieben bis neun Leute als Gruppe ganz eng beisammenstehen und dann nacheinander übereinander hinweg- und wieder heruntersteigen und damit wieder Teil der Gruppe werden. In Robert Dunns Kurs hörte ich, dass John Cage einmal gesagt habe, er arbeite zum Teil auch deswegen mit dem Zufall, weil das eine Möglichkeit sei, einen Klang zu hören, ohne im Hinterkopf ständig die Erwartung zu haben, was musikalisch als nächstes kommt. Er hatte sich sogar mit Zwölftonmusik beschäftigt. Aber selbst bei der Zwölftonmusik weiß man, dass ein Ton, den man hört, hierhin oder dorthin führen kann. Man wartet ab, wohin er führt. Im Hintergrund gibt es ein Muster, wohin ein Ton erwartungsgemäß führt, und dadurch fällt es einem schwer, den Klang des Klangs zu hören. Aber Cage hatte mithilfe von Zufallsoperationen eine Möglichkeit gefunden, einen Klang zu hören.

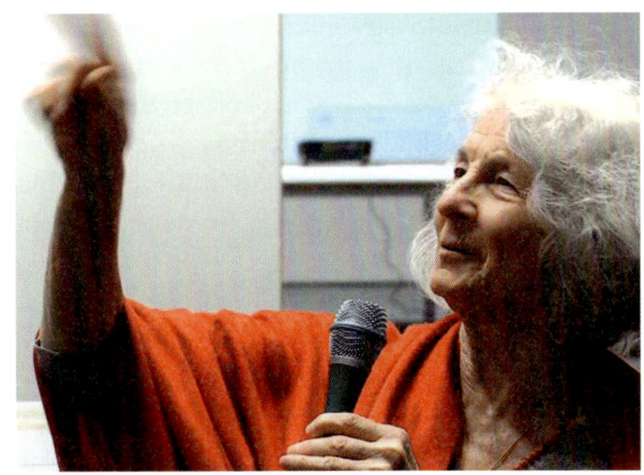

Ich dachte mir, wenn es für mich eine Möglichkeit gibt, die Natur zu spüren, dann muss ich mein Gewicht spüren. Ich muss einen Körper so sehen, wie er ist, bevor er versucht, schön oder interessant zu sein, um eine Situation zu schaffen, die das für mich übernimmt. Irgendwie kam ich auf diese Idee, in nur drei Minuten eine Gruppe von Menschen zusammenzustellen, sie nacheinander auf die Gruppe hinauf- und auf der anderen Seite wieder heruntersteigen zu lassen, ohne dabei die Formation zu verlassen. Das kann für sich stehen bleiben. Die Zuschauer konnten um das Ganze herumgehen oder auch daran vorbeigehen und es wie eine Skulptur von allen Seiten betrachten. Es hatte eine Position im Raum, es hatte Masse.

S.G. Was ist der Hintergrund von *Face Tunes*, dem Stück, das in der Ausstellung zu sehen ist?

S.F. Letztlich lief es in meinem Leben zu der Zeit auf eine Trennung hinaus, auf die Auflösung meiner Ehe. Ich war verletzt. Ich beschäftigte mich damit, wie sich einem das Gesicht eines Menschen einprägt, wenn man sich verliebt. Wenn man die betreffende Person in den Raum kommen sieht, vor allem wenn man gerade dabei ist, sich zu verlieben, dann ist sie fast von einer Aura umgeben.
Mich interessierten Gesichter. Ich überlegte mir, Profile zu erstellen und diese in Klang zu übersetzen. Und ich dachte mir, dass ein Profil ein sehr vertrautes und grundlegendes Muster ist. Wenn wir genau hinhören, hören wir das auch. Das ist der Klang eines Profils. Und ich dachte mir, dieses Muster ist uns derart vertraut, dass es uns, wenn wir es hören, ein Gesicht erahnen lässt. Dieses Gesicht würde fast die Präsenz eines Geistwesens haben. Man würde die Melodie des Profils eines bestimmten Menschen spielen und sich dadurch an ihn selbst erinnern.

S.G. Kannst du uns etwas über eure Arbeitsweise in Judson Church sagen und wie ihr in der Gruppe Stücke entwickelt und diskutiert habt?

S.F. Ich glaube, ganz wichtig war, dass zu unserem Kreis Tänzer, Dichter, Musiker, Maler und Bildhauer gehörten. Wir waren ein Kreis von Freunden, die sich untereinander für die Arbeit der anderen interessierten. Wir schauten uns die Tanzvorstellungen der anderen an, hörten uns bei Lesungen beziehungsweise lasen uns gegenseitig Gedichte vor.
Was war unsere Inspirationsquelle? Ganz im Allgemeinen, zwischen den ganzen Genres? Wir interessierten uns nicht so sehr für die vertikale Entwicklung. Ich als Tänzerin zum Beispiel fand es nicht so spannend zu sehen, was Tänzer vor meiner Zeit gemacht hatten. Mich interessierte viel mehr, was die Maler gerade machten, und auch, was Maler vor mir gemacht hatten. Ich glaube, diese Art Information war für uns wichtig, quasi als Erlaubnis, um uns Ideen auszudenken, Sachen auszuprobieren und mit den Erwartungen zu brechen.
Ich weiß noch, ich saß sehr oft mit anderen Künstlern in der Kneipe, ein Glas Bier in der Hand, und wir erzählten uns, woran wir gerade arbeiteten und was wir am Tag zuvor gesehen hatten. Es gab keine Stipendien, aber das Leben war einfach. Man bekam überall problemlos einen Teilzeitjob und konnte davon leben, dass man drei Tage die Woche arbeitete. Die Stadt war sehr sicher, es gab sehr günstige Wohnungen, man konnte sich mit anderen ein Atelier mieten. Wir kannten keine Kategorien. Heute muss man sich überlegen, ob man sich um ein Tanz-, ein Theater- oder ein Lyrikstipendium bewirbt. Wir hingegen brauchten nicht zu sagen, was wir waren oder was wir machten, wir haben es einfach gemacht.

Link zum Video dieses Künstlergesprächs:
http://moments.zkm.de/Forti

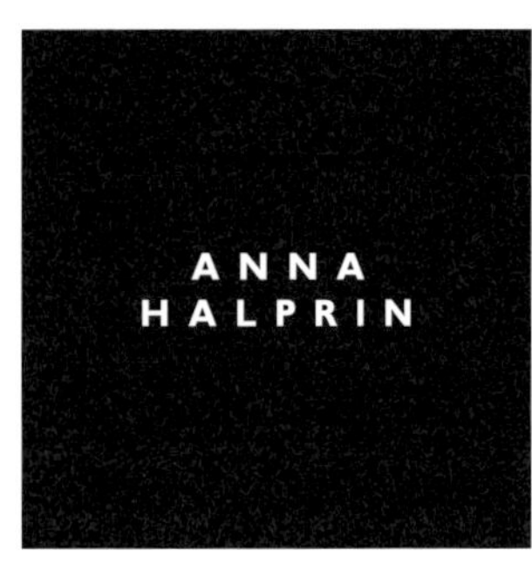

Anna Halprin gilt als eine der bedeutendsten Wegbereiterinnen des konzeptuellen und interdisziplinären Arbeitens im zeitgenössischen Tanz. Ihrem Schaffen liegt ein elementares Verständnis von Tanz als kollektivem Kulturgut und sinnstiftender Lebenskunst zugrunde.

Bereits in ihrer Kindheit erprobte die 1920 geborene und in Winnetka, Illinois, aufgewachsene Halprin verschiedenste Variationen, den eigenen Empfindungen durch körperliche Bewegung Ausdruck zu verleihen – anfangs im Rahmen eines an den Methoden von Ruth St. Denis und Isadora Duncan orientierten Unterrichts, später in Zusammenarbeit mit Vertreterinnen der Modern-Dance-Szene Chicagos, darunter Frances Allis oder Josephine Schwarz. Ihre Schulzeit prägten reformpädagogische Ansätze des sozialen Lernens, die das Ziel des individuellen und freiheitlichen Erlebens ohne Imitation vorgegebener Rollen und Muster ins Zentrum rückten und die Auffassung von Kunst als Erfahrung proklamierten. Als ebenso prägend definiert Halprin selbst ihre jüdische Herkunft. Die Zugehörigkeit zu einer Minderheit und das daraus erwachsende Gefühl des Andersseins schärften früh ihren Blick für soziale, gesellschaftliche und politische Problemkonstellationen sowohl im direkten, persönlichen Umfeld wie auf globaler Ebene. Entsprechend entwickelte sich die Betonung der Notwendigkeit von Vergemeinschaftung sowie der Grundprinzipien einer funktionierenden »Community« zu Halprins Hauptanliegen.

Ab 1938 studierte Halprin bei Margaret H'Doubler an der University of Wisconsin. Diese hatte den philosophischen Ansatz John Deweys, Lernen als Erlebnis- und Erfahrungsprozess zu verstehen, auf den Tanz übertragen und damit eine ganzheitliche Methode des Unterrichtens kreiert, in der körperliche, intellektuelle, spirituelle und emotionale Aspekte gleichermaßen Berücksichtigung fanden. Auf Initiative H'Doublers und angeregt durch Mabel E. Todds Bewegungslehre, verschrieb sich Halprin fortan der Erforschung der menschlichen Anatomie und damit der konsequenten Analyse der im Körper angelegten Möglichkeiten zur Bewegung. Daraus resultierte ein vollkommen neues Verständnis des menschlichen Erlebens, das anatomische Konditionen mit imaginativen Einwirkungen verband und Halprin schließlich zur Entwicklung ihrer »three levels of awareness« inspirierte.

Ihr ästhetisches Empfinden sowie ihr Verständnis von Räumlichkeit sind in hohem Maße auf den Einfluss der Bauhaus-Prinzipien zurückzuführen. Mit diesen kam sie an der Harvard School of Design in Cambridge in Berührung, an der ihr späterer Ehemann Lawrence Halprin seit 1939 Landschaftsarchitektur studierte. Die Erkenntnisse und Anregungen, die sie in Designkursen und Vorlesungen – etwa bei dem aus Deutschland emigrierten Walter Gropius – sammelte, flossen unmittelbar in ihre Tanzworkshops ein, bewirkten ein neuartiges Flächen- und Raumempfinden und förderten das Experimentieren mit unterschiedlichen Perspektiven, das Halprin in den darauffolgenden Jahren weiter ausbaute.

Zu Beginn der 1940er-Jahre trat sie der Tanzkompanie von Doris Humphrey und Charles Weidman bei und choreografierte eigene Soli, in denen sie die zentralen Themen der Kriegsjahre verarbeitete. Nach ihrer Übersiedelung an die Westküste widmete sie sich im ersten Nachkriegsjahrzehnt – vor allem inspiriert durch ihre Töchter Daria (geb. 1948) und Rana (geb. 1951) und ihre neue Rolle als Mutter – der tänzerischen Arbeit mit Kindern, welche ihr wichtige Impulse im Bereich der Improvisation lieferte und auch erste Erkenntnisse im Hinblick auf die heilende Wirkung von Tanz. Parallel dazu gründete sie das Tanzmagazin *Impulse* und verschrieb sich verstärkt der Erforschung von Landschaft als bedeutsamem Lebens- und Interaktionsraum. Auf dem von ihrem Mann erbauten, in die Natur integrierten »dance deck« eröffneten sich ihr und ihren Mitstreitern des 1955 ins Leben gerufenen San Francisco Dancers' Workshop (SFDW) vollkommen neue Möglichkeiten, architektonisch tradierte Grenzen herkömmlicher Bühnen zu durchbrechen und die Unvorhersehbarkeit des Ortes in die Arbeit einfließen zu lassen. Wichtigste Grundprinzipien waren dabei die Befreiung von Stereotypen und die Vermeidung bloßer Imitation – ein aus dem Bedürfnis erwachsenes Denken, nach dem Zweiten Weltkrieg alles Gewesene zu revidieren und radikal neue Wege zu gehen. Nicht mehr das Produkt stand im Zentrum, sondern der Prozess. Das Kollektiv des SFDW blieb für Anna Halprin über 25 Jahre lang eine Quelle der Inspiration und Keimzelle zahlreicher ihrer erfolgreichsten Choreografien und Performances, mit denen sie immer wieder räumliche wie geistige Begrenzungen überwand. So etwa in *Parades and Changes* (1965), das seit den 1990er-Jahren vielfach neu interpretiert wurde. In den 1970er-Jahren kehrte Halprin mit ihren *City Dances* zu einem der Ausgangspunkte ihres tänzerischen Schaffens zurück – der Reaktion auf politisch und gesellschaftlich bedeutsame Ereignisse und der Suche nach der humanen Qualität von Kunst. Innerhalb einer Dimension des gesellschaftlichen Aufbruchs führten ihre ritualisierten Scores zu einem neuen Empfinden von gruppendynamischer Kollektivität. Dabei ermöglichte ihr die von ihrem Mann entwickelte Methode der »RSVP-Cycles« (*resources, scores, valuaction, performance*), im gezielt demokratischen Prozess unterschiedlichste Akteure und Kunstdisziplinen in ihren Projekten zu vereinen. So wurden in der Vorbereitung auf eine Performance anhand des geplanten Themas zunächst die benötigten Ressourcen bestimmt, anschließend eine grafische Partitur entworfen sowie die Bewegungseinheiten erprobt, ausgewertet und gegebenenfalls umgestaltet. Diese Mechanismen sollten in der Folge auch innerhalb der Serien *Circle the Earth* oder *Planetary Dance* zum Tragen kommen.

Zugleich begann Halprin, sich im Zuge einer eigenen schweren Krebserkrankung 1972 verstärkt auch mit der rituell-heilenden Kraft kollektiver Tanzperformances zu beschäftigen und definierte die Kunst für sich neu: »Before I had cancer, I lived my life for my art, after I had cancer, I lived my art for my life.«[1] Der erstaunliche Selbstheilungserfolg brachte sie zu der Überzeugung, durch einen aufmerksamen Umgang mit sich selbst das eigene Potenzial erkennen und im Körper angelegte Selbstheilungsprozesse in Gang setzen zu können. Halprin initiierte daraufhin in den 1980er-Jahren *Moving toward Life*, ein Selbsthilfeprogramm für HIV-Infizierte. Der Glaube an die transformative Kraft des Tanzes kulminierte in der von ihr entwickelten Methode des »Life/Art Process«, dessen Prinzipien Anna Halprin bis heute in Seminaren und Workshops weitergibt.

[1] Anna Halprin in Ruedi Gerbers Film *Breath Made Visible*, 2009.

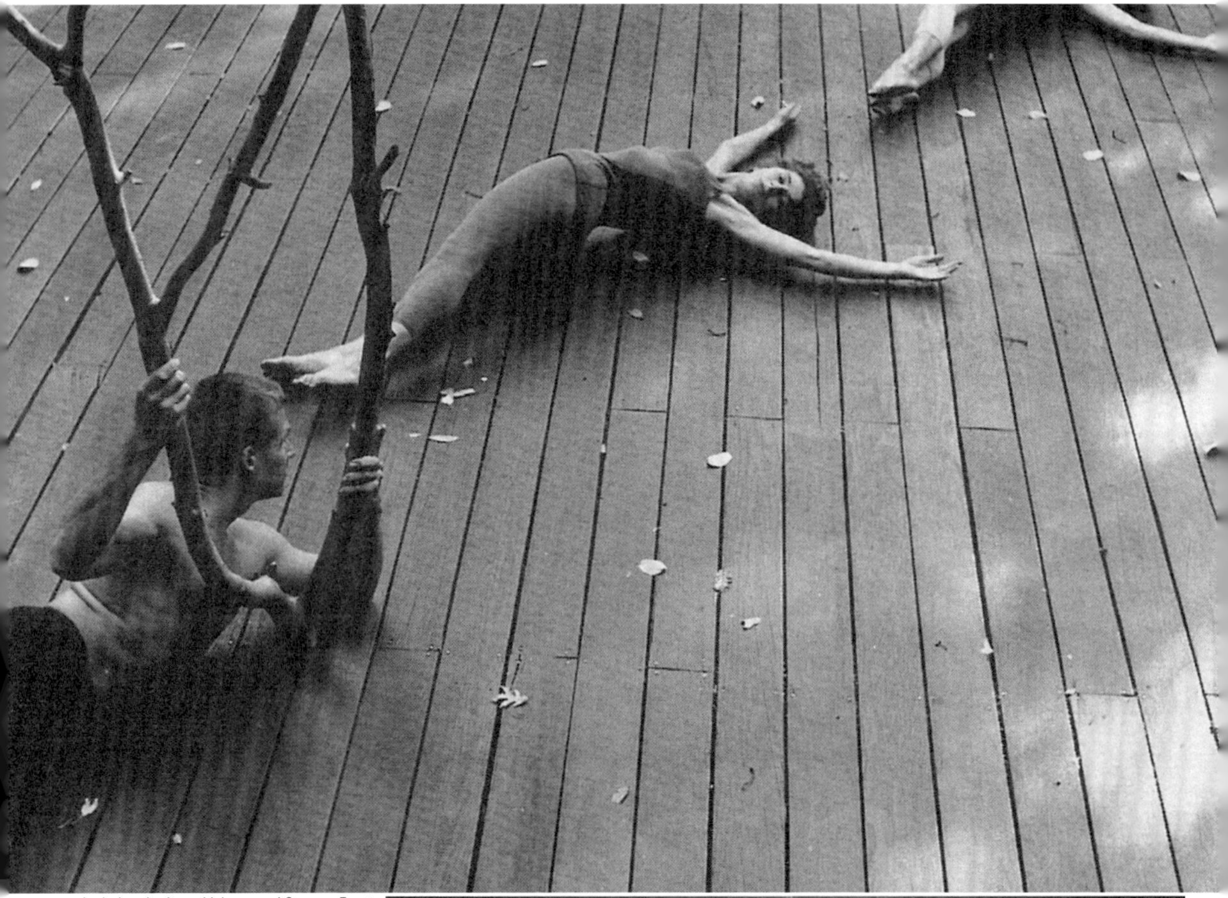

A. A. Leath, Anna Halprin und Simone Forti
auf dem von Lawrence Halprin erbauten
»dance deck«, 1954, Kentfield (Kalifornien)

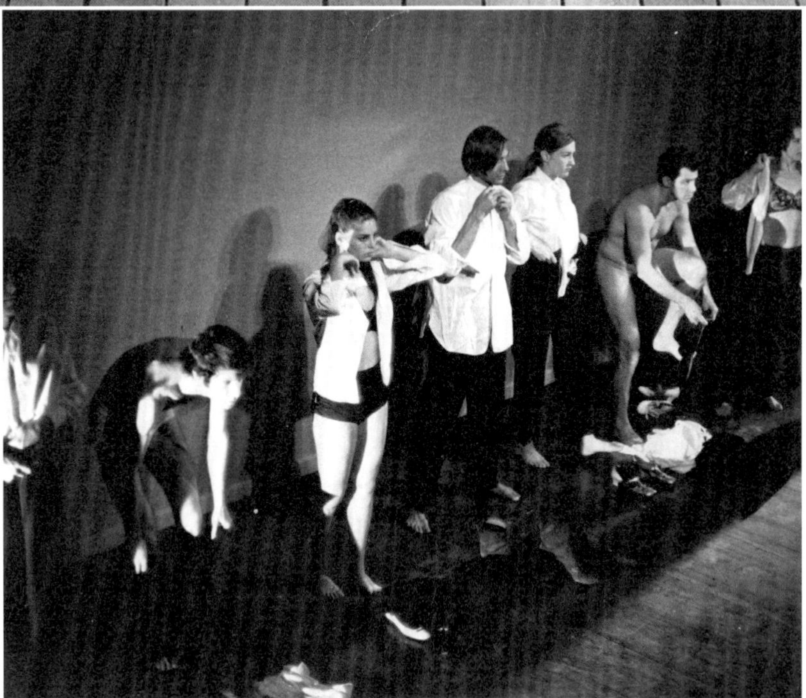

Anna Halprin und die Dancers' Workshop
Company, *Parades and Changes*, 1965,
Performance, University of California, Los
Angeles

Martina Ruhsam (M. R.) Anna, auf allen Plakaten, mit denen für die Ausstellung *Moments. Eine Geschichte der Performance in 10 Akten* geworben wird, sind Sie abgebildet. Können Sie sich erinnern, wann und wo das Foto aufgenommen wurde?

Anna Halprin (A. H.) Das Foto wurde während der Aufführung von *City Dance* in einem der öffentlichen Parks von San Francisco aufgenommen. An diesem Tag waren viele Leute, Kinder und Erwachsene, im Park. Wir performten einen lustigen spontanen Tanz, und viele schlossen sich unserer Prozession an, als wir in den nächsten Stadtteil aufbrachen. Es war eine der Besonderheiten von *City Dance*, unterschiedliche ethnische Gruppen zusammenzubringen, wenn wir durch die verschiedenen Stadtteile zogen. Leute aus dem einen Stadtteil fingen an, uns zu folgen, kamen so in einen anderen und begegneten einander dort. Diversität zu feiern und durch sie Gemeinschaft herzustellen, das trug dazu bei, das Zusammenleben in der Stadt damals zu verbessern.

M. R. Wie haben Sie *City Dance* entwickelt? Wie kam die Zusammenarbeit mit anderen Künstlern bei diesem Projekt zustande?

A. H. Es kamen viele Erfahrungen zusammen, die wir vorher in verschiedenen Experimenten gemacht hatten. Als George Moscone, der Bürgermeister von San Francisco, und der schwule Stadtrat Harvey Milk 1978 ermordet wurden, bedurfte es großer Anstrengungen, die Stadt wieder zu einen. Es war ein enormer Schock, die schwule Community und ihre Unterstützer reagierten mit massiven Protesten: Autos wurden umgeworfen, Fensterscheiben eingeschmissen, die ganze Stadt befand sich in Aufruhr. Das entwickelte sich zu einer Sache von weit größerem Ausmaß als unsere eigenen Experimente, für die wir zuvor den traditionellen Theaterraum verlassen hatten und auf die Straße gegangen waren. Jetzt war etwas ganz anderes gefragt. Das war der Impuls, der zu *City Dance* führte. Es gab eine Vielzahl von Veranstaltungen zum Gedenken an die beiden Toten. *City Dance* war einer dieser einzigartigen Momente, in denen wir uns sagten, wir könnten alle für einen Zweck oder eine Absicht tanzen. Die Leute haben sich uns angeschlossen, weil wir wieder Frieden in die Stadt bringen wollten. Wir verbanden den Tanz mit einer Bestimmung – das machte ihn zu einem Ritual. Ich möchte Tanz nicht nur als Beruf, sondern als Lebensweise begreifen.

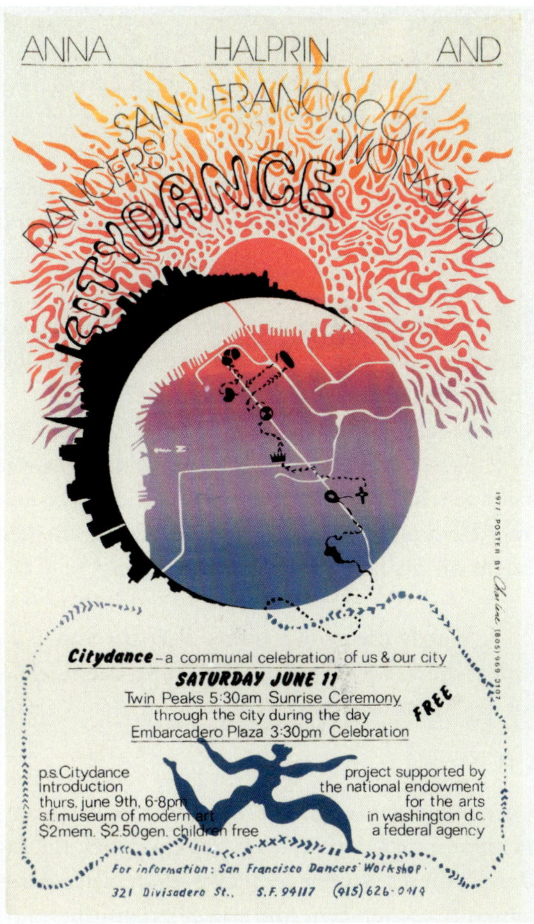

Anna Halprin, Plakat zu *City Dance*, 1977

M. R. Die Öffentlichkeit erfuhr von dieser Aktion durch Ankündigungen und die Poster, die Sie in der ganzen Stadt plakatiert hatten. Gab es einen festen Kern von Leuten, die eingeweiht waren und wussten, was passieren würde?

A. H. Zuerst gab ich eine Serie freier Workshops im San Francisco Museum of Modern Art, die offen für das Publikum waren und in denen die Zuschauer zu

Performern wurden. Ja, eine Kerngruppe wusste, was passieren würde. Es gab zum Beispiel eine ziemlich einzigartige Performance auf einem Friedhof. Das war keineswegs alles völlig spontan, sondern eine Kombination von ausgesprochen gut gemachten, choreografierten Performances mit sehr spontanen Happenings und Aktionen, in denen professionell ausgebildete Tänzerinnen und Tänzer Stücke aufführten und Workshopleiter die Öffentlichkeit miteinbezogen. Diese Kombination war für uns damals eine völlig neue Sache.

M.R. Können Sie schätzen, wie viele Leute sich in etwa an *City Dance* beteiligten?

A.H. Als wir Herman Plaza erreichten, einen ziemlich großen Platz, müssen es ungefähr zweitausend Leute gewesen sein.

M.R. Könnte man sagen, dass sich *City Dance* an der Grenze zwischen einer Protestaktion und einem künstlerischen Akt positioniert?

A.H. Es ist eine Kombination von beidem. Es war nicht so sehr ein Protest, als vielmehr der Versuch einer Heilung. Wir versuchten, die Stadt zu heilen, indem wir die Leute zusammenbrachten.

M.R. Wurde die große, bunte Partitur von *City Dance*, die in Moments ausgestellt ist, nicht sogar vor der Aktion entwickelt?

A.H. Ja, während der Workshops in San Francisco waren ja eine ganze Reihe interessanter Leute zusammengekommen. Unser Team war eigentlich für das Design dieses Scores verantwortlich, aber dann kamen Besucher dazu und wurden damit betraut, einen bestimmten Teil zu zeichnen oder zu kolorieren. Sie konnten also teilhaben an der Entstehung der Partitur, aber sie haben sie nicht entworfen.

M.R. Und die eine Hälfte der Zeichnung ist verloren gegangen. Man kann sehen, dass nur eine Hälfte noch Original ist und dass die andere auf einem anderen Papier hinzugefügt wurde.

A.H. Wir konnten das tun, weil wir Farbdias von der Partitur hatten. So konnten einige unserer Künstler hier eine Replik des Teils machen, der verloren gegangen war.

M.R. Wie sind Sie generell mit den Dokumenten, Zeichnungen, Fotos und Videoaufzeichnungen Ihrer Arbeit umgegangen?

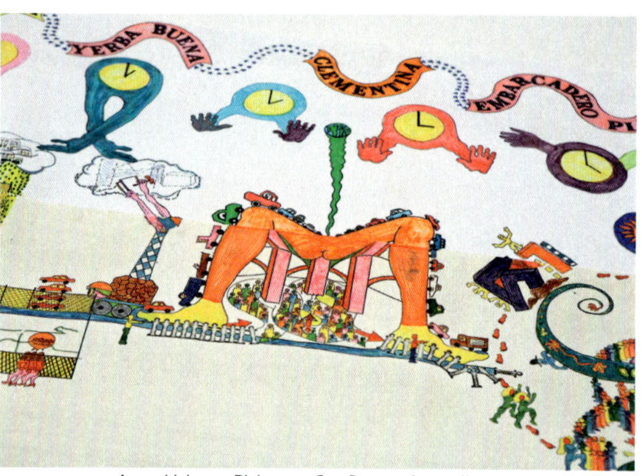

Anna Halprin, Plakat zu *City Dance*, Ausstellungsansicht ZKM | Museum für Neue Kunst, 2012

A.H. Vieles haben wir inzwischen dem Tanz- und Performance-Archiv in San Francisco gegeben. Aber viel ist auch verloren gegangen während unserer Arbeit in den 1960er- und 1970er-Jahren. Wir waren uns damals überhaupt nicht bewusst, dass diese Materialien einen besonderen Wert hatten. In letzter Zeit haben wir anhand der Dias einiges rekonstruieren können. Aber das Interesse von Museen an unserer Arbeit ist erst in jüngster Zeit aufgekommen – erst in den letzten zehn Jahren würde ich sagen.

M.R. Ich finde den Moment sehr interessant, an dem Sie sich entschlossen haben, mit den Theaterperformances aufzuhören und stattdessen die rituelle Dimension des Tanzes zu erforschen. Was motivierte Sie dazu, sich mit Ritualen zu beschäftigen?

A.H. Es war eine Sehnsucht, etwas zu tun, das näher an der Realität, am Leben einer Gemeinschaft oder am Leben einer Person wäre. Ich wollte, dass Tanz nicht nur ein Beruf, sondern ein Lebensstil ist. Ich hatte den Eindruck, dass der moderne Tanz sehr dekorativ geworden war. Es gab so viele soziale Brennpunkte und Konflikte wie die Watts-Unruhen 1965 in L. A. und den Vietnamkrieg, die so viel wichtiger erschienen als die Produktion von

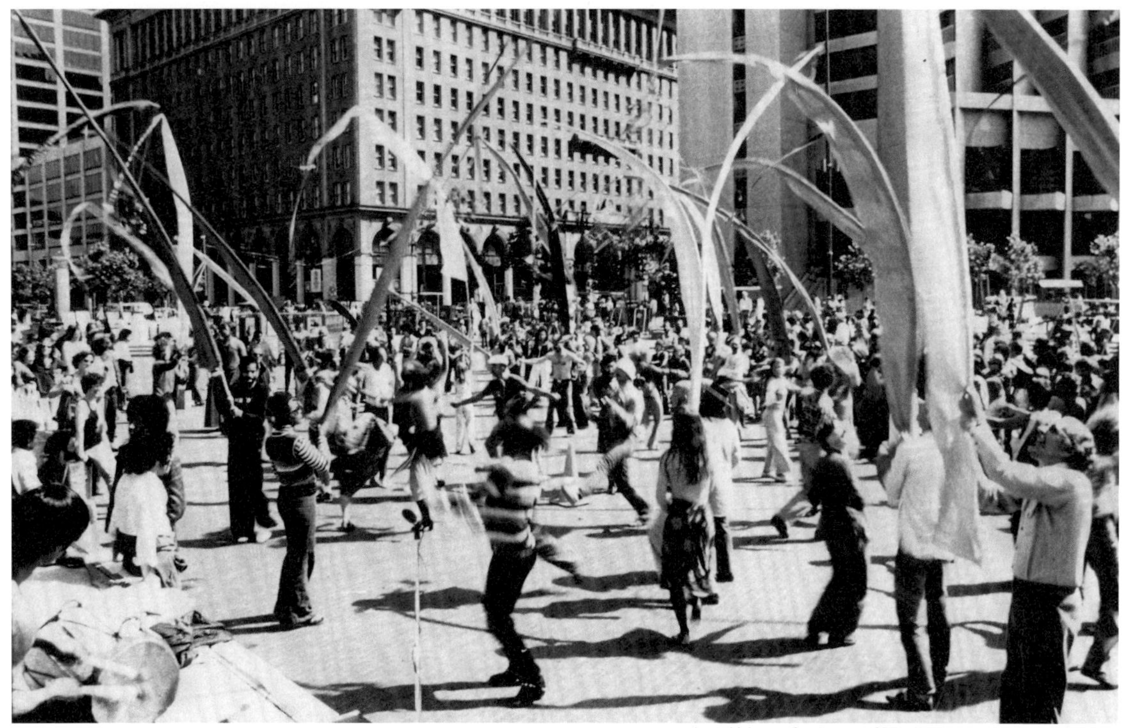

Anna Halprin, *City Dance*, 1977, öffentliche Performance auf dem Embarcadero, San Francisco

kostbaren Kunstwerken. Als ich während *Parades and Changes* Nacktheit auf die Bühne brachte, wurde ich in New York verhaftet. Das war ohnehin das Ende meiner Karriere in konventionellen Theatern. Die Zeit war reif für Veränderung. Es vergingen fünfzehn Jahre, bis ich wieder auf einer Bühne auftrat, und in dieser Zeit habe ich die Theaterarbeit im Freien entwickelt. Wissen Sie, Theater konnte überall stattfinden. Und wir konnten Tanzstücke machen, die mit dem wirklichen Leben der Menschen zu tun hatten. Ein Beispiel dafür war das Stück *Ceremony of Us*, ein Stück, in dem es um die Wiederversöhnung von Schwarzen und Weißen geht, oder Stücke mit unterschiedlichen Personengruppen wie *Seniors Rocking*, in denen Senioren auf Sesseln in einem öffentlichen Park tanzen. Das hat wirklich eine davor nicht existierende Arena für die Entwicklung einer ganz neuen Kunstform geöffnet, einen Weg, um verschiedene Arten der Einbeziehung verschiedenster Menschen (oder Zuschauer) zu erforschen und neue Möglichkeiten zu entdecken, die die Umwelt als Bühne anbot.

M. R. Wie kann man sich die Workshops vorstellen, die Sie damals leiteten?

A. H. Ich entwickelte eine neue Methode, die auf nicht stilisierten Bewegungen basierte. Ein Jahr lang habe ich mich mit dem Sezieren von Leichen beschäftigt, um zu verstehen, wie die Mechanik des Körpers funktioniert. Wir machten Bewegungsanalysen und vermieden es, vorgegebene, stilisierte Abläufe zu imitieren. Alles war Gegenstand einer Neubesinnung und Neubewertung. Das führte zu dem, was wir dann »aufgabenbezogene Bewegung« nannten: Das war eine der Methoden in den Workshops, um von vorgefassten Stilen wegzukommen. Versucht man eine Kunstform zu entwickeln, die auf echten Lebenserfahrungen beruht und sich auf wirkliche Lebenssituationen bezieht, dann muss man eine entsprechend allgemein anwendbare Technik entwickeln. Deshalb musste ich zurückgehen zu den grundlegenden Dingen und verstehen, dass wir alle eine Wirbelsäule haben, ein ähnliches Knochengerüst und ein ähnliches Muskelsystem. Wie können wir lernen, diese Dinge als Ausgangspunkt zu betrachten und nicht den stilistischen Aufdruck beziehungsweise Individualstil einer spezifischen Person? Das war eine neue Art und Weise, um über den Tanz als Kunstform nachzudenken und den Körper als Instrument zu verstehen.

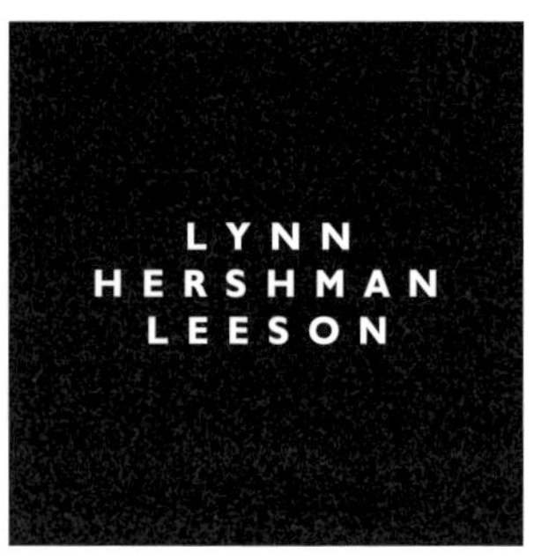

Die 1941 in Cleveland, Ohio, geborene Medienkünstlerin Lynn Hershman Leeson gehört zu den frühesten und auch einflussreichsten Künstlerinnen ihres Genres. Innerhalb der vergangenen vier Jahrzehnte hat sie in den Bereichen Fotografie, Video, Film, Performance, Installation und interaktiver sowie netzbasierter Medienkunst gearbeitet.

Lynn Hershman Leeson absolvierte zunächst ein Studium an der Case Western Reserve University in Cleveland, das sie 1962 mit dem Bachelor of Science beendete. Ihren Master of Arts erhielt sie 1972 an der San Francisco State University. Von 1993 bis 2004 war sie Professorin für Elektronische Künste an der University of California in Davis, anschließend hatte sie bis 2010 eine Andrew-D.-White-Gastprofessur an der Cornell University in New York inne. Zudem war Hershman Leeson von 2008 bis 2011 Vorsitzende des Instituts für Film am San Francisco Art Institute. Hershman Leeson hat für ihr innovatives Schaffen zahlreiche Preise und Auszeichnungen erhalten, unter anderem 1995 den Siemens-Medienkunstpreis durch das ZKM | Zentrum für Kunst und Medientechnologie Karlsruhe (zusammen mit Peter Greenaway, Jean Baudrillard sowie Steina und Woody Vasulka). Zuletzt war sie Preisträgerin des DAM Digital Art Award |DDAA| 2010/2011.

»Roberta was at once artificial and real. She was a nonperson, the gene of the anti-body. Roberta's first live action was to place an ad in a local newspaper for a roommate. People who answered the ad became participants in her adventure. As she became part of their reality, they became part of her fiction. I wanted Roberta to extend beyond appearance into a symbol that used gesture and expression to reveal the basic truth of character. [...] Many people assumed I was Roberta. Although I denied it at the time [...], in retrospect, I feel we were linked. Roberta represented part of me as surely as we all have within us an underside, a dark, shadowy cadaver that we try with pathetic illusion to camouflage.«[1]

[1] Lynn Hershman Leeson: »Romancing the Anti-Body. Lust and Longing in (Cyber) space«, in: dies., *Clicking In. Hot Links to a Digital Culture*, Bay Press, Seattle, 1996, S. 325–337, hier S. 330f.

Hershman Leeson, deren künstlerische Ursprünge in der Performance- und Konzeptkunst liegen, begann ihre Karriere in den späten 1960er-Jahren. Ihr Werk untersucht immer wieder das Verhältnis von Mensch und Technik und fokussiert dabei vor allem die Interaktivität zwischen Werk und Betrachter sowie das Verhältnis von Realität und Virtualität. Von Anbeginn setzt Hershman Leeson – verstärkt durch die medientechnische Entwicklung – die Konstruktion von Identität in Beziehung zu einer aus der Konvention resultierenden Erwartungshaltung des interagierenden Rezipienten.

Die bekannteste Kunstfigur im Werk von Lynn Hershman Leeson ist die von 1972 bis 1978 »real« existierende Figur der Roberta Breitmore, die wie ein Klon der Künstlerin ihr Leben innerhalb von unterschiedlichsten Medien führte. Roberta Breitmore erschien im Rahmen von Real-Performances – überwiegend von Hershman Leeson selbst verkörpert, aber teilweise auch von anderen Frauen. Die von Breitmore gemachten Erfahrungen wurden in Fotografien, Dokumenten und Tagebucheinträgen festgehalten und können als eine Analyse der westlichen Kultur interpretiert werden. Kunst und Wirklichkeit haben sich in dieser Figur ununterscheidbar miteinander verflochten, etwa wenn sich Roberta mit Männern für ein Date verabredete, wenn sie eine eigene Sozialversicherungskarte benutzte oder sogar zum Geburtstag Glückwünsche des Präsidenten der USA erhielt. Mit der Figur Roberta Breitmores hat Hershman Leeson die Idee von verschiedenen Identitäten einer einzelnen Person exerziert und damit die virtuellen Welten des *Second Life* viele Jahre vorweggenommen. Nach der 1978 beendeten Real-Performance sind von Roberta Breitmore einerseits ihre Kleidung und die von ihr benutzten Accessoires als Artefakte erhalten geblieben, andererseits hat Hershman Leeson die Figur im Rahmen neuer, zum Teil interaktiver Werke, weiterentwickelt. Das künstlerische und kunstwissenschaftliche Themenspektrum, das Hershman Leeson mit ihrer Kunstfigur Roberta Breitmore behandelt – Identität, Sexualität, feministische Diskurse, das Verhältnis von Betrachter und individueller Persönlichkeit, Interaktivität und Performativität –, hat sie auch in vielen weiteren Werken aus anderer Perspektive aufgegriffen und weiterentwickelt. So etwa bei dem ersten interaktiven Kunstwerk auf Videodisk, *Lorna* (1983/1984), dem voyeuristischen Kabinett *Room of One's Own* (1990–1993) oder auch in dem späteren Film *Teknolust* (2002), der Cyber-Identität, Klonen sowie die Entkopplung von Sexualität und menschlicher Reproduktion thematisiert. In ihren jüngsten Werken bezieht Lynn Hershman Leeson nicht nur aktuelle Kommunikationsmedien wie das iPhone ein, sondern interessiert sich auch für neueste wissenschaftliche Entwicklungen aus der Medizin, wie etwa einen Hautdrucker, mit dem künstliche körperliche Identität produziert werden kann.

In ihrer 2011 entstandenen Arbeit *!Woman Art Revolution. The (Formerly) Secret History* setzt Hershman Leeson die feministische Kunstbewegung mit der Antikriegsbewegung und den Civil Rights Movements der 1960er-Jahre in Beziehung. Das Filmprojekt – durch die Einbindung neuer Medien und Technologien sprengt Hershman Leeson auch hier die Genregrenzen – beruht auf verschiedensten Interviews und Dokumenten, die sie seit den Anfängen ihrer Karriere sammelte und anhand derer die Geschichte der Bewegung und die Motivation der Protagonistinnen nachvollziehbar wird.

Lynn Hershman Leeson, *CybeRoberta*, 1970–1998, Telematische Puppe, Ausstellungsansicht ZKM | Museum für Neue Kunst, 2012

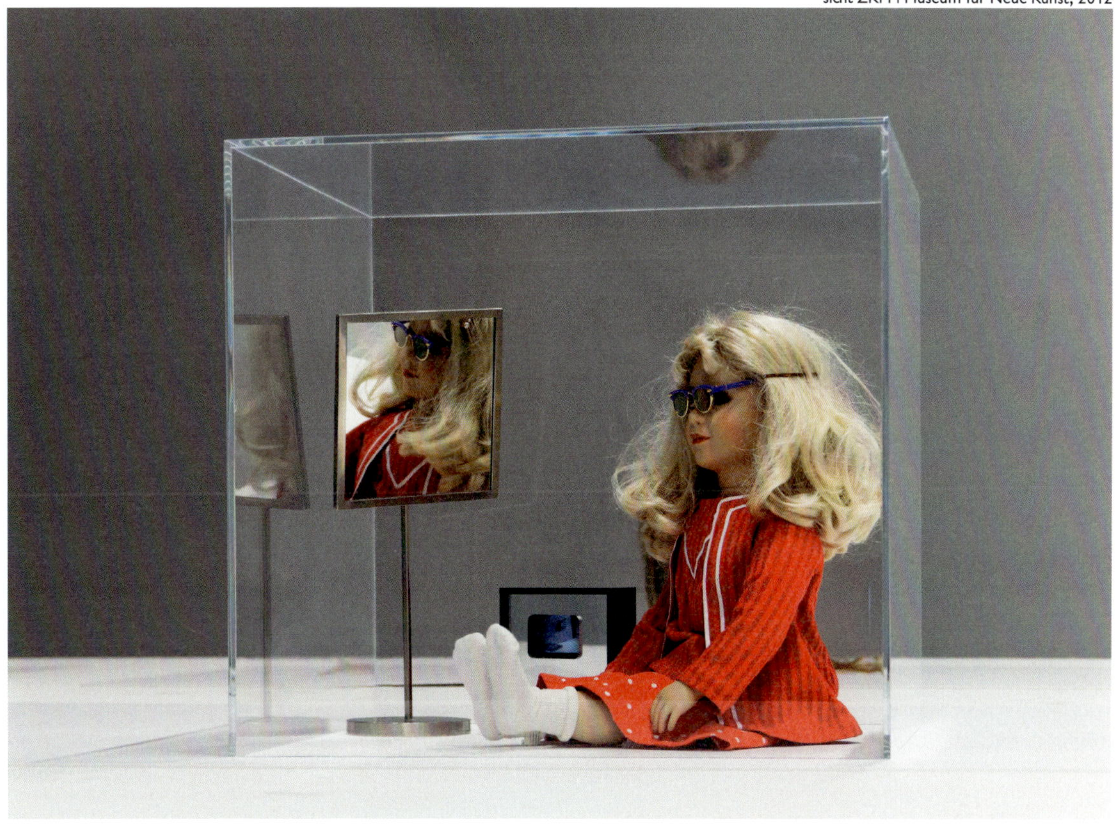

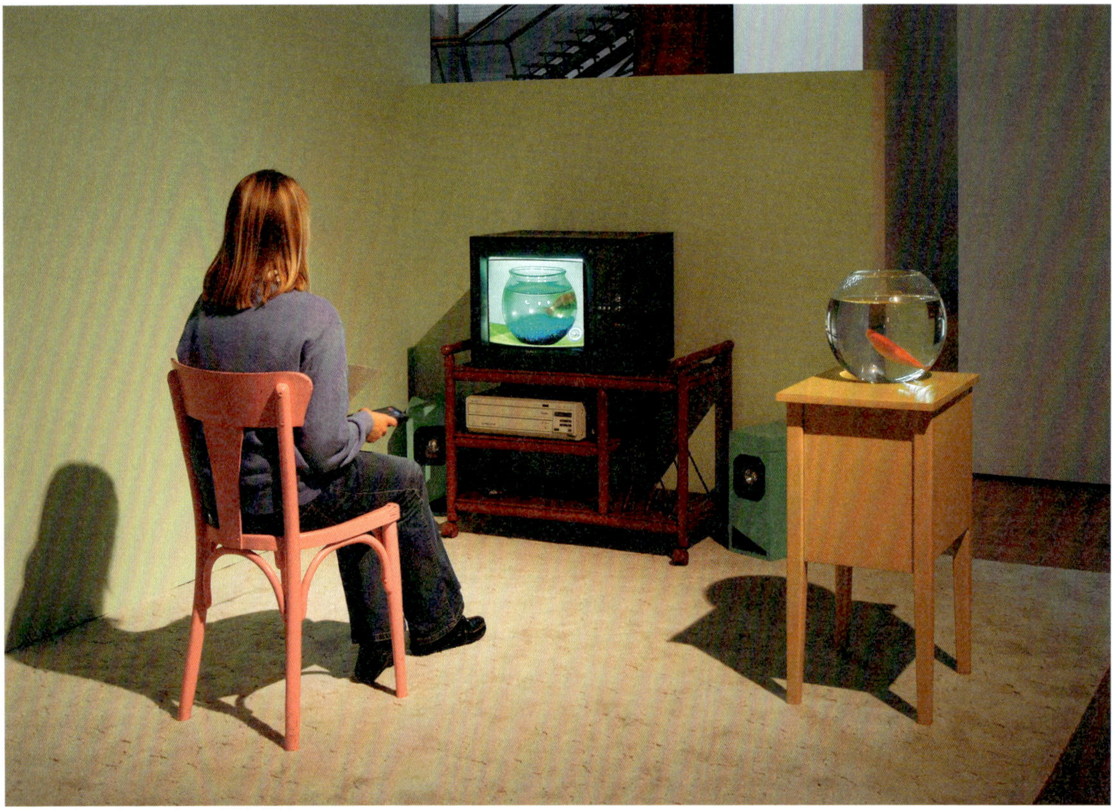

Lynn Hershman Leeson, *Lorna*, 1979–1984,
Interaktives Environment, Installations-
ansicht im ZKM | Medienmuseum

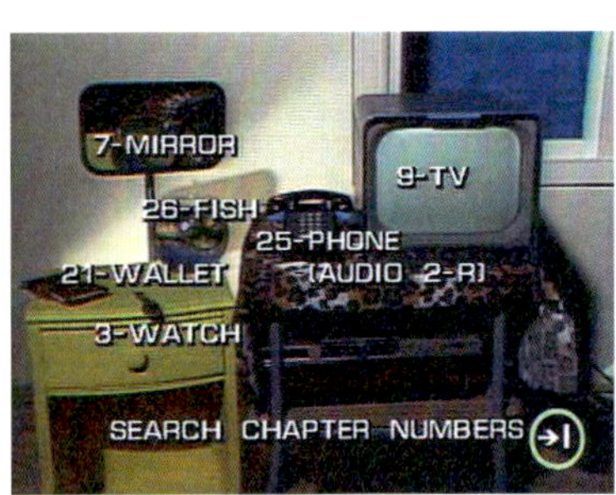

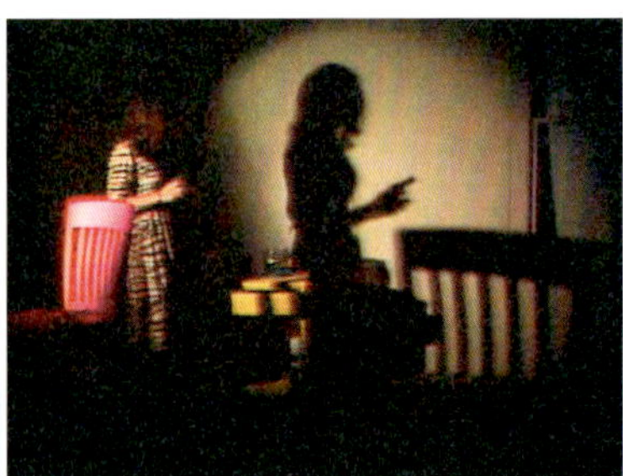

Lynn Hershman Leeson, *Lorna*, 1979–1984,
Interaktives Environment, Videostills

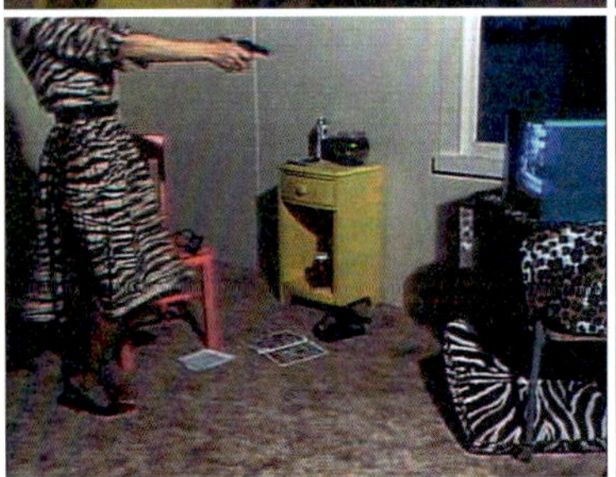

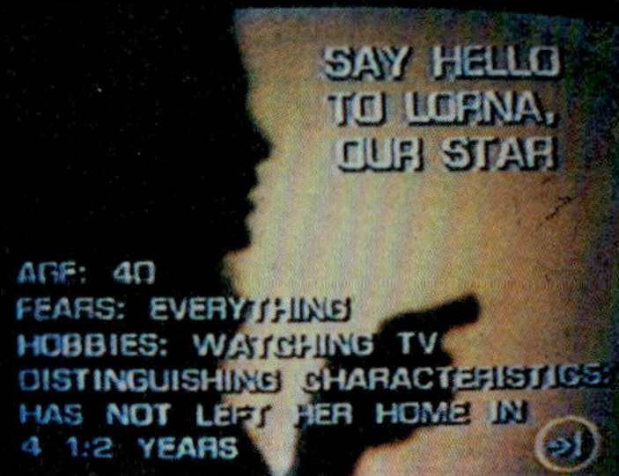

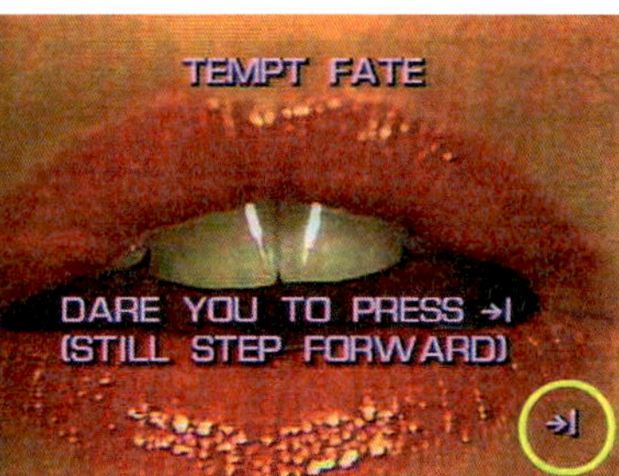

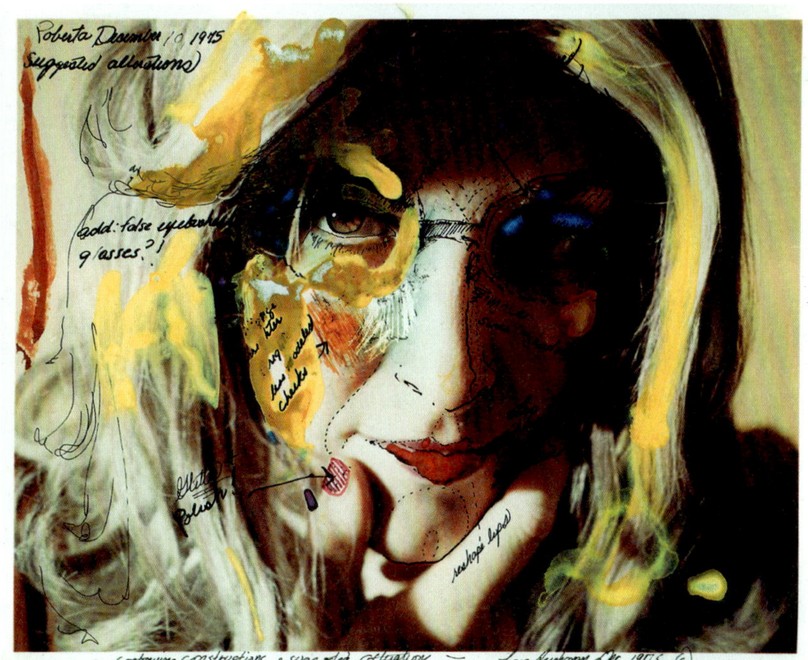

Lynn Hershman Leeson, *Roberta*, Zeichnung, Mixed Media, 1975

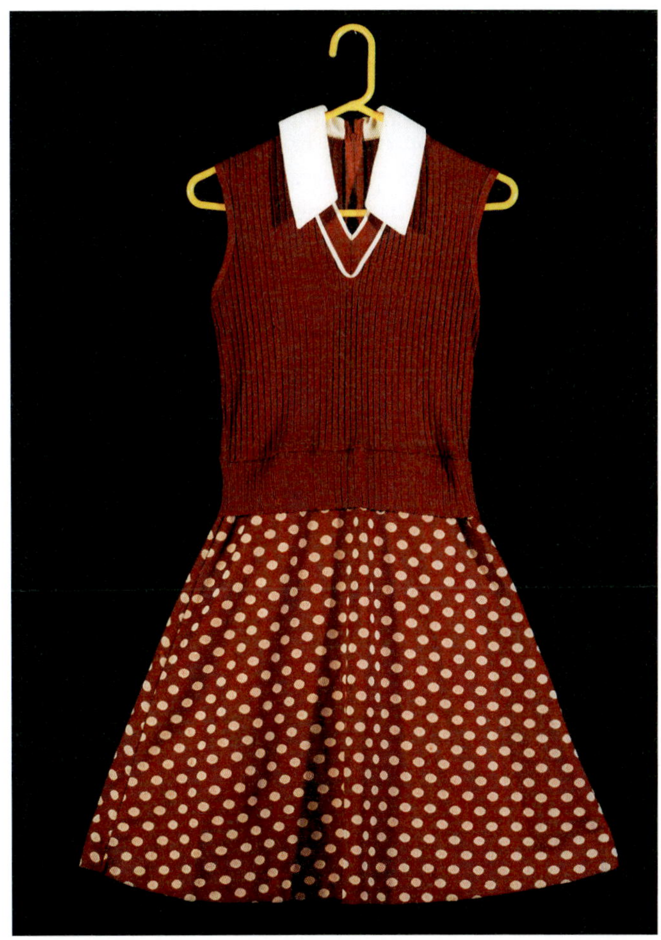

Lynn Hershman Leeson, *Roberta*, 1972–1978, Real-Performance, von Roberta Breitmore getragenes Kleid

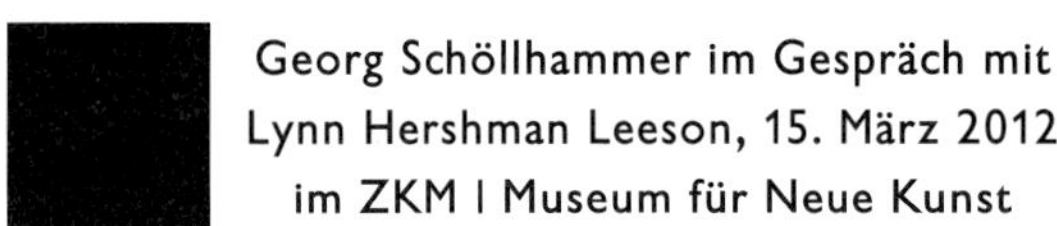

Georg Schöllhammer (G. S.) Wir freuen uns sehr, dass Lynn Hershman Leeson bei uns ist und wir eine ihrer Arbeiten präsentieren können, die sie bereits in den 1970er-Jahren begonnen hatte. Es geht nicht nur um Performance, es ist ein Stück über eine medienperformative Identität. Die Figur, über die wir heute sprechen, ist Roberta Breitmore, aber die Urheberin der Figur – oder vielleicht auch noch mehr als das – ist Lynn Hershman Leeson.

1972 waren die neuen Medien und Video endgültig in der Kunst angekommen, und der Einfluss der Medien auf die Identitätsbildung war ein großes Thema. Lynn, meines Erachtens hast du auf eine ganz eigene Art darauf reagiert. Du hast uns gezeigt, was es eigentlich bedeutet, eine Figur zu entwickeln. Du hast dich als diese Figur ausgegeben, bist in die Welt hinausgegangen, als wäre die Figur eine lebende Person, und hast sie dann sich selbst überlassen, damit sie verschiedene Räume und Medienlandschaften durchwandern kann. Was hast du dir damals dabei gedacht?

Lynn Hershman Leeson (L. H. L.) Ich hatte in einem Hotel eine Ausstellung installiert und dafür das Zimmer eines Gastes entworfen, der dort gewohnt haben könnte. Hinterher überlegte ich mir, das Konstrukt einer virtuellen Person freizusetzen, die in gewisser Hinsicht von dem negativen Raum ihres Lebens definiert wird – genauso wie der negative Raum eines Gemäldes und der negative Raum der Kultur. Und so wurde Roberta praktisch zum archetypischen Kompositum einer Person, die in jenen Jahren gelebt haben könnte. Zuerst wollte ich sie gar nicht selbst performen, aber dann fand ich niemand anderen, der dazu bereit gewesen wäre. Also musste ich es selbst tun, musste ihre Identität aufbauen, ihren Bekanntenkreis, ihre sexuellen Erfahrungen, ihre Handschrift, ihre Art zu gehen und zu sprechen, und sie dann ihre Existenz als Lebewesen beginnen lassen.

G. S. Im Grunde hast du eine fiktive Gestalt entwickelt, die quasi ihre eigene Identität schuf. Aber dann hast du sie befreit und sie unterschiedlichen Repräsentationsformen überlassen.

L. H. L. Das stimmt, sie wurde zu einer Essenz. Manchmal kann man durch die Fiktion eine tiefere Wahrheit aufschlüsseln. Robertas Schöpfung beruhte auf der Realität, in der sie lebte. Diese Realität wurde durch ihre Erlebnisse geformt, performt und dokumentiert. Es dauerte ungefähr sieben Jahre, bis ihre Gestalt soweit Profil bekommen hatte, dass sie ihre Zeit repräsentieren konnte. Zuerst hatte ich nur ein Grundgerüst; was ihr später alles zustoßen würde, davon hatte ich damals noch keine Ahnung. Ich hatte noch keine Vorstellung von den Erlebnissen, die sie später haben würde und von den Leuten, die sie kennenlernen würde; ein Abenteuer führte einfach zum nächsten. Um Licht auf den Schatten zu werfen, den sie darstellte, musste sie das übliche Beiwerk einer Identität haben. Also bekam sie einen Führerschein und ging in Therapie. Sie hatte sogar eine Kreditkarte, im Gegensatz zu mir. In der Zeit der 1970er-Jahre war sie tatsächlich bedeutender und authentischer als ich.

G. S. Was mir auffällt bei dem, was wir hier ausstellen – wir zeigen Roberta in wirklich unterschiedlichen Repräsentationen und verschiedenen Medien –, ist, dass sie sich ihrer eigenen Medienpräsenz immer bewusst war. Irgendwie war sie nicht nur präsent, sie reflektierte auch das jeweilige Medium, in dem sie präsent sein wollte. Für mich war sie nicht nur eine echte junge Amerikanerin, sie erzählte auch die Geschichte der damaligen amerikanischen Medien. Wie ist es dir gelungen, ihr diese Medienpräsenz zu verschaffen?

L. H. L. Es gab zwei Fotografen, die sie überwachten. Wir hatten sie aufgrund ihres günstigen Honorars ausgewählt. Außerdem sollten sie Roberta als Leibwächter zur Seite stehen für den Fall, dass sie in Schwierigkeiten kam. Die Leute, denen sie begegnete, wussten nicht, dass alles von Fotografen aufgezeichnet wurde, aber mir war es sehr wichtig, diese Zeit aufzunehmen und zu dokumentieren. Die Arbeit mit Roberta führte ich eine lange Zeit fort. Sie entwickelte sich mit der Zeit und wurde eine aktive Konstruktion, in die alles mit einfloss – wie Roberta auf die Golden Gate Bridge geht und nicht weiß, ob sie sich von der Brücke stürzen soll nach ihrer Erfahrung in San Diego, wo sie aufgefordert wurde, sich einem Prostitutionsring anzuschließen. Dann macht sie eine Therapie, um der Ursache ihrer Krankheit auf den Grund zu gehen, und überzeugt den Therapeuten, ihr ein Medikament zu verschreiben. Sie war wie eine Frau, die zu der Zeit tatsächlich dort gelebt haben könnte.

G.S. Welche Vorgaben hast du den engagierten Fotografen gegeben? Hattest du dir wie eine Regisseurin vorher überlegt, wie Roberta in Szene gesetzt werden soll?

L.H.L. Ja, die beiden sollten Großaufnahmen, Mitteltotalen und Totalen von ihr machen, damit wir alles abdecken konnten. Ich habe mir das oft als Film vorgestellt, als einen Film ohne Filmmaterial, das ermöglicht eine größere Bandbreite in der Darstellung und auch eine weiter gefasste Perspektive darauf, wie Roberta aussehen und wie sie sich vor der Kamera verhalten würde.

G.S. Aus der Ferne gesehen ging es um diese ganze Welt der Bilderzeugung, in die Roberta eingebettet war und die du zusammen mit ihr in diesem bestimmten Moment zeigen wolltest. Die Medien, die du verwendet hast, waren zum Teil genau die Medien, die diese Art der Erzählung überhaupt begründet haben. Roberta war meiner Ansicht nach von Anfang an eine Medienpersönlichkeit.

L.H.L. Sie hat sich auch mit Spiegelung und Brechung beschäftigt, um die damalige Zeit richtig wiederzugeben. Sie nahm reale Menschen in ihre Fiktion auf und wurde so Teil der Realität ihres Lebens. Deren interaktive Antworten und reflexive Brechung waren bei der Konstruktion von Robertas Identität immer ein integraler Bestandteil.

G.S. Dass Roberta heute wiederentdeckt wird, hat meiner Ansicht nach viel mit der Möglichkeit zu tun, Identität konstruieren und verschiedene Identitätsmodi annehmen zu können. Ich sehe sie als sehr frühes Beispiel für ein Verhalten, das heute zunehmend gängige Praxis ist. Das Interesse ist groß herauszufinden, wie Selbstdarstellung oder Darstellung überhaupt in die Medienstruktur als Ganzes eingebettet werden können.

L.H.L. Ja, ich glaube, das war die erste eingebettete Identitätsperformance insofern, als es keine dramatische Mimikry war, es war nicht nur die Fotografie. Und dadurch, dass Roberta gespielt wurde, dass es so viele Medien gab und man nur schwer bestimmen konnte, was bewusst gemacht wurde, wurde es meiner Meinung nach schwieriger, sich einen Überblick zu verschaffen über das, was sie repräsentierte. Und das bedeutete wieder eine Brechung unseres eigenen Selbst und unserer Psyche im Moment des Aufkommens der Technologie.

Link zum Video dieses Künstlergesprächs:
http://moments.zkm.de/Hershman

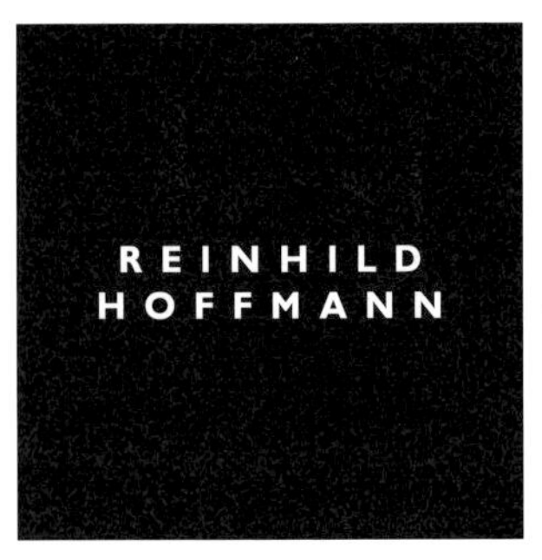

Reinhild Hoffmann, 1943 in Sorau, Schlesien, geboren, lebt und arbeitet in Berlin. 1970 schloss Reinhild Hoffmann ihr Studium an der Folkwang Hochschule Essen unter der Leitung von Kurt Jooss mit dem Examen in Bühnentanz und Tanzerziehung ab. Von 1970 bis 1973 hatte sie ein Engagement als Tänzerin am Theater am Goetheplatz in Bremen und leitete von 1975 bis 1978 zusammen mit Susanne Linke das Folkwang Tanzstudio. 1978 übertrug ihr der Intendant Arno Wüstenhöfer die Leitung des Bremer Tanztheaters, die sie bis 1986 innehatte (bis 1981 zusammen mit Gerhard Bohner). 1986 wechselte sie an das Schauspielhaus Bochum und wurde Mitglied der Theaterleitung. 1996 nahm sie eine Gastprofessur am Institut für Angewandte Theaterwissenschaft an der Justus-Liebig-Universität Gießen wahr. Sie ist seit 1995 freischaffende Choreografin, Tänzerin und Regisseurin für Opern und Musiktheater. Die Tänzerin Reinhild Hoffmann gehört neben Johann Kresnik, Gerhard Bohner, Pina Bausch und Susanne Linke zu den Wegbereitern des deutschen Tanztheaters, welches sie als eine eigenständige Form tänzerischer Darstellung entwickelt haben.

Für einen choreografischen Wettbewerb in Köln erarbeitete Reinhild Hoffmann 1975 ihre erste Choreografie *Trio*, die sie selbst mit zwei weiteren Folkwang-Tänzerinnen performte. Durch den Erfolg der Aufführung erhielt sie ein zweijähriges Choreografiestipendium und konnte die Arbeit des Folkwang Tanzstudios fortführen. 1976 entstanden die Stücke *Duett*, *Fin al Punto* und *Rouge et noir*. In ihnen vertiefte sie bereits die für ihr Werk auch später immer wieder zentralen Aspekte der Befreiung aus inneren und äußeren Zwängen sowie des Herauslösens aus bestehenden Konventionen.

1976 gelang ihr mit ihrer Arbeit *Solo mit Sofa* der künstlerische Durchbruch; dieses Stück tanzte Reinhild Hoffmann im Laufe der folgenden fast drei Jahrzehnte immer wieder. Die Figur ist über ihr Kleid mit einem Sofa verbunden. An und mit diesem Objekt dekliniert die Performerin sinnliche Begebenheiten durch: eine Kante, über die sie sich beugt, eine Ecke, in die sie kriecht, oder eine Lehne, mit der sie zu verschmelzen scheint. Das Stück behandelt weniger die Auseinandersetzung mit Beschränkung und Befreiung, sondern Raumerfahrungen, das Ertasten von Grenzen wie auch das In-sich-Aufnehmen von Raum. Im Jahr 1977 zeigte sich in der Performance *Clowns* Hoffmanns Vorliebe für sperriges Material. Sie lässt die Darsteller mit einer sehr großen, dicken Papierfläche agieren, die von den Körpern der Tänzer immer wieder bearbeitet wird.

Eine Fortführung der Auseinandersetzung des Körpers mit Gegenständen findet sich in Reinhild Hoffmanns Stücken *Steine* und *Bretter* (beide 1980). In *Bretter* setzt sich die Darstellerin einer Körpererweiterung und damit extremen Dimensions- und Schwerpunktverschiebungen aus. Der weiche, flexible Körper geht mit den an den Rücken gebundenen Brettern

»Begrenzung habe ich immer als eine Herausforderung empfunden, nicht als etwas Negatives, sondern dass sie einem einen Reichtum gibt. [...] Dabei [geht] es darum, Raum sichtbar zu machen über den Blick, über Wendungen in verschiedene Richtungen.«[1]

»Manchmal hat es mich gereizt, mit Gegenständen zu arbeiten, die es gar nicht gibt, die ich selbst erfunden habe. Außerdem fand ich es immer interessant, dass ein Requisit, sei es nun real oder erfunden, zu einem Teil des Körpers wird, und diesen verwandelt – wie eine Erweiterung. Die Bretter, die ich mir in dem Stück Bretter auf den Rücken geschnallt habe, sind nicht unbedingt nur ein fremdes Element. Sie konnten wie ein Kreuz sein, aber auch wie Flügel, je nach Position. Aber es ging nicht um den dramatischen Aspekt einer Kreuzigung, sondern ich hatte ein Interesse an Linien, auch daran, wie sich die Weichheit des Körpers zu einem starren Material verhält.«[2]

[1] Reinhild Hoffmann im Interview mit Norbert Servos in: Dagmar-Lara Heusler (Hg.), *Körper und Raum. Pina Bausch, Susanne Linke, Reinhild Hoffmann, William Forsythe*, Ausst.-Kat., Goethe-Institut Mailand, Müller und Busmann, Wuppertal, 1999, o. S.

[2] Ibid., S. 27f.

eine starre, fast skulpturale Verbindung ein. Dagegen ringt sie in *Steine* mit Flieh- und Gravitationskräften. Die präzise Körperarbeit der Tänzerin wird am materiellen Gegenüber gemessen, um so die physischen Grenzen kenntlich zu machen. In den 1980er-Jahren entwickelte Reinhild Hoffmann immer komplexere Spielformen für ihre Stücke. Von *Föhn* (1985) über *Verreist* (1986) und *Machandel* (1987) bis hin zu *Ich schenke mein Herz* (1989) entfaltet sich eine zunehmende Gleichzeitigkeit der Bühnenvorgänge. Während sie in ihren frühen Arbeiten dem Betrachter Anlässe und Gelegenheiten zur Identifikation mit den Hauptfiguren bietet, löst sie in den späteren Arbeiten diese Möglichkeit immer wieder durch die Vervielfachung von Rollen auf. Ebenso verändern sich ihre thematischen Schwerpunkte: In der Zeit des Bremer Tanztheaters setzte sie sich in ihren Stücken mit zeitgenössischen Themen auseinander, wie etwa der Antipsychiatriedebatte (*Unkrautgarten*, 1980) und der Emanzipationskontroverse (*Hochzeit*, 1980) oder mit dem Thema der persönlichen und politischen Macht (*Könige und Königinnen*, 1982, und *Callas*, 1983). Reinhild Hoffmanns mythologisches Interesse vergegenwärtigt sich hingegen im Werk *Dido und Aeneas* (1984). Später löste sie sich von aktuellen Hintergründen, verfolgte bereits früher angelegte Motive und baute diese aus, wie zum Beispiel die Thematisierung der Gedanken- und Bilderwelt der Jahrhundertwende in *Erwartung – Pierrot lunaire* (1982) und die verstärkte Auseinandersetzung mit Theaterkonventionen in *Ich schenk mein Herz* (1989). In ihrem komplexen Stück *Denn ein für alle Male ists Orpheus, wenn es singt* (1994) thematisiert sie die Rolle des Künstlers in der Gesellschaft, der sich mit dem steten Erproben der Freiheitsräume zwischen Ordnung und Chaos beschäftigt.

In Reinhild Hoffmanns Stücken ist Bewegung nicht nur als Teilaspekt einer Gesamtkomposition zu verstehen, sondern als ihr konstruierendes Element. Dies hat zur Folge, dass es in ihren Werken immer wieder zu Passagen absoluten Tanzes kommt, mit denen sie das Ausloten von Freiheitsräumen innerhalb selbst gewählter oder vorgefundener Beschränkungen thematisiert.

Reinhild Hoffmann, *Solo mit Sofa*, 1976,
Performance, Folkwang-Tanzstudio, Essen

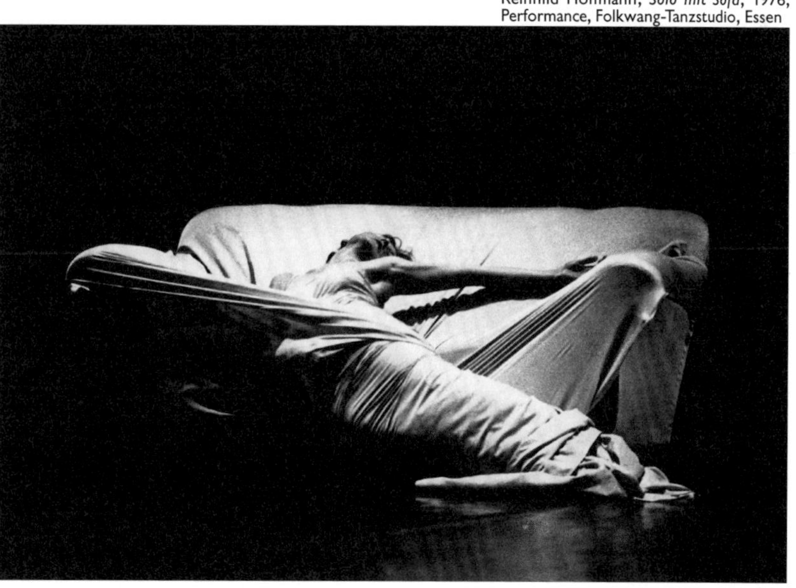

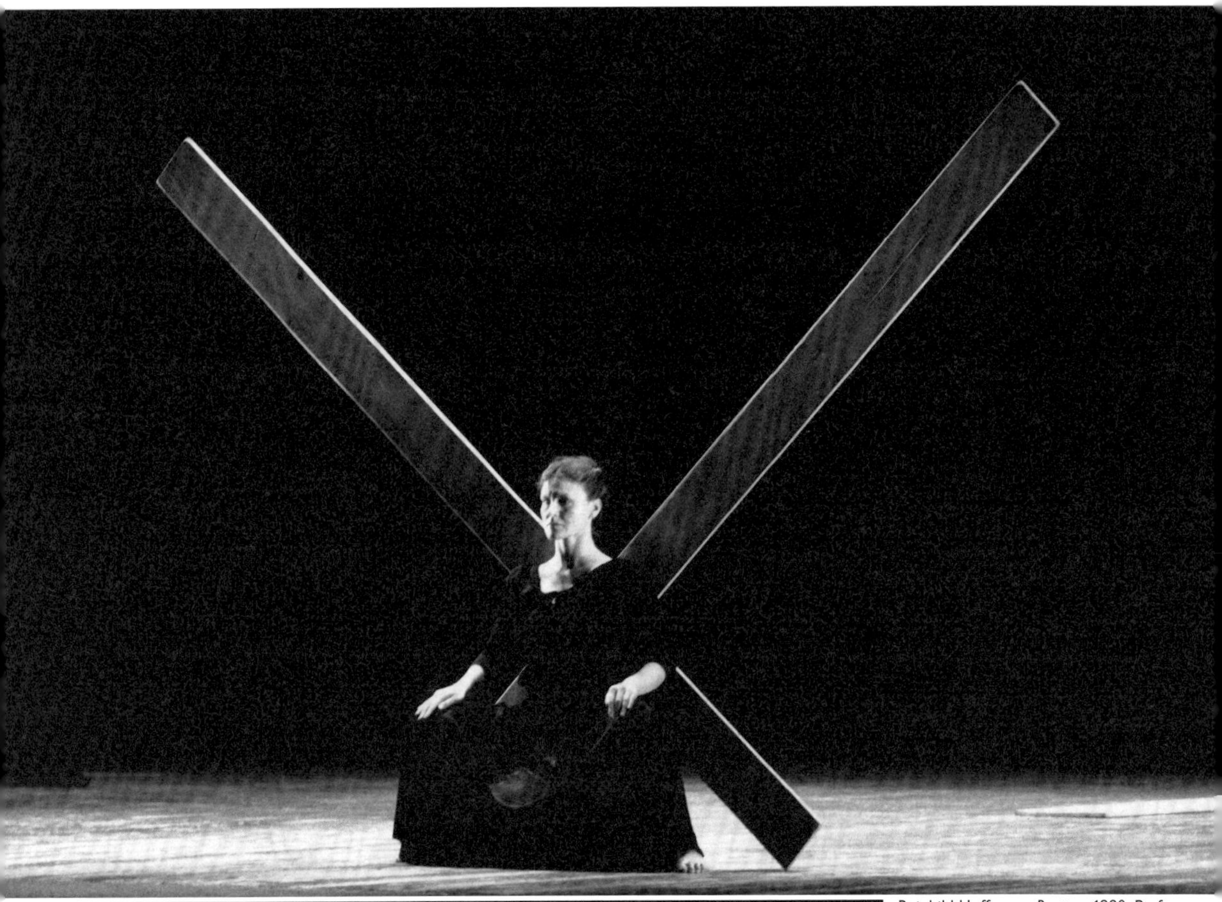

Reinhild Hoffmann, *Bretter*, 1980, Performance, Festival mondial, Nancy, Frankreich

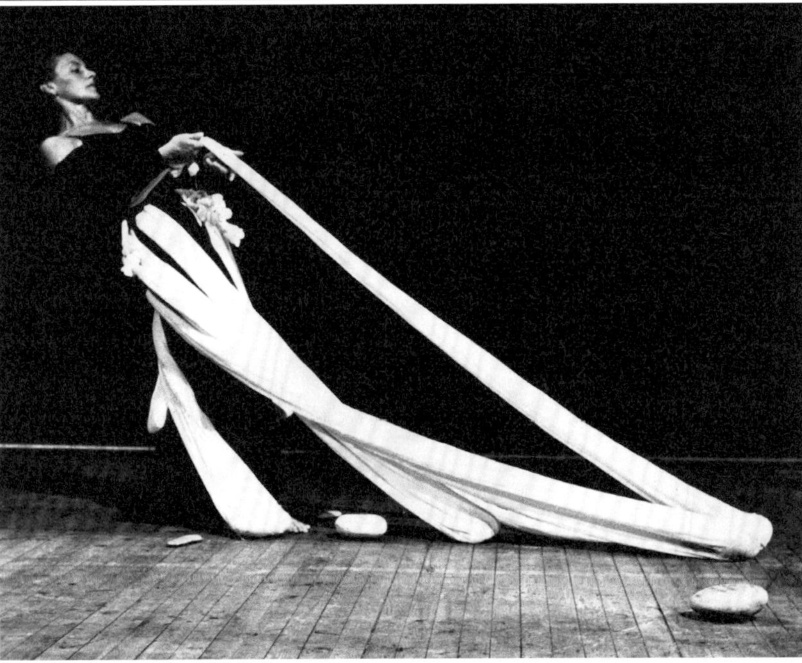

Reinhild Hoffmann, *Steine*, 1980, Performance, Festival mondial, Nancy, Frankreich

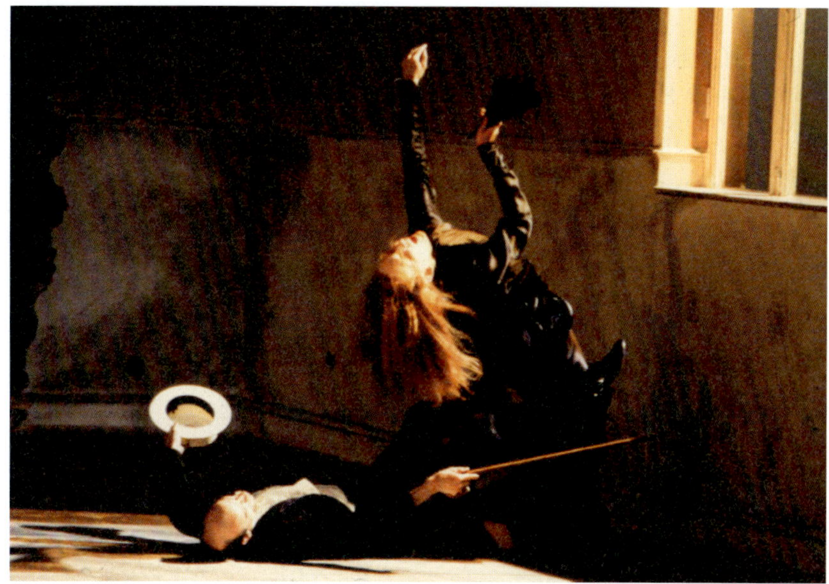

Reinhild Hoffmann, *Callas*, 1983, Choreografie, Theater am Goetheplatz, Bremen

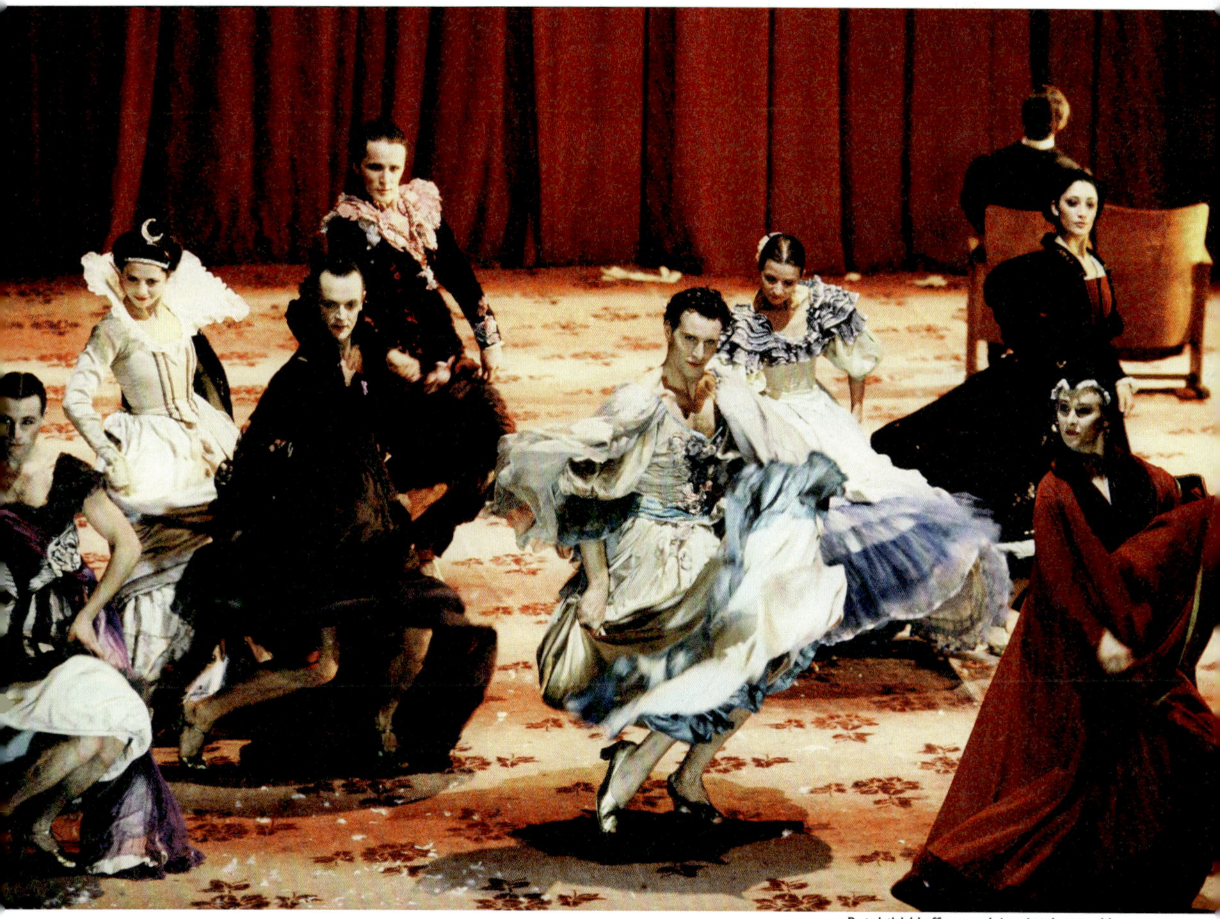

Reinhild Hoffmann, *Ich schenk mein Herz*, 1989, Choreografie, Schauspielhaus Bochum

Sigrid Gareis (S.G.) Reinhild Hoffmann ist eine der Pionierinnen und Hauptfiguren des deutschen Tanztheaters, das eng mit Künstlern wie Pina Bausch, Gerhard Bohner und Johann Kresnik in Verbindung steht und in Essen und Wuppertal seinen Ursprung hatte. Reinhild, ich würde mich freuen, wenn du uns einen Eindruck von der Atmosphäre dort in den 1960er-Jahren geben könntest.

Reinhild Hoffmann (R.H.) Ich begann meine Ausbildung 1965 an der Essener Folkwangschule. Damals gab es in den deutschen Tanztheatern die Tendenz, zum klassischen Tanz zurückzukehren. Man wollte eine repräsentative Form des Balletts und nicht so sehr problembehaftete Themen. Der Krieg war vorbei, und die Menschen wollten keine Probleme. Wenn sie ins Theater gingen, wollten sie sich entspannen und unterhalten werden. Das Folkwang-Tanztheater in Essen, wo man sich mit dem modernen deutschen Tanz beschäftigte, war mehr oder weniger eine Insel. Als Kurt Jooss die Schule übernahm, bedeutete das die Rettung des modernen Tanzes. Da wir sowohl im klassischen als auch im modernen Tanz ausgebildet worden waren, konnten wir als professionelle Tänzer ans Theater gehen, allerdings hatten wir durchaus auch anderes im Sinn.

S.G. Und hattest du eher Lust darauf, die Tradition fortzusetzen, oder wolltest du etwas völlig Neues machen?

R.H. Das ist eine gute Frage. Das Wichtige an der Essener Schule war, dass sie wohl die einzige Schule in Deutschland war, die die unterschiedlichen Kunstmedien unter einem Dach vereinte. Sie war in einem alten Kloster untergebracht, und es gab Abteilungen für die bildenden Künste, für das Theater und für die Musik. Wir lernten einander kennen und waren mit den Leuten aus der bildenden Kunst eng befreundet. Sie wussten über das, was sich gerade ereignete, besser Bescheid – es war die Zeit, in der zum Beispiel Joseph Beuys in Düssel-

dorf lehrte. Wir besuchten die Ausstellungen im Ruhrgebiet, die Kurzfilmtage in Oberhausen und sahen zum ersten Mal Andy Warhols Untergrundfilme. Auf einmal war wirklich viel los, und das hat uns natürlich beeinflusst. Es wirkte sich auf die

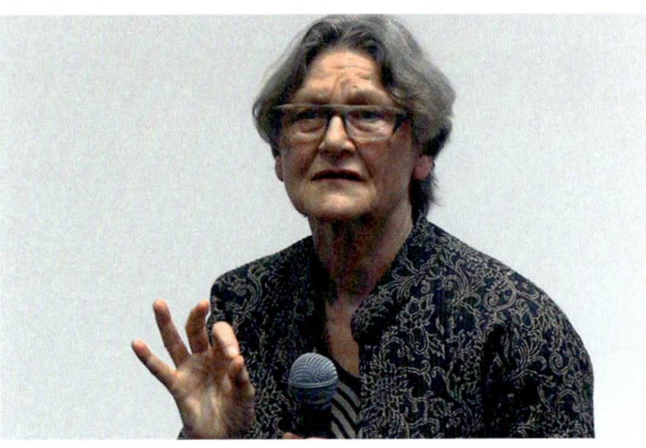

Ziele aus, die wir im Tanz verfolgten, und machte für unsere Stücke einen entscheidenden Unterschied – vor allem im Vergleich zu dem, was zuvor unsere Lehrer getan hatten.

S.G. Dann bist du für ein Jahr nach New York gegangen und hast das Judson Dance Theater kennengelernt. Inwiefern hat dich das beeinflusst?

R.H. Ich hatte das Glück, mit meinen ersten kleineren Choreografien ein Stipendium für New York zu erhalten. Ich verfügte über ein monatliches Einkommen und konnte tun und lassen, was ich wollte. Ich wanderte einfach umher, sah mir gewisse Dinge an, nahm an verschiedenen Kursen teil, lauter solche Sachen. Das war in den 1970er-Jahren, und alle waren von der Minimal Art begeistert, die mich aber nicht besonders interessierte. Stattdessen reizte mich die Arbeit von Trisha Brown und Meredith Monk, und ich sah mir auch Stücke der Limón Dance Company an, die eine Generation älter war. Meine Wohnung lag ganz in der Nähe vom YMCA, wo der Unterricht der Limón Dance Company stattfand, doch stattdessen arbeitete ich mit Merce Cunningham und Alwin Nikolais. Das hat mich einen großen Schritt vorangebracht, denn ich wollte nicht so früh schon zum Theater gehen. Es erschien mir zu abgeschottet. Ich wollte lieber alles Mögliche erkunden. Danach war ich dann irgendwie entspannt und dachte, dass ich mich nun auf meine Arbeit konzentrieren könne. Ich hatte genug gesehen.

S.G. Wenn ich die Entwicklungen in den Vereinigten Staaten und hier in Deutschland vergleiche, meine ich immer, dass sich in Deutschland eine Revolution innerhalb der Staatstheater und des Systems von Institutionen ereignet hat, wohingegen es in den Staaten freie Bewegungen gab, die von den Künstlern in ihren Studios, auf der Straße und in Zusammenarbeit mit ihren Kollegen ausgingen. Wie siehst du das?

R.H. Stimmt, in Deutschland gab es die freie Szene nicht. Wenn man den Tanz zum Beruf machen wollte, war man von den Institutionen abhängig, doch weil wir nicht mehr *Schwanensee* aufführen wollten, mussten wir gewisse Aspekte verändern. Wir brauchten Intendanten wie zum Beispiel Kurt Hübner, die etwas Ähnliches wollten wie wir selbst. All die wichtigen Regisseure wie Peter Stein, Peter Zadek, Klaus Michael Grüber und Rainer Werner Fassbinder haben zuerst für ihn gearbeitet. Ein weiterer bedeutender Intendant war Arno Wüstenhöfer in Wuppertal, der Pina Bausch förderte. Ein ebenfalls sehr wichtiger Impuls ging von der Intention des Goethe-Instituts aus, deutsche Kunst in die Welt hinauszubringen. Sie hatten den Tanz ausgewählt, weil er nicht auf Sprache basiert. So erhielten wir die Gelegenheit, unsere Arbeit zu zeigen, was wiederum auf Deutschland zurückwirkte.

S.G. Vielleicht könntest du uns mehr über die frühen Stücke erzählen, die du in Bremen auf die Bühne brachtest. Wie begann deine Arbeit im Theater? Welche Möglichkeiten hattest du an der Seite von Gerhard Bohner, als du nicht nur als Choreografin, sondern auch als Tänzerin gearbeitet hast?

R.H. Ich wollte nicht ausschließlich choreografieren; ich wollte auch auf der Bühne sein. Gerhard Bohner wollte nur Stücke machen, die einen ganzen Abend füllten. So hatte ich für etwa ein halbes Jahr fast völlige Freiheit, entweder in seinen Stücken zu tanzen oder an Solos für mich selbst zu arbeiten. Die Arbeit mit sich selbst ist anders als die Arbeit mit anderen Tänzern, da man an gewisse Grenzen stößt. Du musst nichts erklären, du verfolgst nur deine eigene Vision und arbeitest ganz anders.

S.G. Eben hast du erwähnt, dass du dich nicht wirklich für die Minimal Art interessiert hast, doch eigentlich meine ich, dass es da schon eine Beziehung zu deinen Stücken gibt. Du hast ja auch mit Einschränkungen gearbeitet, hast Bewegungen reduziert oder hast die Frage aufgeworfen, wie wenig Material schon eine Grenze bezeichnen kann. Vielleicht könntest du uns etwas mehr über die Entwicklung deiner Solostücke erzählen?

R.H. Ich hielt gerne an etwas fest und fand dann heraus, was ich damit vielleicht erreichen konnte. Häufig habe ich im Kontext dieser Stücke irgendwo eine Begrenzung festgelegt, um die damit verbundenen Möglichkeiten zu ermitteln. In *Bretter* (1980) habe ich mit drei Brettern gearbeitet. Der Aus-

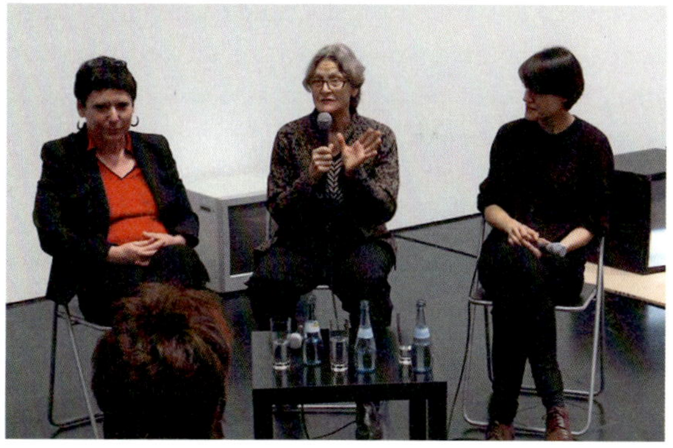

gangspunkt war, dass ich sagte, ich habe nur diesen bestimmten Raum, den Raum, den ich für meinen Körper brauche. Ich hatte ein Brett vor mir und zwei Bretter auf meinem Rücken, die ich mit meinem Körper verband. Als das erste Brett am Anfang des Stücks herunterfiel, öffnete sich der Raum, doch er war nicht flexibel, ich musste mich an die von diesen Brettern bestimmten Regeln halten. Mich interessierten die Grenzen dieses Materials, die Dimension des Materials, das die Bewegung festlegte. Ich wollte herausfinden, was mit den Brettern auf meinem Rücken möglich war, und am Ende kehrte ich in diesen Raum zurück, der gerade groß genug für meinen Körper war. Was mich genauso interessierte waren Geräusche; ich habe in diesen Stücken absichtlich nicht mit Musik gearbeitet, sondern mit den Geräuschen des Materials, die ebenfalls als Musik empfunden werden können.

Link zum Video dieses Künstlergesprächs:
http://moments.zkm.de/Hoffmann

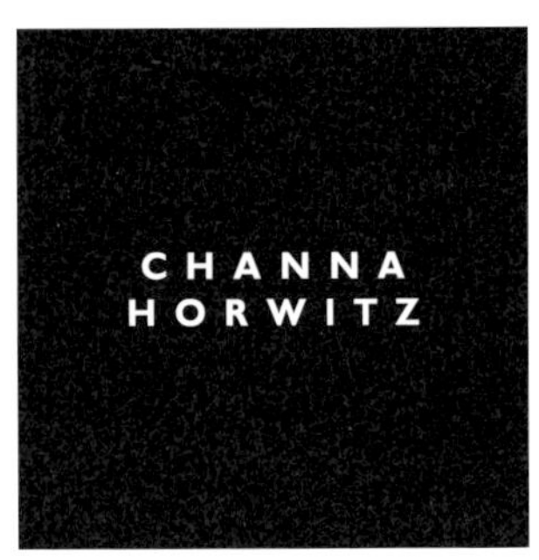

Die 1932 in Los Angeles geborene Konzept- und Performancekünstlerin Channa Horwitz entwickelt seit Anfang der 1960er-Jahre minimalistische grafische Notationssysteme, die es ihr ermöglichen, Zeit, Rhythmus und Bewegung in unzähligen Variationen zu visualisieren. Die so entstandenen Kompositionen können als zeichnerische Diagramme, musikalische Partituren oder choreografische Notationen gelesen werden und bilden die Grundlage für multimediale Performances. Channa Horwitz studierte von 1950 bis 1952 an der Art Center School of Design in Pasadena und von 1960 bis 1963 an der California State University in Northridge. 1972 erlangte sie den Bachelor of Fine Arts am California Institute of the Arts, wo sie unter anderem zu Allan Kaprow Kontakt hatte.

Bereits in ihren frühen minimalistischen Serien beschäftigte sich Channa Horwitz mit Variationen innerhalb einer Struktur geometrischer Grundformen. In *Window Shades* (1964) schuf sie innenarchitektonische Entwürfe für ein fiktives Paar, Mr. und Mrs. McGillicutty. In ihrer *Language Series* bildete sie ab 1964, ähnlich wie die Schriftstellergruppe Oulipo, die Bedingungen von Sprache in geometrischen, rhythmischen Formen ab und setzte diesen geometrischen, minimalistischen Ansatz in ihren Gemälden und Skulpturen ab 1966 fort. Sie war interessiert an Magneten, Sprungfedern und Bewegung oder, allgemein gesprochen, an der Materialität von Zeit. 1968 reichte Horwitz dementsprechend einen Vorschlag zur Ausstellung *Art and Technology* im Los Angeles County Museum of Art ein, mit dem Titel *Suspension of Vertical Beams Moving in Space*. Es handelte sich dabei um eine Installation aus acht Plexiglasbalken, die in der Luft von Magneten gehalten beziehungsweise bewegt und mit komplexen Lichtprojektionen kombiniert werden sollten. Ihr Konzept ist zwar im Katalog abgedruckt, wurde jedoch nicht für die Ausstellung realisiert, da zu diesem Projekt ausschließlich männliche Künstler eingeladen worden waren.

»I had knowledge of classical visual compositions, and I could compose two-dimensionally, as in painting and drawing. I could compose three-dimensionally, as in sculpture, but I had no ability to compose in fourth dimension, time. I could not conceive of how a choreographer or musical composer could compose time. Because of this inability, and a need to compose, I devised a system that would allow me to see time visually. I felt I could use a graph as a basis for the visual description of time.«[1]

»So wie ich die Welt sehe, ist sie scheinbar aus einer Folge von Zufällen entstanden und hat sich daraus entwickelt. Der Zufall bestimmt scheinbar mein Leben und die Entwicklung, die es nimmt; aber tatsächlich ist es eine Struktur, die durch mein Begehren, sowohl bewusst als auch unbewusst, dirigiert und determiniert wird. Mein Werk basiert auf der Theorie, dass die Struktur nur lange genug wirken muss, um scheinbar zufällig zu werden. Sie wird nicht zum Zufall, sie wird nur als solcher scheinen.«[2]

Seit 1968 entwickelt Channa Horwitz ausgehend vom Prinzip der deduktiven Logik ein grafisches Notationssystem, das sie *Sonakinatography* nennt. Es basiert auf der Zahlenfolge eins bis acht, die sich aus dem Raster ihres Zeichenpapiers ergibt. Acht horizontale Einheiten erhielten jeweils eine Nummer, die der Länge eines Zählimpulses entspricht, und eine Farbe. Horwitz nannte diese Einheiten »Energien«. Später nutzte sie ein Raster aus acht mal acht Kästchen, bei denen die vertikalen Kästchen die Ausdehnung der »Energien« im Raum beschreiben und fügte ihren Kompositionen weitere Ebenen im Raum hinzu. In den Diagrammen lassen sich mithilfe von Wiederholung, Inversion und Variation des Musters zeitliche Strukturen, Notenwerte und Bewegungen beschreiben und darstellen.

Channa Horwitz erforscht in ihren Werken die Grenzen zwischen Kunst, Mathematik und Wissenschaft. Sie selbst beschreibt *Sonakinatography* als

[1] Auszug aus einem Statement von Channa Horwitz, 1996, online: http://www.aanantzoo.com/?q=content/channa-horwitz#tabs-2, zuletzt abgerufen am 07.11.2012.

[2] Auszug aus einem Statement von Channa Horwitz, Hidden Hills, Kalifornien, Januar, 1976, online: http://www.aanantzoo.com/?q=content/channa-horwitz#tabs-2, zuletzt abgerufen am 07.11.2012.

visuelle Philosophie und als Sprache, die von allen Künsten verstanden
werden kann. Dementsprechend stellte sie ihre ersten Kompositionen im
Rahmen multimedialer Aufführungen aus, bei denen Tänzer die auf trans-
parente Folie gedruckten oder projizierten Notationen in Performances
umsetzten. Sie integrierte kinetische Skulpturen, *Breathers*, in denen trans-
parente Vinylbälle auf weißen Kuben auf- und abgepumpt wurden, entwarf
Kostüme und komponierte die Musik für Schlagzeug und Synthesizer. Sie
ließ die Performer anhand von Rasterlinien agieren, ähnlich des farbigen
Bodenrasters, des zwei mal vier Rechtecke umfassenden *grids*, den sie in ihr
Display der Ausstellung *Moments* integrierte. In *Opera Poem / The Devided Person* (1978) ließ sie acht Akteure auf circa acht Meter langem Papier
notierte Skripte zum Takt eines Metronoms lesen. Die Skripte beschreiben
die Dichotomie des menschlichen Charakters. Die Struktur, die Horwitz
allen ihren Werken zugrunde legt, versteht sie nicht als Begrenzung, sondern als Grundlage der Freiheit und des Potenzials unendlicher Variation.

Channa Horwitz, *Sonakinatography I (Composition III)*, 1969, Bleistift, Faserstift und
Letraset auf Mylar, 60,6 x 92,5 cm

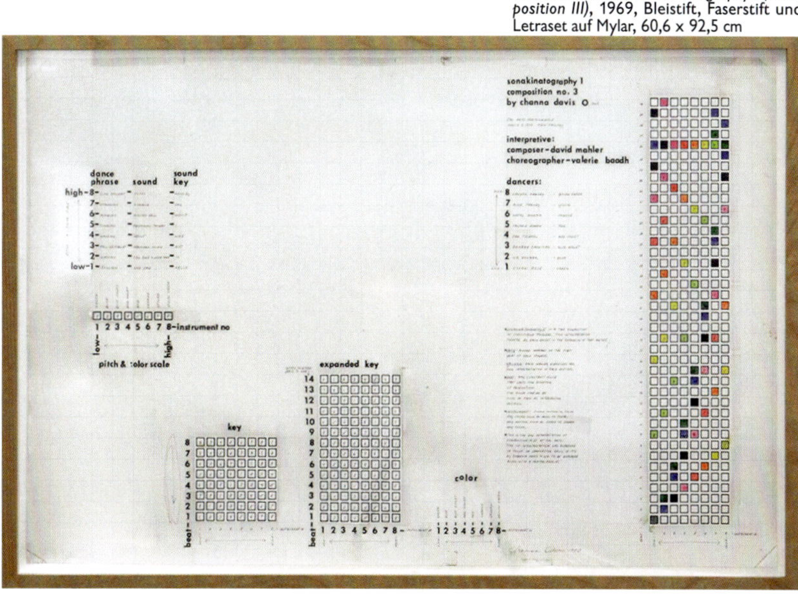

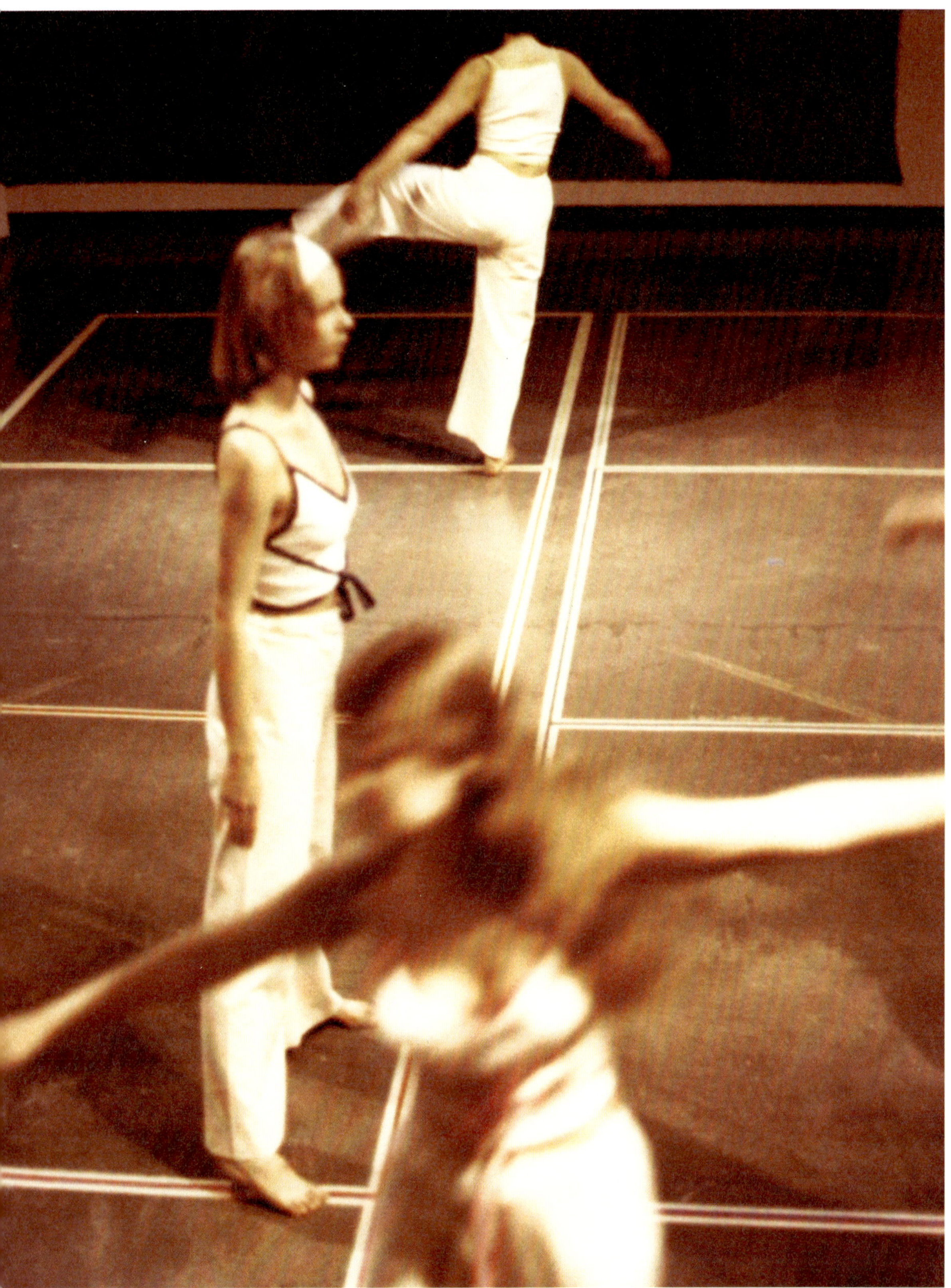

Channa Horwitz, *The Knot*, 1972, Performance, California Institute of the Arts, Valencia, Kalifornien

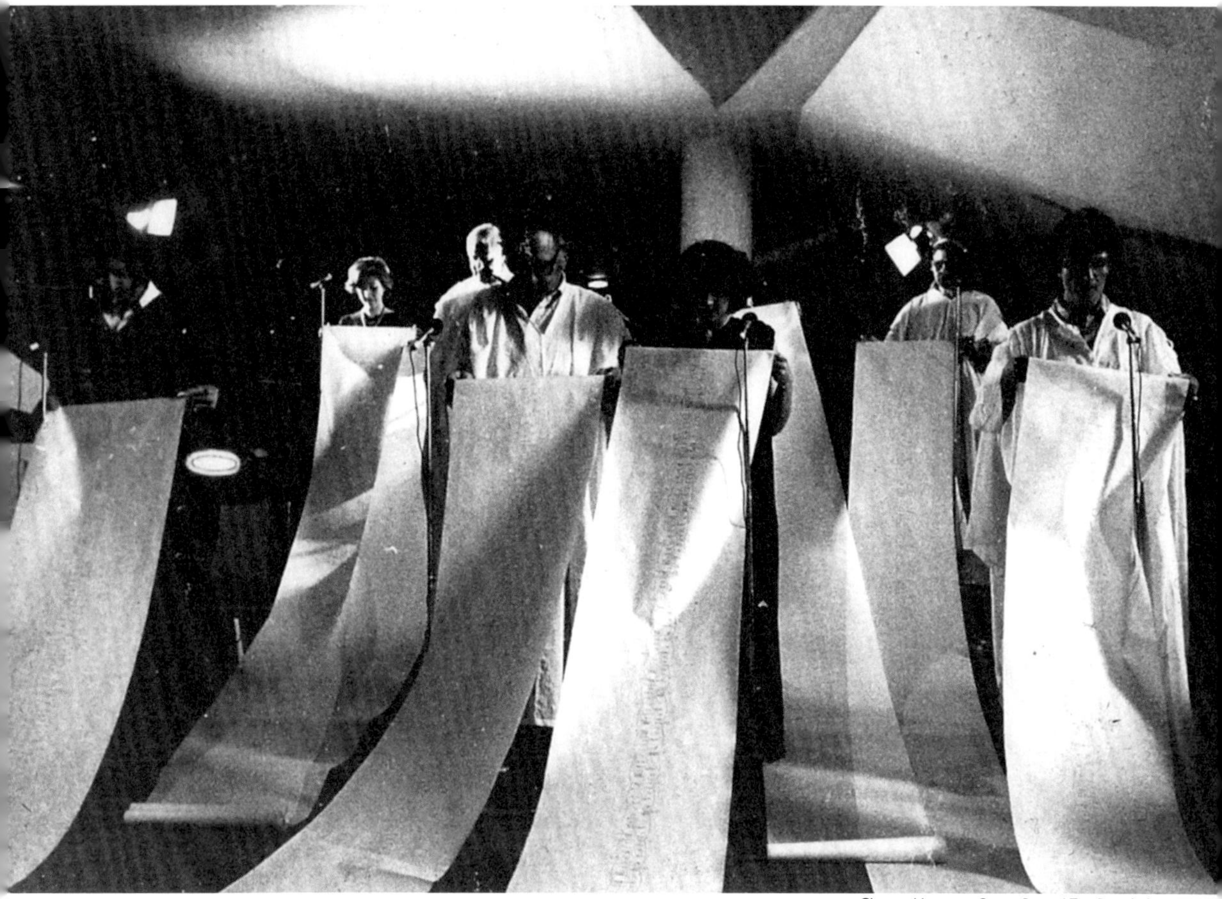

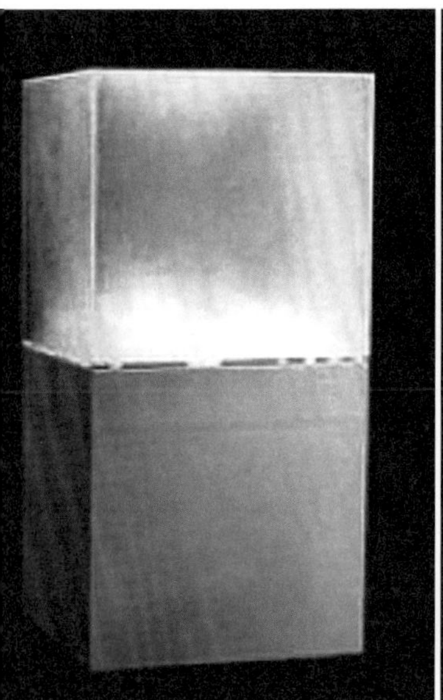

Channa Horwitz, *Opera Poem / The Devided Person*, 1978, Performance, Palazzo dei Congressi, Bologna, Italien

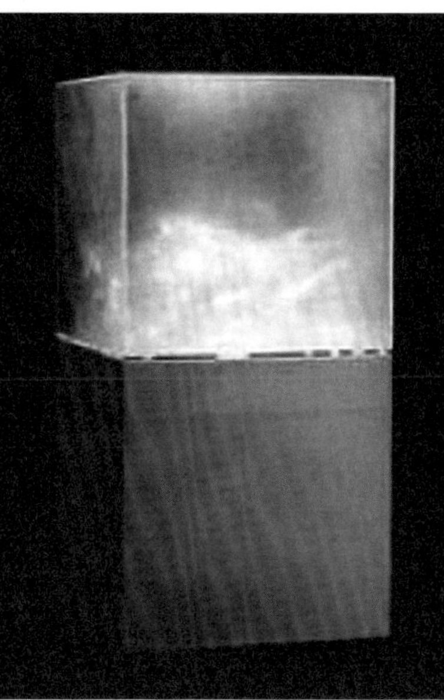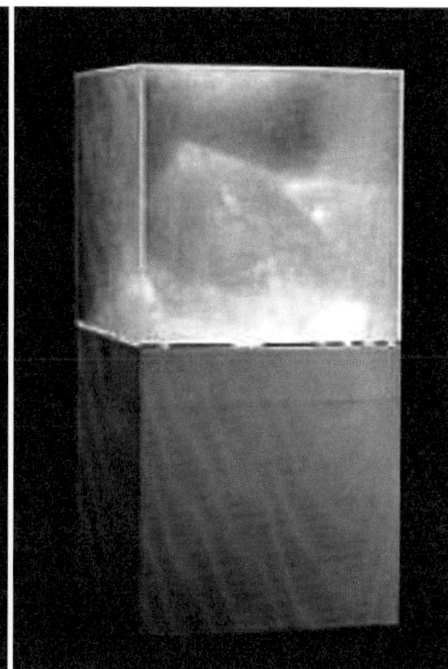

Channa Horwitz, *Breather*, 1969, kinetische Skulptur, Plexiglas, Motor, Pumpe, 108 x 54,6 x 54,6 cm, Installationsansicht in drei verschiedenen Phasen

Georg Schöllhammer (G. S.) Channa, wenn diese Ausstellung vor sechs Jahren stattgefunden hätte, hätten wir Sie wahrscheinlich nicht eingeladen: Wir hätten über Ihre Arbeit gar nichts gewusst. Es ist wirklich ein Wunder, dass Sie wieder aufgetaucht sind, nachdem Sie sich so lange versteckt gehalten haben oder von der Kunstgeschichte übergangen worden sind.

Channa Horwitz (C. H.) Sie haben nie von mir gehört, weil ich versucht habe, versteckt zu bleiben.

G. S. Sie haben sich absichtlich versteckt?

C. H. Ja. Ich habe sogar an einem Ort mit dem Namen Hidden Hills gelebt, wo ich an einem Hang mit einem Blick auf die Felder und die Vögel am Himmel ein Atelier hatte. Es war wunderschön, und ich habe es vorgezogen, dort zu bleiben und mich mit meiner eigenen Arbeit zu beschäftigen. In dieser Zeit habe ich etwas gelesen über eine Ausstellung, die im Los Angeles County Museum of Art stattfinden sollte. Das Museum hatte in der Zeitung eine Anzeige veröffentlicht, in der es um Vorschläge für die Ausstellung *Art and Technology* bat. Ich habe also im Museum angerufen und gefragt: »Was meinen Sie mit Vorschlägen?« Und das junge Mädchen hörte eine weibliche Stimme und sagte: »Ach, machen Sie einfach etwas Unmögliches.« Ich wusste genau, warum sie das sagte – zu der Zeit brachten Frauen dem Denken anderer Frauen keinen Respekt entgegen. Ich habe damals angenommen, dass ich, um für diese Ausstellung akzeptiert zu werden, etwas tun müsste, das für die Industrie interessant war. Für mich war Magnetismus sehr wichtig, und ich hielt ihn für einen künftigen Energielieferanten. Also habe ich auf Millimeterpapier eine raumfüllende Skulptur mit acht Balken entworfen, die sich mithilfe von Magnetismus bewegten. Als die Vorschlagszeichnung fertig war, fragte ich mich, wie die Balken nach einer bestimmten Zeit aussehen würden. Ich nahm also wieder Millimeterpapier und fand heraus, wie sich die acht Balken über einen Zeitraum von zehn Minuten aufzeichnen ließen. Diese Faszination für die Notation von Bewegung auf Millimeterpapier hat mich dann einfach vollkommen ergriffen, und aus ihr heraus ist meine nächste große Werkgruppe entstanden.

Johannes Porsch (J. P.) Was die feministische Bewegung an der Westküste betrifft, die etwa zu dieser Zeit ihren Anfang nahm – haben Sie in Ihrer Gruppe beispielsweise über Ästhetik in Bezug auf die Geschlechterfrage diskutiert? Welche unterschiedlichen Strategien wurden vorgeschlagen?

C. H. Vor der feministischen Bewegung hatte ich Künstlerinnen keine besondere Achtung entgegengebracht. Mir wurde klar, dass ich da genauso schuldig war wie jeder Mann, dem es an Respekt gegenüber Frauen mangelte. Bevor mich Joyce Kozloff zu einer Versammlung in ihrem Wohnzimmer einlud, war ich nie in einem Raum voller Frauen gewesen.

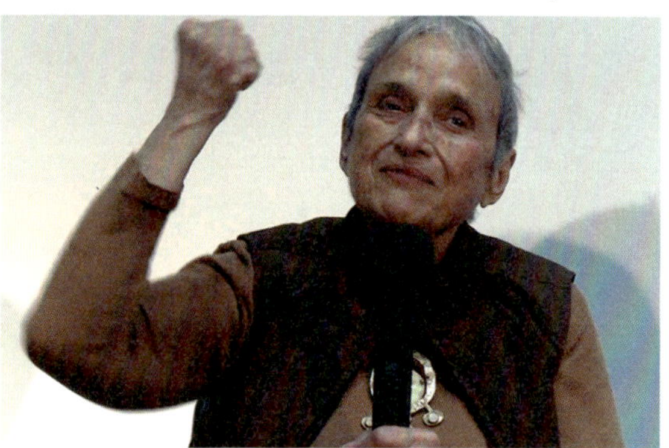

Das war die größte feministische Erfahrung meines Lebens. Seitdem habe ich ganz sicher gelernt, Frauen zu respektieren. Damals haben wir alle davon gesprochen, dass wir Frauen zuvor keine Achtung entgegengebracht hatten. Dass uns unsere Gefühle füreinander klar wurden, war ein wichtiger Entwicklungsschritt. Auch mussten wir Männern den Weg weisen, uns Respekt entgegenzubringen. Ich meine, dass wir in dem Moment, in dem wir uns selbst ernst nahmen, auch von allen anderen ernst genommen wurden. Wenn wir allerdings die feministische-aber-zerbrechliche-Hausfrau-pass-auf-mich-auf-Karte ausspielten, dann wurden wir *nicht* ernst genommen.

G. S. Sie haben einmal in einem Interview gesagt, dass Sie Freiheit empfinden, wenn Sie innerhalb eines sehr begrenzten Rahmens arbeiten.

C.H. In der High-School-Klasse meiner Tochter habe ich einmal über Reichtum gesprochen. Ich sagte: Wenn Menschen reich sind, können sie alles tun, was sie wollen. Doch um Reichtum zu erfahren, müsst ihr eure Wahlmöglichkeiten eingrenzen. Denn wenn ihr das nicht tut, seid ihr überall und nirgends. Wenn ich mich entscheide, dass ich reisen möchte, werde ich – ganz egal, wohin ich gehe, sogar in Kleinstädte – in meinem ganzen Leben nicht alles sehen können, ich werde irgendetwas verpassen. Wenn ich meine Wahl also bewusst auf etwas beschränke, sagen wir mal darauf, dass ich gerne esse, kann ich die beste Gourmet-Kochschule finden und in ein, zwei oder drei Restaurants gehen und all das essen, was diese Restaurants anbieten. Um Freiheit zu erfahren, muss ich meine Wahlmöglichkeiten also eingrenzen.

J.P. Wie spricht Ihr Werk den Betrachter an? Welche Art von Erfahrung legt es nahe?

C.H. Einige Menschen sehen mein Werk nicht als Kunst an.

J.P. Die Frage ist nicht so sehr, ob es Kunst ist oder nicht. Ich wollte eher danach fragen, auf welches Thema Ihr Werk hinweist, nicht nur für diejenige, die es geschaffen hat, sondern auch für denjenigen oder diejenige, die es durch Betrachten reproduziert.

C.H. Ich hoffe, durch Experimente mit unterschiedlichen Medien dem Publikum eine andere Denkweise nahezubringen. Was mich aber am meisten interessiert ist das, was ich durch meine Arbeit lerne. Wenn sich jemand anderes für das interessiert, was ich tue, ist das ganz wunderbar – doch was ich wirklich wissen möchte, ist, wohin meine Arbeit mich selbst bringen wird. Es fühlt sich so an, als ob ich durch das Hinterfragen meiner Arbeit einen Dschungel durchquere. Jede Frage, die ich stelle, ist, als ob ich mir mit einer Machete einen Weg schlage. Zumindest fühlt es sich für mich so an.

J.P. Ich habe eine Frage zur Notation von Zeit in Ihrem Werk. Meinen Sie eine Zeitlichkeit, die eine Abfolge und etwas Fortschreitendes bezeichnet, oder eine Zeitlichkeit, die eher so etwas wie ein Raum ist oder eine Zwiebel mit unterschiedlichen, sich überlagernden Zeitschichten.

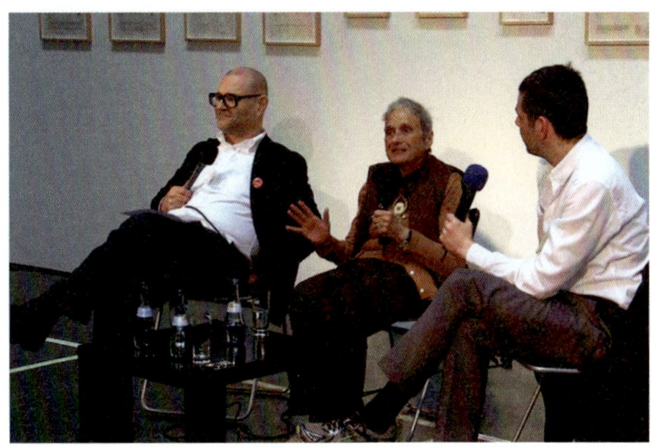

C.H. Ich sehe Zeit als lineares Fortschreiten von Momenten. Es ist genau wie beim Gehen; und so gehe ich durch die Zeit. Die meisten meiner Performances haben damit zu tun, allerdings erschaffe ich nicht direkt die Performances, sondern sie sind eine Interpretation meiner Notationen.

G.S. Wie sieht also das Verhältnis zwischen Drehbuch und Improvisation in Ihren Notationen aus? Ist es möglich, innerhalb dieses Rahmens zu improvisieren? Oder legen Sie vorher auch die Struktur der Bewegungen fest?

C.H. Wenn es nach mir ginge, wäre die Struktur festgelegt, sie würde zum Absolutum.

Besucher: Haben Sie sich bei der Arbeit an den Notationen ein bestimmtes Ergebnis vorgestellt, das Sie in Ihren Notationen zu visualisieren versuchten? Oder haben Sie sich allein für die Abstraktheit dieser von Ihnen geschaffenen Art von Sprache interessiert?

C.H. Ich habe mich entschieden, meine Wahlmöglichkeiten auf die Notation von Bewegung einzuschränken. Auf diese Weise konnte ich mehr Erfahrungen sammeln. Wie ich schon sagte – wenn Sie zu viele Wahlmöglichkeiten haben, können Sie keine Freiheit erfahren. Doch wenn Sie Ihre Wahlmöglichkeiten einschränken, können Sie Freiheit erfahren.

Link zum Video dieses Künstlergesprächs:
http://moments.zkm.de/Horwitz

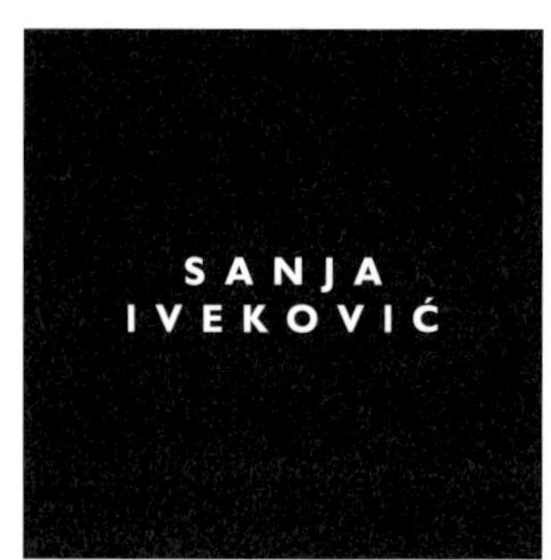

Sanja Iveković, 1949 in Zagreb geboren, absolvierte dort von 1968 bis 1971 ein Studium an der Akademie der bildenden Künste. Sie arbeitet mit verschiedenen Medien, erstellt Fotomontagen und Collagen, bereits 1973 entstanden erste Videoarbeiten. Seit den 1980er-Jahren initiierte Sanja Iveković in ihrer Heimat die Gründung verschiedener politischer Einrichtungen mit vor allem feministischen Anliegen, dazu gehören unter anderem Poodrom, der erste Künstlerraum in Zagreb; B.a.B.e., das Zentrum für Frauenforschung; Attack – The Autonomous Cultural Factory, ein Frauenzentrum und auch ELEKTRA, das Zagreber Künstlerinnenzentrum. ELEKTRA richtete im Herbst 2000 das Projekt *co-operation. International Forum for Feminist Art and Theory* in Dubrovnik aus, mit über vierzig Vortragenden und Künstlerinnen aus Asien, Europa und den USA. Sanja Iveković engagiert sich im Künstlerinnenzentrum für weibliche Kriegsopfer und realisiert künstlerische Projekte mit Frauen aus Frauenhäusern in Zagreb, Bangkok und Luxemburg. Seit 1996 unterrichtet Iveković zudem am Zentrum für Frauenstudien/Centre for Woman Studies in Zagreb.

Als eine der ersten jugoslawischen Künstlerinnen trat Sanja Iveković als Feministin auf, als Künstlerin, die sich mit dem tradierten und erfahrenen Bild der Frau und dessen Wirkung auf die weibliche Identität auseinandersetzt. Performance und Video dienen ihr dazu, dem Körperlichen – der sinnlichen, auch sexuellen Präsenz der Frau respektive der Künstlerin – einen selbstbestimmten Ausdruck zu verleihen. Für die Arbeit *Tragedy of a Venus* (1975) stellte Iveković Bilder von Marilyn Monroe, die in einer jugoslawischen Zeitschrift erschienen waren, Fotos gegenüber, auf denen sie selbst abgebildet ist. Letztere hatte sie nicht extra anfertigen lassen, sondern aus ihren Fotoalben herausgesucht und Gemeinsamkeiten zwischen ihren alten Aufnahmen und den Posen der Monroe festgestellt. Viele ihrer Arbeiten weisen Parallelen in derartigen Gegenüberstellungen von privaten und öffentlichen Bildern auf. Sie kehren eine deutliche Implementierung kultureller Codes hervor, die bis in die Privatsphäre hineinwirken. Dabei geht es Iveković nicht so sehr um die Offenbarung einer verborgenen, »wahren« Identität, vielmehr kennzeichnet sie wiederholt die Schwierigkeit, wenn nicht gar die Unmöglichkeit einer unabhängigen Identitätskonstruktion, der sie mit steter künstlerischer Dekonstruktion begegnet.

Sie untersucht nicht nur die Wirkmechanismen der Massenmedien, sondern auch die Blick- und Machtbeziehungen, die das Verhalten im öffentlichen Raum bestimmen. Häufig nutzt Iveković die Videotechnik zur Aufnahme und Dokumentation ihrer Performances, reflektiert dabei aber immer auch die durch das Medium erzeugten und perpetuierten Blickverhältnisse: »Iveković hat nicht allein die Strukturen und sozio-ideologischen Implikationen der Massenmedien untersucht. In ihren zahlreichen Performances geht es auch um die performativen Strukturen und gesellschaftlichen Codes des Kunstbetriebs selbst. Dabei setzt sie bei dem symbolisch und sozial hoch besetzten Ritual der Eröffnung an: Bei *Inter Nos* (1977) nutzt sie das Medium Video für ein irritierendes Spiel von Distanz und Nähe, von Präsenz und Absenz, von räumlicher und zeitlicher Verschiebung, in das das Publikum hineingezogen wird.«[1]

Seit den ausgehenden 1980er-Jahren engagiert sich Sanja Iveković zunehmend politisch und arbeitet in verschiedenen Projekten mit Frauen, die

[1] Silvia Eiblmayr, »Personal Cuts«, in: dies. (Hg.), *Sanja Iveković. Personal Cuts*, Ausst.-Kat., Galerie im Taxispalais, Innsbruck, Triton, Wien, 2001, S. 7–11, hier S. 9.

Opfer häuslicher männlicher Gewalt geworden
sind. So dokumentiert ihre Arbeit *Women's House
(Sunglasses)*, 2002–2004, in Collagen und durch
die Einbettung wahrer Geschichten in eine Darstellung, die sich an Parfumwerbung in Frauenzeit-
schriften anlehnt, die Schicksale der Frauen. Auch
mit den Opfern des Balkankrieges beschäftigt sich
Iveković persönlich und künstlerisch, und weitet
ihre Reflektionen auf ethnische Konflikte und die
daraus entstehende Verfolgung von Minderheiten
bis hin zum Genozid aus.

Iveković arbeitet für das *Rohrbach Living Memorial* 2005 eine Performance aus, als Platzhalter
für die damals noch fehlende offizielle Gedenk-
stätte für die im Nationalsozialismus verfolgten

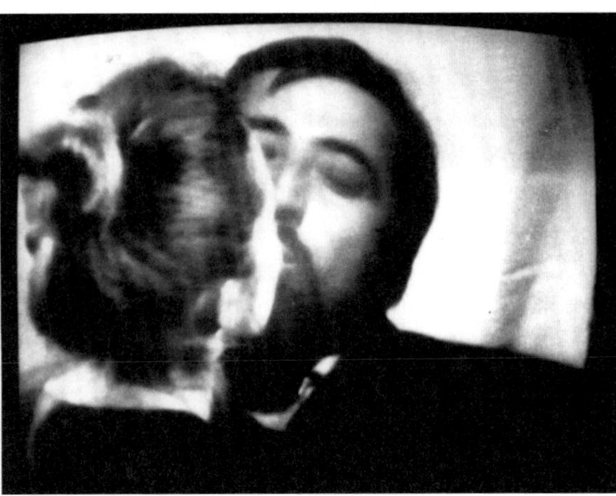

Sanja Iveković, *Inter Nos*, 1977, Performance/Installation,
MultiMedia Centar, Zagreb

und ermordeten Sinti und Roma. Als Ausgangspunkt für ein Reenactment
dient ihr die historische Fotografie einer Gruppe Sinti und Roma, die auf ihre
Deportation warten. Die Einwohner des kleinen österreichischen Städtchens
Rohrbach werden eingeladen, dieses Bild an einem Samstag in der Innen-
stadt nachzustellen. Das Besondere dieser Aktion, die filmisch dokumentiert
wurde, bestand in der direkten Teilhabe der Bevölkerung an diesem Akt des
Gedenkens sowie an deren Beteiligung an einer zeitgenössischen Kunstform.
Auch wenn nicht alle Passanten spontan an dem Reenactment teilnahmen,
konnten sie ihm doch nicht völlig aus dem Weg gehen. So forderte Iveković
die Bürger in dieser unmittelbaren Konfrontation auf, sich physisch und
psychisch in die Situation der damals verfolgten Menschen zu versetzen.

Sanja Iveković, *Tragedy of a Venus*, 1975, 25
Fotomontagen auf Papier, je 44,5 x 59,5 cm,
bestehend jeweils aus einer Seite einer Zeitschrift und einer Fotografie der Künstlerin

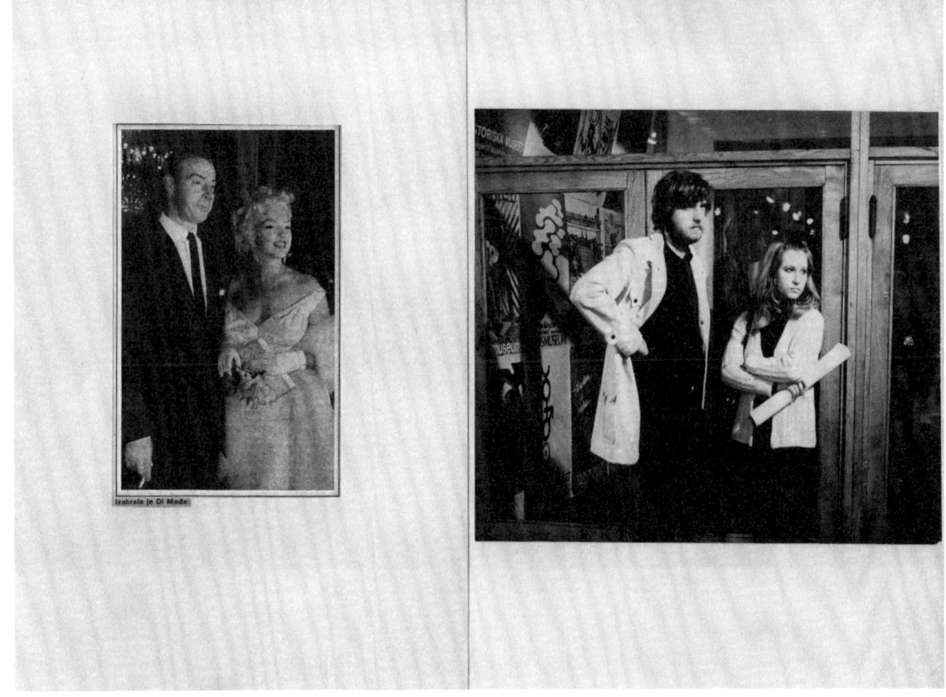

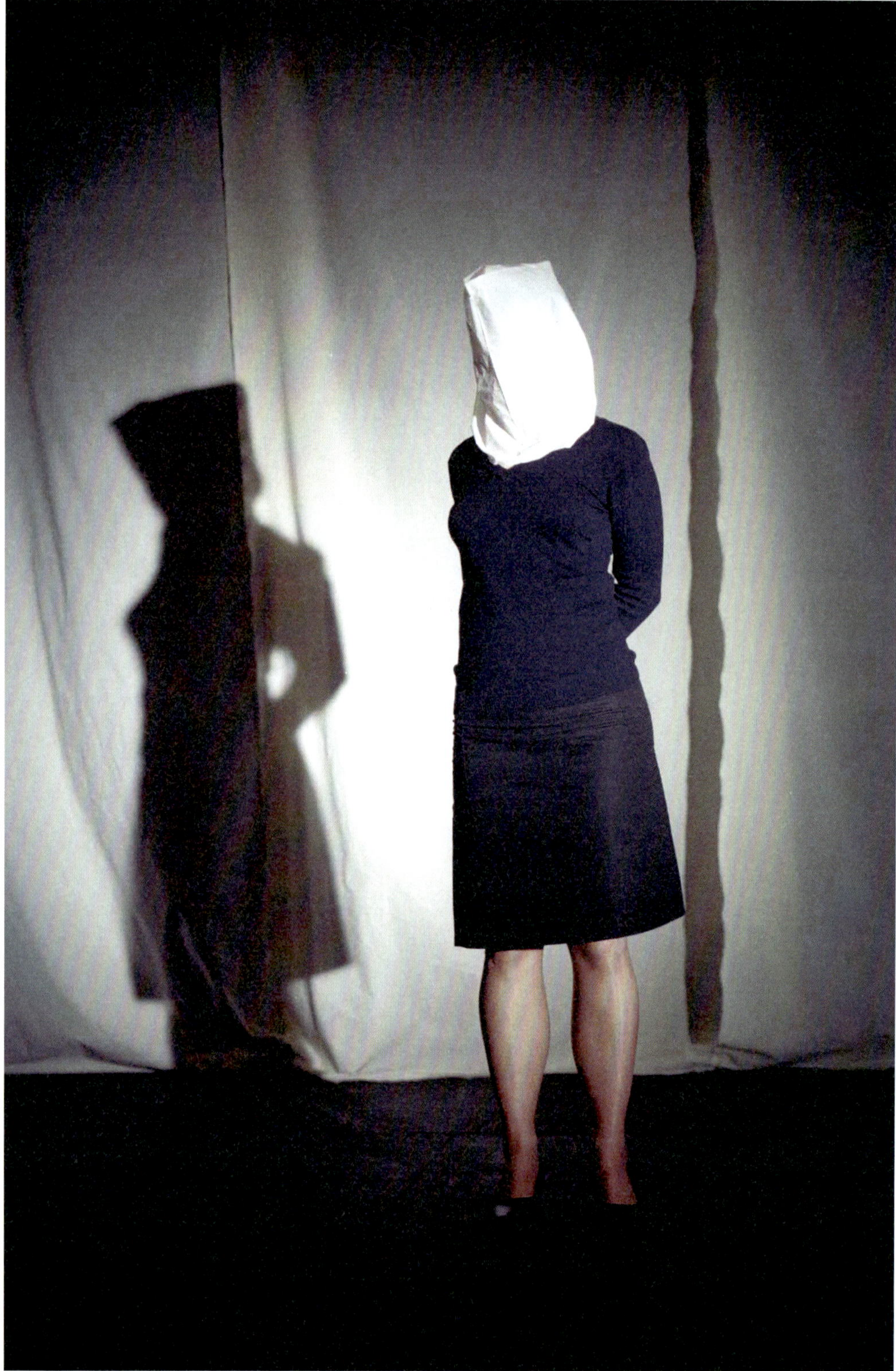

Sanja Iveković, *Practice Makes a Master 09*,
Reenactment von Sonja Pregrad, 2009, Zag-
rebačko kazalište mladih (Zagreb Yonth Theatre), Zabreb, erstmals performt von Sanja
Iveković, 1982

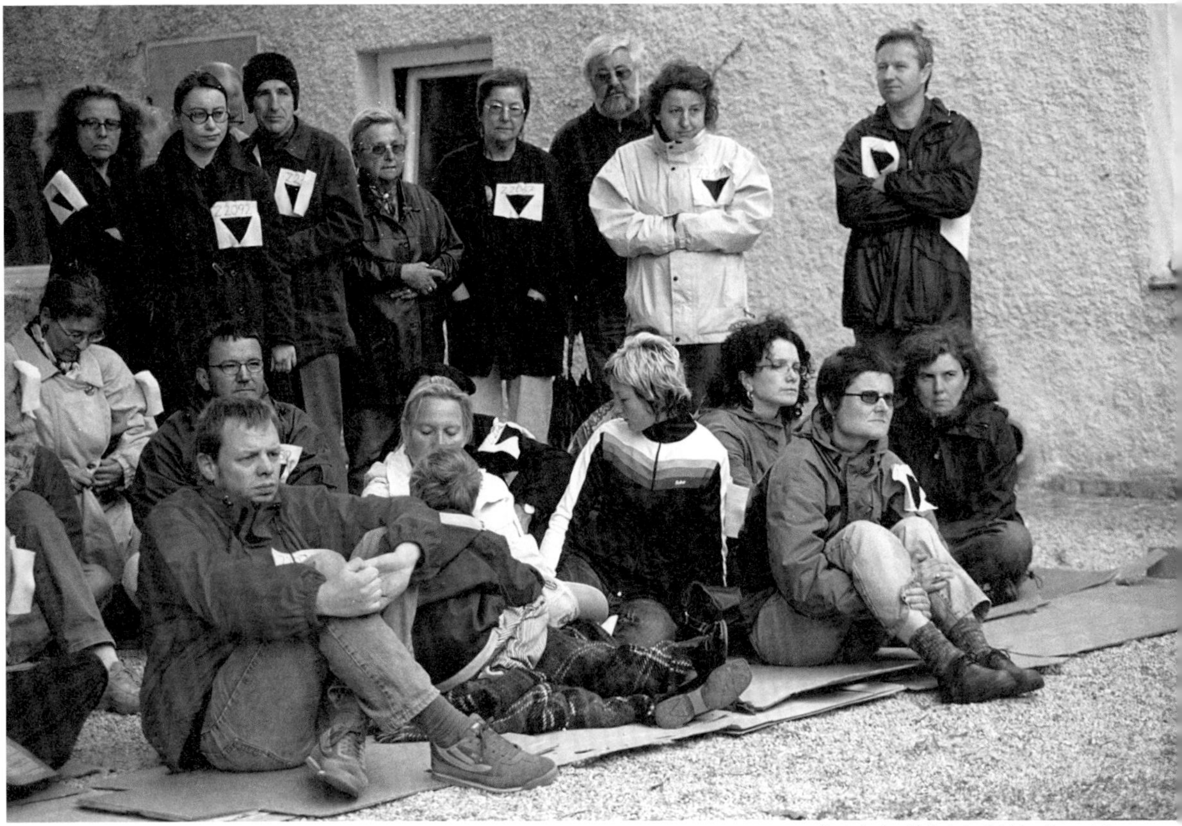

Sanja Iveković, *Rohrbach Living Memorial*,
1. Juli 2005, Reenactment der auf dem Foto
unten gezeigten Szene durch Einwohner
Rohrbachs, im Rahmen des Festivals der
Regionen 2005, Rohrbach (A)

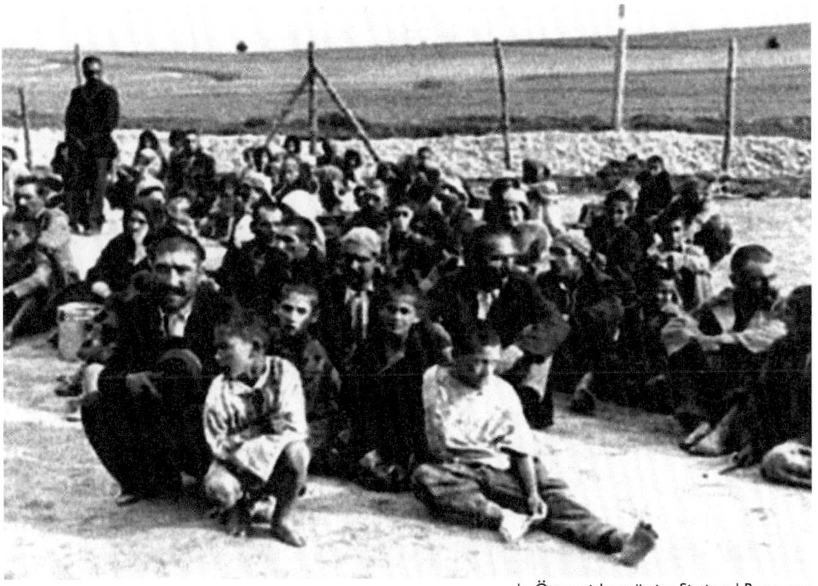

In Österreich ansässige Sinti und Roma vor
ihrem Abtransport in ein Konzentrationslager

Georg Schöllhammer im Gespräch mit Sanja Iveković, 16. März 2012 im ZKM | Museum für Neue Kunst

Georg Schöllhammer (G. S.) Sanja, Sie sind in der Kunstszene Jugoslawiens groß geworden. Die Avantgarde in Zagreb hatte in den späten 1950er-, frühen 1960er-Jahren ihre ersten Gruppenausstellungen, doch dann, mit dem Anfang der 1970er-Jahre, kam in Jugoslawien eine ganz eigene Art auf, Kunst zu machen. Diese sogenannte »Neue Kunstpraxis« war in einem Kunstsystem angesiedelt, das sich von dem des Westens ein wenig unterschied und auch anders war als das System des Ostblocks.

Sanja Iveković (S. I.) Das ist richtig, ich gehöre zu dieser ersten Generation von Konzeptkünstlern, und die Kritiker bezeichneten unsere Vorgehensweise als »Neue Kunstpraxis«. Sie war insofern neu, als sie radikale Fragen stellte, über die Rolle des Künstlers, die Logik des Marktes, die Produktion von Kunst, wie auch Fragen zum Kunstpublikum, zu den Institutionen und zur Kommunikation mit dem nicht künstlerischen Publikum. Das war bei den westlichen Künstlern damals auch schon Programm, doch schien uns die Frage der Materialisierung von Kunst besonders passend, weil der Auszug aus den Institutionen Galerie und Museum, um Kunst zu schaffen, die mit einer nicht künstlerischen Öffentlichkeit kommuniziert, eher unserer Vorstellung von Sozialismus entsprach. Das hieß, dass wir mit den Massen kommunizierten, mit normalen Menschen. Es war nicht nur ein formaler Schritt zur Arbeit außerhalb der Institutionen, sondern wurde als progressiver Schritt in Richtung einer Demokratisierung von Kunst aufgefasst. Wenn Sie die Kunstpraxis meiner Generation mit der Konzeptkunst, der Body Art oder der Performancekunst des Westens vergleichen, meine ich, dass es Gemeinsamkeiten gibt. Oberflächlich betrachtet sind sie sich ziemlich ähnlich, doch hatten in unserem System, einem sozialistischen System, bestimmte Aspekte eine andere Bedeutung. Einer der Vorteile des Lebens im Sozialismus war, dass wir schon sehr früh lernten, dass nichts frei von Ideologie ist und dass die Unterscheidung zwischen Ästhetik und Politik völlig abwegig ist, dass alles, was wir tun, politisch aufgeladen ist. Für mich war das einer der Gründe, mich selbst zu fragen, wie ich etwas anderes sein konnte als ein passives Objekt dieses ideologischen Systems und statt dessen sinnvoll handeln konnte, wie ich innerhalb des Systems reagieren und handeln konnte. Wie war allgemein meine Beziehung zu Macht, Herrschaft, Ausbeutung und Ideologie?

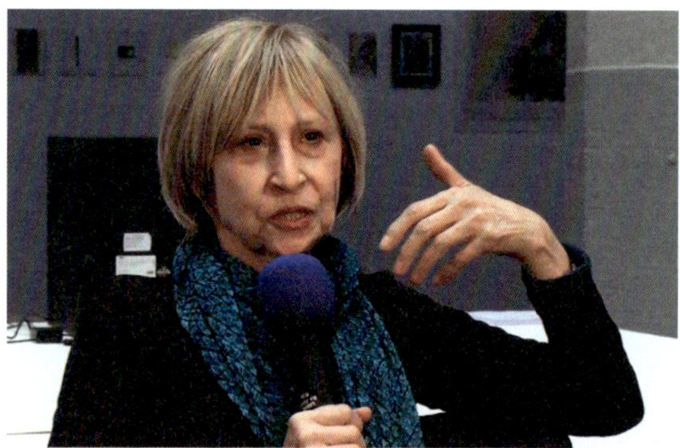

G. S. Bleiben wir noch einen Moment bei dem System und arbeiten einige der Unterschiede zum Westen heraus. Sie standen mit den westlichen Avantgarden in Verbindung und konnten reisen, was der sogenannte Ostkünstler in dieser Zeit nicht konnte. Jugoslawien war ein sehr der Moderne zugewandtes Land. In den 1960er-Jahren war die Moderne schon fast ein Teil der Staatsreligion. Die abstrakte Kunst schaffte einen öffentlichen Raum, all die Denkmäler im öffentlichen Raum und so weiter. Das System selbst war ein staatliches System, das die Kunst repräsentierte. Die Museen sammelten die neuen Praktiken allerdings nicht in dem Umfang, wie es in Westeuropa bereits Praxis war, und auf Gewinn ausgerichtete Märkte fehlten.

S. I. Ja, es gab keinen Markt. All jene Räume, Ausstellungsorte und Museen, waren vom Staat begründet worden. Ich denke, dass das ein Vorteil war, denn Kunst wurde nicht für den Verkauf und den Kunstmarkt produziert, sondern um wirklich die Ideen zu verfolgen, die in der Gesellschaft etwas verändern würden.

G. S. Tatsächlich entwickelte sich Ihre Kunstpraxis in bestimmten institutionellen Kontexten, vor allem im Umfeld der Universitäten.

S. I. Es ist wichtig, darauf aufmerksam zu machen. Das Netzwerk von studentischen Kulturzentren, den Orten, wo die avantgardistische und progressive Kunst stattfand, war eine staatliche Gründung. Jeder konnte kommen und etwas aufführen oder seine Arbeiten zeigen. Ich denke, dass unsere Kunstpraxis, im Vergleich zur westlichen oder offiziellen Kunst, normalerweise als regimekritisch angesehen wird. Doch im Fall von Jugoslawien war, das muss man wissen, die abstrakte Kunst in den 1950er- und sogar den 1960er-Jahren, als wir die Bühne betraten, die offizielle Kunst. Die Absicht der früheren Generation war es gewesen, sich mit diesem Bezugssystem der Moderne auseinanderzusetzen; unsere Vorstellung war es jedoch, diese Moderne, einschließlich der geschlechtslosen Kunst, zu dekonstruieren.

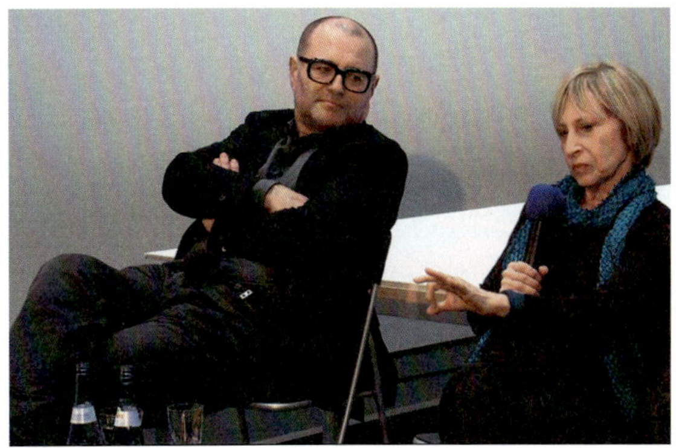

G. S. Irgendwie ist das Selbstverständnis Jugoslawiens und die andere Art von Realität dort Teil Ihrer Arbeit geworden. Ich denke, dass es auch wichtig ist zu erwähnen, dass sich Jugoslawien selbst als feministisches Land verstand. Im Fall der Erwerbsbevölkerung traf das auch zu, und es gab an den Universitäten auch feministische Vorlesungen, doch andererseits war das Land Teil eines von Männern dominierten Systems.

S. I. Jugoslawien unterschied sich insofern von den anderen Ostblockstaaten, als das feministische Denken dort Geschichte hatte. 1978 fand im studentischen Kulturzentrum von Belgrad der Kongress »Frauenfragen« statt, die erste internationale feministische Konferenz sozialistischer Länder, wo sich Frauen aus Zagreb, Ljubljana, aus Slowenien und anderen Orten versammelten. Diese Frauen wurden scharf von den offiziellen Frauenorganisationen kritisiert, die behaupteten, dass der Feminismus ein bürgerlicher Import aus dem Westen sei und die Frauenfrage während der sozialistischen Revolution bereits gelöst worden sei. Doch natürlich war unter der dünnen Schicht egalitärer Politik das Patriarchat noch quicklebendig. Die Frauen meiner Generation fingen an, das infrage zu stellen, sie fingen an, aktiv zu werden und systematisch Literatur zu feministischen Themen zu lesen oder entsprechende Vorträge zu halten. Mich haben die Treffen und Vorträge von Wissenschaftlerinnen, die ich in Zagreb besuchte, sehr beeinflusst, und mir wurde bewusst, dass ich selbst ebenfalls eine Frau war – wenn ich auch eine der wenigen Künstlerinnen war, die offen sagte, dass sie Feministin war und sich für den Feminismus interessierte.

G. S. In den 1970er-Jahren kam auch das Video auf, und Sie haben praktisch sofort in diesem neuen Medium gearbeitet. Die drei Performances, die wir hier zeigen, haben viel mit dem Aufkommen dieses Mediums zu tun und verweisen darauf, was Video mit dem Publikum tat und tut, wie es ein Publikum konstruiert und dekonstruiert, wie es mit Anwesen- und Abwesenheit spielen kann und so weiter. Wie kamen Sie mit Video in Berührung?

S. I. Wahrscheinlich hatte ich einfach das Glück, mit der entsprechenden Ausrüstung arbeiten zu können – gelegentlich brachten italienische Galerien Videoausrüstungen mit und boten sie Künstlern in Jugoslawien an. Doch war Video nur eines der von mir verwendeten Medien. Ich habe mich nie als Videokünstlerin gesehen, auch wenn ich lange Zeit als Videokünstlerin und sogar als Pionierin des Videos bezeichnet wurde. Die Videos, die ich von meinen Performances machte, waren ein eigenständiges, aber grundlegendes Element der Stücke; Live-Aufführungen und Video spielten unterschiedliche Rollen. Bei all meinen Performances dachte ich von vornherein an ihre Dokumentation, daran, wie diese aussehen würde und wie die Performance für das »verzögerte Publikum« aussehen würde.

Link zum Video dieses Künstlergesprächs:
http://moments.zkm.de/Ivekovic

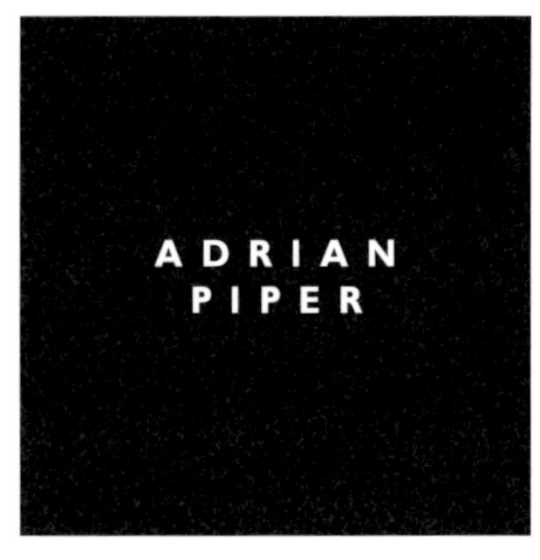

»The work is a catalytic agent, in that it promotes a change in another entity (the viewer) without undergoing any permanent change itself. […] In this sense, the work as such is nonexistent except when it functions as a medium of change between the artist and the viewer.«[1]

»The artist himself becomes the catalytic agent inducing change in the viewer; the viewer responds to the catalytic presence of the artist as artwork.«[2]

[1] Adrian Piper, »Talking to Myself. The Ongoing Autobiography of an Art Object« [1970–1973], in: dies., *Out of Order. Out of Sight*, Bd. I: *Selected Writings in Meta-Art 1968–1992*, The MIT Press, Cambridge/MA, London, 1996, S. 29–53, hier S. 34.

[2] Ibid., S. 32f.

[3] Adrian Piper, »Über die Hypothesis-Serie« [1992], in: Sabine Breitwieser (Hg.), *Adrian Piper seit 1965. Metakunst und Kunstkritik*, Ausst.-Kat., Generali Foundation, Wien, Verlag der Buchhandlung Walther König, Köln, 2002, S. 64f., hier S. 64 (englische Erstveröffentlichung in: Adrian Piper, *Out of Order. Out of Sight*, op. cit., S. 19).

[4] Vgl. Adrian Piper, »Talking to Myself. The Ongoing Autobiography of an Art Object / Selbstgespräch: die fortlaufende Autobiografie eines Kunstobjekts« [1970–1973], in: Sabine Breitwieser (Hg.), op. cit., S. 123–149, hier S. 125; Adrian Piper, »Geistige Nahrung«, in: ibid., S. 153–155, hier S. 153 (englische Erstveröffentlichung in: *High Performance*, Nr. 1, Frühling 1981).

Die 1948 in New York geborene Künstlerin, Philosophin und Autorin Adrian Piper entwickelt seit Mitte der 1960er-Jahre ein außerordentliches Œuvre an konzeptuellen Arbeiten, Performances und Installationen, in denen sie häufig Themen wie Xenophobie, Rassismus und den Begriff des Selbst behandelt. Bereits mit zwanzig Jahren begann sie, als Konzeptkünstlerin international auszustellen. 1969 machte sie ihren Abschluss an der School of Visual Arts New York. Während dieser Zeit wandte sich Piper auch der Philosophie zu und erlangte 1974 ihren B.A. in Philosophie am City College of New York. Anschließend wechselte sie an die Harvard University, Cambridge/MA, wo sie ihr Studium 1981 mit einem Ph.D. abschloss. Von 1977 bis 1978 hatte sie auch an der Universität Heidelberg studiert. Später lehrte sie Philosophie an den Universitäten Georgetown, Harvard, Michigan, Stanford, University of California at San Diego und am Wellesley College. An der Georgetown University erhielt sie als erste afrikanisch-amerikanische Frau in den USA eine ordentliche Professur im Fach Philosophie. Gegenwärtig leitet sie die Adrian Piper Research Archive Foundation in Berlin.

Mitte der 1960er-Jahre begann Adrian Piper ihre *LSD Paintings* (1965–1967). Unter dem Einfluss von Sol LeWitt, insbesondere seinem Aufsatz »Notes on Conceptual Art« (1967 im *Artforum* veröffentlicht), wandte sie sich 1967 der Konzeptkunst zu. Es entstanden Bodeninstallationen und Werke, die sich mit Sprache auseinandersetzen. Piper erforschte Typoskripte, Landkarten und Tonbänder »als konkrete physikalische Objekte, die einerseits auf sich, andererseits aber auch auf etwas anderes verwiesen, das außerhalb ihrer selbst lag: die Welt abstrakter, symbolischer Bedeutung«[3]. In der *Hypothesis*-Serie (1968–1970) verband sie diese Untersuchung mit der Erkundung ihres eigenen Körpers, der gleichfalls als Objekt aufgefasst wurde. Auf einer Raum- und einer Zeitachse dokumentierte sie alltägliche und persönliche Tätigkeiten und Wahrnehmungen symbolisch mithilfe von Fotos und abstrakt mittels eines Koordinatensystems. Als Wahrnehmende wurde sie sich ihrer selbst als Subjekt bewusst und begann, ihre Rolle als Künstlerin und afrikanisch-amerikanische Frau in der Gesellschaft zu analysieren. 1970 wurde Piper durch den Einmarsch der USA in Kambodscha, die Frauenbewegung und die Studentenproteste gegen den Krieg politisiert. 1969 hatte sie begonnen, Immanuel Kants *Kritik der reinen Vernunft* zu studieren, die für Piper bis heute eine einflussreiche Quelle der Inspiration geblieben ist.[4] Nachdem sie bereits seit 1968 performativ gearbeitet hatte, wandte sie sich nun explizit Performances im öffentlichen Raum zu, bei denen sie bewusst jeden Kunstkontext vermied und ein Zufallspublikum ansprach. In *Catalysis III* (1970) heftete Piper ein Schild mit der Aufschrift *wet paint* [frisch gestrichen] auf ihren Arbeitskittel und lief durch die Straßen Manhattans. Bei *Catalysis IV* (1971) stopfte sie sich ein großes Tuch in den Mund, ließ einen langen Zipfel an sich herunterhängen und fuhr mit dem Bus. Für die Performance-Serie *The Mythic Being* (1973–1975) erschuf Piper ein

Alter Ego in Form eines dunkelhäutigen Jugendlichen mit Afro-Look und Schnauzbart.

Piper hinterfragt Konstruktionen des Selbst und macht darauf aufmerksam, dass Körper immer schon Produkte kultureller Bedeutungsinterpretationen sind. Sie führt erstmals die Themen Fremdenfeindlichkeit, Rassismus und Geschlechteridentität in die Konzeptkunst ein. Bei ihren Performances trat Piper in direkte Konfrontation mit dem Publikum und löste eine unmittelbare Reaktion beim Betrachter aus. Diese »indexikalische Gegenwart«[5] lässt ihre Werke zu einem Katalysator der Selbsterkenntnis werden und ist für Piper konstitutiv für ein Kunstwerk.

Von 1975 bis 1995 beschäftigte sich Piper insbesondere mit den zwischenmenschlichen Dimensionen von Rassismus und Stereotypenbildung. In Zeichnungen auf Zeitungsseiten, (Video-)Installationen und Visitenkarten konfrontiert die Künstlerin das Publikum mit seinen eigenen Vorurteilen. In den *Funk Lessons* (1982–1984) regte sie die Teilnehmer zum Tanzen zu Funk-Musik an, die in den USA der 1980er-Jahre als Teil der schwarzen Popkultur bei vielen eine Welle der Ablehnung auslöste. Piper unterrichtete die Grundschritte des Funk, bis sie improvisiert werden konnten, und erläuterte den Hintergrund der Musik. Das Tanzen wirkte als gemeinsames Kommunikationsmedium, durch das die rassistischen Stereotypisierungen reflektiert und im Idealfall überwunden werden konnten. In der *Color Wheel*-Serie (2000), die auf der documenta 11 gezeigt wurde, stellte Piper der Figur Shivas, der Gottheit des Tanzes und des Yoga, das Piper seit 1965 studiert und ausübt, die Darstellung von Köpfen gegenüber, deren leuchtende Farben dem Pantone-Farbfächer entnommen sind.

[5] Siehe Adrian Piper, »Xenophobia and the Indexical Present I: Essay« [1989], in: Sabine Breitwieser (Hg.), op. cit., S. 263–271 (englische Erstveröffentlichung In: Mark O'Brian (Hg.), *Remaining America. The Arts of Social Change*, New Society Press, Philadelphia, 1990).

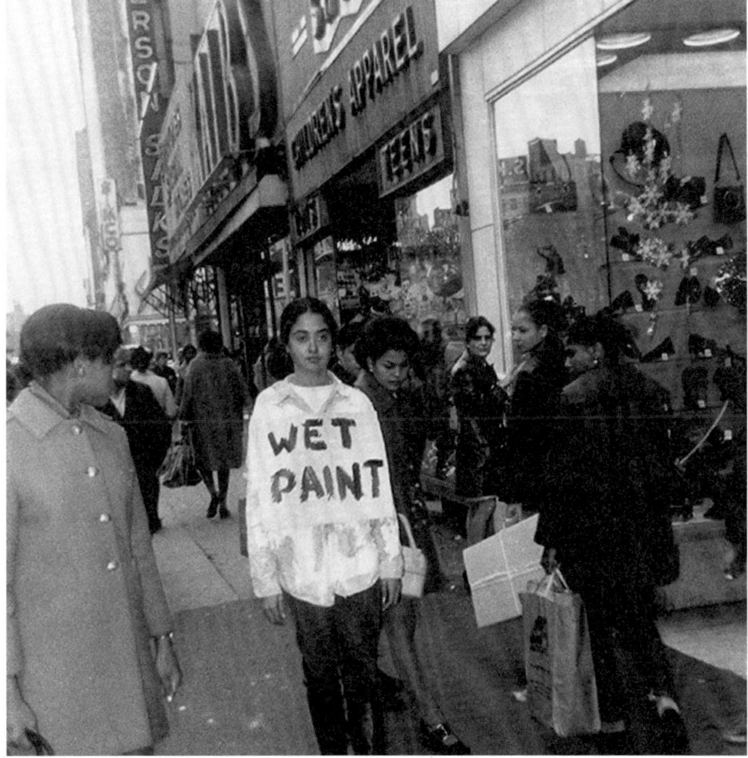

Adrian Piper, *Catalysis III*, 1970, Performance-Dokumentation, Silbergelantineabzug, 40,6 x 40,6 cm

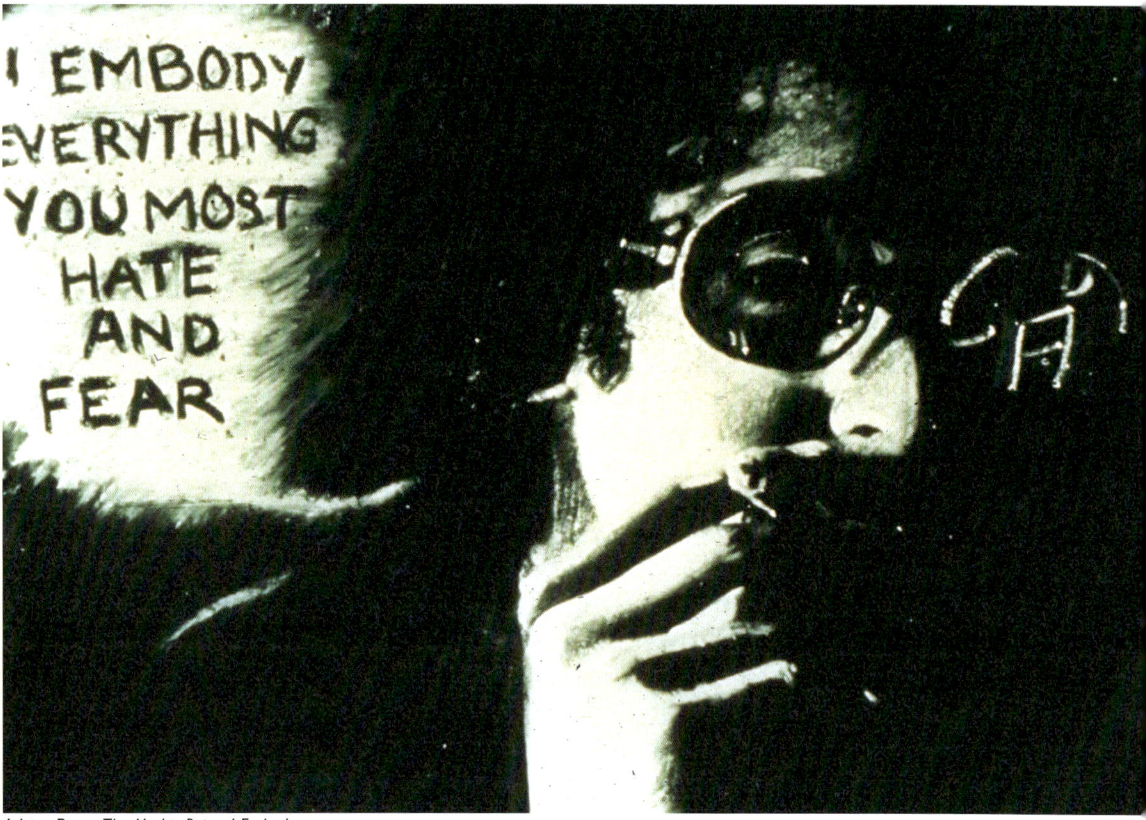

Adrian Piper, *The Mythic Being. I Embody
Everything You Most Hate and Fear*, 1975,
Silbergelatineabzug mit Ölkreide überar-
beitet, 25,3 x 21,1 cm

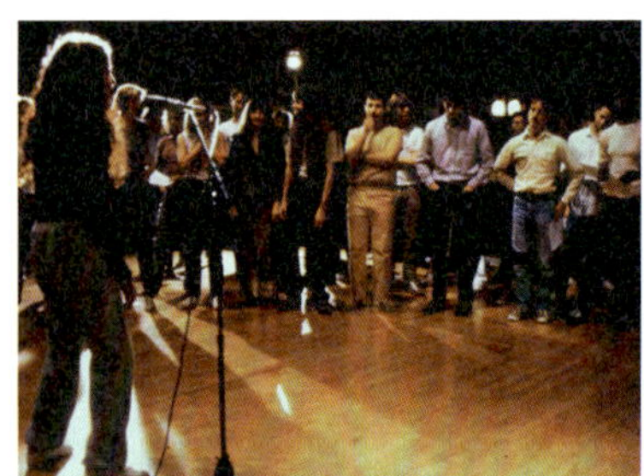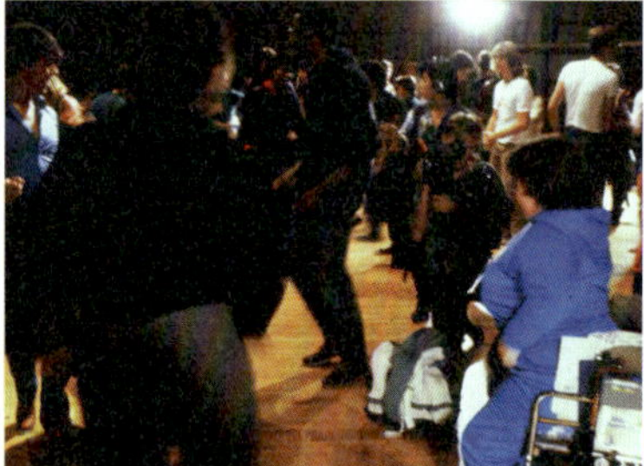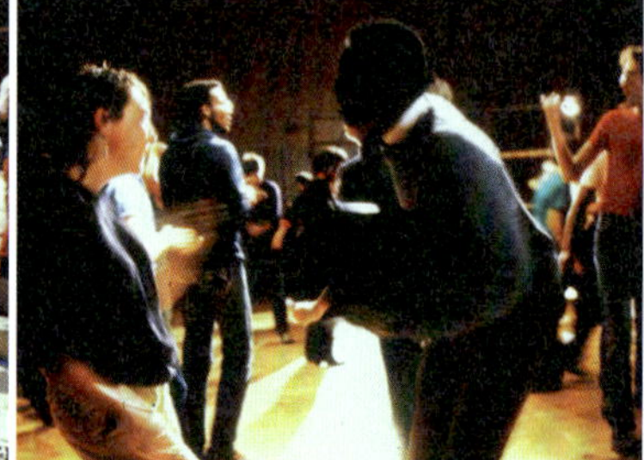

Adrian Piper, *Funk Lessons*, 1983, Gruppen-
performance, University of California, Berkeley, Stills aus der Videodokumentation

Rechts: Adrian Piper, *Vanilla Nightmares #1*,
1986, Kohle und Ölkreide auf Seite aus *New
York Times* vom 22. Juni 1986, 34,8 x 60 cm

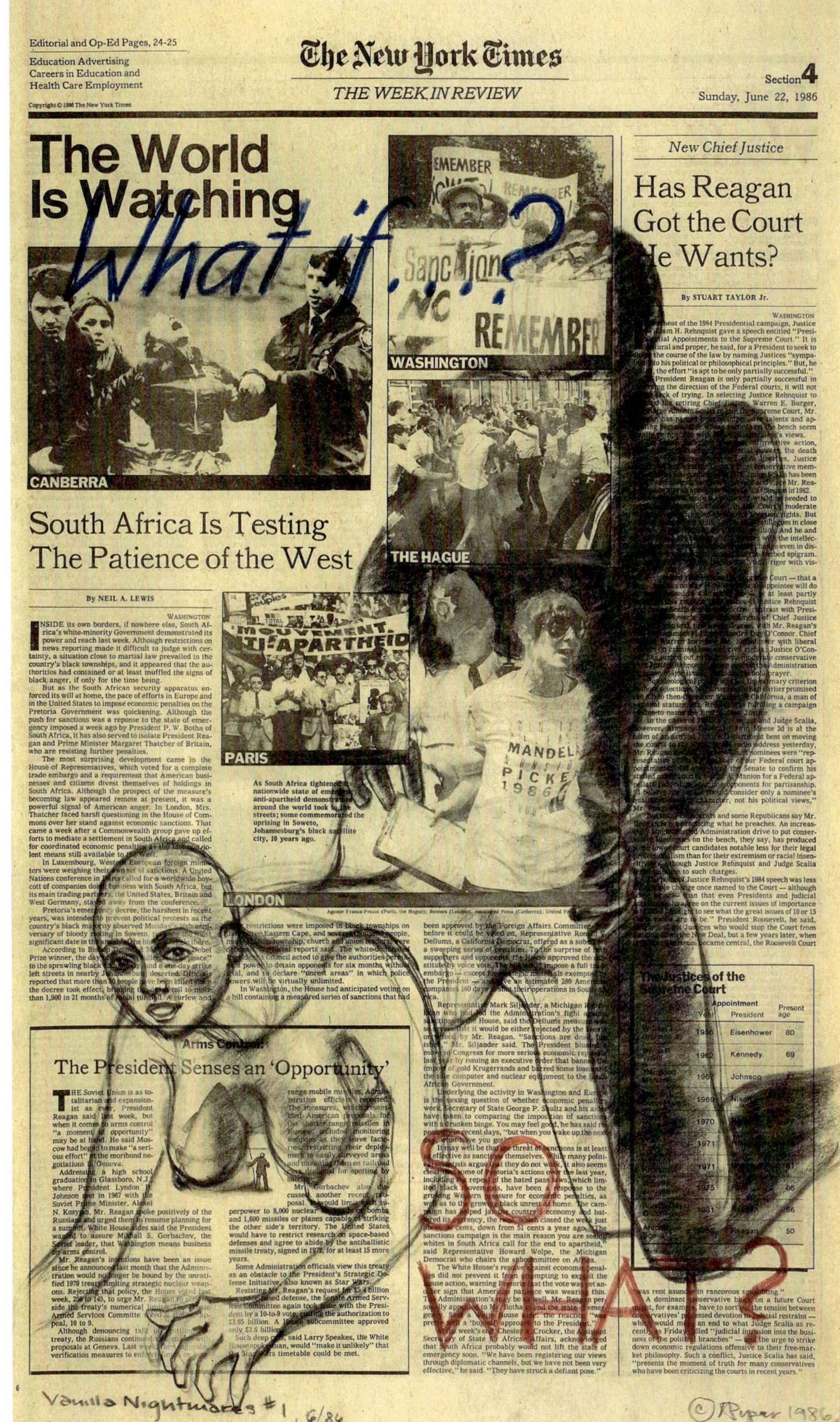

Editorial and Op-Ed Pages, 24-25
Education Advertising
Careers in Education and
Health Care Employment
Copyright © 1986 The New York Times
The New York Times
THE WEEK IN REVIEW
Section 4
Sunday, June 22, 1986
The World
Is Watching
What if?
CANBERRA
WASHINGTON
THE HAGUE
REMEMBER
Sanction
NO
REMEMBER
New Chief Justice
Has Reagan
Got the Court
He Wants?
By STUART TAYLOR Jr.
South Africa Is Testing
The Patience of the West
By NEIL A. LEWIS
MOUVEMENT
TI-APARTHEID
PARIS
LONDON
MANDELA
1986
The President Senses an 'Opportunity'
The Justices of the
Supreme Court
Vanilla Nightmares #1, 6/86
© R Piper 1986

The Connection Between Truth and Goodness: Explorations in Kant's Metaethics (Die Verbindung von Wahrheit und Tugend: Erkundungen von Kants Metaphysik)

In seiner *Grundlegung zur Metaphysik der Sitten* (1785) weist Immanuel Kant zwei Tugenden universelle Bedeutung zu, nämlich der Aufrichtigkeit und der Einhaltung von Versprechen. Aufgabe dieses Seminars soll es sein, zu untersuchen bis zu welchem Grad diese Zuschreibung gerechtfertigt ist. Was wären nach Kants eigener, in der *Kritik der reinen Vernunft* vorgenommenen Analyse der Wahrheit die Voraussetzungen dafür, diese Tugenden zu erlangen? Angesichts der Art und Weise, auf die Kant in der *Kritik* ein naiv-realistisches Verständnis der Bedingung von Wahrheit erschwert, stellt sich die Frage, ob es uns überhaupt noch möglich ist, mit jener Stringenz auf der er in der *Grundlegung* beharrt, die Wahrheit zu sagen oder unsere Versprechen zu halten. Und wenn es tatsächlich unmöglich ist, welche Konsequenzen hätte dies für unsere sozialen und politischen Beziehungen?

Adrian Piper untersuchte diese Fragestellung in einem dreiteiligen Seminar am 28., 29. und 30. März 2012 im Ausstellungsraum von *Moments*:

Lecture I: Introduction and Overview (Einleitung und Überblick)

Lecture II: Kant's Analysis of Truth (Kants Analyse der Wahrheit)

Lecture III: Kant's Justifications for Truth-Telling & Promise-Keeping (Kants Rechtfertigungen der Aufrichtigkeit und des Einhaltens von Versprechen)

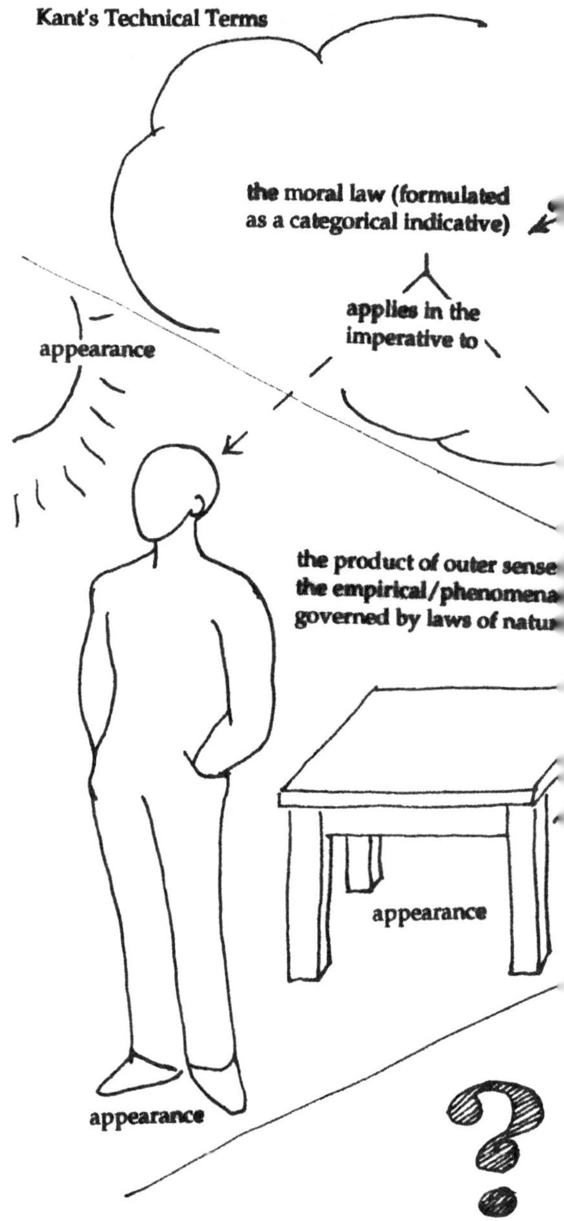

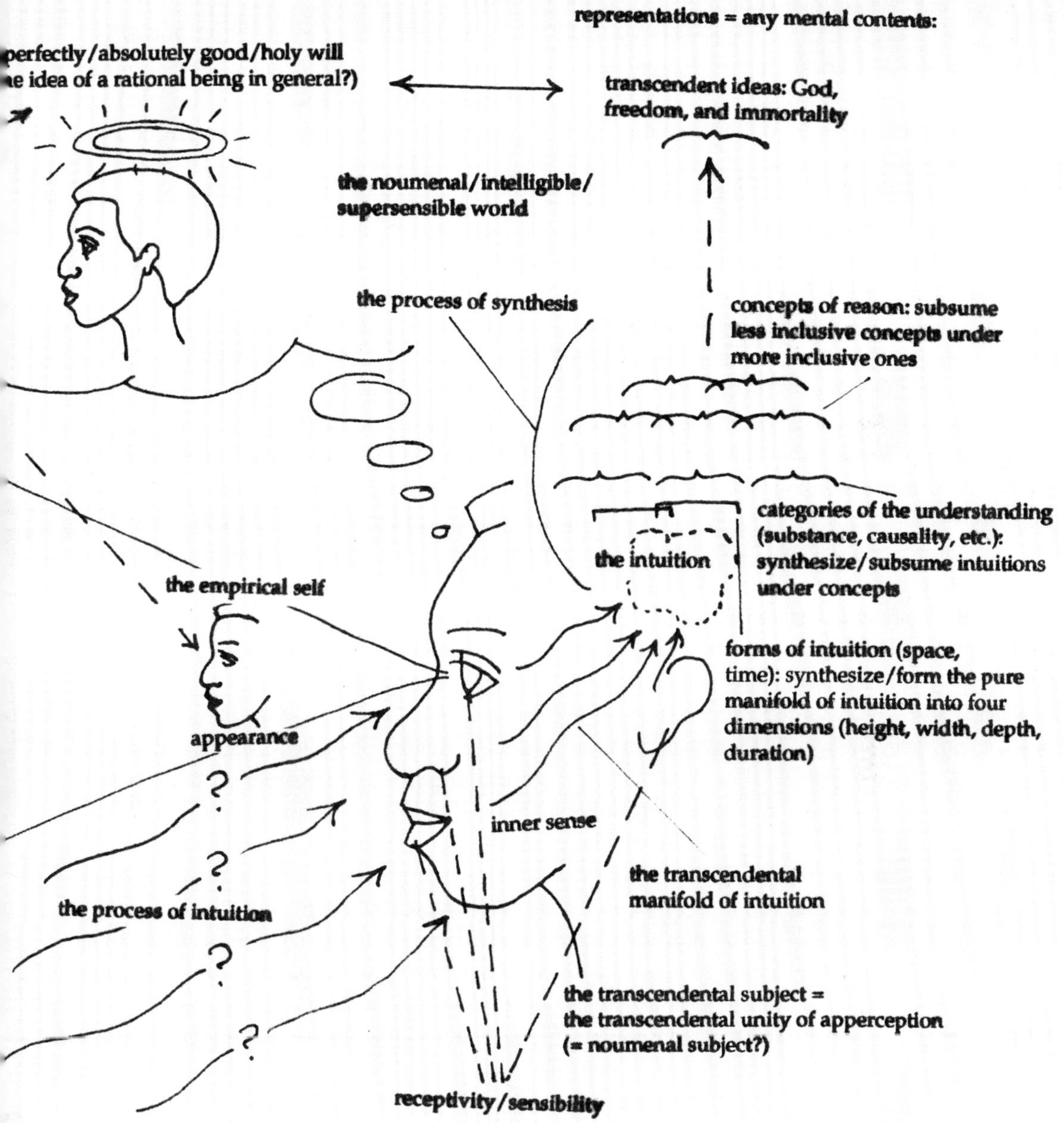

perfectly/absolutely good/holy will
the idea of a rational being in general?)

representations = any mental contents:

transcendent ideas: God,
freedom, and immortality

the noumenal/intelligible/
supersensible world

the process of synthesis

concepts of reason: subsume
less inclusive concepts under
more inclusive ones

categories of the understanding
(substance, causality, etc.):
synthesize/subsume intuitions
under concepts

the intuition

the empirical self

forms of intuition (space,
time): synthesize/form the pure
manifold of intuition into four
dimensions (height, width, depth,
duration)

appearance

inner sense

the transcendental
manifold of intuition

the process of intuition

the transcendental subject =
the transcendental unity of apperception
(= noumenal subject?)

receptivity/sensibility

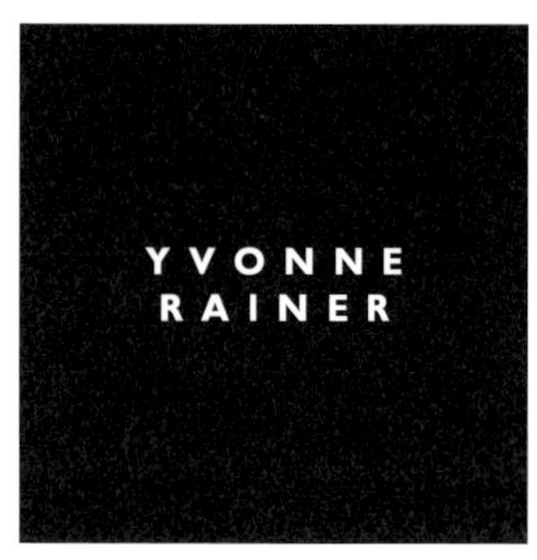

Als Yvonne Rainer, 1934 in San Francisco geboren, 1956 nach New York ging, strebte sie eigentlich eine Karriere als Schauspielerin an. Gleichzeitig entdeckte sie aber auch ihr Interesse für Modern Dance und nahm erste Tanzstunden bei Edith Stephen. 1959 begann sie ein Studium an der legendären Martha Graham School, später studierte sie bei Merce Cunningham. In diesem Umfeld lernte Rainer zahlreiche Avantgardekünstler der New Yorker Szene kennen, darunter Trisha Brown, La Monte Young, Simone Forti, Robert Morris, John Cage oder Robert Rauschenberg. Mit einigen von ihnen arbeitete sie später zusammen. Vor allem Anna Halprins Improvisationstechnik, die den Tanz von der Künstlichkeit der choreografierten Bewegungen befreite, übte großen Einfluss auf Yvonne Rainer aus. 1961 konzipierte Rainer ihr erstes Tanzstück *Three Satie Spoons* für die New Yorker Theatergruppe Living Theater und führte es selbst auf. Ein Jahr später war sie Mitbegründerin des Judson Dance Theater, das zum Zentrum des Postmodern Dance in den 1960er-Jahren wurde. Rainer gab 1975 die Karriere als Choreografin auf, um sich dem Film zuzuwenden, und führte bei mehreren experimentellen Filmen Regie. Seit 2000 choreografiert sie erneut Tanzstücke. Rainers Filme wurden bei internationalen Filmfestivals ausgezeichnet und in vielen wichtigen Kunstinstitutionen gezeigt. Sie nahm zweimal an der documenta in Kassel teil (1977 und 2007) und 2012 haben das Museum Ludwig in Köln und das Kunsthaus Bregenz eine große Retrospektive ihres vielschichtigen Werkes gezeigt.

In den 1960er-Jahren entwickelte Rainer eine eigenständige Ausdruckssprache, die den Tanz und die Vorstellung über den Körper in der Tanzperformance revolutionieren sollte. Ihre Stücke zeichnen sich durch den Einsatz alltäglicher Handlungen (Gehen, Rennen, Aufheben, Strecken) und Gegenstände (Matratzen, Ziegelsteine, Holzstäbe) sowie die Einbeziehung von Filmprojektionen aus. Viele dieser Elemente zählen heute zu den Charakteristika des zeitgenössischen Tanzes. In ihren Choreografien reflektiert Yvonne Rainer die für Minimal Art typischen Ansätze und wendet sie auf den Tanz an. Diese kamen durch Wiederholung und Variation, Verzicht auf Expressivität und erzählerische Elemente, Reduktion und Betonung realer körperlicher Präsenz der Akteure zum Ausdruck. In ihrem *NO-Manifest* (1965) entmystifizierte sie den Tanz und Konventionen des Theaters als Genre durch ihr Nein zu Spektakel, Virtuosität, Glamour oder Transzendenz des Star-Images.

Eines der bekanntesten Stücke Rainers ist Trio A – eine Serie von Bewegungen, die zusammen eine lange »Phrase« bilden. Zum ersten Mal am 10. Januar 1966 in der Judson Memorial Church von Steve Paxton, David Gordon und Yvonne Rainer aufgeführt als Satz aus drei simultanen Soli, ist das Stück vor allem durch die Filmaufnahme von 1978 bekannt (Rainers

»Meine Entwicklung hin zum Film ist eine lange Geschichte. Es dauerte drei Jahre. In den späten 1960er-Jahren machte ich Kurzfilme. Sehr experimentell, minimal, die wurden dann in die Tanzperformances integriert. Ich machte mir mehr und mehr Gedanken über Erzählweisen und darüber, dass mein Tanzen die emotionale Seite, den Subjektausdruck nicht wiederzugeben vermochte. [...] Hollywood-Filme, Seifenopern und Experimentalfilm, die mir in den Arbeiten von Maya Dern, Hollis Frampton, Warhol schon vorausgegangen waren – all das waren Einflüsse, die ich ausspielte, als ich meinen ersten Spielfilm drehte, *Lives of Performers*.«[1]

»I wasn't so interested in narrative as a dancer, although at first I told stories while I danced but one of the reasons I began to think about making films was that narrative via Hollywood had been under-utilized in avantgarde film; I also wanted to deal with my own ageing body, autobiography and specific emotional content.«[2]

[1] Yvonne Rainer in einem Interview mit Lynn Hershman Leeson, 2006, online: http://lib.stanford.edu/women-art-revolution/transcript-interview-yvonne-rainer-2006, zuletzt abgerufen am 30.10.2012.

[2] Yvonne Rainer in einem Interview mit Chrissie Iles, 2006, online: http://www.frieze.com/issue/article/life_class/, zuletzt abgerufen am 30.10.2012.

Solo). Die Ablehnung des Spektakulären wird hier durch unterschiedliche Strategien erreicht: Dazu zählen die Auffassung der Bewegung als einfache Aufgabe und die Vermeidung der Interaktion mit dem Publikum, unter anderem durch Bewegung mit abgewandtem Blick. Der Tänzer soll zum neutral doer werden, wie Rainer es 1968 in ihrem Essay »A Quasi Survey of Some ›Minimalists‹ Tendencies« über Trio A formuliert. Die Aufführung verlangt keine Virtuosität oder trainierte Bewegungstechnik, sondern Konzentration und ein gutes Gedächtnis, weshalb sie auch von Laien einstudiert werden kann. Trio A wurde weltweit und oft von anderen Choreografen adaptiert und interpretiert.

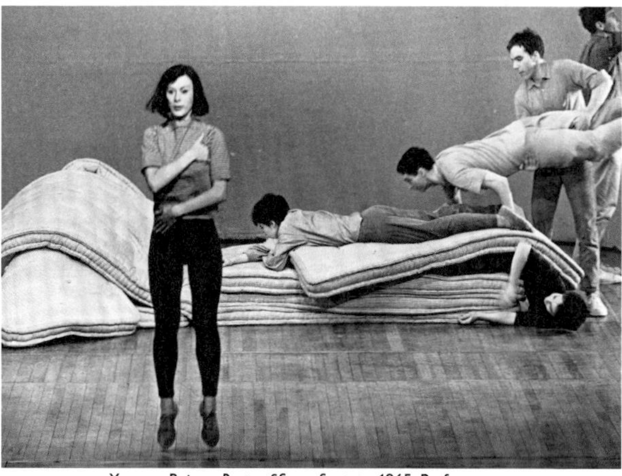

Yvonne Rainer, *Parts of Some Sextets*, 1965, Performance, Wadsworth Atheneum, Hartford, Connecticut, Tänzer: Robert Morris, Lucinda Childs, Steve Paxton, Yvonne Rainer, Deborah Hay, Tony Holder, Sally Gross, Robert Rauschenberg, Judith Dunn und Joseph Schlichter, Foto: Peter Moore

Die Arbeit mit Film ermöglichte es Yvonne Rainer, ihre feministischen und politischen Anliegen deutlicher zu artikulieren. Die frühen Filme hat sie noch im Kontext der Performance geschaffen. So leitet in ihrem ersten Langfilm *Lives of Performers* (1972) eine inszenierte Probe die melodramatische Handlung ein, die mit einer Serie von *tableaux vivants* abschließt, die Standfotos aus dem Stummfilm *Die Büchse der Pandora* (1929) von Georg Wilhelm Pabst reenacten. Als Schauspieler engagierte Rainer Tänzer, die bei ihr Unterricht nahmen und alle außer Valda Setterfield keine Profis waren. Ein sehr innovativer Umgang mit Ton in Form von neutralen Voice-overs ist eines der Mittel, die eine Identifizierung des Zuschauers mit den Protagonisten verhindern sollen. Die Techniken und Methoden, die Rainer hier anwendet (z. B. Verbindung der realen, autobiografischen und fiktiven Elemente, Appropriation von Melodrama-Konventionen, Ineinanderfließen unterschiedlicher Darstellungskontexte und -ebenen), wurden in Rainers späteren Filmen weiterentwickelt. In *Film about a Woman who* (1974) werden ihre Überlegungen zu Themen wie Repräsentation, Narrativ, politische Manipulation, Positionen der Macht und Abhängigkeit, Beziehung zwischen Mann und Frau oder Konstruktion des sozialen Geschlechts weiterentwickelt und auf inhaltlicher als auch produktionstechnologischer Ebene untersucht. Die Kritik an den Konventionen des Populärfilms erfolgt in Yvonne Rainers Arbeiten nicht durch anti-narrative Formen der Darstellung, sondern im Gegenteil durch Appropriation typischer Elemente des Populärfilms, vor allem was die Darstellung emotionaler und psychischer Konflikte angeht. Yvonne Rainer lebt und arbeitet in New York und Los Angeles.

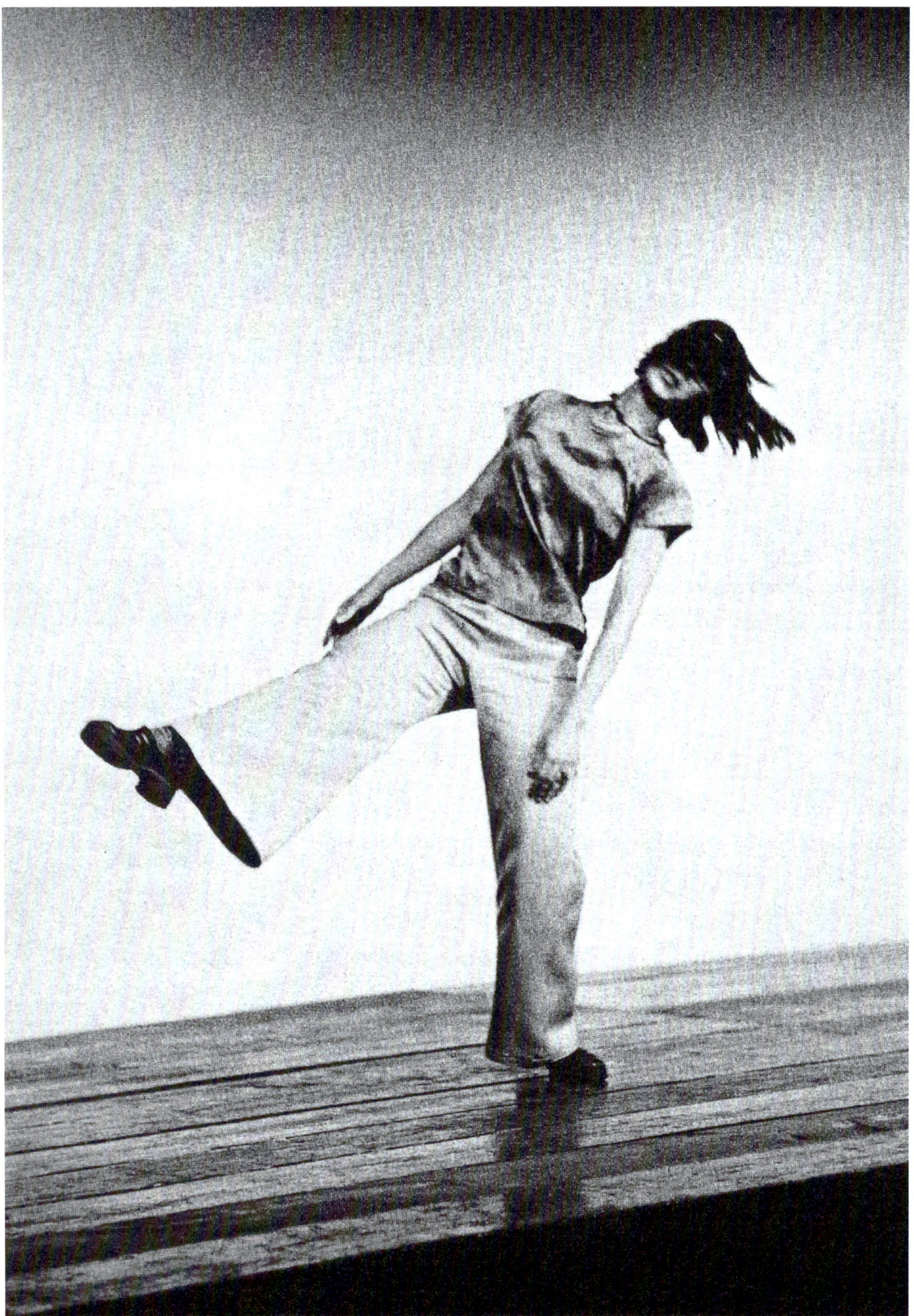

Yvonne Rainer, *Trio A*, 1966, Performance,
hier 1973 im Portland Center for Visual
Arts, Portland, Connecticut

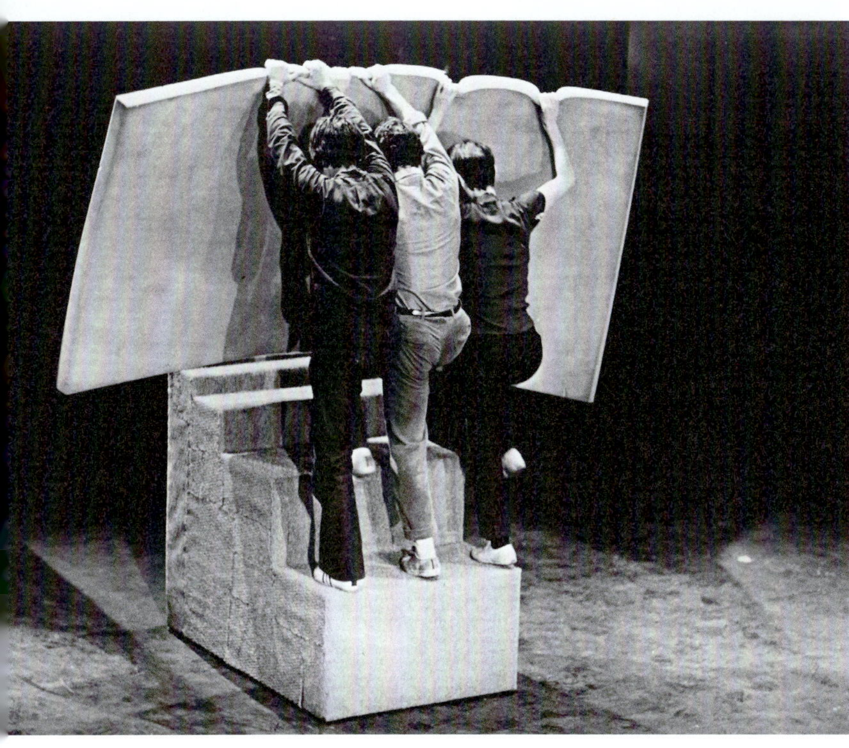

Yvonne Rainer, *Stairs* aus *The Mind Is a Muscle*, 1968, Performance, Anderson Theater, New York, Foto: Peter Moore

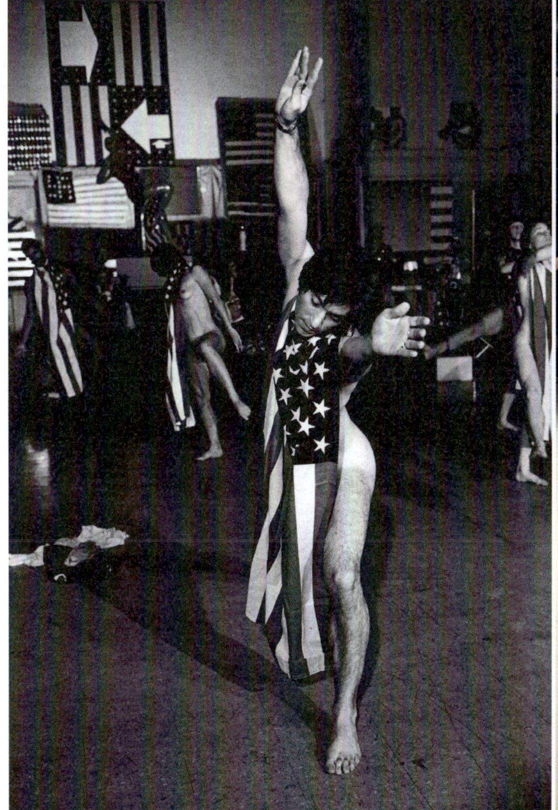

Yvonne Rainer, *Trio A with Flags*, 1970, Performance, Judson Memorial Church, New York, Foto: Peter Moore

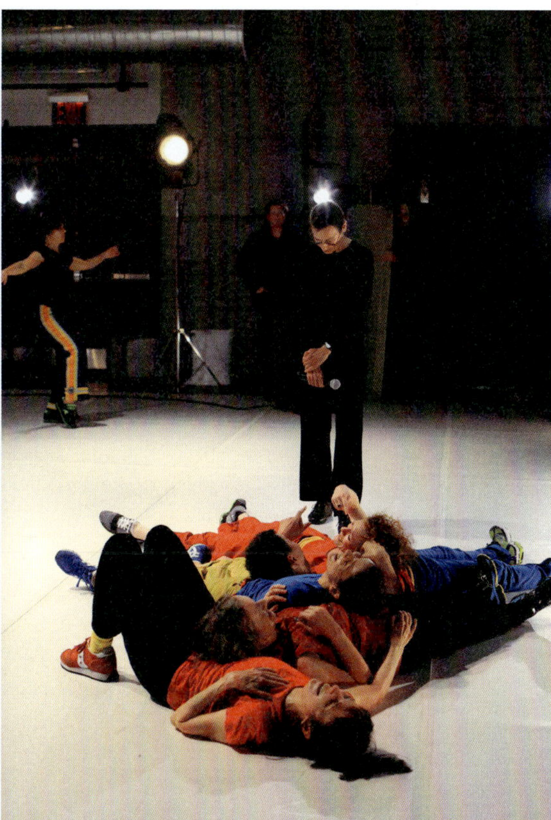

Yvonne Rainer, *Assisted Living: Good Sports 2*, 2011, Performance/Choreografie, Baryshnikov Arts Center, New York

Phase II: RE-ACT
Interpretative Aneignung im künstlerischen Labor
18.–30. März 2012

Boris Charmatz
mit

Alex Baczyński-Jenkins
Christine De Smedt
Nikolaus Hirsch
Lenio Kaklea
Jan Ritsema
Ruti Sela
Gerald Siegmund
Burkhard Stangl
Meg Stuart

In der zweiten Phase der Ausstellung findet vor den Augen des Publikums ein künstlerisches Labor des französischen Choreografen und Co-Kurators der Ausstellung, Boris Charmatz, und ausgewählten Kolleginnen und Kollegen aus Kunst und Wissenschaft statt. In dem sogenannten Artist Lab diskutieren und entwickeln diese künstlerische Strategien und Methoden der Aneignung und Re-Interpretation der historischen Performances, die in den Ausstellungsdisplays verfügbar sind. Die historischen Arbeiten werden im Kontext der Ausstellung neu gelesen und individuell – auch performativ – interpretiert. Die israelische Künstlerin Ruti Sela dokumentiert das Labor filmkünstlerisch.

Boris Charmatz, Sigrid Gareis, Georg Schöllhammer

Das Labor ist der Versuch, die Ausstellung *Moments. Eine Geschichte der Performance in 10 Akten* instabil, offen und in Bewegung zu halten. Die Geschichte der Performance wird in der Regel mit großer Bestimmtheit und in stabiler Form präsentiert, die die Umstände des anfänglichen Bruchs nur zum Teil wiedergibt. Die Künstler und Künstlerinnen begeben sich auf die Suche nach dieser Spannung des Bruchs, ohne dabei zu seinem Ausgangspunkt zurückzukehren. Wir werden ein zeitgenössisches Lager aufschlagen, das die Grundlage für die kollektive Arbeit der Konfrontation mit den ausgestellten Arbeiten bietet, um ein Archiv der Gegenwart in all seiner Brisanz zu schaffen. Bedeutende zeitgenössische Künstler wurden eingeladen, sich in der Ausstellung einzurichten und am Film von Ruti Sela, der am Ende den gewichtigen Dokumenten der Pionierinnen hinzugefügt wird, mitzuwirken. Jeder, Musiker, Tänzer, Dramaturg, Architekt, wird auf seine Weise organisieren, was ihn angesichts der bekannten oder unbekannten Momente unserer Geschichte bewegt, ohne dabei, im übertragenen Sinne, Samthandschuhe zu tragen.

Boris Charmatz

Von: Christine De Smedt
Betreff: Re: Kommentare, Fragen, Statements

Irgendwie klingt die Notwendigkeit einer radikalen Veränderung und eines politischen Bewusstseins immer noch in mir nach. In dieser Hinsicht war *Moments* eine enorm wichtige Erfahrung für mich. Am wichtigsten war dabei, mir die ausgestellten Werke immer wieder anzusehen und mehr über ihre Entstehungsprozesse und ihren Kontext zu erfahren. Die Frage nach der Urheberschaft war für mich eher zweitrangig. Mir ist Urheberschaft suspekt, wenn sie mit der Vorstellung einhergeht, dass ein Werk jemandem gehört, was in unserer Gesellschaft ja nur den Gedanken unterstreicht, dass es eine Trennung zwischen Privatem und Persönlichem einerseits und Öffentlichem und Gemeinschaftlichem andererseits gibt. [...] Kunst zu machen bedeutet, seine Anliegen und Überlegungen öffentlich zu machen, Dinge öffentlich zu machen. Diese Werke im musealen Rahmen zu sehen, gehörte ebenfalls zum gemeinschaftlichen, öffentlichen Aspekt der Kunst, aber gleichzeitig wurde auch klar, dass die ausgestellten Werke allesamt Teil des heutigen Kunstmarkts sind, der die »einzelnen« Kunstwerke verkauft [...].

Im Fall von *Moments* war die Frage nach der Urheberschaft eine besondere, weil die eingeladenen und ausstellenden Künstler ausnahmslos Frauen waren und einige eigentlich nicht als »Pionierinnen« bekannt/anerkannt sind. Die erste Phase des Projektes *Moments* war gut konzipiert, weil die Künstlerinnen an der Zusammenstellung und am Aufbau der Displays sowie an der Videoaufzeichnung der Künstlerinterviews und an der Entscheidung beteiligt waren, welche Künstlerinnen an der ersten Phase des Artist Lab teilnehmen sollten [...].

Was haben wir während des Labors aus diesen Rahmenbedingungen gemacht? Wie haben wir darauf reagiert? Es gab viele unterschiedliche Vorschläge, aber ich glaube, neu definiert haben wir Reenactment und Aneignung nicht. Wir haben mit der Situation gearbeitet und versucht, uns bei unseren Überlegungen eben nicht von unseren persönlichen Interessen leiten zu lassen. Mir ging es darum, die besondere Geschichte und die Komplexität der Zeit und auch die feministische Bewegung besser zu verstehen. Ich nahm die Werke und ihre Urheberinnen eher als Bezugspunkte und als Teil einer komplexen Einheit wahr denn als einzelne Leistungen und einzelne Künstlerinnen. Für mich war wichtig, dass das Wissen, das wir informell und formell zusammentrugen, einem ständigen Wandel unterlag und fortwährend umverteilt wurde [...].

Was eignet man sich an: kritische Bedenken, Einstellungen, Methodologien, Prinzipien, Ziele, Elemente der endgültigen Arbeit? Eine Aneignung der einzelnen Werke im Rahmen von *Moments* kam mir völlig unangemessen vor, überflüssig und anekdotisch. All diese Werke wurden bereits durch die Zeit und die Geschichte angeeignet – bewusst und unbewusst, in Teilen und in ihrer Gesamtheit. Vor dem Hintergrund, dass diese Werke in einem Museum ausgestellt wurden, konnte ich mir die Schärfe und Kritik der damaligen Zeit unmöglich aneignen [...].

Es ist vielmehr wichtig, Kunst als eine Untersuchung zu verstehen, als die Spiegelung einer Zeit und als den Wunsch, die Vorstellung vom Status des Urhebers als Star, als verehrte Person, zu überwinden [...]. Alles, was wir im Labor machten, kann zerstört oder benutzt werden!

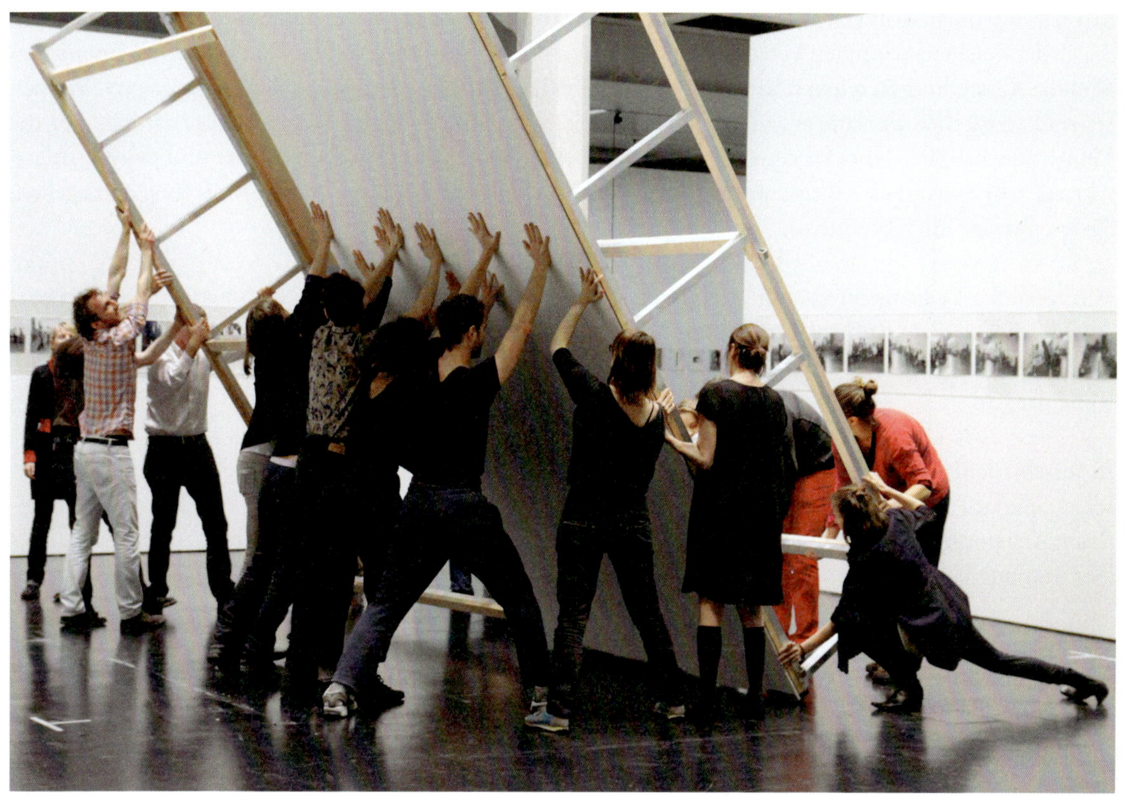

Umgestaltung eines Displays von Sanja Iveković durch
Lab-Artists und Zeugen, Ausstellungsansicht ZKM |
Museum für Neue Kunst, 2012

Von: Lenio Kaklea
Betreff: Re: Kommentare, Fragen, Statements

Mir hat es großen Spaß gemacht, in der Gruppe zu arbeiten, und ich hatte den Eindruck, dass das Event durch den wachen, kritischen Verstand aller Beteiligten sehr lebendig war. Die Pionierinnen kennenzulernen, die Ausstellung zu sehen und meine eigene künstlerische Vorgehensweise den präsentierten Werken gegenüberzustellen war eine großartige Gelegenheit, mich mit den vielen Fragen zu beschäftigen, die die 1960er- und 1970er-Jahre zu einer Zeit gemacht haben, in der das Gesellschaftliche und das Künstlerische auf sehr dynamische Weise miteinander verknüpft waren. Eine solche Herausforderung einzugehen, das interessiert mich brennend.

Wie kann die Vergangenheit zum Nachdenken über heutige Fragen anregen? Nehmen wir zum Beispiel die Fragen nach dem Kunstmarkt als bestimmendem Kontext, der Kunstwerke hervorbringt und verteilt, nach der Vermarktung der Freizeit, nach der Entwicklung des Künstlers zum Unternehmer und nach der Rolle der Kultur als Ware.

In verschiedenen Situationen erfuhr ich den Begriff der Aneignung: Das Improvisieren mit den »physischen Spuren« Roberta Breitmores, mit ihren Kostümen, entwickelte sich zu einer kollektiven und spontanen Aneignung der ausgestellten Stücke. Die Eroberung des Archivs durch uns führte zu der Frage: Wer lebt in wem? Wo ist Roberta, und wo sind wir?

Nachts mit Jan Ritsema und Boris Charmatz im Ausstellungsraum zu arbeiten, war eine sehr intensive und unmittelbare Art, die Ausstellung neu zu definieren: keine Wände, keine Werke – wir beschäftigten uns mit unserer Beziehung zum Raum und zueinander; eher handelte es sich um einen mikropolitischen, persönlichen *Sprung*, als dass wir über einen historischen nachgedacht hätten.

Angeregt durch das »Pseudo-Reenactment« der Stimme von Marina Abramović im Video *Art Must Be Beautiful, Artist Must Be Beautiful* und durch die inspirierenden Diskussionen mit Gerald Siegmund über ihre Arbeit, war es mir möglich, körperlich mit dem ausgestellten Material zu experimentieren und zu reflektieren, wie wir jene Ikonen der Performancekunst heute wahrnehmen. Ich habe es sehr genossen, Zeit mit dieser Arbeit zu verbringen und über die Möglichkeiten nachzudenken, wie wir durch die Bewahrung von Geschichte Werte schaffen – in dem Sinne, dass es der Vorgang des Bewahrens selbst ist, der den Wert des Objekts erst benennt und erschafft. Selbst wenn ein Künstler anfangs nicht funktionierte, durch die Aufmerksamkeit, die eine Institution auf die Behandlung seines Objekts verwendet, halten wir etwas für wertvoll, insbesondere dessen objekthafte Gestalt.

Die Dokumentation von Abramovićs Performance ist im Internet (wenn auch nicht in ganzer Länge) verfügbar. Was aber können wir sehen oder hören, wenn wir das Video im Museum anschauen? Die gewaltige Größe ihres sich bewegenden Bildes im Dialog mit anderen »unbelebten« Dokumenten? Welche Aura fesselt die Besucher? Was können wir »lernen« von der Interaktion von Abramovićs Abbild mit einem lebenden, für einige anonymen Körper – dem meinen –, der die Stimme des Videos ohne körperliche Anzeichen von Schmerz oder Freude reenactet?

Und zu guter Letzt, am letzten Tag des Labors mit Christine De Smedt am Konzept einer gesellschaftlichen Choreografie und mit Burkhard Stangl an deren musikalischen Variationen zu arbeiten, war für mich eine sehr anspruchsvolle Art, sich die von den ausgestellten Arbeiten aufgeworfenen kritischen Fragen anzueignen. Wir näherten uns ihnen durch eine choreografische Struktur und erprobten, inwieweit sich eine Öffentlichkeit (das Publikum des Open Lab) damit identifizieren konnte. Wie erzeugt die historische Erzählung Beziehungen, wie gestaltet sie die Gegenwart? Mit diesen Fragen hätte ich mich liebend gern länger beschäftigt.

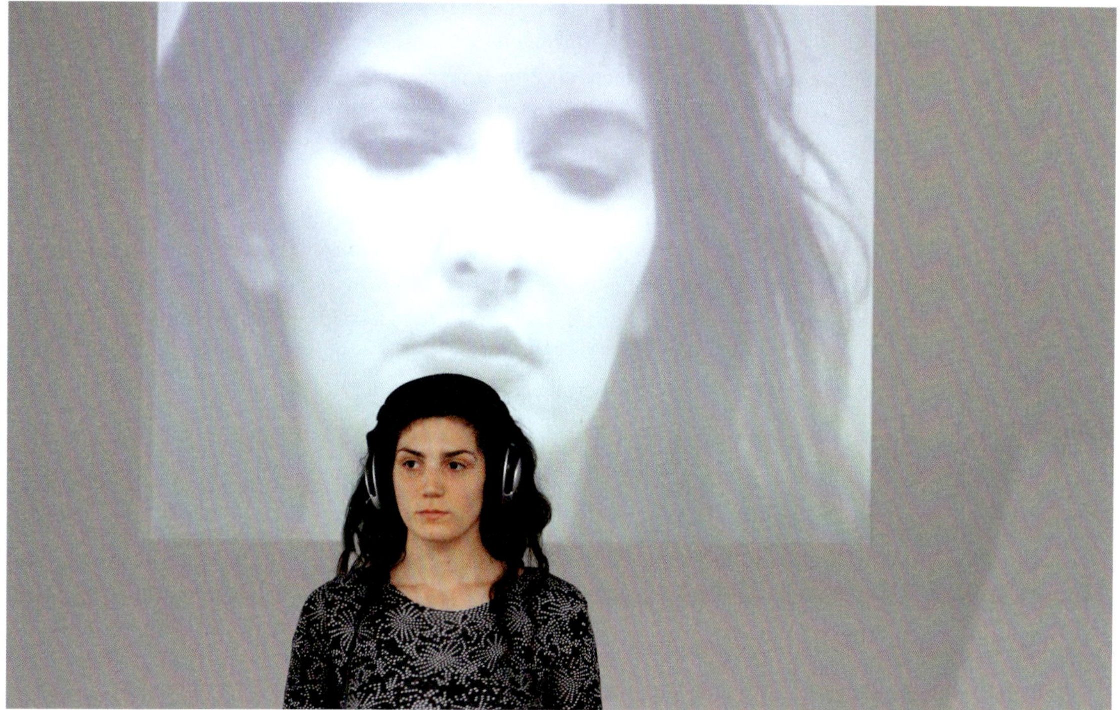

Lenio Kaklea lauscht der Stimme von Marina Abramović im Video zur Performance *Art Must Be Beautiful, Artist Must Be Beautiful* (1975), Ausstellungsansicht ZKM | Museum für Neue Kunst, 2012

Das Problem mit dem künstlerischen Labor, dem Artist Lab, war, dass es anfangs nicht richtig definiert war. Wir tauchten nur sehr langsam in die Ausstellung ein und kamen am Anfang auch nur sehr langsam voran. Wir hatten fast zu viele Freiheiten, es lief zu sehr nach dem Motto: »Macht, was ihr wollt!« Erst die Aufgabe, im Open Lab etwas präsentieren zu müssen, definierte uns letztlich. So wurden die abschließende Darbietung, die Art, wie wir am Ende vorgingen, und unser Manövrieren in der und durch die Ausstellung interessant – interessant insofern, als eine unerwartete »Aneignung« der bestehenden Ausstellung offensichtlich wurde. Ebenso entwickelte sich ein überraschend entstandenes Reenactment der Ausstellung, ein Reenactment, das sich auf das Benutzen, auf ein fast oberflächliches Benutzen des vorhandenen Materials beschränkte.

Interessant ist auch, dass die Performer und die Zeugen, vielleicht wegen der mangelnden Definition, nicht einzeln agierten (mit Ausnahme von Alex Baczyński-Jenkins), sondern gemeinsam vorgingen. Meiner Ansicht nach war entscheidend, dass wir während des Labors eine Nacht in der Ausstellung verbrachten. In jener Nacht konnten Boris Charmatz, Lenio Kaklea und ich unsere Fähigkeiten völlig ausschöpfen, körperlich mit dem Material und der Ausstellung in Verbindung zu treten, sie uns anzueignen und mit ihr umzugehen.

ABER

Wir ließen uns in diesem Prozess davon treiben, »einfach mal zu machen«, wir stürzten uns ganz unvermittelt in die Situation. Das kann wertvoll sein, dennoch hätte ich eine Kombination von Denken und Handeln vorgezogen, und ich glaube, das wäre auch notwendig gewesen, um das Projekt fortsetzen zu können.

Ich halte eine Fortsetzung jedoch nur für sinnvoll unter der Bedingung, dass die Teilnehmer des Labors diskutieren, bewerten, formulieren und definieren, was man unter Aneignung und Reenactment als Modus der Produktion (einer Aufführung, die im Jahr 2012/2013/2014 noch etwas zu bedeuten hat) verstehen könnte.

Als Ergebnis unserer Interventionen dient der Film von Ruti Sela weit besser als das, was wir während unserer zwei Wochen in der Ausstellung taten – selbst wenn nicht ganz klar wird, worum es dabei und darin wirklich geht. Man sieht Menschen, die nicht angeben, die nicht provozieren und nicht beeindrucken, sondern versuchen, einfach ohne Berührungsängste zusammenzusein – nicht als Ausdruck von Freiheit oder als pädagogisches Experiment dazu, wie Menschen sein könnten, sondern als Darstellung einer in Gemeinschaft verbrachten Zeit. Worum es hier gehen könnte, ist die Botschaft, dass vieles keine große Sache ist und dass wir viele Einschränkungen abschaffen müssen.

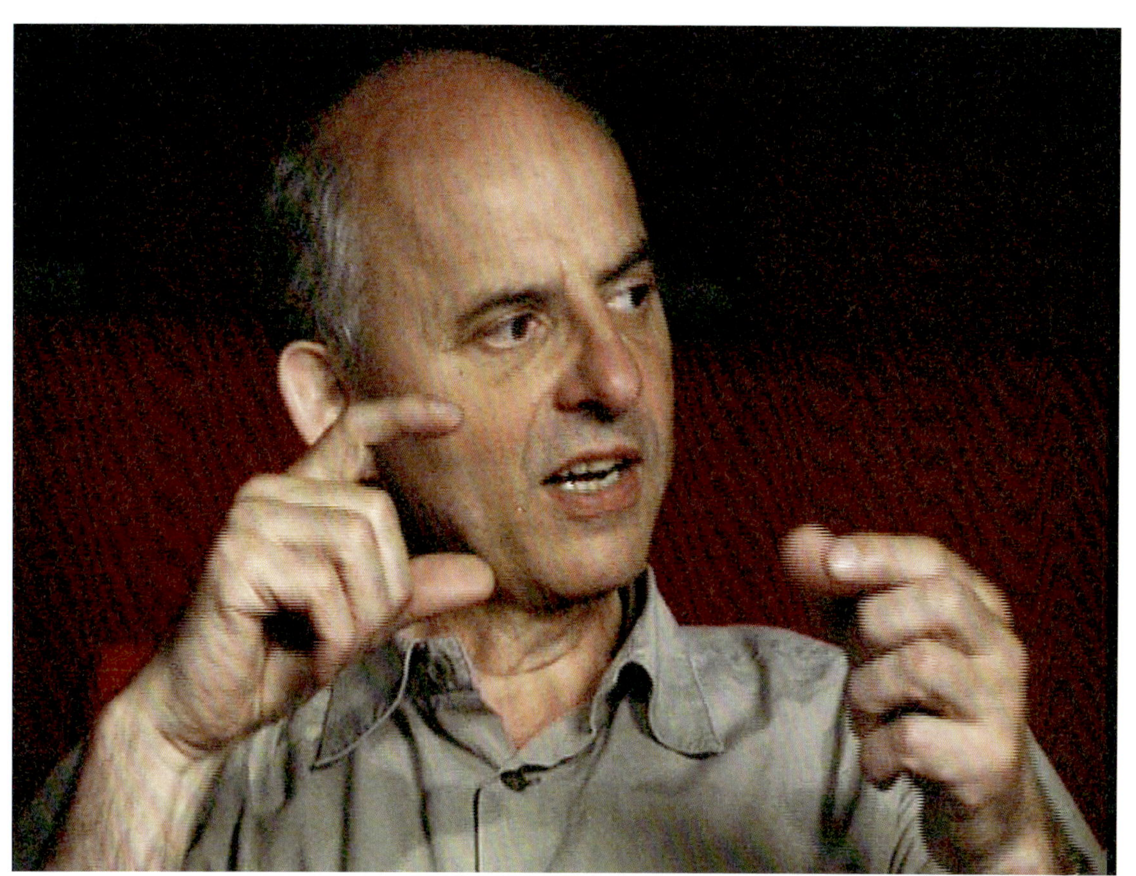

»Aber er hat ja nichts an!«, sagte ein kleines Kind.
»Herrgott, hört die Stimme des Unschuldigen«, sagte der Vater. Und einer flüsterte dem andern zu, was das Kind sagte.
»Aber er hat ja nichts an!«, rief schließlich das ganze Volk.

Things Not to Be Forgotten or a Few Extra Challenges ist ein fortlaufendes Gemeinschaftsprojekt von Alex Baczyński-Jenkins und Ligia Manuela Lewis. Dieselben Aktionen wurden im ZKM | Museum für Neue Kunst dargeboten und zeitgleich im öffentlichen Raum in Berlin vor dem U-Bahnhof Kottbusser Tor und im Volkspark Hasenheide.

Des Kaisers neue Kleider von Hans Christian Andersen, wurde von Adrian Piper bei ihrem Seminar über »The Connection Between Truth and Goodness: Exploring Kant's Metaethics« am 28., 29. und 30. März 2012 im ZKM | Museum für Neue Kunst vorgetragen.

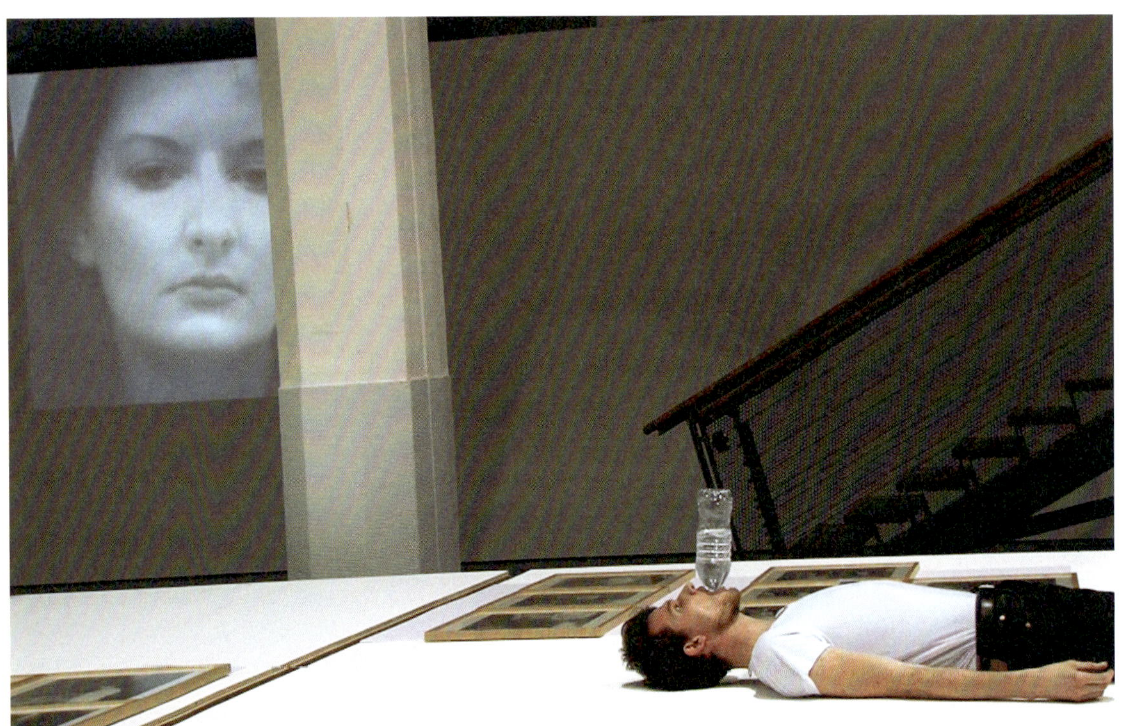

Alex Baczyński-Jenkins und Ligia Manuela Lewis, *Things Not to Be Forgotten or a Few Extra Challenges*, 2012, Performance im ZKM | Museum für Neue Kunst in Karlsruhe, vor dem U-Bahnhof Kottbusser Tor in Berlin und im Volkspark Hasenheide in Berlin

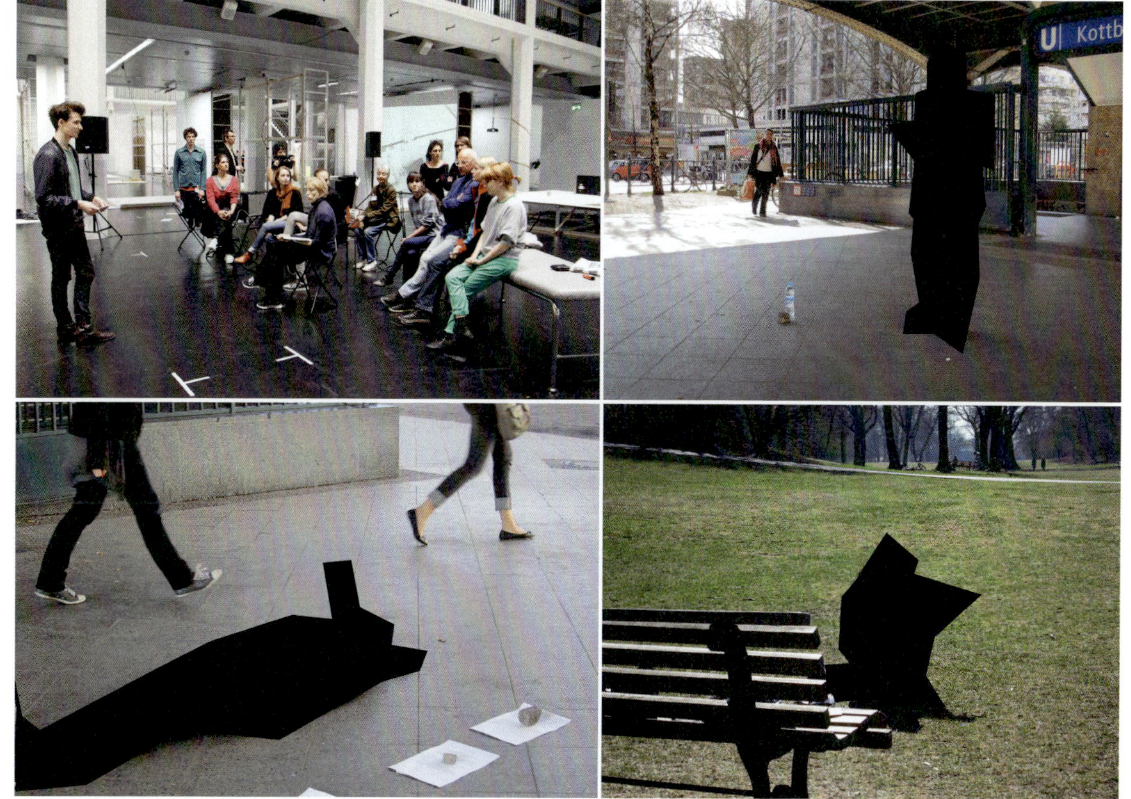

U Kottb

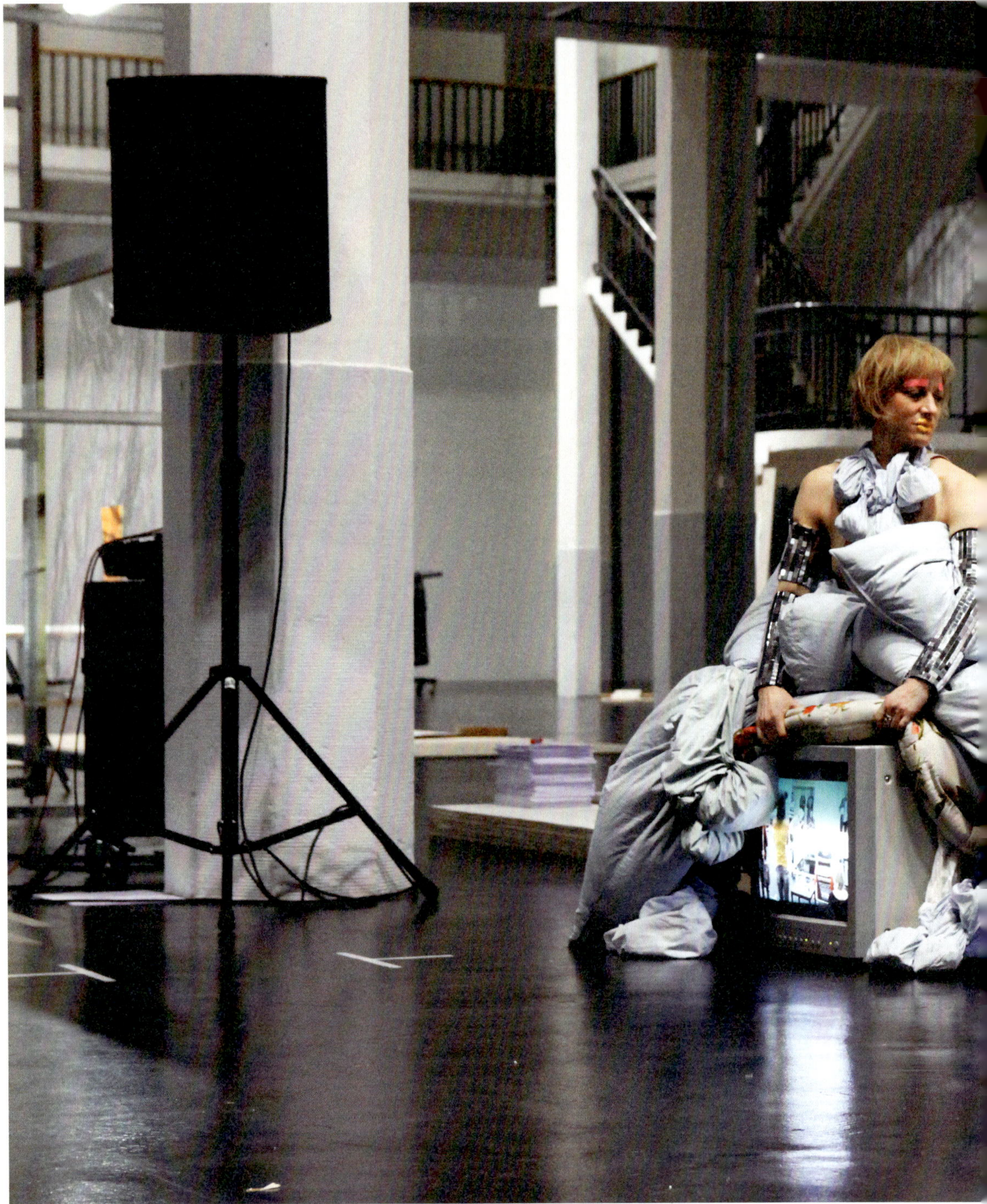

Performance von Meg Stuart während des »Open Lab«
am 30. März 2012, ZKM | Museum für Neue Kunst

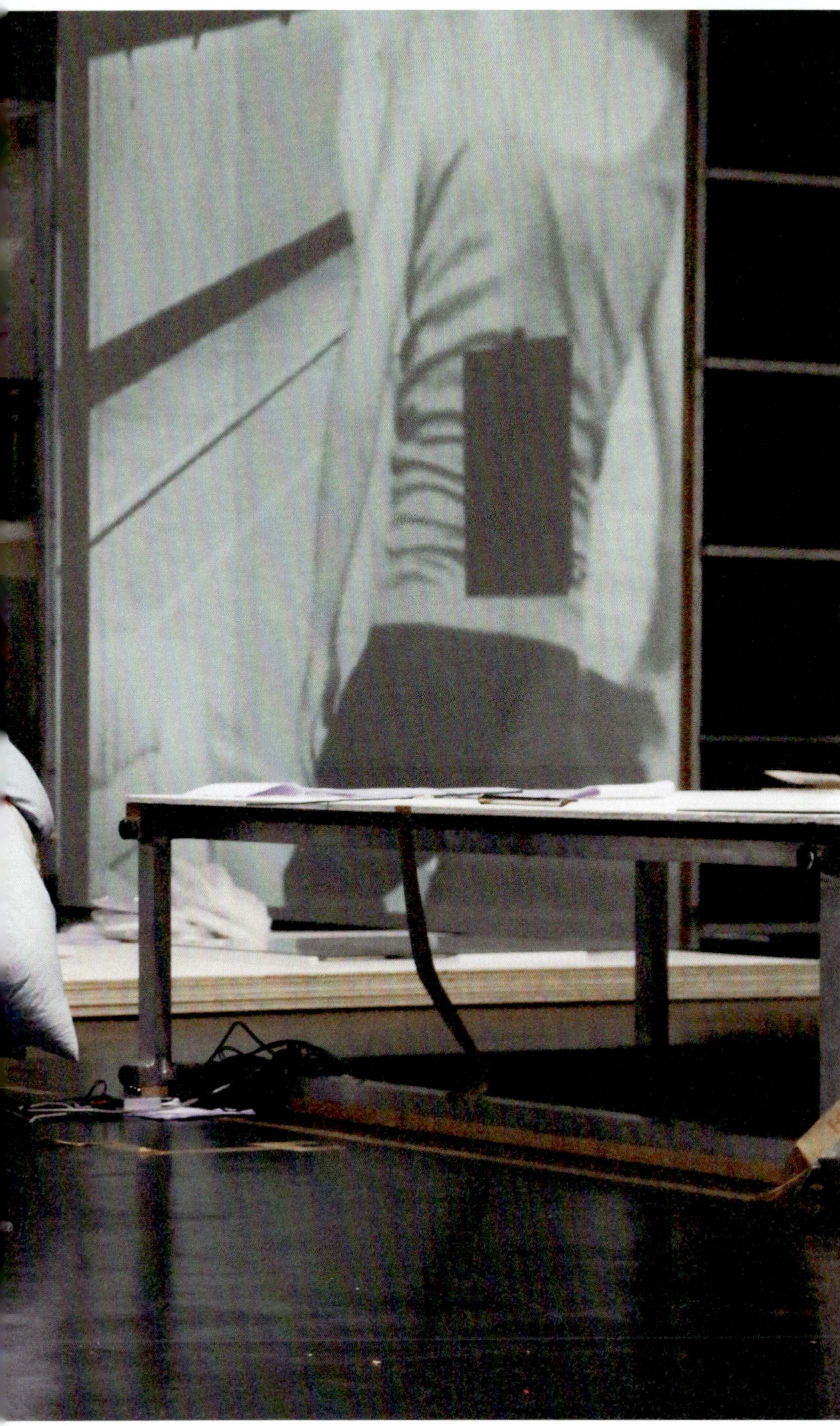

Gilles Amalvi (G. A.) Du näherst dich der Kunst- und Kulturgeschichte an, indem du Archivstücke, Dokumente verfremdest, verzerrst, verunstaltest – sofern sie für Performances eingesetzt werden können. Ist das die Dynamik, zu der du im Artist Lab Re-Act, während der zweiten Phase von *Moments*, den Impuls geben wolltest – die Dynamik einer »wilden Aneignung«, impulsiv und improvisiert?

Boris Charmatz (B. C.) Meine beiden Ausgangsideen für dieses künstlerische Labor hatten einerseits mit den Erfahrungen zu tun, die ich mit *brouillon* machte – einer Ausstellung des Musée de la danse[1], im Laufe derer die Performer Kunstwerke verfremdeten[2] –, und andererseits mit dem Wunsch, das Labor von Ruti Sela filmisch dokumentieren zu lassen. Bei *brouillon* konnten wir sehr frei auf die Werke einwirken; das hing zum Teil mit der Position der Performer zusammen, die gewissermaßen »Manipulatoren« waren. Mit unseren weißen Handschuhen konnten wir die Werke berühren, sie streicheln, sie wegstellen, sie an die Luft setzen, sie auf- und wieder abhängen und so weiter. Mein Vorschlag für Re-Act war, ein *brouillon* anzurichten, aus dem wiederum ein Film entstehen konnte; oder vielmehr sich bei der Arbeit bewusst zu machen: »Dieses *brouillon* ist ein Film«, ist die Realisierung eines Films. Die verschiedenen Teilnehmer des Labors – Künstler, Performer, Theoretiker – kamen an das ZKM |

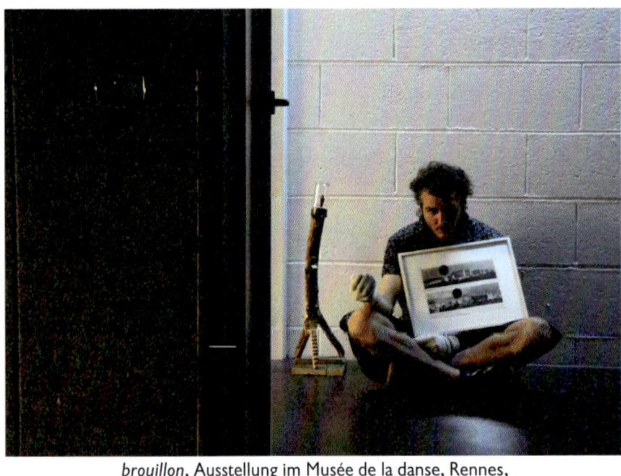

brouillon, Ausstellung im Musée de la danse, Rennes, 12./13. Juni 2010

Museum für Neue Kunst, um sich mit der Bedeutung von Archivmaterial, der Performancegeschichte und ihrer Wiederaneignung auseinanderzusetzen. Aber *eigentlich* waren wir da, um ein neues Werk zu schaffen: dadurch nämlich, dass wir dem existierenden Archiv ein zeitgenössisches hinzufügen. Dieser

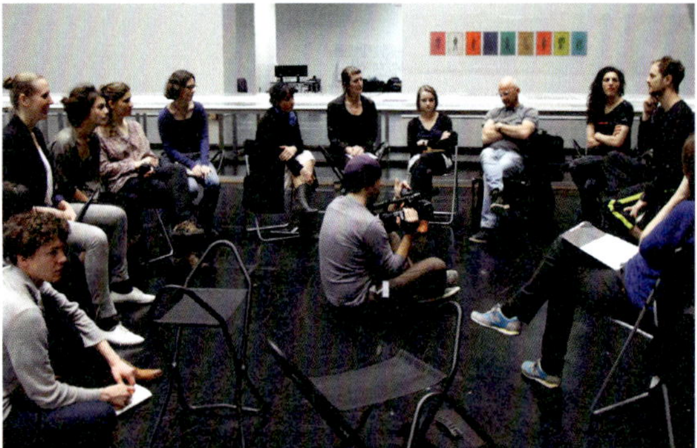

Besprechung der Lab-Artists und Zeugen in der Re-Act-Phase, Ausstellungsansicht ZKM | Museum für Neue Kunst, 2012

von der Norm abweichende Ansatz gefiel mir gut: in der Ausstellung arbeiten und agieren, nicht um bestehende Spuren zu »beleben«, sondern um unserseits eine »neue« Spur zu produzieren; um bei der Erarbeitung eines neuen Objekts mitzuwirken, das sich nicht auf die Ausstellung beschränkte, sondern im weiteren Verlauf ein eigenständiges Leben bekäme.

Für mich – das mag nicht bei allen Teilnehmern der Fall sein – steht der Film an erster Stelle. Ich habe die Einladung zu dieser Ausstellung angenommen, weil ich glaubte, dass dieser Film dort realisiert werden könnte. Ich wollte, dass sich dieser Film unerbittlich mit den historischen Werken auseinandersetzt, dabei aber dieselbe Spannung aufrechterhält wie sie bei den Filmen von Ruti Sela zu spüren ist. Das ist gar nicht so einfach, denn die Schauplätze ihrer Filme sind oftmals zwielichtige Orte, wie Nachtclubs oder Hotelzimmer, aber sie sind ähnlich aufgeladen wie die in der Ausstellung gezeigten historischen Performances. Es ging also nicht darum, nett miteinander zu diskutieren und dies zu dokumentieren, sondern darum, ein ambivalentes, widersprüchliches Werk zu schaffen. Mit diesem Wunsch kam ich an das ZKM: ein *brouillon*, ein Durcheinander anzustiften, innerhalb dessen man tun und lassen konnte, was man wollte – sofern die Werke dabei keinen Schaden nahmen –, und über diese Erfahrung einen eindringlichen, leidenschaftlichen Film zu machen.

Doch sehr schnell gerieten wir in Konflikt mit den Zwängen, denen die Institution Museum klassischerweise unterworfen ist. Wir spürten, dass die historischen Werke einen Stellenwert haben, der geradezu »heilig« ist. Und wir, die eingeladenen Künstler, hatten das Gefühl, dass wir im Grunde nur störten: Wir waren diejenigen, welche die Ausstellung daran hinderten, »normal« zu funktionieren. Für mich ging es bei dieser Ausstellung vor allem um die Konfrontation historischer Performances – oder ihren Überbleibseln – mit der Gegenwartskunst. Genau an diesem Punkt gab es ein großes Missverständnis, aus dem wiederum eine ziemliche Anspannung resultierte. Ich wollte, dass das künstlerische Labor improvisiert ist. Das Musée de la danse ist die Improvisation eines Museums. Allerdings verträgt sich die Verpflichtung eines Museums, Kunstwerke zu bewahren, schlecht mit Improvisation. Die Gründe dafür sind verständlich und ich stelle sie nicht infrage. Aber wir haben diese Regeln mit voller Wucht abbekommen.

G.A. War es nicht auch ein wenig naiv zu glauben, diese »heiligen« Spuren sozusagen am Ort ihrer Heiligsprechung verändern zu können?

B.C. Doch, natürlich, aber ich halte an dieser Naivität fest. Ich bin entsetzt, dass sich so viele Museen zeitgenössischer Kunst »Museum *for* Contemporary Art« nennen. In Wirklichkeit sind es Museen *der* zeitgenössischen Kunst, nicht Museen *für* zeitgenössische Kunst. Mit dieser Vorstellung kann ich mich einfach nicht abfinden. Wenn man nichts bewegen kann – wozu dann das Ganze? Bei uns hat diese Unmöglichkeit, Dinge anzufassen, eine ohnmächtige Wut erzeugt, die sich darin niedergeschlagen hat, dass wir *alles* anfassen wollten. In diesem Zusammenhang interpretiere ich im Nachhinein den Zwischenfall mit dem Werk von Lynn Hershman Leeson. Eine Perücke und ein Kleid, die ihrer fiktiven Figur Roberta Breitmore gehören, wurden angefasst, obwohl die Künstlerin dies nicht wollte. Ich habe mich bei ihr entschuldigt, wir haben darüber diskutiert, und dafür danke ich ihr. Die Objekte wurden ein wenig beschädigt, aber ich glaube, im Grunde war es die *Aura* rund um diese Objekte, die Schaden genommen hat. Dafür ist weder die Künstlerin noch das Museumspersonal verantwortlich; diese *Aura* ist für uns alle irgendwie unbegreiflich.

G.A. Vielleicht ist dieses Missverständnis teilweise darauf zurückzuführen, dass das Museum nicht müde wird, zu betonen, dass es etwas anderes ist als ein Ort der Bewahrung, dass es offen ist für hybride Kunstformen, für Experimente. Aber letztlich bleibt es, was es immer war: ein Mechanismus zur Produktion von Wert. Wie auch immer man das benennen mag, der Fetischcharakter der Ware im Museum bleibt intakt.

B.C. Ja, die Werke im Museum sind etwas anderes als einfache, künstlerische Produktionen. Man merkt sehr wohl, dass sie im Grunde nicht einmal den Künstlern gehören; selbst wenn diese damit einverstanden wären, dass man ihre Werke anfasst, haben sie nicht das letzte Wort, denn sie gehören einem Sammler, einer Galerie oder einem Museum. Auch die Versicherungen haben ein Wort mitzureden. Das Missverständnis rührt auch daher, dass ich aus einem Bereich komme – dem Tanz –, in dem

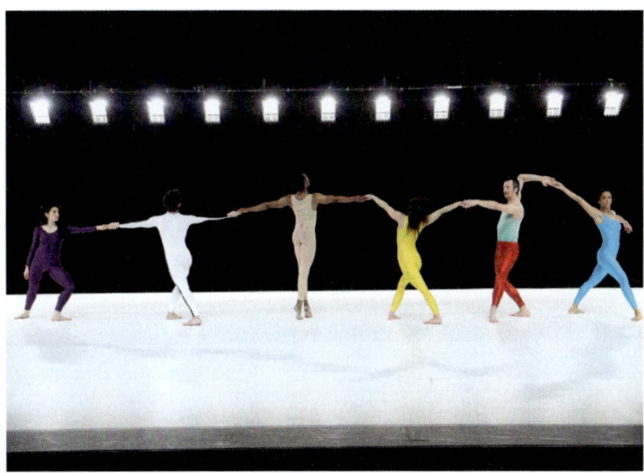

Boris Charmatz, *Flip Book*, 2012, Performance, Le Maillon, Stadttheater Straßburg

Kulturgut nicht denselben Wert hat oder jedenfalls nicht denselben Status. Es ist zwar auch nicht wirklich erlaubt, choreografische Werke anzutasten; darüber gibt es heftige Debatten wie beispielsweise rund um meine Arbeit *Flip Book* und darüber, ob man sich das Werk von Merce Cunningham wieder aneignen darf. Aber choreografische Werke sind sehr viel »vergänglicher« – wenn man an ihnen rührt, dann ist das *symbolisch*. Im Museum ist alles sehr konkret. Ein beschädigtes Werk verliert an Wert.

Ich komme oft auf den Text »Object vs People« des Architekten Nikolaus Hirsch zurück, den er übrigens in der Ausstellung vorgelesen hat.[3] In diesem Text erklärt Hirsch das klimatische Gleichgewicht zwischen dem Wohlbefinden des Zuschauers und der Bewahrung der Werke, den unsichtbaren Kampf zwischen den Werken und den Körpern. Als Architekt darf er sich nicht ausschließlich für die sichtbaren Aspekte der Werke interessieren, sondern muss sich auch mit den klimatischen Bedingungen ihrer Konservierung beschäftigen. Letztlich ist es ein bisschen wie bei den Indianern: Das einzig gute Museum ist eines ohne Besucher. Ohne einen einzigen Besucher kann man sicher sein, den Tod der Werke maximal hinauszuzögern.

G. A. Ja, man könnte das auch das »Lascaux-Prinzip« nennen …

B. C. Genau. Die vom Atem der Besucher erzeugte Feuchtigkeit zerstört die Fresken. Bei *Moments* musste ich die ganze Zeit daran denken, was wir bei *expo zéro* in Utrecht [BAK, basis voor actuele kunst, 16./17. April 2010] gemacht haben, vor allem mit Deufert & Plischke. In Anspielung auf den Text von Nikolaus Hirsch haben sie einen Pogo-Workshop angeboten, um die klimatischen Bedingungen eines Raums zu verändern. Beispielsweise ein Pogo neben einer Fotografie von Gursky – ein sehr berühmtes, sehr teures Werk –, bis die Feuchtigkeit so hoch war, dass das Fotopapier anfing, sich zu wellen … Ich kam an das ZKM mit ähnlich naiven Ideen wie dieser, die aber wohl einfach nicht realisierbar waren …

G. A. Einige der Performer von Re-Act hatten ebenfalls an *expo zéro* teilgenommen. Ich finde die Parallele interessant zwischen dieser Ausstellung ohne Werke, in der die Geschichte in Form von Worten oder Körpern auf gespenstische Weise präsent ist, und *Moments*, wo der Bezug zur Geschichte

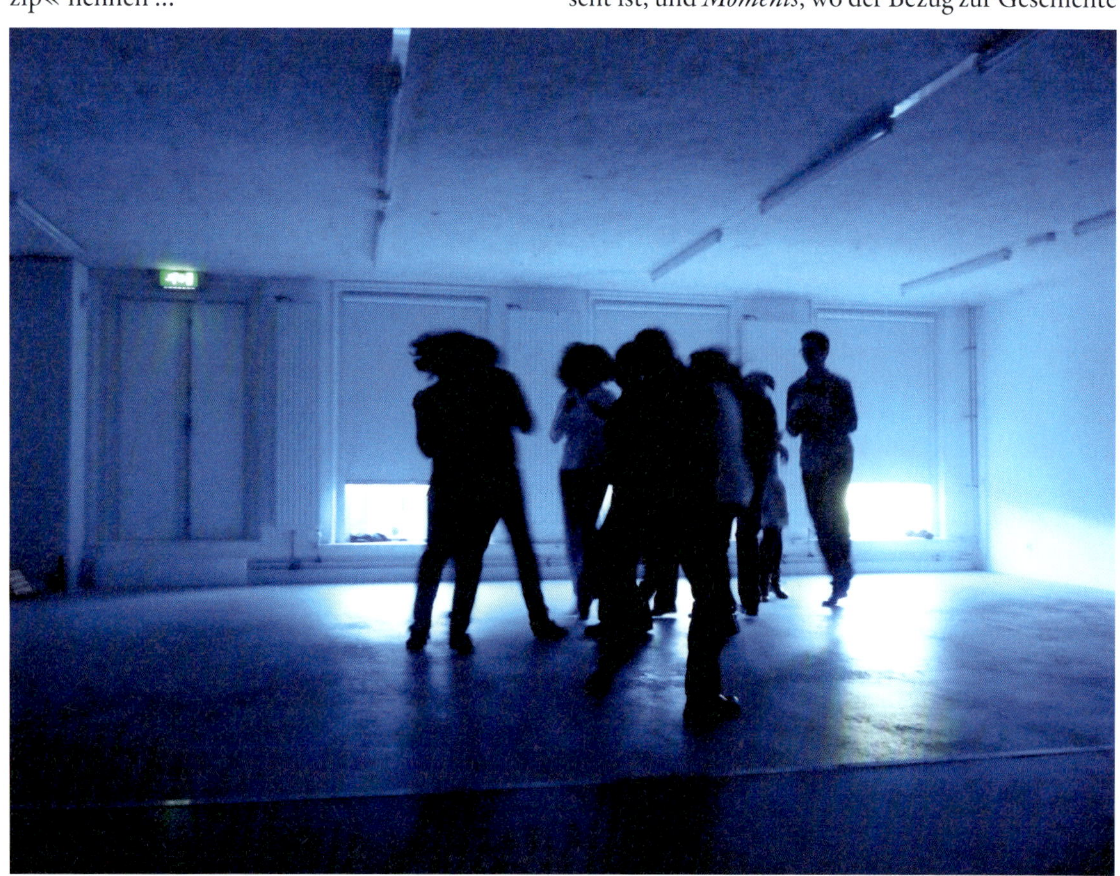

expo zéro, Ausstellungsevent in der BAK (basis voor actuele kunst), Utrecht, 16./17. April 2010

von Anfang an über die Spuren gegenwärtig ist. Als ich mir den Film anschaute, war mein Eindruck von *Moments* viel »brutaler« als das, was ich im Rahmen von *expo zéro* gesehen hatte. Könnte man nicht sagen, dass das Objekt den Körper »überreizt«, ihn gewissermaßen »zwingt, etwas zu machen«?

B.C. Ja, das ist sehr richtig, aber ich glaube, es kommen mehrere Probleme zusammen. In der Ausstellung waren Objekte von Graciela Carnevale auf Tischen angeordnet. Alles war festgelegt, unverrückbar, aber ohne eine Orientierungshilfe; ich sagte mir, wenn ich sie unter den Tisch legen würde, könnte ich mich dafür »verantwortlich« fühlen, weil die Leute sie *nicht sehen* könnten. Es ging mir darum, einen Weg zu finden, sich in der Ausstellung zu positionieren, sich mit diesen Werken auseinanderzusetzen. Aber es ging mir auch darum, herauszufinden, inwieweit unsere performative Präsenz eine Form von *Aus-Stellung* darstellen kann, indem wir Dinge sichtbar machen oder sie den Blicken entziehen. Graciela Carnevales Werke waren für eine gewisse Zeit lang unsichtbar, während der Diktatur in Argentinien. Es erschien mir fast zu einfach, sie auf diese Weise sichtbar zu machen – als ob das Museum die Macht hätte, alles sichtbar zu machen. Das war unser Ausgangspunkt: die Idee, dass im Museum *alles* sichtbar und offensichtlich ist. Die Gegenwart der Körper kann einen Schatten auf sie werfen, sie weniger zugänglich und widersprüchlicher machen – was uns wieder zu den historischen Performances zurückbringt. Die Leute, die heute ins Museum kommen, haben auch eine vermittelnde Funktion. Allein die Tatsache auszustellen, sagt noch nicht alles über den Inhalt aus.

Das führt uns zu dem Problem zurück, das ich vorhin erwähnt habe. Persönlich wollte ich die Werke von Lynn Hershman Leeson überhaupt nicht berühren. Ich hatte den Eindruck, dass sie beim Artist Lab gar nicht wirklich mitmachen wollte – im Sinne einer Interaktion. Deshalb habe ich vielmehr versucht, ihre Werke zu schützen. Ich habe eine der Wandleisten versetzen lassen, um eine Art Mauer zu errichten – eine Mauer schützt und schließt ein, bietet Sicherheit und schirmt Blicke ab. Eines ihrer Werke war übrigens eine kleine Puppe mit einem Kamera-Auge, das alles beobachtete, was in der Ausstellung passierte.

Ich dachte: »Ich darf sie nicht berühren, aber sie darf mich beobachten.« Ich finde es schade, dass sich alles um diesen Zwischenfall drehte, denn die Figur Roberta Breitmore weckte bei allen Beteiligten eine große Neugier – allen voran bei Meg Stuart. Das Objekt *verlangt* gewissermaßen danach, dass man es verwendet. Ich glaube, dieses Gefühl war stärker als wir selbst: Roberta zu verkörpern, sich dieser Idee zu bemächtigen, und zwar mithilfe der Perücke, und ihren Effekt auf diese Weise zu steigern ... Die Erfindung dieser fiktiven Person kann als Einladung verstanden werden, ihre Wirkung zu verstärken, sich von ihr sozusagen anstecken zu lassen ...

G.A. Im Prinzip birgt die Auseinandersetzung mit den Spuren der Performancegeschichte ein unlösbares Problem: Das Museum lädt zeitgenössische Künstler ein, diese Spuren »wiederzubeleben«, als ob man sie mit allen Mitteln »zum Leben erwecken« müsste. Aber gleichzeitig darf man sie nicht berühren. Einerseits gilt das Modell »Frankenstein« (die Kreatur zum Leben erwecken), andererseits das Modell »geklautes Auto« (zwei Drähte aneinanderreiben und hoffen, dass sie Kontakt bekommen) – beides zusammen ist unmöglich.

B.C. Genau. In der Ausstellung spürten wir alle das Bedürfnis, Dinge zu bewegen. Und vor allem – aus Ehrlichkeit gegenüber diesen Werken – uns nicht damit zu begnügen, dekorative Kunst zu produzieren. Für einen Tänzer ist es ein sehr komplexer Umstand, in einem Museum nicht nur *Dekoration* zu sein. Wir werden immer wieder eingeladen, um für »Lebendigkeit zu sorgen«. Nun ist aber auch der Tanz von unheilvollen Mächten umgeben. Ich habe lange darüber nachgedacht, über all das zu schreiben – daher auch dieses Gespräch –, und bin zu einem sehr simplen Statement gelangt: »Never trust a dancer«, vertraue nie einem Tänzer. Man denkt immer, dass ein Tänzer, vor allem ein Tänzer im Museum, *harmlos* ist. Tanz spielt im Museum im Allgemeinen eine rein kosmetische Rolle: ein paar Bewegungen hier, ein paar Bewegungen da. Das ist auch die Schlussfolgerung aus der Ausstellung *danser sa vie* im Centre Pompidou: Man verleiht sich und seinem Leben Ausdruck. Man denkt, Tanz sei immer eine gute Sache, um Publikum anzulocken, um Leben ins Museum zu bringen, um zu unterhalten – und um rein gar nichts in Gefahr zu bringen. Aber Tanz ist gefährlich. In meiner Eröffnungsrede habe ich von Chaos gesprochen, von *brouillon,* von Gefahr – und alle haben applaudiert. Kaum haben wir am Tag darauf mit unserem Durcheinander angefangen, war klar: Chaos als Idee ist ganz okay, aber konkret umgesetzt, nein danke …

Was die Werke an sich betrifft, so habe ich den Eindruck, dass man ihren Archivcharakter sehr viel mehr respektiert als ihre korrosive, negative Energie, die sie erzeugen mögen. Ich habe auch das Gefühl, dass diese Objekte, Dokumente und Fotos mehr verehrt werden als sogenannte »klassische« Kunstwerke. Beispielsweise wurde an Lynns Kleid der Reißverschluss verbogen. Man könnte meinen, es ist einfacher, einen Reißverschluss zu reparieren als ein Gemälde zu restaurieren. Und doch erwies es sich als genauso kompliziert … Das Kunstwerk als »Zeugnis« ist *noch* unantastbarer geworden. Dabei haben die Künstler alles getan, um ebendieser Fetischisierung zu entgehen.

G. A. Dieser Punkt ist interessant. Von dem Moment an, wo es einen Schnitt zwischen dem Machen und seiner Spur gibt, gewinnt die Spur noch mehr an Wert, weil sie nicht nur den Status »klassisches Werk« hat, sondern auch als Zeugnis einer vergangenen und damit verlorenen Handlung gilt. Und was verloren ist, ist zwangsläufig von unschätzbarem Wert.

B. C. Ja. Aber abgesehen von jenem »unlösbaren« Aspekt des Vorfalls hat uns diese Ausstellung alle dazu gebracht, uns mit unserer Arbeitspraxis auseinanderzusetzen, mit unserem Verhältnis zur Institution Museum und dem Stellenwert von Kunstwerken. Themen, über die wir uns im Museum intensiv ausgetauscht haben. Das Projekt brachte mir persönlich die Erkenntnis, dass das Musée de la danse nicht umsonst existiert. Denn wir haben das Glück, eine sehr junge Institution zu sein. Wir sind kein »richtiges« Museum, insofern wir nicht denselben Zwängen unterworfen sind wie ein gängiges Museum, sondern können auch undenkbare Dinge machen. Im ZKM war dies weit mehr als eine Frage des guten Willens des Direktors – er hat getan, was er konnte, damit die Ausstellung dennoch durchgeführt werden konnte.

Es gibt Verantwortlichkeiten, die über alles hinausgehen, die Künstler, die Museumsleitung … Niemand kann alles steuern. Kunst ist immer eine interessante Metapher für das, was ökonomisch machbar ist, und dieses »Niemand-kann-alles-Steuern« resümiert sehr gut die aktuelle wirtschaftliche Krise, in der wir uns befinden …

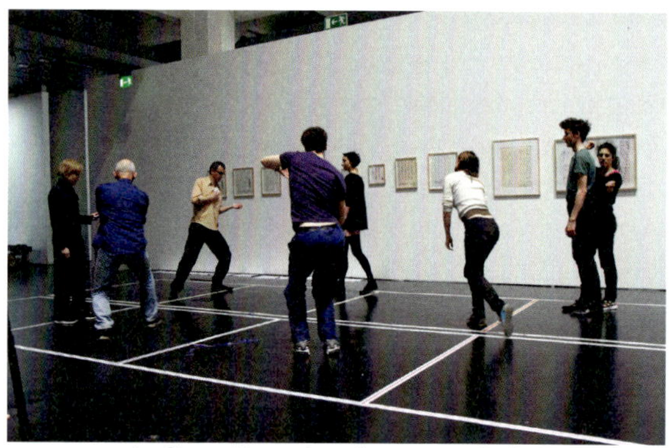

An Channa Horwitz' »grid« orientierte Performance der Lab-Artists in der Re-Act-Phase, Ausstellungsansicht ZKM | Museum für Neue Kunst, 2012

G. A. Die »historische« Einteilung des Museums verleitet dazu, Arbeitspraktiken zu verallgemeinern, sie zeichnet mehr oder weniger homogene Perioden nach (die Performance der 1960er- und 1970er-Jahre, den zeitgenössischen Tanz). Aber gleichzeitig postuliert diese Chronologisierung eine Form der »automatischen« Verständigung zwischen den Generationen, die vielleicht gar nicht selbstverständlich ist.

B. C. Für mich war das Artist Lab nicht *eine* Intervention von mehreren Künstlern, sondern mehrere Interventionen sehr unterschiedlicher Künstler aus sehr unterschiedlichen Kulturkreisen, die sich der Geschichte der Performance auf sehr individuelle Weise annäherten. Lenio Kaklea hat viel dazugelernt, indem sie alte Tänze rekonstruiert hat. Das Zusammensetzen historischer Werke spielt in ihrem Werdegang eine zentrale Rolle. Jan Ritsema ist hingegen der Meinung, wer mehr über diese Werke erfahren will, hat dafür die Archive – ihn interessiert vielmehr, was man heute machen kann. Frei nach dem Motto »Fuck the archive«. Christine De Smedt konzentriert sich auf die Analyse, sie diskutiert gerne und hat daher regelrechte Führungen innerhalb der Ausstellung organisiert. Meg Stuart hingegen wollte improvisieren. Es gab keinerlei Konsens – aber das war genau das, was ich wollte. Es gab keine Absprachen zwischen den ausstellenden Künstlerinnen und uns, auch nicht unter uns oder unter ihnen.

Die Gespräche mit ihnen waren spannend, und man könnte sich durchaus eine kollektive Zusammenarbeit vorstellen. Wir haben uns gefragt: Warum arbeiten wir letztlich eigentlich nicht alle zusammen?

Einen Punkt würde ich zum Schluss gerne noch hervorheben: Die Arbeiten dieser Künstlerinnen haben mein Interesse sehr viel mehr geweckt als ich gedacht hätte. Die Nutzung öffentlicher Räume bei Anna Halprin, die politischen Fragestellungen von Graciela Carnevale in Argentinien ... Es war sehr eindrucksvoll, sich eine ganze Zeit lang mit diesen Werken zu beschäftigen. Man hat selten die Gelegenheit, Werken über mehrere Wochen auf diese Weise zu begegnen. Nach dem, was ich gesagt habe, mag es paradox klingen, aber ich verstehe die Haltung von Christine De Smedt, die erklärte: »Im Grunde würde ich diese Werke einfach gerne verstehen, denn wenn ich begreifen würde, was sich da abspielt, hätte ich das Gefühl, etwas vollbracht zu haben ...«.

Das Gespräch führte Gilles Amalvi am 12.06.2012.

[1] Boris Charmatz ist seit 2009 in Frankreich Direktor des nationalen Choreografischen Zentrums in Rennes, das er in Museé de la danse umbenannt hat.

[2] 12./13. Juni 2010, Musée de la danse, Rennes; siehe auch www.museedeladanse. org/events/brouillon, zuletzt abgerufen am 06.10.2012.

[3] Nikolaus Hirsch, »Object vs People«, in: ders., *On Boundaries*, Lukas & Sternberg, New York, 2007, S. 31–34; ebenso ders., »Object vs People«, in: *expo zéro, the catalogue*, Ausst.-Kat., Musée de la danse, Rennes, 2011, online: http://expozero.museedeladanse.org/assets/catalogue/expozero_GB.pdf, abgerufen am 06.10.2012.

Phase III: POST-PRODUCTION
Filmediting
31. März–14. April 2012

Ruti Sela

Schauplatz des Films von Ruti Sela, die das künstlerische Labor dokumentiert, ist die Ausstellung selbst, sein Thema ist der multiple Umgang mit Performancegeschichte in ihr. In der dritten Ausstellungsphase wird das gewonnene Filmmaterial nun künstlerisch gestaltet, bearbeitet und montiert. Das Display der Ausstellung wird damit zum Produktionsstudio eines Performance-Kunst-Filmes. Am Ende dieser Projektphase wird der fertiggestellte Film als eigenständiges Kunstwerk zentral in die Ausstellung integriert. Boris Charmatz, Sigrid Gareis, Georg Schöllhammer

Meine künstlerische Arbeit dreht sich um Darstellungsweisen perzeptiver Gemeinschaftsarbeiten, die durch das Verschmelzen von dokumentarischen Ausdrucksformen und fiktiven Eingriffen entstehen. Es geht mir darum, Repräsentationsweisen herauszufordern, die Machtstrukturen erfahrbar werden lassen und zum Ausdruck bringen.
Die Einladung, die Entwicklung von *Moments. Eine Geschichte der Performance in 10 Akten* mitzuverfolgen und mit der Kamera zu begleiten, um eine eigene Arbeit daraus zu entwickeln, gibt mir die Gelegenheit, Betrachtungen zur Zeugenschaft und Wissen/Macht anzustellen. Ich beabsichtige, mich mit der Funktion des Zeugen auseinanderzusetzen, mit den gegebenen Möglichkeiten, die jeweilige Situation, in der er selbst präsent ist oder die er bezeugt, umzugestalten. Der Ausgangspunkt dafür sind für mich jene Bruchstellen, an denen sich die verschiedenen Perspektiven, Geisteshaltungen, Präsenzen/Darstellungen, Erregungen, Intentionalität, Interessen und Ethiken der Darsteller, der Zuschauer und der Objekte im Raum zeigen. Ich werde den verschlungenen Wegen folgen, in denen sich diese Beziehungen und Mechanismen einschreiben; meine diesbezüglichen Interventionen werden über die Oberflächen ihrer unmittelbaren Gegenwart und Darstellung hinausgehen. Meine Arbeit wird verschiedenste Interventionen und Appropriationen umfassen, mit denen ich die Machtachsen, Narrationen, Hierarchien, Erscheinungsweisen und integrativen Mechanismen der unterschiedlichen Performances durcheinanderzubringen beabsichtige. Ruti Sela

Bilder der Wahrheit.
Ein Interview mit Ruti Sela
Joana von Mayer Trindade

Das folgende Gespräch mit Ruti Sela führte die Choreografin und Performerin Joana von Mayer Trindade im Rahmen von *Moments. Eine Geschichte der Performance in 10 Akten*. In der dritten Phase der Ausstellung zeigte Ruti Sela erstmals ihren Film *The Witness*, eine Auftragsarbeit des ZKM | Zentrum für Kunst und Medientechnologie Karlsruhe in Koproduktion mit dem Musée de la danse, Rennes. Ruti Sela verbrachte vier Wochen in der Ausstellung, zeichnete das gesamte Artist Lab auf und schnitt ihren Film in den folgenden zwei Wochen. Damit war sie keine nur passive Zeugin.

Wie Ruti Sela in diesem transkribierten Gespräch sagt, verweist das intime Wesen eines Bildes auf ein größeres Ganzes, das letztlich nicht in Besitz genommen werden kann. Dennoch ist bekannt, dass Bilder die menschliche Wahrnehmung immens beeinflussen, ebenso wie das Denken und Strukturieren des Menschen und die Art, wie er die Beziehung zwischen Innen- und Außenwelt erlebt. Die Macht eines Bildes hängt eng mit der magischen, aufschlussreichen Erfahrung zusammen, die es vermittelt. Das hat, wie man von Anfang an wissen sollte, mit einem immateriellen, nicht greifbaren Ganzen zu tun, das in einem Rahmen konkreter Objekte eingebettet ist.

In dem Gespräch gibt Ruti Sela außerdem zu bedenken, dass ein Filmemacher immer nur eine Perspektive der Wahrheit zeigt, quasi einen Bildausschnitt. Die Entscheidungen, die er trifft, gehen auf das subjektive Gewebe zurück, das jeder von uns als eigenständiges, nicht-repetitives Individuum in sich trägt. Wird also nur einer von vielen möglichen Blickwinkeln gezeigt, so wird auch nur ein Teil der »Wahrheit« gezeigt – abhängig von den Entscheidungen, die der Künstler als »Zeuge« trifft.

Nur wenn wir in die Erfahrung eintauchen und uns weigern, Zeuge zu sein, können wir Bilder des Handelns zeigen, Bilder der Wahrheit – Bilder, die in unserer Gesellschaft zunehmend seltener werden und dabei zunehmend notwendiger erscheinen.

Joana von Mayer Trindade (J. M. T.) Wie kommst du auf die Themen für deine Filme?

Ruti Sela (R. S.) Ich glaube, ich entscheide mich für Themen, weil ich mich ihnen auf die eine oder andere Art verbunden fühle, weil ich nach einer anderen Möglichkeit suche, um Situationen zu hinterfragen, oder weil ich etwas, das ich empfinde, näher untersuchen möchte. Ich zwinge mich nicht, Dinge zu tun, die ich nicht als Herausforderung meiner persönlichen Matrix sehe. Ich tue nur Dinge, mit denen ich etwas zu tun haben möchte. Wenn sich etwas falsch im Sinne von »gefälscht« anfühlt, verzichte ich lieber darauf.

J. M. T. Gehst du sozusagen mit der Kamera durch das Leben?

R. S. Nein. Viele Leute glauben, ich wäre ständig mit der Kamera unterwegs und würde das Leben durch die Kamera wahrnehmen, aber das stimmt überhaupt nicht. Ich überlege immerzu, was ich tun soll, und an einem bestimmten Punkt mache ich es dann einfach. So kann ich zum Beispiel zwei Wochen lang nonstop filmen, weil ich in einer Situation bin, die ich näher untersuchen möchte. Ein anderes Mal nehme ich die Kamera gar nicht erst mit. Wenn ich einen Film mache, gehe ich ganz in der Situation auf und verhalte mich anders. Ich glaube, mit der Kamera in der Hand verändert sich meine Persönlichkeit. Ich verhalte mich anders, weil ich bewusst nach etwas suche, und um es zu bekommen, provoziere ich.

J. M. T. Ja, das ist mir in der Ausstellung auch aufgefallen. Sobald du den Museumsraum betreten hast, hast du die Kamera direkt auf die Gesichter der betreffenden Personen gehalten.

R. S. Wenn ich mit der Kamera irgendwo auftauche, entsteht dadurch ja eine bestimmte Situation. Es ist wie Theater. In dieser Ausstellung habe ich die Fotografin, die Filmerin gegeben und deren Verhalten gespielt. Das Publikum ist nicht wichtig, es kommt vor allem auf die Kamera an, selbst vor dem Publikum und sogar, wenn meine Anwesenheit die Zuschauer stört. Manchmal musste ich an einer bestimmten Stelle stehen, und dann konnten die Besucher die Person, die gerade sprach oder agierte, nicht sehen, weil ich diese Person filmen musste. Dann tue ich so, als machte es mir nichts aus, als wäre meine Rolle wichtiger. Es war wirklich eine Performance. Ich glaube auch, dass ich in der Situation eine Spannung erzeugt habe. Die Kamera war die ganze Zeit dabei, weil ich dabei war. Beim Filmen habe ich mich nicht hinter dem Publikum versteckt, um möglichst nicht zu stören. Meine Kamera war ständig im Einsatz; ich bin die ganze Zeit herumgelaufen. Ich war in der Ausstellung permanent in Bewegung.

J.M.T. Und dieses Verhalten führt zu bestimmten Reaktionen und verändert den Kontext.

allem auch ich hinter der Kamera. Deswegen halte ich mich hinter der Kamera ja auch für eine Performerin. Ich provoziere durch die verschiedenen Interventionen, die ich mache; durch die Ernsthaftigkeit, mit der ich die Rolle der filmenden Person ausfülle, und durch die Art, wie das die Situation beeinflusst.

J.M.T. In den letzten Tagen des Artist Lab sagtest du einmal: »Die Kunst ist nicht hier, ich gehe.« Außerdem hast du immer wieder davon gesprochen, »die Dinge auszureizen«. Als du das sagtest, hast du da die Situation ausgereizt? Was wolltest du bei der Ausstellung *Moments* hinterfragen, wenn du an die Grenzen eines Rahmens, einer Situation, einer Person gestoßen bist?

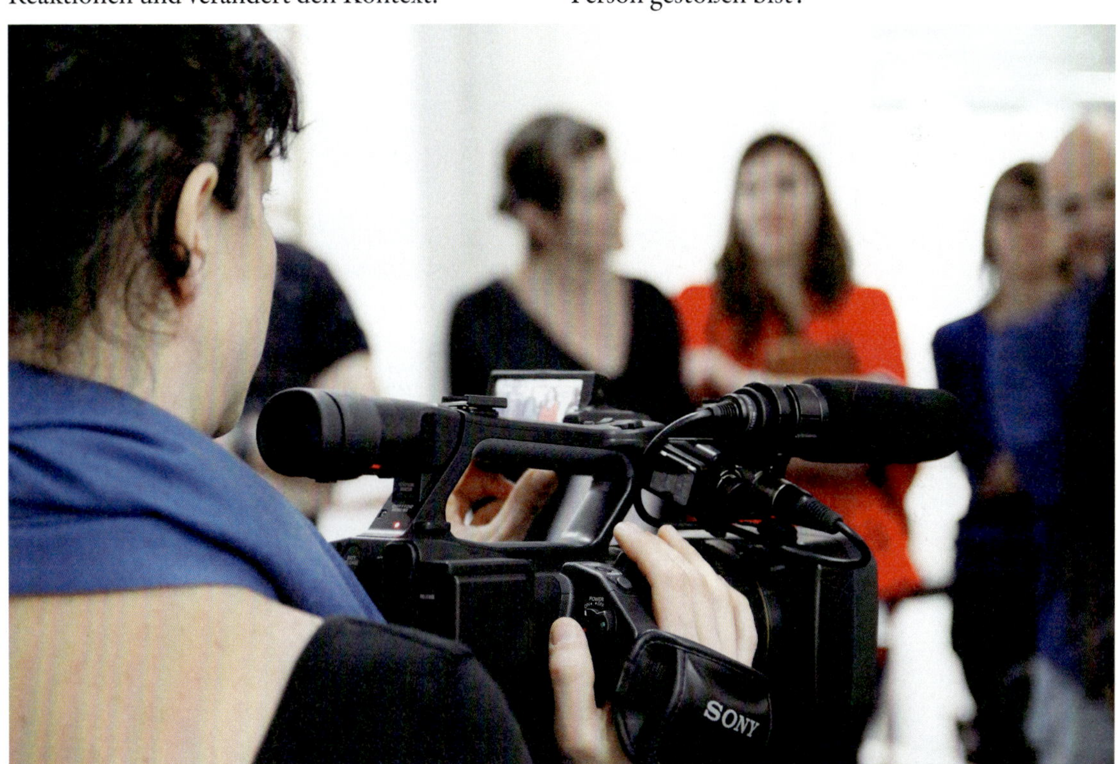

Ruti Sela filmt im Ausstellungsraum, Ausstellungsansicht ZKM | Museum für Neue Kunst, 2012

R.S. Auch wenn es aussah, als hätte ich als Regisseurin nichts getan, als hätte ich keine Anweisungen gegeben – ich habe trotzdem bewirkt, dass dieses oder jenes passiert, weil ich meine ganze Umgebung durch meine Anwesenheit und durch die Anwesenheit der Kamera manipuliert habe. Es ist nicht nur die Kamera, die das bewirkt, sondern das bin vor

R.S. Zuerst wollte ich die Unmöglichkeit offenbaren, ein Kunstwerk in Auftrag zu geben. Es ist unmöglich, einfach zu fragen: »Was ist radikale Kunst?« oder »Was ist Performance?« Diese Fragen sind mir immer wieder durch den Kopf gegangen, und ich habe versucht, die unterschiedlichen Arten auszuloten, wie man sie verstehen kann. Mit den in dieser

Ausstellung gezeigten Werken kann man unmöglich etwas machen, sie sind »unberührbar«. Sie sind Teil des Kunstmarkts, Teil einer großen Museumssammlung. Mich interessierten die künstlich gezogenen Grenzen dieser Objekte.

J.M.T. Aber was hältst du von Auftragsarbeiten im Rahmen einer bestimmten Ausstellung?

R.S. Wenn ich wirklich ehrlich wäre, würde ich ein solches Angebot ablehnen! Aber manchmal muss man etwas annehmen, muss Teil des Systems werden, im System drin sein, um es von innen heraus kritisieren zu können. Die Institution kauft meine

stellung etwas Radikales zu schaffen, deshalb müssen wir sie zerstören, um etwas Neues anzufangen.

J.M.T. Hast du, wenn ein Film fertig ist, das Gefühl, dass du seine Zeugin bist? Oder bist du schon Zeugin, bevor du ihn machst?

R.S. Ich bin mir nicht sicher. Das mit der Zeugenschaft verstehe ich im Grunde nicht. Ich habe immer das Gefühl, dass ich lüge. Als Zeugin erzähle ich Lügen über das, was ich sehe, als Filmemacherin erzähle ich Lügen. Ich tue nichts als zu manipulieren, auch in dem Film *The Witness*, den ich hier gedreht habe – du wirst ihn später sehen. Da gibt es

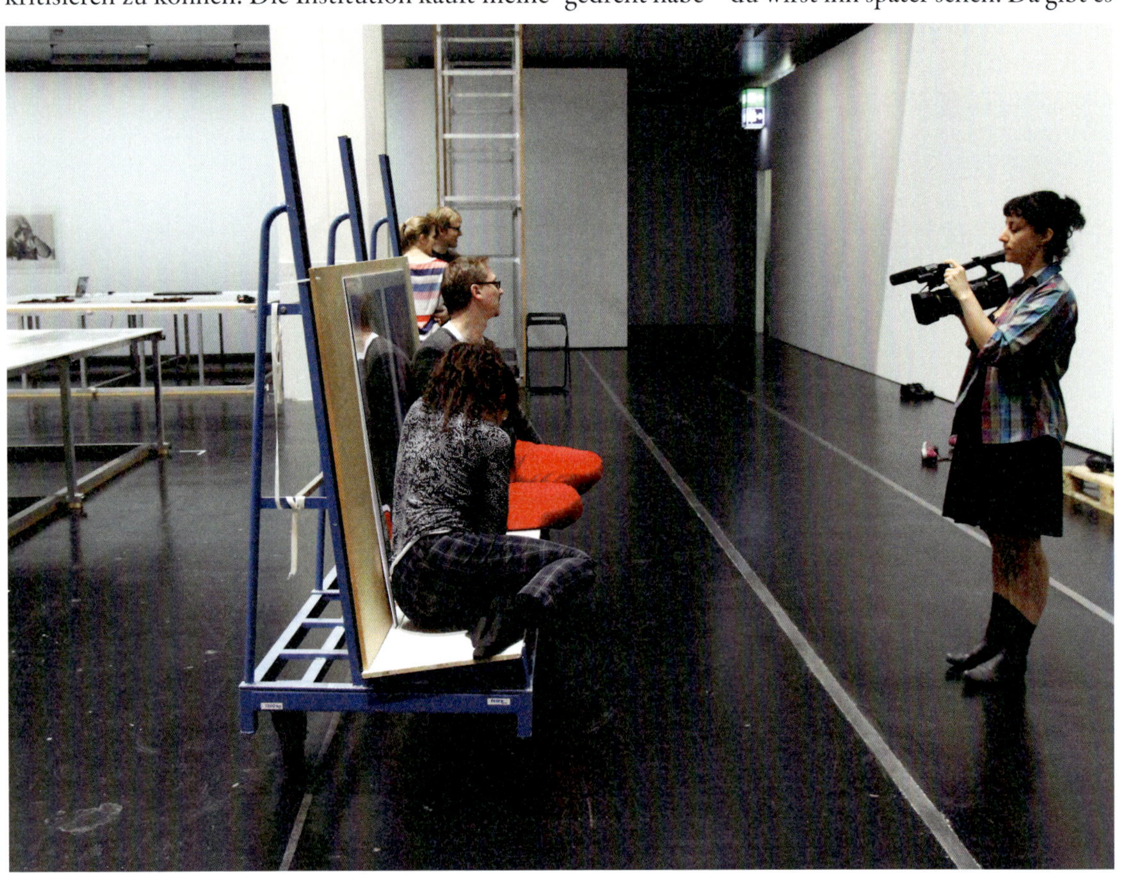

Ruti Sela filmt im Ausstellungsraum, Ausstellungsansicht ZKM | Museum für Neue Kunst, 2012

Zeit, sie bezahlt mich dafür, dass ich hier etwas zeige und produziere. Ich tue, wozu ich Lust habe. Ich kritisiere das Museum, ich kritisiere die Künstler. Ich sage unverblümt meine Meinung, und im Film ist sie dann zu sehen: Er zeigt, dass wir irgendwie in einem Gefängnis sind ... Es ist unmöglich, in dieser Aus-

eine Szene, in der Peter Weibel auf dem Balkon steht und Beifall klatscht. Das hat er wirklich gemacht, aber er sah etwas anderes als das, was man im Film sieht. Das ist ein Beispiel dafür, wie man die Wahrnehmung von Zeugen manipulieren kann. Man kann beim Schneiden manipulieren. Beide Szenen sind auf dem Filmmaterial enthalten: dass er Beifall klatscht, und die Szene, die er im Film angeblich sieht. Die sind nicht gelogen, aber ich lüge.

J.M.T. Das heißt, du spielst mit der Tatsache, dass du eine Zeugin hinter der Kamera bist – während und nach dem Drehen?

R.S. Ja. Ich glaube nicht, dass es eine Wahrheit gibt. Es gibt kein echtes Dokument. Man kann eine bestimmte Aufnahme immer herausschneiden, man kann bestimmen, was auf einem Bild zu sehen ist, was man zeigen will. Selbst wenn das, was man zeigt, wahr ist – losgelöst vom Kontext ist es gelogen. Ich glaube nicht an Dokumente, und ich glaube nicht an Dokumentationen. Ich glaube, sie enthalten einen Teil der Wahrheit, einen Teil von etwas. Aber es gibt keinen richtigen Zeugen, es gibt nur jemanden, der Teile einer Situation sieht, und von diesen Teilen gibt es wieder viele verschiedene Versionen.

Der einleitende Text und die Wiedergabe des am 12.04.2012 geführten Gesprächs sind eine gekürzte und überarbeitete Fassung des online veröffentlichten Originals, nachzulesen unter http://moments.zkm.de/Sela, zuletzt abgerufen am 08.10.2012.

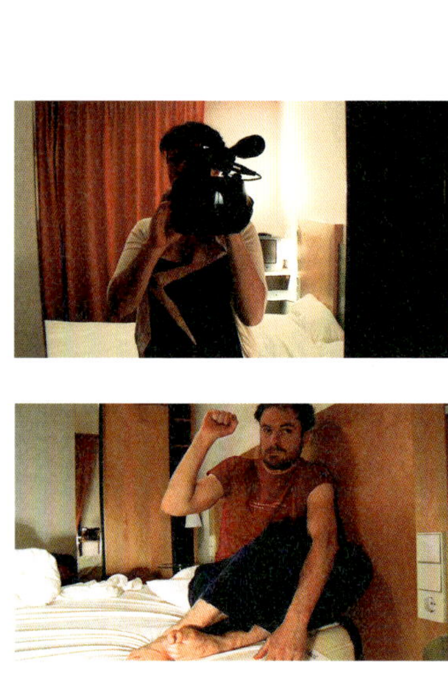
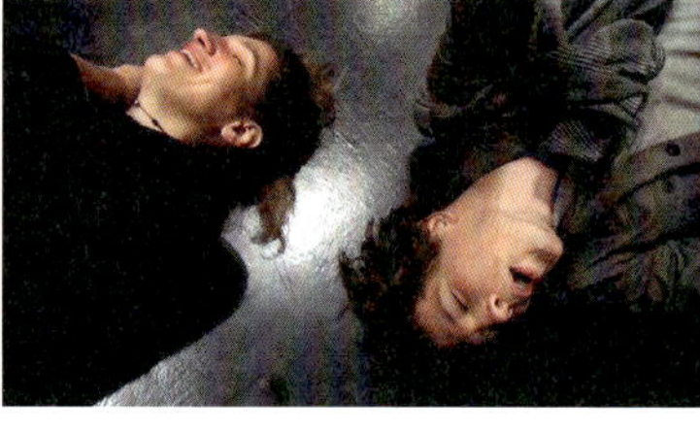
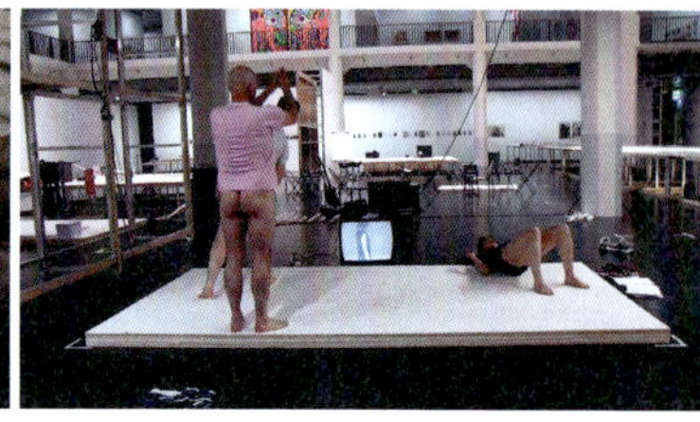
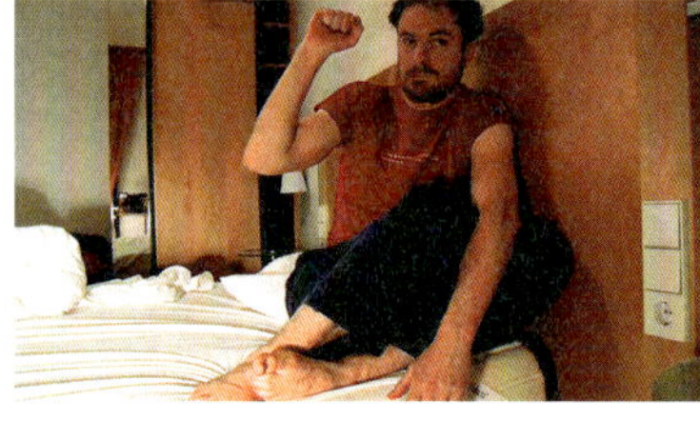
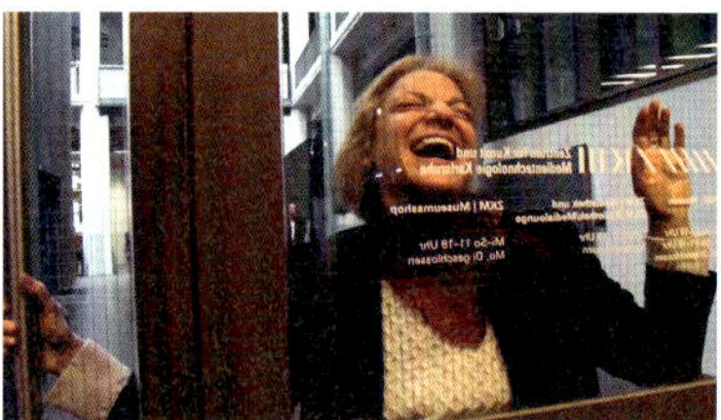
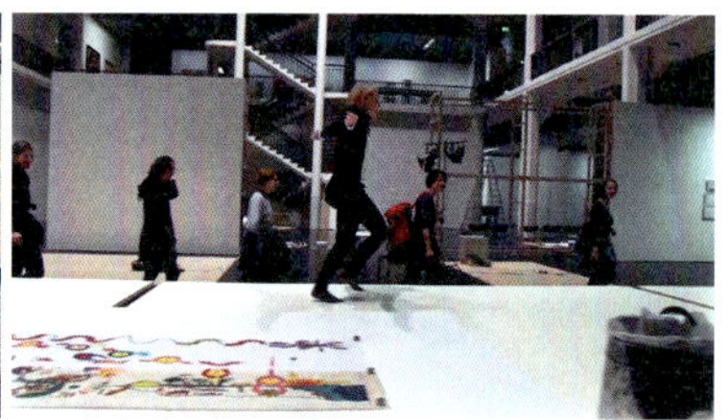
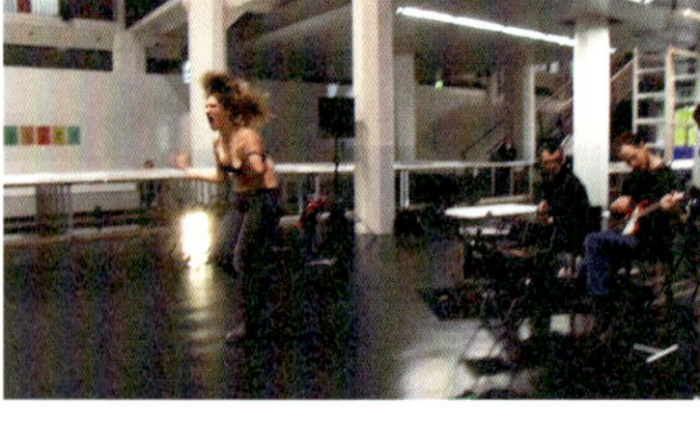
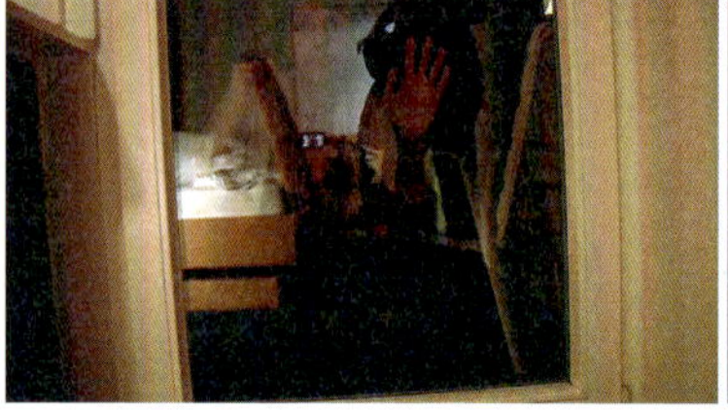
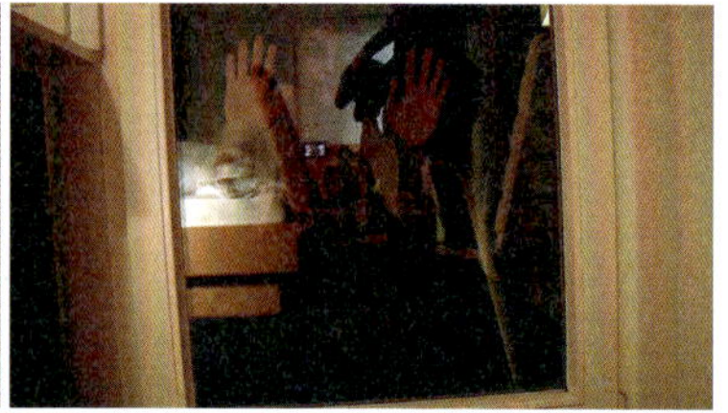
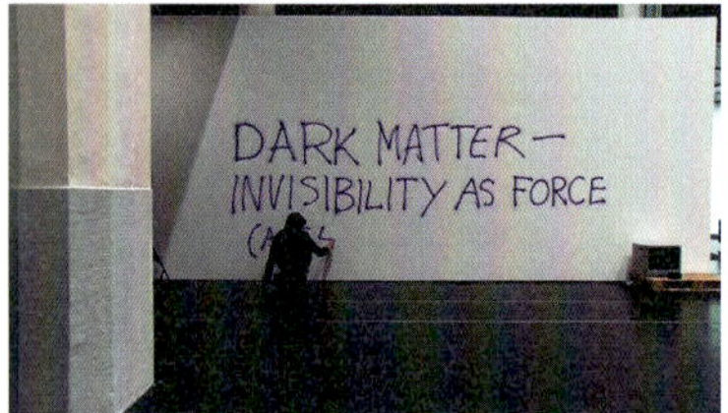

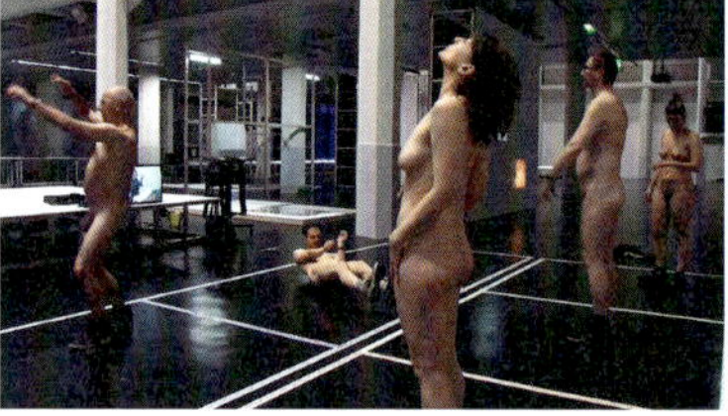
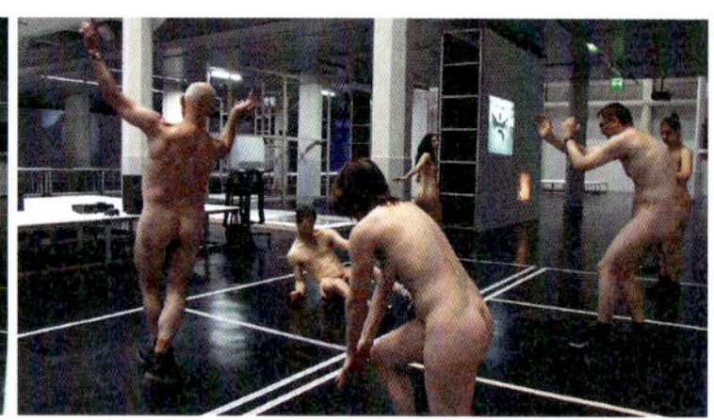
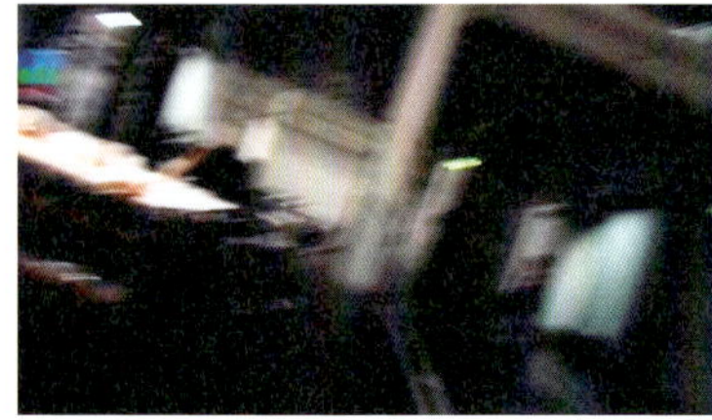
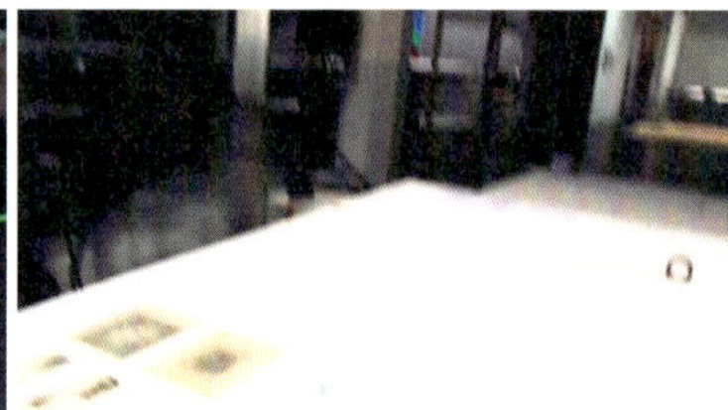
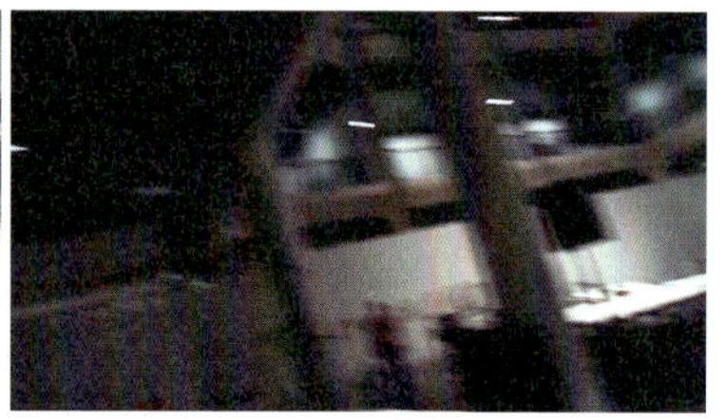
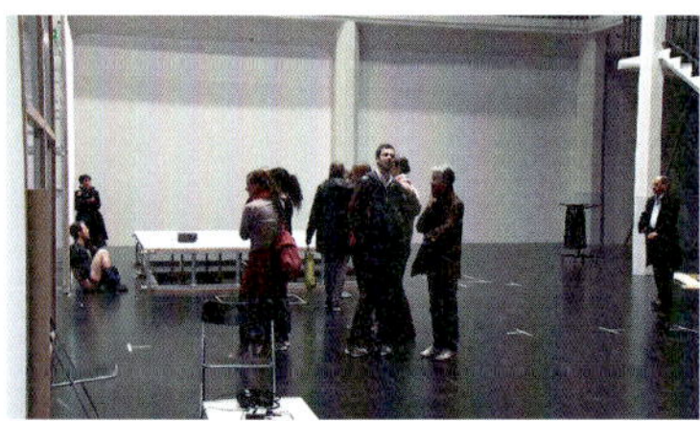

Ruti Sela, *The Witness*, 2012, Filmstills

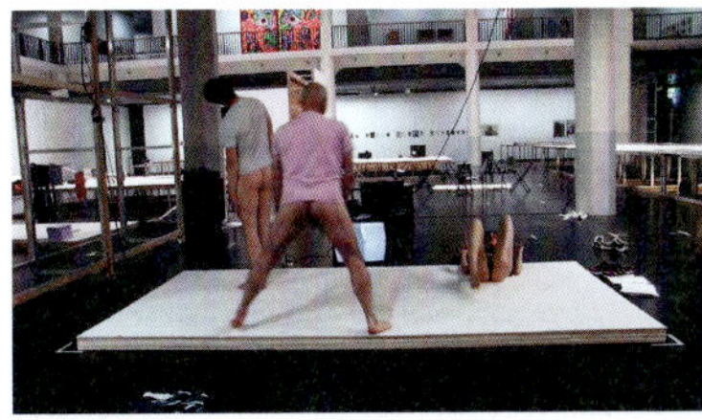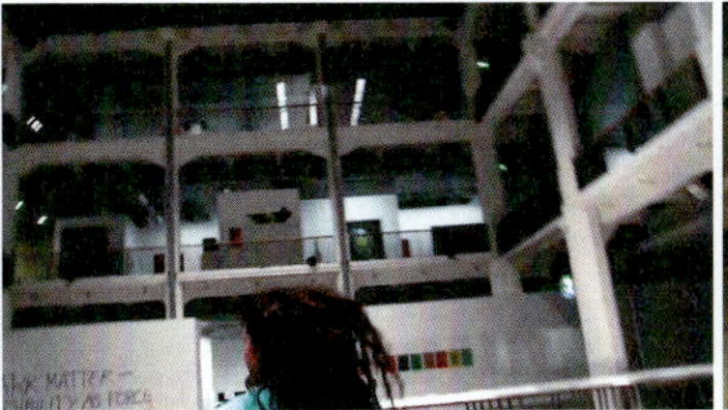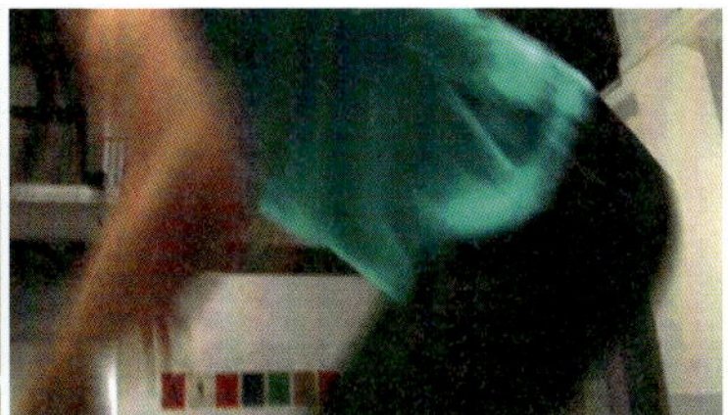
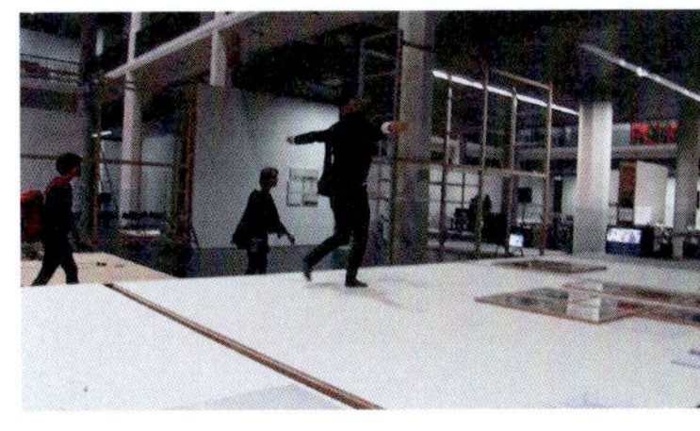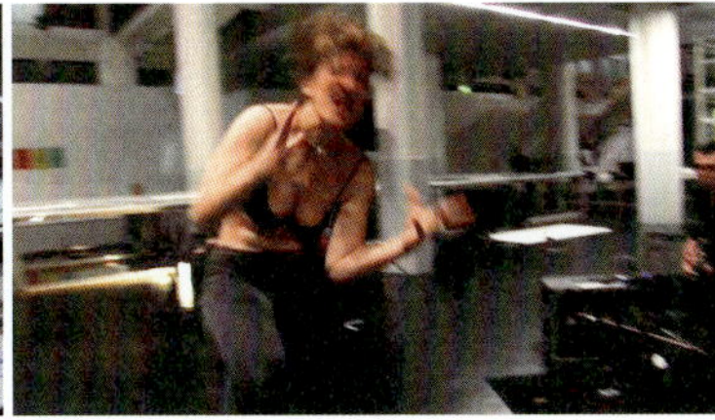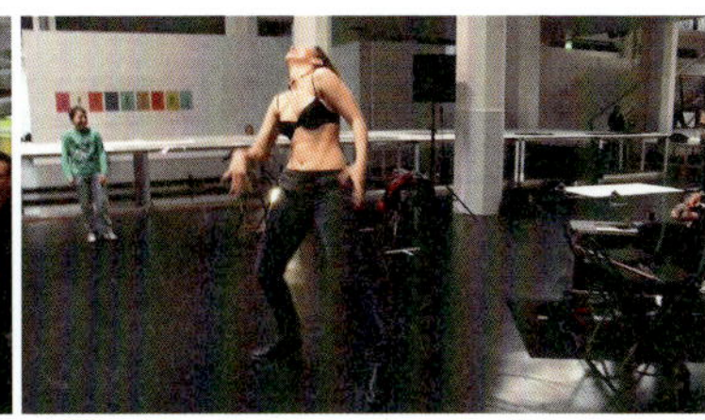
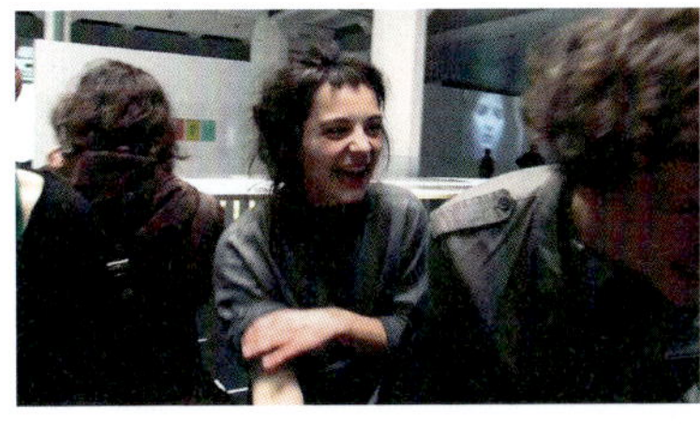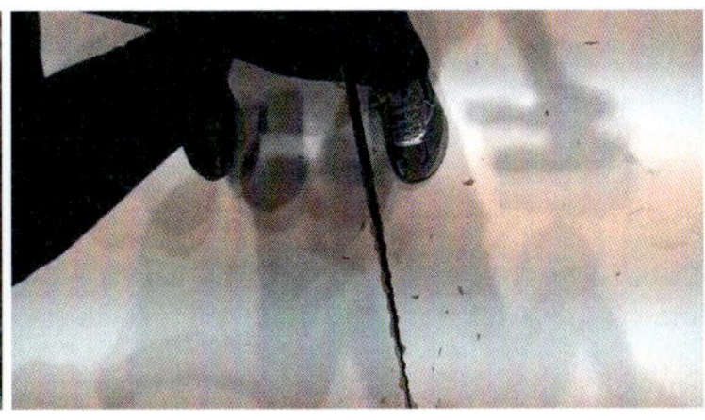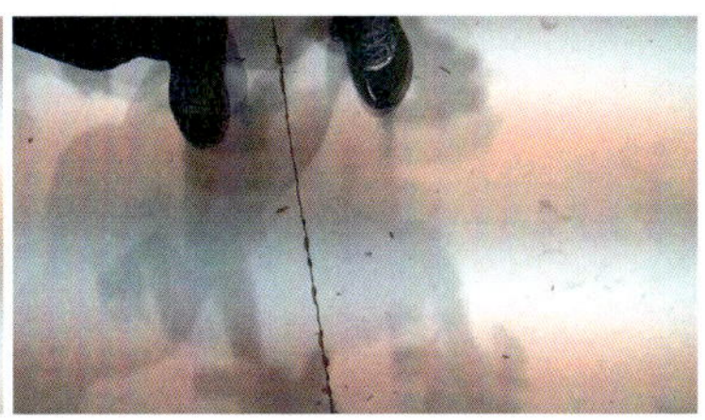
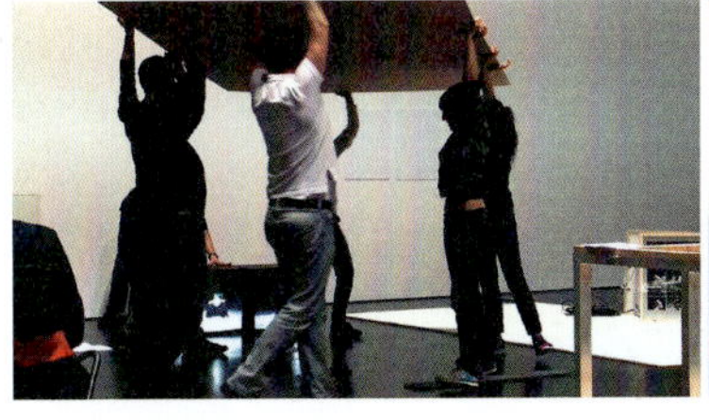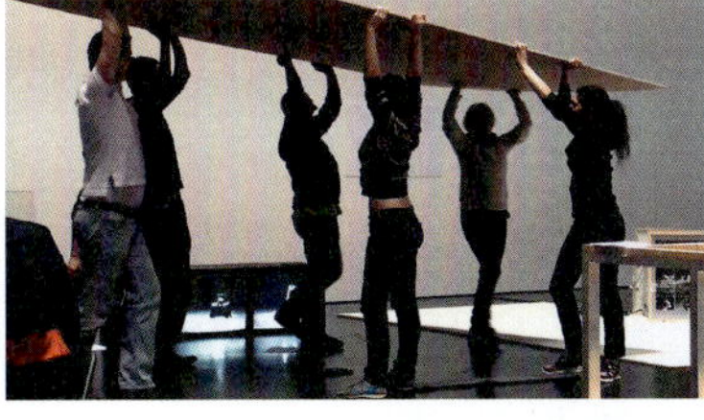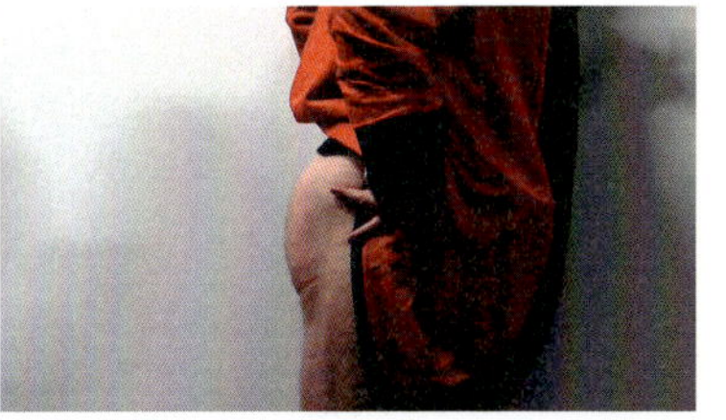
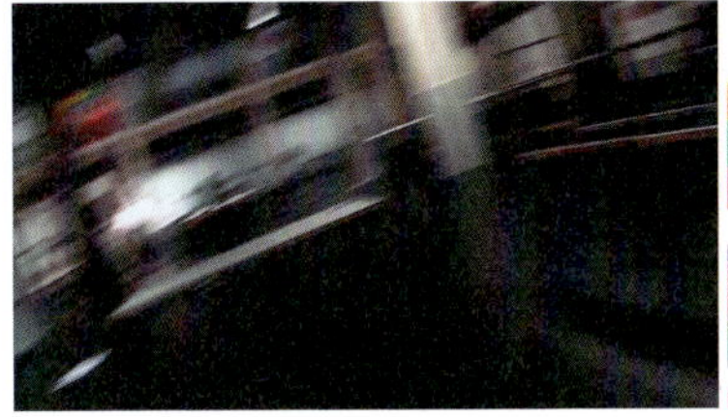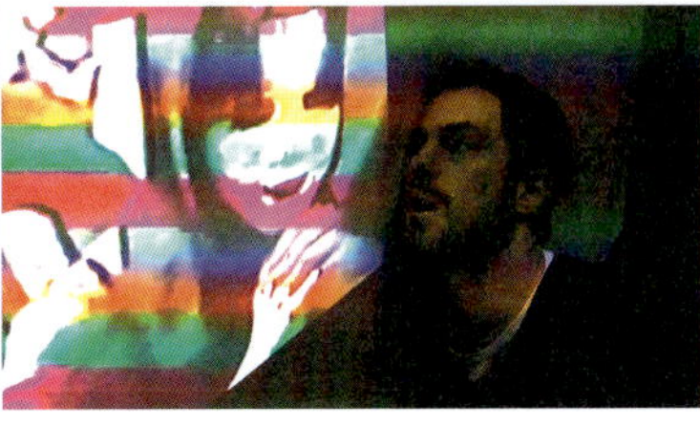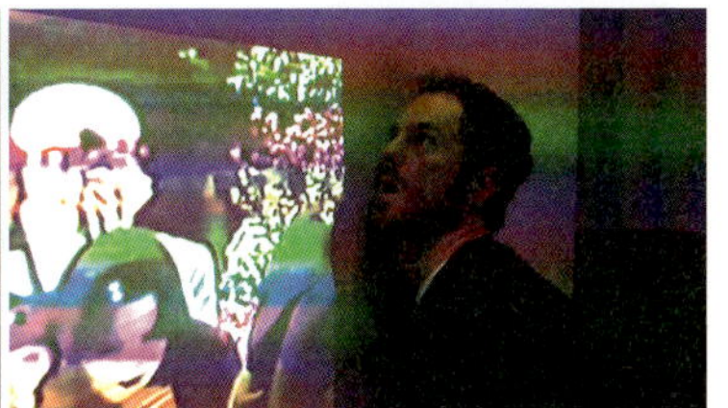

Vorsätzlichkeit und das Redressing der Geschichte[1]
Lynn Hershman Leeson

»Die Menschen sind der Geschichte ausgeliefert und
die Geschichte ist den Menschen ausgeliefert.«[2]

Es macht einen demütig, sich vor Augen zu führen, dass die Geschichte,
ihrem Wesen nach bruchstückhaft, trotz der fragilen Mutmaßungen, die aus
den tiefsten Tiefen noch erhaltener Überreste angestellt werden, eine unzu-
verlässige Zeugin ist, außerstande, die Zukunft mit auch nur einem Mindest-
maß an Genauigkeit oder Authentizität vorherzusagen.

Erstickt vom gewaltigen Wahn einer langen Abstammungslinie, werden wir
süchtig nach jedem Atemzug und damit nach der berauschenden Möglichkeit, außer Kontrolle zu geraten, um Zeichen zu setzen, die unsere jeweilige
Zeit definieren.

Verzehrt von dem Streben und gefangen im wirbelnden Tanz mit einem
dämonischen Derwisch, machen wir blitzschnell Ausweichmanöver und
bemerken kaum, dass Nichtmenschen und ihre Lebensräume mit erschre-
ckender Geschwindigkeit von diesem Planeten verschwinden und dass
unsere Art zwingend mutieren muss, um in der ausgebeuteten und erschöpften Landschaft einer erschöpften Welt überleben zu können.

Mit diesem kurzen Text möchte ich die Vorgänge rund um meine Arbeit
in der Ausstellung *Moments* erläutern. Die Überreste von Robertas Leben
wurden durch Übergriffe verändert. Der Reißverschluss ihres ursprünglichen Kleides wurde geöffnet, und ihre Perücke wurde von drei Tänzerinnen erobert, die die Zukunft verkörperten. Dadurch boten sie eine Anmu-
tung von Robertas Identität und meldeten einen Anspruch auf ihre Aura
an. Mittels dieser Aktion wurde Robertas Geschichte gewaltsam revidiert
und dadurch metaphorisch geschändet. Wie bei den meisten Fällen häuslicher Gewalt hinterließ der Gewaltakt kaum sichtbare Spuren in Form von
Schweiß oder Tränen.

Vierzig Jahre nach ihrer stückweise vonstattengegangenen Geburt und der
Konstruktion ihrer Identität beschwört Robertas Aura nach wie vor eine
leidenschaftliche Zerstörungswut herauf, die nun sogar als Reenactment
dargestellt wird. Kann dies durch die Zeit und das Bewusstsein ausgetrie-
ben werden? Oder verdeutlichen derartige Aktionen lediglich die Blöße von
Robertas ewiger Opferrolle?

In ihrer ursprünglichen, skeletthaften Gestalt stellte Roberta die Schatten-
seite der Gesellschaft dar, den rauen, verletzlichen Bereich, den wir, ähnlich
wie den Tod, mit jämmerlicher Illusion zu leugnen versuchen.

Diese neue Episode hat nun ihre Geschichte umgestaltet. Mit einem pulsierenden Schlag, ihrem Herzen und ihrer Seele nahe, ist Roberta in ewigem
Widerstand gefangen. Womöglich reflektieren weitere Begegnungen ihrer
Existenz eine allumfassende kumulative Unordnung und Verschmutzung
des kollektiven Bewusstseins.

Die Tatsache, dass diese Aktion erst entdeckt wurde, nachdem sie begangen
worden war, in einem Film, auf einem Monitor, verdeutlicht darüber hinaus das Maß, in dem Wahrheit nur sichtbar gemacht werden kann, wenn sie
korrigiert wird.

[1] Anmerkung des Übersetzers: das Verb »redress«, das hier verwendet wird, bedeutet wahlweise »wiedergutma-
chen/wiederaufbereiten« oder auch »überwinden«, zudem schwingt die Bedeutungsvariante »neu bekleiden« mit.

[2] James Baldwin, »Stranger in the Village«, in: ders., *Notes of a Native Son*, dt. *Schwarz und Weiß oder Was es heißt, ein
Amerikaner zu sein*, Rowohlt, Reinbek, 1963, S. 48.

Phase IV: REMEMBERING THE ACT

Performative Vermittlung des Ausstellungsprozesses durch künstlerische Zeugen
15.–29. April 2012

Anja Arend
Rose Beermann
Michaela Boschert
Bertrand Flanet
Adriana Gheorghe
Joana von Mayer Trindade
Luzie Hanna Karolina Meyer
Sophie Osburg
Grazyna Roguski
Tessa Theisen

Von Beginn an begleiten zehn »Zeugen« die Ausstellung. Es sind Studierende verschiedener internationaler Hochschulen, die nach einer Ausschreibung seitens ihrer jeweiligen Ausbildungsinstitutionen für eine aktive Mitarbeit an der Ausstellung *Moments* ausgewählt wurden. Sie fungieren als Beobachter des gesamten Ausstellungsprozesses in all seinen Phasen und als aktive Vermittler dieses Prozesses. In der letzten Phase werden sie selbst zu den Hauptakteuren der Ausstellung. Ihre Anwesenheit verwebt und verdichtet die Kette von Präsenzen dieser Ausstellung, die einer Dramaturgie von Akt, Spur, Erinnerung, Interpretation, Reaktion als Spur der Erinnerung, Interpretation usw. folgt.

Boris Charmatz, Sigrid Gareis, Georg Schöllhammer

Das Paradoxon der Zeugenschaft
Tessa Theisen

[1] In vollem Bewusstsein ob der Problematik soll im Folgenden, der Lesbarkeit halber, das generische Maskulinum verwendet werden (obwohl aus statistischen Gründen ein generisches Femininum wahrscheinlich sinnvoller wäre).

[2] Beschreibungstext zur Funktion der Zeugen auf der Webseite der Ausstellung *Moments*, http://moments.zkm.de/, abgerufen im Mai 2012.

[3] Hito Steyerl, »Können Zeugen sprechen? Zur Philosophie des Interviews«, online: http://eipcp.net/transversal/0408/steyerl/de, abgerufen im Mai 2012.

[4] Vgl. Giorgio Agamben, *Was von Auschwitz bleibt. Das Archiv und der Zeuge*, Suhrkamp, Frankfurt/M., 2003, S. 29ff.

Wir, die Zeugen[1], haben unsere Arbeit aufgenommen.
»Als sogenannte ZeugInnen begleiten Anja Katharina Arend, Rose Beermann, Michaela Boschert, Bertrand Flanet, Adriana Gabriela Gheorghe, Luzie Hanna Karolina Meyer, Sophie Osburg, Grazyna Roguski, Tessa Theisen und Joana von Mayer Trindade die Ausstellung. Sie sind BeobachterInnen des gesamten Ausstellungsprozesses in allen seinen Phasen und VermittlerInnen dieses Prozesses. [...] Vor dem Hintergrund rezeptionstheoretischer Ansätze der Literaturwissenschaften bedeutet ihre ›Zeugenschaft‹ die aktive Mitgestaltung am Ausstellungsprozess, was in der Praxis sowohl die aktiv-kreative als auch die theoretisch-reflexive Teilhabe am Prozess beinhalten kann.«[2]

Zeugnis ablegen Wir werden die ganze Dauer der Ausstellung über anwesend (gewesen) sein: dokumentieren, protokollieren, interpretieren – bezeugen, wie »Momente« aus der Geschichte der Performancekunst (re-)inszeniert und (re-)arrangiert werden. Aber was ist ein Zeuge?
Bei meiner Recherche stieß ich auf einen Aufsatz von Hito Steyerl mit dem Titel »Können Zeugen sprechen? Zur Philosophie des Interviews«[3]. Darin wird die Frage nach der grundlegenden Möglichkeit von Zeugenschaft aufgeworfen. Was bedeutet es, ein Zeugnis abzulegen, Zeuge zu sein? Es geht laut Steyerl um die konkrete Erfahrung im Verhältnis zu ihrer Vermittlung, um eine Zweiteilung von Erleben und Reflexion, die im Falle der Zeugenschaft nur scheinbar zusammenfallen, jedoch eigentlich zwei Entitäten bilden, die nicht ineinander aufgehen, obwohl sie unauflöslich miteinander verknüpft sind.
Bei Giorgio Agamben findet sich diese Figur wiederum in jener Erfahrung des Menschen, welche gleichzeitig mit seiner Auslöschung zusammenfällt: der Tote als einziger Gewährsmann des Todes, der diesen aber nicht mehr bezeugen kann.[4] Dieses Paradoxon der Zeugenschaft lässt sich jedoch auch auf weniger existenzielle Anlässe beziehen, da der Schlüsselmoment den banalen Fakt der Nachträglichkeit des Zeugnisses enthält – das Zeugnis als Akt, der immer schon die Retrospektive qua Reflexion eingenommen hat. Konkrete Erfahrung widersteht der Zeugenschaft. Genauso erfahre ich diese Trennung in meiner Praxis als Zeugin: In dem Moment, in dem ich diesen Text verfasse, nehme ich nicht aktiv an den Prozessen um mich herum teil, ich suche die Abgeschiedenheit, das Getrenntsein von der Erfahrung, damit ich in einem sehr solitären Akt erinnern, ordnen und reflektieren kann.
Besondere Relevanz bekommt die Frage nach der Vermittlung der konkreten Erfahrung im speziellen Kontext dieser Ausstellung dadurch, dass Performancekunst eben gerade als die Kunstform des direkten Erlebens gilt. Graciela Carnevale sagte im Künstlergespräch über ihre notwendige Abwesenheit bei *Acción del encierro*, dass, wenn sie Zeugin gewesen wäre, es keine reale Aktion mehr gewesen wäre. Wenn also Reflexion, beziehungsweise in diesem Fall auch die Beobachtung, mit dem Erleben zeitlich zusammen-

gefallen wäre, hätte sie dem Erleben seine Unmittelbarkeit geraubt.

Trotzdem soll das Zeugnis nicht als unmöglich deklariert
und somit als ein notwendig zum Scheitern verurteiltes
verworfen werden. Unter der Voraussetzung des Bewusstseins ob des Paradoxons ist die Zeugenschaft ein einzig-
artiger Zustand zwischen Innen und Außen, zwischen
Teilhabe und Reflexion, eine dialogische Form der Auseinandersetzung, die gleichzeitig jedoch auch über den
Dialog hinausweist – auf ein Drittes, das gerade darin
besteht, die Unmöglichkeit des Zeugnisses zu umkreisen,
»einer Lücke Gehör zu schenken«[5]. Vielleicht geht es im
Grunde um ebenjene Lücke, die auch zwischen einer Performance und ihrer Dokumentation besteht.

Vermittler Aber zur gleichen Zeit, argumentierten meine
Kollegen, bestünde der Fakt der Zeugenschaft doch bereits
durch die einfache Tatsache der Anwesenheit. Bin ich nur
Zeugin, wenn ich auch über das Erlebte spreche/sprechen
kann? Bedarf es immer einer (Ent-)Äußerung? Ist die Zeugenschaft notwendigerweise an die Nachträglichkeit, über die ich zuvor
gesprochen habe, geknüpft?

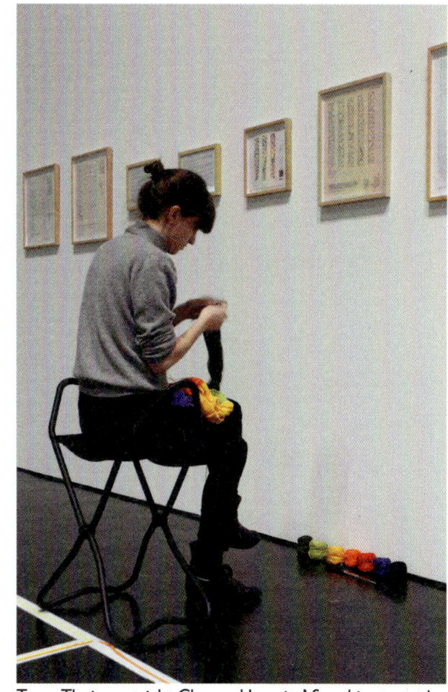

Tessa Theisen strickt Channa Horwitz' *Sonakinatography*,
Ausstellungsansicht ZKM | Museum für neue Kunst, 2012

[5] Ibid., S. 9.

Dadurch, dass ich mit meiner spezifischen Subjektivität Teil eines Ereignisses
bin, beeinflusse ich dieses auch auf meine ganz eigene Weise. Mein Dasein
beziehungsweise Anwesend-Sein kontaminiert die Situation, denn letztendlich besteht eine Situation aus einem Netz von spezifischen Individuen, Subjekten und Objekten, die sich zueinander in Beziehung setzen. Aber bin ich
dann Zeugin oder schlicht Teil des komplexen Gefüges »Ereignis«? Wenn
mich in diesem Moment der Modus meiner Anwesenheit in keiner Weise
vom Modus der Anwesenheit der anderen Anwesenden unterscheidet, was
charakterisiert dann speziell mich als Zeugin?
Meine Anwesenheit als »Zeugin« sorgte im Rahmen der Ausstellung
Moments innerhalb der Institution des Museums für einige Veränderungen.
Das Museum wurde von einem reinen Ausstellungsort in einen Ort transformiert, an dem gleichzeitig auch (sichtbar) gearbeitet wurde. Der Raum
musste verändert werden: Tische, Computer und Sofas wurden gebracht
und Kabel verlegt. Gleichzeitig waren die Zeugen aber nicht die Einzigen,
die den Raum in gewisser Weise zu einer Transformation bewegten. Dieser
Argumentation zufolge kann man noch viele andere menschliche Akteure
in der Ausstellung als Zeugen begreifen: die Besucher, die Arthandler, die
Aufsichten oder die Guides der Führungen durch die Ausstellung und so
weiter – im Prinzip also jeden! Genau dieser Grundannahme entsprach eine
Aussage Sanja Iveković's bei einer Vorstellungsrunde im Rahmen des Artist
Lab: »Ich bin eine der Künstlerinnen, die in der Ausstellung vertreten sind,
und ich bin auch eine Zeugin.«
In diesem Zusammenhang tauchte für mich die Frage nach der Produktivität des Begriffs des Zeugen auf. Potenziell sind erst einmal alle Zeugen.

Nun unterschieden sich die im Ausstellungskontext »ausgewiesenen« Zeugen jedoch von anderen, »heimlichen« Zeugen durch die Tatsache, dass sie bereits im Vorhinein als solche bezeichnet worden waren, bevor sie die Ausstellung, die Exponate oder die Künstlerinnen das erste Mal gesehen hatten. Es ging also um das ganz bewusste Einnehmen der Beobachterposition, um das die Erfahrung strukturierende *a priori*. Wir sollten nicht zufällig zu Zeugen werden, sondern bereits mit einer veränderten Wahrnehmung und einer erhöhten Aufmerksamkeit den Ereignissen gegenübertreten. Man sollte sich also auf unseren ganz speziellen Zugang zu den Dingen verlassen können … Aber selbstverständlich wurden wir als Zeugen im eigentlichen Sinne nur sichtbar, wenn wir auch bereit zu einer Äußerung, einer Überlieferung des Erlebten waren.

Entscheidend sind also genau zwei Dinge: die Äußerung des Erlebten als ein aus der Reflexion Hervorgebrachtes und der Auftrag »Zeugenschaft«, der eine Wahrnehmungsverschiebung initiiert. Vor allem der Auftrag, die Tatsache, dass wir von »Berufs wegen« aufmerksam waren, beeinflusste die Situation in der Ausstellung deutlich. Alles geschah im Beisein von Zeugen. Wiederum im Rückgriff auf Agamben fand ich eine interessante Unterscheidung im Begriffsfeld des Zeugen: »Das Lateinische verfügt über zwei Wörter, um den Zeugen zu bezeichnen. Das erste, *testis*, […] lässt sich etymologisch zurückführen auf die Bedeutung ›derjenige, der sich in einem Prozess oder Streit als Dritter (*terstis*) zwischen zwei Parteien stellt.‹ Das zweite Wort, *superstes*, bezeichnet denjenigen, der etwas er- oder gar überlebt hat, der ein Ereignis bis zuletzt durchgemacht hat und deswegen Zeugnis davon ablegen kann.«[6]

Was konnten wir eher sein: Vermittler oder Überlebende? Oder beides zugleich?

Der *testis* ist derjenige, der zwischen zwei sich in Unverständlichkeit gegenüberstehenden Parteien vermittelt: in meinem Kontext möglicherweise zwischen dem Besucher und der Ausstellung, mit all ihren Prozessen und Entwicklungen. Auf welcher Grundlage sollte allerdings diese Vermittlung stattfinden? Doch wohl auf Grundlage der Erfahrung des Zeugen. Der Zeuge als Bindeglied, als Medium zwischen Dokument und Besucher, mit der Expertise des Erlebens, des Bezeugens ausgestattet – das rückt den *testis* wieder in die Nähe des *superstes*. Unsere spezifische Vermittlerqualität als Zeugen bestand in unserem Durchleben und Erfahren der besonderen Situation der Ausstellung. In meinen Augen gab es ein starkes Bedürfnis nach einer Zeugenschaft im Sinne des *superstes*. Sowohl vonseiten der Besucher der Ausstellung, die immer wieder das Gespräch suchten, da sie in eine Situation kamen, die für sie oft einer Erklärung bedurfte, als auch vonseiten der an der Ausstellung beteiligten Künstlerinnen selbst. Ich hatte oft das Gefühl, dass erst wir Zeugen die Ereignisse und Performances, die stattfanden, legitimierten. Vielleicht garantiert immer erst ein Publikum, dass ein Ereignis, eine Aufführung, eine Performance, tatsächlich stattgefunden hat. Das unwiederbringliche, immer schon verlorene Ereignis muss durch jemanden zugänglich gemacht werden, der dabei war und zugleich willens ist, darüber zu sprechen oder auf eine andere Art Zeugnis abzulegen. Unsere

6 Ibid., S. 14f.

Position als Zeugen, angefüllt mit unserer je spezifischen subjektiven Färbung, fungierte als Brücke zu den objektivierten Dokumenten und Relikten von Prozessen und Performances. Es wurden Körper gefordert, leiblich präsente Körper, verbunden mit einer stark subjektiven Haltung. Wie haben wir die Vorgänge erlebt? Was hat stattgefunden, das wir dem Besucher, der nicht dabei war, erzählen wollen? Was war interessant für uns?

Märtyrer Durch eine eher ungewöhnliche Begegnung tauchte in meiner Beschäftigung eine weitere Deutungsart des Begriffs des Zeugen auf. In einem Gespräch zur Vorbereitung des ökumenischen Gottesdienstes, welcher in der Ausstellung stattfand, wurde die Frage der Zeugenschaft in den Rahmen einer theologischen Auseinandersetzung gerückt. Das Bezeugen des Glaubens spielt in der Theologie eine gewichtige und sehr spezielle Rolle. Der dem Griechischen entstammende Begriff *Märtyrer* bedeutet Zeuge. Bei meiner Recherche zu diesem Begriff stieß ich auf die Unterscheidung des Märtyrers als *Blutzeuge* vom *Wortzeugen*, dem *confessor*.[7] Der Wortzeuge bekennt sich mit Worten zu seinem Glauben an Jesus Christus, der Blutzeuge hingegen legt ein körperliches, ein blutiges Bekenntnis durch seinen gewaltsamen Tod ab. Hier findet sich eine etwas andere Bedeutung der Zeugenschaft als im kriminalistisch-juristischen Feld. Es geht um eine körperliche, vielleicht mit einem Begriff wie »Unmittelbarkeit« zu beschreibende Zeugenschaft.

Neben dem Märtyrer, der sein Zeugnis mit einer sehr heroischen Geste ablegt, gibt es jedoch auch die sogenannten »Zeugen des Glaubens«[8]. Sie sollen Vorbilder für andere Christen sein und diese mit ihrem Zeugnis von einer für ihr »Leben relevanten Erfahrung mit diesem wahren Gott«[9] leiten. Es geht dabei um ein *gelebtes* Zeugnis: »An dem Zeugen, an seinem Menschsein muss man das ablesen können; es kommt darauf an, wie er das tut was er tut, wie er verkündet, wie er bezeugt. Im äußersten Fall schließt das auch die Hingabe des eigenen Lebens ein, um so für den höheren Wert der bezeugten Wahrheit Gottes und ihre Heilsbedeutung einzustehen.«[10] Sein Leben und sein Handeln sind also dieses Zeugnis des Glaubens. Die Vermittlung des Glaubens oder des Heilsweges braucht einen Lebenden, ein Lebendiges, denn der Gegenstand scheint sich des Zugangs durch Worte zu entziehen. Worte können trügerisch sein. Man kann eine Sache sagen und eine ganz andere meinen. Vor allem sind Wort und Tat selten identisch. Hier wird eine besondere Hervorhebung des Tuns, des Handelns deutlich. Das Zeugnis des Glaubens ist nicht nur in den Worten des Zeugen, sondern ebenso in seinen Taten zu finden. Wie auch im juristischen Gebrauch ist der theologisch geprägte Begriff eng mit Wahrheit und Wahrheitsfindung verknüpft. Der Zeuge bezieht sich auf Konkreta, auf das Richtige, Wahre, das – so unzugänglich und verborgen es auch scheinen mag – doch, den Dingen zugrunde liegend, zu finden sein muss.

7 Vgl. http://de.wikipedia.org/wiki/M%C3%A4rtyrer, zuletzt abgerufen im Mai 2012.

8 Vgl. Fachbereich Verkündigung/Hauptabteilung Pastoral des bischöflichen Generalvikariats Hildesheim (Hg.), *Ihr werdet meine Zeugen sein*, Bischöfliches Generalvikariat, Hildesheim, 2006.

9 Ibid., S. 9.

10 Ibid.

Unsichtbarkeit

Niederlegung des Amtes Diese Unmöglichkeit, den Dingen bis auf den letzten Grund zu folgen, beeinflusste unsere künstlerische Auseinandersetzung mit der Thematik. Worauf fokussieren, was ist es eigentlich, mit dem wir uns beschäftigen? Wir konnten sozusagen nie »das Ganze« im Blick haben. Ich merkte immer wieder, dass ich nicht zu allen ausgestellten Werken etwas sagen konnte, vieles habe ich nicht verstanden, vieles noch nicht einmal wirklich gesehen. Das unterscheidet unsere Position wahrscheinlich auch von der eines Experten: Der Zeuge hat in unserem Fall einen subjektiven, selektiven Blick auf die Geschehnisse, jedoch keine lexikalische Kompetenz. Wie dann jedoch unserer Aufgabe als Bezeugende, Vermittler, Erlebende und Überlebende gerecht werden? Was davon wollten wir sein? Was wollten wir teilen oder weitergeben?

Trotz des anerkannten Fakts, dass die *eine* Wahrheit seit der Postmoderne ihre Gültigkeit und Schlagkraft eingebüßt hat, gibt es offensichtlich ein Bedürfnis nach Wahrheit. Vermutlich ist dies mit dem Gefühl verbunden, dass jedem Ereignis ein unzugänglicher Kern innewohnt, dass das Ereignis an sich immer schon verloren, vergangen ist – bereits Wahrnehmung ist notwendigerweise nachträglich. Diese Abwesenheit, die im Zentrum allen Erlebens steht, weckt jedoch vielleicht gerade die Sehnsucht nach Unmittelbarkeit und Wahrhaftigkeit, verursacht durch die melancholische Struktur der menschlichen Psyche.

Letztendlich war diese Unzugänglichkeit vielleicht auch der Grund, warum wir ab einem gewissen Zeitpunkt die Rolle der Zeugen für uns abgelegt haben; um an unseren eigenen künstlerischen Projekten arbeiten zu können, mussten wir die Aufgabe des Beobachtens vernachlässigen. Wir mussten wieder blind werden für all die großen Zusammenhänge: »We had to limit our choices« (frei nach Channa Horwitz), um zu einer eigenen kreativen Arbeit zu finden.

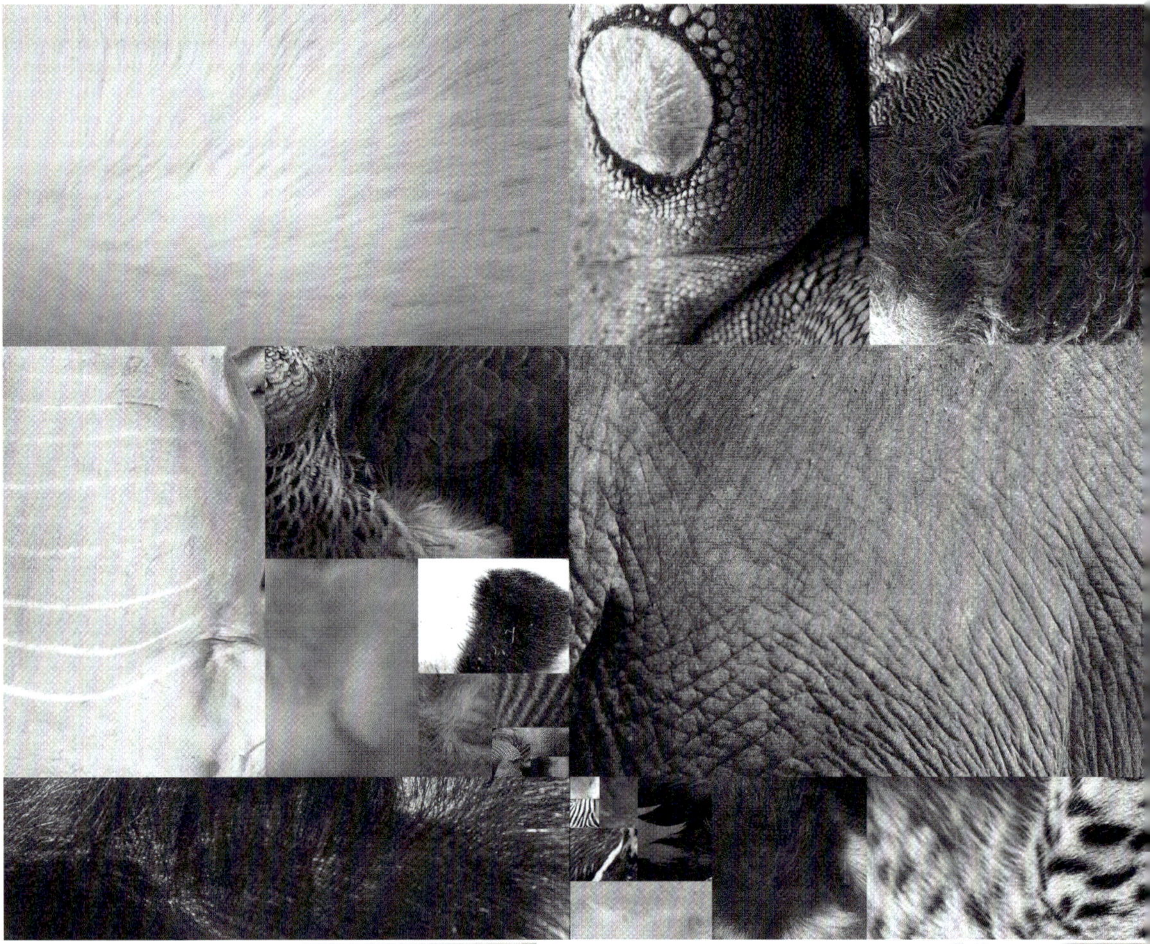

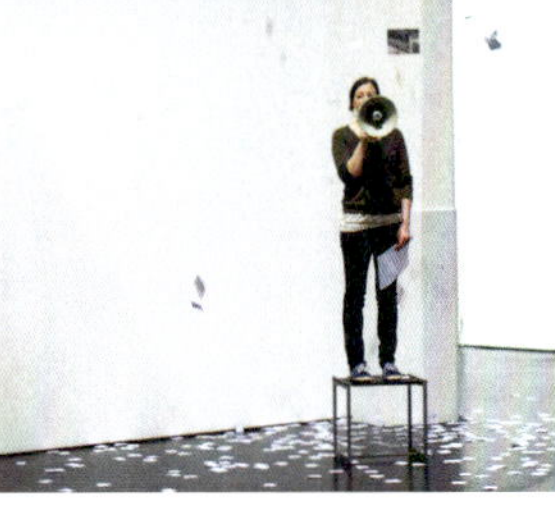
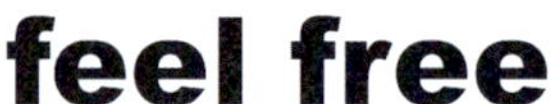

Are we objects or subjects?

feel free

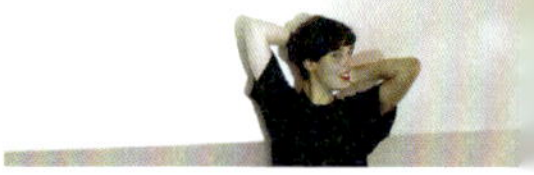

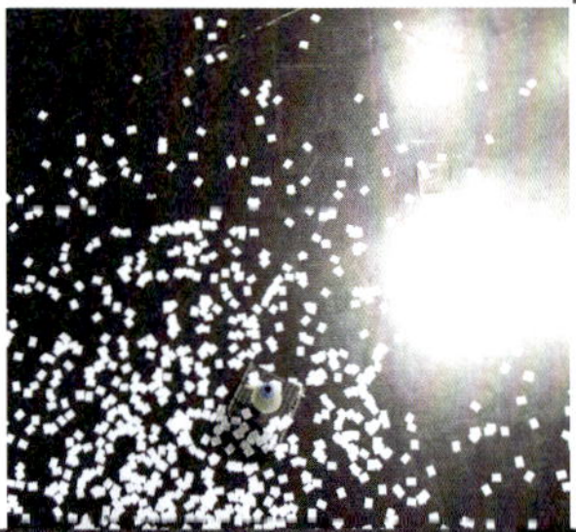

Where do I find the ghost of performance?

Do I have to be a performer

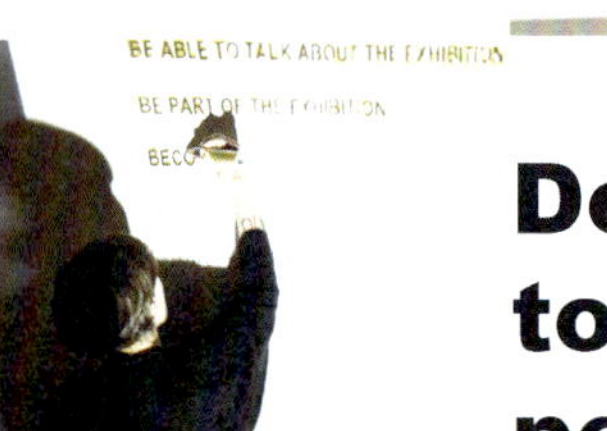

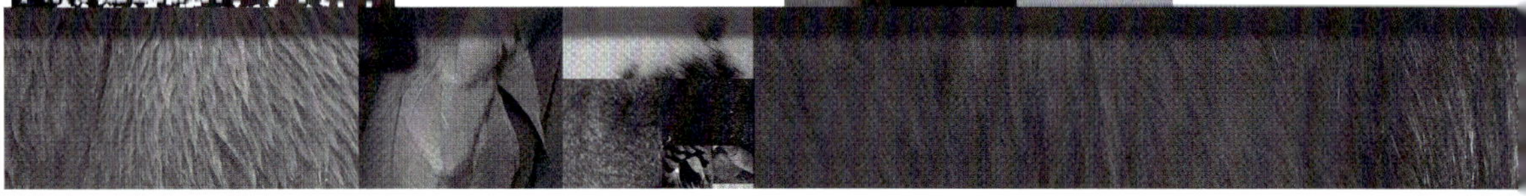

BE ABLE TO TALK ABOUT THE EXHIBITION
BE PART OF THE EXHIBITION
BECO

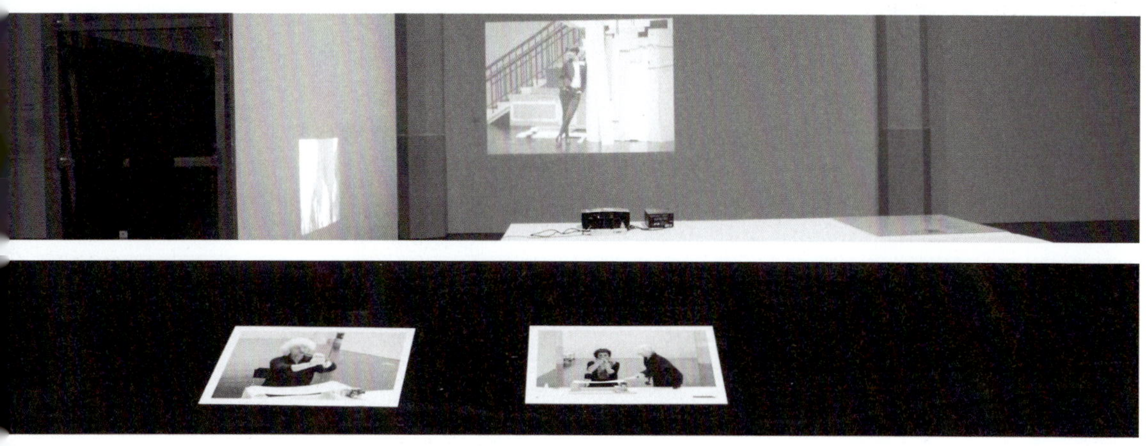

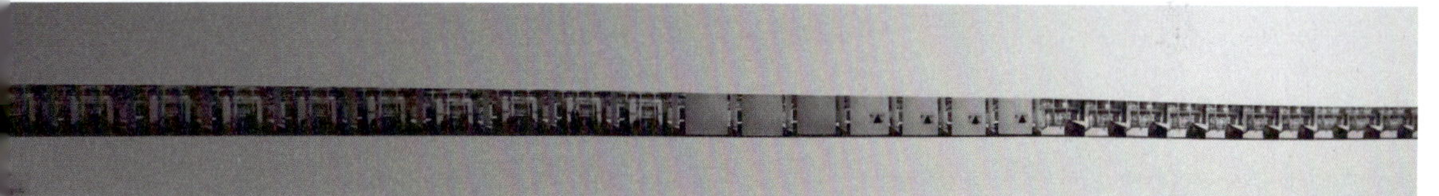

oes institu-
onal critique
ok good?

live art

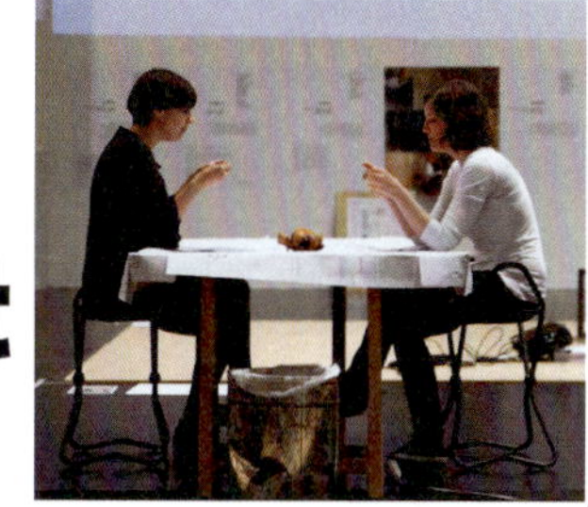

Do we
really
want to be
here?

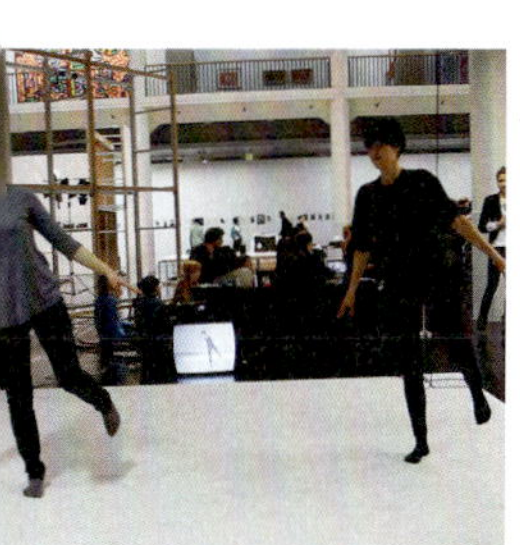

Are we visible
or invisible?

Is this a
document
?

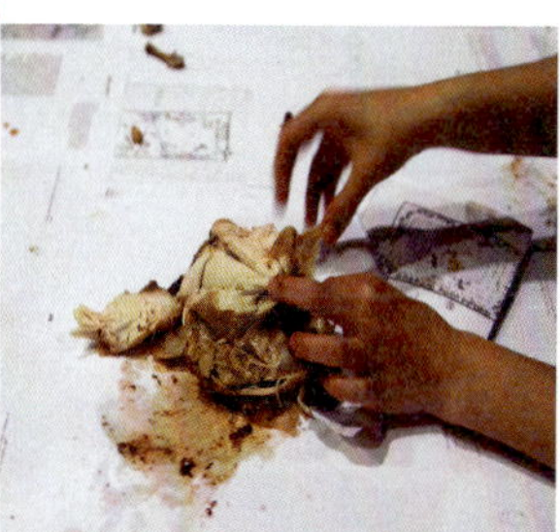

Aufeinanderprallende Realitäten
Adriana Gheorghe

Jede Begegnung ist eine Art Wissen – das sagte einmal ein Freund zu mir. Das liegt eigentlich auf der Hand, doch ganz besonders empfand ich das in den zwei Monaten der Ausstellung *Moments. Eine Geschichte der Performance in 10 Akten*, zu der ich als Zeugin eingeladen war.

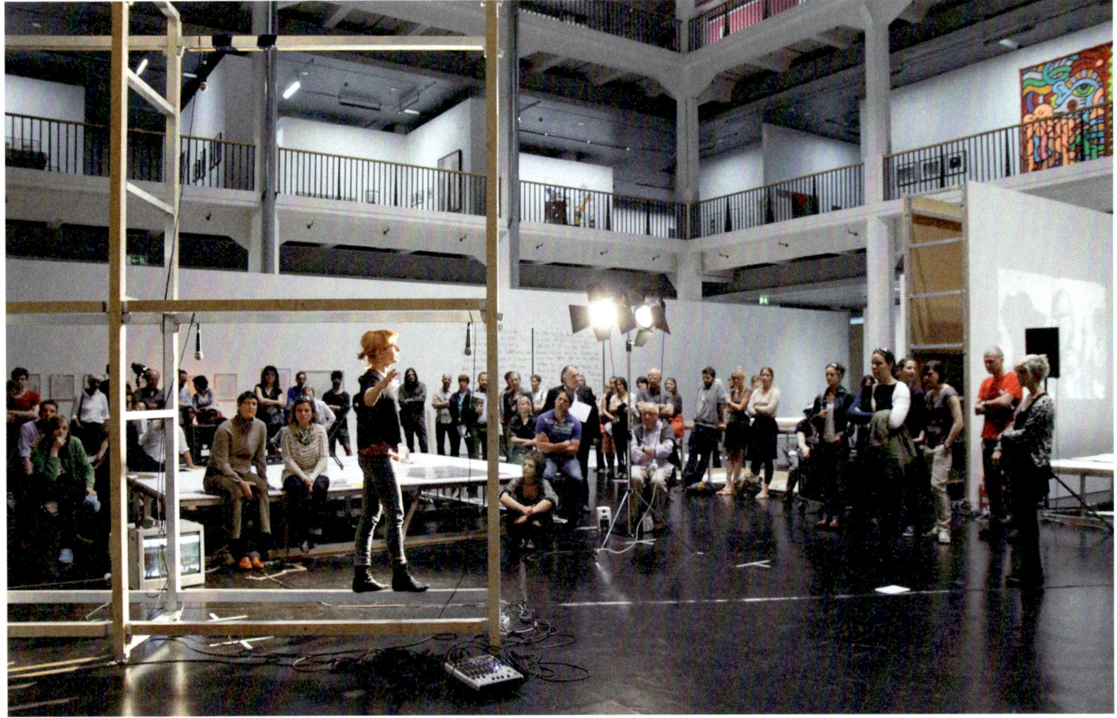

Adriana Gheorghe positioniert sich in *Moments*: »Vor Simone Fortis Display, in der dünnen Luft fliegend, wie Philippe Petit zwischen den Twin Towers, vollbringt sie das Unmögliche, bezwingt die dezentrierte, vertikale, leere Wolfsburger Leiter.« *A Tedious Argumentation for the Overwhelming Question »Do I Dare«*, Performance, 28. April 2012, ZKM | Museum für Neue Kunst

Jedes Format, bei dem es um gemeinsame Erfahrungen und Gedanken geht und das auf der Macht von Subjektivität als Mittel zu Pluralität aufbaut, ist für die Teilnehmer nützlich – dieser Eindruck ist für mich bleibend. Aber was waren die Besonderheiten von *Moments* und wie beeinflussten sie die Begegnungen und das Wissen, das in diesem Umfeld geschaffen und ausgetauscht wurde?

All die kleinen Verbindungen und Verwicklungen der (ausgesprochenen oder unausgesprochenen) Diskurse, an denen ich teilnahm, stehen mir noch deutlich vor Augen, aber ich könnte sie unmöglich nachzeichnen; dafür blieb die Realität nie still genug stehen.

Die Besonderheiten: Menschen und Objekte mit verschiedenen Werten am selben Ort (teure Objekte, wertvolle Menschen, billige Objekte, wertlose Menschen); Menschen, die kommen und gehen, und Menschen, denen es »frcistcht«, wie die Objekte die ganze Zeit zu bleiben; Experimente der kuratorischen Auseinandersetzung und sogar Kollision über Theater- und Museumslogik; vergangene, gegenwärtige und zukünftige Kunstgeschichte der Performance, eine die Generationen überspannende Ansammlung von Themen, wodurch alles natürlich zu einem einzigen großen, erstaunlichen

Gesellschaftsexperiment wird; die Machtstrukturen werden sichtbar und wichtig, »das Persönliche wird politisch«[1] …

Brach durch die kuratorische Mise en Scène der historischen Performance-stücke (die Live-Acts, der institutionelle und gesellschaftliche Kontext, das Dokumentarische, die Versammlung, aber auch die Vorgabe, dass Pionie-rinnen, Lab-Artists und Zeugen sich während des künstlerischen Labors zwar treffen, aber getrennt arbeiten) auch die Kluft zwischen Inklusion und Exklusion auf? Trug die gesellschaftliche Gene-rationenfrage dazu bei, die Machtstrukturen zu offenbaren, welche die Idee eines Kanons bezie-hungsweise die Museumspraxis implizieren? War die gesellschaftliche Dynamik im Labor womög-lich auch eine Art Kritik an den Gesetzen des Kunstmarkts?

Starke Argumente können die Fragesteller verfüh-ren. Sehr selten einmal prägt eine verführerische Perspektive die gemeinsame Realität und gestaltet sie mehrere Tage (oder Stunden oder Minuten) später wieder um. Das passiert, wenn Menschen die Koordinaten ihrer Anwesenheit in einem Kon-text tatsächlich hinterfragen, und es passiert mit großer Heftigkeit, wenn das Gefüge ihrer Realität von Kuratoren, denen es um Experimente geht, nur vage definiert wird. Und es passiert unweiger-lich im Umfeld des »Chaotisch-Guten«.

Zum Beispiel das Konzept der Zeugen: Wie groß war ihr Aktionsradius in *Moments*? Bedeutete Reflexion auch »Aktion«? Ging es um einen Dialog zwischen den beiden? Oder erzeugte das Konzept lediglich ein obstruierendes Paradoxon? Die Realitäten solch eines Zeugen kollidieren.

Auf welches Bedürfnis reagiert ein Zeuge?

Im Rahmen eines Museums kann kein wirkliches Bedürfnis nach dem Re-enactment einer radikalen Performance der Vergangenheit bestehen, außer wenn Fünfjährige spontan Yvonne Rainers gefilmte Probe reenacten (eine Szene, die ich beobachtete, als Kinder die Ausstellung besuchten). Aber wenn man die Ausstellungsobjekte intensiv studiert, ihnen zugehört und mit ihnen gelebt hat, kann das Bedürfnis nach einer Wiederaneignung bestehen. Kann irgendeine Position beibehalten werden?

Die Verwendung des Begriffs »überleben« hinsichtlich des Zeugenstatus wurde im ZKM häufig als Witz verstanden (oder er löste, wenn er auch nur andeutungsweise von Ernsthaftigkeit begleitet war, Erstarrung aus).

Leider bestand die einzige Überlebensmöglichkeit darin, ständig (neu) Position zu beziehen. Ich existierte nur »in Bezug« (zu Diskussionen und Menschen oder auch zu Konzepten).

Könnte ein Zeuge das Bedürfnis äußern, eine Position zu finden, die »beibehalten werden« kann?

[1] Lynn Hershman Leeson in ihrem Film *!Women Art Revolution: The (Formerly) Secret History* (2010).

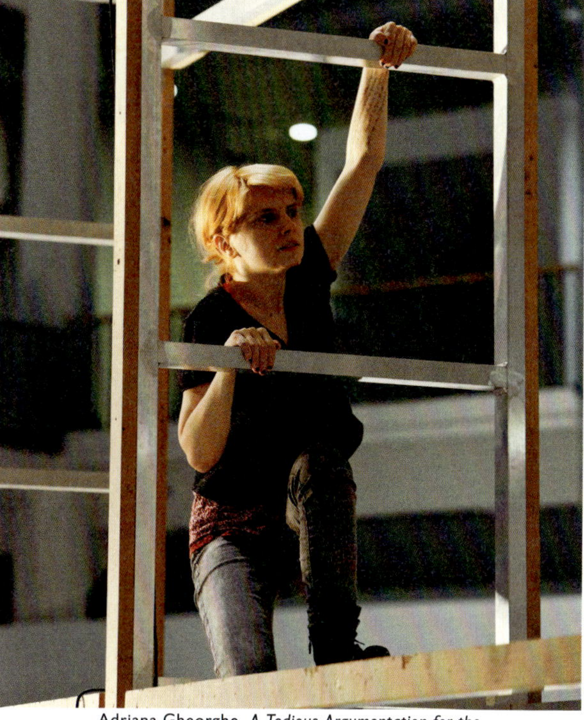

Adriana Gheorghe, *A Tedious Argumentation for the Overwhelming Question »Do I Dare«*, Performance, 28. April 2012, ZKM | Museum für Neue Kunst

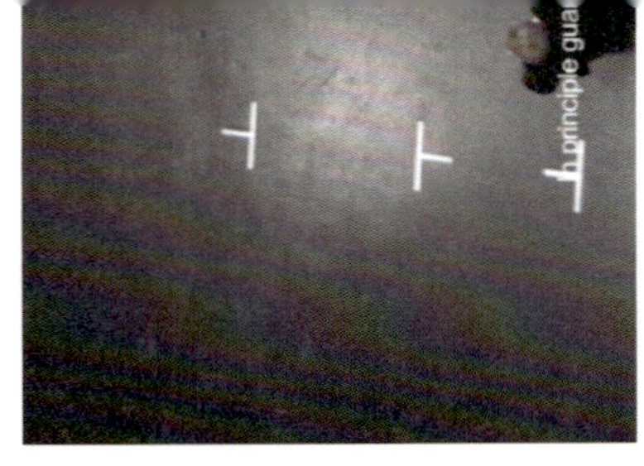

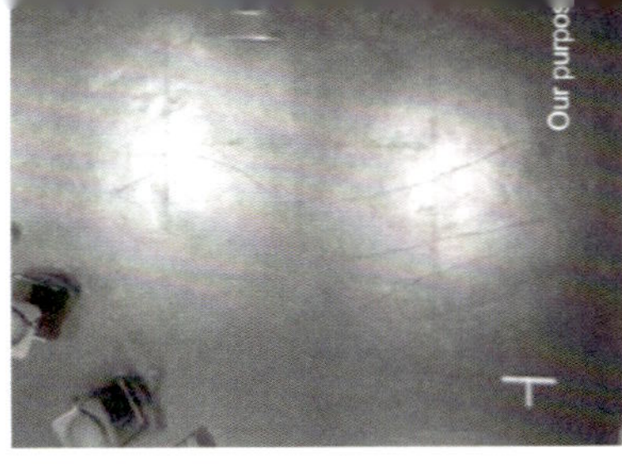

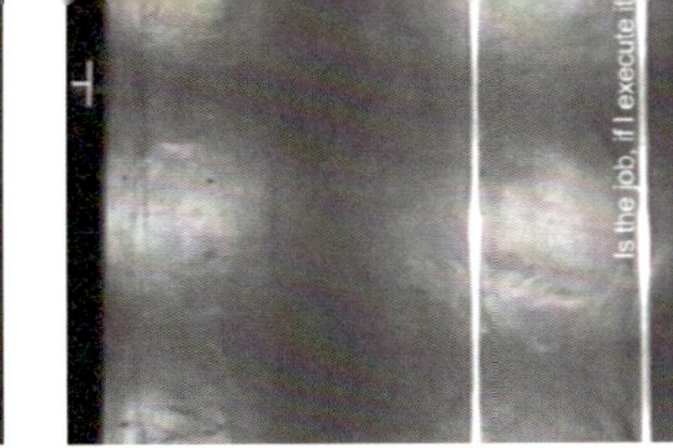

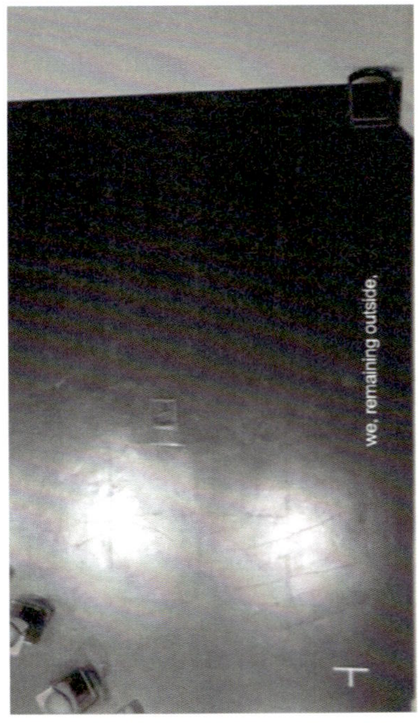

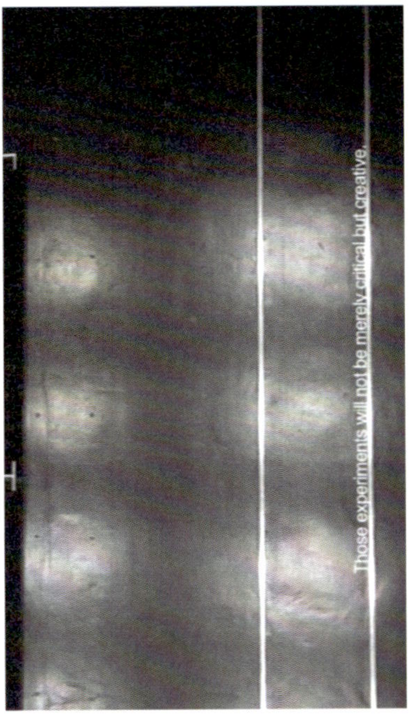

"But the description thus loosely and imperfectly given is enough to show you, [...] that the Society of Outsiders has the same ends as your society."
Virginia Woolf, Three Guineas (1938), Mariner Books, 2006

Bertrand Flanet, Looking for evidences installation, 3 videos, mixed media, 2012

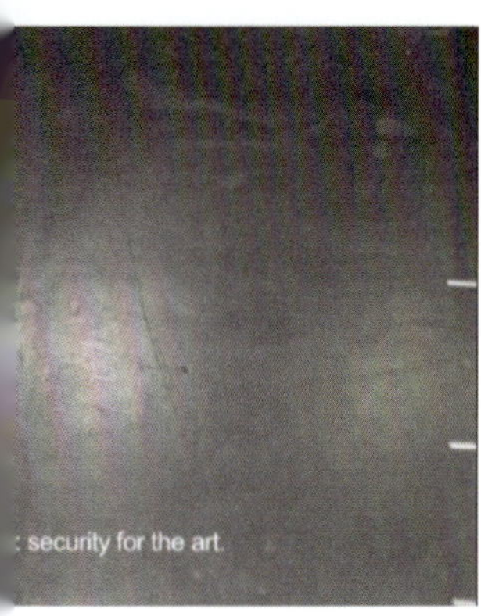
: security for the art.

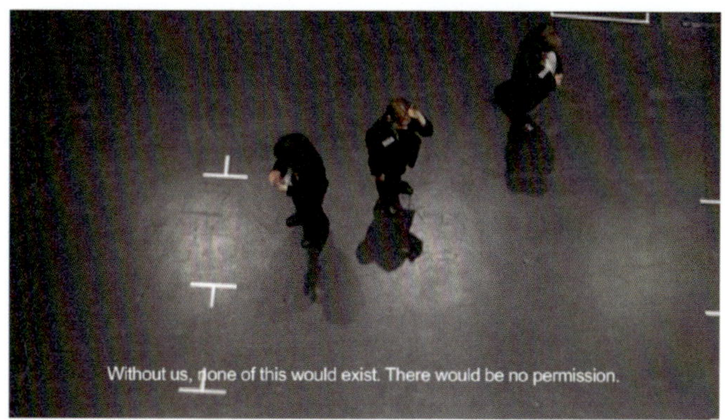
Without us, none of this would exist. There would be no permission.

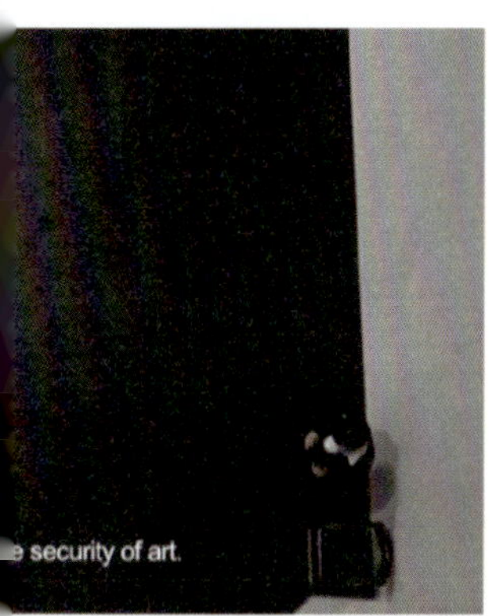
e security of art.

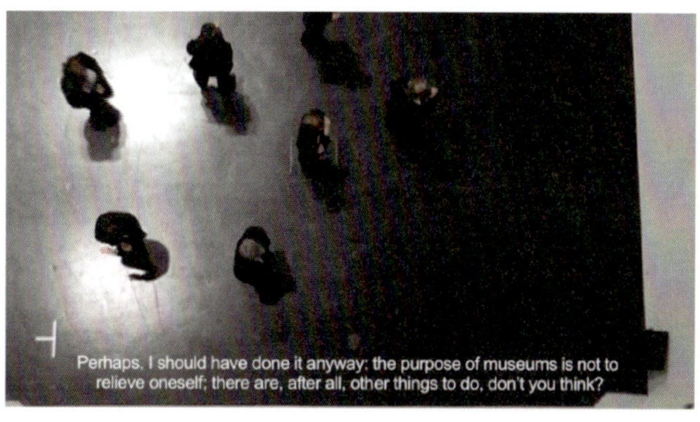
Perhaps. I should have done it anyway: the purpose of museums is not to
relieve oneself; there are, after all, other things to do, don't you think?

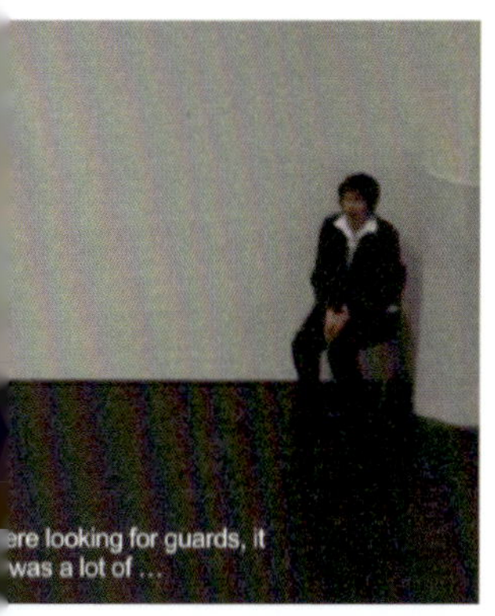
re looking for guards, it
was a lot of ...

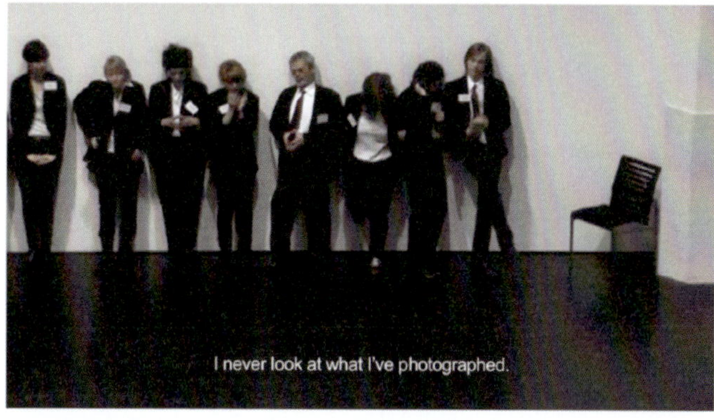
I never look at what I've photographed.

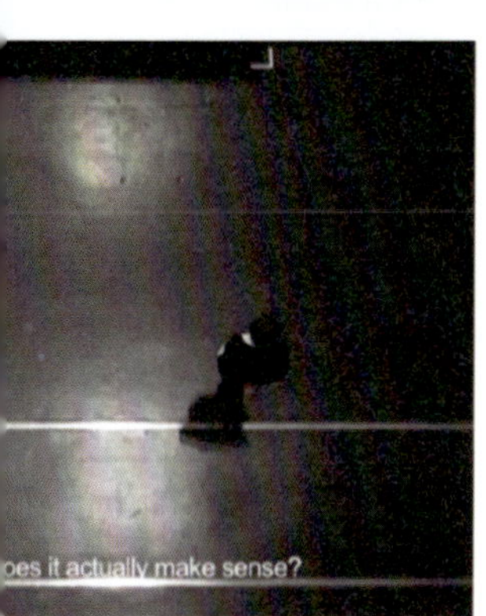
oes it actually make sense?

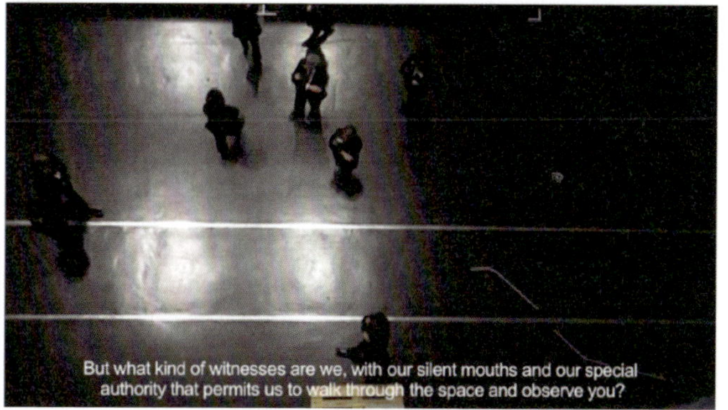
But what kind of witnesses are we, with our silent mouths and our special
authority that permits us to walk through the space and observe you?

Gegenstand – Relikt – Objekt
Sophie Osburg

Performances als Live-Art sind in Museen längst keine Seltenheit mehr und scheinen in jedem Rahmenprogramm einer Ausstellung, welche sich mit Gegenwartskunst auseinandersetzt, Pflicht zu sein. Doch was passiert, wenn die Performance selbst zum Thema der Ausstellung wird und alles Weitere vorgibt? Wie gestaltet sich eine Ausstellung, die den Versuch unternimmt, die frühe Geschichte der Performance als Kunstform abzubilden?

Nachdem sie stattgefunden hat, bleibt von einer Performance neben der Dokumentation lediglich ihr künstlerisches Material. Hierbei handelt es sich um die Gegenstände, die während der Performance gebraucht wurden und somit, von ihrem alltäglichen Verwendungskontext entbunden, in den künstlerischen Akt eingegangen sind. Diese lassen sich im Vergleich zur Performance, die selbst nur im Moment des Live-Acts existiert, konservieren. Sie werden zu einem Relikt der Performance, doch können sie diese als Zeugnisse auch noch Jahre später wieder erfahrbar machen? Was passiert, wenn dieses Material in einem musealen Kontext gezeigt wird, um ein Bild des vergangenen Ereignisses zu erzeugen?

Keiner der einzelnen Gegenstände kann für sich betrachtet das Kunstwerk der Performance repräsentieren. Der Versuch, dieses zu rekonstruieren, wird für den Betrachter erst im Zusammenspiel aller Objekte möglich. Gegenstände, die erst durch ihre Verwendung in einer Performance zu deren künstlerischem Material wurden, werden stellvertretend für den Live-Act im Museum gezeigt. Eine Ausstellung, die es sich zur Aufgabe macht, eine Performance zu präsentieren ohne sie dabei wiederholen zu wollen, also sich ganz bewusst dem Original als zu repräsentierendem Kunstwerk zuwendet, muss sich dieser Gegenstände ebenfalls als Arbeitsmaterial bedienen. Doch sind diese Gegenstände noch künstlerische Materialen, wenn sie nicht mehr in den Moment der Performance eingebunden sind? Kann ein Kleid, welches die Künstlerin während der Performance trug und welches als Kostüm von zentraler Bedeutung war, innerhalb einer Ausstellung auf das Ereignis zurückverweisen? Der Gegenstand wird im Moment der Performance seiner alltäglichen Betrachtungsweise beraubt und zu einem Objekt der Kunst. Hat dieses, noch Jahre nachdem der Live-Act stattgefunden hat, einen Zeichencharakter, der es der Kunst zugehörig macht? Kann ein Gegenstand artikulieren, was war? Wie wird er lesbar? Gibt es eine Möglichkeit, das Objekt innerhalb einer Ausstellung wieder zum künstlerischen Material werden zu lassen, sodass es das Gewesene authentisch vermittelt? Wie viele Objekte werden benötigt, um ein Abbild einer Performance zu erzeugen?

Selbst wenn eine Ausstellung Gegenstände als Relikte einer Performance zeigt, bleiben Lücken zwischen ihnen. Es sind Lücken in der Geschichte des Ereignisses, für die kein Objekt repräsentativ stehen kann. Wie lassen sich solche Lücken in einer Ausstellung, welche die Performance widerspiegeln will, füllen? Kann sich das Kunstwerk der Performance auch mit diesen Leerstellen in der musealen Präsentation dem Besucher vermitteln? Jede dieser Lücken gibt dem Betrachter die Möglichkeit, neue Lesarten der ausgestellten Objekte zu entwickeln, es werden neue Verweisstrukturen zwischen den Gegenständen ermöglicht. Lassen sich somit Lücken bewusst in ein kuratorisches Konzept zur Vermittlung einer Performance einbeziehen? Können sie als Verbindung zwischen verschiedenen Performances dienen und den jeweiligen Kontext erweitern? Werden die Gegenstände womöglich erst durch die Leerstellen zwischen ihnen wieder lebendig?

Durch Lücken werden die Relikte noch viel mehr als bloße Teilstücke des Ereignisses »Performance« wahrnehmbar. Sie werden zu Spuren einer kulturellen Praxis. Doch wie lassen sich diese Spuren zurückverfolgen? Bis wohin müssen sie sich auftun, um einen Erkenntnisgewinn zu ermöglichen? Liegt der Zugang zu diesen Spuren in der konkreten Materialität des Objekts? Können durch den Versuch, ein (Ab-)Bild einer Performance mithilfe von Gegenständen zu erzeugen, neue Aneignungsstrategien für diese Kunstform entwickelt werden?

Notwendigerweise müssen die Gegenstände in diesem Fall nicht nur als bloßes Dokumentationsmaterial eines Ereignisses betrachtet werden. Ein Objekt, das repräsentativ für eine Performance steht und diese ohne den Live-Act vermitteln soll, muss als künstlerisches Material angenommen werden – zum einen als Material der vergangenen Performance und zum anderen als Arbeitsmaterial der gegenwärtigen Ausstellung. Das Relikt darf innerhalb der Ausstellung nicht nur ein bloßer Gegenstand sein; denn erst, wenn es auch als künstlerisches Material verstanden wird, wird es zu einem Zeichen, welches das Kunstwerk einer Performance vermitteln kann.

MEET A WITNESS!
Anja Arend

Auf einem schwarzen Sofa mitten im Ausstellungsraum sitzend, umgeben von den verschiedenen Ausstellungsstücken und einer leisen Kulisse aus den sich mischenden Tonspuren der laufenden Videopräsentationen – vor mir eine große weiße Tafel (»Meet a witness!«), die Ursache und Ziel meiner Anwesenheit anzeigt –, warte ich.

Doch worauf?

Sechs Wochen war ich nun eine von zehn ZeugInnen in der Ausstellung *Moments. Eine Geschichte der Performance in 10 Akten.* Ich hatte viele an der Ausstellung beteiligte Menschen getroffen, gesprochen und beobachtet, Ereignisse unterschiedlichster Art miterlebt. Ich hatte als Zeugin vieles wahrgenommen, gespeichert und in meiner Erinnerung verändert – doch hatte ich eigentlich auch bezeugt oder ein Zeugnis abgelegt? Konnte, sollte oder musste ich meine Erfahrungen und Erlebnisse nicht in irgendeiner Form teilen? Die vergangenen sechs Wochen für andere Menschen zugänglich machen? Sollte ich ein Buch schreiben, einen Zeitplan mit allen Ereignissen aushängen, Führungen durch die Ausstellung anbieten …? Die Liste an Möglichkeiten war lang. Doch fehlte da nicht ein zentraler Aspekt? Ging es nicht vielmehr um meine eigenen, persönlichen Erfahrungen, meinen Blick auf die letzten Wochen? Konnte, wollte oder durfte ich diesen subjektiven Blick unumgänglich für jeden Besucher auf die Ausstellung stülpen? Nein. Doch was dann? Die Ausstellung zeichnete sich für mich stark durch die Zur-Verfügung-Stellung von Informationsressourcen (Texte, Interviews, Videos) aus. Konnte ich mich als Zeugin da nicht integrieren? Konnte ich mich nicht als Ressource für Erfahrungen, Erlebnisse und Begegnungen zur Verfügung stellen? Doch! So saß ich also auf meinem schwarzen Sofa und wartete darauf, dass ich als Ressource auch genutzt würde.

Der Ansturm von Gästen auf meinem Sofa war zwar nicht groß, dennoch gesellte sich dann nach anfänglichem Zögern der eine oder andere zu mir, und die Fragen nahmen fast kein Ende: Was ist denn bisher geschehen? Wurde der Raum verändert? Haben Sie die Künstlerinnen getroffen? Wer oder was sind die ZeugInnen? Doch diese und ähnliche Fragen in Bezug auf den Ausstellungsprozess machten den kleinsten Teil der Gespräche aus. Schon bald wurde vorsichtig nach meiner eigenen Meinung und Einschätzung der vergangenen sechs Wochen und des Ausstellungskonzeptes gefragt: Was hat in dieser Ausstellung für Sie funktioniert und was nicht? Welche Aspekte halten Sie für besonders gelungen und wo lagen Schwierigkeiten? Kamen Sie mit Ihrer Rolle als Zeugin zurecht? Sind eigentlich viele Besucher in der Ausstellung gewesen? Was hätte man eventuell anders machen können?

Und dann tauchte immer wieder die Frage nach dem Stellenwert der anfänglich ausgestellten Kunstwerke auf. Der Eindruck, dass die Werke der Pionierinnen hinter dem Gesamtprozess der Ausstellung verschwanden, beschäftigte viele meiner Gesprächspartner. Zögerlich wurde dieser Gedanke geäußert, und viele Fragen kreisten darum, aus welchen Gründen dieser Eindruck entstehen konnte.

Das schwarze Sofa in der Mitte des Ausstellungsraums wurde für einige Zeit eine kleine Begegnungsstätte, in der heterogene Meinungen und Sichtweisen ausgetauscht wurden; ein Anlaufpunkt, an dem man, umgeben von der Ausstellung, sich dieser in einem Dialog nähern konnte.

Ich danke allen, die sich zu mir auf das schwarze Sofa setzten, mich mit zahlreichen Fragen überhäuften, mich dazu brachten, meine Meinung zu äußern, meine Eindrücke hinterfragten, mir neue Sichtweisen auf die Ausstellung eröffneten und mir interessante Begegnungen schenkten.

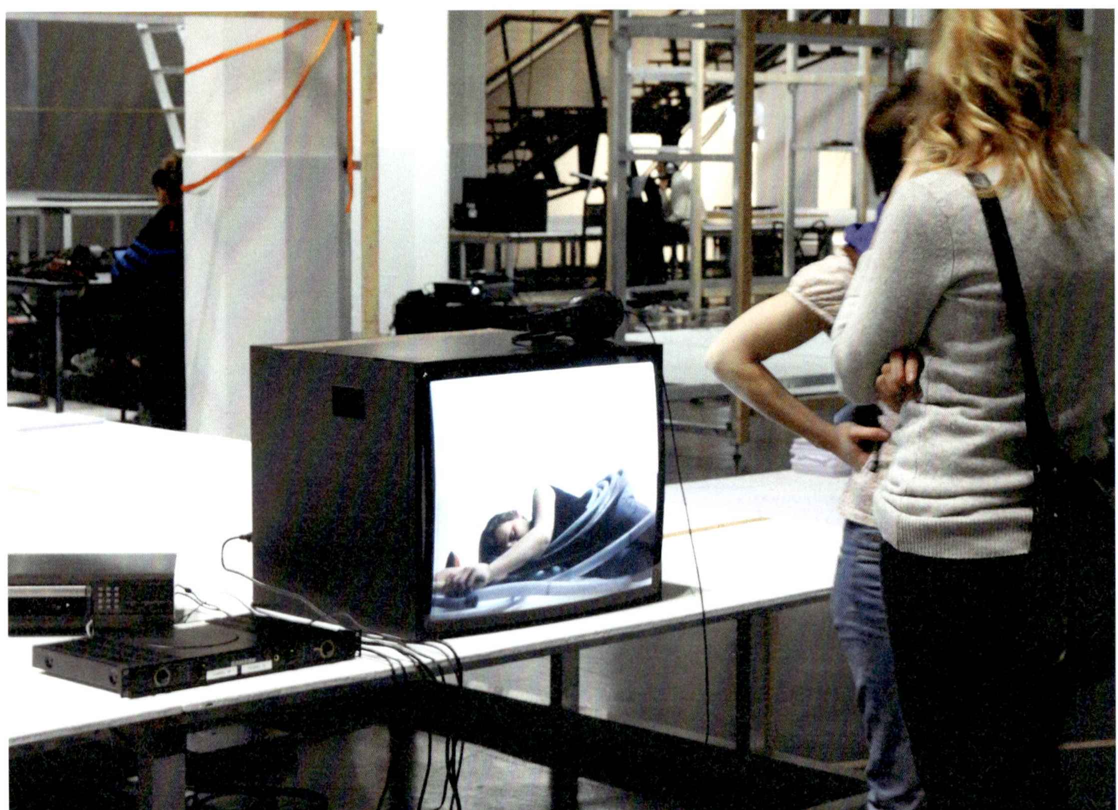

In der vierten und letzten Phase der Ausstellung besetzten zeitweise kurze Guerilla-Filme die Bildflächen, auf denen vorher die historischen Arbeiten zu sehen waren. Die Clips zeigten Interventionen an Orten, die zum Ausstellungsraum gehörten, jedoch nicht für den Besucher einsehbar waren. Ziel der Aktionen war es, die Werkstatt, den Lagerraum und das Innere einer Wolfsburger Leiter zugänglich und nutzbar zu machen. Die Dokumentation dieser Aktionen zur Aneignung des Backstage-Bereichs tauchte dann auf den fest installierten Bildflächen auf.

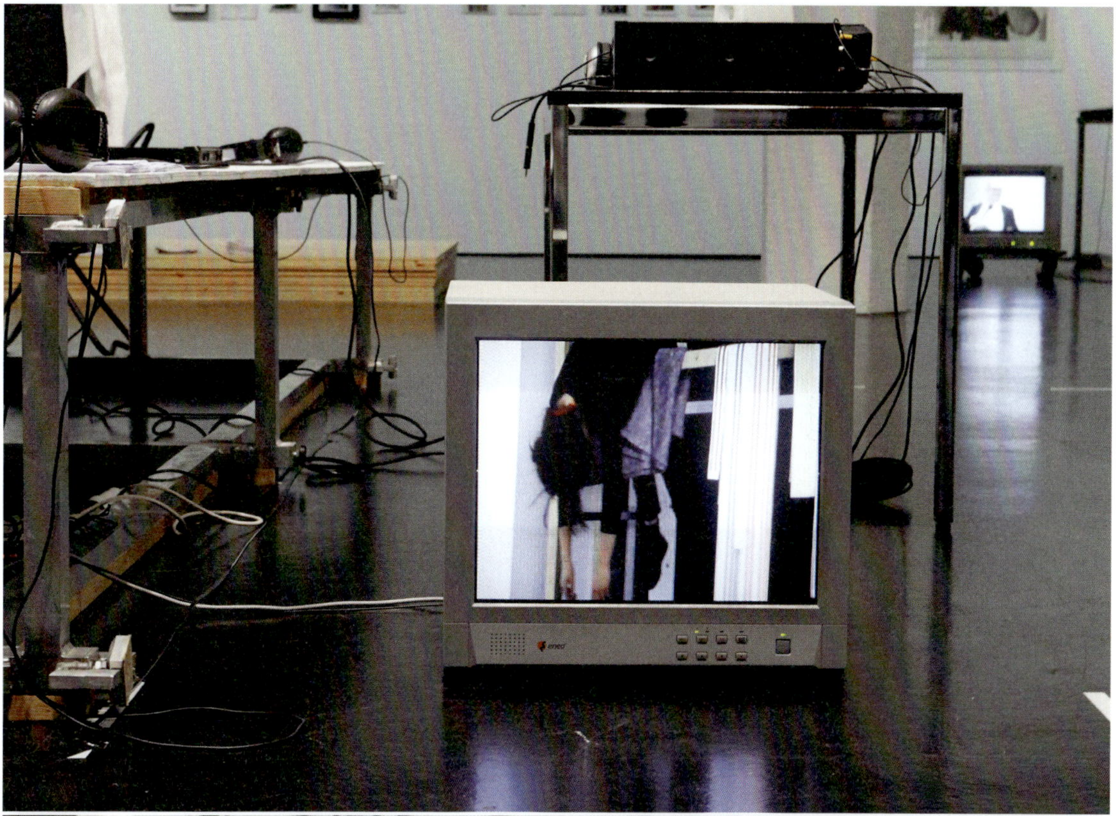

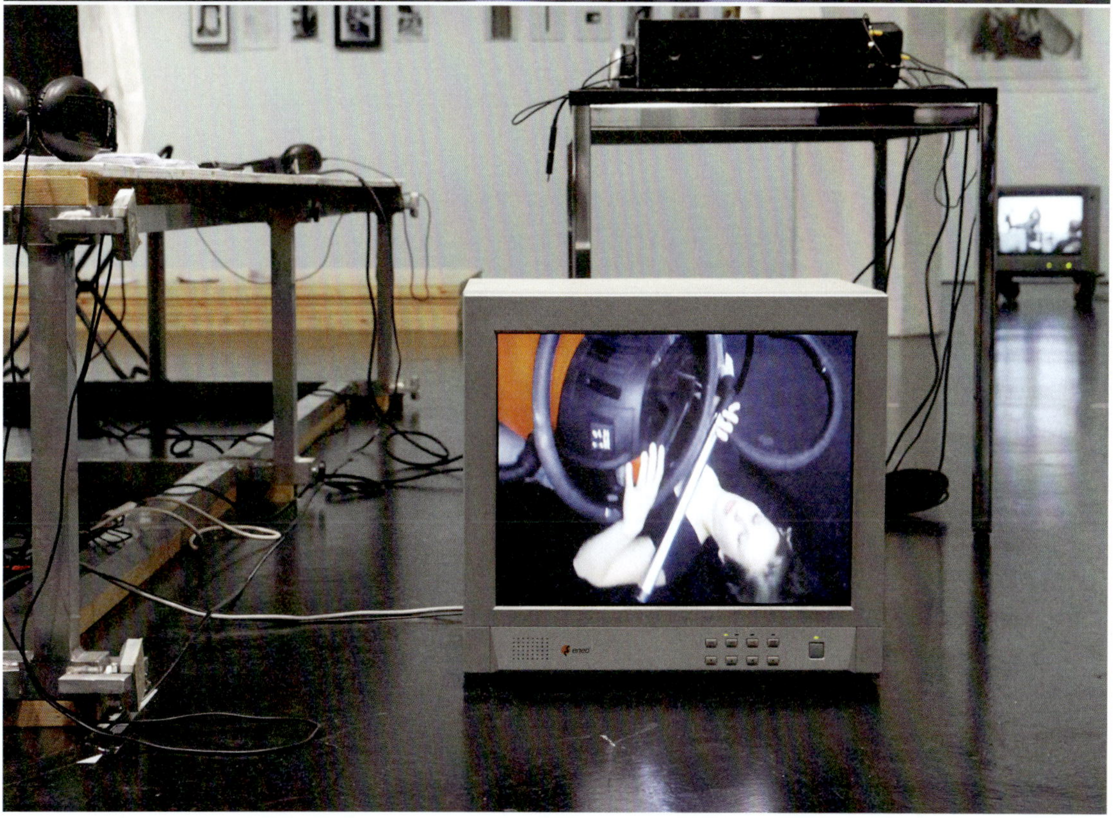

ZKM | Museumskommunikation

»Jeder Mensch ist ein Tänzer.«   »Jeder Mensch ist ein Künstler.«
 Rudolf von Laban   *Joseph Beuys*

Wie vermittelt man performative Kunstwerke, die nur im Moment ihres Geschehens erlebt werden können und schon während sie geschehen vorübergehen? Wie vermittelt man diese Kunstwerke vierzig Jahre später, wenn sie nur noch in Erinnerungen, in Zeitzeugenberichten und Dokumenten vorhanden sind? Bei *Moments* ergab sich die Besonderheit für die ZKM | Museumskommunikation, deren Hauptaufgabe die Kunstvermittlung der ZKM-Ausstellungen ist, in einem Zusammenspiel mit der Thematik um Performativität, Tanz und Reenactment[1], dem prozessualen Konzept der Ausstellung und der eigenen Arbeitsweise, direkt in der Ausstellung auf die Ausstellung zu reagieren. Die Verschränkung dieser Aspekte führte zu einem stimmigen Vermittlungsprogramm, welches nicht nur an die Ausstellung angegliedert stattfand, sondern einen wichtigen Teil derselben ausmachte. Um dieses Zusammenwirken der Vermittlungsarbeit mit dem Konzept und der Thematik der Ausstellung zu verdeutlichen, wird im Folgenden aus kunstvermittlerischer Perspektive auf die einzelnen Punkte eingegangen.

Museumskommunikation   In einem Haus wie dem Zentrum für Kunst und Medientechnologie Karlsruhe hat die Kunstvermittlung von Anbeginn nach neuen Wegen gesucht, wie Ausstellungsbesuchern Werke nähergebracht werden können, ohne in monologische Vorträge zu verfallen. Dies geschieht vor allem vor dem Hintergrund, dass die im ZKM gezeigten Ausstellungen in ihren Inhalten meist weit über Themenstellungen eines klassisch ausgebildeten Kunsthistorikers hinausgehen und mit den üblichen museumspädagogischen Werkzeugen nicht notwendigerweise besser zu vermitteln sind. Selbst der Begriff der Kunstvermittlung wird hier infrage gestellt – ist es wirklich nötig, dass man zwischen der Kunst und ihren Rezipienten vermitteln muss? Wäre es nicht viel angebrachter, einen Dialog zwischen Betrachter und Betrachtetem anzuregen? Die ZKM | Museumskommunikation versucht ebendarum, einen offenen, positiven, aber dennoch kritischen Umgang mit den Exponaten anzubieten, um somit nicht nur eine spannende, sondern auch nachhaltigere Auseinandersetzung mit Kunst zu ermöglichen. Die individuelle Wahrnehmung eines Werkes durch den Besucher wird genauso diskutiert wie die kuratorische Auswahl des Werkes oder die Auswahl des Ausstellungskonzeptes durch die Institution. Es wird nach vielfältigen Antworten auf Fragen nach der historischen Einordnung eines Werkes, der Intention des Künstlers und der daraus entstehenden Vielzahl an Interpretationen und Wahrnehmung in der Gegenwart, welche durch andere politische und gesellschaftliche Entwicklungen geprägt ist, gesucht.[2]

Performance, Tanz, Liveness   Das Konzept einer Live-Ausstellung stellt den klassischen Museumsbetrieb vor eine Reihe besonderer Aufgaben. Bei

---

[1] Die Begriffe »Rekonstruktion« und »Reenactment« werden in der aktuellen tanzwissenschaftlichen Literatur viel diskutiert und in der Praxis geradezu inflationär genutzt. Während unter dem Begriff Rekonstruktion meist der Versuch einer exakten Nachahmung einer historischen Performance verstanden wird, liegt der Schwerpunkt beim Reenactment auf dem Wieder-Vollziehen eines szenischen Vorgangs unter Anwesenheit von Zuschauern. Hierbei können verschiedene Komponenten einer Performance in den Vordergrund gestellt werden. Des Weiteren wird bei Reenactments Wert darauf gelegt, zu thematisieren, dass eine Performance wegen der veränderten gesellschaftlichen Situation und veränderten Prägung des kulturellen Gedächtnisses und der Referenzsysteme nicht »kopiert« werden kann. Um eine vergangene Performance in der Gegenwart wieder fruchtbar zu machen, können verschiedene Strategien erforscht werden. Strategien des Reenactment könnten folgendermaßen beschrieben werden: die künstlerische Auseinandersetzung mit dem dokumentarischen Material, ein Bearbeiten, Weiterschreiben der Performances, In-Dialog-Treten, Kritisieren, Aktualisieren und Abarbeiten an den vergangenen Performances.

[2] Die Arbeit der ZKM | Museumskommunikation ist vergleichbar mit der von Carmen Mörsch beschriebenen Form der »kritischen Kunstvermittlung«. Mörsch führt in ihrer Publikation *Kunstvermittlung 2. Zwischen kritischer Praxis und Dienstleistung auf der documenta 12. Ergebnisse eines Forschungsprojektes* vier Diskurse der institutionellen Kunstvermittlung an: affirmativ (Funktion der Kunstvermittlung ist die Repräsentation der Institution Museum und deren Aufgaben nach außen), reproduktiv (Heranbildung des Publikums von morgen), dekonstruktiv (institutionskritischer Zugang) und transformativ (Funktionen der Ausstellungsinstitutionen erweitern und sie politisch, als Akteurin gesellschaftlicher Mitgestaltung, verzeichnen). Als kritische Kunstvermittlung bezeichnet sie eine Verbindung von Elementen des dekonstruktiven und des transformativen Diskurses. »Sie [die kritische Kunstvermittlung] vermittelt das durch die Ausstellungen und Institutionen repräsentierte Wissen und ihre festgelegten Funktionen unter Sichtbarmachung der eigenen Position. Sie stellt dabei explizit Werkzeuge für die Aneignung von Wissen zur Verfügung und verhält sich reflexiv zu der Bildungssituation, anstatt sich auf die ›individuelle Begabung‹ und ›freie Entfaltung‹ des Publikums zu verlassen. Sie zielt auf eine Erweiterung des Publikums, jedoch vermittelt sie nicht die Illusion, Lernen im Ausstellungsraum wäre ausschließlich mit Spiel und Spaß verbunden. […] Sie berücksichtigt die konstruktivistische Verfasstheit von Lernprozessen ge-

Moments bildete sich im Ausstellungsraum durch die gezeigten dokumentarischen Materialien und die anwesenden Gruppen – Künstlerinnen, Lab-Artists und Zeugen – ein lebendiges Archiv, welches fortlaufend erweitert und verändert wurde. Da alle diese Gruppen im Ausstellungsraum künstlerisch tätig wurden, werden sie im Folgenden einheitlich als Künstler bezeichnet.[3]

Werke der ephemeren Kunstformen Performance und Tanz weisen keinen Objektcharakter auf; sie bestehen allein im Moment ihres Geschehens. Ein Werk der darstellenden Künste ist durch das im Vordergrund stehende Ereignis immer an die Aufführung gebunden. Wie Erika Fischer-Lichte in ihrer Ästhetik des Performativen ausführt, kommt es bei einer Aufführung »zu einer einmaligen, unwiederholbaren, meist nur bedingt beeinfluss- und kontrollierbaren Konstellation, aus der heraus etwas geschieht, das sich so nur dieses eine Mal ereignen kann.«[3] Mit der »meist nur bedingt beeinfluss- und kontrollierbaren Konstellation« weist Fischer-Lichte darauf hin, dass sich die Aufführung erst durch die »leibliche Ko-Präsenz von Akteuren und Zuschauern«[4] konstituiert. Mit anderen Worten: Die Aufführung wird durch das Zusammenspiel von physischer Präsenz, Wahrnehmung und der aktiven Beteiligung der Zuschauer hervorgebracht.[5] Mit diesen Entwicklungen in der Performancebewegung der 1960er-Jahre ging die Forderung nach einer Demokratisierung und Enthierarchisierung des Verhältnisses zwischen Darsteller und Rezipient, Künstler und Zuschauer einher. Unterstützt wurde dies durch die Abkehr von Theaterräumen und die stattdessen bevorzugte Nutzung von Ausstellungsräumen und dem öffentlichen Raum als Aufführungsort. Eines der gezeigten Exponate in *Moments* war eine Videoaufzeichnung von Marina Abramovićs Performance *Art Must Be Beautiful, Artist Must Be Beautiful* (1975). Wenn sich die Performerin so lange mit zwei Bürsten die Haare kämmt, bis sie blutet, macht dies wichtige Aspekte der (Tanz-)Performances der 1960er- bis 1980er-Jahre deutlich. Wie Fischer-Lichte darlegt, »bedeuteten die Handlungen der Schauspieler und der Zuschauer zunächst nichts anderes als das, was sie vollzogen. Sie waren in diesem Sinne selbstreferentiell. Als selbstreferentiell und wirklichkeitskonstituierend können sie, wie alle in den bisher angeführten Beispielen beschriebenen Handlungen, im Sinne Austins ›performativ‹ genannt werden.«[6] Sowohl Performer als auch Rezipient werden also während einer Performance stetig mit der Präsenz ihres gegenwärtigen Seins konfrontiert, was nicht zuletzt durch die Verletzungen der Performerin akzentuiert wird.

Wiederbringen Was bleibt von einer Performance? Beispielsweise sind dies Dokumente, wie sie im Ausstellungsraum in der ersten Ausstellungsphase installiert wurden und die, wie jede Überlieferung, ein selektives und unvollständiges Archiv an Erinnerungsbruchstücken bilden. Ähnlich verhält es sich mit den Zeitzeugenberichten – sowohl mit den Artist Talks als auch mit den von den Künstlern angeordneten Displays mit Dokumenten, die jeweils nur Fragmente der Performance dokumentieren –, auch diese sind lückenhaft und subjektiv.

Moments ging mithilfe verschiedener künstlerischer Strategien der Frage nach, wie am besten mit diesen Materialien umgegangen werden kann. Schon die

nauso wie die potentielle Produktivität von Sprach- und Verstehenslücken. Das Ernstnehmen des vorhandenen Wissens führt auch dazu, dass sich ihre Praxis von einer reinen Dienstleistung unterscheidet: Kritische Kunstvermittlung setzt auf Kontroverse. [...] Sie betrachtet RezipientInnen nicht als den Anordnungen der Institution Unterworfene, sondern fokussiert deren Gestaltungsspielräume und die Möglichkeiten der Umcodierung im Sinne einer ›Kunst des Handelns‹. Sie begreift auch die institutionellen Anordnungen selbst nicht als statisch, sondern interessiert sich für die Arbeit mit den Lücken, Zwischenräumen und Widersprüchen, welche die Räume und Displays der Ausstellungssituation produzieren.« Vgl. Carmen Mörsch, »Am Kreuzungspunkt von vier Diskursen: Die documenta 12. Vermittlung zwischen Affirmation, Reproduktion, Dekonstruktion und Transformation«, in: dies. (Hg.), *Kunstvermittlung 2. Zwischen kritischer Praxis und Dienstleistung auf der documenta 12. Ergebnisse eines Forschungsprojektes*, diaphanes, Zürich, Berlin, 2009, S. 9–33, hier S. 20f.

[3] Erika Fischer-Lichte, *Ästhetik des Performativen*, Suhrkamp, Frankfurt/M., 2004, S. 53. Vgl. außerdem ibid., S. 29: »Statt Werke zu schaffen, bringen die Künstler zunehmst Ereignisse hervor, in die nicht nur sie selbst, sondern auch die Rezipienten, die Betrachter, Hörer, Zuschauer involviert sind. [...] Stattdessen haben wir es mit einem Ereignis zu tun, das durch die Aktion verschiedener Subjekte – der Künstler und der Zuhörer/Zuschauer – gestiftet, in Gang gehalten und beendet wird. Damit verändert sich zugleich das Verhältnis zwischen Material- und Zeichenstatus der in der Aufführung verwendeten Objekte und vollzogenen Handlungen.«

[4] Ibid., S. 47.

[5] Vgl. Erika Fischer-Lichte, »Aufführung«, in: dies., Doris Kolesch und Matthias Warstat (Hg.), *Metzler Lexikon Theatertheorie*, Metzler, Stuttgart, Weimar, 2005, S. 16–26.

[6] Erika Fischer-Lichte, 2004, op. cit., S. 26f. Vgl. außerdem ibid., S. 18: »Denn die Handlungen, welche die Performerin durchführte [...] vollzogen vielmehr das was sie bedeuteten.« und S. 31f. zum Begriff des Performativen, der aus der Sprachwissenschaft kommt: »Wenn [...] der Standesbeamte nach der Bekundung beider Partner, dass sie die Ehe eingehen wollen, den Satz spricht: ›Hiermit erkläre ich Sie zu Mann und Frau‹, so ist mit diesen Sätzen nicht ein bereits bestehender Sachverhalt beschrieben – weswegen sie auch nicht als ›wahr/richtig‹ oder als ›falsch‹ klassifiziert werden können. Vielmehr wird mit diesen Äußerungen ein Sachverhalt geschaffen: [...] Frau X und Herr Y sind von nun an ein Ehepaar. Das Aussprechen dieser Sätze hat die Welt verändert. Denn die Sätze sagen nicht nur etwas, sondern sie vollziehen eine Handlung, von der sie sprechen. Das heißt, sie sind selbstreferentiell, insofern sie das bedeuten, was sie tun, und sie sind wirklichkeitskonstituierend, indem sie die soziale Wirklichkeit herstellen, von der sie sprechen.« Vgl. außerdem John Austin, *How to Do Things with Words. The William James Lectures Delivered at Harvard University in 1955*, Harvard University Press, Cambridge/MA, 1962.

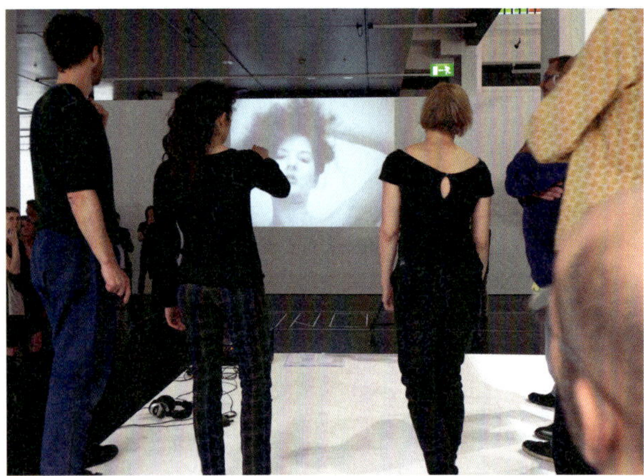

Reenactment der Lab Artists zu Marina Abramovićs Performance *Art Must Be Beautiful, Artist Must Be Beautiful*, Ausstellungsansicht ZKM | Museum für Neue Kunst, 2012

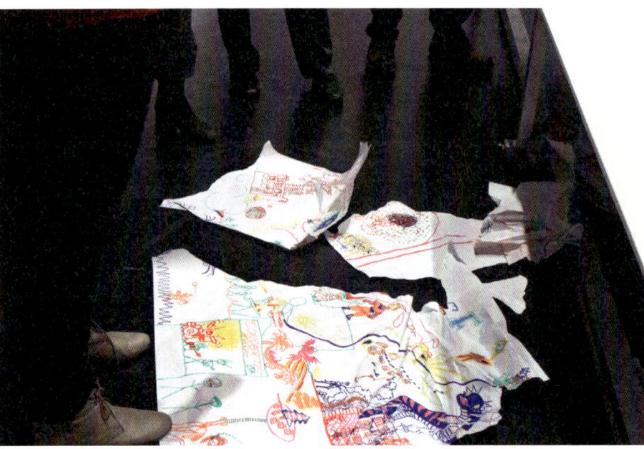

Reenactment einer Schülergruppe zum Score von Anna Halprins *City Dance*, Ausstellungsansicht ZKM | Museum für Neue Kunst, 2012

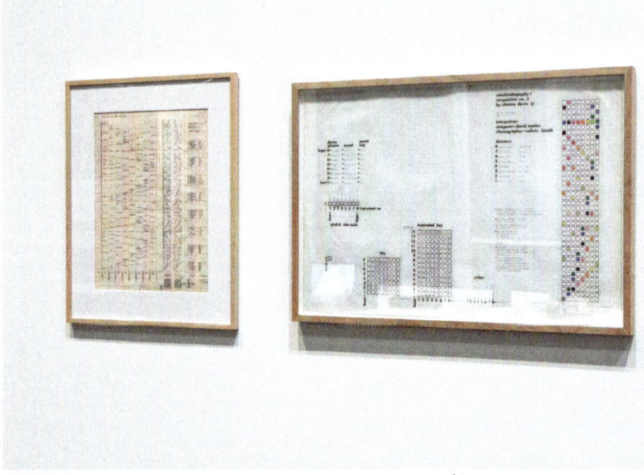

Channa Horwitz, rechts: *Sonakinatography I (Composition III)*, 1969 und links: *Sonakinatography I Composition III for Phonic Music Poem Opera*, 1978, Ausstellungsansicht ZKM | Museum für Neue Kunst, 2012

Künstlerinnen der ersten Phase setzten sich mit ihren Dokumenten auseinander, indem sie eine Auswahl trafen und diese in einer persönlichen Anordnung im Raum platzierten. Im Anschluss versuchte die Gruppe der Lab-Artists, sich über ebendieses Material und dessen Anordnung den Performances anzunähern. Beispielsweise entwickelten hierzu acht der Lab-Teilnehmer jeweils eine Bewegungsfolge, die von einer der »ausgestellten« Performances inspiriert war. Diese Bewegungsfolgen, welche miteinander kombiniert wurden, indem sie in das von Channa Horwitz in den späten 1960er-Jahren geschaffene System der konzeptuellen Serie *Sonakinatography* übersetzt wurden. Dieses minimalistische System der Notation beruht auf einer mathematischen Ordnung, die wiederum auf der Folge 1 bis 8 basiert. Es kristallisierten sich hierbei Essenzen der Performances heraus, welche dann zu einander in Verbindung gesetzt wurden, um eine »neue« Performance zu schaffen. Die Künstler suchten dabei nach Formen und Möglichkeiten, das »leblose« Archivmaterial wieder erlebbar und für eigene Arbeiten fruchtbar zu machen. Prozesse des Reenactment können dazu beitragen, Formen der Wahrnehmung und Erinnerung zu erforschen. Die Erarbeitung eines Reenactments lässt sich in verschiedene, nicht unbedingt linear aufeinanderfolgende Arbeitsschritte unterteilen. In einer Recherchephase wird das Wissen über die Werke gesammelt und verarbeitet, in einer Aneignungsphase versucht der Performer, das Bewegungsmaterial auf seinen Körper zu übertragen, worauf die Präsentation folgt, welche sich beispielsweise als »neue« eigene Performance oder auch konzeptionell gestalten kann. Dabei wird viel Wert auf die Reflexion der eigenen subjektiven Referenzsysteme gelegt. Im konkreten Fall von *Moments* wurde eine Reihe von Strategien im Ausstellungsraum vor den Augen des Besuchers erprobt, wie sich im Folgenden zeigen wird.

Zeuge sein Wie schon erwähnt spielten die Berichte von (Zeit-)Zeugen in den verschiedenen Phasen von *Moments* eine bedeutende Rolle, da sie als lebendige Träger von Erinnerung fungierten. Vor allem für die Beschäftigung mit Performance und Archiven ist die Weitergabe des (Körper-)Wissens von Mensch zu Mensch

          JANINE BURGER & ANNA DONDERER

besonders wertvoll. Selbst wenn Aufzeichnungen und Notationen einer Performance/eines Tanzes vorhanden sind, ist die Ausführung der Handlung oder Bewegung dadurch meist nicht eindeutig zu erschließen. Da beispielsweise im Postmodern Dance Strukturen festgelegt waren, jedoch die einzelnen Bewegungen improvisiert wurden, ist es klar von Vorteil, sich mit einem Protagonisten über seine Arbeitsweise auszutauschen, seine Motivation mit Blick auf sein kulturelles Gedächtnis zu erforschen und bestenfalls sogar mit ihm zu trainieren, um sich mit dem Bewegungswissen, welches entweder erlernt und/oder habituell geprägt ist, auseinanderzusetzen. Der Rolle und Funktion eines solchen Zeugen, nicht nur in Bezug auf das Reenactment, sondern auch bezogen auf den Prozess einer Live-Ausstellung, wurde in und während *Moments* fortwährend nachgespürt.

Neben den sich ständig im Ausstellungsraum befindenden Zeugen nahm praktisch jeder im Ausstellungsraum Anwesende durch seine aktive Teilnahme immer auch die Rolle eines Zeugen ein. Die Bedeutung dieses Aspektes wurde durch die Schaffung einer »hauptamtlichen« Zeugengruppe im Rahmen der Ausstellung hervorgehoben. An dieser Stelle soll neben den bisher besprochenen Gruppen – Künstlerinnen, Lab-Artists und Zeugen – auf die verschiedenen Rollen einer weiteren Gruppe hingewiesen werden, nämlich die der Besucher.

Moments besuchen Dem Besucher von *Moments* kam zunächst die Rolle des Rezipienten der im Museumsraum präsentierten dokumentarischen Materialien zu. Schon durch das Betrachten der Objekte im Raum veränderte er deren Wertigkeit, indem er mit seinem kulturellen Wissen und seinen Referenzsystemen Interpretationen und Deutungen des Materials (zwangsläufig) vornahm. In einer weiteren Transferleistung des Besuchers erwachten die Performances vor dessen innerem Auge – in Form einer betrachterindividuellen Interpretation.

Je nach Zeitpunkt des Aufenthalts erlebte der Besucher die anwesenden Künstler dabei, wie sie performative Handlungen im Ausstellungsraum ausführten. Der Besucher wurde derweil durch seine leibliche Ko-Präsenz zum Mitakteur der Performance. Seine Rolle als Mitgestalter wurde noch dadurch verstärkt, dass der Rezipient in einem Ausstellungsraum größere Freiheiten bezüglich seines Verhaltens – bleiben, gehen, kommentieren und so weiter – hatte, als dies in einer dezidiert angekündigten Performance oder im Theaterraum üblich wäre. Den theatralen Rahmen für Performances zu meiden und in Kunstgalerien oder an öffentlichen Orten zu arbeiten war auch eine Strategie, die von den Protagonisten der 1960er-Jahre angewandt wurde, um dem Publikum seine Rolle als Mitakteur gegenwärtig zu machen.

Moments verstärkte diesen Aspekt zusätzlich: Durch die Anwesenheit des Besuchers im Raum, seine Teilnahme an den Aktionen der verschiedenen

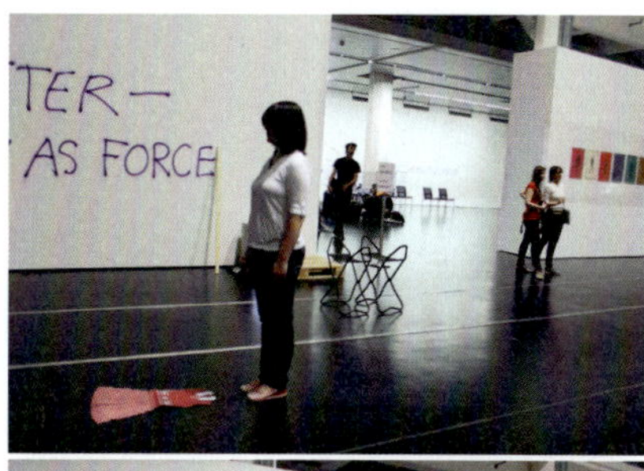
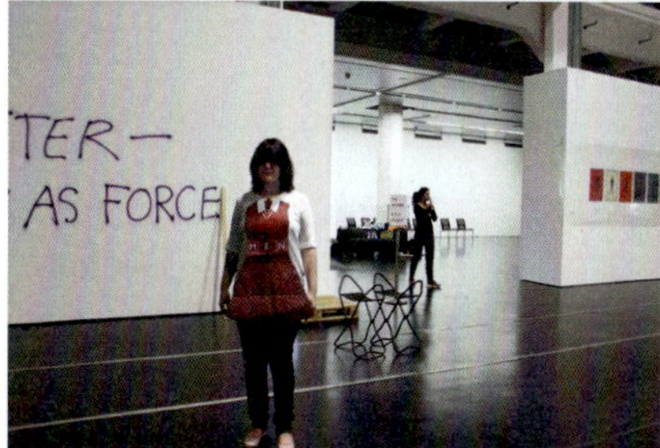
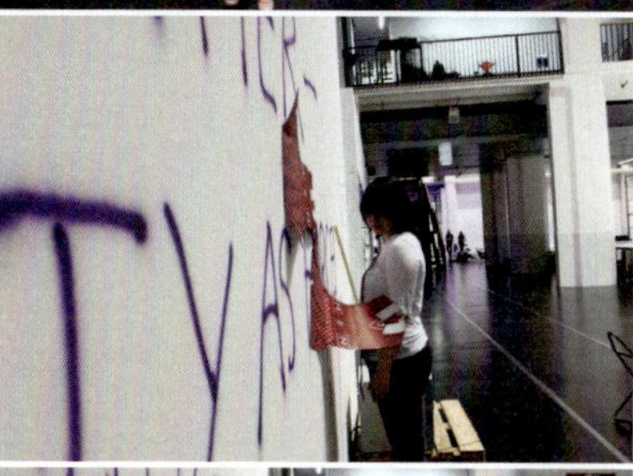
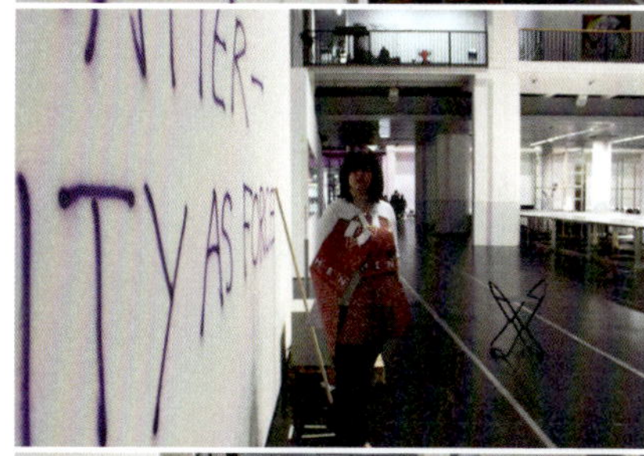
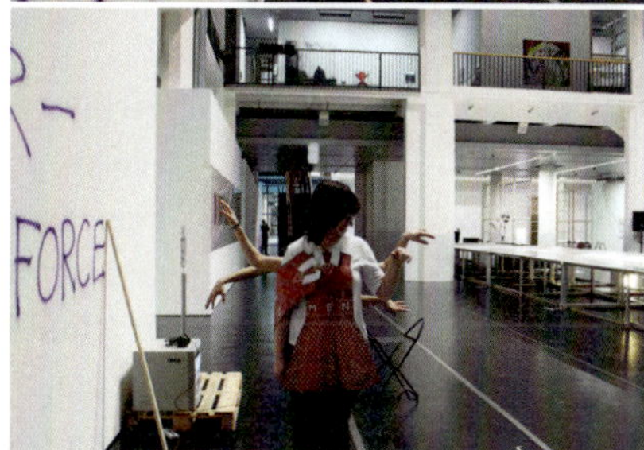

Reenactment einer Schülergruppe zu Lynn Hershman Leesons fiktiver Figur *Roberta*, Ausstellungsansicht ZKM | Museum für Neue Kunst, 2012

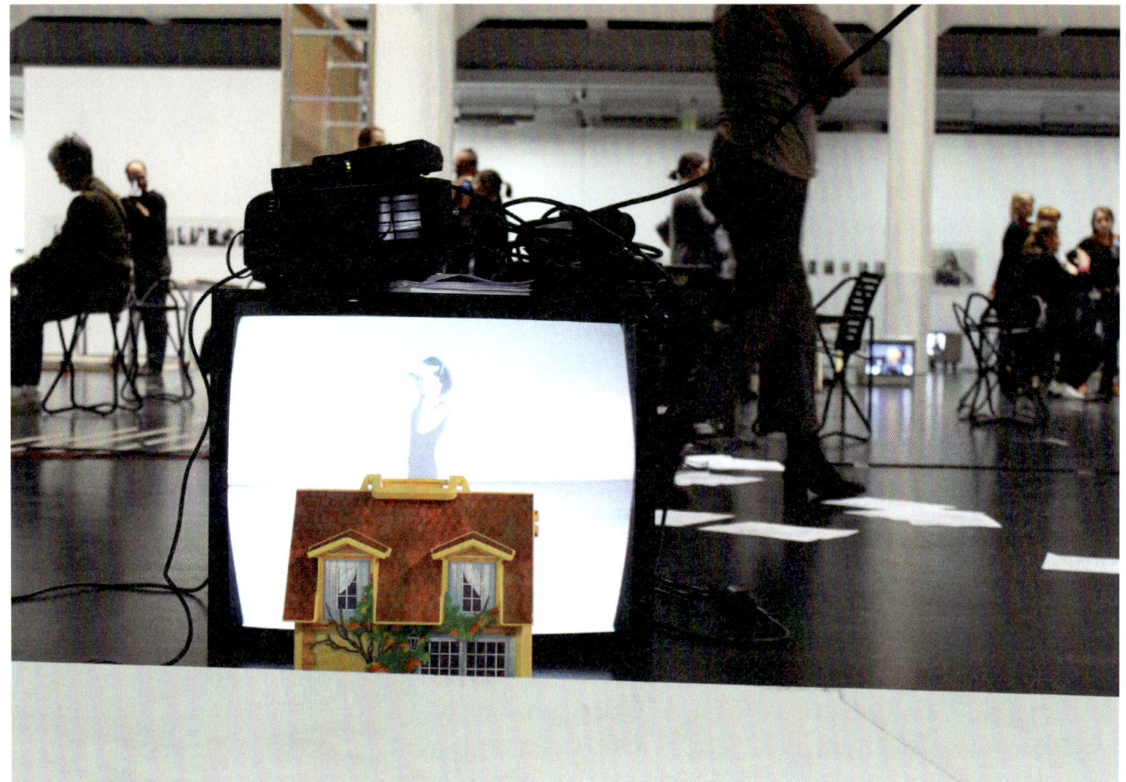

Reenactment zu Yvonne Rainer im Rahmen eines Work-
shops der Seniorengruppe, Ausstellungsansicht ZKM |
Museum für Neue Kunst, 2012

Künstlergruppen und anhand von – teils kaum merkbaren, teils bewusst eingeforderten – Spuren, die er in der Ausstellung hinterließ, übte er nachhaltig Einfluss auf die Zusammenhänge des dokumentarischen Materials, vor allem aber auf das eigentliche »Objekt« der Ausstellung, das Reenactment historischer Performances, aus. Er nahm zeitweise ähnliche Rollen ein wie die anwesenden Künstlerinnen, Lab-Artists und Zeugen. Hiervon ausgehend hatte das Vermittlungsprogramm das Ziel, dem Besucher seine Rollen im Ausstellungsgeschehen von *Moments* verstärkt vor Augen zu führen und ihn in seiner aktiven Rezeptionshaltung zu unterstützen.

Vermittlungsprogramme für *Moments* Im Rahmen der Vermittlung des Konzeptes einer Live-Ausstellung und der Beschäftigung mit der Flüchtigkeit von Performance und Tanz entschied sich die ZKM | Museumskommunikation, den Schwerpunkt verstärkt auf praktisches Arbeiten zu legen. Für das Vermittlungsprogramm bedeutete dies, dass auch Führungen praktische Inhalte hatten und das Workshopangebot einen großen Stellenwert einnahm. Die thematischen und konzeptionellen Aspekte der Ausstellung wurden dem Besucher einerseits durch die Weitergabe von Wissen vermittelt, andererseits konnte durch eine aktive Arbeit im Vermittlungsprogramm ein Verständnis von Performance vermittelt werden, welches ein bewusstes Nachvollziehen am eigenen Körper einschloss, sodass die Vermittlung nicht nur auf ein intellektuelles Verständnis beschränkt war.

Das Kunstvermittlungsprogramm für *Moments* bestand aus einem erweiterten öffentlichen und einem buchbaren Führungsangebot zu je ein- oder eineinhalb

Stunden. Jede dieser Führungen beinhaltete eine praktische Aktion, die von
Kunstvermittlern und Teilnehmern im Ausstellungsraum ausgeführt wurde.
Das buchbare Workshopangebot bestand aus verschiedenen Modulen und
war für unterschiedliche Altersgruppen konzipiert. Das erste Modul, »Wie
viel Raum bin ich?«, beschäftigte sich mit der Selbstwahrnehmung im Raum
und war, wie auch die weiteren Programme, an verschiedene Altersstufen
anpassbar. In einem weiteren Modul, »Reanimation«, konnten die Teilnehmer selbst erproben, welche Möglichkeiten es ausgehend von unbewegten
Dokumenten wie Fotografien oder Notationen gibt, wiederum Bewegung zu
erzeugen. Ein drittes Modul, »Mischen im_possible«, stellte einen Schnell-
durchlauf des gesamten *Moments*-Prozesses dar.
Eine von einer Gruppe der Teilnehmer entwickelte kurze Performance wurde von einer zweiten Gruppe dokumentiert. Das so entstandene
Material wurde an eine dritte Gruppe weitergegeben, welche dann versuchte, ein Reenactment
aus den Dokumenten zu entwerfen.
Besonders intensiv konnten drei Gruppen die
Ausstellung begleiten: die Gruppe »Lebenshilfe«, bestehend aus zehn Menschen mit Han-
dicap, die »VKL-Gruppe«[7] der ortsansässigen
Gutenbergschule und eine Gruppe von Senioren,
welche sich ungefähr im gleichen Alter wie die
Künstlerinnen, deren Werke in *Moments* ausgestellt wurden, befanden. Jede Gruppe besuchte

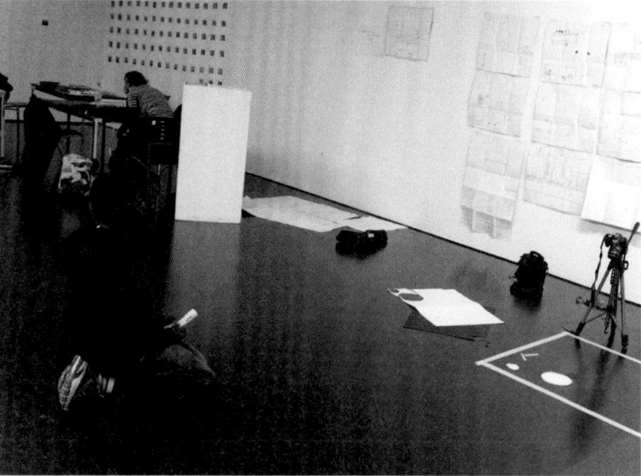

Schüler der VKL-Gruppe vor seinem eigenen Werk, Aus-
stellungsansicht ZKM | Museum für Neue Kunst, 2012

die Ausstellung an vier Terminen, die über die achtwöchige Laufzeit verteilt
waren. Hierdurch konnten die Gruppen die Veränderungen, die sich im Ausstellungsraum ergaben, intensiv miterleben und den Entwicklungsprozess
durch eigene Arbeiten verstärkt wahrnehmen. Das Vermittlungsprogramm
fand größtenteils im Ausstellungsraum statt, in dem die Teilnehmer auch
ihre eigenen Arbeiten verwirklichten.

[7] Eine Vorbereitungsklasse (VKL) ist speziell
für Schüler mit Migrationshintergrund, die
ohne Deutschkenntnisse in die Schule kommen. Ziel dieser Klassen ist es, den Kindern
die deutsche Sprache zu vermitteln und sie
dadurch in eine Regelklasse, die ihrem Wissen angemessen ist, zu integrieren.

Arbeitsweise und Ausbildung der Referenten Aus kunstvermittlerischer Perspektive bot das kuratorische Konzept von *Moments* Chancen und war gleichzeitig eine Herausforderung. Der Prozesscharakter der Ausstellung stellte die
Führungs- und Workshopreferenten vor die Schwierigkeit, dem Besucher,
der ja zumeist nur einen Moment der Ausstellung erlebte, das große Ganze,
das schon Geschehene, die Situation zum Zeitpunkt des Besuches und
auch die möglichen weiteren Entwicklungen näherzubringen. Es bestand
die Gefahr, dass mittels der Vermittlungsintensität, die durch das Darlegen
des Gesamtkonzeptes immer aufs Neue eine Herausforderung darstellte,
das diskursive Modell der Museumskommunikation vernachlässigt würde,
dass also ein großer, rein beschreibender und monologischer Erklärungsteil
einen zu essenziellen Platz einnehmen könnte. Um dies zu vermeiden und
den Besuchern die beschriebenen Aspekte der Performance näherzubrin-
gen, entschied sich die ZKM | Museumskommunikation dazu, jedem Ver-
mittlungsprogramm eine »Aktion« zugrunde zu legen. Im Vorfeld wurden
mit dem Vermittlungsteam verschiedene Möglichkeiten erarbeitet, die dann

passend zum jeweiligen Vermittlungsprogramm eingesetzt werden konnten. Für Führungen wurden kleine Aufgaben entwickelt; beispielsweise wurden die Teilnehmer gebeten, den Weg, den sie durch die Ausstellung gegangen waren, aufzuzeichnen. Im Workshop konnte das dabei entstehende Material zur weiteren Arbeit genutzt werden. So sollte die Ausstellung nicht nur verständlich, sondern das Phänomen Performance auch erlebbar gemacht werden. Meist führten die Aktionen zu Diskussionen innerhalb der Gruppe und bewirkten eine erweiterte Raumwahrnehmung der Besucher sowie eine ungehemmtere Raumnutzung. Angesichts der Thematik der Ausstellung war vor allem die Vermittlung der vergegenwärtigenden, selbstreferenziellen und wirklichkeitskonstruierenden Aspekte von Performances ein wichtiger Inhalt. Die Frage, wie diese Aspekte in den Vermittlungsprogrammen am besten zum Tragen kommen, wurde schon im Vorfeld der Ausstellung mit den Vermittlern diskutiert. Bei den regelmäßig stattfindenden Treffen der Vermittler während der Ausstellung wurden Erfahrungsberichte ausgetauscht und diese Diskussionen weitergeführt.

Die Problematiken, die sich bezüglich des Festschreibens der ephemeren Kunstformen Tanz und Performance ergeben, wurden den Teilnehmern beispielsweise durch die Aufgabe vermittelt, die Wege, die sie während der letzten 24 Stunden zurückgelegt hatten, grafisch festzuhalten. Das ausgestellte Archivmaterial gab mögliche Anhaltspunkte, eine Form der Notation zu finden. Hierbei wurde deutlich, welche Lücken sich schon beim kognitiven Prozess des Erinnerns zeigen und welche Probleme sich zusätzlich durch die Art der Aufzeichnung (beispielsweise in Form von Zeichnungen, schriftlichen Beschreibungen in linearer oder raumbezogener Weise) ergeben können.

Um die Strategien eines Reenactments durch eine Aktion zu vermitteln, wurde beispielsweise folgende Aufgabe gestellt: Nachdem einer der Teilnehmer eine kurze Bewegungsabfolge erarbeitet hat, die durch eine der ausgestellten Performances inspiriert wurde, dokumentierte ein weiterer Teilnehmer des Vermittlungsprogramms diese Performance mit Fotografie, Video, Tonaufnahme, Zeichnung und/oder einer schriftlichen Beschreibung. Das so entstandene, dokumentarische Material wurde an eine weitere Gruppe gegeben, welche nun versuchte, die Bewegungsfolge wiederzubeleben. In diesem Zusammenhang wurde den Teilnehmern einerseits die Unzulänglichkeit der Materialien für eine exakte Rekonstruktion deutlich, andererseits zeigte sich durch die mit dem Material entstehenden »neuen« Bewegungsfolgen das Potenzial von Dokumenten als Ausgangspunkt für eine eigene künstlerische Arbeit.

Durch das prozessuale, interdisziplinäre Arbeiten kann erreicht werden, dass ein Kunstwerk aus anderen Perspektiven gesehen wird. Der Einsatz von verschiedenen Medien wie Fotografie, Video oder Tonaufnahmen ermöglicht es, die Wahrnehmung auf spezifische Aspekte des Werkes zu

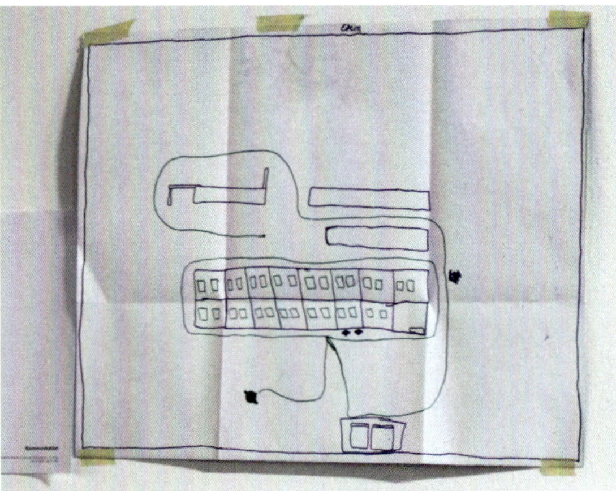

Aufzeichnungen eines Workshopteilnehmers, Ausstellungsansicht ZKM | Museum für Neue Kunst, 2012

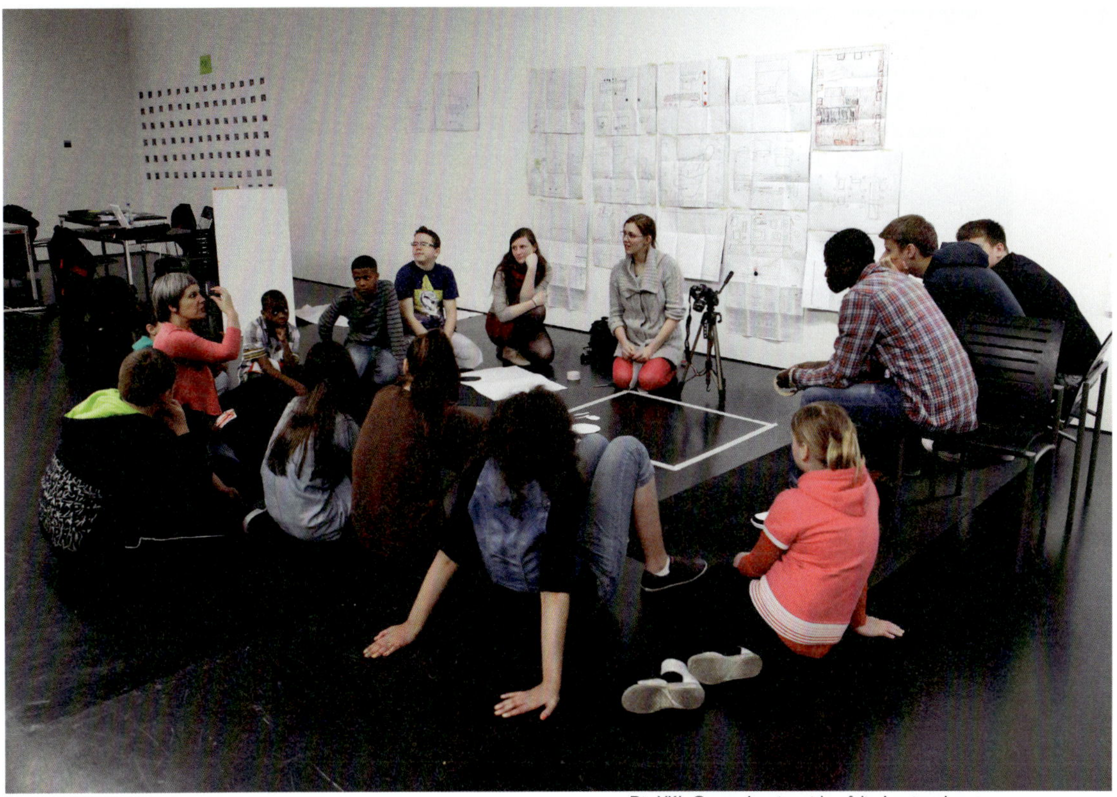

Die VKL-Gruppe bereitet sich auf die Auseinandersetzung mit den Performances vor, Ausstellungsansicht ZKM | Museum für Neue Kunst, 2012

lenken. Es kann der gewünschte Abstand zum Kunstwerk entstehen – die Ehrfurcht des Betrachters vor dem Werk kann damit erst einmal abnehmen und neue Perspektiven desselben können sichtbar gemacht werden. Diese interdisziplinäre Herangehensweise ist auch für die Kunstvermittlung wertvoll. Wie Ingrid Hentschel in *Ereignis und Erfahrung. Theaterpädagogik zwischen Vermittlung und künstlerischer Arbeit* anführt, kann die »fremde Sicht auf das eigene Wissen und Können, auf die eigene Disziplin [...] dabei zu neuen Fragen anregen, [die] möglicherweise auch transdisziplinäre Fragen generieren, die jenseits des Fachwissens einer einzelnen Disziplin anzusiedeln sind.«[8]

Die Kunstvermittler der ZKM | Museumskommunikation arbeiten als freie Mitarbeiter für unterschiedliche Ausstellungen. Im Team, welches sich für *Moments* nach ersten Treffen zusammensetzte, befanden sich Personen mit unterschiedlichsten Ausbildungen und Hintergründen – Kunstwissenschaftler, Szenografen, Medienkünstler unterschiedlichen Alters und Temperaments. Theoretische, philosophische Arbeits- und Denkweisen trafen dabei auf stark praktisch motivierte Kunstvermittler. Jeder entwickelte seinen Vorlieben entsprechend Strategien, um die Ausstellung für den Besucher fruchtbar zu machen. In den Diskussionen dazu zeigten sich erste Ängste der Kunstvermittler, welche sich aufgrund von Erfahrungen aus früheren dialogischen und »offenen« Kunstvermittlungsprogrammen ergaben. Ein Beispiel hierfür war, dass Teilnehmer einer Führung aggressiv auf Nachfragen des Vermittlers reagierten, sich ausgefragt fühlten oder ihren »Geldwert« in der Führung nicht erfüllt sahen.

[8] Ursula Brandstätter, Ana Diemke und Ulrike Hentschel, »Vorwort«, in: dies. (Hg.), *Szenenwechsel 3. Vermittlung von Bildender Kunst, Musik und Theater*, Schibri, Uckerland, 2010, S. 5–8, hier S. 6.

Bei während der Ausstellung regelmäßig stattfindenden Phasentreffen mit den Kunstvermittlern wurden Erfahrungsberichte ausgetauscht und ein Rückblick und Ausblick, meist im Gespräch mit anwesenden Künstlern, auf die Entwicklungen im Ausstellungsraum geworfen. Die Gespräche über Gelingen und Scheitern, die oftmals den Gesprächen mit den Künstlern im Ausstellungsraum glichen, führten auch den Kunstvermittlern ihre aktive Rolle im Geschehen von *Moments* vor Augen und dienten der Vorbereitung der jeweils nächsten Phase.

Nutzung des Raumes Gearbeitet wurde im Ausstellungsraum, der sich in den acht Wochen immer wieder veränderte und weiterentwickelte. Der Raum wurde von den Künstlern nicht nur zur Präsentation ihrer Arbeiten, sondern auch als Entwicklungsraum genutzt. Das ebenfalls im Ausstellungsraum stattfindende Vermittlungsprogramm bekam durch die vorherrschende Work in Progress-Atmosphäre einen anderen Stellenwert als es im »normalen« Ausstellungsbetrieb der Fall ist, da Seite an Seite mit den Künstlern gearbeitet wurde.

Es war für Teilnehmer des Vermittlungsprogrammes möglich, Spuren im Ausstellungsraum zurückzulassen – vor allem im sogenannten Backstagebereich, der von den anwesenden Künstlern als Arbeitsraum genutzt wurde und für alle Besucher zugänglich war. Die Teilnehmer der Workshops hinterließen hier beispielsweise ihre Besuchsnotationen, die sie im jeweiligen Programm angefertigt hatten. Diese Momentaufnahmen konnten dort zu einem späteren Zeitpunkt wiedergefunden werden.

Momentaufnahmen fertigte auch eine Gruppe von Schülern in Form von 360-Grad-Fotografien des Ausstellungsraumes an; diese wurden kreisförmig um den Punkt der Aufnahme am Boden befestigt. Somit waren die Spuren in die Ausstellung integriert und konnten von jedem Besucher wahrgenommen werden. Die Gruppe der Senioren brachte Gegenstände zum Workshop, welche sie an ein besonderes Ereignis in den 1960er- bis 1980er-Jahren erinnerte. Der Aufgabe folgend platzierten sie die Gegenstände auf einem für sie thematisch oder ästhetisch passenden Display neben den Dokumenten der Künstlerinnen, wodurch Parallelen zu Inhalten der ausgestellten Dokumente entstanden.

Das Hinterlassen solcher Spuren half den Besuchern, sich selbst und ihre Rolle im Ausstellungsraum wahrzunehmen, was zu einem aktiven Verständnis der Vorgänge in *Moments* führte.

Menschen im Ausstellungsraum Der Ausstellungsraum als kommunikativer, sozialer Raum der Gegenwart, zwischen Themen der Vergangenheit und Zukunft, ermöglichte das Zusammenkommen und die gegenseitige

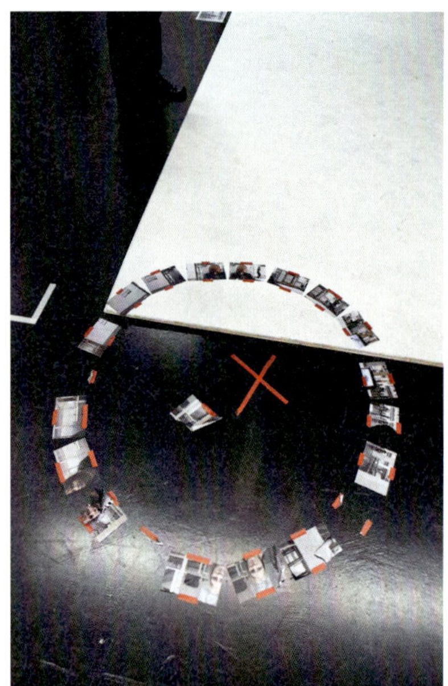

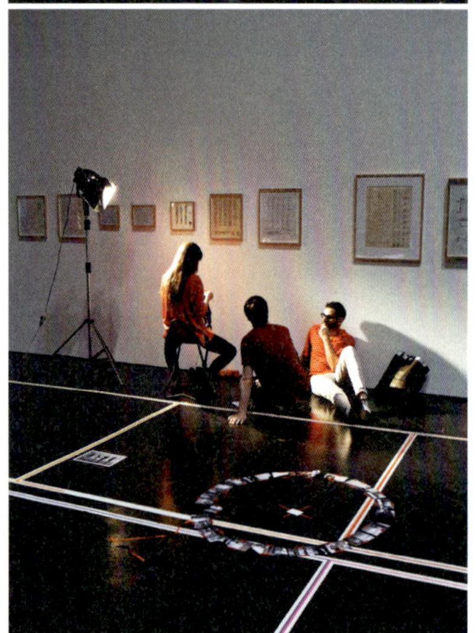

360°-Aufnahme einer Workshopgruppe, Ausstellungsansicht ZKM | Museum für Neue Kunst, 2012

Inspiration von Künstlerinnen, Lab-Artists, Zeugen und Teilnehmern des Vermittlungsprogramms, was sich für die Kunstvermittlung als besonders wertvoll herausstellte.

Jeder Teilnehmer der gruppenspezifischen Workshops konnte dadurch, dass er alle Phasen der Ausstellung mitverfolgte, im Verlauf der Ausstellung zu jeder der Gruppen Kontakt aufnehmen. Vonseiten der Ausstellungsteilnehmer erfuhr die ZKM | Museumskommunikation Diskussionsbereitschaft, und die Künstler der jeweiligen Phase freuten sich über Gespräche mit den Besuchern. Besonders hervorzuheben ist für die Vermittlungsarbeit jedoch der Kontakt zu der Gruppe der Zeugen. Es stellte sich bald heraus, dass die während der gesamten Phase der Ausstellung anwesenden Zeugen für die Vermittlung unabdingbar waren. Als Informationsquelle war diese Gruppe der erste Ansprechpartner für die Besucher und die Kunstvermittler. Ein Grund dafür war, dass die Zeugen durch ihre stete Anwesenheit immer über die Vorgänge in der Ausstellung informiert waren. Noch wichtiger aber war die Anwesenheit der Zeugen für die Vermittlung auf einer weiteren Ebene: Während des Vermittlungsprogrammes stand immer im Vordergrund, den Besuchern zu verdeutlichen, dass sie selbst Zeugen des Ausstellungsprozesses waren und dadurch einen wichtigen Part in der Ausstellung übernahmen. Die Anwesenheit der Zeugen, das Darlegen ihrer Funktion sowie das persönliche Gespräch mit ihnen zeigten den Besuchern diesen Umstand auf. Die Berichte der Zeugen führten ihnen vor Augen, welche Schwierigkeiten die Zeugenrolle mit sich bringt und wie aktiv oder passiv sich diese Rolle gestalten kann. So demonstrierten die performativen und künstlerischen Arbeiten der Zeugen dem Besucher, dass er nicht nur beobachtender Part bleiben musste. Durch den Austausch mit den Zeugen verringerte sich für das Publikum außerdem die Hemmschwelle, auf Künstler zuzugehen und den Ausstellungsraum aktiv zu nutzen.

Diese Erfahrung war vor allem für Teilnehmer der Vermittlungsprogramme, bei denen Mitglieder der Gruppe der Zeugen beteiligt waren, besonders stark. Die zwei Zeuginnen Anja Arend und Joana von Mayer Trindade gestalteten einige der Vermittlungsprogramme aktiv mit. Anja Arend begleitete die beiden Workshops mit den Gruppen »Senioren« und »Lebenshilfe«. Hierbei brachte sie über die acht Wochen der Ausstellungszeit ihre Erfahrungen und Erkenntnisse bezüglich *Moments* ein und verschaffte den Teilnehmern exklusive Ausstellungserfahrungen. Joana von Mayer Trindade begleitete einen Workshop mit Schülern der neunten Jahrgangsstufe des Max-Planck-

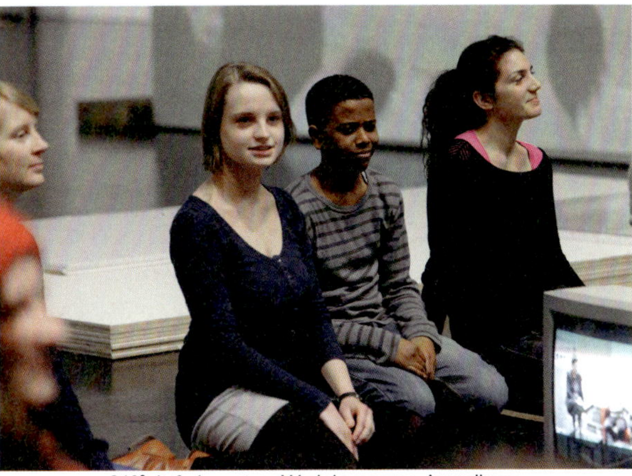

360°-Aufnahme einer Workshopgruppe, Ausstellungsansicht ZKM | Museum für Neue Kunst, 2012

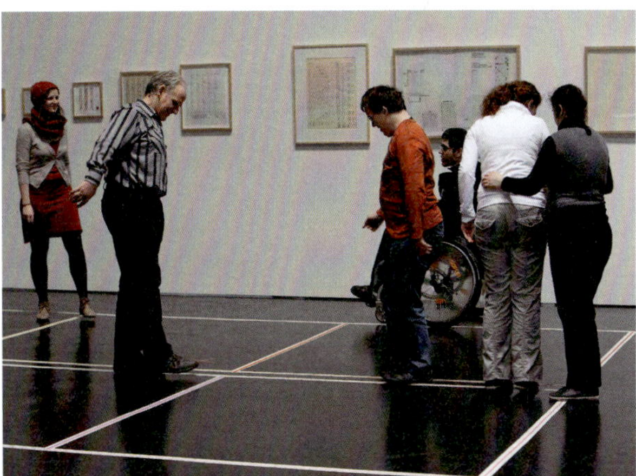

Lebenshilfe-Gruppe im Ausstellungsraum, Ausstellungsansicht ZKM | Museum für Neue Kunst, 2012

Gymnasiums, die den Schwerpunkt Kunst gewählt hatten. Sie arbeitete in englischer Sprache mit den Schülern, und schon bei der Aufwärmübung zu Beginn des sechsstündigen Workshops nutzte sie den gesamten Ausstellungsraum und veränderte so den Umgang der Schüler mit diesem. Es war erkennbar, dass die Schüler im weiteren Verlauf des Workshops sehr offen, gesprächsbereit, ohne Angst und Vorbehalte den Ausstellungsraum für ihre eigenen Arbeiten nutzten. Die Zusammenarbeit mit den Ausstellungsbeteiligten ermöglichte es demnach den Besuchern, sich selbst verstärkt als Teil der Ausstellung wahrzunehmen.

Führungen als Reenactments Teilnehmer einer Führung durch *Moments* wurden, wie bereits erwähnt, mit der Aufgabe betraut, den seit ihrer Ankunft durch den Ausstellungsraum gegangenen Weg aufzuzeichnen. Das bewusste Wahrnehmen der Raumstrukturen, welches durch eine körperliche Tätigkeit – in diesem Fall zeichnen oder schreiben – intensiviert wurde, lenkte die Aufmerksamkeit des Besuchers auf sein gegenwärtiges Sein und die Situation im Ausstellungsraum. Wurde das so entstandene dokumentarische Material dann an eine andere beteiligte Person weitergegeben, sah sich diese automatisch mit Fragen konfrontiert, die denen der Lab-Artists in der zweiten Phase der Ausstellung ähnlich waren.

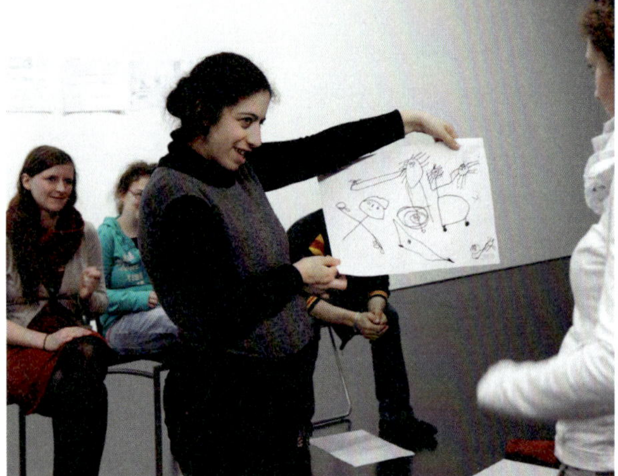
Lebenshilfe-Gruppe im Ausstellungsraum, Ausstellungsansicht ZKM | Museum für Neue Kunst, 2012

An diesem Beispiel wurde auch deutlich, dass die Bewegung von Kunstvermittlern und Besuchern durch die Ausstellung einer Performance in einigen Aspekten gleichen konnte. Deniz Sözen beschreibt in ihrem Aufsatz »Das Tänzerische in der Kunstvermittlung« ihre Erfahrungen bei Führungen durch die documenta 12. Sie verweist darauf, dass durch die Struktur der Ausstellung und das Format einer Führung eine gewisse Choreografie durch den Raum schon vorgegeben ist. Sie schildert die Bewegungen des Kunstvermittlers, sein Deuten auf bestimmte Werke und auf den zu beschreitenden Weg sowie die Anordnung der Gruppe um ihn und ihre Bewegungen. Sie berichtet weiter: »Als Tanz oder Performance betrachtet war unsere Auf-Führung bereits im Moment ihres Erscheinens verschwunden. [...] Im Laufe der Rekonstruktion meiner Auf-Führung im Aue-Pavillon als ›Erinnerungstext‹ ist mir, und Ihnen, so hoffe ich, (wieder) bewusst geworden, dass Bewegung ein grundlegendes Element einer jeden Installation und somit einer jeden Ausstellung darstellt. [...] Sobald wir das Museum bzw. die Ausstellung betreten, bewegen wir uns und wandern von einem Ausstellungsobjekt zum nächsten. Dabei ist uns durch die kuratorische Setzung eine bestimmte Choreografie vorgegeben.«[9]

An Deniz Sözen anknüpfend können auch die Führungen durch *Moments* mit einer Choreografie oder einem Reenactment der Ausstellung verglichen werden. Der Kunstvermittler führte die Besucher durch die Ausstellung, wobei er selektiv Werke auswählte und Wissen weitergab. Er bestimmte dadurch

[9] Deniz Sözen, »Das Tänzerische in der Kunstvermittlung«, in: Carmen Mörsch (Hg.), 2009, op. cit., S. 35–45, hier S. 44f.

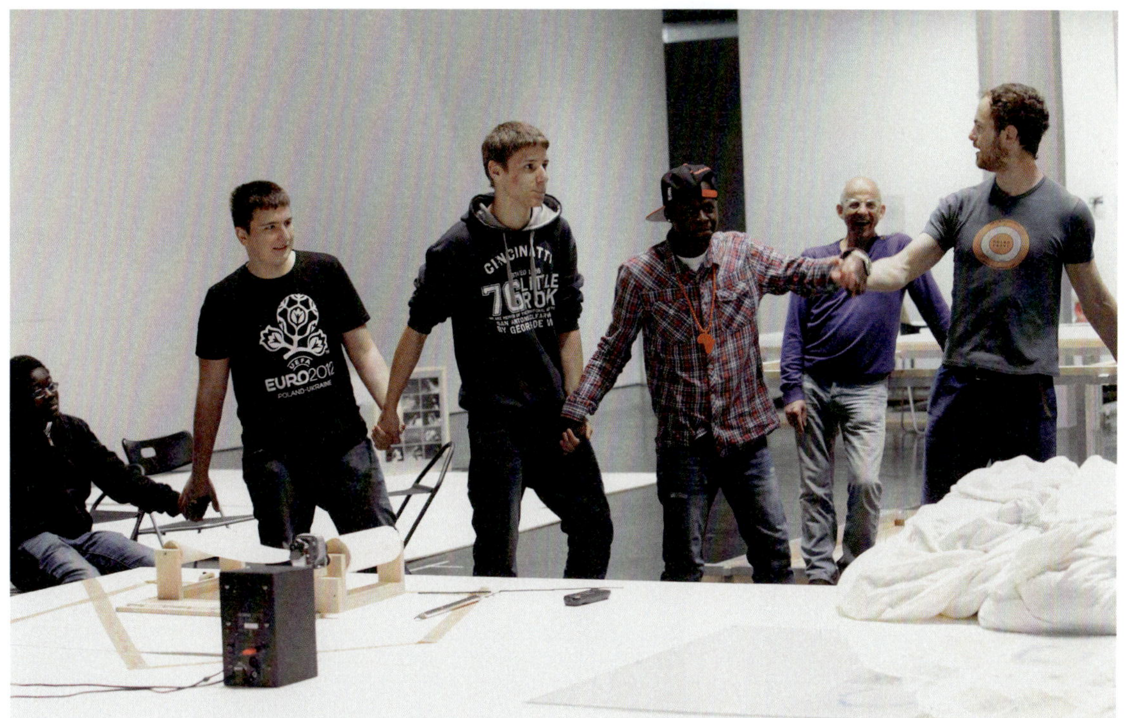

Reenactment von Anna Halprins *City Dance* durch Schüler
und Lab Artists, Ausstellungsansicht ZKM | Museum für
Neue Kunst, 2012

zu einem großen Teil, welche Wege die Besucher abschritten. Er bestimmte auch das Verhalten der Besucher im Ausstellungsraum sowie die Beziehung zwischen dem Körper des Besuchers und dem Kunstwerk/Objekt. Darf dieses angefasst werden oder nicht; wie nah darf der Besucher dem Kunstwerk kommen? Bewegt sich die Gruppe in einer Traube, welche dem Kunstvermittler folgt, oder verteilt sie sich, beispielsweise aufgabenbedingt, im Raum und findet später wieder zusammen? Es wurden Bezüge zwischen den Werken hergestellt, die sich durch Erläuterungen des Kunstvermittlers und Impulse der Teilnehmer ergaben, welche dann wiederum die Bewegung der Gruppe im Raum beeinflussten. Wie beim Postmodern Dance ähnelten die Abläufe alltäglichen Bewegungen, die Struktur stand fest, doch die Ausführung war improvisiert. Der Ausstellungsraum wurde demnach zur Bühne. Die Rollen von Teilnehmern wie auch Kunstvermittlern changierten zwischen Akteuren und aktiven Rezipienten. Dieses Phänomen wurde bei *Moments* dadurch verstärkt, dass auch die Künstlerinnen, Lab-Artists und Zeugen im Raum agierten, und so die Teilnehmer der Führung teilweise von den anwesenden Künstlerinnen betrachtet wurden, oder umgekehrt die Besucher diesen bei der Arbeit zusahen. Kein Besucher der Ausstellung konnte nur als passiver Beobachter gelten. Schon allein durch seine Anwesenheit wirkte er auf die Vorgänge in der Ausstellung ein.

Die durch das kuratorische Konzept vorgegebene Raumordnung von *Moments* wurde durch die Führung in eine jeweils eigene Abfolge von Werken gebracht. Diese wurden von der jeweiligen Führungskraft ausgewählt; anhand der Reihenfolge wurde der Besucher auf bestimmte Zusammenhänge hingewiesen beziehungsweise an diese herangeführt. Ähnlich gingen auch die Lab-Artists vor, indem sie, wie schon beschrieben, Bezüge

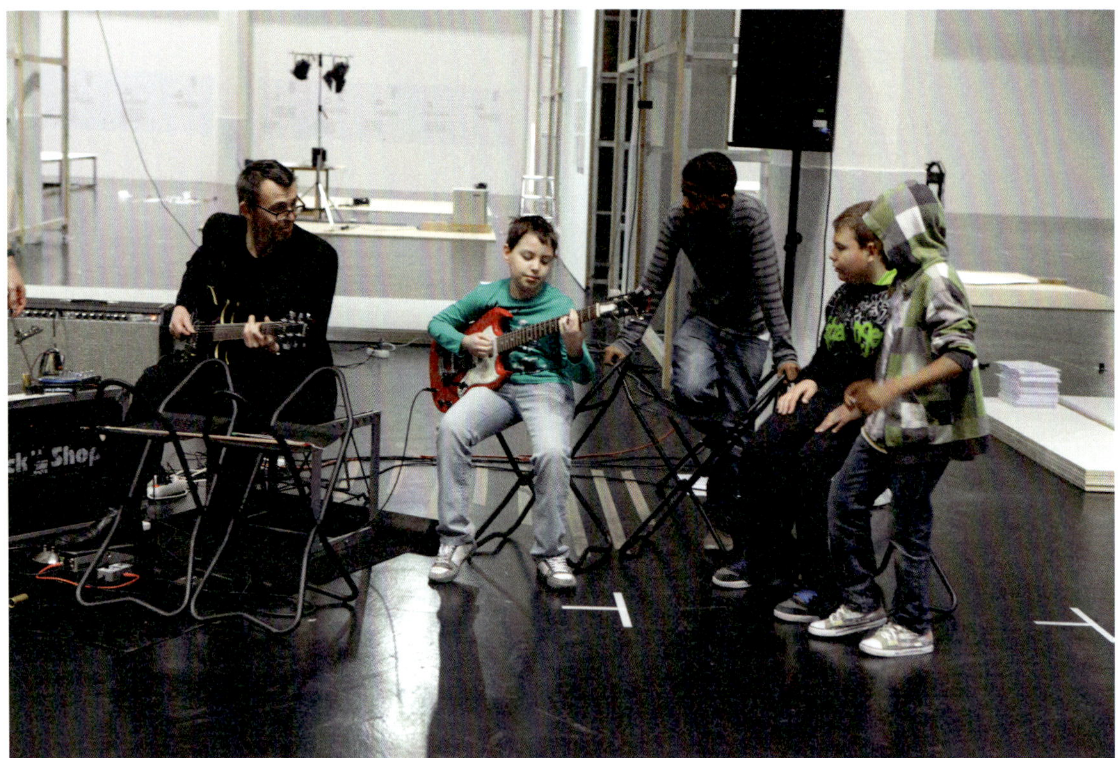

Reenactment von Anna Halprins *City Dance* durch Schüler und Lab Artists, Ausstellungsansicht ZKM | Museum für Neue Kunst, 2012

und Verbindungen zwischen den verschiedenen dokumentierten Performances herstellten und zum Beispiel auf Grundlage von Channa Horwitz' sonakinatografischem System Bewegungsfolgen von acht der dokumentierten Performances in ein gemeinsames System übertrugen. Aspekte der künstlerischen Arbeiten verschränkten sich mit der Arbeitsweise der Kunstvermittlung, somit bestand im Fall von *Moments* eine besondere Beziehung zwischen den Führungen und ausgestellten künstlerischen Positionen und Kunstwerken.

Verschränkungen Die Kunstvermittlung von *Moments* konstituierte sich einerseits durch die Arbeit der ZKM | Museumskommunikation, andererseits war schon das Ausstellungskonzept von kunstvermittlerischen Aspekten geprägt. Auch die anwesenden Künstler waren aufgrund der Reenactment-Thematik, welche eine Vermittlung eines vergangenen Werkes impliziert, bereits Kunstvermittler. Das Vermittlungsprogramm von *Moments*, welches sich stark durch praktisches Arbeiten auszeichnete, war nicht, wie so oft, ein »Begleitprogramm« der Ausstellung, sondern war einer ihrer Hauptbestandteile. Dies führte dazu, dass Künstler wie Teilnehmer oft an ähnlichen Strategien und Formen des Reenactment arbeiteten. Ein Unterschied in der Arbeitsweise der anwesenden Künstler und der Teilnehmer des Vermittlungsprogramms war lediglich eine größere Leichtigkeit bei den Teilnehmern des Vermittlungsprogramms im Gegensatz zu den unter äußerem Erwartungsdruck stehenden Künstlern. Es ist anzunehmen, dass es den Teilnehmern des Vermittlungsprogramms leichter fiel, sich auf erste Impulse zu verlassen und diesen nachzugehen, als es den Künstlern in der Ausstellung möglich war. Diese Offenheit kann sich, vor allem gekoppelt mit den Arbeiten der Künstler, welche durch langfristige Beschäftigung mit den Themen wichtige Impulse geben können und eine wichtige Inspirationsquelle sind, vorteilhaft auf die Erarbeitung von Reenactments auswirken.

Mithilfe des Ausstellungskonzepts von *Moments* wurde die Perspektive deutlich, dass alle im Raum Anwesenden Zeugen eines Prozesses sind. Diese Rolle hatte einen hohen Stellenwert und bewirkte außerdem, dass die Rolle der Künstlerperson weniger im Vordergrund stand. Hier wird die Relevanz des Vermittlungsprogramms von *Moments* deutlich, welches dazu führte, dass sich auch die Besucher ihrer Rolle als Zeugen klar wurden. Vor allem aber wurden auch die »offiziellen« Ausstellungsteilnehmer zu Zeugen der performativen Arbeiten der Teilnehmer des Vermittlungsprogramms. Eine der Grundfesten der Performances der 1960er-Jahre – die Idee einer Demokratisierung und Enthierarchisierung zwischen den Gruppen der Performer und der Rezipienten und einer ständig variierenden Fortschreibung von Kunst in Form eines performativen Gedächtnisses oder Archivs – wurde im Zusammenspiel von Vermittlungsprogramm und den im Ausstellungsraum arbeitenden Künstlern erreicht. Somit wurden die Hierarchisierung und der Geniekult um den Künstler durch das Ausstellungskonzept und die Kunstvermittlung bei *Moments* unterlaufen.

Begleitprogramm zur Ausstellung

9. März, 16 Uhr
Artist Talk mit Simone Forti

10. März, 16 Uhr
Artist Talk mit Graciela Carnevale

11. März, 16 Uhr
Artist Talk mit Reinhild Hoffmann

15. März, 16 Uhr
Artist Talk mit Lynn Hershman Leeson

16. März, 16 Uhr
Artist Talk mit Sanja Iveković

17. März, 16 Uhr
Eröffnung der Ausstellung und anschließend Performance
Practice Makes a Master von Sanja Iveković, reenacted von Sonja Pregrad

18. März, 14 Uhr
Artist Talk mit Channa Horwitz

18. März, 16 Uhr
Performance *Practice Makes a Master* von Sanja Iveković, reenacted von Sonja Pregrad

28., 29., 30. März, 15 Uhr
»The connection between Truth and Goodness:
exploring Kant's Metaethics«, Seminar mit Adrian Piper

30. März, 18 Uhr
»Open Lab« Präsentation des Artist Lab von Boris Charmatz und Künstlerkollegen

31. März, 19:30 Uhr
Studio des Badischen Staatstheaters
MOMENTS. Performance-Abend mit dem Badischen Staatstheater
Künstler: Alex Baczyński-Jenkins, Christine De Smedt, Lenio Kaklea, Burkhard Stangl

14. April, 18 Uhr
Premiere des Films *The Witness* von Ruti Sela

28. April, 18 Uhr
Finissage

Chronologie der Ausstellung:
MOMENTS. Eine Geschichte der Performance in 10 Akten
ZKM | Museum für Neue Kunst, Karlsruhe
8. März – 29. April 2012

Die Ausstellung beginnt im leeren Museumsraum. Sie baut sich in vier Phasen auf, in denen jeweils andere Akteure im Ausstellungsraum agieren. Es entsteht, in einer Wechselbewegung zwischen Geschichte, medialer Dokumentation und Neuinterpretation, zwischen Zeugenschaft und Erinnerung, ein neuartiges Ausstellungsformat. Zwischen dem »Display« und den interpretativen Akten der anwesenden Akteure, zwischen Performern, Zeugen und Publikum entwickeln sich eine Vielzahl von dialogischen Situationen: die über Dokumente und installative Arrangements dargestellte, absente historische Performance und ihre, in der Realzeit des Projekts aktivierten Spuren, sind dabei die eigentlichen Darsteller dieses Projektes – die »Moments«. Boris Charmatz, Sigrid Gareis, Georg Schöllhammer

DAS DISPLAY

»Eine Ausstellung findet statt; ihre räumlich-zeitliche Disposition, Konventionen des Zeigens, Architekturcodes, konstruieren eine Passage [...]« Mary Kelly, »Re-Viewing Modernist Criticism«, in: *Screen*, Jg. 22, Nr. 3, 1981, S. 41–62.

Ausstellen als (museale) Repräsentationsform ist eine Bezeichnungspraxis, eine Aufführung dessen, was gezeigt und gesagt werden kann. Das Display der Ausstellung *Moments. Eine Geschichte der Performance in 10 Akten* entwickelt aus den Konventionen musealer und theatraler Repräsentation ein Repertoire, das den ausgestellten Positionen als Rahmen ihrer Dokumentation dienen kann. Dabei geht es mit Blick auf die jeweiligen Praxisformen der zehn Künstlerinnen um die Reflexion der gewohnten musealen und theatralen Repräsentation und deren Konventionen. Das Display stellt die museale Dokumentation von Performancegeschichte, die selbst eine Performance ist, zur Diskussion: Indem es Präsentationsformen eines rekonstruierenden Erzählens und Untersuchens als performative Handlung vorführt, soll es diese neu verhandeln. Strukturelle Bedingungen von (Re-)Präsentation treten in ein Verhältnis wechselwirkender Reflexion und führen so zu neuen Ergebnissen. Im Rückgriff auf neo-avantgardistische Präsentationsformen fächert das Display die Verfahrensweisen musealer und theatraler Repräsentation in einen Katalog (primärer) räumlicher Elemente, Materialien, sowie technischer Apparaturen auf, der die Möglichkeit des Testens eröffnet. Es sollen prototypische, zur Wandlung befähigte und befähigende Display-situationen – *set-ups* – entstehen, die das Prozesshafte, immer auch Vorläufige, den historischen Moment der Rekonstruktion von Geschichte vorzuführen vermögen. Johannes Porsch

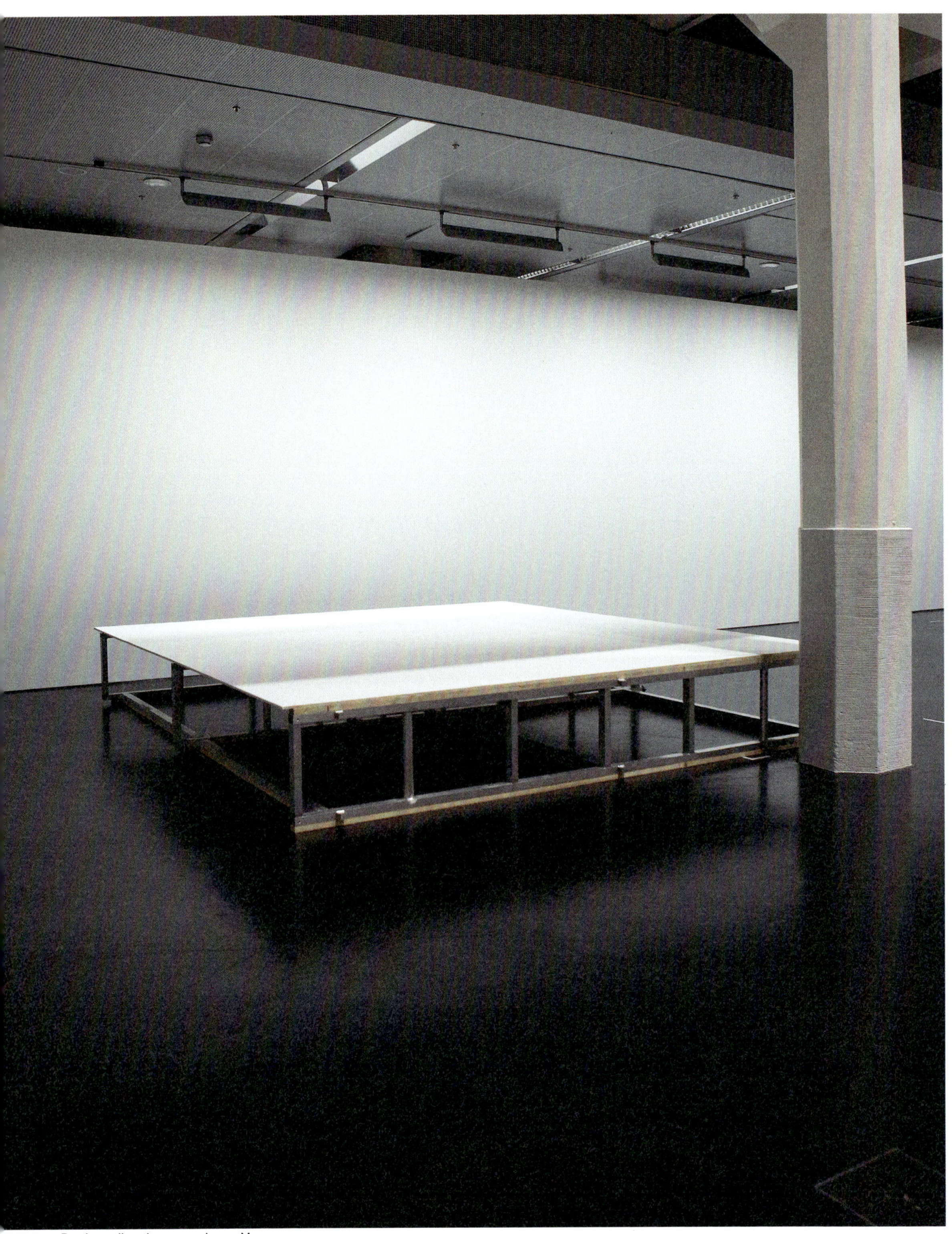

Die Ausstellung beginnt im leeren Museumsraum

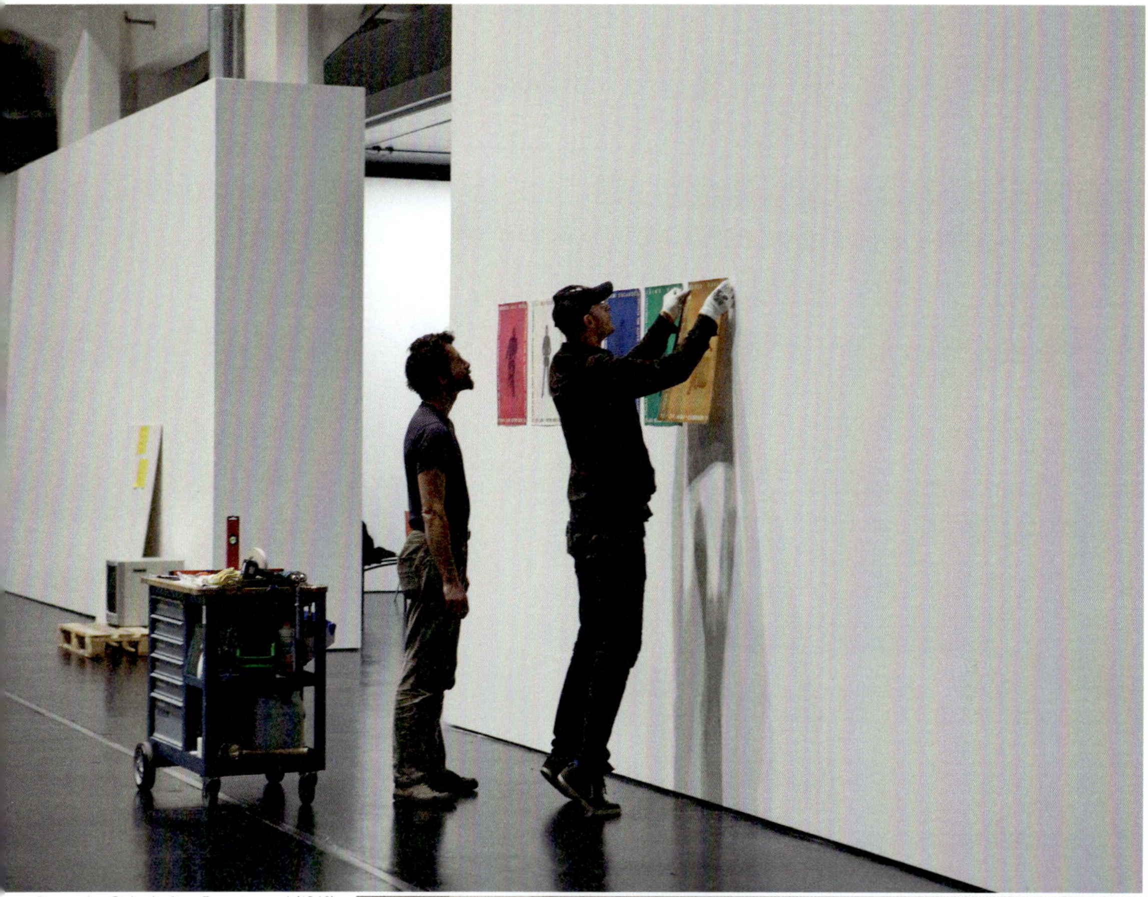

Poster des Ciclo de Arte Experimental (1968)
werden gehängt

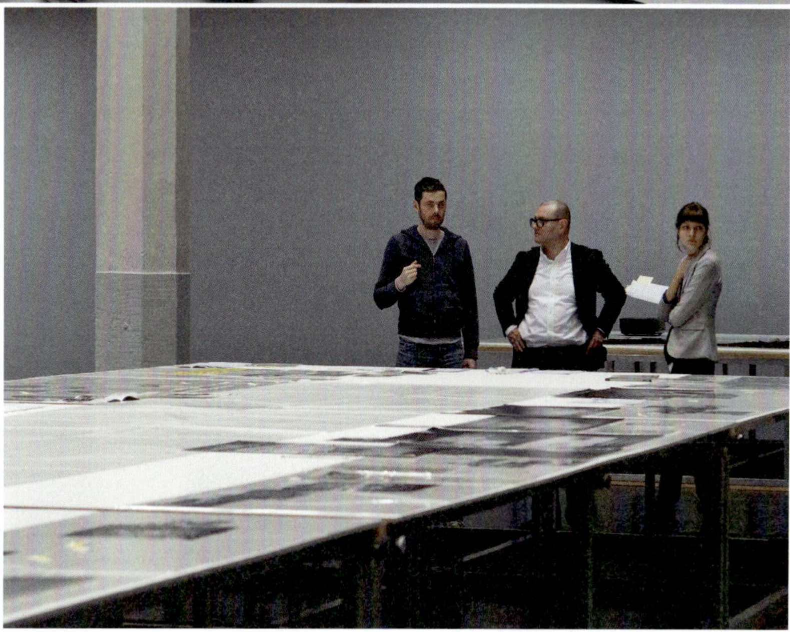

Johannes Porsch, Georg Schöllhammer,
Mirjam Paninski

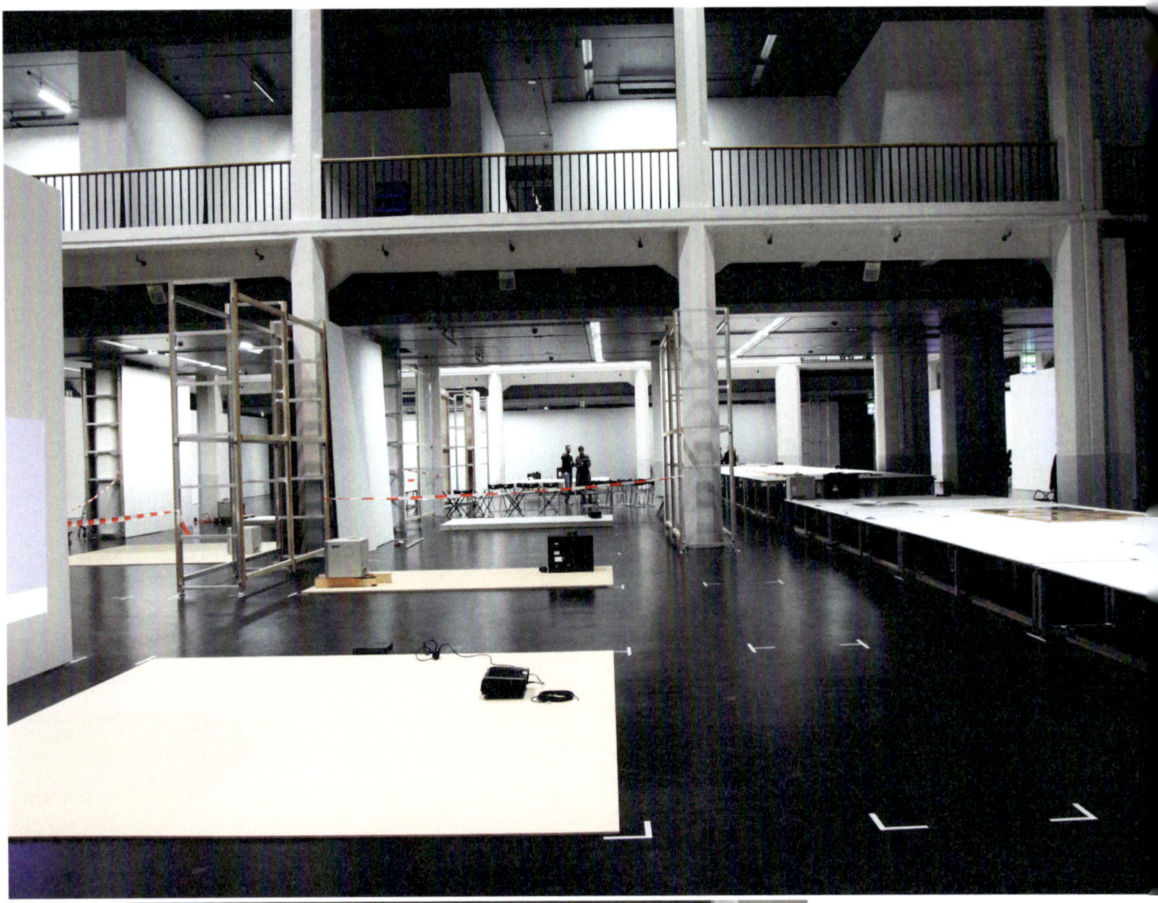

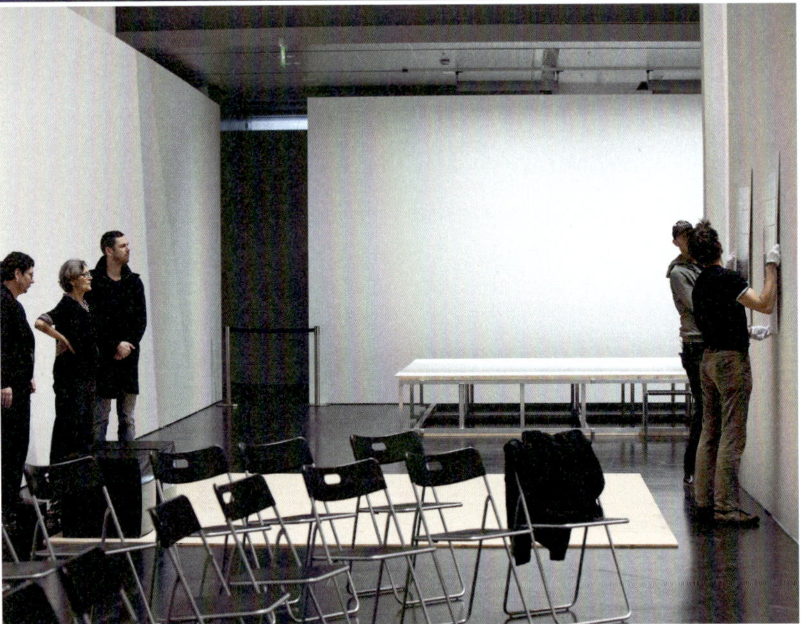

Sigrid Gareis, Reinhild Hoffmann und Johannes
Porsch kuratieren die Hängung

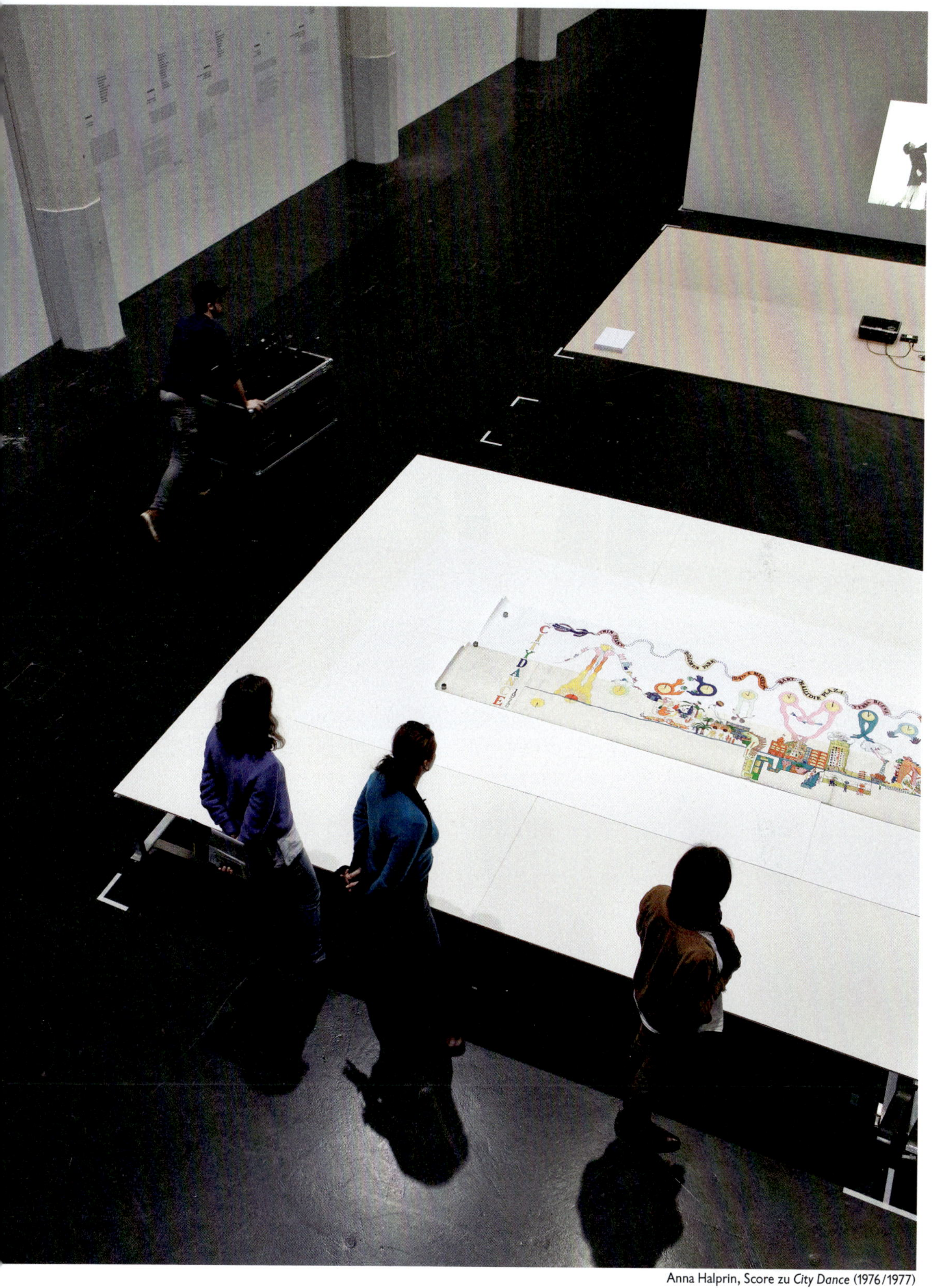

Anna Halprin, Score zu *City Dance* (1976/1977)

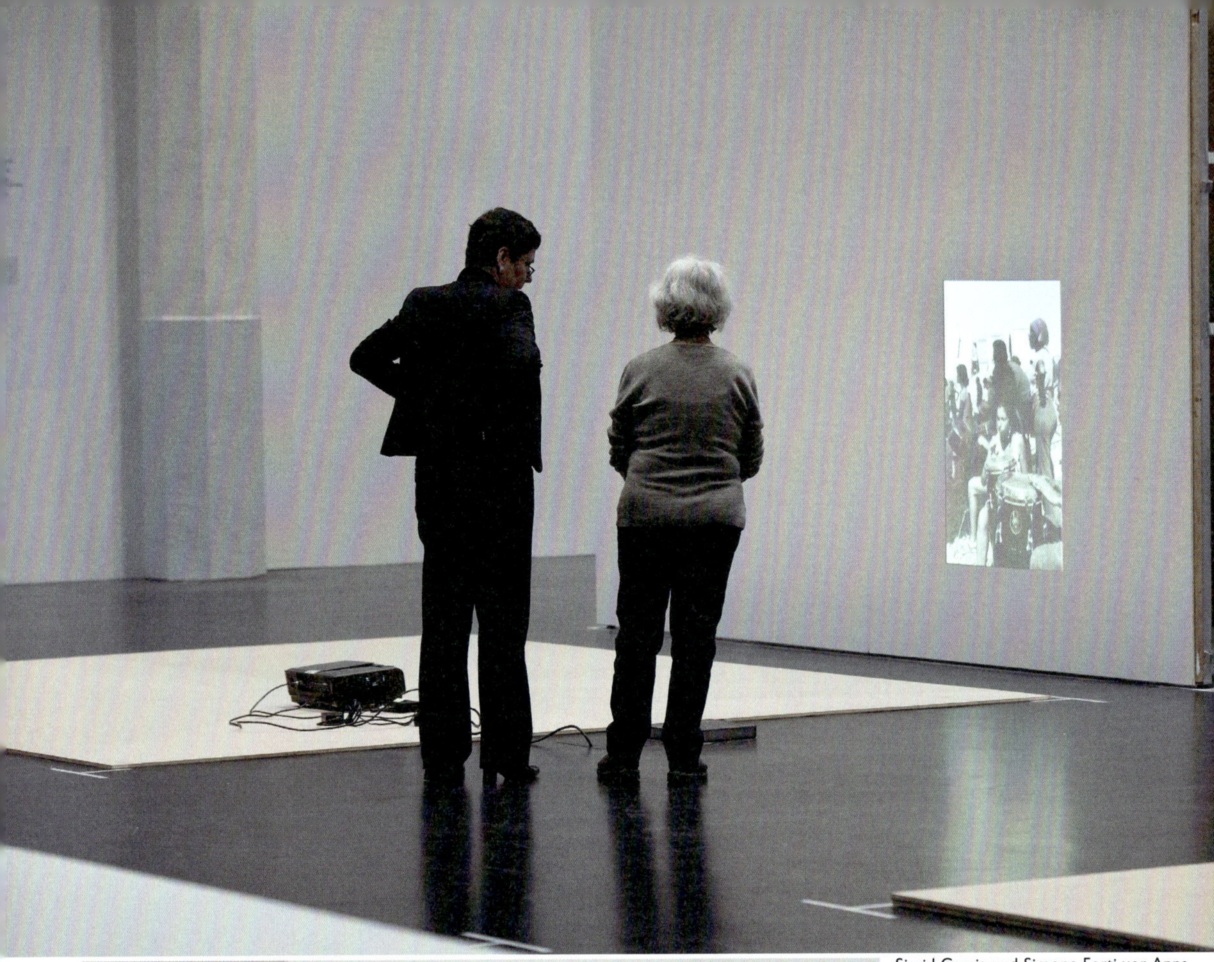

Sigrid Gareis und Simone Forti vor Anna
Halprins *City Dance* (1976/1977)

Martina Ruhsam, Graciela Carnevale und Rose
Beermann vor dem Display von Carnevale

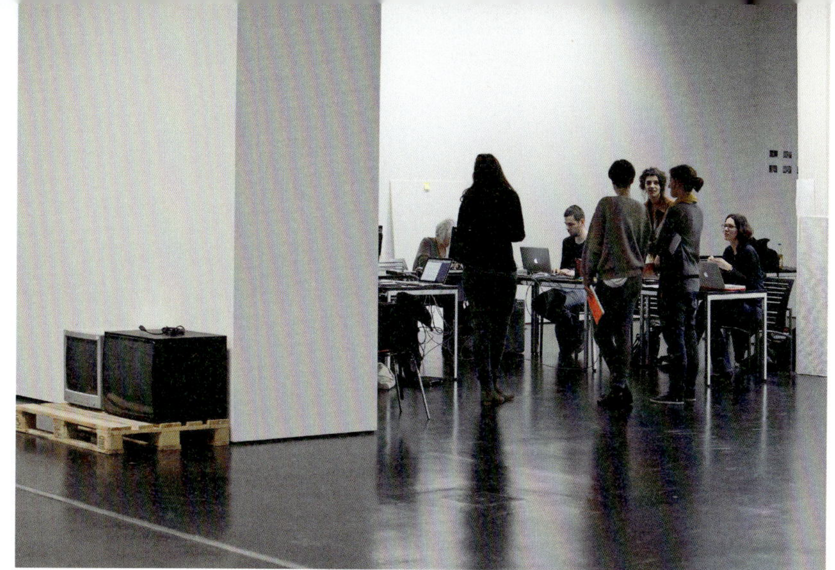

Arbeitsbereich der Zeugen

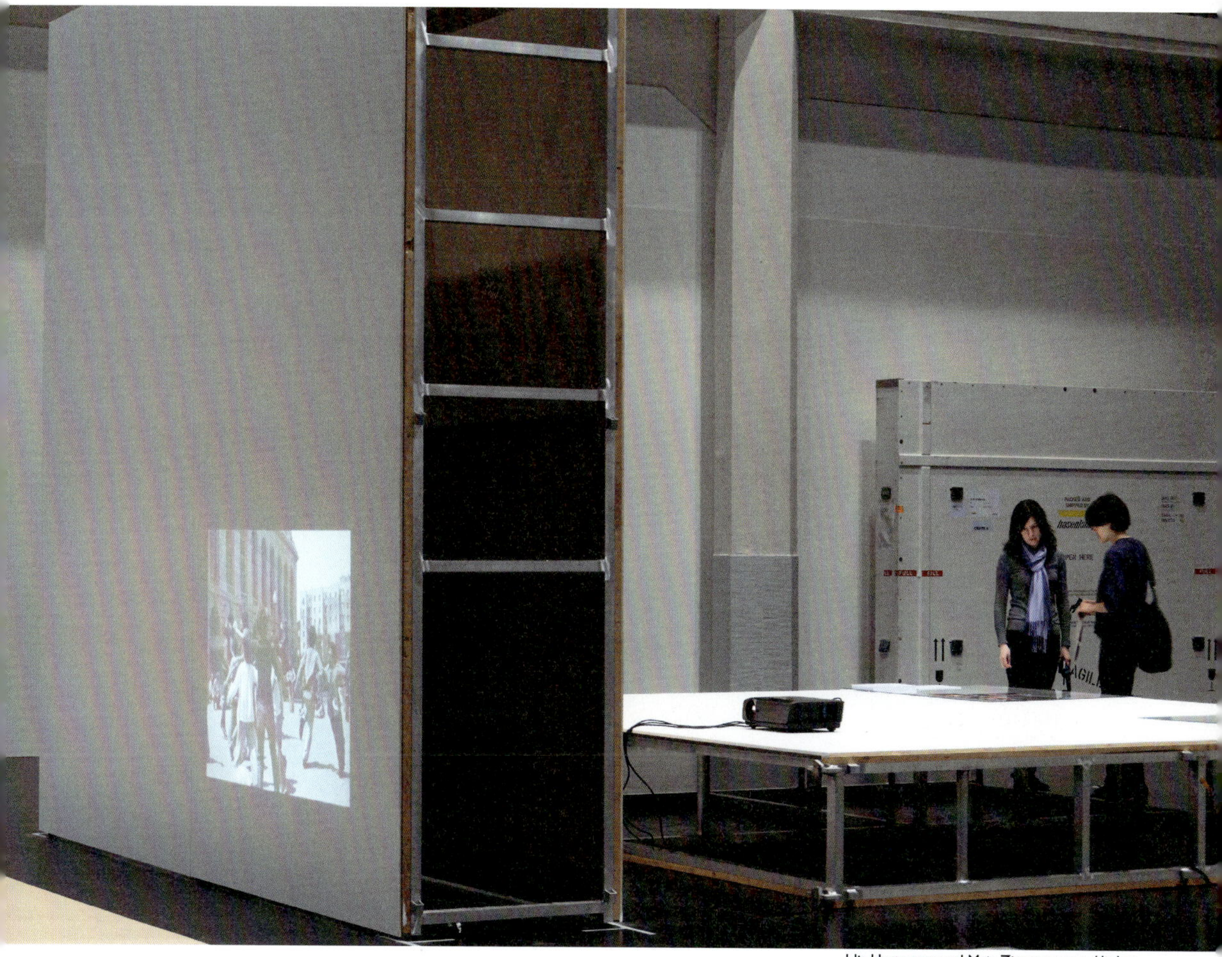

Idis Hartmann und Maja Zimmermann / links:
City Dance (1976/1977) von Anna Halprin

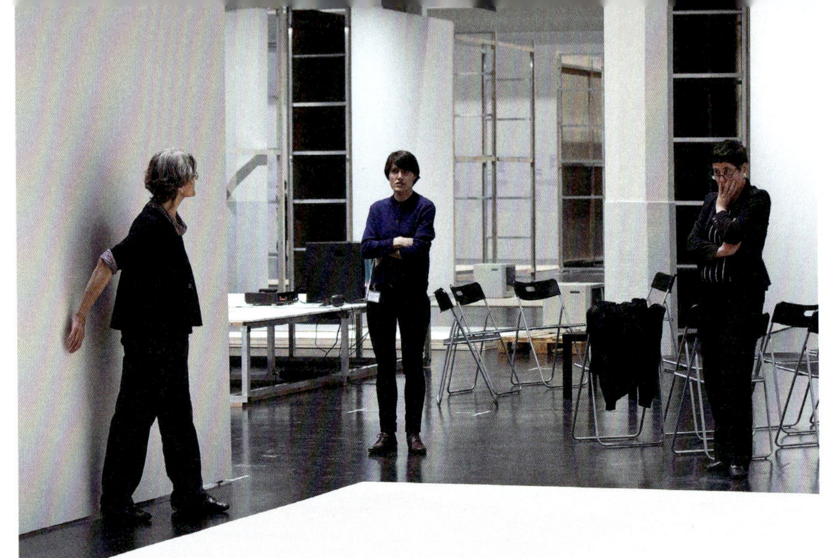

Reinhild Hoffmann, Maja Zimmermann und
Sigrid Gareis

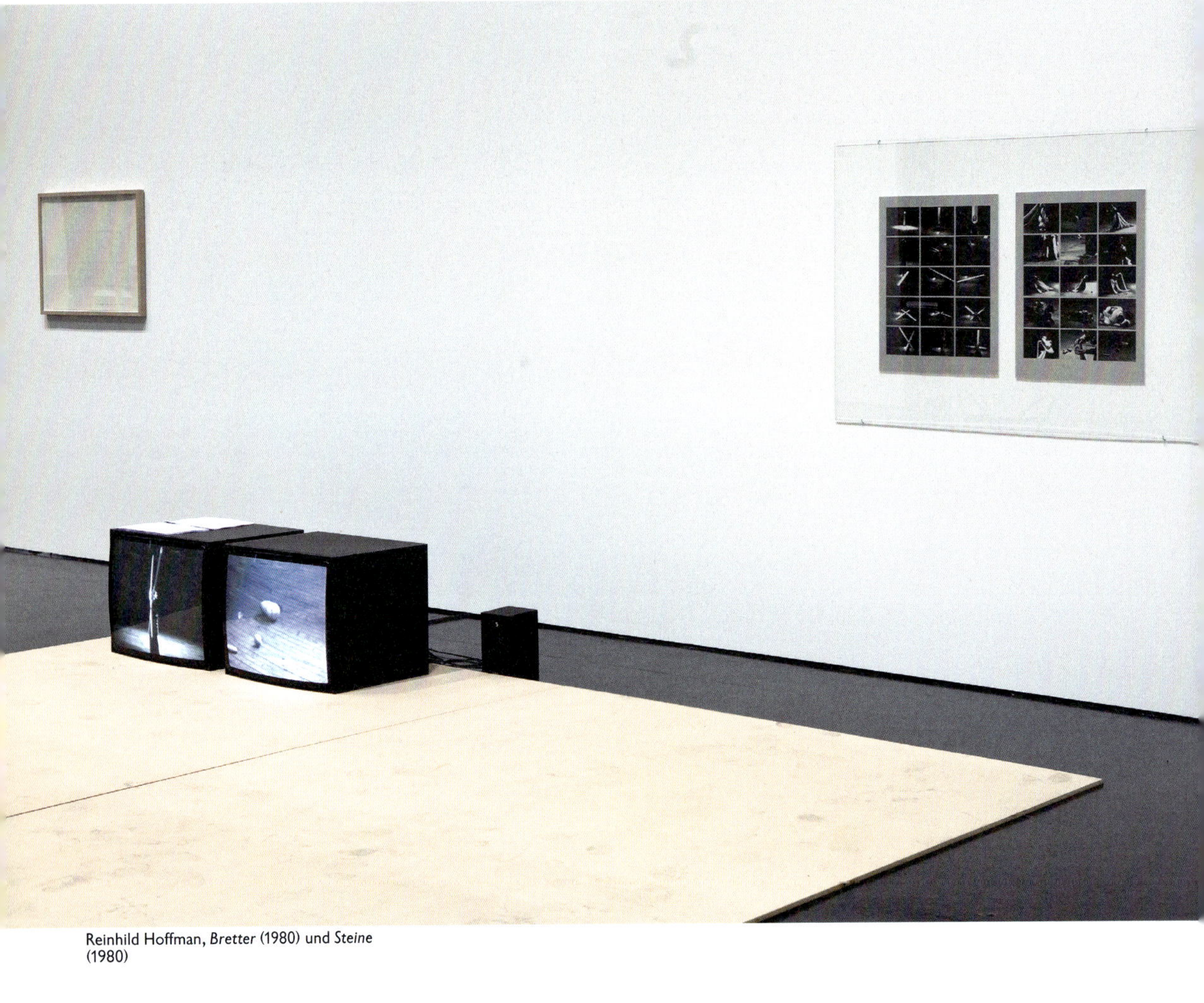

Reinhild Hoffman, *Bretter* (1980) und *Steine*
(1980)

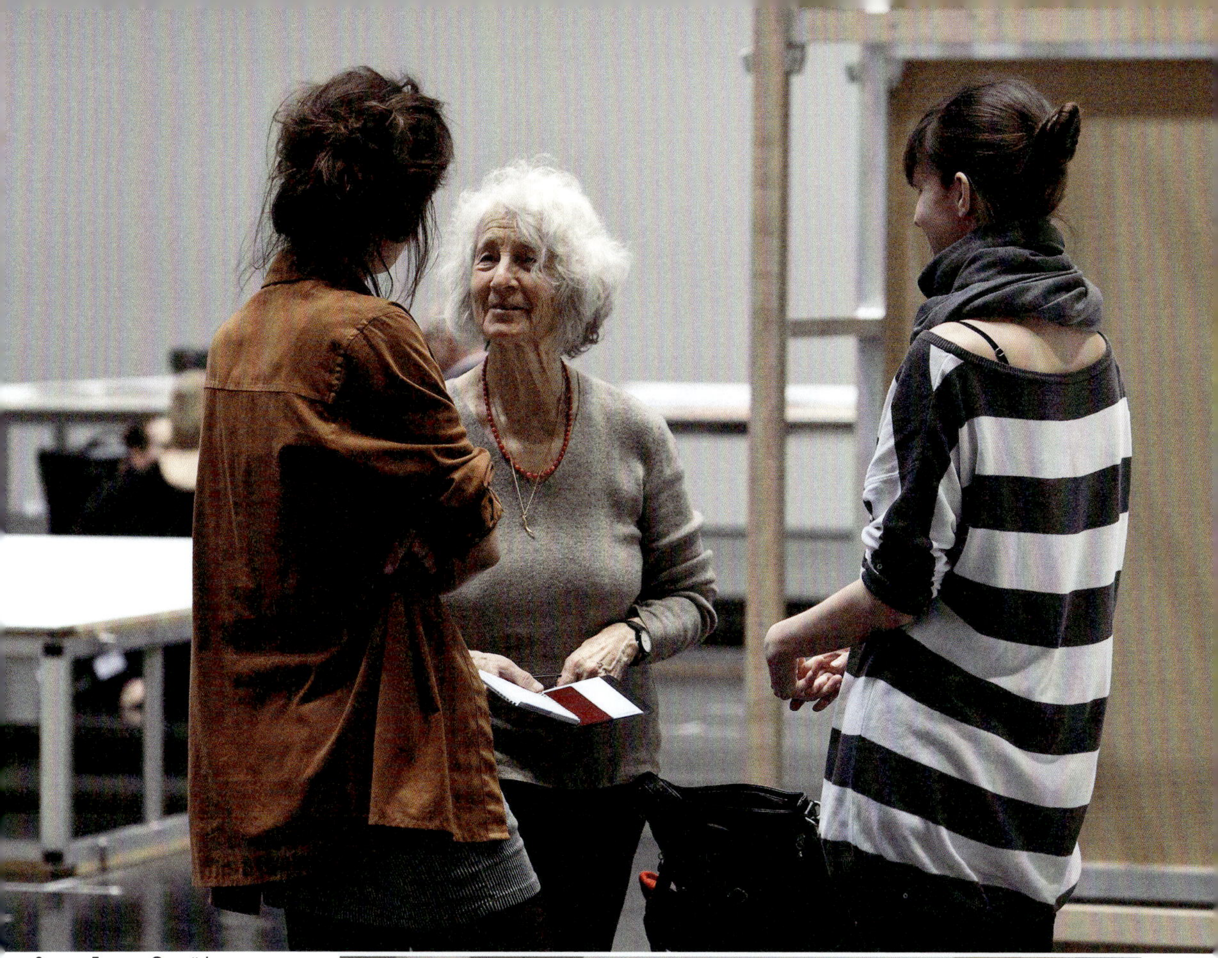

Simone Forti im Gespräch

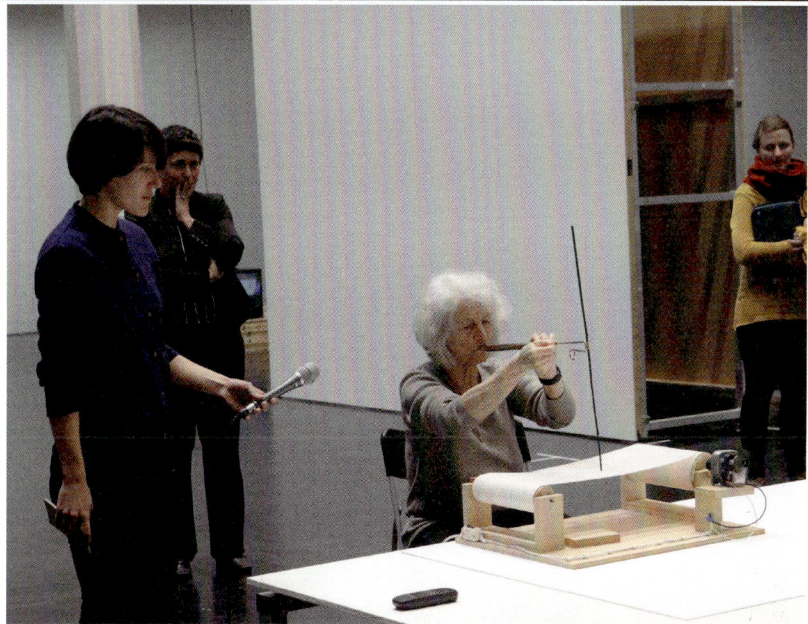

Simone Forti performt mit der Kolbenflöte
von *Face Tunes*

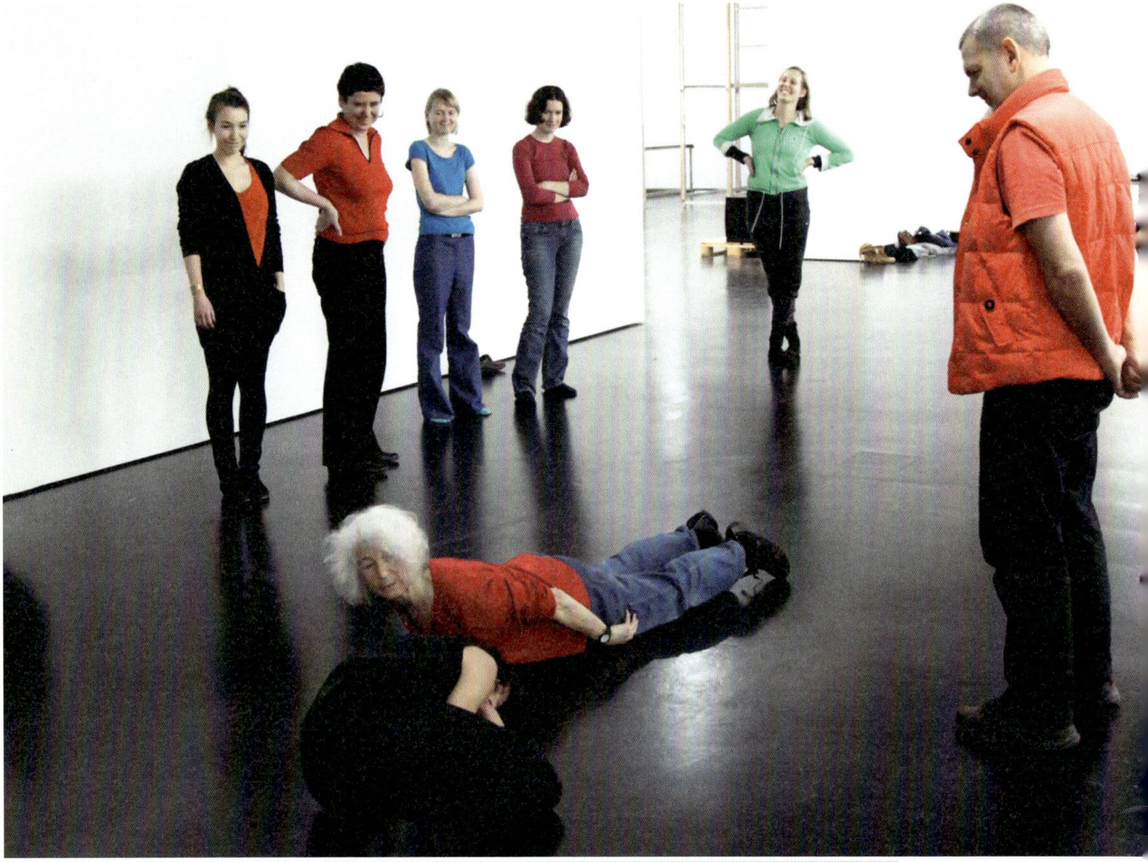

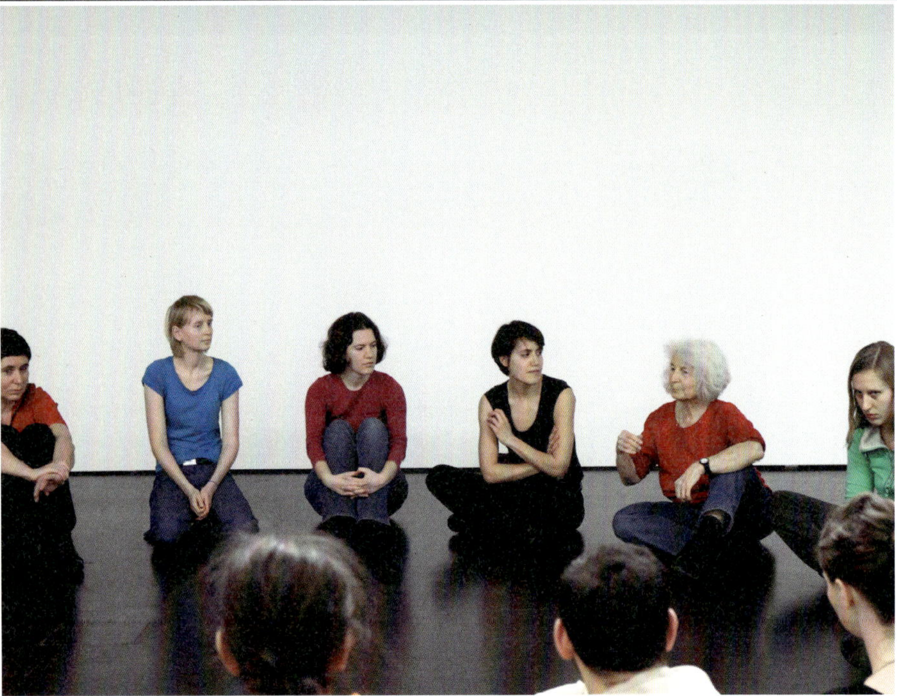

Simone Forti performt mit den Zeugen

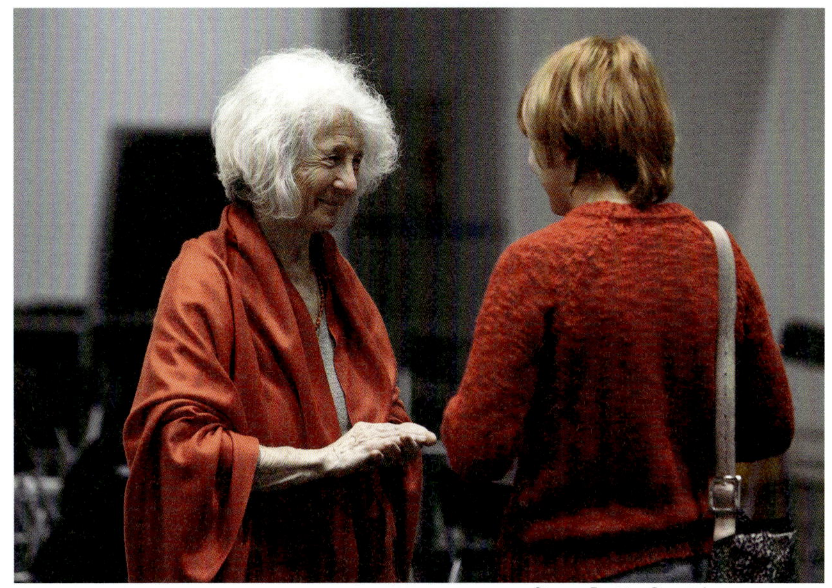

Simone Forti im Gespräch

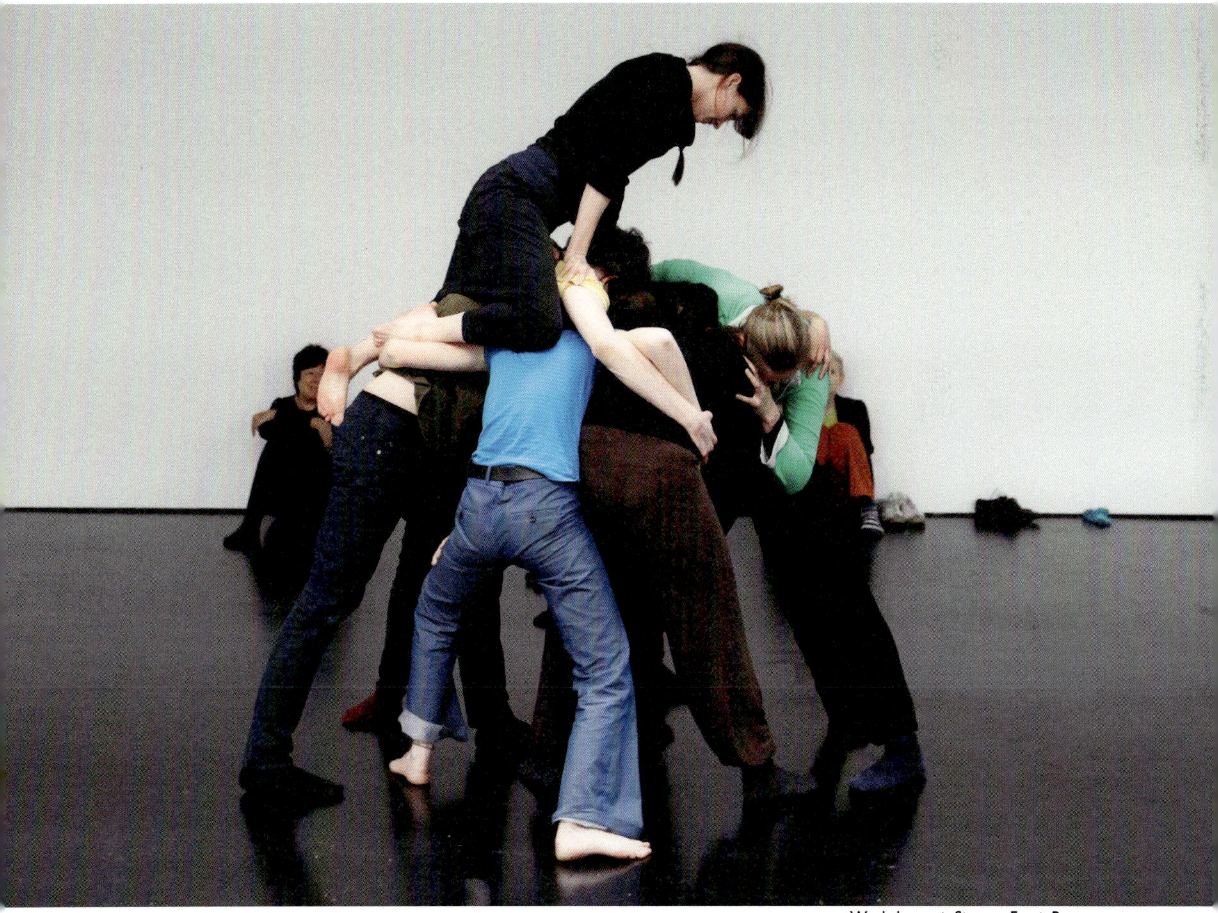

Workshop mit Simone Forti, Reenactment des *Huddle*

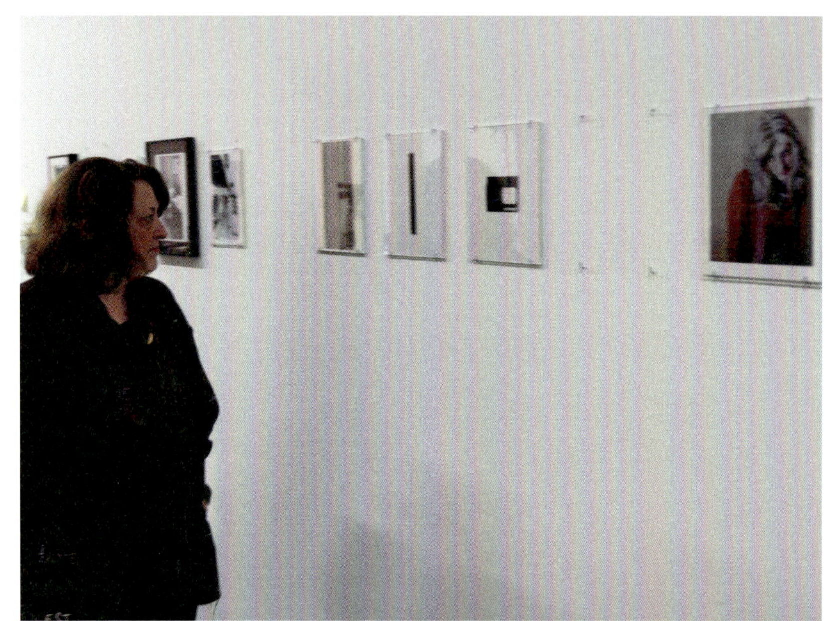

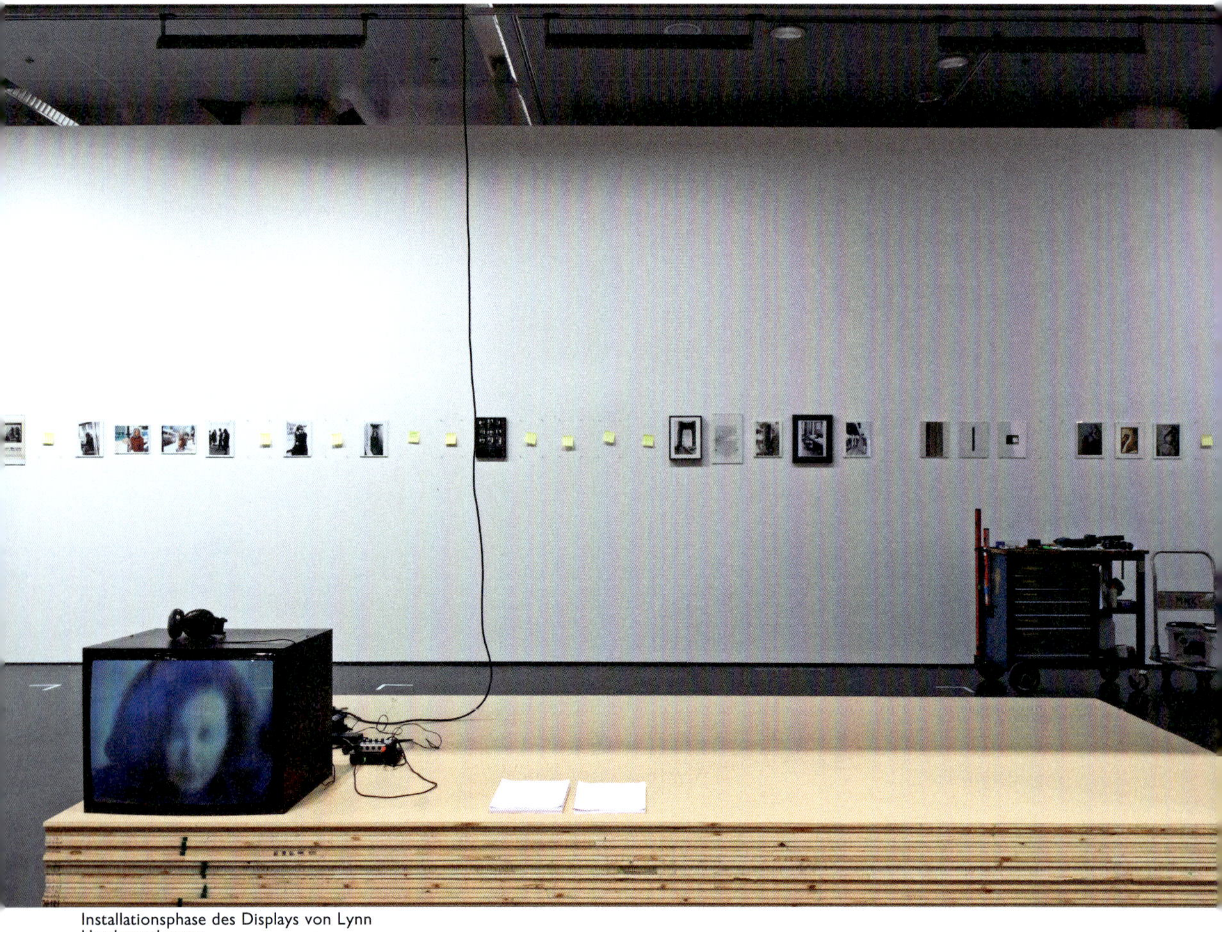

Installationsphase des Displays von Lynn
Hershman Leeson

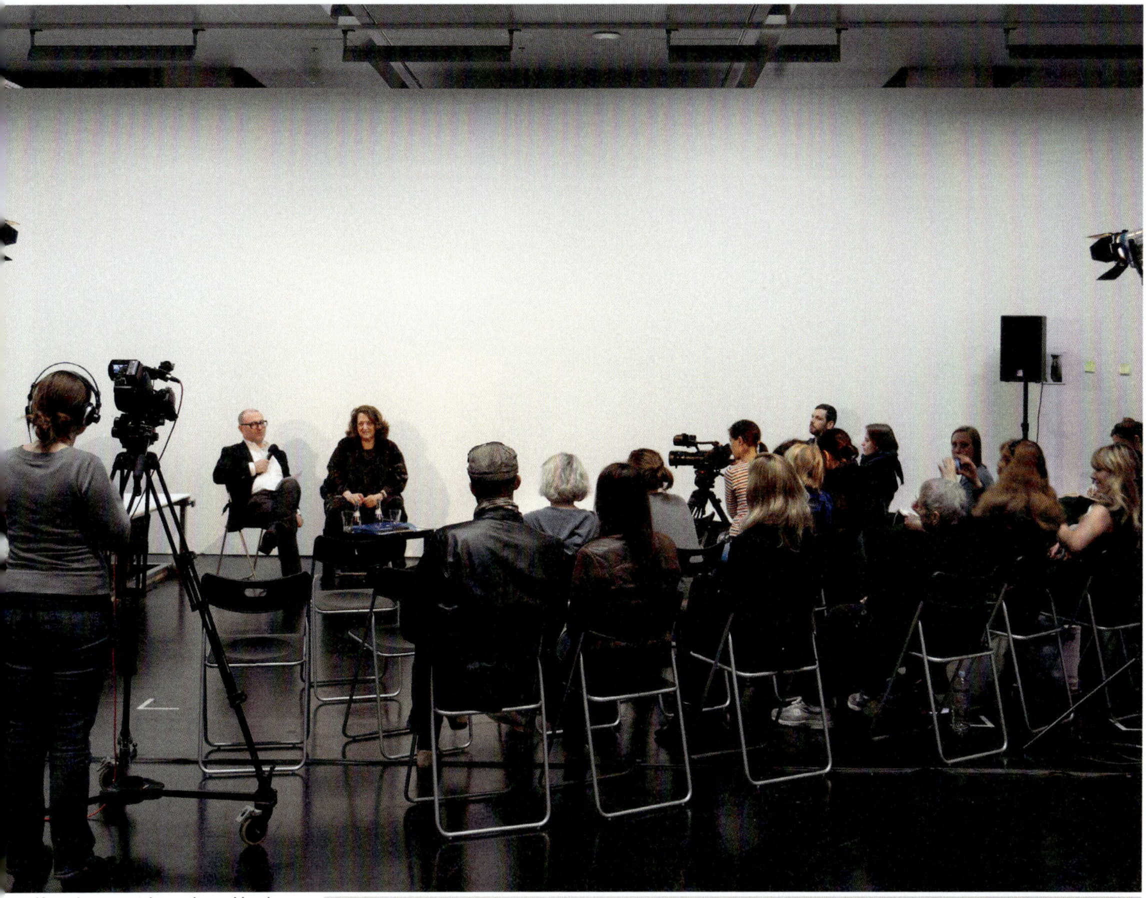

Künstlergespräch mit Lynn Hershman
Leeson am 15. März 2012

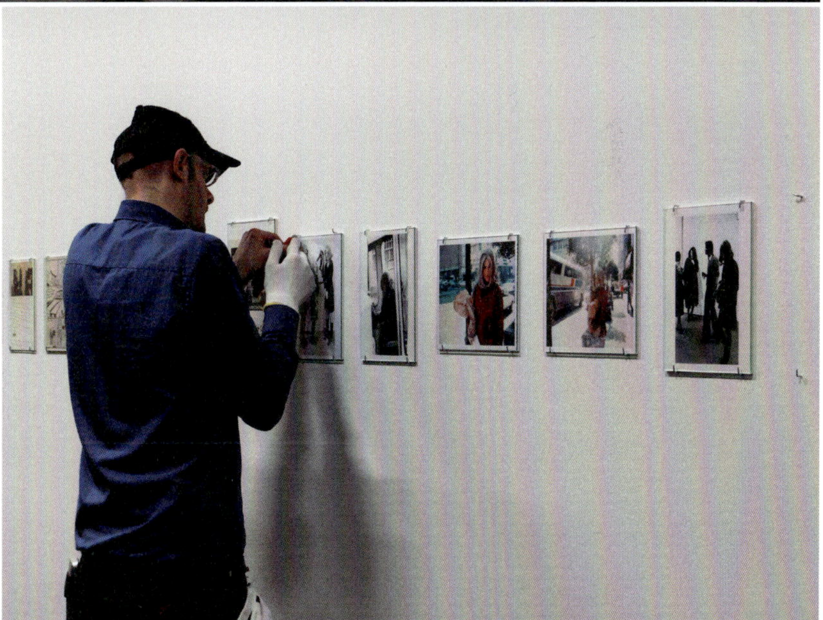

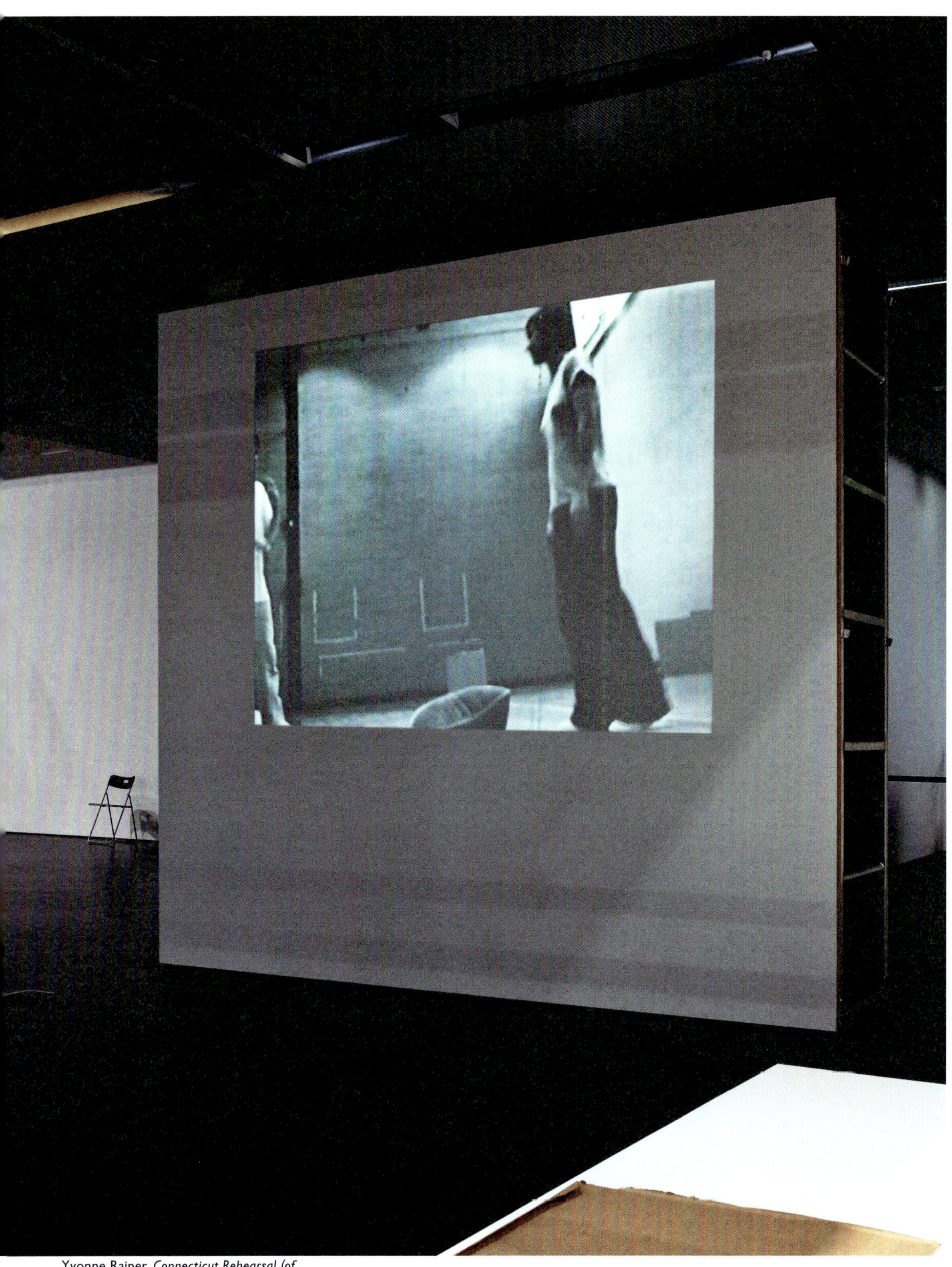

Yvonne Rainer, *Connecticut Rehearsal (of Continuous Project – Altered Daily)* (1969)

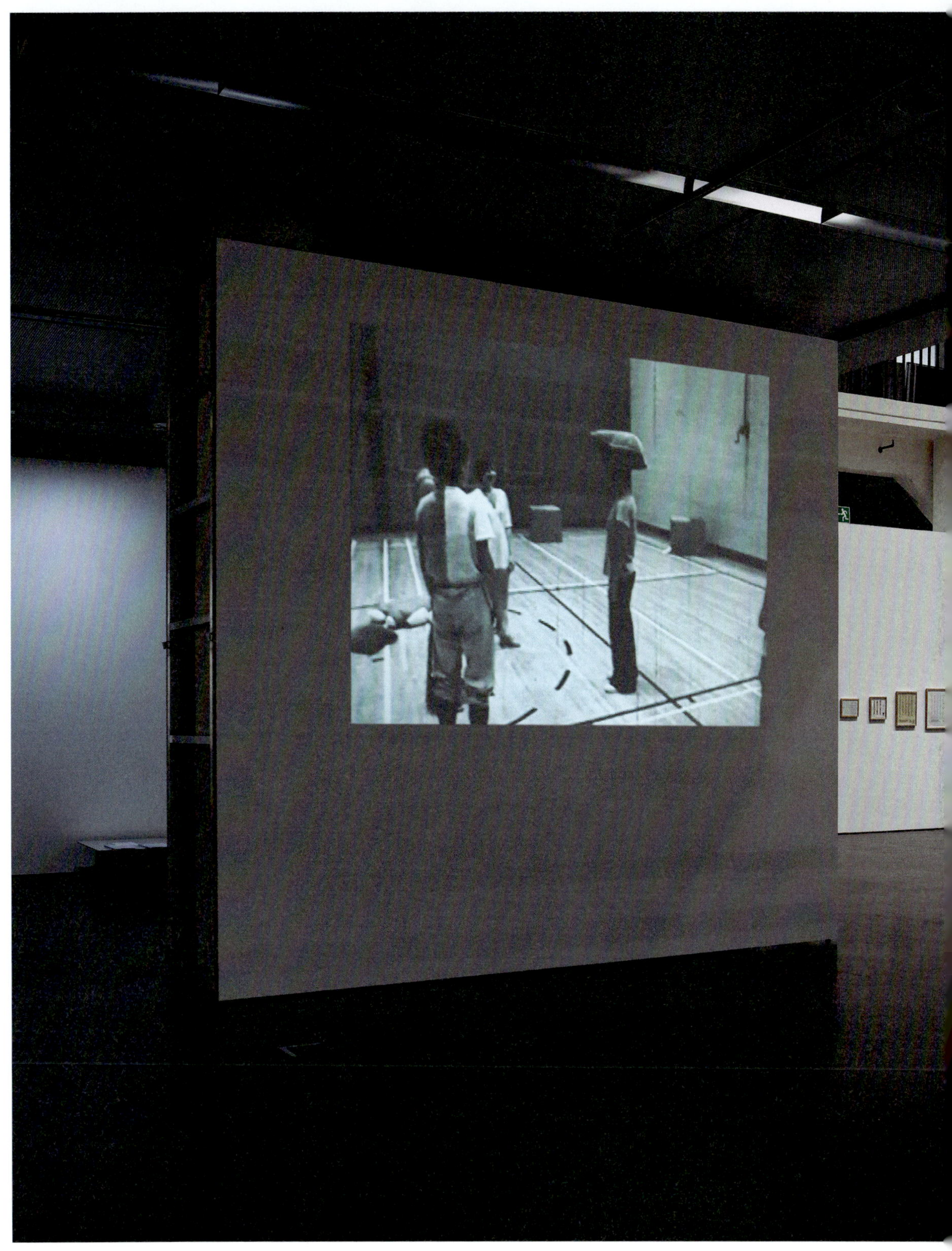

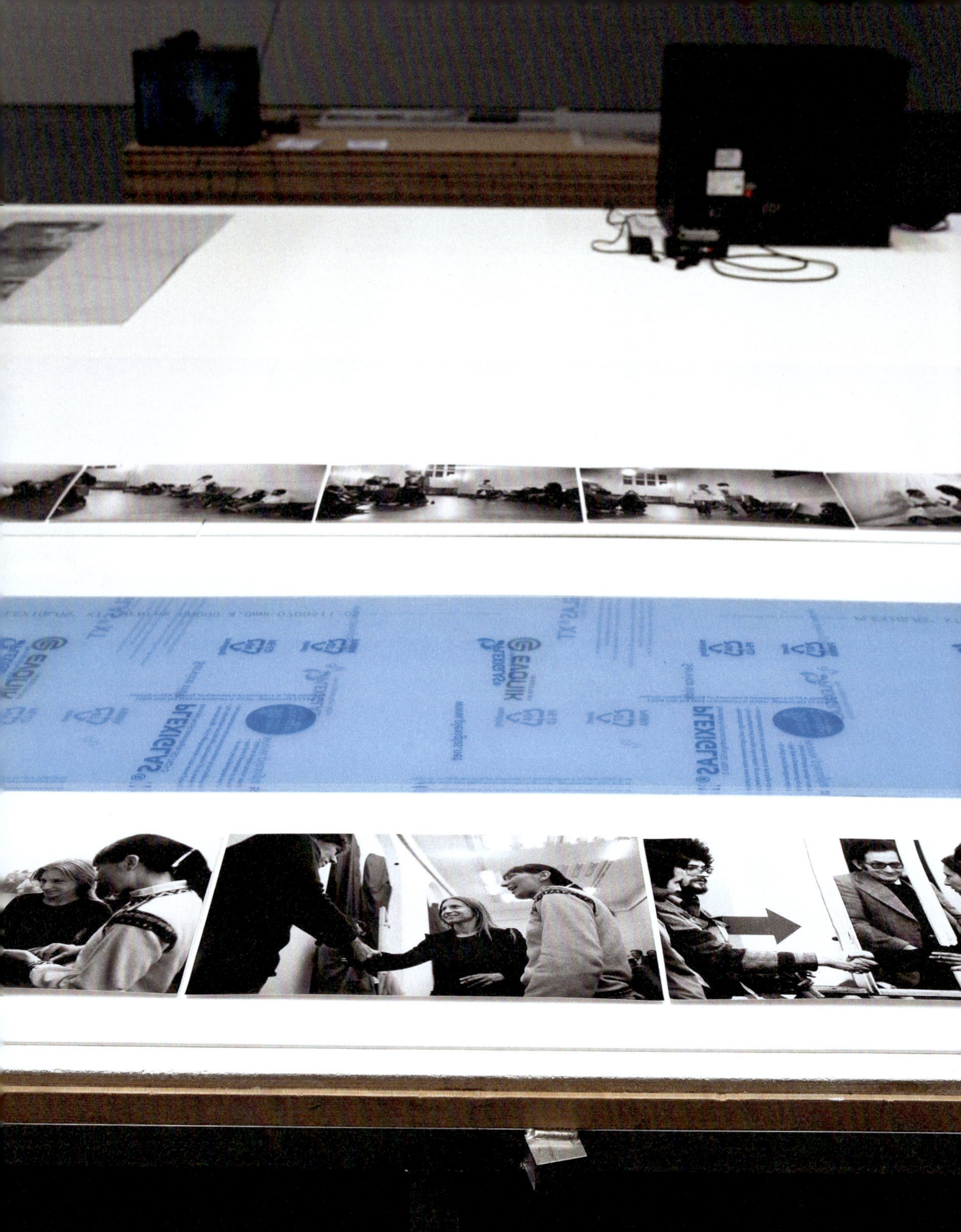

Sanja Iveković, Dokumentation der Performance *1st Belgrade Performance* (1978)

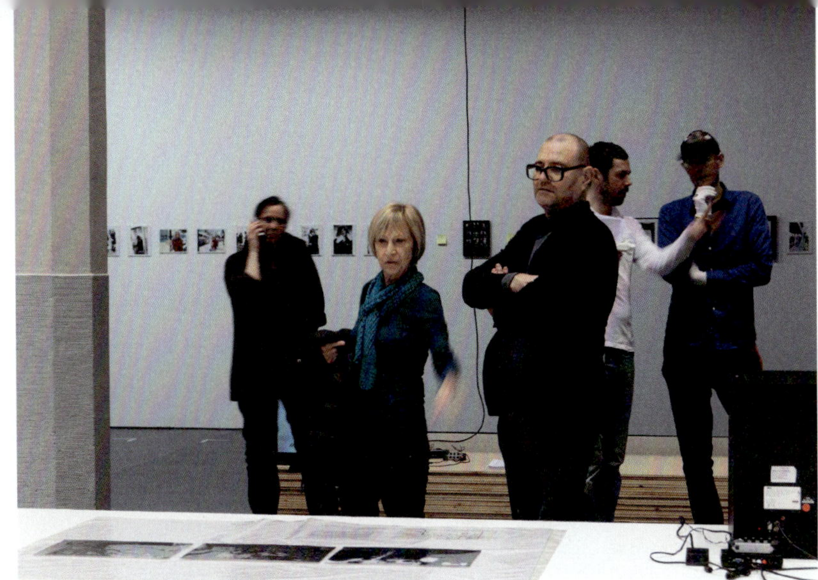

Sanja Iveković und Georg Schöllhammer,
Vorbereitung zum Künstlergespräch am
16. März 2012

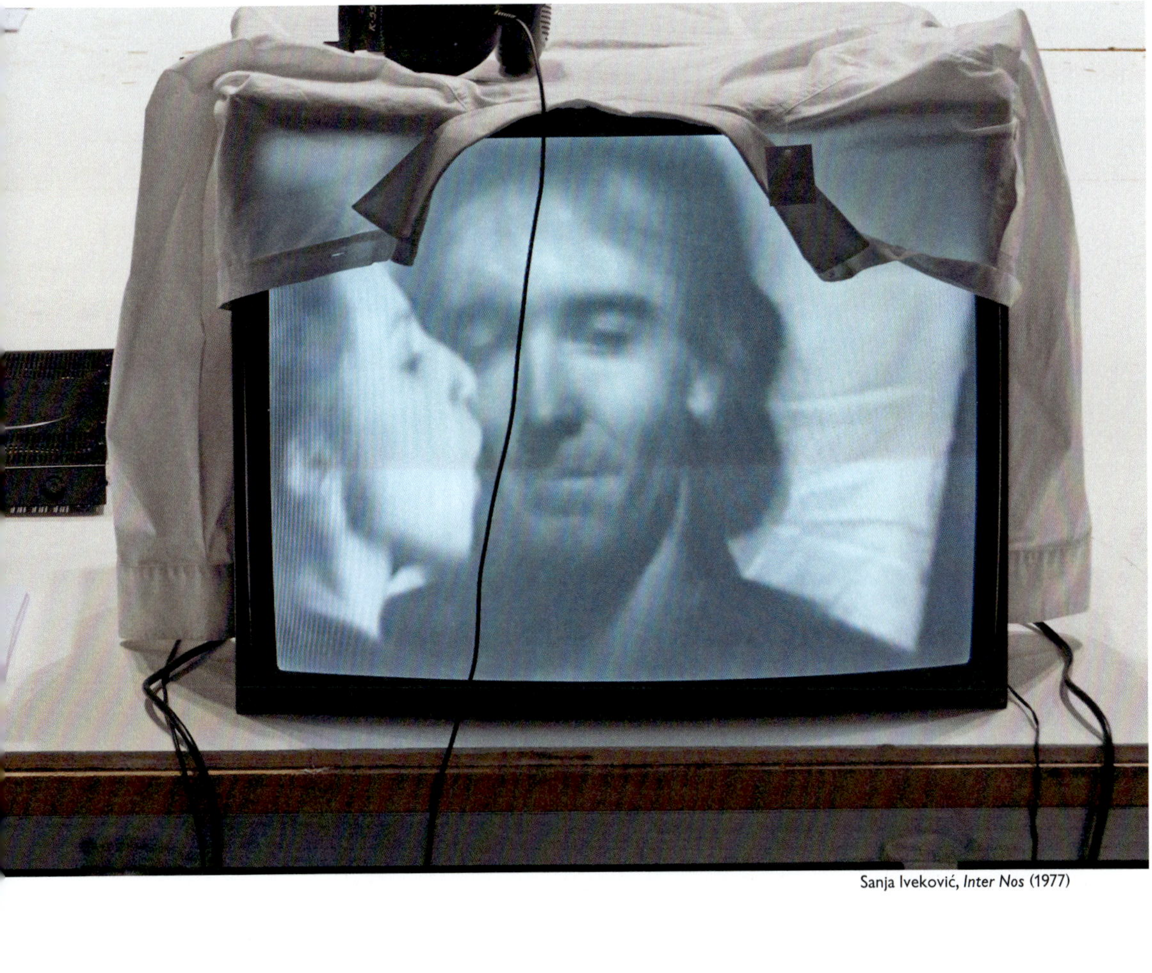

Sanja Iveković, *Inter Nos* (1977)

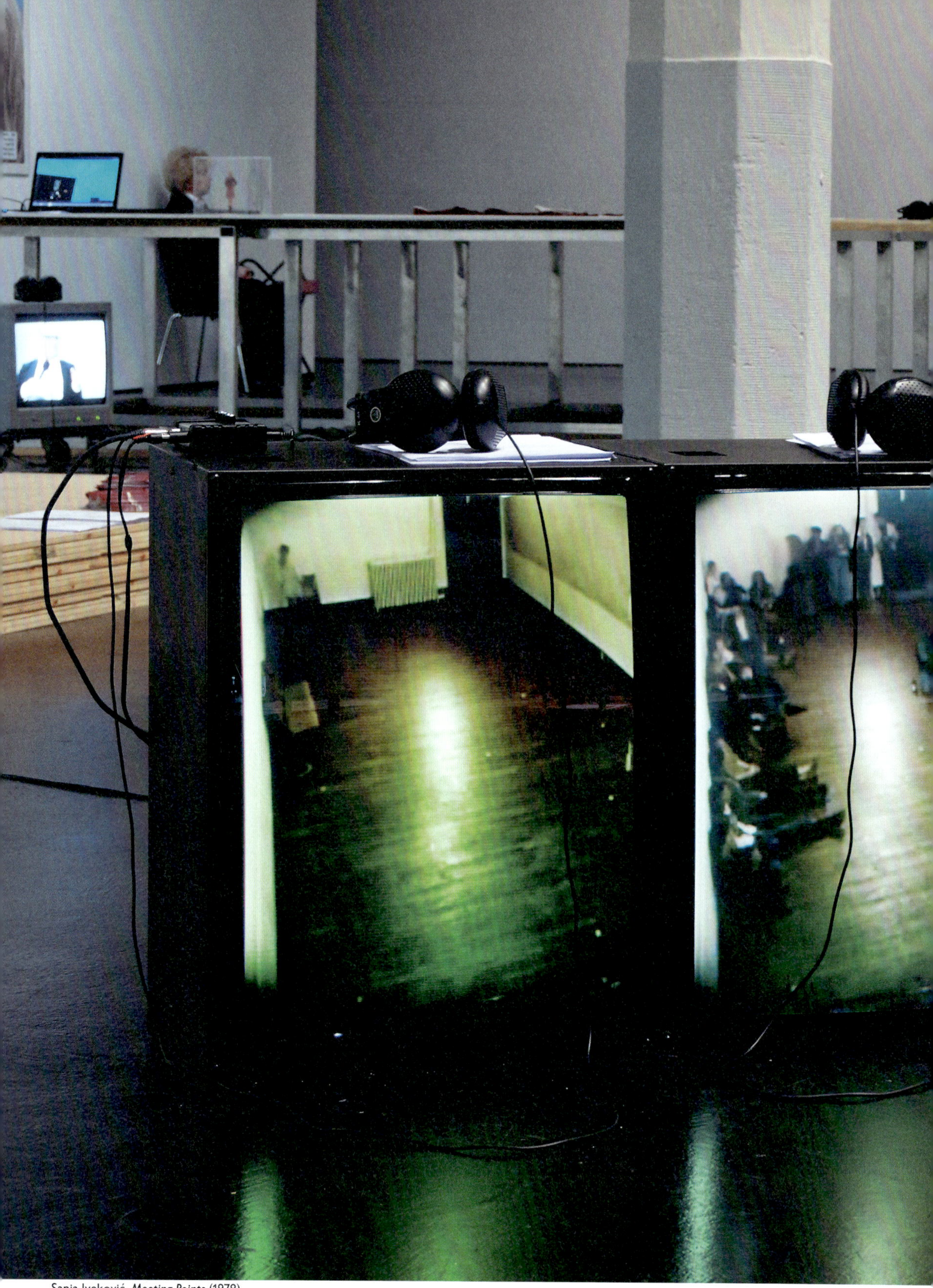

Sanja Iveković, *Meeting Points* (1978)

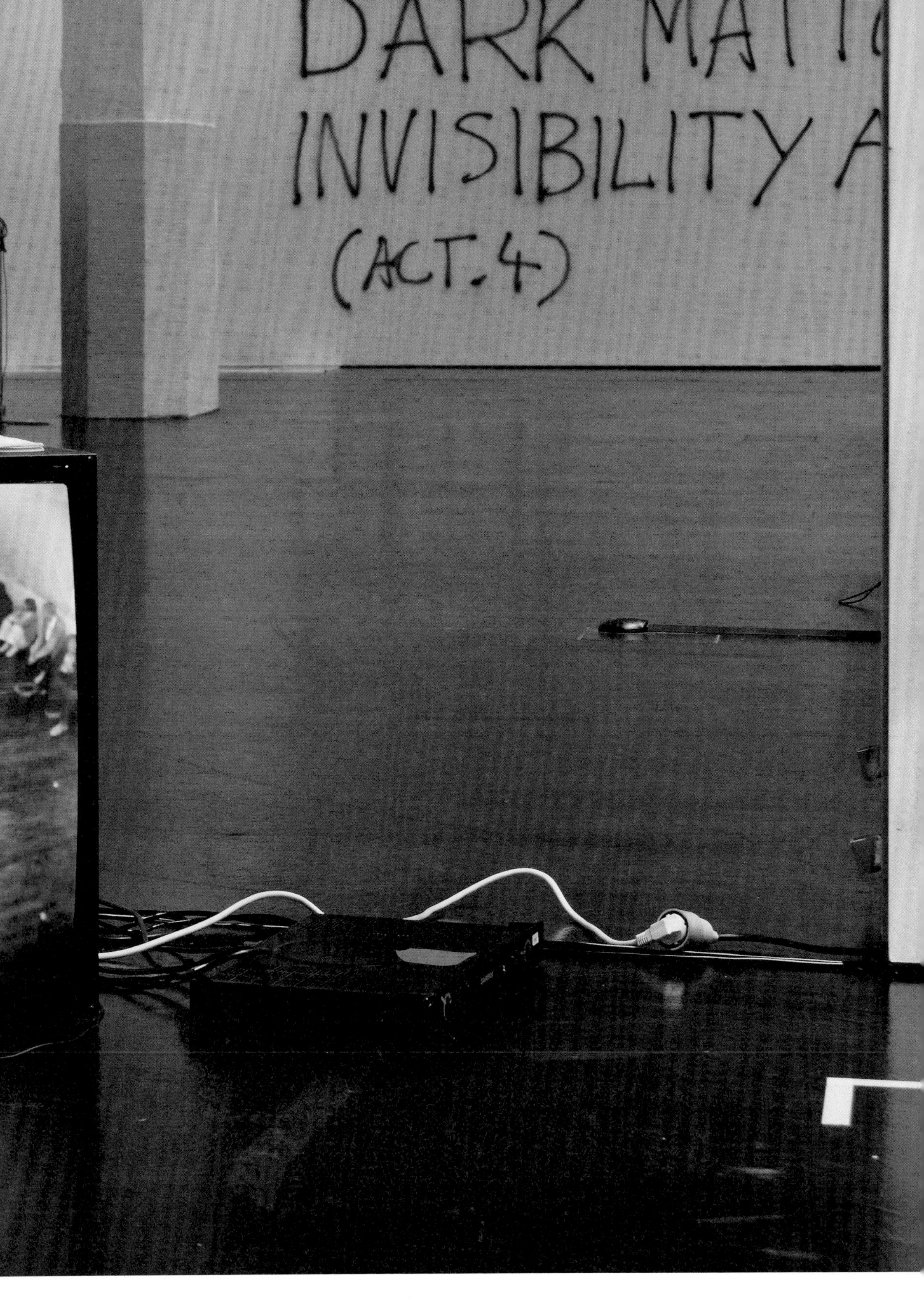
DARK MATTER
INVISIBILITY A
(ACT. 4)

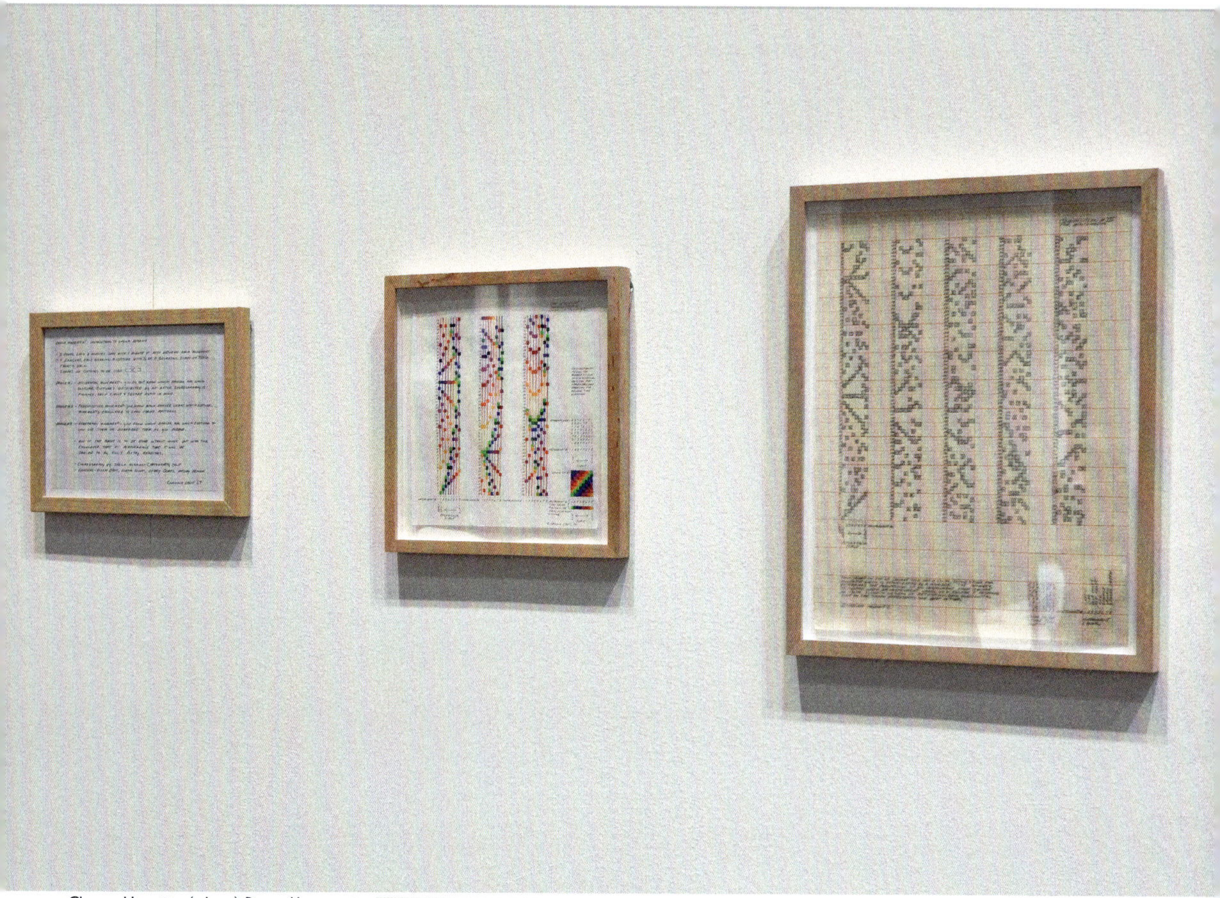

Channna Horwitz, (v.l.n.r.) *Dance Movement: Instructions to Sheila Rozann* (1969), *Time Structure Composition #III Sonakinatography I* (1970) *Composition #III, For Multi Media* (1968)

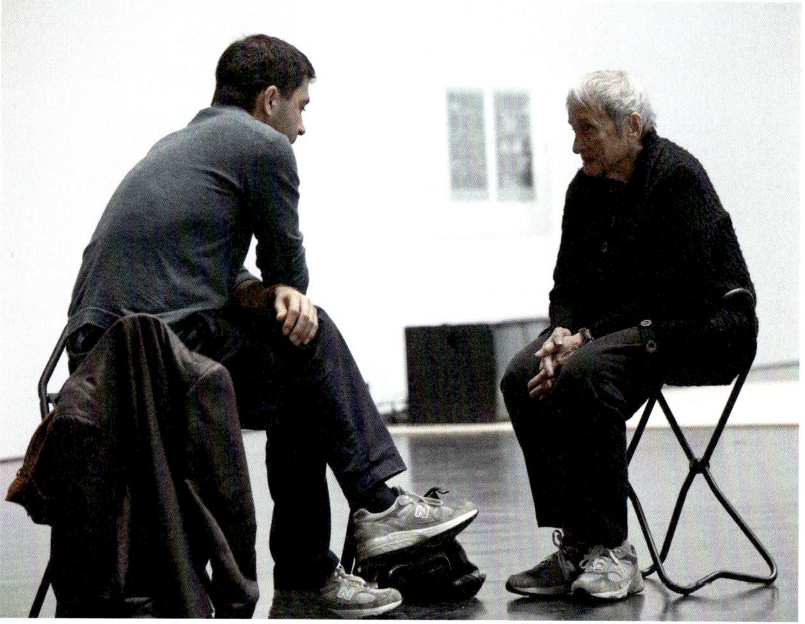

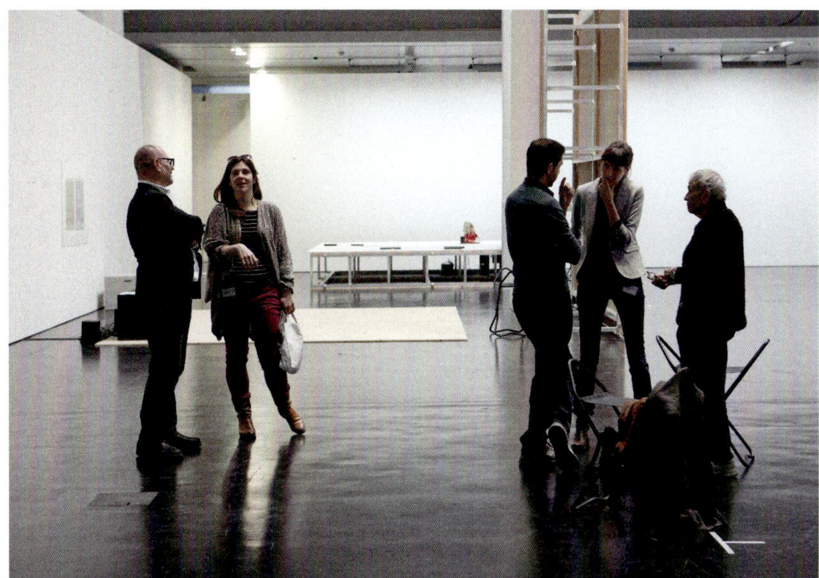

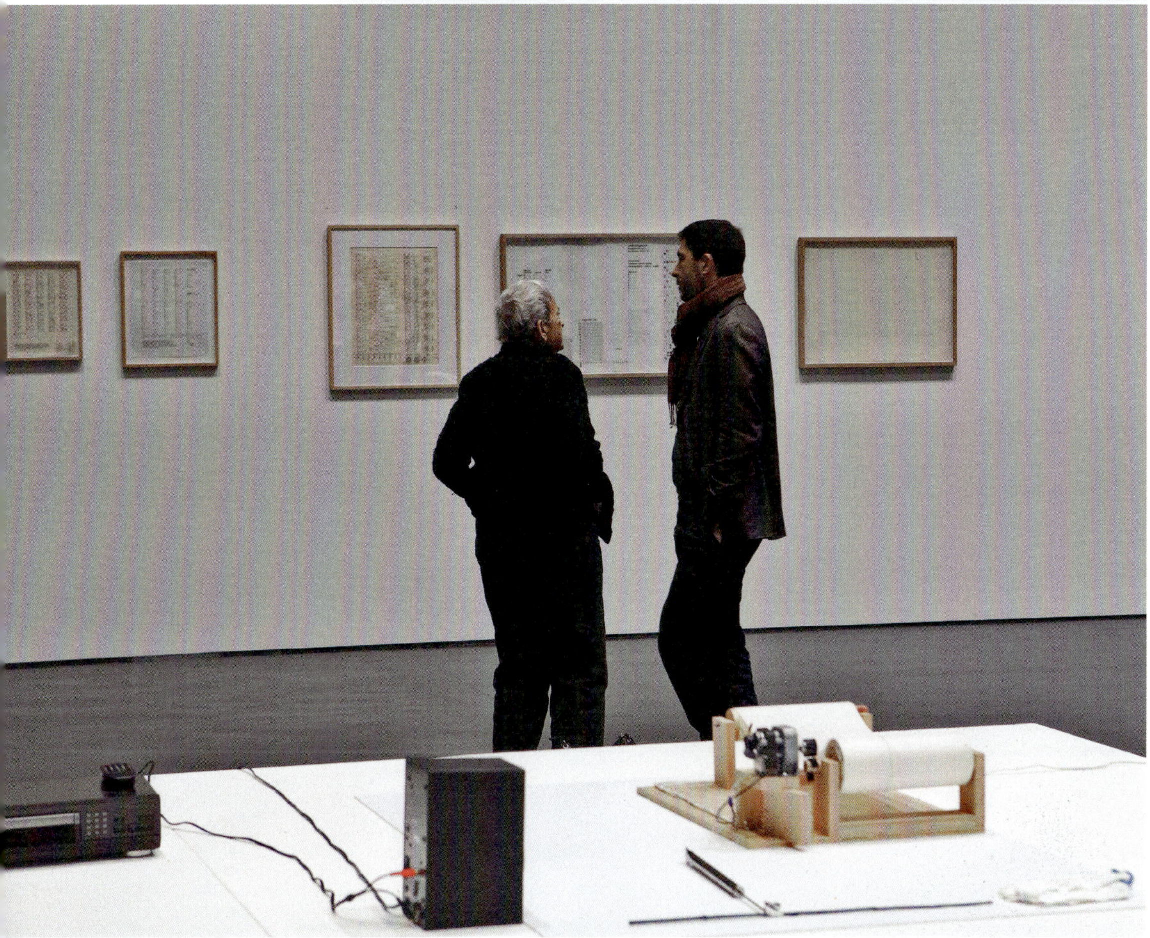

Channa Horwitz im Gespräch: mit Michael
Müller (S. 252 und 253 unten) / mit Georg
Schöllhammer, Sonja Pregrad, Michael Mül-
ler, Mirjam Paninski (S. 253 oben, v.l.n.r.)

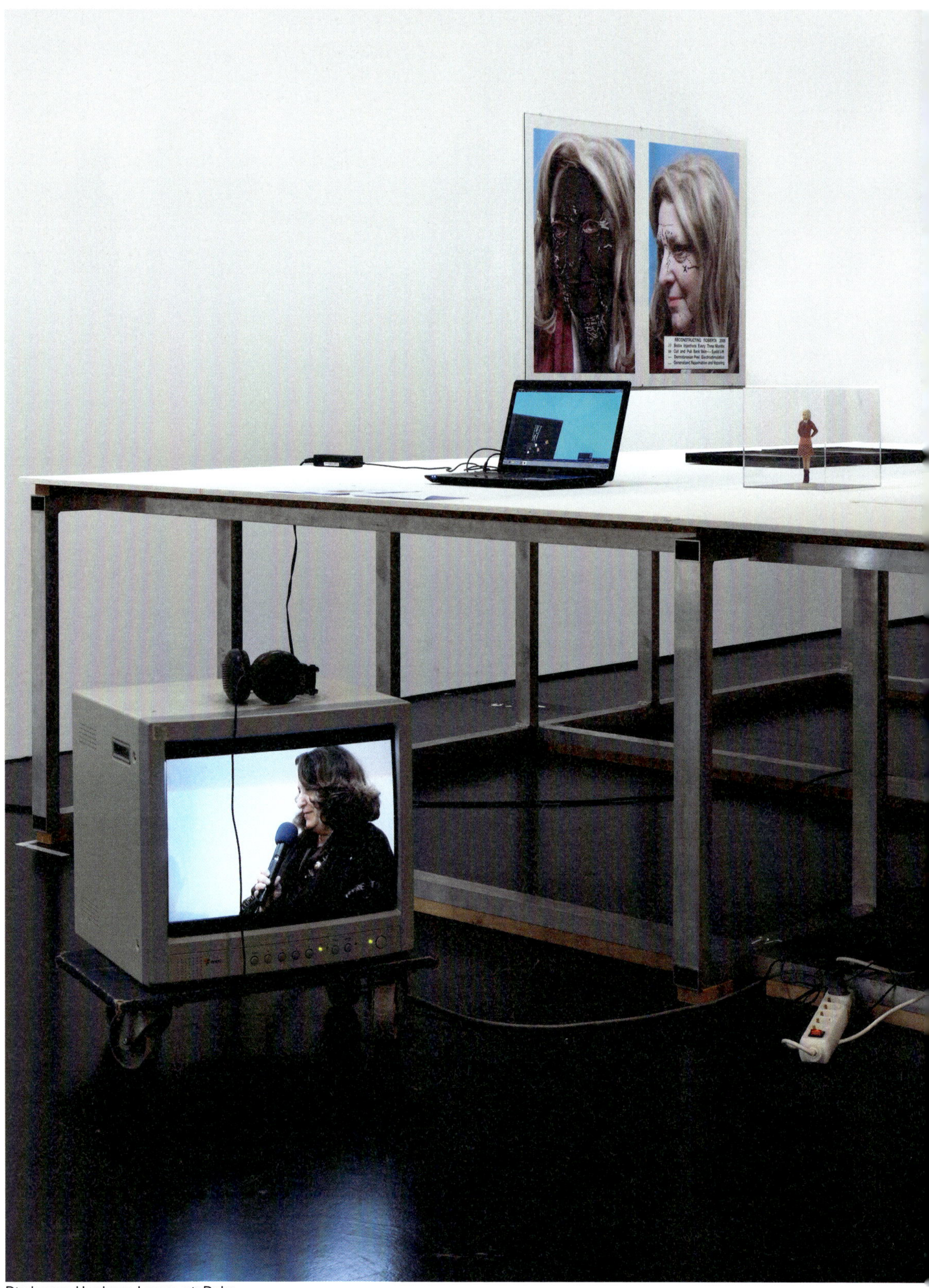

Display von Hershman Leeson mit Dokumentation von *Roberta Breitmore*

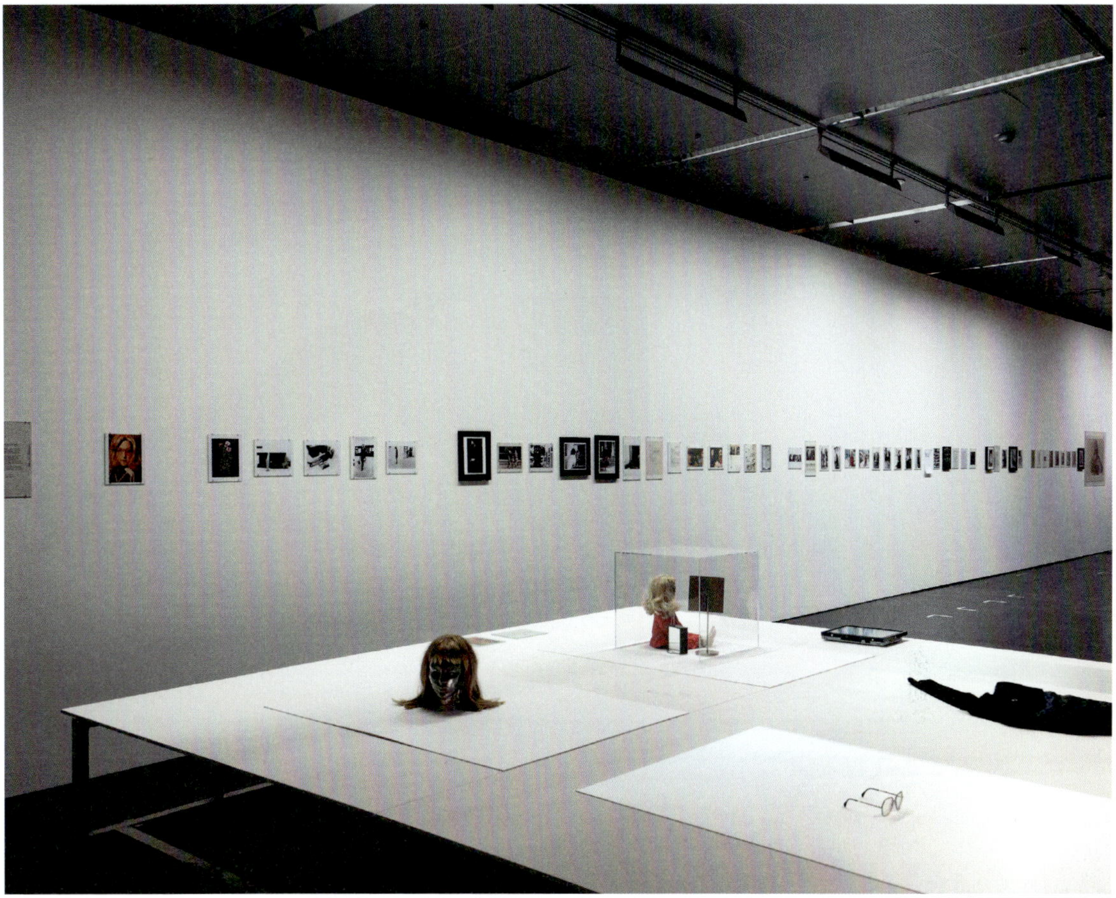

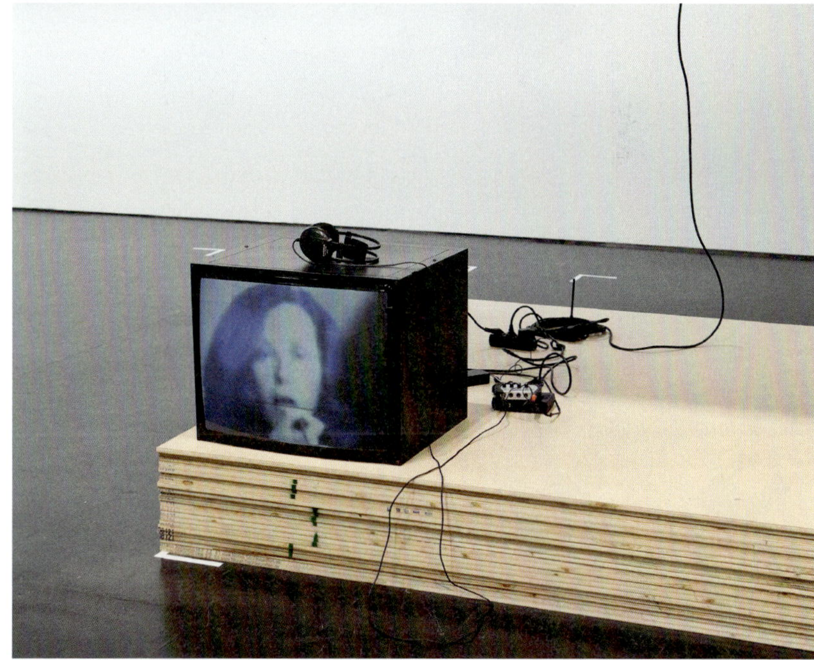

Constructing Roberta, ein Film von Eleanor
Coppola (ca. 1978)

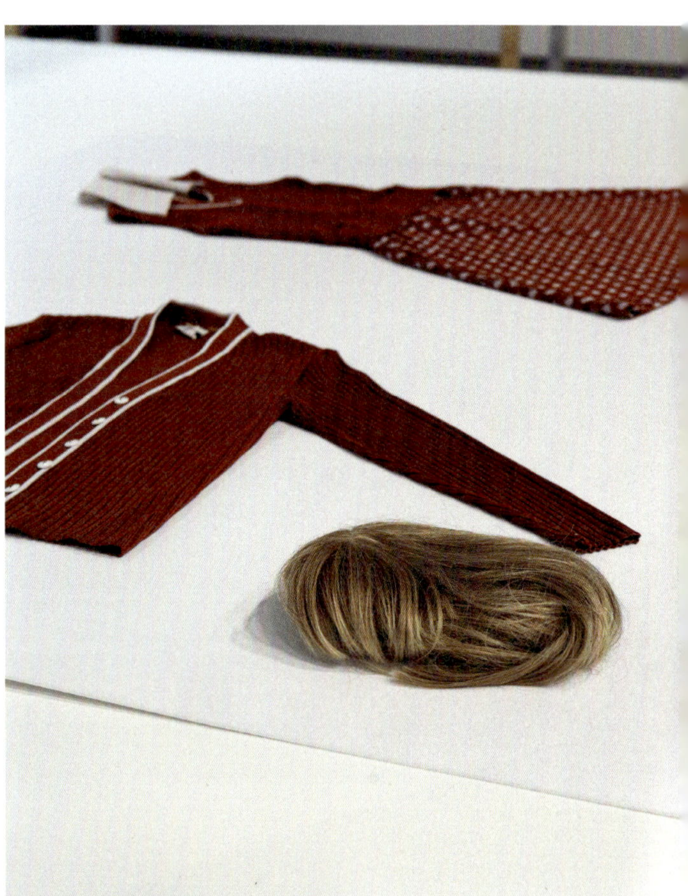

Lynn Hershmann Leeson, *Roberta's Dress* (1976), *Roberta's Elura Ash Blonde Frosted Wig* (1974)

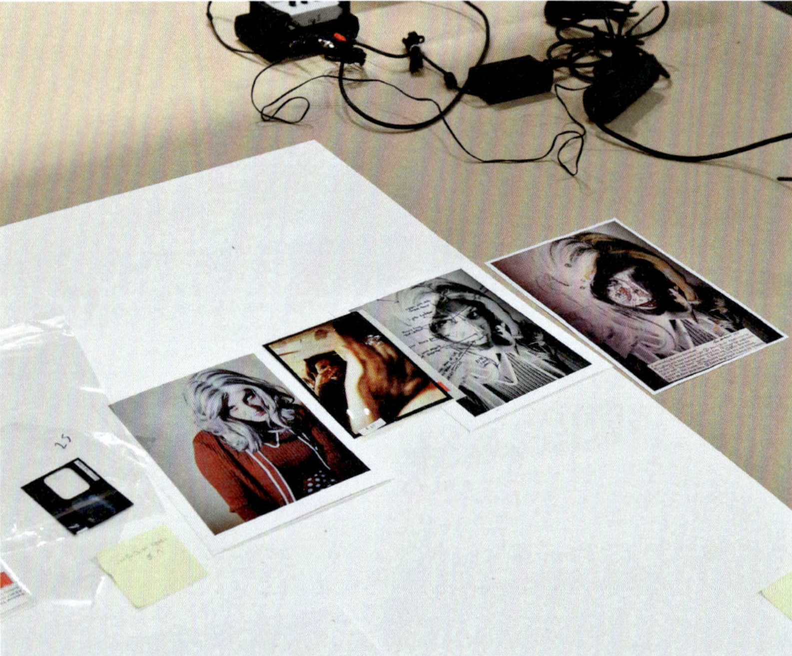

Lynn Hershmann Leeson, Porträts zur Konstruktion von Roberta Breitmore (1972–1975)

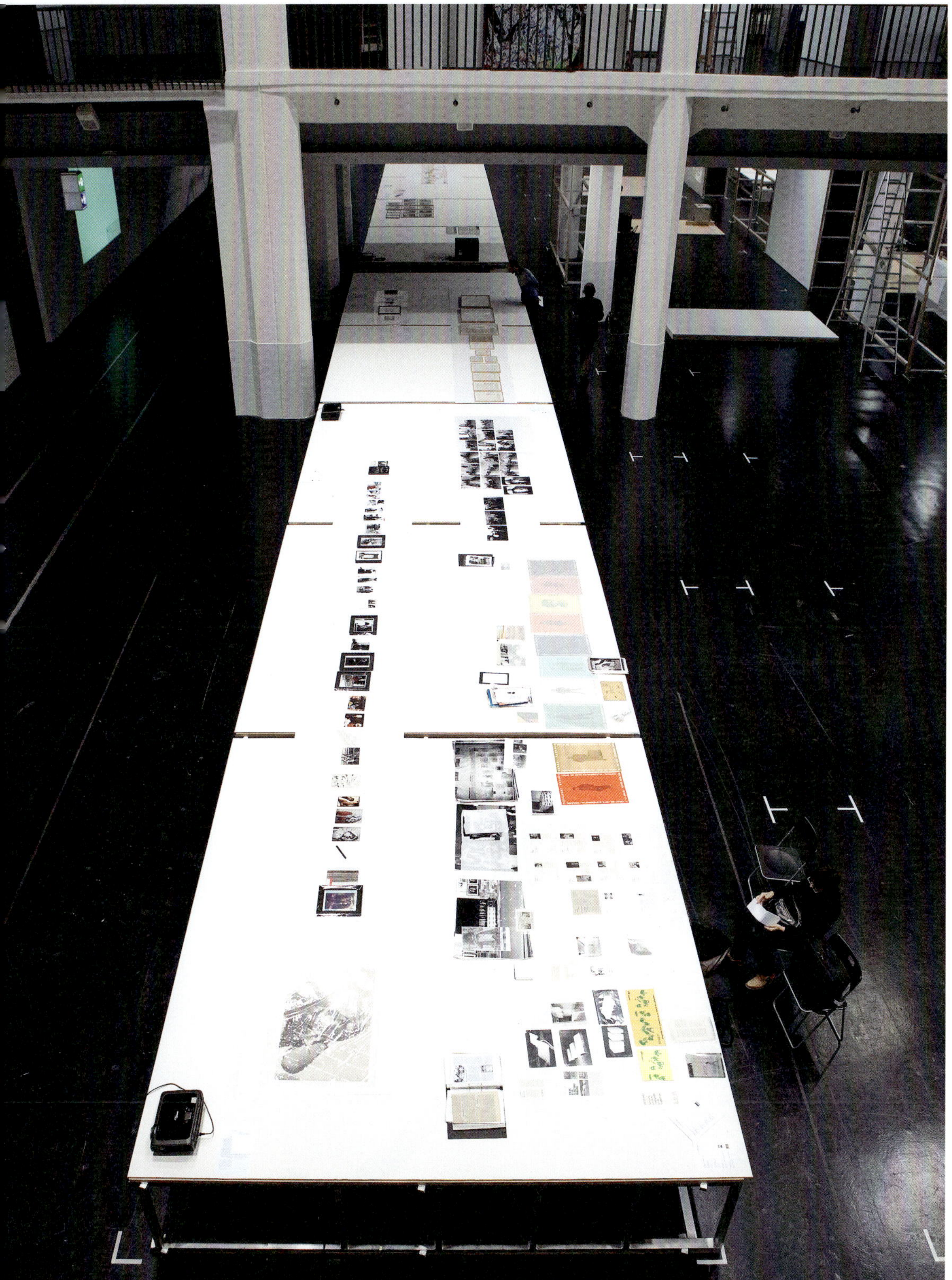
Graciela Carnevale neben der Dokumentation ihrer Arbeiten

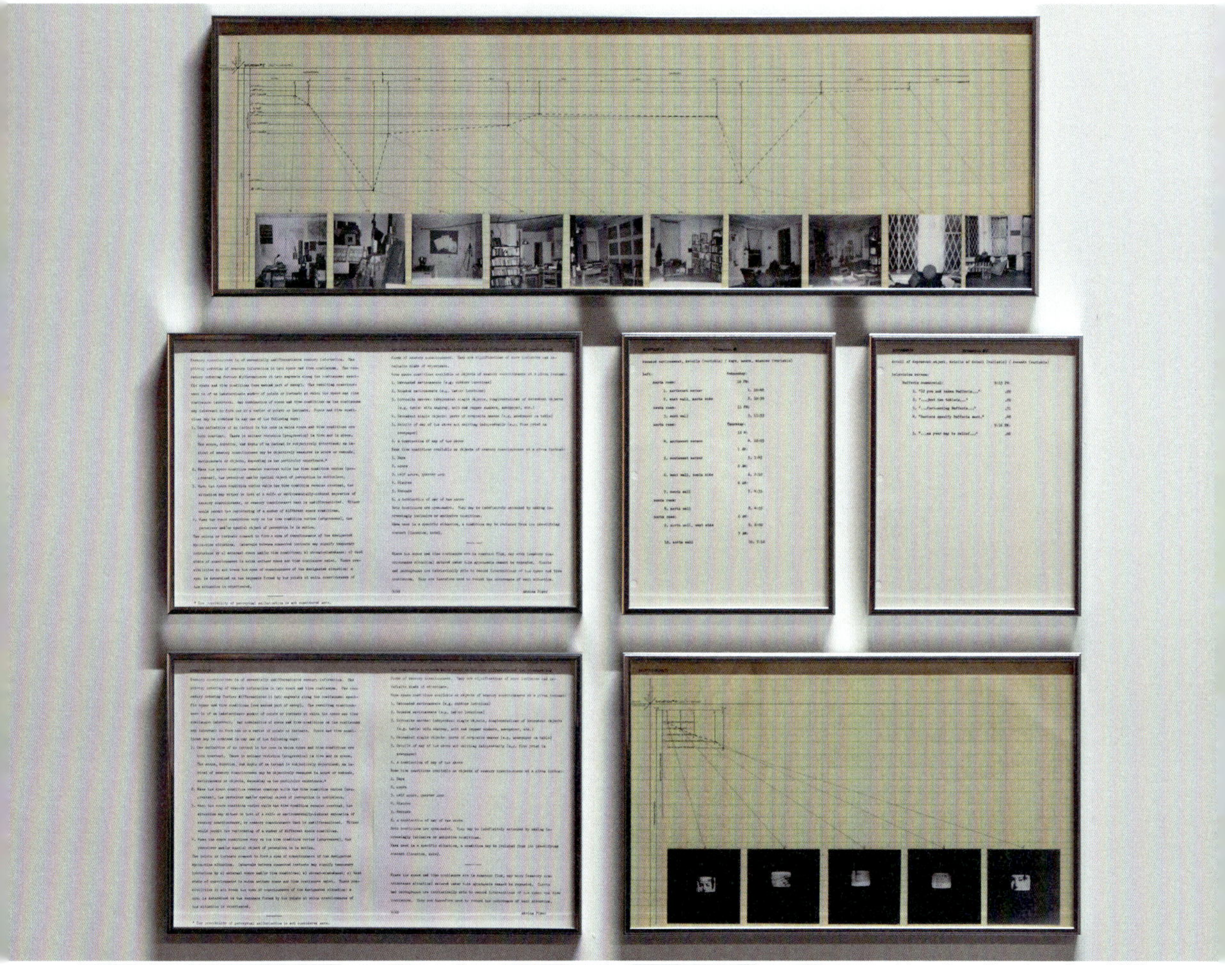

Adrian Piper, *Hypothesis*-Serie (1969)

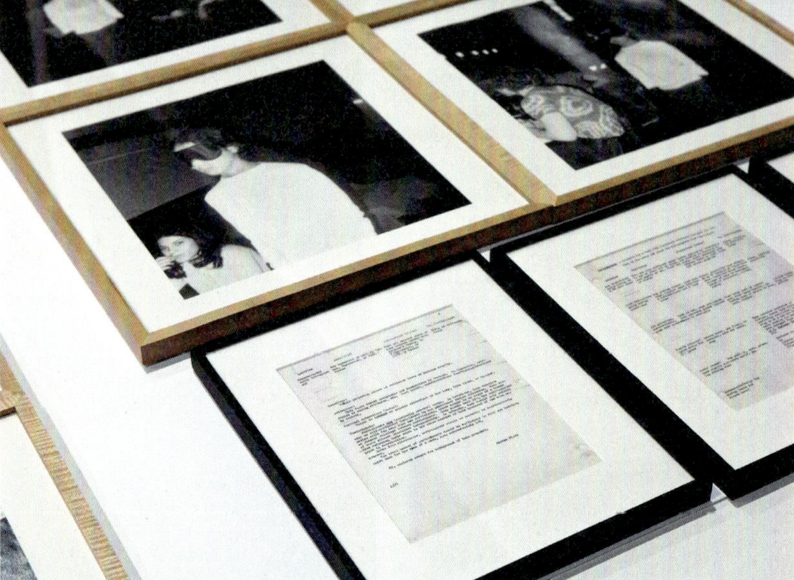

Adrian Piper, *Untitled Performance of Max's
Kansas City* (1970)

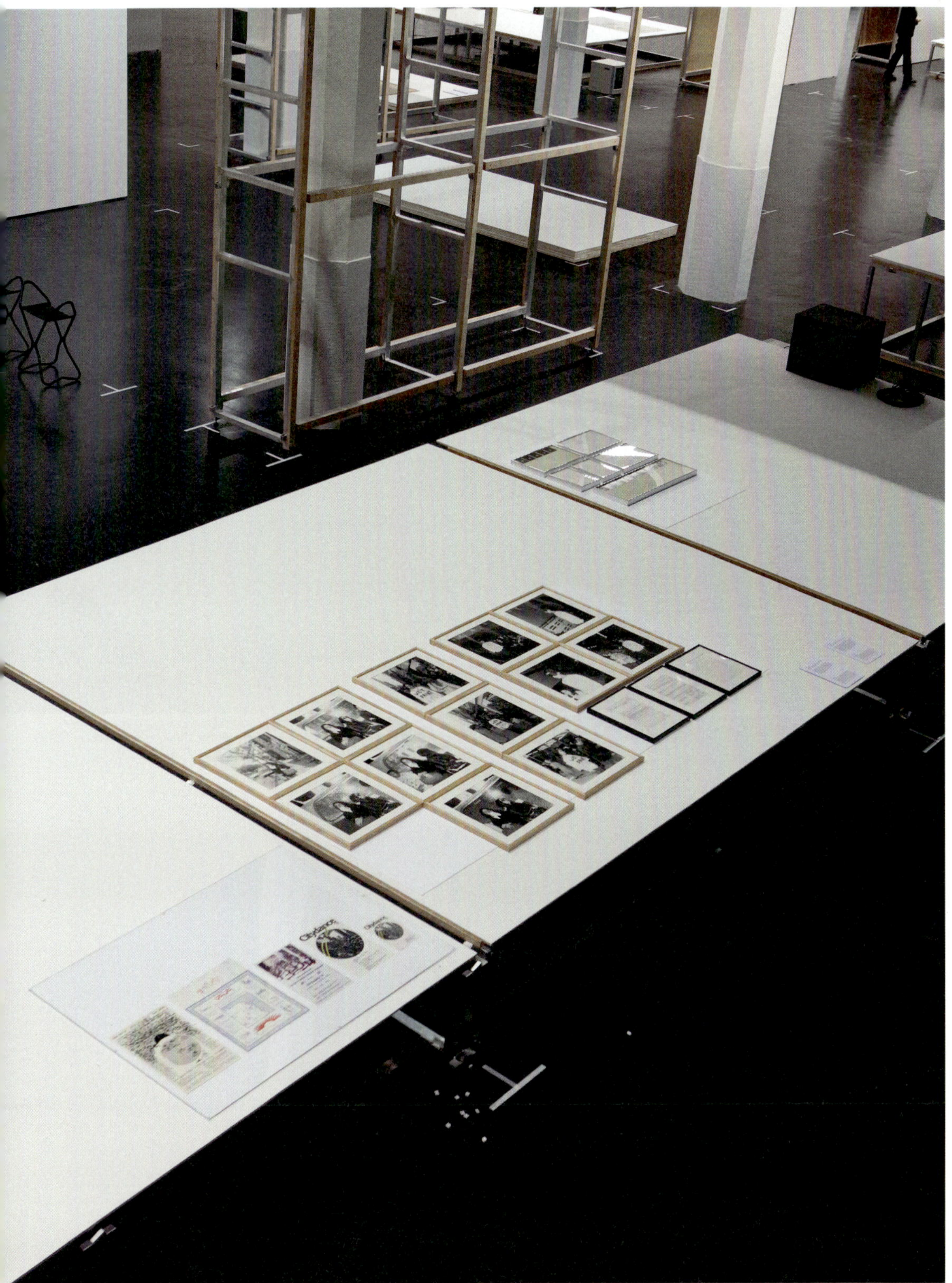

Dokumentation von Adrian Piper, *Catalysis* (1970/1971) und *Performance ohne Titel für Max's Kansas City* (1970)

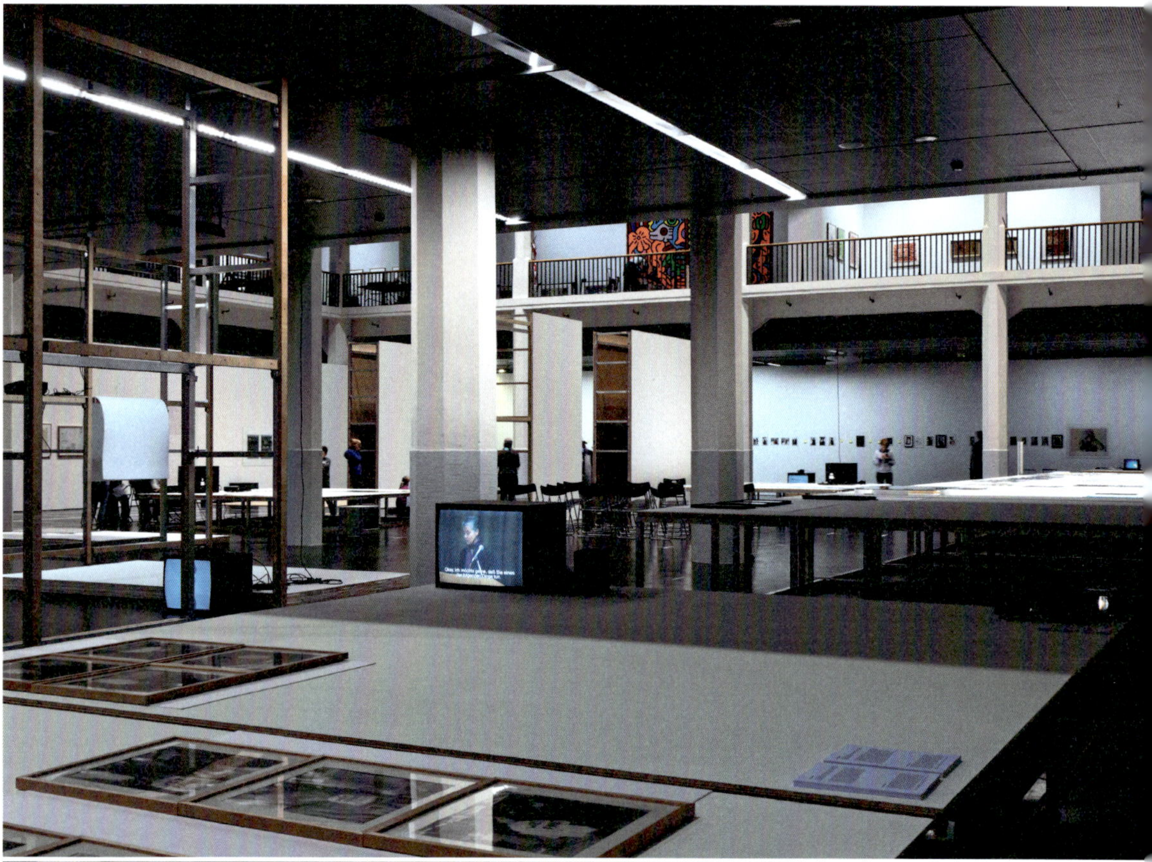

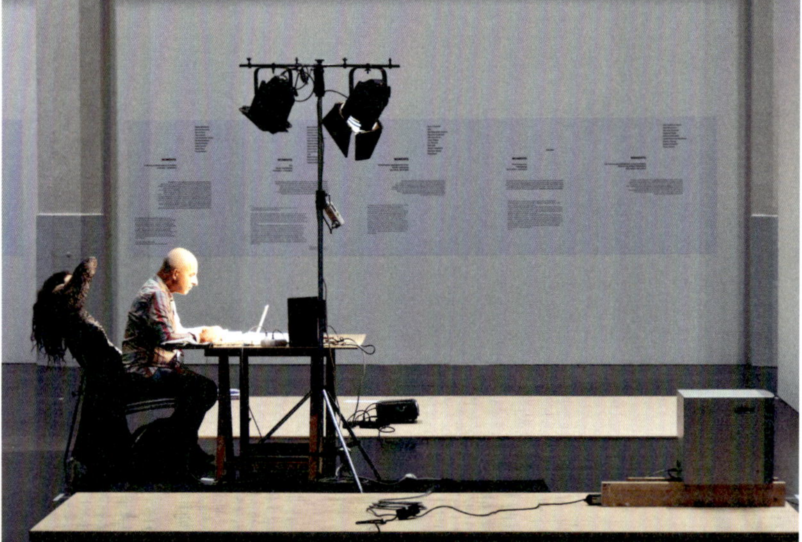

Ausstellungsansicht des Displays von Adrian
Piper, auf dem Monitor: *Shiva Dances* (2004)

Phase II: Artist Lab, Lenio Kaklea, Jan Ritsema

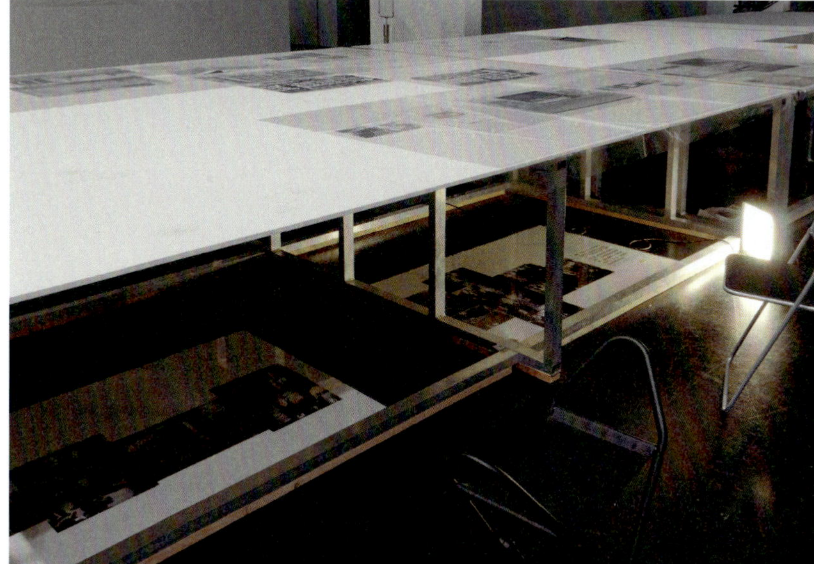

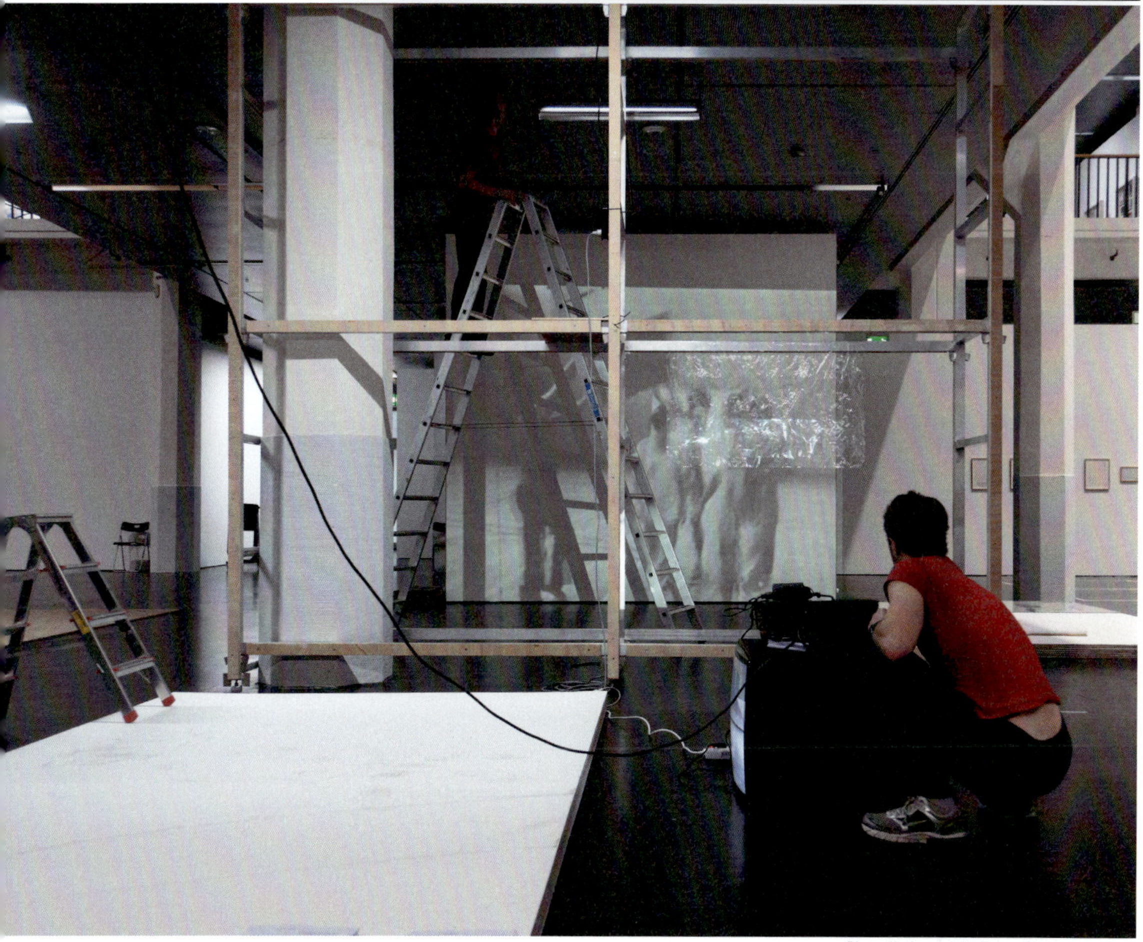

Phase II: Artist Lab, Boris Charmatz

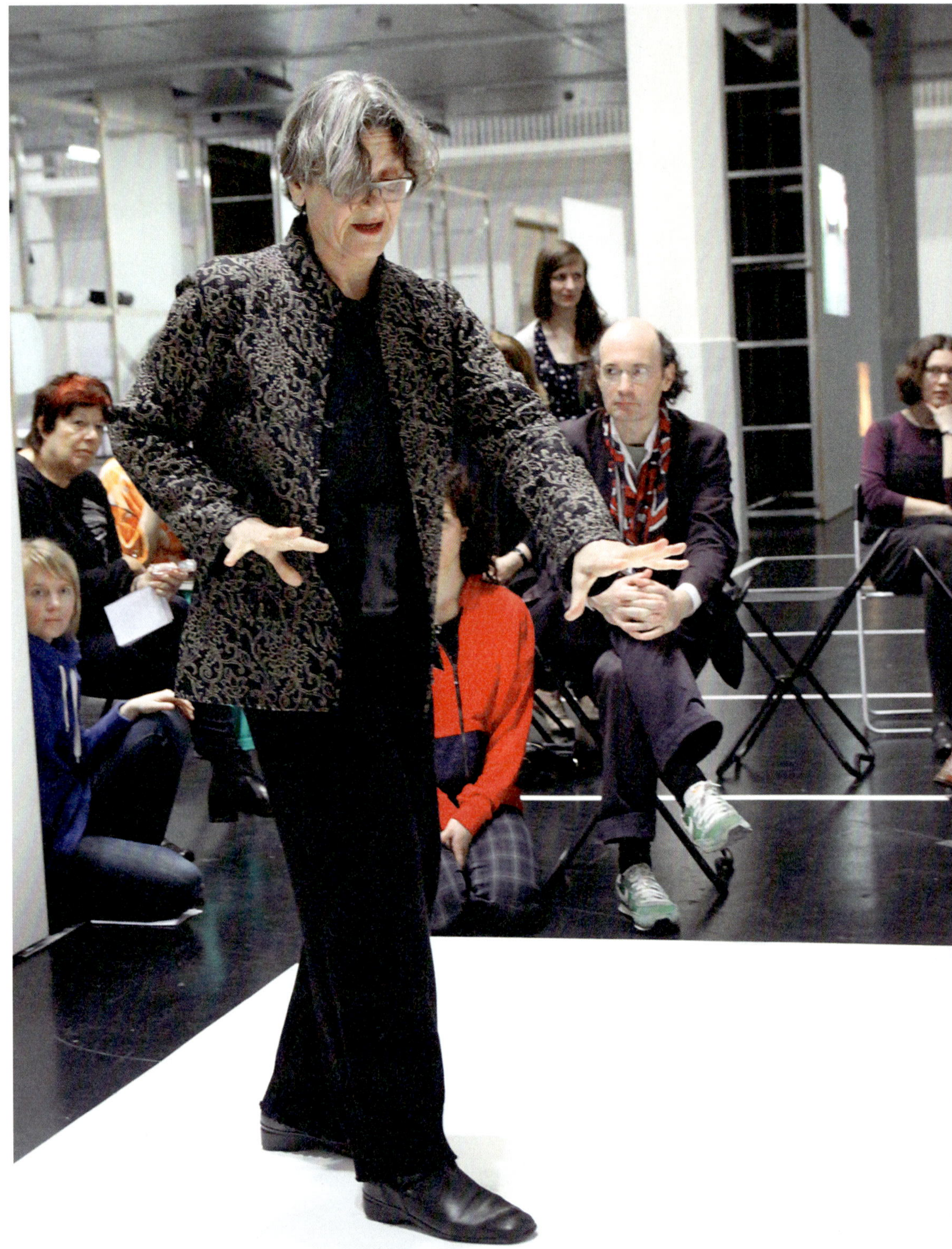

Reinhild Hoffmann während des Artist Lab

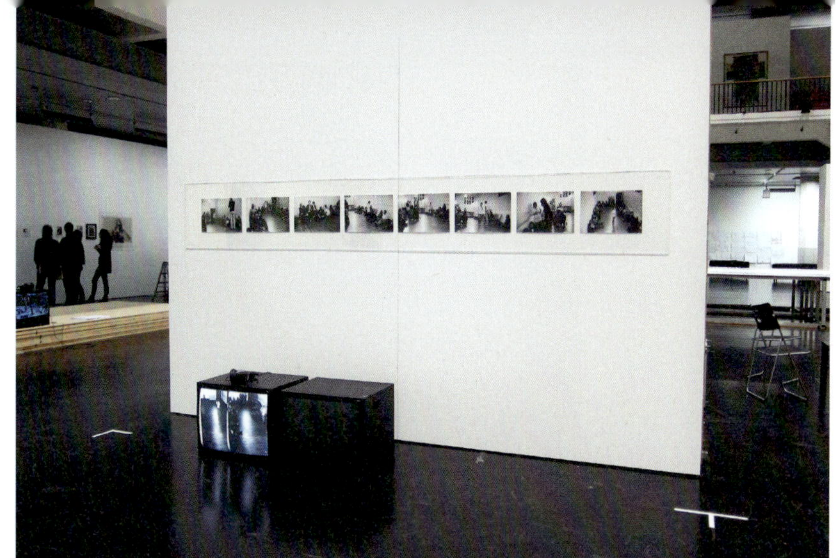

Sanja Iveković, Dokumentation der Performance *Meeting Points* (1978)

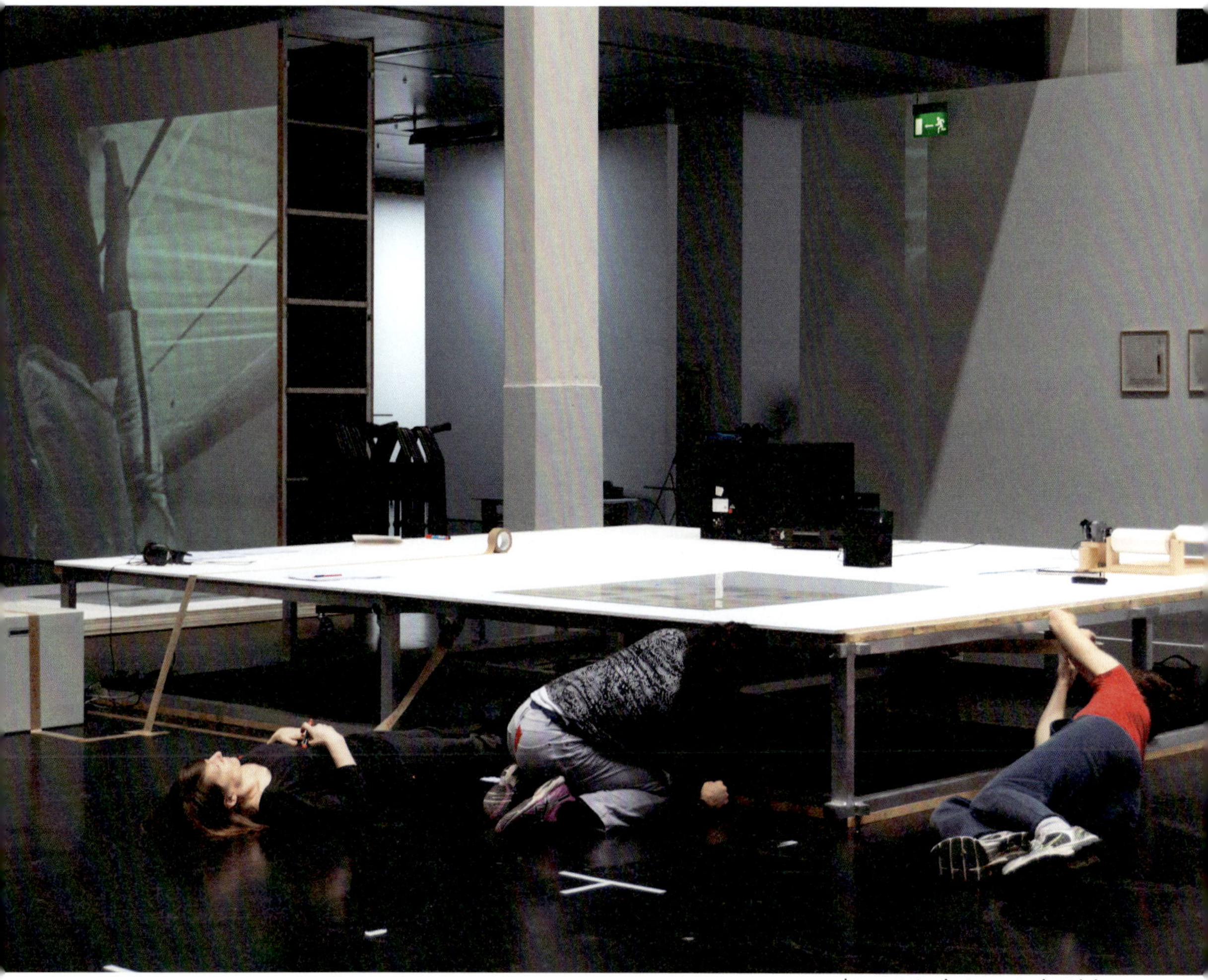

Interpretative Aneignung im Artist Lab

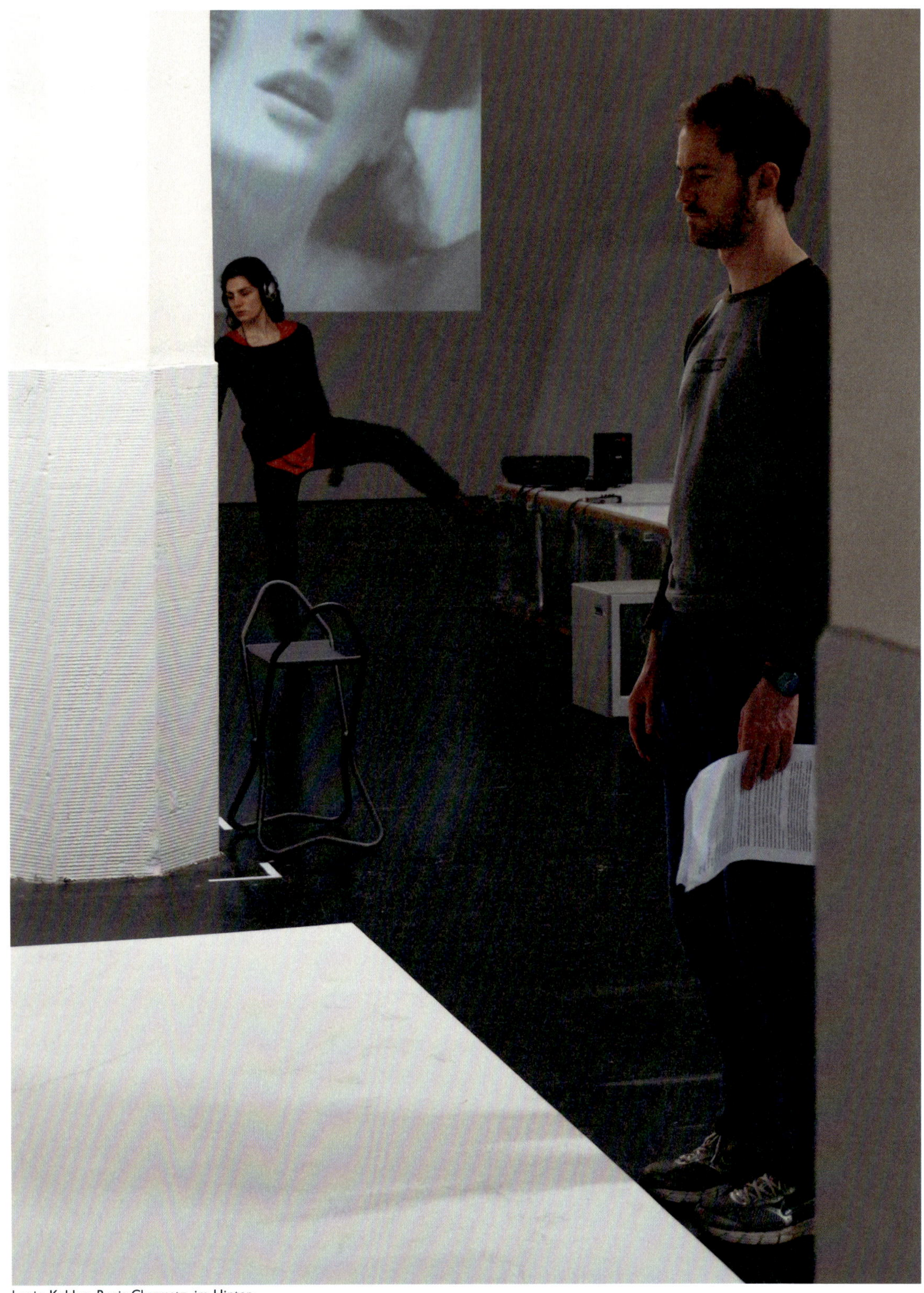

Lenio Kaklea, Boris Charmatz, im Hintergrund: Marina Abramović, *Art Must Be Beautiful, Artist must be Beautiful* (1975)

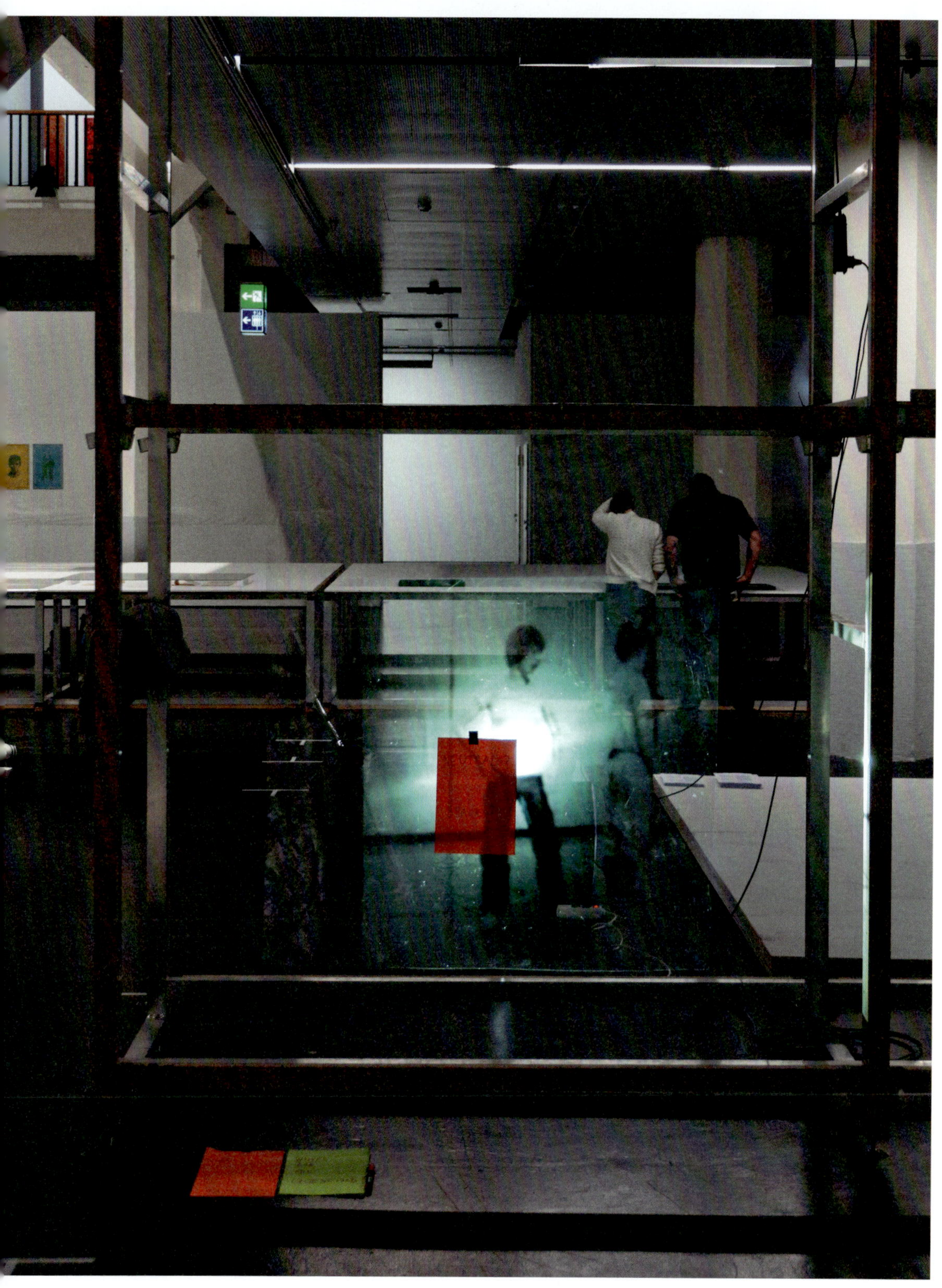

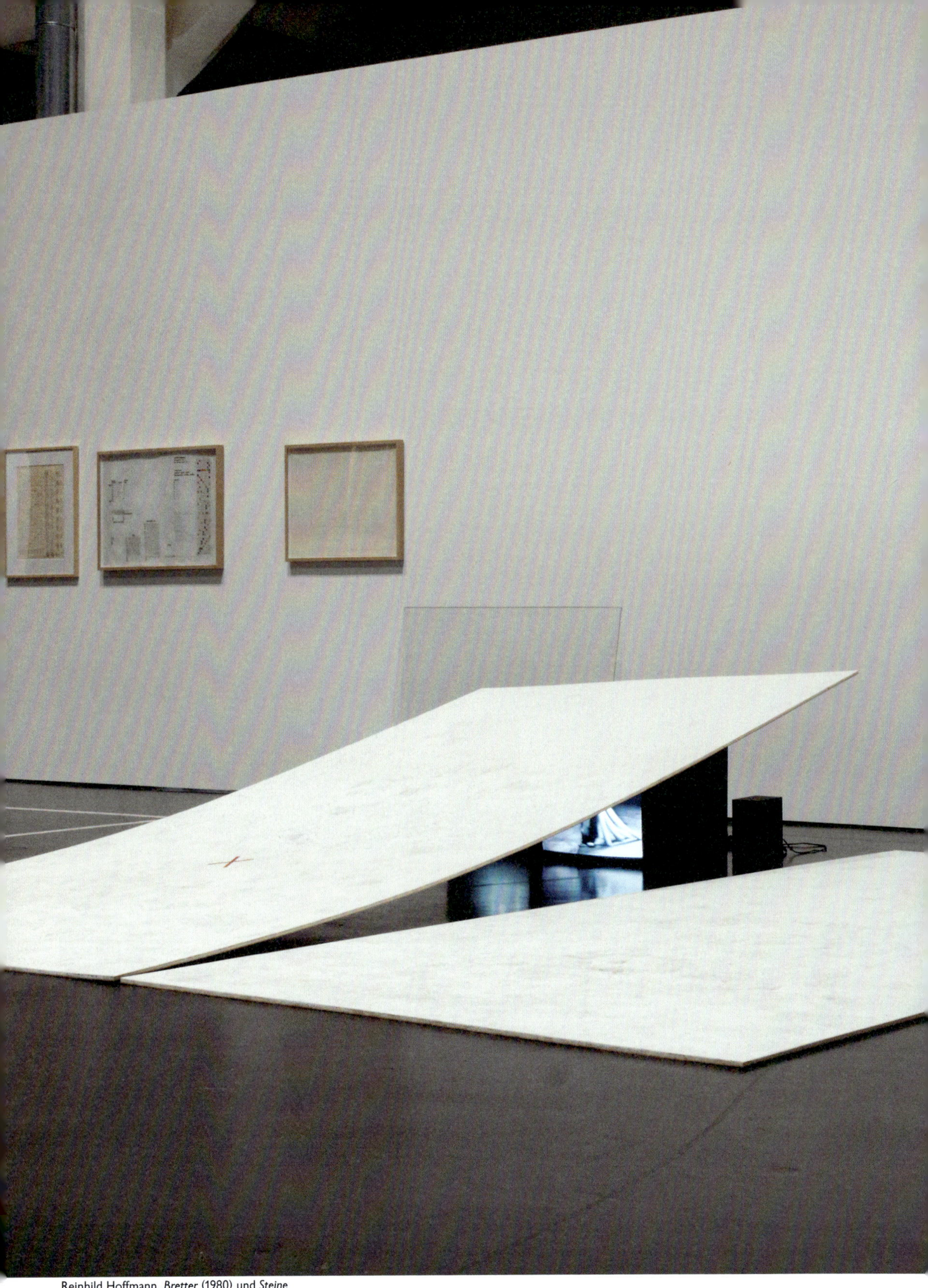

Reinhild Hoffmann, *Bretter* (1980) und *Steine*
(1980), Ausstellungssituation in der Lab-Phase

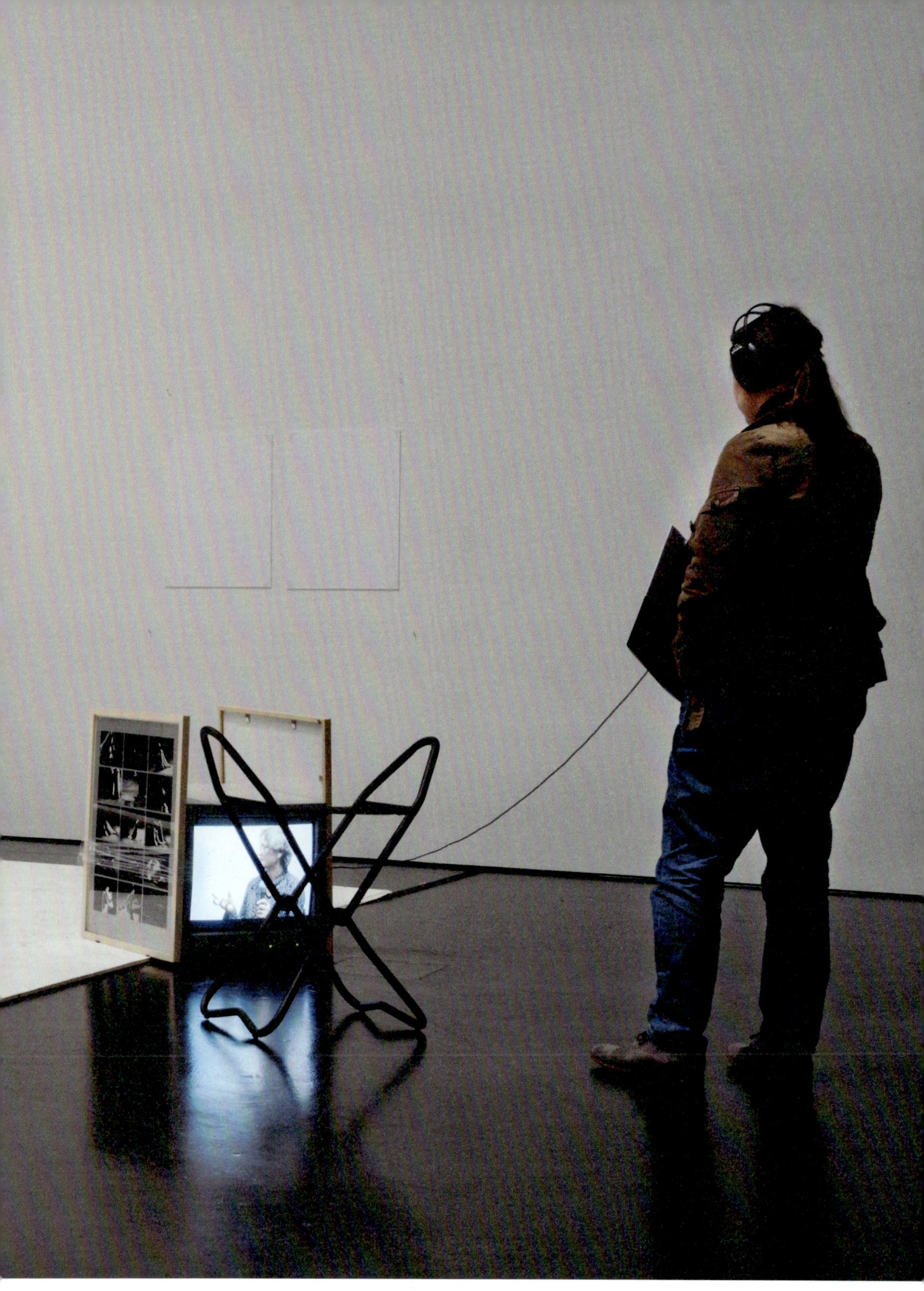

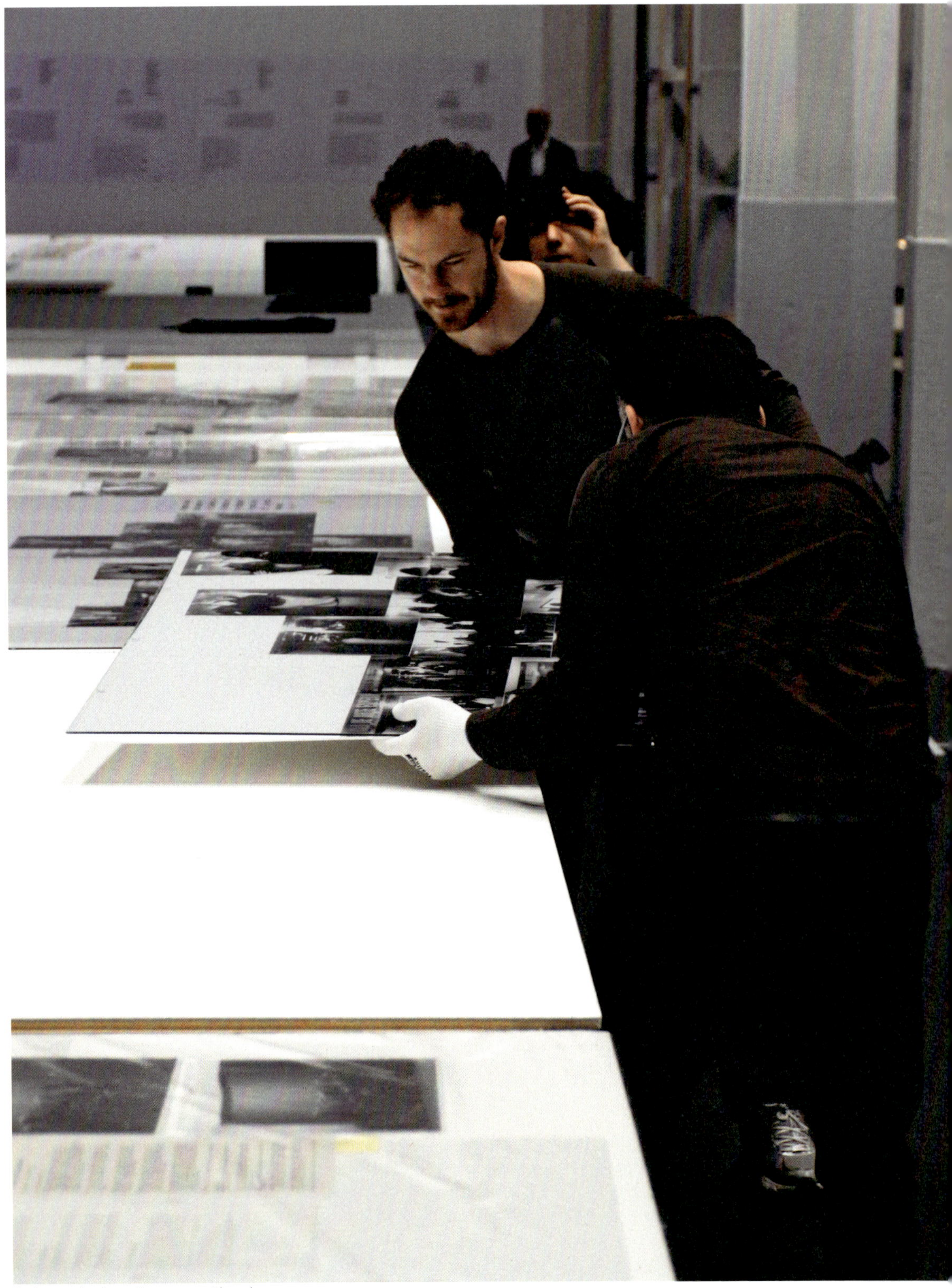

Aneignung des Ausstellungsraums während
des Artist Lab

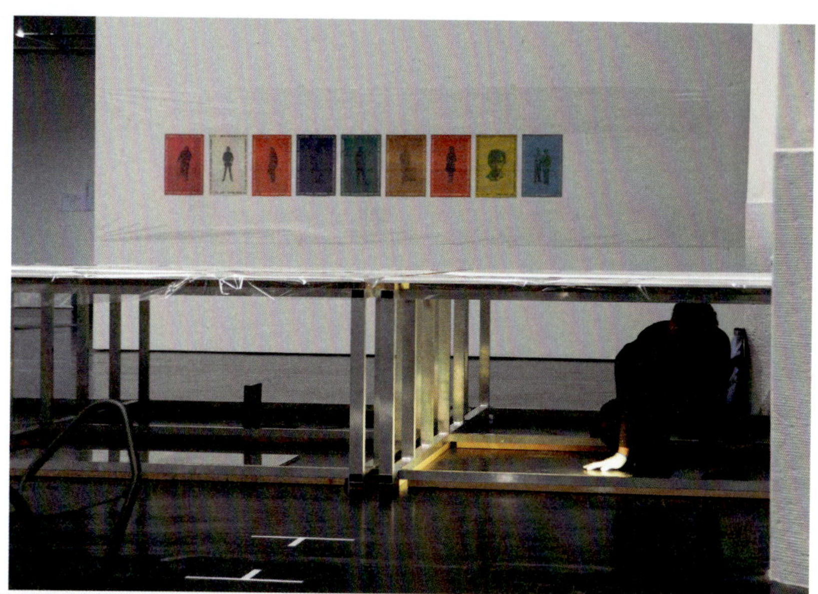

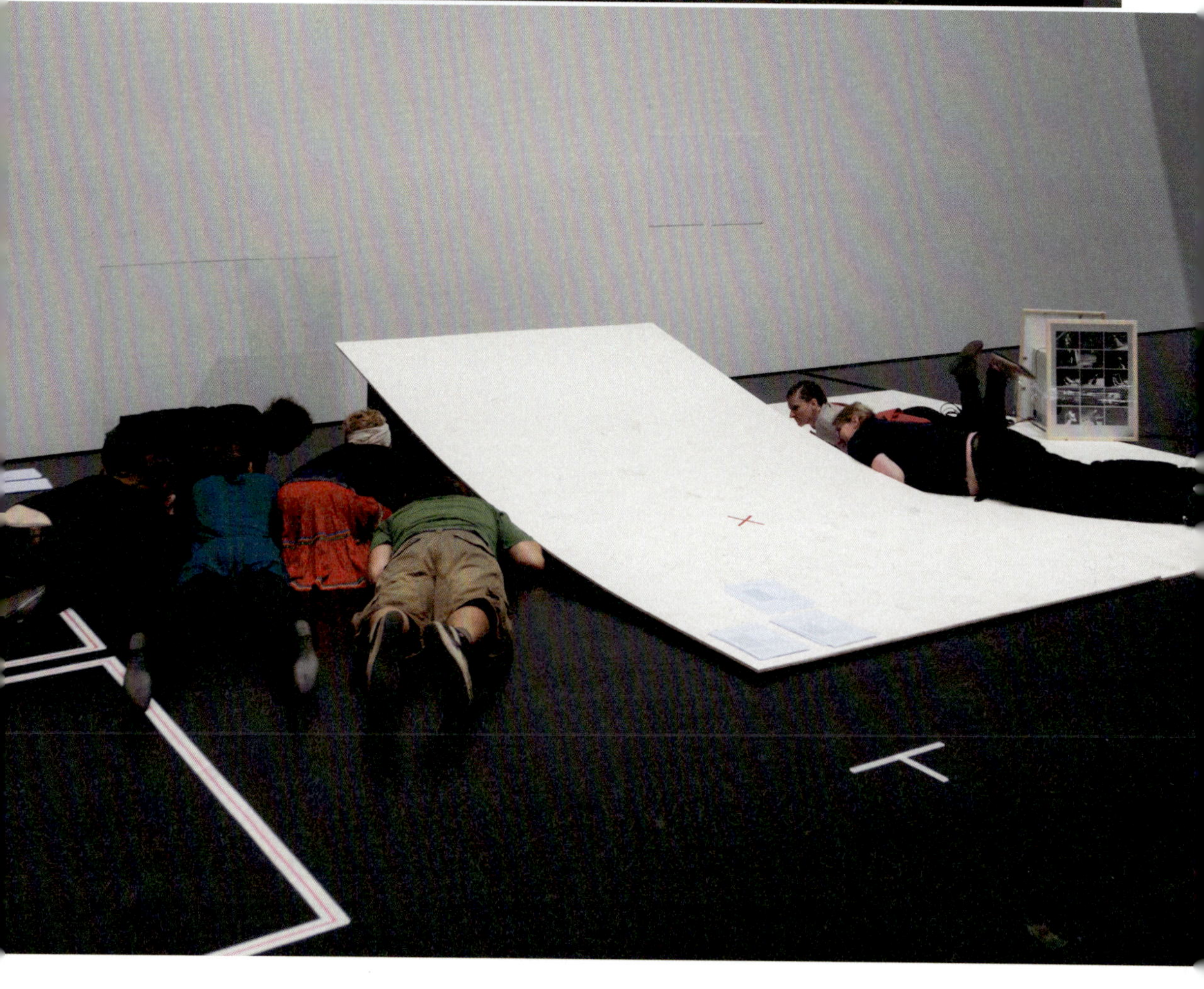

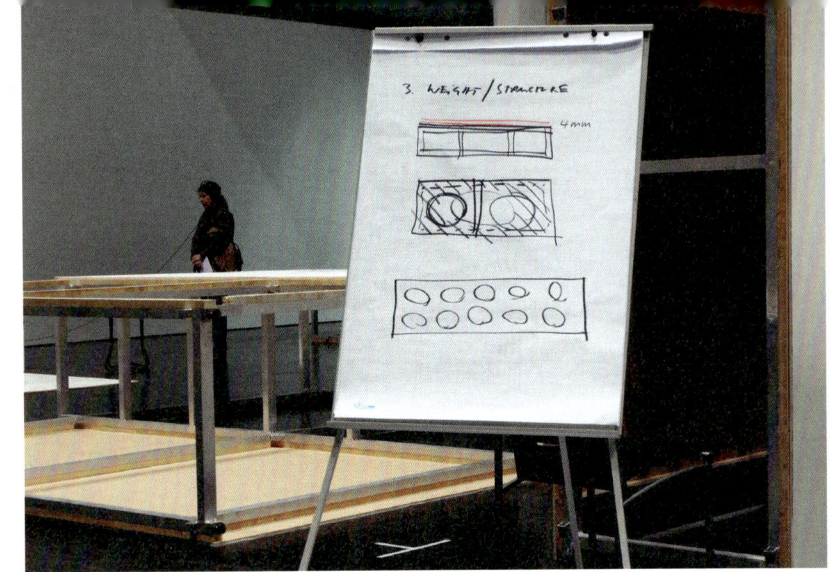

Nikolaus Hirsch, Performance-Lecture
Objects vs People während des Artist Lab

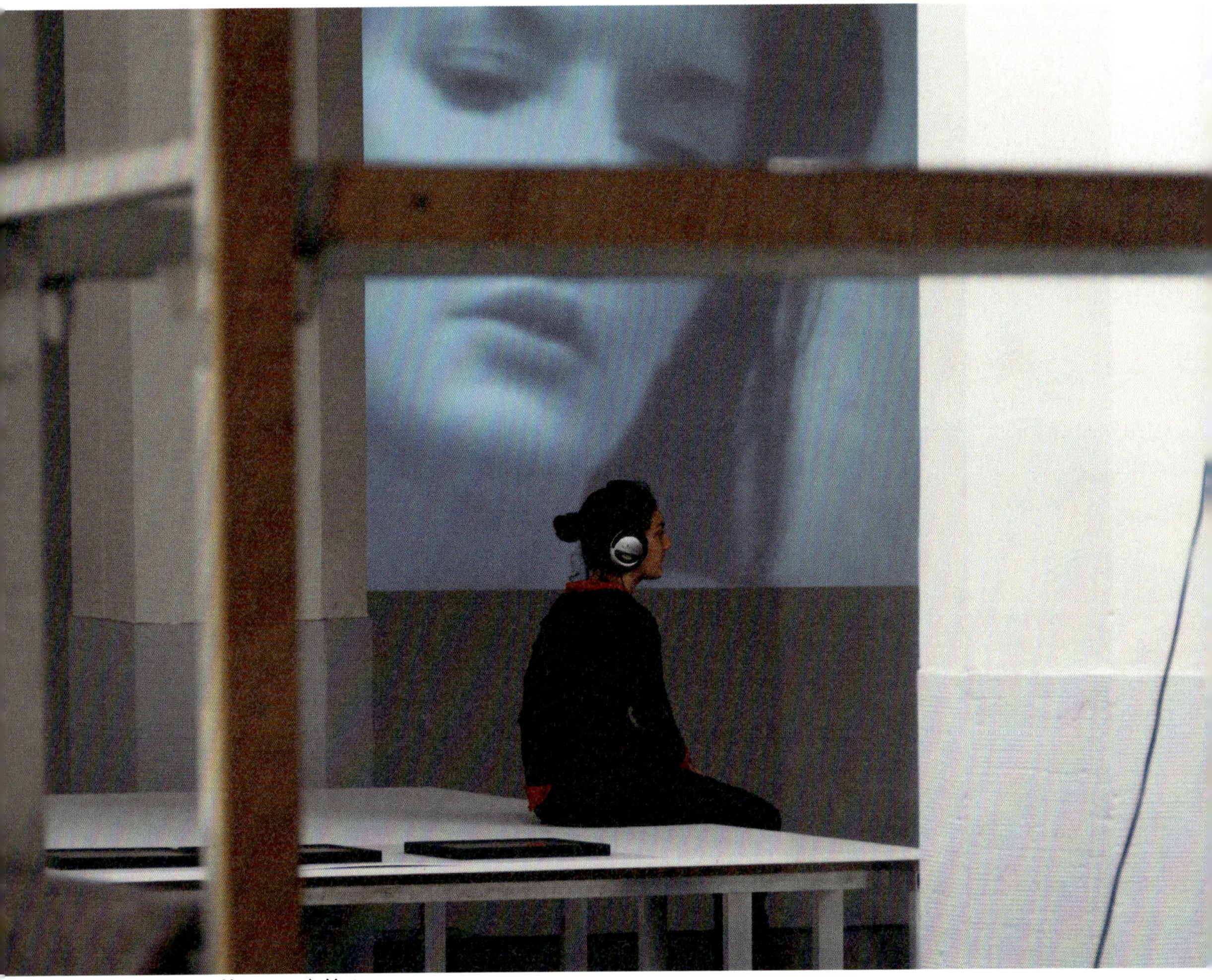

Lenio Kaklea, im Hintergrund: Marina
Abramović, *Art Must Be Beautiful, Artist
must be Beautiful* (1975)

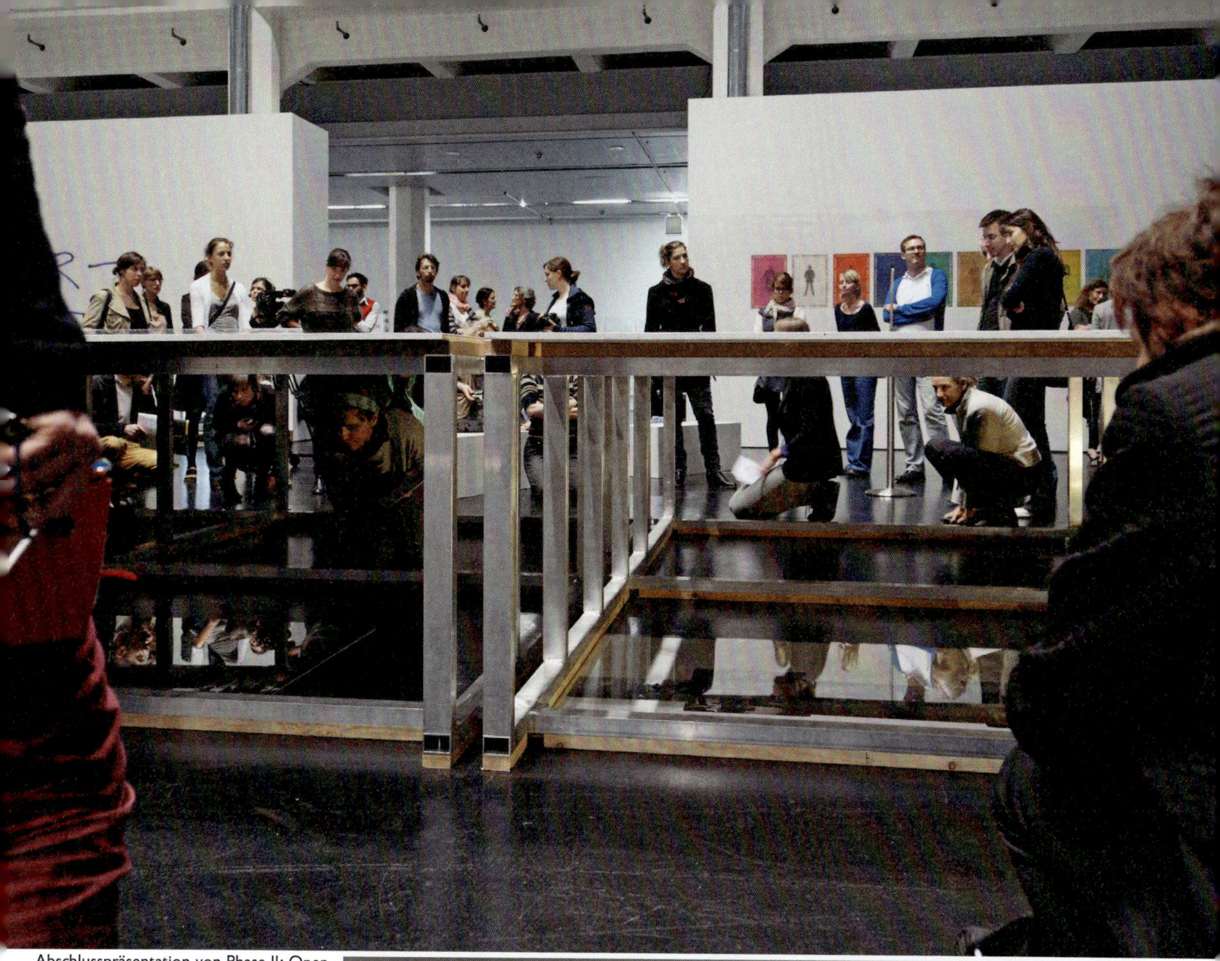

Abschlusspräsentation von Phase II: Open
Lab, am 30. März 2012

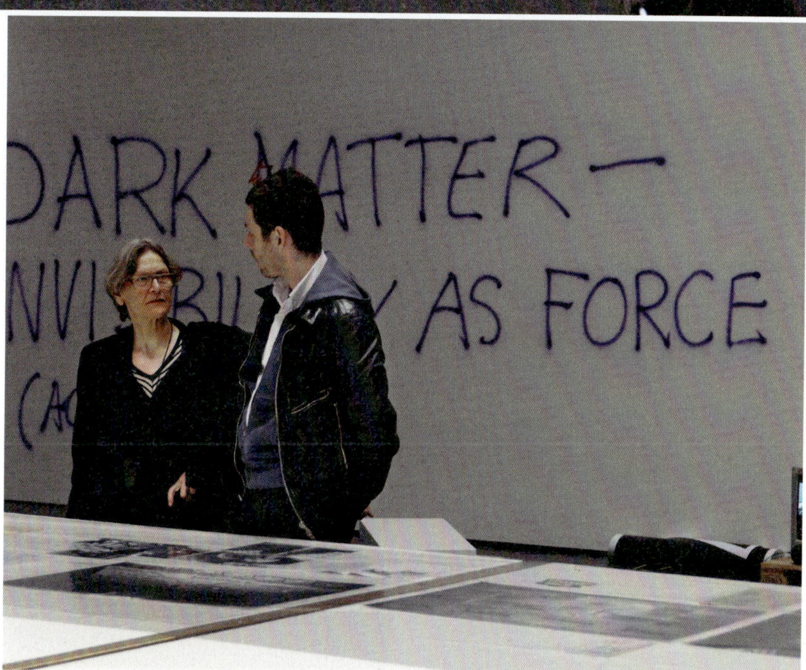

Reinhild Hoffmann mit Johannes Porsch

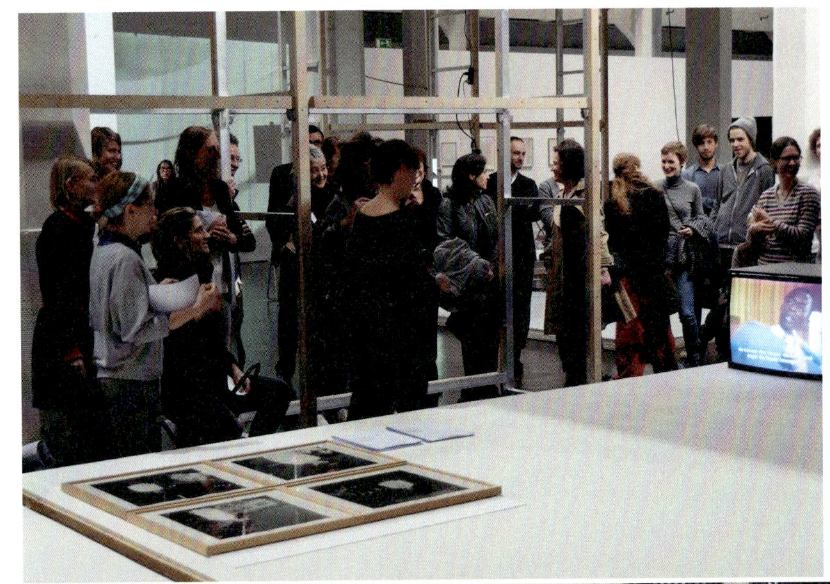

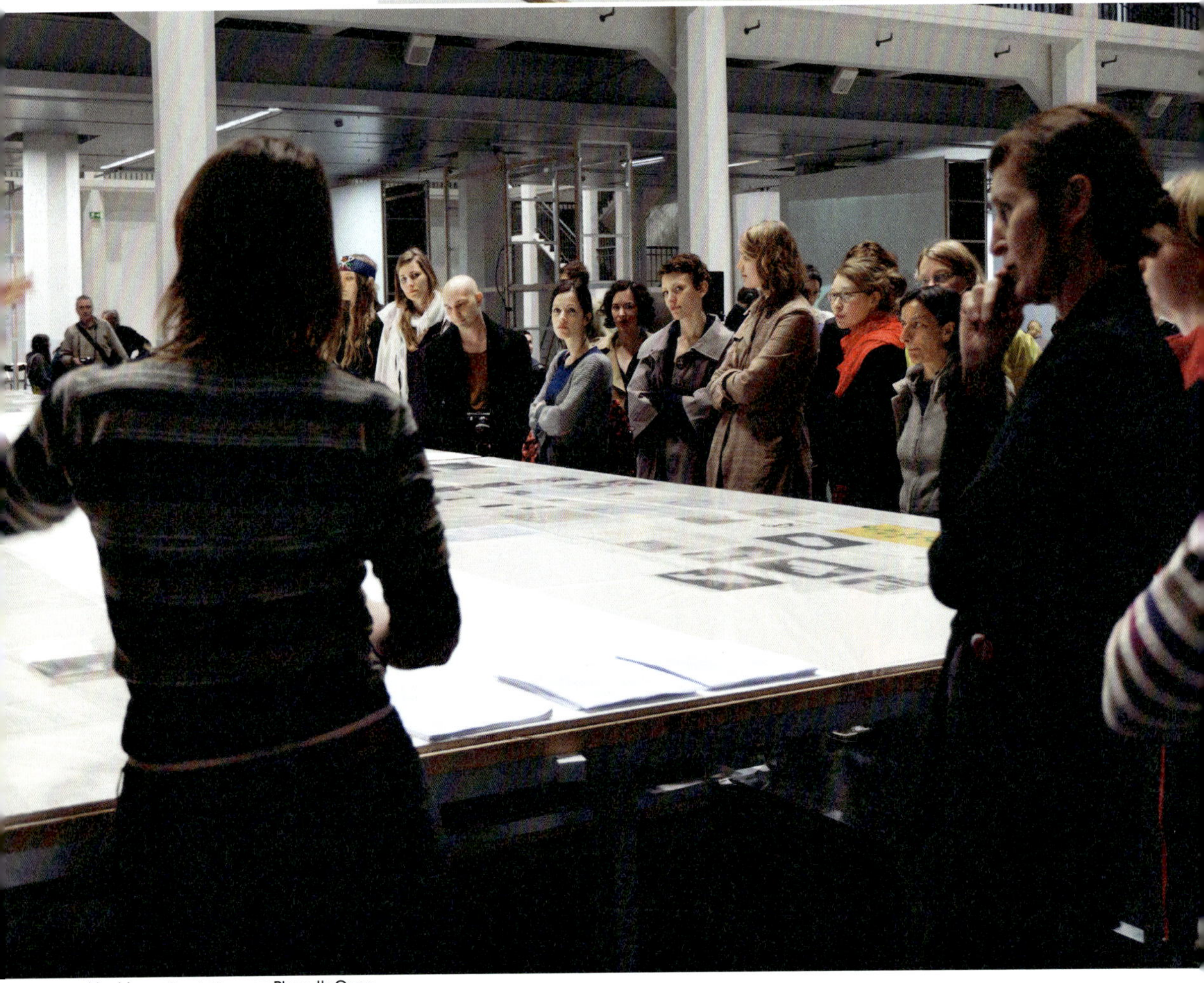

Abschlusspräsentation von Phase II: Open
Lab, am 30. März 2012

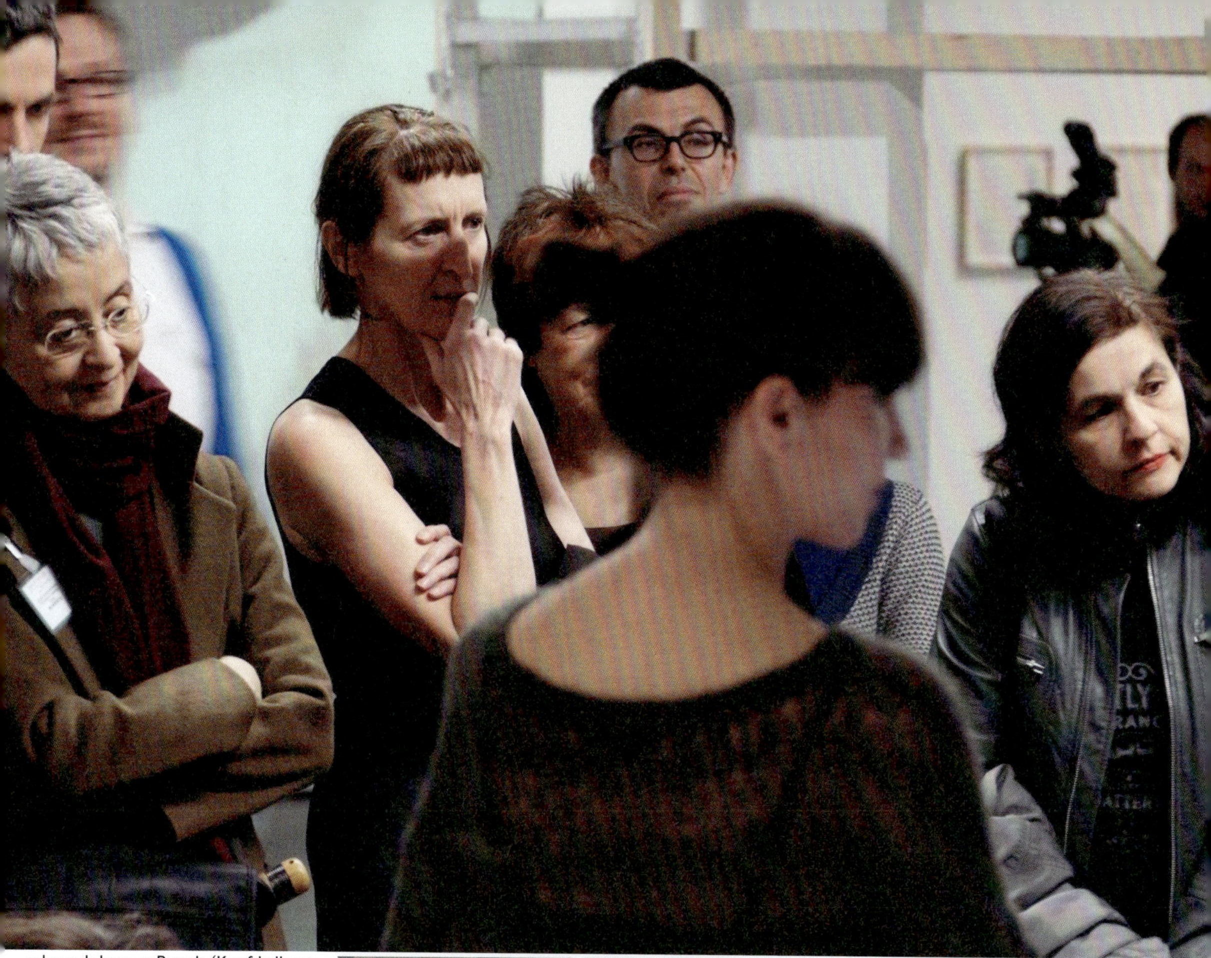

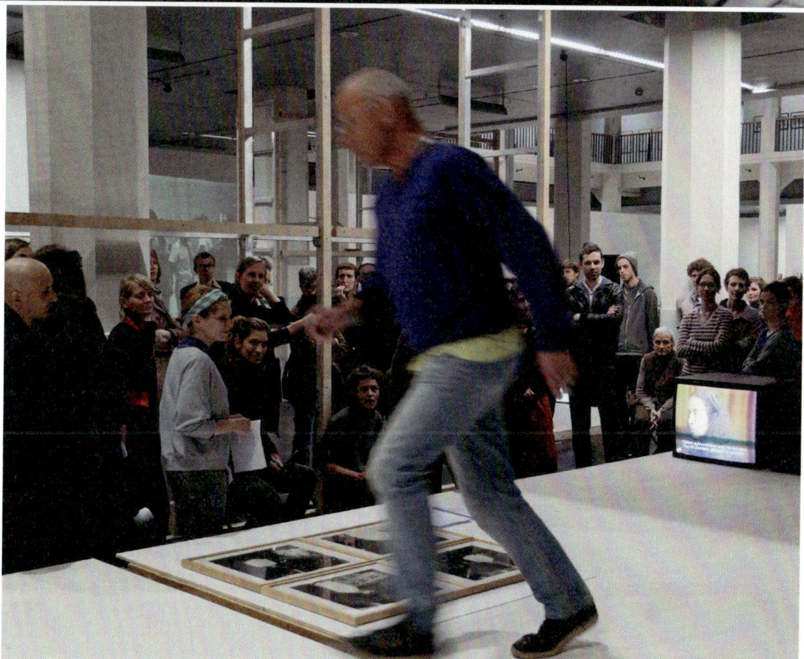

v.l.n.r.: Johannes Porsch (Kopf halb verdeckt), Adrian Piper, Gerald Siegmund,
Martina Hochmuth, Claudia Carnevale fast
verdeckt von Tessa Theisen, Burkhard
Stangl (dahinter) und Besucherin

Abschlusspräsentation von Phase II: Open
Lab, am 30. März 2012

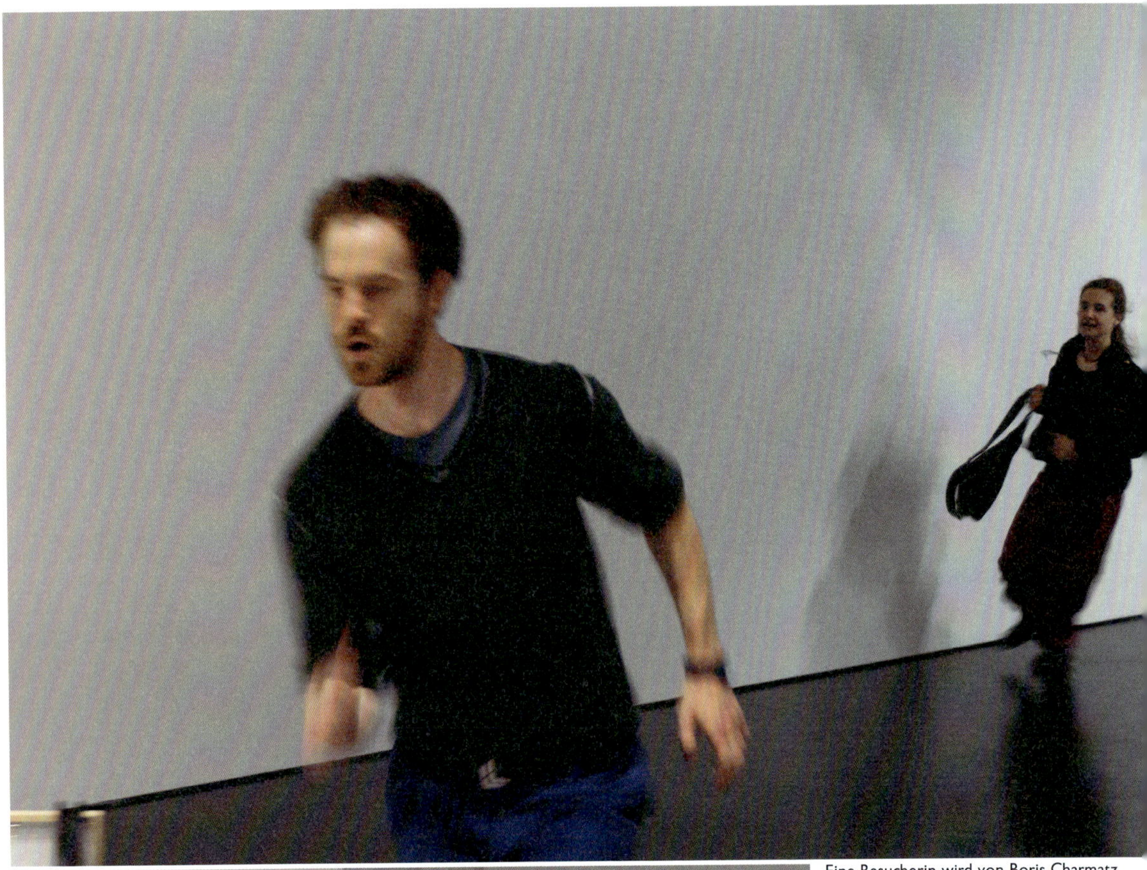

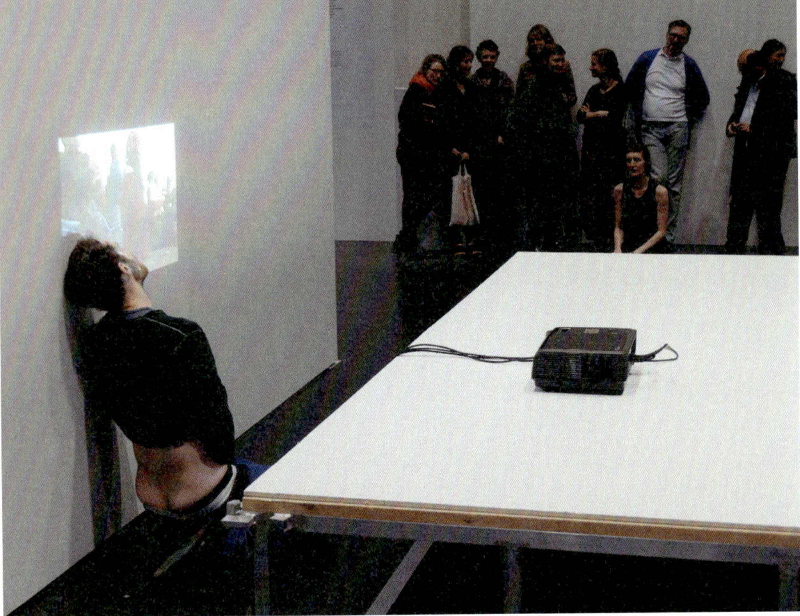

Eine Besucherin wird von Boris Charmatz
in eine Aktion des Open Lab involviert

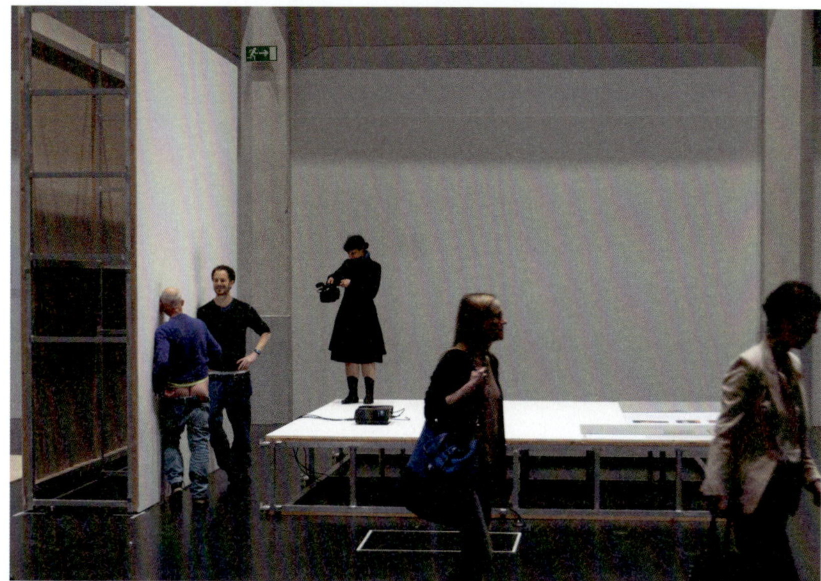

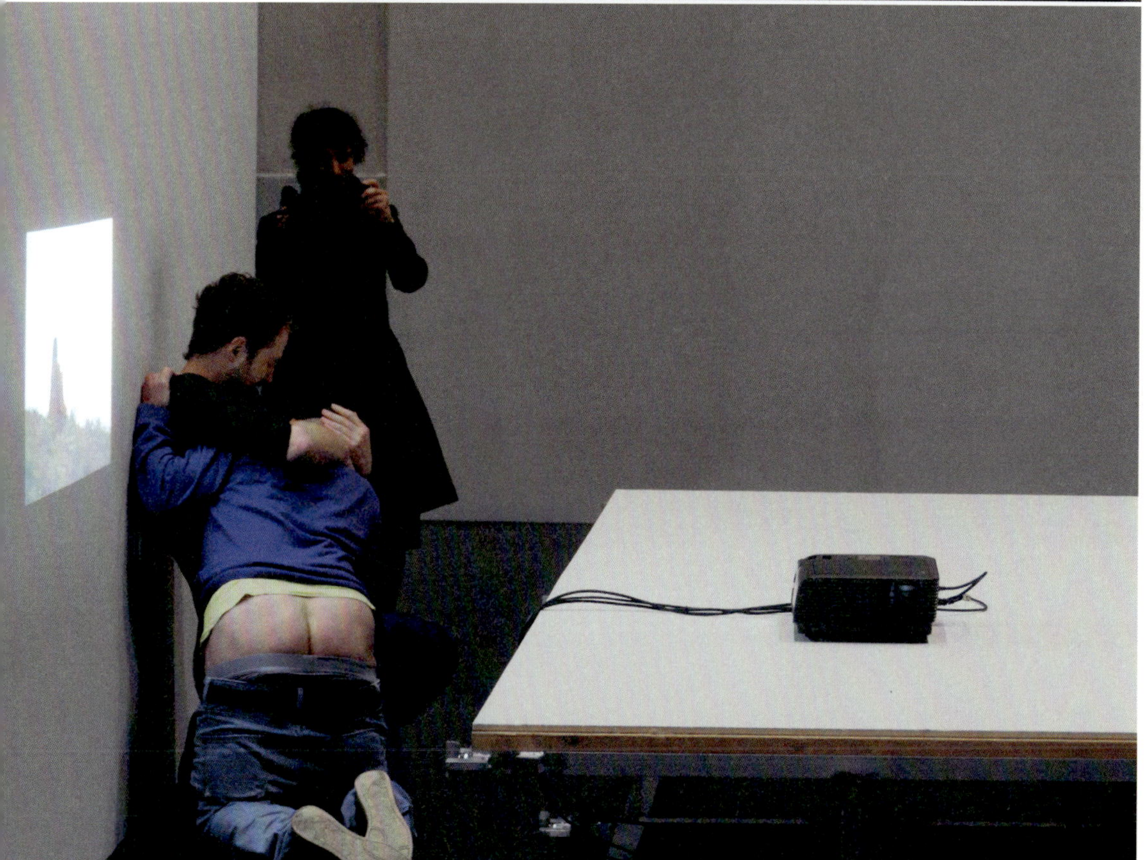

Boris Charmatz performt mit Jan Ritsema
zu Halprins *City Dance* (1976/1977), Ruti
Sela filmt

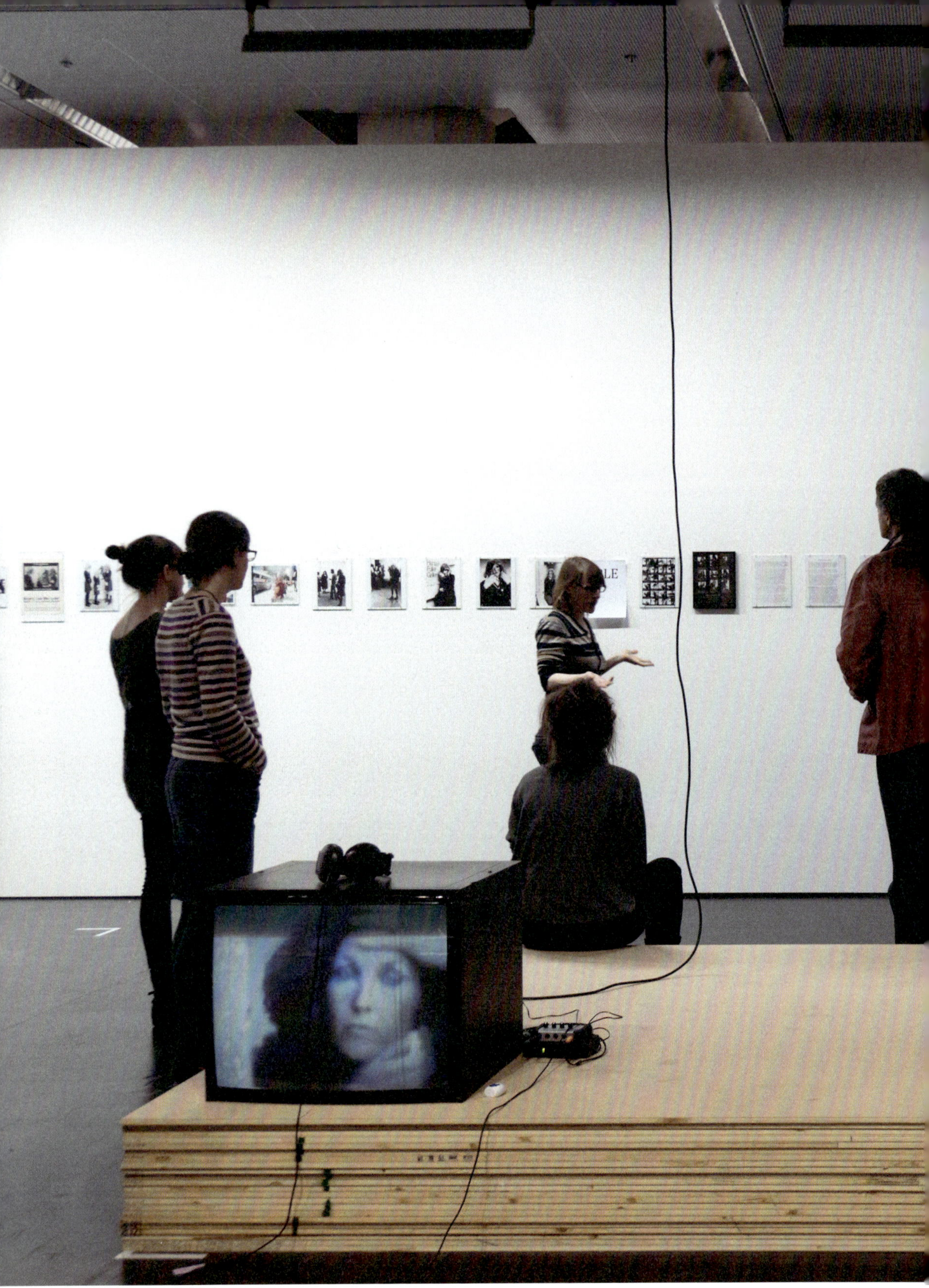

Open Lab Situation mit Arbeiten von Lynn
Hershman Leeson

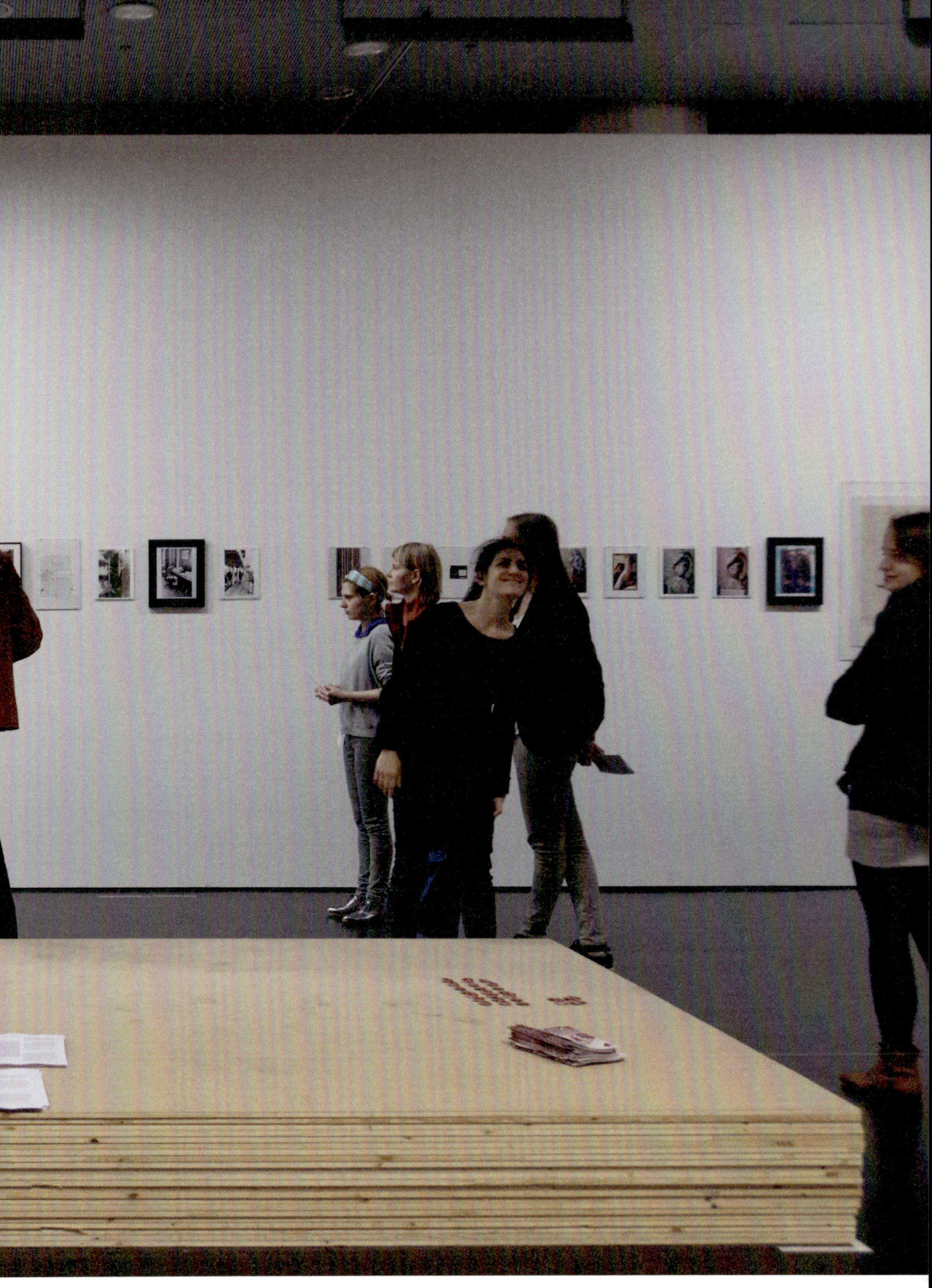

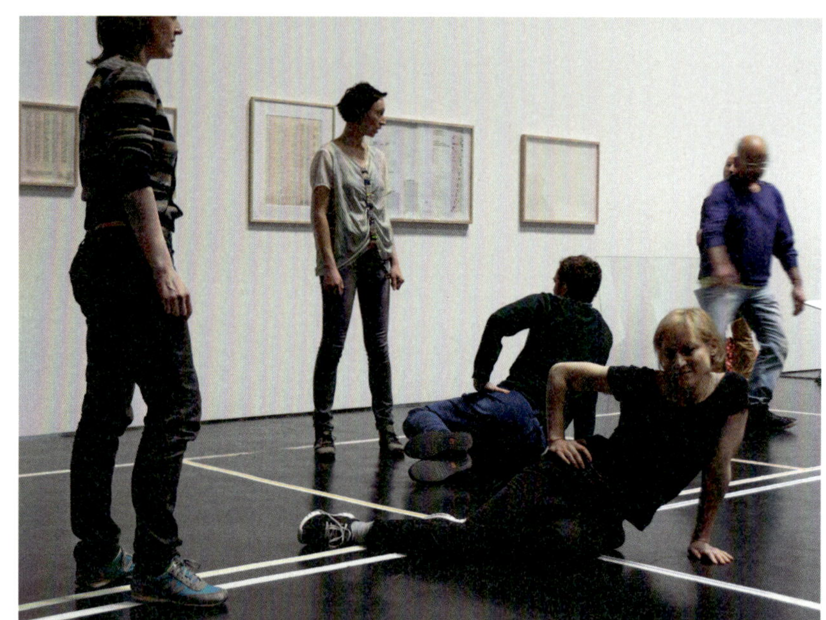

Lab Artists performen im *Floor Grid for Dance Performances* (1976/2012) von Channa Horwitz

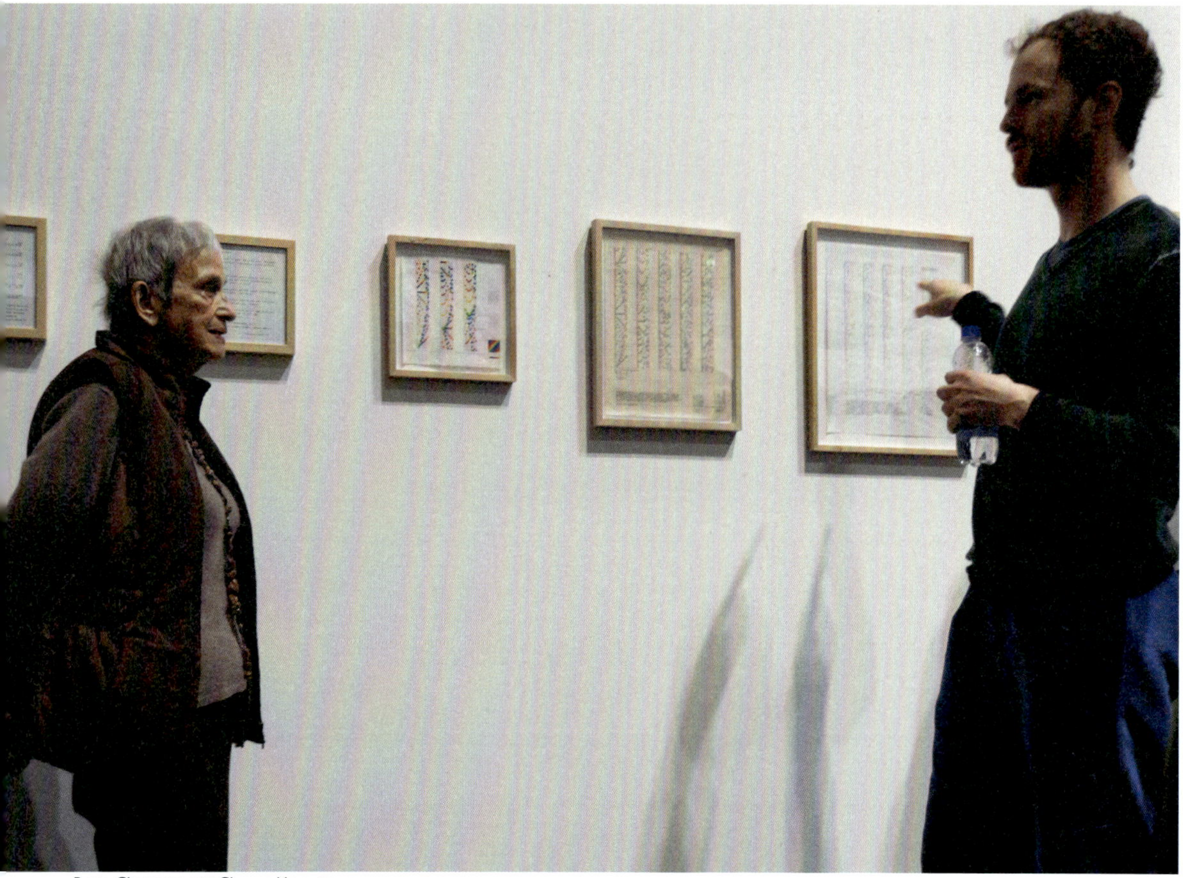

Boris Charmatz mit Channa Horwitz vor ihren Arbeiten

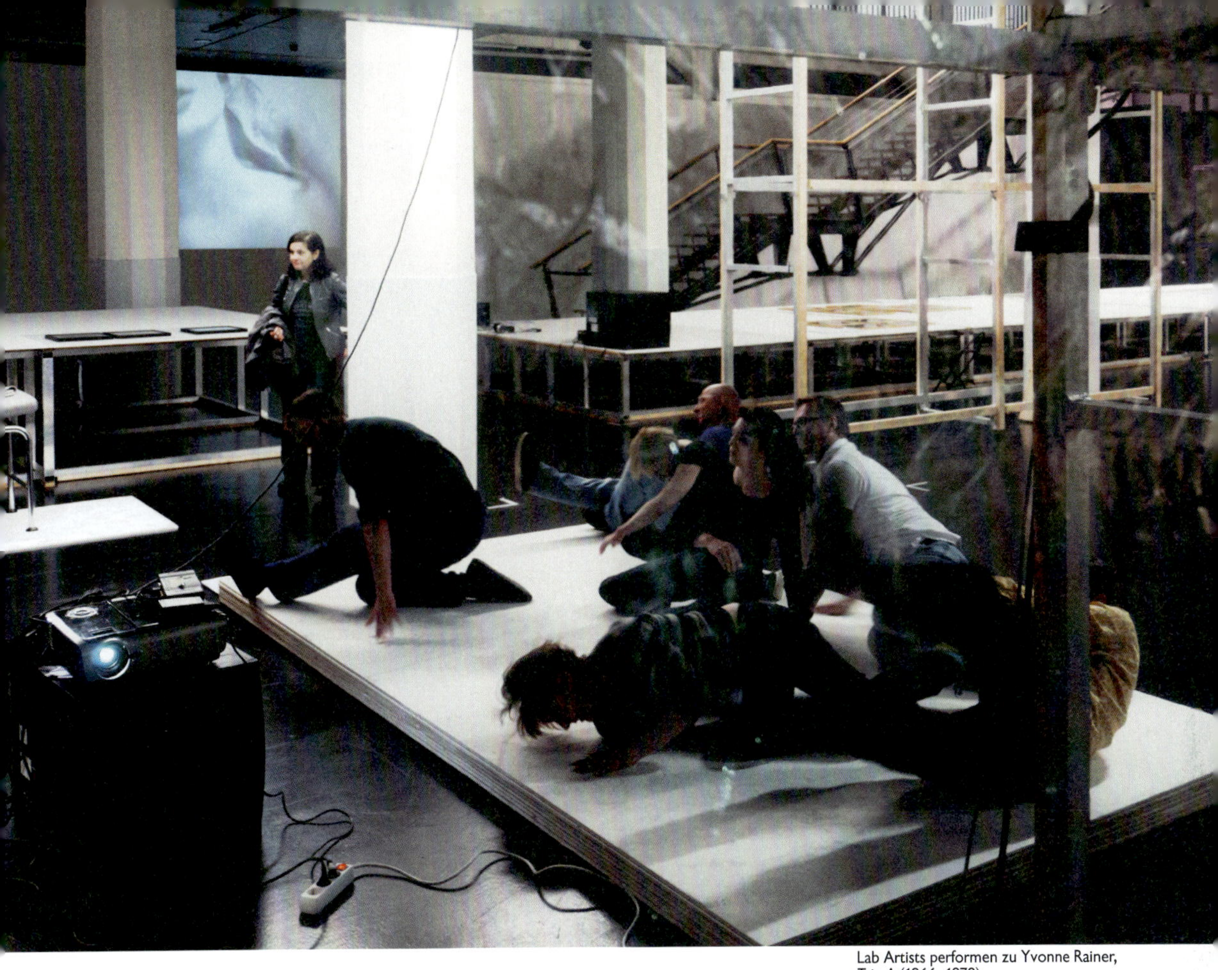

Lab Artists performen zu Yvonne Rainer,
Trio A (1966–1978)

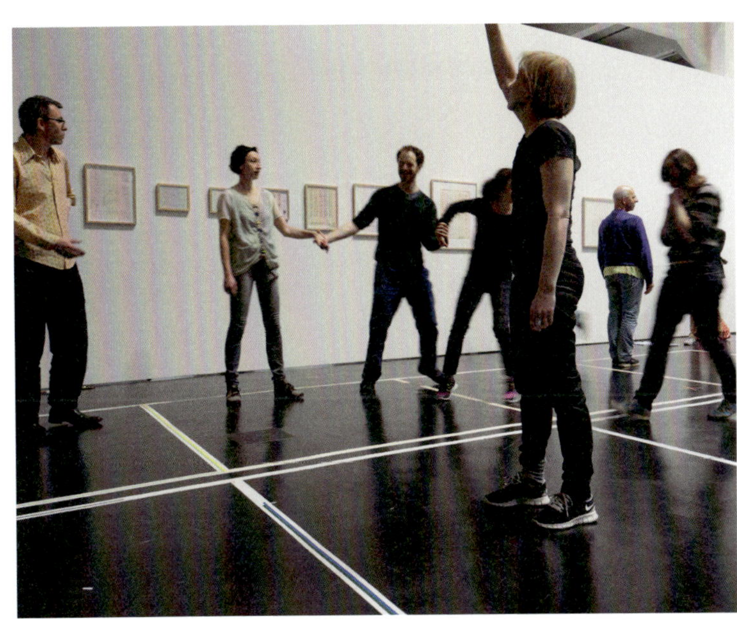

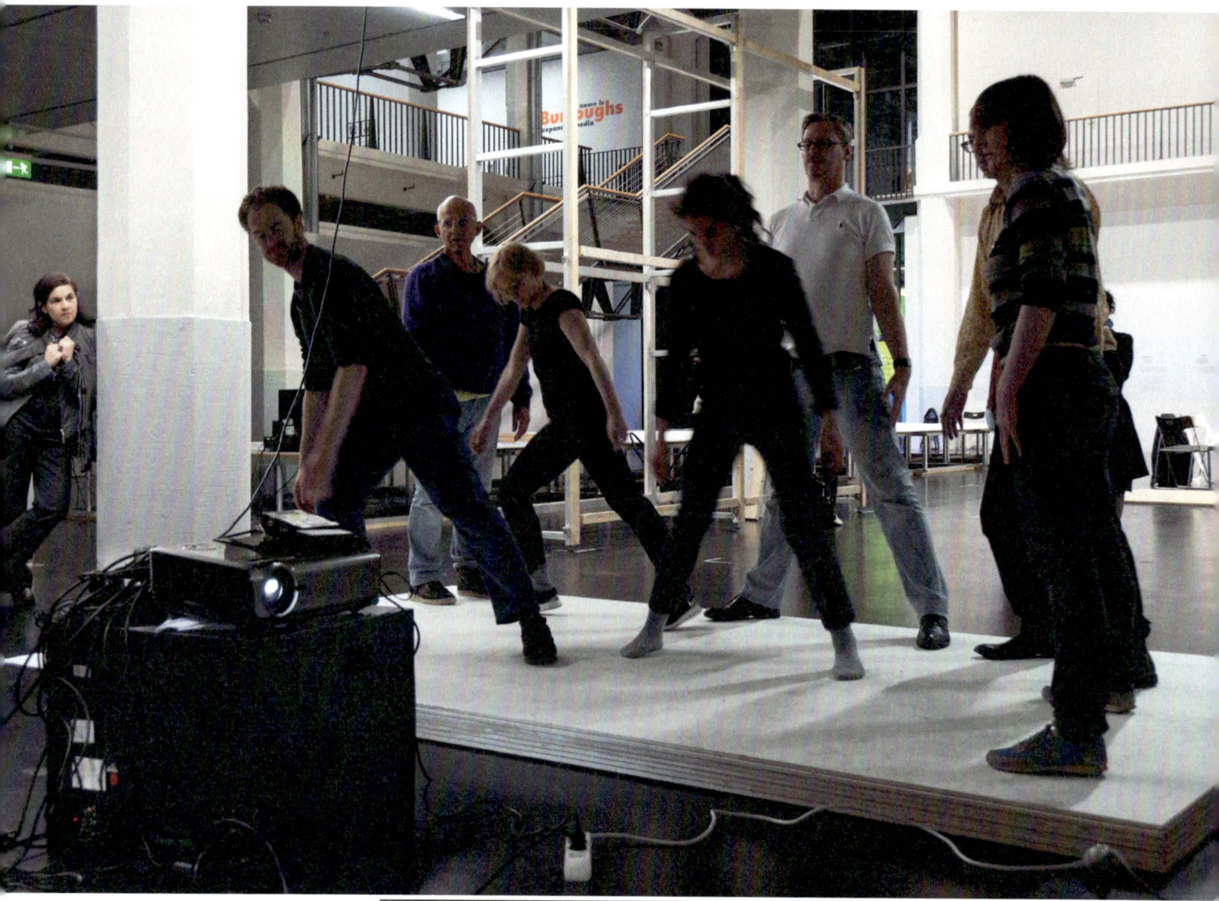

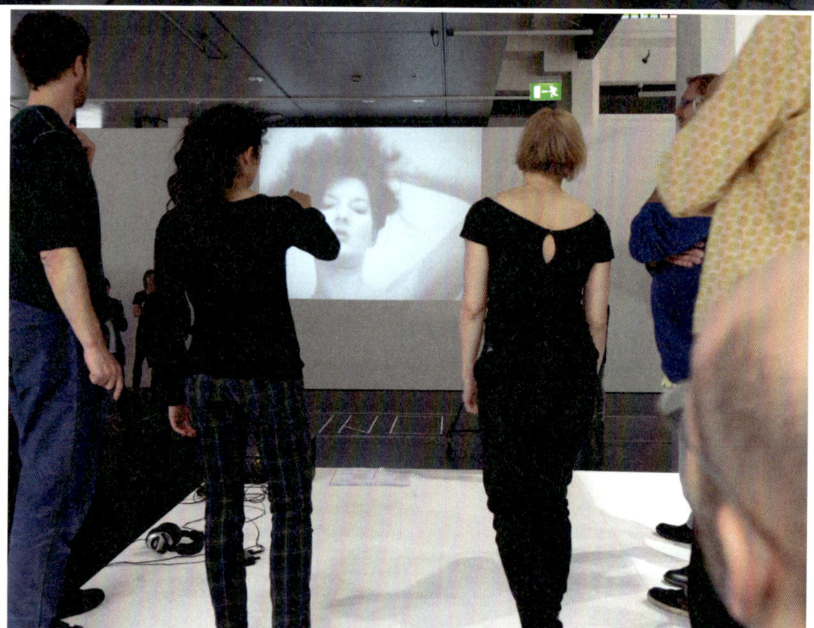

Lab Artists performen vor der Projektion von
Marina Abramović, *Art Must Be Beautiful,
Artist Must Be Beautiful* (1975)

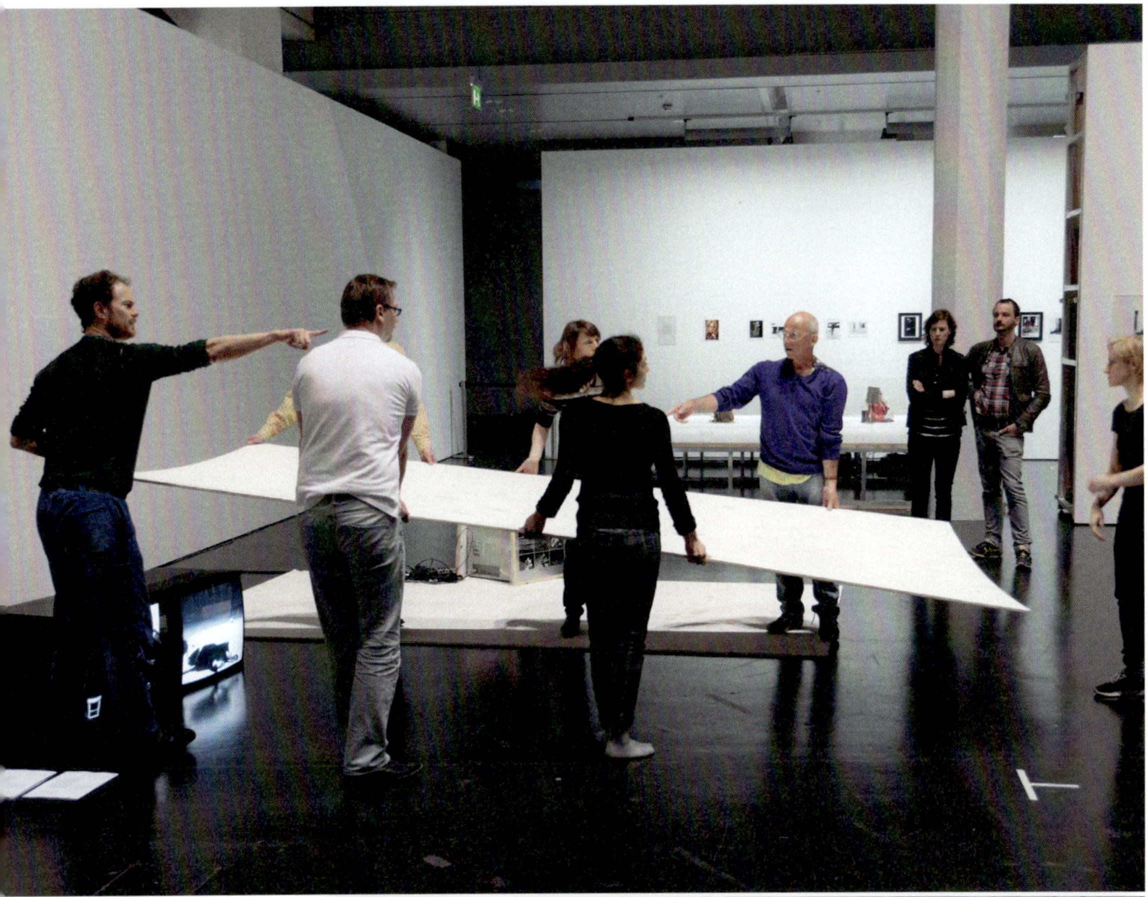

Lab Artists interagieren mit Reinhild
Hoffmanns Arbeiten

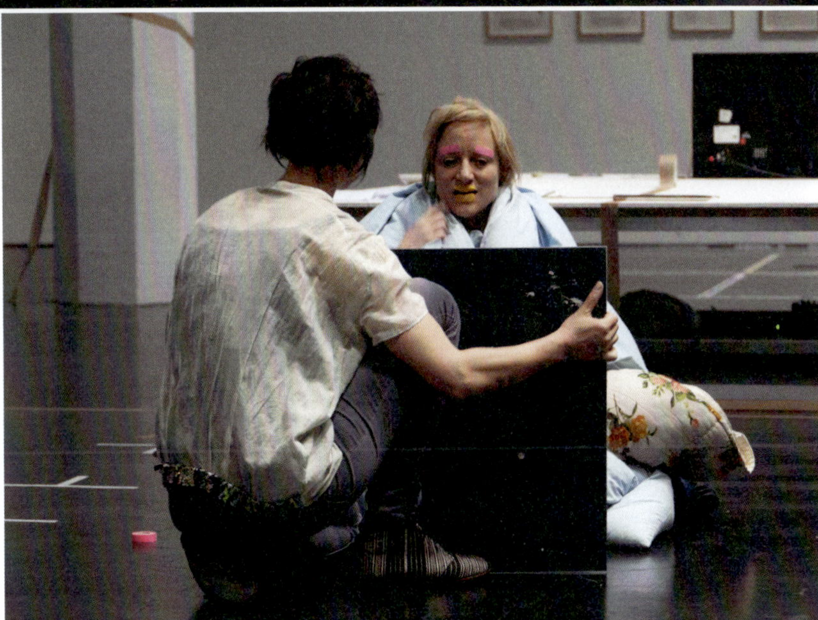

Meg Stuart performt zu *Forti playing Face
Tunes* (2012), begleitet von ihrer Kostüm-
bildnerin Claudia Hill

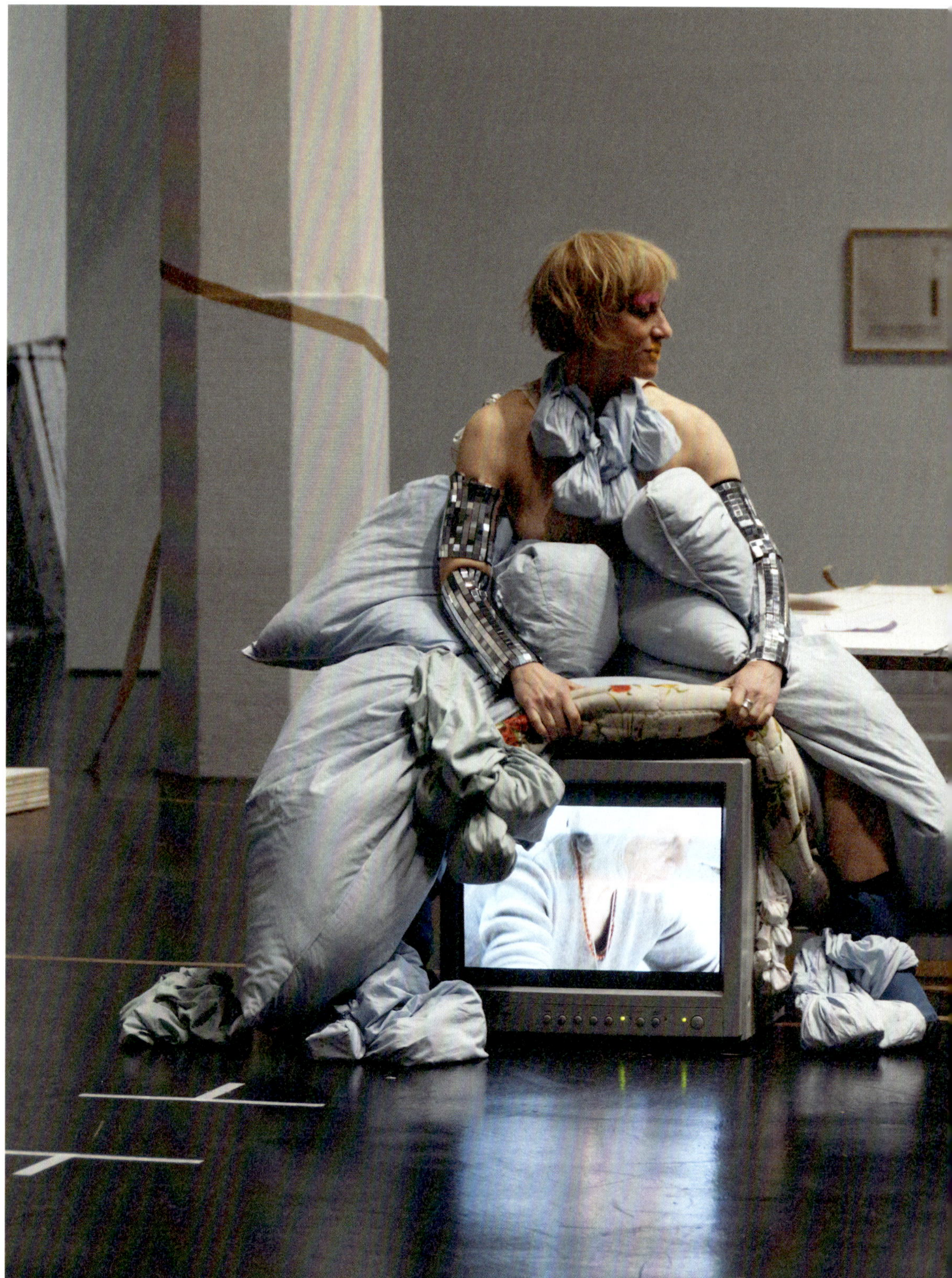

Meg Stuart performt zu *Forti playing Face Tunes* (2012)

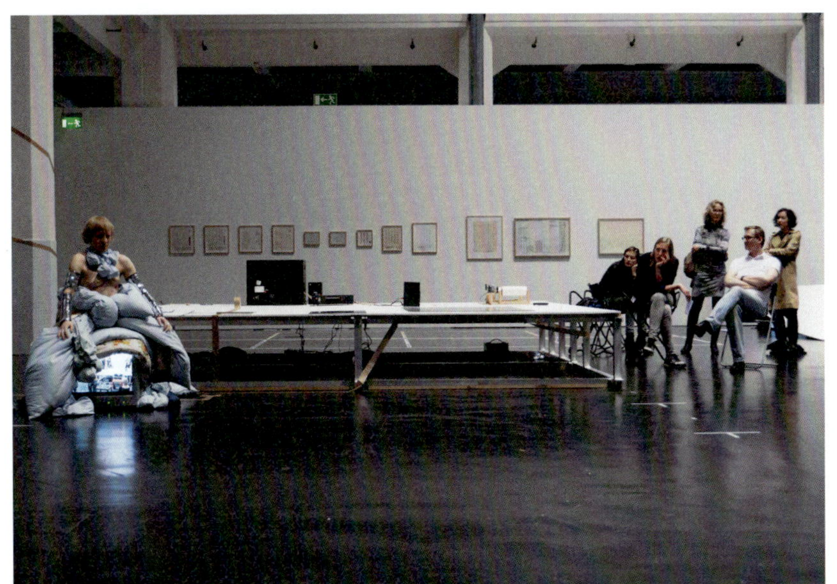

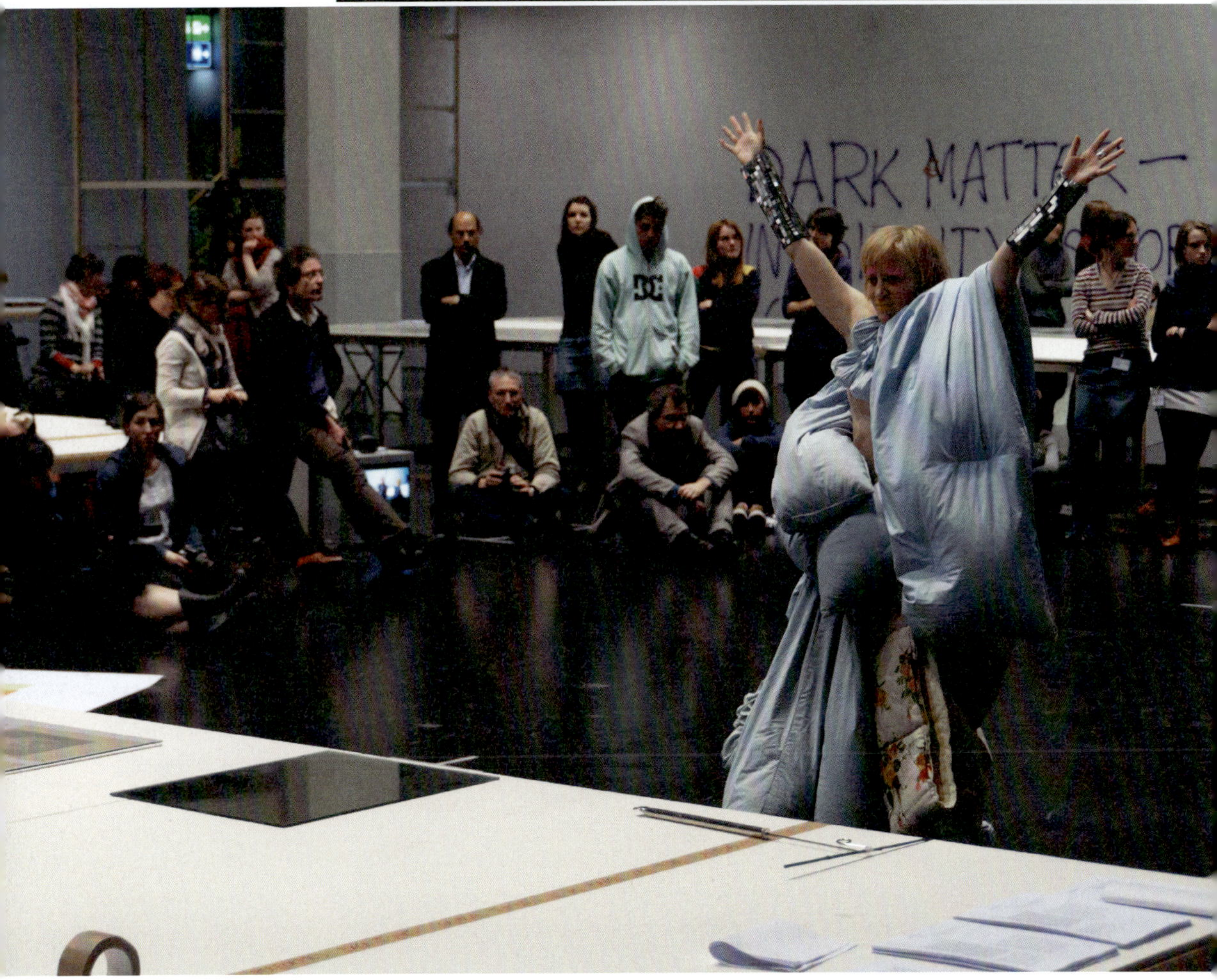

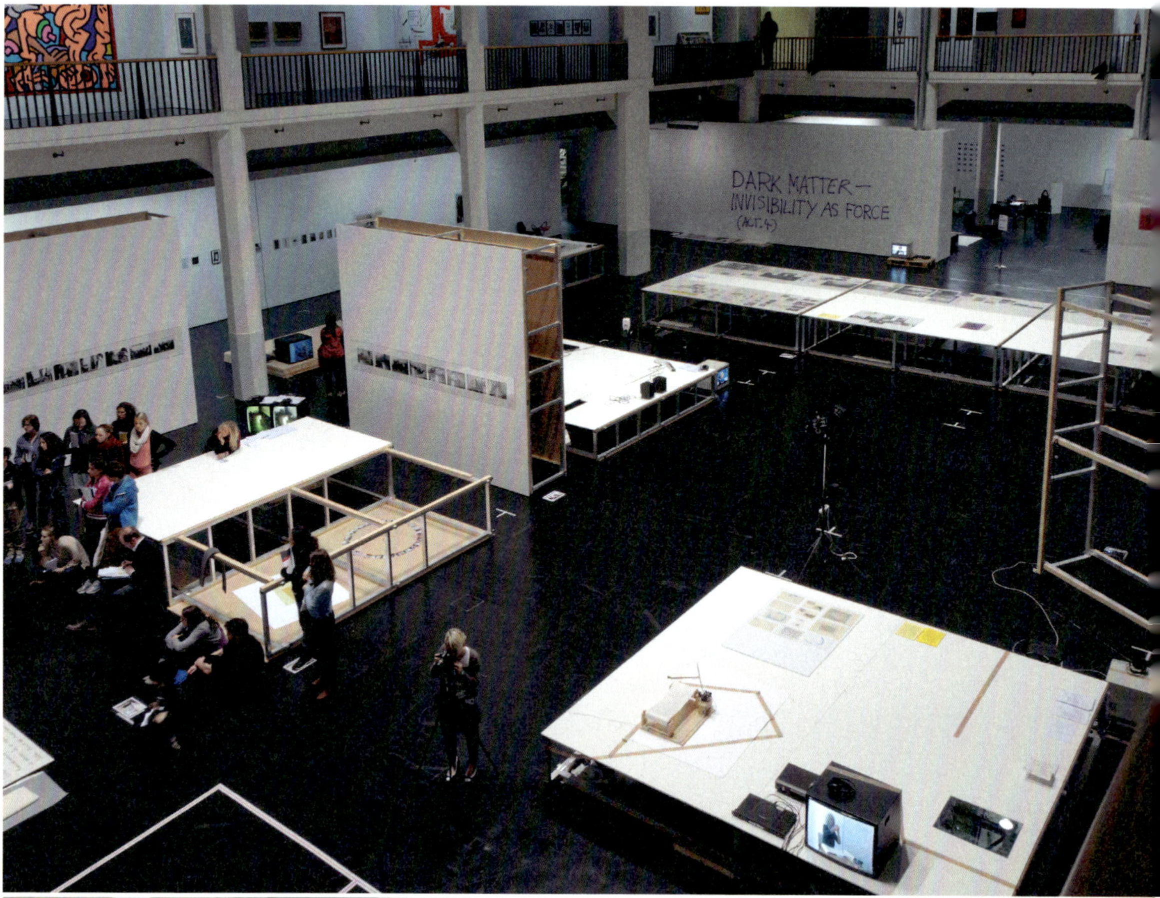

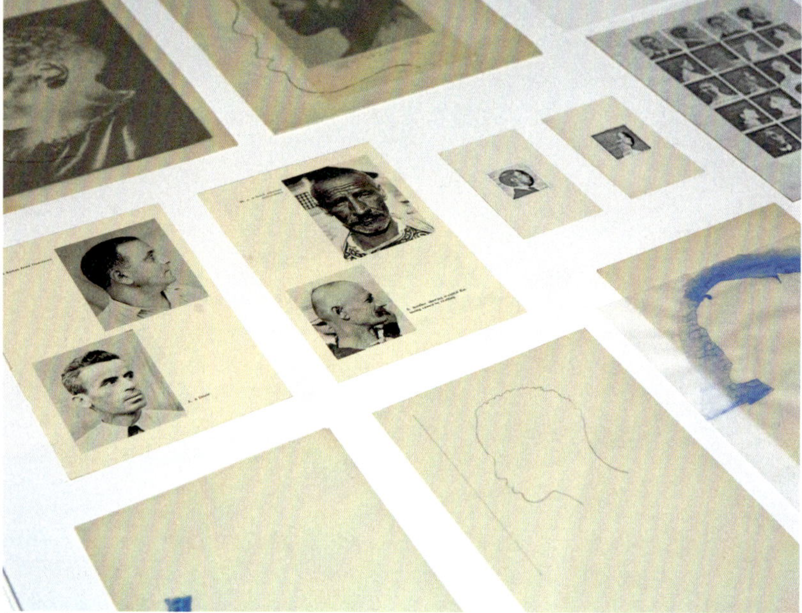

Simone Forti, Collagen und Fragmente zu
Face Tunes (1967)

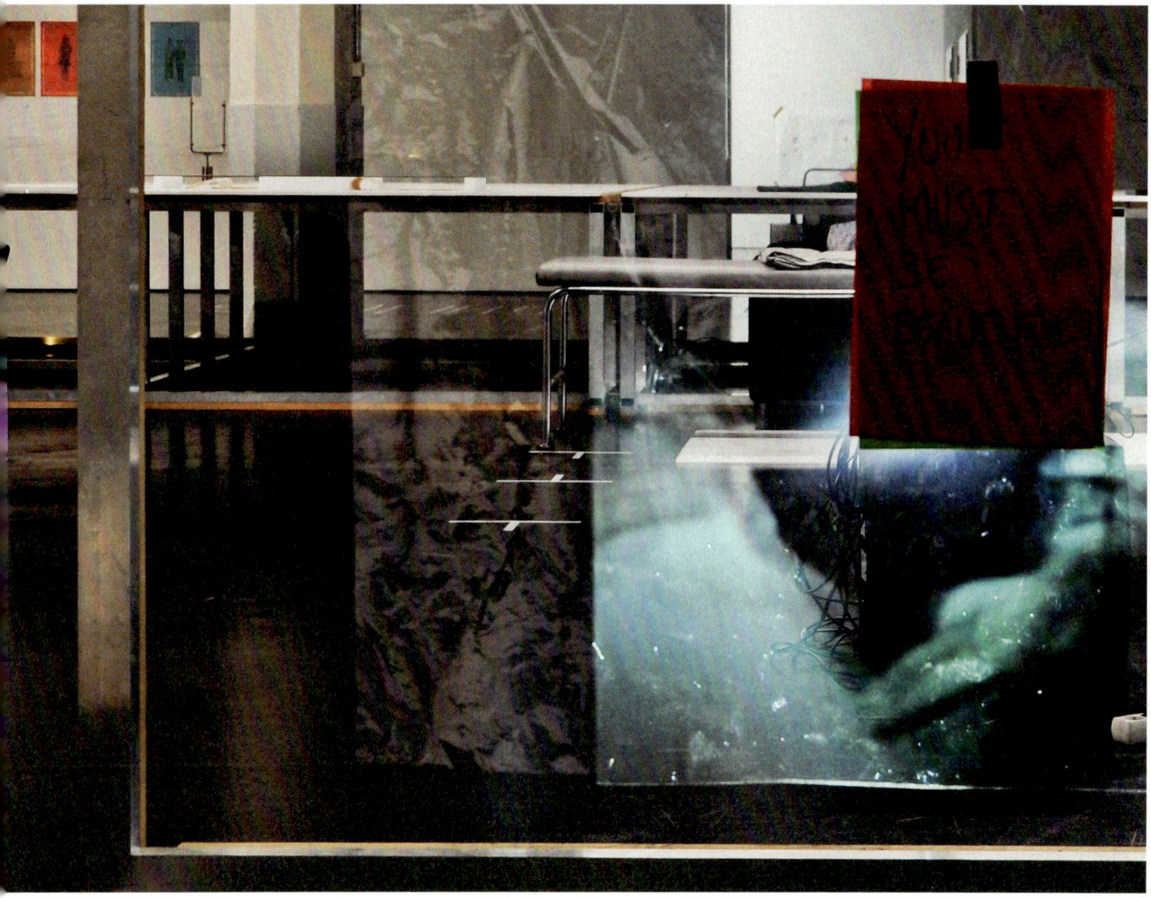

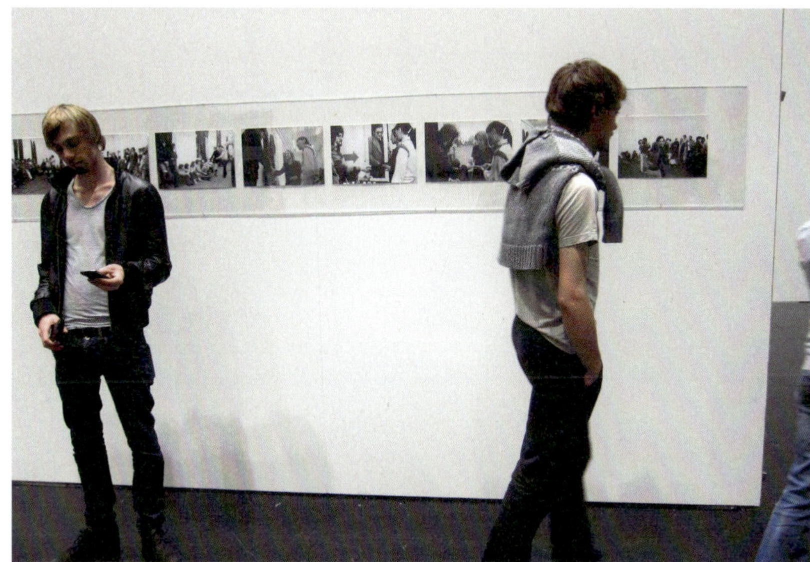

Besucher vor der Dokumentation von Sanja Ivekovićs *1st Belgrade Performance* (1978)

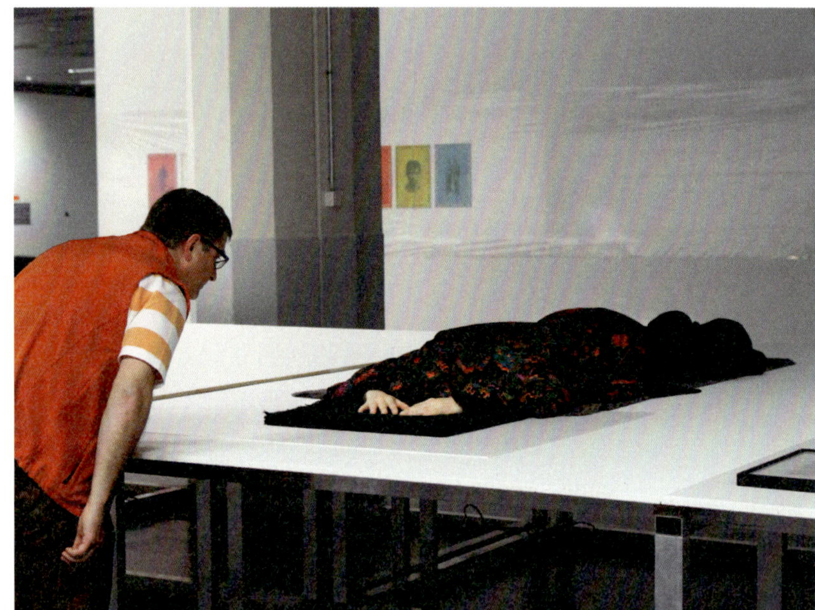

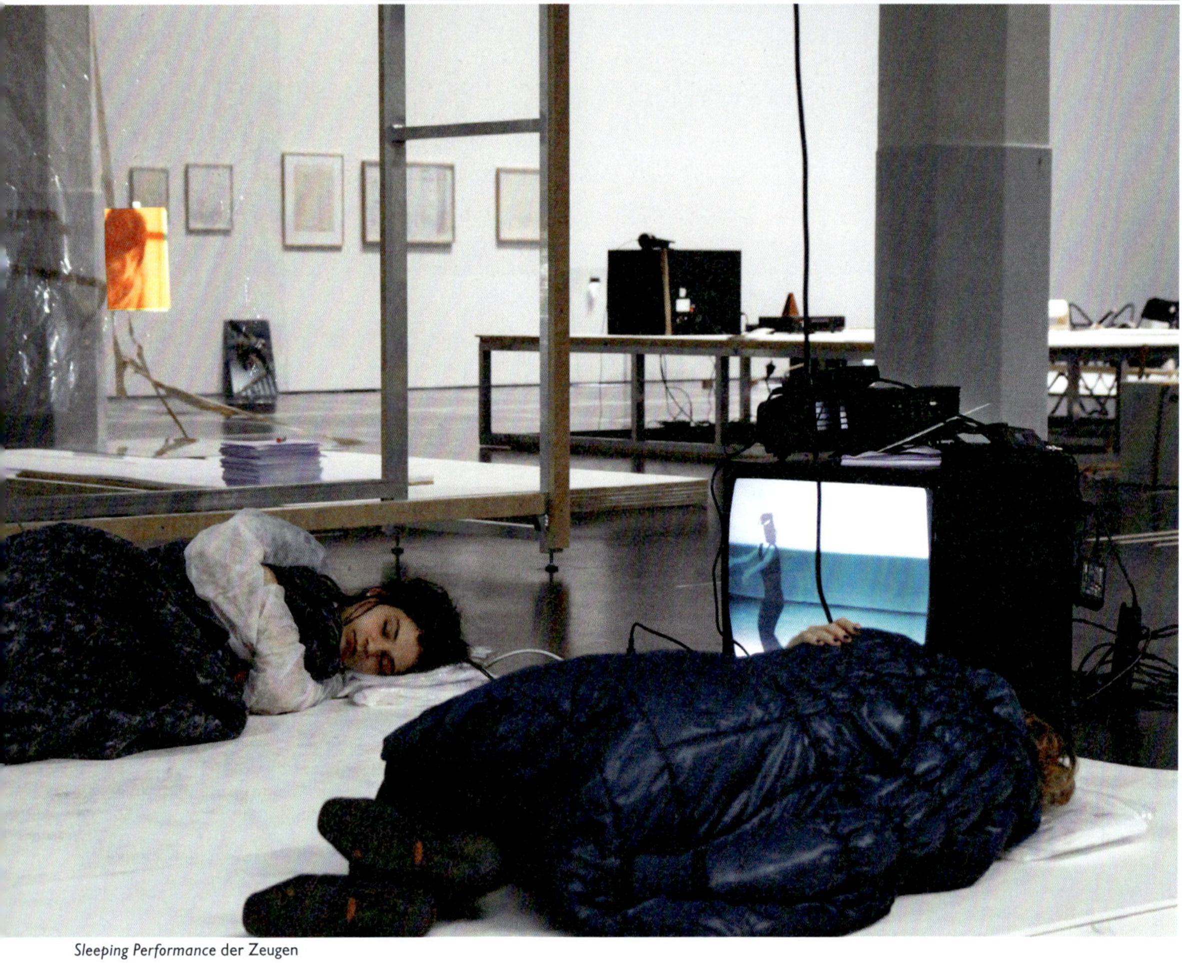

Sleeping Performance der Zeugen

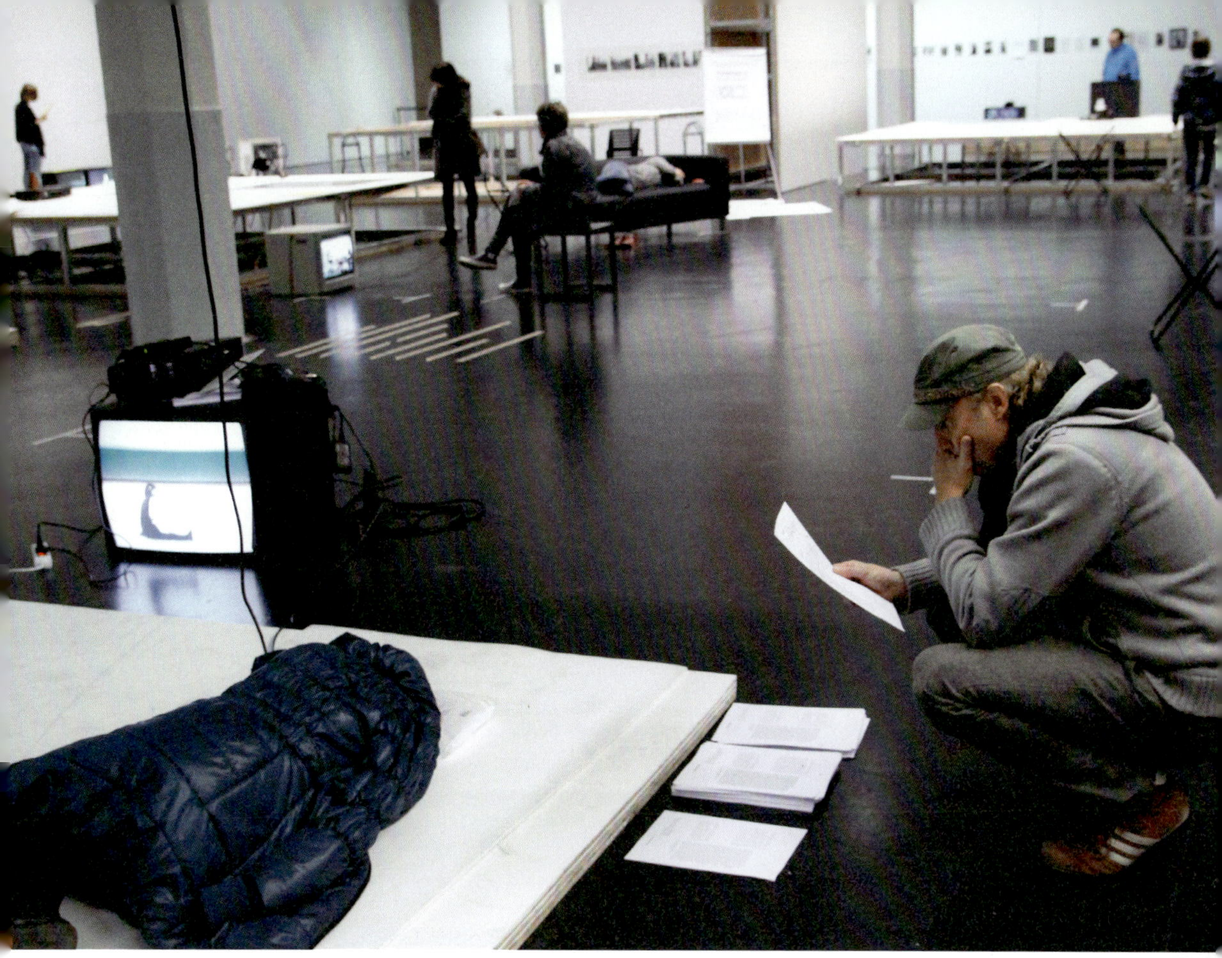

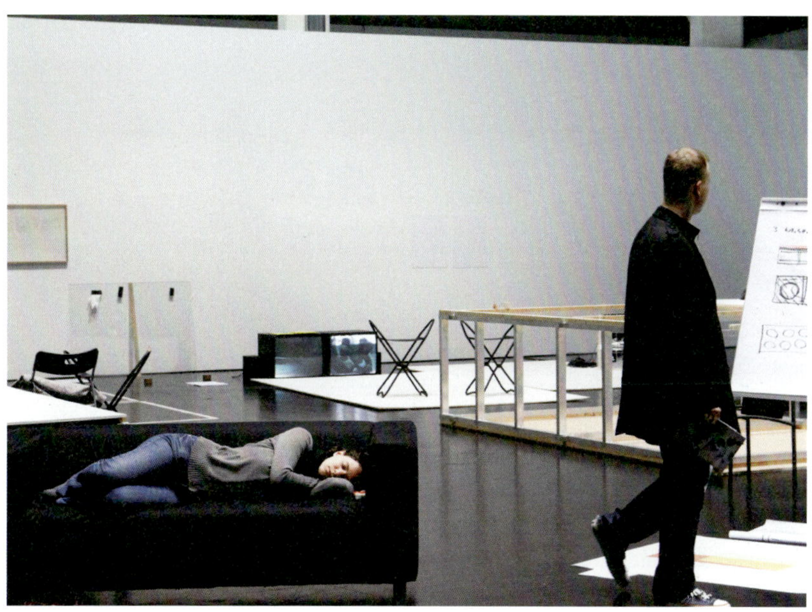

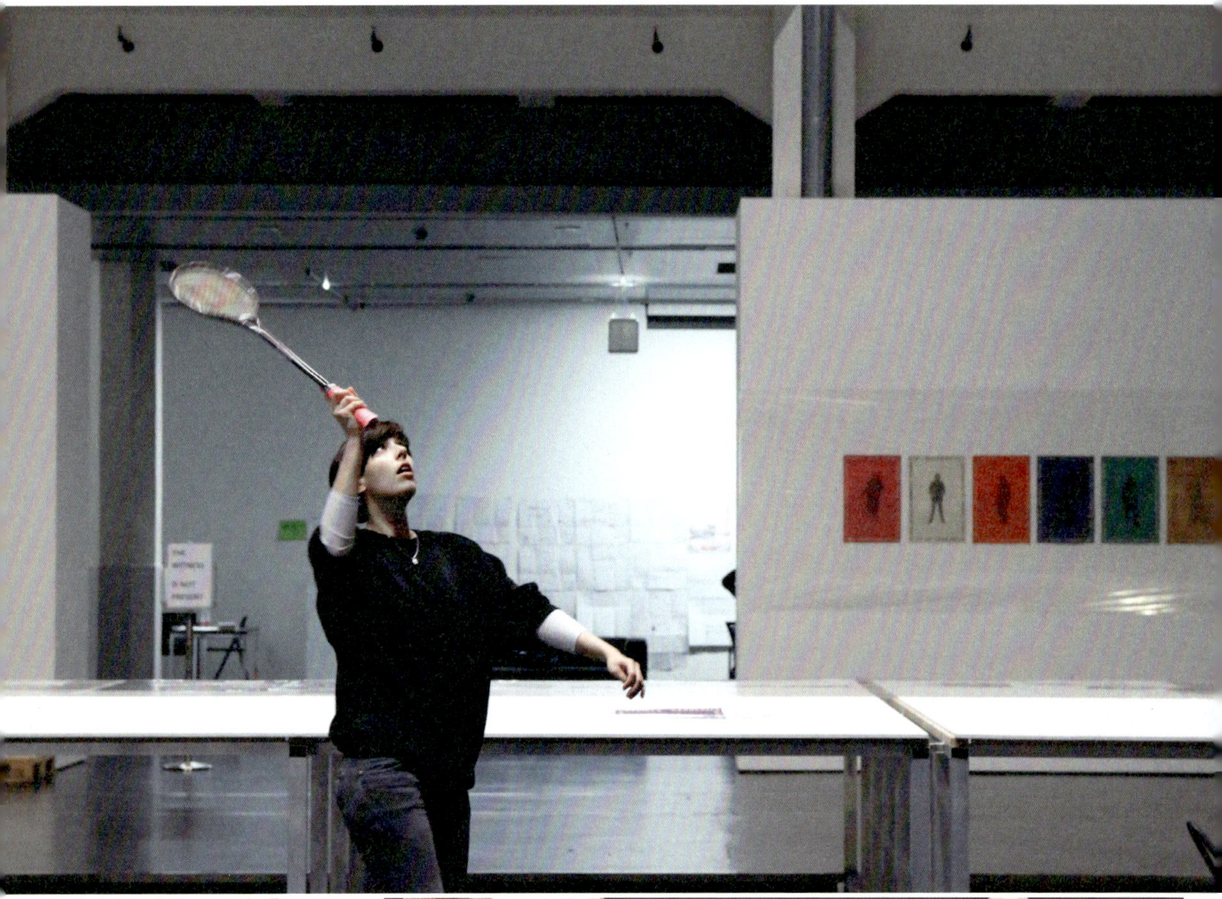

Badminton Performance der Zeugen

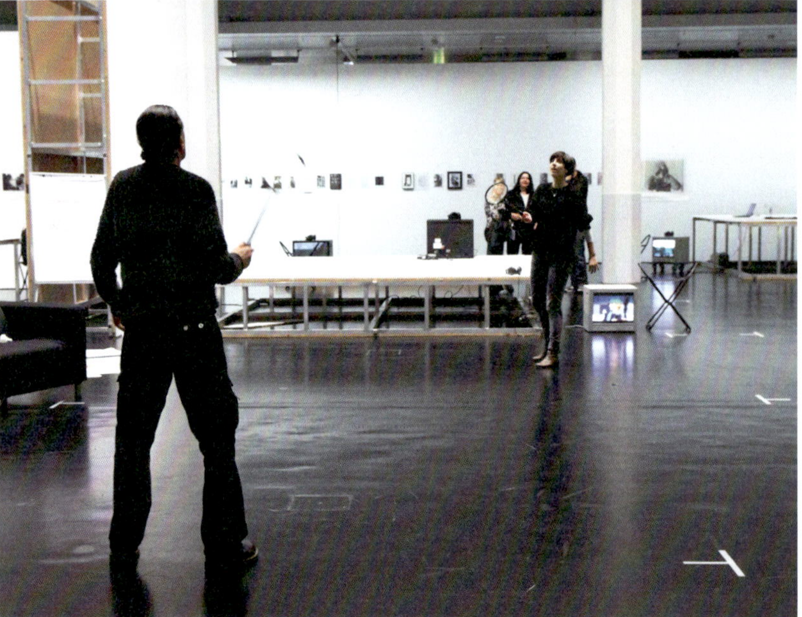

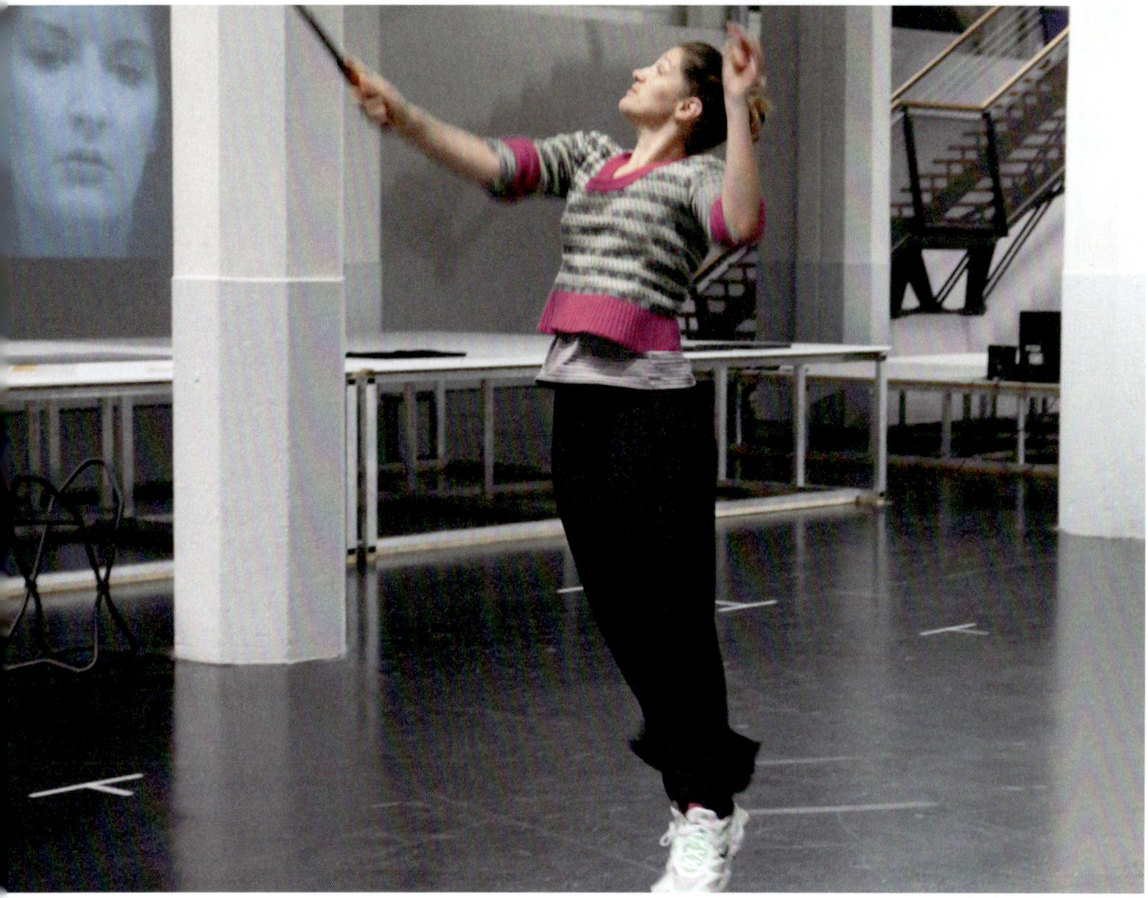

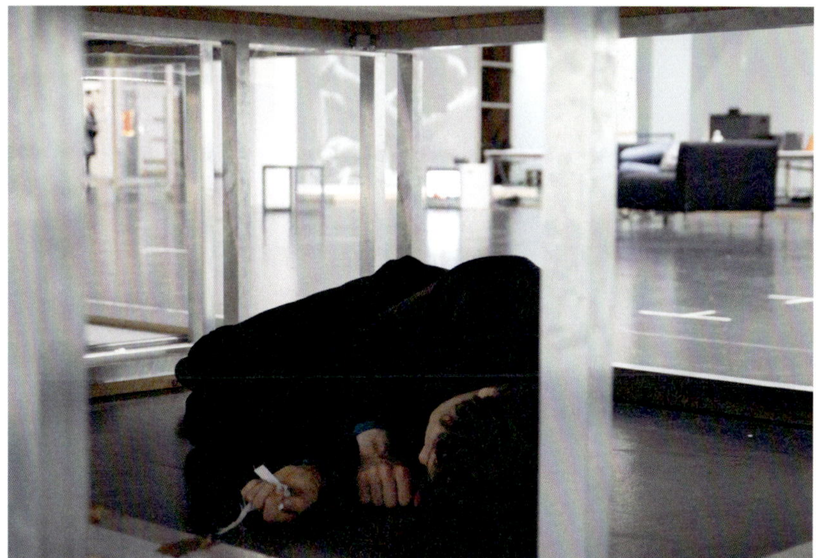

Sleeping Performance der Zeugen

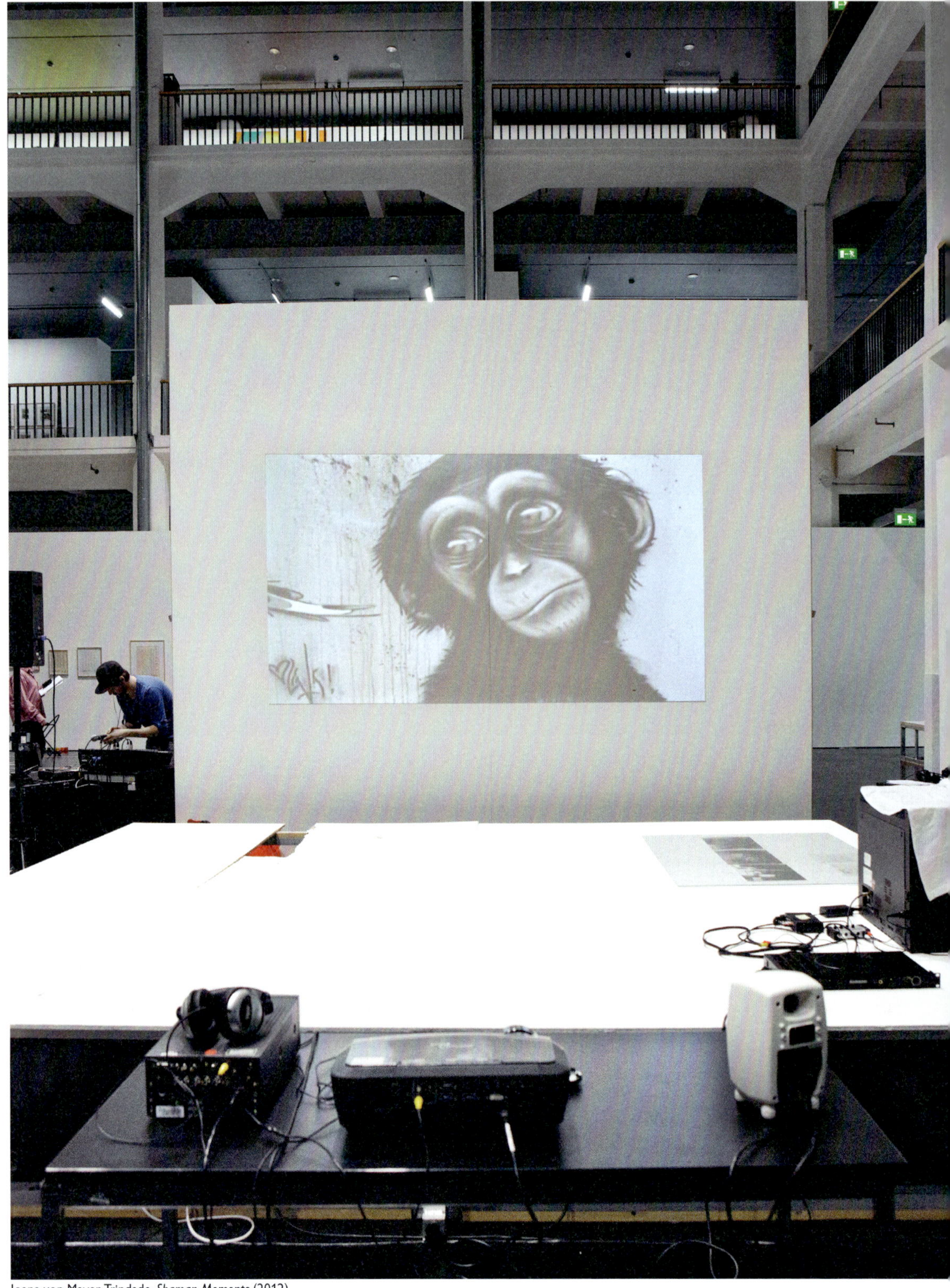

Joana von Mayer Trindade, *Shaman Moments* (2012)

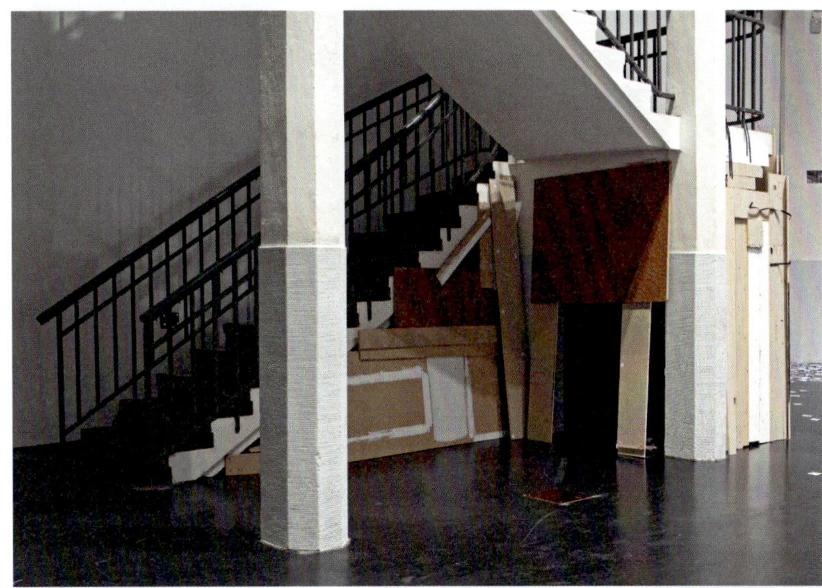

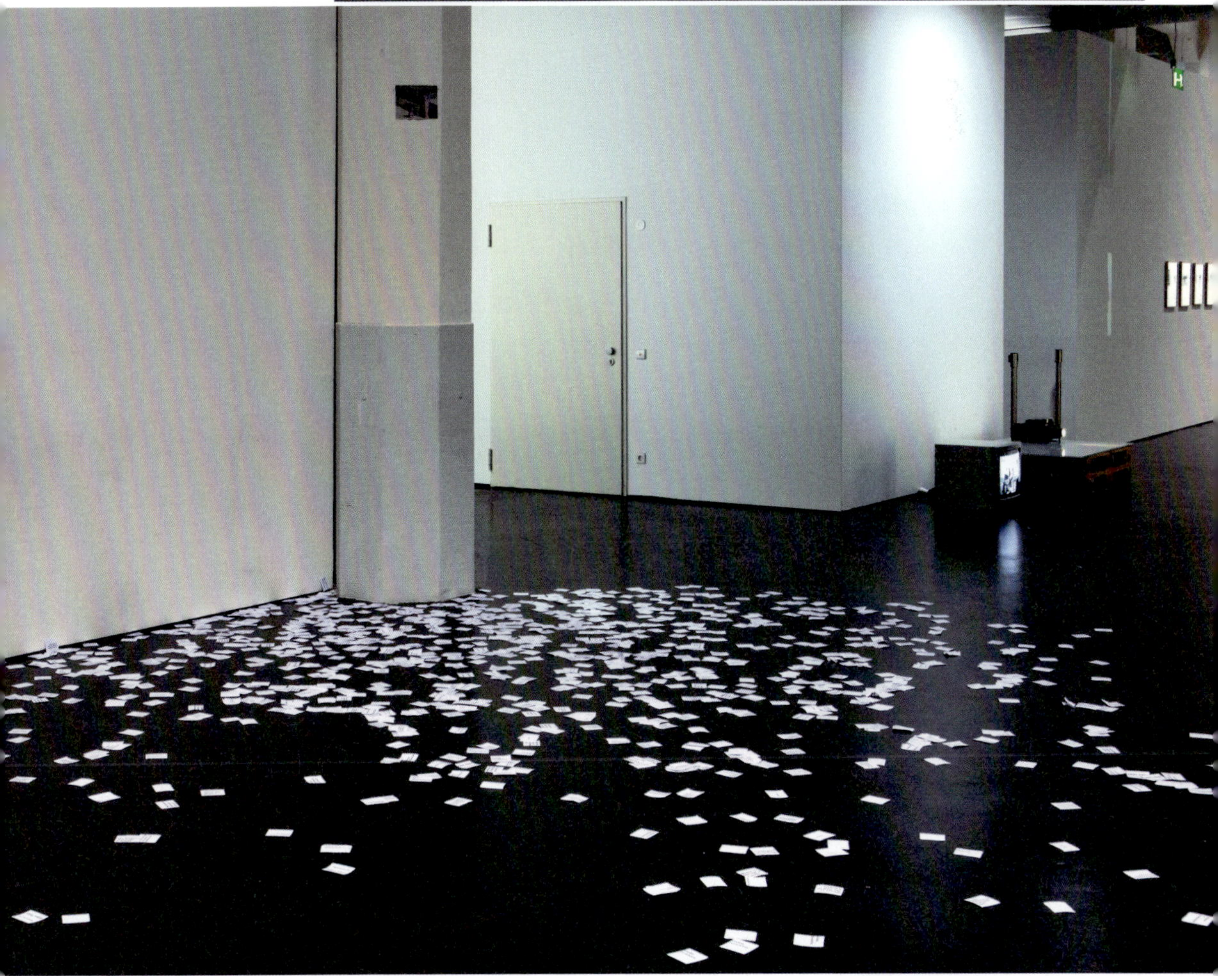

Phase IV: Remembering the Act, Intervention der Zeugen

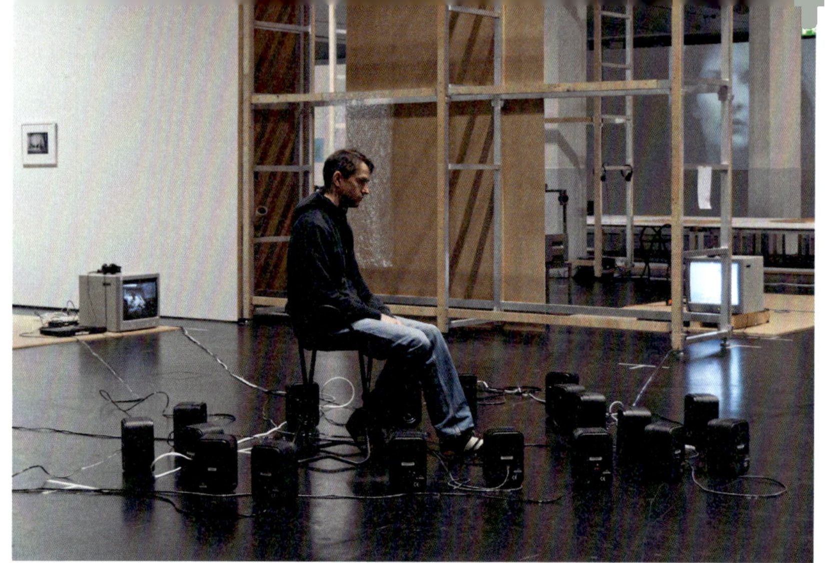

Besucher in der Soundinstallation *what was told to us* (2012) von Rose Beermann und Michaela Boschert

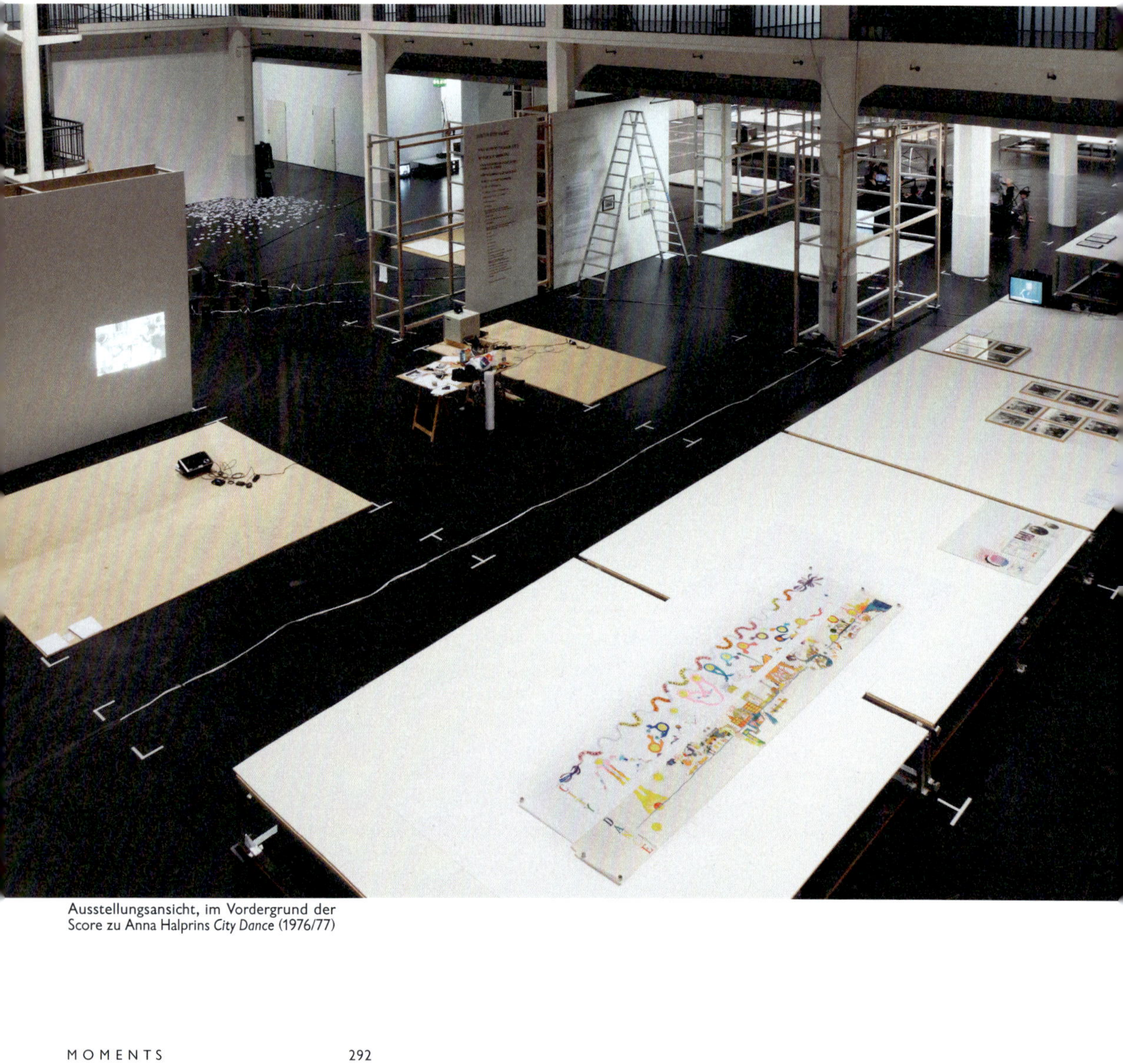

Ausstellungsansicht, im Vordergrund der Score zu Anna Halprins *City Dance* (1976/77)

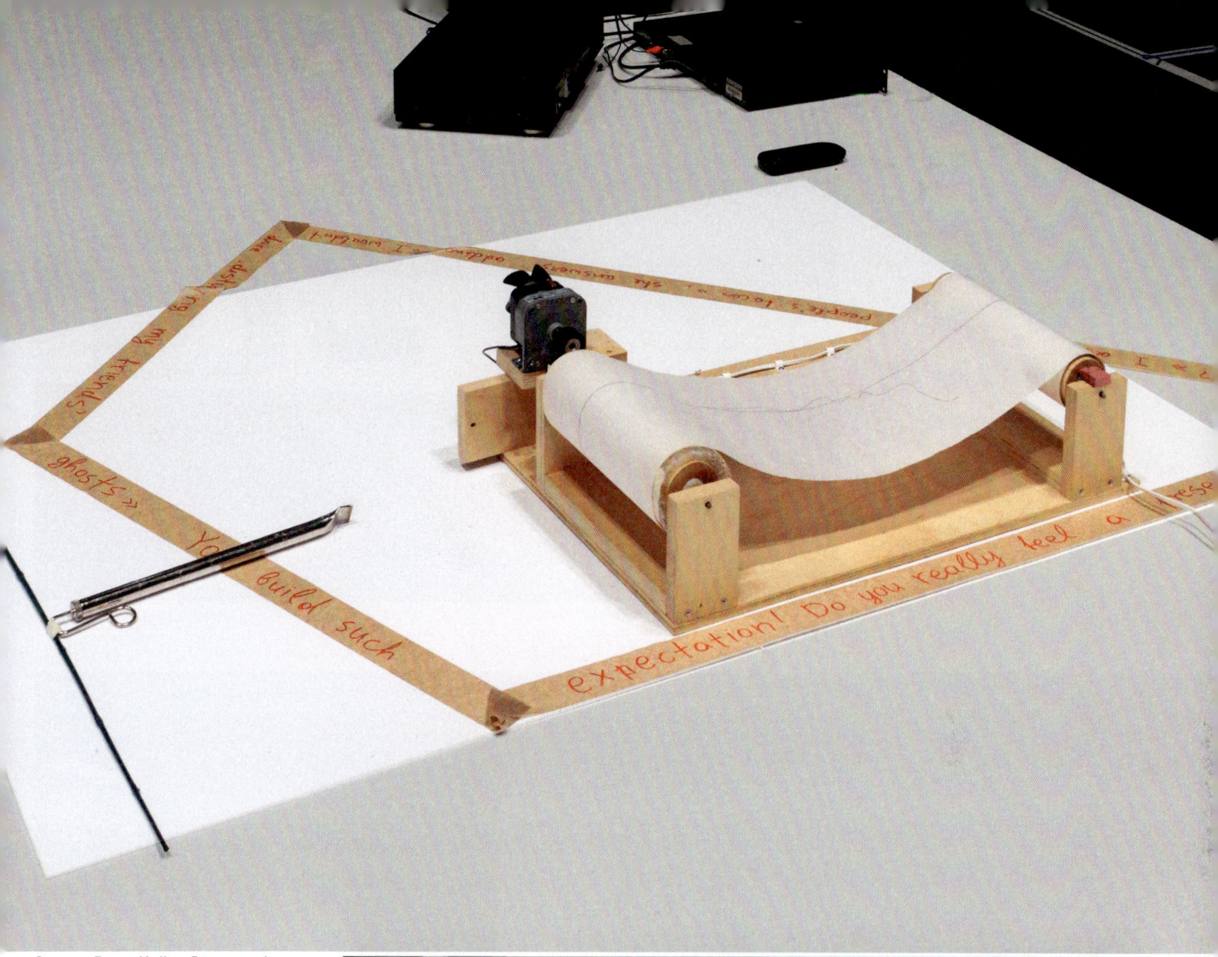

Simone Fortis Kolbenflöte umrahmt vom
Textband der Lab Artists

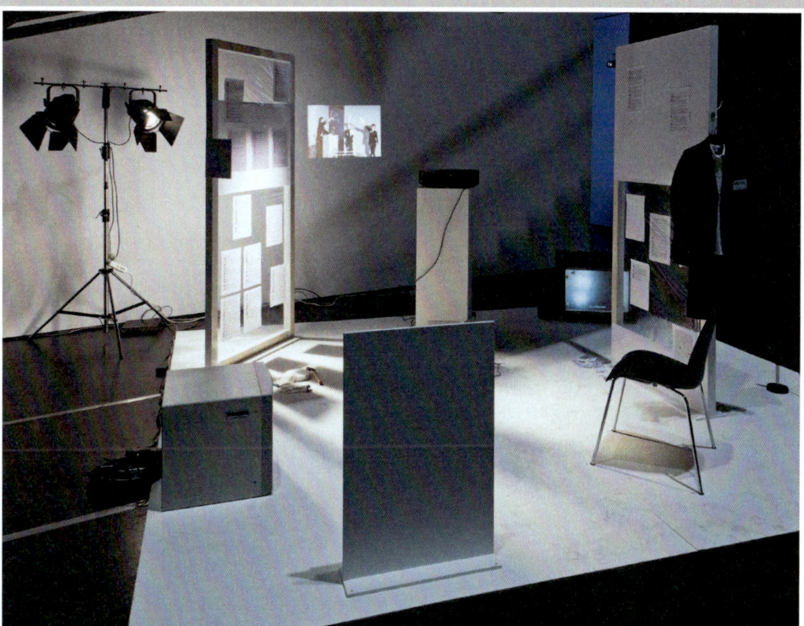

Installation von Bertrand Flanet, *Looking for
Evidences* (2012)

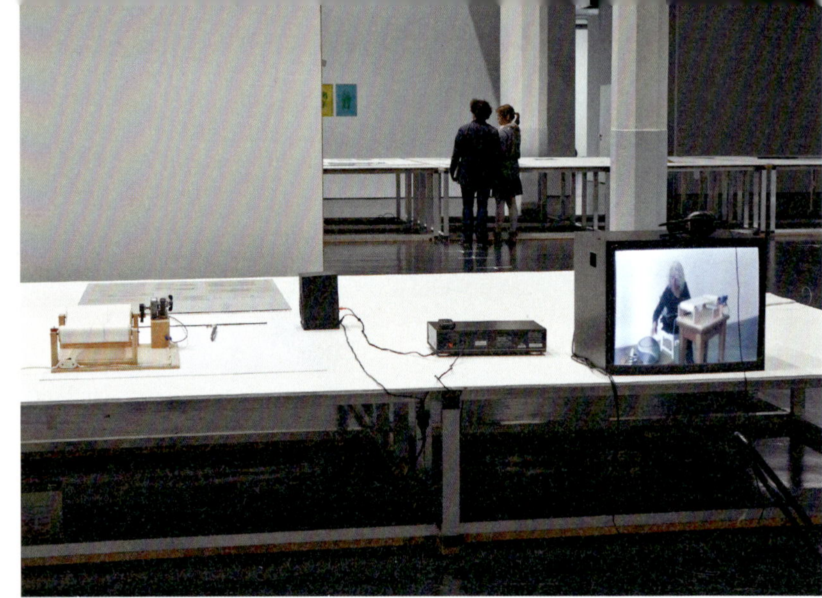

Simone Forti, Objekte und Dokumentation
ihres Reenactments von *Face Tunes*

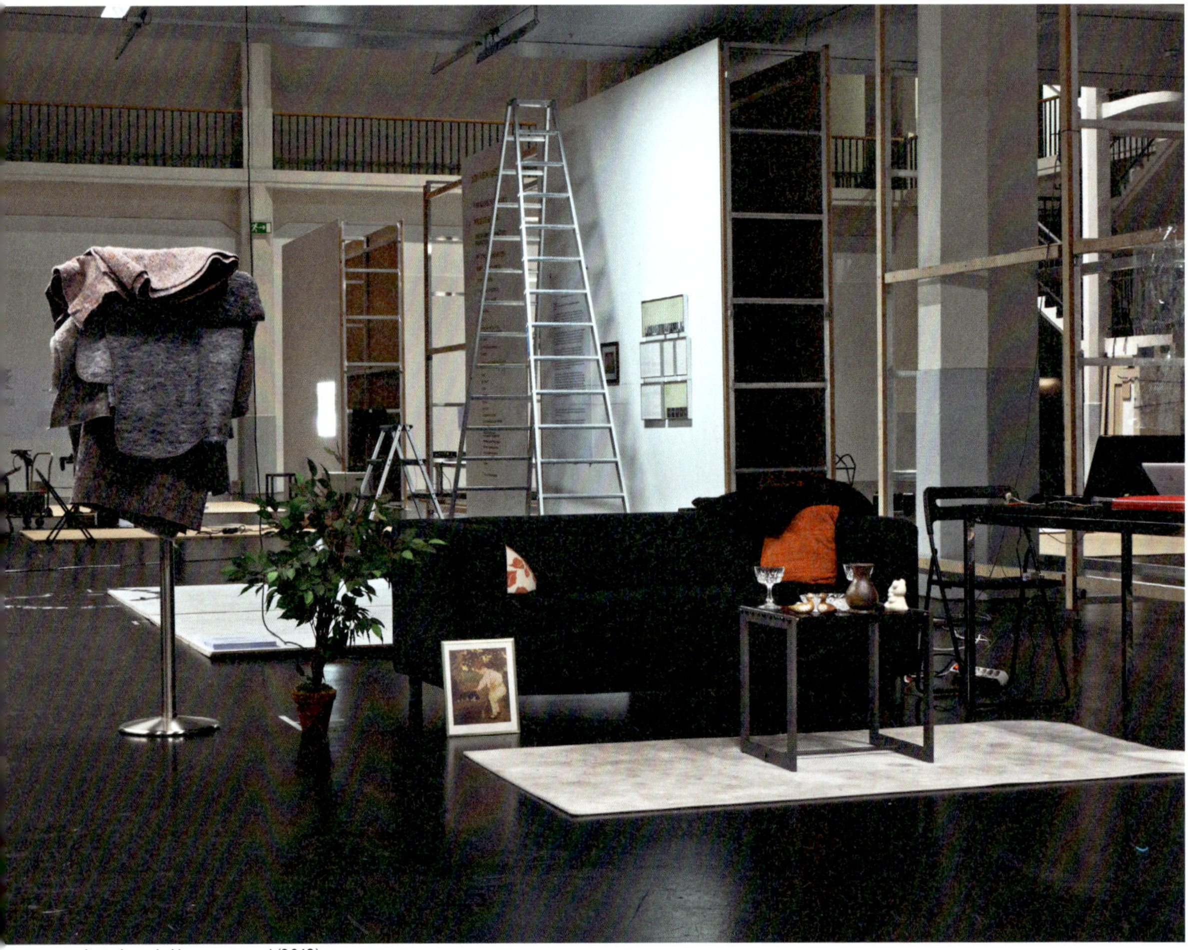

Anja Arend, *Meet a witness!* (2012)

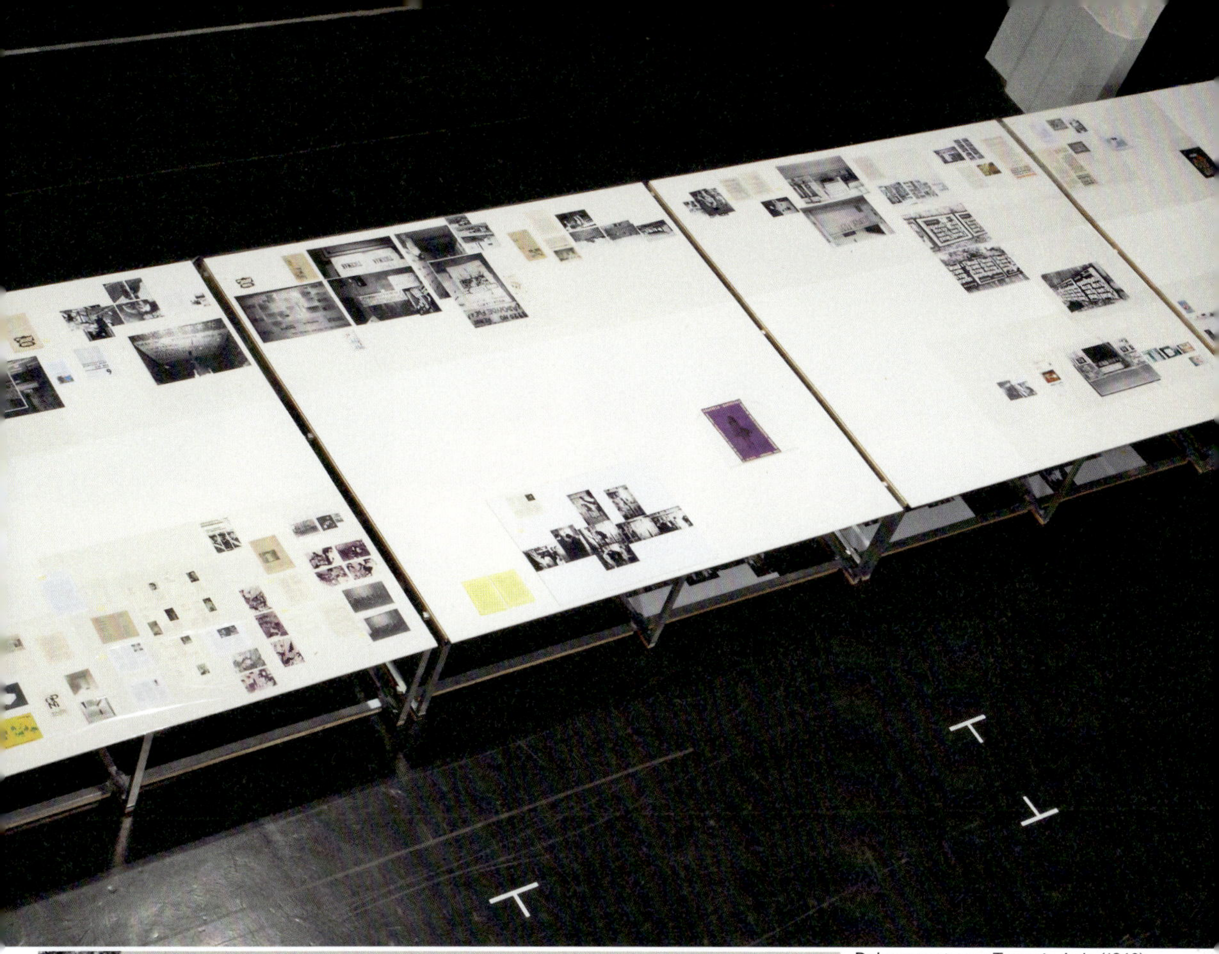

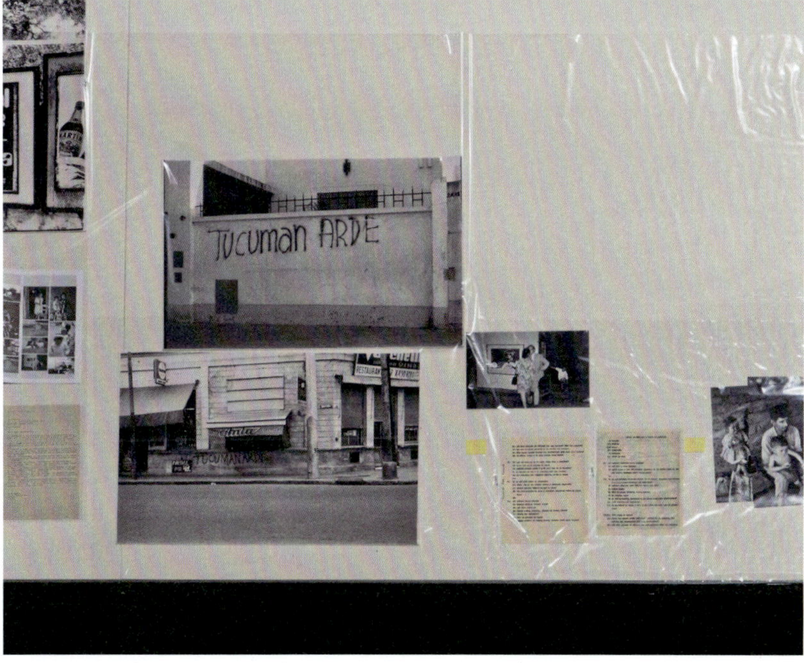

Dokumentation zu Tucumán Arde (1968)
auf dem Display von Graciela Carnevale

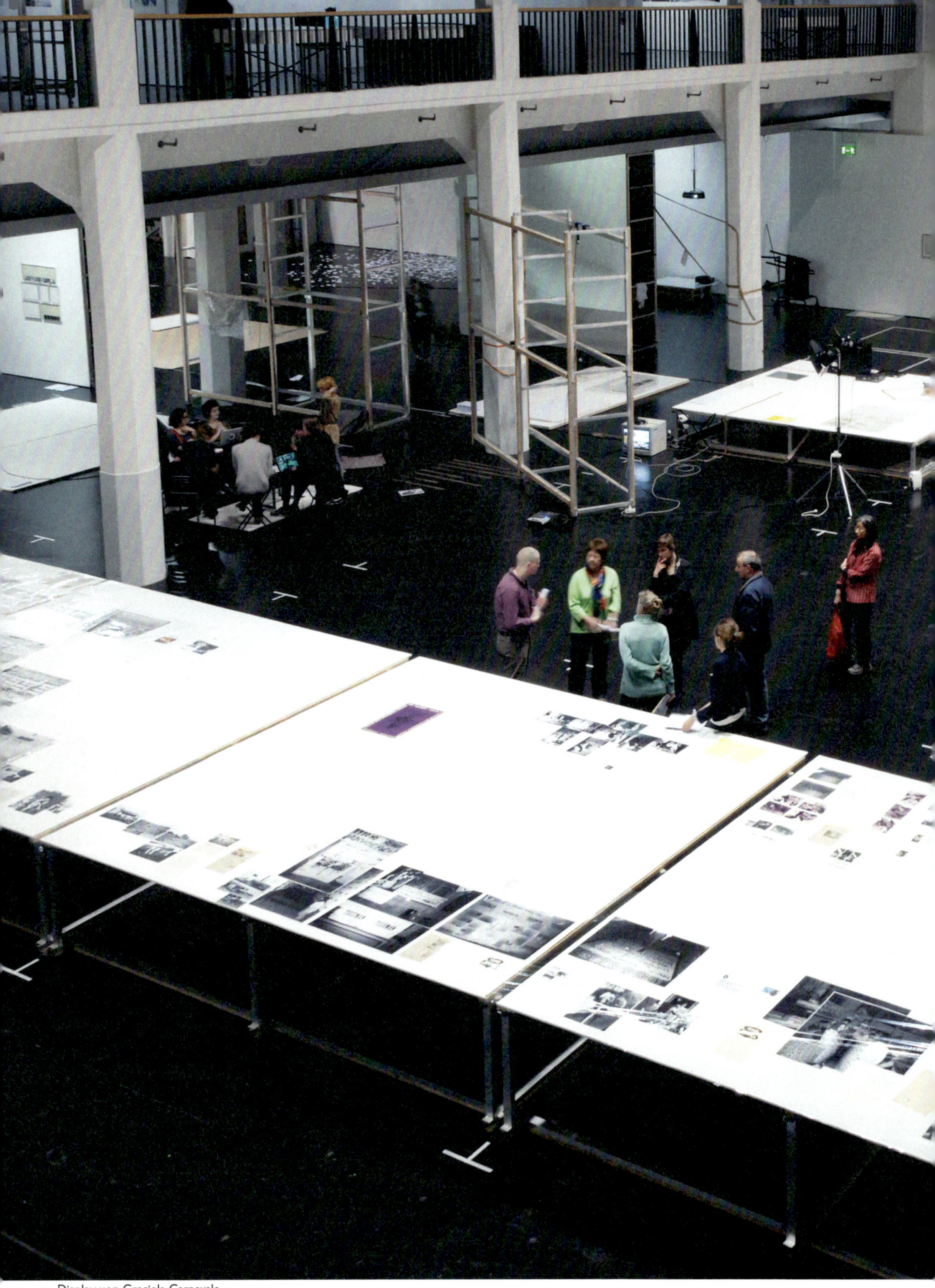

Display von Graciela Carnevale

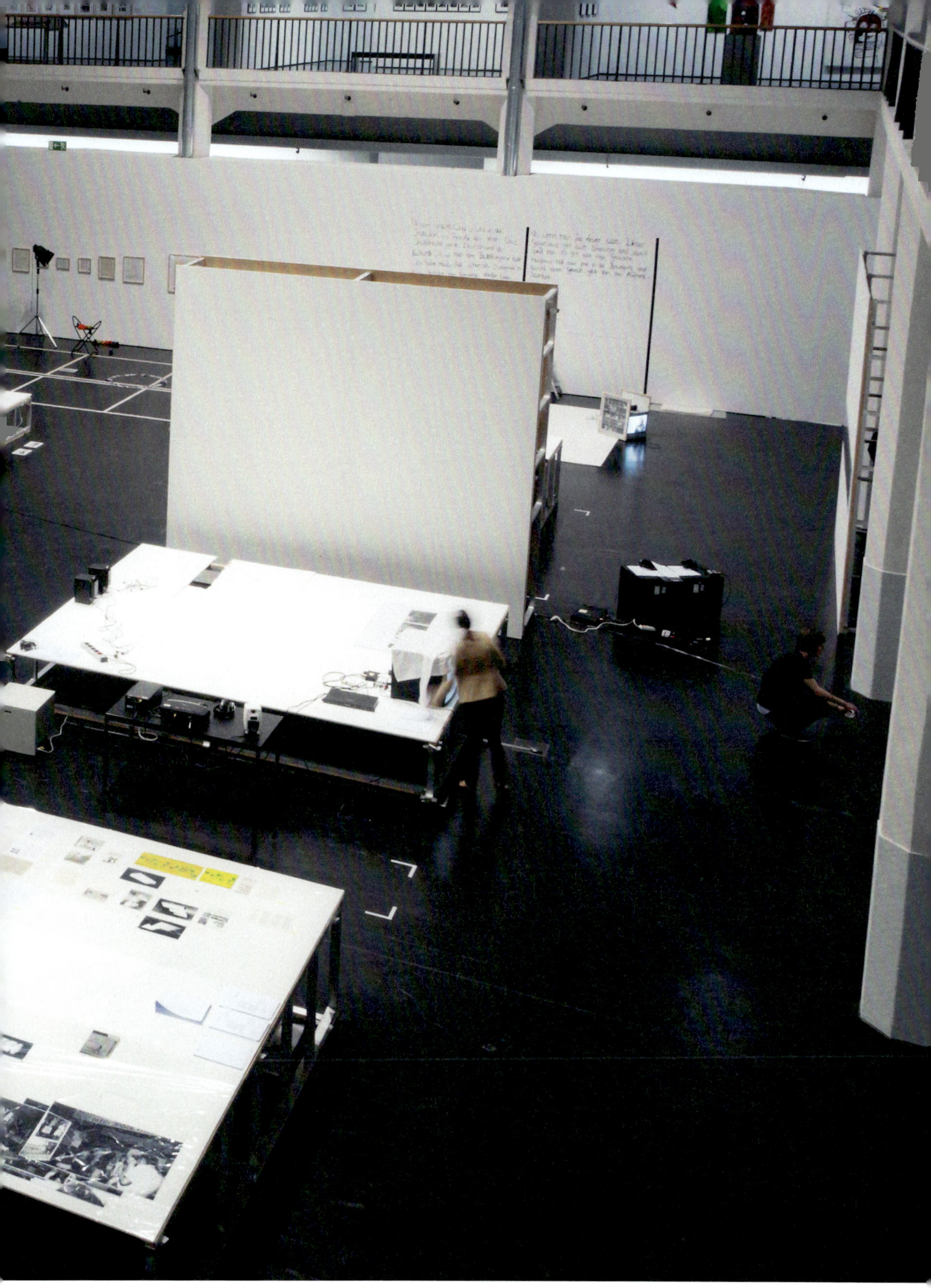

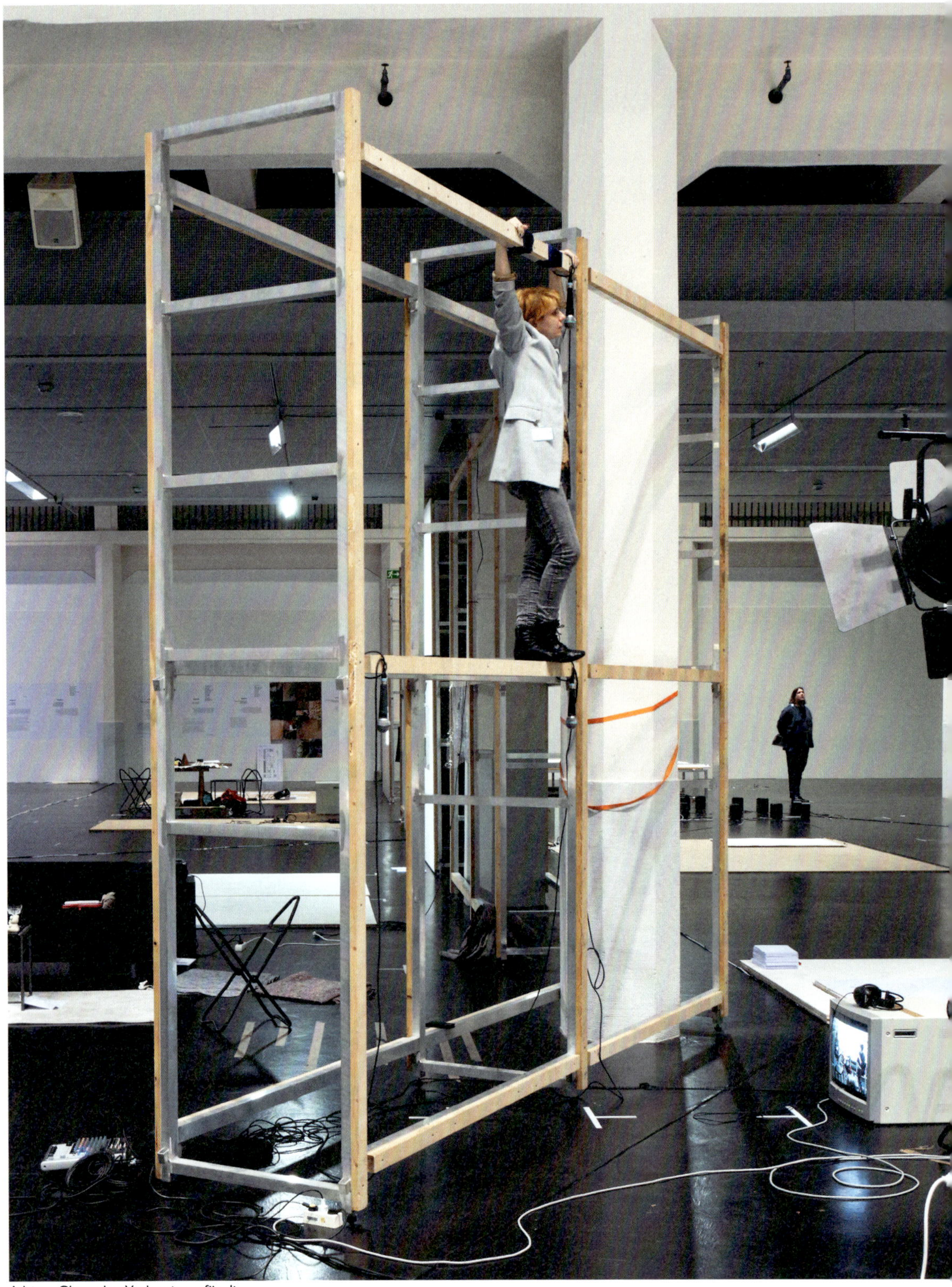

Adriana Gheorghe, Vorbereitung für die
Finissage

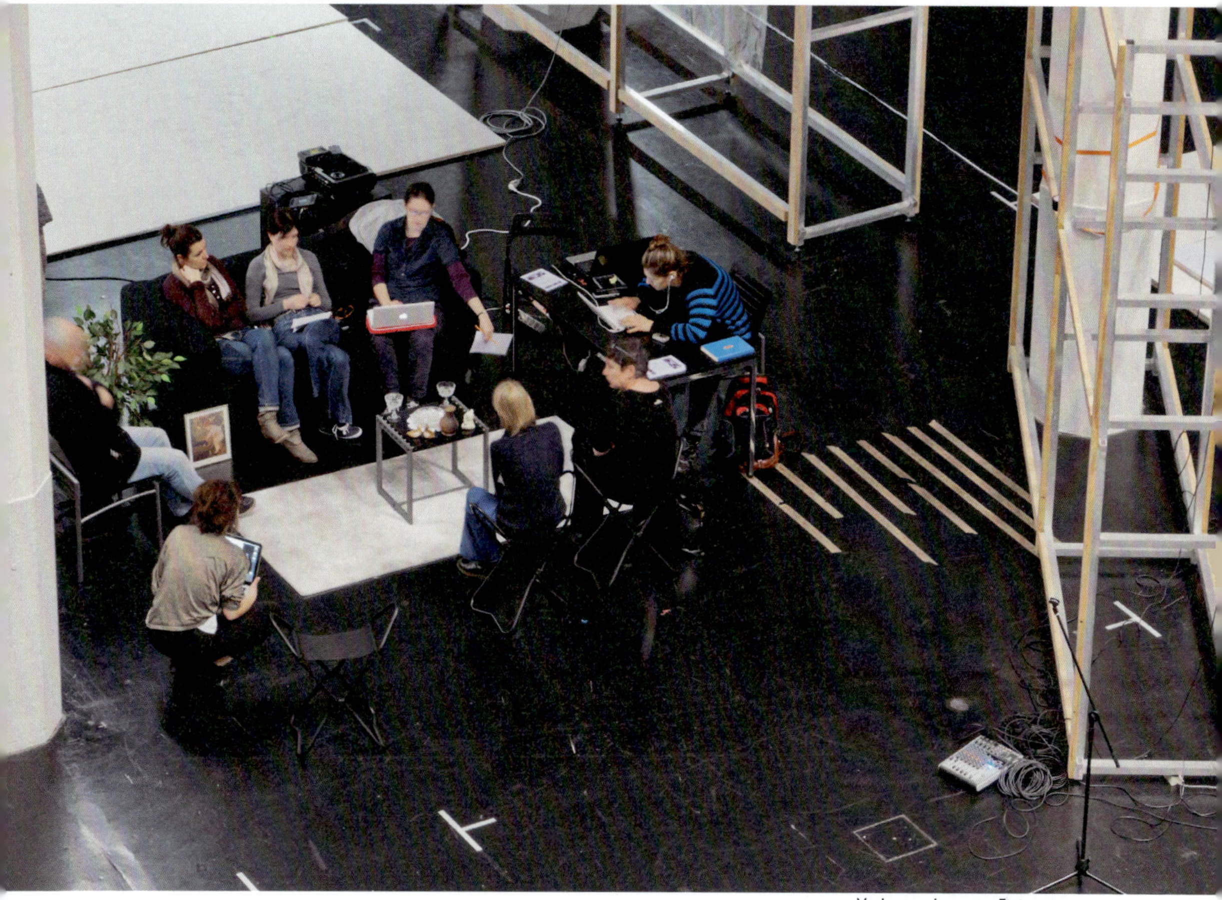

Vorbesprechung zur Finissage

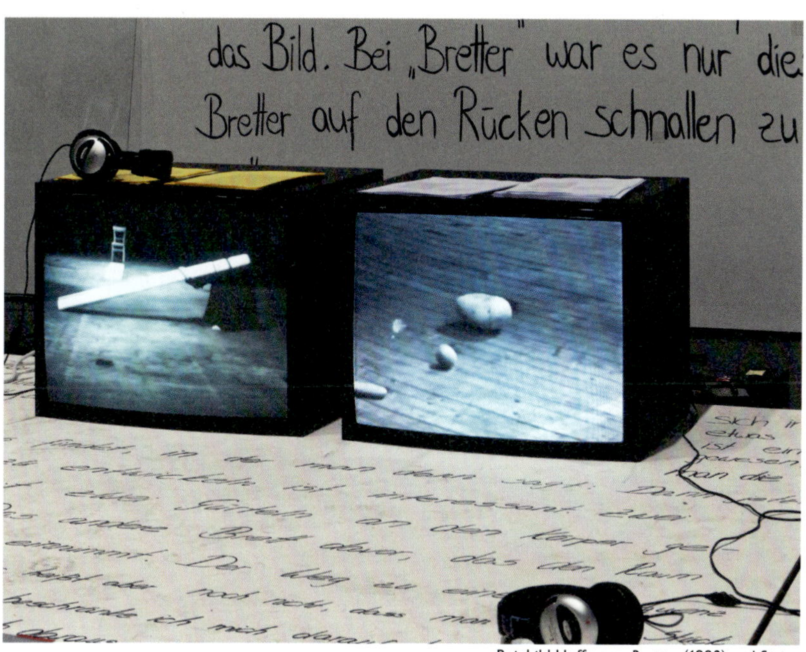

Reinhild Hoffmann, *Bretter* (1980) und *Steine*
(1980)

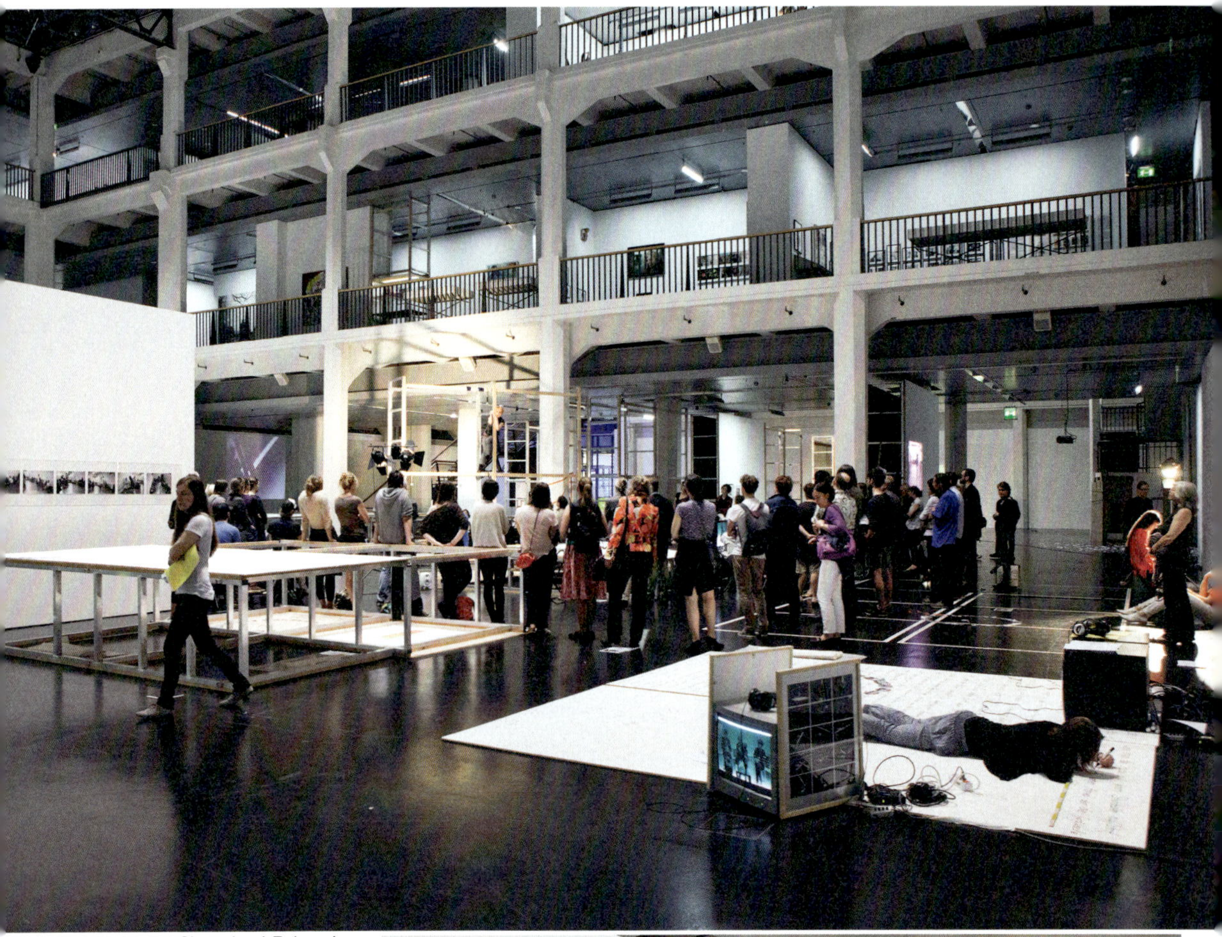

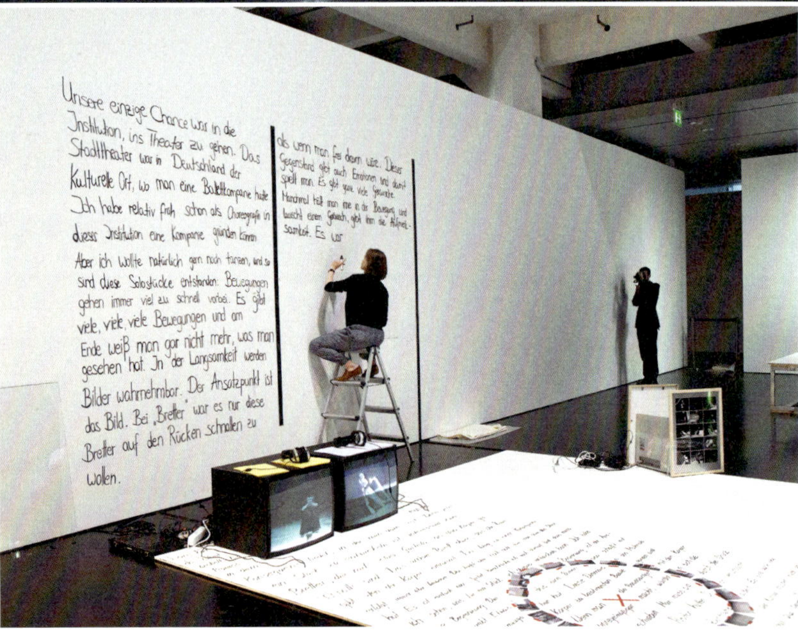

links: Adriana Gheorghe, *A Tedious Argumentation for the overwhelming question »Do I Dare«*, rechts: Tessa Theisen, *knitting. performing Channa Horwitz' »Soniakinatography« with needles*, vorn: Performance Sophie Osburg, *Art. Handling with Reinhild Hoffmann*, Finissage am 28. April 2012

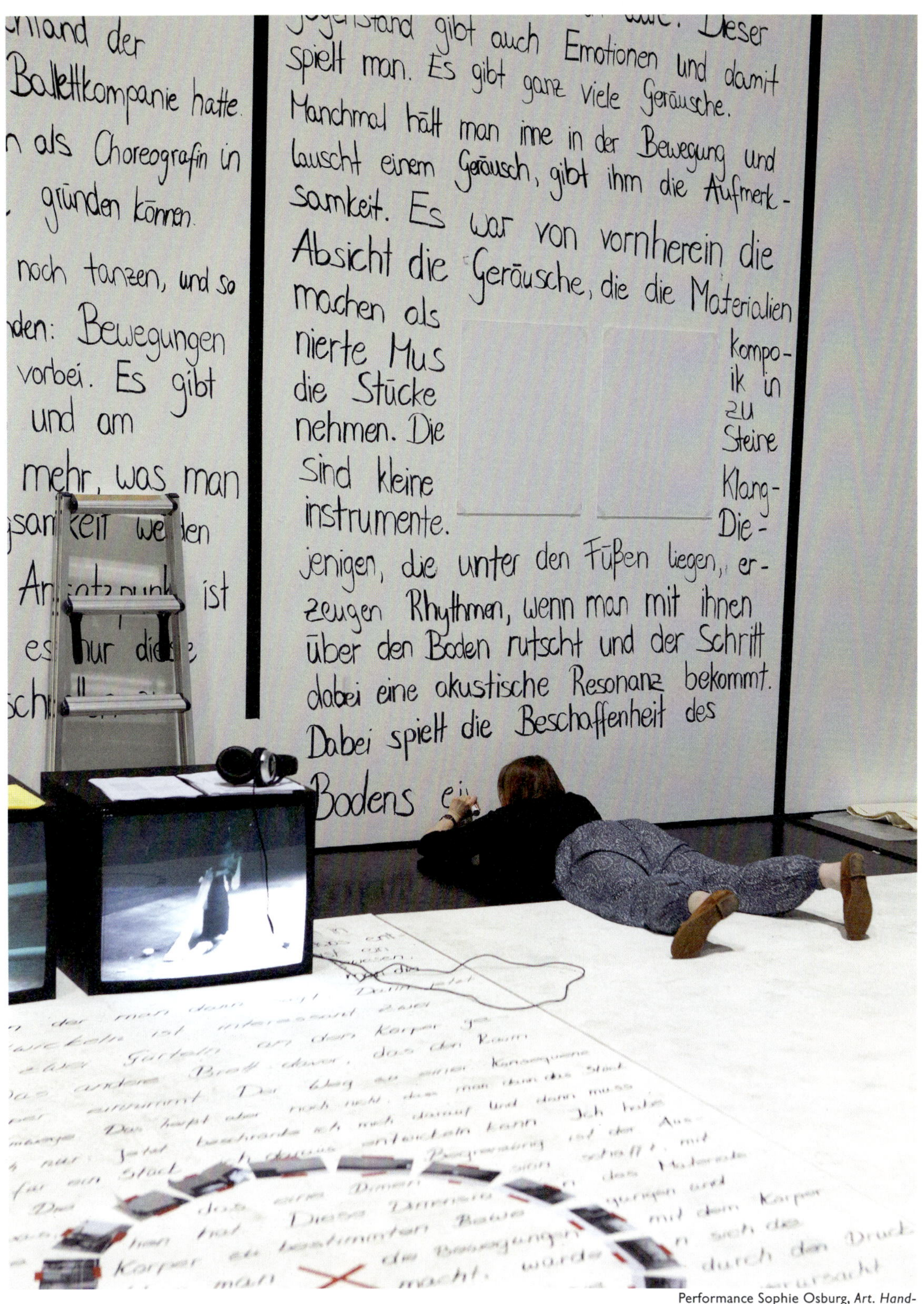

Performance Sophie Osburg, Art. *Handling with Reinhild Hoffmann*, Finissage am 28. April 2012

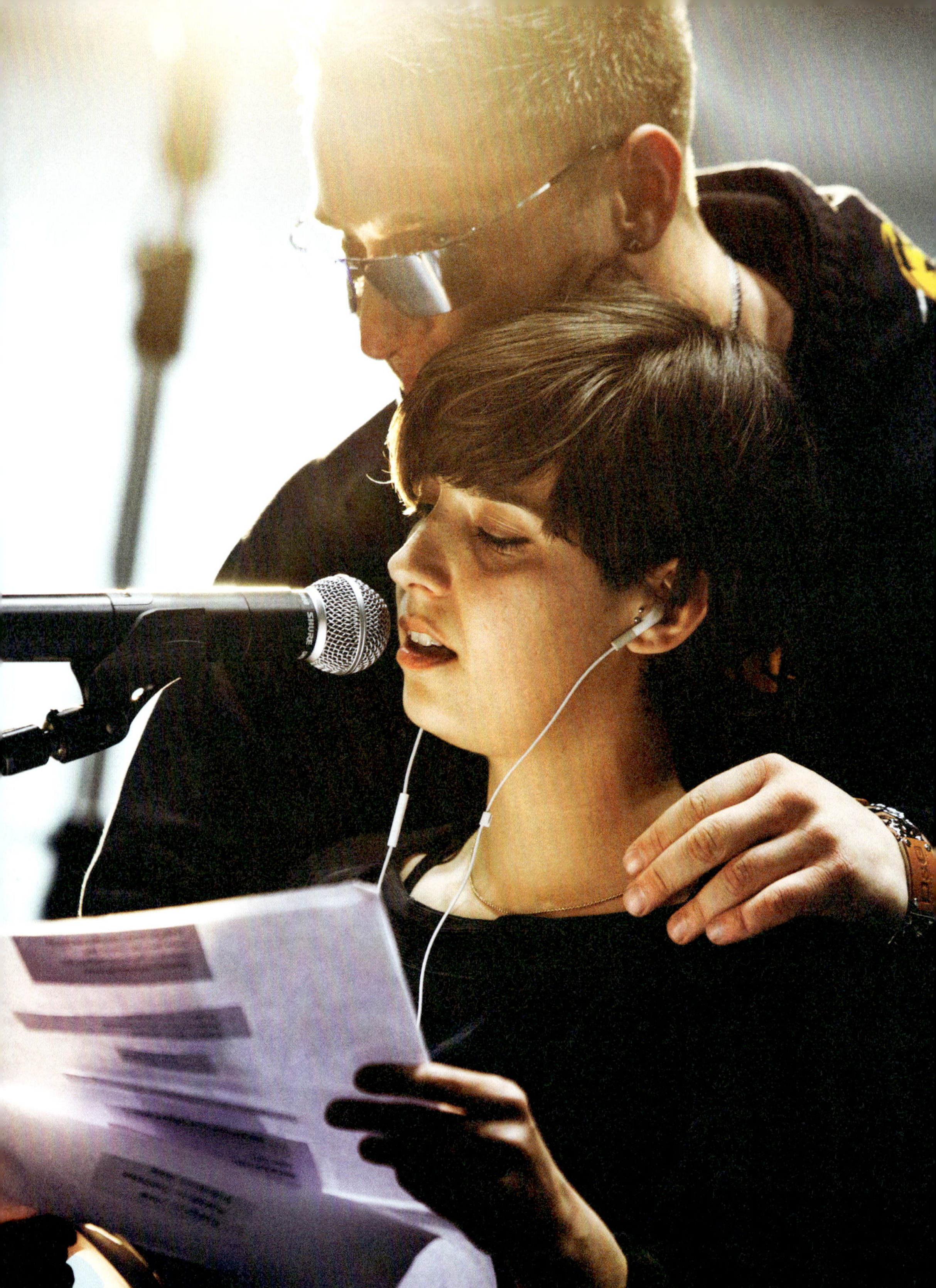

Performance Grazyna Roguski, *Grazyna &
Alex / duett*, Finissage am 28. April 2012

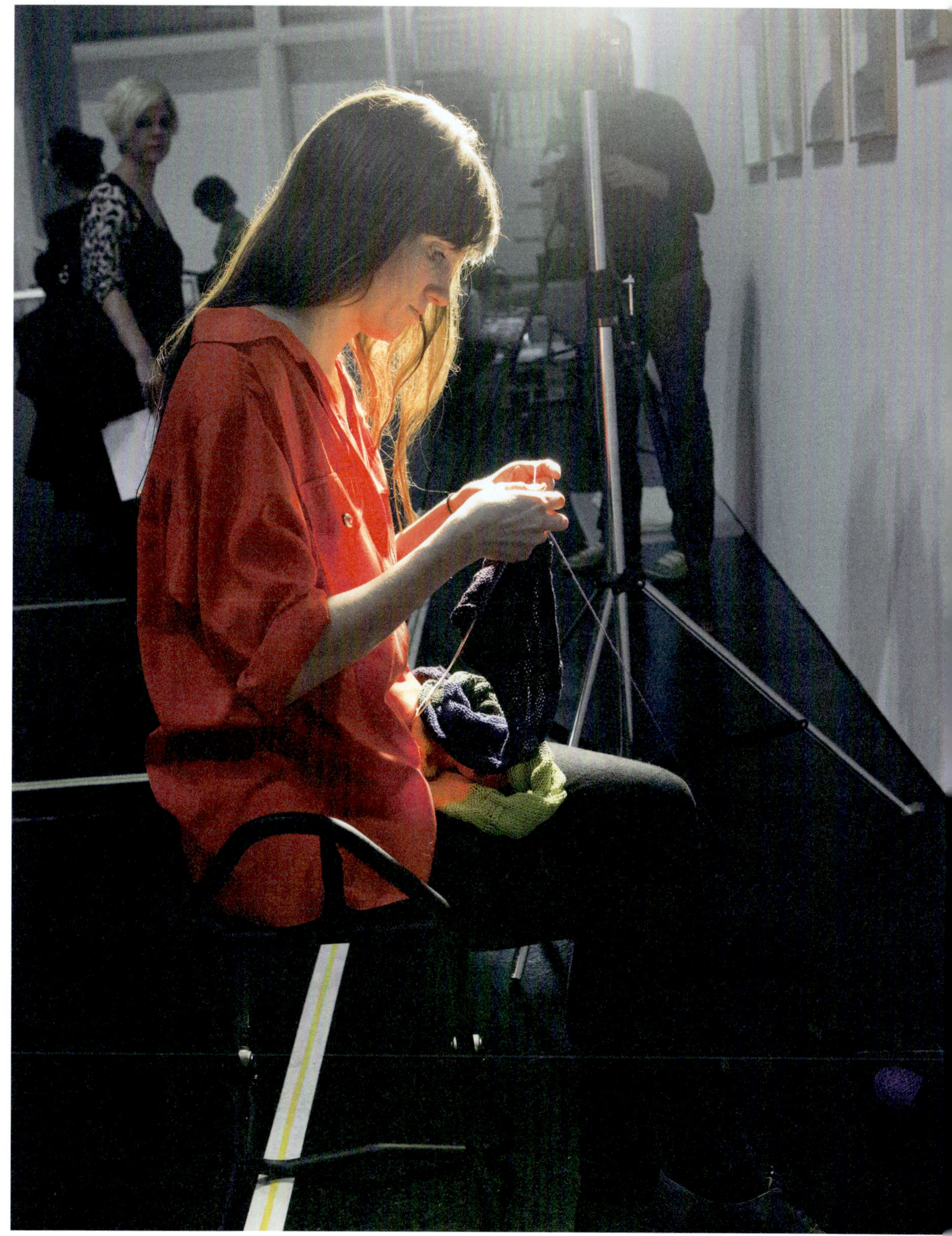

Tessa Theisen, *knitting. performing Channa Horwitz' »Sonjakinatography« with needles,* Finissage am 28. April 2012

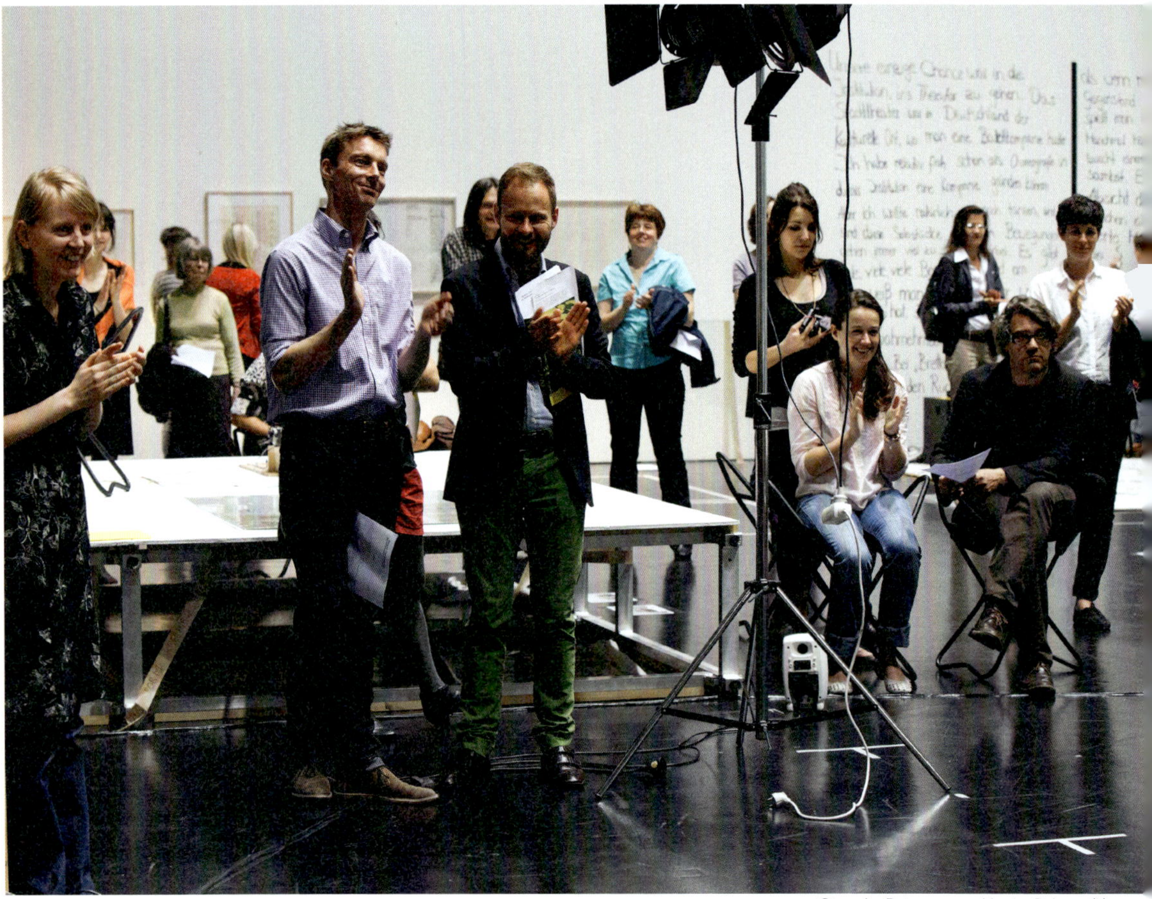

Gäste der Finissage: u. a. Martina Ruhsam (l.),
Andreas Beitin (Mitte)

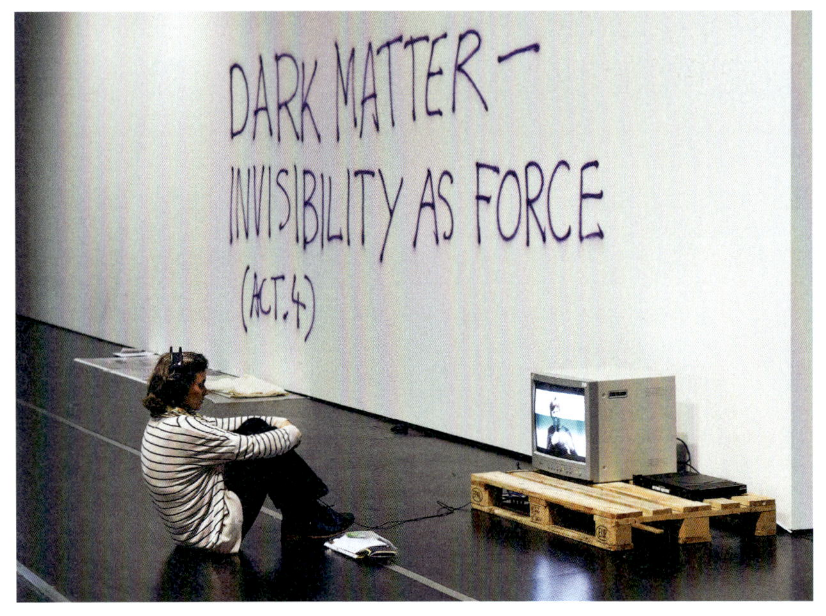

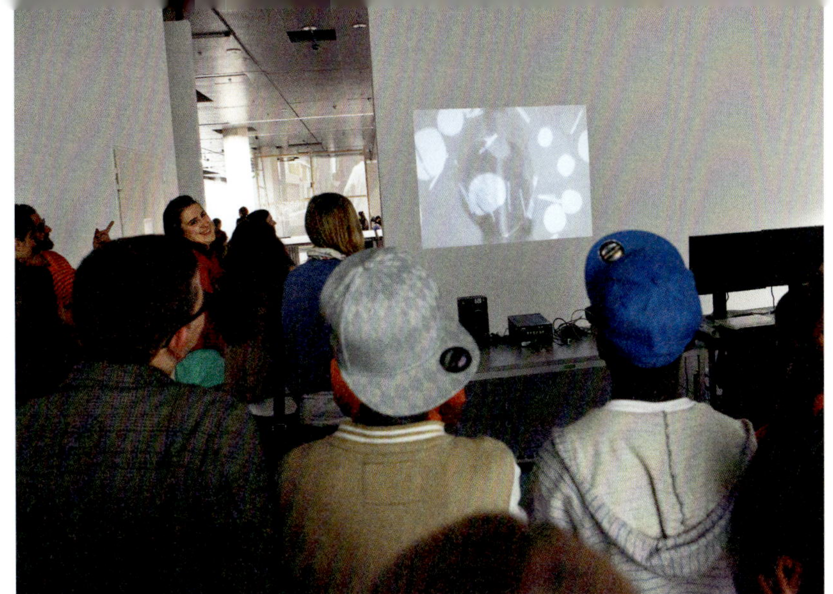

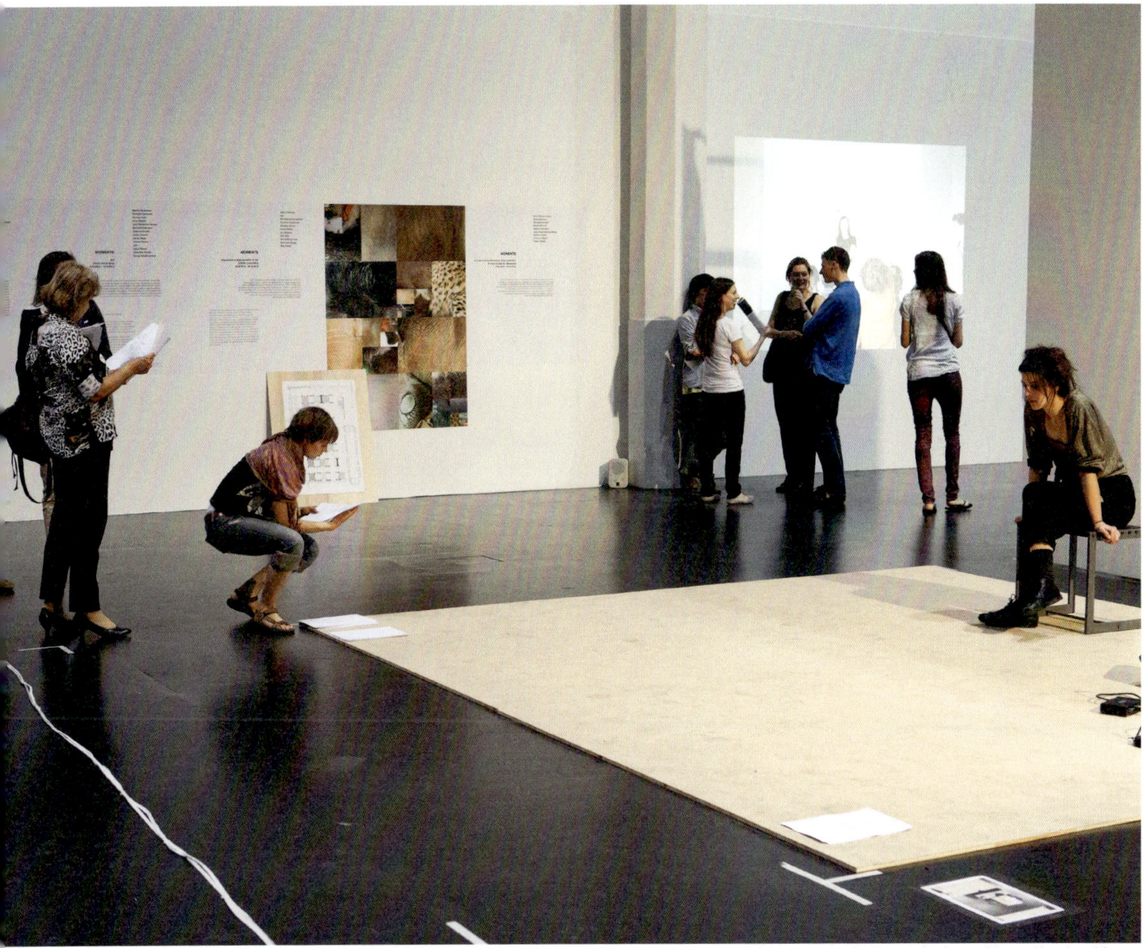

Performance Luzie Hanna Karolina Meyer,
Performing Absentmindedness

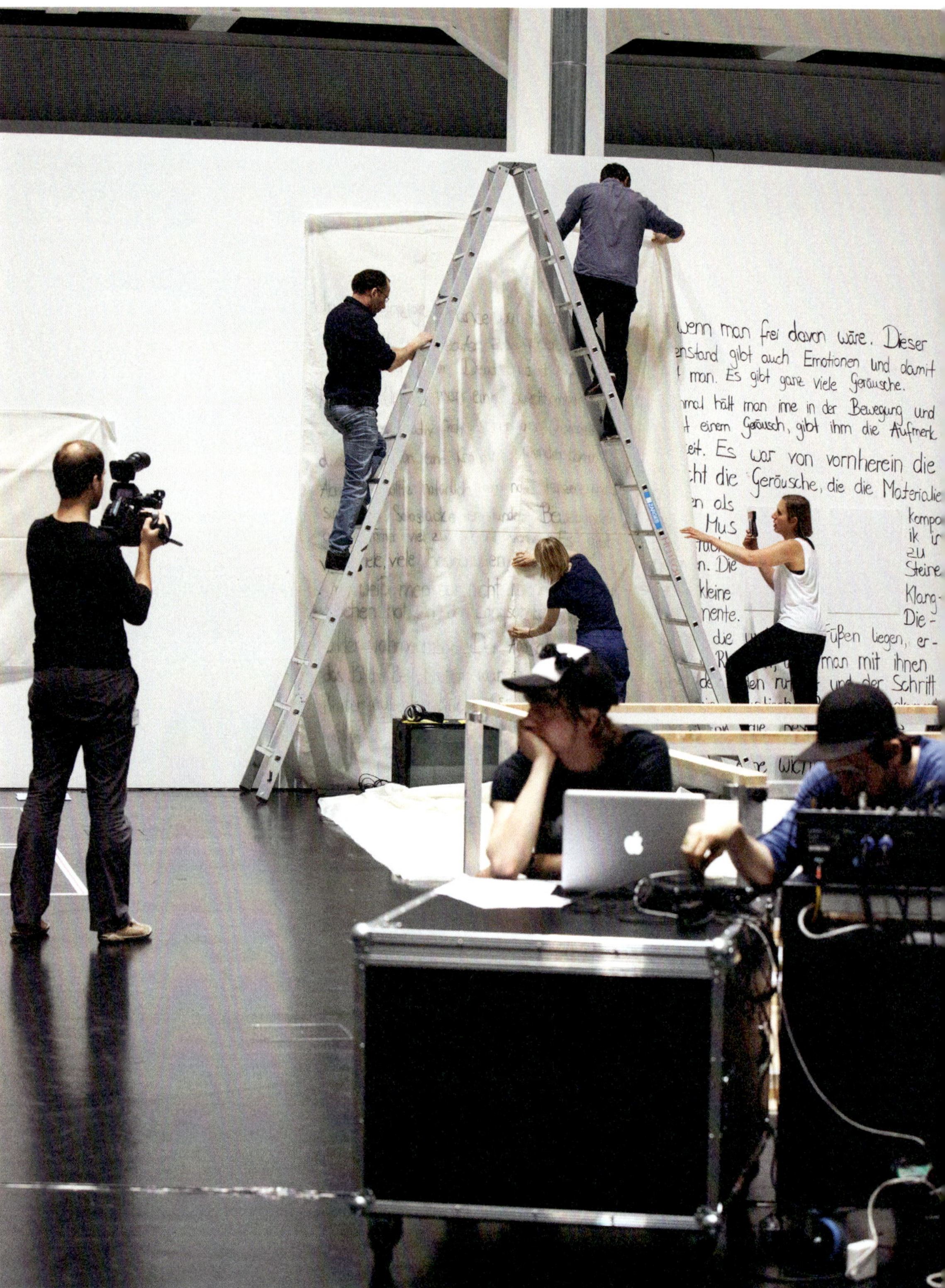

Wände und Displays werden verhängt

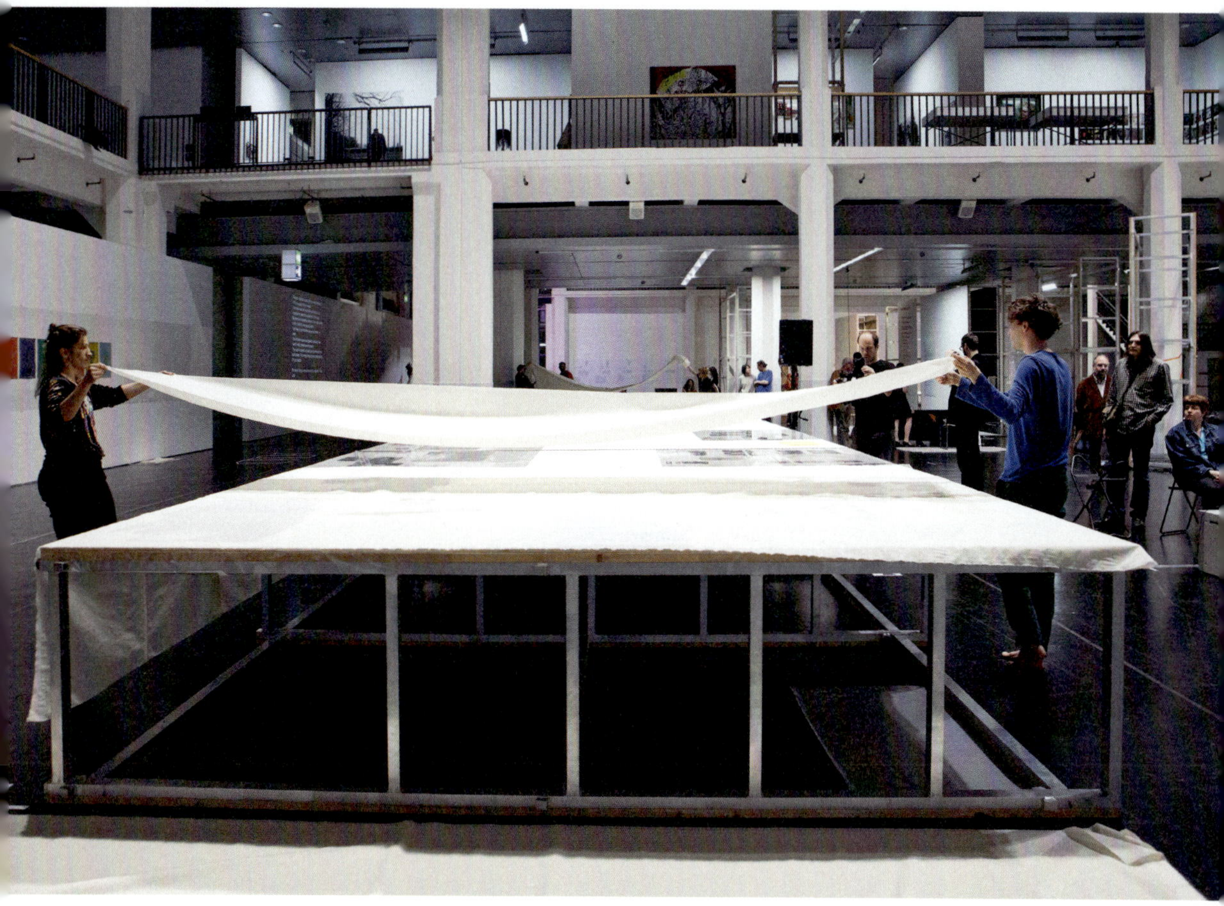

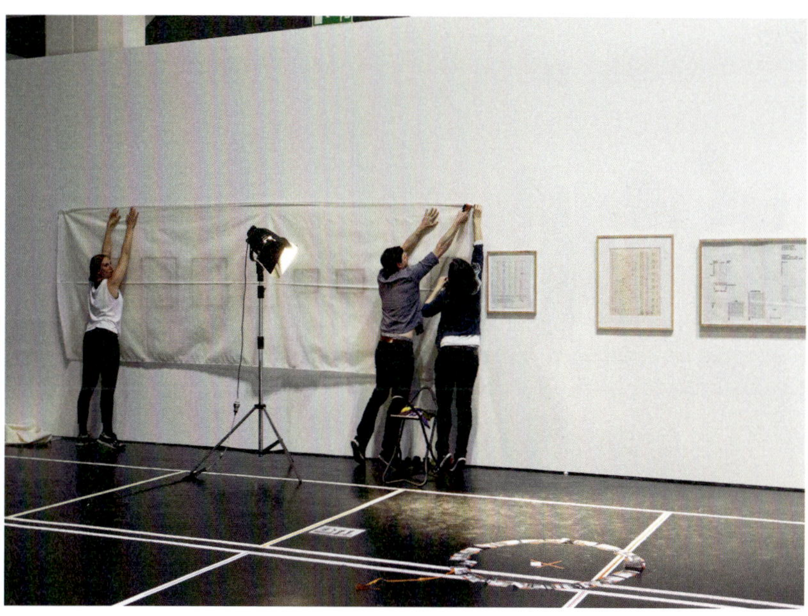

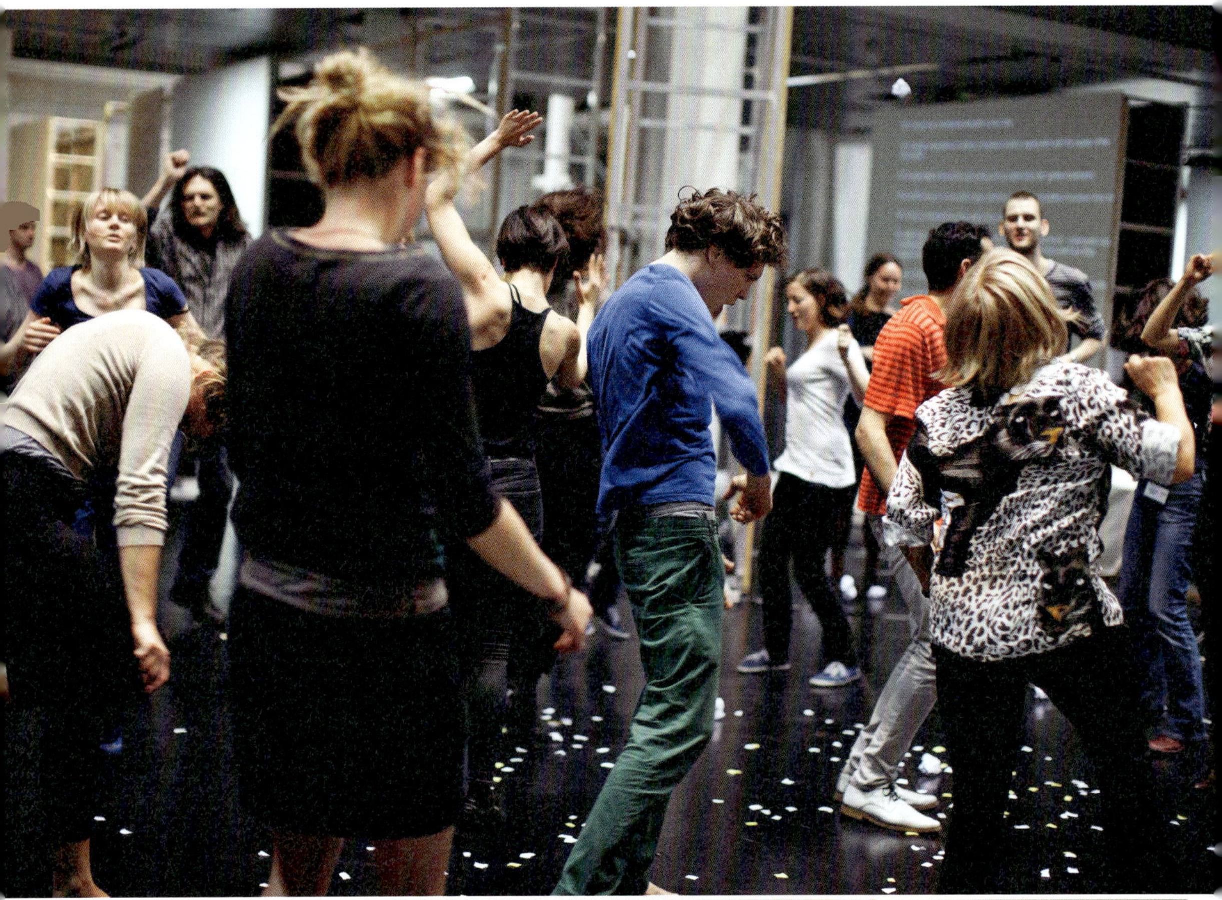

Performance zum Abschluss der Ausstellung: *Exorzismus – Ein techno-ritualistischer
Akt*

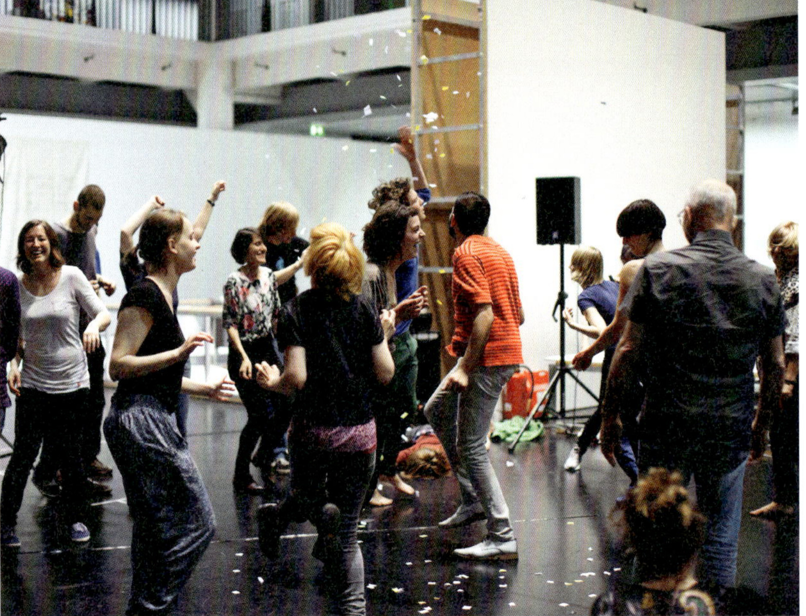

3

Essays

Vor Kurzem inszenierte die Performancekünstlerin Marina Abramović eine dramatische, retrospektive »Ausstellung«, in der sie viele ihrer nunmehr ikonenhaften Performances aus den späten 1960er- und den 1970er-Jahren wiederaufführte.[1] Die Ausstellung machte sehr deutlich, in welch unterschiedlicher Form die Performancekunst – im Gegensatz zu den traditionelleren Medien wie Malerei oder Plastik – auf das Museum Bezug nimmt. Das »Originalwerk«, das nach der Performance verschwunden und daher zweifellos verloren war, wurde zum Leben erweckt, aber um als etwas anderes erkannt zu werden. Die Leute, die diesem spektakulären Ereignis beiwohnten, waren sich der Tatsache bewusst, dass sie mit der Kopie eines Originals konfrontiert waren. Selbst wenn sie zum Zeitpunkt der ursprünglichen Performance möglicherweise noch gar nicht geboren worden waren, so war das Original für sie nicht die

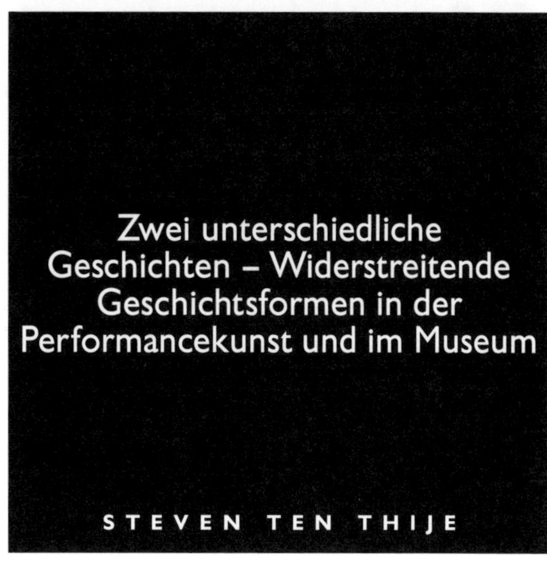

Performance selbst, sondern ausschließlich mit dem verwaschenen Schwarz-Weiß-Bild der ersten Performance verknüpft. In der Performancekunst kann das Original nicht gesammelt und konserviert werden. In gewisser Hinsicht gehört das Werk nicht in derselben Art und Weise der Geschichte an wie das traditionellere, objektbasierte Kunstwerk. Dennoch konfrontiert auch die Performancekunst das Museum mit einem Sinn von Geschichte, welcher der traditionellen institutionellen Zusammensetzung zu entkommen scheint. Diese beiden verschiedenen Arten von Geschichte zu begreifen, ist das Hauptanliegen dieses Textes.

Ihre Analyse kann mit der Feststellung beginnen, dass Bilder von Museumsinnenräumen selten von derselben Art grobkörniger Gespenster bevölkert sind, welche die Dokumentation der Performancekunst zu bewohnen scheinen. Betrachten wir etwa Giuseppe Gabriellis Bild *The National Gallery 1886, Interior of Room 32* aus dem Jahr 1886.[2] Das Gemälde ist so konstruiert, dass die in der Galerie ausgestellten Kunstwerke nicht wirklich sichtbar werden, sondern es liefert ein Bild der zahlreichen Museumsbesucher, die ebenjene Kunstwerke ansehen, die wir als Betrachter des Gemäldes nicht wahrnehmen können. Doch werden nicht zufällig irgendwelche Personen gezeigt, sondern eine Ansammlung von deutlich erkennbaren Prototypen: Ein Mann mit einem Zylinderhut etwa sitzt ruhig da und betrachtet die Werke; das ist der typische Gentleman, für den die anspruchsvolle Museumsumgebung eine natürliche Heimat darstellt. Zu seiner Rechten ist eine bürgerliche Familie wiedergegeben – ein Mann, eine Frau und deren Tochter –, die einen Augenblick pädagogischer Unterhaltung genießt. Noch weiter rechts, auf einer Stühlen sitzend, sehen wir ein junges Paar, dem das Museum einen passenden Rahmen für die erste Liebesaffäre bietet. Selbstverständlich gibt es viele andere Bilder von Menschen in Galerien: Bilder von Menschenmengen, die sich in den jährlichen Salons treffen, oder leere Galerien, die von wenigen nachdenklichen Besuchern eingenommen werden, von denen sich einer zumeist der vornehmen Kunst widmet, ein Meisterwerk zu

[1] *Marina Abramović. The Artist Is Present*, Museum of Modern Art, New York, 14.03.–31.05.2010. Siehe auch die Begleitpublikation: Klaus Biesenbach, *Marina Abramović. The Artist Is Present*, Ausst.-Kat., Museum of Modern Art, New York, 2010.

[2] Eine Erörterung dieses Gemäldes und eine allgemein sehr erhellende Lektüre über die Entwicklung der Museumserfahrung bietet: Charlotte Klonk, *Spaces of Experience. Art Gallery Interiors from 1800 to 2000*, Yale University Press, New Haven, London, 2009; zu Gabriellis Gemälde vgl. S. 15.

[3] Didier Maleuvre nennt den Kopisten den »idealen Besucher« in den »Museumsdarstellungen des 19. Jahrhunderts«. Seine Untersuchung beinhaltet auch eine lebendige und ausführliche Beschreibung der Art und Weise, in der die Geschichte einen Teil des Museums ausmacht. Siehe Didier Maleuvre, *Museum Memories. History, Technology, Art*, Stanford University Press, Stanford/CA, 1999, S. 101. Vgl. insbesondere den Abschnitt »Monumental Time«, S. 56–64.

[4] Zur Debatte der Beziehung zwischen dem Museum und dessen Publikum vgl. Andrew McClellan, *The Art Museum. From Boullée to Bilbao*, University of California Press, Berkeley, Los Angeles, London, 2008, S. 155–192.

[5] Siehe Germain Bazin, *The Museum Age*, Universe Books, New York, 1967.

[6] Zur Debatte der Beziehung zwischen der Ordnung der Dinge und der Menschen im Museum vgl. auch Tony Bennetts berühmte Untersuchung »The Exhibitionary Complex«, in: ders., *The Birth of the Museum. History, Theory, Politics*, Routledge, London, New York, 1995, S. 59–88.

[7] Darauf verweist Brian O'Doherty in seiner Publikation *In der weißen Zelle / Inside the White Cube*, Wolfgang Kemp (Hg.), Merve, Berlin, 1996.

[8] Zur Beschreibung der unsichtbaren Techniken des Museums vgl. Mieke Bals Analyse des Metropolitan Museum sowie des American Museum of Natural History, in: dies., *Double Exposures. The Subject of Cultural Analysis*, Routledge, New York, London, 1996, S. 13–56.

kopieren.[3] Schließlich gibt es noch zahllose Karikaturen, welche sich über die anspruchslose oder die übertrieben anspruchsvolle Menge lustig machen. Doch Gabriellis Bild ist deshalb so besonders, weil es in gewisser Hinsicht beides bietet: ein Bild von idealen Besuchertypen und ein Bild der Menge.[4] Damit liefert es eine perfekte Darstellung des sogenannten »Museumszeitalters«[5]. In diesem Bild wird das Publikum in derselben systematischen Weise angeordnet wie die dargestellten Werke, und damit wird die zu dieser Zeit neuartige wissenschaftliche Methode der Kunstgeschichte zur Anwendung gebracht.[6] Das Gemälde zeigt das Museum als einen jener Mechanismen, die es möglich machen, Menschen und Dinge vor dem Hintergrund einer Universalgeschichte anzuordnen. Hier ist das Publikum sowohl das Subjekt, das die Geschichte untersucht, als auch ein Objekt, das in ebendiese Geschichte zurückgedrängt wird.

Später, im 20. Jahrhundert, verschwinden die idealen Prototypen der unterschiedlichen Arten von Menschen langsam aus den Bildern von Museumsinnenräumen und machen Platz für etwas, das nun als das klassische »fotografische« Bild des »White Cube« bekannt ist.[7] Irgendwie ist es den fotografischen Darstellungen des Museumsraums nicht gelungen, jenen Typus von idealen Besuchern hervorzubringen, welche die früheren Bilder von Galerien füllten. Es verhält sich so, als ob die Urheber der Aufnahmen der White-Cube-Installation bereits bemerkt hätten, was Marina Abramovićs Retrospektive deutlich machte: Die fotografische Präsenz des Publikums steht in einem bestimmten Konflikt zum (historischen) Wesen der Kunstwerke, die in Galerien ausgestellt werden. Die fotografische Präsenz des Publikums bringt eine Unsicherheit ins Bild, die eine Art Zerfallsprozess auslösen könnte und die den zarten Tanz zerstören würde, der im Museum zwischen Subjekt und Objekt stattfindet. Leute ins Bild zu bringen, würde das Bild selbst historisch werden lassen, doch im Museum sind allein die Kunstwerke historisch, und die Umgebung bildet den zeitlosen Hintergrund, vor dem diese historischen Werke als solche erkannt werden können. Obwohl das Museum zu seinem Funktionieren die physische Präsenz des Publikums benötigt und obwohl es so konstruiert ist, dass dieses Publikum die Kunstgeschichte erfährt durch die Beteiligung an einer genau orchestrierten Performance, innerhalb derer das Publikum erlernen kann, Geschichte zu verstehen und sich selbst geschichtlich zu begreifen, so muss die Performance selbst dennoch unsichtbar bleiben.[8] Mit diesem sorgfältig konstruierten Spiel von sichtbar/unsichtbar, bewusst/unbewusst durchbricht die Performancekunst die Struktur der Museumserfahrung, indem sie Bilder einbringt, die sowohl als Werk als auch als Dokumentation von Menschen gelten können, deren Status völlig verschieden ist von dem der Idealtypen, welche die Bilder des Museums im 19. Jahrhundert bevölkerten, und die ebenso wenig als die aktualisierte Version von Betrachtern begriffen werden können, die im White Cube beheimatet sind. Indem sie den Zuschauer ausdrücklich ins Werk selbst integriert, bricht die performative Kunst drastisch mit dem für das Museum typischen, geschickt orchestrierten Versteckspiel zwischen Subjekt und Objekt. Um das zu verstehen, ist es hilfreich, sich kurz einer interessanten frühen Dokumentation des Phänomens der Performancekunst zuzuwenden. Es handelt sich dabei um *Being and Doing* (1984) von Stuart

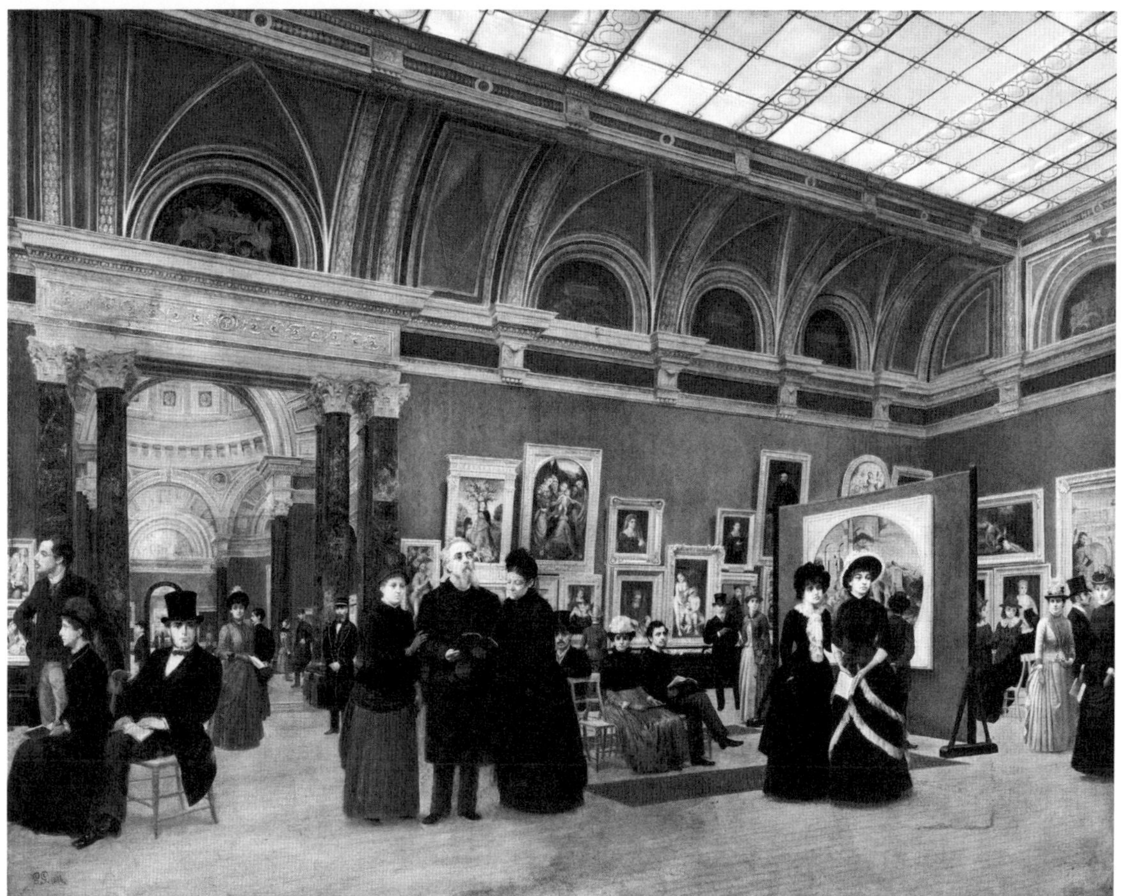

Giuseppe Gabrielli, *The National Gallery 1886, Interior of Room 32*, 1886, The National Gallery, London, Öl auf Leinwand, 110 x 142 cm

Brisley und Ken McMullen. In diesem Film liefern die beiden Künstler eine philosophisch-politische Einschätzung der Performancekunst, die sie als ein Phänomen identifizieren, das die starre Ost-West-Aufteilung jener Tage durchkreuzt. Sie beschreiben die Performancekunst als erfüllt von »einem Streben nach utopischer Demokratie«, eine Charakteristik, die sie mit den traditionellen kollektiven Folkloreritualen gemein hat. In gewisser Hinsicht sind beide Situationen – die Performancekunst und die Folklorerituale – frei von Beobachtern; es gibt nur Teilnehmende. In traditionellen Folkloreritualen zeigt sich das in der Tatsache, dass es sich um eine kollektive Performance handelt, an der die gesamte Gemeinschaft teilnimmt. In der Performancekunst ereignet sich das Verschwinden des Beobachters durch das »Risiko«, das Performer und Teilnehmer gleichermaßen in einen Zustand erhöhter Aufmerksamkeit versetzt sowie in eine angespannte Vorwegnahme dessen, was sich als Nächstes ereignen könnte. Erika Fischer-Lichte beschreibt diese Situation, wenn sie festhält, dass in der Performancekunst die traditionelle Trennung zwischen Subjekt und Objekt zugunsten von »Ko-Subjekten« ersetzt wird, die weder völlige Insider noch vollständige Outsider sind.[9] Dennoch spielt die Kamera, welche die Performance dokumentiert, in dieser Situation eine bemerkenswerte Rolle. In einem jüngst geführten Gespräch erklärte Stuart Brisley, dass das Filmen von Folkloreritualen bisweilen große Schwierigkeiten bereitet, da die Teilnehmenden der Rituale in einen sol-

[9] Vgl. Erika Fischer-Lichte, *Ästhetik des Performativen*, Suhrkamp, Frankfurt/M., 2004, S. 47, 68. Fischer-Lichte spricht hier genaugenommen. von einer »leiblichen Ko-Präsenz von Akteuren und Zuschauern« (Anmerkung des Übersetzers).

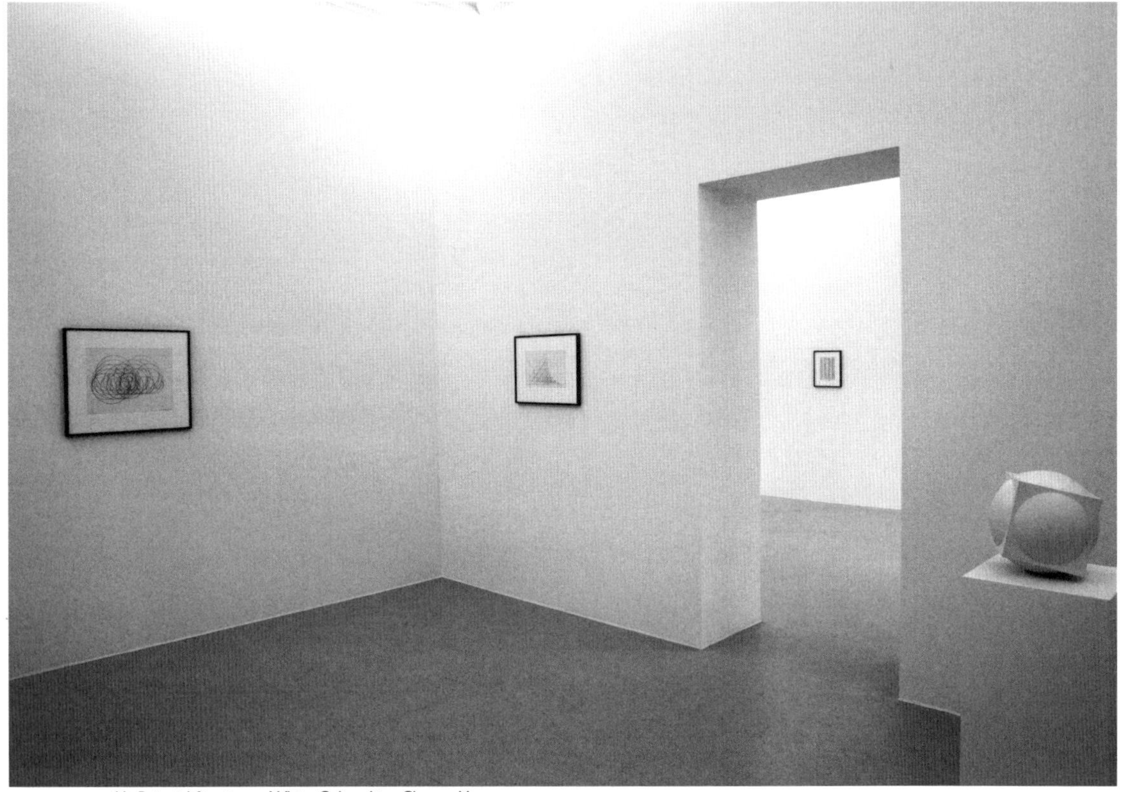

Als Beispiel für einen »White Cube« hier Channa Horwitz, *Hello Is Not Like I Would Say Goodbye*, Ausstellungsansicht Aanant & Zoo, Berlin, 2010

[10] Stuart Brisley in einem Gespräch mit dem Autor am 06.03.2012.

[11] Siehe Walter Benjamin, »Das Kunstwerk im Zeitalter seiner technischen Reproduzierbarkeit«, in: ders., *Illuminationen. Ausgewählte Schriften*, Bd. 1, Suhrkamp, Frankfurt/M., 1977, S. 136–169. Im Hinblick auf Zerstreuung und Sammlung vgl. S. 165ff.

[12] »Innerhalb großer geschichtlicher Zeiträume verändert sich mit der gesamten Daseinsweise der menschlichen Kollektion auch die Art und Weise ihrer Sinneswahrnehmung.« Walter Benjamin, op. cit., S. 141. Der von Benjamin hier verwendete Begriff »Sinneswahrnehmung« verbindet »Sinne«, »Wahrheit« und »Nehmen«. Das verweist auf den epistemologischen Anspruch, den er seiner Beobachtung

chen Trancezustand geraten können, dass sie die Filmausrüstung einfach zerstören würden, fiele sie ihnen in die Hände.[10] Schließlich filmten er und sein Team das Ritual von einem Flugzeug aus, denn das war die einzige Möglichkeit, um Bilder des Ereignisses aufzunehmen. Doch die Performancekunst hat eine weniger feindliche Beziehung zur Kamera, und in mehr als einem Fall wurde die Kamera maßgeblich ins Ereignis einbezogen. Dan Graham widmete sich für eine bestimmte Zeit seines Schaffens dieser Thematik, und auch jüngere Künstler wie Jon Mikel Euba, Sarah Peirce und Wendelien van Oldenborgh arbeiteten zuletzt ausdrücklich mit der Dokumentation und dem Akt des Dokumentierens. Dieser wohlwollendere Zugang zur Dokumentation könnte leicht übersehen werden, doch wenn er auf der Grundlage von Walter Benjamins Theorie analysiert wird, ergibt sich ein anderes Verständnis. Als Benjamin den Effekt der Fotografie und ihres jungen Abkömmlings, des Films, auf die Kunst in den späten 1930er-Jahren untersuchte, stellte er fest, dass diese in einer »Zerstreuung« aufgenommen werden, obwohl die Kunst traditionellerweise zur Sammlung einlädt.[11] Er verband diese Veränderung mit dem Entstehen der Massengesellschaft, von der er dachte, dass sie die Art und Weise verändere, in der »Wahrnehmung« stattfindet.[12] In Benjamins Verständnis ist eines der wesentlichen Charakteristika der Masse, dass sie bestrebt ist, »die Dinge sich […] ›näherzubringen‹ «, indem sie ihr Wissen um die Dinge nicht wie in der klassischen Kunsterfahrung mittels distanzierender Reflexion erlangt, sondern durch eine andere, zerstreute Erfahrung, die ein Eintauchen in die Situation ermöglicht und zugleich ein Verständnis dieser Situation hervorbringt.[13] Im Gegensatz zur traditionellen hierarchischen Gesellschaft, in der Subjekt und Objekt in Opposition zueinander bestimmt wurden – dieselbe Situation, die im Museum der Fall war oder möglicherweise sogar noch ist –, bevorzugt die Masse aus Benjamins Perspektive eine kontinuierliche und instabile Übersetzung zwischen diesen beiden Polen. Die Masse besitzt in dieser Hinsicht eine bestimmte Fluidität, und sie funktioniert wie ein empfängliches Gewebe, das über einen stetigen Puls von Zusammenziehung und Zerstreuung verfügt, der jedwede festgelegte Subjekt-Objekt-Trennung aufnimmt und dabei in Abhängigkeit von bestimmten Anordnungen von Menschen und Dingen das Auftauchen von Momenten der Gegensätzlichkeit erlaubt.

In Benjamins Text wird das durch die Idee des Schocks begriffen.[14] Da in der Masse nicht entschieden ist, wer zu welchem Zeitpunkt das Recht zu sprechen hat oder haben sollte, befindet sich die Masse in einem Zustand von stets erhöhter Aufmerksamkeit. Diese Situation ähnelt dem zerstreuten Augenblick der Erwartung beim Spaziergang in einer Stadt oder beim Durchstöbern eines Sortiments, in dem plötzlich, wie ein »Blitzstrahl«, eine bedeutungsvolle Konstellation auftaucht, die ebenso rasch wieder verschwinden kann.[15] Paradoxerweise bringt die Homogenität der Masse demnach eine aufgeladene Beziehung zwischen den Subjekten hervor, die zusammen diese Masse bilden. Sie stoßen stets gegeneinander, werden aus ihrer Bahn »geworfen« und müssen von diesen Momenten der Unterbrechung »lernen«.[16]

Das verändert auch die Vorstellung von Geschichte grundlegend. Benjamin schrieb in seinem letzten Text »Über den Begriff der Geschichte«: »Nur als Bild, das auf Nimmerwiedersehen im Augenblick seiner Erkennbarkeit aufblitzt, ist die Vergangenheit festzuhalten.«[17] Die Geschichte ist kein »Objekt« mehr, das gesammelt und jederzeit zugänglich gemacht werden kann, wie es im traditionellen Museum geschieht, sondern sie muss stets erneut aus der genauen Konstellation von Gegenwart und Vergangenheit hervorgebracht werden. Da die Kunst während des 19. Jahrhunderts beinahe zum unabdingbaren Stützpunkt für die Vorstellung einer objektiven historischen Entwicklung im Museum geworden ist, war sie für diese Veränderung im Verständnis von Geschichte besonders empfänglich.[18]

Benjamin verknüpfte die Geschichtserfahrung der Massen auch mit dem fotografischen Bild, und hier berührt sie unser aktuelles Thema der Performancekunst und ihrer Beziehung zum Museum. Um zu verstehen, auf welche Weise Benjamins Argument unserer Debatte zuträglich ist, gilt es, die berühmteste These seines Kunstwerk-Essays zu untersuchen, mit der er ein vom Aufkommen von Fotografie und Film herbeigeführtes »Verschwinden der Aura« in Betracht zieht.[19] In diesem Essay wird die Aura eines Kunstwerks auf zwei Arten beschrieben: einerseits als das »Hier und Jetzt« des Werks und andererseits als die »einmalige Erscheinung einer Ferne, so nah sie sein mag«.[20] Bei genauer Untersuchung dieser bemerkenswerten doppelten Bestimmung lässt sich feststellen, dass sich ein Ausdruck auf das materielle Objekt bezieht, während der andere vom erkennenden Subjekt handelt. Benjamin scheint demnach eine sowohl ontologische als auch epistemologische Lesart der Aura zu entwerfen. In ontologischer Hinsicht findet sich das »Hier und Jetzt«, das sich auf das Werk als ein materielles Objekt bezieht,

verleihen wollte; dieser Umstand wird insbesondere dann relevant, wenn man feststellt, dass er in demselben Abschnitt zwei andere Begriffe aus dem Bereich von »Auffassung« und »Erfahrung« verwendet, nämlich »Wahrnehmung« und am Ende des Abschnitts den ausdrücklich Kant'schen Begriff »Anschauung«. Ibid., S. 141ff.

13 Ibid., S. 142.

14 Ibid., S. 167. Für Walter Benjamin kennzeichnet der Begriff »Chock« ausgehend von Charles Baudelaire zunächst ein Problem der (Sinnes-)Wahrnehmung, das für Benjamin zu einem Angelpunkt seiner Kritik am Erfahrungsbegriff der Moderne wird. Vgl. Walter Benjamin, »Über einige Motive bei Baudelaire«, in: ders., Gesammelte Schriften, Bd. I: Abhandlungen, Zweiter Teil, Rolf Tiedemann und Hermann Schweppenhäuser (Hg.), Suhrkamp, Frankfurt/M., 1978. Bei der Schockwirkung handelt es sich demnach um eine »Rezeption in der Zerstreuung«. Vgl. Walter Benjamin, »Das Kunstwerk im Zeitalter seiner technischen Reproduzierbarkeit«, in: ders., Illuminationen, op.cit., S. 167. Dieser kommt die Macht zu, die Bewegung der Gedanken stillzustellen: »Wo das Denken in einer von Spannung gesättigten Konstellation plötzlich einhält, da erteilt es derselben einen Chock, durch den es sich als Monade kristallisiert.« Benjamin sieht hierin die Möglichkeit »einer revolutionären Chance im Kampfe für eine unterdrückte Vergangenheit.« Walter Benjamin, »Über den Begriff der Geschichte«, in: ders., Illuminationen, op. cit., S. 251–261, hier S. 260. (Anmerkung des Übersetzers)

15 Im theoretischen Konvolut des Passagen-Werks verwendet Benjamin häufig die Metaphern eines »Blitzes« oder einer »Sprengung«, um die Charakteristik des Augenblicks wahrhafter historischer Erkenntnis zu beschreiben, die nicht mit der »ewigen« historistischen Kenntnis der Vergangenheit übereinstimmt. Vgl. Walter Benjamin, Das Passagen-Werk, Bd. 1, Rolf Tiedemann (Hg.), Suhrkamp, Frankfurt/M., 1982, S. 570f. sowie 577f. Vgl. dazu auch einige Abschnitte aus: Walter Benjamin, »Über den Begriff der Geschichte«, in: ders., Illuminationen, op. cit., hier S. 253 sowie 258f.

16 Gegen Ende seines Kunstwerk-Essays spricht Benjamin davon, »gewisse Aufgaben in der Zerstreuung bewältigen zu können«. Walter Benjamin, »Das Kunstwerk im Zeitalter seiner technischen Reproduzierbarkeit«, op. cit., S. 167.

17 Walter Benjamin, »Über den Begriff der Geschichte«, op. cit., S. 253.

18 Man beachte, dass sich Benjamin auf die Funktion des Werks als eine »geschichtliche Zeugenschaft« bezieht. Die Einzigartigkeit des Kunstwerks ist für ihn »identisch mit seinem Eingebettetsein in den Zusammenhang der Tradition«. Walter Benjamin, »Das Kunstwerk im Zeitalter seiner technischen Reproduzierbarkeit«, op. cit., S. 140, 143.

19 Eine äußerst präzise Erörterung von Benjamins Begriff der Aura findet sich bei Josef Fürnkäs, »Aura«, in: Michael Opitz und Erdmut Wizisla (Hg.), Benjamins Begriffe, Suhrkamp, Frankfurt/M., 2000, S. 95–146.

20 Zum »Hier und Jetzt« vgl. Walter Benjamin, »Das Kunstwerk im Zeitalter seiner technischen Reproduzierbarkeit«, op. cit., S. 139; im Hinblick auf die »einmalige Erscheinung einer Ferne« siehe ibid., S. 142.

an einem bestimmten Ort sowie an einem genauen Zeitpunkt situiert ist und als solches einen Platz in der historischen Abfolge einnimmt. In epistemologischer Hinsicht stellt sich die Frage, in welchem Ausmaß dieses »Hier und Jetzt« erkannt werden kann, um den historischen Charakter des Werks zu enthüllen. Die epistemologische Formel wird als die »Erscheinung einer Ferne« beschrieben. Zur Verortung des Werks in der Geschichte ist es erforderlich, dass das Subjekt über einen epistemologischen Grund verfügt, auf dem die Geschichte, die das Kunstwerk bezeugt, als ein erkennbares Objekt aufzutauchen vermag. Dazu muss das Subjekt in der Lage sein, sich kurzzeitig vom historischen Ablauf selbst loszulösen – von ihm Abstand zu nehmen –, um als Objekt einen Zugang zu ihm zu finden. In gewisser Weise ist das Kunstwerk der Idealfall in beiderlei Hinsicht: Es handelt sich um ein rein historisches Artefakt mit keiner anderen »Bedeutung« als dem idealen Ausdruck dieses Ablaufs, und die kontemplative Art, in der die Betrachter traditionellerweise Kunstwerken begegnen, macht die Erfahrung der Geschichtlichkeit des Kunstwerks zu seinem wesentlichen Kern.

In der Massengesellschaft nimmt allerdings dieser kontemplative Augenblick der Loslösung vom historischen Ablauf eine andere Form an. Er wird nicht mehr durch die Fähigkeit hervorgebracht, einen Schritt zurückzutreten und die objektive, geschichtliche Harmonie der Welt wahrzunehmen. Historische Wahrheit ent*springt* nun der Begegnung im Augenblick des Schocks.[21] Im Kontext dieser Praxis gilt es, den Sinnesapparat an die ständige Empfindlichkeit der Fotoplatte anzupassen und an die schockartige Abfolge der Bilder, die vom Film und seinen Möglichkeiten der Montage hervorgebracht werden.[22] Um in diese Lage zu kommen, bedarf es der vollständigen Integration der kinematografischen Form der Wahrnehmung in unsere Erfahrungsweise. In bestimmter Hinsicht gilt es das umzusetzen, was der Kritiker Georges Duhamel am Film so grauenhaft fand und was Benjamin als den positiven Beitrag des Films angibt, nämlich »die beweglichen Bilder [...] an den Platz meiner Gedanken« zu setzen.[23]

Um Benjamins Konzept der Zerstreuung in seiner ganzen Komplexität zu begreifen, ist es erforderlich, darauf hinzuweisen, dass Benjamins Kunstwerk-Essay in vielerlei Hinsicht eine Antwort ist auf den nationalsozialistischen Gebrauch von Film als Kunst, der aber eine völlig andere Art von Zerstreuung mit sich brachte.[24] Anstatt die Leute dazu zu bringen, in Bildern zu denken, versuchte der Nationalsozialismus, die Leute mit Bildern zu berauschen. Die dafür Zuständigen setzten den Film fast wie eine auratische Technologie ein und machten damit die gesamte Bevölkerung zu passiven Betrachtern eines grauenhaften Schauspiels der Vernichtung, das die Leute aber zugleich auch ausführten. »Die Menschheit, die einst bei Homer ein Schauobjekt für die olympischen Götter war, ist es nun für sich selbst geworden.«[25] In diesem Fall ging die Zerstreuung nicht mehr mit einer erhöhten Aufmerksamkeit einher, die eine andere Art von historischer Erfahrung ermöglicht hätte, sondern sie war eine Art von Rausch, die unempfindlich machte gegenüber den Konsequenzen der eigenen Handlung und daher nur als die passive Folge einer erregenden, »mehr als lebensgroßen« Performance erlebt wurde. In diesem Fall wird der Schock, der eine kritische Überprüfung des Angebotenen ermöglicht, zu einem

[21] Im Hinblick auf das »Hervor-« oder »Entspringen« vgl. Walter Benjamin, »Über den Begriff der Geschichte«, op. cit., S. 259. Benjamins Überlegungen kulminieren hier in einer subtilen Wendung, die das »Springen« zum »Sprengen« hin verschiebt. So bietet ihm erst der »Sprung unter dem freien Himmel der Geschichte« die Möglichkeit eines Bewusstseins, um damit »das Kontinuum der Geschichte aufzusprengen.« Im vorliegenden Zusammenhang ließe sich diese Verschiebung etwa so skizzieren: Der sprunghafte (filmische) Schock schafft erst die Voraussetzung, um das Kontinuum der Wahrnehmung aufzusprengen. (Anmerkung des Übersetzers)

[22] Vgl. Walter Benjamin, »Das Kunstwerk im Zeitalter seiner technischen Reproduzierbarkeit«, op. cit., S. 143. Im Hinblick auf die Montage vgl. Walter Benjamin, *Das Passagen-Werk*, op. cit., S. 572.

[23] Walter Benjamin, »Das Kunstwerk im Zeitalter seiner technischen Reproduzierbarkeit«, op. cit., S. 164.

[24] Benjamins Kunstwerk-Essay wirkt wie eingeklammert von der Debatte des Nationalsozialismus und des Faschismus im »Vorwort« und im »Nachwort«. Zum Vorwort vgl. ibid., S. 136f., zum Nachwort S. 167ff.

[25] Ibid., S. 169.

Spektakel, das nur des Konsums bedarf – selbst wenn das die Konsumation des Selbst bedeutet.

In der Performancekunst bringt die Kamera keine Art von Rausch hervor, sondern trägt zu einem erhöhten Gefühl von Erwartung bei und gibt diesem Gefühl, das eine andere, positive Art der Zerstreuung kennzeichnet, eine Richtung.[26] Das Wissen darum, gefilmt zu werden, macht die Tatsache noch bewusster, dass potenziell jede Aktion, jeder Versprecher später genauestens auf eine mögliche Bedeutung hin untersucht werden wird.[27] Vermutlich hat Brian O'Doherty die ausführlichste Beschreibung dieser Situation geliefert; zu dem, was er als die »Gesten der Avantgarde« bezeichnete, die im vorliegenden Kontext mit der Performancekunst gleichgesetzt werden können, hielt er fest: Sie »haben zwei Arten von Publikum: Das Publikum, das anwesend war, und das Publikum, das nicht anwesend war – und das sind in der Regel der Fälle wir. [...] Das ursprüngliche Publikum ist also seiner Zeit voraus. Im Rückblick wissen wir mehr. Die Fotografien tragen uns zum Ursprungsmoment zurück, sie sind aber nicht eindeutig. Sie fungieren als Zertifikate, welche die Vergangenheit ohne Mühen und zu unseren Bedingungen erwerben. Aber wie jede Währung sind sie der Inflation unterworfen. Wir tendieren dazu, ihre historische Bedeutung überzubewerten. Denn uns bietet sich eine unwiderstehliche Gelegenheit, an einer Art von Schöpfung teilzunehmen.«[28] Diese Passage beschreibt mit großer Deutlichkeit die beiden kreativen Momente, die sich in der Performancekunst gegenseitig verstärken. Einerseits wird der reale Augenblick des Ereignisses aufgrund der Anwesenheit der Kamera mit höherer Spannung aufgeladen; andererseits erlaubt die Dokumentation selbst eine Montage und ist damit einer möglichen Vielzahl von Lesarten unterworfen, die eine unbestimmte Anzahl von Schocks beinhalten, in der sich viele unterschiedliche, im Ereignis enthaltene Bedeutungen enthüllen können. Die Relevanz dieser beiden Momente bedeutungsvoller Koproduktion wird damit nicht von der einen, »wirklichen«, »authentischen« Bedeutung des historischen Ereignisses festgelegt, sondern sie hängt von der Möglichkeit der Teilnehmenden ab, eine bedeutungsvolle Konstellation zu »schaffen« durch die Begegnung mit den vom Ereignis stammenden materiellen Dokumenten und dem gegenwärtigen Augenblick, in dem diese Dokumente erneut überprüft werden. In dieser Situation ist die Geschichte nicht mehr der universelle Strom der Zeit, in dem wir alle gefangen sind; sie ist nur das fortwährende An- und Abstoßen in der Masse von Menschen und Dingen, die in stets unterschiedliche Konstellationen zueinander treten. Das Museum kann in dieser Situation sicherlich kein unbeteiligter Zuschauer sein. Als Übungsraum für distanzierte ästhetische Betrachtung, der von Benjamin als eines der »Traumhäuser des Kollektivs« bezeichnet wurde, findet sich das Museum leicht auf der falschen Seite der »Zerstreuung« wieder.[29] Die gegenwärtige historische Konstellation, in der eine öffentliche Forderung laut wird, die aus den Museen immer größere Produktionsstätten von Spektakeln machen will, vermittelt das Gefühl, dass sich deren mögliche positive Rolle erschöpft hat. Doch das ist nur ein Aspekt der Geschichte. Museen sind nicht nur die Komplizen regressiver Traumwelten, sondern die weißen Museumsgalerien und ihre feste Verankerung in der öffentlichen Sphäre machen aus ihnen auch einen

[26] Howard Eiland hat einen äußerst interessanten Text verfasst, der die beiden Typen von »Zerstreuung« debattiert, die Benjamin in seinen Schriften verwendet. Die Idee einer »positiven« und »negativen« Art der Zerstreuung stammt aus dessen Analyse. Vgl. Howard Eiland, »Reception in Distraction«, in: Andrew Benjamin (Hg.), *Walter Benjamin and Art*, Continuum, London, New York, 2005, S. 3–13.

[27] Benjamin verweist auf eine Parallele zwischen der Freud'schen Psychoanalyse und dem Effekt, den Film auf unser Bewusstsein ausübt. Vgl. Walter Benjamin, »Das Kunstwerk im Zeitalter seiner technischen Reproduzierbarkeit«, op. cit., S. 162.

[28] Brian O'Doherty, op. cit., S. 101.

[29] Im Hinblick auf das Museum als Traumhaus vgl. Walter Benjamin, *Das Passagen-Werk*, op. cit., S. 513.

30 Georges Bataille, »Museum«, in: Kunst- und Ausstellungshalle der Bundesrepublik Deutschland (Hg.), *Wunderkammer des Abendlandes. Museum und Sammlung im Spiegel der Zeit*, Ausst.-Kat., Kunst- und Ausstellungshalle der Bundesrepublik Deutschland, Bonn, 1994, S. 99.

31 Ibid.

der produktivsten Orte für Performancekunst. Die nüchterne Unannehmlichkeit des Museums, die, wie O'Doherty feststellte, dafür sorgt, dass sich der eigene Körper wie ein »seltsames Möbelstück« anfühlt, ist möglicherweise sogar eine notwendige Grundvoraussetzung, um den positiv aufgeladenen Sinn von Zerstreuung herzustellen, der einen konstruktiveren Austausch innerhalb eines Massenpublikums ermöglicht. 1930, sechs Jahre bevor Benjamin mit der Niederschrift seines berühmten Essays beginnen sollte, schrieb Georges Bataille: »Ein Museum ist wie die Lunge einer Großstadt: Die Besucherschar strömt wie Blut jeden Sonntag ins Museum hinein und kommt gereinigt und erfrischt wieder heraus.«[30] Und er endete damit: »Das Museum ist ein gigantischer Spiegel, der es dem Menschen ermöglicht, sich endlich von allen Seiten zu betrachten und zu bewundern und sich jener Ekstase hinzugeben, die in allen Kunstzeitschriften zum Ausdruck gebracht wird.«[31] Bereits damals zeigte sich die Gefahr des Museums als eines reinen Ortes berauschender Zerstreuung. Doch es gibt eine Zukunft für diese Lungen, wenn ihre Maschinerie nicht zur Schaffung von immer noch spektakuläreren Ausstellungen benutzt wird, sondern wenn sie es ihren Anhängern ermöglichen, mittels einer Art von »Zerstreuung« zu »lernen«, die sich von der berauschenden Form der Zerstreuung unterscheidet, die von der Unterhaltungsindustrie hervorgebracht wird und ihr sogar entgegengesetzt ist, wenn es das Museum ermöglicht, an einer »Art von Schöpfung« teilzunehmen, und zwar nicht so sehr einer Schöpfung dessen, was war, sondern vielmehr einer Schöpfung dessen, was sein könnte.

»Deshalb bemühen sich die Künste, ihre Differenzen zu kultivieren: nicht aus einem Mangel an Vollkommenheit, sondern im Gegenteil auf Grund einer verschwenderisch ausgreifenden Ur-Teilung des Sinns und der Wahrheit. Jede der Künste stelle die Intervention oder Intensivierung eines Sinn-Registers durch Ausschluss anderer Register dar: Daher evoziert das bevorzugte Register in seiner eigenen Ordnung die anderen Register, gemäß einer Erscheinung, die man als kontrastierte Nähe bezeichnen könnte [...]. Wenn es so etwas wie ein Prinzip der Kunst gibt, dann ist es ihre irreduzible Nicht-Totalität. Ein Folgeprinzip aber eröffnet zwischen den Künsten eine unendliche wechselseitige Resonanz.«[1]

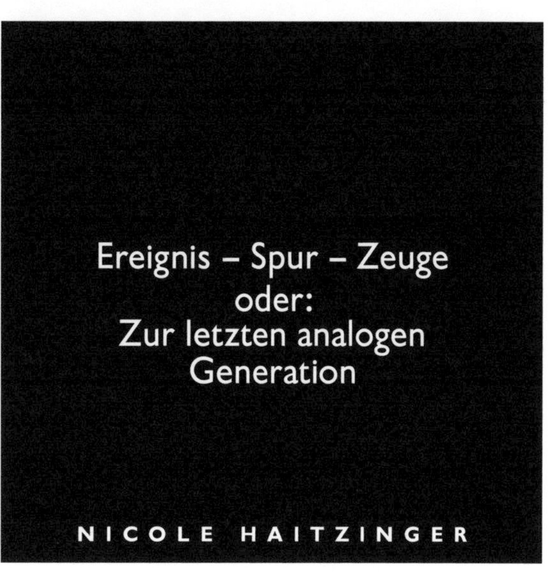

Das performative Ereignis in der bildenden Kunst wie im Tanz setzt sich bedingungslos dem Moment aus. Doch welche unterschiedlichen Bedingungen in den Künsten bringt es hervor? Nehmen wir an, dass die beiden Künste jeweils mit unterschiedlichen Aktivierungen und Intensivierungen von Sinn-Registern operieren, wie kommen wir diesen retrospektiv auf die Spur? Wie gelingt es, zeitgenössische künstlerische Verfahren zu theoretisieren, ohne ausschließlich »Diskursgespenster« aufzurufen? Das Gespenstische an Theoriebildung ist, dass sie der permanenten Bedrohung durch die Reduktion auf Sinn-Machen ausgesetzt ist und sich die Kunst gleichzeitig gerade der Sinngebung durch die Überschreitung von Reflexionsmodellen und Verständlichkeit entzieht: »Die Evidenz des Kunstwerks liegt darin, dass es seinen eigenen Dokumentenstatus überschreitet, seine eigenen Bedingungen verletzt, um diesen Riss oder diesen Spalt oder diese Kluft zu öffnen im Verhältnis zu seiner Zeit, zu diesem Tatsachenuniversum, dem es nie ganz entspricht. Deshalb geht es in der Bestimmung von Kunst nicht primär, nicht zunächst und nicht ausschließlich um Verständlichkeit.«[2] Wenn die Theoriebildung das *Über*-den-Tanz verschiebt zu einem *Hin*-zum-Tanz, dann zeigt sich das in den Texten zur Bestimmung dieser Kunst als ein *tänzerisches Schreiben*, welches das Ereignishafte respektiert und den anderen teilhaben lässt. Dieses korrespondierende und resonierende tänzerische Schreiben scheint eine besondere Aufmerksamkeit für ein Überschreiten des *Logos* zu verlangen, ein Jenseits von Bedeutung, ein anderes in Erscheinung tretendes Wissen, in dem Mimesis (als Sich-ähnlich-Machen) und Methexis (als Teilhabe) sich gegenseitig bedingen, auch wenn sie nicht bedingungslos voneinander abhängig sind. In diesem Sinn überschreitet der Text die Kategorien einer (tanz-)wissenschaftlichen oder (tanz-)historisierenden Abhandlung. Er erhebt keinen Anspruch darauf, Dokument, Protokoll oder Kommentierung zu Performances zu sein. Der Text möchte als Artikulation eines tanzenden Denkens und als Behauptung auftreten im Sinne von: »Es gibt Intelligibles, nur manifestiert es sich nie ohne Körper«[3] oder Yvonne Rainers *The Mind Is a Muscle* (1968)[4].

Ein tänzerisches Schreiben versteht sich nicht als verschriftlichte Repräsentation von historischen Figuren oder Ereignissen. In seinem Modus der

[1] Jean-Luc Nancy, »Das Bild. Mimesis & Methexis«, in: Jörg Huber u.a. (Hg.), *Ästhetik – Erfahrung*, Edition Voldemeer, Zürich, Wien, 2004, S. 171–186, hier S. 172.

[2] Marcus Steinweg »Was ist ein Kunstwerk?«, online: http://www.caosmos.org/uploads/box/steinweg_marcus_deutsch.pdf, abgerufen im Mai 2012.

[3] Marcus Steinweg, »Notiz zum Tanz«, aus einer E-Mail von Marcus Steinweg an die Autorin vom März 2012.

[4] Siehe Catherine Wood, *Yvonne Rainer. The Mind Is a Muscle*, Afterall, London, 2007.

Vergegenwärtigung bezieht es sich auf *unmittelbare oder mittelbare Zeit-genossenschaft*, auf die sinnenhafte (Re-)Konstruktion von Erinnerungen an das performative Ereignis und auf phänomenologische Beschreibungen, vermittelt durch die Akteure und/oder die Inszenierenden. Es ähnelt dem performativen Schreiben ohne dessen stark gewichtete psychoanalytische Referenzialität[5] und den Methoden der Oral History in ihrer tanztheoretischen Erweiterung[6]; es respektiert den »autobiographischen Pakt«[7] in der Zwischenzone von Faktizität und Fiktionalität, und es sieht sich zugleich einer Strenge des Denkens verpflichtet, das auf einer präzisen tanzhistoriografischen Arbeit basiert, wie sie eine gegenwärtige, mit zeitgenössischen Diskursen vertraute Position artikuliert. Im besten Fall nähert sich das tänzerische Schreiben einer Erkenntnisform an, die »in der dichten Beschreibung aus dem dargestellten Phänomen die Funken einer wahrgenommenen Struktur schlägt.«[8]

In mancher Hinsicht ist es der Philosophie nahe, wenn diese »Klarheit« gegenüber »Verständlichkeit« bevorzugt wird und sich der »dunklen Sonne« öffnet: »Kunst und Philosophie verbindet diese doppelte Strategie, sich einerseits der vermeintlichen Evidenz, der Verständlichkeit der harten Fakten zu entziehen, um andererseits der Versuchung zur Flucht in idealistische oder utopische Phantasmen zu resistieren. Die Philosophie ist eine Resistenzfigur insofern, als dass sie nach diesen Seiten *affirmativen Widerstand* aufbaut.«[9]

Das tänzerische Schreiben ist jedoch nicht strategisch, es versteht sich nicht als eine affirmativen Widerstand aufbauende Resistenzfigur, auch wenn es sich über die markierten Zonen hinaus und transversal in der von der Philosophie behaupteten Überschreitung *bewegt*.

Szenario Der österreichische Performer Jack Hauser wurde von dem bildenden Künstler Markus Schinwald[10] in der filmischen Arbeit *1st Part Conditional* (2004) als »weinender Körper« inszeniert (MS) und trat in der Videoarbeit *Vor der Sprache* (2011) des Choreografen Philipp Gehmacher als Akteur in Erscheinung.

Die beiden Künstler sehen ihr Tun als solitär – das heißt, sie widerstehen dem zeitgenössischen Trend zur Kollaboration.[11] Jack Hauser identifiziert sich mit der Rolle des Komplizen (für Markus Schinwald respektive für Philipp Gehmacher) in der folgenden Weise: »Ein Komplize allein ergibt keinen Sinn. Deshalb erscheint der Begriff auch meist in Pluralform, selbst wenn er singulär gebraucht wird. Zu einer Komplizenschaft gehören mindestens zwei Personen, die ein komplexes Bündnis eingehen, wobei der Komplize, das heißt der Gehilfe, eine untergeordnete Rolle spielt. Er arbeitet zu, ist Assistent bei der Ausführung eines Plans und sollte im Idealfall stets treuer Verbündeter sein; meist sind es die niedrigen Arbeiten, die der Komplize ausführt. Jedoch sollte man die eigenen Komplizen stets gleichberechtigt behandeln (oder sie zumindest in dem Glauben lassen, dass sie das sind), denn: Statistisch gesehen werden die meisten begangenen Straftaten von einem sich verkannt fühlenden Komplizen gestanden.«[12]

Die Signatur der künstlerischen Arbeit von Markus Schinwald und Philipp Gehmacher ist eindeutig zuschreib- und lesbar, es handelt sich um zwei indi-

[5] Vgl. Peggy Phelan, *Mourning Sex. Performing Public Memories*, Routledge, London, 1997, S. 11: »Performative writing is different from personal criticism or autobiographical essay, although it owes a lot to both genres. Performative writing is an attempt to find a form for ›what philosophy wishes all the same to say.‹ Rather than describing the performance event in ›direct signification,‹ a task I believe to be impossible and not terrifically interesting, I want this writing to enact the affective force of the performance event again, as it plays itself out in an ongoing temporality made vivid by the psychic process of distortion (repression, fantasy, and the general hubbub of the individual and collective unconscious), and made narrow by the muscular force of political repression in all its mutative violence.«

[6] Vgl. hier u. a. Jeff Friedman, »Muscle Memory. Performing Oral History«, in: *Oral History*, Bd. 33, Nr. 2, 2005, S. 35–47.

[7] Philippe Lejeune, *Der autobiographische Pakt*, Suhrkamp, Frankfurt/M., 1994.

[8] Karl-Heinz Bohrer, *Selbstdenker und Systemdenker. Über agonales Denken*, Hanser, München, 2011, S. 25.

[9] Marcus Steinweg, »Was ist ein Kunstwerk?«, op. cit.

[10] Im Folgenden werden Aussagen der vier Akteure, die in diesem Text erscheinen – Philipp Gehmacher (PG), Nicole Haitzinger (NH), Jack Hauser (JH) und Markus Schinwald (MS) – mit Namenskürzel zugeordnet und als Zitate kenntlich gemacht.

[11] Vgl. zum Thema Kollaboration u. a.: Bojana Kunst, »Prognosis on Collaboration«, online: http://www.howtodothingsbytheory.info/2010/05/13/bojana-kunst-prognosis-on-collaboration/, abgerufen im Mai 2012.

[12] Annika Werner, »Komplize«, in: Agnes Husslein-Arco (Hg.), *Markus Schinwald*, Ausst.-Kat., Augarten Contemporary, Wien, 2007/2008, Migros Museum für Gegenwartskunst, Zürich, 2008, JRP Ringier, Zürich, 2007, S. 52. Diese Definition unterscheidet sich in mehreren Aspekten von Gesa Ziemers Komplizenschaft, die als produktive »Taktik und Ästhetik der Kritik« perspektiviert wird. Komplizenschaft in ihrem Sinne ist ein »mikrogemeinschaftliches Konzept«, das nicht durch eine Hierarchisierung bestimmt ist. Vgl. Gesa Ziemer, »Komplizenschaft. Eine Taktik und Ästhetik der Kritik!«, in: Jörg Huber u.a. (Hg.), *Ästhetik der Kritik. Verdeckte Ermittlung*, Edition Voldemeer, Zürich, Wien, 2007, S. 75–81.

viduelle Kunstpraktiken. Im folgenden Text wird Jack Hauser zur Figur des *Künstlerzeugen*, der uns etwas Gewordenes und Gewesenes im Sinne von Resonanzen zu vermitteln vermag, wenn wir anerkennen, dass sich das Ereignis durch ihn als *Künstlerkomplize* verkörpert hat.[13]

Die nachfolgenden *Texturen 1* und *2* zur Schinwald-Welt und Gehmacher-Welt basieren auf mehreren dialogischen Gesprächen im Februar 2012, wobei Jack Hauser als Künstlerzeuge, als erster und letzter Sprecher, als Initiator und Referenz des Dialogs eine besondere Rolle innehatte. Der erste Dialog zwischen Jack Hauser und mir (NH) konstruiert eine Triangel: Jack Hauser spricht als Akteur über die künstlerische Arbeit mit Markus Schinwald und Philipp Gehmacher. Der zweite und dritte Dialog – Markus Schinwald und Philipp Gehmacher mit mir – basieren jeweils auf der Erzählung von Jacks Version der Geschichte, die über handschriftliche Notizen und Erinnerungen vermittelt wurde. Beide Künstler kommentieren das von Jack Hauser Gesagte aus ihrer Perspektive. Die schließlich aus Erinnerungsspuren an das performative Ereignis (JH, MS, PG) – Reflexionen, Theoretisierungen und Kontextualisierungen (JH, MS, PG, NH) – zusammengesetzten Textcollagen privilegieren eine Nicht-Totalität. Sie lassen vier unterschiedliche Wahrnehmungen gleichzeitig sprechen, geben weder das Eine noch ein Ganzes vor, offenbaren Differenzen und widerstehen bewusst einer eindeutigen Lesbarkeit.

Jack Hauser thematisiert, *face à l'histoire*, die Ähnlichkeiten und Unterschiede in der Hervorbringung zweier performativer Ereignisse, die schließlich jeweils eine Übertragung ins Medium Video beziehungsweise Film erfuhren. Seine Artikulationen in der Doppelfunktion Komplize und Zeuge bilden den Fluchtpunkt für die Abschnitte zur Schinwald-Welt sowie zur Gehmacher-Welt, die Jack Hauser mit »Kunstwelten« benennt und deren gegebene und erfahrene Singularitäten er im Dialog mit mir aufzuzeigen versucht.

Das tänzerische Schreiben privilegiert das In-Erscheinung-Bringen dieser Welten. Performative und bildende Kunst werden nicht als Objekt eingesetzt – das heißt schließlich, dass Zeugenschaft und Theoriebildung sich in der Hervorbringung der Schinwald-Welt und Gehmacher-Welt gegenseitig bedingen und sich teilweise einer auktorialen Zuordnung widersetzen. Doch ähnlich der Komplizenschaft in der Kunst (Jack Hauser als Performer für …) wird der Künstlerzeuge zur Figur in einem komplexen Bündnis, der zuarbeitet und gleichzeitig Verbündeter ist, obgleich er den Plan nicht entwirft und das Artefakt (den Text, das Video) nicht signiert, wenn er es auch mit seiner spezifischen performativen Präsenz hervorbringt. Gleichzeitig werden in den folgenden Textcollagen die eindeutig identifizierbaren Stimmen von Markus Schinwald und Philipp Gehmacher les- und hörbar. Die Texturen bewegen sich zwischen der Affirmation der (künstlerischen) Zuordenbarkeit und ihrer Negation, bedingt durch das performative Ereignis.

Die erzählten Geschichten, die als »petits mémoires« (Christian Boltanski)[14] aufeinandertreffen, sind tiefer miteinander verwoben, als es auf den ersten Blick scheint. Die gedankliche Rekonstruktion von *1st Part Conditional* und *Vor der Sprache* führt uns zur Kindheit und zu einem Reservoir des Wissens, der Erfahrungen und der Erlebnisse einer Generation, auf

[13] Eigentlich wollte die Autorin in diesem Artikel über zeitgenössische Notate als Erscheinungen von Performances im Bild nachdenken. Diese machen – so könnte man es tanzhistoriografisch denken – den Betrachtenden zum Zeugen eines theatralen Ereignisses, an dem er vielleicht selbst nicht teilgenommen hat. Nach einem Gespräch mit Jack Hauser stellte sich heraus, dass Markus Schinwald und Philipp Gehmacher, die für dieses Thema favorisierten Künstler, keine Notate vor oder im künstlerischen Produktionsprozess gemacht haben. Zwar kollabierte mit diesem Wissen die erste Denkfigur, doch einige der zu Fragen umformulierten Thesen können als Denkfolie zur Bestimmung der Figur des Künstlerzeugen gelesen werden: Kann ein Künstlerzeuge im Sinne einer Erscheinungsform von Performance perspektiviert werden? Sind über Jack Hausers Erzählungen performative Spuren rekonstruierbar, als Rauschen (*white noise*) seiner Erinnerung wie als analysierbare verkörperte choreografische Strukturen? Schillern in unserem künstlerischen Reenactment – in dem Jack Hauser im Dialog sich selbst der gewesenen Kunstfigur wieder ähnlich machte – nicht gegenwärtige *images*? Werden durch die Erzählungen nicht Trugbilder und Fiktionen offenbar, die den Wirklichkeitssinn herausfordern und den Möglichkeitssinn aufrufen, und ist diese Uneindeutigkeit nicht etwas spezifisch Theatrales? Könnte es nicht immer auch anders gewesen sein? Und werden durch seine Geschichten bestimmte kulturelle wie tanzspezifische choreografische Muster sichtbar, die auf spezifische Bewegungs- und Körperkonzepte wie auch auf Wissenskulturen verweisen?

[14] Zit. nach: Alma-Elisa Kittner, *Visuelle Autobiographien. Sammeln als Selbstentwurf bei Hannah Höch, Sophie Calle und Anette Messager*, transcript, Bielefeld, 2009, S. 11.

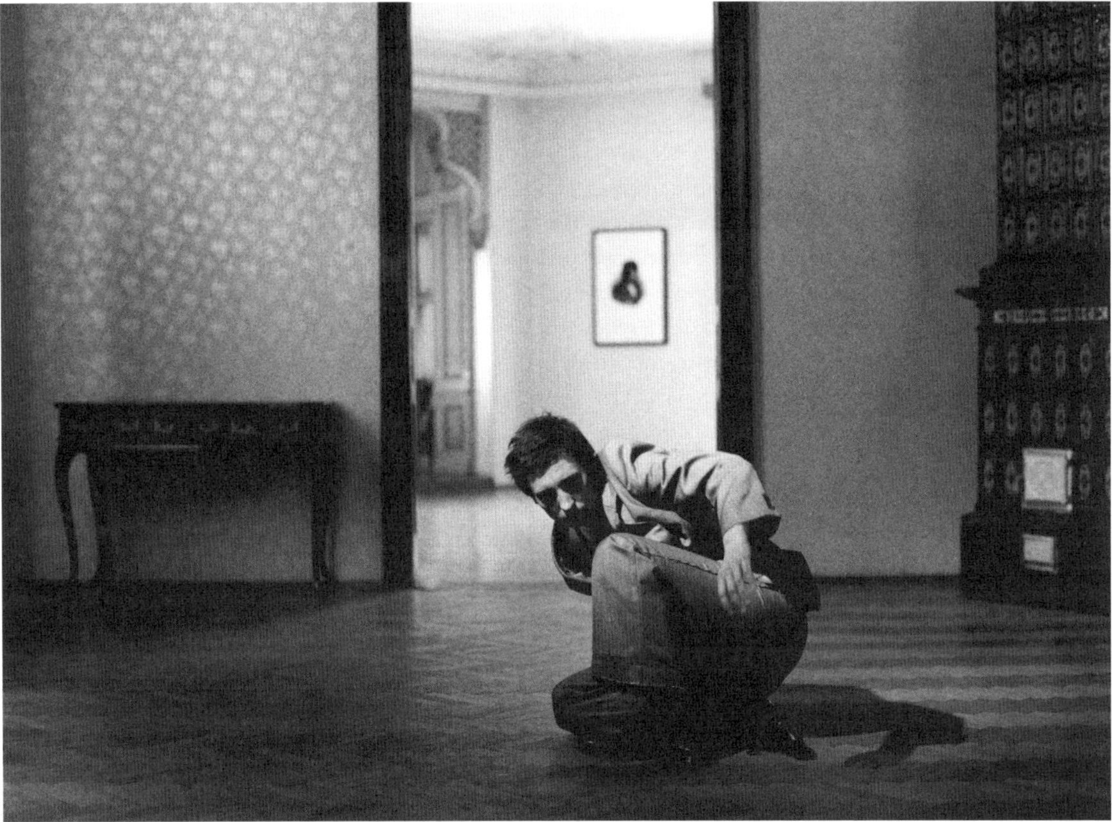

Markus Schinwald, *1st Part Conditional*, 2004, Filmstills

15 »In meiner Kindheit hatte ich zwei imaginäre Freunde, die meine Sprachlosigkeit der ›realen‹ Welt gegenüber kompensierten. Diese zwei Freunde waren an zwei konkreten Orten in/an meinem Körper platziert, ich führte (?) sie an der linken und rechten Hand durch die Welt, durch mein Leben. Die Kommunikation mit mir selbst und der Welt war durch zwei konstruierte ›andere‹ physisch verortet, fassbar, greifbar und für mich sichtbar. In meinem Gefühl der Unsichtbarkeit bedingt durch die kindliche Sprachlosigkeit generierte ich eine andere Art von Sichtbarkeit. Imaginäre Freunde, für die Außenwelt unsichtbar, doch durch die ich als Kind sichtbarer wurde. Einerseits für mich selbst, andererseits für die Außenwelt. Die Suche nach einer organischen, lebendigen Sprache und einem Denken, das sich im Körper lokalisieren lässt und durch diesen bewegt, ist nie abgebrochen.« Nicole Haitzinger, »Im Zwischen von unsichtbaren Sprachmonumenten und sichtbarer Sprachlosigkeit«, 2003, online: http://sonnenschein.wuk.at/docuzwischen.htm, abgerufen im Mai 2012.

welches Markus Schinwald und Philipp Gehmacher in ihrer späteren Kunst und ich als Theoretikerin zurückgreifen. Zwar nicht Jack Hauser als Komplize und Künstlerzeuge, doch wir drei anderen sind in den späten 1970er- und frühen 1980er-Jahren in der Stadt Salzburg aufgewachsen. Diese Zufälligkeit prägt unsere Gespräche in besonderer Weise. Sie macht uns zu *unmittelbaren Zeitgenossen* und offenbart das Verschwinden einer *letzten analogen Generation*. Diese Generation erlebt in einer gegenwärtigen Perspektivierung ihre Kindheit immer noch vermehrt analog und ist seit der Erwachsenenzeit, also der Hälfte ihrer heutigen Lebenszeit, mit der rasanten Digitalisierung der Welt im Sinne der Diffusion der Neuen Medien in die diskursiven Praktiken und in den Alltag konfrontiert. Wir waren also keine »digital natives« mit Computer, Internet, Mobiltelefon. Wie tief sich diese analogere Wirklichkeit in die Wahrnehmung und das Erleben der Welt einprägt und zum »künstlerischen Vehikel für die Zukunft« (JH) wird, zeigt sich im Œuvre von Markus Schinwald und Philipp Gehmacher. Beide Künstler beziehen sich in ihren gegenwärtigen Arbeiten jeweils spezifisch darauf und produzieren aus dieser Erfahrung heraus. Das Entstehen und das Erscheinungsbild ihrer singulären Kunstwelten faszinieren die Theorieposition, das Bezugssystem wird dadurch vielschichtiger.[15] Eine gemeinsame Referenz, die aufgerufen werden kann, ist das Haus der Natur der 1980er-Jahre in Salzburg. Diese Institution konstruierte distanzierte Blicke auf die ausgestellten »fremden Naturkörper« in unterschiedlichen Umgebungen (beispielsweise Eskimopuppen in Lebensgröße vor ihren »Iglus«). Markus

Schinwald faszinierten die Schauräume und die
Terrarien. Philipp Gehmacher erinnert sich an
den phonetischen Klang von HAUSDERNA-
TUR – ein Wort jenseits von Bedeutung.

Textur 1: Schinwald-Welt Der Titel des drei-
minütigen künstlerischen Films von Markus
Schinwald, *1st Part Conditional*, verspricht etwas
im mehrfachen Wortsinn. Es scheint einen ersten Teil zu geben und dieser ist durch einen
Konditional, eine Bedingtheit, bestimmt. Das
Sprechen des Körpers und seine körperlichen
Versprecher sind es, die Markus Schinwald faszinieren. Nicht zufällig gilt einer seiner ersten
Verweise im Gespräch Sigmund Freud und der
Konversionsneurose, also einer Symptomatik
ohne somatische Ursache, in der ein seelischer
Konflikt unbewusst und körperlich inszeniert
wird. Der Körper agiert unkontrolliert, zeigt
sich temporär destabilisiert. Markus Schinwald
thematisiert die Ähnlichkeit dieses Zustands mit
dem Verliebtsein, welches den Körper überflutet
und sich logischer Kontrollierbarkeit entzieht.
Jack Hauser sieht sich nicht als Künstler, sondern als Werkzeug von Markus Schinwald, wenn
er über seine Rolle des »weinenden Körpers«

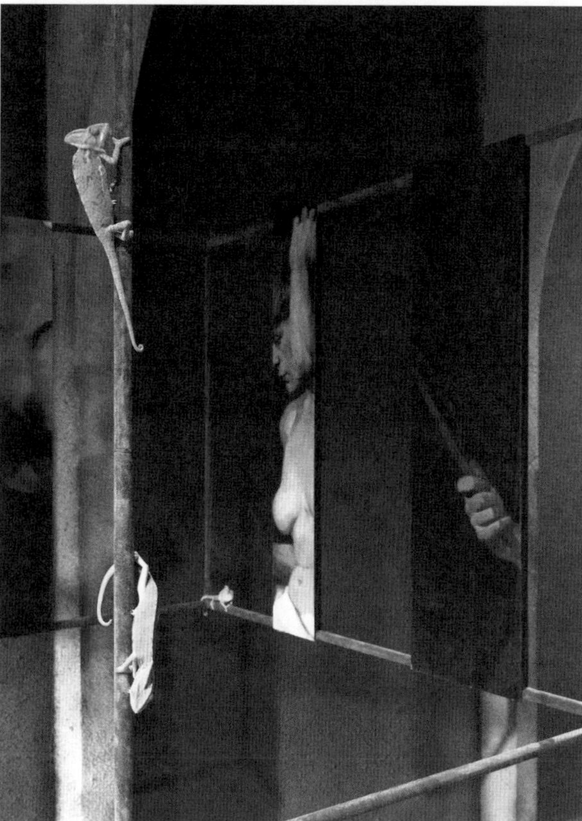

Markus Schinwald, *Animal Works*, 2012, Ausstellung,
5.2.–31.7.2012, Sala Veronicas, Murcia (ES)

spricht: »Ich stelle mich in den Dienst eines Kollegen, in dem es zu einem
unklaren ›Was-will-er-von-mir‹ kommt.« (JH) Unausgesprochen bleibt
das Wissen, dass er in dieser Zeit mit dem Trauma des Todes eines geliebten Menschen konfrontiert ist und für ihn die Performance zu einer persönlichen Katharsis wird. Dieser Schicksalsmoment des Lebens wird nicht
offenbart oder verhandelt, doch er konturiert die männliche Figur. Markus
Schinwald sucht nach dem Erscheinungsbild eines weinenden *Alltagskörpers*.
Hausers nicht-virtuoser, doch Künstlerkörper vermag sich diesem ähnlich zu
machen. Ein tatsächlicher Alltagskörper würde durch zu viel Gekünsteltes
vor der Kamera scheitern (MS). Hier taucht das Diderot'sche Paradoxon
des Schauspielers im Zeitgenössischen auf: »Il est double« – diese doppelte
Perspektive, die zum einen die Illusion eines repräsentierten Alltagskörpers
entstehen lässt und zugleich die innere Distanz wahrnimmt, die es erfordert,
um sich als jemand anderes behaupten zu können. In der Schinwald-Figur
überkreuzen sich Behauptung und Biografie. Es ist eine raffinierte Theatralität, die alle Register zieht, um einen Eindruck zu vermitteln, der an der
Oberfläche anzusiedeln ist und gleichzeitig aus der Tiefe eines verwundeten
Körpers spricht.
Markus Schinwald erzählt von seinem künstlerischen Interesse an Menschen, die in fünf Leben fünfmal Kellner gewesen sind und in die sich
dieser Seinszustand wie in einen Computerscreen, in den sich ohne Bildschirmschoner die Icons einbrennen würden, eingeschrieben hat. Nur der

Bildschirmschoner verhindert die Sichtbarkeit des Icons als (Brand-)Mal. Das Haus der Natur, ein Faszinosum seiner Kindheit, ist für Schinwald künstlerische Referenz geworden. Überhaupt greift er intuitiv und doch bewusst auf dieses einfache und mitteilbare Kinderwissen zurück und übersetzt es mit einem distanzierten Blick in komplexe Gefüge. So ist die künstliche und auratische Schinwald-Welt – nach Jack Hauser ein zugleich »mentaler und realer Raum« – eine Welt der Terrarien und Schauräume und zugleich eine Welt von in Formaldehyd eingelegten »Missgeburten«, ein nicht zufällig mit Vorhängen abgedeckter, eigener, unheimlicher Raum (NH, PG). In seiner aktuellen Arbeit *Animal Works* (2012) baut Schinwald Schauräume in der Art von Terrarien.[16] Mehrere Chamäleons, diese unheimlichen und faszinierenden Kreaturen mit ihren monströsen Augen, werden darin platziert, um den Blick, die Wahrnehmung auf seine Bilder zu verändern.

Der Motor für seine Kunst ist die Faszination für »Wiederbelebung«. An dieser Vergegenwärtigung lässt er uns mehr als teilhaben. Denn wir, sein Publikum, können uns entscheiden: Schauen wir wie durch ein Guckloch hinein oder blicken wir empathisch, laden wir die Bilder mit unseren Erinnerungen auf? Das Guckloch, der »Türspion« ist ein Schlüssel zu Schinwalds Œuvre: Ein Türspion ist eine Vorrichtung in einer Tür, die es ermöglicht, jemanden vor der Tür zu erkennen, ohne diese öffnen zu müssen. Der Spion erhöht die Entscheidungsgrundlage, ob jemand reingelassen werden soll oder die Tür besser zubleibt. Ähnliche Spione gibt es auch in Wänden wie zum Beispiel das Guckloch in Alfred Hitchcocks *Psycho* und in Bildern oder Figuren wie in Federico Fellinis *Casanova*. Während jedoch der Türspion einen im Idealfall vor einer bösen Überraschung bewahrt, geht es bei den letztgenannten Löchern darum, bestenfalls jemanden in einer heiklen Situation zu überraschen und dabei selbst nicht überrascht zu werden.[17]

Markus Schinwald analysiert, seziert, bevor er inszenatorisch operiert. In seinem Kopf entsteht ein Szenario, das er übersetzt, und in diesen Prozess schreiben sich bedingterweise Veränderungen und Leerstellen ein: »Eine konkrete Idee mit Option zur Veränderung« (MS). In diesem Sinne wird der erste Schritt/Schnitt verändert, sobald der zweite gemacht ist. Das professionelle Filmteam bekommt andere Anweisungen als seine Darsteller; er verhandelt auf verschiedenen Ebenen, um (s)eine Vision/Version zu verwirklichen. Wie ein Chamäleon wechselt auch Schinwald seine Farben, sprich Perspektiven, im Drehprozess. Das Filmteam ist genau instruiert: »Zack-Zack«, die Szene ist im Kasten (JH). Alle am Projekt Beteiligten befinden sich gemeinsam in einem Raum, der wie ein Filmset organisiert ist. Schinwald kommentiert die performativen Aktionen beispielsweise mit »gut gemacht« (JH), korrigiert oder verändert Details. Der Künstlerzeuge Hauser spricht von einem Angebot, jedoch von keinen großen Akten der Kommunikation vor (oder nach) seinen performativen Handlungen. Manches wird fixiert, anderes entsteht während der Performance. Markus Schinwald ermöglicht durch seine ruhige Anwesenheit, durch die spezifisch modellierte (Raum-)Atmosphäre und kleine Gesten der Kommunikation eine Teilhabe an seiner Praxis. Das künstlerische Verfahren ist ein filmisches, welches mit Wiederholungen und Unterbrechungen operiert und sich auf sukzessive motivische

---

[16] Vgl. den Pressetext der Ausstellung *Markus Schinwald. Animal Works*, Sala Veronicas, Murcia, 2012: »Following previous experiences with the aquariums produced for his show at the Kunstverein Hannover, he has created two colossal terrariums as stages, one with tortoises and the other with chameleons; this is the first time that his stages have not been animated by human performers. The animals in them function as actors and create their own habitat in these strange living spaces. The terrariums contain an unexpected, magical and amazing theatrical world, with scenery comprising many of the elements that are traditional in Schinwald's work, including his altered paintings and some of his videos.«, online: http://www.kunstaspekte.de/index.php?tid=77841&action=termin, abgerufen im Mai 2012.

[17] Siehe Markus Schinwald, »Türspion«, in: Agnes Husslein-Arco (Hg.), op. cit., S. 60.

Aufnahmen konzentriert. Die perforierten und unterbrochenen Aktionen finden in diesem filmisch kodierten Raum statt, dessen Besetzungen (Technik, Kabel, Personal) schließlich in der Erscheinungsform für den Betrachter unsichtbar werden. Es geht um die Illusion, um das Trugbild im platonischen Sinn.

Schinwald konstruiert für seine Figuren eine spezifische Atmosphäre: eine fast leer stehende Wiener Altbauwohnung, die durch einige wenige Gegenstände (Bilder, Möbel) markiert ist, sodass sie »Vertrautheit« erzeugt. Diese ungeheure Vertrautheit stürzt allerdings innerhalb einer Dauer von drei Minuten in sich zusammen. In *1st Part Conditional* ist Jack Hauser als »weinender Körper« nicht allein. Schinwald lässt durch die inszenatorische und choreografische Anordnung – hier im Sinne einer spezifischen Setzung der Figuren im Raum – unweigerlich eine Beziehung zu einer zweiten Figur, verkörpert von der Tänzerin und Choreografin Milli Bitterli, entstehen. Sie agieren nebeneinander und simultan in Schinwalds Welt, ohne dass es zu einer Berührung oder wirklichen Begegnung kommt. Milli Bitterli ruft ihr spezifisches Bewegungsmaterial auf, das durch *Ek-Stase*, aus der Stasis treten, und durch das kontrollierte Fallen als Bewegungsphänomen des zeitgenössischen Tanzes bestimmbar ist. Schinwald kennt das Bewegungsvokabular aus ihren Performances und überträgt es in seine künstlerische Arbeit. Gleichzeitig transformiert und verdichtet er die Aktion, schreibt sich in sie ein, indem er – wie der Künstlerzeuge Jack Hauser erzählt – eine durch die Kleidung unsichtbare Prothese an ihrem Arm anbringt. So kann ein dritter, höchst artifizieller Kunstkörper in Erscheinung treten, der durch Bewegungen und Gesten eine eigene, Milli Bitterli zuordenbare performative Präsenz hervorbringt und außerdem nach Schinwald-Manier (de-)formiert wird. Mit dem Fall der Person brechen gleichzeitig auch die Möbelstücke in der Wohnung in sich zusammen. Ein scheinbar nicht kontrollierbares Verhalten, eine Emotion soll – so Schinwalds Idee – auf die Gegenstände übertragen werden und den Blick auf das Verhältnis von Mensch und Ding verändern. Die Möbel sind angesägt und mit Schnüren versehen, sodass sie im richtigen Augenblick in sich zusammenstürzen können. Die Magie des Augenblicks ist höchst professionell konstruiert, sie basiert auf der Idee von Special Effects im Film oder, aus einer historischen Perspektive, auf alten Theatertricks. Am Ende des Films dringt – undeutlich, blitzartig – eine dritte Figur wie aus dem Nichts in das Szenario ein, ein besonderer *coup de théâtre*: Sie springt in einen Kasten, der daraufhin einstürzt.

Am Körper von Jack Hauser sind unter der Kleidung Wasserschläuche angebracht. Er ist verkabelt. Die dadurch entstehende Deformation wird bewusst in Kauf genommen. Es gilt, den Effekt von Tränen herzustellen. Das Hemd verfärbt sich, langsam ... Jenseits von Eindeutigkeiten, doch im Zwischen der Zeichenhaftigkeiten inszeniert Markus Schinwald die Figur. Der Körper bringt das Weinen nicht selbst hervor, doch es erscheint uns so, vielleicht weil er unserer Vorstellung von Traurigkeit so ähnlich ist, die von innen nach außen dringt. Die Tränen erzählen kein eindeutiges Warum. Es gibt keine »maschinelle Verbindung« (JH): Der nach außen sichtbar gewordene Schmerzkörper wird zur Projektionsfläche für eigene Interpretationen. Die Gesten in *1st Part Conditional* sind »stark« (MS) und erfahren durch leichte Kontextverschiebungen neue Aufladungen und Kodierungen. Schinwalds Interesse am Zeigen von ambivalenten Gesten wird schon in seiner Arbeit *Jubelhemd* (1997) deutlich, in dem die Ärmel eines klassischen weißen Herrenhemds verkehrt, also nach oben angenäht sind. Zwar ist auf den ersten Blick kein Unterschied zu erkennen, doch der Träger ist gezwungen, die Arme nach oben zu strecken. Der Akteur – unter anderen wieder Jack Hauser – erscheint gleichzeitig jubelnd sowie kapitulierend. Potenziell offenbart Schinwald in seiner künstlerischen Arbeit die Zone zwischen zwei bedeutungsgeladenen Gesten. Der Körper bewegt sich durch die Strategie der verdoppelten semiotischen Kodierung mehr im Diesseits einer temporären Leerstelle, bedingt durch das permanente Hin und Her zwischen den Zeichen, als im Jenseits von Bedeutung.

Eine wichtige Referenz für *1st Part Conditional* ist Maurice Merleau-Pontys phänomenologischer Körper, der nur bewohnt ist und aus dem man temporär ausziehen kann (MS).[18] Schinwald blickt von außen auf den »anderen«, augenblicklich unbewohnt erscheinenden Körper. Es sind Ambivalenzen (innen/außen, bewohnt/unbewohnt, vertraut/fremd, verhüllt/enthüllt, einfach/komplex), die das singulär-sinnliche Lesen eines Körpers aus sowie in der Schinwald-Welt bestimmen. Eine »vergewisserte Haltung« und die »größeren Narrative« des Soziokulturellen sprechen durch die künstlerische Arbeit zu uns (PG, NH): »Wir können nur mit Prothesen in der Welt sein« (JH). Die unabdingliche »Verbindung von Apparat und Existenz« konfiguriert das gegenwärtige Sein (JH). Die Techniken der Visualisierung bleiben bei Schinwald analog. Das heißt, er arbeitet mit seinen Materialien in der Tradition von altem Handwerk als »utopian craftsman« nach dem Prinzip »trial and error« (JH).

Textur 2: Gehmacher-Welt Der Titel *Vor der Sprache* behält sich ein Versprechen vor und ruft unmittelbar den »Erfahrungskörper« auf. »Was sind Körper vor dem Sprechen?« (PG) Der Künstlerzeuge Jack Hauser spricht von sich wieder als »Werkzeug«, das sich wie bereits für Markus Schinwald erneut in den Dienst eines anderen Künstlers stellt. Philipp Gehmacher bezeichnet in dieser künstlerischen Arbeit Jack Hauser als Medium, als »Readymade«.

Wenn Jack Hauser sich an die Arbeit mit Philipp Gehmacher erinnert, verändern sich seine Stimme, seine Gesten, sein Rhythmus der Sprache. Die erste Assoziation gilt dem Grauraum, in dem das performative Geschehen passiert ist. Ein begrenzter Raum, ein Territorium, vor dem eine Kamera mit genauem Blickwinkel statisch positioniert wurde. Lange blieb – so der Künstlerzeuge – die Wahl des Mediums, Film oder Fotoserie, offen. Philipp Gehmacher wollte inhaltlich das »Vor der Sprache der Kommunikation« performativ und durch die Interaktion von zwei Körpern ausloten. Hausers Erinnerungen in Form von ersten Gedankenskizzen und Handlungsanweisungen im mehrstündigen Gespräch, das dem Tun vorausging, sind von seiner körperlichen Erfahrung durchdrungen. Das Szenario: eine unbestimmte Männerbeziehung (Vater-Sohn, Liebhaber oder Freund?), zwei Generationen – verkörpert durch Jack Hauser und Philipp Gehmacher – in einem Grauraum, in einer Extremsituation, einer Wüste gleich, die sich durch

---

[18] Vgl. Maurice Merleau-Ponty, *Phänomenologie der Wahrnehmung*, De Gruyter, Berlin, 1974 und ders., *Das Sichtbare und das Unsichtbare*, Fink, München, 1986.

Annäherung und Entfernung begegnen. Isolation, Zärtlichkeit, Heilung, Hilfe: Diese Zustände des menschlichen Seins sollen ausschließlich über die Körper im Raum verhandelt werden. Die Modellierung von Körperlichkeit konzentriert sich auf Kopfrichtungen, Blicke, Gesten und Oberkörperbewegungen sowie auf die Haltungen Stehen, Sitzen, Liegen, Hocken und Knien. Gehmacher bezieht sich dabei auf Elias Canettis »Von den Stellun-

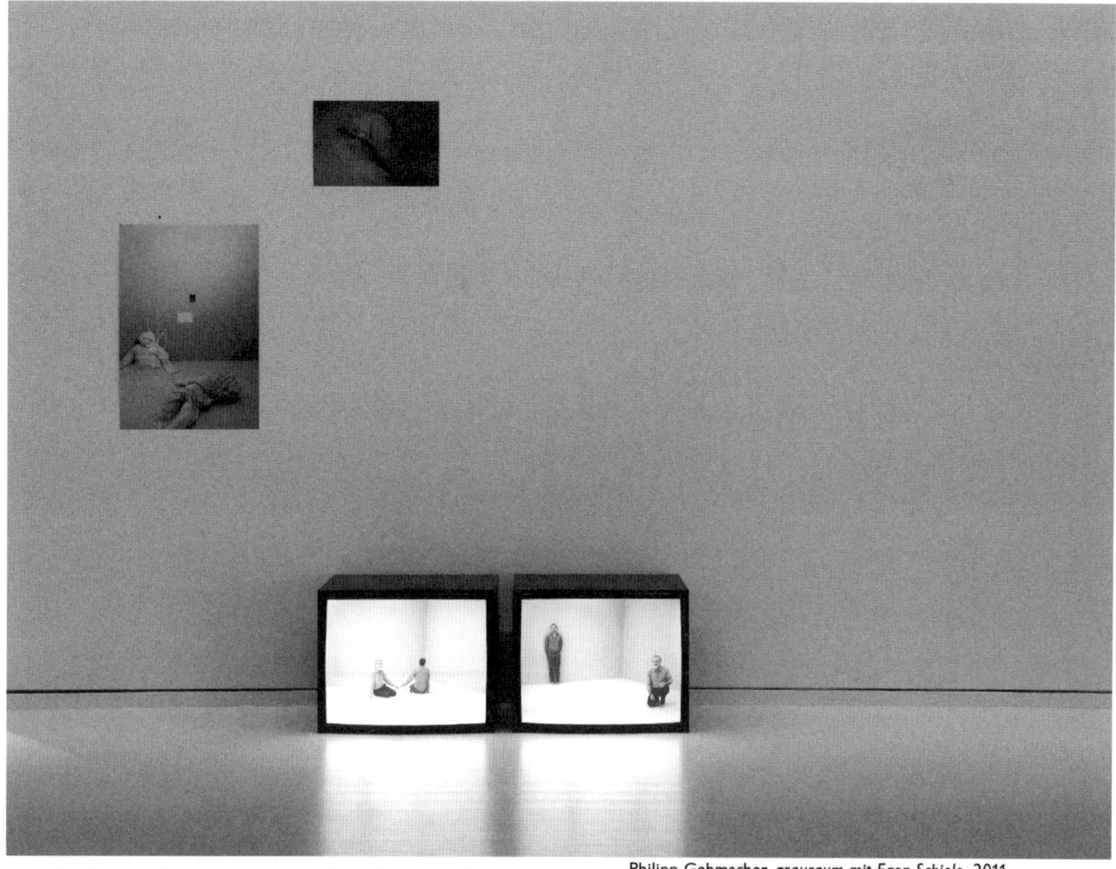

Philipp Gehmacher, *grauraum mit Egon Schiele*, 2011, Installation im Leopold Museum, Wien

gen des Menschen: Was sie an Macht enthalten« in *Masse und Macht* (1960): »Der Mensch, der so gerne aufgerichtet ist, kann, ohne von der Stelle zu weichen, auch sitzen, liegen, hocken oder knien. Alle diese Stellungen, und ganz besonders der Übergang von einer in die andere, drücken etwas Bestimmtes aus [...]. Der Stolz des Stehenden ist, dass er frei ist und sich an nichts lehnt [...]. Im Sitzen holt sich der Mensch fremde Beine zu Hilfe [...]. Das Liegen ist eine Entwaffnung des Menschen [...]. Das Hocken drückt eine Bedürfnislosigkeit aus, einen Rückzug in sich selbst [...]. Neben der passiven Form der Ohnmacht, die wir im Liegen kennengelernt haben, gibt es eine sehr aktive, die sich unmittelbar auf den anwesenden Mächtigen bezieht und die eigene Ohnmacht so dirigiert, dass sie seine Macht erhöht.«[19] Neben der Anweisung zur Konzentration auf die emotional aufgeladenen körperlichen Grundhaltungen werden die Auf- und Abtritte wie auch das Verbot, frontal gerichtet zur Kamera zu stehen, fixiert. Lediglich Diagonalpositionen sind erlaubt. Philipp Gehmacher erzählt, dass er für *Vor der Sprache* acht Sequenzen zu je fünfzehn Minuten drehte; in dieser Zeit lief

[19] Elias Canetti, *Masse und Macht*, Fischer, Frankfurt/M., 1980, S. 459–467.

die Kamera, es kam zu keinen Unterbrechungen. Die Geschichten bewegen sich auseinander. Das performative Ereignis bekommt beim Akteur Jack Hauser mehr Gewichtung, er abstrahiert seine Erinnerungen nach subjektiver Erfahrung und Erlebnis.

Jack Hauser (re-)konstruiert drei Settings, drei Zonen, drei Sequenzen: erstens den Grauraum als Unendlichkeit, als offenen Raum, in dem sich die Figuren durch choreografierte Nähe und Distanz begegnen. Zweitens den Grauraum als Bühne, in dem sich die Körper näher sind, in dem Emotionen über Haltungen in Erscheinung treten. Drittens den Grauraum als Boxkampf, in dem die »Mächtigkeit« Philipp Gehmachers spürbar wird. Dieser wird zu einem Raum der Unvorhersehbarkeit, in dem keine Regeln und Vereinbarungen mehr gültig sind; zu einem Raum, der schnelle Reaktionen verlangt; zu einem Raum ohne Kausalität der Gefühle. Zu einem Raum, in dem Jack Hauser sich körperlich und emotional ausgesetzt, ausgeliefert fühlte.

Der Künstlerzeuge (JH) spricht von der Intensität der performativen Erfahrungen. Der Kontext der künstlerischen Arbeit wird in seiner ersten Erzählung ausgeblendet. Die Erinnerungen von Philipp Gehmacher scheinen nach dem Hören von Hausers Version der Geschichte – vom ersten Moment an – ähnlich und zugleich anders zu sein. Philipp Gehmacher nimmt im Gespräch Perspektivwechsel vor: Konzept, Ereignis, Realisierung der künstlerischen Installation und Verortung in der eigenen Biografie sind vier Aspekte, die sich dabei herauskristallisieren. Für den Choreografen existieren eigentlich zwei Grauräume: Der *grauraum mit Egon Schiele* (2011) im Wiener Leopold Museum, in dem das Video *Vor der Sprache* als Teil einer Installation präsentiert ist und in welchem eine »Sammlung zur Ausstellung« wurde (PG), wie auch der Grauraum seines Studios oder der Ort der Performance, von dem Jack Hauser fast ausschließlich spricht. Die Gesamtinstallation setzt sich aus fünf Teilen zusammen: einer »Archivkiste«, einer inszenierten Fotografie, zwei Monitorarbeiten (*Vor der Sprache* und *Turning 2011*) und Schiele-Bildreferenzen. Konzeptuell möchte Philipp Gehmacher den Eros-durchtränkten Bildern von Schiele etwas entgegensetzen: Berührungen jenseits von homoerotischen oder homophilen Aufladungen, Reduktion statt Expressivität. Hierbei wird Egon Schieles Bild *Eremiten* (1912) zu einer Verbindung (PG).

Der Grauraum als dreidimensionaler Raum ist für den Choreografen ein potenzieller Raum: Er ist ebenso uneindeutig wie die ihn bezeichnende Farbe. Weder Black Box noch White Cube: Das Grau erlaubt ein Andocken an die Unendlichkeit. Der »Wahnsinn des Grauraums« (PG), seine besondere Atmosphäre sowie seine Temperatur entfalten sich im Schiele-Raum des Leopold Museums in einer verdoppelten Verdichtung: in der Rauminstallation wie auch im Video *Vor der Sprache*.

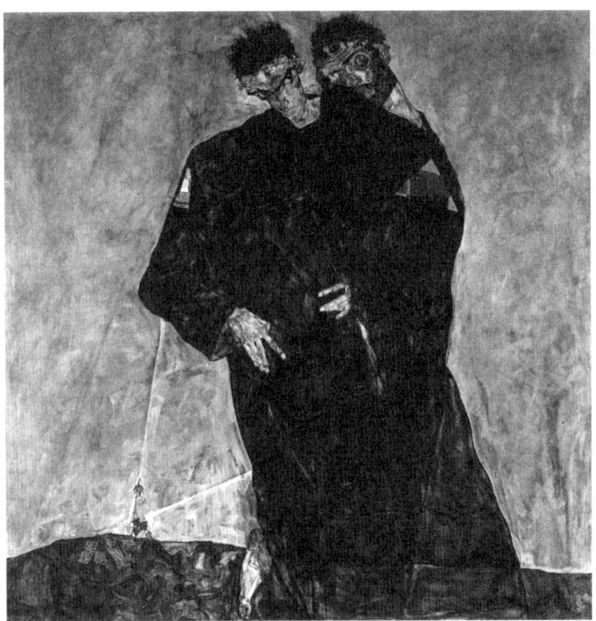

Egon Schiele, *Die Eremiten*, 1912, Öl auf Leinwand, 181 x 181 cm, Leopold Museum, Wien

Für Jack Hauser ist der Grauraum gleichzeitig (Studio-)Ort des performativen Geschehens wie imaginärer Raum. In diesem können zwei Figuren erscheinen: Philipp Gehmacher und er, die Momente der nicht kodierten Begegnung im Sinne von »How do you hold yourself«? [Wie hält man sich?] austarieren (PG). Wieder ist es Jack Hausers Körper als Nicht-Tänzer-Körper, der auftritt. Er visualisiert den Tanz Gehmachers ohne dessen spezifische Bewegungssprache, doch die Philipp-Gehmacher-Signatur zeigt sich unmittelbar über den Figurenkonstellationen im Raum. Die Akteure choreografieren sich selbst nach den wenigen getroffenen Vereinbarungen. Jedes Zeichen von Expressivität soll zum Verschwinden gebracht werden. Entleerung, Da-sein-Lassen, jenseits von Bedeutung: eine Kommunikation vor der Sprache mittels einfacher Positionierungen im Raum mittels Haltungen und Blicken. Diese einfachen Akte des zeitgedehnten körperlichen Tuns rufen die kinästhetische Wahrnehmung des Betrachtenden auf: Die körperliche Ab- und Zuwendung wird zum emotionalen Ereignis. Die beiden Figuren bringen zu Metaphern gewordene Seinszustände durch ihre spezifische Präsenz und Existenz in Bewegung beziehungsweise in Erscheinung. Das Gegenüber, der Andere ist einem ähnlich und zugleich fremd. »Ich bin nicht in meinem Körper, sondern immer schon im anderen. Der Körper ist nach außen gestülpt« (PG). Philipp Gehmacher paraphrasiert Jean-Luc Nancy in unserem Gespräch, dessen Philosophie eine Folie seines Denkens ist. Verkörperung im eigentlichen Sinn scheint für ihn nicht denkbar ohne Verräumlichung; er spricht von »fold lines« und einem »Aufgespannt-Sein« im Raum (PG). In *Vor der Sprache* wird diese zeitgenössische philosophische Wahrnehmung der Welt verkörpert und visualisiert: (E-)Motion in ihrer Doppelung als Gefühl und Bewegung. Die Gleichzeitigkeit bedingt immer die Unmöglichkeit der Gleichheit. Anders als Markus Schinwald geht es in Gehmachers Welt nicht um das Ambivalente, sondern um die Differenz, die das Ähnlich-Machen und Ähnlich-Werden hervorbringt. Gestische Momente der zärtlichen Berührung – die Kontaktaufnahme der Hände, das Handauflegen auf die Brust des anderen – werden durch Verweilen zu Posen, zu ikonischen Verdichtungen. Es handelt sich um eine Choreografie, die bestimmte Gesetze vereinbart und den Körper diesen aussetzt, doch ohne den Vollzug vorhersehbar zu machen.

Die Formgebung des performativen Akts passiert in *Vor der Sprache* erst relativ spät. Philipp Gehmacher ordnet die »choreografischen Takes« nach dem Prinzip »Begegnung – Verdichtung – Auflösung« (PG). Er nimmt Farbe aus dem Film, wählt klassische Monitore mit »Verneigung und Liebe« für die Videokunst der 1960er-Jahre (vor allem für Bruce Nauman und Gary Hill). Nostalgie durchdringt diese »Hommage des Choreografen an den Ausstellungsmonitor« (PG). Eine wichtige Entscheidung ist schließlich die Präsentation der geschnittenen Sequenzen mit Jack Hauser auf zwei Monitoren als Teil der Gesamtinstallation *grauraum mit Egon Schiele* im Leopold Museum. Unmittelbar verbinden sich zwei ähnliche und doch differente Szenarien in der Imagination des Betrachters. Durch die leichte zeitliche Verschiebung der ersten Auftritte und des Geschehens, das jeweils die Dauer von fünfzehn Minuten hat, ist die Nähe und Distanz inhärent anders wahrnehmbar. Es kommt zu einer artifiziell hergestellten Gleichzeitigkeit von Vergangenem,

Gegenwärtigem und Zukünftigem. Eine Berührung auf Monitor 1 kündigt sich an, sie ist auf Monitor 2 sichtbar und entschwindet, scheint dann auf Monitor 1 wieder aufzutauchen ...

Philipp Gehmachers Welt wird durch das Begehren und die Sehnsucht nach Nähe, deren Einlösung sich zwischen Möglichkeit und Unmöglichkeit bewegt, hervorgebracht. Die Erfahrungen der Kindheit, der »abwesende Vater«, die Familie als (nicht-)kommunikatives Machtgefüge, eine zugleich bedrohte und bedrohliche Gemeinschaft, deren bewusste und unbewusste, erlebte und nicht-erlebte, teils ununterscheidbar gewordene, faktische oder imaginierte Handlungen sind sein künstlerisches Reservoir. Durch die choreografische Abstraktion tritt in einer irreduziblen Mächtigkeit die Poesie der Körper performativ in Erscheinung. Es ist die Alles-Durchdringung (Jean-Luc Nancy) dieses entleerten Tanzes, die unseren Sinn und unsere Sinne gleich einer »Ruhe vor dem Sturm« (PG) in Bewegung bringt. Der solitäre Erfahrungskörper sucht eine erweiterte »Liebesbeziehung« (PG) mit dem anderen, die ausschließlich durch die Anordnung und Bewegung von Körpern im Raum erkundet wird. Das tänzerische Schreiben wünscht sich ein Lesen in Schwebe, ein im Körper verortbares, ereignishaftes Denken, das die Kunstwelten von Markus Schinwald und Philipp Gehmacher imaginiert und in Erscheinung bringt, ohne den Tanz in ein zu dichtes metaphorisches Netz einzuschreiben. Was verspricht (sich) der Text, wenn er in der Einleitung benennt oder behauptet und nach einer Zäsur die performativen Ereignisse aufruft? Zeigt er, wie zwei singuläre Positionen mit der Intensivierung von unterschiedlichen Sinn-Registern operieren und über Abstraktion und Reduktion in beiden Welten doch alles verhandelbar bleibt? Offenbart er ihre einer unterschiedlichen Geschichte (der der bildenden Kunst und der des Tanzes) geschuldeten Analogien und Differenzen? Ist es ein Zufall, dass wir, als Vertreter dieser letzten analogen Generation, singulär, aber doch mit Einlassungen in temporäre Komplizenschaften arbeiten und schließlich alle drei Jack Hauser zum Medium eines mit Signatur versehenen Artefakts machen, in dem Ereignis, Spur und Zeuge wieder vom Verschwinden bedroht sind?

»Dass sich eine neue Sensibilität angekündigt hat,
ist klar – allein, worin sie genau besteht, ist unklar.«[1]

Anlässlich von *Moments. Eine Geschichte der Performance in 10 Akten* greift der vorliegende Essay
einige Problemstellungen auf, die im Zusammenspiel der unterschiedlichen Praktiken der darstellenden Künste mit spezifischen Formen der immateriellen Arbeit und emanzipatorischen Bestrebungen
vonseiten feministischer, queerer und Transgender-
Bewegungen immer wieder in Erscheinung treten.
Der Vorschlag dieses Essays besteht in einem Gedan-
kengang, der vier miteinander verbundene Ebenen
durchläuft: Ausgehend von der spezifischen Dematerialisierung der Performancekunst werden in einem
zweiten Schritt verschiedene feministische Materi-
alismuskonzepte vorgestellt, die ein Spektrum von
unterschiedlichen mit dem Begriff der Materie be-
fassten philosophischen Positionen bis zu Untersuchungen von (im-)mate-
riellen Formen der Arbeit abdecken. In einem dritten Schritt wird die bestehende Kluft zwischen emanzipatorischen Rechten und der gesellschaftlichen
Realität von Frauen in der darstellenden Kunst untersucht, um abschließend
zu einer vierten Stufe zu gelangen, von der aus die Problematik des Feminismus neu aufgeworfen wird.

Drängende Veränderungen in
der darstellenden Kunst –
Ein feministischer Quasi-Survey

PETRA SABISCH

**Veränderung materialisiert sich: die Dematerialisierung von Kunst und Perfor-
mance** Im Februar 1968 verwendeten Lucy R. Lippard und John Chandler
erstmals die Formel von der »Dematerialisierung der Kunst«, um einen
aktuellen und faszinierenden Trend in der bildenden Kunst der damaligen
Zeit begrifflich zu fassen. Dieser Trend bestand darin, der konventionellen
Präsentation des Kunstwerks – in Form eines sich durch sein Äußeres und
seine Materialität auszeichnenden Gegenstands – das Verfolgen einer Idee
oder eines seriellen Verlaufs im Unterschied zur materiellen Form gegenüberzustellen. Als »ultra-konzeptionell oder dematerialisiert« charakterisiert Lippard in dem gemeinsam mit Chandler verfassten Essay minimalistische und serielle Arbeiten wie etwa jene von Sol LeWitt, Christine Kozlov,
Hanne Darboven, Dan Flavin oder Robert Morris und zeigt auf, inwiefern
diese Werke nicht nur Veränderungen in Wahrnehmungsprozessen (etwa bei
der Wahrnehmung von Zeit) und Arbeitsprozessen (so bei der Erfindung
bestimmter Techniken) bewirken, sondern ganz besonders in der Herstellung seinerzeit noch unkonventioneller Medien und neuer Präsentationsformen.[2]
Die Dematerialisierung von Kunst fällt dementsprechend in eins mit einem
neuartigen Konzept vom Objektstatus der Kunst, einem Konzept, das die
Produktivität von Ideen und Anliegen hervorhebt, indem es auf die eine oder
andere Weise das äußerliche, materielle Kunstobjekt in ein neuartiges Arrangement von Inhalt und Ausdruck integriert. Mittels dieses Verfahrens dematerialisiert sich das Kunstobjekt in spezifische Praktiken (etwa im Minimalismus

[1] In ihrem einflussreichen Aufsatz »ABC
Art«, dem das angeführte Zitat entnommen
ist, hat Barbara Rose die charakteristischen
Merkmale des Minimalismus herausgearbei-
tet; vgl. Barbara Rose, »ABC Art« [1965],
in: Gregory Battcock (Hg.), *Minimal Art. A
Critical Anthology*, Dutton, New York, 1995,
S. 274–297, hier S. 275. Die hier angeführte
»neue Sensibilität« bezieht sich auf den sich
im Minimalismus verkörpernden Bruch mit
dem abstrakten Expressionismus.

[2] Lucy R. Lippard und John Chandler, »The
Dematerialization of Art« [1968], in: Lucy
R. Lippard (Hg.), *Changing. Essays in Art Criticism*, Dutton, New York, 1971, S. 256–274,
besonders S. 260ff. und 270–273.

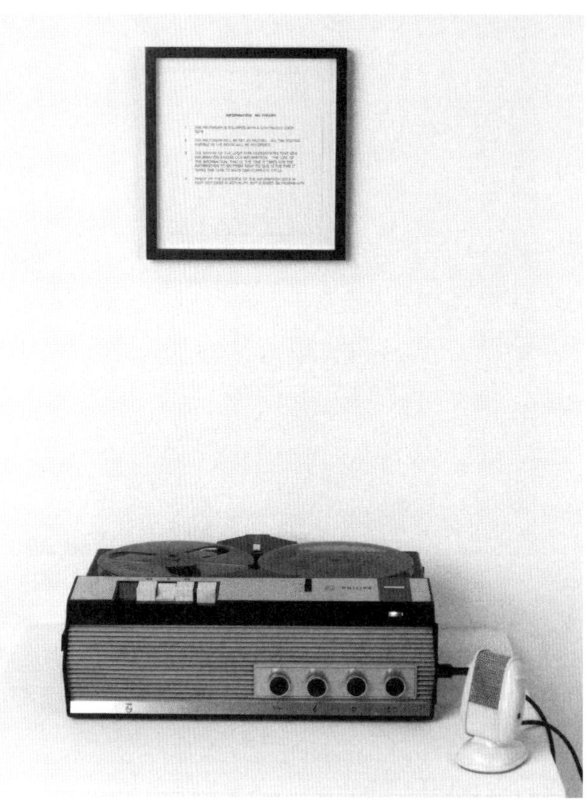

Christine Kozlov, *Information: No Theory*, 1970, Multimedia-Installation, Ausstellungsansicht *Kurze Karrieren*, museum moderner kunst stiftung ludwig, Wien, 2004

oder im Serialismus), welche die Materialität und den Warencharakter eines »Objekts« rückverwandeln zu einem »Sujet« *und* dieses zugleich in eine neuartige Ausdrucksform überführen. Lippard und Chandler zufolge entbindet die radikale Neubestimmung des Gegenstandes von Kunst letztere von ökonomischen und technischen Zwängen und stellt sie so in Opposition zu einem, wie die Autoren es nennen, »ökonomischen« und »physischen Materialismus«: »Die Akzentverschiebung von Kunst als Produkt hin zu Kunst als Idee hat den Künstler in ökonomischer wie in technischer Hinsicht von bestehenden Einschränkungen befreit. Somit ist es denkbar, dass Kunstwerke, die sich aufgrund fehlender Mittel zum jetzigen Zeitpunkt noch nicht realisieren lassen, in der Zukunft irgendwann einmal konkret umgesetzt werden. Der Künstler als Denker, als der er nicht mehr jenen Einschränkungen unterworfen ist, denen sich der Künstler als Produzent gegenübersieht, ist in der Lage, eine visionäre und utopische Kunst zu entwerfen, die nicht weniger Kunst ist als konkrete Werke. [...] Zudem steht eine Ideenkunst, da es ihr an der für Händler entscheidenden Verkäuflichkeit fehlt, nicht nur einem physischen, sondern auch einem ökonomischen Materialismus entgegen.«[3] Die Auffassung von Materialismus wie Lippard und Chandler sie vertreten, erscheint in der zitierten Passage zwar ein wenig irreführend, weil sie mit einer Vorstellung von Akkumulation in Verbindung gesetzt wird; von Belang ist jedoch, dass sie betont, inwiefern konzeptuelle und minimalistische Kunstwerke das Konzept von Kunst als Produkt bewusst auflösen und den Wertschöpfungsprozess kritisch zu Verfahren umformen, welche die Institutionalisierung konventionalisierter Hierarchien innerhalb der Ökonomie der Kunst infrage stellen. Es soll an dieser Stelle nicht verhandelt werden, ob oder wie sehr dieses kritische Engagement inzwischen selbst zu einem Gütesiegel geworden ist, das sich für das Verkaufen von Kunst als umso förderlicher darstellt. Stattdessen soll in der vorliegenden Abhandlung die Frage betont werden, inwiefern die angesprochene Umformung – nicht ohne dabei selbst ein Produkt ökonomischer und materieller Umstände zu sein – das künstlerische Feld erneuert hat.

Im Kontext der Dematerialisierung ist die Untersuchung der Performancekunst insofern interessant, als diese eine entschiedene, unmissverständliche Haltung gegenüber ihrem »Objekt« einnimmt: Die Spezifität der Performancekunst scheint weniger durch ihre Flüchtigkeit, ihre Bindung an den Moment oder eben ihre Nicht-Gegenwärtigkeit begründet zu sein, sondern beruht vielmehr darauf, ein spezifisches Verhältnis zum Publikum herzustellen, indem sie *Materialität und Medium in eins fallen lässt*. Deutlich wird dieses unauflösbare, aber dennoch unterscheidbare, graduelle Zusammen-

[3] Ibid.

spiel am Beispiel des Körpers: Dieser lässt sich
als Medium einsetzen, etwa im Sprechakt oder
in der Vorführung affektiver zwischenmensch-
licher Beziehungen, gleichzeitig aber bietet er
die Möglichkeit, die Aufmerksamkeit auf seinen
Inhalt, seine Materialität, umzulenken, sobald
seine Medialität (die für etwas anderes eingesetzt
wird) in den Hintergrund tritt.

Dieses *Zusammenfallen und Zusammenspielen
von Materialität als Medium und umgekehrt* (das
sich auch als Zusammenspiel von Inhalt und Ausdruck, Bedeutung und Wirkung beschreiben
lässt), ist ein konstitutives Element von Performancekunst und zeigt den Nexus zwischen den
unterschiedlichen Entwicklungen von Konzeptkunst (etwa bei Christine Kozlov), feministischer
Body Art (wie Valie Exports *Tapp und Tast Kino,*
1968) und postmodernem Tanz und Choreografie (wie Yvonne Rainers *Trio A,* 1966) und
Continuous Project – Altered Daily, 1969/1970).

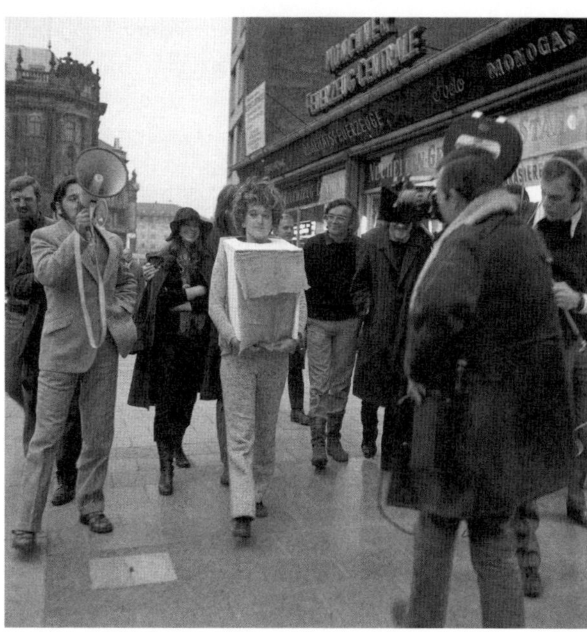

Valie Export und Peter Weibel, *Tapp und Tast Kino,* 1968,
Performance in München, 14. November 1968

Von daher bliebe genauer auszuführen, inwiefern die »Dematerialisierung«
im Sinne Lippards und Chandlers nicht nur *ein Weniger an Materialität*
beschreibt, sondern vielmehr die recht spezifische *Umwandlung einer Materialität (als ein dritter, äußerlicher Bestandteil) in ein Medium beziehungsweise umgekehrt.* Auf diese Weise geht die Kritik der Objekthaftigkeit von
Kunst einher mit einer Veränderung der Produktionsform.

**Materialität verändern: feministische Neubestimmung des Materialismus unter
Einbeziehung der Performance (im-)materieller Arbeit** Spätestens seit den
1990er-Jahren befasst sich eine Vielzahl von Philosophen mit einer Neubestimmung von Materialität aus der Perspektive von Feminismus und Queer-
Theorie. Um einen Einblick in die Stoßrichtungen der Debatte zu geben, sei
im Folgenden eine Auswahl von Schlüsselpositionen vorgestellt. In *Körper
von Gewicht. Die diskursiven Grenzen des Geschlechts* erläutert Judith Butler
Materie als Effekt eines fortdauernden, dynamischen *Prozesses der Materialisierung,* der sich durch Wiederholung stabilisiert, und spricht sich demge-
mäß für eine Rückkehr zur Auseinandersetzung mit dem Begriff der Materie
aus.[4] Elizabeth Grosz stellt die philosophischen Grundlagen – hinsichtlich
ihrer Beziehung zur Materialität – vom Kopf zurück auf ihre Füße, insofern
sie anführt, dass Bewusstsein »ein Effekt oder eine Folge von Steuerungen
und Impulsen des Körpers ist«.[5] In ihrem Buch *Volatile Bodies* wendet Grosz
die Körperfeindlichkeit der Philosophie in ein Denken der Veränderungsfä-
higkeit des Körpers um, welches die Einflusskraft von Körperbildern hervorhebt und die Macht von Intensitäten und Strömen neu gewichtet.

Eine weitere Perspektive arbeitet Donna Haraway in ihrer *Neuerfindung der
Natur* heraus. In ihrem berühmten *Manifest für Cyborgs* bindet sie – in der
Figur der Cyborg – die mit dem Materialismus aufgerufene Problematik einer
notwendigen historischen Transformation zurück an eine Neubestimmung

[4] Vgl. Judith Butler, *Körper von Gewicht. Die
diskursiven Grenzen des Geschlechts*, Berlin
Verlag, Berlin, 1995, S. 31.

[5] Elizabeth Grosz, *Volatile Bodies. Toward
a Corporeal Feminism*, Indiana University
Press, Bloomington, 1994, S. 124.

der Verbindung von Materialität und Imagination: »Die Cyborg ist ein verdichtetes Bild unserer imaginären und materiellen Realität, den beiden miteinander verbundenen Zentren, die jede Möglichkeit historischer Transformation bestimmen. In der Tradition ›westlicher‹ Wissenschaft und Politik, der Tradition des rassistischen und patriarchalen Kapitalismus, des Fortschritts und der Aneignung der Natur als Mittel für die Hervorbringung von Kultur, in der Tradition der Reproduktion des Selbst durch die Reflexion im Anderen, hat sich die Beziehung von Organismus und Maschine immer als Grenzkrieg dargestellt. Die umkämpften Territorien in diesem Grenzkrieg sind Produktion, Reproduktion und Imagination.«[6]

Wenn sich diese Philosophien anhand des Begriffs der Materialität kritisch damit auseinandersetzen, wie die Unterscheidungen von Gender und biologischem Geschlecht entstehen und wirksam werden, erweitern Positionen wie Beatriz Preciados *Kontrasexuelles Manifest*, ein Essay über Sexualität und ihre Konzeption, diese Perspektive aus einer anderen Richtung. Von einem queeren Standpunkt aus entwirft Preciado in ihrem Manifest eine vertraglich geregelte Form von Sexualität, die für jeden erdenklichen Körper Anschlussfähigkeit gewährleistet.[7] Ebenso damit befasst, den Körper als einen solchen zu denken, der nicht bereits von vornherein durch seine Interaktionsformen festgelegt ist, entwickelt Luciana Parisi in *Abstract Sex* vor der Folie moderner Informationstechnologien und Evolutionstheorien und den sich gegenwärtig vollziehenden Wandlungen von Natur und Kultur neue Konzepte von Sex und Begehren (sowie deren Reproduktion).[8]

In *Cosmopolitics* plädiert Isabelle Stengers für eine »Ökologie der Praktiken« in den Wissenschaften, welche selbst mittels einer analytischen Inspektion der Physik, von der Mechanik über die Thermodynamik und die Quantenmechanik bis hin zu Emergenztheorien, verfährt.[9] Während Stengers also »die Materie« der Naturwissenschaften aus wissenschaftshistorischer Perspektive neu vermisst, zeichnen sich zahlreiche andere Ansätze durch die Notwendigkeit aus, die grundlegenden Verbindungen zwischen Materie, Umwelt und Wirkkräften zu überdenken. In *Vibrant Matter. A Political Ecology of Things* greift Jane Bennett die Frage nach den Wirkkräften zwischen Materie und Beziehungsgefügen auf, in die erstere ebenfalls im Sinne einer *Ökologie* eingebunden ist.[10] Während Bennett ihre Aufmerksamkeit auf die konkreten Wirkkräfte von Dingen richtet, wenden andere Forschungsansätze zum Materialismus sich noch weiteren Dimensionen zu und legen auf diesem Wege ein erweitertes Materialismuskonzept vor, das auch die bedeutende Historie feministischer Beiträge berücksichtigt. Ein solcher Ansatz ist beispielsweise die von Diana Coole und Samantha Frost herausgegebene Anthologie *New Materialisms*, die den Einfluss und die Dringlichkeit von neuen Handlungs- und Wirkkrafttheorien in ihren ontologischen und politischen Dimensionen hervorhebt.[11]

Jede dieser Neukonzeptionen von Materie trägt Wesentliches zu einem erweiterten Verständnis des Zusammenspiels von Materialisierung, Wirkkräften und Ontologie bei, ein Zusammenspiel, das – im Anschluss an die Argumentation des ersten Abschnitts dieses Essays – nicht zu trennen ist von heutigen Produktionsformen und ihrer gesellschaftlichen Artikulation. Der feministische Materialismus erstreckt sich über ein weites Feld: von neuen Materiekonzeptionen auf der einen Seite bis zur kritischen Aufnahme und Fortfüh-

[6] Donna Haraway, »Ein Manifest für Cyborgs. Feminismus im Streit mit den Technowissenschaften«, in: dies., *Die Neuerfindung der Natur. Primaten, Cyborgs und Frauen*, Frankfurt/M., New York, 1995, S. 33–72, online: http://www.hermeneia.ch/cyborgmanifesto.pdf, abgerufen im Juli 2012.

[7] Siehe Beatriz Preciado, *Kontrasexuelles Manifest*, b_books, Berlin, 2003. Vgl. auch Beatriz Preciado und Del LaGrace Volcano, *Sex Works. Photographs 1978–2005*, Konkursbuch Verlag Gehrke, Tübingen, 2006 sowie Tim Stüttgen (Hg.), *Post / Porn / Politics. Queer_Feminist Perspective on the Politics of Porn Performance and Sex_Work as Culture Production*, b_books, Berlin, 2009.

[8] Siehe Luciana Parisi, *Abstract Sex. Philosophy, Biotechnology and the Mutations of Desire*, Continuum, London, New York, 2004.

[9] Vgl. Isabelle Stengers, *Cosmopolitics*, University of Minnesota Press, Minneapolis, 2010 und dies., *Cosmopolitics II*, University of Minnesota Press, Minneapolis, London, 2011.

[10] Vgl. Jane Bennett, *Vibrant Matter. A Political Ecology of Things*, Duke University Press, Durham/NC, London, 2010.

[11] Siehe Diana Coole und Samantha Frost (Hg.), *New Materialisms. Ontology, Agency and Politics*, Duke University Press, Durham/NC, London, 2010.

rung der Impulse des historischen Materialismus auf der anderen Seite geht es darum zu untersuchen, auf welche Weise in der Form der Arbeit gender-differenzierende Verfahren wirksam werden. In den vergangenen, von der Krise geprägten Jahren hat eine umfangreiche Literatur auf sich aufmerksam gemacht, welche die Verknüpfung materieller und immaterieller Formen von Arbeit, die Verbindungen zwischen reproduktiver und affektiver Arbeit sowie Betreuungsarbeit behandelt.[12] Für den hier zur Diskussion stehenden Zusammenhang sei exemplarisch verwiesen auf die Studie »Life Within and Against Work: Affective Labor, Feminist Critique, and Post-Fordist Politics« von Kathi Weeks, welche die sozialistisch-feministische Auffassung von Reproduktionsarbeit mit der marxistischen Analyse von produktiver Arbeit zusammendenkt und mit zeitgenössischen Auseinandersetzungen um immaterielle Arbeit verbindet. Ausgehend von einer kritischen Analyse affektiver Arbeit von den im Dienstleistungssektor arbeitenden Frauen schlägt Weeks einen Feminismus vor, der nicht mehr einem Identitätsdenken verhaftet ist, sondern vielmehr die Differenz zwischen dem gegenwärtigen Stand der Dinge und der Möglichkeit von Veränderung bemisst: »So lange Arbeit von Gender gekennzeichnet ist und geschlechtsspezifisch zugeordnet wird, muss die Kritik von Arbeit als eine Form der Subjektwerdung ein feministisches Projekt sein. Der vorliegende Ansatz hält es indes für fraglich, ob das soziale Geschlecht eine adäquate Kategorie darstellt, um als Grundlage für politische Forderungen und als Methode für die politische Rekrutierung zu dienen. Von vielfacher Seite wurde, insbesondere mit Blick auf Sexualität und Hautfarbe, auf die Problematik jener Modelle feministischer Identitätspolitik hingewiesen, die Gefahr laufen, ausschließende und normative Geschlechtermodelle zu bestätigen. Was aber wäre, wenn feministische politische Analysen und Projekte sich nicht beschränkten auf Zuschreibungen, wer wir als Frauen oder als Männer sind, oder aber auf die Identitäten, die durch das erzeugt werden, was wir tun, sondern vielmehr den Akzent auf kollektiv ersonnene Visionen dessen legten, was wir tun wollen oder sein wollen? Gegen die kontinuierlich stattfindende Gender-Differenzierung der Arbeit und ihrer Subjekte anzugehen, wäre damit weit eher Ausdruck feministischen politischen Begehrens als die Reproduktion von Gender-Identitäten.«[13]

Unverändert: Grundrechte und Fakten In der heutigen Situation arbeitender Frauen in Westeuropa zeigt sich eine enorme Kluft zwischen verfassungsmäßig verankerten Rechten einerseits und der in statistischen Kennzahlen zum Ausdruck kommenden gesellschaftlichen Realität andererseits.

Zunächst sei an einen allbekannten Bestand von Grundrechten erinnert. Der Vertrag von Amsterdam, der 1997 unterzeichnet wurde und im Mai 1999 in Kraft getreten ist, legt in Artikel 3, Änderung (e) fest: »Bei allen in diesem Artikel genannten Tätigkeiten wirkt die Gemeinschaft darauf hin, Ungleichheiten zu beseitigen und die Gleichstellung von Männern und Frauen zu fördern.«[14] Im Folgejahr 2000 heißt es in Artikel 23 der Charta der Grundrechte der Europäischen Union: »Die Gleichheit von Männern und Frauen ist in allen Bereichen, einschließlich der Beschäftigung, der Arbeit und des Arbeitsentgelts, sicherzustellen.« Gleiche Rechte für Frauen und Männer waren in einzelnen nationalen Verfassungen bereits ein halbes Jahrhundert

[12] Bezüglich des Bereichs der darstellenden Künste vgl. Bojana Cvejić und Ana Vujanović, »Exhausting Immaterial Labour«, in: *TkH Journal of Performing Arts Theory*, Nr. 17, Oktober 2010, S. 4f. und Petra Sabisch, »Eine kleine Wirkungsgeschichte der Umstände von Virtuosität für die Kunst der Performance«, in: Gabriele Brandstetter, Bettina Brandl-Risi und Kai van Eikels (Hg.), *Prekäre Exzellenz. Künste, Ökonomien und Politiken des Virtuosen*, Rombach, Freiburg/Br., 2012, S. 75–92.

[13] Kathi Weeks, »Life Within and Against Work. Affective Labor, Feminist Critique, and Post-Fordist Politics«, in: *ephemera. theory & politics in organization*, Bd. 7, Nr. 1, 2007, S. 233–249, hier S. 248, online: www.ephemeraweb.org/journal/7-1/7-1weeks.pdf, abgerufen im Juli 2012.

[14] Amt für amtliche Veröffentlichungen der Europäischen Gemeinschaft, *Vertrag von Amsterdam zur Änderung des Vertrags über die europäische Union, der Verträge zur Gründung der europäischen Gemeinschaften sowie einiger damit zusammenhängender Rechtsakte*, Luxemburg, 1997, S. 25, online: http://www.europarl.europa.eu/topics/treaty/pdf/amst-de.pdf, abgerufen im Juli 2012.

zuvor deklariert worden, so etwa auch im Grundgesetz der Bundesrepublik Deutschland (23. Mai 1949), das in einer Änderung aus dem Jahr 1994 die Förderung der Gleichberechtigung von Frauen und Männern durch den Staat um die Beseitigung noch bestehender Nachteile ergänzt: »Artikel 3 [Gleichheit vor dem Gesetz] (1) Alle Menschen sind vor dem Gesetz gleich. (2) Männer und Frauen sind gleichberechtigt. Der Staat fördert die tatsächliche Durchsetzung der Gleichberechtigung von Frauen und Männern und wirkt auf die Beseitigung bestehender Nachteile hin. (3) Niemand darf wegen seines Geschlechtes, seiner Abstammung, seiner Rasse, seiner Sprache, seiner Heimat und Herkunft, seines Glaubens, seiner religiösen oder politischen Anschauungen benachteiligt oder bevorzugt werden. Niemand darf wegen seiner Behinderung benachteiligt werden.«

Nichtsdestotrotz widerspricht die sich Frauen darbietende gesellschaftliche Realität –besonders in den darstellenden Künsten – diesen verbrieften Grundrechten noch Jahrzehnte nach ihrer Verabschiedung. Betrachtet man die Fakten in der historisch sehr jungen und immer noch geringen Zahl an Statistiken, welche überhaupt eine Gender-Differenzierung aufweisen (Statistiken, welche die Kategorien queer, transsexuell und intersexuell einbeziehen, sucht man vergebens), so ergibt sich ein völlig anderes Bild.

Mit ihrer im Mai 2006 erschienenen Studie *Mission EgalitéS. Pour une plus grande et une meilleure visibilité des diverses composantes de la population française dans le secteur du spectacle vivant* hat Reine Prat eine Untersuchung zur Geschlechtergleichheit für den Bereich der darstellenden Künste in Frankreich vorgelegt.[15] Bereits gut zwei Jahre vorher, am 8. März 2004, war dem französischen Premierminister die *Charte de l'égalité*, ein von dem französischen Minister für Kultur und Kommunikation sowie mehr als einhundert führenden Vertretern aus Politik und Bildungswesen unterzeichnetes Dokument, übergeben worden. Unter Heranziehung der verabschiedeten Europäischen Verträge wie dem Vertrag von Amsterdam und der EU-Grundrechtecharta als Maßstab, zeigt Reine Prat in ihrer Studie die eklatante ungleiche Verteilung auf, von der Frauen in den darstellenden Künsten betroffen sind, hinsichtlich des Zugangs zu beruflichen Verantwortungs- und Entscheidungspositionen sowie zu Produktionsmitteln und repräsentativer Macht.

Obgleich sich die Untersuchung auf Frankreich beschränkt, sollen hier einige Beispiele angeführt werden, welche die erstaunliche Ineffizienz sämtlicher politischer Maßnahmen vor Augen führen: Was die Leitung von Institutionen betrifft, kommt die Studie zu dem Ergebnis, dass 92 Prozent aller Theater, die vom französischen Ministerium für Kultur und Kommunikation subventioniert werden, Männern unterstehen, bezogen auf die Gesamtheit entsprechender Musikinstitutionen sind es 86 Prozent; bei der Gesamtheit pädagogischer Einrichtungen auf dem Gebiet der darstellenden Künste liegt die Zahl ebenfalls bei 86 Prozent; die leitende Verantwortung für Festivals, die von transdisziplinären Einrichtungen veranstaltet werden, liegt zu 75 Prozent bei Männern; die Leitung von Einrichtungen, die der Dokumentation darstellender Kunst gewidmet sind, liegt zu 71 Prozent in Männerhand, die von staatlichen Choreografiezentren zu 59 Prozent. Was die Vertretungsmacht angeht, so liegt diese auf dem Gebiet der in staatlich subventionierten Institutionen (ausgenommen Privattheater, Festivals

[15] Reine Prat, *Mission EgalitéS. Pour une plus grande et une meilleure visibilité des diverses composantes de la population française dans le secteur du spectacle vivant – 1 – Pour l'égal accès des femmes et des hommes aux postes de responsabilité, aux lieux de décision, à la maîtrise de la représentation*, Rapport d'étape 1, Ministère de la Culture et de la Communication (MCC)/Direction de la Musique, de la Danse et des Spectacles (DMDTS), Mai 2006, online: www.culture.gouv.fr, abgerufen im Juli 2012. Vgl. auch den zweiten, 2009 erstellten Teil dieser Studie: Reine Prat, *Arts du spectacle. Pour l'égal accès des femmes et des hommes aux postes de responsabilité, aux lieux de décision, aux moyens de production, aux réseaux de diffusion, à la visibilité médiatique. 2: De l'interdit à l'empêchement*, Rapport d'étape 2, MCC/DMDTS, Mai 2009, online ebenda. Die im folgenden Absatz genannten Zahlen beziehen sich auf Reine Prat, 2006, op. cit., S. 9 und auf den statistischen Teil im dortigen Anhang, S. 38–47.

und die dezentral organisierten *Scènes conventionnées*) gespielten Musik in 97 Prozent aller Fälle bei Männern; 94 Prozent sämtlicher »Programm-orchester« (als Gegenstück zu Kulturorchestern) in staatlich bezuschussten Einrichtungen werden von Männern geleitet; 85 Prozent aller dramatischen Texte, die auf subventionierten französischen Bühnen aufgeführt werden, sind von Männern verfasst, und auch 57 Prozent sämtlicher aufgeführten Choreografien stammen von Männern.

Im Hinblick auf die finanzielle Mittelausstattung fördert Reine Prats Bericht zutage, dass die Subventionen, die staatlichen Theatern zufließen, im Durchschnitt knapp 2.100.000 Euro betragen, wobei die von Männern geleiteten Häuser durchschnittlich rund 2.350.000 Euro erhalten, die von Frauen geleiteten dagegen nur einen Betrag von rund 1.750.000 Euro.

Von ähnlichen, wenngleich deutlich weniger ausführlich dokumentierten Zahlen lässt sich auch für andere europäische Länder berichten, einschließlich Deutschland, wo Frauen im Bereich der darstellenden Künste im Durchschnitt ein um dreißig Prozent niedrigeres Brutto-Monatseinkommen erhalten als ihre männlichen Kollegen; ein Verhältnis, das seit 1973 konstant geblieben ist.[16] Dieser andauernde Zustand verschärft sich zusätzlich aufgrund eines allgemeinen Einkommensrückgangs um dreißig bis vierzig Prozent, den die Gesamtheit der in den darstellenden Künsten tätigen Freiberufler innerhalb der vergangenen zehn Jahre zu verzeichnen hatte.[17] Für Deutschland ist weiterhin festzustellen, dass nicht einmal jede fünfte künstlerische Leitung und nicht einmal jede sechste Intendanz bei einer Frau liegt. Diese Verteilung wird jedoch dem Deutschen Kulturrat zufolge noch dadurch geschönt, dass Freiberufler und Privattheater mit in die Statistiken einfließen – wobei gerade in dieser organisatorischen Form Frauen am stärksten an Führungspositionen teilhaben. Der Deutsche Kulturrat legt diesbezüglich ein interessantes Korrelationsverhältnis offen: Je weniger institutionalisiert die Theaterstrukturen sind, desto eher haben Frauen einen Zugang zu Führungspositionen.[18]

In einem vor Kurzem in der spanischen Tageszeitung *El País* erschienenen Artikel mit dem Titel »La crisis se ceba con las mujeres« diagnostizieren Charo Nogueira und Carmen Morán eine systematischere Beziehung zwischen der Finanzkrise und der Erwerbstätigkeit von Frauen und zeigen auf, inwieweit die spanische Sparpolitik, hier bezogen auf die jüngsten Einschnitte im öffentlichen Sektor, zunächst Frauen betrifft und auf direktem Wege zu einem einseitigen, übergroßen Erwerbslosigkeitsanteil auf Frauenseite führt.[19] Frédéric Joignot bringt dieses Phänomen in der französischen Zeitung *Le Monde* in einem einzigen Satz auf den Punkt: »Seit dem ›großen Sprung nach vorn‹ werden Frauen immer freier: abzutreiben, zu arbeiten – aber auch, weniger zu verdienen.«[20] Sprich: Frauen bezahlen doppelt, da sie zunächst weniger verdienen und später als Folge des geringeren Einkommens niedrigere Renten erhalten.[21]

***Facts Are Feelings*: Frauen und Arbeit in der darstellenden Kunst** Die aufgeführten Fakten sind allesamt wohlbekannt. Und auch das ist das Skandalöse an ihnen: dass sie eigentlich nicht mehr neu sind, sondern bloße Tatsachen. Gerade als solche leisten sie jedoch bestimmten Gefühlen Vorschub.

[16] Vgl. Fonds Darstellende Künste und Kulturpolitische Gesellschaft (Hg.), *Report Darstellende Künste. Wirtschaftliche, soziale und arbeitsrechtliche Lage der Theater- und Tanzschaffenden in Deutschland*, Klartext, Essen, 2010, S. 52f.

[17] Siehe Deutscher Bundestag (Hg.), *Kultur in Deutschland. Schlussbericht der Enquête-Kommission des Deutschen Bundestages*, ConBrio, Regensburg, 2008, S. 428.

[18] Vgl. Deutscher Kulturrat (Hg.), *Frauen in Kunst und Kultur II. 1995–2000. Partizipation von Frauen an den Kulturinstitutionen und an der Künstlerinnen- und Künstlerförderung der Bundesländer*, online: www.kulturrat.de/dokumente/studien/FraueninKunstundKultur2.pdf, S. 33, abgerufen im Juli 2012. Vgl. insbesondere den Abschnitt »Darstellende Künste«, S. 29–33.

[19] Vgl. Charo Nogueira und Carmen Morán, »La crisis se ceba con las mujeres«, in: *El País*, 07.03.2012, S. 30f.

[20] Frédéric Joignot, »Après le ›grand bond en avant‹ des années 1970, les femmes sont de plus en plus libres, de se faire avorter, de travailler […] mais aussi de gagner moins«, in: *Dossier et Documents*, Nr. 417: *Femmes. Quoi encore?*, 08.03.2012, S. 1.

[21] Vgl. Maria R. Sahuguillo, »La violencia machista y la brecha salarial, suspensos en igualdad«, in: *El País*, 08.03.2012, S. 36. In Deutschland sind rund 3,1 Millionen Frauen von Altersarmut betroffen, vgl. Tina Groll, »Rentenpflicht benachteiligt junge Gründer. Die Arbeitsministerin will junge Selbstständige zwingen, in die

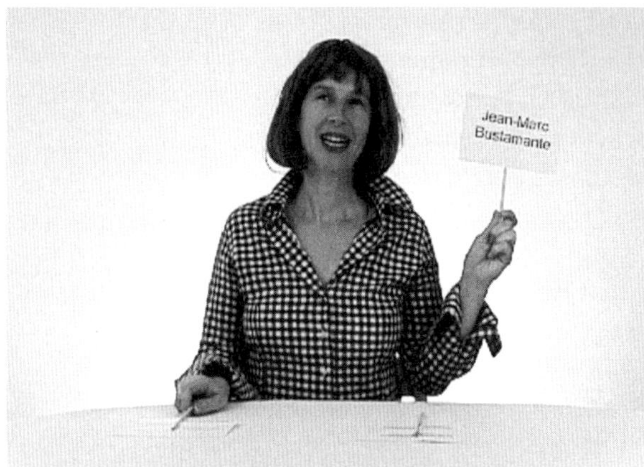

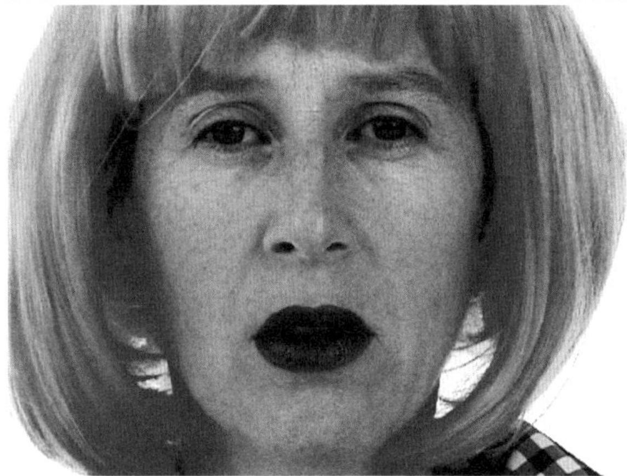

Cécile Proust und Jacques Hoepffner, *femmeuses-action #18, les femmes ont du mal à tenir la distance*, 2006, Video, Farbe, Ton, Videostills

gesetzliche Rentenversicherung einzuzahlen. Aber können die sich die Altersvorsorge überhaupt leisten?«, in: *Zeit Online*, 26.03.2012, online: www.zeit.de/karriere/beruf/2012-03/versicherungspflicht-altersvorsorge-selbststaendige, abgerufen im Juli 2012. Im Gegensatz zu dem in Spanien eingeführten festen Frauenanteil von vierzig Prozent in Führungspositionen wird in Deutschland das Thema Altersarmut unter Frauen unter streng profitbezogenen Gesichtspunkten diskutiert. Aus dieser Perspektive gesehen, führt die spanische Quote zu einer Einschränkung der Wettbewerbsfähigkeit deutscher Unternehmen und somit zur Benachteiligung Deutschlands auf dem spanischen Markt: »Fehlende Quote schadet Unternehmen«, in: *die tageszeitung*, 31.03.2012, online: www.taz.de/Konkurrenzfaehigkeit-im-Ausland/!90289, abgerufen im Juli 2012.

[22] Yvonne Rainer, *Feelings Are Facts. A Life*, The MIT Press, Cambridge/MA, 2006.

[23] Sabeth Buchmann, Isabelle Graw und Juliane Rebentisch, »Vorwort«, in: *Texte zur Kunst*, 22. Jg., Nr. 84: »*Feminismus!*«, Dezember 2011, S. 4; vgl. auch Anne Chemin, »Croire acquise la liberté des femmes? Fatale erreur«, in: *Le Monde*, 08.03.2012, S. 3.

[24] Zu Barbara Rose vgl. Anm. 1, bezüglich Cécile Proust vgl. das Video *femmeuses-action #18* von Cécile Proust und Jacques Hoepffner, Centre national de danse contemporaine – Angers, 2007, online: http://femmeuses.org/videos/femmeuses18Vimeo.html, abgerufen im Juli 2012, bezüglich Nina Power vgl. Nina Power, *Die eindimensionale Frau*, Merve, Berlin, 2011.

Es hat den Anschein, als habe sich der berühmte Titel des Buches von Yvonne Rainer, *Feelings Are Facts*, inzwischen verkehrt.[22] Was aber sind das für Gefühle, die da hervorgerufen werden? Was für eine Strategie könnten sie nach sich ziehen? Während sich derzeit einerseits wieder vermehrt Diskurse zu geschlechtsspezifischer Ungleichheit und Feminismus vernehmbar machen, trifft man andererseits in zahlreichen Diskussionen auf die erstaunliche Überzeugung, dass die Emanzipation sich in der Folge der feministisch geprägten 1960er-Jahre längst durchgesetzt habe und eine abgeschlossene Sache sei. In einer der vergangenen Ausgaben von *Texte zur Kunst*, die als Heftschwerpunkt das Thema Feminismus aufgreift und neu verhandelt, analysieren die Herausgeber Sabeth Buchmann, Isabelle Graw und Juliane Rebentisch im Vorwort genau diese merkwürdige Gleichzeitigkeit von postfeministischer Ideologie und faktisch nicht erreichter Gleichheit: »Angesichts einer diese Situation verstellenden Ideologie, die den Einzelnen Freiheit in genau dem Maße großzügig zuspricht, wie die Frage nach den sozialen Bedingungen von Freiheit verdrängt wird, ist an den politischen Einsatz des Feminismus zu erinnern. Der Feminismus exponiert die Frage der Geschlechterungleichheit als *soziale* Frage. Dass sich die Frage gar nicht hinreichend im Blick auf das Geschlechterverhältnis allein stellen lässt, dass es des Bewusstseins um die Verschränkung von Fragen der Geschlechtsidentität mit Klassenverhältnissen, Nationalitäten, Hautfarben und sexuellen Orientierungen bedarf, um das Problem der Ungleichbehandlung von Frauen differenziert zu erfassen, ändert nichts an der Notwendigkeit, heute an diesen Grundimpuls zu erinnern.«[23]

Bezug nehmend auf jene postfeministischen Tendenzen, die – nicht allein in der feministischen Theorie (wie etwa in Nina Powers *One Dimensional Woman*), sondern ebenso in feministischen Performances (wie etwa in Cécile Prousts *femmeusesaction #18*) – einer eingehenden Kritik unterzogen werden, möchte ich meinen Aufsatz damit beschließen, die eingangs zitierte, auf den Minimalismus bezogene Feststellung von Barbara Rose auf die gegenwärtige Debatte zum Feminismus zu übertragen: »Dass sich eine neue Sensibilität angekündigt hat, ist klar – allein, worin sie genau besteht, ist unklar.«[24]

Die Bestimmung und Diskussion dieser neuen Sensibilität an jenem Punkt, an dem sich die Produktion von darstellender Kunst und die Veränderung der gesellschaftlichen Realität von arbeitenden Frauen – nicht nur im Bereich der darstellenden Künste – schneiden, ist eine Aufgabe, die nicht länger dem Feminismus allein überlassen werden kann.

»Der Historismus gipfelt von rechtswegen in der
Universalgeschichte. Vor ihr hebt die materialis-
tische Geschichtsschreibung sich methodisch vielleicht deutlicher als von jeder andern ab. Die erstere hat keine theoretische Armatur. Ihr Verfahren ist
additiv: sie bietet die Masse der Fakten auf, um die
homogene und leere Zeit auszufüllen. Der materi-
alistischen Geschichtsschreibung ihrerseits liegt
ein konstruktives Prinzip zugrunde. Zum Denken gehört nicht nur die Bewegung der Gedanken
sondern ebenso ihre Stillstellung. Wo das Denken
in einer von Spannungen gesättigten Konstellation plötzlich einhält, da erteilt es derselben einen
Chock, durch den es sich als Monade kristallisiert.
Der historische Materialist geht an einen geschichtli-
chen Gegenstand einzig und allein da heran, wo er
ihm als Monade entgegentritt. In dieser Struktur
erkennt er das Zeichen einer messianischen Stillstel-
lung des Geschehens, anders gesagt, einer revolutionären Chance im Kampfe
für die unterdrückte Vergangenheit. Er nimmt sie wahr, um eine bestimmte
Epoche aus dem homogenen Verlauf der Geschichte herauszusprengen; so
sprengt er ein bestimmtes Leben aus der Epoche, so ein bestimmtes Werk aus
dem Lebenswerk. Der Ertrag seines Verfahrens besteht darin, daß *im* Werk
das Lebenswerk, *im* Lebenswerk die Epoche und *in* der Epoche der gesamte
Geschichtsverlauf aufbewahrt ist und aufgehoben. Die nahrhafte Frucht des
historisch Begriffenen hat die Zeit als den kostbaren, aber des Geschmacks
entratenden Samen in ihrem *Innern*.«[1]

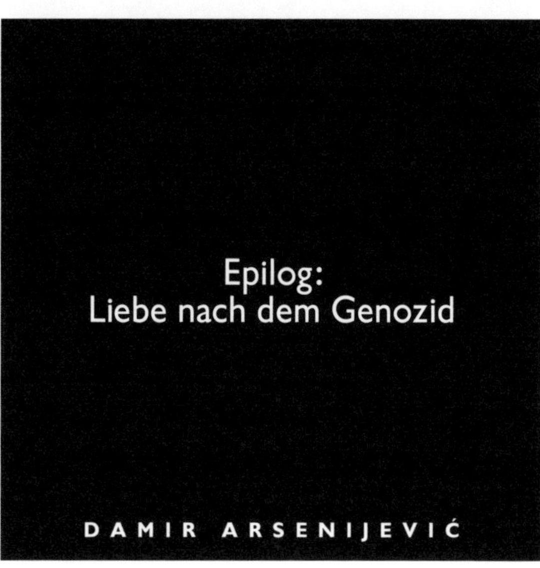

[1] Walter Benjamin, »Über den Begriff der Geschichte«, in: ders., *Illuminationen. Ausgewählte Schriften*, Bd. 1, Suhrkamp, Frankfurt/M., 1977, S. 251–261, hier S. 260 (XVII. These).

[2] Jozefina Dautbegović, »Neidentificirani«, in: *Sarajevske sveske*, Nr. 4, 2003, S. 271.

MONADE 1

Der Nichtidentifizierte[2]
Wie in einem Massengrab
ist jeder seinen eigenen Tod gestorben
scheinbar
Liebe
zur gleichen Sache
Was tut sein Nackenwirbel
neben seinem Stirnbein
Und wie wird er aussehen
Aus verschiedenen Teilen zusammengesetzt
Wenn der Tag der Auferstehung
kommt

Es ist eine eigenartige Frage
Womit wir uns selbst neu zusammensetzen
  werden
Wenn erneut
wir beschließen einander zu lieben

Es gibt keine vorgängige Ordnung
  der Dinge
Dieselben Dinge können unterschiedlich
  zusammengesetzt werden
Gezielte Reduktion der Semantik
Grammatik
Kommunikation
ein Mann hält eine Vorlesung
über Dinge, die mit dem Bisherigen
  nichts zu tun haben

Er weiß nicht, dass alles im Leben
Ein und dieselbe Sache ist
Wie die Wäscheleine im Hof von einem
  Ende zum anderen gespannt
Auf der nur selten
die Wäsche gewechselt wird.

Das Gedicht von Jozefina Dautbegović stellt das Unmögliche dar: Es destilliert die Gegenwart und verdichtet sie im Massengrab; es lehnt sich auf gegen die Androhung des unausgesetzten Status quo der Lebenden und Toten, und es kündigt ein neues Subjekt an, das eine neue Ordnung der Zusammensetzung entwerfen wird.

Liebe nach dem Genozid (Definitionen)

1. Zum Massengrab zurückkehren, um die Gesetzesgewalt des Massengrabes, der die Lebenden und die Toten gleichermaßen unterworfen sind, außer Kraft zu setzen;
2. Die Zweideutigkeit, die das Massengrab beherrscht, außer Kraft zu setzen und die Verhältnisse darin erneut zu politisieren;
3. Die Knochen und das verbliebene Leben gründlich zu untersuchen, um das Besondere zu identifizieren, auf dessen Grundlage das Universelle des neuen Subjekts artikuliert werden kann.

Der Genozid hat das Gesetz des Massengrabes mit sich gebracht. Bosnien-Herzegowina ist heute ein Massengrab für die Toten und die Lebenden. Die sterblichen Überreste und die allgemein verbreitete Erinnerung werden ethnisch verhandelt. Das erfolgt mittels einer strategischen Zusammenarbeit von forensischer Wissenschaft, multikulturellem Post-Konflikt-Management – unter Anwendung von Instrumenten der Wiedergutmachungspolitik – und dem religiösen Ritual. Das ist eine unangenehme Allianz von Wissenschaftlern, Bürokraten und Priestern. In der ethnischen Verwaltung der Gebeine und des verbliebenen Lebens wiederholt diese Allianz die Logik der Verantwortlichen des Genozids. Sie hält das Gesetz des Massengrabes aufrecht und setzt es um. Denn unter diesem Gesetz werden die Ermordeten aus der Perspektive der Mörder auf die ethnisch Anderen reduziert.

Die Überlebenden können ihre Geliebten im öffentlichen Raum nur als ethnische Todesopfer beklagen, politisch werden sie selbst auf die Zugehörigkeit zu einer ethnischen Gruppe reduziert. Die überlebenden ethnischen Opfer beklagen demnach die toten ethnischen Opfer, während sich die Eliten, welche die Kriege führten und sich in ihrer Jagd nach Kapital durch Genozide bereichert haben, an der Macht halten. Denn das Gesetz des Massengrabes folgt der Logik der Mörder, und der Genozid wird zum fortgesetzten Genozid, der nun von einer lokalen und internationalen Verwaltung der Verluste bestätigt wird. In diesem neuen Verwaltungsregime bringt das Gesetz des Massengrabes ein Subjekt hervor – das ethnische Opfer; ob es tot oder lebendig ist spielt kaum eine Rolle.

Wenn Bosnien-Herzegowina heute ein Massengrab für die Lebenden und die Toten ist, dann setzt die Liebe nach dem Genozid diese Eingrabung außer Kraft. Die Liebe entwirft und präsentiert ein anderes soziales Mandat, das die Faszination des Ethnischen übersteigt. Auf der Grundlage von Forderungen, die im Massengrab ihren Ausgang nehmen, klagt sie eine Politik der Gleichheit ein. Die Liebe fordert und verwirklicht eine andere Rechtsordnung – eine, die nicht aus der Rechtmäßigkeit entspringt, sondern eine, aufgrund derer die Rechtmäßigkeit mithilfe konkreter Taten umgesetzt werden kann. Die Liebe kommt chronologisch gesehen *nach* dem Genozid, indem sie sich buchstäblich *vor* ihn stellt. Sich dem Genozid voranzustellen kommt der ausdrücklichen Einforderung einer Position gleich, die dem Buchstaben des Gesetzes des Massengrabes vorangeht. Dem Buchstaben des Gesetzes voranzugehen kommt der Neuzusammensetzung der Lebenden und Toten in einer anderen Ordnung gleich: einer Ordnung, in der die Gerechtigkeit von der Macht des Wissenschaftlers, Bürokraten und Priesters getrennt bleibt. Das bestätigte Leben ist dadurch wahrhaft unbestechlich: sowohl unteilbar als auch nicht vorweggenommen durch den Zwang, dem Gesetz des Massengrabes zu dienen.

1. Zum Massengrab zurückkehren, um die Gesetzesgewalt des Massengrabes, der die Lebenden und die Toten gleichermaßen unterworfen sind, außer Kraft zu setzen »Wie in einem Massengrab / ist jeder seinen eigenen Tod gestorben«[3] – zwei sich gegenseitig ausschließende Ordnungen werden hier zusammengebracht; dieses Paradox verweist auf eine Lücke im Gesetz des Massengrabes. In einem notwendigen ersten Schritt wird das kollektive Grab den individuellen Toden entgegengesetzt, um die Ermordeten vom politischen Projekt abzutrennen, auf dessen Grundlage die Morde stattgefunden haben. Was ist das Momentum dieser Aussage? Es ist die Wegnahme der ausgelöschten Gegenwart, die damit aber auch dem Massengrab ähnlich wird. Das Gedicht löscht zunächst seinen eigenen Ort der Aussage – die Gegenwart – aus, nur um sie mit dem Massengrab gleichzusetzen und zu verdichten. Was ist die Gegenwart? Die Gegenwart ist die Zeit und der Raum, die das Massengrab umgeben, aber die dennoch vom Gesetz des Massengrabes beherrscht werden und von dessen Gesetzesgewalt durchtränkt sind. Die Gegenwart ist nur mithilfe der Vermittlung durch das Massengrab feststellbar. Gegenwärtig zu sein heißt, im Massengrab zu sein und der Gewalt seines Gesetzes unterworfen zu sein.

»Alle Gewalt ist als Mittel entweder rechtsetzend oder rechtserhaltend.«[4] In seiner rechtsetzenden Fähigkeit, so fährt Walter Benjamin fort, besteht die Funktion der Gewalt darin, Recht zu setzen, und daher ist die Gewalt eng ans Gesetz gebunden. Dies erweist sich im Augenblick der Rechtsetzung, »indem sie nicht einen von Gewalt freien und unabhängigen, sondern notwendig und innig an sie gebundenen Zweck als Recht unter dem Namen der Macht einsetzt. Rechtsetzung ist Machtsetzung und insofern ein Akt von unmittelbarer Manifestation von Gewalt.«[5] Das Gesetz des Massengrabes behauptet, dass »jeder seinen eigenen Tod gestorben [ist] / scheinbar / Liebe / zur gleichen Sache«[6]. Für wen ist das scheinbar so? Dieses »wen« bezieht sich auf beide, sowohl auf die Toten als auch auf deren Mörder. Doch im Massengrab stirbt niemand seinen eigenen Tod, sondern weil er oder sie aus irgendeinem Grund ermordet wird – der Tod ist nicht der »eigene«. Ist das Liebe in Bezug auf die Mörder? »Liebe / zur gleichen Sache« – derjenigen, welche die Ermordung anordneten und aufgrund derer geschossen wurde?

[3] Ibid.

[4] Walter Benjamin, »Zur Kritik der Gewalt«, in: ders., *Gesammelte Schriften, Bd. II: Aufsätze, Essays, Vorträge*, Erster Teil, Rolf Tiedemann und Hermann Schweppenhäuser (Hg.), Suhrkamp, Frankfurt/M., 1991, S. 179–201, S. 190.

[5] Ibid., S. 198.

[6] Jozefina Dautbegović, op. cit.

Diese Zweideutigkeit bestimmt das Zentrum der Machtfantasie; in ihr behauptet die Macht ihren zeitlosen und unvermeidlichen Ursprung als das Schicksal selbst. Das Schicksal zeigt sich »in seiner planvollen Zweideutigkeit«[7]. Gewalt, »schicksalshaft gekrönte Gewalt« bringt laut Benjamin das Gesetz hervor, und es ist in der Entscheidung über Leben und Tod, dass »deren Ursprünge repräsentativ in das Bestehende hineinragen und in ihm sich furchtbar manifestieren«[8]. Die zentrale Behauptung und Bestätigung des Gesetzes des Massengrabes lautet: Das Schicksal ist unausweichlich. Das Gedicht bezeichnet diesen zweideutigen Ort, von dem aus das Schicksal, vermittelt durch das Gesetz, seine Macht drohend verlautbart und ausübt. Die Gewalt des Schicksals ist mythisch und »verschuldend und sühnend zugleich«[9].

»Scheinbar« taucht im Gedicht als eine Aussage aus der ausgelöschten Gegenwart auf, die mit dem Massengrab zusammenfällt. Es gibt keinen Aufschub; alle werden hineingezogen und durcheinandergemischt: die Ermordeten, die Mörder und das zerstückelte Wir. Die »Liebe / zur gleichen Sache« samt ihrer mythischen Gewalt wird als reine Manifestation in die Sphäre des Schicksals verlegt: Hier zeigt sich die mythische Gewalt als eine, die Opfer fordert.[10] Dieses »Scheinbar« zielt darauf ab, die Forderung der mythischen Gewalt nach einem Opfer sowie dessen nachträgliche schicksalshafte Notwendigkeit zu zersetzen.

Mit seiner Rückkehr zum Massengrab setzt das Gedicht die Gesetzesgewalt des Massengrabes außer Kraft, indem es ein anderes Regime der Neuzusammensetzung einfordert. Durch die Vermischung von Gegenwart und Massengrab sowie die Aufhebung der Zeitlichkeit zwischen Vergangenheit und Gegenwart wendet sich das Gedicht an die Zweideutigkeit selbst: »Wie« und »scheinbar« stören nicht nur das auf, was sich im Massengrab befindet, sondern sie verstören auch die Logik seiner Entstehung. Das Gedicht stellt die Forderung still, aufgrund derer das Massengrab überhaupt geschaufelt wurde, und entkräftet die Macht, die hinter der Rechtsetzung des Massengrabes steht. In seiner Verdichtung appelliert das Gedicht an die Lüge, welche die Wahrheit des Massengrabes selbst zersetzt – das »gemeinsame Grab« lässt sich nicht aufteilen und auf eine Reihe individueller Tode reduzieren; das »Massengrab« kann nicht zur Metonymie der Gegenwart werden. Von diesem Moment an gibt das Gedicht eine andere Liebe bekannt; keine, die Opfer einfordert, sondern eine Form von Liebe, in der »die Sache« selbst infrage gestellt wird – ein Bereich der Liebe, der dem Regime der Entscheidung angehört.

2. Die Zweideutigkeit, die das Massengrab beherrscht, außer Kraft zu setzen und die Verhältnisse darin erneut zu politisieren Das Schicksal und die von ihm legitimierte Gewalt hängen von den zweideutigen Grenzen zwischen dem Innen und Außen des Massengrabes ab. Versteckte und klandestine Massengräber sind hiervon die extremsten Manifestationen. Solche Gräber werden nicht nur versteckt gehalten, um das Verbrechen zu verbergen; sie stehen vielmehr für einen ununterscheidbaren und planvoll zweideutigen Bereich, in dem die Macht in Form einer Drohung ausgeübt werden kann. Dies ist der Bereich der rechtserhaltenden Gewalt, in der die Drohung

[7] Walter Benjamin, 1991, op. cit., S. 199.

[8] Ibid., S. 188.

[9] Ibid., S. 199.

[10] Ibid., S. 200.

nicht der Abschreckung dient, sondern dem Anspruch, dass alles Bestehende und zumal das Drohende selbst der Ordnung eines einzigen Schicksals angehört.[11] Die zweideutige, vom Gesetz des Massengrabes errichtete Grenze bleibt als ungeschriebenes Gesetz bestehen, dessen Übertretung eine Sühne einfordert, die jegliche Überschreitung in die Sphäre der Ordnung des Schicksals verweist.[12] Das Gedicht setzt dieser zweideutigen Grenze ein Ende, indem es diese zunächst auslöscht und danach zum Massengrab zurückkehrt.

Das Außen des Massengrabes kann nur von seinem Innen her erneut politisiert werden. Die Auslöschung der zweideutigen Grenze zwischen dem Außen und Innen des Massengrabes entspricht der Verdichtung der Gegenwart mit dem Massengrab. Die Auslöschung der Grenze und die Verdichtung der Gegenwart gehören beide der Sphäre einer tatsächlichen Aussetzung des Gesetzes des Massengrabes an. Eine solche Aussetzung erfordert die Auflösung aller Verhältnisse als reine Mittel. Diese Sphäre der Aussetzung, welche gegen die angebliche Unabänderlichkeit des Schicksals aufbegehrt, ist die Sphäre dessen, was Benjamin als »göttliche Gewalt«[13] bezeichnet. Die Gesetzesgewalt des Massengrabes entwirft dessen Logik und erhält sie aufrecht; sie schreibt die zweideutige Grenze zwischen dem Massengrab und dem Außen fest und sie zeigt sich in der Schuld der lebenden ethnischen Opfer sowie in der Sühne der toten ethnischen Opfer. Die Liebe steht dieser Gewalt entgegen. Die Liebe als göttliche Gewalt zerstört das Gesetz des Massengrabes; sie zerstört die zweideutigen Grenzen zwischen dem Massengrab und dem Außen, und sie zerstört Schuld und Sühne.

Wer kann ins Massengrab steigen? Das Gesetz des Massengrabes wird aufrechterhalten durch die Exhumierung, das Abzählen, das erneute Arrangement, die Verwaltung und die Weihe der leiblichen Überreste als *ethnische* Überreste. Dies erfolgt mittels einer strategischen Zusammenarbeit zwischen forensischer Wissenschaft, multikulturellem Post-Konflikt-Management mitsamt dessen Wiedergutmachungspolitik und dem religiösen Ritual – eine unangenehme Allianz zwischen dem Wissenschaftler, dem Bürokraten und dem Priester. Dadurch eignen sich der Wissenschaftler, der Bürokrat und der Priester die Perspektive der Verantwortlichen dieser Verbrechen an, denn in der Vorstellung der Verantwortlichen ist die ermordete Person der ethnisch *Andere*. Das ist die bösartige mythische Gesetzesform, »die rechtsetzende, welche schaltende genannt werden darf [...] und die rechtserhaltende, die verwaltete Gewalt«[14].

Das Gesetz des Massengrabes regiert das Innen und das Außen des Massengrabes gleichermaßen. Es zieht zwischen dem Massengrab und dem Nicht-Massengrab eine Grenze als Drohung gegen die Rückkehr zum Massengrab. Diese Grenze außer Kraft zu setzen heißt, die verwaltende und rechtserhaltende Gewalt des Wissenschaftlers, Bürokraten und Priesters zu entkräften. Die Aktivierung des öffentlichen Raums, um das Schweigen des Massengrabes zu brechen, kommt der Ausrufung eines »wirklichen Ausnahmezustands«[15] gleich. Die Frage »Was tut sein Nackenwirbel / neben seinem Stirnbein«[16] erreicht ihren Adressaten: die Ursache des Massengrabes und das politische Projekt – »scheinbar / Liebe / zur gleichen Sache« –, das

---

[11] Ibid., S. 187f.

[12] Ibid., S. 198f.

[13] Ibid., S. 199.

[14] Ibid., S. 203.

[15] Walter Benjamin, 1977, op. cit., S. 255 (VIII. These).

[16] Jozefina Dautbegović, op. cit.

zum Massengrab geführt hatte. Dieses Aussetzen der Grenze behauptet, dass das, was im Massengrab ermordet und zerstückelt wurde, weder ein privates Individuum noch ein ethnisch Einzelnes war, sondern das politisch Universelle, das eigentliche politische Subjekt.

3. Die Knochen gründlich zu untersuchen und das Besondere zu identifizieren, auf dessen Grundlage das Universelle des neuen Subjektes artikuliert werden kann Das Gedicht untersucht die Knochen jenseits der Logik der rechtsetzenden und rechtserhaltenden Gewalt. Es identifiziert »das Nichtidentifizierte« – die Besonderheit, das Unteilbare und das Nichtidentifizierbare: den Knochen, der sich jeglicher verwaltenden Kennzeichnung, Quantifizierung, Beerdigung und Weihe widersetzt. Dieser Knochen ist die Erinnerung an das unbestechliche Leben selbst, das die rechtliche Kategorie einer »identifizierten vermissten Person« überschreitet und nicht weiter teilbar ist. Das zerstückelte »Wir« als Sprecher des Gedichts ist ebenfalls nicht identifizierbar: Das zerstückelte, sprechende Subjekt, welches die Besonderheit der Frage nach der erneuten Zusammensetzung »von uns selbst« kennzeichnet. Der nicht identifizierte Knochen und das zerstückelte »Wir« sind buchstäblich Überreste – überbleibende Reste – nach dem Genozid. Beide lehnen es ab, vorweggenommen und in den Dienst der Gewalt des Gesetzes des Massengrabes gestellt zu werden. In ihrer Ablehnung sind beide unteilbare Überreste, unbestechlich in einem buchstäblichen Sinn: Es sind kleine Stücke, Reste. Aus der Position eines unbestechlichen Lebens – als Stimme des zerstückelten Körpers und des nicht identifizierten Knochens – werden Forderungen nach einer anderen Art von Gerechtigkeit gestellt.

Die Poesie kehrt zur Frage nach dem Subjekt zurück, indem sie die Übernahme jeglicher administrativen Kategorie ins Zentrum ihrer Ablehnung stellt, da keine »vorgängige Ordnung der Dinge« existiert. Sie insistiert auf dem Nichtidentifizierbaren und entkräftet die Grenze zwischen dem Innen und Außen des Massengrabes zugunsten des unbestechlichen Lebens. Nur aus dieser Position heraus kann die Frage artikuliert werden, »Womit wir uns selbst neu zusammensetzen werden / Wenn erneut / wir beschließen, einander zu lieben«. Das »Womit« der Neuzusammensetzung von uns selbst wird zum »Insignium und Siegel«[17] der Liebe als göttlicher Gewalt; dieser einzigen Möglichkeit, um uns überhaupt neu zusammenzusetzen. Erst diese Gewalt »jenseits des Rechts«, diese »revolutionäre Gewalt«[18] schafft das Register, in dem diese Frage gestellt werden kann. Als Kollektivität der Zerstückelten werden wir feststellen, dass uns »eine *schwache* messianische Kraft« gegeben ist, um das lineare Kontinuum der Geschichte aufzusprengen.[19] Die revolutionäre Liebe autorisiert sich selbst zugunsten des nicht identifizierten »Wir« und »›sühnt‹ [...] die Verschuldung des bloßen [...] Lebens«[20] – sie geht über die Pietät (Sühne) hinaus, sie profaniert. Gegen das Gesetz des Massengrabes, das auf blutiger mythischer Gewalt beruht und diese fortsetzt, rebelliert die revolutionäre Liebe wider die Schuld des bloßen Lebens, indem sie dieses Leben vom Gesetz befreit. Die revolutionäre Liebe ist »reine Gewalt über alles Leben um des Lebendigen willen«.[21]

[17] Walter Benjamin, 1991, op. cit., S. 203.

[18] Ibid., S. 202.

[19] Walter Benjamin, 1977, op. cit., S. 252 (II. These).

[20] Walter Benjamin, 1991, op. cit., S. 200.

[21] Ibid.

Niobe – Gewalt als bloße Manifestation Benjamin schafft einen Anlass, sich
dem Mythos zuzuwenden, um die Gesetzesgewalt als bloße Manifestation
zu untersuchen. Um zu klären, wie die rechtsetzende Gewalt die Sphäre des
Schicksals bestimmt, bezieht sich Benjamin auf Niobe, die das Schicksal
herausfordert und über die infolgedessen »Gewalt [...] aus der unsicheren,
zweideutigen Sphäre des Schicksals«[22] hereinbricht. Niobe bleibt versteinert
zurück, als »stumme Träger[in] der Schuld«[23]. Die Entsprechung zu Niobe,
das versteinerte und weinende *Ausdruckslose*[24], das der Macht des Ausdrucks
beraubt wurde, findet sich in Bosnien-Herzegowina heute im unbestechlichen Leben, das nach dem Genozid überbleibt. Das unbestechliche Leben
ermahnt uns, die Gerechtigkeit von der Macht getrennt zu halten: Gerechtigkeit gehört zur Sphäre der revolutionären Liebe und die Macht zur Sphäre
der gewaltsamen Rechtsetzung.

22 Ibid., S. 197.

23 Ibid.

24 Deutsch im Original (Anmerkung des Übersetzers).

Das unbestechliche Leben ist beispielsweise die
Fotografie einer Frau, die ein gerahmtes Bild
hält. Im gerahmten Bild sind drei Figuren zu
erkennen: die Frau selbst, ein junger Mann in
Uniform und ein junges Mädchen. Der junge
Mann in Uniform ist der vermisste Ehemann der
Frau, die das Bild hält. Sein Bild – das von ihr
am meisten geliebte Bild von ihm – zeigt ihn in
JNA-Uniform, der Uniform der Jugoslawischen
Volksarmee, derselben Armee, die ihn mitge-
nommen, umgebracht und in einem versteck-
ten Massengrab verscharrt hat. Das heranwach-
sende Mädchen auf dem Bild ist die gemeinsame
Tochter, die erst ein oder zwei Jahre alt war, als

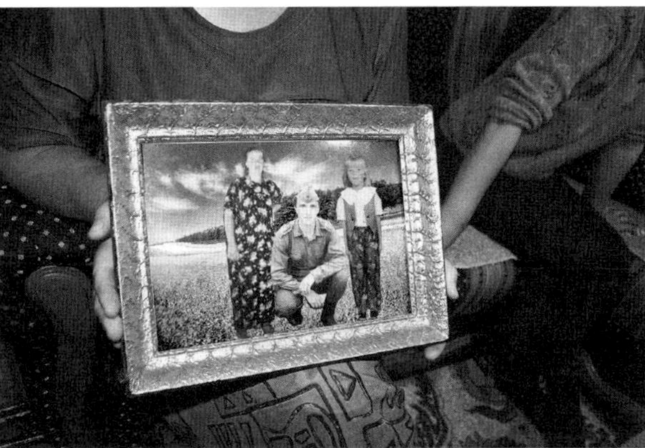

Milica Tomić, *Sigurnost u putu* [Road Safety], 2008,
Preproduction-Foto zum Video

er in die Wälder floh, und die mit ihrer Mutter von derselben Armee, die
ihn später in den Wäldern jagte, aus der Region von Srebrenica vertrieben
wurde. Dieses Bild von ihm – eine digital hergestellte Collage, die von der
Mutter in Auftrag gegeben und neben das relativ aktuelle Bild der Mutter
und der heranwachsenden Tochter montiert wurde – zeigt, wie ihn die Frau
und das junge Mädchen als Ehemann und Vater erinnern, während sie darauf warten, dass er gefunden, ausgegraben, zusammengesetzt, identifiziert
und dann in einem richtigen Begräbnis in Gesellschaft der beiden Frauen
beerdigt wird. In diesem Moment wird die Familie als Familie noch einmal
physisch anwesend sein, und diese beiden Frauen werden mit den Gebeinen
ihres Ehemannes und Vaters wieder vereint sein.
Die Frau, der junge Mann und das heranwachsende Mädchen auf diesem
Bild bilden eine Frankenstein-Familie – eine Familie, die niemals gewesen ist, niemals so gewesen sein kann und niemals sein wird. Es handelt
sich um eine Familie, die nur durch die Trauerarbeit zusammengehal-
ten wird. In dieser Collage disparater Elemente, die durch das idyllische
Ambiente der Hintergrundgestaltung idealisiert wurde, sind die Figuren
digital zusammengesetzt, wie die verschiedenen Teile von Frankensteins
Monster. Es ist das Ergebnis des Begehrens einer Frau – des Begehrens

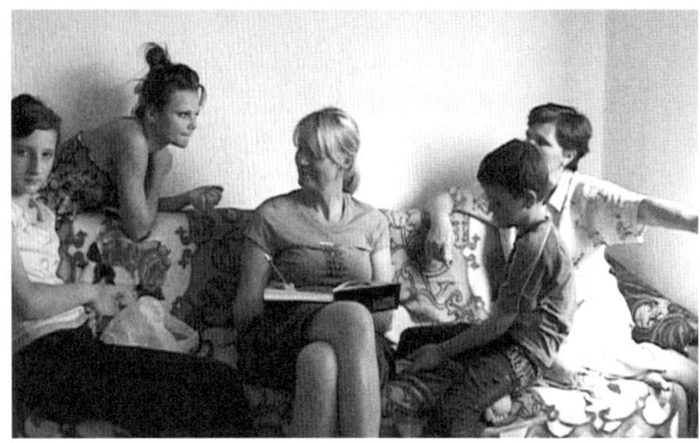

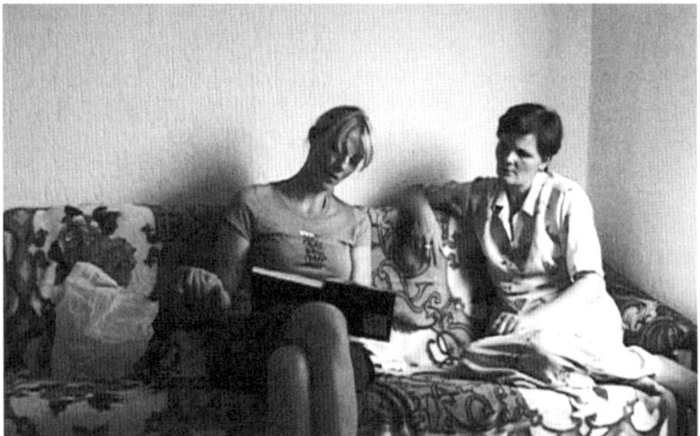

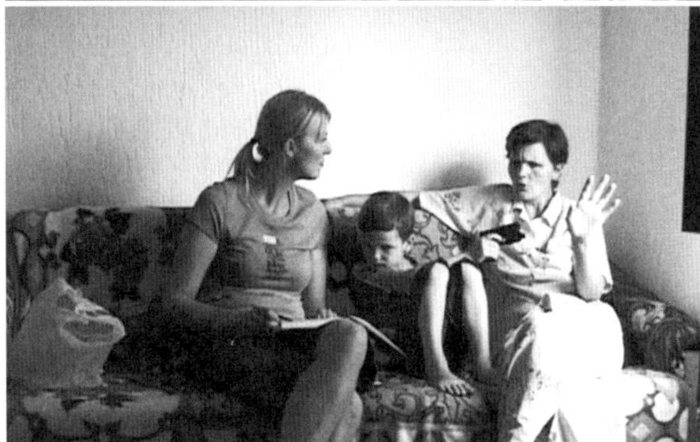

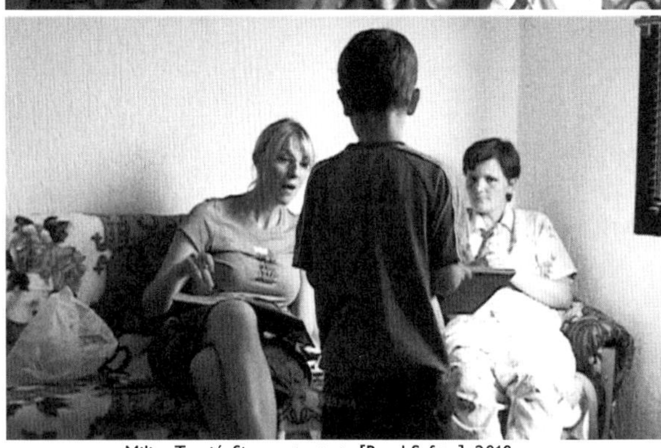

Milica Tomić, *Sigurnost u putu* [Road Safety], 2010

einer Mutter und Frau –, die lang verlorene Familie und den lang verlorenen Mann zusammenzusetzen und wieder zu erschaffen. Das Bild ist das einzige Monument, welches die Frau besitzt, sowohl von ihm als auch von der Familie. Das Foto ist ein Bild, das es dem heranwachsenden Mädchen ermöglicht, seinen Vater zu erinnern – ihn und die Geschichten der Mutter.

Dieser Essay bietet die Gelegenheit, die hier beschriebene Fotografie erstmals zu publizieren. Die Möglichkeit eröffnete sich als ein Ergebnis der gemeinsamen Gespräche zwischen der Künstlerin Milica Tomić und mir, in denen wir eine geraume Zeit lang den Kontext erörterten, in welchem eine solche Fotografie erscheinen könnte, ohne die Mechanismen der Repräsentation zu wiederholen, die von der Logik des Gesetzes des Massengrabes gekennzeichnet sind. Es handelt sich um ein im Zuge der Vorbereitungen zu Milica Tomićs Arbeit *Sigurnost u putu* entstandenes Foto. In dieser Arbeit zeichnet Milica Tomić im Gespräch mit überlebenden Frauen Porträts von deren vermissten männlichen Verwandten. *Sigurnost u putu* folgt der Spur der Collage und dem Auftauchen des heiß geliebten Bildes eines vermissten Mannes darin. Der Akt des Zeichnens zeigt auf der Grundlage der Beziehung zwischen der Künstlerin und den überlebenden Frauen sowie auf der Grundlage einer Rekonstruktion der Liebe zwischen dem vermissten Mann und der überlebenden Frau die Wahrheit über das Verhältnis der Frau und ihres vermissten Mannes. Das Begehren der Künstlerin, das Bild eines vermissten Mannes in einer rekonstruierenden Erzählung aufzuzeichnen, ermöglicht es der überlebenden Frau, ihn zu erinnern, ihn von der Uniform zu erlösen, wieder zu entdecken, wer er für sie ist, und damit auch ihre Beziehung zu erinnern. *Sigurnost u putu* bricht demnach die Begrenzungen der Frankenstein-Familie auf – die Begrenzungen der Post-Genozid-Folklore-Verwaltung des Opfer-Seins als eines Ausdrucks des Gesetzes des Massengrabes – und eröffnet damit eine Möglichkeit für das Auftauchen einer hoffnungsvollen und liebenden Erinnerung an den vermissten Ehemann.

Er ist weg und weg und weg.
Der Kleiderschrank hat seinen Geruch
  verloren.
Die Kinder meinen nur, dass sie sich an ihn
  erinnern.

Er hat sich schon seit Langem hingelegt
Und er muss noch lange liegen ...

Unberührte Gräser über ihm.
Blätter, Mulch, Ablagerungen über ihm.

Er ist weg und weg und weg.
Du betrachtest ein zerknittertes Andenken:
Sein Bild: eine gepresste Blume.
Deine Würde, unser Bittgesang.

Du, die Liebe unserer Träume.
Du, unser Leuchtfeuer der Treue.
Du, allzu geeignet für unseren
  Bilderrahmen.

Und er ist weg.
Und weg.
Und weg.

Niemand hört die Nacht.
Beiß' in deine Fäuste bis sie bluten.
Glaub' deinen Fingern in dir.
Drück' deinen Kopf ins Kissen.

Du allein in deinem Bett:
Du erinnerst ihn nicht.

Was lässt sich in »HELDIN« entdecken? Zunächst zeigt sich »HELDIN« als Titel und Rahmen des Gedichts von Adisa Bašić. [25]

Der Titel erinnert an die Urheberin irgendeiner Tat (heroisch: mutig und selbstaufopfernd), was wiederum an eine der Sphären denken lässt, in denen solche Taten ausgeführt werden: im Mythos. Im Gedicht stellen die Leser eine Kluft zwischen dem Blick und der Stimme fest. Der Sprecher, die Sprecherin des Gedichts nimmt selbst die Position der Heldin ein, ihre Worte aber werden den Lesern vermittelt, es besteht kein direkter Zugang zu ihnen. Die Vermittlung erfolgt deshalb, weil die Heldin von einem anderen Ort aus spricht. Ihre Rede ähnelt der einer stummen Trägerin von Schuld, die des Ausdrucks und des Rechts auf Sprache beraubt wurde. Was ist dieser andere Ort? Es ist der Raum des Verlustes, in dem der Kampf um die Trauer stattfindet, der Kampf um die Erzählung und um die Verankerung des Verlustes in der Realität. Doch aus der Perspektive ihres Blickes eröffnet die Heldin den Lesern die Bewegungslinie des Begehrens eines unbestechlichen Lebens, oder, anders ausgedrückt, die Heldin zeigt uns »die Blickrichtung des Begehrens« [26] an.

Gleich zu Beginn wiederholt das Gedicht den Verlust des männlichen Körpers und versucht zugleich, diesen Verlust durch die Wiederholung zu bewältigen: »Er ist weg und weg und weg.« Die konstante Wiederholung während des ganzen Gedichtes hindurch umkreist diesen Verlust und all seine Symbolisierungen, die sich als mangelhaft und unvollständig erweisen. Das Beharren auf der Negativität von Verlust bringt einen Zwischenraum ins Gedicht, dessen Funktion darin besteht, eine Distanz zwischen der Heldin als lebendem Monument und dem toten Mann zu schaffen. Die einzige Zukunft, die der Heldin aus der Wahl der möglichen Symbolisierungen angeboten wird, ist die künftige Vision einer erinnerten Grabinschrift: »Er hat sich schon seit Langem hingelegt / *Und er muss noch lange liegen ...*«. So ist das Monument des toten Mannes gebaut: Die lebende Frau muss zu einem Monument versteinern und wird zur Bauchrednerin der Grabin-

---

[25] Adisa Bašić, *Promotivni spot za moju domovinu*, Dobra knjiga, Sarajevo, 2010, S. 8.

[26] Jacques Lacan, *Die Ethik der Psychoanalyse*, Quadriga, Weinheim, Berlin, 1996, S. 236.

schrift. Die Position der Heldin erweist sich als das Gegenstück des Opfers. Ihre Zukunft ist dementsprechend gesellschaftlich festgelegt als ein weinendes versteinertes Opfer, das nur die Grabinschrift verlängern kann, indem sie Zeugenschaft ablegt vom unbekannten Ort der Überreste des toten Mannes und von der unbekannten Dauer des Verlustes. Gerade so, als ob die einzig verfügbare soziale Position für ein trauerndes Wesen nur einen von der Gegenwart abgelösten Raum und eine von ihr losgelöste Zeit enthielte und ausschließlich an den Verlust selbst gebunden wäre; an den Verlust des geliebten Anderen, den Verlust des Raumes und den Verlust der Zeit.

Das Beharren der Heldin auf dem Verlust – die Position von Niobe – unterbricht die Beziehung zwischen dem verlorenen Anderen und den Trauernden, die sowohl in der Erinnerung als auch im realen Leben stattfindet. In diesem Beharren löst die Heldin für sich und für die Leser alle verfügbaren Verbindungen zum *Bild des Verlustes*. Anders ausgedrückt, ihr Blick unterbricht den gesellschaftlichen Blick und befreit uns von allen auf den Verlust Bezug nehmenden Bildern, die der Ordnung des Imaginären angehören.[27] Durch die »falschen Metaphern« des geweihten Lebens, sowohl das der Überlebenden als auch das der Toten, wird das Gesetz des Massengrabes eingeübt: »Deine Würde, unser Bittgesang. / Du, die Liebe unserer Träume. / Du, unser Leuchtfeuer der Treue.«[28] Die falschen Metaphern des Seins, in denen die toten und trauernden Subjekte auf zweideutige Weise ineinander übergehen (in der Tat eine Metonymie für die zweideutige Grenze zwischen dem Innen und Außen des Massengrabes), werden durch eine Metonymie der Realität entsakralisiert: »Du, allzu geeignet für unseren Bilderrahmen.« Hier begegnen wir der wahrhaft befreienden Macht der Profanierung – das Zeugnis selbst wird durch seine Entsakralisierung befreit.[29]

Ein solches Zeugnis, wie das des letzten Verses, wiederholt und unterbricht den kollektiven Blick, aufgrund dessen die Idealisierungen des verlorenen Mannes sowie der Heldin selbst artikuliert werden. Das Echo des Verlustes in der folgenden Strophe erweitert wiederum den Blick des Begehrens der Heldin und unterwandert damit die falschen Metaphern des Verlustes. Dabei bleiben der lebende Körper der Heldin und die Bewegungslinie ihres Begehrens befreit. Durch ihren befreiten Körper ruft die Heldin zuletzt ihr Begehren hervor und verhandelt leidenschaftlich den Verlust des Mannes. In der Strophe »Niemand hört die Nacht. / Beiß' in deine Fäuste bis sie bluten. / Glaub' deinen Fingern in dir. / Drück' deinen Kopf ins Kissen«[30] wird die Einsamkeit der Position der Heldin und der gesellschaftliche blinde Fleck in Bezug auf ihren Verlust durch ihren Körper sowohl bestätigt als auch aufgelöst. Die Heldin erregt sich: Sie schreit ihr Begehren heraus und gibt es nicht auf. Die Bewegungslinie ihres Begehrens geht über den verlorenen Anderen hinaus; das Objekt ihres Begehrens existiert nicht mehr, dies wird als das Wirklichste erkannt. Durch die Treue zu ihrem Begehren integriert die Heldin Verlust in das Alltagsleben und befreit sich aus der geweihten Heldinnen-Opfer-Position, indem sie sich von den Machtverhältnissen ablöst, in denen der kollektive Blick sie gefangen hält. Sie befindet sich vermutlich in jenem Grenzbereich, der von einem trauernden Wesen bewohnt wird, dem es gelungen ist, das Gesetz des Massengrabes zu überwinden, indem es die falschen Metaphern des Verlustes zugunsten

[27] Von der Position der Heldin aus wird die Unterscheidung möglich zwischen den »falschen Metaphern« des Seins (l'étant) und der Stellung des Seins (l'être), wie sie Lacan skizziert. Ibid., S. 237.

[28] Adisa Bašić, op. cit.

[29] Shoshana Felman, »The Return of the Voice. Claude Lanzmann's Shoah«, in: dies. und Dori Laub (Hg.), *Testimony. Crises of Witnessing in Literature, Psychoanalysis, and History*, Routledge, New York, 1992, S. 204–283, hier S. 219.

[30] Adisa Bašić, op. cit.

der Ehrlichkeit dem Begehren gegenüber geopfert hat. Die Heldin schenkt uns das eigentliche *tertium datur*. Es handelt sich dabei um eine dieses Mal wahrlich heroische und berechtigte Tat des unbestechlichen Lebens, welche die Logik des Schicksals unterbricht, die Position des Opfers unterwandert und über die stumme Trägerschaft der Schuld hinausgeht.

MONADE 3

Ruvejda-Politik – Der Akt der revolutionären Liebe Wenn die Heldin an die berechtigte Tat des unbestechlichen Lebens erinnert, durch die der Akt der revolutionären Liebe ihre Macht über alles Leben um des Lebendigen willen bestätigt – wenn sie, anders formuliert, die Beziehung eines solchen Aktes sicherstellt –, worin bestünde eine Antigone-ähnliche Bewegung in Bezug auf diese Niobe? Was wäre das Subjekt der Zerstörung des Gesetzes? Die Antwort heißt Ruvejda. Den Akt der revolutionären Liebe bezeichne ich als Ruvejda-Politik.

»Sie haben mir sein T-Shirt und eine Trainingsjacke gegeben. Als sie eingegraben wurde, war die Jacke blau. Aber jetzt war sie nicht mehr blau, sie hatte sich zersetzt und gehörte nicht mehr Opa. Opas Jacke habe ich gekannt, diese aber nicht.«[31] So lautet der Beginn einer Kurzgeschichte von Šejla Šehabović, einer der vielversprechendsten jungen Autorinnen aus Bosnien-Herzegowina. In ihren Arbeiten problematisiert sie den Krieg, den Übergang zum Nachkrieg, die Identität, die Zugehörigkeit und die zum Schweigen gebrachten Frauen im kulturellen Gedächtnis von Bosnien-Herzegowina. Die Kurzgeschichte trägt den Titel *Ruvejda*. Darin kehrt eine 25 Jahre alte Erzählerin aus dem Osten Bosniens, die nun in Amerika lebt, nach Bosnien zurück, um eine Blutprobe abzugeben, mit der die Überreste ihres Großvaters identifiziert werden sollen. Es ist eine Geschichte der Wiederherstellung von männlicher Genealogie im kulturellen Gedächtnis – die Rekonstruktion von männlichem Schicksal und männlicher Identifizierung – auf der Grundlage von Blutproben, die von Frauen genommen werden. Aber nicht alle Frauen sind »gut« für die Identifizierung – nur Mütter, Töchter, Schwestern oder Enkeltöchter, solche mit direkter Blutsverwandtschaft. Verheiratete Frauen, die nur den Nachnamen ihres Ehemannes haben, aber nicht dessen DNA, können an der Identifikation nicht teilnehmen. »Enkeltöchter sind gut für die Identifizierung«, fährt die Erzählerin fort. »Sie erinnern sich an nichts, sie weinen nicht, und sie haben keine Angst vor Nadeln. Sie sind auch deshalb gut, weil sie nur vom männlichen Blut stammen. Das Blut ist das wichtigste. Unersetzlich.«
Die Erzählerin wechselt ständig zwischen zwei Kulturen, der bosnischen und der amerikanischen. Stets wird die Übersetzbarkeit von Zeichen zwischen diesen beiden Kulturen verhandelt: die Erinnerung an den Großvater – ein Schneider, der Hosenbeine bügelte, und an ein ungeschickt verstecktes Hosenbein im Appartement des Liebhabers der Erzählerin, das zur Hose der Frau des Liebhabers gehört und aus einem Kleiderschrank herausquillt. Das Hosenbein ist blau, genau wie die Jacke des Großvaters. Im Versuch, das einer anderen Frau gehörende herausquellende Hosenbein freizulegen, wird die Erzählerin von einer plötzlichen Frage des hinter ihr

31 Šejla Šehabović, »Ruvejda«, in: *Priče – ženski rod, množina*, Nezavisne novine, Banjaluka, 2007, S. 13–21.

stehenden Liebhabers unterbrochen: »Wonach suchst du da drin?« Die
Erzählerin verschüttet Rotwein über den Teppich und hinterlässt, wie sie
sagt, »einen blutroten Fleck«. Sie verlässt das Appartement und wirft die
Tür hinter sich so fest zu wie möglich.

»›Haben Sie eine Nummer, unter der wir Sie anrufen können, damit wir
Sie über die Ergebnisse der DNA-Analyse auf dem Laufenden halten?‹
Dieses Mal war die Beamtin zuvorkommend. Sie kam aus einem europäischen Land und würde all das vermutlich dazu verwenden, ihre Diplom-
arbeit zu schreiben.

›Ich habe nur mein amerikanisches Mobiltelefon. Aber ich hab's abge-
schaltet.‹

›Wenn alles klappt, dann werden Sie keine weitere Blutprobe abliefern müssen. Manchmal brauchen wir mehrere Versuche, weil hier alles so miserabel
organisiert ist.‹

Sie sah mich verschwörerisch an. Ich griff nach ihrem kleinen asiatischen
Handrücken und schnappte mir die Probe, die auf dem Tisch lag. Ich ver-
staute sie so rasch in meiner Tasche, dass sie nur einige halb artikulierte Laute
der Überraschung hervorbrachte. Sie sprang mit aufgesperrtem Mund von
ihrem Sessel auf und sah mich verschwinden.

Es war das letzte Mal, dass ich das Leichenschauhaus besuchte.«

Ein kurzer Augenblick der Entscheidung. Wenn Blut das Symbol des bloßen
Lebens ist, dann beharrt Ruvejda auf unblutiger Gewalt und zwar buchstäblich. Sie entzieht Blut aus dem Kreislauf der Schuld und der mythischen
Gewalt, die von diesem Kreislauf fortgesetzt wird. Wenn die Gewalt des
Gesetzes und des Massengrabes im heutigen Bosnien-Herzegowina sowohl
als rechtsetzende als auch als rechtserhaltende »Blutgewalt über das bloße
Leben um ihrer selbst« willen ist, dann ist Ruvejdas Akt ein Beispiel für die
reine Gewalt als »reine Gewalt über alles Leben um des Lebendigen willen«[32]. Wir haben es hier mit einem *acheronta movebo* zu tun – das Leben
des nicht identifizierten Knochens und das bloße Leben einer versteinerten
sprachlosen Frau werden aufgeboten, um der Ökonomie der Schuld und
dem Gesetz des Massengrabes zu entkommen. Ruvejda setzt dem Regie-
rungsmodell ein Ende, in dem das Leben zur Verwaltung der Opfer eingesetzt wird. Es setzt einem Modell ein Ende, in dem regieren heißt, die Überreste der Toten zu zählen.

Durch ihren Akt revolutionärer Liebe gibt uns Ruvejda etwas zurück – den
nicht identifizierten Knochen. Sie gibt uns die Gebeine als den körperlichen
Mehrwert zurück, der nicht identifiziert, quantifiziert, begraben, geweiht
oder schließlich wiederum zum Opfer gemacht werden kann.[33] Dieses
Totenhaus bildet jetzt einen Teil unseres neuen Allgemeinguts – wir müssen es als solches behaupten –, und mit diesem neuen Allgemeingut werden
wir beginnen müssen, uns selbst neu zusammenzusetzen, »wenn erneut /
wir beschließen, einander zu lieben«[34].

Meine große Dankbarkeit gilt Tag McEntegart, Brankica Aćimović, Nebojša Jovanović, Stefania Pandolfo und Milica
Tomić für ihre hilfreichen Kommentare zu den Entwürfen dieses Textes.

[32] Walter Benjamin, 1991, op. cit., S. 200.

[33] Vgl. auch die Veröffentlichung *Matem* vom 15.01.2010 der Gruppe Spomenik, in der wir, die Mitglieder der Gruppe Spomenik, die Produktion des diskursiven Objekts *Genozid in Srebrenica* analysiert haben.

[34] Jozefina Dautbegović, op. cit.

4

Appendix

English Translation

Preface

"An actor," said Marina Abramović in 2010, on the occasion of the retrospective of her works at the Museum of Modern Art, New York, "uses blank cartridges in Russian Roulette and plays death. A performance artist on the other hand takes a loaded gun and risks her life." This authenticity – the fact that everything that is performed actually occurs in this moment, and only in this moment – for Abramović distinguishes performance art from drama and from the fine arts. When performance art emerged in the 1960s, it eroded the basic principles of the conventional concept of art: it placed presence before representation, process before the work, inner experience over external ability.

With its insistence on the singularity of action in the moment, performance art wanted to close itself off from the mechanisms of market exploitation. Fifty years after its emergence, this capitalism-critical aspect has given numerous works a new actuality. With its refusal to create "constant value," this artform, however, became contradictory: because so little remained of its legendary actions, its material traces – ranging from design sketches to video tapes – became much more valuable. This process of creating value seizes on all areas of the art market system: It increases the price of performance relics on the art market, causing them to represent symbolic capital as collectors' items, and it promotes their appreciation as exhibits in museums. As paradoxical as this may appear, with due respect for the authenticity of the events, ultimately it is the documentation and not the actions themselves that make a performance known to a broad audience.

"The artwork as a 'testimony' has become even more inviolable although the artists have done everything possible to eschew precisely this fetishization." This is how the dancer and choreographer Boris Charmatz, director of the artists' lab of the exhibition *Moments. A History of Performance in 10 Acts*, describes the development that has threatened to deprive performance art of its mobility and unpredictability. The exhibition project of the ZKM has approached this dilemma of auratic fixation on one hand and performative reduction on the other in exemplary form. It has intertwined levels of enactment, reenactment, and new interpretations of the historical material and conceived the exhibition as a process with many actors and an open ending.

The results, commentaries, and reflections on this process are now available in the form of a publication. We are convinced that it will become a major reference source for all future attempts to hold the ephemeral heritage of performance and to bring it into effect in the future. We would like to thank the director of ZKM, Peter Weibel, the curators Boris Charmatz, Sigrid Gareis, and Georg Schöllhammer, as well as all the participants for telling us the history of performance in such an impressive new way.

Hortensia Völckers,
Executive Committee / Artistic Director,
Kulturstiftung des Bundes

Alexander Farenholtz,
Executive Committee / Administrative Director,
Kulturstiftung des Bundes

Introduction

Event – Trace – Context. On the Relevance of Historical Performance in the Exhibition Space

The eight-week long exhibition entitled *Moments. A History of Performance in 10 Acts*, in conjunction with which the present volume is being published, opened in spring 2012 at the ZKM | Museum of Contemporary Art in Karlsruhe. The goal of the exhibition was to provide answers to urgent contemporary questions that pertain to new forms of presenting the history of dance and performance. By way of recourse to contemporary discourse on the significance of performance, *Moments* seeks to inspire fresh impulses in a rigorous, trans-disciplinary process shaped by actors from different artistic genres. Current interest in this form of expression can be seen in the fields of fine arts, in contemporary dance, in the presentation of collections, and the discussions of major museums, as well as in numerous reenactments of historical performances. The increasing visibility of dance and performance in recent years testify to an increased interest among museums in dance as well as in processual and performative exhibition formats.

In the sphere of fine arts, the recently erupted controversy on museal representability of, for example, the actions of Joseph Beuys by way of photographic documents, testifies to the fact that, additionally, questions on the concepts of work and copyright follow those on cultural sciences and museology. Due to the ephemerality and transience of its artistic form of expression, axiomatic problems have always emerged with respect to the documentation and deliverability of dance, and have been met by the most diverse systems and methods of notation. The photographic projections, videos or various other visual media that are increasingly used in addition to the events on the stage, play an ambiguous role. On the one hand, an independent artistic value is attributed to them for their use within the context of performances whereas when viewed as pure documentary media, they possess no artistic status.

The focus of the exhibition *Moments* is on the so-called "heroic" period of performance history, those performances dating from the 1960s through to the beginning of the 1980s, which, by way of a radical new definition of the genre, were also influenced by an interdisciplinary dialog between performance movements within dance as well as the fine arts. Ten performance and dance artists of this period, some of whom were present at the exhibition, set up the displays during the ongoing exhibition (*Phase 1: Act*), and met with a group of younger colleagues, the Lab Artists. French choreographer and co-curator of the exhibition Boris Charmatz had invited artists and scientists from various disciplines to performatively appropriate the artistic documentation material during a two-week laboratory phase (*Phase II: Re-act*). This process, in turn, was commented by the film-maker Ruti Sela by way of a film, that was ultimately integrated into the exhibition under the title *The Witness* (*Phase III: Post-production*). Throughout the entire duration of the exhibition, a select group of students from international universities and art schools – the witnesses – actively observed the events. In the final phases of the exhibition, they were given as much freedom as possible to act within and effect the exhibition (*Phase IV: Remembering the Act*). The ZKM | Museum Communication had been involved in the planning from a very early stage onwards and was thus able to real-ize numerous workshops and actions for various target groups within the context of *Moments*. Consequently, during every day of the exhibition multi-layered processes and events exhibited, documented, mediated, and rewrote performance history.

With respect to this permanent overlaying and over-writing of the exhibition events and to the laboratory and process-like character of *Moments*, this volume has a dual task:

A comprehensive part, which documents the four phases of the project by recording the course of the process and results of the exhibition, allows for a large number of the actors participating in the exhibition to have their say, and illustrates each personal approach to performance history within the framework of the exhibition. The documentation of the witness program also seeks to make visible the creative encounter of the witnesses with the show. Alongside concrete reactions to the exhibition events, the exhibition process and the witness's own artistic activities within the exhibition are further developed and reflected upon in concise personal contributions. The Lab Artists described their approach to performance history and their treatment of the exhibition in individual statements. A further part of this book is comprised of excerpts from the Artist Talks, held publically during the exhibition with the artists of the "heroic" phase and which were later integrated into the exhibition as videos. The extensive photographic documentation of the exhibition visually records in all phases the multiple processes of appropriation and change in the critical examination of performance history within the exhibition. Equally documented and illustrated is the comprehensive program of the ZKM | Museum Communication, in which new ways of guided and pedagogically assisted exhibition reception are made available to the public.

The theoretical section of the volume at hand presents a compilation of contributions by a number of scholars and curators of art as well as of dance: by way of the various methodological and theoretical tools of their respective disciplines, these contributors focus on the problems of active presentation and re-presentation of dance and performance and its history. Here, emphasis is placed on new methodological approaches in which active interests, both in art as well as in dance, are illustrated by questions turning to display and re-performance, the formation of repertoire performance, of material and immaterial archives, on the figure of historical witness and the theory of the event.

In the conception of the theoretical part of the publication, the editors departed from a triad of "event – trace – context" as basis for the scientific reflection in this publication. Under consideration here is not the de facto possibility of the re-performability of an event as medium of the occurrence, but the trace that documents and characterizes the event. Between the display of historical materials and their re-action – understood both as reaction by new interpretation, and as reaction by the public – a field of tension becomes clear in the form of an open space, an interpretative void. Comparable to the significance of writing which, according to Jacques Derrida, is always the trace of something, so also in the context of the reconstruction of historical performances something is pointed to that goes beyond re-staging – and which uses this void as creative potential.

These considerations as well as the exhibition practice itself result in a great variety of questions – this volume is dedicated to debating them. At the center of the critical investigation is however the relationship between authorship and the processes of aesthetic reception, which presupposes an asymmetry between work and event. What is under question is primarily the collection – in other words, less the work but far more its traces and documentation in material and immaterial archives. Here, the work is understood not only in the context of the museal collection or of the archive, but is also considered as part of the repertoire of performing arts. The publication is furthermore a reflection on the search for new forms and media of display as a spatial, material as well as textual dispositive of the expressive field generated in re-interpretation. The relationship of tension between score and script to the live performance is also analyzed.

By virtue of its balanced and equal relationship in the production of artistic and scientific knowledge in the fields of dance, performance, and fine art, the approach followed in the present volume is both novel and unique.

The editors wish to express their heartfelt thanks to the authors who contributed to the present publication, as well as all actors from art and science involved in the exhibition. They would like to thank, first and foremost, those artists who made this exceptional exhibition and publication project possible through their valuable collaboration and support in the first place. Similarly, the Kulturstiftung des Bundes, represented by Hortensia Völckers and Alexander Farenholtz, Kirsten Haß, Torsten Maß and Anja Petzold, also made a decisive contribution through its generous support. For the editorial work on the publication the editors are also greatly indebted to Ulrike Havemann, Greta Garle, Felicity Grobien, Julia Frohnhoff and Jenifer Evans as well as to Martina Hofmann for the image research, and 2xGoldstein for the graphics. For their contribution to the design and execution of the exhibition thanks is equally extended to Boris Charmatz and Martina Hochmuth from the Musée de la danse, to Johannes Porsch and to the assistants Julia Huber, Mirjam Paninski, and Maja Zimmermann. We would like to thank the entire ZKM team and the ZKM | Museum of Contemporary Art – above all Andreas Beitin and Idis Hartmann for her project management, as well as Janine Burger and Anna Donderer of the ZKM | Museum Communication for the successful implementation.

The editors **Sigrid Gareis, Georg Schöllhammer, and Peter Weibel**

The Performative Turn in the Exhibition Space.
Peter Weibel

Since its founding in 1989, the ZKM has understood its special task as collecting and exhibiting not only classical, object-like art such as painting and sculpture, but also immaterial, ephemeral and performative art, ranging from new media through to dance – thus, not only spatial, but time-based art as well. The ZKM is thus in possession of an impressive collection of paintings, photographs, sculptures, objects, installations but also of sound and video tapes, DVDs, CDs and archive materials on actions, happenings, performances and theatrical demonstrations, all manner of performance arts, concerts, media operas, media-supported musical and dance events, and perhaps the largest collection of interactive works of art in the world. And yet, the major part of media art takes place and is only realized through the interaction of man and machine by way of public participation. Viewer performance is required for the work of art to arise. It is for this reason that the ZKM has referred to itself since 1999 as a *performative museum* and is in this way predestined for an exhibition such as *Moments,* which is dedicated to performance and dance.

For a number of years now, the ZKM has been working on making the public aware of the kind of problems that artistic genre such as film, video, digital art, music, dance and performance present to exhibitions, archives and museums. This is due to the fact that after the performance – the specific event in space and time which takes place almost invariably in front of the public – all that remains are traces: immaterial, in the memory of the viewer, material in the form of acoustic or visual documents. Action art, performance, and dance are confronted with the problem of finding a storage medium.

As with spoken poetry, music – also a time-based art – for a long time suffered the problem of not disposing over a storage medium. Consequently, just as prior to the invention of writing poetry could only be stored mentally and transmitted orally, in short, as an event which could be called up exclusively by human memory, as *ars memoria,* so also music could only be saved and transmitted as theater of memory, as oral and memorial practice of imitation, as *oral corporal history.* Only with the invention of a technical carrier medium such as paper and a notation (for spoken language writing and for music notes and note lines) was it possible to pass on all manner of ideas, poems, images and sounds. Reading- and action-guidelines were formulated so that performers could then generate or reconstruct the events, in other words, who were then able to once again execute and perform the mental and material events that were otherwise only available in traces (writing, notation). With the ongoing improvements to technical carrier media (such as magnetic audiotapes, chemical photographic and film strips, analog recording media, image media, digital storage media such as CD and DVD, etc.) ephemeral forms of art could not only be more suitably documented, but could also themselves advance to become independent, autonomous forms of art.

Due to its complexity, being the language of body movement in space and time and thus requiring a multi-dimensional notation, dance represents a special problem: from Rudolf von Laban's notations to expressive dance (Ausdruckstanz), from the Eshkol-Wachman *Movement System* (1968) through to William Forsythe's *Improvisation Technologies* (1999/2003)[1], there exists an entire range of extraordinary attempts to graphically note the movements of the extension of arms, legs, pelvis and torso in a multi-dimensional coordination system of space and time on a two-dimensional surface and in such a way that, now re-performable and retrievable, they can thus be *enacted.* The original, not reproducible, inimitable and singular was to be rendered reproducible, capable of being passed on, transferable and possible to duplicate.

Deliberations on the form of presentation of dance and performance, more precisely, the history of dance and performance, inevitably led to the question as to how the venue of dance, the stage, is compatible with the new venue of the museum; in other words, how the temporary and ephemeral forms of presentation, namely, of dance and performance could be transformed into a permanent presentation within an exhibition space. Here, the shift from the stage to the museum, the transition from temporary performance to permanent exhibition was at the forefront of attention: the question as to the propensity of dance and performance for exhibition. However, this question not only results from dance and performance history, but also from the more recent history of art itself, since the tendency of fine art in the 20th century is to seek a way of abandoning panel painting and find an "exit from the painting"[2] (Laszlo Glozer). Thus, visual art brought forward a new type of action: happenings, Fluxus, actions, performances.

As a primary medium of time-based art, music played a central role in the transformation of fine art – from an art of space (painting, sculpture) to an art of time (action, event, performance, dance). In the 1950s, the visual graphic aspect of score was upgraded by composers into an independent art form. The reason was not only an enhanced sensibility for the visual aspects of music by way of the achievements of lyrical Informel, but also originated from a genuine musical problem, namely, the role of the interpreter. The New Music of the late 1950s (Pierre Boulez, John Cage, et cetera) aimed at liberating the interpreter by guaranteeing a new freedom within the framework of an "Open Work" (Umberto Eco). Set against the horizon of a nascent culture of reception, which, in addition to the fine arts, also extended to literature, the freedom of the interpreter now became the focus. The composer usually writes a score, for piano for example, but it is only the musician who knows how to interpret and to play this score that can realize the work. Hence, composers write the music as an instruction, a score. Interpreters implement this score and create the music.[3] The score is thus an instruction for an event, a performance. The concept of score was thereby augmented, from an instruction for the treatment of musical instruments to an instruction on how to interact with other utensils and human beings. George Brecht, who participated in courses held by John Cage at the New School for Social Research in New York towards the end of the 1950s, extended the idea of the score to the concept of event scores, instructions for simple everyday actions (*No Smoking Event*, 1961). Yoko Ono, who similarly belonged to the circle around John Cage, also issued instructions for the public, which she referred to as instructions.

Nam June Paik transferred these compositional techniques and event scores from the world of sounds and everyday objects into the world of electronic images. In this transfer, it was the public instead of the musician who made an appearance as interpreter: "As the next step toward more indeterminacy, I wanted to let the audience (or congregation, in this case) act and play itself", wrote Paik in 1962.[4] His video sculpture *Participation TV* (1963), enabled the public to alter the pictures of a black-and-white television via microphone and signal amplifier – a key work in participatory and interactive media art for the following decades. The famous concept-forming happening by Allan Kaprow *18 Happenings in 6 Parts* (1959) notes instructions for "a cast of participants". A further example of the replacement of the object of art by actions and instructions in action art, was the happening *YOU* (1964) by Wolf Vostell in Long Island, New York. In his instructions Vostell wrote: "it is not important what I think – but what the public takes away from the processes and my image"[5]. The performative turn in fine art realizes an approach to the forms of performances in theater, music and dance. The results were plots, actions and performances. Abstractly put: time emerges from space, a stage emerges from the museum or the gallery. One immovable piano could be the venue of an unending concert (La Monte Young, *Composition 1960 #7*, 1960). From Franz Erhard Walther (*Objekte, benutzen*, 1968) through to Erwin Wurm, from Gilbert & George (*The Singing Sculpture*, 1970) to Vanessa Beecroft, artists refer to sculpture as a form of action, which takes place in multi-dimensional space/time, and which is saved and exhibited on video and photography. Exhibition practices and objects become performance formats. Conversely, performance arts seek to become exhibition objects: installations. Theater and museum, performance and exhibition converge.

Especially between dance and performance, these convergences became visible in recent decades. One of the key founders of Minimal Art, Robert Morris, was originally a dancer. His wife at that time, Simone Forti, but also Trisha Brown (*Accumulation*, 1971) and others developed Minimal Dance, the representation of pure movement in space and time. To a certain extent, dance was the congenital defect of Minimal Art: the sculpture of Minimal Art led to new variations of postmodern dance, both under the signum *Primary Structures*. Primary structural experiences, whether of movement or three-dimensional objects, comprised the core of its aesthetics.

Since 1700, the art of describing dance has been called choreography, combining the Greek words *choreía* (dance) and *gráphein* (writing). The function of these notations was firstly documentation but also the creation of dancers' repertoires. In choreography, from Raoul-Auger Feuillet through to Rudolf von Laban, the original concern was with the reproductive possibilities of dance, with the prescript and postscript of movement. Today, the concern is with the analysis of the body's movement in space and time. The body and its movements are also invariably determined by social and political norms which inscribe themselves in it. At the same time, it resists this process in dance. In the moment of dance, law (choreography) and resistance (performative presence) engage in a complex relationship.

Thus, the performative turn, which had begun in the 1950s mainly with the extension to the concept of score in music, came into its own in the 1960s with the idea of event scores and instructions, with happenings and actions. The philosophical definition was supplied by John Lanshaw Austin in 1962 with the publication of his work *How to Do Things with Words*. However, the art market marginalized actions, performances, dance, and media art in the 1960s. Artists who, in the face of stiff resistance, dared to risk developing this new form of art, thus represent the "heroic" phase of performance art, which only later found recognition in museums throughout the world with the subsequent generation at the beginning of the 21st century. Current examples of this are, among others, the "Tanks" at the Tate Modern in London, which are dedicated to performative art, or the exhibition *The Artist is Present* by Marina Abramović, which was shown in 2010 at the MoMA, New York. The catalog and exhibition *Moments* is dedicated to this heroic generation. Thus, the ZKM is the first and sole museum to have analytically turned its attention to this "performative turn" for some time now.

While the selection of artists for the exhibition is based on the categories dance and performance, it shows at the same time the interchangeability of these two categories. Thus, dancers and choreographers such as Simone Forti, Anna Halprin, Reinhild Hoffmann, and Yvonne Rainer were invited, as well as performers, such as Marina Abramović, Graciele Carnevale, Lynn Hershman, Adrian Piper, Sanja Iveković, and Channa Horwitz. The performances thus contain elements of dance and the dance pieces contain elements of performance. The performer Adrian Piper showed her *Funk Lessons*, her dance courses. Channa Horwitz's *Sonakinatography* (sound – movement – notation) is a specific performance with music, dance, word and electronic instruments. In spite of all medial and political differences, the invited artists thus represent the convergence and fusion of dance and performance.

This convergence of performance and exhibition, of action and installation, demands its own "writing" of the exhibition, since, as already mentioned, dance and performance continue to exist with little notation and writing culture. Hence, it requires writing, a choreography of events, which notes the movements of objects and people as well as all real and virtual forms. The exploration of new forms of presentation and dance is a first step towards such choreography of events. The inquiry into the exhibition potential of performance and dance culminates in experiments in notation. In the museum, such an attempt at a notation is the exhibition itself. The exhibition architecture by Johannes Porsch therefore rightly draws on various presentational formats of temporary performances and permanent exhibitions. By way of his recourse to neo-avant-garde emblems and materials, he manages to emphasize the ephemeral, process-like, the transitory and provisional. Architecture functions like an archive, the materials of which are laid out for free operation. Conversely, the materiality of the archive conditions the architecture. So-called displays show the historicity of selected moments in the history of presentation by being reconstructed. The exhibition architecture itself oscillates between theater and museum, between performance and exhibition space. Its approach to the various ontological positions of the work is especially differentiated: whether material or immaterial, whether paper or video documents, authorized documents or diverse archive materials. One decisive innovation is the reconversion to a performance space for which the dancer and choreographer Boris Charmatz was commissioned to record the exhibition performatively, in other words, to appropriate the exhibition through the dances and performances of his team (Lab Artists) as well as himself, namely, to transform the exhibition space once again into a stage. In this way, the exhibition assumed the character of an Artistic Laboratory not only through Johannes Porsch's displays, but also through the daily performances and presentations. The filmic and photographic documentation of the performances, of the witness program, the laboratory participants, and the Artist's Talks *coram publico* consummated the performative character of the exhibition.

Evidently, the naming of the group of (art) students as witnesses is in reference to Derrida's thinking the event. For Derrida, the trace is "the erasure of selfhood, of one's own presence, and is constituted by the threat or anguish of its irremediable disappearance, of the disappearance of its disappearance. An unerasable trace is not a trace, it is a full presence".[6]

The trace is a component which stands in direct relationship to that which is perceived through it or, in other words, rendered visible. For a moment, dance is made visible, full of presence; but it is precisely due to its movement that it erases all traces of movement. Each new movement-phase of a dance becomes presence at the cost of erasing the previous movement phase of the dance. In this sense, dance is the art of the trace, a trace rendered visible only by permanently erasing itself. The drawing is the trace of a movement by the hand. But on paper, the hand leaves a material trace which lasts for eternity. In this sense we cannot agree with Paul Valéry who, in 1936, drew an analogy between drawing and dance by pointing to the example of Degas: whereas dance passes away, the drawing remains and endures. What is true, however, is that the visibility of a form or a trace only confirms what one has already recorded. "When Degas says of drawing that it is the manner in which one sees forms, and Mallarmé teaches that verses are made from words, each attempts within the limits of his art to formulate something of which one is incapable of capturing completely and in the right sense, such that one has not already captured it. [...]"[7] Following Alain Badiou, the score is therefore less deed and more event.[8] Consequently, George Brecht was able to equate the score with an event. This is because the score is not the music. Strictly speaking, none of the great composers, from Bach to Mozart, left music to us since they were *Mousikē*graphers. They left us visual scores, more precisely writing, to enable the creation of music since music, dance, and performance are special cases when it comes to the aspect of presence. Without a trace, this fleetingness of presence, which only lasts a moment, remains unverifiable. If presence is also understood as attendance, it requires witnesses. A presence that cannot be witnessed would be a contradiction. Attendance and presence exist only by way of witness. The ephemerality of the moment is noted only by the presence of the witness who generates the trace – something that testifies to the escaped moment. Witnesses are the true designers of presence and of history. The event quite literally testifies to the fact that presence is an attribute and property of the act of witnessing. To reconvert the trace into the event with the aid of witnesses, be it people or texts, photographs and films, namely,

documents, is the real problem of performance art. The exhibition and catalog of *Moments* attempt to develop models that seek to permanently transform the traces, forms, movement, and objects so as to prevent the loss of that which exists in space and time.

[1] William Forsythe, *Improvisation Technologies. A Tool for the Analytical Dance Eye*, ZKM | Karlsruhe, Deutsches Tanzarchiv Köln, Hatje Cantz, Ostfildern, 1999/2012, a DVD, produced by the ZKM.

[2] Laszlo Glozer, *Westkunst. Zeitgenössische Kunst seit 1939*, DuMont, Köln, 1981, p. 234.

[3] In 1960, the composer La Monte Young wrote *Composition 1960 #10*: "Draw a straight line and follow it". In 1962, Nam June Paik wrote "Read-Music – Do it yourself – Answers to La Monte Young: See your right eye with your left eye". The graphic aspects of score became independent around 1950: Morton Feldman, *Projection 3* for two pianos, 1951; Earle Brown, *December*, 1952 and *4 Systems*, 1954; Iannis Xenakis, *Metastasis*, 1954. Indeed, the score of *Metastasis* was the original sketch for the architecture of the Philips Pavilion by Xenakis 1958.

[4] Nam June Paik, "About the Exposition of Music," in: *Décollage*, No. 3, 1962.

[5] Wolf Vostell cited in: José Antonio Agúndez García, *10 Happenings von Wolf Vostell*, Editora Regional de Extremadura, Museo Vostell Malpartida, 1999/2001, p. 167.

[6] Jacques Derrida, *Writing and Difference*, London, New York, Routledge, 2005, p. 289.

[7] "Degas disant du dessin qu'il était la manière de voir forme, Mallarmé enseignant que le vers sont faits de mots, résumaient, chacun dans son art, ce que l'on ne peut pleinement et utilement entendre 'si on ne l'a déjà trouvé'." Paul Valéry, "Degas Danse Dessin" (1936), in: Paul Valéry, *Œuvres*, Gallimard, Paris, 1960, p. 1208.

[8] Cf. Alain Badiou, *L'être et l'événement* (Paris, 1988), Engl. *Being and Event*, Continuum, New York, 2005.

1 Essays

Framing the Event.
Sven-Olov Wallenstein

The presence of the idea "event" in contemporary philosophy seems to call for reflection. It is true that this notion, viewed in its full generality, is as old as Western metaphysics itself, and could be included in oppositions like being and becoming, substance and accident, eternity and time, intelligible and sensible. The event is that which upsets the solidity of being; as accident it is that which befalls, falls on or over (*ac-cadere*); it arrives so as to separate the past from the future by designating the present as a point of bifurcation; it is that which belongs to the mutability of sensible particulars rather than to the permanence of intelligible universals. In this sense, to trace the idea of event would simply mean to provide a trace of the development of one, perhaps the founding opposition of metaphysics.[1]

The contemporary fascination with the event inscribes itself in this history, but not just by once more situating itself on one side of the opposition, but rather as an attempt to undo it, and to show that the "evental" dimension precedes, supersedes, transcends, or is exterior to the Platonic schema (if we, as is conventional, accept that the divide is set up in Plato); even though this sometimes aspires to a profound fidelity to the Platonic move, as in Badiou. The four thinkers referenced in the following – Martin Heidegger, Alain Badiou, Jean-François Lyotard, and Gilles Deleuze – have each made decisive contributions to the thought of the event – although many others, from other philosophical traditions, could also surely be cited.[2] Their respective versions of the evental are not reducible to any single gesture of thought; instead they actively oppose each other, and sometimes even declare the nullity of their respective opponents; and yet their respective claims communicate, sometimes superficially, by way of formulations that may sound the same but are in fact opposed, but also more subterraneously, by way of formulations whose apparent mutual allergy conceal a hidden unity. To set up a framework within which this contorted communication may be glimpsed will be the task of the following.

Even though the proper names in this constellation are to some extent chosen more as indications of directions of thought, the framing of these four will hopefully allow us to draw out at least one essential issue. What unites them is the conception of the event as that which transcends the level of a mere occurrence located in a chain of causes and effects; the event is what marks a point of inflection, a transformation or rupture that makes it possible and perhaps even necessary to think otherwise. What divides them is the impact of such a rupture, what could be called its *magnitude*.

For Heidegger and Badiou, the event is a historical rupture that is essentially *rare* to the point that one might ask if there has ever been or will be a fully qualified event; it is something to which we are called upon to respond and by which we become the ones that we are; it overthrows norms and rules of thinking, and demands that we transform ourselves out of an *origin*, although the depth of this origin will be different: for Heidegger a return to the possibility of another beginning inside the first beginning of Greek thought, for Badiou a radical break with the past that can only find support in a void.

For Lyotard and Deleuze the event is less an origin than a dispersal, an undoing of identity that takes place through a touch, an affect, or a virtual opening of the present to something located beneath our perception, or in a different dimension that nevertheless is what is actualized in our bodies. In this version, the event is not a grand rupture in history, or with previous history, but belongs to another time: the time of deferral in Lyotard, the time of the virtual in Deleuze, which for both of them, although in different ways, must be understood with reference to a corporeal and affective dimension, and calls for a rethinking of the body and sensibility.

I will call these two the "maximal" and "minimal" versions of the event – a division that obviously will be no more than a temporary and heuristic point of departure, and in the end should give way to much more complex crossings.

The Maximal Event The first major resurgence of the event as a theme in the twentieth century is undoubtedly Heidegger's notion of *Ereignis*, sometimes translated "enowning," but more often as "event of appropriation," which has the advantage of highlighting its two senses: first "event," which is the normal meaning of the word, and then its various connections to the root "-eigen," what is proper, one's own, or authentic.

Heidegger begins to work on this theme in the early 1930s, and it becomes the main topic of his posthumous *Contributions to Philosophy: On the Event* – a manuscript dating from 1936–1938, after which the theme surfaces throughout his subsequent writings.[3] In this phase, initiated by what has become known as the "turn" (*Kehre*) in his work of the same period, Heidegger turns away from the earlier transcendentally oriented "fundamental ontology" of *Being and Time* (1927), and understands the question of being as historical in a more radical sense: it is being itself which has a history, in the sense that it unfolds as an interplay between presencing and absencing which gives a series of different horizons to a humanity that itself is transformed in the process. The task of thinking becomes to resist the temptation to once and for all stabilize this double movement of presencing and absencing by appealing to foundational concepts like idea, form, substance, God, subject – the basic operation of metaphysics as a way to ground the multiplicity of beings in a unitary being – and instead prepare an experience of the *truth* of being. This truth Heidegger understands as the interplay of the concealing and unconcealing movement in being itself, of which he finds traces in the Greek word for truth, *aletheia*, which may or may not (his views on this point are shifting) have been thought by the pre-Socratic thinkers, but in any case is obscured in a decisive way in Plato.[4]

The overcoming of metaphysics does not mean that we would finally get a true or correct understanding of being that could be systematized conceptually and become a theory, which was still largely the case in *Being and Time*, but rather that we step into a "truth" that is a withdrawal, forgetting, and an absence. It is only by giving up the idea of foundation (and here Heidegger prefigures some of the later discussions on "foundationalism" in analytical philosophy) that we can begin to "think." Thinking, as the relation to a still unnameable and withdrawn openness, for Heidegger begins to be opposed to philosophy, which is a heritage of Platonism, and one of his last essays bears the significant name "The End of Philosophy and the Task of Thinking."[5] If the overcoming of metaphysics is a way back into the origin, this is however not in the sense of a chronological start (*Beginn*), but as the *other beginning* (*der andere Anfang*),[6] which is an inception as it were lodged inside the first, although it was never realized. In this sense, Heidegger's return to the Greeks is not a simple nostalgia, but just as much the hope of freeing the possibility of a future thought.

In Heidegger's writings from the 1930s, *Ereignis* often receives revolutionary and almost apocalyptic overtones, just as many similar concepts that have a more direct link to his involvement with National Socialism (the texts on *Ereignis* from the period in fact belong to a kind of "esoteric" writing in which he distanced himself from the present moment, and they remained unpublished until the late 1980s), and there is a strong element of a kind of decisionism, even though it is always and emphatically set apart from the vocabulary of subjectivity and will, and rather relies on historicity as a kind of destiny, brought together in his idea of being as "sending" (*Geschick*). On the one hand, the event for which the thinker prepares himself will transform the modern world in its entirety – our relation to religion, the arts, politics, and our way of being in the world; on the other hand, the very meaning of the term becomes increasingly elusive, just as the more precise content of these transformations, and how and by whom they will be carried out, remains mysterious. In the postwar writings, this decisionism is downplayed, and the emphasis now lies on a listening and meditating thinking that renounces all direct intervention in the factual world. The dialog with art, that had already begun in the 1930s and within which Hölderlin was understood as the poet that had already pointed back to the other beginning and thus prefigured a particular German destiny, now becomes a question of learning to dwell in language, to be at home in the world, and takes on a mythopoetic guise in the mediations on the Fourfold (gods and men, sky and earth).[7] Rather than breaking away from the metaphysical tradition through a unique event, we should now understand the event as a transformation of our relation to what is closest to us, which also means to prepare for a different relation between being and man that he sometimes refers to by Master Eckhardt's term *Gelassenheit*, a "release" from the metaphysical tradition.[8]

Whether such turn into *Ereignis* will happen or not, Heidegger insists, cannot be decided by human will, by the decision of a single thinker or some collective of individuals, but rests within being itself, although being in another sense also requires us as respondents. The event would thus be a turning within being itself – an event that is not due to our decision, and yet requires us as the ones that are situated by it and receive it. The event for Heidegger increasingly becomes understood as a *gift*, which in many texts, culminating in the 1962 lecture "Time and Being," is described as an "it gives" (*es gibt*): we cannot say that being and time are, Heidegger claims, since that would make them into mere beings, only that "it gives being, it gives time" (*es gibt Sein, es gibt Zeit*). In a further move, this "it" becomes "It" (*Es*), and is identified with the *Ereignis*: the event is what gives being and time as the openness in which man may think and reflect, but as such the giving remains withdrawn from man, just as the presencing (*Anwesen*) of being is withdrawn so as to let *that* which presences beings in their respective singularity or generality appear.

It is well known that Badiou sets out from a radical opposition to Heidegger, and particularly so on the topic of ontology; in relation to the event, which forms the other half of Badiou's resurrected Platonism, they however share many motifs. Ontology, Badiou claims at the outset of the first volume of *Being and Event* (1988), is identical to mathematics, which in turn is understood basically as set theory. In a radical move, this deprives traditional metaphysics of its object: being is not a unity, a One, but a multiplicity of sets of sets ad infinitum, and unity is nothing but a "counting-as-one," or to be qualified as a member of a set. Ontology, which for Heidegger (if we disregard his changing vocabulary; the term ontology was in fact explicitly dropped after *Introduction to Metaphysics* in 1935) was a long tradition of attempts to name the being of beings, is for Badiou simply identical with mathematics. This claim is, however, not made in order to fuse philosophy with mathematics or science, as could first be assumed. This would bring Badiou close to someone like Willard Van Orman Quine, in whose work a similar ontological commitment leads to a complete naturalism.[9] In spite of all its references to mathematics, Badiou's project should rather be understood as a way to twist free from ontology *and* mathematics.[10] For Badiou, philosophy indeed has "sutures" to four other domains – science, art, politics, and love – but the problem has always been that it has exclusively understood itself through one of them: positivism through science, a certain type of continental philosophy from Friedrich Nietzsche to Heidegger through art, Marxism through politics, psychoanalysis through love (the most obscure part, which mostly refers to Jacques Lacan). But while philosophy must not stop drawing on each of them, it cannot be identified with any one; its task is rather to construct philosophical concepts that allow us to understand the kind of events that may occur in them. The sutures will and should remain, but as soon as one of them takes precedence, philosophy is deprived of its specificity.

This is why the initial emptying out of ontology is only the first step, and allows for the creation of a concept of the event, which is that which absolutely exceeds any given set or "situation." The event is that which cannot be foreseen, calculated, or even understood in any of the terms that belong to the existing situation, and there are no preexisting rules for verification that can grasp it. Rather than provide us with new correct ideas, the event opens up *truth*, which, in a way not entirely unlike Heidegger's *aletheia,* constitutes an openness in which new things may be discerned, and that transforms the parameters of thinking. The problem with Badiou's conception – in fact even more than with Heidegger's, for whom the transformational events are part of a history of being, where each step is not identical (*gleich*) and yet part of an overriding Same (*das Selbe*), that Badiou precisely rejects – is how an event, given its absolutely excessive character, can at all be recognized.

On one level, the answer is simply that it *cannot* be understood at the moment of its irruption – judgment always comes afterwards. We think in the aftermath of the event, to the extent that we pay heed to it. This is why Badiou's event calls for commitment, for a subjective loyalty, even a kind of submission among the "militants" that choose, in an act that itself remains groundless and belongs to a pure freedom, to adhere to its truth. There is no subject *of* truth, in the sense of a transcendental subject that would contain its condition of possibility, but only a subject *to* truth,[11] in the sense of someone who freely subjects him or herself to it, adopting a position of "subjective universality." For Badiou, this testifies to the freedom of philosophy, and can only be grounded in a radical decision.

Even though Badiou sees analogies to such a radical freedom in mathematics, especially in a situation when a given hypothesis is shown to be undecidable, and it is up to us to decide how to proceed, the source of this seems more likely to be a philosophical *idea* of politics and art – which, from an opposite end, brings him remarkably close to certain aspects of Heidegger. Political revolutions (the French, the Russian, and the Chinese cultural revolution) and artistic ones (Haydn's invention of the Classical style out of the "situation" of the Baroque, or Schönberg's invention of twelve-tone music out of the "situation" of a dissolving tonality) are often referenced as instances. Sometimes there is even a religious bent to his theory, as can be seen in his book on St. Paul, and the frequent references to Pascal's wager about God as the model for a philosophical decision.[12]

The Minimal Event Just as in Badiou, Jean-François Lyotard's approach to the event, which can be taken as a pervasive if not always central theme in his work,[13] stems from a dissatisfaction with phenomenology, and he too appeals to psychoanalysis, although for him the central reference is Sigmund Freud rather than Lacan. In Lyotard's early work, which reaches its first point of culmination in *Discourse, Figure* (1971), phenomenology, and particularly Maurice Merleau-Ponty, is initially marshaled as a defense of the eye and the visual field against the claims of structuralism and linguistics. But soon phenomenology proves too pacifying, too reductive with respect to a truth that "detonates," that undercuts the inherited schema activity-passivity, and instead must be approached as a "bestowal," a "giving," or a "donation" that first and foremost implies a withdrawal of sense. The eventfulness of the "gesture" that in Merleau-Ponty draws sense out of the world in a kind of mutual dialog still remains tied to a subject of constitution, Lyotard suggests, and the passivity of perceptual synthesis that should account for the *donation* of the visible cannot avoid being caught up in an opposition to intentional activity, which means that we ineluctably tend to see it as an underlying support. What the phenomenology of perception provides is a space-time that is deeper and more fluid than the Kantian forms of intuition with their dependence on geometry and arithmetic; phenomenology gestures toward a field of preconceptual sense in which events may take place, but it is still unable to account for their very *irruption* since it tends to absorb and integrate them into the already habitual. "Phenomenology," Lyotard claims, "cannot possibly reach the bestowal since, faithful to the West's philosophical tradition, it remains a reflection on knowledge, and the purpose of such a reflection is to absorb the event, to recuperate the Other into the Same."[14] The event must come from elsewhere than from the already formed body or from the world as a depository of sense – concepts that in fact ensure that the phenomenology of perception remains a "happy philosophy." Truth, Lyotard will say throughout and with reference to Freud, is what overflows constitution, or rather tears it apart, instead of supporting and grounding our relation to the world.

In the second part of the book, Freudian analysis and the idea of the unconscious as a radical disruption of the nexus between world and word begin to displace the still too peaceful, pious, and harmonious "element" of the phenomenological flesh. Even the "laterality" of sense claimed by Merleau-Ponty's later phenomenology of the flesh of the world remains insufficient since it remains tied up with an idea of preestablished harmony of language and being, whereas the true articulation of discourse and figure belongs to the order of an unconscious that radically dislodges all grounding – ultimately also the grounding within psychoanalysis itself to the extent that it aspires to be a systematic theory, Lyotard claims, in a move that surely goes beyond Freud, and takes him closer to some aspects of Lacan's work from the same period.[15]

In the latter part of the 1970s, Lyotard moves away from the Freudian basis of his earlier work, and instead begins to develop a philosophy of language that draws on Immanuel Kant and Ludwig Wittgenstein. Even though this means that the task of descending into an unconscious, which dispossesses us at least for a while, appears as transcendental illusion, the event still remains, albeit in a new form. In the philosophy of "phrases" outlined in *The Diffe-*

rend: Phrases in Dispute (1983), the event is rather the arriving or happening of a phrase, that "there is" (*il y a*, with obvious reference to Heidegger's *es gibt*) another phrase following the preceding one, and not nothing. This gap is not due to violence or force, but is freedom and openness, which in turn are ultimately rooted in how being and time are given to us: as fracture, gap, unhinging, withdrawal. The task of philosophy will for Lyotard more and more become to circumscribe this withdrawal, which is what is covered over in the discourses of techno-science and performance, but also in the theory of consensus as proposed by Jürgen Habermas.[16]

Another aspect of this surfaces in his attempts to restore the "sublime" as a central aesthetic category of the avant-garde – or as he sometimes prefers to say, "anaesthetic," since it resists an appropriation by the senses.[17] In this he has sometimes been misunderstood by his critics: the aim is not simply to reclaim the dimension of magnitude and power that underlies the tradition from Kant to Barnett Newman, or to once more invoke the rights of artistic genius against the petrified canon of taste, but rather to stress the imperceptible events that precede identification in sensibility, an ungraspable "touching" that eludes consciousness and can only be grasped in retrospect, through an act of anamnesis of that which is always forgotten in thought.

In Lyotard's later work, he comes back to Freud, and the evental temporal structure of the sublime finds an echo in Freud's idea of *Nachträglichkeit* and the position of affectivity in psychoanalysis.[18] To approach this withdrawal can be staged as a "reading of childhood" or a "childhood of reading," as is the title of a collection of essays from 1991, *Lectures d'enfance*,[19] and it unearths a structure he now calls "passibility," a radical capacity to be affected. Passibility, Lyotard suggests, is more akin to a feeling, "the immediate welcoming of what is given," which is the possibility of experiencing that presupposes a *donation*, "which is experienced before (or better, *in*) any capture or conceptualization *gives matter* for reflection, for the conception, and it is *on it*, for it, that we are going to construct our aesthetic philosophy and our theories of communication."[20]

Just as in Lyotard, the theme of the event traverses all of Deleuze's works, and it has been picked out as his most profound motif.[21] While it can be traced back to his first book in 1953, *Empiricism and Subjectivity*, where he launches a reading of David Hume that can be read as counterstatement to phenomenology, and a way to account for the genesis of experience out of non- or presubjective singularities, the theory of the event as related to a transcendental field without an ego finds its first systematic appearance in *Logic of Sense* (1969), where it is developed from a reading of the theory of incorporeal entities in Stoic philosophy.[22] For the Stoics, the event is separated from the interactions and states of bodies, and just like the sense of words, it is an incorporeal entity hovering over their material instantiation, although it is always connected to them, since they are what actualize it. Whereas bodies and their actions exist in *Chronos*, the extended present, event and sense belong to *Aion*, the infinity that extends beyond them as a virtual dimension and fractures every particular actuality.

In the late 1960s, for Deleuze becoming and event in the end affirm the different and difference as such. There is something like "being," the unique event in which all events communicate, but they do this through incompossibility as means of communication; it is a "resonance of disparates" that subjects the Ego, the World, and God to a "common death, to the advantage of divergent series as such," and where nothing subsists but "nothing other than the Event subsists, the Event alone, *Eventum tantum* for all contraries, which communicates with itself through its own distance and resonates across all of its disjunctions."[22] This dispersal is however not simply negative, but also what enables a kind of ethics: if the event is that which is actualized in us, in our bodies and states, as what is always too big for us, it also demands of us that we should be "worthy" of the event, in a kind of *amor fati* that Deleuze would also locate in Nietzsche.[24]

Later, Deleuze will develop the idea of event as a way to think the formation of a subject, particularly in *The Fold: Leibniz and the Baroque* (1988), in which the analysis of the fold continues a theme from his *Foucault* (1986), where it was explicitly understood as the movement of "subjectivation" (whereas the idea of the event remained largely tangential). Extracting a "Baroque grammar" from Leibniz, where the predicates of the soul are not attributes but events, explications in time of what was implicitly contained in the monad, Deleuze understands the subject as that which "envelops" a set of predicates.[25] Thinking is not the essence or the attribute of a substance – as in the Cartesian *sum res cogitans*, "I am a thing that thinks," a thing that "has" thinking as its essential attribute – but a passage from one state to another. If the world is an infinite series of events, it is also included in the dark fond of the monad, and its individuality, the *how* of its being, lies in the "manners" (*les manières*, Leibniz says) in which it passes from one state to another, concatenates its event and brings what is enveloped in the dark fond to clarity. In opposition to Cartesian geometric clarity, Deleuze proposes that we must see Leibniz' philosophy as a theory of gradual ascents and descents, a profound *Mannerism*, a constant modulation and variation instead of an essentialism where the subject "has" its predicates. Deleuze inserts Leibniz in this long tradition. He also once more refers to the Stoics, and to twentieth-century philosophy, represented by someone like Alfred North Whitehead, for whom the question of an ontology of the event had a crucial link to the idea of divergence; how can we think the production of the new, how can we disengage the event from the Platonic model? Whitehead's concept of "prehension," Deleuze suggests, indicates his profound Leibnizian inspiration, while also going beyond the latter's theocentric model.[26] Prehension is the grasping of a "datum," and the individual is the concrescence, the gradual coming-together of such data. Each entity can thus be understood as a composite of prehending and prehended. But that which prehends is not an already given subject, but a "superject," something "thrown over" (in a reversal of the Aristotelian and Cartesian model), an element that results from another act of prehension. The event is a "nexus" of such prehensions, and as such it is not a closing-off like the Leibnizian point of individuation, but a fundamental openness: each prehension is already the prehension of another prehension, so that the resulting entities attain a state of pure variability. The subject must then be understood as an envelope, a folding-together on the basis of a transcendental field that precedes it, not as a ground, but as a kind of milieu for the entity.

[1] For general studies of the event in the history of philosophy, cf., among many, Andrew Benjamin, *The Plural Event. Descartes, Hegel, Heidegger*, Routledge, London, 1993; Pierre Caussat, *L'évènement*, Desclée de Brouwer, Paris, 1992; Nathan Widder, *Genealogies of Difference*, University of Illinois Press, Chicago, 1992. The general interest in various aspects of the "event" is also indicated by the existence of a journal like *Theory & Event* (since 1997, published by John Hopkins University Press), which specializes in political philosophy.

[2] In the analytical tradition, which falls outside of my scope here, Donald Davidson and the long debate initiated by his work must be mentioned. Cf. Davidson, *Essays on Actions and Events*, Clarendon, Oxford, 1980. For the subsequent debate, cf. Bruce Vermazen and Merrill B. Hintikka (eds.), *Essays on Davidson. Actions and Events*, Clarendon, Oxford, 1985; Ernest LePore and Brian P. McLaughlin (eds.), *Actions and Events. Perspectives on the Philosophy of Donald Davidson*, Blackwell, Oxford, 1985. In the continental tradition, Jacques Derrida and Jean-Luc Nancy have both made important contributions, although the theory of the event has not been at the center of their respective work. Cf. Derrida, "A Certain Impossible Possibility of Saying the Event," in: W. J. T. Mitchell & Arnold I. Davidson (eds.), *The Late Derrida*, University of Chicago Press, Chicago, 2007; Nancy, *Being Singular Plural*, Stanford University Press, Stanford/CA, 2000. A more encompassing survey would also include debates on the event in historiography, psychoanalysis, and political theory. For a condensed view of the French discussion, cf. Etienne Balibar and John Rajchman (eds.), *French Philosophy Since 1945. Problems, Concepts, Inventions*, The New Press, New York, 2011, pp. 149–152.

[3] For a condensed and concise overview of Heidegger's use of *Ereignis*, cf. Daniela Vallega-Neu, "Ereignis. The Event of Appropriation," in: Bret W. Davis (ed.), *Martin Heidegger. Key Concepts*, Acumen, Durham/UK, 2010, pp. 140–154. The most detailed study so far is Friedrich-Wilhelm von Herrmann, *Wege ins Ereignis. Zu Heideggers "Beiträgen zur Philosophie,"* Klostermann, Frankfurt/M., 1994.

[4] Cf. Martin Heidegger, "Plato's Doctrine of Truth," in: Heidegger, *Pathmarks*, Cambridge University Press, Cambridge, 1998.

[5] Cf. Martin Heidegger, "The End of Philosophy and the Task of Thinking" [1964], in: Heidegger, *On Time and Being*, Harper & Row, New York, 1972.

[6] "The beginning (*Beginn*) of Western thought is not the same as the inception (*Anfang*). But it is the concealment (*Verhüllung*) of the inception, and even an ineluctable concealment. If this is the case, the oblivion shows itself in a different light. The inception hides itself in the beginning (*Der Anfang verbirgt sich im Beginn*)." Martin Heidegger, *Was heißt Denken?*, Niemeyer, Tübingen, 1954, p. 98.

[7] For a thorough discussion of the fourfold in Heidegger, cf. Jean-François Mattéi, *Heidegger et Hölderlin. Le quadriparti*, PUF, Paris, 2001.

[8] Cf. Martin Heidegger, "Zur Erörterung der Gelassenheit: Aus einem Feldweggespräch über das Denken," in: Martin Heidegger, *Aus der Erfahrung des Denkens*, Gesamtausgabe, Vol. 13, Klostermann, Frankfurt/M., 1983, pp. 37–74.

[9] Willard Van Orman Quine's naturalism implies that there is no need for an epistemology or a first philosophy, since the natural sciences as such are the highest authority in matters of truth. His classic statement can be found in "Epistemology Naturalized," in: Van Orman Quine, *Ontological Relativity and Other Essays*, Columbia University Press, New York, 1969.

[10] Here one must note that the point of departure assumed by Badiou, that *being is multiplicity* (or better: a multiplicity of multiplicities), is itself obviously neither a statement in set theory nor in any science, physical or other, but itself a metaphysical interpretation of set theory that holds no necessity as such, just as all the further implications he will draw from mathematics are more or less imaginative projections into other domains. Badiou's work can in this sense not be taken as a contribution to set theory, but is throughout a *speculative interpretation* of it, and the rigor and exactitude that he often appears to claim for his analogies is more of a rhetorical feature, which is not to deny their intrinsic interest or fruitfulness when considered as philosophy. Philosophy, he says, aims to articulate a thought of the event as "trans-being," and in this sense it is "the theory of what is strictly impossible for mathematics." Alain Badiou, *Briefings on Existence. A Short Treatise on Transitory Ontology*, State University of New York Press, Albany, 2006, p. 60.

[11] This structure of the subject is also the title of one of the most useful overviews of Badiou's philosophy available, cf. Peter Hallward, *Badiou. A Subject to Truth*, University of Minnesota Press, Minneapolis, 2003.

[12] Alain Badiou, *Saint Paul. The Foundation of Universalism*, Stanford University Press, Stanford/CA, 2003. On Pascal's wager, cf. Badiou, *Being and Event*, Continuum, London, 2005, pp. 212–222.

[13] Cf. Geoffrey Bennington, *Lyotard. Writing the Event*, Manchester University Press, Manchester, 1988.

[14] Jean-François Lyotard, *Discourse, Figure*, University of Minnesota Press, Minneapolis, 2011, p. 17.

[15] Cf. the seminar from 1973–1974, which introduces the idea of pushing psychoanalysis toward its outer edge by formalizing it through "mathemes," in order to discover "the-not-all" (*le-pas-tout*) of theory itself; Jacques Lacan, *The Seminar of Jacques Lacan. Book 20, On Feminine Sexuality. The Limits of Love and Knowledge, Encore (1972–1973)*, Norton, New York, 1999. Lacan's idea of "matheme" is a strong influence on Badiou's idea of a "decision" through which philosophy breaks free from its suture with poetry, although his reading of psychoanalysis leads in a direction opposite to the analysis of touch and affectivity in Lyotard.

[16] Cf. Jürgen Habermas, *The Theory of Communicative Action*, 2 vols., Beacon, Boston, 1984–1987. The debate between Habermas and Lyotard on Postmodernity was largely indirect, since Habermas strangely enough refers the concept to Derrida and Foucault, even though none of them had ever employed it;

cf. Habermas, *The Philosophical Discourse of Modernity. Twelve Lectures*, The MIT Press, Cambridge/MA, 1987.

[17] Cf. e.g. Lyotard, *Heidegger and the "Jews,"* University of Minnesota Press, Minneapolis, 1990. Lyotard's reading of the Kantian sublime as caesura, interruption, break, etc., has gone through many stages. The most systematic account can be found in: *Lessons on the Analytic of the Sublime. Kant's Critique of Judgment, §§ 23–29*, Stanford University Press, Stanford/CA, 1994.

[18] Cf. Jean-François Lyotard, "Emma," in: *Nouvelle Revue de Psychanalyse*, no. 39, Spring 1989.

[19] Jean-François Lyotard, *Lectures d'enfance*, Galilée, Paris, 1991.

[20] Jean-François Lyotard, "Something Like: 'Communication … without Communication,'" in: Jean-François Lyotard, *The Inhuman. Reflections on Time*, Stanford University Press, Stanford/CA, 1991, p. 111. In several places, Lyotard explicitly connects this to Heidegger's meditations on *Ereignis* and the "it gives." It must be noted that the idea of passibility also has an important source in Husserl's extensive analyses of passive synthesis, which today have become a starting point for many discussions in contemporary phenomenology of a "radical passivity"; cf. Didier Franck, *Dramatique des phénomènes*, PUF, Paris, 2001.

[21] Cf. François Zourabichvili, *Deleuze. Une philosophie de l'événement*, PUF, Paris, 1994.

[22] Deleuze here draws on Emile Brehier, *La théorie des incorporels dans l'ancien stoïcisme*, Vrin, Paris, 1928, and Victor Goldschmidt, *Le système stoïcien et l'idée de temps*, Vrin, Paris, 1953. However, Deleuze's theory, particularly of the two conceptions of time, has little or no base in the surviving texts, and seems to come from Bergson; cf. John Sellars, "Aiôn and Chronos: Deleuze and the Stoic Theory of Time," in: Robin Mackay (ed.), *Collapse. Philosophical Research and Development. Volume III*, Urbanomic, Falmouth, 2007, pp. 177–205.

[23] Gilles Deleuze, *Logic of Sense*, Continuum, London, 2004, pp. 198, 200, 201.

[24] Ibid., p. 198. Cf. also Gilles Deleuze, *Nietzsche and Philosophy*, Columbia University Press, New York, 1983, esp. sec. 1:11, on the "dice throw" in Mallarmé and Nietzsche.

[25] Cf. Gilles Deleuze, *The Fold: Leibniz and Baroque*, London, Continuum, 1993, ch. 4.

[26] Ibid., ch. 6.

The Anthropology of Performing.
Keti Chukhrov

Performing may be defined as a process of the unfolding of that which is performed. Among the issues often debated in philosophical and theoretical works treating performative practices is the question of whether a performative action (performing of a dramatic role or a piece of music) is an event in itself, whether such action is an event in the context of its actualization, or whether such practice resides in a subsidiary repetition of a "text," thus having no meaning of its own. Jacques Derrida, for example, understands by performative actualization the effect of an excited consciousness contaminated by idealized, metaphysical aspiration. Conversely, for Gilles Deleuze, a performative act, while preserving the genetic link to being and existence, goes beyond existence and turns out to be an event. We shall attempt to map these different attitudes to the anthropology of performative procedures in the works of Derrida and Deleuze in order to find out how the link to the event triggers theatricality.

The Silence of *Différance*[1] In *Of Grammatology*, Derrida fiercely criticizes the privileging of the spoken voice, arguing that any statement is cryptic. Something unfolded *hic et nunc* cannot have the status of an event, since it is nothing but a supplement to the totality and permanence of *différance* and *écriture*, the written language. Consequently, all performative practices engaging voice in one way or another (above all theatrical and musical practices), become simply the illusion of event. They cannot acquire a singularity of meaning other than what is already contained in *écriture*, since all enunciations are only complementary to *différance*. Derrida rejects the haecceity – the thisness – of unfolding actuality. The performative event cannot happen because it is consistently postponed, deferred, economized. Meaning and enunciation can only exist in the regime of dispersion, dissemination, and deconstruction. It is precisely the voice that, according to Derrida, gives the illusion of a phonetic and prosodic presence of language that is metaphysical in relation to the cryptic, hieroglyphic literalness of *écriture's* silence. The statement is ineffable, and thus art or any of its expressions, whether theatrical, musical, or visual, should be about such ineffability.

If two means of expression – the graphic and the vocal – may be compared, there is nothing in the vocal sign that exceeds *écriture*. Voice is fictitious, because there is no voice beyond semiology, beyond language. Hence the time and situation of performing, its accidentality, and its unfolding do not represent any special temporality that differs in intensity from time in general. For Derrida, such a view not only contravenes the event in performative action, but casts doubt on the very possibility of an event. The autobiographical film *Derrida d'Ailleurs*, directed by Safa Fati in 1998, features a good example of Derrida's anti-performative attitude. The philosopher reflects upon the act of forgiveness. Although in asking for forgiveness one must pronounce the phrase itself, the decision to ask for forgiveness is more important than pronouncing the wording. In short, the decision is taken behind the stage, beyond its performative actuality. But how is the act of forgiveness communicated if it is not performed? Derrida's answer is that there is no necessity in the *mise-en-scène* to ask for forgiveness. Even if any decision to ask for forgiveness was at all possible, for Derrida it may occur in the hesitant quasi-space of *différance*, the space that cannot be marked as present and actual. While addressing the theme of theatrical *mise-en-scène*, Derrida shows interest in what happens behind the curtain before the actors have begun to act, rather than in what might happen onstage. It is the short repose before the actors begin performing that constitutes Derrida's artistic interest. He refers to this gap between performing and non-performing as a secret that is neither here nor there, neither present nor absent. In this concrete case, the voice may be considered as just one semiotic means for consenting to ask for forgiveness. Voice as proof of forgiveness does not, in any way, differ from a legally binding signature, seal, or written word. In this example Derrida claims that even if the choice could be made at all, the performative actualization is superfluous and redundant.

In several of his works Philippe Lacoue-Labarthe interprets the theater and tragedy of modern times as speculative difference and deconstruction.[2] The focus of this speculative theater is the caesura, which Lacoue-Labarthe interprets as the regression and paralysis of speech when approaching questions such as the sublime or truth. For Deleuze on the other hand, caesura is by no means an ineffable hush but the point of rupture from which the new temporality of performative production is generated. Such production takes caesura as a starting point, as the rhythmic spacing prior to hyper articulation before the shift to performative act. Caesura in this case happens to be a dynamic element.

In the spirit of Derrida's and Lacoue-Labarthe's censure of performativity, in his book *Potentialities*, Giorgio Agamben discusses the sublation of the intention to act.[3] According to him, all that art does it should do for the purposes of achieving the condition of non-production (*inoperosità*) – an argument often encountered in the non-constructivist wing of the avant-garde, as exemplified by works of Kazimir Malevich. Agamben discusses the messianic ignorance and standstill frequently sought by certain avant-garde artists.[4] Traditionally, potentiality is understood as something subject to actualization, and in Deleuze's work it may be synonymous with virtuality, that is, interpreted as the source of numerous possible variations. Agamben rejects this interpretation, arguing that potentiality can only have self-referential significance and may be something that does not aspire to be embodied in action. Potentiality does not mean the development of action, it is not teleological. It should be preserved as the impossibility to unfold. Hence, art should be about the termination of production, about the impossibility of the performative act.

It is the performative accidentality, rejected by Derrida, Lacoue-Labarthe, and Agamben, which Deleuze defines in several works as "theatre"[5] and which he regards as the means of unravelling the event. Theatricality emerges when all secrets are exposed, the choice is inevitable, and decisions turn out to be irreversible.

The Actor and the Event In a passage in *Difference and Repetition*, Deleuze discusses the way in which the very specific temporality and accidentality of the performative act is generated. Repetition is traditionally interpreted as the reflection, the mimetic representation, of an existing reality or of being. Deleuze, however, introduces the idea of considering repetition and its performative nature as the extra-being that surpasses existence. In such extra-being both the genetic link to being (to something that may be repeated) and the singular value of the actualization of the performative act, the repetition of that particular thing, are equally important.

In the same passage Deleuze mentions Kant's critical interpretation of the Cartesian cogito, namely, that the Cartesian shift from "I think" to "I exist" cannot be automatically accomplished in an instant.[6] One cannot jump from "I think" to "I am." This shift is only possible via the transcendental form of time. Moreover, the ego that thinks and the one that exists cannot be the same ego. The "I" is split. Deleuze relies on this Kantian premise of the disjunction between thought and perception, in which the transcendental subject produces the synthetic statement ("I think") and the perception ("I am") is implemented by the passive empirical subject. But he thinks that Kant fills up this newly discovered split with a new form of synthetic identification in which the transcendental operation governs empiricism. In other words, the disjunction of perception and thought is sublated in Kant by establishing the power of the transcendental subject. Deleuze suggests rejecting this speculative subjectivity in favor of remaining in the split of "ego." This would make it possible to retain the disjunction between transcendentality and empiricism while combining both layers – transcendental synthesis and empirical dissipation. In this case, the time separating thought and perception would not be a speculative sublation of the gap between "I think" and "I exist." It is this time that Deleuze refers to as "empty" time in which the performativity of the event might deploy and in which the paradoxical disjunctive connection of "the transcendental" and "the empirical" occur. "The empty form of time," to which Deleuze refers is the time that follows and goes beyond narrative and content, the time which occurs itself beyond what occurs within it. Following Friedrich Hölderlin, Deleuze calls this time the order of rhythm, *caesura*, according to which time moves not in one direction but deploys unevenly from around a caesura.

It is this time that Shakespeare's *Hamlet* defines as time "out of joint." (Deleuze often calls it *Aeon*). This is the time of performative accidentality. What Deleuze is pointing to is that the fact of persons becoming performers (actors, artists) is triggered by the event. Even when time is filled with certain content due to events, the actor-performer still confronts the "emptiness of time." In other words, despite certain narrative or content, the theatricality of performing deploys in an "empty" temporality.[7]

Hamlet confronts such empty time, since the content that constitutes his life has proven fictitious, after undergoing a period of *metanoia*[8]. All that Hamlet commits to in this time of performativity is actualized beyond habitual existence – as a performative act in the "empty" artistic temporality in which the empiricism of becoming and the transcendentality of sense (meaning) are combined. Hamlet becomes the actor; and the actor who enacts Hamlet must perform the way in which this character (Hamlet) shifts to acting on the horizon of the event. Deleuze refers to such empty time, in which the acting takes place and which unfolds unevenly around caesura, as the third repetition. The first repetition is a mechanical one, characteristic of chronological time and referring to the present. The second repetition is the synthesis of memory, "the synthesis of Eros and Mnemosyne," referring to the past. The third repetition Deleuze calls the repetition of death.

It is beyond the principle of pleasure and is deployed and actualized in the aforementioned empty time or extra time. This time, this *Aeon*, is both tied to reality, to what actually occurs, and becomes the pure event in relation to what had been occurring. The empty time of the third repetition surpasses the contents not in the modernist sense – not as the rejection of contents in favor of form – but as the anthropological condition in which human beings leap beyond what happens to some extra reality. Here the message is communicated through artistic performative phenomena and the acting manifests itself not only as an aesthetic, but also as an ethic activity. That is because as event, *metanoia* does not facilitate a separation of the ethical and the aesthetical dimensions.[9] (Socrates performing his apology could be considered an example of fusing the ethical and the aesthetical.) In this third repetition, time itself begins functioning as an "actor," performer; it is directed towards the future and Deleuze designates it as tragic. The third artistic repetition, or the "empty" time of performing, unfolds as the procedure of an Event, but is also an inevitable effect of the preceding event (the happened). In other words, the Event procedure unfolding as performing ("Event" capitalized) keeps the genetic and irreversible link to the event that actually occurred ("event" in lower case).

Nietzsche's "Aesthetic Play" One of the first attempts to question the role of sound, pitch, and repetition as parameters of performativity and theater is to be found in Nietzsche's "Birth of Tragedy." As is commonly known, in this early work Nietzsche maps the juxtaposition of the Hellenistic and pre-Socratic cultures, thus suggesting an apology in favor of Dionysian musicality as opposed to Apollonian order. However, as he discovers, the role of music is the third option, which he himself calls "aesthetic play," the term having originally been used by Kant and Schiller as later cited by Nietzsche in reference to Goethe. Nietzsche outlines his understanding of the function of "aesthetic play" as follows: "The pathological discharge which Aristotle calls catharsis, and which leaves the philologists uncertain whether to count it amongst the moral or medical phenomena, is reminiscent of a curious premonition of Goethe's. He says, 'I have never succeeded in treating any tragic situation artistically without some lively pathological interest, and I have therefore chosen to avoid them rather than seek them out. Could it be yet another merit of the ancients that even subjects of the most intense pathos were merely aesthetic play for them[...]?' [...] Anyone who can still speak only of the kinds of surrogate effect which derive from extra-aesthetic spheres, and who does not feel himself raised above the pathological-moral process, can only despair of his aesthetic nature [...]"[10]

For Nietzsche the term "aesthetic play" is used to interpret tragedy against the theory of catharsis, against the purification and discharging of trauma. At the same time, "aesthetic play" has little if anything to do with beauty in the Kantian sense. It should rather be understood as the paradoxical outgrowth of the proximity of the shocking event via musical tone and pitch, namely, the aesthetic component that pops up as the effect of the horrible story.

The common belief is that the tragic mode is formed in connection with shock as generated by an awful, unimaginable event that, in turn, gives rise to an exalted intonation. However, a close reading of "The Birth of Tragedy" reveals that tragedy's formative element is neither the horror itself nor the loftiness of pathos generated by the scale of the characters and stories, since this is amply represented in the myth and the epic. Of far greater significance for tragedy is the fact that it is *above* horror, *above* death and mourning. However, the plot does not predetermine this state of being "above." It is realized only in the mode of theater's performativity – in the mode of performing this being "above" – a state which can only be formed through the repetitive and performative power of the voice, the pitch, and the tone. These elements are not so much part of the mourning affect as its paradoxical outcome. So, despite the fact that at a first glance Nietzsche defines music through the chthonic origin (*Ursprung*) of tragedy, in the end he discovers another function of music – that of the performative consequence, the effect rather than the chthonic source of drama. Music makes it possible to overcome trauma and even the tragic narrative via the performative excess of its unfolding.

In his seminars on tragedy in which he gives a detailed analysis of Sophocles' *Antigone*, Jacques Lacan describes a certain zone from which we hear the tragic hero.[11] The tragic hero always faces a certain threshold of ruin, *Atè* (grief), which he cannot help but strive towards, given the demands of his own internal, unwritten ethical code; he/she voluntarily overcomes this threshold with a decision pointing "beyond life." This is not simply a striving towards death, but a striving towards a so-called "second death," a death that knows neither fear nor self-pity, a death that is already inhuman, in which the ethical act and the aesthetic beauty of this act fuse. Lacan argues that this ethic-aesthetic performance in the striving towards grief, towards *Atè*, and the tragic hero's overcoming of it by way of an otherworldly act are manifestations of the beautiful, the aesthetic.

The tragic hero (Antigone, Penthesilea, Lear, Hamlet) does not attempt to deaden the zone of *Atè* with therapy or with silence and stuttering as described in Lacoue-Labarthe where silence is seen as the main feature of tragic drama – but instead maintains this zone of *Atè* in order to *repeat* it using the performative and intonational means, thereby conquering it.

It is the performative accidentality that enables the protagonist to exceed the narrative by daring to act and addressing others by this act. It should be noted that the performative spirit is not just an external component added to the dramatic text as a post-textual staging. In genuinely theatrical works the performative element is almost always included in the dramatic text or even *fabula* of the tragedy; such as when the protagonist him or herself stages a theatrical act within the play. The contention that performative actualization is something external to the dramatic text and that the actor merely interprets authorial intention may be countered by arguing that the potentiality of performativity is not what the actor or performer adds to the text as interpreter because the very desire of performativity and enacted intonation is inscribed into the work *by the author* when initially conceived. Only pieces such as those are performative and theatrical. In other words, the very intonation of a performing does not simply depend on the actor's interpretation, but is already conceived as performative behavior by an author within the "text." (For example, without having first been an actor, Antonin Artaud would not have been able to achieve his performances as inventor and director.) Thus, the author is the first "actor" of his/her dramatic piece.

Such theater is an actor's or performer's theater, rather than a director's. This notion is important for Nietzsche, for Deleuze, as well as for the theater of Artaud and Jerzy Grotowski. For the latter the political and communitarian frames of the theater take place not through the institutional construction of a theatrical space, or even through the didactic meaning of the plot, but via the event of the actor's performance.

It is interesting that Deleuze's critique of Bertolt Brecht[12] centers on the fact that Brecht's dramatic text does not contain elements that go beyond the representation of a didactic scheme; in other words, the actor is tied to the conflict schematically, not genetically. How scheme affects the spectator in Brecht's methodology, how it instructs, educates, or even transforms the spectator's consciousness is evident. What is not clear from Brecht's dramatic texts and technique, however, is that which occurs beyond the didactic and institutional representation of the conflict in the nebulous zone between human existence and the motivation towards "continuous variations" of his/her performing act (his becoming the other), something that was also extremely important for Grotowski.

Let us return to *Hamlet* once again. Whether Hamlet is truly insane, or stages insanity, he not only presents the plot of deceit and betrayal (as in his play – *Mousetrap*), but he cannot do anything but become an actor and performer at the same time since he is so closely linked to the event that was to change everything irreversibly. Here, the artistic performative event evolves genetically from the existential event, being tied to it but exceeding it at the same time. Similarly, after being driven out of Regan's house and finding himself in the midst of a storm, King Lear starts to perform his insanity, and already in this acting out, in this performing act, he stages the theatrical trial of his daughters. These acts of performing are excessive, they run beyond or counter to being, but are at the same time genetically connected with actual events.

Why Performative Procedure Is not Performance It is here, at the level of the performative act's connection to the event, that the methodological differentiation between performance (of contemporary art) and a performing act (as a procedure inherent to music and theater) can be made.

Performance art arises and unfolds almost *ex nihilo*. Despite the fact that it is a process, it also happens to be an exhibited "object." The external world and its events are reduced to the body or the concept of a performer. Performance is almost always marked by the conceptual and institutional self-reference of an artist in relation to the history of art and the artist's position within it. Performance has no need to maintain the genetic link to any other event other than itself. In other words, while unfolding in time, performance nevertheless happens to be a conceptual art object. Moreover, the temporal type of performance differs from the temporality of a performative action. For example, performances by Bruce Nauman, Marina Abramović, or films by Andy Warhol may last many hours, but their conceptual components are perceived far more rapidly and are not coincident with their duration. (The latest reenactments of performances by Abramović confirm that a performance is an exhibit in spite of its duration.) Thus, the meaning of a performance in contrast to the performing act is articulated in another temporal dimension, which is different from the rhythm oriented time-span of theater and music. Another important trait of a performative act in contrast to performance is that it shifts away from the performer's ego, instead residing in an attempt to become the other. This mode of becoming the other through performing is not so much a mimetic procedure as an ethical one.

As already mentioned, the ontological incentive to start acting is triggered by *the event preceding the performing act*. However, the link to the event here does not reside in the fact that a professional actor simply illustrates the plot in which this or that event happened. Important for the theatrical dimension is that often the play itself contains a point of rupture (it may be marked as *metanoia*), which manifests how and under what conditions the protagonist (Hamlet, Lear, Richard) stages a theatrical act within the play, acting within acting. Almost all of Shakespeare's plays contain such episodes, which are theatrical plays within plays. But in addition, the real actor N not only represents the character's *metanoia*, but actually reaches the state that not only manifests why Lear (for example) at this or that point of the plot launches theatrical acting as the effect of his *metanoia*, but also why this very actor N is in the process of performing somebody's *metanoia* at all. It is here that Lear's shift to acting within a play and the same shift in the acting of the actor N, – performing Lear – intersect. (And it is in this sense that one has to understand Deleuze's statement about performing of the performing).

The dramatic piece, as well as encompassing the character's *metanoia* inscribed in the story's frame, also facilitates a questioning of the event and *metanoia* in the life of that very human being who performs this or that character, namely, the event in the life of actor N. This intersection of acting and life through the event's climax – since an actor is always a human being but simultaneously a character – was central to Grotowski's theatrical method. Consequently, the anthropology of performing is grounded not only on the artifice of constructing the role, but rather on the state of mind in which one has to repeat and perform the other.

¹ Derrida deliberately misspells the word *différence* to emphasize in it the endless process of differentiation: *différance*.

² Philippe Lacoue-Labarthe, *Sujet de la Philosophie. La Philosophie en Effet*, Aubier-Flammarion, Paris, 1979, and Philippe Lacoue-Labarthe, "Hölderlin, La Césure du Spéculatif," in: Philippe Lacoue-Labarthe, *L'Imitation des Modernes. Typographies II*, Galilée, Paris, 1986, pp. 39–70.

³ Giorgio Agamben, *Potentialities*, Stanford University Press, Stanford/CA, 1999, pp. 177–185.

⁴ E.g. the Russian conceptual artist Andrei Monastyrsky in his collective performance series titled *The Trips out of the City* and accomplished by the Collective Actions group constructed all the actions of the group on the assumption that no matter what takes place during the performance it cannot be considered something happening. The term to define such methodology is *Pustoe deistvie* – "the Empty Act."

⁵ Gilles Deleuze, *The Logic of Sense*, Athlone Press, London, 1990, pp. 127–134; Gilles Deleuze, "One less Manifesto. Theatre and its Critique," in: Timothy Murray (ed.), *Mimesis, Masochism, and Mime. The Politics of Theatricality in Contemporary French Thought*, University of Michigan Press, Ann Arbor, 2000, pp. 239–256; Gilles Deleuze, *Difference and Repetition*, Continuum, London, New York, 2001.

⁶ Gilles Deleuze, 2001, op. cit., p. 85, passage therein quoted from Immanuel Kant, *Critique of Pure Reason*, Macmillan, London, 1933, chapter "General Note on the Transition from Rational Psychology to the Cosmology," p. 382.

⁷ Ibid., pp. 88–89.

⁸ Greek: change in the mode of thinking; repentance, transformation of consciousness. Cited from A.D. Weisman, *Greek-Russian Dictionary*, The Shichalin Cabinet, Moscow, 1991.

⁹ On the connection between actor's performing, event, and *Aeon* see Gilles Deleuze, 1990, op. cit., pp. 148–153, here p. 149.

¹⁰ Friedrich Nietzsche, "The Birth of Tragedy," in: Friedrich Nietzsche, *The Birth of Tragedy and Other Writings*, Cambridge University Press, Cambridge, 1999, p. 105f.

¹¹ Jacques Lacan, "The Essence of Tragedy. A Commentary on Sophocles's Antigone" and "The Tragic Dimension of Psychoanalytical Experience," in: Jacques Lacan, *The Seminar of Jaques Lacan. Book 7, The Ethics of Psychoanalysis*, Routledge, London, New York, pp. 297–353 and pp. 355–400, here p. 345f.

¹² Gilles Deleuze, 2000, op. cit., pp. 239–256, here p. 252.

Witnesses: On Showing the State of Not-Being-Able-to-Show.
Gerald Siegmund

Fallen for History "The exhibition begins and ends in the empty museum space."¹ The exhibition *Moments. A History of Performance in 10 Acts* at ZKM | Museum of Contemporary Art Karlsruhe began with a gesture of emptiness. The objects shown were not arranged and determined in advance by the team of curators around Sigrid Gareis and Georg Schöllhammer. The presentation of the first of the four working phases was designed together with the invited artists and Johannes Porsch, who was responsible for the spatial concept. The ten performance artists from the "'heroic' period of performance history" of the 1960s and 1970s, as the exhibition flyer put it,² went through their archives and brought documents, photographs, texts, notes, and even film takes to Karlsruhe in order to set up their own exhibition areas in the museum space. The exhibition thus started with a working phase that was open to the public even before it officially opened, the result of which formed the starting point for the activities of a group of younger artists around the choreographer Boris Charmatz. Their task was to investigate these traces of performance history and appropriate them in view of the current horizons of their own creative work. The Israeli artist Ruti Sela captured these actions on film and in the third phase eventually cut her own film from the material. During the whole period a group of young students of various disciplines, designated "witnesses" by the team of curators, accompanied the transformations in the museum space. The fourth phase was consigned to these "witnesses," who now intervened in the process as mediators and designers. The whole process took place in public, for the museum was kept open for visitors over the entire duration of the exhibition. The exhibition *Moments* inscribes itself into a trend that has lasted nearly fifteen years. There is hardly a theater or dance festival that does not adorn itself with performances of historical pieces, hardly a workshop series that makes do without the topic of reconstructing stagings or choreographies that have disappeared from the repertoire. Moreover, performance and the performative have long since found their way into the museum, as evidenced by the reenactment of historical performances under the title *Seven Easy Pieces* by Marina Abramović at the Guggenheim Museum in New York in 2005. At the end of the 1990s the phenomenon was interpreted as a harbinger of the end. The innovations through which performance and dance had defined themselves since Modernism seemed used up, and the ephemeral art was made certain of its own history. However, an exhibition like *Moments* is proof of a continuing trend: there is still no sign of an end. With its complex concept of different working phases the exhibition not only practices institutionalizing the non-institutionalizable – it explicitly rejects the finished artwork that can only be viewed. The exhibition concept devises a scenario of convoluted production and reception processes that mirror each other. This is also the reason for introducing the term "witness," which this text strives to investigate. The activities of a group of witnesses were always observed by at least one other group of witnesses present in the same exhibition room. The perception and the observation of the other and his or her reception of the documents of historical performances as well as what happens to them is thus an integral part of the concept. This convolution of perceptions dissipated the question of the original performances, which were always being referenced reminiscently without actually being recreated. They formed the empty center of the exhibition and made everything that happened possible.

In the face of this unfillable void all the participants in the exhibition became witnesses of each other and themselves. Visitors became witnesses to a space of action constantly changing before their eyes. The students accompanying the exhibition became witnesses of the artists around Boris Charmatz, who appropriated the historical works and became witnesses to the ten artists whose traces were distributed around the space in the form of documents and recorded conversations. The ten artists likewise bore witness to their own pasts by reencountering their individual histories, which had long ceased to belong to them. And all participants watched the void left by the irretrievable events of the past, a void which steadfastly defied appropriation and thus its disappearance in spite of the manifold activities it provoked. The museum became a space of memory in which the traces of the past were juxtaposed as in a cabinet of curiosities. In the following, I will briefly touch on *Moments'* link to memory-research theory in cultural studies, before contrasting this with the concept of the witness.

Memory and Identity *Moments'* exhibition concept can be understood in the context of memory-research theories in cultural studies. In many areas of art reception, Jan Assmann's differentiation between "communicative" and "cultural" memory has become accepted.[3] In communicative memory a vivid connection with history is guaranteed, for example, by the dissemination of knowledge through the oral and body practices of teachers. The knowledge passed on in communicative memory is informal, anecdotic, and therefore unstructured. It is based on people's daily interactions with each other. In contrast, cultural memory refers to practices further in the past or currently neglected, with which no lively exchange is kept up. This form of memory implies another form of archive, since living body practice and oral tradition cannot be assessed anymore. As soon as a performance or art work enters into the cultural memory, that vivid connection is no longer necessarily a given. The evident importance of the historical practice for the present dwindles. At this point, the archive of body knowledge is replaced by the archive of documents. The connection with the present and the importance for the community of that which is to be remembered are not questioned. Rather, connections take place via monuments, memorials, museums, and canonized works of art, and memory is kept alive in this manner. In everyday memory as well as in the area of objectified culture and its institutional forms of communication we are dealing "with a structure of knowledge that we call 'concretion of identity.' With this we mean that a group bases its consciousness of unity and specificity upon this knowledge and derives formative and normative impulses from it, which allows the group to reproduce its identity."[4] That is, communicative as well as cultural collective memory aim at developing and keeping up the self-image and self-conception of a group.

The exhibition *Moments. A History of Performance in 10 Acts* accesses both forms of memory and participates in establishing a cultural performance memory that it simultaneously stages. The ten performance artists from the "'heroic' period of performance history" are still alive. Their works, documented and processed in numerous books, catalogs, and texts, are a living part of the art, theater, and dance discourse as held and supported by academies, universities, museums, galleries, and their representatives – professors, students, curators, visitors, and fans. Many of the performances – Marina Abramović's *Art Must Be Beautiful, Artist Must Be Beautiful* probably shows this most clearly – have become canonized masterpieces of performance and art history. Consolidated as works and raised to become monuments, they are a fixed part of our Western cultural memory.

Still, the exhibition concept carries disturbing implications, beginning with an initial gesture of emptiness, of not-knowing, and continued with the installation and de-installation of documents, their appropriation and use over the two months and four phases of the exhibition. Here, a dimension of remembrance can be experienced that actually opposes the reproduction of identity. This approach has more far-reaching consequences than that which simply takes the spirit of performance art into account. Works of performance art are unique, ephemeral, and tied to time and space, so any exhibition dedicated to performance must not downgrade them to static works. Nevertheless, the complex shifts this exhibition initiated put the identity of certain knowledge and its subjects at stake. That which can be said today only takes shape in the context of that which cannot (or can no longer) be said, which cannot be appropriated and integrated into current concepts of identity and its stabilizing forms of representation. With this in mind, the term "witness," central to the exhibition's concept and obviously deliberately chosen, becomes clearer. In the framework of the exhibition the term was often used with quotation marks. But what happens if the quotation marks are left out? In doing so, I will clarify the concept of the witness as well as what is at stake in connection with it. I will refer in particular to two texts on the concept of the witness, which each support the other: Sigrid Weigel's "Zeugnis und Zeugenschaft, Klage und Anklage"[5] and Giorgio Agamben's *Remnants of Auschwitz: The Witness and the Archive*.[6] I pursue the thesis that the concept of the witness thematizes a basic ethical dimension of art which affects the status of contemporary subjectivity and takes up and reflects current social changes. This concept provides a theoretical horizon against which *Moments* can be viewed.

Witnesses of the Impossible Discussion about the concept of the "witness" in the humanities has its origin in the specific experience of surviving victims of the Holocaust who, traumatized and marked by events in the concentration camps, for a long time could not speak about their experiences.[7] This debate's point of crystallization is Claude Lanzmann's film *Shoah* from 1985. In order for the survivors to process their trauma and integrate their memories into their psychological life, another witness is required who testifies for the (eye)witnesses, who listens to them and in the act of listening triggers memories of the traumatic experiences, who retroactively uncloses these memories and transfers them into a lingual context.[8] During the process of this narration, which always exists against the background of an inability to bear witness to the events as a whole or speak for the experience of the dead, the experience gains shape. It becomes speakable and communicable. Extending this paradigm, literary historians have tried to understand narration itself as a way of processing a trauma.[9]

In contrast, in this contribution I endeavor to consider the witness in the context of art production and reception and to question his or her role in relation to a general culture of memory. At the center of these thoughts is the figure of withdrawal, of absence, which in this case not only means an absence of meaning, but also – and the reflections around this figure are connected to discussions about testimony and the Holocaust – the absence of experience itself. What does this mean? The appropriations at ZKM | Museum of Contemporary Art were based on ten historical performances by artists from the "heroic" period of performance art. On the basis of historical documents, the lab artists who reacted to these exhibits and the student witnesses observing them do so tried to deal with creating something of their own which yet carried traces of the other. While the examination began with the performative aspects of a statement – something is shown in the here and now of the museum – this condition was transformed by introducing the concept of the witness. This concept brought in a dimension that divided the immediate presence of the participants.

If we talk about witnesses and testimony, we refer to that dimension of things said, done, and shown which simultaneously negotiates the non-availability of that which can be seen and heard.

An artwork or performance creates an independent space of experience in the presence of visitors. But at the same time it opens up this space of experience towards that which could not appear and become present within it. Before the horizon of testimony, everything said and done here and now carries the traces of another performance inscribed into the present as absent, which just cannot be "said" any more. The historical performance is irretrievably lost and can never be grasped in the entirety of the cognitive, perception-aesthetic, and affective dimensions it unfolded at the time it took place. All participants have different, subjective memories of the performance and the time it was embedded in. What, then, did the lab artists as witnesses and the student witnesses, who also testified as witnesses of the artists, appropriate? Facts and ideas? Texts and language? Gestures and movements? Experiences and feelings? Memories of memories, which can no longer be ascribed to a single subject? Exactly because in performance art the concept of an artwork and its delimitation is deferred on behalf of an event and a dimension of experience, the performance as action cannot be narrowed down or "arrested" with regard its components and effects. In this sense, any form of appropriation has to assume the withdrawal of that which it appropriates. The historical performance forms the unspeakable core that cannot be recovered but, being absent, engenders everything present and overshadows it.

Thus, the witness program of the exhibition *Moments* on the one hand opened up a field of tension between a dead, irretrievable event of art and performance history surrounded by documents such as films, photographs, scores, and other texts. On the other hand, it enabled complex attempts to confront what has happened here and now with life itself.

This has several consequences:

1. Temporality is discontinuous. Something has happened; testimony takes place at another, later point in time. The fantasy manifesting itself in the gestures, movements, and actions of all witnesses in the exhibition process originated in another place, another body at another time, and thus shattered the linearity and causality of an established art historiography of developments, successions, and influences.

2. From this it follows that the testimony given by each witness was a singular event opposing a big totalizing gesture. Testifying and bearing witness cannot be integrated into the framework of a "great narration."

3. Each witness did not primarily testify facts but experiences, which became possible around the inaccessible core of the event. Strictly speaking, an experience is not divisible in any of its dimensions but only *communicable*. In the course of this it always carries its own withdrawal.

Of the Author and the Subject In literature, these three basic features lead to critical distinctions between various types of witnesses and their testimony. Sigrid Weigel differentiates between witnessing (*Zeugnis*) and testimony (*Zeugenschaft*), reserving the latter for the contemporary witness or the eyewitness. She therefore shifts the concept of testimony towards the legal discourse. Due to his or her subjective observations, an eyewitness participates in the ascertainment of facts.[10] Witnessing, on the other hand, formulates an experience which "is not to be appeased by any discourse" – it sees history as a subject of construction.[11] Witnessing constitutes a potential approach to history, which it simultaneously constructs during the act of witnessing.

Similarly, Giorgio Agamben distinguishes between *testis* as the court witness consulted in order to establish the truth, and *superstes* as someone who has survived a catastrophe and is able to report to others about it. Interestingly, he also introduced a third category which is highly significant for the question of the witness in the field of art: the *auctor*. "If *testis* designates the witness insofar as he intervenes as a third in a suit between two subjects, and if *superstes* indicates the one who has fully lived through an experience and can therefore relate it to others, *auctor* signifies the witness insofar as his testimony always presupposes something – a fact, a thing, or a word – that preexists him and whose reality and force must be validated or certified."[12] In the widest sense, being an *auctor* thus implies a relationship between two instances or subjects into which a hierarchy of power is inscribed. For the *auctor* lends the power of proof to one who does not own it by himself. The author therefore sets "into being"[13] that which by itself cannot come into being.

But this balance of power is repealed insofar as the position of the author as witness is an uncertain one. "The subject of testimony is constitutively fractured," says Agamben.[14] The subject of testimony itself is the gap as well as the lack of connection between saying and the impossibility of saying. It supplements what cannot be said. But since it again depends on the authority of the one it authorizes, an obligation is imposed on the subject of testimony. It takes an ethical responsibility for that which it testifies to in order to help what is testified to come into being, because it would not be able to appear by itself and would thus fall into oblivion.[15] According to this, being subject and being a witness are the same thing for Agamben. One becomes a subject by entering the paradox position, the empty space between saying and not saying which for Agamben marks the position of man in general. Divided into a natural, biological-speechless part and a speaking one, the latter has to testify to the former without ever being able to outrun it. Being subject therefore means testifying to the alive and living part of man which at the same time every testimony always has to fall short of. "*The authority of the witness consists in his capacity to speak solely in the name of an incapacity to speak, that is, in his or her being a subject.* Testimony thus guarantees not the factual truth of the statement safeguarded in the archive, but rather its unarchivability, its exteriority with respect to the archive."[16] Agamben places this text's leading figure of absence on man's plane of existence, insofar as man himself has to become subject. We will subsequently see what follows from this for an art theory of the witness.

If one now understands the museum as an archive, it forms and transforms already existing statements by gathering and sorting a *corpus* of documents and putting the individual artefacts into temporary spatial and temporal relations with each other. However, witness and testimony cannot be put on a level with this customary way of arranging texts, images, photographs, or paintings in the exhibition space. The witness settles on the fissure, the gap created when he or she takes the position of subject regarding the historical performances. In this sense, the ten artists from the heroic period of performance showing their work at *Moments* are also witnesses of their own impossibility. They are authors and *auctores* of their own experiences which, because of an inaccessible aspect, can never become completely absorbed into their own authorization – not by arranging the documents of their past performances nor through interviews with the curators about their work. The complex witness processes that was integral for *Moments* aimed at producing a form of testimony whose value is the production of (physical) surplus and remnants to complement the absently present performances. Supplement was their only mode of existence.

In her essay, Weigel tries to save testimony from a double reduction. On one side lurks an appropriation of witnesses' evidence by the identity politics of US-American provenance, which in analogy with the theories of memory outlined above reduce its effects to that of identity-creating fact: We are performance artists and through our (critical) dealing with historical performances testify to this fact. Connected with this, on the other side is a narrowing down of testimony to a piece of evidence for the art historical legitimation of performance, that is to a "legally valid" testimony. According to Weigel, "preservation of testimony" in this sense does not require "integration of the victims' memory into the general framework of representation," but "rather their perception as a surplus of the 'not yet articulated, not yet documented' or as testimony of an 'absent meaning' in the discourse of history."[17]

Thus testimony is a surplus that cannot be integrated into customary representation schemes. Agamben uses the term "remnant" here. The testimony as well as the subject that testifies are merely remnants, indicating the insurmountable difference between the possibility of saying and not-being-able-to-say, keeping it open and at the same time phantasmically filling it out. Remnants fill the gap in order to secure it an afterlife as a present absentee. Agamben compares this position of the supplement with that of the poet who dispenses language "as what remains, as what actually survives the possibility, or impossibility, of speaking."[18]

The Witness as Aesthetic Subject *Par Excellence* Art is a remnant and at the same time produces remnants. The constitutive act of fracturing the witness as *auctor* who in speaking simultaneously speaks of the impossibility of speaking, led to an ascertainment of the witness' occupation as an active producer and recipient of remnants. Remants, surpluses, or supplements are, as Weigel as well as Agamben state, phenomena of art and fiction. The subsequent question is: If being witness and being subject are the same thing, to what extent does this imply that to be a subject is also to be an aesthetic subject? My thesis is that the witness is not only a subject but the aesthetic subject *par excellence*. This is determined on two levels: first, on the basic level of statement, and secondly, in the specific shaping of materials.

In the presence of artworks and art performances that confront us with their different materialities, the recipient testifies to the possibility of statement as such. Due to its procedures, art is designed to address recipients and appeal to them. In its appeal, we testify to it. We listen to it, watch it, and through the attention we pay we express our acknowledgment of its existence. Only because of us doing so does it speak: our getting involved in art produces memories or, to put it more generally, our getting involved produces the aesthetic object, which therefore cannot be identical with the material substrate the work consists of, nor solely with the associations it triggers in the recipients.[19] This acknowledgment thus takes place on a basic level even before artworks thematize something, express a certain aspect, or produce certain effects through their practice. This is about the possibility of actually shaping something and giving a statement in this sense – that art takes place at all, "the brute fact of its existence," which Agamben, following Michel Foucault's *Archeology*, calls "the outside of language,"[20] its "dark margin encircling and limiting every concrete act of speech."[21]

Here Agamben's fracturing of the subject into a speechless ("bare") one and a speaking ("political") one, already mentioned above, is illuminated in its productive dimension. In his remarks against the backdrop of structural linguistics and its trespassing into the concept of statement, Agamben always presupposes speaking and language. However, from the perspective of my thoughts, it is not significant whether it is language that establishes an outside, or whether the division is established by other, more sensual perceptions (for example, the gaze or touch).

The only important thing is that the figure of the outside comes to pass, because a reference to itself as something alien, foreign, only becomes possible with its help. This reference to something impossible to be said or experienced *in* saying or *in* experiencing discloses its potential to the subject, the conditions of its possibility, and the possibility of designing itself. The possibility of the subject, which finds its place as a fractured one in this fissure, and thus also the possibility of the witness as an aesthetic subject of art, depends on reestablishing in what is said "the possibility of opposing the sayable and the unsayable, innovation and preservation that is by definition lacking."[22]

This opposition is inscribed into art inherently. While the interpretation and perception of artworks are principally open and unlockable, every artwork contains its own potentiality and reflects the constant possibility of being perceived in a different way. Other contexts can always be supposed or other potentials activated which question the identity of a work in the strict sense. Therefore it also communicates its own contingency, because it can never be produced, said, and experienced conclusively as a whole. Art defies totalization and thus becomes a witness to what remains of saying and experiencing. On the second level, the level of design, this openness means that through its processes art de-automatizes or depragmatizes perception in order to open up to the recipient dimensions of sensual perception on the one hand, and multiple meanings on the other.[23] In the sense elaborated above, the recipient as a witness produces the aesthetic object which is not a thing, and helps it to achieve existence and sustenance.

What follows is a reflection from the viewpoint of the philosophy of history sketched by Walter Benjamin in his theory of memory in connection with Charles Baudelaire's modernity and in his late theses on the philosophy of history.[24] As is well known, in relation to the historiographer and revolutionary subject (in place of which the witness will stand for the sake of brevity in these thoughts) Benjamin talks about a "tiger's leap"[25] into the past, by which the detritus or remnants of history are appropriated before the backdrop of an unknown future. He saves the remnants and uses them not because he recognizes in them "the way it really was"[26] but because he recognizes something which could not be recognized before. Thus, the recognition of an uncompensated potential of remnants is effected from a radically present position. It enables insights and experiences which become possible exactly through the break with time and its discontinuity. This makes the testimony radically dependent on the present and its possibilities of recognition. It is indeed that which remains at a certain point in time and can only be said or experienced now. "However, in the constellation of non-simultaneity mentioned, which creates the testimony, the listener or reader does not take a passive part. Rather, addressing him or her is fundamental for the articulation of memory."[27] In this way, finding always means inventing, too, and testimony implies the creation of new life.

The exhibition *Moments* thus points out a fundamental dimension of art production and reception: in the exhibition, what always happens during the reception of artworks such as paintings, installations, literary texts, or theater and dance performances, is reflected and drawn attention to through the essential absence of the actual aesthetic object – of the historical performances themselves as well as in the transformation and disappearance of the exhibition over the various phases of its appropriation.

Paths Through the Labyrinth One of the original thoughts of this text was that a theory of the witness is better suited to understanding the appropriation practices which *Moments* instigated than a theory of memory from the viewpoint of cultural studies. The aesthetic subject and its action of testifying as remnant, surplus, and supplement of its own desubjectification stimulates a counter-memory which opposes ideas of "concretion of identity" and uninterrupted tradition from memory theory.[28] Finally, this thesis can be further corroborated with regard to current changes in our Western civilizations. It also presents a possible answer to the question asked at the beginning of this text: Why has the culture industry undertaken so much reminiscence work in the shape of reconstructions of old performances over the last fifteen years? Why so many appropriations of history, despite knowledge of their impossibility?

In his *Studien zur nächsten Gesellschaft* [Studies on the Next Society] sociologist Dirk Baecker assumes a radical change in our society.[29] The old letterpress society is being replaced by a computer society that structures, distributes, and spreads information and knowledge in a different way. This is first accompanied by a massive surplus of information, for which the next society will have to find new forms of (institutional) handling, channeling and processing. Our present society is confronted with the question of how much the old knowledge is still worth and what its importance may be in the future. Furthermore, it also raises the question of the subject of knowledge, the communicating human being, producer and carrier of knowledge.

Seen from this perspective, all the reconstructions and reproductions of historical performance practices are merely a symptom of our current crisis of knowledge. However, the main issue is not the knowledge of historical body and performance practices and their aesthetics. Dealing with the past rather serves to test one's own ignorance in a playful manner. What can I know at all today, and in which form? In our computer-dominated time the deluge of information has become unmanageable for every individual. The internet diminishes any hierarchization of knowledge as right and wrong, important and unimportant. Everything is always potentially available. The appropriation of past events takes place out of the impulse to confront oneself with one's own ignorance – an ignorance playfully tested as to its validity and value through processes of appropriation. Appropriation and, in connection with it, reconstruction therefore imply working on the other, the alien, which so far resists subjective appropriation. It puts us and our time at stake. And because failure is always taken into account, appropriation mainly raises questions concerning our relationship with ourselves, with our body and our culture.

But that is not all. In order to describe this culture, Baecker resorts to Foucault and to Agamben's theses on the subject. In the course of this, his thoughts can be connected to those about the witness that this text endeavors to outline. Baecker sees in Agamben's concept of "bare life" a form of critique of present societies. From the viewpoint of this "sheer life" which manifests itself in dance and theater in a rekindled interest in the body and its monstrous modifications and residues, a critique of the position of man is articulated. In the field of ultra-modern communication, which communicates with itself via the computer, man dreads becoming monitored, "mind-controlled,"[30] useless. But it is just these surplus bodies which resist their own depolitization in being reduced to the biological organism's "bare life" which still lives/survives without being able to speak, act, or design itself. For they lend a voice to sheer vegetative life in the sense of witnessing. "Man, encased between the two poles of sheer life and overdetermined sociability, becomes the medium of a society trying to find out which restrictions he offers and what leeway he still yields; and the theater in its best self-referencing manner becomes its own medium; quite from the interest in the magic of self-reference on the one hand [...] but on the other hand from a reasonable concern about whether forms of theater which are still possible in this medium will also hold true in a new, upcoming society which can already be sensed."[31]

By appropriating remnants, man tries to retrieve his sense of possibility which results from the division of his position as a subject. So the object is to maintain exactly the fracture Agamben talks about and keep it productive in order to testify and leave a residue through a speaking and acting which knows about its own impossibility in the face of history.

The artists in the position of witnesses have no longer secure knowledge available. They test actions for which there can be no obligation, and through showing the irretrievably absent testify to their own not-being-able-to-show. Therefore, the actions of the witnesses in the exhibition space, their talking, their bodies, and gestures, do not primarily aim at producing art in the emphatic sense. As aesthetically perceiving witness subjects, the quality of their actions lies just in the incompleteness and undirectedness with which the actions simultaneously remember the past being appropriated as something dead, and confront it with their impact or afterlife. The gestures of the artists and the student witnesses originate in the emptiness of the irretrievable historical experience and at the same time complement it. In this sense, the exhibition *Moments* turned the body as surplus against itself. It came into operation under radically present conditions. The exhibition thus self-reflectively became its own medium. Through the appropriation of the exhibits it questioned its archive character, weighing up the body as supplement of this examination against its own historical experiences and manifestations.

[1] The sentence is a quote from the official concept written by Boris Charmatz, Sigrid Gareis, and Georg Schöllhammer, published on the exhibition flyer.

[2] Ibid.

[3] Jan Assmann, "Collective Memory and Cultural Identity," in: *New German Critique*, no. 65, 1995, pp. 125–133.

[4] Ibid., p. 128.

[5] Sigrid Weigel, "Zeugnis und Zeugenschaft, Klage und Anklage. Die Geste des Bezeugens in der Differenz von 'identity politics,' juristischem und historiographischem Diskurs," in: *Zeugnis und Zeugenschaft*, Jahrbuch des Einstein Forums 1999, Akademie, Berlin, 2000, pp. 111–135.

[6] Giorgio Agamben, *Remnants of Auschwitz. The Witness and the Archive*, Zone Books, New York, 1999.

[7] Cf. the two anthologies: Shoshana Felman and Dori Laub (eds.), *Testimony. Crisis of Witnessing in Literature, Psychoanalysis, and History*, Routledge, London, New York, 1992; Ulrich Baer (ed.), *"Niemand zeugt für den Zeugen." Erinnerungskultur nach der Shoah*, Suhrkamp, Frankfurt/M., 2000.

[8] Dori Laub, "Zeugnis ablegen oder die Schwierigkeit des Zuhörens," in: Baer, op. cit., pp. 68–83.

[9] Cathy Caruth, *Unclaimed Experience. Trauma, Narrative, and History*, Johns Hopkins University Press, Baltimore, London, 1996.

[10] Weigel, op. cit., p. 124.

[11] Ibid., p. 127.

[12] Agamben, op. cit., pp. 149–150.

[13] Ibid., p. 150.

[14] Ibid., p. 151.

[15] Ibid., p. 160.

[16] Ibid., p. 158.

[17] Weigel, op. cit., p. 127.

[18] Agamben, op. cit., p. 161.

[19] Cf. Wolfgang Iser, *The Act of Reading*, Routledge, London, 1978, p. 203.

[20] Agamben, op. cit., p. 144.

[21] Ibid., p. 139.

[22] Ibid., p. 160.

[23] Cf. for instance: Christoph Menke, *Die Souveränität der Kunst. Ästhetische Erfahrung nach Adorno und Derrida*, Suhrkamp, Frankfurt/M., 1991; and Martin Seel, *Ästhetik des Erscheinens*, Suhrkamp, Frankfurt/M., 2003.

[24] In her text, Sigrid Weigel explicitly mentions Benjamin, discussing his differentiation of complaint and accusation, of name and word. Agamben's reference to Benjamin is more implicit but can be recognized by the messianic hope of salvation he attributes to the residue.

[25] Walter Benjamin, "Über den Begriff der Geschichte," in: Walter Benjamin, *Abhandlungen*, Gesammelte Schriften, Bd. I.2., Rolf Tiedemann and Hermann Schweppenhäuser (eds.), Suhrkamp, Frankfurt/M., 1991, pp. 691–704, esp. thesis XIV, p. 701.

[26] Ibid., thesis VI, p. 695.

[27] Weigel, op. cit., p. 118.

[28] Ibid., p. 127; on counter-memory cf. Michel Foucault, "Nietzsche, die Genealogie, die Historie," in: Michel Foucault, *Von der Subversion des Wissens*, Walter Seitter (ed.), Hanser, Munich, 1974, pp. 83–109; and Gerald Siegmund, *Theater als Gedächtnis*, Narr, Tübingen, 1996, pp. 75–85.

[29] Dirk Baecker, *Studien zur nächsten Gesellschaft*, Suhrkamp, Frankfurt/M., 2007.

[30] Ibid., p. 95.

[31] Ibid., p. 96f.

"You do not run purposively through the world because you believe in it. The world, surprisingly, already runs you through. And that, really felt, *is* your belief in it. [...] We find ourselves 'invested' in the world's running through our lives because at every conscious moment our participation in it has just come to us newly enacted, already and again, defying disbelief with the unrefusable feeling of a life's momentum."[1]

I will start in the middle of telling this story rather than at its beginning. In the thick of it, as they say. For we are always in the middle of things: in every performance; in every thought of performance; in every forging and meeting of words and things. I am watching a performance. I am in an experience, and an experience is being in the midst of things. There is no outside of it, this experience: only other experiences, before and to come. I am not just being in it. For an experience is change, is changing, is a sensate flow of differentiations in which *I* and *it* are not that: not unitary, not resolved. I am distinct *and* inseparable from it, as I am in it. We are each and together becoming something else. I am being becoming. There is no outside of it, this experience: no purely objective place from which I could write about it. I do try to know the experience, however, all the time. But I am not the knower of the performance as the known. The performance *is* knowing unknowing. And I am with and of this knowing unknowing even as we part from each other, in thinking and in being. We are this ongoing in and out of each other. Moreover, it will have been unknown to itself and to me. But a performance and I – in common – differently need to know how to know, differently. The event is a carrying together of our divergent needs and ways. I'll try to speak of it again, but where to start? I cannot say where or when this story began/begins because it was/is an experience. Where am I now then? In a nowhen, where I am now experiencing writing this experience, which really happened and is happening in a space that is continually morphing and a time that is riven with other times. Being certain of beginnings in this context would be the last place to start.

■ These thoughts emerge from an experience situated within the exhibition *Moments. A History of Performance in 10 Acts* at ZKM Karlsruhe that brings together traces of significant performance works of the 1960s and 1970s from ten female artists. At a cursory glance, this exhibition might be mistaken for yet another retrospective of performance works from a now valorized period, following familiar co-ordinates of curatorial practice: the disclosure of buried dynamics of a formative epoch through the combination of recognized and less discussed works and artists, amounting to a form of historical re-narration. The exhibition carries some of the political rationale of this gesture: the work of well-known figures such as Marina Abramović, Adrian Piper, and Yvonne Rainer is set against works of a cadre of less cited artists who are more geographically, culturally, and aesthetically diverse. However, *Moments'* conception and realization shift the act of exhibition into other radical trajectories of historiography, museological display, performance curation, and public engagement. Borrowing a military and colonial term in naming these figures 'pioneers,' the exhibition seems nominally to be following a revisionist logic that seeks to shake off a particular history of dominant male figures of the performance avant-garde, re-gendering the movement's heroics. But what *Moments does* with these artists and these works, sourcing and channeling dynamics of their force and ethos, goes beyond historical revision and amounts to a systematic re-conception of the historicizing gesture of the museological display of performance, its forms and potentials.

The temporal concept of the exhibition is its primary curatorial gesture: rather than being assembled privately and displayed publicly as a spatially static and consolidated entity, the exhibition is assembled, reconfigured, and disassembled in public over a period of fifty-two days. This processual approach marks all of the works, and the frameworks of their display and interpretation, as subject to ongoing transformation. The 'moments' of this exhibition's title are an array of historically and culturally discrete performances, but rather than being held in a static constellation of a single exhibited duration, they are 'returned' through morphological display to conditions of relation, flow, and multiplicity from which they were (and *are* repeatedly) extracted. Many of the contributing 'pioneer' artists are present at occasions of creative response throughout the exhibition and this relation further complicates and enriches its heteronomous nature. The open approach to the construction of the exhibit, as well as articulating curation and display as collaborative actions, generates a specific condition in the exhibited space: it becomes a kind of workshop, in which the unfinished nature of the displays reverberates with the particular contents and feel of the works. Some display walls remain unclad, exposing their fabrication; many pieces are laid on raised platforms rather than being hung; explanatory texts sit in piles in loose association with the works they address. Display is evidently in transition and awaiting further action. Aesthetic and ontological confusion ensues, since it is difficult to tell whether that handsaw left on a display platform is part of a work or not, whether that room with work desks, handwritten wall charts, and personal belongings is part of the exhibit or not, whether that artwork is finished and presented as it 'should be.' There is a pervasive corruption of the unitary nature, completion, and sanctity of the artwork. Entering the space it is immediately and abundantly clear that one's time in the exhibit is a partial and limited slice of a volume of shifting time – the life of the exhibition – that far exceeds the spectators' or participants' capacity to witness it.

All of this is further complicated by an insistence on exhibition as an instantiation of durational collaborative relations with contemporary performance makers and specialist witnesses whose responses are serially integrated into the ongoing exhibit. The exhibition establishes periods of spatial transformation and creative response that radically reconfigure the nature of the showing: a group of performance makers, led by co-curator Boris Charmatz, research, negotiate, and transform aspects of the display (shifting materials into different spatial relations) and generate creative responses and performances that sit aside the exhibited works. A filmmaker – Ruti Sela – records and edits the many activations of the space within the space, eventually inserting her finished film into the exhibit. A group of commissioned 'witnesses' – early-career performance makers and thinkers – are present throughout all of these processes, absorbing its events and audience encounters, interpreting the exhibit's transformations and once more re-making it through material interventions in its final stages. These labors are open to the spectators encountering the exhibit so that the spectator is not simply witness to evidential registers of past performances, but their co-existence with instances of creative appropriation and live interpretation. This combination disallows the institutionalization of a representational documentary register, so that the representational is repeatedly folded into the presentational, the material objects repeatedly re-animated by their relations to embodied and spoken acts. In this regard the exhibition proposes performance as a primary medium of inter- and intra-generational response, but also as a self-replicating and self-differentiating force, situated within a fractured creative continuum that evolves organically in fits and starts, but cannot be reduced to, characterized by, or defined by its instances or moments.

■ I say "in the midst of things" too, because I am literally situated in the middle of the exhibition space, sitting on the floor and listening through headphones to a video recording of an interview with the artist, choreographer, and dancer Simone Forti. In the television image Forti is sitting beside her exhibited work, *Face Tunes* (1967), just as I am three weeks later, and she is discussing the influences and confluences that led to her to make this work 45 years earlier. *Face Tunes*, Forti explains, was made in a break, in the wake of a separation from her second husband Robert Whitman. The character of this passage of time is left unsaid, but instead Forti talks about the notion of imprinting: the biological and psychological mechanism of recognition and attraction through which the characteristics, behavior, or movement of a primary figure are assumed by a dependent as a means of survival. The lover's face, Forti says, is also a kind of imprint; that face, she says, is "*the* face" and you carry it with you, amidst all the other faces that you encounter in life. Forti's invocation of the consequences of being touched by another, living with the impress of their face, is moving not just because of the figures involved and their historical distance. During the conversation Forti has occasionally broken off from words and from her seat, and started to move, always with the sense in which that movement is really just a continuation of thought, just another proposition or mode of discourse, with equal force, eloquence, and consequence. For Forti it seems creativity and articulation always move transversally, they cross means, materials, disciplines, and bounds.

In her *Handbook in Motion,* published in 1974, a slightly different account of the genesis of *Face Tunes* emerges: "For two weeks I kept track of my perpendicular journey up and down buildings and subways. [...] At the end of the two weeks I drew up a musical staff and placed the different stations up and down the scale. [...] One day I handed the elevation tune to La Monte to hear what it sounded like. He whistled it to me, and in a palpable sense it had very much the feeling of those two weeks. It seemed to me that it was their ghost."[2]

Forti's *Handbook in Motion* presents several documents of this piece, and here she discusses performing early versions of the work in which she did not tell the audience that the tune they were listening to was derived from faces. Instead, she says, she wanted people to listen to the music. Linking the work to an intuition of an absent origin, and to a belief that arises from the tangibility of the invisible, she asserts: "I had faith that, since the awareness of variations among similar events is so basic a life process, when they heard 'Face Tunes' they would unconsciously sense a familiar kind of order. As form seemed to be the storage place for presence, I hoped that the act of translating a coherent aspect of a set of faces to a corresponding form might awaken a more primitive level of pattern or ghost recognition."[3]

It would seem important to note here Forti's language which links together matters of the spirit (faith and hope) with underlying physical or material conditions: a "primitive level of pattern" may relate to the psychological imprinting of which Forti spoke in her talk some 38 years later, or perhaps orders of nature governing human animal behavior. In either instance it would seem that what is at stake in Forti's *Face Tunes* is performance as a method of migration of forces across forms, planes, registers where the translation of one form to another manifests a disturbance of orders of sense, bringing to the fore a suppressed sensory dynamic. The feeling of this sense is a cause of faith and hope.

■ The curatorial sensibilities enacted in *Moments* reflect and correspond with a growing shift in the practice of curation more broadly – beyond the many marked instances of museological performance curation in the last decade or so – where one might argue that, following Maria Lind's phraseology, the curatorial is being performed.[4] Older notions of curation as a technocratic, neutral, non-creative activity are supplanted here in favor of curation as a self-questioning practice of mediation, translation, and cultural production. Curatorial discourse accompanying this shift moves away from its stress on the object, on arrangement, design, and display as orders of the visual, towards questions of the ethics and politics of relations between people and things, resistance to forms of institutional and discursive power, and the shaping and force of affective encounters in the experience of art. In the curation of *Moments* these interests manifest in a radical commitment to experimental conditions for art objects and art history. As exhibition designer Johannes Porsch puts it in the flyer accompanying the exhibit, this approach to the display of the artworks, "opens up the possibility of testing: proto-typical display situations capable of transforming and promoting transformation (itself) – set-ups – emerge, which possess the ability to present the processual, the forever provisional, the moment of reconstruction in history."

One might add that reconstruction here is seen as necessarily impossible and the history that reconstruction generates as necessarily non-linear and multi-vocal. The generativity invoked is not simply history forming, but a means to forge new works of art in explicit, free, and attentive historicized relations. *Moments'* approach to a slow but continuous transformation of the displayed artworks promotes a dynamic understanding of the artwork that is often lost in more static, precious, preservationist modes of exhibition. Instead, the artwork here is seen through a vitalist perspective as a processual and relational formation, subject to continuous metamorphoses. There is much more that could be said about these tactics and the understanding they enact of curation *as* creative practice in an expanded field.[5] But for the moment I want to turn to the ways in which this sensibility of curation is not only contemporary, but itself re-activates a historical vitalist understanding of art making and reception.

In the mid-1930s, the French art historian Henri Focillon wrote an influential but now somewhat overlooked treatise on *The Life of Forms in Art*.[6] While this work is indeed absolute in its formalism, in its refusal of the significance of social and cultural contexts as determinants in art's meaning and force, there are many aspects of Focillon's thought that correspond with current sensibilities in the making and curation of art. Chief among these is his insistence that although artworks may appear static and resolved, they are in fact manifestations of movement. For Focillon an artwork is at once contemporary and untimely, and as such it exists in and manifests time's multiplicity, it is part of a ceaseless process of becoming.[7] As Jean Molino asserts, in Focillon's oeuvre "forms are caught in perpetual metamorphosis [...] there is no form without change of form."[8] Focillon's writing also provides notions of influence and affinity that are not necessarily historically successive or linear between art movements and between artists; rather, he anatomizes the nature of their responsive generativity across forms and disciplines. Art "[s]ubstances," he argues, "are not interchangeable, but techniques penetrate one another, and at the moment of their doing so, interference tends to create new substances."[9]

Focillon's attentive readings of artworks as dynamic, complex, volatile sets of relations and interactions between a subject, action, matter, and form, resonate with present sensibilities that think of matter (and objects) as active and affective, deconstruct the relation between form and formlessness, and are concerned with exposing the limitations of any philosophy that simply locates life as coterminous with the human. The interest here, whether in Focillon's critical writing or in current art curation, is in a phenomenological attention to the artwork as a field of affective relations and movements, that respects its life, its singularity: all the forces that are irreducible to the contexts of its happening. As Andrei Molotiu has noted, Focillon's conception of the life of forms was doubtless influenced by Henri Bergson, whose lectures he attended, and his notion of the artwork's singularity closely echoes Bergson's defense of the force of creativity from any retrospective contextual determination.[10] The creative act, for Bergson, is one in which "the concrete solution brings with

it that unforeseeable nothing which is everything in a work of art. And it is this nothing that takes time. Nought as matter, it creates itself as form."[11] For Focillon, writing particularly on painting and drawing, it seems that this singularity is related to art's status as a sensate trace: "form is not only incarnated, [...] it is invariably incarnation itself. It is not easy for us to admit this readily. Our minds are so filled with the recollection of forms that we tend to confuse them with the recollection itself [...] where they are as complete and as definite as on a public square or in a museum gallery."[12] The nature of this incarnation of art for Focillon is a moving tracery of gestures: in the multiple interactions between hand, tool, matter and form, there is a touching that may conceal itself, but will always nonetheless be felt. Touch here is crossing materialities and orders of the senses, from the tactile, through the visual, to the sensorium of the spectator: it is the nexus of art's vitality.[13]

■ It is the second day that I have spent in this exhibition and there is now some activity from performers in the space, some kind of set up is taking place. An event is emerging informally from the flow, spectators gather haphazardly around an action while others continue looking at the exhibits. Dancer and choreographer Meg Stuart is standing semi-naked in the exhibition space, close to Simone Forti's *Face Tunes*, and she seems to be opening her senses to the environment and the works within it. Burkhard Stangl, the musician and composer, is arranging some instruments and technology, and a flat tone, like a guitar note or just the buzz of electronics, is quietly reverberating in the space. Stuart looks like she is in a private reverie, but she has this thereness, this openness about her that makes her thinking-feeling present to us. She is dancing, but Claudia Hill, another performer, is cladding and costuming her in second-hand duvets, repeatedly interrupting her flow. Now there is music arriving hesitantly: iterated test melodies on the guitar, ascending and descending scales. And while the whole thing is layering and accumulating it feels like it has really not yet begun, it is in the condition of the warm-up, try out, or walk-through: a dance continually interrupted by its own preparation. Stuart is handed Forti's slide-whistle from the exhibit and now she is accompanying Stangl, while remaining somehow in her separate world. She has taped up breasts and eyebrows, and mirrored sleeves. The duvets appear to have heavy weights sewn into their lining, and Stuart is now another body, inflated, cushioned, restricted, and weighted, but still trying out her moves. She is a softer, voluminous body, an older body perhaps. The thing that keeps her warm, clothed, protected, is also an impediment. She is dancing through the impediment into another way of being, of moving. She is a makeshift bedroom shaman: one third Meg Stuart, one third Michael Jackson, one third Simone Forti. Every gesture marks itself as preparatory: the rehearsal of another immanent dance. She hits her head repeatedly against the video monitor that plays Forti's interview, as if trying to climb inside the screen, and now she is channeling Forti literally through the monitor headphones: spin shaking herself into new life, an emanation, a glittering joy.

■ *Moments*' re-assembly of the exhibition hall as a processual space of art making designates the gallery as an archival workshop or workshop archive. What a workshop might mean in this context is perhaps closer to its ritualistic origins in early Medieval craftsmanship than the current dominant model of the workshop in creative economies, as an instrumental scene of skill acquisition and a networking opportunity. Richard Sennett has argued that the Medieval workshop was a surrogate familial structure housing sustained social experiences of making where questions of autonomy and authority in artful labor were dealt with face-to-face.[14] Perhaps Sennett somewhat romanticizes what was already a paternalist and hierarchized pre-industrial social structure, but nonetheless the workshop was a place in which a certain form of historical and ethical stewardship was conducted in relation to craft. One might think of *Moments*' convening of a community of affinity, action, and thought around performance as a queer family workshop. Its figuring of performance pioneers in relation to a younger generation of artists poses the question of historical continuance within a context of sustained attention, sometimes to the 'pioneers' personally, sometimes to the products of their labor. It does so with a set of concerns that are insistently pre-modern: the process is slow,

accumulative, collaboratively wrought, the products – if products they are – cannot be judged primarily by their 'originality,' but by their interrelations, by the qualities of their translation into other hands.

This workshop is archival in the sense that it takes place within a container of historical knowledge. As Jacques Derrida noted in his work on the archival imperative, one of the unfortunate consequences of the archive is to "place" that which it holds under "house arrest," a consignment that in the context of performance archives threatens to fix and diminish performance's vitalities and potentials, its cultural, political, and epistemological forces. The curatorial sensibilities that form *Moments* are very aware of this dynamic, and as workshop archive *Moments* stages "technique(s) of repetition" that are willfully multiple, flighty, and provisional, turning this archive self-consciously toward its outsides.[15] Here is a living archival instantiation where containment is questioned by its own evident durational fragmentation, by its presentation of the paradoxes of the record, by its subjection of its artifacts and artworks to contingency. The archival is practiced here as a rigorous mode of re-invention, somewhat echoing Michel Foucault's thought: "[B]etween tradition and oblivion [the archive] reveals the rules of a practice that enables statements both to survive and to undergo regular modification. *It is the general system of the formation and transformation of statements*."[16] The archive then is not simply an institution, architecture, or collection nominated as such, nor is it a static repository of traces of artworks and lives, but is rather a diffuse cultural system moving between occurrences, the corporeal, the textual, and the artifactual in an ongoing state of flux. A workshop archive necessarily involves the assertive incarnation and re-animation of such historical traces (in buildings, situations, things, or bodies) not as recovery of a knowable and locatable past, but rather as a generative and generous act. This is a performative social structure and like all performatives its intentions and its origins cannot be identified or secured as it is part of an infinitely recurring system of iterations, characterized in each instance by deferral and difference.[17] The paradox of the "holding place" that is the *Moments* exhibition, like the paradox of performance itself, is that it is both old and new, double and singular, a formation and a transformation, a conformation and a departure, an echoing and a propagation.

■ It is later on now, in the open laboratory performance within which the assembled artists have been making creative responses to the exhibited works. The audience is dispersed across the large exhibition space and numerous actions and conversations appear to be taking place simultaneously. Performers and spectators are drifting between the exhibits and the various intensities of social relations where events may or may not be happening. Boris Charmatz and Jan Ritsema have peeled off from a previous game in which they were playing an elaborate form of danced tag with a corralled audience member and a video camera. Charmatz has approached the exposed wall and platform upon which documents from Anna Halprin's *City Dance* (1976/1977) are displayed. I recall that Halprin was an influential mentor of Forti. An edited film loop of the documentation *Inner Landscapes* (1991) showing *City Dance* events is projected on the wall and Charmatz takes some moments to watch the faded images, eventually closing in on the projection quizzically and tentatively, as if testing out his relation to it. He leans his head slowly into the wall, trying to place himself closer to its play of light, its texture: to its time. The film is now a relative tactile object. It is also a source of sensual appreciation and Charmatz is evidently pulled further and further inside this relation, wrapped in a quiet, privatized reverie of proximate self-eroticization. He loosens his belt, slips down a hand, and arches back his head. Some minutes later Charmatz is joined by Ritsema, who echoes the gesture on the other side of the screen, re-framing Charmatz's pose through a counterpoint that de-individualizes it and qualifies the scene as a matter of a queer inter-generational erotics. After a while Ritsema loses interest and leaves but Charmatz remains in this sustained, animate but languorous image, the non-climactic desirous dynamics of which mingle with the nostalgic documentary patina of the old footage. For the spectator there is something wryly perverse in Charmatz's lingering and idle frottage at the edge of this work. The footage invokes a set of actions the open, emancipatory, environmental, and communal aspirations of which are marked as belonging to another age. Charmatz's gesture both honors the connective force of such actions across time, and holds them as remote objects of a sedentary narcissistic contemporary desire. The image is also already familiar to spectators, who will have seen a proximate gesture in Sanja Iveković's *Inter Nos* (1977) in which Iveković playfully caresses and eroticizes the projected video image of a male participant-spectator who is located in a separate room. In *Inter Nos*, the image of erotic relation and union is ambivalently questioned by the knowledge of its generation in physically separated spaces and by its stuttering 'simultaneity.' Charmatz's found gesture has intuitively brought two works of the same historical time – separated by continents and approaches to presence – into a dynamic new relation. This borrowing and transit of caresses asks us to think of the two works of the same time simultaneously in relation to Charmatz's action and indeed his desire as a co-curator and performer of *Moments*. The gesture asks us – in this very moment – not only to re-evaluate our desires to recover lost pasts, but to question the thinking-feeling of the agitations of difference playing through these desires as we re-make the past in the present.

■ I am looking at Simone Forti's *Face Tunes* in the *Moments* exhibition, and it is 45 years since she made it, and 38 years since she documented it in a book, and one year since she re-performed it to make the film that I am now watching, and three weeks since she sat in front of it in this very exhibition and discussed it with a public, and one day since I watched a film of this discussion, and two hours since I watched Meg Stuart try to press her flesh through all these screens, through all these years, to find the filament, to be in touch with 'the spirit of the thing,' to take it elsewhere. These times are present here, just as time itself is immeasurable, in this enfolded, and unfolding now. And I can't help thinking that the people whose photographs make the profiles, whose profiles make the score, the score that Forti touches and re-touches, that makes the music of *Face Tunes*, that moves me to make this writing, are somehow here-not here in this very moment, in this tenderness: ethereal migrants carried across the waves of sound. Semblances of lives: uncanny feelings of their continuance after death.

Because she wants him to remain, Pliny the Elder says, Butades' daughter draws around her lover's shadow on the wall of the cave to make a profile; the 'origin' of portraiture and of painting, we are told. A faint ephemeral line, appropriated and substantiated in clay by her father the *craftsman*. I am following the flatline on the scroll that gives Forti her zero tone, and I notice the iterated confluence of lines at the nasal bridge, that sensate zone that when touched induces letting go. For these are not re-iterated profiles of her lost lover Robert Whitman, whose face we have heard is imprinted on her eyes, but traces of a diverse community of friends and fellow artists. The parade of faces, semi-submerged: so many floating, bobbing Ophelias. Black line – white scroll. Some of the photographs from which the line of the profiles is drawn are of black faces, and I am thinking of the black face, of its near-invisibility in the history of Western contemporary art; of the black faces of the civil rights movement of 1967 when these lines were drawn, just before the assassination of Martin Luther King, Jr; of racial lines re-drawn in the present, of racial *profiling*: of the lures and traps of becoming visible, as a means of gaining some ground. Spinning out a line. And I realize that these horizontal faces are not portraits but landscapes, sketches at the horizon, the shape of the ground, the ground where bodies remain. Murmurs of the world: sounded but unworded. Spinning out a line: I am thinking about what it means to face things, not just the faces of other humans, but to face the natural non-human world, to face the matter that makes us, the matter we will once again become, our form transforming, dispersing. A shadow ethics, within and without all the mutual openings we make in the face of others, as a life courses through us with its undulating highs and lows, and we make of it a line, a lifeline. We are moved and removed by this movement of a life, whose semblance is the life of forms. To touch and to be touched by it: the sustaining force of art.

■ One of the difficulties of contemporary art curation *and* history in the wake of today's profound distrust of historical narrations is to find a meaningful response and mode of practice in which a kind of faith in the forces of historical works can be propagated. In the wake of so many authorial deaths there is a demand for an account of the forms and conditions required of historiography and its many cultural instantiations to sustain belief in the potentials of art. We are, it would seem, still trapped and lingering in postmodernity's much discussed condition of "incredulity toward metanarratives."[18] The pervading disbelief in the underlying organizing logics of history leads an art theorist such as Jan Verwoert to declare: "On a phenomenological level the experience of history in crisis is also the experience of a crisis of time [...] in the time of crisis two different and essentially contradictory dimensions of temporality coincide: the time of empty duration and the time of absolute urgency."[19]

In Verwoert's analysis contemporary Western societies are still gripped by violent historical upheaval, but their cultures now lack the capacity/faith to tell of these changes; and so for those cultures' citizens the experience of time is marked by both an ongoing aimlessness and a quality of perpetual emergency, both of which are profoundly disempowering. Art may be one means through which this impasse can be surpassed, if it is able justly to imagine other "potential historical realities" and thereby "open up a different future."[20] Part of this reinvention of historical sense, I would assert, is the work of contemporary performance practices such as those initiated by the *Moments* exhibition, whose capacity to activate and open the past within the present, whose versatility in addressing and transforming the experience of time *as it is sensed and made into sense* is a vital cultural and historical value. In the thinking-feeling of opened performance histories an impetus may be found: to continue the affective force of the techniques of survival and experiments in existence that make a creative life livable.

[1] Brian Massumi, *Semblance and Event*, The MIT Press, Cambridge/MA, 2011, pp. 36–37.

[2] Simone Forti, *Handbook in Motion: An account of an ongoing personal discourse and its manifestations in dance* [1974], Contact Editions, Northampton/MA, 1998, p. 71.

[3] Ibid., p. 76.

[4] Maria Lind (ed.), *Performing the Curatorial. Within and Beyond Art*, Sternberg Press, Berlin, 2012.

[5] A key question here is the readability and accessibility of these approaches: what kinds of ethical and political potentials and limitations reside in the nature of their broader public engagement.

[6] Henri Focillon, *The Life of Forms in Art* [1934], Zone Books, New York, 1989.

[7] Ibid., p. 152.

[8] Jean Molino, "Introduction," in: Focillon, op. cit., pp. 9–30, p. 26.

[9] Ibid., p. 108.

[10] Andrei Molotiu, "Focillon's Bergsonian Rhetoric and the Possibility of De-construction," in: Reni Celeste (ed.), *InVisible Culture, No. 3: Time and the Work*, winter 2000.

[11] Henri Bergson, *Creative Evolution*, MacMillan and Co., London, 1928, p. 360.

[12] Focillon, op. cit., p. 101.

[13] Ibid., p. 110.

[14] Richard Sennett, *The Craftsman*, Penguin, London, pp. 53–80.

[15] Jacques Derrida, *Archive Fever. A Freudian Impression*, University of Chicago Press, Chicago, 1996, p. 12.

[16] Michel Foucault, "The Historical *a priori* and the Archive," in: *The Archaeology of Knowledge* [1971], Harper and Row, New York, 1976, pp. 126–131, p. 130.

[17] Jacques Derrida, "Signature Event Context," in: *Limited Inc* [1972], Northwestern University Press, Evanston, 1988, pp. 1–23.

[18] Jean-François Lyotard, *The Postmodern Condition. A Report on Knowledge* [1979], Manchester University Press, Manchester, 1984.

[19] Jan Verwoert, "The Crisis of Time in Times of Crisis," in: Anke Bangma, Steve Rushton and Florian Wüst (eds.), *Experience, Memory, Re-enactment*, Piet Zwart Institute, Rotterdam, Revolver, Berlin, 2005, pp. 37–40.

[20] Ibid., p. 38.

Intricate Interactions. On the Live Re-enactment of Documental Relics.
Timmy De Laet

Between Screen and Scene On YouTube, amid dozens of music clips and homemade videos, one can find a short film representing one of the most important moments in recent dance history. It is a black-and-white long shot that shows a woman dressed in a casual black training outfit, moving around an empty performance space and executing movements that in their sustained quality seem to sit squarely between gymnastics and dance. The opening credits, which appeared in an admittedly outdated font, have already informed us that the clip is a 1978 video featuring Yvonne Rainer performing *Trio A*, the groundbreaking choreography she created in 1966. Its four-and-a-half minute length is now generally chronicled as a decisive impetus in the development of postmodern dance.

In March 2010, I saw the same video document on the stage of a theater in Amsterdam. The piece I was watching had a gradual buildup, first staging a dancer who imitated movements playing on a monitor placed in front of the stage, but whose images remained invisible to the spectator's eye. Only after a while did a projection screen at the back of the stage light up, showing this same 1978 film of Rainer's performance, and thus providing the audience with a point of reference to compare the current imitation with the presumably "original" dance. Later, while the performance was taking place on stage, a second dancer joined in and for him the visual cue was another projection which showed the first performer copying *Trio A*. But as the screen was awkwardly hung upstage, he constantly had to turn his head to see and imitate the movements. Eventually, both these projections faded out with the result that, while the first dancer went on copying the choreography from the original performance by glancing at the monitor, the second dancer had to look to the other to execute the movements. This seemingly arbitrary switching between plain imagery and corporeal mimesis continued until the dancers were summoned to redo the choreography one by one and without any aid except their recently acquired bodily memory. The piece was called *After Trio A* and it was exactly what its title promised: two dancers literally going after *Trio A*, as they were invited, never having performed Rainer's choreography before, to learn it live on stage.[1]

Andrea Božić, a Croatian-born artist who is currently based in Amsterdam, devised both the concept and the scene design for *After Trio A* with the aim of setting up not so much a mere restaging but rather a dialog with Rainer's seminal choreography. In this sense, *After Trio A* typifies a broader tendency currently going on in performance arts, one that is concerned with re-doing past performances or choreographies in a deliberately reflexive instead of solely retrospective manner and for which I shall employ the term "re-enactment strategies."[2] While it is relatively common practice for artists to restage their pieces more than once or for historians to reconstruct performances on the basis of archival sources, my explicit characterization of re-enactment as an artistic strategy aims to discern a certain segment of artistic activity that creatively and conceptually explores possible ways of re-doing performance as a means to reflect on issues regarding the preservation, transmission, and temporality of live performance. Consistent with these concerns, choreographers and performance artists are developing innovative approaches to what kind of role the document might play in their artistic practice. Artistic re-enactment strategies might thus be symptomatic of a changing attitude towards material and visual representations of supposedly ephemeral performative acts as they clearly show how several artists are exploring the "objecthood" of their disciplines. *After Trio A* can be considered an exemplary case, as the piece creates a fascinating circuit of transmission in which the dance *Trio A* visibly moves from one medium to another, oscillating as it does between video footage, live projection, and bodily performance. But as the onstage presence of video imagery in contemporary performance practices is hardly remarkable anymore, what primarily distinguishes *After Trio A* is that the intricate interactions it instigates between historical document and performing body reveal conditions of movement and a structure of time that are particularly illuminating with regard both Rainer's choreography and Božić's re-enactment. My aim in this contribution is to unfold these effects and consider how they affect the relationship between live performance and its documental representations. It is my assumption that *After Trio A* visualizes the manner in which the document and performance may fruitfully cooperate to produce revealing insights, which suggests that their relationship should be thought of in terms of reciprocal enhancement instead of attenuated experience. But in order to grasp the implications of the dialectical dynamic between the document and the performative that I intend to map here, it is first necessary to briefly trace the renewed status of the document in artistic practice and to see how the recent surge of re-enactment strategies in dance and performance art has stimulated scholarly discourse to broaden our ideas about the document. In a second step, I will then return to a more detailed discussion of (*After*) *Trio A* in order to elaborate on the mutually reinforcing interplay between the live and the documental.

Document in Practice In the recent history of contemporary dance and performance art there has probably not been an issue more vexed than the relationship between live art and its documentation. Traditional views hold that documental relics cannot capture the experiential or timely dimensions of artistic practices that appeal to the bodily co-presence of both performers and spectators. Whether it concerns photographs, video recordings, dance notations, written accounts, or performance objects, no medium seems to be able to live up to the *live* conditions of performance arts.

Despite its alleged shortcomings, the documental relic nevertheless fulfils essential functions in securing the afterlife of dance and performance art by disseminating the work of art among a larger audience, transmitting it to other practitioners, and constituting an object (worthy) of study. Artists and scholars alike have acknowledged the importance of documentation for art forms with a transient nature that would otherwise let them irrevocably disappear into the folds of history. Vito Acconci, as a pioneering performance artist in the 1960s, radically broke performance art's initial taboo on elaborate documentation by affirming the dependence of live performance on its documents. He argued that because "it turned out to be after all only visual, the action might as well have been a picture (that's the way it was going to be historically preserved anyway)."[3] Writing from a different angle but making a similar argument, performance art historian RoseLee Goldberg "categorically state[s] that it's OK if you weren't there."[4] She further points to the significance of historical documents for younger generations of artists to become acquainted with the legacy of their predecessors, and to be able to re-use it in the creation of new work. The defensive tone implicit in such valuations of documentation is revealing of how the documental relic has to be protected from the common view that it cannot offer more than a mere residue; perhaps it is necessary to preserve the work of art, but the relic is hardly capable of providing any sense of the "real-time" experience.

Questions about the potentialities and limitations of documentation have recently gained renewed significance due to the increasing interest of several choreographers and artists in what I earlier introduced as "re-enactment strategies." Yet this (re-) turn to the document which re-enactment incites is not unanticipated, since artists working in other disciplines have already been treating documental relics as objects with aesthetic value or as inspirational resources for creating new work. It has been noted that in the visual arts interest in documentation is closely related to a critical attitude towards the archive, as questions are raised about how these repositories of material remains determine and structure our knowledge of the past.[5] By means of re-enactment strategies, dance and performance art share in this critique, albeit by placing one vital element at the center of attention: the body. While documentary relics (predominantly in the form of videos and photographs) often provide the initial impetus for artists to explore and develop re-enactment strategies, the various attempts to revivify past performance work readily show that dance and performance art engage the body as an important bearer and transmitter of information in ways that expose the limits of the archive and undermine its privileged status of facilitating primary access to historical times. Material documents are therefore necessary but insufficient: informing re-enactment work, enabling the body to take up its mnemonic function, but deficient in including all the knowledge (cognitive, physical, or experiential) that live performance entails. Re-enactment thus significantly expands the scope of the archive, not only by commenting on the fact that in its traditional conception the archive cannot incorporate intangible knowledge, but also by foregrounding the body itself as an essential archiving entity, capable of storing skills, techniques, and other information that is of great epistemological value for the practical reality of live performance in general and the re-enactment of its documentary relics in particular.[6]

This re-embodiment of archival sources also brings re-enactment strategies close to the growing genre of so-called "documentary theater" which performance scholar Carol Martin has characterized as a theater form in which historical events are restaged and "'real people' [...] are represented through various means, including stage acting, film clips, photographs, and other 'documents' that attest to the veracity of both the story and the people being enacted."[7] In addition to the obvious disciplinary differences (theater often employs the spoken word, dance and performance art often do not), the work I consider here does not re-enact slices of historical realities but rather events seized from art history. Although – mostly in video and performance art – a significant number of re-enactments are being produced that take historical facts and occurrences as their impetus, subject, or source (a subgenre I would term "artistic-historical re-enactment"), my attention here is on performances that recreate former performances (or what we could call "purely artistic re-enactment"). This particular focus proceeds from the belief that the stakes in the two categories are somehow different. Broadly speaking, while the recreation of historical events usually serves to rewrite or even resolve (often traumatizing) pieces of our collective past, the restaging of performance work primarily intends to inquire into the specificities of the medium itself and investigate how the meaning and impact of a particular performance might remain preserved or profoundly change when redone in a different socio-cultural context. Accordingly, like documentary theater, many of these purely artistic re-enactments visibly integrate their historical sources into the performance, though not so much to evidence the "veracity" of the work being re-enacted, but rather to expose the transition in medium from material document to live performance.

Document in Discourse In the wake of the surge of re-enactment strategies, the status of the document in live performance arts has also been subject to thorough revision in scholarly discourse. In many theoretical reconsiderations dealing with the role and function of the document, the recent work of pioneering performance artist Marina Abramović has been a remarkable anchor point furthering critical reflection – presumably due to her unexpected, groundbreaking, and provocative way of proposing re-enactment strategies as a method to secure the future of performance art. Although it is not my intention to ground my own discussion here on Abramović's concern with re-enactment, it is worth considering her practice and the tenor of the arguments it has engendered.

In November 2005, Abramović occupied the central rotunda of New York's Guggenheim Museum to stage *Seven Easy Pieces*, her first large-scale and highly publicized re-enactment project. For seven consecutive days and for seven hours at a time, she reperformed a personal selection of several canonical performance pieces that helped shape the genre during the 1960s and 1970s. Returning to the available archival documentation of the work of pioneering performance artists (such as Bruce Nauman, Vito Acconci, Gina Pane, and others), she aimed to counter the tendency to mythologize the history of performance art and instead personally re-embody it. In this manner, she not only advanced a return to the historical sources but also propounded re-enactment as the only true way of conceiving the afterlife of performance art. In response to Abramović's project, a considerable stream of opinions emerged trying to come to terms with her particular approach to performance documentation.

In terms largely similar to the artist's proposal to consider documental relics not merely as historical objects but as "musical scores" yearning for reinterpretation,[8] many critics rather cursorily noted how in *Seven Easy Pieces* "documentation became less a supplement than a source" for new performance.[9] In his "The Performativity of Performance Documentation" (2006), media scholar Philip Auslander refers only in passing to *Seven Easy Pieces*, but he did pose the acute question of "whether performance recreations based on documentation actually recreate the underlying performances or perform the documentation."[10] Auslander casts doubt on re-enactment's implicit promise of providing more vivid and direct access to the original performances than other traditional documentary media (such as photography and video). This scepticism has been somehow attenuated by other scholars who, in a more permissive approach, pointed to the intriguing merging of body and document by characterizing Abramović's re-enactments as "a means of remembering these pieces through an embodied documentation."[11] In her discussion of *Seven Easy Pieces*, performance scholar Jessica Santone similarly calls re-enactment "a dynamic, living document as a solution to the past's disappearance; it allows a re-experiencing of the work in a time-based, body-based, ephemeral medium."[12] Santone further explains the interest in re-enactment not only as a return to historical documents but equally as geared towards a "drive to produce documentation"[13] since each re-enactment also generates its own documents.

While these initial analyses of Abramović's concern with re-enactment put great emphasis on the blending of the performer's body with material documents, recent considerations have been remarkably more critical of the claims implicit in her engagement with re-enactment, not at least due to her latest project, *The Artist Is Present* (2010), which took place in New York's Museum of Modern Art. While Abramović performed a new durational piece in which visitors could sit at a table across from the "present" artist during the museum's opening hours,

the upper floor featured a retrospective exhibition that included historical documentation and young performers re-enacting several pieces of the artist's "œuvre."[14] Art historian Amelia Jones lucidly traces "obdurate contradictions"[15] in Abramović's outspoken pretension to "presence" by pointing out that her apparent devotion to extensive documentation as well as her reliance on duration as a structural principle of her work actually subscribe to the impossibility of maintaining belief in an authentic, original act that exists as a pure present. What re-enactment in general and Abramović's project in particular conversely reveal is, according to Jones, "the dependence of any concept of presence on [...] documentation"[16] and, on a deeper level, how both knowledge and artistic expression necessarily involve a degree of repetition. Opposing the common "belief that the meaning of the body in action can only be known to the spectator through its authentic live enactment," Jones argues that "this body's actions can only be known if they are recognizable, if they are *reiterating* or repeating previous gestures."[17] In her recent book on re-enactment, *Performing Remains* (2011), performance scholar Rebecca Schneider similarly questions Abramović's appeal to "presence" in a comment both on the title of the exhibition and its inclusion of live re-enactments. She asks, "If 'The Artist' was present, the question in each piece could become: which artists, where, when? Abramović in the documentation, or the 'other people' in the live tableaux? Or both? Was Abramović 'present' in the documentation? And [...] was the live re-enactment a document, standing as record of Abramović's acts?"[18] Schneider takes an equally incredulous stance towards any notion of "presence" and in her book she goes to great length to show, in an argument closely resembling the one furthered by Jones, that "[p]erformative acts are always reiterative, and as such are already a kind of document or record."[19]

This recent line of thought, which introduced the notion of embodied documentation and thoroughly questioned the possibility of pure, corporeal presence by highlighting its dependence on material representations and the importance of reiteration in any performative behaviour, has been particularly helpful in opening up perspectives on potential overlappings of the live and the documental. But although these accounts put great emphasis on the merging of the body with the document, my aim is rather to initially maintain their respective position in order to explore the outcomes when they appear in visible interaction. I will ground my discussion in *After Trio A* and show how Andrea Božić's re-enactment reveals the choreographical principles that tacitly underlie Yvonne Rainer's dance. These principles will prove to correspond largely with the conditions of movement that inform Gilles Deleuze's concept of the movement-image, which he relates to classical cinema. While *After Trio A* thus brings to surface some of the constituting properties of Rainer's *Trio A*, it also adds an extra layer to it by developing a re-enactment strategy that combines visual relics with live performance. This interaction between historical video images and moving bodies evokes a time structure that matches the temporality Deleuze saw at work in what he called the time-image of modern cinema. Deleuze's cinema theory is largely influenced by Henri Bergson's ideas on movement and time, even though in *Creative Evolution* (1907) Bergson dismisses the cinematographic apparatus as illusionary for advancing a deceitful conception of movement and change by creating motion out of static pictures. Deleuze, however, explains Bergson's repudiation of cinema by arguing that at the beginning of the twentieth century cinema was only in early development: Bergson could not help but miss its full potential for philosophy since this only came to the fore with the mobilization of the camera and the use of montage. What Bergson discovered on the level of perception and consciousness, according to Deleuze, recurs in cinema, and, as we will see, similar conceptions of movement and time can also be seen in choreography.

Tracing *Trio A* Yvonne Rainer's seminal piece *Trio A* has been described by dance historian Carrie Lambert-Beatty as her "most reproduced and reproducible dance."[20] Recorded on film, reworked in several subsequent performances, and initially devised to be learned and executed by everyone interested, the choreography seems to call for re-enactment. In a recent essay titled "Trio A: Genealogy, Documentation, Notation" (2009), Rainer lists several versions of *Trio A* performances, but also articulates how her initial intention to create a reproducible and distributable dance has been superseded by a rather strict regulation of how it is currently being transmitted.[21] Having experienced the choreography's regular appropriation in ways that did not fulfill the technical demands required for the dance and instead distorted it, she appointed "official transmitters" who are commissioned to secure the "correct" afterlife of the dance.[22] Not being a member of the selected group of transmitters, Božić unrestrainedly exploits *Trio A*'s reproductive potential and presents an unorthodox version that clearly distorts the dance but paradoxically also seems to restore it. On a first level, Božić's concept of inviting two new dancers to learn the choreography for each performance of *After Trio A* obviously confronts the audience with the kind of labor that normally goes on between the walls of the dance studio, but remains largely invisible once a choreography is performed onstage. In this sense, the performance provides an internal look into the processes of trial and error inherent to artistic dance practices, while affirming the now nearly indispensable role of video imagery in processes of transmitting dance. Yet, the more important observation is that, even though the dancers are engaged in a process of literal imitation, Rainer's original choreography unavoidably deforms with every step in the process of cross-media circulation set up by Božić. The performers' failure to exactly reproduce the dance, the awkward placing of the visual aids, and the crosscutting between imagery necessarily entail a radical dismantling of *Trio A*'s continuity and replace it with irreducible delays and temporal juxtapositions. The apparent consequence of this fragmentizing approach is that the constituent structure of the choreography is brought to surface. To unravel this further, a succinct account of *Trio A*'s founding principles is required.

One of the choreographic innovations of Rainer's *Trio A* was the absence of discernable phrases, which in traditional dance practices were commonly used to confer a narrative-like structure on choreography, centered around a beginning, middle, and end. *Trio A* created the look of being one continuous movement and as the dance became much acclaimed for this, it has often been reduced to an emblem of continuity. Rainer herself, however, never kept it a secret that phrasing was in fact essential to the

dance, albeit in a different manner. In "A Quasi Survey," an essay written in the same year as *Trio A*'s first performance, Rainer unfolded the main principles of her minimalistic dance aesthetics and described how *Trio A*'s appearance of motional fluency was achieved. She wrote that "[o]ne of the most singular elements in it is that there are no pauses between phrases. The phrases themselves often consist of separate parts [...] but the end of each phrase merges immediately into the beginning of the next with no observable accent."[23] From a choreographic point of view, *Trio A*'s alleged presentation of a continuous movement sequence with an everyday task-like quality was only attained through a rather mechanical approach that divided the dance into its constituent parts and focused mainly on the transitions between the movements. Lambert-Beatty interestingly reformulates Rainer's motive to create a seemingly phraseless dance in terms related to the document. Underscoring Rainer's use of photographic metaphors when discussing dance phrasing in "A Quasi Survey," Lambert-Beatty conceives *Trio A* as countering the so-called "quasi-photographic tendency" in dance to structure choreography around moments of maximal or suspended energy.[24] The lack of hierarchical phrasing evident in *Trio A* would render it a less suitable object for photographic documentation, since it contains no arresting poses, gestures, or jumps with the necessary pictorial quality to provide a striking snapshot. Nevertheless, the fact that the dance is composed as a fluid combination of distinct movements suggests in Lambert-Beatty's view that it does not fully succeed in leaving behind "the fracturing effect both of pictorial dance and of photography"[25] and thus rather constitutes "one continuous photogenic moment."[26]
It is precisely this "fracturing effect," which is often overlooked since it is only tacitly present in *Trio A*, that is evoked in several ways in Božić's reenactment. Whereas the video of *Trio A* mimics the dance's continuity in the way that montage remains absent from the long-shot and the camera instead slowly follows Rainer's body moving around the space, in *After Trio A* this seamless representation is radically cut up since only a few, seemingly random fragments are projected, between which the screen remains blank. Likewise, the other screen only now and then displays the first performer learning *Trio A*,

and intermittently features phrases from Rainer's famous 1965 *No Manifesto*, in which she voiced her refusal of several conventions informing much of traditional dance, such as spectacle, virtuosity, and glamour.[27] By capriciously cutting across the several instances of *Trio A*, Božić disrupts the unitary succession of movements as they are scattered around both on the screens and on stage. This fragmentation is equally observable in the performers' dancing which, due to the fact that they learn the choreography live on stage, is punctuated with gaps and hesitations. If Rainer made painstaking efforts to conceal the phrasing inherent to the dance, in *After Trio A* the crucial points of transition are not so easily levelled out and each consequently functions as a kind of interval that interrupts the continual progression of movements. The notion of the interval is also audibly emphasized by sound artist Robert Pravda, who at certain moments hoists a stereo speaker to let it fall again, which produces a banging sound. The dropping of the speaker implicitly refers to the first performance of *Trio A*, in which Rainer integrated falling wooden slats to accompany the dance and which, as Lambert-Beatty suggests, "might have drawn attention to the fact that, despite all the talk of *Trio A*'s consistency, a certain kind of stoppage, or cutting off, is fundamental to the dance as well."[28] In sum, *After Trio A* starts by staging a multiplicity of interactions between the historical document and the performing bodies, and ends up disclosing *ex negativo* the founding principles on which Rainer's dance aesthetic was grounded.

Conditioning Movement *After Trio A* reveals how the dynamics between the separate sections of *Trio A* in relation to the whole dance are essential to create the desired look of continuity. It is worth tracing the conception of movement that informs this particular choreographic approach on a deeper level, because it opens up possible ways in which the creation of dance might correlate with representational media and this in turn suggests certain affiliations between live performance and the domain of the document. In her earlier work, Rainer had been exploring principles of stoppage and stutter, for which the inspiration came directly from the late nineteenth-century chronophotographic experiments of Eadweard Muybridge, who studied movement by dissecting it into series of consecutive photographic stills.[29] In "A Quasi Survey," however, Rainer briefly recounts how her interest shifted towards devising choreographic continuity, which she only achieved after realizing that "[d]uration and transition had to be considered."[30] By reorienting her focus to duration and transition, her work became more cinematic in nature and advanced a concept of movement similar to the understanding of movement developed by Deleuze in his cinema theory.

In his first book on cinema, Deleuze ascribes the discovery of the movement-image to Bergson, since in *Creative Evolution* (1907) Bergson unfolds the conditions of what constitutes *real* movement by foregrounding both the interval and duration as its central principles, which is already remarkably close to Rainer's later choreographic interests. Deleuze firstly explains how, according to Bergson, movement cannot be reconstituted "with positions in space or instants in time," because "movement will always occur in the interval between the two [instants or positions]."[31] Here, we can detect a common view shared by Bergson, Deleuze, and Rainer which holds that real movement only occurs through the exhaustion of space *between* distinct points. This notion of movement underlies Rainer's attempt to locate the dancer's body in a moving progression that refuses punctuation in order to create motional continuity and explains her ensuing description of the body in *Trio A* as "constantly engaged in transitions."[32]

Yet, as we have seen, *Trio A* does consist of different sections and its apparent flow is achieved not so much through an amorphous stream of movements but rather by flattening out every differential value between its structural components. This paradoxical dynamic can be disentangled through Deleuze's reexamination of the Bergsonian idea of *durée* or pure duration. Deleuze recalls that Bergson defines *real* movement as "a mobile section of duration" that correspondingly "expresses something more profound, which is the change in duration or in the whole."[33] Bergson's notion of duration plays a pivotal role in his famous critique of our tendency to spatialize time by dividing it into measurable units. In our daily perception, time appears as a progressing movement from one point to another, which according to Bergson (and Deleuze after him) conceals the fact that *real* time and *real* movement only exist through

a process of becoming and thus as a constant acentered flux of variation. This universal duration might remain largely imperceptible, but Deleuze does allow for its irruption by pointing to the possible interactions between what he calls the "whole" (or wholes) and "sets."[34] While sets are closed and divisible into parts, the whole is essentially open as it constantly changes and hence constitutes what Deleuze, citing Bergson, terms "an indivisible continuity."[35] Movement is then presented as performing an intermediary function on two levels. It not only takes place between the constituent parts or objects that make up the sets, but by bringing these initially "immobile sections" into motion it also "relates the objects or parts to the duration of a whole which changes and thus expresses the changing of the whole."[36] Movement in this sense intuits an understanding of the whole and its fluctuating duration and as such it indirectly reveals "a mental, spiritual reality"[37] that for natural perception is not readily given.

Rainer's *Trio A* can equally be read in terms of a negotiation between sets and wholes and as an expression of duration that might be said to appear in the mind of the beholder rather than in the performer's body. Rainer herself makes an important distinction between what she calls "real" and "apparent" energy and she readily admits that the seeming lack of differentiation conceals the fact that phrasing and divergence in energy effort are in effect essential to the dance. In "A Quasi Survey," she wrote that "[i]n order to achieve this look in a continuity of separate phrases that does not allow for pauses, accents, or stillness, one must bring to bear many different degrees of effort just in getting from one thing to another."[38] Placements of the arm or the lifting of the leg are thus parts of different sets between which movement is established to create the look of choreographic continuity. Hence, there is a significant divergence between the actual execution of *Trio A* and its perceptible appearance since it conveys the impression of a durational whole while technically being composed of different sets which the dancer is summoned to turn into a coherent adhesion. The Deleuzian dialectic between wholes and sets is thus equally at work in *Trio A* as the dance seems to affirm his claim "that the sets are in space, and the whole, the wholes are in duration, are duration itself, in so far as it does not stop changing."[39]

According to Deleuze, movement is altogether operative in two different dimensions: as movement is established between the objects or parts (or immobile sections) that make up the sets, it expresses a deeper sense of movement that belongs to the whole and is conceived as the constantly changing flux of matter. This double sense of movement is central to Deleuze's conceptualization of the cinematic movement-image, in which the continuous movement between subsequent shots provides an indirect representation of time and duration. This is achieved through what Deleuze identifies as the logic of "rational cuts" which holds that "between two images or two sequences of images, the limit as interval is included as the end of the one *or* as the beginning of the other, as the last image of the first sequence or the first of the second."[40] The movement-image thus implies a form of movement that Deleuze characterizes as "normal," since it clings to "the existence of centers" and follows a coherent sensory-motor schema in which perceptions lead to actions.[41] *Trio A* might be considered as choreographically realizing the principles that Deleuze saw at work in classical cinema. It deploys a similar logic of rational cuts as the dance consists of distinct sections with "the end of each phrase merg[ing] immediately into the beginning with no observable accent."[42] With each action following from the other and by taking the moving body as the center without adding any acceleration or emphasis, the dance further acquires a task-like quality and a consistency that corresponds to Deleuze's notion of "normal movement." The experience of time that the dance accordingly evokes is not superimposed, as in traditional dance phrasing, but rather derives from the movements themselves.

Trio A thus exemplifies how in 1966 Rainer developed concepts of movement and time that Deleuze in the early 1980s would identify in cinema. Sally Banes has noted that in many works of the Judson Dance Theater, the collective Rainer belonged to at that time, there was a widespread "use of multiple media, or intermedia, especially film in the dance" and that certain "dance ideas of the group came from [...] the influence of other media and other art forms."[43] Rainer herself would abandon dance in the mid-1970s and turn to the medium of film. *Trio A* may be seen as a tacit prediction of this shift in Rainer's career as it incorporates principles of transition and duration that can also be attributed to cinematographic apparatus.

On the Verge of Virtuality Whereas Rainer's *Trio A* can be typified as a choreographic movement-image, Božić's adaptation of it in *After Trio A* elicits a time structure that corresponds to Deleuze's notion of the time-image, which in his view affords a direct presentation of time. The circuit constructed by Božić may at first sight seem to adhere to the structure of cause and effect inherent to the sensory-motor schema, since perception (the seeing of video imagery) clearly leads to action (the imitation of the movements seen), but the performance's concept and stage design complicate the discernable causal links between the executed movements. Both the dancers' unavoidable failure to achieve the look of continuity and the various switchings between the screens rupture the coherence of the dance and instead replace its initial balanced quality with "aberrant movement" and "irrational cuts," two principles Deleuze attributes to the time-image. But the degree to which *After Trio A* constitutes a time-image in its own right follows foremost from the interaction it effectuates between the actual and the virtual by bringing the historical document into dialog with live performance.

We can untangle this dynamic by turning to Deleuze's discussion of the time-image in terms of what he calls the "crystal-image," denoting the time-image's capacity to provide a multifaceted view of the different dimensions of time as if reflected through the various sides of a crystalline structure.[44] Interestingly, Deleuze refers to two possible modes of the crystal-image that seem to match perfectly the re-enactment strategies explored in *After Trio A*. On the one hand, there is "the work in process of being made" which leads to what Deleuze calls the "seed-image"; on the other, there is "the work reflected in the work" which constitutes a "mirror-image."[45] Both elements are obviously present in *After Trio A*, as it stages two dancers in the process of learning Rainer's choreography and combines it with images of the work it mimics. Deleuze saw this prominent self-referentiality recurring not only in cinema, but in all the arts, and according to him it did not signify artistic exhaustion or mere self-sufficiency, but rather procedures to instantiate crystal-images. Whether as a seed or as a mirror (or both at once), crystal-images are composite structures that engender "an objective illusion" which "consists in the indivisible unity of an actual image and 'its' virtual image."[46] It is precisely the indiscernibility between the actual and the virtual that will deliver a direct representation of time. To understand this, it is crucial to briefly outline the key ideas of Deleuze's view on time which, just as with his reflections on movement, is largely informed by Bergson's philosophy.

Central to the Bergsonian-Deleuzian conceptualization of temporality is the assumption that the present and the past are co-existent and respectively belong to the regime of actuality and virtuality. More particularly, Deleuze explains the observable passing of the present by conceiving it not as a succession of distinct moments that replace one another but rather as instances of time that already implicate the past in their very constitution. He writes, "since the past is constituted not after the present that it was but at the same time, time has to split itself in two at each moment as present and past."[47] In this sense, the actual image in the present is always accompanied by its virtual equivalent, which clarifies the Bergsonian distinction between perception and recollection. While perception is intrinsically bound to the presentness of the actual moment, it nevertheless doubles itself as it also recedes into what Bergson terms "pure recollection."[48] This pure notion of remembrance has to be distinguished from the memories of which we are commonly aware as they pop up in our mind. These are mental "recollection-images" that in fact constitute actualizations of the purely virtual imagery that belongs to the "past in general," which is always already there.[49] Both Bergson and Deleuze thus conceive of a double-sided track of the actual and the virtual that correlates with their multilayered notion of time. Deleuze, however, differs from Bergson in crediting cinema with the capacity of providing a direct representation of time through the crystal-image. In his understanding, the crystal-image combines actual and virtual images in such an intricate manner that both categories constantly fall into each other to the point of undecidability and with the result that "what we see in the crystal is time itself, a bit of time in the pure state."[50]

A similar puzzling confluence of the actual and the virtual is observable on different levels in *After Trio A*, since each player involved seems to unite the two dimensions. The screening of the video footage of Rainer performing *Trio A* clearly actualizes a historical relic that otherwise would remain only virtually present in dance archives or websites such as YouTube. Yet, when framed within a live performance, the images cannot but refer to their own pastness as they retain a virtual quality in comparison to the actual bodies performing on stage. The dancers' bodies thus obtain a higher degree of actuality as they attempt to reincorporate the choreography as seen from the video images and generate actual movements on stage. This overt reactualization, however, is at the same time attenuated since *After Trio A* also makes a plain appeal to the dancers' bodily memory by summoning them to learn the choreography and eventually reperform it without any visual aids. From this point of view, *After Trio A* stages not only the virtualization of actual perception and experience into corporeal recollection, but also the reactualization of the secondarily acquired virtual repository of movements. In the course of the performance, both the actualized and virtual dimensions of memory are thus equally addressed as it follows a script that includes processes of incorporation and externalisation. From the side of the spectator, a comparable dynamic between the virtual and the actual can also be discerned. Depending on the prior knowledge the beholder has of Rainer's choreography, *After Trio A* invests in reinforcing or newly shaping virtually collective memories by returning to a canonical piece of recent dance history. Besides the historical awareness it engenders, *After Trio A* also engages the spectators' ability to remember within the performance. From the outset, it is clear that the dancers are copying Rainer's choreography, but for the audience the video is only shown now and then. Since the historical document functions as the comparative background against which the dancers' imitation gains meaning, it is necessary for the spectator to link the actual perception of the dance with the image of the video, which only exists as a virtualized memory when the screen remains blank.

By invoking a dynamical interplay between the actual and the virtual in several ways, *After Trio A* presents a temporal structure that is Deleuzian in nature. At the same time we see the dance appearing (on the screen, in the dancers' bodies, in the spectators' perception), we notice it receding into the past (the fading out of the screen, the dancers' reliance on their bodily memory, the memory images in the beholders' minds). The co-existence of the present and the past is not only visually suggested through the juxtaposition of the historical video and the live performing bodies, but it is also made palpable as the dance continually resurfaces through the different intermediaries in the constellation created by Božić. In this way, *After Trio A* looks further than the common idea that dance is hard to preserve and instead points to a virtual already there – a place where it does remain and from which it can reappear, again and again.

Movement, Image, Time – Conclusion The afterlife of performance resides largely in its documents. Photographs, videos, and written accounts all are essential in passing on the work beyond the bodies of performers and the minds of beholders. Yet the potential of the document amply exceeds its merely representational function and its role as transmitter to larger and future audiences. The turn to the document, implied in the current surge of re-enactment strategies in dance and performance art, exemplifies how live performance can enter into fruitful dialogs with the document in ways that affect our thinking on both notions. While it is commonly argued that re-enactment opens up the possibility of embodied documentation, my focus in this contribution was rather on the level where they interact without completely merging into one another. To this end, Andrea Božić's *After Trio A* provides a case in point because it shrewdly stages an cross-media dialog between historical video imagery and contemporary performing bodies, engendering reflections on how the document, instead of being a flawed representation of the work, rather is an instrument which can be applied to bring structures, properties, or principles of live performance to light.

In my discussion of (*After*) *Trio A*, I have traced the outcomes of the interactions between the document and performance on three levels. Božić's initiative of having two dancers learning Rainer's *Trio A* on stage by copying a video firstly reveals the choreographic principles underlying the dance. By not succeeding in reproducing *Trio A*'s much acclaimed look of continuity, the dancers' performance unveils how the dance does not comprise an amorphous stream of movements but rather consists of distinct sections between which every differential value should be flattened out. This finding led into a discussion of how the interplay between the domain of the document and performance can also be traced on the level of the creation of dance, as Rainer's work might be seen to correlate with characteristics typical of representational media. While her early work contained elements of the photographic, I have shown how *Trio A* is much more cinematic in nature and in fact constitutes a choreographic movement-image which, from a Bergsonian-Deleuzian point of view, reflects on the conditions of movement. Finally, I have considered how *After Trio A* brings the historical document into dialog with the performers' bodies and the beholders' minds, and propels a circuit in which the actual perceptions become virtualized and virtual memories are summoned to reactualize. From this observation ensued the characterization of *After Trio A* as a performative time-image, which evokes a temporal structure that transcends the sheer present and alternatively suggests a multilayered notion of time.

"Dance is hard to see," Rainer wrote in "A Quasi Survey."[51] And "what she meant," according to Lambert-Beatty, "is that as a temporal art, disappearing even as it comes into being, dance resists vision."[52] The moving body eludes the grasp of the eye, much like it always seems to escape from the frame of the photograph or the shot of the camera. Returning to the document and bringing it back to life, time and time again, may nevertheless reveal that which for the seeing eye initially remains concealed; performance and document, when brought into intricate interactions, empower each other in exposing the hidden but enduring grounds of an otherwise fleeting art. Perhaps beyond the amplest reach of vision, yet always within the scope of reappearance, performance persists, both in and as a living image.

[1] A video of the performance of *After Trio A* can be found online, cf.: http://dance-tech.tv/videos/after-trio-a-by-andrea-bozic-2010/, accessed June 2012.

[2] By considering re-enactment as an artistic strategy and by making this explicit in the phrase I propose here, I aim to take a position in the still unresolved debate concerning the terminology that surrounds the practice of dance re-enactment/reconstruction. For an insightful discussion of these issues, see chapter 5: "Reconstructing the Dance: In Search of Authenticity?" in: Helen Thomas, *The Body, Dance and Cultural Theory*, Palgrave Macmillan, Basingstroke, 2003, pp. 121–145.

Coinciding with the terminological discussion, there is doubt in spelling the term "re(-)enactment" with or without the hyphen. In my use of the term, I prefer to insert the hyphen, in order to emphasize the reiteration inherent to re-enactment and to visibly indicate the inevitable historical distance between the original source and its present revising.

[3] Frazer Ward, "Some Relations between Conceptual and Performance Art," in: *Art Journal*, vol. 56, no. 4, 1997, pp. 36–40, here footnote 2.

[4] RoseLee Goldberg, "Performance Anxiety: RoseLee Goldberg on Historicizing 'Live Art'," in: *Artforum*, 2004, online: http://artforum.com/inprint/id=6569, accessed 02/06/2012.

[5] On the relationship between the archive and visual arts, cf. Okwui Enwezor, "Archive Fever. Photography Between History and the Monument," in: Okwui Enwezor (ed.), *Archive Fever. Uses of the Document in Contemporary Art*, exhib. cat., International Center of Photography, New York, Steidl, Göttingen, 2008, pp. 11–51 as well as Hal Foster, "An Archival Impulse," in: *October*, no. 110, 2004, pp. 3–22.

[6] For recent considerations of the body as a living archive, see: André Lepecki, "The Body as Archive. Will to Re-Enact and the Afterlives of Dances," in: *Dance Research Journal*, vol. 42, no. 2, 2010, pp. 28–48; Rebecca Schneider, *Performing Remains. Art and War in Times of Theatrical Reenactment*, Routledge, London, New York, 2011, esp. chapter. 3, "In the Meantime. Performance Remains," pp. 87–110.

[7] Carol Martin, "Bodies of Evidence," in: *TDR. The Drama Review*, vol. 50, no. 3, 2006, p. 9.

[8] Marina Abramović, "Reenactment. Introduction," in: *Seven Easy Pieces*, exhib. cat., Guggenheim Museum, New York, Edizioni Charta, Milan, 2007, pp. 9–12, here p. 10.

[9] Johanna Burton, "Repeat Performance," in: *Artforum*, 2006, online: http://artforum.com/inprint/id=10058, accessed June 2012.

[10] Philip Auslander, "The Performativity of Performance Documentation," in: *PAJ. A Journal of Performance & Art*, no. 84, 2006, pp. 1–10, here p. 2.

[11] T. Nikki Cesare and Jenn Joy, "Performa/(Re)Performa," in: *TDR. The Drama Review*, vol. 50, no. 1, 2006, pp. 170–177, here p. 170.

[12] Jessica Santone, "Marina Abramović's Seven Easy Pieces. Critical Documentation Strategies for Preserving Art's History," in: *Leonardo*, vol. 41, no. 2, 2008, pp. 147–152, here p. 151.

[13] Ibid., p. 147.

[14] Using the term "oeuvre" in the context of performance art is always a bit controversial, since performance art originated as an artistic practice that refused established disciplinary boundaries and aesthetic conventions, and was fundamentally experimental in nature. The term "oeuvre" connotes a relatively consistent body of work, which in performance art is rather an exception than a rule. By putting the word in quotations marks, I want to show how the present possibility of applying such a term to Abramović's works is to some extent at odds with the original aspirations and principles of performance art. In other words, the quotation marks should somehow indicate that the fact we can use the term "oeuvre" in the context of Abramović's work helps to establish her as a canonical artist of performance art, which is in the end quite the opposite of what many other pioneering performance artists aimed to achieve.

[15] Amelia Jones, "'The Artist Is Present.' Artistic Re-enactments and the Impossibility of Presence," in: *TDR. The Drama Review*, vol. 55, no. 1, 2011, p. 16–45, here p. 17.

[16] Ibid., p. 18.

[17] Ibid., p. 33.

[18] Rebecca Schneider, op. cit., p. 29.

[19] Ibid., p. 135.

[20] Carrie Lambert-Beatty, *Being Watched. Yvonne Rainer and the 1960s*, The MIT Press, Cambridge/MA, London, 2008, p. 159.

[21] Yvonne Rainer, "Trio A. Genealogy, Documentation, Notation," in: *Dance Research Journal*, vol. 41, no. 2, 2009, pp. 12–18.

[22] Ibid., p. 15.

[23] Yvonne Rainer, "A Quasi Survey of Some 'Minimalist' Tendencies in the Quantitatively Minimal Dance Activity Amidst the Plethora, or an Analysis of Trio A," [1966] in: Gregory Battcock (ed.), *Minimal Art. A Critical Anthology*, University of California Press, Berkeley, London, 2005, pp. 263–273, here pp. 269f.

[24] Carrie Lambert-Beatty, op. cit., p. 133.

[25] Ibid., p. 139.

[26] Ibid., p. 164.

[27] In 2008 Rainer wrote another version of her famous *NO Manifesto*, in which she softened its oppositional tone. In response to both texts and on occasion of *After Trio A*, Andrea Božić also wrote *After No Manifesto*. All texts can be found online at: http://dance-tech.tv/2011/10/16/after-manifestos-after-trio-a-by-andrea-bozic/, last accessed June 2012.

[28] Ibid., p. 140.

[29] Ibid., pp. 107–120.

[30] Yvonne Rainer, 2005, op. cit., p. 269.

[31] Gilles Deleuze, *Cinema 1. The Movement-Image* [1983], University of Minnesota Press, Minneapolis, 1986, p. 1.

[32] Yvonne Rainer, 2005, op. cit., p. 270.

[33] Gilles Deleuze, op. cit., p. 8.

[34] Gilles Deleuze, op. cit., p. 10.

[35] Ibid.

[36] Ibid., p. 11.

[37] Ibid., p. 9.

[38] Yvonne Rainer, 2005, op. cit., p. 270.

[39] Gilles Deleuze, op. cit., p. 11.

[40] Gilles Deleuze, *Cinema 2. The Time-Image* [1985], University of Minnesota Press, Minneapolis, 1989, p. 277.

[41] Ibid., p. 36.

[42] Yvonne Rainer, 2005, op. cit., p. 270.

[43] Sally Banes, *Writing Dancing in the Age of Postmodernism*, Wesleyan University Press, Middletown/CT, 1994, p. 224.

[44] Cf. Gilles Deleuze, 1989, op. cit., chapter 4: "The Crystals of Time," pp. 68–97.

[45] Ibid., p. 75.

[46] Ibid., p. 69, 78.

[47] Ibid., p. 81.

[48] Ibid., p. 79. Deleuze grounds his discussion in this particular section on Henri Bergson's *Mind-Energy*, Macmillan, London, 1920.

[49] Ibid.

[50] Ibid., p. 82.

[51] Yvonne Rainer, 2005, op. cit., p. 271.

[52] Carrie Lambert-Beatty, op. cit., p. 1.

Notes on Acción del encierro.
Ana Longoni

Rosario (Argentina), October 7, 1968. A group of visitors, lured by the circulation of personal invitations, street posters, and an ad in the paper, turn up punctually for an experience announced by the artist Graciela Carnevale, a member of the Grupo de Arte de Vanguardia [Avant-garde Art Group]. It is the last of several events, called the Ciclo de Arte Experimental [Experimental Art Cycle], which commenced in May of the same year to the shock of the city's cultural milieu. As the visitors enter the commercial storefront gallery in downtown, they find the narrow space empty and neutral; its glass wall – which should allow viewers to watch the outside from inside and vice versa – completely covered with posters advertising the opening. While some twenty visitors are waiting for something to happen, the artist slips out quietly, closes the store's only door, locks it up with a padlock … and leaves.

With the exception of Carnevale herself, the literary critic and semiologist Nicolás Rosa – who helped to write the piece's explanation, which was handed out to the audience once the event was over – and Carlos Militello, the photographer who captured the event, nobody – not even the other members of the group – knew what the whole thing was about: "The door was locked without the audience being aware of it. The point was to allow them in and to prevent them from going out. I've taken some prisoners. The piece starts here and these people are the actors."[1] All of a sudden and without warning, the visitors find themselves violently abused. The artist's idea is that her violent action will trigger an equally violent response, an act of liberation on the part of the audience. However, the spectator-prisoners react patiently; they talk or sit down to wait until everything returns to normal. At best, they tear down the posters covering the window to see what is happening outside, vainly attempt to force the lock, and remove, patiently and without tools, the door's hinges. In the meantime, those who were late for the opening keep arriving and start gathering in front of the door. For over an hour both those locked in and those bunched up outside wait, anticipating that something will happen – perhaps the artist will reappear, put an end to the practical joke, and start the performance. Nobody knows exactly what to expect. The tension caused by the imminence of what is about to happen keeps growing.

In conceiving of *Acción del encierro*, Carnevale's goal was "to provoke the spectators into an awareness of the power whereby violence is exerted in daily life." The artistic action becomes political pedagogy. Not a friendly pedagogy, however, but one that is tough and confrontational. Peter Eleey has defined this action as "hostile art" due to "its quieter and coercive violence" in using "art as a trap."[2]

The artist, apparently shy and fragile, forced herself to take the place of the oppressive regime in order to perform an act of violence on a trusting group of people whom in many cases she knew quite well. "This reality of the daily violence in which we are immersed obliges me to be aggressive, to also exert a degree of violence – lesser but effective enough in this case – through the artwork. To do so, I first had to do violence to myself. I wanted each member of the audience to experience confinement, discomfort, anxiety, finally suffocation and oppression; I wanted them to go through an unexpected act of violence."[3] This idea was in line with the intellectual approach that spurred political radicalization in Latin America and other parts of the world in those years. In his 1961 prologue to Frantz Fanon's book *The Wretched of the Earth*, which was widely read in those days, Jean-Paul Sartre refers to the redeeming – and healing – virtue of violence exerted by the oppressed. He writes: "No gentleness can efface the marks of violence; only violence itself can destroy them […] This irrepressible violence […] is man re-creating himself […] For violence, like Achilles' lance, can heal the wounds it has inflicted."[4]

According to Eleey's reading of Carnevale's action, the spectator-prisoners are faced with the imperative of a choice or dilemma: to act or to wait, to break free or to passively submit to confinement.[5] What seems to be an alternative in fact masks a compulsion or coercion to act, an alternative that presents itself as a dead end, as an inevitable one-way street as the artist herself points out: "the spectators have no choice; therefore they don't choose, they find themselves violently obliged to participate […] Turning an aggressive act into an artistic event necessarily implies taking a big risk."[6] A big risk – as we will see – for the audience, the exhibition space, for herself, and her group.

Brain Holmes locates the key to the conflict in the uncertainty about the denouement of the confinement: "The visitors became the material of a social artwork. The question was: how would they react to this imprisonment? Who would finally shatter the glass to release the captives from the trap?"[7] In spite of this coercion to act, the reaction of the spectator-prisoners was quiet and patient, almost to the point of inaction. Carnevale had foreseen this as a possible outcome for her piece: "Although unpredictable both for the spectators and me, the action was meant to have an end: would they passively suffer the situation? Would an unexpected event – help from outside – free them from confinement? Or would they gather the courage to act violently and break the glass?"[8]

While this last possibility – the audience's violent reaction and their breaking free – summarizes the instructive purpose and didactic dimension underlying Carnevale's act, what really happened – the artist recalls – was that "the tension between the inside and the outside became so intense that the kick that smashed the windowpane came from someone outside, a rescue action."[9] The liberation act did not come from inside, it was not one of the oppressed who finally reacted, but one of the tardy visitors, who finally decided to break the window, creating a hole through which the "prisoners" managed to come out, one by one.

Deciding that this decision spoiled the "piece," Rodolfo Elizalde, a member of the Grupo de Artistas de Vanguardia, hit the resolute man from behind with an umbrella. It all ended with the arrival of the police who dispersed the crowd and closed down the gallery for rioting.

Risks In their intervention, the police paid special attention to the fact that *Acción del encierro* took place on October 7: one day before Ernesto "Che" Guevara had been captured, to eventually be killed in Bolivia on October 9, 1967. Photographs showing his corpse surrounded by Bolivian soldiers and journalists have traveled the world ever since. Many of those who were young in the 1960s point out the strong impact the guerilla's assassination had on them, precipitating the political radicalization of a generation marked by the mythical weight of his figure and his heroic sacrifice on behalf of the Latin American revolution.

On this first anniversary of Guevara's death, avant-garde artists carried out risky street actions in his honor. These were the days of Juan Carlos Onganía's dictatorship and there was an increasing level of repression. Nevertheless, in Buenos Aires, a group of artists (Beatriz Balvé, León Ferrari, Roberto Jacoby, Margarita Paksa, Juan Pablo Renzi, and Pablo Suárez, among many others) planned a clandestine operation that consisted of dumping red dye into the water of four fountains in different town squares around the capital. They set out at daybreak in twos, pretending to be couples, with a third member to serve as a lookout, and carrying with them several liters of concentrated red aniline dye. They also set up a press operation for the following morning to exploit the impact they expected to make with the "bloody fountains." The operation failed, since they did not know that the fountains did not recycle the water, and the red color disappeared almost at once. But it is a clear sign of the risks the artists were ready to take in their street actions in the middle of the dictatorship.[10] Margarita Paksa defined the *Acción de las fuentes rojas* [Red Fountains Action] as "our guerrilla act."[11] Regardless of its impracticality, their initiative revealed not only the group's "state of mind,"[12] but also their willingness to carry out street incursions in spite of a total lack of legal or technical support. Above all, their modes of action and organization were typical of clandestine and radicalized politics. Around the same time, two actions with balloons were carried out by Rosario's Grupo de Arte de Vanguardia, also in Che's honor. These undertakings shared with *Acción de las fuentes rojas* their use of public space, collective organization, a search for both aesthetic and political impact, an intention to interpellate a massive and casual audience, the adoption of strategies typical of underground political groups – and zero feedback from the media.

The first action consisted of littering the lobby floor of a downtown cinema with balloons, minutes before a screening ended. The audience was forced to burst them or at least kick them aside to be able to walk out. As in *Acción del encierro* [Lock-in Action], the aim was to provoke the audience into a violent reaction through which they would open a way out for themselves.

For the second action, the artists picked another commercial gallery downtown with a large window onto the street and split into two groups. The women walked in through one entrance, holding bunches of helium-filled balloons in their hands, while the men went in through the other entrance, carrying a rolled-up poster. When the two groups met, they attached the poster to the balloons and let go of them. As the balloons rose towards the ceiling the men and women ran from the premises. For quite a long while, until the police could finally pull it down, an unusual advertisement was displayed from the ceiling of the gallery to the astonishment of passersby: "The revolution is coming."

These collective actions, concurrent with the "lock-in", testify that avant-garde groups in both Rosario and Buenos Aires were ready to put their own bodies at risk. In doing so, they not only risked the artist's body but also the body of the piece, which in some cases might be identical with the public's body. The gesture of exposing one's body in that way in those days had real risks and very real consequences: police repression, enforced shut-downs, harassment, jail. The most important reason to put an end to the Ciclo was not so much the closing-down of the gallery by police but rather the feeling that "it didn't matter any more."[13] It even seemed to be a sought-after effect, inasmuch as the Rosario group, along with several members of the Buenos Aires avant-garde (Ricardo Carreira, León Ferrari, Roberto Jacoby, Margarita Paksa, Eduardo Ruano, Pablo Suárez, and others) were at the same time engaged in Tucumán Arde, an ambitious collective project that demanded all their energy and took place outside the channels of experimental art.

Tucumán Arde involved the participation of several dozen artists in a collaborative research and exposure work about the grim living conditions of Tucumán's population as a result of the closure of the sugar mills. This well-known operation was the highest point of the vertiginous journey of artistic and political radicalization experienced by the Buenos Aires and Rosario avant-garde during 1968.[14] At the conference *Primer encuentro de arte de vanguardia*, held in August that year, the terms of a new aesthetic, which postulated a shift from art object to action and sought to dissolve the borders between artistic and political action were discussed. Political violence thus became an aesthetic material; not as a metaphor or invocation, but through the adoption of resources, modes, and procedures pertaining to the political sphere – or rather to radical left-wing groups. There was a definitive rupture with art institutions focussed on experimentation, in particular the private Di Tella Institute, that promoted interdisciplinary and experimental work in different artistic fields (music, theater, visual arts), since the artists were convinced that any denunciation within the institutional frame was neutralized or deactivated. Following this rupture, they chose to articulate their work in a context external to art institutions. The trade union center CGT (General Confederation of Labor of Argentina) was opposed to the dictatorship and included the denunciation of the situation in Tucumán as a key point in its emergency agenda. Through the CGT, the artists tried to reach out to a massive and popular network of interlocutors that outnumbered the limited and elitist audience of avant-garde art.

A few days after *Acción del encierro*, some twenty artists got on a train that would take them all the way from Rosario to Tucumán. Within this framework, it is possible to read this action as the final scene in the process of rupture with the art institution, just before abandoning or blowing up its spaces and rules.

Prisoners and Witnesses Among the different readings that *Acción del encierro* has prompted in recent years, Claire Bishop included the piece in a list of artistic experiments in which the participatory dimension was inscribed in the spectator's role as a maker.[15] However, not all the ways of participating in the action were equivalent. At least three modes of participation can be distinguished in it: the artist, who locked up the spectators and left, the spectators or hostages, who were imprisoned, and those who were late for the event and/or functioned as witnesses. These three types of involvement presuppose different modes of subjectification that nevertheless share the anxiety, shock, and tension provoked by the action, and furthermore imply a feeling of responsibility for the others. "The content of the piece consisted of the intense anxiety surrounding the act of imprisonment, followed by the freedom of escape," Emily Zimmerman has pointed out.[16] Nobody remains indifferent to the uneasiness triggered by the action. Elena Filipovic has contrasted the confinement proposed by Carnevale with one enacted by Roman Ondák, *Stampede* (2011), according to the different feelings each unleashed. Ondák confined more than three hundred people in an almost completely unlit exhibition space. While *Acción del encierro* engendered confusion, fear, and paranoia – in clear consonance with the atmosphere then prevailing in Argentina – *Stampede*, by forcing the spectators to remain confined in a tightly packed space, generated, "an unusual intimacy of bodies (each precariously close to others' personal space) so typically uncommon in exhibitions."[17]

After having locked up her audience, Carnevale took solitary refuge in the studio she shared with the other group members, and remained there by herself, feeling a wave of anxiety, uncertainty, and vulnerability overwhelm her. Looking back on the situation, she has said that things would have been quite different had she chosen to stay and witness the confinement from outside, as a jailer or an observer of the experiment.[18] It was not until the following day that she learnt the details of what happened after she locked the door and left.

As for the prisoners, sharing this unexpected and traumatic experience generated a transitory social bond that helped them react in a more peaceful way than they would have if each had gone through the situation alone. Somehow the artist seemed to indicate – wordlessly – that the solution to the violence exerted on them had to result from a collective response.

The event left lasting effects on some participants. Carnevale even received insulting phone calls after her action. Even now, after many years, a friend of the artist is still annoyed at not having been warned, in spite of their closeness, of what was planned. As for the witnesses who watched the violence exerted on the others from the outside and who knew they would have suffered the same fate had they been on time, they must have felt that their freedom made them responsible for the prisoners' fate. Indeed, the resolution of the situation was the result of a decision taken individually by one of the witnesses.

Other Confinements A direct and constructive dialog between the confinement action and two previous events, both held in 1966 and closely related to it, can be established. The first took place in October, when a large number of avant-garde artists from Buenos Aires, Rosario, and Córdoba launched the *Antibienal* in Córdoba,[19] an alternative – and even confrontational – initiative to the III Bienal Americana de Arte sponsored by Kaiser automobile industries. In spite of poor organization, most visual artists, musicians, and theater groups linked with the Argentine experimental world of those years met at the *Antibienal*, defining themselves for the occasion as "ignored by the biennial."[20] Pablo Suárez recalls the initiative in these terms: "The Bienial was being held and we hadn't been invited to participate, and then comes María Rosa Roca [...] and says we have a space at our disposal that we could use to create a kind of parallel Bienial, something young, with

daring events, and we loved the idea. In two days, we set up an exhibition that was pretty successful, attended by many people, and we closed in a boisterous way. The Bienial had been organized with such a solemn and formal conception [...] that this seemed like a burst of life in front of a mausoleum."[21]
While the III Bienal abounded in abstract, neo-figurative and kinetic art, the *Antibienal* made room for street interventions, ambient pieces, happenings, contemporary dance, experimental theater, and actions or "signalings" that exceeded the limits of the *Antibienal*'s big old house and occupied the street, a few weeks after the military coup. Among many other interventions, Ricardo Carreira performed *La acción encadenada* [The Chained Action]: he hung a large, sagging cable from the balcony to the opposite sidewalk.[22] Pablo Suárez has recalled it as "a totally bizarre piece: [Carreira] tied the whole house with a plastic cable, as if it was a dog, to the lamppost."[23] Roberto Jacoby and Eduardo Costa, in turn, using green paint, "signaled" several pieces of "urban furniture": a park bench, a lamppost, a traffic-light, a mail-box, a fragment of sidewalk, as well as one of the inner walls of the big house.
On the last day, to close the event, the artists improvised a collective action. People had been invited to a new happening entitled *En el mundo hay salida para todos* [There's Room in the World for Everybody]. By then happenings had become fashionable in the media even though productions that could be included in the genre were scarce in Argentina. While the audience was waiting for the event to begin, some artists blocked up the door so that nobody could come in or out. They went away, leaving the visitors locked up for an hour, and then returned, accompanied by a group of students that was protesting the murder of one of their leaders, Santiago Pampillón, who had been killed by the government on September 12 of that year. Artists and students burst into the place in which the audience was confined, chanting political slogans, while one student delivered a fiery speech from the balcony.[24] The happening that the audience had eagerly expected was transformed into a political demonstration that the spectator-prisoners were forced to attend.
This action prefigured many of the transformations that would take place in the Argentine avant-garde

during 1968: the move from art object to action and from individual to collective work, the artistic use of procedures typical of radicalized political actions, the vindication of violence – in this last case against the audience – as aesthetic material, and close collaboration with social and political movements opposed to the establishment.

The second event was a happening entitled *Para inducer al espíritu de la imagen*, performed in November 1966 in the Torcuato Di Tella Institute by Oscar Masotta, a key articulator of an avant-garde theoretical discourse and a promoter of happenings and art media pieces.[25] In this performance, Masotta readapted a happening by La Monte Young that had shocked him some months earlier in New York: "one was assaulted by and enveloped in a continuous deafening noise" that altered the whole physiological situation of the body, practically breaking apart one of the senses and at the same time producing "a hard rearrangement of the entire perceptual field."[26] In his recreation of it, Masotta held on to the idea of affecting the ear through a continuous, high-pitched, and deafening electronic sound. After saying a few words about the origin of what the audience was about to see, during which he sat with his back to them and discharging a fire-extinguisher, Masotta left the stage to forty shabbily-clothed elderly people who let themselves be looked at under glaring lights, "all huddled up against each other on a platform," in exchange for being paid as extras.

Masotta performed a conscious sadistic act on the old people, who – like Carnevale's spectator-prisoners – could not leave the place of their own free will; not due to a material hindrance – there was no locked door – but as a result of a contract that bound them to endure the audience's gaze for two hours under unpleasant sound and light conditions. In contrast, the audience – like those viewers that were late for Carnevale's opening and, instead of being locked up, remained as witnesses – could leave any time they wanted, once they found the situation physically or ethically unbearable.

Shut Down It is also enlightening to read *Acción del encierro* as epitomizing the sequence of the last three performances of the Ciclo de Arte Experimental, which materialized a literal and symbolic closure of the exhibition space, a shift of art practice to other spaces, and a search for other forms of relationship with the public. Planned by the Grupo de Arte de Vanguardia during the 1968 austral summer, the Ciclo was launched at the end of May with the support of a subsidy granted by the Torcuato Di Tella Institute.

Every second week each member of the group put forward an initiative. Since no institution was willing to host the Ciclo, it was launched in a hall belonging to a publicity agency, and then moved to a rented space (store no. 20, Melipal Commercial Gallery, 1365 Cordoba Street). Thus Rosario's Grupo de Arte de Vanguardia – which functioned as a collective from 1965 to 1969 – secured a location for their experiments, proving their capacity for self-management and self-financing. Although the space was first endowed with funds from the Di Tella Institute, in July they returned the grant and began to finance themselves.

The unfolding of the Ciclo illustrates the group's rushed itinerary: while their first initiatives implied the giving up of those primary structures that several artists had experimented with in 1967 in order to concentrate on ambient pieces and actions, the climax was signaled by their departure from the gallery space.

The Ciclo did not go unnoticed. In its review, *Boom* magazine commented on the impact of the event: "The team is composed of fifteen snipers, but they somehow manage to produce the effect of a cavalry charge, to be as effective as a regiment of cuirassiers [...] the drowsy public of Rosario have had their deepest beliefs shaken: their relation with visual arts has turned into a real pitched battle. In many cases, they can't understand that pictures have metamorphosed into actions: that the gratifying aesthetic pleasure of contemplating images and color in peaceful harmony has become for them a demand of participation, a call to commitment [...] [It's] the biggest show of irreverence and anti-dogmatism the city has ever suffered: also the sign of the most coherent revolutionary process that visual arts are going through in our country's inner provinces."[27]

A common key element may help read the series of experiences exhibited in the Ciclo: the stress lay on the exhibition space and the audience as the privileged dimension of the artistic action through alterations of perception and calls to participate.[28] The

Ciclo started on May 27, 1968 with nineteen-year-old Roberto Puzzolo's exhibit: a large set of chairs arranged in the storefront so as to form an inverted auditorium with the street as its stage. In the artist's own words, "you had a reversible show: the visitors to the exhibition who watched the street, and the passersby who stopped to watch their watchers."[29] The visitors sat waiting in vain for the show to begin: they did not know – even though the point of reference produced by the heavily framed storefront window was difficult to elude – that they were the actors for the passersby and that the passersby were also the show.

Lia Maisonnave was responsible for the following experience: she left the exhibition space totally empty, respecting its essential features. She just modified one of its surfaces: the floor, on which she drew a black and white chessboard-like grid. She sought to break "the static and conventional relationship of artwork-viewer, where the viewer no longer stands before and outside the artwork," but is compelled to step on it. When they entered the room, each visitor was given a printed sheet entitled "Indications for You to Carry out this Grid in Your House or Lot," with instructions for making a similar grid at home, described in a way similar to that used by Julio Cortázar in his text "The Instruction Manual"[30]. In the catalog-flyer, the artist explicitly points out that her piece is neither the grid on the floor nor the instructions: "What matters all through this action, this proposal, is what it produces in the viewer."[31]

Next up was Fernández Bonina's initiative. He also invited visitors into a completely empty room, leaving nothing that might distract their attention save for "No smoking" and "Keep silent" signs, to which "a third prescription of entering with empty hands" was added.[32] "The experience took place depending on the degree of collaboration with which each visitor complied with the prohibitions," he explained, expecting that thereby "each one will become aware" of his or her attitude toward restrictive commands.[33] The Ciclo continued with a series of experiences before reaching its final segment in which the group's anti-formal and anti-institutional experiments were exacerbated. In September, it was Eduardo Favario's turn, with an action consisting of shutting down the gallery. Visitors invited to the opening found themselves before a gallery with sealed doors, signs of abandonment, and a notice instructing them to proceed to another location in the city. The piece became the audience's drift around the city, or their urban itinerary. While this sham shut-down may be regarded as alluding to the censorship that Ongania's regime imposed on many cultural endeavors, it can also be seen as the artist's decision to close down art's traditional exhibition space (the gallery), force viewers to move into the streets, and disseminate the artwork into a wider, uncontrollable space: the city. The statement that accompanied the action insisted on giving viewers an active role: both a quest and a heightened consciousness awaited them.

Two days later, the next event of the Ciclo was held, consisting in an action that was once again set in the streets and which addressed a fortuitous and casual audience. Rodolfo Elizalde and Emilio Ghilioni staged a fake street fight. The two artists confronted each other verbally and then physically, tore up each other's posters, ran away chased by a support group, and ended up surrounded by people who spontaneously intervened in order to break up the fight. They defined the piece as a "vital event": "That's why we have chosen the streets – an unusual space for a piece – to create a riot that takes the spectators by surprise and in which they are forced to participate, without their knowing – till the very end when catalog-flyers are thrown into the air – that it's an artistic action."[34] Like Carnevale, the artists exerted violence on themselves, on their own bodies. In this case, the audience was no longer the small group of "initiates" that closely followed the experiments of the Rosario avant-garde, but an anonymous and involuntary public who got involved in the piece and participated in it without knowing, until the very end, that it was just a representation.

A couple of weeks later, Carnevale's action brought the Ciclo to an end – unintentionally, since Aldo Bortlotti's and Renzi's presentations were scheduled for some time later. This time, the closure of the gallery was not metaphoric, nor a simulation, but the literal and definitive closure of the space the artists had been managing.

"'Aesthetic contemplation came to an end because the aesthetic got dissolved in social life.' The work of art has also ended because life and the planet itself are becoming art. That is why everywhere there is a necessary, bloody, and beautiful struggle for the creation of a new world. And the avant-garde cannot stop affirming history, affirming the just, heroic violence of this struggle," Roberto Jacoby declared a few months earlier in his "Message in the Di Tella."[35] Carnevale's action adopted this program, which conceived of revolution as the greatest work of art. In this sense, *Acción del encierro* was felt as a vital experience full of violence by all its participants. A violence from which one can only escape through a new act of violence against the exhibition space or even against the art world, pulling down its walls, dissolving its borders.

[1] Graciela Carnevale in collaboration with Nicolás Rosa, flyer text for the Ciclo de Arte Experimental, Rosario, October 1968, reprinted in: Ana Longoni und Mariano Mestman (eds.), Del Di Tella a "Tucumán Arde." *Vanguardia artística y política en el '68 argentino*, 2. ed., Eudeba, Buenos Aires, 2008, p. 122.

[2] Peter Eleey on "The Talent Show" at the Walker Art Center, Minneapolis, 2009, online: http://artforum.com/words/id=25549, accessed August 2012.

[3] Carnevale, Rosa, op. cit.

[4] Jean-Paul Sartre, "Preface," in: Frantz Fanon, *The Wretched of the Earth*, Grove Press City, New York, 1968.

[5] Peter Eleey, op. cit.

[6] Carnevale, Rosa, op. cit.

[7] Brian Holmes, "Transparency and Exodus," in: *Open*, no. 8, 2005, pp. 48–60, here p. 49. Holmes asks himself: "But can we not also read Carnevale's enclosure piece as an allegory of the way that social classes are transformed under conditions of urgency?" and points out that "the self-transformation of society is more complicated, more multiple, than Carnevale's enclosure piece can suggest."

[8] Carnevale, Rosa, op. cit.

[9] Graciela Carnevale, interview with the author, Rosario, 1993.

[10] This action is similar to those performed during the same year by the Argentine artist Nicolás García Uriburu at the Venice Biennale as well as in other European cities, in which he dyed the Grand Canal and other waterways and fountains green. While the procedures were similar – green/sap, red/blood – they had contrasting allusions: the green waterways alluded to a defense of life in ecological terms; the red fountains were a reminder that a political murder had been committed.

[11] Margarita Paksa, interview with the author, Buenos Aires, 1992.

[12] Beatriz Balvé, interview with the author, 1992.

[13] These are words Aldo Bortolotti has used in this regard; interview with the author, 1993.

[14] For a reconstruction of the 1968 itinerary, cf. Longoni, Mestman, op. cit.

[15] Claire Bishop, *Participation. Documents of Contemporary Art*, Whitechapel Gallery, London, The MIT Press, Cambridge/MA, 2006.

[16] Emily Zimmerman, *Uncertain Spectator. Experimental Media and Performing Arts Center*, EMPAC, New York, 2010, online: http://uncertain.empac.rpi.edu/essays/zimmerman.html, accessed November 2012.

[17] Elena Filipovic, *Roman Ondák Notebook*, Hatje Cantz, Ostfildern, 2010, p. 124.

[18] Graciela Carnevale, interview with the author, 2012.

[19] Also known as *Bienal Paralela* or *Primer Festival de Formas Contemporáneas*.

[20] Anonymous, "Los Paralelos," in: *Primera Plana*, no. 200, October 25, 1966, p. 76.

[21] Pablo Suárez interviewed by Guillermo Fantoni, *Tres visiones sobre el arte crítico de los años '60. Conversaciones con Pablo Suárez, Roberto Jacoby y Margarita Paksa*, Escuela Editora, Rosario, 1994, p. 16.

[22] Juan Pablo Renzi interviewed by Guillermo Fantoni, *Arte, vanguardia y política en los años '60. Conversaciones con Juan Pablo Renzi*, El Cielo por Asalto, Buenos Aires, 1998, p. 54.

[23] Pablo Suárez, op. cit.

[24] Cf. Guillermo Fantoni, "Horizontes problemáticos de una vanguardia de los años sesenta. Un movimiento entre el heroísmo y la crisis," in: *Anuario*, Segunda Época, no. 13, UNR Editora, Rosario, 1988, pp. 137–148, and Guillermo Fantoni, "El impacto de lo nuevo en los primeros sesenta. Conformación y emergencia de un grupo de vanguardia," in: *Anuario*, Segunda Época, no. 14, UNR Editora, Rosario, 1989/1990, p. 321–339.

[25] Masotta's texts on art have been collected in: Oscar Masotta, *Revolución en el arte*, Edhasa, Buenos Aires, 2004.

[26] Oscar Masotta (ed.), *Happenings*, Editorial Jorge Álvarez, Buenos Aires, 1967, pp. 166f., 177.

[27] *Boom*, no. 2, Rosario, 1968, pp. 69–72, here p. 69.

[28] Anonymous and untitled, in: *Análisis*, no. 407, 01/01/1969, p. 42, described the Ciclo as: "a series of attempts to transform perception mechanisms and the relationship between work of art and viewer"; anonymous, "Para nosotros, la libertad", *Boom*, no. 2, Rosario, 1968, p. 70, regarded it as "a demand of participation, a call to commitment." The author also comments: "[The Ciclo] wants you to become aware of a fact, instead of contemplating it. You won't be able to take any of those pieces to your living room: you'll have no choice but to experience them."

[29] "Plástica: la libertad llega a Rosario," in: *Primera Plana*, 07/09/1968, pp. 67–68.

[30] "The Instruction Manual" is the first chapter of Julio Cortázar, *Cronopios and Famas*, New York, Pantheon Books, 1969.

[31] Lía Maisonnave, flyer text for the Ciclo de Arte Experimental, Rosario, June 1968, available online at: http://icaadocs.mfah.org/, accessed November 2012.

[32] Guillermo Fantoni, 1988, op. cit.

[33] Ibid.

[34] Roberto Elizalde and Emilio Ghilioni, flyer text for the Ciclo de Arte Experimental, Rosario, September 1968, reprinted in: Longoni, Mestman, op. cit., p. 121.

[35] Longoni and Mestman, op. cit., p. 85.

The Staging of the Document.
Martina Ruhsam

■ The change that takes place when a live performance is transformed into an object or document is not direct or immediate. Between live performance and document a work process takes place, an exercise in transference, an act of documentation that is always an act of selection and framing. Regarding the exhibition *Moments* one might ask, for example: What lies between Lynn Hershman Leeson's persona Roberta Breitmore[1] and the exhibition of Roberta's wig at ZKM | Museum of Contemporary Art? What was the process that occurred between *City Dance* in San Francisco (1976/1977) and the present-day projection of photographs of that performance? Such questions may be posed in two respects: for that which has been lost in the process of documentation and mediatization (or has dropped out of the picture, or been withdrawn from view), and for that which becomes visible only via the (mediatized) document. The process of transforming a performance into a document need not follow such temporal linearity; it can also take place the other way around, with the document as video or object giving rise to a live performance.[2] Processes centering on the reappropriation of historical performances (usually only possible via the mediatized documents of those performances), such as the Artist Lab conducted during *Moments*, also entail an abandonment of the temporally linear conception of performance and documentation. Such a conception presupposes an antecedent performance and a subsequent documentation, necessarily defining performance as origin and making the document conceivable solely in the mode of *after* (and never in the mode of *before*). The idea that performance art does not begin and end with the authentic experience, but is to be understood, contrary to its ontological origin myths, as the ongoing process of a contingent interrelationship between occurrence, mediatization, and reception, was set forth by Barbara Clausen in the context of the exhibition and concurrent performance series *After the Act – Die (Re)Präsentation von Performancekunst*, held in 2005 at Tanzquartier Wien and MUMOK in Vienna.[3]

The localization of the document in the museum implies processes of historicization and canonization, defining as works of art both the performance and the document that purports to have captured it. When the performances documented in *Moments* originally took place, in the 1960s and 1970s, their positioning as works of art was not always obvious: Roberta Breitmore, for instance, strolled around San Francisco without necessarily being identified as a persona by passersby. The ambiguity between the recognizably staged and the presumably authentic in a real fictional character lay at the heart of the project. When we look at photographs of Roberta we can only imagine the subtly unsettling effect this figure might have produced in public settings. The experience of encountering Roberta (which included, for eyewitnesses, the real possibility of overlooking her) is instantly transformed, when we stand before her photographs in the museum, into the contemplation of a historical work of art, accompanied by the retrospective attempt to interpret the work and its effects. I remember a visitor to the exhibition asking, "Are the works in the show artworks or documentations of artworks?" – thereby touching on one of the central questions of this exhibition project: the fascinating subject of a live act's "afterlife" as video, pictorial, and text documents, and the relation of these to the event.

One reason why the question of documentation takes on special significance for performance art is that material or media objects, which could be presented independently by the performer and circulated in the art market after the performance, are not typically produced. The possibility is opened up only by the documentation of the live act, which in most cases also represents the only opportunity to make the performance accessible to a broader audience. Boris Groys resolutely maintains in this connection, that the documentation of art is not art.[4] But since numerous art projects are based on the documentation of an event or process, and because the media of photography, film, and video effectively imply a documentary component, such a definitive demarcation between artistic and documentary terrain is fraught with difficulties – especially in relation to works at the intersection of performance and visual art.

If we accept Groys' premise, then only the occurrence of a live performance would be art, not the photographs or films that reproduce it. Accordingly, a live act would be forever lost after taking place and could only be represented and received in the form of documents, out of historical interest. Moreover, the presence of the performer would be *the* decisive and indispensable characteristic of every performance. Performances that were performed exclusively for the camera, on the other hand, without a live audience, and which gained viewership and public notice only in video form, would not be art. Valie Export's *…Remote…Remote…* (1973) is one example of an action staged exclusively for the camera. While Export's performance was not part of *Moments*, it is particularly interesting in terms of the impossibility of differentiating between artistic and documentary work because Export performed the action without the presence of viewers. The only person present was the one recording as Export, sitting in front of a poster depicting two children, slowly cut into the nail bed of her fingers until blood dripped into a bowl of milk. As a (documentary) video, this performance went on to be included in various exhibitions and catalogs. What does Groys' proposed distinction between artistic and documentary work mean for artists who work in the fields of both performance and visual art? Adrian Piper's *Catalysis* series (1972/1973) and *Untitled Performance for Max's Kansas City* (1970) were performed in public spaces and documented in photographs. On the basis of this documentation, Piper subsequently put together a photo series that has been exhibited in numerous exhibitions, including *Moments*. Marina Abramović first performed *Art Must Be Beautiful, Artist Must Be Beautiful* (1975) in front of an audience but then repeated the performance exclusively for the camera – for the purpose of creating video documentation, which has since been shown in numerous museums. Where is the line to be drawn?

Whether one chooses to view the documents and objects in *Moments* as works of art or not is ultimately secondary. (This choice is faced by each individual viewer and, moreover, must be made anew for each piece on display.) I propose proceeding instead from the assumption that performance and document are interdependent, that the performance needs the document as much as the document needs the performance, as both are enmeshed in a complex interplay of presence and absence, of past and present, that cannot be further investigated by dividing things into works of art and documentary objects. This approach has been articulated perhaps most compellingly by the American author Gerhard Richter on photography: "The original needs its substitutes, must no longer be itself, in order to become properly what it is."[5]

Another reason for questioning the unconditional chrono*logic* that espouses a unique, original event and a subsequent document depicting the live act is that in many cases the desire to create a particular document determines or at least influences the event itself. The live performance may not lay sole claim to the privileged site of origin, which relates to the document merely as the source that is diverged from. An action or performance enacted solely for the purpose of creating a picture or film has been convincingly detailed by Philip Auslander with regard to Yves Klein's *Leap into the Void* (1960) – an action that became known exclusively through documentation that does not convey what actually happened.[6] The safety measures Klein undertook precisely so as not to leap into the void (such as the safety net that caught him) are not visible in the photo: thus a leap into a net, in the supposed document, became a *Leap into the Void*. The document in this case points to the imaginary, serving not so much to confirm the event as to substantiate the incongruence between document and documented, and making evident not the event but the act of manipulation through media, the break between event and representation, the fake. *Leap into the Void* marked the moment in which the graphic potential of photography began to be grasped, in which it was understood as more than just a mechanical form of reproduction. Thereafter, those who went on blindly trusting in the authenticity of a "reproduction" quickly lost ground. Jacques Derrida aptly identified the graphic potential of film as its performativity: "Image taking gives way to image production on the basis of a given material. One then mimics photography or even cinematography, while at the same time bringing the graphic element to a certain completion, to what some might consider a higher dignity, since it becomes productive and 'performative' rather than a mode of registering or recording that would be 'constative' or 'theorematic.'"[7]

Nine years after *Leap into the Void*, the introduction of video technology opened a new chapter in media history: With the debut of the first portable video recording system, as well as the first video recorder to use cassette technology in 1969, home video was born. Alongside the euphoria that accompanied the emergence of this technology, a certain unease manifested itself as well over a sense of loss associated with mass "duplication" and manipulation via photographic and video media, characterized by Walter Benjamin long before as the loss of the aura of the work of art through its technological reproduction.[8] The origins of performance art thus coincided with the development of the new recording technology of video. We have this circumstance to thank, first of all, for the fact that it is possible to put together an exhibition that includes video projections of many performances from the 1970s.

When a performance is enacted with the aim of producing a specific document, the immediate spectators become witnesses to the creation of a video as well. The presence of the camera, which records the performance from a particular perspective in anticipation of a desired document, influences the performance and/or its reception, and ultimately results in the representation of an event that was not seen in that precise form (from that precise perspective) by any of the spectators directly present. Therefore, says Katherina Zakravsky, reenactments or reconstructions of performances that can only be restaged with the aid of documentation raise the question of whether "the documents become a performance or whether the performance consists in the production of the document – the condensation together of a performance that already anticipates its own future history."[9]

Insertion 1 During her talk at *Moments*, Sanja Iveković mentioned that she planned her performance *Inter Nos* (*1978*) to last sixty minutes because that way it could be recorded on a single videocassette.

■ "Essentially, the documentation is no different to the art."[10]

The document is memory in the sense that the documenter has already written him- or herself into it as a witness. His or her perspective is immortalized in the trace that determines the "after-life" of the event (as something reproducible). In *Moments*, the relationships between the displays of documents by performance artists and the live performances documented varied quite widely. The spectrum of documents in the show extended from scores and photographs of live events (Anna Halprin, Sanja Iveković) to a performance (re)staged for the camera, in which the performance's reception in video format by future viewers was an important consideration (Marina Abramović). It ranged from notations meant to be translated into a live performance, to images primarily shown in a visual-art context and constituting artworks in their own right (Channa Horwitz), to films that were intended to be films from the beginning and thus relate to performance art only inasmuch as they contain documentary material from rehearsals of a performance or from the life of the performer (Yvonne Rainer).[11] While Reinhild Hoffmann showed videos of two performances of hers that had been presented in theaters, and also created a composite image of stills from those videos specially for *Moments*, the works by Adrian Piper included photographs of a performance that had no spectators apart from the photographer and those who happened to be passing by. Graciela Carnevale laid out her archive, made up of photographs, newspaper articles, and posters, right on the display table, whereas Simone Forti presented an object (a special slide whistle) together with working materials and a filmed reenactment of *Face Tunes*. Lynn Hershman Leeson showed photographs and costumes from her fictional/real character Roberta Breitmore, as well as a film and *Tillie, the Tele-robotic Doll*, which viewers could control via the internet.

The meaning of the performance is changed not only by the documenter, but also by the medium used to record and capture it. This is partly because each medium creates new conditions for the reception of the performance and makes the event accessible again – without causing artists and viewers to be copresent.

The document becomes a trace of a live act that has taken place and which, for us, is forever beyond reception. As evidence of a thereby irrefutable event, it begins to populate contexts in which the live performance may never have been presented. The document goes on a journey that retraces the diffusion of the subject, or of the live act, and on which it does not withdraw from the original act, but rather creates a rhizomatic memory trace as seductive as it is deceptive. For the document can also merely suggest evidence of an event that never actually happened.[12]

Insertion 2 "I like the blur, you know, when you cannot tell the difference. And often fictive things can appear more real and more truthful than what appears to be reality, this is because it's all shaped by certain perspectives, and by what individuals seem to say or think about a particular point of view."[13]

As the mediatized distillate of an event, a performance is repeatable and can be presented without the presence of the artist involved. In many cases, it is the staging of the document in the museum that first gives the performance market value, so to speak. It implies a theatrical component as well: the status of the document is not that of a mere tool that depicts a past reality, thereby making it accessible and guaranteeing its remembrance. The document's placement, its contextualization, and the way it is presented constitute a process of producing meanings, which determine in turn the document's performance (its presentation) in the museum. To a certain extent, the documentary material temporarily archived in the museum is being simultaneously generated by the structure of the archive, since "archivization produces as much as it records the event," in the words (once again) of Derrida, who further notes that it is precisely this phenomenon that characterizes our political experience of so-called information media in general.[14]

Insertion 3 Marina Abramović performed *Art Must Be Beautiful, Artist Must Be Beautiful* in front of a large live audience. The cameraman who documented that performance had been given no instructions by Abramović. When the artist reviewed the video documentation backstage immediately after the performance, she was shocked by the recording: she was overexposed, there was a great deal of extraneous camera movement, and at times the framing of the image completely failed to represent the performance.

Dear Marina,
You reperformed *Art Must Be Beautiful, Artist Must Be Beautiful* for the camera because you were not satisfied with the recording of the first performance. This affirms the productive character of documentation, considering that it not just neutrally registers or captures an event, but implying instead that it produces meaning by observing and filming a performance in a certain way. Are there any differences that you could name between the live performance and the repetition of *Art Must Be Beautiful, Artist Must Be Beautiful* for the purpose of achieving a video document? Was there any audience present when you reperformed for the camera? Is there anything the live audience witnessed or could witness that someone who looks at the video today cannot see? In other words: what would you say fell out of the picture? And reciprocally: what do you think one can witness when watching the video that one could not see as a member of the live audience at the performance in 1975?

Dear Martina,
I asked the man who was recording the performance immediately after the performance to delete all the material that he recorded and told him that I was going to redo the performance for the camera. We set up the camera – static – focusing on my head, because this was where all the action took place.

Then I asked him to leave the room and to just smoke a cigarette which is exactly what he did. Afterwards I took a look at the recording and it was exactly as I had wanted it. Then I understood how important documentation and what the public would see afterwards were and how important it was to control that and to give the right instructions to the people doing it.[15]

■ What fundamentally distinguished the "witnesses" invited to *Moments* from the viewers of the original live performances, apart from what they witnessed, was, first and foremost, the duration of their witnessing. They were bound not by the duration of a performance, but of an eight-week exhibition. Since the witnesses did their witnessing at the museum and were effectively part of the exhibition project, they were constantly being observed as they made their own observations. Had they been assigned the task of witnessing and documenting with the aim of performing and demonstrating witnessing as a fundamental aspect of performance art? The question, asked by more than one museum-goer, of whether photography of the witnesses was permitted (usually while they were working on the computer) pointed to a level of exposure that left the witnesses unsettled and led to discussions about whether they were objects on display. The ten young artists and theorists invited by the curators enacted a durational performance of witnessing, while the creation of a metadocumentary level could be observed on the curatorial side: witnesses documented the exhibition of documents of historical performances while being observed and documented themselves. Unlike the witnesses of the live performances, they were not witnessing an action which, in most cases, had been shown outside the institutional context; they were witnessing the documentation of the events in the museum as well as the presence of the artists, an artists' laboratory, the Artist Lab, and the shooting of a film by video artist Ruti Sela.

The documents on display were themselves testimony to the historical performances. Each video, sketch, newspaper clip, and object attested to one aspect of or perspective on performances that took place in the 1960s and 1970s. And only via these perspectives was it possible for witnesses to get closer to individual moments in performance art history.

In that sense, the witnesses bore witness above all to the witnessing of those people who documented the work of the performance artists at the time. As Gerhard Richter writes of photography, in the deconstructionist view, "we may think of the photographic image as a technically mediated moment of witnessing, in which the inscription with light cannot be separated from an act of bearing witness, which, by definition, always must be addressed to the logic and unpredictable movements of a reception that is irreducible to the act itself."[16] The documents confirm that these performances took place and preserve them in memory, having both transformed and captured them "in the same breath." In Karlsruhe a new host of witnesses stood before the live acts documented, testifying to their revival or survival, their continued existence in cultural memory, their canonization and domestication, their recontextualization via temporary archivization in a museum.[17] But *Moments* was not only a site of the perpetuation, the visualization, of specific historical works by ten performance artists, and thus the product of a gesture of repetition of remembered performance events. Nor was *Moments* merely an event at which a specific idea of performance history was conveyed, including certain artists while excluding others: the space that housed the documents, objects, and videos was subject to an ongoing process of appropriation, or to be more precise, multiple appropriations. Besides museum visitors, invited live performers were constantly present in the exhibition space. That space also became the ten witnesses' workspace for the duration, and it was the worksite of the curators as well, as they worked with the performance pioneers to set up their displays. In addition, ten lab artists spent two weeks there as part of the Artist Lab, explicitly seeking forms of (re)appropriation. Furthermore, the exhibition space was the workplace of video artist Ruti Sela, who spent two weeks filming the proceedings during the lab and then edited the film in the exhibition. The exhibition was also where the staff of the communication department worked, leading tours and workshops in the space, and the security guards were present as well. On top of that, presentations, discussions, and artist's talks were held in the space, with some of the video documentation of those events incorporated back into the exhibition. Alongside the documents and videos on view, museumgoers could also experience something like a "making-of" of the exhibition's documentation, seeing artists at work and hearing those in the show talk about their art.

As if one were seeking to open the exhibition, or keep it open, toward the future; as if one were attempting to inscribe, or rather instigate, the future in the presentation of historical works; as if one wished to bring the future into the temporary archive, which would be moved and shaken by the events taking place within it … Exhibitions today no longer represent the end products of processes; rather, they function as sites of production.[18] In *Moments*, the point was not simply to shift the focus from the mere reception of art to the production of art, but more importantly to bring aspects of research and witnessing to the fore. The process of researching artistic methods of appropriating historical works ended with a presentation in the exhibition space that could be read as an affirmation of a statement by Nicolas Bourriaud: "Instead of prostrating ourselves before works of the past, we can use them."[19]

■ The exhibition *Moments* was not only about what was or could be seen, but also about what was said. Through conversations with witnesses, and through statements made in talks given during the exhibition, the artists who presented their work in the show and were personally present embedded their works in a narrative fabric of memories, contextualizations, and perhaps imaginings as well.[20] Beyond that, though, it was their physical presence, the fact of their being there and their evident curiosity, the pleasure they took in dialog and experimentation, that influenced the way their work was viewed. Through conversations with the artists, the performances documented were woven together with autobiographical narratives and sociopolitical concerns. While the documents made history comprehensible and accessible, on the whole it was the conversations with the authors that brought it back to life. One had the impression that the artists' memory, presence, and speech reactivated the work – exactly as described by Maurizio Lazaratto: "memory does indeed produce energy, whose nature must be sought in an 'extra-spatial' process, since we are dealing with affective energy: potent non-organic energy, as Deleuze defined it."[21]

The exhibition space became the site of encounters among the artists in the show, the ten witnesses, the lab artists, and museum visitors. Thanks to the sometimes changing group of people working in and contributing to the exhibition, a dynamic was generated that quickly made it impossible to tell which of the traces in the space came from whom, and which residua were attributable to which individual(s). For example, there was a long nylon strap with a metal buckle, the kind used to tie down heavy objects, that suddenly appeared one day on Anna Halprin's white display table. Someone had laid the strap next to the score of *City Dance*, and there it remained, a mysterious and inexplicable piece of the exhibition. No one dared remove the strap because no one knew who had put it there; no one knew whether they were dealing with an intentional intervention or whether an art handler happened to set the strap down there and then forgot it. Perhaps one of the most radical aspects of this exhibition project lay in the mysteriousness of that strap, its inexplicable origin and placement.

The story of the strap reflects yet another fundamental aspect of *Moments*: the incomprehensibility of the processes in the space and the obscurity of their aims. Because of the chaotic goings-on, it was not unusual to find visitors to the exhibition standing in confusion in front of the wall texts that explained the intent behind each phase, seeking (mostly without success) an aid to the reception of the (in)visible processes taking place in the exhibition space. *Moments* was not only an exhibition of documented live performances, but a social experiment as well. Amid the pieces on display a social network took shape, made up of people at work and in contemplation, attempting to come to grips with the exhibits and position themselves in relation to them. The result of this constantly changing situation, with various parties involved and interacting, was that everyone began by trying to find their position, or occupy a position, in this social structure.

Problems arose here primarily in terms of communication between the many participants, most of whom were only temporarily present in the exhibition, and the visitors, for whom it was difficult to work out which processes were currently taking place, which context to assign to the activities seen, which traces in the space to attribute to which actors, and which encounters had previously taken place. If we disregard the aim of providing visibility for historical works and recalling their political force and radicalism, then a question arises: What is the critical potential of an exhibition that conducts an Artist Lab alongside the works on display, organizes a film shoot, and invites ten young witnesses to work in the exhibition space and document the process? The museum, which mounts resistance to the threat of forgetting and provides access and grants status to a corpus of historical works – a space that must guarantee and ensure that the latest requirements in conservation are met – was simultaneously home to a large group of artists who were working "in front of an audience" and were supposed to be appropriating the works on display live. The video documentation of this process lent the whole thing special force. The uniqueness and, at the same time, the difficulty of this exhibition project lay in the spatial concurrence of two forms of presence: the presence of exhibits to be conserved and that of people at work, the presence of objects and of artists. The simultaneous representation of artworks and initiation of processes in the same space constituted the radicalism, but also the dilemma, of the project. For the intention of integrating the processual aspect of performance art into the museum situation led to a collision – on multiple levels – between the timescale of the museum and that of the live performance: When live performances are shown in the museum as video recordings, hardly any of the visitors will watch a performance all the way through, since visiting an exhibition in which numerous performance videos are being shown (along with other documents) is tied to an entirely different economy of attention from the reception of a one-hour performance. The former is more comparable to the behavior of the flâneur, who views bits here and there, moving on a moment later to the next installation. The timescale of an artistic research process is entirely different from that of a video projection or a displayed newspaper article. *Moments* was in a state of perpetual transformation, a transformation that no visitor and none of those involved in the project could keep track of. The performance events in the exhibition were not presented in a clearly framed way, as is usually the case in theatrical spaces, but rather took place at unpredictable moments in unpredictable locations in the space (or not). What became most apparent was the mutual contamination of past and present. A myriad of temporal vectors transected the project, as well as the social network it created. It shook up what no longer was as much as what was yet to be. What remains unclear is the extent to which the artistic processes in the exhibition happened as they did because of the virtually omnipresent camera, and because participants were anticipating a very specific afterlife for this project as a film. What also remains unclear is the contexts in which this film has yet to appear, and how, without being embedded in this exhibition, it will be received.

[1] Roberta Breitmore is a character created by Lynn Hershman Leeson and enacted between 1974 and 1978, first by the artist herself and later by other artists as well. Roberta Breitmore had a distinctive outfit, her own apartment, her own Social Security number, a driver's license, a psychiatrist, and her own handwriting, among other characteristics.

[2] Cf. Philip Auslander, "The Performativity of Performance Documentation," in: PAJ. A Journal of Performance & Art, no. 84, 2006, pp. 1–10.

[3] Museum moderner Kunst Stiftung Ludwig Wien and Barbara Clausen (eds.), After the Act – Die (Re)Präsentation der Performancekunst, Verlag für moderne Kunst, Nürnberg, 2006, p. 7.

[4] "Besides displaying works of art, present-day art spaces also confront us with the documentation of art. We see pictures, drawings, photographs, videos, texts, and installations – in other words, the same forms and media in which art is commonly presented. But when it comes to art documentation, art is no longer presented through these media, but is simply referred to. For art documentation is per definitionem not art. Precisely by merely referring to art, art documentation makes it quite clear that art itself is no longer immediately present, but rather absent and hidden." Boris Groys, "Comrades of Time," in: Julieta Aranda, Brian Kuan Wood, and Anton Vidokle (eds.), Boris Groys. Going Public (e-flux Journal), Sternberg Press, Berlin, New York, 2010, p. 95.

[5] Gerhard Richter, "Between Translation and Invention. The Photograph in Deconstruction," in: Jacques Derrida, Copy, Archive, Signature. A Conversation on Photography, Stanford University Press, Stanford/CA, 2000, p. 26.

[6] Auslander, op. cit.

[7] Jacques Derrida, Copy, Archive, Signature. A Conversation on Photography, Stanford University Press, Stanford/CA, 2000, p. 6.

[8] Cf. Walter Benjamin, "The Work of Art in the Age of Mechanical Reproduction," in: Hannah Arendt (ed.), Illuminations, Schocken Books, New York, 1969, pp. 217–252.

[9] Katherina Zakravsky, "'After the Act.' The (Re)presentation of Performance Art," available online at: http://www.springerin.at/dyn/heft_text.php?textid=1743&lang=en, accessed 09/19/2012.

[10] Lynn Hershman Leeson, in an unpublished passage from an interview with Adriana Gheorghe and Luzie Meyer at ZKM | Museum of Contemporary Art, Karlsruhe, 2012.

[11] The video version of Yvonne Rainer's Trio A was also on view.

[12] When one views the document that ostensibly substantiates the fictional character Roberta Breitmore's visit to the psychiatrist, for example, one is aware that its evidentiality can no longer be confirmed, and since the document, in this case, is the only trace left behind, it is unclear whether this document actually documents anything or in fact creates a fiction.

[13] Lynn Hershman Leeson in: Adriana Gheorghe und Luzie Meyer, "Interview with Lynn Hershman Leeson. The Blurring of Reality and Fiction," 03/24/2012, available online at: http://moments.zkm.de, accessed May 2012.

[14] Jacques Derrida, Archive Fever. A Freudian Impression, University of Chicago Press, Chicago, 1996, p. 17.

[15] Email exchange between Marina Abramović and Martina Ruhsam, May 2012.

[16] Gerhard Richter, op. cit., p. 24.

[17] In an artist's talk, Sanja Iveković stated in this connection that reenactments of her performances would make little sense in most cases, since it would be impossible to reenact their contexts.

[18] Cf. Nicolas Bourriaud and Caroline Schneider (eds.), Postproduction. Culture as Screenplay. How Art Reprograms the World, Lukas & Sternberg, Berlin, New York, 2005, p. 69.

[19] Ibid., p. 94.

[20] The creative dimension implicit in speaking about a work of art flashed into view during Simone Forti's talk, when she stated that she would simply make up a year when she was unable to recall when she had done a performance.

[21] Maurizio Lazzarato, "Machines to Crystallize Time. Bergson," in: Theory, Culture & Society, vol. 24, no. 6, 2007, p. 96.

2 Moments

A History of Performance in 10 Acts
ZKM | Museum of Contemporary Art, Karlsruhe
March 8, 2012 – April 29, 2012

The exhibition begins and ends in the empty museum space. The exhibition is structured in four phases, in each of which different players act within the exhibition space. A novel exhibition format constructs itself in an alternating motion between history, medial documentation and new interpretation, between eye-witness and memory. A multiplicity of dialogic situations begins to emerge between the museum display and the interpretative acts of those actors present – between performers, witnesses and the public. The absent historical performance and their activated traces in the project's real-time as presented by way of documents and installed arrangements are the real performers of this project – the "moments."
(Boris Charmatz, Sigrid Gareis, Georg Schöllhammer)

"An exhibition takes place; its spatiotemporal disposition, conventions of display, codes of architecture construct a certain passage [...]"
(Mary Kelly, "Re-Viewing Modernist Criticism," in: *Screen*, vol. 22, no. 3, 1981, p. 41–62.)

The "Display"
Exhibiting as a (museal) form of representation is a practice of designation, a presentation of what can be shown and spoken about. The display of the exhibition *Moments. A History of Performance in 10 Acts* develops a repertoire from the conventions of museal and theatrical representation, which serves the performances and their documentations as a framework. In regard to the ten artists' individual forms of practices, focus is placed on reflection about habitual museal and theatrical representation and their conventions. The display presents the museal documentation of performance history – which itself is a performance – and puts it up for discussion: it renegotiates presentational forms of a narrative of reconstruction and analysis by showing them as performative acts. Structural conditions of (re)presentation make an appearance in alternating reflections, and thus lead to new results. With recourse to neo-avant-gardist forms of presentation, the display fans out the museal and theatrical modes of presentation in a catalog of (primary) spatial elements, materials, and technical apparatuses, which opens up the possibility of testing: Prototypical display situations, capable to transform and promoting transformation (itself) – so called *set-ups* – emerge, which possess the ability to present the processual, the forever provisional, the historic moment of reconstruction in history.
(Johannes Porsch)

Phase I: ACT

Stage and Display
March 8, 2012–March 17, 2012

Marina Abramović	Sanja Iveković
Graciela Carnevale	Adrian Piper
Simone Forti	Yvonne Rainer
Anna Halprin	with
Lynn Hershman Leeson	Sigrid Gareis
Reinhild Hoffmann	Georg Schöllhammer
Channa Horwitz	Boris Charmatz

The focus of *Moments* is on the "heroic" period of the 1960s to 1980, explicitly on performances and works by women. At this time the genre was radically (re)defined in a close dialogue between the performance movements taking place in both the visual arts and dance. Particularly female artists of both spheres deliberately explored the boundaries between the genres of dance/performance/visual media, transcended them, subjected them to critical examination, and reflected upon the implicitly male construction of the gaze and gestural logic found in the work of their male peers.

Moments breaks with the usual routines of museum exhibitions. In the beginning there is only the empty display of ten installations, exhibits are on display to be hung, lists of art works are shown. The artists themselves set up the presentation of their historical performances before the eyes of the public.

The ZKM | Museum of Contemporary Art purposely provides insight into the whole course of this process. At the end of this first process phase, the first opening takes place at which the installations, set up by the artists themselves, are presented.
(Boris Charmatz, Sigrid Gareis, Georg Schöllhammer)

Marina Abramović

Marina Abramović was born in Belgrade in 1946 and now lives and works in New York, Paris, and Amsterdam. From 1965 to 1970, she studied painting at the Academy of Fine Arts, Belgrade. Her early exhibitions included paintings, but she also experimented with sound installation and performance concepts. Between 1973 and 1975, she taught at the Academy of Fine Arts Novi Sad in Serbia. In 1975, she met the German artist Ulay, her life and performance partner. The following year she joined him in Amsterdam. They enacted their separation in 1988 as an impressive performance on the Great Wall of China. In 1990, Abramović was a guest professor for one year at both the École nationale supérieure des Beaux-Arts in Paris and the University of the Arts Berlin. Since 1992, she has held a professorship at the University of Fine Arts Hamburg. She was awarded the Golden Lion for best artist at the 1997 Venice Biennale. From 1997 to 2004, Abramović was a professor of performance art at the Braunschweig University of Art. In 2005, she moved to New York, where in 2007 she established the Marina Abramović Foundation for the Preservation of Performance Art.

Since the beginning of her artistic career in the 1970s, Marina Abramović has been considered one of the pioneers of performance as visual art. In fact, she was one of the first performance artists to have work acknowledged by leading museums in Europe and the United States and honored with exhibitions.

The 1973 Edinburgh Festival provided her with the opportunity to show an early performance. In *Rhythm 10* she laid out a large white sheet of paper on which two cassette recorders and ten knives were positioned. With the fingers of her left hand splayed on the paper and one cassette machine recording, she rapidly and repeatedly stabbed the spaces between the fingers of her left hand with one of the ten knives until inevitably the blade struck a finger, causing a wound. This first wound functioned as a signal to lay down the first knife and continue with a second. This 'game' was repeated until all ten knives had been utilized and ten wounds sustained. At this point, the recording was stopped and the tape rewound, and in being replayed, Abramović attempted to precisely replicate the sequence, with the same rhythm and stab wounds. This action was achieved using the second recorder.

Rhythm 10 was an early reenactment that revealed Abramović's essential themes. She executes the performance according to a strictly adhered-to-concept in which control and the tolerance of pain – a constant and integral element of her performances – are essential. She exposes herself to an extreme situation, but also confronts the audience with their role: They can either remain voyeurs or engage in the performance, to save or disturb her, as in the performance *Rhythm 0* (1975). Here, she exposed herself and a few select objects (among them a fork, sugar, a newspaper, a pistol, and a bullet) for six hours; the guests at the performance were encouraged to do to her whatever they wanted.

After Abramović met Ulay (Frank Uwe Laysiepen) in Amsterdam in 1975, they traveled together and collaborated. In their ongoing performances, they explored the threshold of pain in transforming everyday activities, such as lying down, sitting, dreaming, and thinking, into rituals. For *Nightsee Crossing* (1981–1987), which was performed ninety times worldwide, Abramović and Ulay sat silently at a table across from each other and gazed into each other's eyes. Like a living sculpture, they sat there for several hours per day and for several consecutive days.

After her separation from Ulay, Abramović began autobiographical theater projects, which made references to old performances such as *Rhythm 10*.

Since the late 1990s, Marina Abramović's work has reflected in a more fundamental way the reenactment of what have become historical performances. On the occasion of a major retrospective in 2005, the Guggenheim Museum in New York gave her the opportunity to reenact five classic performances by other artists in *Seven Easy Pieces*. In addition, she reenacted one of her earlier works and complemented it with a new one. Her recent artistic work questions whether performance art can be treated as performance art, whether it is possible to have such works performed by someone other than the author, and whether a performance can be separated from its material contexts.

(Text: Greta Garle)

Graciela Carnevale

Graciela Carnevale, born in 1942 in Marcos Juárez, Argentina, lives and works in Rosario, Argentina. In 1964, she completed her studies in fine arts at the National University Rosario. From 1965 to 1969, she was involved in the critical art actions of the Grupo de Artistas de Vanguardia [Avant-garde Artists Group] in Rosario and has been responsible for the collective's documentary and photographical archival material ever since. In 1968, Carnevale collaborated with an artists' collective in the political-activist project Tucumán Arde. As was the case with a large number of the collective's members, she did not produce artworks in the years following this project, but in 1994 she began collaborating with different collectives, among them the Grupo Patrimonio [Heritage Group]. She has taught art continuously both at the National University Rosario and in her own workshops. Since 2003, she has been, with Mauro Machado, co-coordinator of the independent initiative El Levante in Rosario, which promotes critical thinking as an element of artistic practice; in this context she has also organized seminars and exchange programs.

Carnevale's early work, influenced by Minimal Art and the Primary Structures movement, was initially reductive, but in the late 1960s she turned to an art practice that could be understood as emancipatory and political. In 1968, she participated in the Ciclo de Arte Experimental [Experimental Art Cycle] organized by the Grupo de Artistas de Vanguardia, which combined concept art with political ideas. The collective broke with conventional artistic media and formats, having found them inadequate for confronting existing social realities. The occupation of gallery spaces played a central role in the work in the context of the Ciclo, as demonstrated in Carnevale's *Acción del encierro* (1968). The audience attending her pre-announced action was taken hostage without prior knowledge of what was to occur. The audience held captive in the white cube gallery space could almost not be observed from the outside, because Carnevale has covered the whole glass front with posters before. Carnevale's intention was to provoke a liberating and violent response to her action and create a parallel with the repression and violence committed at that time by the Argentinian government. The action was broken up by a police intervention, after a passerby smashed a hole in the glass to liberate the audience; this terminated the Ciclo de Arte Experimental. For the collaborative project Tucumán Arde, photographs, flyers, interviews, statistics, and films were collected to present the misery of Argentina's northwestern province of Tucumán in a revealing exhibition. The work demonstrated a central, symbiotic relationship between art, social issues, and political conditions, without being stuck in ineffective aesthetics. Art was no longer to act within its own institutional system but challenge society and bring about long-term political and cultural change. The artwork itself was dematerialized – as in simultaneous developments in the United States –, its content or message was to be communicated without material limitations.

On the one hand, Graciela Carnevale's work stands as a radical conception of the construction of audience and bearing witness. On the other, she has supervised artists' archives for many years, even in politically instable times, and has investigated and radically questioned the possibilities of presenting actions and political art in a museum context and of connecting them to the present.

(Text: Felicity Grobien)

■ Artist Talk with Graciela Carnevale

Georg Schöllhammer (G. S.): We invited Graciela Carnevale for different reasons. Graciela, what was your response to our invitation? How did you react?

Graciela Carnevale (G. C.): At first, I was surprised about the invitation. However, I immediately accepted, because I thought that the project sounded very interesting, very risky, and very complex. In a way, it was an experiment of putting questions about performance into action, asking how they could present or represent. These are some of the questions that I have been occupied with, but I have not found an answer to them. They need to be rephrased again and again, because every situation is completely different and demands new reflections.

G. S.: You started your artistic practice in the mid 1960s in Argentina. Can you describe your situation?

G. C.: I attended the art school at the university in Rosario. I was a formalist. When we left the university, we realized that we did not know anything about art or what practice was. When I began my artistic work, I found that we could not continue doing what we were taught to do, because that was something that had no meaning in the context we lived in. As always, context puts questions into your work and into you. We began to enter into dialogs with other groups and other young people and found out that we had the same questions. We began to try to read as much as we could, to discuss and debate, to try to know more at a time when it was very difficult to get access to images or texts.

G. S.: It was difficult due to censorship or because they were not available? On the other hand, you found out that there had been a vivid transcontinental or even transregional exchange at that period. Buenos Aires was something like a translating machine for a lot of discourses.

G. C.: Yes, but it is important to note that we did not have the same facilities to access information as we do nowadays. Information took a lot of time to arrive, it was completely different from today. In 1967, as a group we were trying to explore different languages and different techniques and we considered the necessity of experimentation in language and materials.

G. S.: In the 1960s, suddenly there was a group of experimental artists, not only in Argentina, but all around the world. They experimented with ways of getting rid of the normativities of the institutions and the art world. You organized exhibitions and the political moment was emphasized. Within this context, you decided to depart from your work as an abstract and minimalist sculptor and began to make pieces that were radical political statements at the same time. One of these statements is the performance *Acción del encierro*, which we are showing in the exhibition and which created a political moment within the frames of the artistic community in Rosario. Could you tell us more about the moment of the performance and its context?

G. C.: We lived in Rosario and had no chance of showing our work in the art institutions, galleries, or museums, because they rejected us. The audience of the museums and galleries was a limited number of people. We, however, wanted to address the people of the street and not a special or elite audience. We considered an artist to be an intellectual, in our opinion art has nothing to do with a technique or ability, but to do with an intellectual activity. Not only the critics, but we ourselves as artists would be able to speak about our work. We decided that we were able to organize our own exhibitions, to make our own publicity. At that moment, we were also aware that we needed to document or photograph our work, because nobody else was going to do so. At the time, for us artists of the art cycle [Ciclo de Arte Experimental], art had nothing to do with representation but with action that can interfere with real life and is not only a representation of life. We thought, and I still think, that art has to do with life and life does not take place in the museums, but on the streets. People were debating whether society should have a pacifist revolution, a battle, or some type of confrontation. We were taught not to react, but to be passive. We considered that art was something that could transform society and that should interfere with it. We tried to find other ways to not only be artists, but an interdisciplinary group. For example, we decided to work together with national union workers, thinking that they would be the actors of the revolution.

G. S.: To think about it nowadays, you were very modern then, being an art movement whose artistic actions overlapped with a political movement. You worked in public relations and developed campaigns. I find what you did very modern, because it addressed the different surfaces of the public by acting on the city and its institutions, by acting on politics and its formation. You showed a way to keep such a practice an ongoing model of possibilities.

G. C.: I kept these things, because they were important to me. Not to construct an archive, but afterwards, when researchers came and began to look for these documents, otherwise there were none, because all had been destroyed.

G. S.: The authorities destroyed the evidence?

G. C.: No, everybody wanted to get rid of it, because it could have been dangerous to have. But it was impossible for me. It had to do with my life as I transformed myself in this practice. You see researchers who say, this happened in the art field and has nothing to do with real life. But I think that if I was transformed, how can you deny it? Art has to do with life, with society. For me, this period is the possibility of thinking that one can get out of the hegemonic thinking and a hegemonic kind of society. It was a possibility, not a model, because it was made for a specific moment in history. Nowadays, we need to find our way to invent new methods, new languages, new conditions, new events. That is why for me, moments are important.

This interview was conducted on March 10, 2012 at ZKM | Karlsruhe
http://moments.zkm.de/Carnevale

Simone Forti

Artist, dancer, choreographer, and author Simone Forti, who lives in Los Angeles, was born in Florence in 1935 and immigrated with her Jewish parents to the United States in 1938. After having studied painting at Reed College in Oregon, she began to attend classes held by the dancer Anna Halprin in San Francisco in 1956. At the same time she embarked on an exploration of improvisation and natural body movement. In 1959, she and her then husband, Robert Morris, moved to New York, where, together with Yvonne Rainer, Steve Paxton, Trisha Brown, and others, Forti became one of the leading protagonists of American postmodern dance in the 1960s and 1970s.

In 1960, Forti became acquainted with the work of John Cage, whose musical scores were adapted for dance by Robert Dunn, who taught composition in the studio of choreographer Merce Cunningham. Encouraged by the study of Cage's compositions to develop their own works based on chance and improvisation, in the early 1960s Dunn's students founded the Judson Dance Theater, which is considered a birthplace of contemporary dance. In this context Forti performed her first choreographed works in 1960 and 1961. A major feature of her minimalist dance performances was the introduction of so-called *pedestrian movements*, natural movements adopted from everyday life, which did not necessarily have to be performed by professional dancers. She termed these early works "dance constructions"; they were performed in galleries and at La Monte Young's invitation in Yoko Ono's Chambers Street loft in Soho.

In *Huddle* (1961), one of her central early works, six or seven performers form a human knot, from which individual performers free themselves one after the other, climbing up each other's backs, to evolve into a sculptural pyramid form that moves through space. Another dance construction from this time, *Slant Board* (1961), consists of a ramp constructed at a 45 degree angle on which at least three performers move hand over hand in slow movements along ropes. *Hangers* (1961) consists of two groups of performers: One group hang from loops of rope that have been fastened to the ceiling, while the other moves about the floor setting the ropes in motion by lightly colliding with them.

After several years, during which Forti mainly assisted her second husband, Robert Whitman, with his happenings, the work *Face Tunes* (1967) evolved, in which the minimalist scores of her dance performances are applied to the dialog between movement and music. In this work, the outlines of human portraits are codified in contour lines, which are traced by a flute player from a score during the performance.

In this and other performances such as *Cloths* (1967) Forti slowly broke away from the reductivist Judson style; in *Sleepwalkers* (1968), which premiered in a gallery in Rome, for the first time she applied the movements of animals she had observed in zoos. In *Striding Crawling* (1977) she began to work with holographs and movement processes to examine the margin between crawling or scuttling on all fours and walking upright. In her workshops and as a teacher at the California Institute of the Arts she developed an improvisation technique that she called *Logomotion*, by simultaneously introducing language and movement: "In 1985, I started developing a dance/narrative form whose words and movements could spring spontaneously from a common source. It's been a way for me to know what's on my mind. What's on my mind before I think it through, while it's still a wild feeling in my bones? The thoughts and images seem to flash through my motor centers and my verbal centers simultaneously, mixing and animating both speech and physical embodiment. Spatial, structural, emotional. I've come to call this 'Logomotion', from logos, or word, and motion."[1]

Since the end of the 1980s, in her *News Animations* Forti performs news items from the media, thereby expanding the focus of postmodern dance to include the relationship between body and spirit through

the dimension of its grounding in the world. As a result of this regeneration between movement and its surroundings, Forti has transferred her practice increasingly to writing. After *Handbook in Motion* (1974), which she described as an "ongoing personal discourse and its manifestations in dance,"[2] she published her second book *Oh, Tongue*, with poetry, texts, and drawings in 2003.
(Text: Philipp Ziegler)

[1] Simone Forti, *Oh, Tongue*, Beyond Baroque Books, Los Angeles, 2010, 2nd edition, p. 138.

[2] Simone Forti, *Handbook in Motion. An Account of an Ongoing Personal Discourse and its Manifestation in Dance*, The Press of the Nova Scotia College of Art and Design, Halifax, New York University Press, New York, 1974.

■ **Artist Talk with Simone Forti**

Sigrid Gareis (S. G.): Simone Forti is one of the founding members of Judson Dance Theater, a very important movement from the 1960s, at the start of postmodern dance. Simone was first educated on the West Coast in California by Anna Halprin. She later went to New York with her husband, Robert Morris, where she was very much influenced by John Cage. Simone, perhaps you can tell us about the time, your move from the West Coast to New York, and how your artistic career developed.

Simone Forti (S. F.): It was a very exciting time to meet Anna Halprin because she was starting on a new period in her work. She was thinking in terms of how she would teach improvisation, and technically, how she would teach us to know our instruments. She had studied with Margaret H'Doubler, working with "experimential anatomy" which entails informed exploring of sensation of movement. As Anna brought this way of working to us, we were moving towards improvisation.

We were also doing many kinds of experiments on how to find movement in the body. We would look around. For example, now I see the flat wall and somehow, without thinking, I am influenced to a kind of smoothness, even as I tried to explain it, the iron bars have that rhythm, which I can play with; finding many qualities of moving, abstracting from what I see. When you are listening to music, you sometimes get involved in listening, in moving. The whole consciousness would be in the movement. It is arriving at a frame of mind or a state of being, where one thing leads to another. Like a jazz musician, hearing a certain cluster of notes.

S. G.: Anna Halprin also was the first to use scores in dance. Did you get in touch with scores by working with her?

S. F.: No, we were not working with scores at that time. When I came to New York after studying with Anna, it took me a little while to find out what I wanted to do. I tried to go to the Merce Cunningham School, but it was not for me. However, I was lucky that, at that moment, there was Robert Dunn, who was playing piano for the classes. Robert Dunn, who was studying with John Cage, decided to offer a class to dancers, introducing them to the scores of Cage.

One assignment, which he gave us, was to make a three-minute dance, due the following week. But we could not work on it for more than three minutes during the week. A piece I made was influenced by that class. It is a score, where seven to nine people stand very closely together in a mass and take turns climbing over the top and down again, thereby joining the mass.

Through Robert Dunn's class, I heard that John Cage had said that part of what brought him to working with chance was that it was a way to just hear a sound without having the double image of expectations of where it would go next, musically. He had even studied twelve-tone music. But even with twelve-tone music, you know that if you hear the tone here, it could go here or here. You wait to see where it goes. There is the background of a pattern, where you expect a note to go, that makes it hard to hear the sound of the sound. But Cage had found a way to hear a sound by using chance operations. I felt that if there is a way that I have to feel nature, I have to feel my weight. I have to see a body the way it is, before it is trying to be beautiful or trying to be interesting, in order to create a situation that does that for me. Somehow finding this idea, which only took three minutes, of getting a group of people and having them take turns climbing over the top and down the other side and remaining part of the form and then another one climbs over the top and down the other side and remains part of the form. It can stand by itself. The public could walk around it or even walk by it and see it like a sculpture. It had a position in space, it had a mass.

S. G.: What is the context of *Face Tunes*, the piece shown in the exhibition?

S. F.: Essentially, what was happening in my life at that moment was a separation, a dissolving of a marriage. I was hurt. I got interested in how, when you fall in love, you imprint somebody's face. When you see that person come into the room, especially as you are in the process of falling in love, they almost have an aura around them.

I was interested in faces. I thought about taking profiles and translating the profile into sound. I was also thinking that a profile is such a familiar or basic pattern. If we really listen, we will hear that. That is the sound of a profile. And I thought that we are so familiar with this pattern that maybe, when hearing it, it would have a subliminal sense of face. That face would almost have a ghostly presence and you would recall the presence of somebody by playing the tune of their particular profile.

S. G.: Could you tell us a bit about how you worked at Judson Church and how you developed and discussed pieces in the group?

S. F.: I think an important thing is that we were dancers, poets, musicians, painters, sculptors, a group of friends, who followed each other's work. We would go and see each other's dances, go to hear each other read our poetry.

What was the source of inspiration? Generally, between all these different mediums? We were not so much interested in a vertical way. For instance, as a dancer, I was not very interested in what dancers before me had done. I was more interested in what painters were doing now, but also in what artists before me had done. I think that data was important to us as a permission to invent ideas and to try things and to break expectations.

Also, I remember sitting in bars very often, with a mug of beer and different artists around the tables, talking about what we were working on, and what we had seen the day before. There were no grants, but life was easy. You could easily find part-time work and live from working three days a week. The city was very safe, you could get a very cheap apartment, and also rent a space to have a studio together. We were free from categories. Now you have to figure out if you are going to apply for dance or theater or for a poetry grant. We, however, did not have to say what we were or what we did, we just did it.

This interview was conducted on March 9, 2012 at ZKM | Karlsruhe
http://moments.zkm.de/Forti

Anna Halprin

Anna Halprin is considered one of the most important pioneers of conceptual and interdisciplinary work in contemporary dance. Her achievements are based on an understanding of dance as a collective cultural asset and a meaningful art of living.

Even in her childhood – she was born in 1920 and raised in Winnetka, Illinois – Halprin made many varied attempts to express her feelings through physical movement, initially in the context of classes oriented toward the methods of Ruth St. Denis and Isidora Duncan, and later in collaboration with representatives of Chicago's modern dance scene, such as Frances Allis and Josephine Schwarz. Her school years were characterized by pedagogical reform and approaches to social learning that focused on individual and liberal experience without imitating conventional patterns, and proclaimed the notion of art as experience. She regarded her Jewish heritage as equally defining. Belonging to a minority and the resulting feeling of being different raised her sense of social, societal, and politically problematic constellations in both the immediate personal setting as well as on a global level. Following this, the necessity of communal relationships and the basic principles of a functioning community became Halprin's prime concern.

From 1938 on, Halprin studied with Margaret H'Doubler at the University of Wisconsin. H'Doubler applied to dance John Dewey's philosophical approach to understand learning as a process of adventure and experience, creating an integrated method of teaching in which physical, intellectual, spiritual, and emotional aspects were considered equally. Under H'Doubler's direction, and inspired by Mabel E. Todd's kinematics, Halprin dedicated herself to researching human anatomy and the systematic analysis of the movement possibilities inherent in the body. This resulted in a completely new understanding of the human experience that connected anatomical conditions with imaginative impact and inspired her to eventually develop her "three levels of awareness."

Halprin's aesthetic sense and her understanding of spatiality were highly influenced by Bauhaus principles. These were developed at the Harvard School of Design in Cambridge where her future husband, Lawrence Halprin, had begun studying landscape architecture in 1939. The insight and inspiration she gathered in design courses and lectures there – for example with Walter Gropius, who had emigrated from Germany – were immediately absorbed into her dance workshops and lead to a new sense of surface and space, encouraging her to experiment with different perspectives that she further developed in the following years.

In the early 1940s, Halprin joined the dance company of Doris Humphrey and Charles Weidman and choreographed solo pieces in which she worked through the central themes of the war years. After moving to the West Coast in the first decade after the war, she focused on dance work with children – being foremost inspired by her own daughters Daria (*1948) and Rana (*1951) and her new role as a mother – which provided her with important impulses for improvisation and insight into the healing influence of dance. Concurrently, she established the dance magazine *Impulse* and dedicated herself increasingly to exploring landscape as an important space of living and interaction. The nature-integrated "dance deck" built by her husband opened up completely new possibilities for the San Francisco Dancers' Workshop (SFDW) – founded by her and her partners in 1955 – to break away from the architectural limitations of conventional stages and enabled her to integrate the location's unpredictability into the work. The most important basic principles in the process were liberation from stereotypes and an avoidance of mere imitation – a thinking born from the necessity to revise everything that remained after the Second World War and to embark on radically new approaches in which the process had precedence over the end result. For more than 25 years, the SFDW collective inspired Halprin and engendered many of her most successful choreographies and performances, in which she repeatedly overcame spatial and spiritual limitations, as, for example, in *Parades and Changes* (1965), which has been frequently reinterpreted since the 1990s. In the 1970s she returned to the starting point of her dance work with *City Dances* – a reaction to politically and socially important events and a search for a human quality in art. Within one particular dimension of social awakening, her ritualized scores led to a new sense of group-dynamic collectivity. The "RSVP-Cycles" (resources, scores, valuation, performance), developed by her husband, provided her with the possibility of uniting highly diverse actors and art disciplines in a specifically democratic process in the process of her projects. In preparation for a performance, first the necessary resources were determined on the basis of the planned theme, then a graphic score was designed and the movement units tested, evaluated, and if necessary, redesigned. These mechanisms are also evident in the subsequent series *Circle the Earth* and *Planetary Dance.*

As a result of her own battle with cancer in 1972, Halprin began an intensive investigation of the ritual healing power of collective dance performances, finding a new definition of art for herself. In Ruedi Gerber's film *Breath Made Visible* (2009), Halprin explains, "Before I had cancer, I lived my life for my art, after I had cancer, I lived my art for my life." Her remarkable experience with self-healing convinced her that through being attentive to yourself you can recognize your potential and activate the self-healing processes inherent in the body. Consequently, in the 1980s Halprin initiated *Moving toward Life*, a self-help program for HIV-infected people. A belief in the transformative power of dance culminated in the development of Halprin's "Life/Art Process," the principles of which she continues to pass on in her seminars and workshops today.

(Text: Martina Hofmann)

■ **Interview with Anna Halprin**

Martina Ruhsam (M. R.): Perhaps you can tell us about the unique atmosphere of *City Dance*?

Anna Halprin (A. H.): The mayor of San Francisco George Moscone and the gay city-supervisor Harvey Milk were murdered in 1978, which created a massive protest in the gay community and among their supporters. The whole city went into a riot after the shootings and the event also stimulated *City Dance*. It developed into something of a much bigger magnitude than our own personal experiments. It called for something quite different from using the traditional theater spaces to do our performances.

All day long, we moved through different areas of the city. San Francisco is very diverse; there are many different ethnic areas all throughout the city. One of the special things about doing *City Dance* was bringing different ethnic groups together, going through the neighborhoods; people would begin to follow us and one neighborhood would end up in another neighborhood. One of the healings of the city at that time was bringing diversity together to create some kind of common celebration.

M. R.: How did you develop *City Dance*, how did you collaborate with other artists during this project?

A. H.: We were an organization called The Dancer's Workshop; we had a core group of artists, of dancers, poets, musicians, and it was this core group that evolved the *City Dance* along with my husband, who was also collaborating. It was something that I had always wanted to do because we had been doing what we call "street dance" here. In other words: we would go out to the streets and do performances. In the end, *City Dance* was a combination of many experiments we had done beforehand.

M. R.: The people found out about the action because of the announcements you had put up in the city and the core group also knew what would happen.

A. H.: Yes, the core group knew exactly what was happening. They had rehearsed and knew what their dances were going to be. It wasn't anything unintentional, but a mixture of well-crafted performances with very spontaneous happenings and events.

M. R.: Is it possible to say that *City Dance* is on the edge of a protest-action and an artistic act?

A. H.: It's a combination of both. The performance of *City Dance* was unique in its style of performance because it was a combination of highly trained professional dancers performing dances that were guided by workshop-leaders engaging the public. It wasn't so much a protest, it was healing. We were trying to heal the city, trying to get people back together where they could work together and overcome the anger and shock and hostility of this unbelievable murder.

M. R.: Maybe it was less against something than for something …

A. H.: That is very well put. It was not against so much as it was for. It was supposed to help the people to heal, to move on.

M. R.: The big colorful score of *City Dance* exhibited in Moments had been developed before the action, right?

A. H.: Yes, we had been doing a series of workshops at the museum that were open to the public and free of charge and we gathered a lot of interested people. We had a team of people who were responsible for the design of the score. But then people would come in to visit and they would be given a certain section to paint or color in. So, they participated in the making of the score but they didn't design it.

M. R.: And half of this drawing is lost. One can see that half of the drawing is the original and the other half was added on a different kind of paper.

A. H.: The reason we were able to do that is that we had taken colored slides of the score. Some of our artists here were able to replicate what had gone lost with the help of these slides.

M. R.: How do you generally deal with all the documents, drawings, videotapes, and photos from your works?

A. H.: We gave many of them to the Dance and Performance Archive in San Francisco. A lot of things got lost because when we were working in the 1960s and 1970s, we did not realize that they were of any particular value. We were able to replicate a lot of things because we had taken slides. But it's only recently – maybe in the past ten years – that museums have shown interest in what we were doing.

M. R.: I find the moment very interesting when you decided to go away from making performances for theater and decided to research the ritualistic aspects of dance. What was your motivation to do so?

A. H.: It was a desire to do something that would be more connected to reality, to the life of a community, or to the life of a person. I felt that dance theater was getting very decorative and it didn't have much to do with people's lives. On top of this, there were so many social issues that came up at the time like the riots in Watts or the Vietnam War – many aspects that just seemed so much more important than creating precious little art pieces.

I used the word ritual so that people could feel free to be confident with their nature, showing them that everybody can move, everybody can be a dancer, we just operate on different levels. *City Dance* was one of those special moments when we said we can all dance for a purpose, which makes it into a ritual. Our motivation was to bring peace back to our city.

M. R.: You worked on the West Coast and only did one or two workshops in New York. Can you tell us about the different atmospheres on the East and West Coast?

A. H.: It's hard to realize how different we were and how our interests were different. One of the major differences was that in New York the environment would certainly lend itself to a more conceptual approach to art. Whereas when you're here in the San Francisco area you're right near the ocean and amongst the wilderness. Our architecture also had a tremendous influence on us, how we related the indoors to the outdoors and how we unified the polarities of inside and outside. We brought the outside in. My house is mostly glass, the inside and the outside are all one, and I remember a dance critic once came to visit me and asked me "Where do you live in the wintertime?" For him, it was inconceivable that we could live so connected to nature and to our environment. A special style called the Bay Region Architecture influenced us to ask why can't the stage be anywhere, why does it have to be in a black box? That's not real in life.

This interview was conducted via Skype on March 9, 2012 at ZKM | Karlsruhe

Lynn Hershman Leeson

Media artist Lynn Hershman Leeson, who was born in 1941 in Cleveland, Ohio, stands among the earliest and most influential artists in her genre. In the past four decades she has worked with photography, video, film, performance, installation, and interactive as well as net-based media art.

Lynn Hershman Leeson began her studies at Case Western Reserve University in Cleveland and continued at San Francisco State University, graduating in 1972. From 1993 to 2004 she was a professor of electronic art at the University of California, Davis, before becoming an Andrew D. White Professor-at-Large at Cornell University in Ithaca, New York. Hershman Leeson is also chair of the San Francisco Art Institute's Film Department. She has received numerous prizes and honors for her innovative work, including the 1995 Siemens Media Art Prize through ZKM | Center for Art and Media Karlsruhe (together with Peter Greenaway, Jean Baudrillard, and Steina and Woody Vasulka). Most recently, she won the DAM Digital Art Award |DDAA| 2010/2011. Hershman Leeson, whose practice has its origins in performance and conceptual art, began her career in the late 1960s. Her work has continuously explored the relationship between humanity and technology, focusing specifically on the interaction of work and viewer and the relationship between the real and the virtual. Even in her earliest work, reinforced by the technological development of media, she correlated the construction of identity with expectations resulting from the convention of the interacting spectator.

Hershman Leeson's most renowned work is the "real" character of Roberta Breitmore, who, like a clone of the artist, led a life in varied media from 1972 through 1978. Roberta Breitmore appeared in the context of real performances – primarily embodied by Hershman Leeson herself, but also by other women. Breitmore's experiences were recorded in photographs, documents, and diary entries and can be interpreted as an analysis of Western culture. Art and reality intertwined indistinguishably in this figure, when, for example, Roberta made dates with men, when she used her own social security card, or when she received birthday greetings from the president of the United States. With Roberta Breitmore, Hershman Leeson realized the idea of a single person having various identities, thereby preempting the virtual worlds of Second Life by many years. After the "real" performance ended in 1978, Roberta Breitmore's clothing and accessories remained as artifacts while Hershman Leeson has continued to investigate the artistic and scientific range of themes she had explored with Roberta Breitmore – identity, sexuality, feminist discourse, the relationship between viewer and individual personality, interactivity, and performativity – in the context of new, sometimes interactive works from different perspectives.

Examples include the first interactive video art disc, *Lorna* (1983/1984), the voyeuristic cabinet *Room of One's Own* (1990–1993), and in the later film *Teknolust* (2002), which thematized the topics of cyber identity, clones, and the decoupling of sexuality from human reproduction. In her most recent works, Hershman Leeson not only includes actual communication devices such as the iPhone but is also interested in the newest scientific developments in medicine, such as a skin printer which can produce artificial physical identity.

In her film project *!Woman Art Revolution. The (Formerly) Secret History*, created in 2011, Hershman Leeson correlates the feminist art movement with the anti-war movement and the civil rights movement of the 1960s. Integrating new media and technologies, the artist again crossed genre boundaries to make a work based on various interviews and documents that she had collected since the beginning of her career. Through these, the history of the feminist art movement and the motivation of its protagonists became comprehensible.
(Text: Andreas Beitin)

■ **Artist Talk with Lynn Hershman Leeson**

Georg Schöllhammer (G. S.): We are very happy to have Lynn Hershman Leeson here and we are very happy to present one of the pieces that she started to do in the 1970s. It is not just about performance, it is a piece about a media performing identity. The character that we are talking about today is *Roberta Breitmore*, but the author and maybe even more than the author of the character is Lynn Hershman. In 1972, new media and video really arrived into the art field. There was a lot of reflection about what media does to identity construction. I think you, Lynn, reacted to that in a specific way; you made us catch what was the initial idea of developing a character, masking yourself as that character, going into the world as if the character was a real person, and then giving it freedom to wander through different spaces and media scapes. What were you thinking about back then?

Lynn Hershman Leeson (L. H. L.): Well, I put up an exhibition in a hotel, where I made a room of somebody that could have lived there. Afterwards I thought why not liberate this construction of a virtual person who is defined in a sense by the negative space of their life, just like the negative space of painting and the negative space of culture that they occupy? So Roberta became a kind of an archetype of a composite of an individual who could have lived during those years. And at first, I didn't want to perform her myself but nobody else would do it. So I had to do it in order to construct her identity, her social circle, sexual experience, how she would walk, what her handwriting would be, how she would talk, and then begin to have her exist as that being.

G. S.: You really developed something like a fictional character that had created its own identity, so to say. But then you relieved it and gave it into different forms of representation.

L. H. L.: Yes, I agree, she really became an essence. Through fiction you can sometimes get to a deeper truth. Roberta's construction was based on the reality she lived in. It was acted out, performed, and documented through her experiences. The fleshing out took about seven years until she existed in a full enough form to represent the time.

G. S.: What type of character did you have in mind? Was it an average American girl of the period?

L. H. L.: Definitely somebody that listened to media. At first, I only had the beginning of the skeleton; I could not really design what would then happen to her. I never imagined the experiences she would have, the people she would meet. One adventure just led to another.

In order to shed light on the shadow that she represented, she had to have the artifacts of living in that time. She got a driver's license, she saw a psychiatrist. She was even able to get a credit card, although I couldn't get one. If you go back to that time in the 1970s, she had more relevance and more authenticity than I did.

G. S.: What struck me about what we are showing here – we are showing her in really different representations and different media – is that she was always very clear about her own media appearance. Somehow, she was not just present but she was reflecting each medium that she wanted to be present in. In my opinion she was not just a real American girl but she was also telling the story of the American media of that period. What was your way of bringing her into that media presence?

L. H. L.: There were two surveillance photographers that were chosen because of their low fee and they were also supposed to serve as a bodyguard for her in case she got into trouble. The people she met didn't know there was a surveillance photographer around, but it seemed important to be able to record that time. The piece existed over time, it became an active construction and everything was a part of it – walking on the Golden Gate Bridge, not knowing whether to take her own life or not, after Roberta had the experience in San Diego where she was asked to join in a prostitution ring; having to go to a psychiatrist, getting to the basis of what her illness was, and being able to get the psychiatrist to prescribe medication for her. She was not different from anybody else that could have lived there at that time.

G. S.: How did you instruct the surveillance photographer? Did you have something similar to a director's idea of how she should be represented?

L. H. L.: Yes, they were responsible to take long, medium, and close-up shots of her, so that we had a coverage. I think of this a lot as a film, as a movie without film, so that you had that broader range of representation, and also a broader perspective of how she would look and what her attitude to the camera would be.

G. S.: But seen from a distance it was the whole image-producing world that she was embedded in, and that you wanted to reflect with her at this specific moment in time. The media you used were partly the media that created this type of narrative. From the beginning she was a media persona, in my opinion.

L. H. L.: She also dealt with mirroring and refracturing, so that she would reflect the time. She would incorporate people of reality into her fiction and she became part of the reality of their life. Their interactive talking back and reflective refracturing were always part and complicit in the construction of her identity.

G. S.: I think Roberta being rediscovered today has a lot to do with the possibilities of identity construction and with shifting through different modes of identities. I think she was very early in taking a moment that is now becoming an everyday practice. I think there is a deep interest in how that self-representation or representation can be embedded into overall media structures.

L. H. L.: Yes, I think it was the first embedded identity performance, in that it wasn't theatrical mimicry, it wasn't just the photograph. And in my opinion, the fact that she was played and that there were so many media, that it was so hard to define what was done consciously, made it more difficult to be able to create an overview of what she was representing, which was again the refracturing of our own selves and psyche with the advent of technology.

This interview was conducted on March 15, 2012 at ZKM | Karlsruhe
http://moments.zkm.de/Hershman

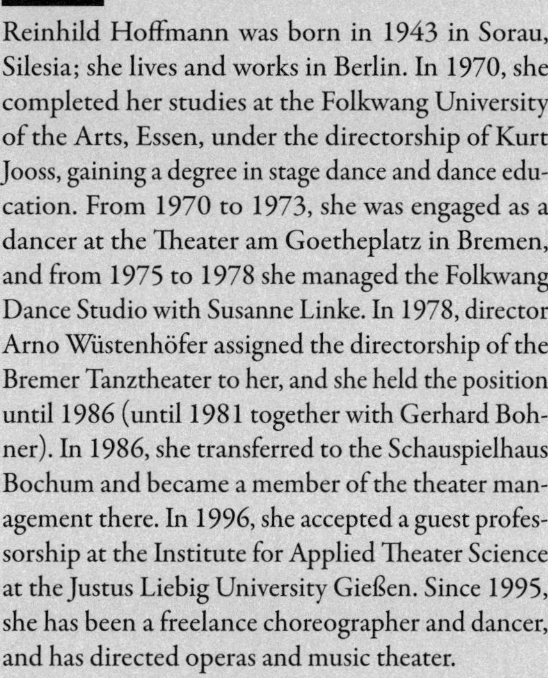

Reinhild Hoffmann

Reinhild Hoffmann was born in 1943 in Sorau, Silesia; she lives and works in Berlin. In 1970, she completed her studies at the Folkwang University of the Arts, Essen, under the directorship of Kurt Jooss, gaining a degree in stage dance and dance education. From 1970 to 1973, she was engaged as a dancer at the Theater am Goetheplatz in Bremen, and from 1975 to 1978 she managed the Folkwang Dance Studio with Susanne Linke. In 1978, director Arno Wüstenhöfer assigned the directorship of the Bremer Tanztheater to her, and she held the position until 1986 (until 1981 together with Gerhard Bohner). In 1986, she transferred to the Schauspielhaus Bochum and became a member of the theater management there. In 1996, she accepted a guest professorship at the Institute for Applied Theater Science at the Justus Liebig University Gießen. Since 1995, she has been a freelance choreographer and dancer, and has directed operas and music theater.

Along with Johann Kresnik, Gerhard Bohner, Pina Bausch, and Susanne Linke, Reinhild Hoffmann is one of the pioneers of German dance theater, which has developed as an independent form of dance expression.

For a competition in Cologne in 1975, Hoffmann created her first choreographic work, *Trio*, which she performed herself with two other Folkwang dancers. The success of this performance provided her with a two-year choreography scholarship, which enabled her to continue working in the Folkwang Dance Studios. In 1976, the pieces *Duett, Final Punto*, and *Rouge et noir* evolved, in which she strove to deepen aspects of liberation from inner and outer constraints and existing conventions; this striving has remained central to her work.

In 1976, she had her artistic breakthrough with *Solo mit Sofa* [Solo with Sofa], a choreographic work that she performed many times over the course of almost three decades. The protagonist is connected through her dress with the sofa. On and with this object the performer demonstrates sensuous events: bending over an edge, crawling into a corner, or seeming to melt into an armrest. The choreography does not so much explore a discourse between limitation and liberation but rather the experiences within the space, an awareness of borders, and an assimilation of space. Hoffmann's preference for bulky material was revealed in the same year in the performance Clowns, in which she let the performers play with a very large, thick paper surface that was continuously being stressed and altered by their bodies.

A continued exploration of the body combined with objects can be found in *Steine* [Stones] and *Bretter* [Boards] (both 1980). In *Bretter* the performer exposed herself to a bodily expansion, that is, to extreme shifts of dimensions and centers of gravity. The dancer's soft, flexible body made a rigid, almost sculptural connection with the boards attached to her body, while in *Steine* she battled with centrifugal and gravitational forces. The precise bodywork of the dancer is measured by the material counterpart in order to underline physical limitations. In the 1980s, Hoffmann developed ever more complex play forms for her pieces. From *Föhn* [Hairdryer] (1985) through *Verreist* [Out of Town] (1986) and *Machandel* (1987) to *Ich schenke mein Herz* [I Give My Heart] (1989) an increasing simultaneity of stage events unfold. While in earlier works she offered the viewer occasions and opportunities to identify with the main protagonists, she relinquishes this possibility in her later works time and again through the multiplication of roles. Her thematic focus has changed throughout her career. During her time at Bremer Tanztheater her choreographies explored contemporary topics, such as the debate against psychiatry (*Unkrautgarten* [Weed Garden], 1980), the marriage discussion and emancipation controversy (*Hochzeit* [Wedding], 1980) or the theme of personal and political power (*Könige und Königinnen* [Kings and Queens], 1982, and *Callas*, 1983). Hoffmann's interest in mythology emerged in her work *Dido and Aeneas* (1984). Later, she moved away from actual issues, instead pursuing former motifs and extending them, as for example in a thematization of the turn-of-the-century world of thought and images in Erwartung – *Pierrot lunaire* [Expectation – Pierrot lunaire] (1982) and an increasing discourse with theater conventions in *Ich schenk mein Herz* (1989). Her complex choreography *Denn ein für alle Male ists Orpheus, wenn es singt* [For Once and Forever It's Orpheus, When It Sings] (1994) thematized the role of the artist in society, cease-lessly testing and exploring the free space between order and chaos.

In Reinhild Hoffmann's choreographies movement cannot only be understood as a partial aspect within an overall composition but also as its constructive element; in her works there will always be passages of absolute dance with which she explores free space within self-chosen or pre-existing limitations. (Text: Nina Fernandez)

■ Artist Talk with Reinhild Hoffmann

Sigrid Gareis (S. G.): Reinhild Hoffmann is one of the pioneers, one of the protagonists, of German dance theater, which is linked to artists such as Pina Bausch, Gerhard Bohner, and Johann Kresnik and is regarded to have started in Essen and Wuppertal. I would be happy if you could tell us about the atmosphere there in the 1960s?

Reinhild Hoffmann (R. H.): I went to the Folkwang Universität der Künste in 1965. At the time, there was a development in German theaters toward returning to classical dance. They wanted to have a representative form of ballet and not so much themes that dealt with problems. The war was over and people did not want to have problems. When they went to the theater, they wanted a moment of relaxation and entertainment. The Folkwang Tanztheater in Essen, where German modern dance took place, was very much an island. Kurt Jooss took over the school, which saved modern dance. We became professional dancers who could go into the theater because we had studied both classical and modern dance, but we still had something else on our minds.

S. G.: And you felt more like continuing the tradition or like doing something completely new?

R. H.: That is a good question. What was very important at the school in Essen was that it was probably the only school in Germany which assembled the different media of art under one roof. It was an old monastery and there were departments of visual arts, theater, and music. We met each other and were very friendly with the people from the visual arts department. They were more aware of what was going on – it was the time when, for example, Joseph Beuys was teaching in Düsseldorf. We had art exhibitions in the Ruhr area, short film days in Oberhausen, and we also saw Andy Warhol's underground films for the first time. Suddenly there was a lot going on and of course it influenced us, it influenced what we wanted to do in dance, and made a big difference in our pieces, especially in comparison to what our teachers had been doing beforehand.

S. G.: And then you went to New York for a year and became aware of the Judson Dance Theater. How did it influence you?

R. H.: I was lucky to receive this scholarship from my first smaller choreographies to go to New York. I had a monthly salary and could do what I wanted. I just walked around, saw certain things, took some classes, and so on. This was the 1970s and everybody loved Minimal Art, but I was not very interested in it. Instead, I was interested in Trisha Brown's and Meredith Monk's work and I also saw pieces by the Limón Dance Company from the generation before. I had a flat which was quite close to the YMCA where the Limón company gave classes, but instead I went to work with Merce Cunningham and Alwin Nikolais. That helped me a lot, because I did not want to go to the theater so early and be locked in there, but I wanted to explore things. Afterwards, I was somehow relaxed and said: now I can concentrate on my work because I have seen enough.

S. G.: When comparing the developments in the United States and here in Germany, I always think that in Germany there was a revolution going on in the state theaters and within the institutional system, whereas in the States there were free movements produced by artists in their studios, on the streets, or among colleagues. What do you think about this?

R. H.: Yes, there was no free scene in Germany. If you wanted to work professionally, you depended on the institutions, but because we did not want to do *Swan Lake* anymore, we had to change certain aspects. We needed directors who wanted something similar to us, as for example Kurt Hübner. All the important directors such as Peter Stein, Peter Zadek, Michael Grüber, and Rainer Werner Fassbinder started by working with him. Another important director was Arno Wüstenhöfer in Wuppertal, who supported Pina Bausch. What was also very important was that the Goethe Institute was interested in bringing art to the world and chose dance, because it does not depend on language. We got the opportunity to show our work, which in return reflected back on Germany.

S. G.: Maybe you can tell us more about the early pieces you did in Bremen. How did your work in the theater start off? What were your possibilities in being at the side of Gerhard Bohner, working not only as a choreographer, but also as a dancer?

R. H.: Yes, I did not want to choreograph exclusively; I also wanted to be onstage. Gerhard Bohner only wanted to do full evening pieces. So, for about half a year, I was almost free to either dance in his pieces or else work on solos for myself. To work with yourself is different to working with other dancers, because you reach certain borders. You do not need to explain, you just go after your vision and work differently.

S. G.: You mentioned earlier that you were not really interested in Minimal Art but I actually think there is a relation to your pieces, because you were also working with limitations, with reduced movement, or asking how little material can already signify a border. Perhaps you could tell us some more about developing your solo pieces?

R. H.: I liked to stick to something and then find out what I can possibly achieve with it. I often fixed a border in the context of these pieces to see what the possibilities with this border were. In *Bretter* (1980), I worked with three boards and started by saying I only have this specific space, which is the space I need for my body. I had a board in front of me and two boards on my back, which I connected to my body. As the first board dropped in the beginning, the space opened up, but it was not flexible, I had to work with the law of these boards. I was interested in the borders of this material, in the dimension of the material that defined the movement. I wanted to find out what was possible with the boards on my back and in the end I went back to the space that was only just big enough for my body. What also interested me were sounds; I did not work with music in these two pieces on purpose, but with the sound of the material, which can also be seen as music.

This interview was conducted on March 11, 2012 at ZKM | Karlsruhe
http://moments.zkm.de/Hoffmann

Channa Horwitz

Conceptual and performance artist Channa Horwitz was born 1932 in Los Angeles. Beginning in the early

1960s, she developed minimalist graphical notation systems enabling her to visualize time, rhythm, and movement in countless variations. These compositions can be read as graphic diagrams, musical scores, or choreographic notations, and form the basis for multimedia performances. Horwitz studied from 1950 to 1952 at the Art Center School of Design in Pasadena and from 1960 to 1963 at California State University in Northridge. In 1972, she received a BA from the California Institute of the Arts, where she had contact with Allan Kaprow among others. Even in her earliest minimalist series Horwitz began to investigate variations within the structure of basic geometric forms. In Window Shades (1964) she created interior design drafts for a fictitious couple, Mr. and Mrs. McGillicutty. From 1964, she represented the conditions of language in geometric, rhythmical forms in her Language series, like the writers' group Oulipo. After 1966, she continued this geometrical, minimalist approach in her paintings and sculptures. She was interested in magnets, springs, and movement or, generally speaking, in the materiality of time. In 1968, in keeping with this interest, Horwitz submitted a proposal entitled Suspension of Vertical Beams Moving in Space to the exhibition Art and Technology at the Los Angeles County Museum of Art. It was an installation consisting of eight Plexiglas beams, to be held in the air, moved by magnets, and combined with complex light projections. Although her concept was included in the catalog it was not realized in the exhibition – only men had been invited to participate.

Beginning in 1968, Horwitz developed a graphic notation system based on the principle of deductive logic, which she called *Sonakinatography*. It is based on the numeric sequence one to eight, resulting from the raster grid on her drawing paper. Eight horizontal units received one number each that corresponded to the length of one counting impulse and one color. Horwitz called these units "energies." She later used a raster grid of eight by eight fields, in which vertical fields describe the expansion of the "energies" in the space, and added to her compositions further levels in space. In the diagrams time structures, score values, and movements can be described and represented by means of repetition, inversion, and variation of the pattern.

Horwitz explores the borderlines between art, mathematics, and science in her works. She describes *Sonakinatography* as visual philosophy and as a language that can be understood by all the arts. Accordingly, she exhibited her early compositions in the context of multimedia performances, in which dancers transformed the notations, printed on transparent film or projected, into performances. She integrated kinetic sculptures, entitled *Breathers*, in which transparent vinyl balls were inflated and deflated on white cubes, designed costumes, and composed music for percussion and synthesizers. She had performers act according to raster lines, similar to the colored floor raster, a grid of two by four rectangles, which she integrated in her display in the exhibition *Moments*. In *Opera Poem/The Divided Person* (1978) eight actors read scripts noted on a piece of paper of approximately eight meters long to the beat of a metronome. These scripts describe the dichotomy of the human character. Horwitz understands the structure on which all her works are based not as a limitation but as the foundation of freedom and the potential of infinite variation. (Text: Idis Hartmann)

■ **Artist Talk with Channa Horwitz**

Georg Schöllhammer (G. S.): If this exhibition had taken place six years ago, I am pretty sure, Channa, that you would not have been invited because we wouldn't even have known about your work. It is a real miracle that you reappeared on the scene after hiding or after having been suppressed by art history for quite a long period.

Channa Horwitz (C. H.): The reason you never heard of me is because I tried to stay hidden.

G. S.: You deliberately tried to hide?

C. H.: Yes. I actually lived in a place called Hidden Hills and had a studio on the side of a hill overlooking the fields and all the birds flying overhead; it was so beautiful and I preferred to stay there and continue questioning my own work.

It was at that point that I read about a show that would take place at the Los Angeles County Museum of Art. With an announcement in the newspaper the museum was asking proposals for a show called, *Art and Technology*. So, I called the museum and said: "When you say a proposal, what do you mean?" And this young girl heard a female voice and said: "Oh, do something impossible." I knew why she said that, it was because at that time women didn't respect the thinking of other women. So, I decided that to get into the show I would have to do something that would be interesting for the industry. To me, magnetism was very important and I felt that it could provide energy for the future. Using graph paper, I designed a room-sized sculpture with eight beams that moved with the use of magnetism. When I finished the drawing for the proposal, I wondered how the beams would look in a given length of time. So, I took graph paper and I figured out how to notate the eight beams in ten minutes of time. The fascination that I had with the notation of motion on graph paper just completely took over and that became my next huge body of work.

Johannes Porsch (J. P.): Concerning the feminist movement of the West Coast milieu that started just about that time, did you in your group discuss aesthetics in relation to gender, for example? And what different kinds of strategies were proposed?

C. H.: I never respected women artists until the feminist movement began. I realized that I was just as guilty as any man for not respecting women. I had never been in a room full of women before Joyce Kozloff' invited me to a gathering in her living room. That was the greatest feminist experience of my life. I certainly learned to respect women from then on. But we all talked about how we had not respected women before. It was an evolution for us to learn how we felt about each other. We needed to show men the way to respect us. I think that when we took ourselves seriously, everybody else did, too. But when we played a feminist-housewife-fragile-take-care-of-me attitude, we weren't taken seriously.

G. S.: You once said in one of your interviews that you find freedom working in a very restricted frame.

C. H.: Well, I once talked about wealth to my daughter's high school class. I said: when people are wealthy, they can do anything they want. But in order to experience wealth you have to limit your choices. Because, if you don't limit your choices, then you are just scattered all over the place. If I decide that what I want to do is to travel, no matter where I go, even small towns, I cannot see everything in my lifetime, I am going to miss something. So, if I chose to limit my choice to, let's say the fact that I love to eat, I could find the best gourmet school and go to one, two, or three restaurants and eat everything that those restaurants produce. So, in order to experience freedom, I have to limit my choices.

J. P.: How does your work address the viewer? What kind of experience does your work suggest?

C. H.: Some people do not consider my work to be art.

J. P.: It is not the question of whether it is art or not. It is more the question of what kind of subject is created by your work, not only for the one who produces it but also the one who reproduces it by looking at it.

C. H.: By experimenting with different media I hope that I can expose the audience to another way of thinking. But I am most interested in what I learn through my work. And if somebody else is interested in what I do, that is great, but I really want to know where my work is going to take me. It feels like by questioning my work I am taking steps through a jungle. And each question I ask is like cutting a path with a machete. That is how I feel.

J. P.: I would like to ask about the notation of time in your work. Do you mean a temporality which is a succession, something progressive, or do you mean a temporality that is more something like a space or like an onion where different times overlap?

C. H.: I see time as a linear progression of moments. It is no different then it is to be walking; and so I walk through time. Most of my performances have to do with that, but then again, I don't create the performances, the performances are an interpretation of my notations.

G. S.: So, what is the relationship between improvisation and script in your notations? Is it possible to improvise within that frame? Or do you fix even the structure of the movements beforehand?

C. H.: If I had my way, the structure would be fixed, so that the structure would become an absolute.

Question from the audience: When you were working on the notations, did you imagine a certain result and try to visualize it in your notations? Or were you just interested in the abstraction of this kind of language that you created?

C. H.: I decided to limit my choices down to the notation of motion. In that way I could experience more. As I said before: if you have too many choices, you cannot experience freedom. But if you limit your choices, you can experience freedom.

This interview was conducted on March 18, 2012 at ZKM | Karlsruhe
http://moments.zkm.de/Horwitz

Sanja Iveković

Sanja Iveković was born in 1949 in Zagreb and studied at the Zagreb Academy of Fine Arts between 1968 and 1971. She has worked with various media, creating photomontages and collages. Iveković produced her first video works as early as 1973. Since the 1980s, she has set up various political institutions, primarily with feminist concerns, in her homeland, including Poodrom, the first artists' space in Zagreb, B.a.B.e. – The Women's Human Rights Group, Attack (The Autonomous Cultural Factory), a women's center, as well as ELEKTRA, the Zagreb Center for Women Artists. In the fall of 2000, ELEKTRA hosted the project *Co-operation: The International Forum for Feminist Art and Theory* in Dubrovnik, with more than forty lecturers and artists from Asia, Europe, and the United States. Iveković has been engaged in the Women Artists Center for Women War Victims and has realized artistic projects with women from women's shelters in Zagreb, Bangkok, and Luxemburg. Since 1996, she has also taught at the Center for Women's Studies in Zagreb.

Sanja Iveković was one of the first Yugoslavian artists to enter the stage as a feminist and investigate the historical image of woman and its impact on feminine identity. Performance and video provided her with a platform for a self-determined expression of a woman's and an artist's physical, sensuous, and sexual presence. For her work *Tragedy of a Venus* (1975) she juxtaposed images of Marilyn Monroe from a Yugoslav magazine with photographs of herself, not images that had been specially photographed for the work, but images selected from her photo albums in which her poses had similarities with Monroe's. Many of her works show parallels between private and public images in similar juxtapositions. They reveal a clear implementation of cultural codes that impact on the private sphere. In her works, Iveković is not so much concerned with revealing a hidden, "true" identity, but rather refers repeatedly to the difficulty – perhaps impossibility – of constructing an independent identity and confronting it with consistent artistic deconstruction. Iveković examines the mass media's impact mechanisms, but also the visual and power relationships that determine behavior in public space, often using video to document her performances in order to examine the correlation between her documentation and that generated and perpetuated by the media. "Ivecović has not just explored the structures and socio-ideological implications of the mass media. In her many performances she also examines the performative structures of the art world in the sense of an institutional critique. Here, she proceeds from the symbolically and socially highly charged ritual of the opening. In *Inter Nos* (1977) she uses video as a medium for staging a provocative play of distance and proximity, of spatial and temporal shifts, in which she integrates the onlookers."[1]

Since the late 1980s, Iveković has been increasingly politically engaged and has worked on various projects with women who have been victims of domestic male violence. Her work *Women's House (Sunglasses)*, made between 2002 and 2004, documented the fate of these women in collages and true stories integrated in a presentation that mimicked perfume advertisements in women's magazines. Iveković has also devoted herself personally and artistically to the victims of the Balkan Conflict, reflecting on ethnic conflicts and the resulting persecution of minorities that can reach the point of genocide.

For her *Rohrbach Living Memorial*, Iveković created a performance in 2005 to make up for the absence of an official Austrian memorial for the Sinti and Roma persecuted and murdered during the era of National Socialism. A historical photograph of a group of Sinti and Roma waiting for their deportation served as a point of departure for a reenactment: the citizens of the small town of Rohrbach were invited to recreate it one Saturday in the town's center. What made this action, documented on film, so special was both the citizens' direct participation in this act of remembrance and their participation in a form of contemporary art. Even if not all passersby chose to participate spontaneously in the reenactment, they were not able to ignore it completely. Iveković urged the citizens in this direct confrontation to place themselves physically and psychologically in the situation of the people who had been persecuted. (Text: Greta Garle)

[1] Silvia Eiblmayr, "Personal Cuts," in: Eiblmayr (ed.), *Sanja Iveković. Personal Cuts*, exhib. cat., Galerie im Taxispalais, Innsbruck, Triton, Vienna, 2001, pp. 13–16, here p. 15.

■ **Artist Talk with Sanja Iveković**

Georg Schöllhammer (G. S.): Sanja, you grew up in the Yugoslav art world. The avant-garde in Zagreb had its first group shows in the late 1950s, early 1960s, but then, at the turn of the late 1960s to the early 1970s, a specific practice called the New Art Practice emerged in Yugoslavia. This practice was somehow imbedded in a slightly different art system than the Western system, and also in a different system than the Eastern system.

Sanja Iveković (S. I.): Yes, I belong to this generation of first conceptualists and our practice was termed "New Art Practice" by the critics. It was new in a sense that it posed radical questions about the role of the artist, about market logic, on the production of art, questions concerning the art public, the institutions, and communication with a non-artistic audience. This was already on the agenda of Western artists, but to us, the question of the materialization of art seemed more appropriate, because moving out from the gallery and museum institutions and making art that communicates with a non-artistic public was closer to our idea of socialism. This meant we communicated with the masses, with ordinary people. It was not just a formal move to work outside the institutions, but was considered a progressive move towards the democratization of art. I think there are similarities if you compare the art practice of my generation and Conceptual Art, body art, or performance art in the West. On the surface they are quite similar, but in our system, in a socialist system, certain aspects had a different meaning. One of the advantages of living in socialism was that from a very early stage we learned that nothing is free of ideology and that the distinction between aesthetics and politics is completely erroneous, that everything we do has a political charge. That was one of the reasons for me to ask myself how to *not* be a passive object of this ideological system but to act meaningfully, to react and act in the system. What is my relationship to power, domination, exploitation, ideology in general?

G. S.: Let us stay with the system for a moment and mark some of the dissimilarities to the West. You were linked to the Western avant-gardes, you could travel, which the so-called 'Eastern artist' could not at the time. Yugoslavia was somehow a country of high Modernism. Modernism in the 1960s was almost a part of the state religion. Abstract art created a public space, created all the public monuments and so on. The system itself was a state system that represented art, the museums did not so much collect new practices as they had already started to in Western Europe and there was a lack of commercial markets.

S. I.: Yes, there was no market. All the spaces, exhibition spaces, museums were founded by the state and I think this was an advantage, because art was produced not to be sold in a market but to actually pursue the ideas that would make a change in the society.

G. S.: But your practice actually developed around certain institutional frames that were mainly related to the universities.

S. I.: Yes, this is important to say. The network of student culture centers, places where the avant-garde and progressive art was happening were founded by the state. Everyone came and performed or showed their work. I think it is important to mention that usually our art practice is considered to be dissident in comparison to Western or official art. But in the case of Yugoslavia one has to know that abstract art was the official art in the 1950s, even in the 1960s, when we arrived on the scene. The intention of the former generation was to deal with this modern paradigm, whereas our idea was to deconstruct this Modernism, including genderless art.

G. S.: Yugoslavia's self-understanding and its different kind of reality has somehow been part of your work. I think it is also important to mention that Yugoslavia understood itself as a feminist country. This was true in the case of the labor force and there were feminist lectures in the university, but on the other hand, the country was imbedded in a system dominated by males.

S. I.: Yes, the Yugoslav context differs from the other Eastern Bloc countries in the sense that feminist thinking has a history. In 1978, the first international feminist conference in socialist countries, "Women's Questions," took place in Belgrade in the student culture center and women from Zagreb,

Ljubljana, Slovenia, and other places gathered. These women were heavily criticized by the official women's organization, who stated that feminism is a bourgeois import from the West and that the women's question had already been solved during the socialist revolution. But of course patriarchy was very much alive under the thin layer of egalitarian policy. The women of my generation started to question this, they started to be active and systematically started to read or write lectures on feminist issues. I attended meetings and lectures of scholars in Zagreb that I was very much influenced by, and I became conscious of being a woman myself, although I was one of the few artists who openly said I am a feminist and am interested in feminism.

G. S.: The 1970s was the same period when video appeared as a new medium and you almost immediately worked with it. The three performances that we are showing here have very much to do with that appearance of the medium of video and reflect back to what it did/does with the audience, how it constructs and deconstructs audience, how it can play with presence and absence and so on. How did you get in touch with video?

S. I.: I was probably just lucky to be able to use the equipment – Italian galleries brought video equipment from time to time and offered it to the artists in Yugoslavia. But video was only one medium I was using. I never thought of myself as a video artist, although I was called a video artist, even a video pioneer, for a long time.

The video I used in my performances was a separate but constitutive element of the pieces; live acts and video had different roles. In all of my performances, I was thinking in advance of the documentation, of what the documents would be, what the performance would be like for the 'delayed audience' so to say.

This interview was conducted on March 16, 2012 at ZKM | Karlsruhe
http://moments.zkm.de/Ivekovic

Adrian Piper

Artist, philosopher, and author Adrian Piper was born in 1948 in Harlem, New York. Since the mid-1960s, she has developed an extraordinary oeuvre of conceptual works, performances, and installations that explore such themes as xenophobia, racism, and identity. At the age of twenty she began to exhibit internationally as a conceptual artist. In 1969, Piper graduated from the School of Visual Arts New York. The following year, she began to study philosophy at the City College of New York and received her BA in philosophy in 1974. She then enrolled at Harvard University, where she completed her studies in philosophy with a PhD in 1981. During 1977 and 1978, she also studied at Heidelberg University. Later she taught philosophy at the universities of Georgetown, Harvard, Michigan, and Stanford as well as at the University of California at San Diego (UCSD). At Wellesley College, she became the first African-American woman in the United States to become a tenured professor of philosophy. She is currently director of the Adrian Piper Research Archive Foundation in Berlin.

In the mid-1960s, Piper began painting, creating her *LSD Paintings* (1965–1967). In 1967, under Sol LeWitt's influence, particularly that of his essay "Notes on Conceptual Art" (published in *Artforum* in 1967), she turned to Conceptual Art and created floor installations and works exploring language. She analyzed typescripts, maps, and audiotapes "… as concrete physical objects that referred both to themselves and also outward, to the world of abstract, symbolic meaning."[1] In the *Hypothesis* series (1968–1970) she combined this investigation with a self-enquiry into her own feminine, black though light-skinned body, which had also been perceived as an object. On space and time axes she documented everyday and personal activities and perceptions symbolically with photographs and abstractly with a system of coordinates. As an observer she grew aware of herself as a subject and began to analyze her role as both an artist and an African-American woman in society.

In 1970, Piper became "politicized" as a result of the US invasion of Cambodia, the growth of the women's movement, and the student protests against the war. In 1971, she began to study Immanuel Kant's *Critique of Pure Reason*, and this has remained her most influential source of inspiration up to the present.[2] Although she had been working performatively since 1968, she now intentionally avoided doing so in an art context, choosing to conduct her performances before random audiences in public spaces. In *Catalysis III* (1970) she walked through the streets of

Manhattan with "wet paint" written on her white sweater. In *Catalysis IV* (1971) she stuffed a large piece of cloth into her mouth, allowing one end to hang down in front of herself while riding on the bus. For the performance series *The Mythic Being* (1973–1975) Piper created an alter ego in the form of a black man with an afro, a moustache, and work clothes. Piper questions identity construction and underscores the fact that bodies have always been products of interpretations of cultural meaning. She was the first artist to introduce the themes of xenophobia, racism, and gender identity into Conceptual Art. In her performances, Piper enters into direct confrontation with her audience, causing an immediate reaction in the viewer. This "indexical present"[3] makes her work a catalyst for self-knowledge, which for her is a vital constituent of an artwork.

Since the 1980s, Piper has specifically explored the interpersonal dimensions of racism and the formation of stereotypes. In drawings on newspaper pages, (video) installations, and business cards the artist confronted the audience with their own prejudices. In *Funk Lessons* (1982–1984) she engaged participants in dancing to funk music, which as part of black pop culture in the US of the 1980s provoked a variety of adverse reactions. Piper taught the basic steps of funk until they could be improvised upon and explained the background of the music. The dance functioned as a means of communal communication to reflect racial stereotypes and, in an ideal case, as a means of self-transcendence.

In the *Color Wheel* series (2000), which was shown at documenta 11, Piper juxtaposed the figure of Shiva, the god of dance and yoga – which she practices and has studied since 1965 – with depictions of heads whose flaming colors were taken from the Pantone Color Formula Guide.

(Text: Idis Hartmann)

[1] Adrian Piper, *Out of Order, Out of Sight. Volume I: Selected Writings in Meta-Art 1968–1992*, The MIT Press, Cambridge/MA, London, 1996, p. 19.

[2] Cf. Adrian Piper, "Talking to Myself. The Ongoing Autobiography of an Art Object / Selbstgespräch: die fortlaufende Autobiografie eines Kunstobjekts" [1970–1973], in: Sabine Breitwieser (ed.), *Adrian Piper seit 1965: Metakunst und Kunstkritik*, Generali Foundation, König, Wien, Köln, 2002, p. 123–149, here p. 125; Adrian Piper, "Geistige Nahrung," in: ibid., pp. 153–155, here: p. 153 (first published in: *High Performance*, No. 1, Spring 1981).

[3] See Adrian Piper, "Xenophobia and the Indexical Present I: Essay" [1989], in: Sabine Breitwieser (ed.), op. cit., p. 263–271 (first published in: Mark O'Brian (ed.), *Remaining America. The Arts of Social Change*, New Society Press, Philadelphia, 1990).

■ **The Connection Between Truth and Goodness: Explorations in Kant's Metaethics** In his *Groundwork of the Metaphysic of Morals*, Kant ascribes universal importance to the virtuous practices of truth-telling and promise-keeping. One task of this lecture series is to investigate the extent to which this emphasis is justified. But if it were, what would truth-telling and promise-keeping require, according to Kant's own analysis of truth in the *Critique of Pure Reason*? Given the ways in which Kant complicates the naïve realist understanding of what truth consists, is it even possible for us to tell the truth or keep our promises with anything close to the stringency on which Kant insists in the *Groundwork*? And if it is not possible, what are the implications for our social and political relationships?

Adrian Piper illustrated the argument in three lectures given March 28 – 30, 2012 in the exhibition space of *Moments*:

Lecture I: Introduction and Overview

Lecture II: Kant's Analysis of Truth

Lecture III: Kant's Justifications for Truth-Telling & Promise-Keeping

See also pages 162f.

Yvonne Rainer

When Yvonne Rainer, who was born in 1934 in San Francisco, moved to New York in 1956, it was to pursue a career as an actress. At the same time, however, she also discovered an interest in modern dance and took her first dance lessons with Edith Stephen. In 1959, she began to study at the legendary Martha Graham School and later with Merce Cunningham. In this environment, Rainer met numerous avant-garde artists from the New York scene, among them Trisha Brown, La Monte Young, Simone Forti, Robert Morris, John Cage, and Robert Rauschenberg. She later collaborated with some of them. She was especially influenced by Anna Halprin's improvisation technique which liberated dance from the artificiality of choreographed movements. In 1961, Rainer conceived her first dance piece, *Three Satie Spoons*, for the New York theater group Living Theater and performed it herself. A year later, she became one of the cofounders of the Judson Dance Theater, which became the center of postmodern dance during the 1960s. In 1975 Rainer gave up her career as a choreographer to turn to filmmaking, and directed several experimental films. Since 2000, she has returned to choreographing dance pieces. Rainer's films received awards at international film festivals and have been shown in many important art institutions. She has shown her work twice at documenta in Kassel (1977 and 2007), while in 2012 both Museum Ludwig in Cologne and Kunsthaus Bregenz showed major retrospectives of her multifaceted work.

In the 1960s Rainer developed an independent language of expression that would revolutionize dance and the concept of the body in dance performance. Her dance pieces were characterized by the use of ready-made, everyday actions (walking, running, picking things up, stretching) and objects (mattresses, bricks, wooden sticks) as well as by the integration of film projections. Today, many of these elements have become integral parts of contemporary dance. In her choreography Yvonne Rainer reflected on approaches that were typical of minimal art and applied them to dance. These were manifested through repetition and variation, a relinquishment of expressivity and narrative elements, and a reduction and accentuation of actors' real physical presence. In her *NO Manifesto* (1965) she demystified dance and the conventions of theater as a genre through a refusal of spectacle, virtuosity, glamor, and transcendency of the star image.

One of Rainer's most renowned pieces is *Trio A* – a series of movements that form a long "phrase." It was first performed by Steve Paxton, David Gordon, and Yvonne Rainer at the Judson Memorial Church as part of three simultaneous solos on January 10, 1966, and is primarily known through a documentary film about Rainer's Solo from 1978. Relinquishment of the spectacular was realized here using various strategies, including the notion of movement as a simple task and an avoidance of any interaction with the audience, including the employment of averted glance. The dancer was to become a *neutral doer*, as Rainer phrased it in her 1968 essay *A Quasi Survey of Some 'Minimalist' Tendencies* [...], about *Trio A*. The performance does not require virtuosity or trained movement technique, but rather concentration and a good memory, which is why it can be performed by non-dancers. *Trio A* has been frequently adapted and interpreted by choreographers worldwide.

Her work with film provided Rainer with an opportunity to articulate her feminist and political concerns more clearly. The early films were still created in the context of performance. In her first full-length film *Lives of Performers* (1972), a stage rehearsal introduces a melodramatic story that ends with a series of *tableaux vivants* – reenacted stills from Georg Wilhelm Pabst's silent film *Pandora's Box* (1929). As actors, Rainer engaged her dance students; with the exception of Valda Setterfield all non-professionals. An innovative use of tone in the form of neutral voiceover is a means of inhibiting the viewer's identification with the protagonists. The techniques and methods that Rainer deployed (such as the combination of real, autobiographical, and fictitious elements, the appropriation of melodramatic conventions, and the merging of various descriptive contexts and levels) were further developed in her later films. In *Film about a Woman Who* (1974), Rainer's reflections on representation, narrative, political manipulation, positions of power and dependence, relationships between men and women, and construction of social gender are further developed and explored both on a thematic level and in regard to the use of production technology. A critique of the conventions of popular film in Rainer's work occurs not through anti-narrative forms of presentation, but through an appropriation of typical elements of popular film, particularly regarding the depiction of emotional and psychological issues. Yvonne Rainer lives and works in New York and Los Angeles.

(Text: Daria Mille)

Phase II: RE-ACT

Interpretative Appropriation in the Artistic Laboratory
March 18, 2012 – March 30, 2012

Boris Charmatz
with
Alex Baczyński-Jenkins
Christine De Smedt
Nikolaus Hirsch

Lenio Kaklea
Jan Ritsema
Gerald Siegmund
Burkhard Stangl
Meg Stuart

In the second exhibition phase, an artistic laboratory by the French choreographer and co-curator of the exhibition, Boris Charmatz, together with selected colleagues from art and science takes place in the exhibition. In the so-called Artist Lab the participants will discuss and develop artistic strategies and methods of appropriation and reinterpretation of those historical performances made available by the exhibition display. The historical works are reinterpreted in the context of the exhibition, individually and performatively. Israeli artist Ruti Sela will be recording the laboratory as an art-film document.
(Boris Charmatz, Sigrid Gareis, Georg Schöllhammer)

The Artist Lab signifies the attempt to maintain the dynamic of the exhibition *Moments. A History of Performance in 10 Acts*. As a rule, the history of the performance is presented with outstanding conviction and in a stable form, which only partially reflects the initial break. The Lab's artists undertake a search for the tension in the break without thereby returning to its starting point. So as to create an archive of the present displaying all its brilliance, we plan to open a contemporary site that will form the basis for the collective endeavor of confrontation with the exhibited works. Key contemporary artists are invited to install their work in the exhibition and to take part in the film by Ruti Sela, a weighty document by a pioneer which is to be added at the end. All musicians, dancers, dramaturge, and architects, will proceed, each in his own way and according to what moves with regard to the known or unknown moments of our history.
(Boris Charmatz)

From: Christine De Smedt
Subject: Re: comments, questions, statements

Somehow, the need for radical change and political awareness keeps resonating in me. In that sense, *Moments* has been an extremely important experience.

I was mainly interested in looking at the exhibited works, again and again, and in getting to know more about the processes and contexts in which they had been developed. I was not specifically concerned with the question of authorship. I am suspicious about authorship if it is connected to the belief that one owns a work, which, in our society, confirms the idea that the private and personal are separate from the public and the shared [...] To make art is to make one's concerns public, to make things public. To see these works in the museum context was also part of the shared and the public aspect of artwork, but at the same time it became clear that all the exhibited works are part of today's art market, which sells the "individual" artworks [...]

In the case of *Moments*, the issue of authorship was particular since the invited and displayed artists were all female and some of them are not generally known/recognized as "pioneers." The first phase of the project *Moments* was well conceived, with the female artists' involvement in the composition and build-up of the displays, the video recordings of the artist talks, and the artists being present in the first phase of the lab [...]

What did we do with this context during the lab? How did we react? The proposals were multiple but I think we did not redefine reenactment or appropriation. We worked with the situation and tried to think departing from each of our interests. I tried to better understand the particular history and complexity of those times as well as the feminist movement. I perceived the works and their authors as a point of reference and as part of a complexity, rather than as individual achievements and artists. For me it was important that the knowledge that I/we were informally and formally gathering was in constant flux, was redistributed and changing all the time [...] What does one appropriate: critical concerns, attitudes, methodologies, principles, goals, elements of the final work? An appropriation of the individual works in the context of *Moments* seemed completely inappropriate, unnecessary, and anecdotic to me.

All of these works have already been appropriated through time and history – consciously and unconsciously, in part and more extensively. The sharpness and critique of that period was impossible to appropriate for me in relation to the situation of these works being displayed in a museum [...]
It is rather important to see art as an investigation, a reflection of a time, and a craving for changing the conception of the author as a star or worshipped person [...]
Everything that we did in the lab can be destroyed or used!

From: Lenio Kaklea
Subject: Re: comments, questions, statements
I very much enjoyed working within the group and felt that the sharp and critical thinking of each one of the participants made the context very alive. Meeting the pioneers, visiting the exhibition, and confronting my artistic practice with the exhibited works was a great opportunity to dive into the numerous issues that made the 1960s and 1970s a period which challenged and confused the social with the artistic in such a dynamic way. Thinking and making such a challenge possible today is part of my strong interests.
How can the past generate reflection about today's issues, such as the art market as a dominant context of making and distributing artistic work, the capitalization of free time, the development of the artist as an entrepreneur, and the role of culture as commodity?
I experienced appropriation in the following situations and understood it in the following terms: Improvising with Roberta's physical traces (costumes) felt like a collective and spontaneous appropriation of the exhibited items. Our empowerment over the archive induced the question: *Who lives inside whom?* Where is Roberta, and where are we? Working in the exhibition space during the night with Jan Ritsema and Boris Charmatz was a very intense and direct way to redefine the display: no walls, no works, we investigated our relation to the space and to each other: a micro-political personal *jump* rather than us reflecting upon a historical one. The "pseudo-reenactment" of Marina Abramović's voice in the video *Art Must Be Beautiful, Artist Must Be Beautiful*, and the inspiring discussions that we had with Gerald Siegmund about her work, allowed me to physically experiment with the exposed material and to reflect on how we perceive iconic figures today. I really enjoyed spending time with this work and thinking about the ways in which we create value through preserving history – in the sense that it is the action (of preserving) itself that implies and creates the value of the object. Even if an artist initially did not work, it is the institutional attention of the treatment of the object that guides us to consider something valuable, and especially its object-like existence.
Documentation of Abramović's performance is available on the internet (however, it is not complete). What are we able to see or to hear if we look at the video in the museum? The enormous size of her moving image in dialog with other "inanimated" documents? Which aura captivates the visitors' attention? What could we "learn" from the interaction between Marina's image and a lively, and for some, anonymous body – mine – reenacting the video's voice without showing any physical urge of pain or pleasure? Last but not least, working on the concept of social choreography with Christine De Smedt and its musical variations with Burkhard Stangl on the last day of the lab felt like a very challenging way to appropriate the critical issues generated/raised by the exhibited works. We addressed them through a choreographic structure and tested to what extent a public (the audience at the open lab) identified with it. How does the historical narrative generate relations and form the present? I would have loved to spend more time on this.

From: Jan Ritsema
Subject: Re: comments, questions, statements
Initially, the problem in the artist lab was that it lacked a proper definition. We dived into the exhibition with a slow start and proceeded quite slowly at first. There was almost too much freedom, too much "do what you want." Eventually, we were defined by the task of presenting something in the open lab. Thus, it turned out that the concluding presentation, the way in which we operated in the end and our navigation in/through the exhibition, was interesting – interesting in the sense that an

unexpected "appropriation" of the given exhibition became apparent, and not only an appropriation but also an unexpected reenactment of the given exposition, a reenactment that limited itself to the use, an almost superficial use, of the given material.

What is also interesting is that, maybe because of the lack of definition, the performers and witnesses were not acting individually (except Alex Baczyński-Jenkins), but were operating together. In my opinion it was crucial that we spent one night in the exhibition during the lab. That night, Boris Charmatz, Lenio Kaklea, and me were able to exhaust our abilities to bodily/physically connect with the material and the exhibition, to appropriate it and to negotiate/deal with it.

BUT

The process was mainly driven by "just doing"; we threw ourselves into the situation quite shamelessly. This can have its value, but the combination of thinking and doing is what I would have preferred and is what I think would be necessary in order to continue.

I think that a continuation would only make sense if the participants of the lab would discuss, evaluate, formulate, and define what one could call appropriation and reenactment as a mode of production (of a performance that makes sense in 2012/2013/2014). The film as the final product of our interventions is much better than what we were doing during the fourteen days that we spent in the exhibition – even if it is not completely clear what is really at stake with/in it. One can see people who are not showing off, provoking, or impressing, but who try to be together in a shameless way – not as an expression of freedom or as a pedagogical attempt concerned with how people could be, but just as a way of socially being together. What could be at stake here is the message that "many things are not a big deal" and that we have "to get rid of many restrictions."

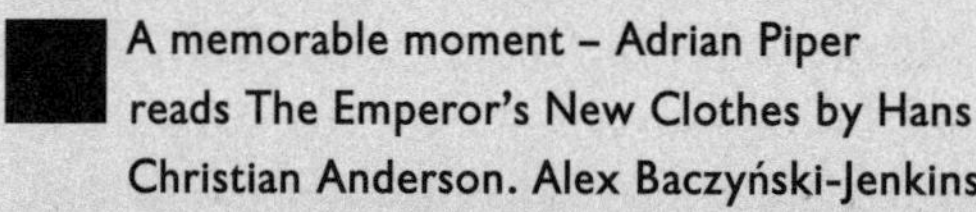

A memorable moment – Adrian Piper reads The Emperor's New Clothes by Hans Christian Anderson. Alex Baczyński-Jenkins

A child, however, who had no important job and could only see things as his eyes showed them to him, went up to the carriage. "The Emperor is naked," he said.

"Fool!" his father reprimanded, running after him. "Don't talk nonsense!" He grabbed his child and took him away. But the boy's remark, which had been heard by the bystanders, was repeated over and over again until everyone cried: "The boy is right! The Emperor is naked! It's true!"[1]

Things Not to Be Forgotten or a Few Extra Challenges, a collaborative pursuit by Alex Baczyński-Jenkins and Ligia Manuela Lewis. The same actions were performed simultaneously inside the public museum space of ZKM and public spaces in Berlin Kottbusser Tor and Hasenheide Park.

[1] *The Emperor's New Clothes*, by Hans Christian Anderson, read by Adrian Piper at her seminar on "The Connection Between Truth and Goodness: Explorations in Kant's Metaethics," March 28–30, 2012.

See also on pages 176f.

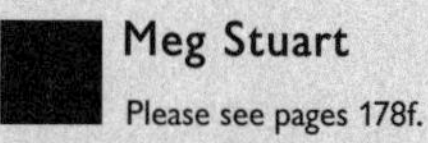

Meg Stuart

Please see pages 178f.

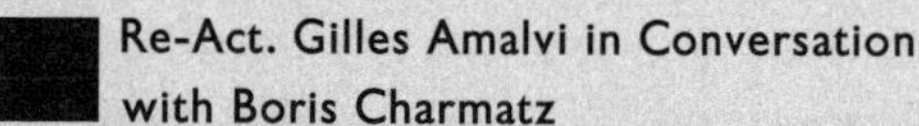

Re-Act. Gilles Amalvi in Conversation with Boris Charmatz

Gilles Amalvi (G. A.): You approach art and cultural history by defamiliarizing archival material and documents, by distorting and deforming them – insofar as they can be used for creating performances. Is this the dynamic you wanted to initiate in the Artist Lab, Re-Act, during the second phase of *Moments* – the dynamic of a "wild appropriation," impulsive and improvisational?

Boris Charmatz (B. C.): My two initial ideas for the Artist Lab were related firstly to the experiments I made with *brouillon* – an exhibition at the Musée de la danse,[1] in the process of which the performers defamiliarized artworks[2] – and secondly a desire to have the lab cinematically documented by Ruti Sela. In the case of *brouillon*, we were able to operate with the works quite freely; that was partly due to the positions of the performers who were the "manipulators," so to speak. With our white gloves we were able to touch the works, to stroke them, to put them away, to place them outside, to hang them and take them down, and so on. My suggestion for Re-Act was to initiate a *brouillon* that could evolve into a film; or rather to realize during the work "This *brouillon* is a film," that is, the realization of a film. From one point of view, the various participants in the lab – artists, performers, theoreticians – came to ZKM | Museum of Contemporary Art in order to explore the significance of archival material in the history of performance and its re-appropriation. But *in fact*, we were all there to create a new work by adding a contemporary archive to the existing one. This approach, which deviated from the norm, appealed to me: to work and operate in the exhibition, not in order to "reanimate" already existing traces, but to produce a "new" trace; to participate in the creation of a new object that would not be limited to the exhibition but would take on a life of its own in the ongoing process.

For me – and this might not be the case for all the participants – the film was the first priority. I accepted the invitation to this exhibition because I believed that the film could be realized there. I wanted the film to deal rigorously with the historical works and at the same time sustain the same suspense that can be felt in Ruti Sela's other films. This is not easy, since the locations of her films, places like nightclubs or hotel rooms, often have a seedy quality, but with a charge similar to that of the historical performances shown in the exhibition. The point was not a friendly discussion and its documentation but rather the creation of an ambivalent, contradictory work. I came to the ZKM with this wish: to commence with a *brouillon*, a chaotic situation within which one could do what one wanted – providing no work was damaged – and which would enable the production of an intense and passionate film of the process.

But we soon encountered what consitutes the obligations of a traditional museum. From the museum's perspective, the historical works were almost sacrosanct. It felt like that our actions as the invited artists were becoming an irritant, potentially compromising and at best disrupting or interfering with the exhibition's "normal" function. In this exhibition I was primarily interested in the confrontation of historical performances – or what remains of them – with the art of today. It is true that there was a misunderstanding, and suddenly a real tension. I wanted the Artist Lab to be improvisational. The Musée de la danse is an improvisation of a museum. However, the primary responsibility of a museum is to safeguard and maintain the integrity of artworks and this is in conflict with the vagaries of improvi-

sation. The reasons for this are fair and I don't call them into question. But we took the brunt of these rules.

G. A.: Wasn't it a bit naïve to believe you would be able to take hold of these "sacred" traces in the place of their sanctification?

B. C.: Yes of course, but I insist on this naïvity. I am appalled that so many museums call themselves "Museum *for* Contemporary Art." In reality they are Museums *of* Contemporary Art. I simply cannot come to terms with this conception. If things cannot be transformed – what is the point of the whole thing? Suddenly, being unable to touch anything generated an impotent rage that resulted in the desire to touch *everything*. For example, concerning the incident with Lynn Hershman Leeson's work, a wig and a dress belonging to her fictitious character, Roberta Breitmore, were touched against the artist's wishes. I apologized to her, we were able to discuss it, and for that I am grateful. The objects were slightly damaged, but in my opinion, it was chiefly the *aura* around these objects that was damaged. Neither the artist nor the museum's staff can be held responsible for this. This *aura* is something that is a bit beyond everyone.

G. A.: Perhaps this misunderstanding can be attributed to the fact that the museum continues to pretend it is something other than a place of conservation, is open to hybridization, to experimentation. But basically it remains as it always was: a mechanism for the production of value. Whatever one wants to call it, the fetish value of the commodity in the museum is intact.

B. C.: Yes, the works in the museum are more than simple artistic productions. It is clear that, ultimately, works don't even belong to the artists; even if they agree that their works can be handled, they don't have the last word, for the works invariably belong to a collector, a gallery, or another museum. It depends on the insurers. The misunderstanding also stems from the fact that I come from a discipline – dance – in which cultural assets don't have the same value – or at least not the same status. Although it is also not really permitted to touch the choreographic heritage – it raises debates, as was the case with my work *Flip Book*: Do we have the right to reclaim Merce Cunningham's work? Choreographic works are much more "volatile" – touching them is quite *symbolic*. In the museum everything is very real. A damaged work loses value.

I often return to the architect Nikolaus Hirsch's text *Object vs People*, which by the way he read at the exhibition.[3] In the text, Hirsch explains the climatic balance between the visitor's well-being and the preservation of artworks. The invisible battle between works and bodies. As an architect, he cannot only be interested in the visible aspects of works but also has to take into account the climatic conditions of their conservation. Ultimately, it is a little like the infamous quote concerning [American] Indians: The only good museum is one without visitors. Without a single visitor one can be certain to maximally delay the death of the works.

G. A.: Yes, one could also call it the "Lascaux principle" …

B. C.: Precisely. The humidity generated by the visitors' breath destroys the frescos. The entire time during *Moments* I was reminded of what we did at *expo zéro* in Utrecht [BAK, basis voor actuele kunst, April 16–17, 2010], especially with Deufert & Plischke. Alluding to Nikolaus Hirsch's text, they offered a Pogo workshop in order to change the climatic conditions of a space. For example, people pogoing next to a Gursky photograph – a very famous, very expensive work – created a level of humidity that eventually caused the photographic paper to begin to corrugate … I came to the ZKM with similarly naïve ideas, which was probably a bit unrealistic …

G. A.: Some of the performers of Re-Act had also participated in *expo zéro*. To me the parallel between that exhibition without works, in which history was spectral present in the form of words or bodies, and *Moments*, where the reference to history was present from the beginning through the traces, is interesting. When I watched the film, I had the impression that *Moments* was much more "brutal" than what I had seen in the context of *expo zéro*. Is it possible to say that the object "overexcites" the body, somehow "forces it to do something?"

B. C.: Yes, that is very true, but I think several problems come together. In the exhibition, objects by Graciela Carnevale were arranged on tables. Everything was predetermined, unchangeable, but without guidelines; I told myself that if I laid the objects under the table, I would feel "responsible" for them because people would not *be able to see* them. It was part of finding a way to position myself in the exhibition, for the body to find a place with respect to the works, but also how our performative presence could be a way of developing the exhibition: making things visible or hiding them from view. Graciela Carnevale's works had been invisible for a certain time, during the period of dictatorship in Argentina. It almost seemed too simple to me to make them visible in this way – as if the museum has the power to make everything visible. That was our point of departure: The idea that in the museum *everything* is visible and apparent. The presence of the bodies can cast a shadow on the works, making them less accessible and more controversial – which takes us back to the historical performances. The people who visit the museum today also function as mediators. Mere exposure does not account for everything.

That leads us back to a problem I mentioned earlier. Personally, I did not even want to touch Lynn Hershman Leeson's works. I had the impression that she did not really want to participate in the Artist Lab – in an interactive way – and I therefore tried to protect her works by having one of the wall fixtures moved in order to construct a sort of wall – a wall that protects and encloses, making safe that which it conceals. One of her works was actually a small doll with a camera eye that observed everything that took place in the exhibition. I thought: "I must not touch her, but she is allowed to watch me." I think it is a shame that everything evolved around this incident, because otherwise the character Roberta Breitmore inspired considerable curiosity in all the participants – especially Meg Stuart. To a certain extent the object *craves* to be used. I think this desire was stronger than us: to embody Roberta, to take hold of this idea through the wig and reproduce it … The invention of this fictitious character can be understood as an invitation to proliferation, to be infected by her, as it were …

G. A.: This investigation of the traces of performance art history basically holds one problem that cannot be solved: The museum invites contemporary artists to "reanimate" these traces as though they had to be "revived" by any means. But at they same time, they cannot touch them. On one hand there was the "Frankenstein" model (to revive the creature), on the other the "hot-wiring" model (the thief without a car key connects two wires, hoping they will ignite) – both together are impossible.

B. C.: Yes. In the exhibition we all felt the desire to move the lines. And above all – out of respect for these works – to not be satisfied with producing decorative art. Not to be reduced to *decoration* is a very complex condition for a dancer in a museum. We are always invited to "generate vibrancy." But dance also has lethal powers. I have pondered for a long time how to write about all this – hence this conversation – and have arrived at a very simple statement: "Never trust a dancer." One always thinks that a dancer, especially a dancer in a museum, is *harmless*. In a museum, dance generally plays a mere cosmetic role: a few movements here, a few movements there. That was also the conclusion of the exhibition *danser sa vie* in the Centre Pompidou: one imparts an expression of oneself and one's life. One thinks dance is always a good thing to attract audiences, to bring life into the museum, to entertain – and it won't endanger anything at all. But dance is dangerous. In my opening speech, I mentioned chaos, *brouillon,* danger – and everyone applauded. The day after, we had hardly begun our chaos when it became clear: chaos is perfectly okay as an idea, but concretely transposed into action: no thank you … Regarding the works, it is my impression that their archival quality is more highly regarded than the corrosive energy, the rupture they may generate. I also feel that objects, documents, and photographs are more treasured than so-called "classic" artworks. For example, on Lynn's dress the zipper was bent out of shape. One would think it would be more simple to repair a zipper than to restore a painting. However, it seemed equally complicated … The artwork as "testimony" has become *even more* untouchable, although the artists have done everything they can just to avoid this fetishization.

G. A.: This point is interesting. The moment one makes a distinction between a production and its trace, the trace increases in value because it not only has the status of a "classic" work but is also considered a testimony of a past, that is, a lost action. And what is lost is inevitably priceless.

B. C.: Yes. But ultimately, beyond the "unsoluble" side of the case, the exhibition has lead all of us to reconsider our practices, our relationship to the institution, and the status of artworks. These were topics we discussed intensively in the museum. The project made me realize that the Musée de la danse does not exist without a purpose. For we are fortunate to be a young institution, we are not a "real" museum, in the sense that we do not operate under the same restraints as a museum, we can do unthinkable things. At ZKM, it was much more than a question of the director's good will – he did what he could to facilitate the exhibition. There is a scale of responsibility that exceeds everyone, artists, management … No one has leverage over anything. Art is always an interesting metaphor for the economic situation, and I think this "nobody has leverage over anything" concept sums up the current economic crisis …

"Historical" divisions in museums lead to the generalization of work practices, retracing more or less homogeneous periods (performance art of the 1960s and 1970s, contemporary dance). But at the same time, this chronology assumes a form of "automatic" understanding between generations that might not be self-evident.

For me the Artist Lab was not *one* clear-cut intervention, but several interventions by individual artists from quite different cultural backgrounds with unique approaches to the history of performance. Lenio Kaklea has learned a lot by reconstructing old dances. The reconstruction of historical works plays a central role in her career. For Jan Ritsema, if you want to know more about these works, that's what the archives are for – his interest lies more in what can be done today. "Fuck the archive," somehow … Christine De Smedt is focused on analysis; she loves to discuss and therefore actually organized guided tours through the exhibition. Meg Stuart on the other hand wanted to improvise. There was no consensus – but that was precisely what I wanted. There was also no match-fixing between us and the exhibited artists, or among us – or among them! The conversations with the artists were quite fascinating, and one could absolutely imagine a collective cooperation with them. We asked ourselves: Why don't we work together?

Finally, I would like to stress one point: The works of these artists captured my interest more than I expected. The use of public spaces by Anna Halprin, the political questions raised by Graciela Carnevale in Argentina … It was very impressive to be able to be engaged with these works for quite some time. One rarely has the opportunity to encounter works for several weeks in this way. Having said this, it may sound paradoxical but I understand Christine De Smedt's position when she declared, "Basically, I would like to understand these works; if I were able to comprehend them, I might have the feeling of having achieved something ..."

Gilles Amalvi conducted this conversation on June 6, 2012.

[1] Since 2009, Boris Charmatz has been the director of the Rennes and Britanny National Choreographic Centre, France, which he renamed "Musée de la dance."

[2] June 12–13, 2010, Musée de la danse, Rennes; see also www.museedeladanse. org/events/brouillon, accessed 10/06/2012.

[3] Nikolaus Hirsch, "Object vs People," in: Nikolaus Hirsch, *On Boundaries*, Lukas & Sternberg, New York, 2007, pp. 31–34; see also: Nikolaus Hirsch, "Object vs People," in: *expo zéro, the catalogue*, exhib. cat., Musée de la danse, Rennes, 2011, p. 17; available online at: http://expozero.museedeladanse.org/assets/catalogue/expozero_GB.pdf, accessed 10/06/2012.

Phase III: POST-PRODUCTION

Film Editing
March 31, 2012–April 14, 2012

Ruti Sela

The venue for the film by Israeli artist Ruti Sela which documents the artistic laboratory is the exhibition itself. Its theme is the multiple treatment of performance history. In the third exhibition phase, the film material will be artistically designed, processed and mounted. The exhibition display thus becomes the production studio of a performance-art film. At the close of this project phase, the completed film will then be integrated as an independent, central part of the exhibition.
(Boris Charmatz, Sigrid Gareis, Georg Schöllhammer)

My art work revolves around perceptual collapses generated from a fusion between documentary idioms and fictitious interventions attempting to challenge the ways in which power structures are experienced and performed. On this occasion, where I am invited to witness *Moments. A History of Performance in 10 Acts* and to concurrently produce my own work for it, my main interest is to investigate the ways in which witnessing becomes knowledge/power. I plan to explore the role of the witness and his possibilities of reshaping the situation in which he is present or for which he is accounting for. My points of departure are the sites of rupture between different perspectives, states of mind, presences/embodiments, excitements, intentionality, interests, and ethics of the performers, the audiences and the objects in the space. I will follow the varied ways in which these relations and mechanisms are registered; my interventions will stretch the surfaces of their immediate presence and performance. My work will include different interventions and appropriations that will aspire to reshuffle the power axes, narrations, hierarchies, appearances, and the integrating mechanisms of the different performances.
(Ruti Sela)

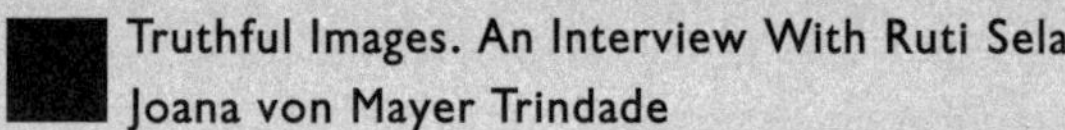

Truthful Images. An Interview With Ruti Sela. Joana von Mayer Trindade

The following interview with Ruti Sela was conducted by the choreographer and performer Joana von Mayer Trindade in the context of the exhibition *Moments. A History of Performance in 10 Acts*. In the third phase of the exhibition, Ruti Sela premiered the film *The Witness*, commissioned by ZKM | Center for Art and Media Karlsruhe and coproduced by Musée de la danse in Rennes. Ruti Sela spent four weeks in the exhibition *Moments*. She recorded during the whole artist lab and consequently edited her film in the following two weeks. Ruti Sela did not witness in passivity. [...]

The intimate nature of an image, as Ruti Sela claims in the transcribed interview, is related to an entity that ultimately cannot be possessed. Nevertheless, it is known that images produce a huge effect on the way human beings perceive, think, and structure, as well as on how they project the relation between the inner and outer world. The power of an image is connected to a magical and insightful experience. It is important to know from the beginning that this is associated with an ungraspable and immaterial entity dwelling within the frame of concrete objects. [...]

Ruti Sela states in the interview that the filmmaker only delivers a perspective of the truth, a way of "framing." The filmmaker herself already makes choices that result from the subjective tissue that each one of us carries as a specific and non-repetitive individual. Thus, delivering only one possible point of view from many contingent ones is to be perceived merely as a partial "truth," condensed via the individual choices of the artist who "witnesses." [...]

Only by diving into the experience, by refusing to be a witness, can we deliver images of action, images of truth that are more and more rare in our society – and more and more needed.

Joana von Mayer Trindade (J. M. T.): How do you decide for the themes of your films?

Ruti Sela (R. S.): I think I choose the themes for my works just because I feel that I am connected to them in a way, or when I am looking for another method to question situations, or when I feel something and I want to further explore it. I am not forcing myself to do things that do not provoke my own preconditions; I am only doing things that I want to be part of. If I feel that it is fake I prefer not to be there.

J. M. T.: Do you walk with your camera in your everyday life?

R. S.: No, a lot of people think that I am always with the camera – that I am seeing life through the camera, but that's not true at all. [...] I am always reflecting about what I have to do, and at a certain point I try, I really commit. I can be, for example, filming nonstop for two weeks, because I am inside a situation that I want to investigate. But at other times I do not take my camera with me at all. When I do film, I am really committed to the situation and I act differently. I think I have another personality when I am with the camera. I act differently, because I know that I am looking for something and to get at this, I provoke.

J. M. T.: Yes, I witnessed that in the exhibition. When you arrived in the exhibition space, right from the first moment you placed the camera on the face of the person in question.

R. S.: Yes, also my presence with the camera creates a certain situation, it is like theater. In this exhibition, I acted out the photographer and performed his or her behavior. The audience is not important, the camera has to come first, even before the audience and even if my presence is bothering the public. I may need to stand in the way of the visitors who want to see the person that is talking/performing, because I need to film him and I then act like I do not care, that my role is more important.

It really was a performance. I also think that in this situation I created a tension. The camera was present all the time because I was present. When I was filming, I did not hide behind the public in order not to disturb. My camera was really active and I moved a lot.

J. M. T.: And this behavior provokes certain things and changes the context.

R. S.: Even if you think I did not do anything as a director, that I did not give rules or orders, I still made things happen by manipulating everyone around me with my and the camera's presence. It is not only the camera; it is me behind the camera. This is the reason why I think that I am a performer behind the camera. I provoke with the different interventions I do, as well as with the seriousness with which I take the role of the person recording and with the way it effects the situation itself. [...]

J. M. T.: In the last days of the artist lab, you mentioned: "Art is not here, I will leave." Also, you always refer to "pushing the limits." When you said this sentence, were you pushing the limits? What did you want to question during the exhibition *Moments* when you were touching on the limits of a context, a situation, a person?

R. S.: In the beginning, I was trying to provoke the impossibility of commissioning an artwork. It is impossible to simply ask "what is radical art?" or "what is performance?" I was reconsidering these questions and trying to provoke their different understandings. It is impossible to deal with the displayed works in this exhibition because these works are "untouchable." They are part of the art market, part of the collection of a big museum. I was interested in these constructed limits of the objects. [...]

J. M. T.: But what do you think about the idea of commissioned artworks in the context of a specific exhibition?

R. S.: If I was really sincere, I would have to reject such offers! But sometimes you have to say yes; you have to be a part of the system, be inside the system in order to criticize it from the inside. The institution buys my time, it pays me for showing and producing something here. I do whatever I want. I criticize the museum, I criticize the artists. I openly announced my opinions and in the end, in the film, they appear: It shows that we are in a jail somehow... It is impossible to create something radical in this exhibition, therefore we have to destroy it in order to start something new.

J. M. T.: After finishing your films, do you feel that you become a witness of them? Or are you a witness before you make them?

R. S.: I am not sure. I do not understand this witnessing. I always feel that I am a liar, as a witness I tell lies about what I see, as a filmmaker I tell lies. I manipulate all the time. Even in the film *The Witness* that I was shooting here – you will see it later – there is a scene in which Peter Weibel is applauding on the balcony. He really did applaud, but because he saw a different thing than the one that you see in the film. This is an example of manipulating the way in which witnessing is perceived. These manipulations can be done in the editing process. I saw both situations that are in the film: him applauding and the scene that he seems to watch in the film. They are not a lie, but I am lying.

J. M. T.: So you play with the fact that you are a witness behind the camera – during and after the shooting?

R. S.: Yes, I do not believe there is a truth. There is no real document. You can always cut a certain frame, choose what is in the frame and what you want to show. Even if what you show is true – if it is disconnected from the context, it is a lie. I do not believe in documents and I do not believe in documentaries. I believe that there is part of the truth, part of something. However, there is no real witness, there is only someone who sees some parts of the situation. But there are many versions of the same parts themselves.

J. M. T.: Thank you, Ruti.

This interview was conducted on April 12, 2012 at ZKM | Karlsruhe. This text is an excerpt, to have access to the complete text/interview please see the following link: http://moments.zkm.de/Sela

Premeditation and the Redressing of History. Lynn Hershman Leeson

"People are trapped in history and history is trapped in them."[1]

■ It is humbling to remember that despite the vulnerable assumptions derived from the entrails of existing remains, history, fragmentary by its very nature, is an unreliable witness, incapable of predicting the future with any degree of accuracy or authenticity.

■ Suffocated by the enormity of the delusion of a lineage, we become addicted to each breath and with it the exhilarating possibility of spiraling out of control to produce markings that define our particular time.

■ Consumed by this quest and partnering in a whirling dance with a demonic dervish, sidestepping quickly, barely noticing that nonhumans and their habitats are disappearing from the planet at an alarming rate, or that our species will require an inevitable mutation to survive the exploited and depleted landscape of a depleted globe.

■ The intention of this short entry is to comment on the activities pertaining to my work in the exhibition Moments. The relics of Roberta's life were modified through trespass. Her original dress was rezipped and her wig plundered by three dancers who represented the future. In doing so, they proffered an assumption of her identity and claim to her aura. Through this action, a violent redressing metaphorically raped Roberta's history. The bruising left barely visible ravages of sweat and tears, like most episodes of domestic abuse.

■ Forty years after her fractured birth and constructed identity, Roberta's aura still incites a fervid destruction, even framed as reenactment. Can it be exorcised through time and consciousness? Or do actions such as this reveal the nakedness of Roberta's eternal victimization?

■ In her original skeletal armature, Roberta represented the underbelly of society, that raw and vulnerable space that, like death, we all try to deny with pathetic illusion.

■ Now, this new episode has reshaped her history. In a pulsating beat, near her heart, and close to her soul, Roberta is locked in perpetual resistance. Perhaps progressive encounters of Roberta's existence reflect an overarching cumulative disorder and pollution of collective consciousness.

■ That this action was discovered after the fact, in a film, on a screen, further emphasizes the degree to which truth can only be made visible when being remediated .

[1] James Baldwin, "Stranger in the Village," in: *Notes of a Native Son*, Beacon Press, Boston, [1955] 1984, p. 119.

Phase IV: REMEMBERING THE ACT

The Performative Presentation and Mediation
by Artistic Witnesses
April 15, 2012 – April 29, 2012

Anja Arend

Rose Beermann

Michaela Boschert

Bertrand Flanet

Adriana Gheorghe

Joana von Mayer Trindade

Luzie Hanna Karolina Meyer

Sophie Osburg

Grazyna Roguski

Tessa Theisen

Ten "witnesses" will accompany the exhibition from the outset. These witnesses are students from various international universities who were selected by their respective institutions for active participation in the exhibition *Moments*. They function as observers throughout the entire exhibition process in all its phases, and as active public mediators of this process. In the last phase, they will themselves become the exhibition's main actors. Their presence weaves and compresses the chain of presences within the exhibition, which follows a dramaturgy of act, trace, memory, interpretation, reaction as trace of memory, interpretation, and so forth.

(Boris Charmatz, Sigrid Gareis, Georg Schöllhammer)

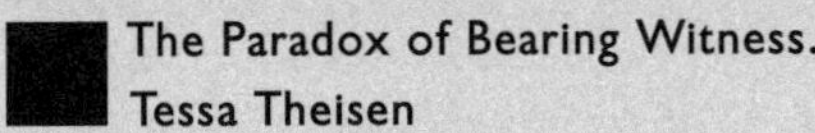

The Paradox of Bearing Witness.
Tessa Theisen

We, the witnesses, have begun our work. "Anja Katharina Arend, Rose Beermann, Michaela Boschert, Bertrand Flanet, Adriana Gabriela Gheorghe, Luzie Hanna Karolina Meyer, Sophie Osburg, Grazyna Roguski, Tessa Theisen, and Joana von Mayer Trindade will be accompanying the exhibition as so-called witnesses. They are both observers and mediators of the entire exhibition process throughout its various phases. They were appointed by their respective art academies and universities through a selection procedure. In light of various literary critical approaches in the theory of reception, their "testimony" signifies active co-determination in the exhibition processes, which, in practice, may cover active-creative as well as theoretic-reflective participation, in the act of witnessing."[1]

To Bear Witness We will be present during the entire duration of the exhibition: we will document, record, interpret, and testify how *Moments* is (re)enacted and (re)arranged from the perspective of the history of performance art. But what is a witness? During my research I came upon an essay by Hito Steyerl entitled "Can Witnesses Speak? On the Philosophy of the Interview,"[2] which touches upon the question of whether, as a matter of principle, being a witness is possible. What does it mean to testify, to be a witness? According to Steyerl, the concrete experience in relation to its mediation, the division between experiencing and reflection, only *seem* to coincide in witnessing; in reality these two entities do not merge, but remain irresolvable. For Giorgio Agamben, bearing witness is only possible in those experiences of man which coincide with his annihilation: The dead, the only warrantor of death, can no longer testify.[3] This paradox is also true of less existential events, because the key moment contains the banal fact that the testimony takes place after the fact – testimony is an act that has always occupied the retrospective through reflection. Concrete experience defies that which is inherent in the act of witnessing.

This is how I, as a witness, experience this separation: At this moment, when I write this text, I don't participate actively in the processes that go on around me, I seek seclusion, separation from the experience, so that in a very solitary act I am able to recollect, arrange, and reflect.

The question of mediating concrete experience takes on a special relevance in the context of this exhibition because performance art is considered the art form of direct experience *par excellence*. Regarding her required absence in *Acción del encierro*, in the artists' talks Graciela Carnevale said that, had she been a witness, it would no longer have been a real action. So if reflection and observation had temporally coincided, the experience would have been bereft of its immediacy.

Even so, testimony should not be declared impossible and discarded as something inevitably doomed to fail. Given an awareness of the paradox, the process of bearing witness is a unique condition between the inner and the outer, between participation and reflection, a dialogical form of investigation which, at the same time, also points beyond the dialog – toward a third element that exists precisely in the fact of "bearing witness to something it is impossible to bear witness to. As a consequence, commenting on [...] the testimony necessarily meant interrogating this lacuna, or more precisely, attempting to listen to it."[4] Perhaps fundamentally, it's this gap (lacuna), which is the element that exists between a performance and its documentation.

Mediators But at the same time, argue my colleagues, witnessing is already constituted through the simple fact of presence. Am I only a witness when I can speak or am allowed to speak about the experience? Is a relinquishing always required? Is witnessing necessarily related to the deferred action I mentioned earlier?

Since with my specific subjectivity I am part of a result, I influence it in my very own way. My being there or my being present contaminates the situation, because ultimately the situation consists of an interrelated network of specific individuals, subjects, and objects. But then, am I a witness or simply part of the complex structure of the "event?" If, in this situation, the mode of my presence is indistinguishable from that of the other attendees, then what in particular characterizes me as a witness? My presence as a "witness" caused some changes in the framework of the exhibition *Moments* within the museum institution. The museum was transformed from a pure exhibition space into a place in which, simultaneously, work (visibly) continued. The space had to be altered: tables, computers, and sofas were brought in, cables were installed. At the same time, the witnesses were not the only ones who had to a certain degree influenced the transformation of the space. Following this reasoning, many other human actors in the exhibition can be perceived as witnesses: visitors, art handlers, security guards, even exhibition tour guides – in principle, everybody! It is this fundamental assumption ascribed to by Sanja Iveković during an introductory round in the context of the Artist Lab, when she said: "I am one of the artists who are represented in the exhibition and I am also a witness."

In this context, I began to question the validity of the term "witness." Potentially, everyone is a witness. However, in the context of the exhibition the "designated" witnesses are distinguished from the other, "secret" witnesses by the simple fact that they had been designated as such from the start, prior to having seen the exhibition, the exhibits, or the artists. The point is the very conscientious acceptance of the position by the observer, the "before" that structured the experience. We should not become witnesses accidentally but face the events already with a changed perception and a heightened attention. We should trust our very special access to things. But of course, we only became visible as witnesses in the true sense of the word when we prepared to make a statement, to recount what we had experienced. These two things are important: the statement about the experience based on reflection, and the mandate to witness, which initiates a shift in perception. In particular, this mandate combined with our *ex officio* attentiveness significantly influenced the situation, especially since everything happened in the presence of witnesses.

In the same essay, Agamben makes an interesting distinction regarding the semantic origin of the term witness: "In Latin there are two words for 'witness.' The first word, *testis*, [...] etymologically signifies the person who, in a trial or law suit between two rival parties, is in the position of the third party (*terstis*). The second word, *superstes*, designates a person who has lived through something, who has experienced an event from beginning to end and can therefore bear witness to it."[5]

What ought we to be, mediators, survivors, or both simultaneously? The *testis* is the one who mediates between two conflicting parties: in my context this might well be between the visitor and the exhibition with all its processes and developments. On what basis, however, is this mediation to take place? Undoubtedly on the basis of the experience of the witness. The witness as the connecting link, as the mediator between document and visitor, vested with the expertise of the experience of bearing witness – this moves the *testis* in closer proximity to the *superstes*. Our specific mediating quality as witnesses consisted in the fact that we had lived through and experienced the particular situation of the exhibition. In my view, there was a strong need for witnessing as defined by the *superstes*, both for the visitors of the exhibition, who repeatedly sought clarification of the situation, and the participating artists themselves. I often felt that, first of all, the witnesses legitimized the events and performances that took place. Perhaps it is always an audience that guarantees first that an event, a performance, has actually taken place. The irretrievable, always already lost event has to be made accessible by someone who was present and is willing to recount it or bear witness in another way. Our position as witnesses, each colored by our specific subjective experience, functioned as a bridge to the objective documents and relics of the processes and performances. Bodies were demanded, physically presented bodies, in conjunction with a strong subjective bearing. How did we experience the events? What has taken place that we want to share with the visitor who was not present? What was interesting to us?

Martyrs In the course of a rather unusual encounter during my duty as a witness another interpretation of the term *witness* surfaced. In a conversation during the preparations for the ecumenical church service which took place in the exhibition, the question of the act of bearing witness was reflected in the light of a theological dimension. The witness of faith plays an important and very special role in theology. The term *martyr*, derived from the Greek, means witness. My research into this term led me to distinguish martyr as *blood witness* from the *word witness* or *confessor*.[6] In Christanity, while the word witness describes someone who confesses his faith in Jesus Christ with words, the blood witness bears physical and bloody witness by means of his violent death. Here we find a different meaning of bearing witness from that of the criminal-juridical field. Here we deal with a physical witnessing, which might be designated a term like "immediacy." Besides the martyr who bears testimony with a heroic gesture, there are also the so-called "attestors to faith."[7] They serve as role models to other Christians and guide them by means of their testimony to an "experience of the true God who is relevant to their lives."[8] The point is the *lived* testimony: "One has to be able to read it off the witness, off his humaneness; it is important how he does what he does, how he annunciates, how he bears witness. In the most extreme case this includes also the sacrifice of one's own life, in order to avouch for a higher value of the professed truth of God and the meaning of its salvation."[9] Thus the martyr's life and his actions are a testimony of faith. The transmission of faith or of the way of salvation needs a living person, a living thing, for the subject seems to defy access through words. Words can be deceptive. One can say one thing and mean another. Above all, words and actions are rarely identical.

Here the emphasis is particularly on doing or acting, which means the testimony of faith can be found in both the witness's words and in his or her actions. As in its juridical use, the theological term is closely related to truth and the establishment of truth. The witness refers to the concrete, the correct, the true, that which – however inaccessible and hidden it may seem – all things are based and found upon.

Resignation of Function The impossibility of following things to the core influenced our artistic discourse of the topic. What to focus on? What is it that we are really dealing with? We could, so to speak, never have "the entirety" in view. I noticed again and again that I was unable to comment on all the exhibits, there were many things I did not understand, there is much I have not even really seen. This may possibly distinguish our position from that of an expert: The witness, in our case, has a subjective, selective view of the events but no lexical compe-

tence. How can we fulfill our mandate as witnesses, as mediators, experiencers, and survivors? What did we want to share or pass on?

In spite of the accepted fact that in the postmodern world the *one* truth has lost its validity and impact, it is evident that a need for truth still exists. It is presumed that this need is connected with the feeling that within each incident resides an inaccessible core, that the incident is at once lost and elapsed, making perception therefore necessarily retroactive. This absence, lying at the heart of all experience may, however, awaken an aspiration for immediacy and veracity, caused by the melancholic structure of the human psyche.

In the end, this inadequacy may have been the reason why, after a certain time, we have discarded for ourselves our role as witnesses; in order to be able to continue to work on our own artistic projects, we have had to neglect the task of observing. We had to become blind to all the complicated interdependencies: We had to limit our choices (to paraphrase Channa Horwitz) in order to achieve our own creative work.

[1] Descriptive text regarding the function of the witnesses available on the website of the exhibition *Moments*, http://moments.zkm.de/, accessed in May 2012.

[2] Hito Steyerl, "Can Witnesses Speak? On the Philosophy of the Interview," online: http://eipcp.net/transversal/0408/steyerl/en, accessed 10/22/2012.

[3] Cf. Giorgio Agamben, *Remnants of Auschwitz. The Witnesses and the Archive*, Zone Books, New York, 1999, pp. 15ff., 28ff.

[4] Ibid., p. 13.

[5] Ibid., pp. 17f.

[6] Cf. http://de.wikipedia.org/wiki/M%C3%A4rtyrer, last accessed in May 2012.

[7] Cf. Fachbereich Verkündigung/Hauptabteilung Pastoral des bischöflichen Generalvikariats Hildesheim [General Vicariate of the Diocese of Hildesheim] (ed.), *Ihr werdet meine Zeugen sein*, Bischöfliches Generalvikariat, Hildesheim, 2006.

[8] Ibid., p. 9.

[9] Ibid.

Michaela Boschert and Grazyna Roguski

Please see pages 205f.

Colliding Realities.
Adriana Gheorghe

Every meeting is a form of knowledge – a friend said to me. Obvious, yet strongly felt during the two-month long exhibition *Moments. A History of Performance in 10 Acts*, in which I was an invited witness.

Any format that implies sharing experience and reflection and relies on the force of subjectivity as a plural proves itself useful for the participants – a quality that stayed with me. But what were the specifics of *Moments*, and how did they shape the meetings and the knowledge produced and exchanged in this context?

All the little threads and intricacies of the (spoken or unspoken) discourses that I witnessed are very clear in my head, but I couldn't draw a map of them; the reality wouldn't stand still for it.

The specifics: people and objects with different values in the same place (expensive objects, expensive people, cheap objects, cheap people); persons that come and go and persons that are "free" to stay all the time, just like the objects; experimental curatorial clash of theater and museum logics; past, recent, and future performance art history, a cross-generational gathering of subjects that, of course, turns everything into a big strange social experiment; the power structures become visible and important, "the personal becomes political"[1]...

Did the curatorial *mise-en-scène* of the historical performance acts (the live acts, the institutional and social context, the documentarist, the gathering but also the insistence during the lab that pioneers, lab artists, and witnesses meet but work separately) also bring forth the clash between the included and the excluded? Did the social and generational twist help in staging the power structures that the idea of a canon or museum practice implies? Were the social dynamics in the lab *maybe* also a manner of questioning the rules of the art market?

Strong argumentation may seduce the interlocutors. Very rarely, a seductive perspective shapes the common reality, and then, several days (or hours or minutes) later, reshapes it. It happens whenever people *do* question the coordinates of their presence in a context, and it happens violently when the texture of their reality is loosely defined by curators in need of experimenting. And it definitely happens when "chaotic good" is around.

Take the concept of the witness: what was his/her range of action within *Moments*? Did reflection also mean action? Was it about a dialogue between the two? Or did the concept just create a blocking paradox? The realities of such a witness find themselves colliding.

To what kind of need does a witness answer? There cannot be any real need for a reenactment of a radical performance in the past in a museum context but for five-year-old kids spontaneously reenacting Yvonne Rainer's filmed rehearsal (I am referring to a scene that I witnessed when children came to the exhibition). And there can be a need for reappropriation after an intensive reading and listening to and living with the exhibits.

Can any positioning be maintained? The use of the term "surviving" in regard to the status of the witness was often a joke while at ZKM (or a source for stupor if it had a mere shadow of seriousness implied).

Alas, the only way to survive there was to constantly (re)position myself. I existed only "in relation" (to discourses and people, and then again to concepts). Could a witness address the need of finding a position "to hold"?

1 Lynn Hershman Leeson in her movie *!Women Art Revolution. The (Formerly) Secret History* (2010).

Bertrand Flanet

Please see pages 208f.

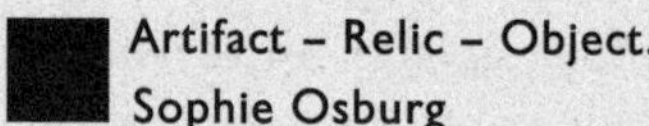

Artifact – Relic – Object.
Sophie Osburg

Performances as live art in museums are no longer a rarity; they seem to be obligatory for any general exhibition program concerned with contemporary art. But what happens when the performance itself becomes the topic of the exhibition and determines everything else? How does an exhibition that attempts to present the history of performance as an artform configure itself?

After a performance has taken place, nothing remains – except documentation and artistic materials, such as the items used during the performance which, detached from the context of their everyday use, were integrated into the artistic act. Unlike the performance, which exists only in the moment of the live act, these can be conserved. They become relics of the performance; but can they, as testimonies, make the performance reexperiencable years later? What happens when this material is presented in a museum context with the intention of re-creating an image of a past event? None of the individual objects, seen by themselves, can represent the artwork of the performance. An attempt by the viewer to reconstruct it is only possible when all the objects interact. Objects that have been transformed into the artistic material of a performance through being used in that performance represent the live act in the museum. An exhibition that seeks to present a performance without wishing to repeat it in the process, which conscientiously and completely turns to the original as the artwork it wants to present, also has to resort to these objects as working material. But are these items still artistic materials when they are no longer integrated in the moment of the performance? Can a dress the artist wore during the performance and which, as a costume, was of central importance, refer back to the event in the context of an exhibition? In the moment of the performance, such material is deprived of its everyday status and becomes an object of art. Does it, even years after the live act has taken place, have a symbolic value that means it belongs to art? Can an object articulate what was? How can it be read? Is there a possibility of re-transforming this object into artistic material in the context of an exhibition so that it can communicate authentically what happened? How many objects are required to create a copy of a performance?

Even if an exhibition presents objects as relics of a performance, there remain gaps between them, gaps in the history of the event, for which no object is representative. How can those gaps, which reflect the performance, be filled? Can the art performance represent itself to the viewer in a museum exhibition, even with these gaps? Each gap enables the viewer to develop new readings of the exhibited objects; new reference structures between the objects are made possible. Can gaps conscientiously be integrated into a curatorial concept in order to mediate a performance? Can they serve as a connection between different performances and expand their respective contexts? Are the objects perhaps re-animated through the gaps between them?

Through gaps, it actually becomes more noticeable that these relics are mere individual parts of a performance event. They become traces of a cultural practice. But how can these traces be tracked? How much do they have to open up in order to enable this gain in knowledge? Does the access to these traces lie in the object's concrete materiality? Through the attempt to recreate an effigy of a performance by means of objects, can new reappropriation strategies be developed for this artform? If so, it is necessary that the objects are not regarded as mere documentary materials of an event. An object that represents a performance and is supposed to mediate it without the live act must be regarded as artistic material – on the one hand as material of the bygone performance and on the other as working material for the current exhibition. The relic cannot be reduced to a mere object in the exhibition; for only after it is understood as an artistic material does it become a symbol which can mediate the work of performance art.

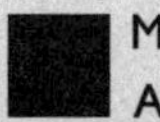 **Meet a Witness!**
Anja Arend

Sitting on a black sofa in the center of the exhibition space, surrounded by various exhibits and a faint backdrop of intermingling sound bites from the current video presentations – in front of me a large white panel with the inscription "Meet a Witness!" indicating both the reason for and the purpose of my presence – I wait.

But for what?

For six weeks I had been one of ten witnesses in the exhibition *Moments. A History of Performance in 10 Acts*. I had met many people who participated in the exhibition, I had spoken to them, observed them, and experienced events of various kinds. As a witness I had observed many things which I'd stored and altered in my memory – but had I actually testified or borne witness to anything? Could, should, or must I not share my experiences in some form or other, in order to make the past six weeks accessible to other people? Should I write a book, post a time schedule with all the events, offer guided tours through the exhibition ...? The list of possibilities was long. But didn't this lack a key aspect? Was it not rather a matter of my own, personal experiences, my own view of the past weeks? Was it essential for me to impose this subjective view on visitors to the exhibition? No. But what to do then? For me the exhibition stood out strongly because it provided information resources such as texts, interviews, and videos. Couldn't I have integrated myself as a witness? Could I not have offered myself as a resource for knowledge, experiences, and encounters? Yes! So I sat on my black sofa waiting to also be used as a resource.

There wasn't really a great rush of guests to my sofa, but after some initial hesitation one or two joined me, asking endless questions: What has happened so far? Has the space been transformed? Have you met the artists? Who or what are the witnesses? These or similar questions relating to the exhibition process represented the smallest part of the conversations. Soon they tentatively asked for my opinion on and assessment of the past six weeks as well as on that of the exhibition concept: What worked for you in this exhibition and what didn't? Which aspects do you consider especially successful and which were problematic? Did you cope well with your role as a witness? Were there really many visitors to the exhibition? In hindsight, what might have been done differently?

And then the question regarding the significance of the initially exhibited artworks came up time and again. The impression that the works of the pioneers disappeared within the context of the overall process of the exhibition preoccupied many of my conversation partners. This thought was voiced hesitatingly, though many of the questions revolved around why such impressions might occur.

The black sofa in the center of the exhibition space became for brief moments in time a point of convergence, a meeting place where diverse opinions and views could be exchanged; a place in the midst of the exhibition where one could approach it via dialog. I would like to thank all those who sat down with me on the black sofa, deluged me with numerous questions, encouraged me to express my opinions, questioned those opinions and impressions and in doing so, enabled me to form new perspectives on the exhibition and not least, provided me with many interesting encounters.

■ Guerilla-Films

In the fourth and last phase of the exhibition, the screens which had previously shown the historical works were temporarily used to present short guerilla films. The clips showed interventions in places that belonged to the exhibition space but were not accessible to the visitors. The intention of these actions was to make the workshop, the storage room, and the interior of a Wolfsburg Ladder accessible and usable; their documentation, designed to take possession of the backstage area, could then be seen on the installed fixed screens.

Please see pictures on pages 212f.

ZKM | Museum Communication———

**Art Education as Performative Reenactment.
Janine Burger and Anna Donderer**

"Everyone is a dancer." Rudolf von Laban
"Everyone is an artist." Joseph Beuys
How is it possible to mediate works of performative art that can be experienced only in the moment of their appearance, and that pass away no sooner than occurring? How does one mediate this type of artworks forty years after their first showing, when they have become accessible only in memories, as eyewitness reports and documents? For the ZKM | Museum Communication, whose primary task is to mediate art in ZKM exhibitions in interaction with the complex of themes of performativity, dance, and reenactment[1], *Moments* was a special opportunity to respond to the processual concept of the exhibition and provided the unique chance to work directly in the exhibition itself. The interlacing of these aspects then led to a coherent educational program, which was not only an affiliated aspect of the exhibition but an integral part of it. For the purposes of elucidating this interaction between the work of teaching and the concept and subject matter of the exhibition, each aspect will be dealt with from the vantage point of art mediation.

Museum Communication From the very beginning, the ZKM's art education program has constantly sought new ways of bringing works closer to museum visitors without, thereby, lapsing into a monolog-like lecture. This was primarily achieved because, in terms of content, exhibitions shown at the ZKM go far beyond the thematic range of a classically schooled art historian, and thus cannot be mediated effectively through conventional instruments of museum education. Hence, by asking whether it is really necessary that one liaise between art and its recipients, even the concept of art *education* itself is questioned. Would it not be far more appropriate to encourage a dialog between the viewer and the viewed? For this reason ZKM | Museum Communication seeks to offer an open, positive, though none the less critical approach to the exhibits with the aim of facilitating not only an exciting involvement with art but a more permanent one. Individual visitor's perceptions of a work are discussed as much as the piece's curatorial selection, or the institution's choice of exhibition concept. A plurality of answers is sought to questions turning on the historical classification of a work, the artist's intention, and the multiplicity of contemporary interpretations and perceptions as influenced by a range of political and social developments.[2]

Performance, Dance, and the Live Event The concept of a live exhibition presents the classic museum establishment with a series of special tasks. In the case of *Moments* a vibrant archive was developed, which perpetually augmented and transformed itself in the exhibition space by way of the shown documentary materials and groups of people present – artists, lab artists, and witnesses. Since all these groups were active as artists in the exhibition space, in the following they may all be referred to as artists. Artworks of an ephemeral nature, such as performance art, do not display an object character; they emerge solely in the moment of their occurrence. Through the event, which always occupies center stage, a work of performance art is bound to the staging. As Erika Fischer-Lichte elaborates in *The Transformative Power of Performance. A New Aesthetics,* a performance leads to "a unique, unrepeatable constellation which can only be determined and controlled to a limited degree."[3] With this idea, Fischer-Lichte points out that a performance comes about only through the "bodily co-presence of actors and spectators."[4] In other words, the performance originates from the interaction of physical presence, perception, and active audience participation.[5] In the 1960s, the performance movement was accompanied by a call for democratization and the abolishment of hierarchies between performer and spectator, artist and audience. This was underscored by a renunciation of the theater spaces and the preferred use of exhibition and public spaces as performance venues. One of the exhibits shown in *Moments* was a video recording of Marina Abramović's performance *Art Must Be Beautiful, Artist Must Be Beautiful* (1975). Some key aspects of (dance) performance between the 1960s and the 1980s are clearly illustrated by the performer continually brushing her hair with two combs until she starts to bleed. As Fischer-Lichte explains, "first and foremost, the actions of the actors and spectators signified only what they accomplished. They were self-referential. By being both self-referential and constitutive of reality, they, along with all the other examples described so far, can be called "performative" in J. L. Austin's sense."[6] Thus, during a performance, both performer and spectator were permanently confronted with the presence of their current being, something accentuated, not least, by the performer's injuries.

'Reenactment' What remains of a performance? There are documents such as those installed in the exhibition space during the first phase, which, as all traditions, comprise a selective and incomplete archive of fragmentary memory. The same holds true for eyewitness reports – both in the case of the artists' talks as well as the displays of documents arranged by artists, each recording only fragments of the performance – that are likewise subjective and full of lacunae.

By way of various artistic strategies, *Moments* enquired into the best method for treating these materials. The artists of the initial phases also undertook a critical examination of their documents by selecting and placing them in a personal arrangement in the exhibition space. This was followed by the group of lab artists, who approached the performances solely through these materials and arrangements. To this end, eight lab participants each developed a sequence of movements inspired by one of the "exhibited" performances. These sequences of movements were combined with one another by being translated into the system of the conceptual series *Sonakinatography*, created by Channa Horwitz in the late 1960s. This minimalist system of notation touches on a mathematical order which, in turn, is based on the sequence 1 to 8. In the process, essences of performances began crystalizing before being brought into connection with one another to produce a "new" performance. Here, artists sought for ways and possibilities of once again turning "lifeless" archival material into experienceable forms, making it fruitful for their own works.

Processes of reenactment can help explore forms of perception and memory. The development of a reenactment may be divided into different, though not necessarily linearly successive steps. In a research phase, knowledge of the works is gathered and processed, while in an acquisition phase the performer attempts to transfer the material of movement to his or her body, followed by the presentation, which may then form itself either as a "new" performance or conceptually. Here, considerable value is placed on reflecting on one's own subjective reference systems. In the case of *Moments*, a series of strategies were tested in the exhibition space in front of the visitors, as will be seen in the following.

On Being a Witness As mentioned, the reports of (contemporary) witnesses played an important role in the various phases of *Moments*, since they functioned as living carriers of memory. For the work with performance and archives it is above all the passing on of the (bodily) knowledge from person to person that is of particular value. Even if the recording and notation of a performance/dance is available, the execution of an action or movement cannot necessarily be straightforwardly developed. For example, in postmodern dance structures are determined but single movements are improvised, so it is clearly an advantage to exchange information with the protagonist about his or her method of working, to research motivating factors taking into account the performer's cultural memory and, at best, train with him or her so as to critically examine the knowledge of movement which is either learnt and/or influenced by habit. The role and function of such a witness, not only with reference to reenactment, but also to the process of a live exhibition, were constantly traced both in and during *Moments*. In addition to those witnesses who always stayed in the exhibition space, practically everyone else present assumed the role of a witness through his or her active participation. The creation of a 'full-time' group of witnesses within the exhibition context emphasized the significance of this aspect. Aside from the groups already mentioned – artists, lab artists and witnesses – reference should also be made here to the various roles of another group: the visitors.

Visiting Moments Initially, the visitor to *Moments* was allocated the role of recipient presented with documentary materials in the museum space. The visitor already began altering his or her significance when considering the objects in the space by (necessarily) carrying out interpretations and explanations of the material. In a further act of transference, the performances came to life in each visitor's mind's eye – in the form of observer-individual interpretation. Depending on the timing of their visit, visitors experienced how the artists present carried out their performative actions within the exhibition space. Through their physical presence, visitors also became co-actors in the performance. The visitor's role as co-designer was thereby once again enhanced because he or she had considerably more freedom with respect to his or her behavior – coming, going, commenting, and so on – than would have been the case in a performance that was clearly announced, or in a theater space. Avoiding any theatrical framework for performances and working in art galleries or public spaces was a strategy applied by the protagonists of the 1960s in order to present the public with its role as co-actor.

Moments further augmented this aspect: through their presence in the space, their participation in the actions of various artists' groups, and the traces – sometimes hardly discernible, or only partly intentional – they left behind, visitors exerted a sustained impact on the connections in the documentary material and above all on the actual "object" of the exhibition, the reenactment of historic performances. Occasionally, the visitor adopted a similar role to those of the artists, lab artists, and witnesses. Based on these, the education program's objective was to clearly show the visitor his or her role in the exhibition's events and support his or her actively receptive attitude.

Mediation Program for *Moments* As part of the mediation of the concept of a live exhibition and work with the ephemeral nature of performance and dance, the ZKM | Museum Communication placed great emphasis on practical work. For the educational program this meant that guided tours also had practical content, and that the workshops offered were considered particularly important. While the thematic and conceptual aspects of the exhibition were mediated to the visitor by conveying knowledge, an understanding of performance that included a conscious understanding of one's own body was mediated through active work, so mediation was not limited to intellectual understanding. The art education program for *Moments* consisted of extended public and bookable guided tours lasting one or one-and-a-half hours. Each tour contained a practical action executed by art mediators and participants in the exhibition space. The bookable workshops consisted of various modules and were designed for different age-groups. The first module, entitled "How much space am I?" dealt with self-perception in space and, as with other programs, was adaptable to the various age groups. Based on steady documents, such as photographs or notation, in a further module, entitled "Reanimation," participants could explore which other possibilities for generating movement exist. A third module, "Mischen im_possible" [Mixing Impossible], represented a rapid run through the entire *Moments* process. One short performance developed by a group of participants was documented by a second group. The material generated was then passed on to a third group, which then attempted to design a reenactment from the documents.

Three groups were able to accompany the exhibition particularly closely: the group called "Counseling," comprising ten people with handicaps, the "VKL group"[7] from the local Gutenberg School, and a group of senior citizens of the same age as the artists whose works were exhibited in *Moments*. Each group visited the exhibition on four dates over the eight-week period. The groups were thus able to experience the changes and perceive the developmental processes in their own work more intensely. For the most part, the educational program took place in the exhibition space in which the participants were also able to realize their own work.

Working Methods and the Education of Art Mediators While from the perspective of art education the curatorial concept of *Moments* offered opportunities, it also represented a challenge. The processual character of the exhibition presented the workshops' organizers and speakers with the difficulty of conveying to the visitor, who in most cases experienced only a moment of the exhibition, the whole, the already occurred, the situation at the point in time of the visit, and also the possibilities for further developments. A danger existed that, by means of the educational intensity which always represented a new challenge to the total concept, the discursive model of Museum Communication would be neglected: in other words, a larger, purely descriptive and monologic explanatory part could become too much of an essential part. In order to avoid this, and to familiarize visitors with the descriptive aspects of performance, the ZKM | Museum Communication decided to base each educational program on an "action." Prior to this, various possibilities were developed with the education team before being adapted to the respective educational program. Small tasks were developed for the guided tours; the participants, for example, were required to sketch the path they had taken through the exhibition. In the workshop, the material produced in this manner could be used for further work. In this way the exhibition could not only be made comprehensible, but performance could also be made experienceable as a phenomenon. In most cases, the actions led to group discussions that enhanced visitors' spatial perception, and led to a more uninhibited use of space. In view of the exhibition theme, a very important feature of the content was, above all, the mediating aspects of the envisioned performances that were self-referential and constitutive of reality. The question of how these aspects could best be exploited was discussed with the mediators in advance of the exhibition. In regular meetings with the mediators during the exhibition, progress reports were exchanged and discussions pursued further.

The problems resulting from the codification of dance and performance as ephemeral art forms were mediated to the participants, for instance, through the task they were given to graphically record the paths they had taken over the previous 24 hours. The exhibited archive material offered possible pointers for finding a form of notation. Here, the lacunae that revealed themselves in the cognitive process of memory, and the further problems that may result depending on the type of depiction (such as a drawing or written description in a linear or space-related form) became clear.

To mediate the strategies of reenactment through an action, for example, the following task was allocated: first one participant of the educational program elaborated a short series of movements inspired by the exhibited performances, than another documented this performance using photography, video, sound recording, drawing, and/or a written description. The documentary material that subsequently emerged was given to another group, which then attempted to revivify the series of movements. The materials' inadequacy for an exact reconstruction became clear to the participants, whereas the "new" sequence of movements emerging with the material showed the potential of documents as starting point for one's own artistic work.

What can be achieved through processual, interdisciplinary works is that a work of art may be seen from various perspectives. The use of different media such as photography, video, or sound recordings make it possible to guide perceptions of specific aspects of the work. It can produce a desired distance from the work of art: viewer reverence for the work may initially wane and new perspectives of it can then be rendered visible. This interdisciplinary approach is valuable for art education. As Ingrid Hentschel argues in *Ereignis und Erfahrung. Theaterpädagogik zwischen Vermittlung und künstlerischer Arbeit* [Event and Experience. Theater Education between Education and Artistic Work], it could be that an "external perspective on one's own knowledge and abilities, on one's own discipline [...] prompt new questions, [which] may also generate trans-disciplinary questions located potentially beyond the special knowledge of a single discipline."[8]

The art mediators at the ZKM | Museum Communication work as freelancers on various exhibitions. The team, which was built for *Moments* after an initial meeting, consisted of persons with diverse qualifications and backgrounds – art historians, scenographers, and media artists of varying ages and temperament. Theoretical, philosophic work and ways of thinking encountered art mediators who were, above all, practically motivated. Each person developed his or her preferred strategies in order to make the exhibition fruitful for the visitor. The initial anxieties of the art mediators, resulting from experiences of previous dialogs and 'open' art education programs, surfaced in related discussions. One such example was that the participants of a guided tour had responded aggressively to their mediator's enquiries, either because they felt they were being cross-examined or were not "getting value for money".

At regular phase meetings with art mediators that took place during the exhibition, reports on experiences were exchanged, and a review and outlook, for the most part in discussion with present artists about the developments exhibition space, were undertaken. Discussions about successes and failures, often comparable to the discussions with artists in the exhibition space, led to art mediators' active role in the events of *Moments*, and served as preparation for each successive phase.

Use of Space Work was carried out in the exhibition space, which continued to change and evolve over eight weeks. The artists used the space not only for presentations, but for developments. Due to the prevailing atmosphere of *work in progress*, the educational program, which also took place in the exhibition space, assumed a value different to that which it "normally" has in the exhibition business, since the work was carried out in close collaboration with the artists.

It was possible for participants of the educational program to leave traces behind in the exhibition space – primarily in the so-called backstage area, which was used by the artists as working space and accessible to all visitors. Here, workshop participants left, for example, their visitor notes, taken during each program. These "snapshots" could be found again at a later point in time.

Snapshots were also taken of the exhibition space by a group of school pupils in 360° photographs; these were attached to the floor in a circle around the point the shot was taken. The traces were thus integrated into the exhibition, and could be perceived by each visitor. The group of senior citizens brought objects into the workshop that reminded them of a particular event between the 1960s and the 1980s. In keeping with this task, they placed the objects on a thematically or aesthetically appropriate display alongside the artists' documents, through which parallels were created to the content of the exhibited documents.

Leaving traces helped visitors to perceive themselves and their roles in the exhibition space, which led to an active understanding of the processes in *Moments*.

People in the Exhibition Space The exhibition space as communicative, social space of the present, between themes of the past and the future, facilitated the coming together and mutual inspiration of artists, lab artists, witnesses, and participants of the education program, which proved especially valuable for art education.

Each participant of the group-specific workshops was able to establish contact with every other group in so far as that he or she followed all phases of the exhibition. The ZKM | Museum Communication experienced a readiness for discussion among exhibition participants, and the artists of each phase were satisfied with the discussions with the visitors.

However, for the educational work, contact with the group of witnesses must be highlighted. It soon became clear that the witnesses present throughout the entire process were indispensable for teaching. As a source of information, this group represented the first contact partner for visitors and art mediators. One reason was that, due to their constant presence, the witnesses were always informed about what was happening in the exhibition. The witnesses' presence was of greater importance, however, for mediating on another level: the education program consistently occupied the foreground to make clear to visitors that they themselves were bearing witness to the exhibition process, and were thus an important part of it. The presence of witnesses, the presentation of their function, as well as the personal discussions with them underlined this for visitors. Witness reports clearly showed the difficulties that the role of witness brought with it and how this role can be actively or passively formed. The witnesses' performative and artistic works thus demonstrated to visitors that they were not confined to the roles of mere observers. Furthermore, through exchange with the witnesses, the public's inhibitions about approaching artists and actively using the exhibition space was reduced.

The experience was particularly strong, above all, for participants of the education program in which members of the group of witnesses had participated. Witnesses Anja Arend and Joana von Mayer Trindade actively participated in co-designing several educational programs. Anja Arend accompanied both workshops with the groups "Seniors Citizens" and "Counseling." During the eight weeks of the exhibition, she brought her experiences of and insights into *Moments*, and provided participants with exclusive insider information. Joana von Mayer Trindade accompanied one workshop for ninth-grade pupils from the Max Planck High

School who had chosen art as their special subject. She worked in English with the German pupils, and during the warming up exercise at the beginning of the six-hour workshops, she used the entire exhibition space, transforming the interaction between the pupils and the space. It became evident over the course of the workshop that the pupils were very open for discussion, and they utilized the exhibition space for their works without anxiety. Accordingly, collaboration with exhibition participants enabled visitors to acquire an enhanced perception of themselves as part of the exhibition.

Guided Tours as Reenactment As mentioned above, when participants of a guided tour of *Moments* arrived, they were entrusted with the task of sketching their path through the exhibition space. As his or her conscious perception of spatial structures intensified – through bodily activity, in this case, drawing or writing –, the visitor's attention was drawn towards his or her present being and to the situation in the exhibition space. If the documentary material thus generated was passed on to another participant, the latter automatically saw him or herself as confronted with questions that were similar to those asked of the lab artists in the second phase of the exhibition.

In this example, it also became clear that the movement of art mediators and visitors through the exhibition was comparable to a performance in several respects. In her essay "Das Tänzerische in der Kunstvermittlung" [The Dance-like in Art Mediation], Deniz Sözen describes her experiences of guided tours through documenta 12. She points out that through the exhibition structure and the format of a guided tour a certain choreography is already provided by the space. She describes an art mediator's movements, his pointing to certain works and to the path taken, as well as the arrangement of the group around him and its movements. She goes on to report: "Considered in terms of a dance or performance, our production already vanished in the very instant of its appearance. [...] Over the course of the reconstruction of my production at the Aue Pavilion as 'memory text' it has (again) become clear to me, and to you, I hope, that movement is a fundamental element in all installations, and is thereby representative of all exhibitions. [...]

As soon as we enter the museum or the exhibition we move and walk from one exhibition object to the next. A specific choreography is fixed by way of the curatorial set."⁹

Following Deniz Sözen, the guided tours through *Moments* can be compared to a choreography or reenactment of the exhibition. The art mediator leads the visitor through the exhibition, carefully selects works, and passes on knowledge. So to a large extent he or she also determines which way visitors step, their behavior in the exhibition space, and the relationship between visitors' bodies and the works of art/objects: may the latter be touched, and how close may the visitor get to the work of art? Does the group move in a cluster that follows the art mediator or, for example, split up in space depending on the task before regrouping at a later date? References were made between works, which emerge through the art mediator's explanations and the impulses of the participants, which, in turn, influenced the movement of the group through the space. The process of everyday movements resembled a postmodern dance: the structure was fixed and yet the performance was improvised.

The exhibition space became a stage. Participant roles and art mediator roles oscillated between actors and active spectators. This phenomenon was enhanced in *Moments* as artists, lab artists, and witnesses acted within the space, and so participants of the guided tours were partly observed by the artists, and vice versa: visitors observed the artists at work. No visitor could have simply been a passive observer. By their very presence, each visitor influenced the exhibition processes.

Through guided tours, the spatial order of *Moments* as predetermined by the curatorial concept was brought to a separate series of works. Each was selected by the respective guides; with the aid of this sequences, the visitor was directed towards certain connections or led to them. The lab artists proceeded in a similar manner, establishing references and connections between the variously documented performances and, for example, on the basis of Channa Horwitz's sonakinatographic system, transferring sequences of movements from eight of the documented performances into one common system. Aspects of artistic works interlocked with working methods in art education; in this way, in the case of *Moments* there emerged a special relationship between the guided tours and the exhibited artistic approaches and works of art.

Interconnections The mediation of art in *Moments* was constituted of both the work of the ZKM | Museum Communication and the exhibition concept, which had already been influenced by aspects of art education. Due to the theme of reenactment, which implied the mediation of a past work, the artists present were already art mediators. The education program of *Moments*, which was strongly characterized by practical works, was not, as is so often the case, a supplementary program of the exhibition, but one of its main elements.

This meant that artists and education program participants frequently worked on similar strategies and forms of reenactment. One difference in the method of working among those artists present, and the participants in the educational program was simply a greater easiness among the participants of the education program in contrast to those artists who experienced the extreme pressure of expectation. One may thus assume that it was easier for participants of the educational program to rely on initial impulses and pursue them than it was for the artists in the exhibition. Especially when coupled to the artists' works – which, through long-term occupation with the themes, could provide important impulses and sources of inspiration – this openness could be advantageous for elaborating reenactments.

With the aid of the *Moments* exhibition concept, the fact became clear that all those present in the space were witnesses to a process. This witness role was of great value, and, furthermore, caused the role of the artists' personalities to assume a less prominent position. Here, the relevance of the education program in *Moments* became evident; this led to the fact that the visitors also became clear about their role as witnesses. However, it was above all the "official" participants of the exhibition who became witnesses to the performative works of the participants of the education program. One of the foundations of performance from the 1960s – the idea of a democratization and dehierarchization between performers and recipients, and a perpetually varying updating of art in the form of a performative memory or archive – was achieved in the interplay between the educational program and the artists working in the exhibition program. Hierarchization and the cult of the genius surrounding the artist was thus circumvented by the exhibition concept and art teaching in *Moments*.

[1] The concepts "reconstruction" and "reenactment" have been much discussed in current scholarly literature, and in practice, used in an almost inflationary manner. While in most cases, the concept of reconstruction is understood as an attempt to imitate a historical performance, here emphasis is placed on reenactment of the re-performance of a scenic process in the presence of an audience. Various components of a performance are to be highlighted. Furthermore, in reenactments value is placed on thematizing the fact that a performance cannot be copied due to changed social situations and altered influences on cultural memory, and that the reference system cannot be "copied." To make a past performance once again fruitful in the present, various strategies can be researched, and these may be described in the following manner: by artistic engagement with documentary material, the continued development of performances, engaging in dialog, criticism, updating and working through past performances.

[2] The work of the ZKM | Museum Communication is comparable to the form of "critical art education" as described by Carmen Mörsch. In her publication *Kunstvermittlung 2. Zwischen kritischer Praxis und Dienstleistung auf der documenta 12. Ergebnisse eines Forschungsprojektes*, Mörsch pursues four discourses of institutional art education: affirmative (the function of art mediation is the representation of the museum institution and its tasks to the public), reproductive (educating tomorrow's public), deconstructive (access to institutional critique), and transformative (extending the functions of exhibition institutions, and as co-actor in social design politically indexing these). Critical art education characterizes a connection of elements of deconstructive and transformative discourse. "It mediates knowledge as represented through exhibitions and institutions and their fixed functions by making visible their own approach. In doing so, it makes explicitly available tools for the acquisition of knowledge, and it behaves in a reflective manner with respect to the educational situation, instead of relying on the 'individual talent' and 'free development' of the public. It aims at an extension of the public, but does not mediate the illusion that studying in the exhibition space is exclusively connected to games and fun. [...] It accounts for the constructivist disposition of learning processes as well as the potential productivity of lacunae in language and understanding. Taking existing knowledge seriously also leads to its practice differing from a pure service: critical art education relies on controversy. [...] It views recipients not as those subjected to the institutional arrangement, but focusses on their developmental scope and the possibilities of recoding in the sense of an 'art of negotiation.' It also comprehends the institutional arrangement itself as not static, but interests itself in work with lacunae, interstices, and contradictions, which are produced by the spaces and displays of the exhibition situation." Cf. Carmen Mörsch, "Am Kreuzungspunkt von vier Diskursen: Die documenta 12. Vermittlung zwischen Affirmation, Reproduktion, Dekonstruktion and Transformation," in: Mörsch (ed.), *Kunstvermittlung 2. Zwischen kritischer Praxis und Dienstleistung auf der documenta 12. Ergebnisse eines Forschungsprojektes*, diaphanes, Zürich, Berlin, 2009, p. 9–33, here p. 20f.

[3] Erika Fischer-Lichte, *The Transformative Power of Performance. A New Aesthetics*, Routledge, London, 2008, p. 35. Cf. also ibid., p. 22: "Instead of creating works of art, artists increasingly produce events which involve not just themselves but also the observers, listeners, and spectators. [...] Instead, we are dealing with an event, set in motion and terminated by the actions of all the subjects involved – artists and spectators. Thus the relationship between the material and semiotic status of objects in performance and their use in it has changed."

[4] Ibid., p. 32.

[5] Cf. Erika Fischer-Lichte, "Aufführung," in: Fischer-Lichte, Doris Kolesch, and Matthias Warstat (ed.), *Metzler Lexikon Theatertheorie*, Metzler, Stuttgart, Weimar, 2005, p. 16–26.

[6] Erika Fischer-Lichte, 2008, op. cit., p. 21, p. 16: "The actions that the artist carried out did not simply mean [...] instead, they accomplished what they signified," and p. 24: on the concept of the performative, as derived from linguistics: "When the words "I name this ship the 'Queen Elizabeth'" are uttered while a bottle is smashed against the stern of a ship or when a man speaks the words "I do [take this woman to be my lawful wedded wife]" in the course of a marriage ceremony, these statements do not simply assert a pre-existing circumstance. It is impossible to classify them as true or false. Instead, these sentences create an entirely new social reality: the ship now carries the name *Queen Elizabeth*; Ms. X and Mr. Y are now married to each other. Uttering these sentences effectively changes the world. Performative sentences are self-referential and constitutive in so far as they bring forth the social reality they are referring to." On Austin see: John Austin, *How to Do Things with Words. The William James Lectures Delivered at Harvard University in 1955*, Harvard University Press, Cambridge/MA, 1962.

[7] A preparatory class (VKL) is specially for pupils with immigrant backgrounds with no prior knowledge of German. The objective of these classes is to teach German to children and thereby integrate them into regular classes appropriate to their knowledge levels.

[8] Ursula Brandstätter, Ana Diemke, and Ulrike Hentschel, "Preface," in: Brandstätter, Diemke, and Hentschel (eds.), *Szenenwechsel 3. Vermittlung von Bildender Kunst, Musik und Theater*, Schibri, Uckerland, 2010, p. 5–8, here p. 6.

[9] Deniz Sözen, "Das Tänzerische in der Kunstvermittlung," in: Carmen Mörsch (ed.), 2009, op. cit., p. 35–45, here p. 44f.

 ————————————————————

Two Different Histories – Combating
Forms of History in Performance Art
and the Museum. Steven ten Thije

Recently, performance artist Marina Abramović staged a dramatic retrospective "exhibition" in which she reenacted many of her now iconic performances from the late 1960s and 1970s.[1] The exhibition made very plainly visible the difference with which performance art relates to the museum – in opposition to more traditional media such as painting or sculpture. The "original" work, which disappeared after being performed and was therefore incontrovertibly lost, was resurrected only to be discovered as something else. People who went to visit this spectacular event became aware of the fact that they were being confronted with a copy of an original. Even if they had not yet been born at the time of the original performance, for them the original was not the performance itself, but was connected to the grainy black and white image of the first performance. In performance art, the original cannot be collected and preserved. In some sense the work does not belong to history as more traditional, object-based artwork does. Nonetheless, performance art confronts the museum with a sense of history that seems to escape its traditional institutional charter. Understanding these two different forms of history will be the main ambition of this text.

We can start to unpack these two different forms of historicity by noticing that images of museum interiors are rarely populated by the same type of grainy ghosts that seem to inhabit the documentation of performance art. Take for instance Giuseppe Gabrielli's picture *The National Gallery 1886, Interior of Room 32* from 1886.[2] This painting is constructed in such a way that we do not really see the artworks exhibited in the gallery, but it offers an image of the crowd that is looking at these works we as spectators of the painting cannot see. However, what we see is not random people, but an assembly of clearly identifiable prototypes. A man with a top hat, for example, sits calmly observing the works; he is the common gentleman, for whom the sophisticated environment of the museum is a natural home. Somewhat to the right, we see a bourgeois family – a man, a woman, and their daughter – enjoying a moment of pedagogic diversion. And even further to the right, sitting on chairs, we see a young couple, for whom the museum is an appropriate setting for their early romance. Of course, there are many other images of people in galleries. There are images of crowds gathering at annual salons, of empty galleries occupied by a few contemplative visitors – of whom one is often devoted to the noble art of copying a masterpiece,[3] and finally there are countless cartoons that ridicule the un- or overly sophisticated crowd. But what makes Gabrielli's image so special is that it somehow offers both: an image of ideal visitor types and the crowd.[4] In this way it offers an ideal representation of the so-called "museum age."[5] In this picture, the public is ordered in the same systematic manner as the displayed works, thereby employing the scientific method of art history that was new at the time.[6] The painting visualizes the museum as one of those mechanisms that allowed people and things to be ordered against the background of a universal history. Here, the public is simultaneously the subject that inspects history and the object to be folded back into that history.

Later, in the twentieth century, ideal prototypes of different kinds of people slowly disappeared from images of museum interiors, making way for what is now known as the classical "photographic" image of the "white cube."[7] The photographic representation of the museum space could not produce the type of ideal visitors that occupied previous images of galleries. It is as though the makers of "white cube" installation shots already realized what Abramović's retrospective made explicit: that the photographic presence of a public is somehow in conflict with the (historical) nature of the artwork exhibited in the gallery. The photographic presence of a public introduces an instability into the image that could start a degeneration process that would consume the delicate dance of subject and object performed in the museum. Adding people to the image would make the image itself historical, whereas in the museum it is the artworks that are historical, the surroundings are the timeless background on which they become recognizable as such. Even though the museum requires the physical presence of the public to function, and despite the fact that it is constructed in such a way that this public can, by engaging in a precisely orchestrated performance, learn how to see history and recognize itself as historical, the performance itself must remain invisible.[8] It is exactly at this carefully constructed game of visible/invisible, conscious/unconscious that performance art pierces the structure of the museum experience by introducing images that can function both as work and as documentation of people whose status is very different than that of the ideal types, of nineteenth-century museum images, but who also cannot be seen as the updated version of the spectator who is at home in the white cube.

By distinctly integrating the viewer into the work itself, performance art breaks dramatically with the neatly orchestrated game of hide and seek between subject and object that is specific for the museum. To understand this, it is helpful to turn briefly to an interesting early documentary on the phenomenon of performance art, entitled *Being and Doing*, by Stuart Brisley and Ken McMullen from 1984. The documentary offers a philosophical-political reading of performance art, which the artists identify as a phenomenon that crossed the rigid East-West division of those days. They describe performance art as imbued with an "aspiration towards utopian democracy," a trait it shares with the traditional collective folk rituals. In a sense, both situations – performance art and folk rituals – are free of observers; there are only participants. Traditional folk rituals are collective performances that entire communities participate in. In performance art, the elimination of the observer occurs through "risk," which puts both performer and participant in a state of heightened attention and tense anticipation of what might happen next. Erika Fischer-Lichte describes this situation by noting that in performance art, the traditional subject-object division is replaced by "co-subjects," who are neither complete insiders nor outsiders.[9]

Nevertheless, the camera that documents the performance plays a remarkable role in the situation. In a recent conversation, Brisley explained that they sometimes had great difficulties in filming folk rituals, for the participants would enter into such a trance that they would smash the film equipment when confronted with it.[10] In the end they filmed from a plane, for it was the only way of capturing an image of the event. Performance art, however, has a less hostile relationship with the camera, and on more than one occasion, the camera has been intimately incorporated into the event. The work of Dan Graham dealt with this thematic for quite some time and recently younger artists such as Jon Mikel Euba, Sarah Peirce, and Wendelien van Oldenborgh have worked explicitly with documentation and the act of documenting. This more generous approach towards documentation might be easily overlooked, but when analyzed through the theory of Walter Benjamin, a specific reading presents itself.

When Benjamin examined the effect that photography and its young sibling, film, had on art in the late 1930s, he noted that they were received in "distraction," whereas art traditionally inspired contemplation.[11] He associated this change with the coming into being of mass societies, which he thought changed the way in which "perception" was organized.[12] In Benjamin's understanding, one of the main characteristics of the masses is that they want "to get closer to things," obtain knowledge of things not by a distanced reflection, as in the classical experience of art, but by a distinct, distracted experience that allows an immersion into the situation that at the same time produces an understanding of it.[13] In contrast to the traditional hierarchical society where subject and object were defined in opposition to one another – as still was and maybe even still is the case in the museum – the mass society in Benjamin's view favors a continuous and unstable transition between the two poles. Masses have a certain fluidity and function, forming sensitive tissues that show a continuous pulse of contraction and distraction which absorbs any fixed subject-object division, but allows moments of opposition to pop-up, depending on the distinct constellation of people and things.

In Benjamin's writing, this is conceptualized by the idea of "shock."[14] Since in a mass society it is not decided who should speak or has the right to speak at which point – who has the right to be subject or object –, the masses live in a constant heightened state of attention. The situation equals the distracted moment of anticipation when walking through a city or browsing through a collection and a meaningful constellation suddenly appears as a "lightning flash" that can disappear just as quickly.[15] Thus, paradoxically, the homogeneity of a mass society produces a charged relationship between the subjects that, together, form it. They bump into one another all the time, are "interrupted" in their course, and need to "learn" from these moments of interruption.[16]

This also profoundly changes the idea of history: "The past," Benjamin wrote in his last text "On the Concept of History," "can be seized only as an image that flashes up at the moment of its recognizability, and is never seen again."[17] History is no longer an "object" that can be collected and made accessible at any moment, as in the traditional museum, but needs to be produced anew out of the precise constellation between present and past every time. Throughout the nineteenth century, art had almost become the fundamental stronghold for the idea of an objective historical development in the museum. Because of this, it was especially sensitive for this change in the understanding of history.[18]

Benjamin also related the masses' experience of history to the photographic image – it is here that it touches on the issue of performance art and its relation to the museum. In order to see how Benjamin's argument is useful to our discussion here, we have to look into his most famous thesis in "The Work of Art in the Age of Technological Reproducibility," which considers the "withering of aura" inaugurated by the rise of photography and film.[19] In this essay, the aura of the artwork is described in two ways: on the one hand as the "here and now" of the work, on the other as the "unique apparition of a distance, however near it may be."[20] Looking closely at this strange double definition, we can note that one term relates to the material object, whereas the other deals with the knowing subject. What Benjamin therefore seems to construct is both an ontological and an epistemological reading of aura. On the ontological side, one finds the "here and now," which refers to the work as a material object situated at a distinct place at a precise moment and as such it occupies a place in historical progression. On the epistemological side, there is the question of to what extent this "here and now" can be known to disclose the historical nature of the work. The epistemological formula is described as an "apparition of a distance"; for to situate the work in history, it is necessary that the subject has an epistemological ground from which this history, to which the artwork testifies, can appear as an object to be known. To this end, the subject must be able to temporarily break loose from historical progress itself – take a distance from it – in order to be able to access it as an object. In a way, the artwork is the pure instance of both – it is a purely historical artifact with no other "meaning" than its ideal expression of this progress, and the contemplative manner in which the spectator traditionally confronts artworks brings one to experience the historicity of the artwork as its essential core.

However, in mass society this contemplative moment of separation from historical progress takes on a different form. It is no longer produced by the ability to step back and perceive the objective, historical harmony of the world. Historical truth now "leaps" out from the encounter in a moment of "shock."[21] In this context, we need to recalibrate our sense apparatus to the constant sensitivity of the photographic plate and the shock-like progression of images that is produced by film and its possibility of montage.[22] To do this, we need to completely integrate the cinematographic mode of perceiving into our form of experiencing. In a sense, we need to do what the critic Georges Duhamel felt to be so horrifying in film, but which Benjamin cites as its positive contribution: to "think through moving images."[23]

To understand the full complexity of Benjamin's concept of distraction, it is important to note that in many ways Benjamin's essay is a response to National Socialism's use of film as art, which also triggered a form of distraction, albeit a very different one.[24] Instead of pushing people to think through images, National Socialism wanted to intoxicate people with images. Those responsible used film as an almost absolute auratic technology, thereby transforming an entire population into passive observers of a horrifying spectacle of destruction which they were simultaneously performing. "Humankind, which once, in Homer, was an object of contemplation for the Olympian gods, has now become one for itself."[25] In this case, distraction was no longer imbued with a heightened attention that allowed for a different form of historical experience, but was a form of intoxication that makes one numb as a consequence of one's own actions, so one experiences them only as a passive outcome of an exciting, "larger-than-life" performance. In this case the shock, which allows one to critically test what is offered, becomes a spectacle that only requires consumption – even if that means the consumption of the self.

In performance art, the camera does not produce a form of intoxication, but contributes and gives direction to the heightened sense of anticipation that marks the other, positive form of distraction.[26] Knowing that one is being filmed makes one even more aware of the fact that potentially each action, each slip of the tongue will later be scrutinized for its potential meaning.[27] Perhaps Brian O'Doherty offers the most comprehensive description of this situation in regard to what he calls "avant-garde gestures," but which in this context can be equated with performance art: they "have two audiences: one which was there and one – most of us – which wasn't [...] The original audience is, then, in advance of itself. We from a distance know better. The photographs of the event restore to us the original moment, but with much ambiguity. They are certificates that purchase the past easily and on our terms. Like any currency, they are subject to inflation. Aided by rumor, we are eager to establish the coordinates within which the event will maximize its historical importance. We are thus offered an irresistible opportunity to partake in creation of a sort."[28] With great clarity this paragraph notes the two creative moments that strengthen one another in performance art. On the one hand, the real moment of the event is charged with greater tension due to the presence of the camera; on the other, the documentation itself, which allows for montage, is subject to a possibly multiple reading, containing an undefined number of "shocks" that might disclose many different meanings contained within the event. The relevance of both these moments of meaningful coproduction is thereby not determined by the one "real," "authentic" meaning of the historical event, but depends on the possibility of the participant to "create" a meaningful constellation out of the encounter between the material documents that remain and the present moment in which one reviews them again. History in this situation is no longer a universal stream of time of which we are all captives; it is merely the continuous push and pull in the mass of people and things that enter into different constellations all the time.

The museum, of course, cannot be an innocent bystander in this situation. Being itself the training ground for disengaged, aesthetic contemplation, and identified by Benjamin as one of the "dream-houses of the collective, it can easily find itself on the wrong side of the 'distraction.'"[29] Seeing how in our current historical constellation a public request to turn museums into ever bigger production houses of spectacle can be heard, one has the sense that their possible, positive role has been played out. However, this is only one half of the story. Museums are not only the accomplices of regressive dream-worlds, but the white galleries of the museum and their firm entrenchment within the public sphere make them also one of the most productive sites for performance art. The dry discomfort of the museum that, as O'Doherty notes, makes your own body feel like an "odd piece of furniture," is perhaps even a necessary basis condition to produce the positive, charged sense of distraction that allows for a more constructive exchange within a mass audience.

In 1930, six years before Benjamin would start to write his famous essay, Georges Bataille wrote: "A museum is like a lung of a great city; each Sunday the crowd flows like blood into the museum and emerges purified and fresh."[30] He concluded: "The museum is the colossal mirror in which man, finally contemplating himself from all sides, and finding himself literally an object of wonder, abounds himself to the ecstasy expressed in art journalism."[31] The danger of the museum as a pure site of intoxicating distraction already showed itself then. Still, there is a future for these lungs, if their machinery is not used to create ever more spectacular exhibitions, but if they allow its constituency to "learn" through a form of "distraction," which differs or even contradicts the intoxicated form of distraction produced by the entertainment industry, to participate in a "creation of some sort"; a creation not so much of what was, but much more of what could be.

[1] *Marina Abramović. The Artist Is Present*, Museum of Modern Art, New York, 03/14/2010–05/31/2010, see also Klaus Biesenbach (ed.), *Marina Abramović. The Artist Is Present*, exhib. cat., Museum of Modern Art, New York, 2010.

[2] For a discussion of this painting and generally a very insightful reading of the development of the museum experience, cf. Charlotte Klonk, *Spaces of Experience. Art Gallery Interiors from 1800 to 2000*, Yale University Press, New Haven, London, 2009; on the Gabrielli painting, cf. p. 15.

[3] Didier Maleuvre calls the copyist the "ideal visitor" in "nineteenth-century representations of the museum." His book also contains a vivid and detailed description of the manner in which history is part of the museum. Didier Maleuvre, *Museum Memories. History, Technology, Art*, Stanford University Press, Stanford/CA, 1999, p. 101. Cf. esp. the segment "Monumental Time," pp. 56–64.

[4] For a discussion of the relation between the museum and its public, cf. Andrew McClellan, *The Art Museum. From Boullée to Bilbao*, University of California Press, Berkeley, Los Angeles, London, 2008, pp. 155–192.

[5] Germain Bazin, *The Museum Age*, Universe Books, New York, 1967.

[6] For a discussion on the relation between the ordering of people and things in the museum, cf. also Tony Bennett's famous "The Exhibitionary Complex," in:

Tony Bennett, *The Birth of the Museum. History, Theory, Politics*, Routledge, London, New York, 1995, pp. 59–88.

[7] Famously pointed out in: Brian O'Doherty, *Inside the White Cube. The Ideology of the Gallery Space. Expanded Edition*, University of California Press, Berkeley, Los Angeles, London, 1999, p. 15 and p. 42.

[8] For a description of the invisible techniques of the museum, cf. Mieke Bal's analysis of the Metropolitian Museum and the American Museum of Natural History, in: Mieke Bal, *Double Exposures. The Subject of Cultural Analysis*, Routledge, New York, London, 1996, pp. 13–56.

[9] Erika Fischer-Lichte, *Ästhetik des Performativen*, Suhrkamp, Frankfurt/M., 2004, pp. 47, 68.

[10] Discussion between Stuart Brisley and the author, 03/06/2012.

[11] Walter Benjamin, "The Work of Art in the Age of Technological Reproducibility," in: Walter Benjamin, *Selected Writings, 1938–1940*, vol. 4, Belknap Press, Cambridge/MA, London 2003, pp. 251–283; on distraction and concentration cf. pp. 266–269.

[12] "Just as the entire mode of existence of human collective changes over long historical periods, so too does their modes of perception." Ibid., p. 255. In the German original, Benjamin uses the term "Sinneswahrnehmung," which binds together "senses," "truth," and "taking," which is an indication of the epistemological charge he wanted to give this observation, something that becomes especially pertinent when one notices that in that same segment he uses two other concepts that translate as "perception" or "experience," namely "Wahrnehmung" and closing the segment with "Anschauung," which is a distinctly Kantian concept. Cf. Walter Benjamin, *Das Kunstwerk im Zeitalter seiner technischen Reproduzierbarkeit*, Suhrkamp, Frankfurt/M., 2007, pp. 15–17.

[13] Walter Benjamin, The Work of Art, op. cit., p. 255.

[14] Cf. e.g. ibid., p. 267.

[15] In the theoretical convolute of the *Arcades Project*, Benjamin constantly uses the metaphor of a "flash" or "blast" to describe the nature of the moment of true historical knowledge which is at odds with the "eternal" historicist knowledge of the past. Walter Benjamin, *The Arcades Project*, Belknap Press, Cambridge/MA, 1999, p. 462f. and p. 473f., cf. also segments of Benjamin's "On the Concept of History," in: Walter Benjamin, Selected Writings, op. cit., pp. 389–400, here 390f., 396.

[16] At the end of his essay on the artwork, Benjamin speaks of "mastering tasks in a state of distraction." Walter Benjamin, The Work of Art, op. cit., p. 268.

[17] Walter Benjamin, On the Concept, op. cit., p. 390f.

[18] Note how Benjamin refers to the work's function as "historical testimony," Walter Benjamin, The Work of Art, p. 254; and to the unique artwork as "identical to its embeddedness in the context of tradition," ibid., p. 256.

[19] For a very precise discussion of Benjamin's concept of aura, cf. Josef Fürnkäs, "Aura," in: Michael Opitz and Erdmut Wizisla (eds.), *Benjamins Begriffe*, Suhrkamp, Frankfurt/M., 2000, pp. 95–146.

[20] On the "here and now" cf. Walter Benjamin, The Work of Art, op. cit., p. 253; on the "unique apparition of a distance," cf. ibid., p. 255.

[21] On the "leap" cf. Walter Benjamin, On the Concept, p. 395.

[22] Walter Benjamin, The Work of Art, p. 255, and on montage cf. Walter Benjamin, 1999, op. cit., p. 460.

[23] Walter Benjamin, The Work of Art, p. 267.

[24] Benjamin's "The Work of Art in the Age of Technological Reproducibility" is as it were sandwiched by its "introduction" and "epilogue" with an discussion of National Socialism and facism. Ibid., p. 251f. (introduction); p. 269f. (epilogue).

[25] Ibid., p. 270.

[26] Howard Eiland has written a very interesting article discussing the two types of "distraction" that Benjamin uses in his writings. This idea of "positive" and "negative" forms of distraction is taken from his analysis. Cf. Howard Eiland, "Reception in Distraction," in: Andrew Benjamin (ed.), *Walter Benjamin and Art*, Continuum, London, New York, 2005, pp. 3–13.

[27] Benjamin points to a parallel between Freudian psychoanalysis and the effect that film has on our awareness; cf. Walter Benjamin, The Work of Art, pp. 265–266.

[28] Brian O'Doherty, op. cit., p. 88.

[29] For Benjamin on the museum as a dream house, cf. Walter Benjamin, 1999, op. cit., p. 405.

[30] Georges Bataille, "Museum," in: Bettina Messias Carbonell, *Museum Studies. An Anthology of Contexts*, Blackwell, Malden, Oxford, Carlton, 2007, p. 430.

[31] Ibid.

Event – Trace – Witness
Or: On the Last Analog Generation.
Nicole Haitzinger

"And that is why the arts strive to cultivate their differences: not for lack of completeness but, on the contrary, by an excess profusion of an original sharing of sense and of truth. Each of the arts constitutes the invention or the intensification of a register of sense through the exclusion of other registers: by this very fact, the privileged register triggers, within its order, an evocation of the others according to what we might call a *contrasted* proximity [...] If there is such a thing as a principle of art, it is art's irreducible non-totality, but a corollary principle opens up, between the arts, an interminable mutual resonance."[1]

The performative event in visual art, as in dance, unconditionally gives itself up to the moment. But what are the various conditions in the arts that bring it into being? If we assume that each art form operates with different activations and intensifications of sensory registers, how can we retrospectively pick up their trail? Is it possible to theorize about contemporary artistic methods without turning exclusively to *specters of discourse*? The spectral aspect of theory formation is that it is under permanent threat of reduction to sense-making, even as art evades interpretation by transcending models for reflection and comprehensibility: "The art work's evidence consists in transcending its own status as document, transcending its own conditions in order to open this split or rift or gulf in relation to its times, to this universe of facts to which it never completely corresponds. Therefore, in art it is not primarily, not at first, and especially not exclusively, a matter of comprehensibility."[2] When theory formation transposes the *about* dance into a *toward* dance, that shift appears, in texts attempting to define such art, as *dancelike writing* that respects the eventlike and allows the other to participate. Such consonant and resonant writing seems to require a special attentiveness to a transcendence of logos, to something beyond meaning, to the emergence of another knowledge in which mimesis (as imitation) and methexis (as participation) necessitate one another, though they are not necessarily contingent on each other. In this sense, the text transcends the categories of (dance-)theoretical and (dance-)historical treatise. It makes no claim to be a document, transcript, or annotation of performances. The text seeks to present itself as the articulation of a dancing of the mind, and as a declaration along the lines of "The intelligible exists, but it never manifests itself without a body"[3] or Yvonne Rainer's *The Mind Is a Muscle* (1968).[4]

Dancelike writing does not regard itself as the written representation of historical figures or events. In its mode of evocation it relates to *direct or indirect contemporaneity*, to the sensuous (re-)construction of memories of the performative event and phenomenological descriptions, conveyed by the protagonists and/or instigators. It resembles performative writing free of that genre's heavy emphasis on psychoanalytical referentiality,[5] or an extension of the methods of oral history into dance theory;[6] it respects the "autobiographical pact"[7] in the liminal zone between facticity and fictionality while seeing itself simultaneously bound to a conceptual rigor grounded in precise dance-historiographical work as articulated by a contemporary position conversant with current discourses. At its best, dancelike writing approximates a form of knowledge that, "in its compact description, strikes the sparks of a structure perceived from the phenomenon portrayed."[8]

In certain respects it borders on philosophy when the latter privileges "clarity" instead of "comprehensibility" and opens itself up to the "dark sun": "Art and philosophy share this double strategy of, on the one hand, withdrawing from the supposed evidence, the comprehensibility of hard facts in order, on the other hand, to resist the temptation of fleeing into idealistic or Utopian fantasies. Philosophy is a figure of resistance insofar as it builds up an *affirmative resistance* to these two sides."[9]

Dancelike writing is not strategic, however; it does not regard itself as a resistance figure mounting affirmative opposition, even if it does *move*, in the transcendence claimed by philosophy, across and beyond marked zones.

Scenario The artist Jack Hauser was presented by visual artist Markus Schinwald[10] as a "weeping body" (MS) in his film *1st Part Conditional* (2004) and appeared as a character in the video piece *Vor der Sprache* (2011) by choreographer Philipp Gehmacher.

Both artists see their activities as solitary – that is to say, they resist the contemporary trend toward collaboration.[11] Hauser identifies himself in the role of accomplice (to Schinwald, to Gehmacher) as follows: "A lone accomplice makes no sense. That's why the term usually appears in the plural, even when it's being used in the singular. A state of complicity includes at least two people who enter into a complex pact in which the accomplice – the accessory, that is – plays a subordinate role. He lays the groundwork, helps execute the plan and should ideally be an unwaveringly loyal ally; it's usually the menial tasks that fall to the accomplice. But you should always treat your accomplices fairly (or at least lead them to believe you are doing so), because statistically speaking, most of the crimes that are committed are confessed to by accomplices who feel unappreciated."[12]

The signature of Schinwald's and Gehmacher's artistic work is clearly legible and attributable; we are dealing with two distinct artistic practices. In the text below, Hauser becomes the figure of the *artist-witness*, who has the power to convey to us, via its resonances, what was and what came to be, when we acknowledge that the event manifested itself through him as *artist-accomplice*.[13]

"Texture 1: Schinwald World" and "Texture 2: Gehmacher World," below, are based on several dialogic conversations that took place in February 2012, in which Jack Hauser – as artist-witness, as first and last speaker, as the dialog's initiator and reference – played a special role. The first dialog, between Hauser and myself (NH), formed a triangle: Hauser spoke as a performer about his artistic work with Schinwald and Gehmacher. The second and third dialogs, between myself and Schinwald and Gehmacher, respectively, were both based on retellings of "Jack's version of the story," conveyed by handwritten notes and recollections. Both artists commented from their own perspectives on what Hauser had said. The text collages, assembled from memory traces of the performative event (JH, MS, PG), and from reflections, theorizings, and contextualizations (JH, MS, PG, NH), privilege nontotality. They allow four differing perceptions to speak at once and purport to be neither a single one nor a whole, revealing differences and intentionally resisting unambiguous legibility.

Hauser, *face à l'histoire*, addresses the similarities and differences in the creation of two performative events, each of which ultimately underwent a transference into the medium of video/film. His articulations in the dual role of accomplice and witness constitute the vanishing point for the sections on Schinwald World and Gehmacher World, which Hauser describes as "artistic worlds," and whose existing and experienced singularities he attempts to indicate in dialog with me (NH).

Dancelike writing privileges the making-manifest of these worlds. Performative and visual arts are not deployed as object – meaning, ultimately, that in the creation of Schinwald World and Gehmacher World, witnessing and theory formation entail each other and partly defy authorial ascription. Yet much like the accomplice in art (Jack Hauser as performer for…), the artist-witness plays a role in a complex pact, both lays the groundwork and is an ally, though he did not devise the plan and does not sign his name to the artifact (the text, the video), even if he does bring it into being with his specific performative presence. At the same time, the clearly discernible voices of Markus Schinwald and Philipp Gehmacher can be read and heard in the following text collages. The textures vary between an affirmation of (artistic) ascribability and, necessitated by the performative event, its negation.

The stories told, which encounter one another as "petits mémoires" (Christian Boltanski),[14] are more deeply interwoven than they appear at first. The mental reconstruction of *1st Part Conditional* and *Vor der Sprache* leads us to childhood and the reservoir of a generation's knowledge and experience, to which Schinwald and Gehmacher return in their later work, as do I as a theorist. Although Hauser, as accomplice and artist-witness, did not, we three others all grew up in Salzburg in the late 1970s and early 1980s. This coincidence shapes our conversations in a distinct way. It makes us *immediate contemporaries* and reveals the disappearance of a *last analog generation*. This generation's experience of childhood remains, from a present-day perspective, predominantly analog, and since adulthood – that is, for half of our life span to date – we have been confronted by the rapid digitization of the world in the form of a diffusion of new media into discursive practice and everyday life. In other words, we were not "digital natives," with computers, internet, mobile phones. How deeply this more analog reality imprinted itself on our perception and experience of the world, becoming an "artistic vehicle for the future" (JH), is evident in the oeuvres of Schinwald and Gehmacher. Both artists produce art from this experience and refer specifically to it in their current work. The creation process and outward form of their singular artistic worlds are fascinating from a theory standpoint, making for a more complex frame of reference.[15] A shared reference that can be drawn upon is the Haus der Natur in Salzburg in the 1980s. This institution constructed distanced views of "foreign natural bodies" in various settings (such as life-size Eskimo figures in front of their "igloos"). Schinwald was fascinated by the dioramas and the terrariums. Gehmacher remembers the phonetic sound of HAUSDERNATUR – a word beyond meaning.

Texture 1: Schinwald World The title of Markus Schinwald's three-minute film *1st Part Conditional* involves both expectation and error. There appears to be a first part, which is defined by a conditionality. It is the body's locution and its bodily mislocutions that fascinate Schinwald. It is no coincidence that one of his first references in our conversation is to Sigmund Freud and conversion neurosis – that is, to symptoms without a somatic cause, through which a psychic conflict is unconsciously and physically played out. The body's actions are uncontrolled; it appears to be temporarily destabilized. Schinwald's theme is the similarity of this state with that of being in love, which inundates the body and evades logical controllability.

When he talks about his role as a "weeping body," Jack Hauser sees himself not as an artist, but as Schinwald's tool: "I place myself at the disposal of a fellow artist, which leads to a vague 'what does he want from me?'" (JH). The information that during this time he is confronting the trauma of the death of a loved one, and that the performance becomes a personal catharsis for him, remains unspoken. This fateful moment in his life is not revealed or discussed, yet it delineates the masculine figure. Schinwald seeks the appearance of a weeping ordinary body. Hauser's body, not a virtuoso's but nonetheless an artist's, is capable of resembling such a body. An actual ordinary body would fall flat as a consequence of excessive affectation in front of the camera (MS). Here we encounter Diderot's paradox of acting in a contemporary setting: "Il est double," that double perspective which, on the one hand, gives rise to the illusion of the ordinary body being represented, and on the other is aware of that inner distance that is required to present oneself as someone else. In Schinwald's figure, presentation and biography intersect. It is an artful theatricality, pulling out all the stops to convey an impression that is to be situated on the surface while simultaneously speaking from the depths of a wounded body.

Schinwald talks about his artistic interest in people who have been waiters five times in five lives, and in whom this state of being has inscribed itself like the icons burned into the screen of a computer without a screensaver. Only the screensaver keeps the icon from being visible as a stigma.

The Haus der Natur, a childhood fascination, has become an artistic reference for Schinwald. In a way that is altogether intuitive yet conscious, he draws on this simple and communicable childhood knowledge, translating it with a distanced eye into complex structures. Artistically and auratically, Schinwald World – a simultaneously "mental and real space," as Hauser says – is a world of terrariums and dioramas, and also a world of "monstrous births" preserved in formaldehyde, an uncanny personal space not unintentionally shrouded by curtains (NH, PG). In his current piece *Animal Works* (2012), Schinwald has built exhibition spaces in the style of terrariums.[16] A number of chameleons, those uncanny and fascinating creatures with their monstrous eyes, are placed inside to alter our view, our perception of his images.

The motor of his art is his fascination with "resuscitation." He allows us to do more than participate in this process of making present, for we, his audience, have the choice: Do we look in through the peephole, or do we take an empathic view, loading the images with our memories? The peephole or spyhole is a key to Schinwald's oeuvre: a spyhole in a door is a device that enables one to identify a person outside the door without having to open it. The spyhole increases one's criteria for deciding whether one should let the person in or had better leave the door shut. There are similar spyholes in walls, such as the peephole in Alfred Hitchcock's *Psycho*, and others in pictures or statues, as in Federico Fellini's *Casanova*. While spyholes in doors ideally protect one from unpleasant surprises, the purpose of the last two mentioned above is, at most, to surprise someone else in a sensitive situation without being surprised oneself.[17]

Schinwald analyzes, dissects, before the directorial operation. A scenario arises in his mind, which he translates, and in this process, changes and blanks are provisionally filled in: "a concrete idea with the option to make changes" (MS). In this sense, the first step/cut changes as soon as the second one is complete. The professional film crew is given different instructions from the actors; Schinwald works on multiple levels to realize (t)his vision/version. Like a chameleon, Schinwald too changes his colors – that is, his perspectives – in the process of shooting. The film crew has precise instructions: "Wham bam!" the scene is in the bag (JH). Everyone involved in the project is together in a room set up like a film set. Schinwald makes comments on the performances, such as "nice job" (JH), makes corrections, and changes details. Artist-witness Hauser speaks of a proposition but no major acts of communication before (or after) his performative activity. Some things are set; others arise during the performance. Through his calm presence, the specific modeling of the (spatial) atmosphere, and small communicative gestures, Schinwald allows participation in his practice. The artistic process is a filmic one, operating with repetitions and interruptions and concentrating on successive motivic takes. The perforated and interrupted actions take place within this filmically coded space whose appurtenances (machinery, cables, personnel) will be invisible to the viewer in its final manifestation. We are dealing with an illusion, a phantasm in the Platonic sense.

Schinwald constructs a specific atmosphere for his characters: an almost vacant apartment in an old Viennese building, which is marked by just enough objects (pictures, furniture) to evoke "familiarity." This uncanny familiarity, however, collapses in the span of three minutes. In *1st Part Conditional*, Jack Hauser is not alone as the "weeping body." Schinwald's directorial and choreographic instructions – in the sense of a specific arrangement of the characters in the space – necessarily gives rise to a relationship with a second character, incarnated by the dancer and choreographer Milli Bitterli. The two act side by side and simultaneously in Schinwald's world without ever touching or truly encountering one another. Bitterli calls up kinetic material of her own, identifiable by her *ek-stasis*, her stepping out of stasis, and by her controlled falls, as a kinetic phenomenon from contemporary dance. Schinwald is familiar with her kinetic vocabulary from her performances and transposes it into his own artistic work. At the same time, he transforms and compresses the action, inscribing himself into it by attaching – as artist-witness Hauser reports – a prosthesis, hidden by clothing, to her arm. This allows the emergence of a third, highly artificial artistic body, attributable by its movements and gestures to a particular performative presence (Bitterli's) but also (de-)formed in Schinwaldian fashion. When the person falls, the apartment's furnishing simultaneously collapses. An apparently uncontrollable behavior, an emotion, should – according to Schinwald's idea – carry over to objects and change one's view of the relationship between people and things. The furniture has been partially sawed through and rigged with strings so that it can be collapsed at the right moment. The magic of the moment is constructed with great professionalism, based on the idea of special effects in film or, from a historical perspective, old theater tricks. At the end of the film a third figure enters the scenario – in a blur, in a flash – seemingly from nowhere, a sensational *coup de théâtre*: she jumps into a collapsing box.

Water hoses are attached to Hauser's body under his clothes. He is plugged in. The resulting deformation is consciously accepted. The aim is to produce the effect of tears. The shirt darkens, slowly ... Beyond certainties, but in the between of the symbolic sphere, Schinwald stages the figure. The weeping is not produced by the body itself, but it seems to be, perhaps because our concept of sadness is so similar, seeping out from the inside. The tears do not give a clear reason why. There is no "mechanical connection" (JH): having become outwardly visible, the body of pain becomes a projection screen for our own interpretations.

The gestures in *1st Part Conditional* are "strong" (MS) and open to new implications and codings via slight shifts in context. Schinwald's interest in displaying ambivalent gestures can be seen as early as his piece *Jubelhemd* [Cheering Shirt](1997), which involves a classic men's white shirt with the sleeves sewn on wrong (pointing up). At first glance, the difference cannot be detected, but the wearer is unable to lower his arms. Performers – including, again, Jack Hauser – appear to be simultaneously celebrating and capitulating. Schinwald's work has the potential to reveal the zone between two gestures laden with meaning. As a result of this strategy of dual semiotic coding, the body's movements take place more in the worldly space of a temporary lacuna, caused by the perpetual back and forth between signs, than in an otherworldly space beyond meaning.

An important reference for *1st Part Conditional* is Maurice Merleau-Ponty's phenomenological body, which is merely inhabited, and which one can temporarily vacate (MS).[18] Schinwald is looking in from the outside at an "other" body, apparently momentarily uninhabited. It is ambivalences (inside/outside, inhabited/uninhabited, familiar/strange, concealed/revealed, simple/complex) that determine the singular/sensuous way a body is read both outside and inside Schinwald World. An "assured bearing" and the "larger narrative" of the sociocultural speak to us through his art (PG, NH): "Only with prostheses can we be in the world" (JH). The indispensable "connection between apparatus and being" configures present existence (JH). Schinwald's techniques for visualization remain analog. In other words, he is working in the old tradition of the "Utopian craftsman," following the principle of trial and error with his materials (JH).

Texture 2: Gehmacher World The title *Vor der Sprache* [Before Language] holds a promise in reserve and directly calls upon the "body of experience." "What are bodies before language?" (PG). Again, artist-witness Hauser speaks of himself as a "tool" that places itself at the disposal of another artist, as it did for Schinwald. In this piece, Gehmacher refers to Hauser as a medium, a "readymade."

When Hauser recalls working with Gehmacher, everything changes: his voice, his gestures, the rhythm of his speech. His first association is with the gray room in which the performative action took place. An enclosed space, a territory, with a camera positioned at a precise angle in front of it. For a long time, according to the artist-witness, the choice of medium – video or photo series – remained undecided. In terms of content, Gehmacher wanted to investigate the "before language" of communication through performance, through the interaction of two bodies. Hauser's memories, in the form of preliminary brainstorming notes and performance instructions from the hours-long conversation that preceded the act, are steeped in his bodily experience. The scenario: an undefined male relationship (father/son, lovers, or friends?), two generations – embodied by Hauser and Gehmacher – in a gray room, an extreme situation, like a desert, encountering one another by approaching and retreating. Isolation, tenderness, healing, aid: these conditions of human existence are to be negotiated solely by means of the bodies in the room. Their modeling of corporeality focuses on orientations of the head, glances, gestures, and upper-body movements, as well as the postures of standing, sitting, lying, squatting, and kneeling. Here Gehmacher refers to Elias Canetti's "Human Postures and Their Relation to Power," in *Crowds and Power*: "Man, who prides himself on standing upright, can also, while remaining in the same place, sit, lie, squat, or kneel. All these postures, and particularly the change from one to another, have their own special significance. [...] Our pride in standing consists in feeling independent and needing no support. [...] When we sit we make use of extraneous legs [...]. A man lying down is a man disarmed. [...] Sitting or squatting on the ground denotes an absence of needs, a turning in on oneself. [...] As well as the passivity of lying down, there is another form of powerlessness, which is active. It confronts a present power and expresses itself in ways which magnify this power."[19]

Besides the instruction to concentrate on the emotionally charged, basic postures, the entrances and exits are set, as is the rule against standing face to face with the camera. Only diagonal positions are allowed. Gehmacher recounts that he shot eight sequences for *Vor der Sprache*, each fifteen minutes long, throughout which the camera runs; there are no interruptions. The stories diverge. The performative event is given more weight by actor Hauser; he abstracts his memories in keeping with subjective experience.

Hauser (re-)constructs three settings, three zones, three sequences: first, the gray room as infinity, as open space, in which the figures encounter each other through choreographed closeness and distance. Second, the gray room as a stage, in which the bodies are closer together, in which emotions are manifested through postures. Third, the gray room as boxing match, in which Gehmacher's "might" becomes palpable. This one becomes a space of unpredictability, in which rules and agreements are no longer valid, a space demanding quick reactions, a space without causality of feeling. A space in which Jack Hauser feels physically and emotionally exposed, defenseless.

The artist-witness (JH) speaks of the intensity of the performative experience. The context of the work of art is obscured in his first recounting. After hearing Hauser's version of the story, Gehmacher's memories seem – from the very first moment – to be similar yet different. Gehmacher enacts shifts in perspective during our conversation: concept, event, realization of the artistic installation, and location within his own biography are four aspects that materialize in the process. For the choreographer there are actually two gray rooms: his *grauraum mit Egon Schiele* (2011) at the Leopold Museum, where the video *Vor der Sprache* is presented as part of an installation, and in which a "collection became an exhibition" (PG), as well as the gray room of his studio or the site of the performance, of which Hauser speaks almost exclusively. The complete installation is made up of five parts: an "archive box," staged photographs, two video pieces (*Vor der Sprache* and *Turning 2011*), and Schiele reference images. Conceptually, Gehmacher seeks to advance something against Schiele's Eros-saturated pictures: touch that transcends homoerotic or homophile implications, and reduction instead of expressivity. Schiele's painting *Hermits* (1912) becomes a link here (PG).

The gray room as three-dimensional space is, for the choreographer, a potential space, just as ambiguous as the color that defines it. Neither black box nor white cube: the gray enables the space to dock with infinity. The "insanity of the gray room" (PG), its distinctive atmosphere, as well as its temperature, unfold within the Leopold Museum's Schiele room in a double distillation: both in the installation and in the video *Vor der Sprache*.

For Hauser, the gray room is simultaneously the (studio) site of performative events and an imaginary space. Only two figures can appear in it: Gehmacher and himself, balancing moments of uncoded encounter, in the spirit of the question "How do you hold yourself?" (PG). Again, it is Hauser's body, a nondancer's body, that appears. He visualizes Gehmacher's dance without his specific language of movement, yet the Gehmacher signature immediately emerges via the constellation of figures in space. The actors choreograph themselves according to the few agreements they've made. Every sign of expressivity is to be made to disappear. Emptying out, letting be, beyond meaning: a communication before language by means of simple positioning in space via postures and gazes. This simple act of slowed-down bodily action calls upon the viewer's kinesthetic perception: each physical turn towards or away from the other becomes an emotional event. Through their specific presence or existence, the two figures activate or make manifest states of being that have become metaphors. Each is similar yet strange to his counterpart, to the other. "I'm not in my body; I'm always already in the other. The body is turned inside out" (PG). In our conversation, Gehmacher paraphrases Jean-Luc Nancy, whose philosophy forms a background to his thinking. Bodily manifestation, in and of itself, seems to be unthinkable to him without spatialization; he speaks of "fold lines" and being "opened up" in space (PG). In *Vor der Sprache*, this contemporary philosophical perception of the world is embodied and visualized: (e-)motion in dual senses of feeling and movement. Simultaneity always entails the impossibility of identity. Unlike with Schinwald, the issue in Gehmacher's world is not ambivalence, but rather difference, which gives rise to the acts of making similar and becoming similar. Gestural moments of tender touch – two hands coming into contact, one hand laid on the other's chest – become poses, iconic distillations, when prolonged. We are dealing with a choreography that agrees on certain rules and then subjects the body to them, but without making their consummation predictable.

The performative act in *Vor der Sprache* is not given shape until relatively late. Gehmacher organizes the "choreographic takes" according to the principle "encounter – intensification – dissolution" (PG). He takes color out of the video, chooses classic monitors with "deference and love" for the analog video art of the 1960s (especially Bruce Nauman and Gary Hill). Nostalgia pervades this "choreographer's homage to the exhibition monitor" (PG). Finally, an important decision is the presentation of the edited sequences with Hauser on two monitors as part of the installation *grauraum mit Egon Schiele* at the Leopold Museum. Two similar yet different scenarios are combined in the viewer's imagination. The slight lag between the initial entrances and the action, which in each case lasts fifteen minutes, makes possible an inherently different way of perceiving closeness and distance. The result is an artificially manufactured concurrence of past, present, and future. A touch is signaled on monitor 1, it is visible on monitor 2 and vanishes, then seemingly reappears on monitor 1 ... Philipp Gehmacher's world is produced by the craving and longing for closeness, whose fulfillment wavers between possibility and impossibility. The experiences of childhood, the "absent father," the family as (non-)communicative power structure, a simultaneously threatened and threatening community, its deeds conscious and unconscious, experienced and unexperienced, factual and imagined (the two now partly indistinguishable), are his artistic reservoir. Through the abstraction of choreography, the poetry of the body emerges via performance in irreducible might. It is the all-pervasiveness (Jean-Luc Nancy) of this emptied-out dance that sets our mind and our senses in motion like a "calm before the storm" (PG). The solitary body of experience seeks an expanded "love relationship" (PG) with the other, which is explored exclusively through the arrangement and movement of bodies in space. Dancelike writing desires a floating reading, an eventlike thinking locatable in the body, which imagines the artistic worlds of Markus Schinwald and Philipp Gehmacher and makes them manifest without writing the dance into too tight a metaphorical net. What (false) expectations does the text raise when it names or claims something in the introduction and then, after a caesura, calls up the performative events? Can it show how two singular positions operate with intensifications of different sensory registers, and how nonetheless everything remains negotiable via abstraction and reduction in both worlds? Does it reveal their analogies and differences, which they owe to different histories (that of visual art, that of dance)? Is it an accident that we, as representatives of this last analog generation, work singly while nonetheless entering into temporary states of complicity, and that ultimately all three of us have made Jack Hauser the medium of a signature-bearing artifact in which event, trace, and witness threaten to disappear once more?

[1] Jean-Luc Nancy, "The Image: Mimesis and Methexis," in: *theory@buffalo*, no. 11, 2007, p. 10.

[2] Marcus Steinweg, "What is an art work?", available online at: http://www.caosmos.org/uploads/box/steinweg_marcus_english.pdf, accessed 07/03/2012.

[3] Marcus Steinweg, email to author, March 2012.

[4] Catherine Wood, *Yvonne Rainer. The Mind Is a Muscle*, Afterall, London, 2007.

[5] Cf. Peggy Phelan, *Mourning Sex. Performing Public Memories*, Routledge, London, 1997, p. 11: "Performative writing is different from personal criticism or autobiographical essay, although it owes a lot to both genres. Performative writing is an attempt to find a form for 'what philosophy wishes all the same to say.' Rather than describing the performance event in 'direct signification', a task I believe to be impossible and not terrifically interesting, I want this writing to enact the affective force of the performance event again, as it plays itself out in an ongoing temporality made vivid by the psychic process of distortion (repression, fantasy, and the general hubbub of the individual and collective unconscious), and made narrow by the muscular force of political repression in all its mutative violence."

[6] Cf. f.e. Jeff Friedman, "Muscle Memory. Performing Oral History," in: *Oral History*, vol. 33, no. 2, Autumn 2005, pp. 35–47.

[7] Cf. Philippe Lejeune, "The Autobiographical Pact," in: Paul John Eakin (ed.), *On Autobiography*, University of Minnesota, Minneapolis, 1989, pp. 3–30.

[8] Karl-Heinz Bohrer, *Selbstdenker und Systemdenker. Über agonales Denken*, Hanser, Munich, 2011, p. 25.

[9] Steinweg, "What is an art work?", op. cit.

[10] Quotations from the four individuals featured in this text – Philipp Gehmacher (PG), Nicole Haitzinger (NH), Jack Hauser (JH), and Markus Schinwald (MS) – are indicated by their initials.

[11] On the topic of collaboration, cf. e.g. Bojana Kunst, "Prognosis on Collaboration," available online at: http://www.howtodothingsbytheory.info/2010/05/13/bojana-kunst-prognosis-on-collaboration/, accessed 07/03/2012.

[12] Annika Werner, "Komplize," in: Agnes Husslein-Arco (ed.), *Markus Schinwald*, exhib. cat., Augarten Contemporary, Vienna, 2007/2008, Migros Museum of Contemporary Art, Zurich, 2008, JRP Ringier, Zurich 2007, p. 52. This definition differs in several respects from that of Gesa Ziemer, who regards complicity as a productive "tactics and aesthetics of criticism." In her view, complicity is a "microsocial concept" that is not defined by hierarchy. Cf. Gesa Ziemer, "Komplizenschaft. Eine Taktik und Ästhetik der Kritik?", in: Jörg Huber et al. (eds.), *Ästhetik der Kritik. Verdeckte Ermittlung*, Edition Voldemeer, Zurich, 2007, pp. 75–81.

[13] Originally this article was intended as a meditation on contemporary notation as a manifestation of performances in images. These, to conceptualize it in terms of dance historiography, make the viewer witness to a theatrical event which he himself may not have attended. After speaking with Jack Hauser it emerged that Markus Schinwald and Philipp Gehmacher, the artists selected for this topic, make no notations before or during the process of artistic production. While this knowledge collapsed the initial concept, some of the premises, reformulated as questions, can be read as a mental template for defining the figure of the artist-witness: Can an artist-witness be perceived as a manifestation of performance? Can performative traces be reconstructed from Hauser's narratives, both as the white noise of his memory and as analyzable embodiments of choreographic structures? Aren't there actual *images* shimmering in our artificial reconstruction, in which Hauser, in dialog, once again takes on a resemblance to the character he had been? Don't the narratives reveal mirages and fictions that challenge one's sense of the real and appeal to one's sense of the possible, and isn't this ambiguity something specifically theatrical? Couldn't things always have been different? And don't his stories make visible certain cultural and dance-specific choreographic patterns that refer to specific concepts of movement and the body as well as to cultures of knowledge?

[14] Cf. Alma-Elisa Kittner, *Visuelle Autobiographien. Sammeln als Selbstentwurf bei Hannah Höch, Sophie Calle und Anette Messager*, transcript, Bielefeld, 2009, p. 11.

[15] "As a child I had two imaginary friends who made up for my speechlessness in the face of the 'real' world. These two friends occupied two specific places in/on my body; I led (?) them by the left and right hands through the world, through my life. Through two constructed 'others,' my communication with myself and with the world was physically located, tactile, tangible and, to me, visible. In the feeling of invisibility produced by my childhood mutism, I generated a different kind of visibility: imaginary friends through whom, though they were invisible to the outside world, I, a child, became more visible – both to myself and to the outside world. The search for an organic, live language and a way of thinking that can be localized in the body and moves through it is never abandoned." Translated from: Nicole Haitzinger, "Im Zwischen von unsichtbaren Sprachmonumenten und sichtbarer Sprachlosigkeit," website of artist Sabine Sonnenschein, 2003, available online at: http://sonnenschein.wuk.at/docuzwischen.htm, accessed 07/03/2012.

[16] Cf. the press release for the exhibition *Markus Schinwald. Animal Works*, Sala Veronicas, Murcia, 2012: "Following previous experiences with the aquariums produced for his show at the Kunstverein Hannover, he has created two colossal terrariums as stages, one with tortoises and the other with chameleons; this is the first time that his stages have not been animated by human performers. The animals in them function as actors and create their own habitat in these strange living spaces. The terrariums contain an unexpected, magical and amazing theatrical world, with scenery comprising many of the elements that are traditional in Schinwald's work, including his altered paintings and some of his videos." Kunstaspekte, available online at: http://www.kunstaspekte.de/index.php?tid=77841&action=termin, accessed 07/03/2012.

[17] Markus Schinwald, "Türspion," in: Agnes Husslein-Arco (ed.), *Markus Schinwald*, op. cit., p. 60.

[18] Cf. Maurice Merleau-Ponty, *Phenomenology of Perception*, Routledge, London, 1962; Merleau-Ponty, *The Visible and the Invisible*, Northwestern University Press, Evanston/IL, 1968.

[19] Elias Canetti, *Crowds and Power*, Farrar, Straus and Giroux, New York, 1984, pp. 387–394.

Changing Matters in the Performing Arts – A Feminist Quasi-Survey.
Petra Sabisch

"That a new sensibility has announced itself is clear, although just what it consists of is not."[1]

On the occasion of *Moments. A History of Performance in 10 Acts*, this essay takes up some issues that persistently occur where the specific form of immaterial labor of performing art practices intersect with the emancipatory concerns of feminist, queer, and transgender movements. It proposes a line of thought as a run-through of four levels. Starting from the specific dematerialization of performance art, it proceeds to feminist materialisms spanning philosophies of matter and investigations of (im)material forms of labor. A third step acknowledges the actual cleavage between emancipatory rights and the social reality of women in the performing arts. In conclusion, from a fourth stage, the text poses the issue of feminism anew.

Changing Matters: The Dematerialization of Art and Performance Art In February 1968 Lucy R. Lippard and John Chandler described the "dematerialization of art" as a intriguing current trend in the visual arts; a trend that challenged the conventional presentation of the artwork through an externalized and materialized object by highlighting an idea or a serial sequence over a material form. Discussing minimal and serial works (for example by Sol

LeWitt, Christine Kozlov, Hanne Darboven, Dan Flavin, and Robert Morris as "ultra-conceptual" or "dematerialized,"[2] the essay shows how these works induced change not only in processes of perception (for example time perception) and work (for example in the invention of techniques), but most particularly in the fabrication of then unconventional media and new forms of presentation.

Thus the dematerialization of art occured due to a different concept of the object status of art: this new concept highlighted the generative force of ideas and concerns by somehow integrating the externalized, material art object into a new arrangement of content and expression. Through this procedure, the art object was dematerialized in specific practices (for example Minimalism and Serialism) that transformed the materiality and commodity character of an object back into a subject matter *and* into a different way of expression.

According to Lippard and John Chandler, this radical reconsideration of artistic matters released them from economic and technical constraints and opposed them to what they called an "economic" and "physical materialism": "The shift of emphasis from art as product to art as idea has freed the artist from present limitations – both economic and technical. It may be that works of art that cannot be realized now because of lack of means will at some future date be made concrete. The artist as thinker, subjected to none of the limitations of the artist as maker, can project a visionary and utopian art that is no less art than concrete works. [...] Moreover, since dealers cannot sell art-as-idea, economic materialism is denied along with physical materialism."[3] Although the authors' notion of materialism is somewhat misleading in this passage because it is aligned with an idea of accumulation, it is of importance that they emphasize how Minimal and Conceptual artworks deliberately dematerialized the concept of art-as-product and critically transformed the distribution of value toward processes that question the institutionalization of conventionalized hierarchies in the economy of art. It shall not be discussed here whether or not, or up to which point, this critical involvement has meanwhile become a seal of quality in itself that sells even better. This essay rather attempts to stress how this transformation renewed the artistic field while being itself a product of economic and material circumstances.

Within this context of dematerialization it is interesting to investigate performance art, since it takes an unambiguous and decisive stance on its "object": rather than being constituted by ephemerality, presence, or absence, the specificity of performance art seems to consist in the fact that it offers a particular relationship to the audience by letting *materiality and medium coincide*. With the body, this insoluble yet distinct and gradual interplay becomes obvious: the body might be used as a medium, as for instance in speech acts and affective interpersonal relations, yet it allows a shift of focus onto its content, its materiality, when its mediality (employed for something else) has taken a backseat.

This *concurrence and interplay of materiality as medium and vice versa* (that can also be described as interplay between content and expression, meaning and force) is constitutive of performance art. It shows the nexus between the differential development of Conceptual Art (for example Christine Kozlov), feminist Body Art (for example Valie Export's *Tap and Touch Cinema*, 1968), and postmodern dance and choreography (for example Yvonne Rainer's *Trio A*, 1966, and her *Continuous Project – Altered Daily*, 1969/1970).

Thus, one has to render more precisely in what way Lippard's "dematerialization" not only describes a *less of materiality*, but rather a quite specific *conversion of a materiality (as a third and external part) into a medium and vice versa*. In this way, a critique of art's objecthood entails a change in the form of producing.

Changing Matter: Feminism Rethinking Materialism Performing (Im)material Labor Since at least the 1990s, a wide spectrum of philosophers has been involved in a rethinking of materiality from a feminist and queer perspective. A shortlist of key positions will provide an insight into the impact of the debate. In *Bodies That Matter. On the Discursive Limits of "Sex"* Judith Butler presents matter as a performed and dynamic *process of materialization* that gains stability through repetition and, accordingly, she suggests a return to discussions of matter.[4] Elizabeth Grosz puts philosophy's foundations in terms of its relation with materiality back on its feet by arguing that consciousness "is an effect or consequence of the modulations and impulses of the body."[5] In her book *Volatile Bodies* she turns philosophy's somatophobia into a thinking of volatility, which assesses the impact of body images and highlights the power of intensities and flows. A further perspective is offered by Donna Haraway. In her famous "Cyborg Manifesto" she relinks – in the figure of the cyborg – the materialist issue of a necessary historical transformation to a rethinking of the connection between materiality and imagination: "The cyborg is a condensed image of both imagination and material reality, the two joined centres structuring any possibility of historical transformation. In the traditions of 'Western' science and politics – the tradition of racist, male-dominant capitalism; the tradition of progress; the tradition of the appropriation of nature as resource for the productions of culture; the tradition of reproduction of the self from the reflections of the other – the relation between organism and machine has been a border war. The stakes in the border war have been the territories of production, reproduction, and imagination."[6]

While through the notion of materiality these philosophies review how gender and sexual differences are operative and engendered, works such as Beatriz Preciado's *Manifiesto contra-sexual* [Countersexual Manifest], on sexuality and its conception, amend this perspective from the other side. From a queer point of view, her manifesto emphasizes a contractual form of sexuality that can be taken up by any kind of body.[7] Equally involved in thinking a body that is not predetermined by its forms of interaction, Luciana Parisi's *Abstract Sex* elaborates new conceptions of sex and desire (and their reproduction) in regard to contemporary information technology, evolutionary theories, and the current mutations of nature and culture.[8]

In *Cosmopolitics*, Isabelle Stengers argues for an "ecology of practices" in the sciences by proposing an analytic survey of physics, from mechanics over thermodynamics and quantum mechanics to emergence theories.[9] While Stengers thus remaps the "matter" of natural sciences from a viewpoint of the history of sciences, one can observe how the necessity for a reconsideration of the essential relations between matter, environment, and agency characterizes many other approaches. In *Vibrant Matter. A Political Ecology of Things*, Jane Bennett also revisits the agencies between matter and assemblages of relations in which the agencies are involved in terms of an ecology.[10] Whereas Bennett's approach draws attention to the concrete agencies of things, other approaches to materialism investigate other dimensions and thereby provide an expanded conception of materialism, also taking into account the influential history of feminist contributions. This is the case for instance in the anthology *New Materialisms* by Diana Coole and Samantha Frost, which highlights the impact and urgency of agency in its ontological and political dimensions.[11]

These reconceptualizations of matter contribute to another understanding of the interplay between, materialization, agency, and ontology; an interplay which – following the argument of the first section of this essay – cannot be set apart from contemporary forms of production and their social articulation. Feminist materialism extends between, on the one hand, new conceptions of matter and, on the other, the critical uptake and prolongation of the impetus of historical materialism when examining how gendering operations become effective in the form of labor. An abundant literature on the nexus of material and immaterial forms of labor, on the connections between reproductive and affective work as well as carework has come to the fore in the recent years of crisis.[12] For this essay, an exemplary reference shall be made to the study "Life Within and Against Work. Affective Labor, Feminist Critique, and Post-Fordist Politics" by Kathi Weeks, which discusses a socialist-feminist account of reproductive labor by setting it in line with the Marxist analysis of productive labor as well as with contemporary discussions on immaterial labor. Through a critical analysis of the emotional labor of pink-collar service workers, Weeks proposes a feminism that is no longer caught up within an identity thinking, but rather measures the differential between the actual state of affairs and the potential of change: "As long as labor is signified and divided by gender, the critique of work as a mode of subjectification must be a feminist project. What this approach does call into question, however, is the adequacy of gender identity as a basis for making political claims and a means of political recruitment. Many have noted, especially with regard to sexuality and race, the problems with those models of feminist identity politics that risk reinforcing exclusive and normative models of gender. But what if feminist political analyses and projects were not limited to claims about who we are as women or as men, or even the identities produced by what we do, but rather put the accent on collectively imagined visions of what we want to be or to do? Confronting the ongoing gendering of work and its subjects would thus be more a matter of expressing feminist political desire than repeating gender identities."[13]

Unchanged: Constitutions and Facts Today's situation of women at work in Western Europe shows an enormous cleavage between constitutional rights and social reality as expressed in statistical facts. A reminder of a simple range of constitutional rights is in order here. The *Treaty of Amsterdam*, which was signed in 1997 and entered into force in May 1999, stipulates in its third article, amendment (e): "In all the activities referred to in this Article, the Community shall aim to eliminate inequalities, and to promote equality, between man and women."[14] One year later, in 2000, the *EU Charter of Fundamental Rights* states in its twenty-third article: "The equality of men and women must be ensured in all areas, including employment, work and pay." More than half a century before, national constitutions, for example in Germany (May 23, 1949), declared equal rights for women and men and, in 1994, added the elimination of any still existing disadvantages: "Article 3 [Equality before the law] (1) All persons shall be equal before the law. (2) Men and women shall have equal rights. The state shall promote the actual implementation of equal rights for women and men and take steps to eliminate disadvantages that now exist. (3) No person shall be favoured or disfavoured because of sex, parentage, race, language, homeland and origin, faith, or religious or political opinions. No person shall be disfavoured because of disability."

Nonetheless, the social reality of women, particularly in the performing arts, belies these constitutional rights even decades after their adoption. As witnessed in the still few and historically recent statistics that provide a gender-differentiation (not to speak of the disregard for queer, transsexual, and intersexual lives in statistics), the facts speak an altogether different language.

In her study *Mission EgalitéS. Pour une plus grande et une meilleure visibilité des diverses composantes de la population française dans le secteur du spectacle vivant*, published in May 2006, Reine Prat undertakes an investigation of gender equality in the area of the performing arts in France.[15] The *Charte de l'égalité*, a document signed by the French Minister of Culture and Communication and more than one hundred partners, was handed to the prime minister on March 8, 2004. Based on the adopted European treaties, such as the *Treaty of Amsterdam* and the *EU Charter of Fundamental Rights*, Prat shows the crass inequality within the performing arts regarding women's access to jobs with responsibility, decision-making units, means of production, and the power of representation.

Although limited to France, some examples shall be reiterated here in order to weigh the astonishing inefficiency of all political measures: Concerning the direction of institutions, the study assesses that 92 percent of all theater directorships are held by men, and men direct 86 percent of all musical institutions subsidized by the French Minister of Culture and Communication, 86 percent of all educational institutions in the performing arts, 75 percent of all festivals in transdisciplinary institutions, 71 percent of all performing arts documentation centers, and 59 percent of national choreographic centers. Concerning the power of representation, 97 percent of the music played in state-subsidized institutions (without private theaters, festivals, and the decentralizing stage conventions) was composed by men, 94 percent of all "programmed orchestras" (as opposed to permanent orchestras) in state-subsidized institutions are directed by men, 85 percent of all dramatic texts staged in French subsidized theaters are written by men, 78 percent of all theater shows are directed by men, and 57 percent of all performances are choreographed by men.

In term of financial means, Prat's account further shows that the average subsidy allocated to national theaters is almost 2,100,000 Euros – and while theaters directed by men receive approximately 2,350,000 Euros, those directed by women receive an average of approximately 1,750,000 Euros.

Similar yet far less detailed facts can be reported for other European countries. In Germany, women in the performing arts receive on average a thirty percent smaller monthly income (pre-tax) than their male colleagues, and this continuously from 1973 up to today.[16] This stable fact is exacerbated by a general loss of income of between thirty and forty percent for all freelancers in the performing arts in the last ten years.[17] In Germany only every fifth artistic director and every sixth managing director is a woman. According to the German Cultural Council this percentage is embellished by the fact that freelancers and private theaters feed into the statistics which is based on the circumstance that women partake most strongly in those organizational forms. The German Cultural Council thus reveals an interesting correlation: women have access to leading positions in less institutionalized structures.[18]

In a recent article in the Spanish newspaper *El País* entitled "La crisis se ceba con las mujeres," Charo Nogueira and Carmen Morán diagnose a more systematic relationship between the financial crisis and women's labor, showing how the Spanish austerity policy – meaning here the recent cuts in the public sector – strikes women first and directly leads to a lopsided ratio of unemployment.[19] In French newspaper *Le Monde* Frédéric Joignot paraphrases this phenomena in a single sentence: "women become more and more free – to abort, to work [...] but also to gain less."[20] In a nutshell, women pay double: firstly earning less and secondly receiving lower pensions as a consequence of this lesser income.[21]

Facts Are Feelings: Women and Work in the Performing Arts All of these facts are well known. They are scandalous as they do not really have a news value but are just brute facts. As these facts, however, they give rise to a certain sort of feelings. It is as though Yvonne Rainer's famous book title has been turned inside out: facts are feelings.[22] Yet which feelings are aroused? Which kind of strategy could they possibly imply?

As discourses on gender-related inequalities and feminism currently resurface, many discussions evidence an astonishing belief that, despite all the facts, emancipation has already been accomplished and resolved in the aftermath of the feminist 1960s. In one of the most recent issues of *Texte zur Kunst* the editors Sabeth Buchmann, Isabelle Graw, and Juli-

ane Rebentisch analyze this weird simultaneity of a post-feminist ideology and the factual inequality by taking up the issue of feminism anew: "In the face of an ideology that obscures this situation, an ideology generously granting individuals liberty precisely to the degree to which the question of the social conditions of liberty is suppressed, one must call to mind feminism's political stake. Feminism exposes the question of gender inequality as a *social* question. That this question cannot be adequately raised in view of gender relations alone – that it requires the awareness of the way questions related to gender identity are intertwined with class relations, nationalities, skin, color, and sexual orientation in order to grasp the problem of unequal treatment of women in a differentiated way – changes nothing in regard to the necessity of recalling feminism's basic impulse."[23]

In regard to these post-feminist tendencies, which are criticized extensively by feminist performances (for example Cécile Proust's *femmeusesaction #18*) as well as by feminist theories (Nina Power's *One Dimensional Woman*), this essay would like to conclude by transposing Barbara Rose's claim concerning Minimalism to the contemporary debate on feminism: "That a new sensibility has announced itself is clear, although just what it consists of is not."[24]

Evaluating and reconsidering this new sensibility where ways of producing performance art intersect with ways of changing the social reality of women at work (not only) within the performing arts is a task that can no longer be delegated to feminism alone.

[1] With her influential essay "ABC Art," from which this quote is taken, Barbara Rose developed a description of the characteristic traits of Minimalism, cf. Gregory Battcock, *Minimal Art. A Critical Anthology*, Dutton, New York, 1995, p. 275. Here, the "new sensibility" refers to Minimalism in regard to its rupture with Abstract Expressionism.

[2] Lucy R. Lippard and John Chandler, "The Dematerialization of Art," in Lucy R. Lippard (ed.), *Changing. Essays in Art Criticism*, Dutton, New York, 1971, pp. 256–274, especially pp. 260ff., 270–273.

[3] Ibid, p. 270.

[4] Judith Butler, *Bodies That Matter. On the Discursive Limits of "Sex,"* Routledge, New York, London, 1993, p. 9.

[5] Elizabeth Grosz, *Volatile Bodies. Toward a Corporeal Feminism*, Indiana University Press, Bloomington, 1994, p. 124.

[6] Donna Haraway, "A Cyborg Manifesto. Science, Technology, and Socialist-Feminism in the Late Twentieth Century," in: Donna Haraway, *Simians, Cyborgs and Women. The Reinvention of Nature*, Routledge, New York, 1991, pp. 149–181, here p. 150.

[7] Beatriz Preciado, *Manifiesto contra-sexual*, Opera Prima, Madrid, 2002. Cf. also Beatriz Preciado and Del LaGrace Volcano, *Sex Works. Photographs 1978–2005*,

Konkursbuch Verlag Gehrke, Tübingen, 2006, and Tim Stüttgen (ed.), *Post/ Porn/ Politics. Queer_Feminist Perspective on the Politics of Porn Performance and Sex_ Work as Culture Production*, b_books, Berlin, 2009.

[8] Luciana Parisi, *Abstract Sex. Philosophy, Biotechnology and the Mutations of Desire*, Continuum, London, New York, 2004.

[9] Isabelle Stengers, *Cosmopolitics I*, University of Minnesota Press, Minneapolis, 2010, and *Cosmopolitics II*, University of Minnesota Press, Minneapolis, 2011.

[10] Jane Bennett, *Vibrant Matter. A Political Ecology of Things*, Duke University Press, Durham/NC, London, 2010.

[11] Diana Coole and Samantha Frost (eds.), *New Materialisms. Ontology, Agency and Politics*, Duke University Press, Durham/NC, London, 2010.

[12] For the domain of performing arts, compare Bojana Cvejić and Ana Vujanović: "Exhausting Immaterial Labour," in: *TkH Journal of Performing Arts Theory*, October 2010, pp. 4f.; Petra Sabisch, "Eine kleine Wirkungsgeschichte der Umstände von Virtuosität für die Kunst der Performance," in: Gabriele Brandstetter, Bettina Brandl-Risi, and Kai van Eikels (eds.), *Prekäre Exzellenz. Künste, Ökonomien und Politiken des Virtuosen*, Rombach, Freiburg, 2012, pp. 75–92.

[13] Kathi Weeks, "Life Within and Against Work. Affective Labor, Feminist Critique, and Post-Fordist Politics," in: *ephemera. theory & politics in organization*, vol. 7, no. 1, 2007, pp. 233–249, here p. 248.

[14] *European Communities, Treaty of Amsterdam amending the Treaty on European Union, the Treaties establishing the European Communities and certain related acts*, Office for Official Publications of the European Communities, Luxembourg, 1997, p. 25, available online at: www.europarl.europa.eu/topics/treaty/pdf/amsten.pdf, accessed 03/25/2012.

[15] Reine Prat, *Mission EgalitéS. Pour une plus grande et une meilleure visibilité des diverses composantes de la population française dans le secteur du spectacle vivant – 1– Pour l'égal accès des femmes et des hommes aux postes de responsabilité, aux lieux de décision, à la maîtrise de la représentation*, Rapport d'étape 1, Ministère de la Culture et de la Communication (MCC)/ Direction de la Musique, de la Danse et des Spectacles (DMDTS), May 2006, available online at: www.culture.gouv.fr, last accessed 06/08/2012. Cf. also the second part of this study: Reine Prat, *Arts du spectacle: Pour l'égal accès des femmes et des hommes aux postes de responsabilité, aux lieux de décision, aux moyens de production, aux réseaux de diffusion, à la visibilité médiatique. 2: De l'interdit à l'empêchement*, Rapport d'étape 2, MCC/ DMDTS, May 2009, also available online at: http://www.culture.gouv.fr, accessed 06/08/2012. The numbers in the following paragraph refer to Reine Prat, 2006, p. 9 and to the statistical annex, pp. 38–47.

[16] Fonds Darstellende Künste and Kulturpolitische Gesellschaft, *Report Darstellende Künste. Wirtschaftliche, soziale und arbeitsrechtliche Lage der Theater- und Tanzschaffenden in Deutschland*, Klartext Verlag, Essen, 2010, pp. 52–53.

[17] Deutscher Bundestag (ed.), *Kultur in Deutschland. Schlussbericht der Enquête-Kommission des Deutschen Bundestages*, ConBrio, Regensburg, 2008, p. 428.

[18] Deutscher Kulturrat (ed.), *Frauen in Kunst und Kultur II 1995–2000. Partizipation von Frauen an den Kulturinstitutionen und an der Künstlerinnen- und Künstlerförderung der Bundesländer*, p. 33. Cf. also the passage on performing arts, pp. 29–33, available online at: www.kulturrat.de/dokumente/studien/FraueninKunstundKultur2.pdf, accessed 03/25/2012.

[19] Charo Nogueira and Carmen Morán, "La crisis se ceba con las mujeres," in: *El País*, 03/07/2012, pp. 30–31.

[20] Frédéric Joignot, "Après le 'grand bond en avant' des années 1970, les femmes sont de plus en plus libres, de se faire avorter, de travailler [...] mais aussi de gagner moins," in: *Dossier et Documents*, no. 417: *Femmes. Quoi encore?*, 03/08/2012, p. 1.

[21] Maria R. Sahuguillo, "La violencia machista y la brecha salarial, suspensos en igualdad," in: *El País*, 03/08/2012, p. 36. In Germany, age related poverty concerns approx. 3.1 million women, cf. Tina Groll, "Rentenpflicht benachteiligt junge Gründer. Die Arbeitsministerin will junge Selbstständige zwingen, in die gesetzliche Rentenversicherung einzuzahlen. Aber können die sich die Altersvorsorge überhaupt leisten?" in: *Zeit Online*, 03/26/2012, available online at: www.zeit.de/karriere/beruf/2012-03/versicherungspflicht-altersvorsorge-selbststaendige, accessed 03/26/2012. Despite Spain's quota of forty percent women in leading positions by 2015, the poverty of aging women is discussed in Germany from a strict profit-rate perspective. According to this perspective, the Spanish quota disadvantages the competitive capacity of German companies and thus discriminates against Germany on the Spanish market: "Fehlende Quote schadet Unternehmen," in: *die tageszeitung*, 03/31/2012, available online at: www.taz.de/Konkurrenzfaehigkeit-im-Ausland/!90289/, accessed 03/25/2012.

[22] Yvonne Rainer, *Feelings Are Facts. A Life*, The MIT Press, London and Cambridge/MA, 2006.

[23] Sabeth Buchmann, Isabelle Graw, and Juliane Rebentisch, "Preface," in: *Texte zur Kunst*, vol. 22, no. 84: "Feminismus!", December 2011, pp. 6f. Cf. also Anne Chemin, "Croire acquise la liberté des femmes? Fatale erreur," in: *Le Monde*, 03/08/2012, p. 3.

[24] For Barbara Rose cf. endnote 1, for Cécile Proust cf. the video *femmeusesaction #18* by Cécile Proust and Jacques Hoepffner, CNDC Angers 2007, available online at: vimeo.com/27162912, accessed 05/12/2012, as well as Nina Power, *One-Dimensional Woman*, Zero Books, Winchester 2009.

Love After Genocide
Damir Arsenijević

"Historicism rightly culminates in universal history. It may be that materialist historiography differs in method more clearly from universal history than from any other kind. Universal history has no theoretical armature. Its procedure is additive: it musters a mass of data to fill the homogenous, empty time. Materialist historiography, on the other hand, is based on a constructive principle. Thinking involves not only the movement of thoughts, but their arrest as well. Where thinking suddenly comes to a stop in a constellation saturated with tensions, it gives that constellation a shock, by which thinking is crystallized as a monad. The historical materialist approaches a historical object only where it confronts him as a monad. In this structure he recognises the sign of a messianic arrest of happening, or (to put it differently) a revolutionary chance in the fight for the oppressed past. He takes cognizance of it in order to blast a specific era out of the homogenous course of history; thus, he blasts a specific life out of the era, a specific work out of the lifework. As a result of this method, the lifework is both preserved and sublated *in* the work, the era *in* the lifework, and the entire course of history *in* the era. The nourishing fruit of what is historically understood contains time in its *interior* as a precious but tasteless seed."[1]

MONAD 1

The Unidentified[2]

Like in a mass grave
everyone has died of one's own death
apparently
love
of the same thing
What is his collarbone doing
next to this frontal bone
And what will he look like
Reassembled from different parts
When the day of resurrection
comes

It is a particular question
From what will we reassemble ourselves

If again
we decide to love one another
There is no prior order of things
The same things can be assembled in different ways
Targeted reduction semantics
grammar
communication
a man gives a lecture
about things that have nothing to do with the above
He doesn't know that everything in life
Is one and the same thing
Like the clothes-line in the yard stretched from end
    to end
On which only infrequently
is the laundry changed.

The poem stages the impossible: it extracts the present and condenses it with the mass grave; it strikes against the threat of the perpetual status quo among the dead and the living; and it announces a new subject who will decide on a new order of assembling.

Love After Genocide (Definitions)

1. To return to the mass grave in order to suspend the violence of the law of the mass grave to which the dead and the living alike are subjected;
2. To suspend the ambiguity around the mass grave and repoliticize relations therein;
3. To sift through the bones and the life that has survived in order to identify the particular on behalf of which the universal of the new subject is to be articulated.

Genocide has ushered in the law of the mass grave. This means that, today Bosnia and Herzegovina is a mass grave of the dead and the living. Each day, mortal remains and popular memories are managed as ethnic. This is done through strategic collaboration between forensic science, multiculturalist post-conflict management – using the tools of its politics of reconciliation – and religious ritual. This is an uncouth alliance between the Scientist, the Bureaucrat, and the Priest. In its ethnic management of both the bones and life that has survived, this alliance repeats the logic of the perpetrator of genocide; it upholds and exercises the law of the mass grave. For, under the same law, those who were executed were reduced to being the ethnic *Other* from the perspective of the executioner.

In the public domain, those who survived can only mourn their loved ones as ethnic dead victims, themselves being politically reduced solely to members of an ethnic group. The surviving ethnic victims therefore mourn the dead ethnic victims, while the elites who fought the wars and got rich in the chase after capital through genocide remain in power. Thus, the law of the mass grave continues the logic of the executioner and genocide becomes genocide in perpetuity, now endorsed through the local and international management of loss. In this new regime of governance, the law of the mass grave produces the subject – the ethnic victim, little matter whether dead or alive.

If today Bosnia and Herzegovina is a mass grave of the living and the dead, love after genocide suspends that entombment. Love envisions and introduces a different social mandate, one that moves beyond the fascination with the ethnic and reclaims a policy of equality, with reclamations starting right from the mass grave. Love calls for and enacts a different order of justice – one that does not stem out of righteousness, but one through which righteousness can be materialized with the help of concrete acts. Love comes *after* genocide chronologically, through taking a stand *before* it literally. To take a stand before genocide is to claim explicitly a position that is prior to the letter of the law of the mass grave. To stand prior to the letter of the law is to reassemble the dead and the living in a different order: an order that keeps justice separated from the power of the Scientist, the Bureaucrat, and the Priest. The life upheld is thus truly unbribable: at once indivisible and not foregone by being harnessed to serve the law of the mass grave.

1. To Return to the Mass Grave in Order to Suspend the Violence of the Law of the Mass Grave to which the Dead and the Living Alike Are Subjected "Like in a mass grave / everyone has died of one's own death" – two mutually exclusive orders are brought together; this paradox indicates a gap in the law of the mass grave. The collective grave is juxtaposed with individual deaths in a necessary first step to separate the executed from the political project on behalf of which the executions took place. What is the moment of this utterance? It is the effaced present that is subtracted, yet at the same time likened to the mass grave. The poem first effaces its own site of utterance – the present – only to equate and condense it with the mass grave. What is the present? The present is the time and space surrounding the mass grave, but nonetheless dominated by the law of the mass grave and permeated with the violence of this law. The present is only known as mediated through the mass grave. To be in the present is to be in the mass grave and subject to the violence of its law.

"All violence as a means is either lawmaking or law-preserving."[3] In its lawmaking capacity, Walter Benjamin goes on, the function of violence is to establish that which is law, and this is why violence is intimately bound to the law. At the moment of lawmaking, "it establishes as law not an end unalloyed by violence but one necessarily and intimately bound to it, under the title of power. Lawmaking is powermaking, assumption of power, and to that extent an immediate manifestation of violence."[4] The law of the mass grave holds that "everyone has died of one's own death / apparently / love / of the same thing." To whom is this apparent? To both the dead and their executioners. But in the mass grave nobody dies of their own death, but are executed on behalf of some cause – their death is not their "own." In relation to executioners – is that love? "Love of the same thing" – of that which demanded executions, on behalf of which the trigger was pulled? This ambiguity is the very core of the fantasy of power; in it, power asserts its origins as timeless and ineluctable, as fate itself. Fate shows itself "in its deliberate ambiguity."[5] For Benjamin, violence "crowned by fate" originates the law and it is in decisions over life and death that "the origins of the law jut manifestly and fearsomely into existence."[6] Crucial for the law of the mass grave is that which needs to be upheld and maintained: fate is inescapable. The poem identifies that ambiguous site from which fate, through the law, threatens and exercises its power. The violence of fate is mythic and only brings about guilt and retribution.[7]

In the poem, "apparently" advances as an utterance from the subtracted present that is merged with the mass grave. There is no reprieve; everyone is pulled in and commingled: the executed, the executioner, and the dismembered us. "Love of the same thing," with its mythic violence, is placed in the domain of fate as mere manifestation: in this domain, mythic violence is shown as a demanding sacrifice.[8] "Apparently" aims at dismantling the demand of mythic violence for sacrifice and the retroactive necessity thereof built through fate.

In its return to the mass grave, the poem suspends the violence of the law of the mass grave by calling for a different regime of reassembling. In its commingling of the present and the mass grave, in its erasure of temporality between the past and the present, the poem aims at the ambiguity itself: "like" and "apparently" not only disturb what is in the mass grave, but disturb the logic of its creation. The poem arrests the demand on behalf of which the mass grave was created in the first place and suspends the power that is behind the lawmaking of the mass grave. In its commingling, the poem aims at the lie that dismembers the truth of the mass grave itself – the "common grave" cannot be parceled out and reduced into a series of individual deaths; the "mass grave" cannot be the metonym for the present. From this moment, the poem announces a different love; not one that demands sacrifice, but a form of love in which "the thing" itself is open to question – the domain of love that belongs to the regime of decision.

2. To Suspend the Ambiguity Between the Outside and the Inside of the Mass Grave and Re-politicize Relations Therein Fate and the violence legitimized by it depend on the ambiguous boundary between the inside and the outside of the mass grave. Hidden and clandestine mass graves are the extreme manifestations of this. Such graves are not kept clandestine merely in order to hide the crime; rather, they stand for an indistinct zone, deliberately ambiguous, in which power can be exercised by way of threat. This is the domain of law-preserving violence, yet the threat does not serve as a deterrent, but as a claim that everything that exists, including the threat itself, belongs to the order of one particular fate.[9] The ambiguous boundary established through the law of the mass grave thus remains an unwritten law, the infringement of which incurs retribution, which constructs any such infringement as being in the domain of "fate's orders themselves."[10] The poem puts an end to this ambiguous boundary by first erasing it and then returning to the mass grave.

The outside of the mass grave can only be repoliticized from the inside of the mass grave. The erasure of the ambiguous boundary between the outside and the inside of the mass grave corresponds to the commingling of the present with the mass grave. Both – the erasure of the boundary and the commingling of the present – belong to the domain of proper suspension of the law of the mass grave. Such suspension requires the severing of all relations as pure means. This domain of suspension, which strikes against the alleged ineluctability of fate, is the domain of what Benjamin calls "divine violence."[11] Against the violence of the law of the mass grave that creates and perpetuates its logic, that sets the ambiguous boundary between the mass grave and the outside, that ushers in the guilt of the living ethnic victims and the retribution of the dead ethnic victims – stands love. Love, as divine violence, destroys the law of the mass grave; destroys the ambiguous boundaries between the mass grave and the outside; and destroys the guilt and retribution.

Who can enter the mass grave? The law of the mass grave is maintained by exhuming, counting, reassociating, managing, and consecrating bodily remains as *ethnic* remains. This is done through the strategic and uncouth alliance between the Scientist, the Bureaucrat, and the Priest. In doing so, the Scientist, the Bureaucrat, and the Priest assume the perspective of the perpetrator of the crime, for it is in the fantasy of the perpetrator that the executed person is the ethnic *Other*. This is the pernicious "mythic form of law": the lawmaking function in its executive form and the law-preserving function in its administrative form.[12]

The law of the mass grave governs both the inside and the outside of the mass grave. It sets the boundary between the mass grave and non-mass grave in order to threaten against the return to the mass grave. To suspend the boundary is to suspend the administrative, law-preserving violence of the Scientist, the Bureaucrat, and the Priest. This means to bring about "the real state of emergency"[13]: to activate public space in order to break the silence around the mass grave. The question: "What is his collarbone doing / next to this frontal bone" arrives at its address: the cause of the mass grave, the political project – "apparently love of the same thing" – that resulted in a mass grave. This suspension of the boundary claims that what was executed and dismembered in a mass grave was neither a private individual nor an ethnic particular – but a political universal, the very political subject.

3. To Sift Through the Bones and to Identify the Particular on Behalf of Which the Universal of the New Subject Can Be Articulated. The poem sifts through the bones beyond the logic of lawmaking and law-sustaining violence. It identifies "the unidentified" – the particular, indivisible, and unidentifiable: the bone that resists any administrative identification, quantification, burial, and sacralization. This bone is the remainder of the unbribable life itself, as that which is in excess of the legal category of "identified missing person" and which cannot be further divided. Equally unidentifiable is the dismembered "we" as the speaker of the poem: the dismembered speaking subject who identifies the particularity of the question of reassembling "ourselves." The unidentified bone and the dismembered "we" are literal remains – as that which remains – after genocide. Both refuse to be foregone and put in the service of the violence of the law of the mass grave. In their refusal, they are indivisible leftovers, unbribable – but a bribe in it's original sense of *morsel*: a crumb, a bit. It is from the position of an unbribable life – as voice of the dismembered body and the unidentified bone – that claims are made for a different order of justice.

Poetry returns to the question of the subject by placing it at the core of its refusal to adopt any administrative category, since no "prior order of things" exists. It insists on the unidentified and, on behalf of unbribable life, suspends the boundary between the inside and the outside of the mass grave. It is only from this position that the question: "From what will we reassemble ourselves if again we decide to love one another?" can be articulated. The *what* of reassembling ourselves becomes the "sign and seal"[14] of love as divine violence; of the very possibility of us reassembling ourselves at all. This "violence outside the law" or "revolutionary violence"[15] creates the very register in which this question can be posed. As this collectivity of the dismembered, we will realize that we are endowed with a weak messianic power to blast open the linear continuum of history.[16] On behalf of the unidentified *we*, revolutionary love authorizes itself and "'expiates' the guilt of mere life"[17] – it goes beyond the pious (*ex-piare*): it profanes. Against the law of the mass grave, which depends on and perpetuates bloody mythic violence, revolutionary love strikes against the guilt of mere life, relieving such life of law. Revolutionary love is "pure power over all life for the sake of the living."[18]

MONAD 2

Niobe – Violence as Mere Manifestation Benjamin also has us turn to myth to examine the violence of law as mere manifestation. In order to illuminate how the violence of lawmaking upholds the domain of fate, Benjamin draws on Niobe, who challenges fate and is in turn subjected to a burst of violence from the "uncertain, ambiguous sphere of fate."[19] Niobe is left behind "as a mute bearer of guilt," petrified.[20] The equivalent of Niobe, petrified and weeping, *das Ausdruckslose*, whom power has deprived of expression, is found in Bosnia and Herzegovina today in the unbribable life that remains after genocide. Unbribable life reminds us to keep justice separated from power: justice belongs to the domain of revolutionary love and power to the domain of violent lawmaking.

Unbribable life after genocide is thus: a photograph of a woman holding a framed picture. One sees three figures in the framed picture: the woman herself, a young man in uniform, and a young girl. The young man in uniform is the missing husband of the woman who is holding the picture. The image of him – her most beloved image of him – is one of him wearing the JNA uniform, the uniform of the Yugoslav People's Army, the same army that took him away, killed him, and buried him in a clandestine mass grave. The teenage girl standing next to her father in the picture is their daughter, who was just one or two years old when he fled to the woods and she and her mother were expelled from the Srebrenica region by that same army who then went after him in the woods. This image of him – a digitally manipulated collage that the mother had commissioned which put him next to the relatively recent image of mother and teenage daughter – is

how the woman and the young girl remember him as a husband and a father, while waiting for him to be located, excavated, reassociated, identified, and then buried – a proper burial in the company of these two women. This moment will be the instant in which the family, as a family, will be physically present once again, in which these two women will be reunited with the bones of their husband and father.

The woman, the young man, and the teenage girl in this picture are a Frankenstein family – the family that never was, never could be like this, and never will be – patched together in the work of mourning. In this collage of disparate elements, idealized in the idyllic surroundings provided by the background setting, the figures are digitally combined, like the disparate parts of Frankenstein's monster. It is the result of the woman's desire – the desire of a mother and of a wife – to assemble and recreate the long gone family and the long gone man. The picture is the only monument the woman has, both to him and to the family. The picture is an image through which the teenage girl can remember her father – through that and her mother's stories.

This essay enables the photograph to be published for the first time. The possibility emerged as a result of conversations between the artist Milica Tomić and myself, in which we, over a period of time, discussed the context in which such a photograph could appear, without repeating the mechanisms of representation, which carry with them the logic of the law of the mass grave. This is a preproduction photograph of Tomić's work *Sigurnost u putu* [Road Safety] (2008–2010). In this work, Tomić, in a conversation with women survivors, draws portraits of their missing male relatives. *Sigurnost u putu* follows the trace of the collage and the appearance of the most beloved image of a missing man in it. The act of drawing, through the relationship between the artist and women survivors, through a reconstruction of the love between the missing man and the woman survivor, reveals the truth of the relationship between the woman and her missing husband. The artist's desire to draw the image of a missing man in a reconstructive narration enables the woman survivor to remember him, to relieve him of the uniform, to rediscover who he is for her and to remember their relationship. *Sigurnost u putu* thus breaks the confines of the Frankenstein family – the confines of the post-genocide folkloric manage-ment of victimhood as the expression of the law of the mass grave – and opens up the possibility for the hopeful and loving memory of a missing hus-band to appear.

HEROINE[21]

He is gone and gone and gone.
The wardrobe has lost his scent.
The children only think they remember him.

He lay down long ago
And long has he still to lie...

Untouched grasses over him.
Leaf mulch layers over him.

He is gone and gone and gone.
You watch over a withered keepsake.
His image: a pressed flower.
Your dignity, our song of praise.
You, the love of our dreams.
You, our beacon of loyalty.
You, all too fit for our picture frame.

And he is gone.
And gone.
And gone.

Nobody hears the night.
Bite your fists until they bleed.
Thrust your fingers inside yourself.
Bash your head into the pillow.

You in your bed alone:
You don't remember him.

What does one find in *HEROINE*? First of all, one finds *HEROINE*, as the title and frame of the poem. The title evokes the doer of a kind of deed (heroic: courageous and self-sacrificing), which in turn evokes one of the domains within which such deeds are carried out: myth. In the poem, the reader encounters a split between the gaze and the voice. The speaker of the poem adopts the position of the heroine herself, but her words are mediated to the reader, access to them is never given directly. This is because the heroine speaks from the other place; her speech resembles that of a mute bearer of guilt speaking, deprived of expression, deprived of the right to language. What is this other place? This is the space of loss in which the struggle over mourning takes place: the struggle over relating and anchoring loss in reality. But from the perspective of her gaze, the heroine reveals to the reader the trajectory of the desire of unbribable life, or, in other words, the hero-ine shows us "the line of sight that defines desire."[22] The poem at its very start echoes the loss of the male body and simultaneously attempts to coun-ter this loss by way of repeating: "He is gone and gone and gone." The constant repetition throughout the poem encircles this loss and all symbolizations thereof, revealing them as lacking and incomplete. The insistence on the negativity of loss introduces an interval in the poem whose function is to enable a distance between the heroine as the living monu-ment and the dead man. The only future offered to the heroine from among the available symbolizations is the future vision of an evoked epitaph: "He lay down long ago / *And long has he still to lie ...*" This is how the monument to the dead man is built: the living woman needs to be petrified as the monu-ment, allowed only to ventriloquize the epitaph. The position of the heroine is revealed as the obverse of the victim. Her future is thus secured in society: a weeping, petrified victim who can only continue the epitaph by bearing witness to the unknown location of the dead man's remains and an unknown duration of loss. It is as if, for a grieving being, the only avail-able social position entails space and time unmoored from the present, and moored only in the loss itself: the loss of the loved other, the loss of space, and the loss of time.

The heroine's insistence on the loss – the position of Niobe – undoes the relationship between the lost other and the grieving, which takes place in both memory and real life. In this insistence, the heroine unties, for herself and for the reader, all available connections to the *image of loss*. In other words, her gaze undoes the societal gaze and relieves us of all images related to loss that belong to the order of the imaginary.[23] It is through the "false metaphors" of sanctified being, both of the survivors and the dead, that the law of the mass grave is exercised: "Your dignity, our song of praise. / You, the love of our dreams. / You, our beacon of loyalty."[24] The false metaphors of being, in which the dead and the grieving subject are ambiguously merged (indeed as the very metonym of the ambiguous boundary between the inside and the outside of the mass grave), are desacralized through the metonym of reality: "You, all too fit for our picture frame." Herein, we encounter the true liberating power of profanation – testimony itself is liberated through its desacralization.[25] Testimony such as that in those lines repeats and interrupts the collective gaze, on behalf of which the idealizations of both the lost man and the heroine herself are articulated. However, the echo of the loss in the following stanza continues the gaze of the heroine's desire and, in doing so, undoes the false metaphors of loss. What remains liberated are the heroine's living body and the trajectory of her desire. It is through her liberated body that the heroine ultimately evokes her desire and viscerally negotiates the loss of the man. In the stanza "Nobody hears the night. / Bite your fists until they bleed. / Thrust your fingers inside yourself. / Bash your head into the pillow,"[26] the solitude of the heroine's position and the societal blind spot in relation to her loss are both confirmed and resolved on her body. The heroine literally excites herself: ex-cites, calls out her desire, and does not give up on it. The trajectory of her desire goes beyond the lost other; what is known to be most real is that the object of her desire no longer exists. It is in the fidelity to her desire that the heroine integrates loss into the everyday reality and also relieves herself of the sanctified hero-victim position, untangling herself of the power relations in which the collective gaze has trapped her. Hers is perhaps the borderline zone, inhabited by the grieving being which has managed to go beyond the law of the mass grave by sacrificing the false metaphors of loss in favor of staying true to its desire. The heroine gives us the proper *tertium datur*. Hers is a righteous deed of the unbribable life that profanes, this time heroic in true sense, one that undoes the logic of one fate, that undoes the position of the victim, and that goes beyond the mute bearer of guilt.

MONAD 3

Ruvejda Politics – The Act of Revolutionary Love If the heroine evokes for us the righteous deed of unbribable life through which the act of revolutionary love asserts power over all life for the sake of the living – in other words, if she secures for us the relationship of such an act – what would be an Antigone-like move in relation to this Niobe? Who would be the subject of the destruction of the law? The answer is Ruvejda. And the act of revolutionary love is what I am naming Ruvejda politics.

"They gave me his t-shirt and the top of a track suit. When it was buried, the top was blue. But now, it wasn't blue any longer, it was decomposed and it wasn't Grandpa's. Grandpa's top I knew, this one I didn't."[27] This is the beginning of a short story by Šejla Šehabović, one of the most promising young women writers in Bosnia and Herzegovina. Through her work, she problematizes war, post-war transition, identity, belonging, and silenced women in Bosnian and Herzegovinan cultural memory. This particular short story is entitled *Ruvejda*. In it, a 25-year-old narrator from Eastern Bosnia, now living in America, returns to Bosnia to give a sample of her blood to help identify her grandfather's remains. It is a story of the retrieval of male genealogy in the cultural memory – the reconstruction of male fate and identification – through blood samples harvested from women. But not all women are "good" for identification – only mothers, daughters, sisters, or granddaughters – those with direct blood lineage. Married women, who only have their husband's last name, not his DNA, cannot assist in identification. "Granddaughters are good for identification," the narrator continues. "They don't remember anything, they don't cry, and they are not afraid of needles. They are also good because only they are of male blood. The blood is most important. Irreplaceable."

The narrator shifts constantly back and forth between two cultures: Bosnian and American. The translatability of signs between these two cultures is constantly negotiated: the memory of the grandfather, a tailor, who used to iron the legs of trousers and, in the apartment of the narrator's lover, an ineptly hidden trouser leg, belonging to the trousers of the lover's wife, and protruding out of a wardrobe. The trouser leg is blue, just like the grandfather's top.

In attempting to uncover the protruding trouser leg belonging to another woman, the narrator – interrupted by a sudden question from her lover standing behind her: "What is it you're looking for inside there?" – spills red wine on the carpet whereby she leaves, as the narrator says, "a blood red stain." She walks away from the apartment, slamming the door as hard as she can.

"'Do you have a number we can call you on to let you know about the results of the DNA analysis?' The official was compassionate this time. She came from one of the European countries and would probably use all this to write her Master's thesis. 'I only have my American mobile. But I've switched it off.'

'If all is OK, there will be no need for you to give another blood sample. Sometimes it takes us several attempts, because everything is so badly organized here.'

She looked at me conspiratorially. I grabbed the back of her tiny, Asiatic hand, and snatched the sample lying on the desk. I put it in my bag with such speed that she barely managed to let out some half-articulated sounds of amazement. Rising from her chair, her mouth gaping, she watched me leave. That was the last time I was in the morgue."

A brief moment of decision. If blood is the symbol of mere life, Ruvejda insists on bloodless violence and insists on it literally. She withdraws blood from the circulation of guilt and the mythic violence that is perpetuated by such circulation. If violence of the law and of the mass grave in Bosnia and Herzegovina today, both as lawmaking and law-sustaining, is "bloody power over mere life for its own sake," Ruvejda's act is an insistance on pure violence as "pure power over all life for the sake of the living."[28] What we are dealing with here is *acheronta movebo* – the life of the unidentified bone and the mere life of a petrified voiceless woman are mobilized so as to withdraw from the economy of guilt and the law of the mass grave. Ruvejda puts an end to the model of governance in which life is put in the management of the victim. It puts an end to a model in which to count the remains of the dead is to govern.

Ruvejda, through her act of revolutionary love, gives us something – the unidentified bone. She gives us the ossuary as the corporeal surplus that cannot be identified, quantified, buried, sacralized, and ultimately revictimized.[29] This ossuary is now part of our new commons – we have to proclaim it as such – and it is with these new commons that we will have to start reassembling ourselves "if again we decide to love one another."

I would like to express my enormous gratitude to Tag McEntegart, Brankica Aćimović, Nebojša Jovanović, Stefania Pandolfo and Milica Tomić for their helpful comments on drafts of this text.

[1] Walter Benjamin, "On the Concept of History," in: Howard Eiland, and Michael W. Jennings (eds.), *Selected Writings, vol. 4, 1938–1940*, Belknap of Harvard University Press, Cambridge/MA, London, 2003, p. 396.

[2] Jozefina Dautbegović, "Neidentificirani," in: *Sarajevske sveske*, no. 4, 2003, p. 271.

[3] Walter Benjamin, "Critique of Violence," in: *Selected Writings, vol. 1, 1913–1926*, Belknap Press, Cambridge/MA, London, 1996, pp. 236–252, p. 248.

[4] Ibid.

[5] Ibid., p. 249.

[6] Ibid., p. 242.

[7] Ibid., p. 249.

[8] Ibid., p. 250.

[9] Ibid., p. 242.

[10] Ibid., p. 249.

[11] Ibid.

[12] Ibid., p. 252.

[13] Walter Benjamin, "On the Concept of History (Thesis VIII)," op. cit., p. 392.

[14] Walter Benjamin, "Critique of Violence," op. cit., p. 252.

[15] Ibid.

[16] Walter Benjamin, "On the Concept of History (Thesis II)," op. cit., p. 389f.

[17] Walter Benjamin, "Critique of Violence," op. cit., p. 250.

[18] Ibid.

[19] Ibid., p. 248.

[20] Ibid.

[21] Adisa Bašić, *Promotivni spot za moju domovinu*, Dobra knjiga, Sarajevo, 2010, p. 8.

[22] Jacques Lacan, *The Ethics of Psychoanalysis, 1959–1960*, Norton, New York, London, 1992, p. 247.

[23] The heroine's position is one from which we can distinguish the "false metaphors" of being (*l'étant*) from the position of being (*l'être*) as used in Jaques Lacan, op. cit., p. 248.

[24] Adisa Bašić, op. cit.

[25] Shoshana Felman, "The Return of the Voice. Claude Lanzmann's Shoah," in: Shoshana Felman and Dori Laub (eds.), *Testimony. Crises of Witnessing in Literature, Psychoanalysis, and History*, Routledge, New York, 1992, p. 219.

[26] Adisa Bašić, op. cit.

[27] Šejla Šehabović, "Ruvejda," in: *Priče – ženski rod, množina*, Nezavisne novine, Banjaluka, 2007, pp. 13–21.

[28] Walter Benjamin, "Critique of Violence," op. cit., p. 250.

[29] Cf. also the publication by Grupa Spomenik entitled *Matem* of 01/15/2010, in which we, members of Grupa Spomenik, analyzed the production of the discursive object "genocide in Srebrenica."

Bibliografie

■ Aanant & Zoo (Hg.), *Channa Horwitz. Searching Structures 1960–2007*, Ausst.-Kat., Aanant & Zoo, Berlin, Brandenburgischer Kunstverein Potsdam, argobooks, Berlin, 2009.

■ Marina Abramović, *Biography*, in Zusammenarbeit mit Charles Atlas, Cantz, Ostfildern, 1994.

■ Marina Abramović, »Reenactment. Introduction«, in: *Seven Easy Pieces*, Ausst.-Kat., Guggenheim Museum, New York, Edizioni Charta, Mailand, 2007, S. 9–12.

■ Marina Abramović, *Marina Abramović*, The MIT Press, Cambridge/MA, 2010.

■ Giorgio Agamben, *Potentialities*, Stanford University Press, Stanford/CA, 1999.

■ Giorgio Agamben, *Was von Auschwitz bleibt. Das Archiv und der Zeuge*, Suhrkamp, Frankfurt/M., 2003 (engl.: *Remnants of Auschwitz. The Witness and the Archive*, Zone Books, New York, 1999).

■ Ric Allsopp (Hg.), *The Connected Body? An Interdisciplinary Approach to the Body and Performance*, Amsterdam School of the Arts, Amsterdam, 1996.

■ Amt für amtliche Veröffentlichungen der Europäischen Gemeinschaft, *Vertrag von Amsterdam zur Änderung des Vertrags über die europäische Union, der Verträge zur Gründung der europäischen Gemeinschaften sowie einiger damit zusammenhängender Rechtsakte*, Luxemburg, 1997, online: http://www.europarl.europa.eu/topics/treaty/pdf/amst-de.pdf, abgerufen im Juli 2012.

■ Inke Arns und Gabriele Horn (Hg.), *History Will Repeat Itself. Strategien des Reenactment in der zeitgenössischen (Medien-)Kunst und Performance*, Ausst.-Kat., Hartware MedienKunstVerein, Phoenix Halle, Dortmund, KW Institute for Contemporary Art, Berlin, Revolver, Berlin, 2007.

■ Sol Arrese und Graciela Carnevale (Hg.), *Tucumán Arde. Eine Erfahrung*, b_books, Berlin, 2004.

■ Damir Arsenijević, *Forgotten Future. Politics of Poetry in Bosnia and Herzegovina*, Nomos, Baden-Baden, 2010.

■ Damir Arsenijević, »Gendering the Bone. Politics of Memory in Bosnia and Herzegovina«, in: *Journal for Cultural Research*, Bd. 15, Nr. 3, 2011, S. 193–205.

■ Damir Arsenijević, »Mobilising Unbribable Life«, in: Andy Mousely (Hg.), *Towards a New Literary Humanism*, Palgrave Macmillan, London, 2011, S. 166–180.

■ Jan Assmann, »Kollektives Gedächtnis und kulturelle Identität«, in: Jan Assmann und Tonio Hölscher (Hg.), *Kultur und Gedächtnis*, Suhrkamp, Frankfurt/M., 1988, S. 9–19 (engl.: »Collective Memory and Cultural Identity«, in: *New German Critique*, Nr. 65, 1995, S. 125–133).

■ Philip Auslander, »The Performativity of Performance Documentation«, in: *PAJ. A Journal of Performance & Art*, Nr. 84, 2006, S. 1–10.

■ John Austin, *How to Do Things with Words. The William James Lectures delivered at Harvard University in 1955*, Harvard University Press, Cambridge/MA, 1962.

■ Andreas Backoefer, Nicole Haitzinger und Claudia Jeschke (Hg.), *Tanz & Archiv. ForschungsReisen, Reenactment*, Epodium, München, 2009.

■ Alain Badiou, *Gott ist tot. Kurze Abhandlung über eine Ontologie des Übergangs*, Turia + Kant, Wien, 2002 (engl.: *Briefings on Existence. A Short Treatise on Transitory Ontology*, State University of New York Press, Albany, 2006).

■ Alain Badiou, *Paulus. Die Begründung des Universalismus*, diaphanes, Berlin, 2002 (engl.: *Saint Paul: The Foundation of Universalism*, Stanford University Press, Stanford/CA, 2003).

■ Alain Badiou, *Das Sein und das Ereignis*, diaphanes, Berlin, 2005 (orig.: *L'être et l'événement*, Seuil, Paris, 1988; engl.: *Being and Event*, Continuum, London, 2005).

■ Dirk Baecker, *Studien zur nächsten Gesellschaft*, Suhrkamp, Frankfurt/M., 2007.

■ Ulrich Baer (Hg.), *»Niemand zeugt für den Zeugen.« Erinnerungskultur nach der Shoah*, Suhrkamp, Frankfurt/M., 2000.

■ Mieke Bal, *Double Exposures. The Subject of Cultural Analysis*, Routledge, New York, London, 1996.

■ James Baldwin, *Schwarz und Weiß oder Was es heißt, ein Amerikaner zu sein* [1955], Rowohlt, Reinbek bei Hamburg, 1963 (engl.: »Stranger in the Village«, in: *Notes of a Native Son*, Beacon Books, 1984).

■ Etienne Balibar und John Rajchman (Hg.), *French Philosophy since 1945. Problems, Concepts, Inventions*, The New Press, New York, 2011.

■ Maria Balshaw und Paula Orrell (Hg.), *Marina Abramović. The Future of Performance Art*, Ausst.-

Kat., Plymouth Arts Centre, Prestel, München, u. a., 2010.

■ Sally Banes, *Terpsichore in Sneakers. Post-Modern Dance*, Houghton Mifflin, Boston, 1979.

■ Sally Banes, *Democracy's Body. Judson Dance Theater 1962–1964*, UMI Research Press, Ann Arbor, 1983.

■ Sally Banes, *Writing Dancing in the Age of Postmodernism*, Wesleyan University Press, Middletown/CT, 1994.

■ Adisa Bašić, *Promotivni spot za moju domovinu*, Dobra knjiga, Sarajevo, 2010.

■ Georges Bataille, »Museum«, in: Kunst- und Ausstellungshalle der Bundesrepublik Deutschland (Hg.), *Wunderkammer des Abendlandes. Museum und Sammlung im Spiegel der Zeit*, Ausst.-Kat., Kunst- und Ausstellungshalle der Bundesrepublik Deutschland, Bonn, 1994, S. 99 (engl.: »Museum«, in: Bettina Messias Carbonell, *Museum Studies. An Anthology of Contexts*, Blackwell, Malden, Oxford, Carlton, 2007).

■ Gregory Battcock (Hg.), *Minimal Art. A Critical Anthology*, University of California Press, Berkeley, London, 2005.

■ Germain Bazin, *The Museum Age*, Universe Books, New York, 1967.

■ László Beke (Hg.), *Global Conceptualism. Points of Origin. 1950s–1980s*, Ausst.-Kat., Queens Museum of Art, New York, u. a., 2000.

■ Andrew Benjamin, *The Plural Event. Descartes, Hegel, Heidegger*, Routledge, London, 1993.

■ Andrew Benjamin (Hg.), *Walter Benjamin and Art*, Continuum, London, New York, 2005.

■ Walter Benjamin, »Zur Kritik der Gewalt«, in: ders., *Gesammelte Schriften II*, 1. Teil, Rolf Tiedemann und Hermann Schweppenhäuser (Hg.), Suhrkamp, Frankfurt/M., 1991, S. 179–201 (engl.: »Critique of Violence«, in: ders., *Selected Writings*, Bd. 1: 1913–1926, Belknap Press, Cambridge/MA, London, 1996, S. 236–252).

■ Walter Benjamin, *Das Passagen-Werk*, Bd. 1, Rolf Tiedemann (Hg.), Suhrkamp, Frankfurt/M., 1982 (engl.: Walter Benjamin, *The Arcades Project*, Belknap Press, Cambridge, London, 1999).

■ Walter Benjamin, »Über den Begriff der Geschichte«, in: ders., *Gesammelte Schriften I*, 2. Teil, Rolf Tiedemann und Hermann Schweppenhäuser (Hg.), Suhrkamp, Frankfurt/M., 1991, S. 691–704 (engl.: »On the Concept of History«, in: ders., *Selected Writings*, Bd. 4: 1938–1940, Belknap Press, Cambridge/MA, London, 2003, S. 389–400).

■ Walter Benjamin, *Selected Writings*, Bd. 1: 1913–1926, Belknap Press, Cambridge/MA, London, 1996.

■ Walter Benjamin, *Selected Writings*, Bd. 4: 1938–1940, Belknap Press, Cambridge/MA, London, 2003.

■ Walter Benjamin, *Das Kunstwerk im Zeitalter seiner technischen Reproduzierbarkeit und weitere Dokumente*, Kommentar von Detlev Schöttker, Suhrkamp, Frankfurt/M., 2007 (engl.: »The Work of Art in the Age of Mechanical Reproduction«, in: Hannah Arendt (Hg.), *Illuminations*, Schocken Books, New York, 1969).

■ Jane Bennett, *Vibrant Matter. A Political Ecology of Things*, Duke University Press, Durham/NC, London, 2010.

■ Tony Bennett, *The Birth of the Museum. History, Theory, Politics*, Routledge, London, New York, 1995.

■ Geoffrey Bennington, *Lyotard. Writing the Event*, Manchester University Press, Manchester, 1988.

■ Agnès Benoit, *On the Edge. Dialogues on Dance Improvisation in Performance*, Éditions Contredanse, Brüssel, 2009.

■ Henri Bergson, *Schöpferische Entwicklung*, Coron, Zürich, 1972 (engl.: *Creative Evolution*, Macmillan and Co., London, 1928).

■ Henri Bergson: *Mind-Energy*, Macmillan, London, 1920.

■ Klaus Biesenbach, *Marina Abramović. The Artist Is Present*, Ausst.-Kat., Museum of Modern Art, New York, 2010.

■ Claire Bishop (Hg.), *Participation. Documents of Contemporary Art*, Whitechapel Gallery, London, The MIT Press, Cambridge/MA, 2006.

■ Karl-Heinz Bohrer, *Selbstdenker und Systemdenker. Über agonales Denken*, Hanser, München, 2011.

■ Nicolas Bourriaud und Caroline Schneider (Hg.), *Postproduction. Culture as Screenplay. How Art Reprograms the World*, Lukas & Sternberg, Berlin, New York, 2005.

■ John Parish Bowles, *Adrian Piper. Race, Gender, and Embodiment*, Duke University Press, Durham/NC, 2011.

■ Andrea Božić, *After No Manifesto*, online: http://dance-tech.tv/2011/10/16/after-manifestos-after-trio-a-by-andrea-bozic/, abgerufen im Juni 2012.

■ Ursula Brandstätter, Ana Diemke und Ulrike Hentschel (Hg.), *Szenenwechsel 3. Vermittlung von Bildender Kunst, Musik und Theater*, Schibri, Uckerland, 2010.

■ Gabriele Brandstetter, *Bild-Sprung. TanzTheater-Bewegung im Wechsel der Medien*, Theater der Zeit, Berlin, 2005.

■ Erin Brannigan, *Dancefilm. Choreography and the Moving Image*, Oxford University Press, New York, 2011.

■ Emile Brehier, *La théorie des incorporels dans l'ancien stoïcisme*, Vrin, Paris, 1928.

■ Sabine Breitwieser (Hg.), *Double Life. Identity and Transformation in Contemporary Arts / Identität und Transformation in der zeitgenössischen Kunst*, Ausst.-Kat., Generali Foundation, Wien, Verlag der Buchhandlung Walther König, Köln, 2001.

■ Sabine Breitwieser (Hg.), *Adrian Piper seit 1965. Metakunst und Kunstkritik*, Ausst.-Kat., Generali Foundation, Wien, Verlag der Buchhandlung Walther König, Köln, 2002.

■ Sabeth Buchmann, Isabelle Graw und Juliane Rebentisch, »Vorwort«, in: *Texte zur Kunst*, 22. Jg., Nr. 84: »Feminismus!«, Dezember 2011, S. 4–5.

■ Egon Bunne, *MultiMediale 3: ZKM | Zentrum für Kunst und Medientechnologie Karlsruhe / Stücke Reinhild Hoffmann* [DVD], ZKM | Zentrum für Kunst und Medientechnologie, Karlsruhe, 2009.

■ Ramsay Burt, *Judson Dance Theater. Performative Traces*, Routledge, London, New York, 2006.

■ Johanna Burton, »Repeat Performance«, in: *Artforum*, 2006, online: http://artforum.com/inprint/id=10058, abgerufen im Juni 2012.

■ Judith Butler, *Körper von Gewicht. Die diskursiven Grenzen des Geschlechts*, Berlin Verlag, Berlin, 1995 (engl.: *Bodies That Matter. On the Discursive Limits of »Sex«*, Routledge, New York, London, 1993).

■ Luis Camnitzer, *Conceptualism in Latin American Art. Didactics of Liberation*, Texas University Press, Austin, 2007.

■ Elias Canetti, *Masse und Macht*, Fischer, Frankfurt/M., 1980 (engl.: *Crowds and Power*, Farrar, Straus and Giroux, New York, 1984).

■ Graciela Carnevale in Zusammenarbeit mit Nicolás Rosa, Textblatt für den Ciclo de Arte Experimental, Rosario, Oktober 1968, abgedruckt in: Ana Longoni und Mariano Mestman (Hg.), *Del Di Tella a »Tucumán Arde«. Vanguardia artística y política en el '68 argentino*, 2. Aufl., Eudeba, Buenos Aires, 2008, S. 122.

■ Graciela Carnevale, »La comunidad inconfesable«, in: *Vasto Mundo*, Nr. 17, 1999, S. 12.

■ Graciela Carnevale und Andreas Siekmann, »Die Information, die Realität, die Details und die Bilder. Interview mit Graciela Carnevale, Rosario, März 2003«, in: Alice Creischer, Andreas Siekmann und Gabriela Massuh/Goethe-Institut Buenos Aires (Hg.), *Schritte zur Flucht von der Arbeit zum Tun. Ex Argentina*, Verlag der Buchhandlung Walther König, Köln, 2004, S. 80–84.

■ Cathy Caruth, *Unclaimed Experience. Trauma, Narrative, and History*, Johns Hopkins University Press, Baltimore, London, 1996.

■ Pierre Caussat, *L'évènement*, Desclée de Brouwer, Paris, 1992.

■ T. Nikki Cesare und Jenn Joy, »Performa/(Re)Performa«, in: *TDR. The Drama Review*, Bd. 50, Nr. 1, 2006, S. 170–177.

■ *Channa Horwitz. Full Circle. 1964–2005*, Ausst.-Kat., Solway Jones Gallery, Los Angeles, 2005.

■ Anne Chemin, »Croire acquise la liberté des femmes? Fatale erreur«, in: *Le Monde*, 08.03.2012, S. 3.

■ Felicity Colman, *Deleuze & Cinema. The Film Concepts*, Berg, Oxford, New York, 2011.

■ Diana Coole und Samantha Frost (Hg.), *New Materialisms. Ontology, Agency and Politics*, Duke University Press, Durham/NC, London, 2010.

■ Julio Cortázar, *Cronopios and Famas*, New York, Pantheon Books, 1969.

■ Laura Cull (Hg.), *Deleuze and Performance*, Edinburgh University Press, Edinburgh, 2009.

■ Bojana Cvejić und Ana Vujanović, »Exhausting Immaterial Labour«, in: *TkH Journal of Performing Arts Theory*, Oktober 2010, S. 4–5.

■ *Das Kunstwerk*, Bd. 29, W. Kohlhammer, Stuttgart, 1976.

■ Jozefina Dautbegović, »Neidentificirani«, in: *Sarajevske sveske*, Nr. 4, 2003, S. 271.

■ Donald Davidson, *Handlung und Ereignis*, Suhrkamp, Frankfurt/M., 1985 (engl.: *Essays on Actions and Events*, Clarendon, Oxford, 1980).

■ *Jeremiah Day/Simone Forti*, Ausst.-Kat., Projects Art Centre, Dublin, 2008, Project Press, Dublin, 2009.

■ Teresa De Lauretis (Hg.), *The Films of Yvonne Rainer. Theories of Representation and Difference*, Indiana University Press, Bloomington, Indianapolis, 1989.
■ Gilles Deleuze, »Ein Manifest weniger. Das Theater und seine Kritik«, in: ders., *Kleine Schriften*, Merve, Berlin, 1980, S. 37–74 (engl.: »One Less Manifesto. Theatre and its Critique«, in: Timothy Murray (Hg.), *Mimesis, Masochism, and Mime. The Politics of Theatricality in Contemporary French Thought*, University of Michigan Press, Ann Arbor, 2000.
■ Gilles Deleuze, *Nietzsche und die Philosophie*, Syndikat, Frankfurt/M., 1985 (engl.: *Nietzsche and Philosophy*, Columbia University Press, New York, 1983).
■ Gilles Deleuze, *Die Falte. Leibniz und der Barock*, Suhrkamp, Frankfurt/M., 1988 (engl.: *The Fold: Leibniz and Baroque*, London, Continuum, 1993).
■ Gilles Deleuze, *Kino 1. Das Bewegungs-Bild* [1983], Suhrkamp, Frankfurt/M., 1989 (engl.: *Cinema 1. The Movement-Image*, University of Minnesota Press, Minneapolis, 1986).
■ Gilles Deleuze, *Kino 2. Das Zeit-Bild* [1985], Suhrkamp, Frankfurt/M., 1991 (engl.: *Cinema 2. The Time-Image*, University of Minnesota Press, Minneapolis, 1989).
■ Gilles Deleuze, *Differenz und Wiederholung*, Fink, München, 1992 (engl.: *Difference and Repetition*, Continuum, London, New York, 2001).
■ Gilles Deleuze, *Logik des Sinns*, Suhrkamp, Frankfurt/M., 1993 (engl.: *Logic of Sense*, Continuum, London, 2004).
■ Gilles Deleuze, »Das Aktuelle und das Virtuelle«, in: Peter Gente und Peter Weibel (Hg.), *Deleuze und die Künste*, Suhrkamp, Frankfurt/M., 2007, S. 249–253 (engl.: »The Actual and the Virtual«, in: ders. und Claire Parnet, *Dialogues II*, 2. Aufl., Continuum, London, 2002, S. 112–115).
■ Jacques Derrida, *Die Schrift und die Differenz*, Suhrkamp, Frankfurt/M., 1972 (engl.: *Writing and Difference*, London, New York, Routledge, 2005).
■ Jacques Derrida, »Signatur Ereignis Kontext«, in: ders., *Limited Inc.*, Peter Engelmann (Hg.), Passagen, Wien, 2001, S. 15–45 (engl.: »Signature Event Context«, in: *Limited Inc*, Northwestern University Press, Evanston/IL, 1988).
■ Jacques Derrida, *Dem Archiv verschrieben. Eine Freudsche Impression*, Brinkmann und Bose, Berlin, 1997 (engl.: *Archive Fever. A Freudian Impression*, University of Chicago Press, Chicago, 1996).
■ Jacques Derrida, *Copy, Archive, Signature. A Conversation on Photography*, Stanford University Press, Stanford/CA, 2000.
■ Jacques Derrida, *Eine gewisse unmögliche Möglichkeit, vom Ereignis zu sprechen*, Merve, Berlin, 2003 (engl.: »A Certain Impossible Possibility of Saying the Event«, in: W. J. T. Mitchell und Arnold I. Davidson (Hg.), *The Late Derrida*, University of Chicago Press, Chicago, 2007).
■ Deutscher Bundestag (Hg.), *Kultur in Deutschland. Schlussbericht der Enquête-Kommission des Deutschen Bundestages*, ConBrio, Regensburg, 2008.
■ Deutscher Kulturrat (Hg.), *Frauen in Kunst und Kultur II. 1995–2000. Partizipation von Frauen an den Kulturinstitutionen und an der Künstlerinnen- und Künstlerförderung der Bundesländer*, online: www.kulturrat.de/dokumente/studien/Frauenin-KunstundKultur2.pdf, abgerufen im Juli 2012.
■ Georges Didi-Huberman (Hg.), *Atlas. How to Carry the World on One's Back?*, Ausst.-Kat., Museo Nacional Centro de Arte Reina Sofía, Madrid, ZKM | Museum für Neue Kunst, Karlsruhe, Phoenix-Kulturstiftung, Sammlung Falckenberg, Hamburg, 2010.
■ Yilmaz Dziewior und Barbara Engelbach (Hg.), *Yvonne Rainer. Raum, Körper, Sprache / Space, Body, Language*, Ausst.-Kat., Kunsthaus Bregenz, Museum Ludwig, Köln, 2012.
■ Silvia Eiblmayr (Hg.), *Sanja Iveković. Personal Cuts*, Ausst.-Kat., Galerie im Taxispalais, Innsbruck, Triton, Wien, 2001.
■ Howard Eiland, »Reception in Distraction«, in: Andrew Benjamin (Hg.), *Walter Benjamin and Art*, Continuum, London, New York, 2005, S. 3–13.
■ Roberto Elizalde und Emilio Ghilioni, Textblatt für den Ciclo de Arte Experimental, Rosario, September 1968, abgedruckt in: Ana Longoni und Mariano Mestman (Hg.), *Del Di Tella a »Tucumán Arde«. Vanguardia artística y política en el '68 argentino*, 2. Aufl., Eudeba, Buenos Aires, 2008, S. 121.
■ Okwui Enwezor, »Archive Fever. Photography Between History and the Monument«, in: ders. (Hg.), *Archive Fever. Uses of the Document in Contemporary Art*, Ausst.-Kat., International Center of Photography, New York, Steidl, Göttingen, 2008, S. 11–51.
■ Fachbereich Verkündigung/Hauptabteilung Pastoral des bischöflichen Generalvikariats Hildesheim

(Hg.), *Ihr werdet meine Zeugen sein*, Bischöfliches Generalvikariat, Hildesheim, 2006.

■ Frantz Fanon, *Die Verdammten dieser Erde*, Suhrkamp, Frankfurt/M., 1966 (engl.: *Wretched of the Earth*, Grove Press City, New York, 1968).

■ Guillermo Fantoni, »Horizontes problemáticos de una vanguardia de los años sesenta. Un movimiento entre el heroísmo y la crisis«, in: *Anuario*, Segunda Época, Nr. 13, UNR Editora, 1988, S. 137–148.

■ Guillermo Fantoni, »El impacto de lo nuevo en los primeros sesenta. Conformación y emergencia de un grupo de vanguardia«, in: *Anuario*, Segunda Época, Nr. 14, UNR Editora, 1989/1990, S. 321–339.

■ Guillermo Fantoni, *Tres visiones sobre el arte crítico de los años '60. Conversaciones con Pablo Suárez, Roberto Jacoby y Margarita Paksa*, Escuela Editora, Rosario, 1994.

■ Guillermo Fantoni, *Arte, vanguardia y política en los años '60. Conversaciones con Juan Pablo Renzi*, El Cielo por Asalto, Buenos Aires, 1998.

■ »Fehlende Quote schadet Unternehmen«, in: *die tageszeitung*, 31.03.2012, online: www.taz.de/Konkurrenzfaehigkeit-im-Ausland/!90289, abgerufen im Juli 2012.

■ Shoshana Felman und Dori Laub (Hg.), *Testimony. Crisis of Witnessing in Literature, Psychoanalysis, and History*, Routledge, London, New York, 1992.

■ Russell Ferguson (Hg.), *Out of Actions. Between Performance and the Object. 1949–1979*, Ausst.-Kat., The Geffen Contemporary at The Museum of Contemporary Art, Los Angeles, Thames & Hudson, London, 1998.

■ Elena Filipovic, *Roman Ondák Notebook*, Hatje Cantz, Ostfildern, 2010.

■ Erika Fischer-Lichte, *Ästhetik des Performativen*, Suhrkamp, Frankfurt/M., 2004 (engl.: *The Transformative Power of Performance. A New Aesthetics*, Routledge, London, 2008).

■ Erika Fischer-Lichte, »Aufführung«, in: dies., Doris Kolesch und Matthias Warstat (Hg.), *Metzler Lexikon Theatertheorie*, Metzler, Stuttgart, Weimar, 2005, S. 16–26.

■ Henri Focillon, *Das Leben der Formen* [1934], Leo Lehnen, München, 1954 (engl.: *The Life of Forms in Art*, Zone Books, New York, 1989).

■ Fonds Darstellende Künste und Kulturpolitische Gesellschaft (Hg.), *Report Darstellende Künste.*

Wirtschaftliche, soziale und arbeitsrechtliche Lage der Theater- und Tanzschaffenden in Deutschland, Klartext, Essen, 2010.

■ William Forsythe, *Improvisation Technologies. A Tool for the Analytical Dance Eye*, DVD, ZKM | Karlsruhe, Deutsches Tanzarchiv Köln, Hatje Cantz, Ostfildern, 1999/2012.

■ Simone Forti, *Handbook in Motion. An Account of an Ongoing Personal Discourse and its Manifestations in Dance*, Press of the Nova Scotia College of Art and Design, Halifax, New York University Press, New York, 1974.

■ Simone Forti, *Oh, Tongue*, Beyond Baroque, Los Angeles, 2003.

■ Hal Foster, »An Archival Impulse«, in: *October*, Nr. 110, 2004, S. 3–22.

■ Michel Foucault, »Nietzsche, die Genealogie, die Historie«, in: ders., *Von der Subversion des Wissens*, Walter Seitter (Hg.), Hanser, München, 1974.

■ Michel Foucault, *Archäologie des Wissens* [1971], Suhrkamp, Frankfurt/M., 1981 (engl.: *The Archaeology of Knowledge*, Harper and Row, New York, 1976).

■ Didier Franck, *Dramatique des phénomènes*, PUF, Paris, 2001.

■ Jeff Friedman, »Muscle Memory. Performing Oral History«, in: *Oral History*, Bd. 33, Nr. 2, 2005, S. 35–47.

■ Josef Fürnkäs, »Aura«, in: Michael Opitz und Erdmut Wizisla (Hg.), *Benjamins Begriffe*, Suhrkamp, Frankfurt/M., 2000, S. 95–146.

■ José Antonio Agúndez García, *10 Happenings von Wolf Vostell*, Editora Regional de Extremadura, Museo Vostell Malpartida, 1999/2001.

■ Ruedi Gerber, *Breath Made Visible: Revolution in Dance – Anna Halprin* [DVD], Projektor Filmverleih und Filmproduktion, Berlin, 2010.

■ Greg Giesekam, *Staging the Screen. The Use of Film and Video in Theatre*, Palgrave Macmillan, Basingstoke, 2007.

■ Laszlo Glozer, *Westkunst. Zeitgenössische Kunst seit 1939*, DuMont, Köln, 1981.

■ RoseLee Goldberg, *Performance. Live Art Since the 60s*, Thames & Hudson, London, 1998.

■ RoseLee Goldberg, *Performance Art. From Futurism to the Present (World of Art)*, Thames & Hudson, London, 2001.

■ RoseLee Goldberg, »Performance Anxiety. RoseLee Goldberg on Historicizing ›Live Art‹«, in: *Art-*

forum, 2004, online: http://artforum.com/inprint/ id=6569, abgerufen im Juni 2012.

■ Victor Goldschmidt, *Le système stoïcien et l'idée de temps*, Vrin, Paris, 1953.

■ Reinhold Görling, Timo Skrandles und Stephan Trinkaus (Hg.), *Geste. Bewegungen zwischen Film und Tanz*, transcript, Bielefeld, 2009.

■ Isabelle Graw (Hg.), *Texte zur Kunst,* 10. Jg., Nr. 37: »Performance«, März 2000.

■ Tina Groll, »Rentenpflicht benachteiligt junge Gründer. Die Arbeitsministerin will junge Selbstständige zwingen, in die gesetzliche Rentenversicherung einzuzahlen. Aber können die sich die Altersvorsorge überhaupt leisten?«, in: *Zeit Online*, 26.03.2012, online: www.zeit.de/karriere/beruf/2012-03/versicherungspflicht-altersvorsorge-selbststaendige, abgerufen im Juli 2012.

■ Elizabeth Grosz, *Volatile Bodies. Toward a Corporeal Feminism*, Indiana University Press, Bloomington, 1994.

■ Boris Groys, »Comrades of Time«, in: Julieta Aranda, Brian Kuan Wood und Anton Vidokle (Hg.), *Boris Groys. Going Public (e-flux Journal)*, Sternberg Press, Berlin, New York, 2010.

■ Raphael Gygaz und Heike Munder (Hg.), *Between Zones. On the Representation of the Performative and the Notation of Movement*, Ausst.-Kat., Migros Museum für Gegenwartskunst Zürich, JRP Ringier, Zürich, 2010.

■ Jürgen Habermas, *Theorie des kommunikativen Handelns*, 2 Bde., Suhrkamp, Frankfurt/M., 1981 (engl.: *The Theory of Communicative Action*, 2 Bde., Beacon, Boston, 1984–1987).

■ Jürgen Habermas, *Der philosophische Diskurs der Moderne. Zwölf Vorlesungen*, Suhrkamp, Frankfurt/M., 1985 (engl.: *The Philosophical Discourse of Modernity. Twelve Lectures*, The MIT Press, Cambridge/MA, 1987).

■ Nicole Haitzinger, »Im Zwischen von unsichtbaren Sprachmonumenten und sichtbarer Sprachlosigkeit«, 2003, online: http://sonnenschein. wuk.at/docuzwischen.htm, abgerufen im Mai 2012.

■ Peter Hallward, *Badiou. A Subject to Truth*, University of Minnesota Press, Minneapolis, 2003.

■ Anna Halprin, *Bewegungsritual* [1975], Sphinx, Basel, 1987 (engl.: *Movement Ritual*, San Francisco Dancers' Workshop, San Francisco, 1975).

■ Anna Halprin und Rachel Kaplan (Hg.), *Moving Toward Life. Five Decades of Transformational Dance*, Wesleyan University Press, Middletown/CT, 1995.

■ Anna Halprin, *Tanz, Ausdruck und Heilung. Wege zur Gesundheit durch Bewegung, Bilderleben und kreativen Umgang mit Gefühlen*, Synthesis, Essen, 2000 (engl.: *Dance as a Healing Art. Returning to Health with Movement and Imagery*, LifeRhythm, Mendocino, 2000).

■ Lawrence Halprin, *The RSVP Cycles. Creative Processes in the Human Environment*, George Braziller, New York, 1970.

■ Donna Haraway, »Ein Manifest für Cyborgs. Feminismus im Streit mit den Technowissenschaften«, in: dies., *Die Neuerfindung der Natur. Primaten, Cyborgs und Frauen*, Frankfurt/M., New York, 1995, S. 33–72 (engl.: »A Cyborg Manifesto: Science, Technology, and Socialist-Feminism in the Late Twentieth Century«, in: dies., *Simians, Cyborgs and Women: The Reinvention of Nature*, Routledge, New York, 1991, S. 149–181).

■ Dino Heicker und Sally O'Reilly, *Body Art. Der Körper in der zeitgenössischen Kunst*, Deutscher Kunstverlag, Berlin, 2012.

■ Martin Heidegger, *Was heißt Denken?*, Niemeyer, Tübingen, 1954.

■ Martin Heidegger, »Platons Lehre von der Wahrheit« [1931/1932, 1940], in: ders., *Wegmarken (1919–1961)*, Gesamtausgabe, I. Abt., Bd. 9, Klostermann, Frankfurt/M., 1976, S. 203–238 (engl.: »Plato's Doctrine of Truth«, in: ders., *Pathmarks*, Cambridge University Press, Cambridge, 1998).

■ Martin Heidegger, »Zur Erörterung der Gelassenheit. Aus einem Feldweggespräch über das Denken« [1944/1945], in: ders., *Aus der Erfahrung des Denkens (1910–1976)*, Gesamtausgabe, I. Abt., Bd. 13, Klostermann, Frankfurt/M., 1983, S. 37–74.

■ Martin Heidegger, »Das Ende der Philosophie und die Aufgabe des Denkens« [1964], in: ders., *Zur Sache des Denkens (1962–1964)*, Gesamtausgabe, I. Abt., Bd. 14, Klostermann, Frankfurt/M., 2007, S. 67–90 (engl.: »The End of Philosophy and the Task of Thinking«, in: Heidegger, *On Time and Being*, Harper & Row, New York, 1972).

■ Friedrich-Wilhelm von Herrmann, *Wege ins Ereignis. Zu Heideggers »Beiträgen zur Philosophie«*, Klostermann, Frankfurt/M., 1994.

■ *Lynn Hershman. Chimaera: Monographie*, Nr. 4, Ed. Centre international de création vidéo Montbéliard-Belfort, Herimoncourt, 1992.

■ Lynn Hershman Leeson, »Romancing the Anti-Body. Lust and Longing in (Cyber)space«, in: dies., *Clicking In. Hot Links to a Digital Culture*, Bay Press, Seattle, 1996, S. 325–337.

■ Lynn Hershman, »Early B.C. Non Body Works, 1996«, in: Sabine Breitwieser (Hg.), *Double Life. Identity and Transformation in Contemporary Arts / Identität und Transformation in der zeitgenössischen Kunst*, Ausst.-Kat., Generali Foundation, Wien, Verlag der Buchhandlung Walther König, Köln, 2001, S. 112–121.

■ Lynn Hershman Leeson, »Private I. An Investigator's Timeline«, in: Meredith Tromble (Hg.), *The Art and Films of Lynn Hershman Leeson*, University of California Press, Berkeley, 2005, S. 13–103.

■ Lynn Hershman Leeson, *The Roberta Breitmore Series (1974–1978)*, Ausst.-Kat., Galerie Patrick Waldburger, Brüssel, 2011.

■ Dagmar-Lara Heusler (Hg.), *Körper und Raum. Pina Bausch, Susanne Linke, Reinhild Hoffmann, William Forsyth*, Ausst.-Kat., Goethe-Institut Mailand, Müller und Busmann, Wuppertal, 1999.

■ Nikolaus Hirsch, »Object vs People«, in: ders., *On Boundaries*, Lukas & Sternberg, New York, 2007, S. 31–34; ebenso enthalten in: *expo zéro, the catalogue*, Ausst.-Kat., Musée de la danse, Rennes, 2011.

■ Maria Hlavajova, *Sanja Iveković – Urgent Matters*, Ausst.-Kat., BAK, basis voor actuele kunst, Utrecht, Van Abbemuseum, Eindhoven, 2009.

■ Brian Holmes, »Transparency to Exodus«, in: *Open*, Nr. 8, 2005, S. 48–60.

■ Margaret Hupp Ramsay, *The Grand Union (1970–1976). An Improvisational Performance Group*, Lang, New York, 1991.

■ Sabine Huschka, *Moderner Tanz. Konzepte, Stile, Utopien*, Rowohlt, Reinbek bei Hamburg, 2002.

■ If I Can't Dance, I Don't Want to Be Part of Your Revolution (Hg.), *Conversation Pieces. Edition II: Feminist Legacies and Potentials in Contemporary Art Practice (2006–2008)*, Revolver, Berlin, 2011.

■ »Interview with Marina Abramović«, in: Caroline Tisdall (Hg.), *Art Meets Science and Spirituality in a Changing Economy*, Ausst.-Kat., Museum Fodor, Amsterdam, SDU, 's-Gravenhage, 1990, S. 298–317.

■ Wolfgang Iser, *Der Akt des Lesens. Theorie ästhetischer Wirkung*, Fink, München, 1976 (engl.: *The Act of Reading*, Routledge, London, 1978).

■ *Sanja Iveković. Selected Works*, Ausst.-Kat., Fundación Tàpies, Barcelona, 2007.

■ Maike Jaeger, *Marina Abramović – eingebettet in den Kontext der Aktionskunst*, Grin, München, 2009.

■ Annamira Jochim, *Meg Stuart. Bild in Bewegung und Choreographie*, transcript, Bielefeld, 2008.

■ Frédéric Joignot, »Après le ›grand bond en avant‹ des années 1970, les femmes sont de plus en plus libres, de se faire avorter, de travailler ... mais aussi de gagner moins«, in: *Dossier et Documents*, Nr. 417: *Femmes. Quoi encore?*, 08.03.2012, S. 1.

■ Amelia Jones, »›The Artist is Present.‹ Artistic Re-enactments and the Impossibility of Presence«, in: *TDR. The Drama Review*, Bd. 55, Nr. 1, 2011, S. 16–45.

■ Amelia Jones und Adrian Heathfield (Hg.), *Perform, Repeat, Record. Live Art in History*, Intellect, Bristol, Chicago, 2012.

■ Solway Jones, *Channa Horwitz – Full Circle: 1964–2005*, Ausst.-Kat., Los Angeles, 2005.

■ Stephanie Jordan und Dave Allen (Hg.), *Parallel Lines. Media Representations of Dance*, John Libbey & Company, London, Mountrouge, Rom, 1993.

■ Immanuel Kant, *Kritik der reinen Vernunft*, in: ders., *Werke*, Bd. 4, W. Weischedel (Hg.), Suhrkamp, Frankfurt/M., 1968 (engl.: *Critique of Pure Reason*, Macmillan, London, 1933).

■ Inés Katzenstein (Hg.), *Listen. Here. Now!*, Ausst.-Kat., Museum of Modern Art, New York, 2004.

■ Mary Kelly, »Re-Viewing Modernist Criticism«, in: *Screen*, Jg. 22, Nr. 3, 1981, S. 41–62.

■ Alma-Elisa Kittner, *Visuelle Autobiographien. Sammeln als Selbstentwurf bei Hannah Höch, Sophie Calle und Anette Messager*, transcript, Bielefeld, 2009.

■ Gabriele Klein und Wolfgang Sting, *Performance. Positionen zur zeitgenössischen szenischen Kunst*, transcript, Bielefeld, 2005.

■ Charlotte Klonk, *Spaces of Experience. Art Gallery Interiors from 1800 to 2000*, Yale University Press, New Haven, London, 2009.

■ Bettina Knaup, *re.act.feminism – a performing archive*, online: www.reactfeminism.org/nr1/konferenz.html, abgerufen im Juli 2012.

■ Bojana Kunst, »Prognosis on Collaboration«, online: http://www.howtodothingsbytheory.info

/2010/05/13/bojana-kunst-prognosis-on-collaboration/, abgerufen im Mai 2012.

■ Jacques Lacan, *Das Seminar von Jacques Lacan, Buch XX (1972–1973), Encore*, Quadriga, Weinheim, Berlin, 1986. (engl.: *The Seminar of Jacques Lacan. Book 20, On Feminine Sexuality. The Limits of Love and Knowledge, Encore (1972–1973)*, Norton, New York, 1999).

■ Jacques Lacan, »Das Wesen der Tragödie. Ein Kommentar zur Antigone des Sophokles«, in: ders., *Die Ethik der Psychoanalyse*, Quadriga, Weinheim, Berlin, 1996, S. 291–343 (engl.: »The Essence of Tragedy. A Commentary on Sophocles's Antigone« und »Tragic Dimension of the Psychoanalytical Experience«, in: Jacques Lacan, *The Seminar of Jaques Lacan. Book 7, The Ethics of Psychoanalysis* Routledge, London, New York, S. 297–353 und S. 355–400).

■ Jacques Lacan, *Die Ethik der Psychoanalyse*, Quadriga, Weinheim, Berlin, 1996 (engl.: *The Ethics of Psychoanalysis, 1959–1960*, Norton, New York, London, 1992).

■ Philippe Lacoue-Labarthe, *Sujet de la philosophie. La philosophie en effet*, Aubier-Flammarion, Paris, 1979.

■ Philippe Lacoue-Labarthe, »Das Theater Hölderlins«, in: ders., *Métaphrasis. Das Theater Hölderlins. Zwei Vorträge*, diaphanes, Zürich, 2001, S. 45–89 (orig.: »Hölderlin, La Césure du Spéculatif«, in: Philippe Lacoue-Labarthe, *L'Imitation des Modernes. Typographies II*, Galilée, Paris, 1986).

■ Carrie Lambert-Beatty, *Being Watched. Yvonne Rainer and the 1960s*, The MIT Press, Cambridge/MA, London, 2008.

■ Jay Lampert, *Deleuze and Guattari's Philosophy of History*, Continuum, London, New York, 2006.

■ Bruno Latour, *Das Parlament der Dinge. Für eine politische Ökologie*, Suhrkamp, Frankfurt/M., 2001.

■ Dori Laub, »Zeugnis ablegen oder die Schwierigkeit des Zuhörens«, in: Ulrich Baer (Hg.), »*Niemand zeugt für den Zeugen*«. *Erinnerungskultur nach der Shoah*, Suhrkamp, Frankfurt/M., 2000, S. 68–83.

■ Maurizio Lazzarato, »Machines to Crystallize Time. Bergson«, in: *Theory, Culture & Society*, Bd. 24, Nr. 6, Los Angeles, u. a., 2007, S. 93–122.

■ Petra Leitmeir, *Konstruktion von Identität in Installationen und Videos von Lynn Hershman Leeson*, Grin, München, 2004.

■ Philippe Lejeune, *Der autobiographische Pakt*, Suhrkamp, Frankfurt/M., 1994 (engl.: Philippe Lejeune, »The Autobiographical Pact«, in: Paul John Eakin (Hg.), *On Autobiography*, University of Minnesota, Minneapolis, 1989).

■ André Lepecki (Hg.), *Of the Presence of the Body. Essays on Dance and Performance Theory*, Wesleyan University Press, Middletown/CT, 2004.

■ André Lepecki, »The Body as Archive. Will to Re-Enact and the Afterlives of Dances«, in: *Dance Research Journal*, Bd. 42, Nr. 2, 2010, S. 28–48.

■ Ernest LePore und Brian P. McLaughlin (Hg.), *Actions and Events. Perspectives on the Philosophy of Donald Davidson*, Blackwell, Oxford, 1985.

■ Maria Lind (Hg.), *Performing the Curatorial. Within and Beyond Art*, Sternberg Press, Berlin, 2012.

■ Lucy R. Lippard und John Chandler, »The Dematerialization of Art« [1968], in: Lucy R. Lippard (Hg.), *Changing. Essays in Art Criticism*, Dutton, New York, 1971, S. 256–274.

■ Lucy R. Lippard (Hg.), *Six years. The Dematerialization of the Art Object from 1966 to 1972* [...], University of California Press, Berkeley, Los Angeles, London, 1997.

■ Ana Longoni und Mariano Mestman, *Del Di Tella a »Tucumán Arde«. Vanguardia artística y política en el '68 argentino*, 2. Aufl., Eudeba, Buenos Aires, 2008.

■ »Los paralelos«, in: *Primera Plana*, Nr. 200, 25. Oktober 1966, S. 76.

■ Jean-François Lyotard, *Discours, figure*, Klincksieck, Paris, 1971 (engl.: *Discourse, Figure*, University of Minnesota Press, Minneapolis, 2011).

■ Jean-François Lyotard, »So etwas wie: ›Kommunikation ... ohne Kommunikation‹«, in: ders., *Das Inhumane. Plaudereien über die Zeit*, Passagen, Wien, 2006, S. 127–137 (engl.: »Something Like: ›Communication ... without Communication‹«, in: ders., *The Inhuman: Reflections on Time*, Stanford University Press, Stanford/CA, 1991).

■ Jean-François Lyotard, »Emma« [1989], in: Hans Ulrich Gumbrecht und Karl Ludwig Pfeiffer (Hg.), *Paradoxien, Dissonanzen, Zusammenbrüche. Situationen offener Epistemologie*, Suhrkamp, Frankfurt/M., 1991, S. 671–708, (engl.: »Emma«, in: *Nouvelle Revue de Psychanalyse*, Nr. 39, Spring 1989).

■ Jean-François Lyotard, *Das postmoderne Wissen. Ein Bericht* [1979], Passagen, Wien, 1994 (engl.: *The Postmodern Condition. A Report on Knowledge*, Manchester University Press, Manchester, 1984).

■ Jean-François Lyotard, *Kindheitslektüren*, Passagen Verlag, Wien, 1995 (orig.: *Lectures d'enfance*, Galilée, Paris, 1991).

■ Jean-François Lyotard, *Die Analytik des Erhabenen. Kant-Lektionen. Kritik der Urteilskraft 23–29*, Fink, München, 1994 (engl.: *Lessons on the Analytic of the Sublime. Kant's Critique of Judgment, §§ 23–29)*, Stanford University Press, Stanford/CA, 1994).

■ Jean-François Lyotard, *Heidegger und »die Juden«*, Passagen, Wien, 2005 (engl.: *Heidegger and the »Jews«*, University of Minnesota Press, Minneapolis, 1990).

■ Christine Macel und Emma Lavigne, *Danser sa vie. Art et danse de 1900 à nos jours*, Ausst.-Kat., Centre National d'Art et de Culture Georges Pompidou, Paris, 2011.

■ Lía Maisonnave, Textblatt für den Ciclo de Arte Experimental, Rosario, Juni 1968, online verfügbar über das Archiv der ICAA – International Center for the Arts of the Americas at the Museum of Fine Arts, Houston: http://icaadocs.mfah.org/.

■ Didier Maleuvre, *Museum Memories. History, Technology, Art*, Stanford University Press, Stanford/CA, 1999.

■ Erin Manning, *Relationscapes – Movement, Art, Philosophy*, The MIT Press, Cambridge/MA, 2009.

■ Roxana Marcoci, *Sanja Iveković. Sweet Violence*, Ausst.-Kat., The Museum of Modern Art, New York, 2011.

■ Lisa Gabrielle Mark (Hg.), *Wack! Art and the Feminist Revolution*, Ausst.-Kat., Museum of Contemporary Art, Los Angeles, Vancouver Art Gallery, Vancouver, 2007.

■ Carol Martin, »Bodies of Evidence«, in: *TDR. The Drama Review*, Bd. 50, Nr. 3, 2006, S. 8–15.

■ Oscar Masotta (Hg.), *Happenings*, Editorial Jorge Álvarez, Buenos Aires, 1967.

■ Oscar Masotta, *Revolución en el arte*, Edhasa, Buenos Aires, 2004.

■ Brian Massumi, *Semblance and Event*, The MIT Press, Cambridge/MA, 2011.

■ Jean-François Mattéi, *Heidegger et Hölderlin. Le quadriparti*, PUF, Paris, 2001.

■ Andrew McClellan, *The Art Museum. From Boullée to Bilbao*, University of California Press, Berkeley, Los Angeles, London, 2008.

■ Christoph Menke, *Die Souveränität der Kunst. Ästhetische Erfahrung nach Adorno und Derrida*, Suhrkamp, Frankfurt/M., 1991.

■ Maurice Merleau-Ponty, *Phänomenologie der Wahrnehmung*, De Gruyter, Berlin, 1974 (engl.: *Phenomenology of Perception*, Routledge, London, 1962).

■ Maurice Merleau-Ponty, *Das Sichtbare und das Unsichtbare*, Fink, München, 1986 (engl.: *The Visible and the Invisible*, Northwestern University Press, Evanston/IL, 1968).

■ Friedrich Meschede (Hg.), *Marina Abramović*, Ausst.-Kat., Neue Nationalgalerie Berlin, Cantz, Stuttgart, 1993.

■ Judy Mitoma (Hg.), *Envisioning Dance on Film and Video*, Routledge, London, New York, 2002.

■ Jean Molino, »Introduction«, in: Henri Focillon, *The Life of Forms in Art* [1934], Zone Books, New York, 1989, S. 9–30.

■ Andrei Molotiu, »Focillon's Bergsonian Rhetoric and the Possibility of Deconstruction«, in: *InVisible Culture, Nr. 3: Time and the Work*, Winter 2000.

■ Linda M. Montano, *Performance Artists Talking in the Eighties. Sex, Food, Money, Fame, Ritual, Death*, University of California Press, Berkeley, 2000.

■ Timothy Murray (Hg.), *Mimesis, Masochism, and Mime. The Politics of Theatricality in Contemporary French Thought*, University of Michigan Press, 2000.

■ Museum moderner Kunst Stiftung Ludwig Wien und Barbara Clausen (Hg.), *After the Act. Die (Re)Präsentation der Performancekunst*, Ausst.-Kat., Museum moderner Kunst Stiftung Ludwig Wien, Verlag für Moderne Kunst, Nürnberg, 2006.

■ Carmen Mörsch, »Am Kreuzungspunkt von vier Diskursen. Die documenta 12. Vermittlung zwischen Affirmation, Reproduktion, Dekonstruktion und Transformation«, in: dies. (Hg.), *Kunstvermittlung 2. Zwischen kritischer Praxis und Dienstleistung auf der documenta 12. Ergebnisse eines Forschungsprojektes*, diaphanes, Zürich, Berlin, 2009, S. 9–33.

■ Jean-Luc Nancy, *Corpus*, diaphanes, Zürich, 2003.

■ Jean-Luc Nancy, *singulär plural sein*, diaphanes, Berlin, 2004 (engl.: *Being Singular Plural*, Stanford University Press, Stanford, 2000).

■ Jean-Luc Nancy, »Das Bild. Mimesis & Methexis«, in: Jörg Huber u. a. (Hg.), *Ästhetik – Erfahrung*,

Edition Voldemeer, Zürich, Wien, 2004, S. 171–186 (engl. »The Image: Mimesis and Methexis«, in: *theory@buffalo*, Nr. 11, 2007).

■ Friedrich Nietzsche, »Die Geburt der Tragödie«, in: ders., *Nachgelassene Schriften 1870–1873*, Giorgio Colli und Mazzino Montinari (Hg.), Deutscher Taschenbuch Verlag, München, 1988, S. 9–156 (engl.: »The Birth of Tragedy«, in: Friedrich Nietzsche, *The Birth of Tragedy and Other Writings*, Cambridge University Press, Cambridge, 1999).

■ Ruth Noack und Roger M. Buergel (Hg.), *How Do We Want to Be Governed? Figure and Ground*, Ausst.-Kat., Miami Art Central, Miami, 2004.

■ Charo Nogueira und Carmen Morán, »La crisis se ceba con las mujeres«, in: *El País,* 07.03.2012, S. 30–31.

■ Brian O'Doherty, *In der weißen Zelle / Inside the White Cube*, Wolfgang Kemp (Hg.), Merve, Berlin, 1996 (engl.: Brian O'Doherty, *Inside the White Cube. The Ideology of the Gallery Space. Expanded Edition*, University of California Press, Berkeley, Los Angeles, London, 1999).

■ Sally O'Reilly, *The Body in Contemporary Art*, Thames & Hudson, London, 2009.

■ Johannes Odenthal, *Tanz, Körper, Politik. Texte zur zeitgenössischen Tanzgeschichte*, Theater der Zeit, Berlin, 2005.

■ Paula Orrell (Hg.), *Marina Abramović + The Future of Performance Art*, Ausst.-Kat., Plymouth Arts Centre, Prestel, München, u. a., 2010.

■ Nam June Paik, »About the Exposition of Music«, in: *Décollage Nr. 3*, 1962.

■ Luciana Parisi, *Abstract Sex. Philosophy, Biotechnology and the Mutations of Desire*, Continuum, London, New York, 2004.

■ Paul Patton (Hg.), *Deleuze. A Critical Reader*, Blackwell, Oxford, Malden, 1996.

■ Bojana Pejić, »Im-Körper-Sein. Über das Geistige in Marina Abramović' Kunst«, in: Friedrich Meschede (Hg.), *Marina Abramović*, Edition Cantz, Ostfildern-Ruit, 1993, S. 9–24.

■ Bojana Pejić, »Metonymische Bewegungen«, in: Silvia Eiblmayr (Hg.), *Sanja Iveković. Personal Cuts*, Ausst.-Kat., Galerie im Taxispalais, Innsbruck, Triton, Wien, 2001, S. 85–93.

■ Peggy Phelan, *Mourning Sex. Performing Public Memories*, Routledge, London, 1997.

■ Peggy Phelan, *Unmarked. The Politics of Performance*, Routledge, London, 1998.

■ Adrian Piper, »Talking to Myself. The Ongoing Autobiography of an Art Object / Selbstgespräch: die fortlaufende Autobiografie eines Kunstobjekts« [1970–1973], in: Sabine Breitwieser (Hg.), *Adrian Piper seit 1965. Metakunst und Kunstkritik*, Ausst.-Kat., Generali Foundation, Wien, Verlag der Buchhandlung Walther König, Köln, 2002, S. 123–149 (engl.: »Talking to Myself. The Ongoing Autobiography of an Art Object«, in: dies., *Out of Order. Out of Sight, Bd. I: Selected Writings in Meta-Art 1968–1992*, The MIT Press, Cambridge/MA, London, 1996, S. 29–53).

■ Adrian Piper, »Geistige Nahrung«, in: Sabine Breitwieser (Hg.), *Adrian Piper seit 1965. Metakunst und Kunstkritik*, Ausst.-Kat., Generali Foundation, Wien, Verlag der Buchhandlung Walther König, Köln, 2002, S. 153–155 (engl. Erstveröffentlichung in: *High Performance*, Nr. 1, Frühling 1981).

■ Adrian Piper, *Decide Who You Are. Texts*, The Paula Cooper Gallery, New York, 1992.

■ Adrian Piper, »Xenophobia and the Indexical Present I: Essay« [1989], in: Sabine Breitwieser (Hg.), *Adrian Piper seit 1965. Metakunst und Kunstkritik*, Ausst.-Kat., Generali Foundation, Wien, Verlag der Buchhandlung Walther König, Köln, 2002, S. 263–271 (engl. Erstveröffentlichung in: Mark O'Brian (Hg.), *Remaining America. The Arts of Social Change*, New Society Press, Philadelphia, 1990).

■ Adrian Piper, »Über die Hypothesis-Serie« [1992], in: Sabine Breitwieser (Hg.), *Adrian Piper seit 1965. Metakunst und Kunstkritik*, Ausst.-Kat., Generali Foundation, Wien, Verlag der Buchhandlung Walther König, Köln, 2002, S. 64f. (engl. Erstveröffentlichung in: Adrian Piper, *Out of Order. Out of Sight*, Bd. I: *Selected Writings in Meta-Art 1968–1992*, The MIT Press, Cambridge/MA, London, 1996).

■ Adrian Piper, *Out of Order. Out of Sight*, Bd. I: *Selected Writings in Meta-Art 1968–1992*, The MIT Press, Cambridge/MA, London, 1996.

■ Adrian Piper, *Out of Order. Out of Sight*, Bd. II: *Selected Writings in Art Criticism 1967–1992*, The MIT Press, Cambridge/MA, London, 1996.

■ »Plástica: la libertad llega a Rosario«, in: *Primera Plana*, 9. Juli 1968, S. 67–68.

■ Nina Power, *Die eindimensionale Frau*, Merve, Berlin, 2011.

■ Reine Prat, *Mission EgalitéS. Pour une plus grande et une meilleure visibilité des diverses composantes de la population française dans le secteur du spectacle vivant – 1– Pour l'égal accès des femmes et des hommes aux postes de responsabilité, aux lieux de décision, à la maîtrise de la représentation*, Rapport d'étape 1, Ministère de la Culture et de la Communication (MCC)/Direction de la Musique, de la Danse et des Spectacles (DMDTS), Mai 2006, online verfügbar unter: www.culture.gouv.fr, abgerufen im Juli 2012.

■ Reine Prat, *Arts du spectacle. Pour l'égal accès des femmes et des hommes aux postes de responsabilité, aux lieux de décision, aux moyens de production, aux réseaux de diffusion, à la visibilité médiatique. 2: De l'interdit à l'empêchement*, Rapport d'étape 2, MCC/DMDTS, Mai 2009, online verfügbar unter: http://www.culture.gouv.fr, abgerufen im Oktober 2012.

■ Beatriz Preciado, *Kontrasexuelles Manifest*, b_books, Berlin, 2003 (orig.: *Manifiesto contra-sexual*, Opera Prima, Madrid, 2002).

■ Beatriz Preciado und Del LaGrace Volcano, *Sex Works. Photographs 1978–2005*, Konkursbuch Verlag Gehrke, Tübingen, 2006.

■ Cécile Proust und Jacques Hoepffner, *femmeusesaction #18*, Centre national de danse contemporaine – Angers, 2007, online: http://femmeuses.org/videos/femmeuses18Vimeo.html, abgerufen im Juli 2012.

■ Yvonne Rainer, *Work 1961–1973*, Press of the Nova Scotia College of Art and Design, Halifax, University Press, New York, 1974.

■ Yvonne Rainer, *The Films of Yvonne Rainer*, Indiana University Press, Bloomington, 1989.

■ Yvonne Rainer, *Talking Pictures. Filme, Feminismus, Psychoanalyse, Avantgarde*, Passagen, Wien, 1994.

■ Yvonne Rainer, *A Woman Who ... Essays, Interviews, Scripts*, Johns Hopkins University Press, Baltimore, 1999.

■ Yvonne Rainer, »A Quasi Survey of Some ›Minimalist‹ Tendencies in the Quantitatively Minimal Dance Activity Amidst the Plethora, or an Analysis of Trio A« [1966], in: Gregory Battcock (Hg.), *Minimal Art. A Critical Anthology*, University of California Press, Berkeley, London, 2005, S. 263–273.

■ Yvonne Rainer, *Feelings Are Facts. A Life*, The MIT Press, Cambridge/MA, 2006.

■ Yvonne Rainer, »Trio A. Genealogy, Documentation, Notation«, in: *Dance Research Journal*, Bd. 41, Nr. 2, 2009, S. 12–18.

■ Yvonne Rainer, »Where's the Passion? Where's the Politics?«, in: *Theater*, Bd. 40, Nr. 1, 2010, S. 46–55.

■ Yvonne Rainer, *Poems*, Badlands Unlimited, New York, 2011.

■ Yvonne Rainer in einem Interview mit Chrissie Iles, 2006, online: http://www.frieze.com/issue/article/life_class/, abgerufen am 30.10.2012.

■ Yvonne Rainer in einem Interview mit Lynn Hershman Leeson, 2006, online: http://lib.stanford.edu/women-art-revolution/transcript-interview-yvonne-rainer-2006, abgerufen am 30.10.2012.

■ Yvonne Rainer u. a. (Hg.), *Allesdurchdringung. Texte, Essays, Gespräche über den Tanz*, Merve, Berlin, 2008.

■ Bérénice Reynaud, »Unmögliche Projektionen«, in: Yvonne Rainer, *Talking Pictures. Filme, Feminismus, Psychoanalyse, Avantgarde*, Passagen, Wien, 1994, S. 65–80.

■ Mary Richards, *Marina Abramović*, Routledge Chapman & Hall, London, 2009.

■ Gerhard Richter, »Between Translation and Invention. The Photograph in Deconstruction«, in: Jacques Derrida, *Copy, Archive, Signature. A Conversation on Photography*, Stanford University Press, Stanford/CA, 2000, S. 11–38, S. 26.

■ Elena del Río, *Deleuze and the Cinemas of Performance. Powers of Affection*, Edinburgh University Press, Edinburgh, 2008.

■ David Norman Rodowick, *Gilles Deleuze's Time Machine*, Duke University Press, Durham/NC, London, 1997.

■ David Norman Rodowick (Hg.), *Afterimages of Gilles Deleuze's Film Philosophy*, University of Minnesota Press, Minneapolis, 2010.

■ Barbara Rose, »ABC Art« [1965], in: Gregory Battcock (Hg.), *Minimal Art. A Critical Anthology*, Dutton, New York, 1995, S. 274–297.

■ Ulrike Rosenbach, *Videokunst. Foto. Aktion/Performance. Feministische Kunst*, Eigenverlag, Köln, 1982.

■ Stephanie Rosenthal (Hg.), *Move. Choreographing You. Art and Dance since the 1960s*, Ausst.-Kat., Hayward Gallery, London, Haus der Kunst, München, Kunstsammlung Nordrhein-Westfalen,

Düsseldorf, Verlag der Buchhandlung Walther König, Köln, 2010.

■ Martha Rosler, »The Second Time as Farce«, online: http://idiommag.com/2011/02/the-second-time-as-farce/ 2001, abgerufen im Mai 2012.

■ Janice Ross, *Anna Halprin. Experience as Dance*, University of California Press, Berkeley, 2007.

■ Moira Roth, »Leaping the Fence. An Introduction to the Work of Lynn Hershman«, in: *Lynn Hershman. Chimaera: Monographie*, Nr. 4, Ed. Centre international de création vidéo Montbéliard-Belfort, Hérimoncourt, 1992, S. 4–18.

■ Petra Sabisch, »Eine kleine Wirkungsgeschichte der Umstände von Virtuosität für die Kunst der Performance«, in: Gabriele Brandstetter, Bettina Brandl-Risi und Kai van Eikels (Hg.), *Prekäre Exzellenz. Künste, Ökonomien und Politiken des Virtuosen*, Rombach, Freiburg, 2012, S. 75–92.

■ Maria R. Sahuguillo, »La violencia machista y la brecha salarial, suspensos en igualdad«, in: *El País*, 08.03.2012, S. 36.

■ Jessica Santone, »Marina Abramović's Seven Easy Pieces. Critical Documentation Strategies for Preserving Art's History«, in: *Leonardo*, Bd. 41, Nr. 2, 2008, S. 147–152.

■ Jean-Paul Sartre, »Vorwort«, in: Frantz Fanon, *Die Verdammten dieser Erde*, Suhrkamp, Frankfurt/M., 1966, S. 7–25.

■ Henry M. Sayre, *The Object of Performance. The American Avant-Garde since 1970*, University of Chicago Press, Chicago, 1992.

■ Isabelle Schad, »Körper, Erfahrung und Schreiben in der Choreographie«, in: Lilo Nein (Hg.), *Wer spricht in der Performance?*, Revolver, Berlin, 2011, S. 99–109.

■ Heinrich Schmidt (Hg.), *Philosophisches Wörterbuch*, 22. Aufl., Kröner, Stuttgart, 1991.

■ Rebecca Schneider, *Performing Remains. Art and War in Times of Theatrical Reenactment*, Routledge, London, New York, 2011.

■ Arturo Schwarz, »Who is Roberta Breitmore?«, in: *Lynn Hershman Is not Roberta Breitmore ...*, Fringe, San Francisco, 1978.

■ Joan Wallach Scott, *Parité! Sexual Equality and the Crisis of French Universalism*, University of Chicago Press, Chicago, 2005.

■ Martin Seel, *Ästhetik des Erscheinens*, Suhrkamp, Frankfurt/M., 2003.

■ Šejla Šehabović, *Priče – ženski rod, množina*, Nezavisne novine, Banjaluka, 2007.

■ John Sellars, »Aiôn and Chronos. Deleuze and the Stoic Theory of Time«, in: Robin Mackay (Hg.), *Collapse. Philosophical Research and Development. Volume III*, Urbanomic, Falmouth, 2007, S. 177–205.

■ Richard Sennett, *Das Handwerk*, Berlin Verlag, Berlin, 2008.

■ Norbert Servos, *Solange man unterwegs ist. Die Tänzerin und Choreographin Reinhild Hoffmann*, Kieser, München, 2008.

■ Gerald Siegmund, *Theater als Gedächtnis*, Narr, Tübingen, 1996.

■ Gerald Siegmund, *Abwesenheit. Eine performative Ästhetik des Tanzes*, transcript, Bielefeld, 2006.

■ Cherise Smith, *Enacting Others. Politics of Identity in Eleanor Antin, Nikki S. Lee, Adrian Piper, and Anna Deavere Smith*, Duke University Press, Durham/NC, 2011.

■ Deniz Sözen, »Das Tänzerische in der Kunstvermittlung«, in: Carmen Mörsch (Hg.), *Kunstvermittlung 2. Zwischen kritischer Praxis und Dienstleistung auf der documenta 12. Ergebnisse eines Forschungsprojektes*, diaphanes, Zürich, Berlin, 2009, S. 35–45.

■ Patrick Steffen, »Forti on All Fours. A Talk with Simone Forti «, in: *Contact Quarterly Online Journal*, 09.01.2012, online: https://community.contactquarterly.com/journal/view/onallfours, abgerufen am 17.09.2012.

■ Marcus Steinweg, »Was ist ein Kunstwerk?«, online: http://www.caosmos.org/uploads/box/steinweg_marcus_deutsch.pdf, abgerufen im Mai 2012.

■ Isabelle Stengers, *Cosmopolitics I*, University of Minnesota Press, Minneapolis, London, 2010.

■ Isabelle Stengers, *Cosmopolitics II*, University of Minnesota Press, Minneapolis, London, 2011.

■ Hito Steyerl, »Können Zeugen sprechen? Zur Philosophie des Interviews«, online: http://eipcp.net/transversal/0408/steyerl/de, abgerufen im Mai 2012.

■ Tim Stüttgen (Hg.), *Post / Porn / Politics. Queer_Feminist Perspective on the Politics of Porn Performance and Sex_Work as Culture Production*, b_books, Berlin, 2009.

■ Damian Sutton, *Photography, Cinema, Memory. The Crystal Image of Time*, University of Minneapolis Press, Minneapolis, 2009.

■ Henry M. Syre, *The Object of Performance. The American Avant-Garde Since 1970*, University Of Chicago Press, Chicago, 1992.

■ Theater der Freien Hansestadt Bremen GmbH (Hg.), *Bremer Tanztheater Reinhild Hoffmann. 1978–1986*, Theater der Freien Hansestadt Bremen, Bremen, 1986.

■ Helen Thomas, *The Body, Dance and Cultural Theory*, Palgrave Macmillan, Basingstoke, 2003.

■ *Three Directions. Agnes Denes, Channa Horwitz, Joyce Cutler Shaw*, Ausst.-Kat., Newport Harbor Art Museum, Newport Beach, 1976.

■ Christina Thurner (Hg.), *Original und Revival. Geschichts-Schreibung im Tanz*, Chronos, Zürich, 2010.

■ Meredith Tromble (Hg.), *The Art and Films of Lynn Hershman Leeson. Secret Agents, Private I*, Ausst.-Kat., Henry Art Gallery, University of Washington, Seattle, University of California Press, Berkeley, 2005.

■ *Ulay – Abramović. Performances 1976–1988*, Ausst.-Kat., Stedelijk Van Abbemuseum, Eindhoven, 1997.

■ Paul Valéry, »Degas Danse Dessin« [1936], in: ders., *Œuvres*, Gallimard, Paris, 1960.

■ Daniela Vallega-Neu, »Ereignis. The Event of Appropriation«, in: Bret W. Davis (Hg.), *Martin Heidegger. Key Concepts*, Acumen, Durham, 2010, S. 140–154.

■ Willard Van Orman Quine, »Naturalisierte Erkenntnistheorie«, in: ders., *Ontologische Relativität und andere Schriften*, Klostermann, Frankfurt/M., 2003, S. 85–106 (engl.: »Epistemology Naturalized«, in: ders., *Ontological Relativity and Other Essays*, Columbia University Press, New York, 1969).

■ Bruce Vermazen und Merrill B. Hintikka (Hg.), *Essays on Davidson. Actions and Events*, Clarendon, Oxford, 1985.

■ Jan Verwoert, »The Crisis of Time in Times of Crisis«, in: Anke Bangma, Steve Rushton und Florian Wüst (Hg.), *Experience, Memory, Reenactment*, Piet Zwart Instituut, Rotterdam, Revolver, Frankfurt/M., 2005, S. 37–40.

■ Frazer Ward, »Some Relations between Conceptual and Performance Art«, in: *Art Journal*, Bd. 56, Nr. 4, 1997, S. 36–40.

■ Kathi Weeks, »Life Within and Against Work. Affective Labor, Feminist Critique, and Post-Fordist Politics«, in: *ephemera. theory & politics in organization*, Bd. 7, Nr. 1, 2007, S. 233–249.

■ Sigrid Weigel, »Zeugnis und Zeugenschaft, Klage und Anklage. Die Geste des Bezeugens in der Differenz von ›identity politics‹, juristischem und historiographischem Diskurs«, in: *Zeugnis und Zeugenschaft*, Jahrbuch des Einstein Forums 1999, Akademie Verlag, Berlin, 2000, S. 111–135.

■ A.D. Weisman, *Greek-Russian Dictionary*, The Shichalin Cabinet, Moscow, 1991.

■ Annika Werner, »Komplize«, in: Agnes Husslein-Arco (Hg.), *Markus Schinwald*, Ausst.-Kat., Augarten Contemporary, Wien, 2007/2008, Migros Museum für Gegenwartskunst, Zürich, 2008, JRP Ringier, Zürich, 2007.

■ James Westcott, *When Marina Abramović Dies. A Biography*, The MIT Press, Cambridge/MA, 2010.

■ Nathan Widder, *Genealogies of Difference*, University of Illinois Press, Chicago, 1992.

■ Gabriele Wittmann, Ursula Schorn und Ronit Land, *Anna Halprin. Tanz, Prozesse, Gestalten*, Kieser, München, 2009.

■ Catherine Wood, *Yvonne Rainer. The Mind Is a Muscle*, Afterall, London, 2007.

■ Libby Worth und Helen Poynor, *Anna Halprin*, Routledge, London, New York, 2004.

■ Katherina Zakravsky, »›After the Act.‹ Die (Re)Präsentation der Performancekunst – Symposium«, 2005, online: http://www.springerin.at/dyn/heft_text.php?textid=1743&lang=de, abgerufen im Mai 2012.

■ Gesa Ziemer, »Komplizenschaft. Eine Taktik und Ästhetik der Kritik?«, in: Jörg Huber u. a. (Hg.), *Ästhetik der Kritik. Verdeckte Ermittlung*, Edition Voldemeer, Zürich, Wien, 2007, S. 75–81.

■ Emily Zimmerman, *Uncertain Spectator*, EMPAC – Curtis R. Priem Experimental Media and Performing Arts Center, Troy/NY, 2010, online: http://uncertain.empac.rpi.edu/essays/zimmerman.html, abgerufen im November 2012.

■ François Zourabichvili, *Deleuze. Une philosophie de l'événement*, PUF, Paris, 1994.

■ **Gilles Amalvi**, Autor
geb. 1979, experimenteller Schriftsteller und Dramatiker, arbeitet u. a. für das Musée de la dance in Rennes und für das Festival Rencontres chorégraphiques de Seine-Saint-Denis.

■ **Anja Arend**, Zeugin
geb. 1986 in Stuttgart, Tänzerin, Tanzwissenschaftlerin.

■ **Damir Arsenijević**, Autor
Literaturwissenschaftler, lehrt am Institut für Gender Studies der Universität von Sarajevo, beschäftigt sich insbesondere mit der durch kriminologische und forensische Untersuchungen ermöglichten Rekonstruktion von Orten und Identitäten im ehemaligen Jugoslawien.

■ **Alex Baczyński-Jenkins**, Lab-Artist
geb. 1987, Tänzer, Performer, Choreograf, seit 2009 realisiert er verschiedene Performances im internationalen Kontext, 2010 wurde ihm das Stipendium »Tanzrecherche NRW« des NRW Kultursekretariats verliehen, in dessen Rahmen er das Solo *Take Me There* entwickeln und präsentieren konnte.

■ **Rose Beermann**, Zeugin
geb. 1986 in Heidelberg, Theaterwissenschaftlerin, Choreografin.

■ **Michaela Boschert**, Zeugin
geb. 1987 in Baden-Baden, studiert Ausstellungsdesign und Szenografie an der Hochschule für Gestaltung in Karlsruhe.

■ **Janine Burger**, Kunstvermittlerin / Autorin
Kunstwissenschaftlerin M.A., von 1992 bis 2006 freie Mitarbeiterin im ZKM | Zentrum für Kunst und Medientechnologie Karlsruhe, seit 2006 Leiterin der ZKM | Museumskommunikation.

■ **Boris Charmatz**, Kurator / Lab-Artist
geb. 1973 in Chambéry (Savoien, Frankreich), Tänzer, Choreograf, Gründer der freien Produktionsstruktur Edna Association (1992 mit Dimitri Chamblas), ist kontinuierlich an unterschiedlichen internationalen Improvisationsprojekten beteiligt, seit 2009 Direktor des Musée de la danse in Rennes.

■ **Keti Chukhrov (Chukhrukidze)**, Autorin
geb. 1970 in Sukhumi (heutiges Georgien), Literaturwissenschaftlerin und Philosophin, veröffentlicht Essays in internationalen Fachzeitschriften wie dem *Moscow Art Magazin*, der *New Literary Review*, *Logos*, *Critical Mass*, sie lehrte am Institut für Slawistik der Humboldt-Universität zu Berlin und forscht inzwischen am Philosophischen Institut der Moskauer Akademie der Wissenschaften.

■ **Timmy De Laet**, Autor
geb. 1983, Schauspieler, Theaterwissenschaftler, Fellow der Research Foundation Flanders (FWO) an der Universität von Antwerpen.

■ **Christine De Smedt**, Lab-Artist
geb. 1963 in Belgien, Kriminologin, Tänzerin und Choreografin, Mitglied der Gruppe Ballets C. de La B. in Gent.

■ **Anna Donderer**, Kunstvermittlerin / Autorin
geb. 1985, Theater- und Tanzwissenschaftlerin, langjährig tätig bei den Festivals DANCE und SPIELART, redaktionelle Mitarbeit bei tanznetz.de, erhielt 2012 für ihr Tanzprojekt *hiSTOREy – Ladengeschichten* die Debütförderung der Stadt München.

■ **Bertrand Flanet**, Zeuge
geb. 1986 in Schiltigheim (Frankreich), Kunsthistoriker, Kurator.

■ **Sigrid Gareis**, Kuratorin / Herausgeberin
geb. 1959 in Illertissen bei Ulm, Kuratorin für Tanz und Theater, u. a. bei den Wiener Festwochen, SPIELART, euro-scene Leipzig, konzipierte 1998 das erste Festival des zeitgenössischen Tanzes in Moskau, von 2000 bis 2009 war sie Gründungsintendantin des Tanzquartier Wien, derzeit ist sie Generalsekretärin der Akademie der Künste der Welt in Köln.

■ **Adriana Gheorghe**, Zeugin
geb. 1978 in Bukarest (Rumänien), Tänzerin, Tanzwissenschaftlerin, Kuratorin, Autorin.

■ **Nicole Haitzinger**, Autorin
Theaterwissenschaftlerin, Juniorprofessorin für Tanzwissenschaft an der Universität Salzburg, freie Kuratorin internationaler Projekte an der Schnittstelle von Tanz und Bildender Kunst.

■ **Adrian Heathfield**, Autor
Professor für Performance und Cultural Studies an der Universität von Roehampton, London, von 2004 bis 2007 Präsident der Performance Studies International, war und ist an zahlreichen internationalen Research-Projekten im Bereich der Performancekunst beteiligt. Seine schriftstellerische und kuratorische Arbeit wurde mit mehreren Auszeichnungen prämiert, u. a. von der British Academy und dem Arts Council of England.

■ **Martina Hochmuth**, kuratorische Mitarbeit
geb. in Österreich, Dramaturgin und Kuratorin im
Bereich zeitgenössischer Tanz und Performance,
2001–2009 Dramaturgin am Tanztheater in Wien,
seit 2009 Produktionsleiterin und Kuratorin im
Musée de la danse, Rennes.

■ **Lenio Kaklea**, Lab-Artist
geb. 1985 in Athen, Choreografin, Tänzerin und
Politikwissenschaftlerin.

■ **Ana Longoni**, Autorin
Kunst- und Literaturwissenschaftlerin, lehrt an
der Universität Buenos Aires und im Rahmen des
Programms Unabhängiger Studien [Independent
Studies Program] des Museums für zeitgenössische
Kunst, Barcelona (MACBA) und anderer internationaler Einrichtungen, eine der bekanntesten Autorinnen zum Thema Performance und Performativität
in Südamerika.

■ **Luzie Hanna Karolina Meyer**, Zeugin
geb. 1990, Tänzerin und Performancekünstlerin,
Studentin der Philosophie sowie der Theater-, Film-
und Medienwissenschaft an der Goethe-Universität
in Frankfurt am Main.

■ **Joana von Mayer Trindade**, Zeugin
geb. 1975, Performerin und Choreografin, studiert
Solo / Dance / Authorship am Hochschulübergrei-
fenden Zentrum Tanz Berlin.

■ **Sophie Osburg**, Zeugin
geb. 1990 in Weimar, Schauspielerin, Performerin,
Studentin der Theater-, Film und Medienwissen-
schaft sowie der Allgemeinen und vergleichenden
Literaturwissenschaft an der Goethe-Universität in
Frankfurt am Main.

■ **Johannes Porsch**, Ausstellungsdisplay
geb. 1970 in Innsbruck, Künstler, Kurator und Autor,
2010/2011 *Artistic Researcher* an der Akademie der
Bildenden Künste Wien im Rahmen des Forschungsprojektes »Troubling Research«, 2001–2007 Kurator am Architekturzentrum Wien. Texte, Ausstellungen und Publikationen zu Repräsentationspolitiken
und daraus folgenden Subjektivierungsprozessen,
u. a.: *Sturm der Ruhe. What is Architecture* (2001),
Suche Bauplatz für Moschee / Aa (2008/2010/2012),
Transitory Objects (2009), *What Can a Group Do?*
(2011), *Parmi les Noirs / Unter den Schwarzen* (2012).

■ **Sonja Pregrad**, Performerin
geb. 1980 in Zagreb, Tänzerin und Choreografin, an
verschiedenen internationalen Projekten beteiligt,
seit 2009 reenacted sie die Performance *Practice
Makes a Master* von Sanja Iveković.

■ **Jan Ritsema**, Lab-Artist
geb. 1945 in den Niederlanden, Theaterregisseur,
Dramatiker, Herausgeber, inszenierte vor allem zeitgenössische Stücke auf verschiedenen europäischen
Bühnen, entwickelte 1995 sein erstes Tanzstück *Pour
la fin du temps*, lehrt seit 1995 an der P.A.R.T.S, einer
Tanzschule in Brüssel, gründete 2005 in der Nähe
von Reims das Performing Arts Forum für künstlerische Forschung und Kunstproduktion.

■ **Grazyna Roguski**, Zeugin
geb. 1983 in Tübingen, Studentin der Medienkunst
und Szenografie an der Hochschule für Gestaltung
in Karlsruhe.

■ **Martina Ruhsam**, Autorin
Theater-, Film- und Medienwissenschaftlerin, freischaffende Choreografin, Performerin und Autorin, Mitglied des Redaktionskollektives von *Corpus
– Internetmagazin für Tanz, Choreographie und Performance*.

■ **Petra Sabisch**, Autorin
freie Choreografin, Philosophin, lehrt an verschiedenen Instituten und Universitäten (University of
Dance in Stockholm, Hochschulübergreifendes
Zentrum Tanz Berlin, Hochschule für Musik &
Tanz Köln, Institut für Angewandte Theaterwissenschaft, Tanzquartier Wien, Weld Stockholm),
2011 ausgezeichnet mit dem Tanzwissenschafts-
preis NRW.

■ **Georg Schöllhammer**, Kurator / Herausgeber
geb. 1958 in Linz (Österreich), Journalist, Autor
und Kurator in Wien, Gründungsredakteur von
springerin – Hefte für Gegenwartskunst, Chefredakteur des *documenta_Magazines* 2007, Leiter von
tranzit.at (Teil des Netzwerkes tranzit.org), 2010
Co-Kurator der Manifesta 8 in Murcia, Board-
Mitglied von »Kontakt. Die Kunstsammlung der
Erste Bank-Gruppe«, Mitglied des Programmbei-
rates des steirischen herbstes (Graz), der österreichischen UNESCO-Kommission und korrespondie-
rendes Mitglied der Wiener Secession.

■ **Ruti Sela**, Filmkünstlerin
geb. 1974 in Jerusalem (Israel), Videokünstlerin,
Lehrbeauftragte an der Haifa University, Avni Institute of Art and Design und an der Midrasha Art
School, erhielt 2008 das von Anselm Kiefer initiierte Ingeborg Bachmann Stipendium.

■ **Gerald Siegmund**, Autor / Lab-Artist
Tanz- und Theaterwissenschaftler, Professor für
Tanzwissenschaft mit Schwerpunkt »Choreografie
und Performance« an der Justus-Liebig-Universität
Gießen.

■ **Burkhard Stangl**, Lab-Artist
geb. 1960 in Eggenburg (Österreich), ist Avant-
garde- und Jazzgitarrist sowie Komponist, arbeitet
mit experimenteller Improvisation, elektronischer
und neuer Musik, seit 1985 musiziert er mit verschiedenen Ensembles und Bands, darunter *Ton.
Art*, *Maxixe*, *Polwechsel* und *Plus-Minus* sowie mit
Christof Kurzmann. Seine Oper *Der Venusmond*
wurde 1997 auf dem Empire State Building urauf-
geführt.

■ **Meg Stuart**, Lab-Artist
geb. 1965 in New Orleans (USA), Choreografin,
hat mit *Crash Landing* (1996–1999, gemeinsam
mit Christine De Smedt und David Hernandez)
oder *Politics of Ecstasy* (2009 gemeinsam mit Jeremy
Wade) viel beachtete interdisziplinäre Improvisa-
tionsreihen entwickelt, war zur Manifesta 7 und
documenta X eingeladen, ihr Gesamtwerk wurde
2008 mit dem New York Dance and Performance
Award (Bessi Award) ausgezeichnet.

■ **Tessa Theisen**, Zeugin
geb. 1984, Theaterwissenschaftlerin, Kuratorin, studiert Choreografie und Performance an der Justus-
Liebig-Universität Gießen.

■ **Steven ten Thije**, Autor
geb. 1980 in den Niederlanden, der Historiker
promoviert an der Universität Hildesheim in einer
Kooperation mit dem Van Abbemuseum Eindhoven zu der Entwicklung der Sammlungspräsenta-
tion moderner und zeitgenössischer Kunst in der
zweiten Hälfte des 20. Jahrhunderts, agiert im Zuge
dessen als Co-Kurator für *Play Van Abbe*, einem
2009 initiierten 18-monatigen Ausstellungspro-
gramm.

■ **Sven-Olov Wallenstein**, Autor
geb. 1960 in Schweden, Professor für Philosophie
an der Södertörn Universität, Stockholm, und
für Architekturtheorie an der Kungliga Tekniska
högskolan [Königliche Hochschule für Technik],
Stockholm, Chefredakteur der Zeitschrift *Site*. Er
übersetzte zudem verschiedene Schriften von Kant,
Frege, Husserl, Heidegger, Levinas, Derrida und
Deleuze.

Bildnachweis

Wir haben uns nach bestem Wissen und Gewissen
bemüht, alle Rechteinhaber ausfindig zu machen und
zu kontaktieren. Sollten wir dennoch Inhaber von Auto-
renrechten oder Verwertungsrechten übergangen haben,
so bitten wir diese uns zu kontaktieren.

■ Cover: Anna Halprin, City Dance, 1976–1979,
S/W-Fotografie, © Anna Halprin, Foto: Buck O'Kelly
■ S. 14: © William Forsythe; ZKM; Hatje Cantz
■ S. 15: © The Noa Eshkol Foundation for Movement
Notation, Holon, und neugerriemschneider, Berlin
■ S. 16: © Wolf Vostell; Foto: Peter Moore; Foto ©
Estate of Peter Moore/VAGA, NYC
■ S. 17: © Trisha Brown; Foto: Babette Mangolte
■ S. 18: © La Monte Young
■ S. 19: © Gilbert & George; Foto: Jorge Lewinski
■ S. 24: © Dr. Hermann Heidegger
■ S. 26: © Studio Kominis für das Institut Français
in Griechenland
■ S. 28: Foto: Bracha L. Ettinger
■ S. 42 oben, 43, 56, 60, 63, 131, 135, 199, 220 oben,
239 unten, 246, 247, 251, 252, 253, 256, 257 oben,
260 oben, 262, 263 unten, 265, 266, 268, 269, 270,
271, 272, 273, 274, 275, 276, 277, 278, 279, 280,
281, 282, 283, 284, 285 oben, 286, 287, 293, 294,
295, 296, 297, 298, 299, 300, 301, 305: © ZKM;
Foto: Franz Wamhof
■ S. 42 unten, 102, 132, 207, 212, 213, 220 unten,
223, 225, 226, 227, 228, 229, 230, 234, 235, 236
unten, 237, 238, 239 oben, 240, 241 oben, 244 unten,
248, 249, 250, 254, 255, 257 unten, 258, 259, 260
unten, 261, 267, 292, 302, 303, 304, 306, 307, 308,
305, 310: © ZKM; Foto: Felix Grünschloss
■ S. 68 oben: © Yvonne Rainer; Courtesy of Video
Data Bank (www.vdb.org)
■ S. 68 unten, 69, 76: © Andrea Božić; Foto: Anna
van Kooij
■ S. 71: © Marina Abramović und VG Bild-Kunst,
Bonn 2012; Foto: Kathryn Carr; Foto © The Solo-
mon R. Guggenheim Foundation, New York
■ S. 72: © Marina Abramović und VG Bild-Kunst,
Bonn 2012; Foto: Jonathan Muzikar; Foto © 2012.
Digital image, The Museum of Modern Art, New
York/Scala, Florence
■ S. 91: © Archiv Roberto Jacoby
■ S. 92: © Norberto Julio Púzzolo

■ S. 93: © Courtesy Susana Lijtmaer
■ S. 94, 95 oben: © Archivo Graciela Carnevale
■ S. 95 unten, 96, 118 oben, 119: © Archivo Graciela Carnevale; Foto: Carlos Militello
■ S. 98: Foto: Marcandrea, Foto © Tanzquartier Wien
■ S. 99 oben: © Valie Export und VG Bild-Kunst, Bonn 2012; Filmstill © Generali Foundation Wien
■ S. 99 unten, 159: © Generali Foundation Wien und Adrian Piper Research Archive Foundation (APRAF) Berlin; Foto: Rosemary Mayer
■ S. 100: © Yves Klein und VG Bild-Kunst, Bonn 2012; Foto: Shunk-Kender; Foto © Estate of Roy Lichtenstein
■ S. 101, 288, 289, 290, 291: © ZKM; Foto: Martina Ruhsam
■ S. 113: © Marina Abramović und VG Bild-Kunst, Bonn 2012; Courtesy the Marina Abramović Archives and Lisson Gallery, London
■ S. 114: © Marina Abramović und VG Bild-Kunst, Bonn 2012; Foto: Donatelli Sbarra, Courtesy the Marina Abramović Archives and Lisson Gallery, London
■ S. 115 oben: © Marina Abramović und VG Bild-Kunst, Bonn 2012; Foto: Marc van Geyte, Courtesy the Marina Abramović Archives and Lisson Gallery, London
■ S. 115 unten: © Marina Abramović und VG Bild-Kunst, Bonn 2012; Foto: Kathryn Carr; Foto © The Solomon R. Guggenheim Foundation, New York
■ S. 117, 118 unten: © Archivo Graciela Carnevale; Foto Credit: Grupo de Artistas de Vanguardia
■ S. 120, 121, 126, 127, 144, 145, 150, 151, 156, 157, 176, 224: © ZKM
■ S. 123: © Simone Forti; Foto: Brian Forrest, Courtesy die Künstlerin
■ S. 124 oben: © Simone Forti, Courtesy die Künstlerin und The Box, Los Angeles
■ S. 124 unten: © Simone Forti, Courtesy die Künstlerin und The Box, Los Angeles; Foto: Hugo Glendinning (Ann-Marie Rounkle)
■ S. 125 oben: © Simone Forti; Foto: Peter Moore; Foto © Estate of Peter Moore/VAGA, NYC
■ S. 125 unten: © Simone Forti, Courtesy die Künstlerin und The Box, Los Angeles; Foto: Jason Underhill
■ S. 130 oben: © Anna Halprin; Foto: Warner Jepson
■ S. 130 unten: © Anna Halprin
■ S. 133, © Anna Halprin; Foto: Charlene Koonce

■ S. 136 oben: © ZKM; Foto: Philip Radowitz
■ S. 136 unten, 137: © Lynn Hershman Leeson
■ S. 141, 142 unten, 143: © Reinhild Hoffmann; Foto: Klaus Lefebvre
■ S. 142 oben: © Reinhild Hoffmann; Foto: Silvia Lelli
■ S. 147, 148, 149: © Courtesy Aanant & Zoo und die Künstlerin
■ S. 153, 155: © Courtesy die Künstlerin
■ S. 154: © Courtesy die Künstlerin; Foto: Barbara Blasin
■ S. 160 oben: Collection Thomas Erben, New York; © APRAF Berlin
■ S. 160 unten: Collection and Copyright © APRAF Berlin; Foto: Sam Samore
■ S. 161, 162, 163: Collection and Copyright © APRAF Berlin
■ S. 165, 167 oben, 167 unten (links): © Yvonne Rainer, The Getty Research Institute, Los Angeles (2006.M.24); Foto: Peter Moore; Foto © Estate of Peter Moore/VAGA, NYC
■ S. 166: © Yvonne Rainer, The Getty Research Institute, Los Angeles (2006.M.24)
■ S. 167 unten (rechts): © Yvonne Rainer; Foto © Paula Court, Courtesy of Performa
■ S. 171, 173, 177 oben (links), 178, 179, 180 oben, 184, 189, 190, 206, 214, 215, 236 oben, 241 unten, 242, 243, 244 oben, 245, 264: Foto: Michaela Boschert
■ S. 175: Foto: Talal Al-Muhanna
■ S. 177 oben (rechts) und unten: © Alex Baczyński-Jenkins
■ S. 180 unten: Foto: Mathieu Harel-Vivier
■ S. 181: Foto: Christophe Urbain
■ S. 182: Foto: Martina Hochmuth
■ S. 192, 193: © Ruti Sela (entstanden im Rahmen der Ausstellung *Moments. Eine Geschichte der Performance in 10 Akten* am ZKM | Museum für Neue Kunst, in Kooperation mit dem Musée de la danse, Rennes)
■ S. 204, 205: © Michaela Boschert und Grazyna Roguski
■ S. 208, 209: © Bertrand Flanet
■ S. 220 Mitte, 221: © ZKM; Foto: Ali Gharib
■ S. 222, © ZKM: Foto: Anja Arend
■ S. 263 oben, S. 285 unten: © Foto: Sanja Iveković
■ S. 315: © Crown Copyright: UK Government Art Collection

■ S. 316: Foto: Jan Brockhaus; Courtesy Aanant & Zoo, Berlin

■ S. 324, 325: © Markus Schinwald und VG Bild-Kunst, Bonn 2012

■ S. 329: © Philipp Gehmacher; Foto: Eva Würdiger

■ S. 334: Nachlass Christine Kozlov; © mumok/deinhardstein2004

■ S. 335: © Valie Export und VG Bild-Kunst, Bonn 2012; Foto: Werner Schulz

■ S. 340: © Cécile Proust / Jacques Hoepffner

■ S. 347, 348: © Milica Tomić

DANKSAGUNG

Die Herausgeber danken für die wertvolle Unterstützung im Besonderen

Hortensia Völkers, Alexander Farenholtz, Torsten Maß, Christiane Lötsch und Alexander Klose, Anja Petzold, Kulturstiftung des Bundes

Marina Abramović, Gilles Amalvi, Anja Arend, Damir Arsenijević, Alex Baczyński-Jenkins, Rose Beermann, Andreas Beitin, Michaela Bernoth, Michaela Boschert, Janine Burger, Graciela Carnevale, Boris Charmatz, Keti Chukhrov, Eric de Bruyn, Timmy de Laet, Christine de Smedt, Anna Donderer, Nina Fernandez, Bertrand Flanet, Simone Forti, Greta Garle, Adriana Gheorghe, Felicity Grobien, Anna Halprin, Idis Hartmann, Ulrike Havemann, Adrian Heathfield, Lynn Hershman Leeson, Nikolaus Hirsch, Martina Hochmuth, Martina Hofmann, Reinhild Hoffmann, Channa Horwitz, Julia Huber, Sanja Iveković, Ana Janevski, Lenio Kaklea, Ana Longoni, Joana von Mayer Trindade, Luzie Hanna Karolina Meyer, Daria Mille, Nikolaus Müller-Schöll, Sophie Osburg, Mirjam Paninski, Marlies Pillhofer, Adrian Piper, Sonja Pregrad, Johannes Porsch, Yvonne Rainer, Jan Ritsema, Grazyna Roguski, Martina Ruhsam, Petra Sabisch, Ruti Sela, Gerald Siegmund, Burkhard Stangl, Meg Stuart, Tessa Theisen, Sophie-Charlotte Thieroff, Steven ten Thije, Meta Maria Valiusaityte, Sven-Olov Wallenstein, Philipp Ziegler, Maja Zimmermann.

Wir danken allen Autoren und Inhabern von Verwertungsrechten für die Überlassung des Bildmaterials und die Reproduktionsgenehmigung.

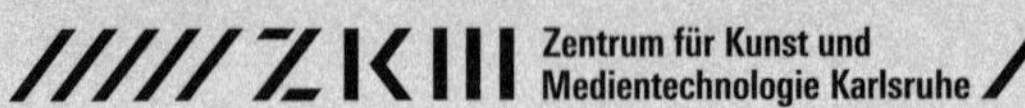

Lorenzstraße 19, 76135 Karlsruhe, Germany
www.zkm.de

Vorstand des ZKM
Peter Weibel

Geschäftsführung des ZKM
Christiane Riedel

Verwaltungsleitung des ZKM
Boris Kirchner

Leitung ZKM | Museum für Neue Kunst
Andreas Beitin

Stifter des ZKM

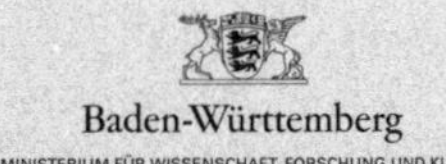
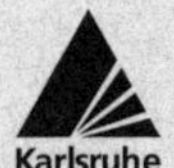

Partner des ZKM

Moments. Eine Geschichte der Performance in 10 Akten
ZKM | Museum für Neue Kunst, Karlsruhe
8. März – 29. April 2012

Gefördert durch die **In Kooperation mit**

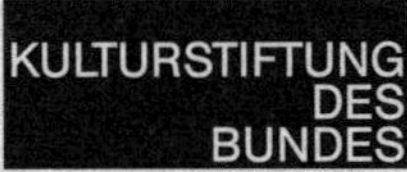

KuratorInnen und Ausstellungsdramaturgie
Boris Charmatz, Sigrid Gareis,
Georg Schöllhammer

Display und Ausstellungsgrafik
Johannes Porsch

Kuratorische Mitarbeit
Martina Hochmuth

Projektleitung
Idis Hartmann

Projektassistenz
Julia Huber (ZKM), Mirjam Paninski (Assistenz
Georg Schöllhammer), Maja Zimmermann (Assistenz Sigrid Gareis)

Mitarbeit Zeugenprogramm
Anna Donderer, Martina Ruhsam

Partnerinstitutionen des Zeugenprogramms
Hochschulübergreifendes Zentrum Tanz Berlin,
Goethe Universität Frankfurt am Main,
Staatliche Hochschule für Bildende Künste,
    Städelschule, Frankfurt am Main,
Justus-Liebig-Universität Gießen,
Musée de la danse, Rennes
Universität Salzburg,
Staatliche Hochschule für Gestaltung Karlsruhe,
tranzit.at,
ERSTE Stiftung Österreich,
Centrul National al Dansului Bukarest, Rumänien

Logistik/Registrar
Marianne Meister

Technische Leitung
Martin Häberle

Aufbauteam
Anne Däuper (Aufbauleitung), Volker Becker,
Claudius Böhm, Mirco Fraß, Rainer Gabler,
Gregor Gaissmaier, Ronald Haas, Dirk Heesakker,
Christof Hierholzer, Werner Hutzenlaub, Gisbert
Laaber, Marco Preitschopf

Externe Firmen
Concern Art, d&d art solutions,
DNH Art Support

Restaurierung
Nahid Matin Pour, Wibke Ottweiler

Videodokumentation/Videoschnitt
Christina Zartmann, Moritz Büchner,
Jennifer Fluck, Christina Petschke

Kamera- und Schnittassistenz für Ruti Sela
Marco Kugel, Hannah Würthwein

Konzeption und Redaktion Website
Idis Hartmann, Stephanie Hock,
Martina Ruhsam

Gestaltung Website und Werbemittel
2xGoldstein

Programmierung Website
Nils Menrad

Museumskommunikation
Janine Burger, Banu Beyer, Anna Donderer, Ali
Gharib, Katharina Hauswaldt, Adrian Holfter
Carolin Knebel, Gülsüm Serdaroglu, Marianne
Spencer

Kunstvermittlerinnen
Henning Arnecke, Aline Bruand, Chris Gerbig,
Julia Jochem, Stefanie Kleinsorge, Fanny Kranz,
Oliver Krätschmer, Elisabeth Martius, Nina Rind,
Hendrik Vogel, Ina Weiß, Klaudia Wiener

PUBLIKATION

Diese Publikation erscheint zur Ausstellung
Moments. Eine Geschichte der Performance in 10 Akten
ZKM | Museum für Neue Kunst, Karlsruhe
8. März – 29. April 2012

Herausgeber
Sigrid Gareis, Georg Schöllhammer und
Peter Weibel

Redaktionsteam
Ulrike Havemann (Projektleitung),
Greta Garle, Felicity Grobien, Idis Hartmann,
Martina Hofmann, Julia Lenders

Lektorat
Julia Frohnhoff, Jenifer Evans

Übersetzungen
Cinescript Berlin, David Ender, Bernhard Geyer,
Uta Hasekamp, Uta Hoffmann, Patrick Hubenthal,
Justin Morris, Kathleen Reinhardt/textual bikini,
Caroline Rosique, Jorge Salvetti, Bettina Seifried,
Tom Waibel, Elisabeth Winkelmann, Holger
Wölfle, Ursula Wulfekamp

Gestaltung und Satz
2xGoldstein+Fronczek

Reproduktionen
CoMYK, Roland Merz, Karlsruhe

Druck
DZA Druckerei zu Altenburg GmbH

Schriften
Garamond Premier Pro, Gill Sans BQ

Papiere (Innen und Umschlag)
Schleipen Fly 100 + 115 g/qm, Igepa Omnibulk
1.3 115 g/qm, Invercote Creato matt 300 g/qm

Erschienen im / Published by
Verlag der Buchhandlung Walther König, Köln
Ehrenstr. 4, 50672 Köln
Tel. +49 (0) 221 / 20 59 6-53
Fax +49 (0) 221 / 20 59 6-60
verlag@buchhandlung-walther-koenig.de

Vertrieb / Distribution
Schweiz / Switzerland
AVA Verlagsauslieferungen AG
Centralweg 16
CH-8910 Affoltern a.A.
Tel. +41 (44) 762 42 60
Fax +41 (44) 762 42 10
verlagsservice@ava.ch

Großbritannien & Irland / UK & Eire
Cornerhouse Publications
70 Oxford Street
GB-Manchester M1 5NH
Fon +44 (0) 161 200 15 03
Fax +44 (0) 161 200 15 04
publications@cornerhouse.org

Außerhalb Europas / Outside Europe
D.A.P. / Distributed Art Publishers, Inc.
155 6th Avenue, 2nd Floor
USA-New York, NY 10013
Fon +1 (0) 212 627 1999
Fax +1 (0) 212 627 9484
eleshowitz@dapinc.com

ISBN 9978-3-86335-289-9

**Bibliografische Information der Deutschen
Nationalbibliothek**
Die Deutsche Nationalbibliothek verzeichnet diese
Publikation in der Deutschen Nationalbibliografie;
detaillierte bibliografische Angaben sind über http://
dnb.d-nb.de abrufbar.

In Deutschland gedruckt.